Wissenschaftliche Untersuchungen zum Neuen Testament

Herausgegeben von
Martin Hengel und Otfried Hofius

90

Martin Hengel

Judaica et Hellenistica

Kleine Schriften I

unter Mitarbeit von

Roland Deines, Jörg Frey,
Christoph Markschies, Anna Maria Schwemer
mit einem Anhang von Hanswulf Bloedhorn

J. C. B. Mohr (Paul Siebeck) Tübingen

Die Deutsche Bibliothek – CIP-Einheitsaufnahme

Hengel, Martin:
Kleine Schriften / Martin Hengel. – Tübingen: Mohr
NE: Hengel, Martin: [Sammlung]
1. Judaica et Hellenistica / unter Mitarb. von Roland Deines …
Mit einem Anh. von Hanswulf Bloedhorn. – 1996
(Wissenschaftliche Untersuchungen zum Neuen Testament; 90)
ISBN 3-16-146588-1
NE: Deines, Roland; GT

Das Buch wurde von Gulde-Druck in Tübingen aus der Times-Antiqua gesetzt, auf alterungsbeständiges Werkdruckpapier der Papierfabrik Weissenstein in Pforzheim gedruckt und von der Großbuchbinderei Heinr. Koch in Tübingen gebunden.

ISSN 0512-1604

Den Freunden
aus alten Tübinger Zeiten

Friedrich Lang
Otto Betz
Hartmut Gese
Peter Stuhlmacher

Vorwort

Die ersten beiden Bände meiner ‚kleinen Schriften' erscheinen unter dem Titel ‚Judaica et Hellenistica'. Sie deuten damit auf ein Thema hin, das mich rund vier Jahrzehnte beschäftigt hat: Die Geschichte des Judentums in der hellenistisch-römischen Welt vom 4. Jh. v. Chr. bis zum 2. Jh. n. Chr. und d. h. zugleich seine Begegnung und Auseinandersetzung mit der fremden, ja oft feindlichen, scheinbar überlegenen Kultur – ein Phänomen, das in der antiken Welt einzigartig ist. Von dieser Begegnung, die man in den drei Städtenamen Jerusalem, Athen, Rom umschreiben könnte, sind unübersehbare Wirkungen ausgegangen, die das Abendland, ja unsere ganze moderne Welt geformt haben. Dabei stand für den christlichen Theologen und Neutestamentler gewiß immer auch das Interesse am Judentum als dem Mutterboden des Christentums im Hintergrund. Es war die Herausforderung durch die fremde Zivilisation, ihr neues Denken, ihre technische und staatenbildende Kraft und ihre individualistische Religiosität, die diesen Boden fruchtbar machte und ihm eine schöpferische Epoche bescherte, die man nur noch mit dem Athen des 5. und 4. Jh.s v. Chr. und dem Rom der spätrepublikanischen und frühen Kaiserzeit vergleichen kann, obwohl die Früchte, die das Judentum jener Zeit hervorbrachte, ganz anderer Art waren, und dieses kleine Volk damals durch eine Reihe schwerer Katastrophen geführt wurde. Insgesamt darf man sagen, daß kein Volk, das Griechen und Römer zu den „Barbaren" rechneten, die fremde Kultur so intensiv aufgenommen und verarbeitet hat, wie das jüdische, ohne dabei seine eigene Identität zu verlieren, ja daß es dieselbe durch die Verarbeitung der anderen Geisteswelt noch stärkte. Nur so konnte die biblische Offenbarungsreligion – über die ‚Heiden', die den neuen Glauben annahmen, – zur Weltreligion werden.

Eines der Grundthemen, die beide Bände durchziehen, ist der untrennbare Zusammenhang zwischen Religion und politischer Entwicklung, genauer der Kampf um das theokratische „Ideal". Der Begriff θεοκρατία begegnet uns in der Antike nur bei Josephus c. Ap 2,165 als Beschreibung der jüdischen Verfassung im Unterschied zu Griechen und Römern. Auch im Urchristentum darf dies nicht übersehen werden, obwohl hier – wie Mk 12,17; Phil 3,20f und vor allem die Antwort Jesu an Pilatus nach Joh 18,36 zeigen, dieses Junktim von Staat und Religion in einer für die alte Welt revolutionären Weise erstmals in Frage gestellt wurde. Auf der anderen Seite ist Jesus als „König der Juden" gekreuzigt worden, auch war das Urchristentum, bereits bei Paulus, „chiliastischer" als wir es uns heute vorstellen, und die Haltung zum römischen Reich war, wie Rö 13,1–7 und 1. Petr 2,13–17 einerseits und Lk 4,6f und Apok 13 andererseits demontieren, von Anfang an spannungsreich, ja fast widerspruchsvoll, wobei diese Spannung sich selbst wieder bis auf jüdische Quellen zurückverfolgen läßt.

Der Schwerpunkt der einzelnen Untersuchungen liegt dabei beim Judentum im palästinischen Mutterland, d.h. in Eretz Israel, wobei wir nie vergessen sollten, daß auch das Christentum aus diesem jüdischen Mutterland hervorgegangen ist, und daß bis zur Hinrichtung des Herrnbruders Jakobus zusammen mit anderen Judenchristen im Jahr 62 n. Chr. Jerusalem das unbestrittene Zentrum der neuen messianischen Bewegung war, dem sich bei allen Differenzen selbst ein Paulus nicht entziehen konnte. In der Forschung sind die Unterschiede zwischen dem palästinischen und dem „hellenistischen" Judentum z. T. maßlos übertrieben worden, und das gilt erst recht für den lange Zeit die neutestamentliche Disziplin beherrschenden radikalen Gegensatz zwischen den frühchristlichen jüdisch-palästinischen und heidenchristlich-hellenistischen Gemeinden, den die religionsgeschichtliche Schule aufgebracht hatte. In Wirklichkeit sind die Unterschiede zwischen Eretz Israel und dem Diasporajudentum sehr zu relativieren, vor allem deswegen, weil die Judenschaft in beiden Bereichen alles andere als eine Einheit bildete. Die Sprachgrenze ging, wie schon Apg 6,1ff zeigt, mitten durch Jerusalem und Palästina hindurch, wie umgekehrt die sozialen, bildungsmäßigen und geographischen Unterschiede die Judenschaft in der Diaspora auf vielfache Weise spalteten. Die Synagogengemeinden in Alexandrien, Antiochien, Ephesus und Rom hatten ein verschiedenes Gepräge, und gegenüber der einseitigen Hervorhebung Philos und des alexandrinischen Judentums in der neutestamentlichen Forschung sollten wir mehr darüber nachdenken, warum Alexandrien und die ägyptische Judenschaft im Gegensatz zu Jerusalem, Antiochien und Rom im Neuen Testament, und d. h. im Urchristentum, gerade keine Rolle spielen.

Dieses Unverständnis gegenüber der grundlegenden Bedeutung des Judentums in Eretz Israel und der dort entstehenden christlichen Gemeinde manifestiert sich bis heute u. a. darin, daß viele ‚kritische' Neutestamentler jede Verbindung des Juden Paulus, dessen pharisäische Herkunft sie aufgrund von Phil 3,6 nicht bestreiten können, mit Jerusalem vor dem Besuch in Gal 1,17f leugnen. Es mag dies mit einem immer noch latent wirksamen Antijudaismus in der neutestamentlichen Forschung zusammenhängen.

Die in diesem und im folgenden Band gesammelten Aufsätze und Rezensionen wollen falsche Grenzziehungen überwinden und das antike Judentum unter ganz verschiedenen Aspekten im Zusammenhang mit seiner griechisch-römischen Umwelt betrachten und damit zu seinem besseren historischen Verständnis beitragen, wobei dieses bessere Verständnis indirekt auch die

Entstehung des frühen Christentums betrifft, das sich im 1. Jh. n. Chr. noch nicht so einfach vom Judentum völlig ablösen läßt.

Die beiden umfangreichen Beiträge, die am Anfang und am Ende dieses Bandes stehen, sind in etwas verkürzter Form bisher nur auf Englisch erschienen. Die anderen sind alle durchgesehen und z. T. auch ergänzt. Zur Entstehung dieses Bandes haben auch Kollegen und Freunde beigetragen. Ihnen gilt mein herzlicher Dank. Die erste Untersuchung entstand unter Mitarbeit von Dr. Christoph Markschies, jetzt Professor für Kirchengeschichte in Jena, bei dem Beitrag S. 295 ff war mein jetziger Nachfolger in Tübingen und damaliger Assistent Professor Dr. Hermann Lichtenberger Mitautor, bei dem letzten ist Vikar Roland Deines Mitautor. Darüber hinaus habe ich für die Mithilfe bei der Vorbereitung dieses ersten Bandes vor allem Herrn Dr. Jörg Frey und Frau Dr. Anna Maria Schwemer für Ihre Mithilfe zu danken. Die Indices für beide Bände erscheinen am Ende von Band II. Die Nachweise der Erstveröffentlichungen stehen jeweils am Anfang jedes Artikels.

Tübingen, August 1996 Martin Hengel

Inhalt

Vorwort VII

1. Das Problem der „Hellenisierung" Judäas im 1. Jahrhundert nach Christus (unter Mitarbeit von Christoph Markschies) 1
2. Die Synagogeninschrift von Stobi (mit einem Anhang von Hanswulf Bloedhorn 125–130) 91
3. Zum Thema „Die Religionsgeschichte und das Urchristentum" (Rez. Leipoldt/Grundmann) 131
4. Die Begegnung von Judentum und Hellenismus im Palästina der vorchristlichen Zeit 151
5. Proseuche und Synagoge. Jüdische Gemeinde, Gotteshaus und Gottesdienst in der Diaspora und in Palästina 171
6. Anonymität, Pseudepigraphie und „literarische Fälschung" in der jüdisch-hellenistischen Literatur (ergänzt von Jörg Frey) 196
7. Ben Sira und der Hellenismus (Rez. Middendorp) 252
8. Qumran und der Hellenismus 258
9. Die Hellenisierung des antiken Judentums als Praeparatio Evangelica (Mitautor: Hermann Lichtenberger) 295
10. Messianische Hoffnung und politischer „Radikalismus" in der „jüdisch-hellenistischen Diaspora". Zur Frage der Voraussetzungen des jüdischen Aufstandes unter Trajan 115–117 n. Chr. 314
11. Die Bar Kokhba-Münzen als politisch-religiöse Zeugnisse (Rez. Mildenberg) 344
12. Zeloten und Sikarier (Vorwort der englischen Übersetzung von *Die Zeloten*) 351
13. Hadrians Politik gegenüber Juden und Christen 358
14. E. P. Sanders' „Common Judaism", Jesus und die Pharisäer (Mitautor: Roland Deines) 392

1. Zum Problem der „Hellenisierung“ Judäas im 1. Jahrhundert nach Christus*

„Alles im N.T. hat den Hellenismus mit zur Voraussetzung. Ich leugne rundweg, daß es eine einzige Silbe im N.T. gebe, für die die *drei* Jahrhunderte während deren Jerusalem Provinzialstadt eines griechischen Staates war, bedeutungslos blieben.“

(ADOLF SCHLATTER)[1]

1. *Zur Fragestellung*

Seit es eine kritische religionsgeschichtliche Erforschung des Neuen Testaments gibt, ist man gewohnt, zwischen „Judentum“ und „Hellenismus“ (bzw. zwischen „jüdisch“ und „hellenistisch“) als zwei völlig verschiedenen, einigermaßen exakt bestimmbaren Größen zu differenzieren. Oft wird dieser Unterscheidung grundlegende Bedeutung beigelegt, sie erscheint dann als eine der wichtigsten historischen Interpretationskriterien in unserer Disziplin[2]. Dabei

---

* Diese Skizze wurde erstmals in nuce auf der Jahrestagung für wissenschaftliche Theologie in Göttingen 1976 einem Kreis von Neutestamentlern vorgestellt, 1982 lag sie einem Seminar zur Vorbereitung einer Israelreise in Bern zu Grunde. In der Zwischenzeit wurde sie mehrfach überarbeitet und erweitert. Kurzfassungen wurden im Herbst 1988 im King's College London und im Wolfson College Oxford vorgetragen, in einer etwas abweichenden Form bildete sie die Grundlage eines Vortrages im Wissenschaftskolleg in Berlin, am Institut für Judaistik der Freien Universität Berlin und vor dem Theologischen Seminar Leipzig. Für die Mitwirkung bei der Zusammenstellung und Formulierung der Anmerkungen sowie für das Schreiben der verschiedenen wachsenden Fassungen danke ich Dr. *Christoph Markschies*, dem jetzigen Kollegen in Jena. Das gemeinsame Gespräch hat das Heranreifen dieses Opusculums begleitet. Eine englische Übersetzung von JOHN BOWDEN erschien 1989 bei SCM Press/Trinity Press International, London und Philadelphia. Der vorliegende Text ist gegenüber der englischen Fassung erweitert.

1 Aus einem unveröffentlichten Brief an Wilhelm Lütgert (31.12. 1899 Schlatterarchiv Inventarnr. 1228). Für den Hinweis auf diese Stelle danke ich Dr. W. Neuer, Gomaringen.

2 Hier wirkt möglicherweise indirekt immer noch F.C. BAUR nach. Im ersten Band seiner Kirchengeschichte (Kirchengeschichte der drei ersten Jahrhunderte, Tübingen [3]1863 [ND Leipzig 1969]) stellt er das Christentum als ‚absolute Religion‘ und somit als Synthese der im Verfall begriffenen jüdischen und griechischen Vorformen dar (aaO. 16). Freilich steht das Christentum zu „dem Judenthum (...) in weit engerem und unmittelbaren Verhältniss“ (aaO.); ebenso in: DERS., Paulus, der Apostel Jesu Christi, sein Leben und Wirken, seine Briefe und seine Lehre. Ein Beitrag zu einer kritischen Geschichte des Urchristentums. 2. Aufl., nach dem Tode des Verf. besorgt von E. ZELLER, Leipzig 1867, 230–232. Zur Beurtei-

ist „Hellenismus“ (und das davon abhängige Adjektiv) im modernen Verständnis ein relativ gängiger Begriff, dem erst der große Droysen im Anschluß an 2. Makk 4,13 seine heute geltende Bedeutung gegeben hat (dazu unten Anm. 19). Man verwendet ihn in der Geschichts- und Altertumswissenschaft zur Umschreibung jener neuen, vornehmlich durch den Alexanderzug und die anschließende makedonisch-griechische „Kolonialherrschaft“ geförderte Zivilisation, die durch die allmähliche Ausbreitung griechischer Sprache, Lebens- und Denkformen bestimmt war. Dieser sehr komplexe Prozeß setzte sich unter römischer Herrschaft im Osten des Reiches bis ins 4. Jahrhundert n. Chr. fort. Im syrischen Raum, einschließlich Kilikiens, der Kommagene, des nördlichen Mesopotamiens, Phöniziens, Judäa-Palästinas und des nabatäischen Arabiens erreichte diese Entwicklung erst in römischer Zeit ihren eigentlichen Höhepunkt[3]. In christlicher Zeit kommt es dann zu einem Umschlag und einem neuen Vordringen der orientalischen Sprachen, etwa des Syrischen und Koptischen. Bei seiner Vielfältigkeit und Kompliziertheit läßt sich der Vorgang gerade im religiösen Bereich nicht einfach auf einen Nenner bringen – etwa mittels des bei evangelischen Theologen so beliebten Schlagwortes vom „Synkretismus“[4]. Die neutestamentliche Forschung wurde freilich bis heute durch

---

lung des Judentums s. jetzt C. HOFFMANN, Juden und Judentum im Werk Deutscher Althistoriker des 19. und 20. Jahrhunderts, Studies in Judaism in Modern Times 9, Leiden, New York, Kopenhagen, Köln 1988.

[3] S. dazu einige neuere Untersuchungen von F. MILLAR, insbesondere für die vorrömische, im eigentlichen Sinne „hellenistische“ Zeit, in der die Quellen für das syrische Kerngebiet relativ spärlich fließen: The Problem of Hellenistic Syria, in: Hellenism in the East. The Interaction of Greek and non-Greek Civilizations from Syria to Central Asia after Alexander, ed. by A. Kuhrt and S. Sherwin–White, London 1987, 110–184 mit ausführlicher Bibliographie; für die römische Zeit s. DERS., Empire, Community and Culture in the Roman Near East: Greeks, Syrians, Jews and Arabs, JJS 38 (1987), 143–164; zu dem Sonderfall der Phönizier, bei denen der „Verschmelzungsprozeß“ mit der griechischen Kultur schon in persischer Zeit beginnt, sich kontinuierlich entwickelt und in der Prinzipatszeit vollendet wird, s. DERS., The Phoenician Cities: A Case-Study of Hellenisation, PCPhS 209, 1983, 55–71; schließlich weiter die zahlreichen Beiträge in ANRW II Bd. 8 über „Provinzen und Randvölker: Syrien, Palästina, Arabien“. Hinzu kommen jetzt die vorzüglichen Monographien von B. ISAAC, The Limits of the Empire. The Roman Army in the East, revised ed. Oxford 1992, und F. MILLAR, The Roman Near East, London 1993.

[4] G. KITTEL wandte sich in seiner Tübinger Antrittsvorlesung (Urchristentum. Spätjudentum. Hellenismus, Akademische Antrittsvorlesung, gehalten am 28.10. 1926, Stuttgart 1926) dagegen, den Schnitt zwischen den beiden Kulturwelten „einfach grob und mechanisch“ zu machen (aaO. 10), wobei er sich auf K. HOLLS 1924 veröffentlichte Rektoratsrede „Urchristentum und Religionsgeschichte“ (zuerst in ZSTh 2 (1924), 387–430, in: DERS., GA zur Kirchengeschichte, Bd. 2 Der Osten, Tübingen 1928 [ND. Darmstadt 1964], 1–32) berief; vgl. G. KITTEL, Die Probleme des palästinischen Spätjudentums und das Urchristentum, BWANT 3/1, Stuttgart 1926, 72: “Man ist weithin geneigt, das religionsgeschichtliche Problem des Palästinajudentums zu unterschätzen oder für einfacher zu halten, als es ist.“ Obwohl Kittel es entschieden ablehnte, das Judentum Palästinas für eine synkretistische Erscheinung zu halten, betonte er, daß „die Strudel politischer und geistiger Bewegungen jener Jahrhunderte nicht an ihm vorbei(gingen)“ und daß es „Kreise gegeben (hat), die bewußt den fremden

solche Komplexität kaum angefochten und verwendete diesen Begriff oft in wenig reflektierter Weise. Man prüft Begriffe, Traditionen, ganze Erzählungen, Denk- und Literaturformen auf ihre „jüdische“ oder „hellenistische“

„modernen“ Einflüssen sich hingaben“; weiter, daß es darüber hinaus „ohne Zweifel die vielfachen unmerklichen Beeinflussungen (gab), denen das offizielle und noch mehr das nicht offizielle volkstümliche Judentum sich, ob es wollte oder nicht, kaum völlig verschließen konnte“ (aaO. 74). Gleichwohl betonte derselbe Verf. in: Die Religionsgeschichte und das Urchristentum, Gütersloh 1931 (ND Darmstadt 1959), 11: „So kann man auch das Werden des Christentums sich nicht anders vorstellen: die ersten Christen waren Menschen der römischen Kaiserzeit, entweder palästinische Juden *oder* (Hervorhebung M. H.) Angehörige des hellenistischen Kulturkreises“. Wäre es nicht realistischer zu sagen, daß sie in verschiedener Abstufung beides waren? S. die eindrücklichen Ausführungen op. cit. 42–106.

In der von H. Gressmann bearbeiteten Darstellung von W. Bousset, Die Religion des Judentums im späthellenistischen Zeitalter, in 3., verb. Aufl. hg. v. H. Greßmann, HNT 21, Tübingen, 4., photomechanisch gedruckte Auflage 1966, haben die verschiedenen Religionsformen der hellenistischen Zeit auch das – völlig zu Unrecht – als „epigonenhaft und unschöpferisch“ (472) charakterisierte späthellenistische Judentum beeinflußt und z. T. synkretistisch umgestaltet, obwohl der „Gegensatz gegen den hellenischen Geist“ bedeutsamer als alle Einwirkungen bleibt (484). Zum Protest gegen diese Interpretation des Judentums als einer „synkretistischen Religion“ s. G. Kittel, Probleme, 11f.75 Anm. 4 und ders., Religionsgeschichte, 66f. Die ganze Auseinandersetzung zeigt die Kompliziertheit des Problems wie auch die relative Unschärfe der so gern fast schlagwortartig gebrauchten Begriffe „Hellenismus“ und „Synkretismus“. Richtig ist, daß – abgesehen von der Episode nach 168/167 v. Chr., die zum Makkabäeraufstand führte – wirkliche jüdisch-pagane *Religions*formen im jüdischen Palästina praktisch überhaupt nicht und in der Diaspora ganz selten zu finden sind, aber dies bedeutete noch keine Unabhängigkeit von der herrschenden hellenistischen Zivilisation, ihren Lebens- und Denkweisen, die sich auch in den religiösen Bereich hinein auswirkten.

Vom Gegensatz zwischen „Judentum“ und „Hellenismus“ redet auch L. Goppelt, Christentum und Judentum im ersten und zweiten Jahrhundert. Ein Aufriß der Urgeschichte der Kirche, BFChTh 2. R. 55, Gütersloh 1954, 21; nach P. Wendland steht das älteste Christentum „dem Hellenismus zunächst fremd gegenüber“ (Die griechische Prosa, in: Einleitung in die Altertumswissenschaft, hg. v. A. Gercke/E. Norden, Bd. 1 Methodik, Sprache, Metrik, Griechische u. Römische Literatur, Leipzig/Berlin 1910, 329–398 (385). Hier verwendet Wendland freilich einen älteren Begriff des Wortes „Hellenismus“, der H. mit höherer griechischer Bildung gleichsetzt (s. u. zu Harnack, S. 90), und nicht den von der Anschauung eines „orientalischen Synkretismus“ geprägten Hellenismus-Begriff der religionsgeschichtlichen Schule. Dieser von Wendland in seinem Beitrag zu Lietzmanns HNT wiederholten Einsicht (Die hellenistisch-römische Welt in ihren Beziehungen zu Judentum und Christentum, HNT 1/2, Tübingen 1907) stimmt W. Bousset in seiner Rezension des Buches (Ein grundlegender Beitrag zur Religionsgeschichte des neutestamentlichen Zeitalters, ThR 11,1908, 323–341) erstaunlicherweise zu (336). Weil er das palästinische „Spätjudentum“ aber für reinen Pharisäismus hielt (W. Bousset, Jesu Predigt in ihrem Gegensatz zum Judentum. Ein religionsgeschichtlicher Vergleich, Göttingen 1892, 32), formulierte er andererseits auf sehr fragwürdige Weise: „Jesus unterscheidet sich doch (...) himmelweit von der Denkart des Judentums“ (aaO. 46). Wie R. Bultmanns vielgelesene Darstellung „Das Urchristentum im Rahmen der antiken Religionen“, München ^{5}1986 zwischen der Behandlung des Judentums (aaO. 54–96) und des Hellenismus (127–162) trennt, so auch die verbreitete Einführung E. Lohses (Umwelt des Neuen Testaments, GNT 1, Göttingen 1980) in ihren beiden Hauptteilen „Das Judentum in der Zeit des Neuen Testaments“ (7–144) und „Die hellenistisch-römische Umwelt des Neuen Testaments“ (145–205). Man sollte hier besser zwischen einem – vielfältigen – Judentum und dem griechisch-römischen Heidentum unterscheiden.

Herkunft und Prägung hin und versucht daraus entsprechende Schlüsse zu ziehen[5].

Ein wissenschaftliches Verständnis des Urchristentums, seiner Geschichte, seines theologischen Denkens und d. h. zugleich die „historisch-kritische" Auslegung des NT scheint ohne diese für uns – vielleicht doch allzu – selbstverständlich gewordene Distinktion kaum mehr denkbar. Das Streben nach eindeutiger Etikettierung gab und gibt dabei nicht selten Anlaß zu polemischen Auseinandersetzungen, denen wir uns offenbar so wenig wie unsere Väter entziehen können. Wie sehr hat etwa die Frage, ob einzelne Begriffe, Vorstellungskomplexe oder gar bestimmte urchristliche Theologen wie Paulus, Johannes oder der Verfasser des Hebräerbriefes von „alttestamentlich-jüdischer Tradition" oder „hellenistischem Synkretismus", von „jüdischer Apokalyptik" oder „hellenistischer Gnosis" (bzw. „Enthusiasmus"), von „rabbinischem Rechtsdenken" oder „hellenistischer Mystik" her zu verstehen seien, die gelehrten Gemüter bis heute immer wieder aufs Neue bewegt und bisweilen gar erhitzt[6]. Daß sich dabei die Vorliebe für das Prädikat „alttestamentlich-jü-

---

[5] So etwa die Unterteilung der Abschnitte des ThWNT; vgl. dazu Aufsätze von G. Friedrich: „Begriffsgeschichtliche" Untersuchungen zum Theologischen Wörterbuch zum Neuen Testament, in ABG 22 (1976), 151–177; ders., Die Problematik eines Theologischen Wörterbuches zum Neuen Testament, in: Studia Evangelica, TU 73, Berlin 1959, 481–486 mit ders., Das bisher noch fehlende Begriffslexikon zum Neuen Testament, NTS 19 (1972/73), 127–152.

[6] Einige wenige zufällige Beispiele: Aufschlußreich sind etwa die Auseinandersetzung K. Holls (Urchristentum und Religionsgeschichte, 5–7) mit Reitzensteins Ableitungen aus den „Mysterienreligionen" oder E. Nordens Protest gegen die Kennzeichnung des Christentums als „synkretistische Religion" (Die Geburt des Kindes. Geschichte einer religiösen Idee, 3. unveränderter Abdruck der 1. Aufl. 1924, Darmstadt 1958, 111): Die Formel sei „gefährlich, da sie Sekundäres zum Range eines Wesentlichen erhebt, und den eigentlich entscheidenden Faktor, daß die neue Religion den Ring aller (...) beherrschenden älteren (...) sprengte, außer Betracht läßt". Von „synkretistischer" Religion hatte etwa H. Gunkel (Zum religionsgeschichtlichen Verständnis des Neuen Testaments, FRLANT 1, Göttingen 1903, 88.95) gesprochen. Ein neueres Einzelproblem illustriert ebenfalls das Gesagte: Nach K. Wengst, Christologische Formeln und Lieder des Urchristentums, StNT 7, Gütersloh 1972, hat das Judentum die Sühnetodvorstellung von den Griechen übernommen: „Dieser Gedanke des ‚Sterben für' hat im Griechentum eine lange Tradition" (aaO. 67); Wengst weist deshalb eine Herkunft aus der aramäisch sprechenden Urgemeinde oder aus dem palästinischen Judentum zurück. Dagegen M. Hengel, The Atonement. A Study of the Origins of the Doctrine in the New Testament, London 1981, 19.64.76–93; ders., Der Sohn Gottes. Die Entstehung der Christologie und die jüdisch-hellenistische Religionsgeschichte, 2. durchg. u. erg. Aufl. Tübingen 1977, 32–34 u. 35–89 oder K. Th. Kleinknecht, Der leidende Gerechtfertigte. Die alttestamentlich-jüdische Tradition vom ‚leidenden Gerechten' und ihre Rezeption bei Paulus, WUNT 2.R. 13, Tübingen 1984, 51.66 und 177.

Ein anderes Beispiel ist der Streit um die Vorstellung vom „Leib Christi": E. Käsemann, Leib und Leib Christi. Eine Untersuchung zur paulinischen Begrifflichkeit, BHTh 9, Tübingen 1933; H. Schlier, Christus und die Kirche im Epheserbrief, BHTh 6, Tübingen 1930 und die beiden Aufsätze E. Schweizers, Die Kirche als Leib Christi in den paulinischen Homologumena bzw. Antilegomena, zuerst in ThLZ 86 (1961), 161–174.241-256, in: ders., Neotestamentica. Deutsche und englische Aufsätze 1951–1963, Zürich, Stuttgart 1963, 272–292 u. 293–316; schließlich H. Merklein, Entstehung und Gehalt des paulinischen Leib-Christi-

disch" häufig mit einer eher „konservativen" und die Bevorzugung alles „Hellenistischen" mit einer mehr „liberalen" bzw. „kritischen" Haltung verband, hat die Sachlichkeit der Diskussion nicht unbedingt gefördert. Allzuoft bekommt man den Eindruck, daß mit einem solchen großen und eindrucksvollen Etikett nur historisch Unverstandenes verhüllt werden soll.[7]

Gedankens, in: DERS., Studien zu Jesus und Paulus, WUNT 43, Tübingen 1987, 319–344. Vor einigen Jahren wurde wieder in einer Sammelbesprechung gegen die m.E. dringende Aufgabe einer „Biblischen Theologie" der absurde Einwand erhoben, „Die zwischentestamentliche Zeit (zu Teilen) und die hellenistische Welt können nicht derart als minder wichtig in den Hintergrund gedrängt werden" (O. MERK, Gesamtbiblische Theologie. Zum Fortgang der Diskussion in den 80er Jahren, VF 33 (1988), 19–40, Zitat S. 38). Als ob Dan, Koh, Est oder Prov 1–10 nicht in die *hellenistische* Zeit und Welt gehörten, ganz abgesehen von Sir, 1/2 Makk und Weish, die Teile der traditionellen *christlichen* Bibel sind: Eine ‚zwischentestamentliche' Zeit gibt es im strengen Sinne gar nicht. Dieser oft verwendete Begriff ist, genauer betrachtet, weder im Rahmen einer jüdischen (da es nur ein „Gesetz und Propheten" gibt) noch einer christlichen Theologie („Gesetz und Propheten" enden mit Johannes dem Täufer, Lk 16,16) erklärbar. Er entstand vermutlich in der reformierten Orthodoxie, die das ‚Alte Testament' mit dem hebräischen Kanon in den Zeiten des Maleachi oder Esra enden ließ (vgl. Confessio Helvetica posterior [1566]: *„Interim nihil dissimulamus quosdam Vet. Test. libros a veteribus nuncupatos esse Apocryphos (...), utpote quos in ecclesiis legi voluerunt quidem, non tamen proferri ad authoritatem ex his fidei confirmandam"* [BSKORK ed. W.Niesel, München 1938, 224, Z.2–6]). Wer meint, Adjektive wie „wissenschaftlich" oder „historisch-kritisch" wie eine Monstranz vor sich her tragen zu können, der möge doch endlich klare *historische Fakten* zur Kenntnis nehmen.

Den Streit kann man paradigmatisch an den verschiedenen Ableitungsversuchen zum Johannesprolog studieren: Die „Tübinger Schule" brachte ihn einst mit der philosophischen Logos-Spekulation Alexandriens in Verbindung; die religionsgeschichtliche Schule leitete ihn vom „gnostischen Synkretismus" ab; ganz anders H. GESE (Der Johannesprolog, in: ders., Zur biblischen Theologie, Tübingen ²1983, 152–201), der ihn von der alttestamentlichen Traditionsgeschichte und hier wieder besonders von der Weisheitstheologie her betrachtet. Zur Auslegungsgeschichte im 19. und 20. Jh. s. jetzt M. THEOBALD, Die Fleischwerdung des Logos. NTA.NF 20, Münster 1988, wo freilich die religionsgeschichtliche Frage etwas zu kurz kommt (55–67 zu Bultmann).

[7] Ein typisches Beispiel ist – unter zahllosen anderen – der Abschnitt „Hellenistischer Enthusiasmus" im Artikel „Eschatologie IV (im NT)" von G. KLEIN (TRE 10, Berlin, New York 1982, 278–299). Doch was ist an diesem „Enthusiasmus" wirklich „hellenistisch"? Die „enthusiastische" Präsenz des Heils wird schon in Qumran und in der Jerusalemer Urgemeinde sichtbar. Noch vor Paulus entsteht nach W. SCHMITHALS (Eschatologie und Apokalyptik, VF 33,1988, 68) „die machtvolle Häresie des christlichen Gnostizismus" aus einem vorchristlich gnostisch-dualistischen Enthusiasmus, der so alt sein soll wie die ihm verwandte jüdische Apokalyptik (so W. SCHMITHALS, Die Apokalyptik. Einführung und Deutung, Sammlung Vandenhoeck, Göttingen 1973, 69 – gewaltsamer kann man mit der historischen Wirklichkeit kaum mehr umgehen!). Aber muß man das essenische Selbstbewußtsein, das den Gottesdienst der Gemeinde in der Gemeinschaft mit den Engeln und dem innersten Heiligtum Gottes feiert, oder den religiösen Machtanspruch der späteren jôrdê märkaba nicht erst recht als „dualistischen Enthusiasmus" bezeichnen? Und was ist daran „gnostisch" oder „hellenistisch"? D. GEORGI (Weisheit Salomos, JSHRZ III/4 Unterweisungen in lehrhafter Form, Gütersloh 1980, 394) sieht entsprechend in der Sapientia Salomonis „eine gnostische Schrift" und zwar „die älteste, die wir besitzen". Hier ist man wirklich versucht, von „Etikettenschwindel" zu sprechen. Aber wer will den Neutestamentlern Vorwürfe machen, wenn selbst ein Alttestamentler wie G. FOHRER, Artk. σοφία, ThWb VII, 490, vermutete, daß Hiob 28 (und

Immerhin blieb man sich häufig bewußt, daß diese Unterscheidung unscharf, relativ, ja unter Umständen sogar fragwürdig war, und man versuchte darum, genauer zu differenzieren. Denn man erkannte, daß nicht eigentlich der Gegensatz zwischen „Judentum" und „Hellenismus", sondern die Synthese zwischen beiden Kräften, etwa im „hellenistischen Judentum" der Diaspora des römischen Reiches, den stärksten Einfluß auf die entstehende Kirche ausgeübt hat. Dieses „hellenistische Judentum" wurde nun freilich in der Regel ebenfalls wieder mehr oder weniger deutlich von der Judenschaft des palästinischen Mutterlandes, aus der ja auch das Urchristentum hervorgegangen war, geschieden, so daß sich die Fragestellung nur verlagerte. Eine Konsequenz dieser Differenzierung bestand immerhin darin, daß man die ältere, auf Heitmüller zurückgehende und noch von Bultmann verwendete zu grobe Unterscheidung zwischen (judenchristlich-) palästinischer „Urgemeinde" und (heidenchristlich-) „hellenistischer Gemeinde" durch das wichtige Zwischenglied einer „*judenchristlich-hellenistischen Gemeinde*" ergänzte.[8] Nach diesem heute beliebten Schema steht am Anfang die palästinische Urgemeinde, sei es in Galiläa oder Jerusalem, es folgen die „judenchristlich-hellenistischen" Gemeinden in Syrien, etwa in Damaskus, wo Paulus Christ wurde, vor allem aber in Antiochien und schließlich die überwiegend „heidenchristlich-hellenistischen Gemeinden" vornehmlich in Kleinasien und Griechenland, d.h. im Einzugsgebiet der paulinischen Mission, wobei die Anteile der einzelnen Gemeinden an der Entstehung des Urchristentums, seines Gottesdienstes und seiner theologischen Überlieferungen wieder umstritten sind.[9]

Einer besonderen Beliebtheit erfreut sich dabei das „*hellenistische*" Chri-

---

Prv 8,22–31) „ein gnostischer Mythos zugrunde liege", vgl. U. WILCKENS, Weisheit und Torheit, BHTh 26, 1959, unter ständiger Berufung auf R. Bultmann.

[8] W. HEITMÜLLER, Zum Problem Paulus und Jesus, zuerst in ZNW 13 (1912), 320–337, in: Das Paulusbild in der neueren deutschen Forschung, in Verb. mit U. Luck hg. v. K.H. Rengstorf, WdF 24, Darmstadt 1969, 124–143, besonders 134f.138–142. Neben älteren Darstellungen (GOPPELT, Christentum und Judentum; F. HAHN, Christologische Hoheitstitel. Ihre Geschichte im frühen Christentum, FRLANT 83, Göttingen ^{3}1966; DERS., Das Verständnis der Mission im Neuen Testament, WMANT 13, Neukirchen-Vluyn ^{3}1966) vgl. jetzt C. COLPE, Die älteste judenchristliche Gemeinde, in: Die Anfänge des Christentums. Alte Welt und neue Hoffnung. (...) Stuttgart, Berlin, Köln, Mainz, 1987, 59–79 und K.M. FISCHER, Das Urchristentum, Kirchengeschichte in Einzeldarstellungen I/1, Berlin, 1985, 78–86 („Das hellenistische Urchristentum") - ausführlich zum Thema M. HENGEL, Christologie und neutestamentliche Chronologie. Zu einer Aporie in der Geschichte des Urchristentums, in: Neues Testament und Geschichte. FS O. Cullmann zum 70. Geburtstag, hg. v. H. Baltensweiler u. B. Reicke, Zürich/Tübingen 1972, 43–67 und DERS., Zwischen Jesus und Paulus. Die „Hellenisten", die „Sieben" und Stephanus (Apg 6,1–15; 7,54–8,3), ZThK 72 (1975), 151–206 (Literatur).

[9] Vgl. C. ANDRESEN, Geschichte des Christentums I, Von den Anfängen bis zur Hochscholastik, ThW 6, Stuttgart/Berlin/Köln/Mainz 1975, 1–5 oder H. LIETZMANN, Geschichte der Alten Kirche, Bd. 1 Die Anfänge, Berlin/Leipzig 1932, 65 (Nachdruck Berlin/New York $^{4/5}$1975) mit W. SCHNEEMELCHER, Das Urchristentum, UB 336, Stuttgart/Berlin/Köln/Mainz 1981, 100ff.123ff.155ff, der ein m.E. fragwürdiges, nach dem heutigen Stand der Forschung

stentum Syriens, dem die entscheidenden Entwicklungen wie auch die meisten Evangelien zugeschrieben werden, obwohl wir über das syrische Christentum zwischen 30 und 100 n. Chr. nichts außer dem Wenigen wissen, das der vielgeschmähte Lukas und Paulus berichten. Zwischen Ignatius (+ ca. 113/114 n. Chr.) und Theophilus von Antiochien (ab ca. 175 n.Chr) ist unser Wissen noch geringer. Dennoch konnten wir schon 1925 von R. Bultmann hören:

„Ich bemerke dazu nur noch, daß mir das Problem der Hellenisierung des Urchristentums eng mit dem der Syrifizierung zusammenzuhängen scheint. Der Anteil Syriens an der hellenistischen und urchristlichen Religionsgeschichte muß dringend untersucht werden".[10]

Wer in dieser auch heute noch verbreiteten Vorliebe für Syrien dort die entscheidende Entwicklung des Urchristentums zwischen 30 und 100 und dazu auch noch die sogenannte Logienquelle samt der Entstehung von drei Evangelien (Mt, Mk und Joh) ansiedeln will, übersieht ein Dreifaches:

1) Unser Wissen gerade über die „Hellenisierung" Syriens in *vorchristlicher* Zeit, d.h. bis zur Mitte des 1. Jh. n. Chr., ist ebenso eingeschränkt wie unser Wissen über die religiösen Verhältnisse in dieser Provinz. Sie scheinen sich zwischen der persischen und römischen Zeit, d. h. zwischen 350 und 50 v. Chr. nicht all zu sehr verändert zu haben. Selbst unsere Kenntnisse über die Hauptstadt und frühseleukidische Polisgründung Antiochien kann man nicht überwältigend nennen. Wir wissen darüber viel weniger als über Alexandrien. Von den syrischen Kulten jener Zeit besitzen wir – abgesehen vom Heiligtum der *Dea Syria* in Hierapolis-Bambyke[11] oder von Palmyra – kaum detaillierte Nachrichten, und über das vorrömische „hellenistische" Damaskus fehlen fast alle Quellen. Etwas – aber auch nur etwas – besser ist die Situation in den phönizischen Städten von Arados bis Dor.[12] Mit Abstand am meisten erfahren

---

veraltetes Bild des Urchristentums zeichnet, weil er die schöpferische Kraft und Vielfalt des antiken Judentums im Mutterland und in der Diaspora völlig unterschätzt.

[10] R. Bultmann, Die Bedeutung der neuerschlossenen mandäischen und manichäischen Quellen für das Verständnis des Johannesevangeliums, zuerst in ZNW 24, 1925, 100–146, in: ders., Exegetica. Aufsätze zur Erforschung des Neuen Testaments, ausgewählt, eingeleitet und hg. v. E. Dinkler, Tübingen 1967, 102f. Zur Kritik dieses „Pansyrismus" im Blick auf die Theorien in W. Bauers Johanneskommentar 1912 (^{2}1925) s. G. Kittel, Die Probleme des palästinischen Spätjudentums und des Urchristentums, BWANT 37, 1926, 48 Anm. 3.

[11] W. Fauth, Art. Dea Syria, KP 1, München 1979, 1400–1403; M. Hörig, Dea Syria – Atargatis, ANRW II 17/3, 1984, 1536–1581.

[12] S. dazu F. Millar, o. Anm. 3, zu Antiochien s. G. Downey, A History of Antioch in Syria, Princeton 1961; ders., Ancient Antioch, Princeton 1963; für die römische Zeit s. J. Lassus, La ville d'Antioche à l'époque romaine d'après l'archéologie, ANRW II 8, Berlin/New York 1977, 54–102. Ein solch monumentales Werk wie P.M. Frazer, Ptolemaic Alexandria (3 Bde., Oxford 1972) könnte über das hellenistische und frührömische Antiochien nicht geschrieben werden. Die eigentlich große Zeit der Stadt, in der die Quellen reichlich fließen, liegt im 4. Jh., z.Zt. des Libanios und der großen antiochenischen Kirchenväter, s. J.H.W.G. Liebeschuetz, Antioch. City and Imperial Administration in the later Roman Empire, Oxford 1972; C.H. Kraeling, The Jewish Community at Antioch, JBL 51,

wir zwischen Alexander und der Zeitenwende über die *Juden* in ihrem Mutterland und über ihre heidnischen Nachbarn, dank der allein bei ihnen relativ reichlich fließenden Quellen, 1.–4. Makkabäer, Dan 10–12 und vor allem Josephus, der seinerseits wieder auf dem großen, 144-bändigen Geschichtswerk des Nikolaos von Damaskus gründet (s.u. S. 61), der die seleukidische und jüdische Geschichte relativ ausführlich referiert haben muß. Nur auf Grund unserer Kenntnis des zeitgenössischen Judentums können wir Näheres über die „Umwelt" oder besser die Wurzeln des Urchristentums in Palästina und Syrien berichten. Der wichtigste Autor für die syrische Geschichte jener Zeit ist mit Abstand der *jüdische* Historiker Josephus. Ich selber hoffe, mit Frau A.M. Schwemer in Kürze eine ausführliche Untersuchung zur Wirksamkeit des Paulus in Syrien vorlegen zu können (s.u. A. 16).

2) Das eigentlich „syrische" Schrifttum beginnt erst mit der Durchsetzung des Christentums, vermutlich mit dem Diatessaron Tatians[13], d.h. wir besitzen mit zwei oder drei Ausnahmen um 200 n. Chr. noch keine *syrische* nichtchristliche Literatur. Diese entsteht auch nicht innerhalb des Reichsgebietes, sondern an dessen Rand, jenseits des Eufrats in Edessa.[14] Die große Zeit des römischen Syrien beginnt erst im 2. Jh. mit der kulturellen Wirksamkeit Hadrians und der Antoninen und vor allem zu Beginn des 3. Jh.s mit dem Aufstieg der Priesterfamilie von Emesa bis zum Kaiserthron, dem Griff der Palmyrener nach der Herrschaft und der Einführung des *sol invictus* als Reichsgott durch Kaiser Aurelian. In der ersten Hälfte des 1. Jh. n. Chr. waren Syrien und seine Kulte weder sonderlich kreativ noch attraktiv:

1932, 130–160; W.A. MEEKS/R.L. WILKEN, Jews and Christians in Antioch in the first four centuries of the common era, SBL SBibSt 13, Missoula 1978. Zu Damaskus s. K. TÜMPEL, Art. Damaskos, PW IV/2, Stuttgart 1901, 2042–2048 (2045f). Die ersten Nachrichten über die innere Verfassung der Stadt als hellenistischer Polis stammen aus dem Bericht des Nikolaos v. Damaskus über seine Familie, s. F. Millar, The Problem of Hellenistic Syria, 125f (und u. S. 60) und jetzt DERS., The Roman Near East, London 1993, die grundlegende Monographie zu den politischen und religiösen Verhältnissen in Syrien zwischen Augustus und Diokletian, die gerade die Frage des „Synkretismus" äußerst zurückhaltend beurteilt.

[13] F. BOLGIANI, Art. Diatesseron, Dizionario Patristico e di Antichità Cristiane I, Casale Monferrato 1983, 945–947. Grundlegend jetzt W.L. PETERSEN, Tatian's Diatessaron. Its Creation, Dissemination, Significance and History in Scholarship, VigChr.S 25, 1994, der einen syrischen Urtext nachweisen will, der wieder mit Justins Evangelienharmonie in Verbindung steht, 346ff.426ff. Er datiert den Text zwischen 165 und 180 (exakter 172–175). Etwas später enstanden die vollkommen christlichen ‚Oden Salomos', vgl. L. ABRAMOWSKI, Sprache und Abfassungszeit der Oden Salomos, OrChr 68, 1984, 80–90.

[14] S. dazu F. MILLAR, Empire, Community and Culture, 152.159f. Diese drei Texte, die „edessenische Chronik", der Brief des Mara Bar Sarapion und das „Buch der Gesetze der Länder" des Bardesanes (ganz abgesehen von den anderen christlich-gnostischen Werken) sind im Grunde bereits christlich beeinflußt. Zum ganzen s. auch A. BAUMSTARK, Geschichte der Syrischen Literatur, Bonn, 1922, 10–14 und H.J.W. DRIJVERS, Hatra, Palmyra und Edessa. Die Städte der syrisch-mesopotamischen Wüste in politischer, kulturgeschichtlicher und religionsgeschichtlicher Beleuchtung, ANRW II 8, 799–906 und DERS., Cults and Beliefs at Edessa, EPRO 82, Leiden 1982.

„Syrien vermittelte zwischen den Hochkulturen Ägyptens, Mesopotamiens und Anatoliens, blieb aber selbst zumeist der empfangende Teil, der nur sporadische Eigenentwicklungen hervorbrachte".[15]

3) War Palästina (oder genauer: Judäa und Galiläa) für den antiken Betrachter nicht ein Teil Syriens und mit diesem ethnisch, kulturell und politisch aufs engste verbunden? Die Ptolemäer konnten ihr Territorium bis 200 v. Chr. südlich der Linie Tripolis/Damaskus einfach „ΣΥΡΙΑ ΚΑΙ ΦΟΙΝΙΚΗ" und die Seleukiden später „ΚΟΙΛΗ ΣΥΡΙΑ" nennen. Für die Römer war Judäa nur ein politisch schwieriger und stets unruhiger Appendix der Provinz Syrien, deren südlichen Teil ab der Linie Arados - Emesa - Eufratknie sie im 1. Jh. n. Chr. noch mit relativ lockerer Hand regierten. Judäa/Palästina widmeten sie wegen seiner geostrategischen Lage als Landbrücke zwischen Syrien und Ägypten etwas mehr Aufmerksamkeit. Aber gerade deswegen muß man bei der Annahme eines besonderen syrischen „Hellenismus" bzw. „Synkretismus" oder gar „religiösen" Einflusses syrischer Kulte sehr vorsichtig sein. Denn das syrische (bzw. kanaanäisch-phönizische), unmittelbar benachbarte Heidentum war für Juden (und dann für Judenchristen) seit jeher eher abschreckend und verhaßt gewesen, wobei der Haß auf Gegenseitigkeit beruhte. Der antike Antisemitismus hat seine Wurzeln in Alexandrien und den an das jüdische Gebiet angrenzenden phönizisch-syrischen Territorien. Daran hat - wie die Vorgänge in Jerusalem und Sichem zur Zeit Antiochus IV. und des von ihm aufgerichteten šiqquṣ m^{e}šōmēm (Dan 11,31; 9,27 u. 12, 11, eine Verballhornung des syrischen Baal Schamen) zeigen - auch seine neue, durch *interpretatio graeca* hellenisierte Form nichts geändert. Man muß vielmehr umgekehrt fragen, ob nicht - im Zuge der Zeit - der jüdische und dann der christliche, fast philosophisch erscheinende ethische Monotheismus für die „hellenisierten" Syrer (und Araber) immer attraktiver wurde. Die jüdische Propaganda scheint vor allem in den Städten trotz der verbreiteten Aversion gegen die Juden recht erfolgreich gewesen zu sein.[16] Der Baal von Doliche in Kommagene, der

[15] M. Hörig, Dea Syria, ANRW II 17/3, 1537 f. Zu beobachten ist, daß sowohl der Kult von Emesa wie die Karawanenstadt Palmyra weniger einen „aramäischen" als einen „arabischen" Hintergrund besitzen, s. F. Millar, Empire, Community and Culture, 155–159; H. J. W. Drijvers, Hatra, Palmyra und Edessa, 837 f; R. D. Sullivan, The Dynasty of Emesa, ANRW II 8, 198–219. Julia Domna, die Tochter des Sol-Elgabal-Priesters Julius Bassianus, heiratete Septimius Severus, der selbst aus einer ursprünglich punischen Familie in Leptis Magna stammte. Ihr Großneffe Elgabal wurde 218 Kaiser (vgl. ders., Priesthoods of the Eastern Dynastic Aristocracy, in: Studien zur Religion und Kultur Kleinasiens, FS F. K. Dörner zum 65. Geburtstag, hg. v. S. Sahin, E. Schwertheim u. J. Wagner, EPRO 66, Bd. 2, Leiden 1978, 914–939. Erst im 3. Jh. erfüllte sich in vollem Sinne die bekannte Klage Juvenals: „*Iam pridem Syrus in Tiberim defluxit Orontes*" (3,62).

[16] Siehe dazu M. Hengel, Judentum und Hellenismus. Studien zu ihrer Begegnung unter besonderer Berücksichtigung Palästinas bis zur Mitte des 2. Jh.s v. Chr., WUNT 10, 3, durchg. Aufl., Tübingen 1988, 542–551 und ders./A. M. Schwemer, Die unbekannten Jahre des Apostels Paulus, erscheint in WUNT 1997.

vorderasiatische Mithras und der syrische Sonnengott fanden daher durch orientalische Truppeneinheiten eher bei unseren Vorfahren im römischen Germanien und Britannien als bei Juden und Christen in Palästina Beachtung. M.a.W.: die syrischen Kulte im hellenistischen Gewand haben, soweit wir sie kennen[17], sicherlich *keinen* Einfluß auf das frühe Christentum in Syrien (und Palästina – beides läßt sich geographisch nur schwer auseinanderhalten) ausgeübt.[18] Gemeinsamkeiten, etwa die Vorliebe für den „Herrn"-Titel in der Gottesanrede, die Anrufung Gottes als „Höchster" bzw. „Himmelsgott" oder bestimmte Kultformen gehen auf die gemeinsemitische Herkunft zurück. Auch dürfen wir die „Orientalisierung" der hellenistisch-römischen Religiosität, die ab dem Ende des 2. Jh.s und vollendet im 3. Jh. sichtbar wird, nicht einfach in das 1. Jh. eintragen. Es ist eigenartig, daß gerade neutestamentliche „Historiker", deren räumliches und zeitliches Feld so eng begrenzt ist, besonders großzügig mit Raum und Zeit umgehen.

---

[17] H. Gese, Die Religionen Altsyriens, in: Die Religionen Altsyriens, Altarabiens und der Mandäer, RM 10/2, Stuttgart/Berlin u.a. 1970, 216–229; J. Teixidor, The Pagan Gods. Popular Religion in the Greco-Roman Near East, Princeton/New Jersey 1977, bes. 5f.11f. und ders., The Pantheon of Palmyra, EPRO 79, Leiden 1979, weitere Literatur auch in: ders., Religion und Kult in Palmyra, in: Palmyra. Geschichte, Kunst und Kultur der syrischen Oasenstadt. Einführende Beiträge und Katalog zur Ausstellung, Linz 1987, 32–43; (41f); G.H. Halsberghe, The Cult of Sol Invictus, EPRO 23, Leiden 1972; ders., Le culte de Deus Sol Invictus à Rome au 3e siècle après J.C., ANRW II 17/4, Berlin/New York 1984, 2181–2201.

[18] Völlig phantastisch sind die Vermutungen Bultmanns über den Einfluß gnostischer „Mysteriengemeinden", in denen man den Erlöser mit dem phrygischen Mysteriengott Attis identifizierte, wodurch schon früh „die (*gnostische*, M.H.) Bewegung auch in die christlichen Gemeinden eingedrungen" sein soll (ders., Theologie des Neuen Testaments. 8., durchg., um Vorwort und Nachträge wesentlich erw. Aufl., hg. v. O. Merk, Tübingen 1980, 171). Eine solche Kombination (sc. von Attis und gnostischem Erlöser) soll Paulus schon vorgelegen haben (aaO. 298; vgl. ders., Das Urchristentum, 153 – jeweils ohne Belege!). Bultmann gewinnt diese Hypothese wohl einerseits aus dem *sehr viel späteren* Naassenerbericht Hippolyts (Haer. 5,6,3–5,11 ed. P. Wendland, GCS, 77–104 und dort besonders die Attishymnen 9,8f, ed. Wendland 99f; vgl. dazu L. Abramowski, Ein gnostischer Logostheologe. Umfang und Redaktor des gnostischen Sonderguts in Hippolyts „Widerlegung aller Häresien", in dies., Drei christologische Untersuchungen, BZNW 45, Berlin, New York 1981, 18–62, (46–56) und J. Frickel, Hellenistische Erlösung in christlicher Deutung. Die gnostische Naassenerschrift. Quellenkritische Studien – Strukturanalyse – Schichtenscheidung – Rekonstruktion der Anthropos-Lehrschrift, NHS 19, Leiden 1984) und aus Arbeiten R. Reitzensteins (ders., Die hellenistischen Mysterienreligionen. Ihre Grundgedanken und Wirkungen, 3., erw. und umgearb. Aufl. Berlin, Leipzig 1927 [ND Darmstadt 1956], 12ff.108.145.152.181.241 u.ö., die man heute, was die zeitliche und religionsgeschichtliche Einordnung der Texte betrifft, ohne Einschränkungen als Phantasiegebilde bezeichnen kann). Reitzenstein hatte aus dem Naassenerbericht Hippolyts eine gnostische Quelle, die Naassenerpredigt, herausgelöst und „den so gewonnenen Grundtext zweimal abgedruckt" (Abramowski, Logostheologe, 46 mit Bezug auf Reitzenstein, Poimandres. Studien zur griechisch-ägyptischen und frühchristlichen Literatur. Leipzig 1904, 83–98 u. Reitzenstein/H.H. Schaeder: Studien zum antiken Synkretismus aus Iran und Griechenland, SBW 7, Leipzig/Berlin 1926 [ND Darmstadt 1965], 161–173).

Auf diesem Hintergrund ist auch die in der heutigen Forschung ziemlich verbreitete Nomenklatur, die auf einer grundsätzlichen Trennung zwischen dem „palästinischen Judentum" und dem „hellenistischen" der Diaspora und entsprechend zwischen der ältesten „palästinischen" Gemeinde und den wenig späteren ersten „synkretistisch beeinflußten" Missionsgemeinden „judenchristlich-hellenistischer" Prägung in Syrien beruht, nicht unproblematisch und zwar aus folgendem Grund:

Hier wird der klare *geographische* Begriff „palästinisch" dem relativ *unbestimmten* – aber doch wohl im *kulturell-religiösen und zeitlich-historischen* Sinne zu verstehenden – Attribut „hellenistisch" gegenübergestellt und damit gleichzeitig der fragwürdigen Meinung Raum gegeben, als sei das Land „Palästina", bzw. ein wesentlicher Teil desselben, das „jüdische Palästina", vom „Hellenismus" – was immer man darunter verstehen mag – kaum oder gar nicht beeinflußt worden, ganz im Gegensatz zu den angrenzenden Gebieten Phöniziens, des nabatäischen Arabiens, Syriens oder Ägyptens. Hinter der Einführung des Stichworts „synkretistisch" steht die Auffassung, als gehöre zu dieser Beeinflussung eine mehr oder weniger starke pagane Komponente, die man im palästinischen Mutterland noch nicht voraussetzen dürfe, wohl aber in der Diaspora der angrenzenden Gebiete.

Mit diesem Einwand wären wir zugleich bei unserem eigentlichen Thema: *Welche Wirkungen der „hellenistischen" Zivilisation, genauer „griechischer" Sprache, Lebensart, Ökonomie, Technik, Bildung, Philosophie und Religion lassen sich im Palästina des 1. Jh.s n. Chr., d. h. in der uns interessierenden Zeit der Entstehung des Urchristentums nachweisen*, und zwar vornehmlich in den *jüdischen* Teilen Palästinas, wobei wieder zu fragen ist, ob sich das „jüdische" und „nichtjüdische" (d.h. etwa gar „hellenistische") Palästina stets so ohne weiteres reinlich trennen lassen. In Galiläa, in der Küstenebene und noch mehr im Ostjordanland ist das gar nicht immer so einfach. Eine typische jüdisch-aramäische und zugleich „hellenistische" Mischkultur zeigen z.B. die Archive der Babatha und der Salome Komaïze aus der Zeit vor dem Bar Kokhba-Aufstand (s.u. S. 37f.). In dem Thema ist zugleich die Frage enthalten, ob „synkretistische" Elemente, d.h. fremder kulturell-*religiöser* Einfluß, nicht auch überall dort möglich waren und ob und wie weit sie sich nachweisen lassen.

In dem hier vorgegebenen beschränkten Rahmen kann ich freilich nur eine gewisse Auswahl von Gesichtspunkten mehr oder weniger skizzenhaft darstellen. Im Grunde würde eine wirklich eingehende Untersuchung des Problems eine Monographie von gleichem Umfang wie meine vor 26 Jahren erschienene Habilitationsschrift „Judentum und Hellenismus" erfordern, in der ich das Problem für die „frühhellenistische" Zeit etwa bis zur Mitte bzw. dem Ende des 2. Jh.s verfolgt habe. Anstatt des damals in der Einleitung versprochenen 2. Bandes kann ich freilich nur ein „Parergon" vorlegen, das sich an diese große Vorarbeit anschließt.

Wie häufig im Bereich der Alten Geschichte haben die zahllosen Details – wie es etwa bei Funden von Inschriften und anderen archäologischen Daten nicht verwunderlich ist – mehr oder weniger *zufälligen* Charakter. Aber die vielen „Zufälle“ ergeben im Ganzen in ihrer Vielfalt doch ein erstaunliches und ja z.T. doch relativ geschlossenes Gesamtbild. Bei intensiver und systematischer Suche würden sich solche „Zufallsfunde“ noch vermehren lassen. Auch bin ich selbst erstaunt, wie sehr jeweils neue archäologische und epigraphische Entdeckungen jenes Bild bestätigen, das ich seinerzeit in „Judentum und Hellenismus“ entworfen habe.

Am schwierigsten ist dabei der *religionsgeschichtliche* Bereich zu deuten, da hier die Phänomene in besonderer Weise ineinanderfließen. Das Problem stellt sich so in einer fast unüberschaubaren Komplexität und Kompliziertheit dar, denn gleichzeitig müßte man je und je zu klären versuchen, was die in der neutestamentlichen Forschung so gern verwendeten, schillernden Begriffe „hellenistisch“, „Hellenismus“, „Hellenisierung“ etc. in ihrem jeweiligen historischen Kontext wirklich bedeuten. Denn nur auf dieser Grundlage können wir genauer sagen, worin die angeblichen Unterschiede zwischen dem sogenannten „palästinischen“ und dem „hellenistischen“ Judentum, bzw. der „palästinischen“ Urgemeinde und den „hellenistischen“ Gemeinden juden- und heidenchristlicher Prägung bestanden, falls derartige Unterschiede überhaupt klar und eindeutig nachzuweisen sind, bzw. ob der Begriff „hellenistisch“ für exakte Differenzierungen in der Geschichte des Urchristentums noch in sinnvoller Weise zu verwenden ist. Wegen dieser ihrer schwer faßbaren Komplexität möchte ich das religionsgeschichtliche Problem zunächst zurückstellen und mich vornehmlich auf die „*Realien*“ konzentrieren, wo der Sachverhalt deutlicher zu erfassen ist.

2. *Die Sprachenfrage und ihr kultureller Hintergrund*

Beginnen wir mit dem letzten Punkt: Im Gegensatz zu dem bei Theologen üblichen, letztlich auf Droysen zurückgehenden kulturell und geistesgeschichtlich geprägten Sprachgebrauch von „Hellenisieren“ und „Hellenismus“ besaß in der Antike das Verb ἑλληνίζειν und das dazugehörige seltene Substantiv Ἑλληνισμός nahezu ausschließlich *sprachliche* Bedeutung.[19] Ein umfassender, kulturell-zivilisatorischer Sinn wurde diesen Worten – mit einer bezeichnenden Ausnahme, auf die wir noch zurückkommen müssen – nur selten und erst in nachchristlicher Zeit beigelegt. In der christlichen Literatur ab dem 3./4.Jh. n.

---

[19] Zu diesem Thema: M. HENGEL, Judentum und Hellenismus, 2–4; DERS., Zwischen Jesus und Paulus (Anm. 8), 167ff; informativ, aber im Ganzen fragwürdig R. BICHLER, „Hellenismus“. Geschichte und Problematik eines Epochenbegriffes, Impulse der Forschung 41, Darmstadt 1983.

Chr. erhalten das Wort Ἕλλην und die damit verbundenen anderen Begriffe der Wortgruppe dann überhaupt die Bedeutung „Heide"[20]. Vorher ging es bei beiden Begriffen zunächst und in erster Linie um die einwandfreie Beherrschung der griechischen Sprache. Damit erhalten wir auch für unsere Fragestellung vorweg ein wichtiges, ziemlich eindeutiges Unterscheidungskriterium: *„Hellenistische" Juden und Judenchristen sind (im eigentlichen, ursprünglichen Sinne des Wortes) jene, deren Muttersprache das Griechische war,*[21] im Gegensatz zu den Juden in Palästina und in der babylonischen Diaspora, die von Haus aus Aramäisch sprachen. In diesem muttersprachlichen Sinne versteht Lukas die Unterscheidung zwischen Ἑλληνισταί und den Ἑβραῖοι in Apg.6,1 (vgl.9,29).[22] Die Mutter- (bzw. Haupt-) sprache der Ἑλληνισταί ist Griechisch und die der Ἑβραῖοι Aramäisch. Freilich begegnen uns diese beiden Gruppen – und dies widerspricht der üblichen Trennungslinie – in der jüdischen Metropole des Heiligen Landes, in *Jerusalem* selbst. Zu leicht wird vergessen, daß die griechische Sprache zur Zeit Jesu hier schon seit über 300 Jahren zu Hause war und bereits eine lange wechselvolle Geschichte hinter sich hatte. Bereits im 3. Jh. finden wir in verschiedenen Teilen Palästinas eine ganze Reihe von griechischen Sprachzeugnissen, deren Zahl sich langsam aber beständig weiter vermehrt.[23]

---

[20] Vgl. dazu A Patristic Greek Lexicon, ed. by G.W.H. Lampe, Oxford 8. Druck 1987, 451. Eine erste Tendenz in dieser Richtung zeigt der Titel der „Scheltrede" Tatians (λόγος πρὸς Ἕλληνας); auch der Apologet Apollinaris von Laodicea soll um 170 5 Bücher an die Hellenen verfaßt haben, die verloren gegangen sind (Euseb, H.E. 4,27,1). Das Wort bedeutet freilich hier noch (heidnischer) „*griechischer Gebildeter*" und nicht allgemein „Nichtchrist".

[21] M. Hengel, Zwischen Jesus und Paulus (Anm. 8), 161; vgl. aber schon W. Jaeger, Das frühe Christentum und die griechische Bildung, übers. v. W. Eltester, Berlin 1963, 3f.

[22] Erst später wurde hier die Bedeutung „Heiden" eingetragen. Diese Fehldeutung bewirkte die irreführende Lesart Ἑλληνιστάς (so der Vaticanus, der korrigierte Codex Bezae, der Basiliensis und Athous Laurensis mit dem Mehrheitstext der ständigen Zeugen und Nestle-Aland[26]) statt Ἕλληνας (so noch Nestle-Aland[25] mit Pap. 74, dem korrigierten Sinaiticus, Alexandrinus und dem Originaltext des Codex Bezae) in Apg 11,20.

[23] „Die Kenntnis der griechischen Sprache in aristokratischen und militärischen Kreisen des Judentums ist schon aufgrund der Zenonpapyri zwischen 260 und 250 v. Chr. in Palästina nachweisbar" (M. Hengel, Judentum und Hellenismus, 13–19.112f.191.523 und ders., Juden, Griechen und Barbaren, 57; vgl. J.A. Fitzmyer, The Languages of Palestine in the First Century A.D., CBQ 32,1970, 501–531. F. nennt als frühesten Text in Palästina eine Inschrift eines Priesters des Ptolemäus IV. Philopator (222–205) aus Jaffa von 217 v. Chr. (508); aus derselben Zeit nach dem Sieg Philopators bei Raphia 217 stammt auch ein Inschriftenfragment aus der idumäischen Hauptstadt Marisa; s. auch SEG 7, 1937, 326 (dazu Plb. 5,61,9): Der siegreiche König ließ sich mit Inschriften in der Provinz feiern; vgl. B. Lifshitz, Beiträge zur palästinischen Epigraphik, ZDPV 78, 1962, 82–84 und F. Millar, The Problem of Hellenistic Syria, 114f.118.132f. Zu erwähnen sind auch die auf griechische Worte zurückgehenden Bezeichnungen dreier Musikinstrumente aus Dan 3,5 (dazu J.A. Fitzmyer aaO. 509 und M. Hengel, Judentum und Hellenismus, 112f Anm. 17) und die Weiheinschrift einer griechisch (-makedonischen) Familie

Nicht nur in den ehemals philistäischen phönizischen Gebieten an der Küste und in den durch Pompeius von jüdischer Herrschaft befreiten „griechisch-makedonischen“ Städten im Hinterland hatte die griechische Sprache schon längst Heimatrecht gewonnen, sondern auch – wenn auch nicht so intensiv – in den von Juden und Samaritanern besiedelten Gebieten im ersten Jahrhundert n. Chr.: Judäa, Samarien und Galiläa waren zwei- oder besser dreisprachige Gebiete. Bildete das Aramäische die Umgangssprache des einfachen Volkes[24], das Hebräische die heilige Sprache des religiösen Kultes und der schriftgelehrten Diskussion, so hatte sich das Griechische weitgehend als das sprachliche Medium von Handel, Verkehr und Verwaltung durchgesetzt.

Daran haben auch die siegreiche makkabäische Erhebung und die damit verbundene nationale und religiöse Erneuerung kaum etwas geändert. Dafür ein elementares Beispiel: Der politisch überaus erfolgreiche hasmonäische Hohepriester und König Alexander Jannai (103–76 v. Chr.) gab bereits die (vermutlich) ersten jüdischen Münzen in zwei Sprachen heraus, auf deren einer Seite „Yehônatan hak-kohen hag-gadol“, auf deren anderer Seite „ΒΑΣΙ-

---

an Serapis in Samaria, SEG 8, 1937, 93 (HENGEL, aaO., 286 Anm. 329). Noch älter sind einige Ostraka, so eines mit zwei griechischen Lehnwörtern aus Jerusalem (F. M. CROSS, An Aramaic Ostracon of the third century B. C. E. from excavations in Jerusalem, ErIs 15, 1981,67*-69*) und ein weiteres aus Eilath am Golf von Akaba (N. GLUECK, Ostraca from Elath, BASOR 80, 1940,3–10, hier 8f). Hinzuzufügen wäre ein zweisprachiges Ostrakon aus Khirbet el Qôm aus dem späten 3. oder frühen 2. Jh.; zuerst mitgeteilt von J. S. HOLLADAY in Notes and News, IEJ 21 (1971), 175–177; hier 176; vgl. L. GERATY, The Kirbet el-Kôm Bilingual Ostracon, BASOR 220, 1975, 55–61 mit A. SKAIST, A Note on the Bilingual Ostracon from Khirbet el-Kôm, IEJ 28 (1978), 106–108 u. F. MILLAR, The Problems of Hellenistic Syria, 118 und die zweisprachige Inschrift aus Dan: Θεῷ [τ]ῷ εν Δανοῖς [Z]ωίλος εὐχήν mit der unter diesem Text befindlichen, kleiner geschriebenen Zeile נדר זילס לא (Text SEG 31 (1981), 1455, dazu A. BIRAN, V. TZAFERIS, A Bilingual Dedicatory Inscription from Tel Dan, Qadmoniot 10 (1977), 114f; bzw. A. BIRAN, Temples and High Places in Biblical Times, Jerusalem, 1981, 145–147 mit Taf. 20,4). Nach F. MILLAR (aaO. 132) handelte es sich um die einzige aramäisch-griechische Bilingue und die einzige aramäische Inschrift aus dem syrischen Raum in hellenistisch-vorrömischer Zeit. Sie wird jetzt ergänzt durch den neuen Fund eines kleinen Basaltreliefs, das einen orientalischen Priester zeigt, der Herakles ein Opfer bringt und zwischen beiden Köpfen eine griechisch-aramäische Inschrift enthält: [Φιλώτας] ὁ ἱερεύς פלתא שׁמה זי כמרא τοὺς θεοὺς ἔστησε καὶ ἑαυτὸν ἐπιθύοντα Φιλώτας Φίλωνος. Die Inschrift stammt etwa aus der Zeit zwischen 250–150 v. Chr. s. P. BORDREUIL/P.-L. GATIER, Le relief du prêtre Philôtas, Syria 67 (1990), 329–338. Auch aus dem samaritanischen Sichem haben wir einige ganz frühe griechische Spuren vielleicht noch aus dem 3. Jh. v. Chr., s. M. HENGEL, Judentum und Hellenismus, 117. Zahlreiche griechische Inschriften finden sich im 2. Jh., s. F. MILLAR, Phoenician Cities, 63. Aus der Zeit nach 200 stammt die große Inschrift von Hefziba bei Skythopolis, dazu Y. H. LANDAU, A Greek Inscription found near Hefzibah, IEJ 16 (1966), 56–70; TH. FISHER, Zur Seleukideninschrift von Hefzibah, ZPE 33 (1979), 131–138; J. M. BERTRAND, Sur l'inscription d'Hefzibah, ZPE 46 (1982), 167–176.

[24] H. P. RÜGER, Zum Problem der Sprache Jesu, ZNW 59 (1968), 113–122; R. DEGEN, Art. Aramäisch I und H. P. RÜGER, Art. Aramäisch II, TRE 3, Berlin/New York 1978, 599–610.

ΛΕΩΣ ΑΛΕΞΑΝΔΡΟΥ" zu lesen war.[25] Ähnliches galt von seinem Enkel, dem letzten hasmonäischen König Mattathias Antigonos während der Zeit seines verzweifelten Kampfes gegen Herodes und die Römer 40–37 v. Chr. Der politisch erfolgreiche und wie Alexander Jannai sein Herrschaftsgebiet kräftig erweiternde nabatäische König Aretas III. prägte zur selben Zeit ebenfalls zweisprachige Münzen mit der Legende „ΒΑΣΙΛΕΩΣ ΑΡΕΤΟΥ ΦΙΛΕΛΛΗΝΟΣ" und zwar in Damaskus zwischen ca. 84 und 72 v. Chr.: „The coins, all with Greek inscriptions, are thus evidence of the penetration of Hellenism in the Nabataean realm at that time".[26] Seine Nachfolger beschränkten sich jedoch wieder bis zur Annexion ihres Reiches durch Trajan (106 n. Chr.) auf die nabatäische Sprache. Herodes ging dagegen auf rein griechische Beschriftungen der jüdischen Münzen und Gewichte über, ebenso seine Söhne und die römischen Prokuratoren. Erst die Aufständischen 66–70 und 132–135 kehrten wieder zu Münzen mit althebräischer Legende zurück. Für das ptolemäische und seleukidische Geld wie für die „hellenistischen" Stadtprägungen in Palästina selbst war die griechische Beschriftung dagegen seit dem 3. Jh. v. Chr. selbstverständlich, eine Ausnahme machten hier lediglich die selbst- und traditionsbewußten phönizischen Städte.[27]

Das Werk von S. Krauss über die griechischen und lateinischen Lehnwörter in der rabbinischen Literatur, d. h. ab dem 2. Jh. n. Chr., enthält nach eigener Schätzung des Verfassers „circa 3000 Artikel (...), und diese erstrecken sich über das ganze Gebiet der menschlichen Sprache".[28] F. Perles spricht in seiner temperamentvollen Streitschrift gegen Boussets „Religion des Judentums" von 1100 griechischen Fremdwörtern in der rabbinischen Literatur, die „auch sonst

---

[25] Y. Meshorer, Jewish Coins, Plates II/III, Nr. 5,5a,7,8,9: „ΒΑΣΙΛΕΩΣ ΑΛΕΞΑΝΔΡΟΥ"; vgl. E. Schürer 1,219–228.603f (E. Schürer, The History of the Jewish People in the Age of Jesus Christ (175 B.C.-A.D. 135). A new English Version. Vol. I, rev. and ed. by G. Vermes, F. Millar, Literary Ed. P. Vermes, Organizing Ed. M. Black, Edinburgh 1973; Vol.II rev.and ed. by G. Vermes, F. Millar, M. Black, Edinburgh 1979 und Vol.III/1.2 rev. and ed. by G. Vermes, F. Millar, M. Goodman, Edinburgh 1986.1987 = Der neue Schürer).

[26] Der neue Schürer 1, 578f.582 und Y. Meshorer, Nabatean Coins, Qedem 3, Jerusalem 1975, 86f.

[27] Y. Meshorer, Jewish Coins of the Second Temple Period, Tel-Aviv 1967, 64; dazu Plates VI–XVIII mit Legende S. 127–152. Zur Geschichte der „griechischen" Münzprägung der hellenistischen Städte einschließlich der jüdischen wie Tiberias und Sepphoris vgl. Y. Meshorer, City Coins of Eretz–Israel and the Decapolis in the Roman Period, Jerusalem 1985. Lediglich die phönizischen Küstenstädte konservierten altphönizische Sprachrelikte. Typisch etwa für Gaza war das stilisierte M, das auf den Stadtgott Marna(s) „unser Herr" hinwies; vgl. Y. Meshorer, City Coins, 29–31 mit Abb. und der neue Schürer 2, 62: "The whole monetary system of Palestine was in part Phoenician-Hellenistic, and in part Greek or Roman".

[28] S. Krauss, Griechische und lateinische Lehnwörter in Talmud, Midrasch und Targum, Bd. 1, Berlin 1898, XXX. Vgl. jetzt auch: A Dictionary of Greek and Latin Legal Terms in Rabbinic Literature by D. Sperber, Dictionaries of Talmud, Midrash and Targum 1, Jerusalem 1984 mit D. Sperber, Greek and Latin Words in Rabbinic Literature, Prolegomena to a New Dictionary, Bar Ilan 14/15, 1977, 70–78 und G. Zuntz, Greek Words in the Talmud, JSS 1,1956, 129–140. Vgl. auch den neuen Schürer 2, 68–73.

an vielen Stellen eine tiefere Kennntnis des griechischen und römischen Kulturlebens verrät".[29] Die ältesten griechischen Fremdwörter tauchen jedoch nicht erst in der Mischna auf, sie finden sich schon in der Kupferrolle von Qumran[30], wenn wir von den Musikinstrumenten bei Daniel 3,5.10.15 (s.Anm. 15) und den „Drachmen" (dark^e^mōnīm) Esra 2,69 und Neh 7,69–71 einmal absehen. Das griechische Geld war schon zu Beginn der Perserzeit (ja noch früher) ins Land gekommen.[31]

Das Sprachenproblem ist 1968 von Sevenster[32] ausführlich monographisch behandelt worden und der Forschung längst vertraut, wenn man auch immer wieder den Eindruck erhält, als seien seine Konsequenzen für das Neue Testament oftmals nicht voll bedacht worden. Ständig neu hinzukommende Inschriftenfunde bestätigen dieses Bild einer grundsätzlichen Mehrsprachigkeit. Schon A. Schlatter hat auf diesen Tatbestand in seiner berühmten (und viel zu wenig ernst genommenen) Studie über „die Sprache und Heimat des vierten Evangelisten" hingewiesen:

> „Die entscheidende Instanz für die Beurteilung der sprachlichen Frage (*der Doppelsprachlichkeit, M.H.*) sind auch hier die Inschriften. Daß wir solche aus dem Westjordanland nicht haben, wird durch die Inschriften aus dem Hauran ersetzt".[33]

Inzwischen haben wir zweisprachige Inschriften auch aus Judäa und Galiläa, ganz abgesehen von der großen Zahl der griechischen Sprachzeugnisse. A.

[29] F. Perles, Bousset's Religion des Judentums im neutestamentlichen Zeitalter kritisch untersucht, Berlin 1903; Bousset antwortet mit: Volksfrömmigkeit und Schriftgelehrtentum. Antwort auf Herrn Perles' Kritik meiner „Religion des Judentums im N.T. Zeitalter", Berlin 1903.

[30] In der Kupferrolle 3Q15 (J.T. Milik, Les ‚petites grottes' de Qumran, Textes, DJD 3, Oxford 1962, 284–299) finden sich zunächst griechische Buchstabenkombinationen (Col. I,Z.4.12; Col.II,Z.2.4.9; Col.III,Z.7 und Col.IV,Z.2; dann die Termini „Peristyl" (Col. I.,Z.7); „Amphora" (Col.I.,Z.9) und schließlich wohl sogar das lateinische „via" in Col.V,Z.13. Vgl. auch der neue Schürer 2, 78f. K. Beyer, Die aramäischen Texte vom Toten Meer. Ergänzungsband, Göttingen 1994, 225–233 deutet die griechischen Buchstaben: „Κε-ν(εδαῖος o.ä. weiß Bescheid)" als Anfänge von Namen im Anschluß an Pixner (224).

[31] Die ersten *jüdischen* Münzen mit griechischen *Münzbildern* gehen in die späte Perserzeit zurück. L. Mildenberg nennt in seinem Anhang Y^e^hud-Münzen, in: H. Weippert, Palästina in vorhellenistischer Zeit, Handbuch der Archäologie, Palästina 1, München 1988, 723–728, einen Pallas Athene-Kopf (aaO. 723 mit Taf. 22, Nr. 1.3.4); die Eule „athenischen Typs" (aaO. mit Taf. 22, Nr.2–8) – hier handelt es sich wohlgemerkt um offizielle Münzen des Landes, auf denen der aramäische Name der Provinz, Y^e^hud, genannt ist. Nach Mildenberg (aaO. 723) beweisen diese Münzen die kulturelle Beeinflussung Judäas „im Zentrum" „in ebenso überraschender wie unwiderlegbarer Weise". Möglicherweise wird auf einer dieser Münzen sogar YHWH = YHW (wahrscheinlicher ist jedoch YHD) abgebildet, s. H. Kienle, Der Gott auf dem Flügelrad, GOF.H 7, Göttingen 1975.

[32] J.N. Sevenster, Do You Know Greek? How Much Greek Could the First Jewish Christians have Known?, NT.S. 19, Leiden 1968. Zu den jüdischen Grabinschriften insgesamt s. jetzt P.W. van der Horst, Ancient Jewish Epitaphs, Kampen 1991, 129–132.

[33] BFChTh 6,1902 H.4, Gütersloh 1902; hier zitiert nach dem Wiederabdruck bei K.H. Rengstorf, Johannes und sein Evangelium, WdF 82, Darmstadt 1973, 30 Anm. 1.

Schlatter hat vor fast 90 Jahren die sprachliche Situation völlig richtig gesehen, klarer als die Vertreter der religionsgeschichtlichen Schule.

Das wichtigste Zentrum griechischer Sprache im jüdischen Palästina war natürlich die Hauptstadt *Jerusalem*. Dafür gibt es wieder zahlreiche epigraphische Belege:

So besitzen wir einige öffentliche Inschriften in griechischer Sprache aus der Zeit des zweiten Tempels, vor allem die berühmten beiden Warninschriften, die Heiden das Betreten des inneren Tempelbezirks verbieten (CIJ 2, 1400) und außerdem jetzt auch eine Ehreninschrift, die vermutlich einem Stifter aus der jüdischen Gemeinde in Rhodos gewidmet ist, der (im Tempel?) einen Steinfußboden bezahlte.[34] Die *älteste* griechische Inschrift in Jerusalem stammt wohl aus noch früherer Zeit, vermutlich von den seleukidischen Militärsiedlern der Akra in Jerusalem.[35] Daneben ist auf die große Anzahl griechischer Grabinschriften aus Jerusalem hinzuweisen: Ein gutes Drittel aller Inschriften ist in Griechisch abgefasst.[36] Herr Kollege L. Y. Rahmani, Jerusalem, war so freundlich, mir brieflich die neuesten Daten aus dem vor der Veröffentlichung

---

[34] B. Isaac, A Donation for Herod's Temple in Jerusalem, IEJ 33,1983, 86–92:
„] (ἔτους) κ' επ' ἀρχιερέως |] Πάρις 'Ακέσωνος |] ἐν 'Ρόδωι | Π]ρόστρωσιν | δ]ραχμάς." Interessant ist, daß das 20. Jahr vermutlich auf Herodes hinweist und daneben noch der Hohepriester genannt wird, dessen Name leider nicht erhalten ist.

[35] S. S. Applebaum, A Fragment of a New Hellenistic Inscription from the Old City of Jerusalem, in: Jerusalem in the Second Temple Period, Abraham Schalit Memorial Volume, ed. by A. Oppenheimer, U. Rappaport u. M. Stern, Jerusalem 1980, 47–59 mit den kritischen Ergänzungen von B. Isaac, SEG 30,1980, 1695. Das Rätsel der Inschrift ist immer noch ungelöst, vgl. jetzt das kritische Urteil von B. Bar Kokhba, Judas Maccabaeus, Cambridge 1989, 119 n.12.

[36] CIJ 2, 1210–1414. Sevenster, Do You Know Greek, 146, zählte noch 175 sprachlich bestimmbare Ossuarieninschriften. Davon sind 64 griechisch, was 36% entspricht (vgl. M. Hengel, Zwischen Jesus und Paulus, 173 Anm. 85). Aber diese Zahlen sind zu ergänzen („What is badly needed is a systematic collection of the Greek, Aramaic, and Hebrew inscriptions on ossuaries from Jerusalem and elsewhere", Fitzmyer, Languages, 513 n.46; s. jetzt dazu die ganz neue hervorragende Edition von L. Y. Rahmani) durch neuere Funde; vgl. P. B. Bagatti/J. T. Milik, Gli scavi del „Dominus Flevit", Tl.1, Jerusalem 1958, 70–109: 10 griechische Inschriften, etwa 23%. Ferner: SEG 6,849; SEG 8, 179–86.197. 201.208f.221. 224; SEG 17,784; 19,922; 20, 483–89; SEG 28,1435; N. Avigad, IEJ 12 (1962) 1–12; J. Naveh, IEJ 20 (1970), 33–37; N. Avigad, IEJ 21 (1971),185–200; E. M. Meyers, Jewish Ossuaries: Reburial and Rebirth, Rome 1971.

Ein auf Apg 4,6 hinweisender neuer Fund findet sich auf einem Ossuar (D. Barag and D. Flusser, The Ossuary of Yehohanah Granddaughter of the High Priest Theophilus, IEJ 36 (1986), 39–44), das offenbar aus einem Dorf nördlich Jerusalems stammt. Darin lag die Enkelin des Hohepriesters Theophilos (ant 18, 95.123f; Hoherpriester von 37–41) begraben, der auf der Inschrift (und somit als erster Hohepriester in einer Ossuar-Inschrift, aaO. 41 n.8 cf.) genannt wird. Sein Vater Hannas tritt im Neuen Testament mehrfach auf (Lk 3,1; Apg 4, 6; Joh 18,13–24; vgl. Neuer Schürer 2, 229). Vermutlich ist der Vater der Begrabenen, Johannes, mit dem rätselhaften Johannes aus Apg 4,6 identisch. Da die Inschrift selber *aramäisch* ist, der Sohn des Hannas aber einen griechischen Namen trägt (תפלוס, d.h. ΘΕΟΦΙΛΟΣ) und zugleich der *hebräische* Titel הכהן הגדל genannt ist, liegt ein schönes Beispiel für die Dreisprachigkeit des Landes auf einer Inschrift vor. Zum Folgenden s. jetzt

stehenden Katalog der jüdischen Ossuarien aus Jerusalem und Umgebung mitzuteilen (Brief v. 1. 11. 1988):

„Von 872 katalogisierten Ossuarien sind 228 beschriftet. 138 davon in jüdischer Schrift, 71 in griechischer; 15 (oder 16) in beiden. 2 in lateinischer Schrift, 1 in palmyrenischer. Wozu zu bemerken ist, daß aus vielen Grabgruppen oft nur die beschrifteten oder ornamentierten Ossuarien in die Sammlung gelangten; die Mehrheit aber weder Schmuck noch Inschrift trägt." (Die Edition enthält jetzt 895 Nummern.)

Formelhafte Wendungen in aramäischer Sprache erscheinen, wie Rahmani an einem Beispiel ausführt, selten:

„It may however still be significant, that of the few formulas appearing containing a short warning intended to protect the remains of the deceased, one – short and simple – is in Aramaic, while three are contained in a somewhat larger Greek sentence (...) consolitary inscriptions are represented by a sole Aramaic epigram, clearly influenced by Greek in contents and literary form (!).[37] In a few bilinguals, the main inscription is the one in Greek, the Hebrew one added being short, as though merely summarizing the main information (...)." In einer griechischen Warn-Inschrift mit einem Zitat aus Dtn 28,28 oder Sach 12,4 konnte sich der Schreiber offenbar an den griechischen Ausdruck („ἀορασία | ἀποτύφλωσις") nicht erinnern, „and thus transcribed the Hebrew עורון as οὖρον (Nr. 559). In general one can thus summarize, that the meager evidence emerging from the ossuary inscriptions as to the knowledge of Greek in Jerusalem and Jericho and their environments is at the time in question rather similar to that noted for a somewhat later period at Beth She'arim: little systematic knowledge of language, grammar or literature, but rather a knowledge of speech, probably also in everyday use; and this also by lower classes of the local Jewish population."

Der Anteil von griechischen (und lateinischen) Ossuarieninschriften in Jerusalem und Umgebung beträgt, falls man die Bilinguen den griechischen Texten zurechnet, 39%. Geht man davon aus, daß sinnvollerweise nur diejenigen Ossuarien griechisch beschriftet waren, bei denen die Verstorbenen bzw. ihre Familien Griechisch als Umgangs- oder Muttersprache verwendeten, so darf man den Anteil an der Gesamtbevölkerung mit mindestens ca. 10–20% ansetzen. Das ergäbe bei einer Bevölkerung von 80–100000 Einwohnern eine Zahl von 8–16000 griechischsprechenden Juden im Großraum von Jerusalem[38],

---

L. Y. Rahmani, A Catalogue of Jewish Ossuaries in the Collection of the State of Isarel, Jerusalem 1994, besonders S. 12f zu Sprache und Schrift und 295ff den griechischen Index.

[37] Griechische jüdische Grabgedichte finden wir in größerer Zahl in Leontopolis (Ägypten): CIJ 2,1451.1489.1490.1508–13.1522 und 1530 dazu CPJ 3,1530a und in Beth Schearim (M. Schwabe/B. Lifshitz, Beth She'arim II: The Greek Inscriptions, Jerusalem 1967, 127.183) und in Larissa (CIJ 1,701); zwei lateinische Gedichte in Rom (CIJ 1,476 und 527). S. jetzt P. W. van der Horst, Jewish Poetical Epigraphy, ed. J. W. van Henten/P. W. van der Horst, AGAJU 21, 1994, 129–147, der noch einige weitere Beispiele anführt.

[38] Zur Einwohnerzahl von Jerusalem s. die Untersuchungen von J. Wilkinson, Ancient Jerusalem, its water supply and population, PEQ 106, 1974, 33–51 und M. Broshi, La population de l'ancienne Jérusalem, RB 82, 1975, 1–14. Beide gehen davon aus, daß die Zahl von den späteren Hasmonäern bis 66 n. Chr. von 30000 auf über 80000 angewachsen sei.

wozu dann noch die zahlreichen Pilger aus der Diaspora kommen, die sich an den großen Festen in der Stadt aufhielten. Die Zahl derer, die mehr oder weniger Griechisch als Zweitsprache beherrschten, wird wesentlich größer gewesen sein. Man muß bei einem so großen griechisch sprechenden Bevölkerungsanteil eine *eigenständige jüdisch-hellenistische Kultur* in Jerusalem und Umgebung annehmen, die sich von der Alexandriens oder Antiochiens unterschied. Wir werden auf diesen Punkt noch mehrfach zurückkommen.

Die auf den Ossuarinschriften auftretenden wenigen Ortsangaben weisen keineswegs ausschließlich auf eine Herkunft der Verstorbenen aus der Diaspora hin; neben Orten wie Alexandria, Kyrene (darunter möglicherweise die Familie des Simon von Kyrene[39]) und Capua in Italien, erscheinen auch gut palästinische Orte wie Bethel und Skythopolis/Beth Schean.[40] Eine Sensation ist das Grab der „Goliath-Familie" in Jericho, das mehr griechische als aramäisch/hebräische Inschriften enthält und als wichtigste Person einen „Theodotos, Freigelassener der Kaiserin Agrippina", d.h. der Frau des Kaisers Claudius und Mutter Neros, nennt. Auch sein hebräischer Name „Nathan(a)el" wird genannt. Nur er besitzt einen griechischen *und* hebräischen Namen, Frau und Tochter haben dagegen schlichte aramäische Namen.[41] Die griechischen Namen sind besser geschrieben als die aramäischen. Darüberhinaus werden auch

---

Unter Einbeziehung der näheren Umgebung einschließlich Jerichos scheint mir die grob geschätzte Zahl einigermaßen realistisch zu sein.

[39] N. Avigad, A Depository of Inscribed Ossuaries in the Kidron Valley, IEJ 12, 1962, 1–12 („Alexander, Sohn des Simon, aus Kyrene"). Der Text der Inschrift lautet: „Alexander, Sohn des Simon" und hat den Zusatz „qrnyt", was wohl auf eine Verschreibung aus qrnyh (ת statt ה) zurückgeht und dann auf eine Herkunft aus Kyrene hinweist. Eine der fünf dort erwähnten Frauen stammt aus Ptolemais, was ebenfalls auf die Kyrenaika hinweisen könnte. D. Lührmann, Das Markusevangelium, HNT 3, Tübingen 1987, 259 hält die Namen ‚Alexander' und ‚Simon' für zu häufig, um eine Verbindung zwischen der Inschrift und Mk 15,21b herzustellen. Ich halte das für ahistorische Hyperkritik im alten Marburger Stil: Unter den 532 jüdischen Inschriften Palästinas im CPJ finden sich zwar 4 Alexander und 5 Simon, aber bei ‚Alexander, Sohn des Simon' (so auch Mk 15,21!) handelt es sich um eine bisher nicht bezeugte Namensform und der Zusatz ‚qrnyt' ist als Hinweis auf die Kyrenaika sinnvoll zu erklären. Der Zusammenhang ist so (nach der Wahrscheinlichkeitsrechnung) offensichtlich! S. auch u. Anm. 95.

[40] CIJ 2, 1284 (Capua); CIJ 2, 1372–74 Skythopolis/Beth Schean u. Bethel, CIJ 2, 1233 nennt einen Ἰοῦστος Χαλκίδηνος, der wohl aus Chalkis (Antilibanon) stammte. G. Delling, Die Bewältigung der Diasporasituation durch das hellenistische Judentum, Berlin, 1987, 38f, betont die Verbundenheit der weltweiten Judenschaft mit dem „heiligen Land", die sich in der nicht geringen Zahl griechisch sprechender Übersiedler in Jerusalem zeigt.

[41] Das Grab befindet sich in einer Gräberansammlung westlich des Hippodroms in Jericho. Von 32 Inschriften sind 17 griechisch (R. Hachlili, The Goliath Familiy in Jericho: Funerary Inscriptions from a First Century A.D. Jewish Monumental Tomb, BASOR 235, 1979, 31–70, hier 32; zu den Namen aaO. 48–52; zur ersten inschriftlichen Erwähnung eines Freigelassenen, der offenbar assoziatives Mitglied der familia Caesaris war, ebd. 46). Zu griechischen und römischen Namen: Der neue Schürer 2, 73f mit Anm. 249; für die hellenistische Zeit s. M. Hengel, Judentum und Hellenismus, 114–120. Zum „Goliathgrab" s. jetzt auch G. Mussies, Jewish Personal Names in some Non-literary sources, in: van Henten/van

in Jerusalem mehrere Proselyten erwähnt. So nennt eine Bilingue den Namen ’Aϱίστων, und fügt hebräisch hinzu: Ariston aus Apamea Jehūdā der Proselyt. Daneben erscheint auch zweisprachig seine Tochter Salome/Selampsin. Dies erinnert an Apg 6,9, den Proselyten Nikolaos aus Antiochien als dem letzten Namen unter den „Sieben“. Dieser Ariston aus Apamea wird auch in der Mischna Challa 4,11 erwähnt. Im Gegensatz zu den Erstlingsgaben aus Babylonien wurden seine von den Priestern angenommen.[42] Diese Tatbestände deuten zugleich auf den großen Unterschied zwischen Stadt- und Landkultur hin, der schon in herodianischer Zeit sichtbar wird. Entsprechend verhält es sich mit den späteren, vom 1.–7. Jh. reichenden, übers Land verstreuten Synagogeninschriften. Hier sind vornehmlich in den Städten griechische Inschriften (ca. 30) zu finden, dagegen ca. 110 hebräische (und aramäische) in den zahlreichen Synagogen ländlicher Orte, vor allem in Galiläa und auf dem Golan. Im Gottesdienst verhielt man sich natürlich relativ konservativ und gab der „heiligen Sprache“ den Vorrang.[43] Auch hier ist es wieder kein Zufall, daß die älteste Synagogeninschrift, die wir aus dem jüdischen Palästina kennen (es ist zugleich bisher die einzige, die aus Jerusalem stammt), die in Griechisch abgefaßte *Theodotosinschrift* ist: Der Archisynagogos und Priester Theodotos, Sohn des Vettenos, stammt vermutlich von jüdischen Freigelassenen aus Rom (gens Vettena) ab.[44] Dieser wichtige Text wird uns noch mehrfach beschäftigen müssen.

Diese besondere Bedeutung der griechischen Sprache in Jerusalem in den ersten Jahrhunderten v. u. n. Chr. kommt nicht zufällig zustande: Die Stadt war in der Zeit des Herodes und der römischen Präfekten bzw. Prokuratoren bis hin zum jüdischen Krieg nicht nur die Hauptstadt des jüdischen Palästina, sondern zugleich eine *Metropole von internationaler, weltweiter Bedeutung* und großer „Attraktivität“ im wortwörtlichen Sinne, der Mittelpunkt der ganzen Ökume-

---

der Horst (Anm. 37), 242–276 (243 Anm. 2; 253–255). Die Inschriften finden sich jetzt bei L. Y. Rahmani (Anm. 36), Nr. 782–803.

[42] CIJ 2,1385 mit 1230; vgl. Tob 1,8 (Sinaiticus); Judith 14,6–10. S. auch J. Jeremias, Jerusalem zur Zeit Jersu ³1962, 354–373; T. Ilan, Scripta Classica Israelica 11 (1991/2), 149–159.

[43] F. Hüttenmeister, G. Reeg, Die antiken Synagogen in Israel, Tl.1: Die jüdischen Synagogen, Lehrhäuser und Gerichtshöfe, Beihefte zum Tübinger Atlas des Vorderen Orients, R. B. (Geisteswissenschaften) 12/1, Wiesbaden 1977 und L. Roth–Gerson, The Greek Inscriptions from the Synagogues in Eretz–Israel, Jerusalem 1987 (hbr.); S. 14 bietet eine Karte der Synagogen, die nach der Sprache ihrer Inschriften gegliedert ist; die Inschriften selbst werden publiziert und kommentiert; dazu dies.; Similarities and Differences in Greek Synagogue Inscriptions of Eretz–Israel and the Diaspora, in Synagogues in Antiquity, ed. by A. Kasher, A. Opppenheimer u. U. Rappaport, Jerusalem 1987, 133–146 (hbr., mit englischer Zusammenfassung aaO. VIII). Für die hebräischen und aramäischen Inschriften ist J. Naveh, On Stone and Mosaic. The Aramaic and Hebrew Inscriptions from Ancient Synagogues, Jerusalem 1978 (hbr.) zu vergleichen.

[44] M. Hengel, Zwischen Jesus und Paulus, ZThK 72 (1975), 184f und L. Roth-Gerson, The Greek Inscriptions from the Synagogues in Eretz–Israel, 76f.

ne[45], nicht nur für fromme Juden aus der Diaspora, sondern auch für gebildete Griechen, andere Heiden und Abenteurer:

„Der Hof des Herodes, der ganz vom hellenistischen Geiste beherrscht war, die Tierhetzen, die gymnastischen, die musischen Spiele, die Schauspiele, die Wagenrennen (...), bildeten einen starken Anziehungspunkt für Fremde. Ausländer, die an den Wettspielen aktiv oder passiv beteiligt waren, Literaten und sonstige hellenisch Gebildete, waren Gäste des herodianischen Hofes. Dazu kamen die vielen offiziellen Beziehungen, die Herodes unterhielt und ebenso Agrippa I., und die Gesandte, Boten, ausländische Leibwachen nach Jerusalem führten".[46]

Die Stadt war in einer Weise mit prachtvollen Bauwerken hellenistischer Architektur ausgestattet, daß sie sich mit den Prestigebauten anderer größerer hellenistischer Städte messen konnte, ja diese noch übertraf. Die Funde der Ausgrabungen in der Jerusalemer jüdischen Altstadt und am ehemaligen Tempelberg geben davon ein beredtes Beispiel.[47] Neben den Gebrauch der griechischen Sprache trat die *"Formensprache" der herrschenden hellenistischen Architektur und Wohnkultur.* Die Ausgrabungen eines palastartigen Gebäudes auf der Ostseite des Westhügels mit ornamentalen Wandmalereien im 2. Pompeianischen Stil[48] illustrieren die Wohnqualität höherer Schichten in Jerusa-

---

[45] Zur Vorstellung von Jerusalem als „Nabel der Welt" vgl. Ez 38,12 (LXX übersetzt mit ὄμφαλος; zum Hintergrund Ez 5,5 und H. SCHMIDT, Der heilige Fels in Jerusalem. Eine archäologische und religionsgeschichtliche Studie, Tübingen 1933, 37f.); Jub 8,11; äth Hen 26,1; Sib 5,250 und Josephus, bell 3,52 mit bSan 37a; S. KRAUSS, Synagogale Altertümer, Berlin, Wien 1922, 194. Während für die Griechen der Nabel der Welt in Delphi lag (etwa Pindar, P.4,74f; 6,3f; Literatur bei W. FAUTH, Art. Omphalos, KP 4, München 1979, 299; hellenistisch-römische Kopien des Omphalos sind am Ort erhalten geblieben), wanderte für die Christen die Erdmitte nach Golgotha. Dies hat mit reichlichen Belegen J. JEREMIAS (Golgotha, Angelos 1, Leipzig 1926, 40–45) nachgewiesen. s. auch u. S. 59.

[46] J. JEREMIAS, Jerusalem (Anm. 42), 85; vgl. 101–106.

[47] Populärere Darstellungen über diese Ausgrabungen bei N. AVIGAD, Excavations in the Jewish Quarter of the Old City. 1969–1971, in: Jerusalem Revealed, Archaeology in the Holy City 1968–1974, ed. by Y. Yadin, Jerusalem 1975, 41–51 und bei N. Avigad, Discovering Jerusalem, Nashville, Camden, New York 1983. Auf Reste herodianischer Tempelbergarchitektur hatte bereits 1942 J. JEREMIAS (DERS., Das westliche Südtor des herodianischen Tempels, zuerst in ZDPV 65 (1942), 112–118 mit Abb. 6 A/B, auch in: DERS., Abba. Studien zur neutestamentlichen Theologie und Zeitgeschichte, Göttingen 1966, 353–360 [mit einem Nachtrag von A.M. SCHNEIDER] u. Taf. 4) hingewiesen, in seiner großen Untersuchung „Jerusalem zur Zeit Jesu" (Anm. 42) finden sich ausführliche Untersuchungen zum Tempelbau (23–29). Eine gründliche populäre Darstellung gibt B. MAZAR, Der Berg des Herrn, unter Mitarb. v. G. CORNFELD, dtsch. v. D. u. H.-G. NIEMEYER, Bergisch Gladbach 1979, 105–119.129–132. Im Rahmen des Tübinger Atlas' des Vorderen Orients (TAVO) wurde eine kartographische und bibliographische Aufarbeitung aller archäologischen Funde dieser Zeit erstellt: K. BIEBERSTEIN/H. BLOEDHORN, Jerusalem. Grundzüge der Baugeschichte vom Chalkolithicum bis zur Frühzeit der osmanischen Herrschaft, TAVO R.B. Nr. 100/1–100/3, Wiesbaden 1994.

[48] N. AVIGAD, Discovering Jerusalem, 95–120; Stuckdecken (aaO. 102); Fresken im 2.Pompeianischen Stil, jedoch ohne bildliche Darstellungen von Menschen und Tieren (aaO. 107 mit Abb. 103–195). In der jüdischen Altstadt sind freilich zwei Freskenfragmente mit

lem. Die Funde je eines prächtigen korinthischen und ionischen Kapitells[49] in den Altstadtausgrabungen demonstrieren die Verbreitung und Qualität hellenistischer Provinzialarchitektur und Steinhauerkunst. Ähnliches gilt von den schon länger bekannten Gräbern im Kidrontal.[50] Bei den Kapitellen ist dabei der Grad der Perfektion des Stils, vergleicht man die noch relativ einfachen hasmonäischen Grabbauten mit der herodianischen Bauplastik, auffallend.

Durch die Didrachmensteuer aus der Diaspora, deren regelmäßigen Transfer nach Jerusalem Herodes dank der Pax Romana gesichert hatte[51], und durch die Opfer und die persönlichen Ausgaben der Festpilger kam viel Geld in die Stadt. Der Tempel mit seiner Bank war einer der reichsten in der Antike, was römische Generäle und Beamte immer wieder dazu verführte, die Hand auf diese Schätze zu legen, worauf die Bevölkerung mit Unruhen

---

Vogeldarstellungen gefunden worden (Jerusalem Revealed, Tafel III untere Reihe nach S. 56; Text ebd. 49); im Herodespalast befanden sich Bildwerke: Josephus, bell 5, 176–182 (181 [Werke in Bronze, χαλκουργήματα]), dazu M. Hengel, Die Zeloten, Untersuchungen zur jüdischen Freiheitsbewegung in der Zeit von Herodes I. bis 70 n. Chr. AGSU 1, Leiden, Köln ²1976, 197 und R. Meyer, Figurendarstellungen in der Kunst des späthellenistischen Judentums, zuerst Judaica 5, 5 (1949), 1–40; jetzt in: ders., Zur Geschichte und Theologie des Judentums in hellenistisch-römischer Zeit. Gesammelte Abhandlungen hg. v. W. Bernhardt, Berlin 1989, 40–62, bes. 45f.

[49] N. Avigad, Jerusalem Revealed, 50 (Abb.), 49–51 (Text). Vgl. H. Bloedhorn, Die Kapitelle der Synagoge in Kafernaum. Ihre zeitliche und stilistische Einordnung im Rahmen der Kapitellentwicklung in der Dekapolis und in Palästina, ADPV, Wiesbaden 1990.

[50] J. Jeremias, Jerusalem (Anm. 42) 9–18 bzw. N. Avigad, The Architecture of Jerusalem in the Second Temple Period, in: Jerusalem Revealed, 14–20, hier 17–20.

Für den technischen Standard der herodianischen Bauwerke sprechen die Funde, die bei verschiedenen Ausgrabungen in Jerusalem in den letzten Jahren gemacht worden sind, dazu neben N. Avigad, Excavations in the Jewish Quarter, ders., Discovering Jerusalem, Nashville, Camden, New York 1983. Dabei sind Weinimporte belegt (Avigad, Discovering Jerusalem, 88); beachtlich ist der hohe Stand des Kunstgewerbes am Ort bzw. der Import von hochwertigem Kunstgewerbe aus dem Ausland. So fand man in Jerusalem eine Glaskanne mit der griechischen Aufschrift „ΕΝΝΙΩΝ ΕΠΟΙΕΙ" (Avigad, Discovering Jerusalem, 107 Abb. 95f). Dahinter verbirgt sich ein Produkt aus einer Werkstatt, der Ennion vorstand; in verschiedenen Gegenden des Mittelmeerraumes haben sich Gläser aus dieser Werkstatt erhalten (vgl. D. Whitehouse in: Glas der Caesaren, D. B. Harden, H. Hellenkemper, K. Painter u. D. Whitehouse, Katalog der Ausstellung Köln 1988, 164–166 mit Abb. zweier Gefäße). Aus der Zeit Alexanders Jannais entdeckte Avigad Spuren einer Glasbläserwerkstatt im jüdischen Viertel der Jerusalemer Altstadt (N. Avigad, Excavations in the Jewish Quarter of the Old City in Jerusalem, 1971 (Third Preliminary Report), IEJ 22 (1972), 193–200, hier 199f. S. dagegen u. S. 260 die Kargheit der Bauten in Qumran.

[51] G. Delling, Die Bewältigung der Diasporasituation durch das hellenistische Judentum, Berlin 1987, 36; Cicero polemisiert Flacc 67 (Greek and Latin Authors on Jews and Judaism, ed. with Introductions, Translations and Commentary by M. Stern, Publications of the Israel Academy of Sciences and Humanities. Section of Humanities. Fontes ad Res Judaicas Spectantes, Vol. 1 From Herodotus to Plutarch, Jerusalem 1974 (= GLAJ), Nr. 66 S. 198–201) gegen den Geldfluß nach Jerusalem (Delling, aaO. 36 mit Anm. 220–224 Lit.).

reagierte.[52] Das tägliche Leben zumindest der höheren Schichten entsprach ganz dem im römischen Reich gewohnten Standard von Luxus und Bequemlichkeit.[53]

Das Grab der mit ihrem Sohn Izates zum Judentum übergetretenen Königin Helena von *Adiabene* im Partherreich nennt Pausanias neben dem zu den 7 Weltwundern zählenden Grab des Königs Maussolos in Halikarnassos.[54] Ihr Sohn, König Izates, sandte 5 Söhne zur Ausbildung in die heilige Stadt (Josephus, ant 20,71). Zwei Verwandte von Izates' Bruder und Nachfolger Monobazus, der wie Mutter und Bruder ebenfalls zum Judentum übergetreten war (20,75), fielen bei der Verteidigung der Stadt 70 n. Chr. auf Seiten der Juden (bell 2,520), weitere Söhne und Brüder des Izates ergaben sich kurz vor der Eroberung der Oberstadt den Römern und wurden als Geiseln nach Rom gebracht (bell 6,356).Offenbar hatten die jüdischen Aufständischen in unrealistischer Weise gehofft, die jüdischen Herrscher von Adiabene bzw. gar die Parherkönige selbst würden (wie einst 40 v. Chr.) unterstützt von der großen jüdischen Diaspora in Mesopotamien und Medien zu ihren Gunsten in den Krieg eingreifen. Josephus schrieb darum seinen „jüdischen Krieg" zunächst für die „östlichen Barbaren in seiner Muttersprache", d. h. in Aramäisch (bell 1,3–6).

Ohne Zweifel gehörte Jerusalem zu den eindrucksvollsten und berühmtesten Tempelstädten im römischen Reich und war auch für Heiden mit einer fast „mystischen" Aura umgeben.[55]

Die Zahl der Pilger aus der Diaspora war bei großen Festen u. U. höher als die der Einwohner.[56] Selbst Philo, der Jerusalem wenigstens einmal in seinem Leben besuchte (Fragment aus ‚De Providentia' bei Eusebius, p.e. 8,14,64) nennt sie seine eigentliche „Vaterstadt (πατρίς), die Metropolis nicht nur eines, des jüdischen Landes, sondern auch der meisten anderen Länder wegen der Kolonien, die sie (...) hinaussandte" (LegGai 281; vgl. Flacc 46; LegGai 203 u. ö.).

---

52 S. dazu M. Hengel, Die Zeloten, 211–215 und J. Jeremias, Jerusalem zur Zeit Jesu, 54f und 188f. Die Kriegsbeute nach der Tempelzerstörung übertraf alle Erwartungen.

53 M. Ben-Dov, In the Shadow of the Temple. The Discovery of Ancient Jerusalem, [transl. from the Hebrew by I. Friedman], New York 1985, 149–167.

54 Pausanias, 8,16,4f (Text und englische Übersetzung in GLAJ Vol.2 From Tacitus to Simplicius, Jerusalem 1980, Nr. 358 S. 196f), zur Königin Helena vgl. Josephus, ant 20,95 und M. Sterns Kommentar (aaO. 197). Zum Gebäude s. auch M. Kon (= Cohen), The Tombs of the Kings, Tel Aviv 1947 (hbr.) und der neue Schürer 3,163f.

55 Sueton, Nero 40,2 anders Augustus 93 (bequem zugänglich bei GLAJ, Vol.2, Nr. 303 S. 110); Polybios, 16,39,1,4 = Josephus, ant 12,136 (GLAJ 1, 113–115), Numenius, Frgm. 56 (Numénius, Fragments, texte établi et traduit par É. des Places, CUFr, Paris 1973, 100 (= Lydus, mens. 4,53 bzw. GLAJ 2, Nr. 367 S. 215) und ein Liviuszitat aus den Scholien zu Lukan (ed. H. Usener 2,593 GLAJ 1, Nr. 133 S. 330; vgl. Lukan, Pharsalia 2,590–594 = GLAJ 1, Nr. 191 S. 439); vgl. Josephus, bell 6,123.260 und Cassius Dio 66.5.4; 6,2 (GLAJ 2, Nr. 430 S. 372f). S. dazu in Bd. II: Jerusalem als jüdische *und* hellenistische Stadt.

56 J. Jeremias, Jerusalem zur Zeit Jesu, 96–98; E. Schürer 2,76; bei Jeremias auch Angaben zur wirtschaftlichen Bedeutung des Pilgerverkehrs (150–154).

Es war wohl das besondere Verdienst des *Herodes*, der die Rolle des Schutzherren des Diasporajudentums übernommen hatte, der heiligen Stadt zu dieser internationalen Bedeutung im römischen Reich verholfen zu haben, eine Bedeutung, die selbst auf Heiden Eindruck machte und die er durch seine rastlose Bautätigkeit im griechisch-römischen Stil noch verstärkte.[57] In diesem Punkte setzte er – gewiß unter wesentlich veränderten, besseren Bedingungen – nur die hasmonäische Politik seit Johannes Hyrkanos zielstrebig fort.

Vermutlich begünstigte er auch die Rückwanderung vornehmer Diasporajuden, die ja in der Regel auch ihr Vermögen in die Stadt zurückbrachten und die Bande zur Diaspora nach draußen verstärkten. So scheint die „Theodotos-Synagoge“, die uns durch die berühmte Inschrift des Vollenders und Enkels des Gründers bekannt wurde, in ihren Anfängen auf die herodianische Zeit zurückzugehen.[58] Zum Bau gehörte nicht nur der gottesdienstliche Raum „zur Verlesung des Gesetzes und zum Unterricht in den Geboten“, sondern ein Hospiz und rituelle Badeanlagen für die Pilger „aus der Fremde“. Sicher gab es auch noch andere „Diaspora-Synagogen“ in der Stadt.[59] Apg 6,9 nennt eine ganze Reihe davon, an erster Stelle die der „Λιβερτῖνοι“, d.h. der jüdischen Freigelassenen aus Rom. Vielleicht sind Theodotus- und Libertiner-Synagoge identisch.

In diesen griechischsprechenden Synagogengemeinden in Jerusalem wurde die LXX verwendet und einerseits im Stil der hellenistischen Judenschaft Alexandriens, Kleinasiens oder Roms gelehrt, aber gewiß auch andererseits versucht, das vorherrschende pharisäisch-palästinische Gesetzesverständnis bei den Festpilgern aus der Diaspora bekannt zu machen. In diesem Milieu ist der aus Tarsus stammende Sha'ûl-Paulus aufgewachsen (Apg 22,4; vgl.26,4 und Röm 15,19) Die Pharisäer mit ihrem Programm der Erziehung des ganzen Volkes im Gesetz müssen – im Gegensatz zur „konservativ-aristokratischen“ Führungsschicht des höheren Priesteradels – in besonderer Weise an der für Judäa neuen Institution der Synagoge interessiert gewesen sein. Es ist nicht zufällig, daß Synagogen zusammen mit anderen Neuerungen (Ossuarien, Steingefäße, Miqwaot), die mit der pharisäischen Frömmigkeit zusammenhängen, sich seit der Zeit des Herodes im jüdischen Palästina allmählich ausbreiten[60]. In gewisser Hinsicht war die Vielfalt des ganzen Judentums einschließlich der Diaspora am besten in Jerusalem repräsentiert. Dort waren nicht nur

---

[57] Vgl. oben mit Anm. 47–50; ferner A. Schalit, König Herodes. Der Mann und sein Werk, SJ 4, Berlin 1969, 328–403 und E. SCHÜRER 1, 304–309; jetzt auch H. MERKEL, Art. Herodes der Große A.-D., in: RAC 14, Stuttgart 1988, 815–830; hier 820–822.

[58] Text etwa CIJ 2, 1404; Text und Übersetzung auch bei M. HENGEL, Zwischen Jesus und Paulus, 184; zur „Libertiner-Synagoge“ aaO. 183 mit Anm. 116.

[59] Dazu E. SCHÜRER 2, 76 mit Anm. 256.

[60] Vgl. die Angabe in der Theodotus-Inschrift, die Synagoge sei „εἰς ἀν[άγν]ωσ[ιν] νόμου καὶ εἰς [δ]ιδαχ[ὴ]ν ἐντολῶν“; dazu M. HENGEL, Zwischen Jesus und Paulus, 184f mit Anm. 119 u.122, DERS., Der vorchristliche Paulus, in: Paulus und das antike Judentum, hg. v.

die großen jüdisch-palästinischen Parteien, Pharisäer, Sadduzäer, Essener (und Christen) zu Hause, sondern man traf sich aus allen Teilen des römischen Reiches: Rom, Nordafrika, Griechenland, Kleinasien, Syrien und Ägypten (Apg 2,9–11, vgl.6,9), aber auch aus Babylonien, Medien und Arabia felix. Der Finanzminister des äthiopischen Reiches von Napata-Meroe[61] (Apg 8,27), vermutlich ein Gottesfürchtiger, oder die Juden aus Kleinasien (Apg 21,27), die die Verhaftung des Paulus betrieben, sind nur Beispiele unter vielen.

Mit allen Zentren der Diaspora bestand ein ständiger reger Austausch. So holte Herodes zuerst den Priester Ananel (Josephus, ant 15,22.34.39ff.51) aus Babylonien und später den Priester Simon, Sohn des Boethos aus Alexandrien nach Jerusalem, beide vermutlich aus dem alten zadoqidischen Geschlecht der Oniaden, um sie zu Hohepriestern einzusetzen.[62] Boethos könnte ein Nachkomme des nach Ägypten vertriebenen (164 v. Chr.) Onias IV. von Leontopolis gewesen sein: Das würde den späteren Rang seiner Familie in Jerusalem erklären. Herodes hätte dann anstatt der ihm verhaßten „illegitimen" Hasmonäer einen „legitimen" Zadoqiden nach Jerusalem geholt. Dem erfolgreichen Simon, Sohn des Boethos, dessen schöne Tochter Mariamne von Herodes geheiratet wurde, gelang es, die neben dem Clan des Hannas mächtigste und reichste hohepriesterliche Familie zu gründen und zugleich eine besondere Fraktion unter den Sadduzäern, die Boethusäer zu etablieren, die offenbar den herodianischen Herrschern nahestand. Auch die Gebeine des reichen Alexandriners Nikanor, der die Flügel des Nikanortors stiftete[63], wurden in Jerusalem beigesetzt. Möglicherweise hat er sich - ähnlich wie die Proselyten aus dem Königshaus von Adiabene (s. o.) - in seinem Alter dort aufgehalten. Eine neuere Deutung vermutet, daß die Überreste seiner Söhne Nikanor und Alexas in dem beschrifteten Ossuar ihre Ruhe fanden.[64]

Wie dem auch sei - man darf annehmen, daß in diesen *aristokratischen*

M. Hengel/U. Heckel, WUNT 58, 1991, 177–293; zu den Pharisäern s. R. Deines, Jüdische Steingefäße und pharisäische Frömmigkeit, WUNT II/52, 1993, 1–23.

61 H. Conzelmann, Die Apostelgeschichte, HNT 7, Tübingen 1963, 55f.

62 Josephus, ant 15,320ff; 17,78; zur Familie die Belege bei Hengel, Judentum und Hellenismus, 142 Anm. 151; zu den Boethusäern R. Meyer, Art. Σαδδυκαῖος, ThWNT 7, Stuttgart 1964, 35–54, hier 42f und 45f und bei E. Schürer, 229 mit Anm. Herodes heiratete eine Tochter des Simon, Sohn des Boethos (Josephus, ant 15,320f), enterbte jedoch ihren Sohn Herodes. Zum Luxus der Familie vgl. J. Jeremias, Jerusalem zur Zeit Jesu, 112. Die rabbinische Überlieferung weiß von dem sagenhaften Reichtum der Hohepriestertochter Martha, Tochter des Boethos, die den Hohepriester Jehoschua b. Gamla, der auch bei Josephus eine wichtige Rolle spielt, heiratete: (H.L. Strack-)P. Billerbeck, Kommentar zum Neuen Testament aus Talmud und Midrasch 2, München ^{8}1983, 184f und L. Ginzberg, Art. Boethusians (ביתוסים), JE 3, London, New York, 1902, 284f.

63 CIJ 1,1256; vgl. E. Bammel, Nicanor and his Gate, zuerst in JJS 7, 1956, 77f, in: ders., Judaica. KS 1, WUNT 37, Tübingen 1986, 39–41; ebenso J. P. Kane, Ossuary Inscriptions of Jerusalem, JJS 23,1978, 279–282 und M. Hengel, Der Historiker Lukas und die Geographie in der Apostelgeschichte, ZDPV 99 (1983) (= FS A. Kuschke), 154ff.

64 E. Schürer 2, 57f Anm. 170.

Rückwanderfamilien Griechisch gesprochen wurde. Überhaupt wird gelten, daß in den vornehmen Familien Jerusalems das Griechische nicht weniger zu Hause war als in den Schreibstuben und Bazaren in der Stadt und an den Wechslertischen im Tempelvorhof.[65]

Aber die Bedeutung der Sprache beschränkte sich durchaus nicht auf Jerusalem allein. So lebte in den *hellenisierten Städten* der Küstenebene von Gaza bis Dor bzw. Ptolemais-Akko jeweils eine starke jüdische Volksgruppe, die in Cäsarea fast die Hälfte der Bevölkerung ausmachte und die in Jamnia sicher und in Asdod wahrscheinlich die hellenisierte heidnische Bevölkerung überwog.[66] Philippus, aus dem Stephanuskreis kommend, dürfte in der Küstenebe-

---

[65] Nach mGit 9,8 ist ein Scheidebrief auch mit griechischen Unterschriften gültig, vgl. auch den neuen SCHÜRER 2, 79f.

[66] Eine Übersicht über die hellenistischen Städte in Judäa gibt S. APPLEBAUM, Hellenistic Cities of Judea and its Vicinity – some new Aspects, in: The Ancient Historian and his Materials. Essays in Honour of G.E. Stevens on his 70th birthday, ed. by B. Levick, 1975, 59–73; s. auch die mit Abstand beste Darstellung in der neuen englischen Schürer-Bearbeitung 2, 85–183; jetzt auch A. KASHER, Jews and Hellenistic Cities in Eretz-Israel, TSAJ 21,1990, der versucht, eine Geschichte der Beziehungen zwischen Juden und den hellenistischen Städten zu entwerfen. S. dazu den Index S. 367 zu den geographischen Namen. S. auch J. GEIGER, Local Patriotism in the Hellenistic Cities of Palestine, in: Greece and Rome in Eretz Israel, ed. A. Kasher etc., 1990, 141–150. Für *Cäsarea* hat man bei Josephus (bell 2,457) eine Angabe, daß bei den Pogromen zu Beginn des jüdischen Krieges 66 n. Chr. 20.000 Juden getötet wurden, weiter daß die jüdische Bevölkerung vorher als selbständiges „Politeuma" organisiert war und mit der „griechischen" Bevölkerung zuvor lange Zeit um die politische Gleichberechtigung in der Stadt gekämpft hatte (Der neue Schürer 1, 164.465.467 ebd. 2, 183). Vgl. L.I. LEVINE, Caesarea under Roman Rule, SJLA 7, Leiden 1975, 22f.; zur Lage des jüdischen Stadtviertels DERS., Roman Caesarea. An Archaeological-Topographical Study, Qedem 2, 1975, 40–45; dazu S. APPLEBAUM, Hellenistic Cities of Judea and its Vicinity, 61; zur Bevölkerung: J. RINGEL, Césarée du Palestine, Étude Historique et Archéologique, Paris 1975, dort chapitre II – Le Problème Démographique, aaO. 88–92. APPLEBAUM (aaO. 67) erwähnt Skulpturenfragmente, die das künstlerische Niveau in der Stadt illustrieren; vgl. C. VERMEULE/K. ANDERSON, Greek and Roman Sculpture in the Holy Land, Burlington Magazine, 123 Nr. 934, 1981, 7–19; dort wird freilich das als Zeus identifizierte Statuenfragment in trajanische oder hadrianische Zeit datiert (S. 11). Zur Erforschung des von Herodes erbauten Hafens in Cäsarea siehe jetzt auch R.L. HOHLFELDER/J.P. OLESON/A. RABAN/R.L. VANN, Sebastos. Herod's Harbour at Caesarea Maritima, BA 46 (1983), 133–143. Er verbesserte den Güteraustausch und Pilgertransport; auch Luxusgüter waren jetzt leichter ins Land zu bringen. So war Wein aus der Ägäis seit dem 3. Jh. v. Chr. bekannt (s.u.). Herodes ließ sich dagegen vermutlich italischen Wein – vielleicht aus einem eigenen Weingut – liefern: In Massada gefundene beschriftete Amphoren enthielten nämlich Wein der Sorte ‚Philonianum', der wahrscheinlich aus Brindisi stammte (Jerusalem Post, 10. 5. 1986, 22). Einen guten Überblick zu Cäsarea gibt der neue Schürer 2, 115–118. Zu *Asdod* vgl. Josephus, bell 4,130: Offenbar besaß die Stadt, die unter Alexander Jannai (103–76 v. Chr.) zu Judäa gehörte (ant 13,395) und durch Pompeius wieder davon getrennt wurde (bell 1,156.166), eine bedeutende jüdische Bevölkerung; vgl. auch Apg 8,40 und der neue Schürer 2, 108f. Nach der Jonavita der Vitae Prophetarum wurde der Prophet in der Hafenstadt Asdod geboren. Hinweis von A.M. SCHWEMER; vgl. u. Anm. 151.

Zu Jamnia vgl. Strabo 16,2,28 (bei Greek and Latin Authors, 1 Nr. 114 S. 290–294 mit Kommentar). Philo bezeichnet die Stadt übertreibend als „menschenreichste Stadt Judäas" (LegGai 200); er belegt (aaO.) auch, daß die Mehrzahl der Bevölkerung aus Juden bestand.

ne und hier wieder insbesondere in Cäsarea in erster Linie Griechisch gepredigt haben.[67] Daß in diesen Städten vor allem Griechisch gesprochen wurde, wird wieder durch jüdische Grab- und Synagogeninschriften bestätigt.[68] Ähnliches galt auch von den „hellenistischen" Städten im palästinischen Binnenland, die teilweise direkt an die jüdisch-(samaritanischen) Gebiete angrenzten oder mitten in denselben lagen, so u. a. von Pella, Samaria-Sebaste und den von Herodes Antipas gegründeten einzigen Poleis in Galiläa, Tiberias und Sepphoris.[69] Galiläa[70], umgeben von den Stadtgebieten der hellenisierten Städte Ptolemais, Tyrus und Sidon im Westen und Nordwesten, von Panias-Cäsarea Philippi, Hippos und Gadara im Nordosten, Osten und Südosten,[71] und

---

Jamnia (Jabne) blieb auch nach 70 jüdisch und wurde Sitz des Lehrhauses von Jochanan b. Zakkai, der von dort aus das palästinische Judentum konsolidierte (Der neue Schürer 1,524–526; ferner J. Neusner, The Formation of Rabbinic Judaism: Yavneh (Jamnia) from A.D.70 to 100, ANRW II.19.2 Religion (Judentum: Allgemeines; Palästinisches Judentum), hg. v. W. Haase, Berlin, New York 1979, 3–42 und P. Schäfer, Die Flucht Johanan b. Zakkais aus Jerusalem und die Gründung des 'Lehrhauses' in Jabne, ANRW II.19.2, 43–101).

H.-P. Kuhnen, Nordwestpalästina in hellenistisch-römischer Zeit. Bauten und Gräber im Karmelgebiet, Quellen und Forschungen zur prähistorischen und provinzialrömischen Archäologie, 1, Weinheim 1987, hat gezeigt, daß der großzügige Ausbau von Cäsarea wohl zu einem Rückgang der Siedlungsdichte im Karmelgebiet führte (72f). Vielleicht liegt hier ähnlich wie später bei der Gründung von Tiberias durch Herodes Antipas ein Synoikismos vor. Die wirtschaftlichen Folgen der „Hellenisierung" beschreibt Kuhnen ebenfalls aaO. 74–77.

67 M. Hengel, Der Historiker Lukas (Anm. 63), 164–169.

68 Vgl. B. Lifshitz, Césarée de Palestine, son histoire et ses institutions, ANRW II.8 Politische Geschichte (Provinzen und Randvölker: Syrien, Palästina, Arabien), Berlin, New York 1977, 490–518.

69 M. Hengel, Der Historiker Lukas (Anm. 63), 178f; vgl. auch den neuen Schürer 2, 145–148; zur Rechtstellung in der Dekapolis allgemein ebd. 125f (zu Pella); 160–164 (zu Samaria-Sebaste, dessen Bevölkerung ohne Zweifel überwiegend heidnisch war, aaO. 16); nach 2, 16 war in Skythopolis eine größere Anzahl Juden wohnhaft, die trotzdem wohl die Minderheit bildete. Sie kämpften 66 n. Chr. auf Seiten der hellenistischen Bürger, wurden aber dennoch von diesen getötet; vgl. ebd. 142–145; zu Tiberias und Sepphoris ebd. 178–182 bzw. 172–176 und unten S. 64f.

70 Zu *Galiläa* vgl. E. M. Meyers, The Cultural Setting of Galilee: The Case of Regionalism and Early Judaism, ANRW II.19.1, 1979, 686–702; S. Freyne, Galilee from Alexander the Great to Hadrian, 323 B. C. E. to 135 C. E. A Study of Second Temple Judaism, University of Notre Dame. Center for the Study of Judaism and Christianity in Antiquity, 5, Notre Dame 1980, und jetzt ders., Galilee, Jesus and the Gospels. Literary approaches and historical investigations, Dublin 1988; zu *Tiberias* neben dem neuen Schürer, 2, 178–183 M. Avi-Yonah, The Foundation of Tiberias, IEJ 1, 1950/51, 160–169; zu *Sepphoris* auch H.W. Hoehner, Herod Antipas, Cambridge 1972, 84; ferner R. Vale, Literary Sources in Archaeological Description: The Case of Galilee, Galilees and Galileans, JSJ 18, 1987, 209–226.

71 Über die *Dekapolis* informiert neben Schürer H. Bietenhard, Die Dekapolis von Pompeius bis Trajan. Ein Kapitel aus der neutestamentlichen Zeitgeschichte, ZDPV 79 (1963), 24–27 und ders., Die syrische Dekapolis von Pompeius bis Trajan, ANRW II.8, 1977, 220–261; ferner dazu A. Spickermann, The Coins of the Dekapolis and Provincia Arabia, SBF.CMa 25, ed. with historical and geographical introductions by M. Piccirillo, Jerusalem 1980 und F. G. Lang, „Über Tyros und Sidon mitten ins Gebiet der Dekapolis", ZDPV 94 (1978), 145–160. Zur Siedlungsgeschichte vgl. Sh. Applebaum, Jewish Urban Communities

schließlich von Skythopolis[72] im Süden, wird ebenfalls weitgehend zweisprachig gewesen sein. Skythopolis, das alte Beth Schean, erhielt seinen sonderbaren Namen vermutlich dadurch, daß im 3. Jh. v. Chr. die Ptolemäer dort Reiter aus dem bosporanischen Reich („Skythen") ansiedelten.[73] Es wurde unter dem mythischen Namen Nysa ein besonderer Kultort des Dionysos; nach der Überlieferung war die Amme des Gottes dort begraben.[74] Auf Münzen und in einer Inschrift nennt die Stadt sich „Ἑλληνὶς πόλις", was vielleicht auch ein Mißverständnis des Ortsnamens abwehren sollte: In der Antike galten die Skythen als die Barbaren schlechthin.[75] Pompeius stellte die von Alexander Jannai eroberte Stadt wieder her, sie wurde als einzige Stadt westlich des Jordans in die Dekapolis eingegliedert. Wer in Joh 2,1–11 dionysische Züge entdecken will, darf nicht vergessen, daß ca. 30 km südöstlich von Kana und Nazareth ein altes Zentrum der Dionysosverehrung lag[76], auch in Sepphoris wurde jüngst ein (freilich späteres) Mosaik mit einem Dionysoszyklus ausgegraben.[77] In hellenistischer, vorrömischer Zeit blühte unmittelbar an der Nordgrenze im östlichen Teil der Hule-Senke Tell Anafa-Arsinoe.[78] Es wurde vermutlich von Alexander Jannai um 80 v. Chr. zerstört. Eine andere von den Ptolemäern gegründete hellenistische Stadt, die mit der Eroberung durch die Hasmonäer verschwand, war Philoteria (Bet-Jerach) am Südausgang des Tiberias-Sees. Als Antiochus III. es 220 v. Chr. eroberte, war es eine bedeutende Festung (Plb. 5,70,3 f). Auf eine hellenistische Gründung als Zentrum der Fischindustrie am selben See

---

and Greek influences, Scripta Classica Israelica 5 (1979/80), 158–177. S. auch A. KASHER, Jews and Hellenistic Cities in Eretz Israel, TSAJ 21, 1990, Index 368 s. v. Decapolis.

72 Zu *Skythopolis* vgl. M. AVI-YONAH, Skythopolis, IEJ 12,1962, 123–136 und B. LIFSHITZ, Scythopolis. L'histoire, les institutions et les cultes de la ville à l'époque hellénistique et impériale, ANRW II.8 Politische Geschichte. (Provinzen und Randvölker: Syrien, Palästina, Arabien), 1977, 262–294 mit G. FOERSTER/V. TSAFRIR, Nysa-Scythopolis – A new inscription and the titles of the city in the coins, Israel Numismatic Journal 9, 1986/87, 53–58. Zu Gaba vgl. Josephus, bell 2,459; 3,36; ant 15,294; Vita 115–118; G. SCHMITT, Gaba, Cotta und Gintikirmil, ZDPV 103, 1987, 22–48 und den neuen Schürer 2, 164f.

73 Anders noch E. SCHÜRER, Geschichte des jüdischen Volkes im Zeitalter Jesu Christi 2, Leipzig ^{3}1898, 135 mit Anm. 293.

74 Plinius, 5,18,74: „*Scythopolim, antea Nysam, a Libero Patre sepulta nutrice ibi Scythis deductis.*"

75 Vgl. etwa Hdt. 4,46 und O. MICHEL, Art. Σκύθης, ThWNT 7, Stuttgart 1964, 448–451.

76 M. HENGEL, The interpretation of the wine miracle at Cana: John 2:1–11, in: The Glory of Christ in the New Testament. Studies in Christology in memory of G. B. Caird, ed. L. D. Hurst and N. T. Wright, Oxford 1987, 83–112.

77 R. TALGAM/Z. WEISS, „The Dionysus Cycle" in the Sepphoris Mosaic, Qad. 21, 1988, 93–99 (hebr.).

78 G. FUKS hat (Tel Anafa – A Proposed Identification, Scripta Classica Israelica 5 (1979/80), 178–184) vorgeschlagen, *Tel Anafa* (Tell el-Ahdar, ca. 10 km südlich von Cäsarea Philippi) mit Arsinoe in *Coele Syria* zu identifizieren, einer aus den Ethnica des Stephan v. Byzanz (ed. A. Meinecke, Berlin 1849, 125 [ND Graz 1958]) bekannten Stadt. Auf dem Tell läßt sich von epigraphischem Material und der Keramik her eine hellenistische Stadt nachweisen. S. schon S. WEINBERG, Tel Anafa: The Hellenistic Town, IEJ 21 (1971), 86–109.

weist auf Grund seines griechischen Namens Tarichaea, das jüdische Magdala, ca. 6 km nördlich von Tiberias: „ταριχεῖαι" sind schon bei Herodot Produktionsstätten vom gesalzenem Fisch. Wahrscheinlich hatten hier schon die Ptolemäer in einer Domäne eine „Fischindustrie" entwickelt, die dem Ort den griechischen Namen gab.[79] Vermutlich gab es eine ganze Reihe von kleineren makedonisch-griechischen Siedlungen in Palästina, die sich nicht zu wirklichen Städten entwickelten und kein Stadtrecht besaßen.[80] Wirtschaflich war Galiläa zu einem guten Teil von den völlig hellenisierten phönizischen Städten, insbesondere von Akko/Ptolemais und Tyros, abhängig. Die aus dem 2. bis 4. Jahrhundert n. Chr. stammende große Grabanlage in Beth-Schearim zwischen Nazareth und Haifa enthält ganz überwiegend griechische Inschriften.[81] Ein Teil der dort Bestatteten kommt aus den phönizischen Metropolen. Die Gräber von Beth-Schearim erhielten nach dem Tode von R.Jehuda han-Nasi (nach 200 n. Chr.) überregionale Bedeutung, ähnlich wie die Heilige Stadt vor 70 n. Chr. Das starke Anwachsen der griechischen Inschriften gegenüber den hebräisch-aramäischen (218 zu 28) hängt mit der Weiterentwicklung des Hellenisierungsprozesses im 2.-4. Jh. n. Chr., der Nähe zu den phönizischen Städten und der sozialen Struktur der Benutzer zusammen, die offenbar ganz überwiegend aus der Oberschicht stammten. Man darf annehmen, daß die rabbinischen Lehrer seit der tannaitischen Zeit durchweg *auch* Griechisch sprachen.

Neues Anschauungsmaterial lieferten uns außerdem die Briefe Bar Kosibas aus der Wüste Juda, die zeigen, daß der jüdische Pseudomessias (oder einer seiner Offiziere) mit dem Griechischen besser zurechtkam als mit dem Hebräischen.[82]

Man wird von diesem Hintergrund aus auch Schlüsse für die *Jesusbewegung*

---

79 LSJ s.v. 1758.

80 Der neue Schürer 1, 144.228 Anm. 31; zu Tarichaea ebd. 1,494f Anm. 44 und 2,193f Anm. 43.

81 M. Schwabe, B. Lifshitz, Beth She'arim II: The Greek Inscriptions, Jerusalem 1967, bringen 218 griechische Inschriften; dagegen nur 28 hebräisch-aramäische; zu den Versinschriften s. II,127.183. (Beth She'arim III: Report on the Excavations during 1953–1958, Vol. III Catacombs 12–23, by N. Avigad, Jerusalem 1976, 230–254 und Beth She'arim I: Report on the Excavations 1936–1940, Vol. I Catacombs 1–4 by B. Mazar, Jerusalem 1976, 193–206); P. W. van der Horst, Ancient Jewish Epitaphs, Kampen 1991, 118–122.151-153. Zu den Versinschriften s. auch o. S. 18 Anm. 37.

82 Sammelbuch griech. Urkunden aus Ägypten (SGU) 8,9843: „Ἐγράφη δ[ὲ] Ἑλληνιστὶ διὰ τ[ὸ ὁρ]μὰν μὴ εὑρηθ[ῆ]ναι Ἑβραεστὶ γ[ρά]φασθαι" („Der Brief wurde Griechisch geschrieben, weil wir hier niemanden haben, der in der Lage ist, hebräisch zu schreiben"), Erstveröffentlichung durch B. Lifshitz, Papyrus Grecs du désert de Juda, Aeg. 42,1962, 240–256; vgl. dazu J. A. Fitzmyer, Languages of Palestine, 514f; er deutet die Unterschrift „Soumaios" unter dem zitierten Brief als mögliche gräzisierte Form von Sime'on bar Kosibah und bietet Text und englische Übersetzung. Ein weiterer griechischer Brief von einem Unterführer Bar Kosibas zum Laubhüttenfest hat das übliche griechische Briefpräskript (wie etwa auch Jak 1,1): „[Ἄ]ννανος Ἰωναθῆ τῷ ἀδελφῷ χαίρειν", SGU 8,9844; vgl. den neuen Schürer, 2,28 n. 118 und ebd. 79 mit n. 279; ferner M. Hengel, Der Jakobusbrief als antipaulinische Polemik, in: Tradition and Interpretation in the New Testament. Essays in

ziehen dürfen: Unter den zwölf Jüngern Jesu tragen zwei, Andreas und Philippus, rein griechische Namen, bei zwei weiteren ist der ursprüngliche griechische Namen aramaisiert, Thaddaios (tadda'j) ist wohl eine Kurzform des relativ häufigen jüdischen Namens Theodotos (o. ä.), ähnlich wie Dôsa/Dôstai für Dositheos oder Tôdôs für Theodotos (bzw. Theodoros oder Theodosios), und Bartholomaios (bar-talmaj) geht wohl auf (bar)Ptolemaios zurück. Auch der blinde Bettler Bar-Timaios bei Jericho, der ein Nachfolger Jesu wird, kann in diesem Zusammenhang genannt werden.[83] Solche griechischen Namen werden mehrfach bei Juden in Palästina und Ägypten bezeugt. Shim$^{e\text{c}}$ôn/Simon, der häufigste jüdische Name im Palästina der hellenistisch-römischen Zeit, war deshalb so geschätzt, weil er einmal an den erfolgreichsten Makkabäerbruder erinnerte, der die Unabhängigkeit erkämpfte und die hasmonäische Dynastie gründete und zum anderen ohne Mühe gräzisiert werden konnte. Shim$^{e\text{c}}$ôn und Simon waren fast beliebig auswechselbar.[84] Die Angabe, daß Simon Petrus, Andreas und Philippus von Beth-Saida stammten (Joh 1,44), könnte vielleicht doch historischen Wert haben, da der Herodessohn Philippus diesen Ort bald nach seinem Herrschaftsantritt zu Ehren der Gattin Livia des Augustus (= Julia Augusta) als Polis „Julias" vor 2.v. Chr. neubegründet hatte, und es daher stärker „hellenisiert" war als die Dörfer der Umgebung.[85] Der Name Philippos war dann vermutlich eine Reverenz an den Landesherrn, der nach Josephus, ant 18, 106f als besonders gerecht galt.[86] Der Ort scheint im 1. Jh. eine gewisse Bedeutung besessen zu haben, auch wenn er diese auf die Dauer nicht erhalten

---

Honor of E. Earle Ellis, ed. G.F. Hawthorne with O. Betz, Michigan/Tübingen, 1987, 248–278, hier 251.270 mit Anm. 31.

[83] Vgl. H. P. Rüger, Die lexikalischen Aramaismen im Markusevangelium, in: Markusphilologie. Historische, literarische und stilistische Untersuchungen zum zweiten Evangelium, hg. v. H. Cancik, WUNT 33, Tübingen 1984, 73–84. Die Liste der 15 judenchristlichen Jerusalemer Bischöfe, die Eusebius in H. E. 4,5,3 überliefert, enthält zwei lateinische (Justus/Seneca) und den griechischen Namen Philippos – freilich ist die Überlieferung dieser Namen schwankend (A. v. Harnack, Geschichte der altchristlichen Literatur bis Eusebius, 2/1, Leipzig 1958 (= 1897), 220f Anm. 3) und überhaupt unsicher, wieweit man sich historisch auf die verschiedenen Überlieferungen verlassen kann (dazu zuletzt R. van den Broek, Der Brief des Jakobus an Quadratus und das Problem der judenchristlichen Bischöfe von Jerusalem, in: Text and Testimony. Essays on New Testament and Apocryphal Literature in Honour of A.F.J. Klijn, hg. v.T. Baarda u.a., Kampen 1988, 56–65). Zu Taddai, Dôsa/Dôstai, Tôdôs und Talmai s. M. Jastrow, Dictionary, 1, 286; 2,1647.1650.1673. Zu jüdischen Namen überhaupt s. G. Mussies (o. Anm. 41), 242–276.

[84] Lukas hat immer Simon für Shîme$^{e\text{c}}$ôn (Petrus; vgl. etwa Apg 10,5); nur in Apg 15, 14 legt er dem Herrenbruder Jakobus ein Συμεών in den Mund. 2. Petr 1,1 hat pseudepigraphisch archaisierend Συμεὼν Πέτρος.

[85] Josephus, ant 18,28; dort begründet mit der hohen Einwohnerzahl; vgl. auch den neuen Lokalisierungsvorschlag von B. Pixner, Searching for the New Testament site of Bethsaida, BA 48, 1985, 207–216; vgl. den neuen Schürer 2, 176–178.

[86] Ähnliches gilt von dem jüdischen Offizier Philippos, Sohn des Jakimos, den Josephus, bell 2,421 bzw. 556 und vita 46–61 erwähnt, dem Befehlshaber der Reitertruppen Agrippas II. aus Batanäa.

konnte. Simon Petrus muß auf jeden Fall zweisprachig gewesen sein, sonst hätte er nicht so erfolgreich außerhalb Judäas von Antiochien über Korinth bis nach Rom wirken können. Es ist eigenartig, daß Lukas bei Petrus – etwa vor Cornelius – kein Sprachenproblem kennt; dieses erscheint für ihn erst bei Paulus vor der Volksmenge in Jerusalem und dem Tribunen Claudius Lysias (Apg.21,37.40 und 22,2).[87]

Die Kenntnis der griechischen Sprache war natürlich in besonderer Weise bei den *oberen Schichten* vorhanden und zwar in sehr verschiedenen Qualitätsstufen, die von Grundkenntnissen, mit denen man sich einigermaßen verständlich machen konnte, bis zu höheren literarischen Fähigkeiten reichten, über die freilich nur wenige verfügten, und auf die wir noch ausführlicher eingehen werden. Diese Kenntnisse bildeten die Voraussetzung für den sozialen Aufstieg, sowohl in Handwerk und Handel wie im Dienste der politischen Mächte, der herodianischen Dynasten, der Städte, der Tempelverwaltung und der anderen jüdischen Behörden und erst recht im römischen Dienst. Je gründlichere Sprachkenntnisse ein palästinischer Jude erwarb, desto besser konnte er sozial aufsteigen.

Die größeren Städte, in erster Linie Jerusalem, aber auch Sepphoris und Tiberias, besaßen griechische Schulen, die vermutlich bis hin zu einer elementaren rhetorischen Ausbildung führten. Eine international angesehene Institution wie der Tempel mußte schon seit mehr als zwei Jahrhunderten (s. u. S. 59f) über ein gut besetztes griechisches Sekretariat verfügt haben.

Die in solchen Schulen ausgebildeten, sozial höher stehenden mehrsprachigen Kreise gewannen von Anfang an erhebliche Bedeutung für die Jesusbewegung. Man wird annehmen dürfen, daß Jesus selbst, der als Bauhandwerker zum Mittelstand gehörte, und noch im höheren Maße sein Bruder Jakobus, in der Lage waren, ein Gespräch auf Griechisch zu führen. Die synoptische Tradition setzt ohne weiteres voraus, daß er mit dem Hauptmann von Kapernaum, Pilatus oder der Syrophönizierin (Ἑλληνίς Mk 7,26)[88] sprechen konnte. Die Lage seines Heimatortes Nazareth an der

---

[87] M. Hengel, Der Historiker Lukas (Anm. 63), 158–160.173-175.

[88] M. Hengel, Entstehungszeit und Situation des Markusevangeliums, in: Markus-Philologie, WUNT 33, Tübingen 1984 (1–45) hier 45 mit Anm. 164. Dort konnte man andererseits die Kenntnis des Phönizisch–Kanaanäischen, das mit dem Hebräischen eng verwandt war, voraussetzen. F. Millar gibt ein Beispiel dafür, daß noch in der spätrömischen Zeit griechisch erzogene Stadtbürger in Gaza die aramäische Volkssprache kannten (Empire, Community and Culture, JJS 28 (1987) 149). Zu der lokal sehr verschiedenen Sprachensituation s. ders., The Roman Near East. Sie hing stark von der politischen Entwicklung der einzelnen Regionen, dem Selbstbewußtsein seiner Bewohner und der Haltung der maßgeblichen Oberschicht ab. In Palmyra oder im nabatäischen Arabien behielt der jeweilige aramäische Dialekt größere Bedeutung als in Damaskus oder Dekapolis. Die ganz hellenisierten Phönizier hielten an ihrer alten kanaanäischen Sprache zumindest nach außen länger fest als die Bewohner des nördlichen Syrien, der sog. Seleukis. Dies gilt zumindest für die Städte. Die Tatsache, daß Paulus im (nabatäischen) Arabien

Grenze Galiläas und fünf Kilometer von Sepphoris, dem alten Hauptort des Gebietes, gab vielerlei Möglichkeiten zu Kontakten mit Nichtjuden. Möglicherweise hat er als Bauhandwerker (ὁ τέκτων; Mk 6,3[89]) beim Wiederaufbau von Sepphoris gearbeitet.[90]

Freilich sollte man nicht unbedingt so weit gehen und mit Zahn, G. Kittel und J.N. Sevenster[91] vermuten, daß Jakobus seinen in vorzüglichem Griechisch verfassten Brief auf jeden Fall selbst geschrieben habe, auch wenn der gute Stil an sich noch kein Argument gegen eine palästinische Herkunft des Briefes darstellt. Als Führer der Urgemeinde in Jerusalem konnte er sich gewiß auch eines Sekretärs bedienen. Die Diskussion auf dem „Apostelkonzil" wird zumindest *auch* in griechischer Sprache geführt worden sein, sonst wäre die Anwesenheit eines Griechen wie Titus kaum sinnvoll gewesen. Die Vermutung eines aramäischen Protokolls[92], aus dem Paulus zitiert, kann man sich daher ersparen.

---

und dann viele Jahre in Syrien missionierte, legt zwingend nahe, daß er auch Aramäisch sprach.

89 R.A. Batey, „Is not this the Carpenter", NTS 30 (1984), 249–258.

90 B. Schwank hält Besuche der Familie Jesu im Theater von Sepphoris für möglich (Das Theater von Sepphoris und die Jugendjahre Jesu, EuA 52 (1976), 199–206). Ob man dies bei einer streng gläubigen jüdischen Familie annehmen darf, erscheint mir sehr fraglich. Auch kann ich R.A. Batey nicht völlig zustimmen, daß „there was no apparent reason for a young man from Nazareth to avoid this city". Da Jesus aus einer frommen jüdischen Handwerkerfamilie ländlicher Herkunft stammte, gibt es doch auch Gründe, die gegen eine allzu enge Verbindung mit der weitgehend hellenistischen Nachbarstadt sprechen. Außerdem ist die Datierung des Theaters umstritten. B. Schwank referiert (ders., Die neuen Ausgrabungen in Sepphoris, BiKi 42 (1987), 75–79) die Vermutung der Ausgräber [1985], das Theater sei im 1.Jh. gebaut (E.M. Meyers, E. Netzer, C.L. Meyers, Sepphoris – „Ornament of all Galilee", BA 49, 1986, 4–19). R.A. Batey verlegte zunächst 1983 die Entstehung des Theaters ins 2.Jh. (Jesus and the Theatre, NTS 30 (1984), 563–574), widerrief aber seine Datierung (ders., Subsurface Interface Radar at Sepphoris, Israel, 1985, Journal of Field Archaeology, 14 (1987), 1–8 hier 2f). Auch er setzt den Theaterbau nun im 1.Jh. n.Chr. an (vgl. auch J.F. Strange, Th.R.W. Longstaff, Sepphoris (Sippori), IEJ 34 (1984), 51.52 und J.F. Strange, Chronique Archéologique: Sepphoris et autres sites de basse Galilée, RB 91 (1984), 239–241.) Es ist ja immerhin auffallend, daß die Evangelientradition Sepphoris gar nicht erwähnt (Dies könnte man im Blick auf das nahe Nazareth territorialgeschichtlich erklären, so A. Alt, Die Stätten des Wirkens Jesu in Galiläa territorialgeschichtlich betrachtet, in: ders., KS 2, München ²1959, 436–456), wohl aber Tiberias in Joh 6,23 (vgl.6,1 und 21,1), s.u. S. 65f. Eine populäre Einführung in die neuesten Grabungsergebnisse geben E. Netzer/Z. Weiss, Zippori, Jerusalem 1994.

91 Th. Zahn, Einleitung in das Neue Testament, Leipzig ³1906, 31.79; J.N. Sevenster, Do You Know Greek, 15; jetzt M. Hengel, Der Jakobusbrief als antipaulinische Polemik, 270 Anm. 33 und 281.

92 E. Dinkler, Der Brief an die Galater – Zum Kommentar v.H. Schlier, zuerst in: Verkündigung und Forschung. Theologischer Jahresbericht, 1953/55, jetzt in: ders., Signum Crucis. Aufsätze zum Neuen Testament und zur Christlichen Archäologie, Tübingen 1967, 270–282, hier bes. 280; G. Klein, Galater 2,6–9 und die Geschichte der Jerusalemer Urgemeinde, zuerst ZTHK 57,1960, 275–295, in: ders., Rekonstruktion und Interpretation, GA zum Neuen Testament, BEvTh 50, München 1969, 99–118 mit Nachtrag 118–128, zur Protokollfrage 118–120. Dagegen spricht schon das singuläre „Petros" in Gal 2,7 (statt

Die Hinweise auf die aller Wahrscheinlichkeit zweisprachigen Gemeindemitglieder aus der Ober- und Mittelschicht sind vielfältig: Zu erwähnen sind Lk 8,3 mit Johanna, der Frau des „ἐπίτροπος", des Vermögensverwalters des Herodes, Antipas, Chuza (כוזא), weiter die Kreise der Steuerpächter, z.B. den ἀρχιτελώνης Zachäus in Jericho, dann Männer wie Nikodemos und Joseph von Arimathia. Auch jener rätselhafte Manaen (Menachem) in Antiochien, dessen Mutter vielleicht bei Papias erwähnt wird[93], der Jugendfreund (? σύντροφος) des Herodes Antipas, außerdem Maria, ihre Sklavin Rhode und ihr Sohn Johannes Markus, der Verwandte des Barnabas, Silas-Silvanus, Barsabbas Justus, der ebenfalls wieder bei Papias auftaucht[94], der Prophet Agabus u.a.m. dürften ebenfalls in dieses Milieu gehören. Ihr Kreis wird ergänzt durch in Jerusalem ansässige Diasporajuden wie Barnabas aus Zypern, Simon von Kyrene, dessen Söhne Alexander und Rufus vielleicht später noch in der christlichen Gemeinde in Rom bekannt waren, und der wohl mit seinem Sohn Alexander auf einer Ossuarinschrift erwähnt wird[95], Jason von Zypern, der Gastgeber des Paulus (Apg 21,16), deren Muttersprache wohl durchweg schon Griechisch war, auch wenn sie noch Aramäisch verstanden oder es neu erlernt hatten. Nicht zuletzt wären hier natürlich die „Sieben" als Sprecher der Gemeinde der Hellenisten zu nennen (Apg 6,5), die ohne Ausnahme griechische Namen tragen und natürlich – was die weltgeschichtliche Wirkung betrifft, vor allen anderen – Sha'ûl-Paulus, der in Jerusalem Tora studierte und die Gemeinde der christlichen „Hellenisten" verfolgte.[96]

Diese abgestufte Zweisprachigkeit würde auch erklären, warum die Jesusbotschaft – m.E. noch zu Lebzeiten Jesu – in Jerusalem auch Diasporajuden erreichte, die fast nur oder ausschließlich Griechisch sprachen, und aus denen sich dann jener Kreis der „Hellenisten" rekrutierte, der sich wegen des Gottes-

---

Kephas); wenn überhaupt, dann zitiert Paulus aus einem allen gemeinsamen *griechischen* Protokoll.

93 Apg 13,1; Philippus Sidetes, H.E., Fragment im Codex Baroccianus 142, ed. C. de Boor, TU 5,2, 170; jetzt bequem zugänglich mit Übersetzung bei U.H.J. Körtner, Papias von Hierapolis. Ein Beitrag zur Geschichte des frühen Christentums, FRLANT 133, Göttingen 1983, 63f. Zum Namen Papias im jüdischen Palästina s. L.Y. Rahmani (o. Anm. 36), Nr. 139, zweisprachig aus Skythopolis, und 256 ppjs. Ähnliche Namensformen (Pappos, Papion etc.) finden sich mehrfach bei Juden. Papias von Hierapolis könnte durchaus Judenchrist gewesen sein.

94 AaO.

95 Mk 15,21 vgl. Röm 16,13. Dabei wird vorausgesetzt, daß das Evangelium in Rom geschrieben wurde (M. Hengel, Entstehungszeit [Anm. 88], 13) und der im Römerbrief genannte Rufus mit dem Sohn Simons identisch ist (vgl. J. Gnilka, Das Evangelium nach Markus, 2.Tlbd. Mk 8,27–16,20, EKK 2/2, Zürich, Einsiedeln, Köln und Neukirchen-Vluyn 1979, 315). S.o. Anm. 39! Im Katalog von L.Y. Rahmani (o. Anm. 36) Nr. 142 findet sich innerhalb einer größeren Ossuarieninschrift der Name Ροῦφος.

96 Zu den „Sieben" s. M. Hengel, Zwischen Jesus und Paulus (Anm. 8), 175f; zu Paulus meine Studie über den vorchristlichen Paulus in dem Sammelband Paulus und das antike Judentum, WUNT 58, Tübingen 1991, 177–294.

dienstes in griechischer Sprache separierte und als besondere Gemeindegruppe so erstaunlich rasch in Jerusalem Bedeutung gewann. Joh 12,20f könnte ein späterer Reflex dieses Übergangs sein. Joh 4,38 deutet vielleicht auf deren Mission in Samarien hin (Apg 8,4ff). Auf jeden Fall ist es wahrscheinlich, daß die Übertragung von Teilen der Jesustradition in die griechische Sprache wie auch die Ausbildung einer eigenen, spezifisch christlichen theologischen Terminologie mit Begriffen wie „ἀπόστολος, εὐαγγελίζεσθαι, εὐαγγέλιον, ἐκκλησία, χάρις, χάρισμα, υἱὸς τοῦ ἀνθρώπου" etc. schon sehr früh, möglicherweise als unmittelbare Folge der Wirksamkeit Jesu, die auch in Jerusalem wohnhafte Diasporajuden angezogen hatte, in Jerusalem einsetzte und nicht etwa Jahrzehnte später außerhalb Palästinas in Antiochien oder sonstwo erfolgt sein muß. Die Bedeutung Antiochiens für die Frühgeschichte des Urchristentums wird heute allzusehr betont. Paulus erwähnt die Stadt nur einmal Gal 2,11. Jerusalem ist für ihn wichtiger. Mit anderen Worten: Die Wurzeln der „judenchristlich-hellenistischen" oder exakter der *griechischsprechenden judenchristlichen Gemeinde*, in der die Jesusbotschaft erstmals in griechischer Sprache formuliert wurde, reichen eindeutig nach Jerusalem selbst zurück, und dementsprechend muß auch eine erste sprachliche Ausgestaltung ihres Kerygmas und ihrer Christologie bereits dort erfolgt sein.

3. Griechische Bildung und Literatur im jüdischen Palästina

Henri Irénée Marrou definierte die hellenistische Welt zwischen Alexander und dem frühen Kaiserreich als eine „Zivilisation der παιδεία".[97] Wir begegnen an diesem Punkt einer konvergierenden Tendenz, die sowohl die jüdischen Weisheitsschulen mit ihrer Aufforderung, „mûsar" anzunehmen und „ḥokhma" zu lernen, wie auch die neuen griechisch-makedonischen Pflanzstädte der Neuen Welt mit ihrem Ideal der Erziehung beherrschte.[98] Mochte das Erziehungsziel zunächst verschieden, ja gegensätzlich sein, eine beiderseitige Beeinflussung konnte auf die Dauer nicht ausbleiben. Da der soziale Status und der berufliche Erfolg für den Orientalen, Syrer, Phönizier, Ägypter oder Juden zu einem guten Teil von einer Annahme griechischer Bildungsgüter abhing, war zunächst der griechische Einfluß größer, ja wenn wir von dem Sonderfall des Judentums absehen, war das griechische Bildungselement in der Oberschicht Syriens und Palästinas – die politisch und ökonomisch in der frühen Kaiserzeit allein wesentlich war – schlechterdings dominierend. F. Millar betont hier

[97] H. I. MARROU, Geschichte der Erziehung im klassischen Altertum, übers. v. C. BEUMANN, Freiburg, München 1957, 148.

[98] Ben Siras Enkel gibt das hebr. מוסר mit παιδεία wieder (vgl. R. SMEND, Griechisch-Syrisch-Hebräischer Index zur Weisheit des Jesus Sirach, Berlin 1907, 176f.; zur jüdischen Schule vgl. M. HENGEL, Judentum und Hellenismus, Exkurs 1, 143–152).

einen Punkt, den wir im Auge behalten müssen, um die geistige Kraft des Judentums jener Zeit richtig einzuschätzen:

„one of the most successful achievements of Graeco-Roman civilisation was the removal of the memories and identities of the peoples whom it absorbed. Alone of all the peoples under Roman rule, the Jews not only had a long recorded history but kept it, re-interpreted it and acted on it".[99]

Aber auch dort, wo man sich polemisch mit der neuen Zivilisation (wie im Judentum) auseinandersetzte, wurde man doch stärker davon „infiziert", als man selbst wahrnahm.[100]

Will man den schwierigen Begriff der „Hellenisierung" über die Ausbreitung der griechischen Sprache hinaus – jedoch weiterhin in engster Verbindung mit ihr – näher bestimmen, so stößt man auf das *Ideal griechischer Erziehung*, ganz gleich, ob man es mehr im technischen, militärischem oder sportlich-gymnasialen Sinne oder in Bezug auf die rhetorisch-literarische und philosophische Bildung verstehen will. Das religiöse Motiv, das den Theologen am meisten interessiert, trat dabei – zunächst noch – zurück, obwohl es auch immer gegenwärtig war. Eine nichtreligiöse antike Gesellschaft gab es nicht. Sie ist eine Erfindung der Moderne.

Es ist erstaunlich, wie viele bedeutende griechische Wissenschaftler, Literaten und Denker gerade die griechisch-makedonischen Neugründungen oder gräzisierten semitischen Städte Palästinas und des Ostjordanlandes ab dem 2. Jh. v. Chr. hervorgebracht haben. Aus Gadara, rund zehn Kilometer Luftlinie von der Südostgrenze Galiläas entfernt, stammten Menipp, der Erfinder der Satire noch aus dem 4./3.Jh.[101], Meleagros, der Begründer der Anthologia Graeca aus dem 2.[102] und der Epikuräer Philodemos, dessen Bibliothek wir die Papyrusfunde von Herkulaneum verdanken, aus dem 1. Jh. v. Chr.[103] Gegen Ende des 1. Jh.s v. Chr. lebte der Rhetor Theodoros von Gadara, der den

[99] Empire, Community and Culture, 147.

[100] Siehe dazu meinen Aufsatz Qumran und der Hellenismus, zuerst in: Qumran. Sa piété, sa théologie, et son milieu, ed. M. Delcor, BEThL 46, Paris, Leuven 1978, 333–372, in diesem Band 258–294.

[101] Dazu M. Hengel, Judentum und Hellenismus, 153 mit Literatur zu Menippos in Anm. 189.

[102] Meleagers Erinnerung an Gadara war lebendig, obwohl er seine Heimatstadt wohl nicht wiedersah; Anthologia Graeca 5,160 (ed. H. Beckby, München 1957, 320f; GLAJ Nr. 43 S. 140) beklagt er sich darüber, daß sich seine Geliebte Demo am kalten Sabbat bei ihrem (offenbar recht liberalen) jüdischen Liebhaber erwärmt: „σαββατικὸς ... πόθος" und „ψυχροῖς σάββασιν". Agatharchides erwähnt zwei Generationen vorher nur den ‚siebenten Tag' (Josephus, Ap. 1,209). Es handelt sich wohl um die erste Erwähnung des Sabbats durch einen nichtjüdischen Autor; zum literarischen Motiv Stern, aaO. 140. J. Geiger (Greek in the Talmud: An Allusion to a Hellenistic epigramm, Tarb. 55 (1986) 606f) vermutet, daß in bShab 62b-63a auf dieses Epigramm Meleagers angespielt wird.

[103] M. Hengel, Judentum und Hellenismus, 157 Anm. 208 (mit Literatur); zur Bibliothek vgl. M. Gigante, La biblioteca di Filodemo, Coronache Ercolanesi 15, 1985, 5–30.

späteren Kaiser Tiberius unterrichtete[104], zu Beginn des 2. Jh.s n. Chr. der Kyniker Oinomaos von Gadara[105], der vermutlich im Talmud in recht positiver Weise erwähnt wird, aber auch das Wohlgefallen Eusebs findet, so daß er in seiner „praeparatio evangelica“ einige größere Passagen von ihm überliefert[106]. Meleagros preist in einem Epigramm die Stadt als das „syrische Athen“[107], und ein Grabepigramm aus Hippos am See Genezareth gegenüber von Tiberias nennt sie χρηστομουσία, „an excellent abode of learning“[108]. Aus Gerasa zählt Stephan von Byzanz zwei Rhetoren und einen Sophisten auf, besonders bekannt ist der Neupythagoreer und Mathematiker Nikomachos von Gerasa aus dem 2. Jh. n. Chr.[109] Für Askalon, die einzige Küstenstadt, die die Hasmonäer nicht erobern konnten[110], nennt Stephan v. Byzanz außer dem bekannten Antiochos, dem Erneuerer des Platonismus und Zeitgenossen Ciceros[111], noch drei stoische Philosophen, zwei Grammatiker und zwei Historiker. Der Grammatiker Ptolemaios lehrte während der frühen Kaiserzeit in Rom. Auch wenn diese Gelehrten in der Regel nicht im Lande blieben, sondern in den geistigen Zentren des Westens ihr Glück machten, so muß man doch an den genannten Orten – zu denen die phönizischen Städte Tyrus und Sidon hinzukommen, die bei aller Wahrung der Tradition ebenfalls eine beachtliche kulturelle Blüte erlebten, – eine feste und andauernde Schultradition voraus-

---

[104] Sueton, Tiberius 57. Der Verfasser der Schrift Περὶ Ὕψους, der zustimmend Mose in Gen 1,3 zitiert, war möglicherweise Schüler von ihm (s. M. HENGEL, Judentum und Hellenismus, 473); jedenfalls nicht Longinus (so auch R. BRANDT, Pseudo-Longinus, Vom Erhabenen, Texte zur Forschung 37, Darmstadt ²1983, 11f).

[105] Dazu H.J. METTE, PRE 17,2, Stuttgart 1937, 2249–2251 und M. HENGEL, Judentum und Hellenismus, 151f mit Anm. 182 (mit Belegen und Literatur); ferner L. BLAU, Art. Oenomaus of Gadara, JE 9, New York, London 1905, 385f und D. SPERBER, Art. Oenomaus of Gadara, EJ 12, Jerusalem 1971, 1331f mit dem neuen Schürer 2, 50.135; J. HAMMERSTAEDT, Der Kyniker Oenomaus von Gadara, ANRW II 36,4, 1990, 2834–65; M. LUZ, Oenomaus and Talmudic Anecdote, JSJ 23 (1992), 42–80.

[106] Vgl. Eusebius, p.e. 5,21,6 GCS Eusebius Werke 8 ed. Mras/des Places 1,262); 5,36,5 (1,290); die 14 – nur durch Eusebius erhaltenen – Fragmente erschließt bequem das Register zur Berliner Ausgabe aaO. 2,452f.

[107] „(...) πάτρα δέ με τεκνοῖ
Ἀτθὶς ἐν Ἀσσυρίοις ναιομένα Γαδάροις“;
„doch Gadara war meine Heimat/jenes neue Athen in der Assyrer Land“ (Anthologia Graeca 7,417,1f, Griechisch-Deutsch ed. H. Beckby, München 1957, 1,35).

[108] LSJ Supplement 151 (= R. PERDRIZET, Revue Arch. 3rd Series 35,1899, 49f „ville lettrée“ – M. HENGEL, Judentum und Hellenismus, 153 Anm. 187 und der neue Schürer 2, 153f n. 255 (mit neuerer Literatur).

[109] Stephanus v. Byzanz, Ethnica, ed. A. Meinecke, Berlin 1849, 203 (ND Graz 1958).

[110] Zu Askalon vgl. neben dem neuen Schürer 2,49–51 auch M. HENGEL, Rabbinische Legende und frühpharisäische Geschichte. Schimeon b. Schetach und die achtzig Hexen von Askalon, AHAW.PH 2,1984, Heidelberg 1984, 41–44 (im zweiten Band am Ende).

[111] Stephan v. Byzanz, aaO. 132. Quelle ist wohl Herennios Philo v.Byblos; vgl. auch Strabo 16,2,29 (759). Bei Stephan werden die Stoiker Sosos, Antibios und Eubios genannt, ferner als Grammatiker Ptolemaios, Aristarchos und Dorotheos mit den Historikern Apollonios und Artemidoros.

setzen die eine solide Grundausbildung vermittelte und eine entsprechende Ausstrahlung besaß.

Selbst das *jüdische Palästina* konnte sich der Anziehungskraft griechischer Bildung, die ringsum in den hellenistischen Städten blühte, nicht entziehen. Dabei muß man dann den wachsenden Einfluß der bedeutendsten Zentren der griechischsprechenden Diaspora wie Alexandrien, Antiochien und Rom, aber auch der nahen phönizischen Städte in Rechnung stellen. Hier ist zunächst von einem gründlichen grammatischen Elementarunterricht durch den „γραμματιστής" auszugehen, der ebenfalls in Judäa vermittelt werden konnte. Der in Alexandrien schreibende Verfasser des Aristeasbriefes setzt um 140 v.Chr. ganz selbstverständlich voraus, daß die 72 aus Palästina kommenden Übersetzer durchweg eine solide griechische Bildung mitbrachten, umgekehrt kennt auch die talmudische Literatur die Septuaginta-Legende in ihrer weiterentwikkelten, Philo entsprechenden Form von der Inspiration jedes einzelnen Übersetzers.[112] Das dieser sehr positiven Deutung entgegenstehende Urteil, die Entstehung der *Septuaginta* sei eine Katastrophe für Israel gewesen, wie der Tag, an dem das goldene Kalb gemacht wurde, zeigt nur, daß die Frage der Bedeutung der griechischen Bibel im palästinischen Judentum selbst kontrovers war und daß sie dort nicht unwidersprochen verwendet wurde. Ab dem 2. Jh. n.Chr. hat man sie wegen der Konkurrenz der Christen ganz verworfen und durch die neue wörtliche Übersetzung Aquilas, eines Proselyten, ersetzt.

Daß die LXX in Jerusalem häufig verwendet wurde – etwa in der Theodotos-Synagoge – läßt sich nicht bezweifeln. Sowohl in Qumran wie im Wadi Murabba'at hat man Fragmente von griechischen Übersetzungen der hebräischen Bibel[113] gefunden, im Wadi Murabba'at und im Naḥal ḥever daneben auch zahlreiche juristische griechische Texte.[114] Die Zwölfprophetenrolle vom Wadi

---

[112] Aristeas 48.121 (Kenntnisse in griechischer und jüdischer Literatur; griechische Namen); vgl. G. Delling, Bewältigung der Diasporasituation, 67 Anm. 447; Philo: VitMos 2,25–40 (ed. L. Cohn 4, 206,1–209,17); Meg 9a Bar.; vgl. Traktat Sopherim 1,8. Zum rabbinischen Verständnis: G. Veltri, Eine Tora für den König Talmai, TSAJ 41, Tübingen 1994; s. auch M. Hengel, Die Septuaginta als „christliche Schriftensammlung", ihre Vorgeschichte und das Problem ihres Kanons, in: Die Septuaginta zwischen Judentum und Christentum, hg. v. M. Hengel/A. M. Schwemer, WUNT 72, 1994, 182–284 (199ff.205f.236–256).

[113] 7Q 1,1–2(= Exodus 28,4–6.7); 7Q 2.1 (= EpJer 43); Exploration de falaise, les Grottes 2Q, 3Q, 4Q, 5Q, 6Q, 7Q à 10Q p. M. Baillet, J. T. Milik, R. de Vaux, DJD 3, Les ‚petites grottes de Qumran', Oxford 1962, 142f; vgl. den neuen Schürer 2, 78. Zum Thema dort weitere Literatur.

[114] Les grottes de Murabba'at, par P. Benoit, J.T. Milik, R. de Vaux, DJD 3, 3. Textes Grecs et Latins, 207–277. Vgl. auch den neuen Schürer 2, 78f. Im Naḥal ḥever fand man aus der Zeit vor dem Bar-Kochba-Aufstand Papyri, die zumeist in griechischer Sprache formuliert sind und dem Familienarchiv der Jüdin Babatha, Tochter des Simon, entstammten. Von den fünfunddreißig Dokumenten sind 6 nabatäisch, 3 aramäisch, 17 griechisch und 9 griechisch mit nabatäischen oder aramäischen Unterschriften abgefasst (Y. Yadin, Bar Kochba. Archäologen auf den Spuren des letzten Fürsten von Israel, Hamburg 1971, 229; die griechischen Texte sind jetzt veröffentlicht in einem zweiten Band der Judean Desert Studies: The Documents

Murabba'at[115] weist darauf hin, daß es schon früh, lange vor Aquila, Theodotion und Symmachus, den Neubearbeitungen des 2. Jh.s n. Chr., eigene palästinische Rezensionen der Septuaginta gab, die den Text an Hand der hebräischen Vorlage mit philologischer Akribie korrigierten. Die Bearbeiter müssen ihre griechische Grammatik gut gelernt haben. M. E. hängt diese Revisionsarbeit mit dem pharisäischen Programm der Erziehung des ganzen Volkes im Gesetz zusammen und ist eine „Vorstufe" der späteren Arbeit Aquilas, Theodotions und indirekt der Masoreten. Die Sadduzäer waren an einem exakten Text der Profetenbücher der LXX kaum sonderlich interessiert. Paulus arbeitete schon mit einem solchen rezensierten Text der Bücher Jesaja, Hiob und Könige und es ist durchaus möglich, daß diese kritische Rezension von ihm selbst stammt.[116] Man wird die Verwendung der Septuaginta nicht mehr als Indiz dafür werten können, daß ein Text außerhalb Palästinas entstand, ja man wird fragen müssen, ob nicht spätere Teile derselben in Palästina übersetzt worden sind (s. u. S. 45f).

Aber der Einfluß griechischer Bildung und Literatur geht sehr viel weiter.

---

from the Bar Kokhba Period in the Cave Letters. Greek Papyri ed. by N. Lewis. Aramaic and Nabatean signatures and subscriptions ed. by Y. Yadin and J. C. Greenfield, Jerusalem 1989; vgl. bisher SGU 10, 10288,1–3; H. J. Polotsky, Three Greek documents from the family archive of Babatha, ErIs 8, 1967, 46–51 [hbr.] und N. Lewis, Two Greek documents from Provincia Arabia, Illinois Classical Studies 3, 1978, 100–114). Der griechische Ehekontrakt (Papyrus Yadin 18 bzw. Judean Desert Studies Nr. 18) der Babatha wurde nach *griechischem Recht* abgeschlossen (N. Lewis/R. Katzoff/J. C. Greenfield, Papyrus Yadin 18, IEJ 37 (1987), 229–250): „Ἑλληνικῷ νόμῳ" Z. 16 p. [78]/Z. 51 p. [79]; ebenso in einem anderen Ehevertrag „νόμ[ῳ] ἑ[λλη]νικῷ καὶ ἑλλ[η]νικῷ τρόπῳ" Nr. 37, Z. 9f (p. [131]). In einer Erklärung für einen Provinzialzensus, in der sich die Titulatur des Kaisers Trajan als Gott findet (Z.5) beschwört die Frau ihre Angaben „bei der Tyche des Kyrios Cäsar" („ὄμνυμι τύχην κυρίου Καίσαρος", Nr. 16, Z. 34 p. [67]; s. a. Y. Yadin, Bar Kochba, 246). En-Gedi wird „κώμη κυρίου" (Nr. 11 Z. 1 p. [42] mit Note p. [44]) genannt, Babathas Sohn erhält durch die „βουλὴ Πετραίων τῆς μητροπόλεως προκειμένω<ν> ἐν τῷ ἐν Πέτρᾳ Ἀφροδεισίῳ" (Nr. 12, Z. 1f p. [48]) zwei Vormünder, von denen einer als Jude bezeichnet wird (Z. 6f) und der andere den nabatäischen Namen „Abdobdas" trägt. Vgl. auch den Monat „Hyperberetaios, genannt Thesrei" (Nr. 14 Z.19 p. [55]/15 Z. 16 p. [59]) und das neu veröffentlichte Archiv der Salome Komaïze: H. E. Cotton, ZPE 105 (1995), 171–207.

115 Göttinger LXX-Siglum 943; entstanden wohl Mitte des 1.Jh.s n.Chr.; vgl. S. P. Brock, Art. Bibelübersetzungen I/2. Die Übersetzungen des Alten Testaments ins Griechische, TRE 6, Berlin, New York 1980, 163–172, hier 164; ferner D. Barthélemy, Redécouverte d'un chaînon manquant de l'histoire de la Septante, zuerst RB 60,1953, 18–29, in: ders., Études d' histoire du Texte de l'Ancien Testament, OBO 21, Fribourg, Göttingen 1978, 38–50. Dazu nun die Edition: E. Tov, The Greek Minor Prophets Scroll from Naḥal Ḥever (8ḤevXIIgr.), The Seiyâl Collection I, DJD VIII, Oxford 1990.

116 S. dazu die gründliche Untersuchung von D. A. Koch, Die Schrift als Zeuge des Evangeliums. Untersuchung zur Verwendung und zum Verständnis der Schrift bei Paulus, BHTh 69, Tübingen 1986, 48–87. Koch (aaO. 81) meint freilich, daß Paulus gar nicht merkte, daß er einen abweichenden Text verwendete und neigt dazu, die Schriftkenntnis des Pls zu unterschätzen (aaO. 92ff), so daß sein Bild fragwürdig wird (vgl. auch Rez. H. Hübner, ThLZ 113, 1988, 349–352). Paulus war als Schriftausleger sicher nicht so naiv und unwissend, wie er ihn darstellt.

Wir finden ihn bereits in der späten hebräisch-aramäischen Literatur, etwa bei Kohelet, Ben-Sira, Daniel oder den Henoch-Schriften. Etwa gleichzeitig mit Ben-Sira schreibt der erste uns bekannte palästinisch-jüdische Autor in griechischer Sprache, der sogenannte samaritanische Anonymus.[117] Er identifiziert Henoch, den Urweisen nach Gen 5,22, mit Atlas, dem Bruder des Prometheus, der ebenfalls als überragender Astronom, Mathematiker und Philosoph galt. König Nimrod von Babel wird auf euhemeristische Weise mit dem Gott Bel in Babel verbunden, und Abraham wird zum Kulturbringer für Phönizier und Ägypter, d.h. auch indirekt für die Griechen. In dieser frühen Zeit entstand auch, vermutlich in Jerusalem und aufgrund jüdischer Initiative, die Legende von der Urverwandtschaft zwischen Juden und Spartanern über Abraham.[118] Auf derselben Linie liegt die Gräzisierung Jerusalems als Ἱεροσόλυμα[119], als „Heilige Stadt" (Ἱερόπολις, Philo, Leg Gai 225.281 u.ö.), das die Stadt einmal als hellenistische Tempelstadt auswies und zum anderen mit der „kanonischen" Urschrift der Griechen verband, wo in der Ilias (6,184) das „ruhmvolle Volk der Solymer" erscheint, während die „Solymer Berge" sich nach Odyssee 5,283 in der Nähe Äthiopiens befinden. Derartige Interpretationen sollten die Bedeutung der Stadt und des jüdischen Volkes in den Augen der Griechen erhöhen.

Die Errichtung eines Gymnasiums am Fuße des Tempelberges und der

---

117 Eusebius, p.e. 9,17 u.18,2 (= FGrH 3C Nr. 724). Vgl. dazu M. Hengel, Judentum und Hellenismus, 162–169; A.M. Denis, Introduction aux pseudépigraphes grecs d'Ancien Testament, Leiden 1970, 261, T. Rajak, The sense of history in Jewish intertestamental writing, OTS 24, 1986, 124–145, (139f), D. Mendels, The land of Israel as political concept in Hasmonean literature, TSAJ 15, Tübingen 1987, 116–119. Der Verfasser war sicher ein Samaritaner (s. der neue Schürer 3, 528–530 und meine Besprechung „Der alte und der neue Schürer", JJS 35, 1990, 19–76 (55f)).

118 1. Makk 12,6ff; Josephus, ant 12,226f; 13,167f; vgl. auch 2. Makk 5 und Josephus, Ap 2,130, jedoch kritischer 2,225ff.259ff.273; siehe auch M. Hengel, Judentum und Hellenismus, 133f; B. Cardauns, Juden und Spartaner. Zur hellenistisch-jüdischen Literatur, Hermes 95,1967, 317–324; E.(J.) Bickerman, Origines Gentium, zuerst in CP 47 (1952) 65–81, in: ders., Religious and Politics in the Hellenistic and Roman Periods, ed. by E. Gabba and M. Smith, Bibliotheca di Athenaeum 5, Como 1985, 401–417. Eine andere Überlieferung weiß von Freundschaft zwischen Abraham und den Pergamenern (Josephus, ant 14,255). S. dazu auch u. S. 62f.

119 J. Jeremias, ΙΕΡΟΥΣΑΛΗΜ/ΙΕΡΟΣΟΛΥΜΑ, ZNW 65 (1972), 273–276; R. Schütz, Ἱερουσαλημ und Ἱεροσολυμα im Neuen Testament, ZNW 11 (1910), 169–187; vgl. M. Hengel, Juden, Griechen und Barbaren, Aspekte der Hellenisierung des Judentums in vorchristlicher Zeit, SBS 76, Stuttgart 1976, 165f. Zu der Kurzform ΣΟΛΥΜΑ/ΟΙΣ ergänze noch: Sib 4,115.126 vgl. 12,103; Tacitus, hist. 5,2,3 (GLAJ 2, Nr. 281, S. 18); Philostrat, VA 5,27 (2, Nr. 402, S. 340) 6,29.34 (Nr. 404a/b, S. 342f); Pausanias, 8,16,5 (2, Nr. 358, S. 196); weitere Stellen im Register Sterns s.v. Solyma (3,149). Heidnische Schriftsteller verwenden u.U. das Wort, um das ihrer Meinung nach unangemessene „Hiero-" zu vermeiden. In der lateinischen Poesie wird Solyma allgemein üblich (so M. Stern zu Nr. 402 [s.o.] 2, 340). Für Philostratus wird das jüdische Gebiet durch die Taten und Leiden seiner Bewohner verunreinigt. Die ursprünglich an Homer orientierte ehrenvolle Bezeichnung erhält am Ende unter antijüdischen Vorzeichen negativen Charakter.

Versuch, Jerusalem in eine griechische Polis mit antiochenischem Bürgerrecht zu verwandeln, die beide 175 v. Chr. von der Anregung des Hohepriesters Jason ausgingen, zeigen, wie weit die „Hellenisierung“ der Oberschicht durch griechische παιδεία damals schon gediehen war.[120] Jason von Kyrene spricht in diesem Zusammenhang 2. Makk 4,13 empört von einer ἀκμή τις Ἑλληνισμοῦ, einem „Höhepunkt der Hellenisierungsbestrebungen“ und gebraucht dabei den sprachlichen Begriff Ἑλληνισμός, erstmalig in kulturellem Sinne gleichbedeutend mit ἀλλοφυλισμός. Es ist bezeichnend, daß dieser Bedeutungswechsel von einem Juden vollzogen wurde, so wie das Kompositum ἀφελληνίζειν im weiteren kulturellen Sinne von „hellenisieren“ erstmals bei Philo (LegGai 147) erscheint. D.h. die Juden waren gegenüber der alles durchdringenden und infizierenden Kraft der neuen Zivilisation besonders empfindlich. Man muß schon damals zu Beginn des 2. Jh.s v. Chr. in Jerusalem eine recht effektive griechische Elementarschule voraussetzen, da die griechische „Grundausbildung“ conditio sine qua non für ein Gymnasium und die Ausbildung der Epheben gemäß „griechischer Sitte“ war.

Die griechische Elementarschule wie auch die griechische Schreiberwerkstatt hatten schon seit dem 3. Jh. – und auch während und nach der makkabäischen Erhebung – ihren festen Ort in der jüdischen Metropolis (s.o. S. 14f). Das erforderte die internationale Weltgeltung der Tempelstadt und die politisch-religiöse Propaganda der Hasmonäer, des Herodes und der Tempelhierarchie in der griechisch-römischen Welt. Aus diesem Grund waren auch noch die Hasmonäer an der Aufrechterhaltung der Spartanerlegende interessiert (s.o. Anm. 118). Der vermutlich gefälschte Brief der Jerusalemer unter Führung des Judas Makkabäus an Aristobul und die Juden in Alexandrien 2. Makk 2,14f verweist auf die von Judas neu angelegte Tempelbibliothek und fordert die Alexandriner auf, sich nach Bedarf dieser zu bedienen, doch wohl mit Schriften in griechischer Sprache.[121] Um die Mitte des 2. Jh.s v. Chr. verfasste der jüdisch-palästinische Priester Eupolemos, Sohn des Johannes, den 161 v. Chr. Judas mit einer Gesandschaft nach Rom geschickt hatte, eine jüdische Geschichte mit

120 2Makk 4,9–14; 1Makk 1,14f.; vgl. Josephus, ant 12,251; M. Hengel, Judentum und Hellenismus, 133–138.503-518. In der Untersuchung v. K. Bringmann (Hellenistische Reform und Religionsverfolgung in Judäa. Eine Untersuchung zur jüdisch-hellenistischen Geschichte (175–163 v. Chr.), AAWG.PH 132, 1983, 82ff) wird die religiöse Ungeheuerlichkeit dieser Vorgänge in Jerusalem für die jüdische Theokratie zu wenig ernst genommen. B. kommt daher zu einer falschen Gesamtbeurteilung; s. dazu auch die kritische Besprechung v. Th. Fischer, Zu einer Untersuchung der jüdisch-hellenistischen Geschichte, Klio 67 (1985), 350–355, hier bes. 352 und Sh. Applebaum, Gnomon 57 (1985), 191–193. S. auch meine Studie „Jerusalem als ‚hellenistische‘ Stadt“ in Bd. II.

121 Ein solcher Schriftenexport wird im Kolophon des griechischen Estherbuches sichtbar, vgl. dazu unten S. 43 mit Anm. 131.

dem Titel „Über die jüdischen Könige" trotz, ja vielleicht wegen des makkabäischen Freiheitskampfes in der Weltsprache zur höheren Ehre der freiheitsliebenden Juden.

B. Z. Wacholder, der dieses Werk analysiert[122], geht in seinem Schlußkapitel[123] in gründlicher Weise auf die weitere jüdisch-palästinische Literatur in griechischer Sprache ein und verfolgt sie bis Justus von Tiberias und Josephus. Ihr Ursprung liegt nach ihm in der *priesterlichen Aristokratie*, die in ihren führenden Vertretern seit dem Ende des 3. Jh. v. Chr. immer auch bis zu einem gewissen Grade griechisch gebildet war. Ihre Schwerpunkte hat sie in einer betont nationalen, am Heiligtum orientierten Geschichtsschreibung, und ihr größter Vertreter, Josephus, wurde – bedingt durch die Zerstörung des Tempels und die Vernichtung des priesterlichen Hochadels – auch ihr letzter. Das Diasporajudentum hat im Bereich jüdischer Historiographie in griechischer Sprache nichts Vergleichbares hervorgebracht. Ihr wichtigster Geschichtsschreiber Jason von Kyrene, Verfasser einer fünfbändigen Geschichte der Ursprünge und Anfänge der makkabäischen Erhebung, die ein Unbekannter im 2. Makkabäerbuch zusammenfaßte, war ebenfalls ganz an der Geschichte des palästinischen Judentums orientiert. Er hat sich vermutlich im Judäa des Aufstandes aufgehalten und ist von chasidischer Frömmigkeit beeinflußt.[124] Er scheint die geographischen und politischen Verhältnisse in Eretz Israel aus eigener Anschauung gekannt zu haben.

Josephus als Jerusalemer Priester, der auf seine hasmonäische Abstammung stolz war[125], muß dagegen die ersten Grundlagen seiner erstaunlich breiten griechischen Bildung bereits in der heiligen Stadt erhalten haben; sie befähigte ihn in jungen Jahren, eine Gesandtschaft an den Kaiserhof zu übernehmen, die ihn bis zur Kaiserin Poppäa führte und recht erfolgreich war.[126] Man hätte damit niemanden beauftragt, der Griechisch nur radebrechen konnte. Freilich mußte er bei seinen großen literarischen Arbeiten (dagegen nicht in der *Vita* und in *contra Apionem*) auch noch später literarische Helfer in Anspruch

---

122 B. Z. Wacholder, Eupolemos. A Study of Judaeo-Greek Literature, Monographs of the Hebrew Union College 3, Cincinnati/New York/Los Angeles/Jerusalem 1974; vgl. dazu den neuen Schürer 3, 517–521 und D. Mendels, The Land of Israel, TSAJ 15, 29–46 mit T. Rajak, The sense of history, OTS 24 (1986), 137f.

123 AaO. 259–306.

124 M. Hengel, Judentum und Hellenismus, 176–183; Der neue Schürer 3, 531–537; Ch. Habicht, 2. Makkabäerbuch, JSHRZ 1/3, Gütersloh ^{2}1979; vgl. 2. Makk 2,21; 4,25; 5,22; 10,4; 13,9 und 15,2.

125 Josephus, vita 2; vgl. J. A. Fitzmyer, Languages of Palestine, 510f (über ant 20,263–65).

126 Josephus, vita 16. Vgl. zu seiner Bildung den neuen Schürer 1, 43f und die bei L. H. Feldman, Josephus and Modern Scholarship (1937–1980) Berlin/New York 1984 genannte Literatur: aaO. 79–84.803-838; s. auch T. Rajak, Josephus. The historian and his society, Philadelphia 1983, 11–45.46-64.; P. Bilde, Flavius Josephus between Jerusalem and Rome, JSPseudepigrapha Suppl.Series 2, Sheffield 1988, 28ff.200ff.

nehmen. Aber das muß in der Regel ein nichtdeutscher Doktorand aus dem angelsächsischen Sprachraum auch tun, selbst wenn er schon Jahre in Deutschland lebt, flüssig Deutsch schreibt und die deutsche Literatur kennt. Das Griechische war aber für einen Semiten noch schwerer zu erlernen. Seine späteren Werke – vor allem die *Antiquitates* und *contra Apionem* – sind, trotz ihres äußerlich hellenisierten Gewandes, sehr viel stärker von palästinischer Haggada und Halacha geprägt als etwa das exegetische Oeuvre Philos. Darum betont Josephus am Abschluß seiner Antiquitates, daß seine jüdische Bildung perfekter sei als seine griechische, und daß ihm die einwandfreie Aussprache des Griechischen immer noch Schwierigkeiten bereite (ant 20, 262–264) – hier kann ein Englisch sprechender Schwabe mitfühlen. Vermutlich weist er auf diesen Mangel auch deshalb hin, weil ihm sein Rivale und Gegner Justus von Tiberias an sprachlich-rhetorischer Bildung überlegen war. Er muß dies gegen seinen Willen unterstreichen (vita 40). Der Patriarch Photius von Konstantinopel (ca. 820–886) rühmte noch die stilistische Präzision und Prägnanz des Geschichtswerkes von Justus über die jüdischen Könige, das von Mose bis zum Tode Agrippas II., des letzten jüdischen Königs, reichte.[127] Wacholder glaubt, daß die rhetorische Ausbildung, die Justus im Tiberias eines Herodes Antipas und Agrippa II. erhalten habe, auf der Höhe des „cosmopolitan Greek of Antioch or Alexandria" war,[128] während Jerusalem dem Josephus keine derartig qualitativ hohen Bildungsmöglichkeiten bieten konnte. Ich möchte das bezweifeln, denn wir wissen nicht, ob der junge Priester Jōseph ben Mattitjāhū überhaupt zunächst an einer höheren rhetorischen Schulung im Sinne des damals schon herrschenden Attizismus besonderes Interesse hatte, ob er sich mit dem Hochmut eines priesterlichen Aristokraten nicht anfänglich damit begnügte, das Koine-Griechisch flüssig sprechen und schreiben zu können.[129]

---

[127] Photius, Bibl.cod. 33 (Photius, Bibliothèque, Tome I („Codices" 1–84), Texte établi et traduit par R. HENRY, CUFr, Paris 1959, 18f); FGrH 3 C Nr. 734 (Titel wohl: „περὶ Ἰουδαίων βασιλέων τῶν ἐν τοῖς στέμμασιν"; vgl. der neue SCHÜRER 1, 34–37 mit A. BARZANÒ, Giusto di Tiberiade, ANRW II, 20,1, 1987, 337–358, Lit.; T. RAJAK, Justus of Tiberias, CQ 23, 1973, 345–368; DIES., Josephus and Justus of Tiberias, in: Josephus, Judaism and Christianity, ed. L.H. Feldman u. G. Hata, Leiden 1987, 81–94.

[128] B.Z. WACHOLDER, Eupolemos, 300f.

[129] Völlig unverständlich ist eine Behauptung v. E. HAENCHEN, Johannesevangelium. Ein Kommentar, aus den nachgelassenen Manuskripten hg. v. U. Busse, Tübingen 1980, 61. H. äußert sich zur Frage, ob Johannes wie andere palästinische Zeitgenossen zweisprachig war, und verneint das für Johannes und mögliche analoge Fälle von Zweisprachigkeit: „Josephus, den *Schlatter* immer wieder ins Treffen führt, war nicht zweisprachig. Er hat den „Jüdischen Krieg" zunächst aramäisch geschrieben [*weil er für die Juden der parthischen Diaspora gedacht war, M.H.*]. Für die griechische Fassung des Bellum Judaicum hat er sich von gebildeten Griechen helfen lassen, die auch noch in „Antiquitates" als Ghostwriter eifrig mittätig waren, wie *Thackeray* (...) nachgewiesen hat". Der ungeheuere Unterschied zwischen Zweisprachigkeit und einwandfreier literarischer Diktion ist wohl jedem Doktorvater geläufig, bei dem ausländische Doktoranden eine Dissertation in deutscher Sprache schreiben mußten. Man wird gut daran tun, bei soviel Ahnungslosigkeit auch anderen „historisch-kritischen" Urteilen

Nach seiner Vita hat er sich als junger Mann mehr auf das Studium der jüdischen Tradition einschließlich der Essener konzentriert.[130]

Keine Frage ist es, daß zwischen dem noch „juden-griechischen", der Septuaginta nahestehenden Stil eines Eupolemos und dem der beiden letzten jüdischen Historiker ein wesentlicher Unterschied besteht. Das Niveau der jüdischen Schreiberschule in Jerusalem in makkabäisch-hasmonäischer Zeit war wohl noch nicht (oder nicht mehr) auf der Höhe grammatikalisch-rhetorischer Schulung, es hatte eher handwerklichen Charakter, wie auch die Übersetzungen der verschiedenen Bücher der griechischen Bibel. Daß die Übertragung der Bücher des Alten Testaments, der Apokryphen und Pseudepigraphen nicht durchweg in der griechischsprechenden Diaspora, vornehmlich in Alexandrien, erfolgt sein muß, ergibt sich aus dem Kolophon zum griechischen Estherbuch:

> „Im vierten Jahr der Königsherrschaft des Ptolemaios und der Kleopatra überbrachte Dositheus, der, wie er sagte, Priester und Levit (d.h. vom Stamme Levi) war, den vorliegenden (Festbrief) über Purim, von dem sie sagten, er sei (der richtige) und Lysimachos, der Sohn des Ptolemaios von denen in Jerusalem, habe ihn übersetzt."[131]

Als Datum der Überbringung wird zumeist 114 v. Chr. vermutet. Das Ganze ist als Akt hasmonäischer Propaganda unter den ägyptischen Juden zu verstehen, wie sie ja auch 2. Makk 2,14f angedeutet wird. Die erweiterte, religiös angereicherte Übersetzung hat dabei „antimakedonischen" Charakter, vor allem die königlichen Dokumente in den Erweiterungen zeigen einen recht manierierten Stil. Wahrscheinlich wollten die Hasmonäer durch die Überbringung derartiger Propagandaschriften aus Jerusalem u.a. auch den Einfluß des oniadischen Konkurrenztempels in Leontopolis mit seiner stark hellenisierten Priesterschaft eindämmen. Aller Wahrscheinlichkeit nach wurde nicht nur das hebräische Estherbuch in Jerusalem ins Griechische übersetzt, sondern man verfaßte gleichzeitig dort auch jene schroff fremdenfeindlichen Erweiterungen, die die griechische Fassung auszeichnen, wo u.a. aus dem Agagiter Haman ein Makedone gemacht wurde, der das Perserreich an die Makedonen verraten wollte (E 10–14). Auffällig ist weiter, daß der Stil der Zusätze wesentlich

---

von Haenchen mit einer gewissen Skepsis gegenüberzutreten, vgl. etwa auch M. HENGEL, Der Historiker Lukas (Anm. 63) 183 Anm. 81. In Wirklichkeit schreibt Josephus ein recht ordentliches Koine-Griechisch – so in der Vita, in contra Apionem oder im 20. Buch der Antiquitates, wo ihm offenbar keine „Ghostwriter" mit attizistischer Manier mehr zur Verfügung standen. Diese korrigierten wohl weniger die Grammatik; sie nahmen vielmehr den letzten literarisch-rhetorischen Schliff vor. Hier haben sie, wie manche rhetorisch überladenen Partien der Antiquitates zeigen, eher des Guten zu viel getan.

130 Vita 8–12.

131 Est 10,31 (LXX); vgl. E. BICKERMAN, The Colophon of the Greek Book of Esther, JBL 63, 1944, 339–362 mit R. MARCUS, Dositheus. Priest and Levite, JBL 64, 1945, 269–271 und P. KAHLE, Die Kairoer Geniza, Berlin 1962, 226 A.74. Neben M. HENGEL, Judentum und Hellenismus, 119 jetzt der neue Schürer 3, 505f.719–721.

besser ist als der der übersetzten Passagen, insbesondere die königlichen Briefe passen sich dem umständlichen Dokumentenstil der Zeit an (B 1–7; E 1–23). Der Autor scheint sich bei dieser „Stilübung" besonders angestrengt zu haben. Auch die Übersetzungen des 1. Makkabäerbuches – einer hasmonäischen Propagandaschrift – und von Judith, Tobit u. a. können sehr wohl in Palästina angefertigt worden sein. Ähnliches gilt von der griechischen Version der Chronikbücher, der novellistisch erweiterten Fassung des 1. Esra und den späteren Übertragungen von 2. Esra (Esr und Neh), Hohem Lied, Klageliedern, ja vielleicht selbst bei den Psalmen und bei Kohelet. Das letzte Buch wurde erst sehr spät zu Beginn des 2. Jh.s n. Chr. ganz im sprachlichen Stil der Aquilaversion übertragen. Freilich ist der Übersetzungsort dieser späten Schriften nicht mehr sicher eruierbar.[132]

Der Enkel Ben Siras, der nach dem Prolog 132 v. Chr. nach Ägypten auswanderte und, da er dort „Ansätze zu nicht geringer Bildung vorfand"[133], das Werk seines Großvaters auf recht wackere Weise ins Griechische übertrug, um diesen „Bildungshunger" zu stillen, wird seine griechischen Grundkenntnisse in Jerusalem erworben haben und schrieb im Grunde als Propagandist der jüdisch-palästinischen Weisheitstradition.

Die umgekehrte Möglichkeit, daß ein Diasporajude aufgrund persönlicher Augenzeugenschaft über die Ereignisse in Palästina ein Geschichtswerk verfaßt, finden wir bei *Jason von Kyrene*, der ganz im Stil der pathetisch-dramatischen Geschichtsschreibung seiner Zeit ein hochrhetorisches Werk in fünf Büchern abfaßte, das die Vorgeschichte der hellenistischen Reform in Jerusalem und den ersten Teil des Makkabäeraufstandes bis etwa zum Tode des Judas Makkabäus 161 v. Chr. umfaßte. Jason scheint den schon erwähnten Eupolemos gekannt zu haben, da er ihn an auffallender Stelle seines Werkes (2. Makk 4,11) besonders erwähnt.[134]

---

132 Der neue Schürer 3, 474–489; S. Jellicoe, Studies in the Septuagint: Origins, Recensions and Interpretations, Selected Essays with a Prolegomenon, LBS, New York 1974. Zu den Psalmen s. J. Schaper, Der Septuaginta-Psalter als Dokument jüdischer Eschatologie, in: Die Septuaginta zwischen Judentum und Christentum, hg. v. M. Hengel/A. M. Schwemer, WUNT 72, 1994, 38–61 u. ders., Eschatology in the Greek Psalter, WUNT III 76, 1995, 34–45.

133 Prolog, V. 29; vgl. O. Kaiser, Judentum und Hellenismus. Ein Beitrag zur Frage nach dem hellenistischen Einfluß auf Kohelet und Jesus Sirach, zuerst in VF 27, 1982, 68–86; wieder abgedruckt in: ders., Der Mensch unter dem Schicksal. Studien zur Geschichte, Theologie und Gegenwartsbedeutung der Weisheit, BZAW 161, Berlin, New York 1985, 135–153, hier bes. 146–148; der neue Schürer 3, 198–212, und M. Hengel, Rez. von T. Middendorp, Die Stellung Jesu Ben Siras zwischen Judentum und Hellenismus, Leiden 1973, JSJ 5 (1974), 83–87 abgedruckt u. S. 252–257. Zu Ben-Sira als Weisem und Ausleger s. M. Hengel, „Schriftauslegung" und „Schriftwerdung" in der Zeit des zweiten Tempels, in: Schriftauslegung im antiken Judentum und Urchristentum, hg. v. M. Hengel/A. M. Schwemer, WUNT 73, 1994, 1–71 (35–44).

134 M. Hengel, Judentum und Hellenismus, 176 und H. W. Attridge, Historiography, in: Jewish Writings of the Second Temple Period, Apocrypha, Pseudepigrapha, Qumran Secta-

Darauf, daß es in Jerusalem gegen Mitte des 1. Jh.s einen höheren rhetorischen Sprachunterricht gegeben hat, deutet auch der Augenzeugenbericht des Lukas Apg 24,1 hin, der schildert, wie der Hohepriester Ananias[135] zusammen mit einigen Synhedriumsmitgliedern und dem *Rhetor Tertullus* von Jerusalem herabkam und vor Felix erschien, um Paulus anzuklagen. Der Rhetor wird, wie die meisten seiner Kollegen im römischen Reich, sein Geld wohl kaum nur als Gerichtsredner verdient haben (Luther übersetzte 1545 noch „Redener"; dagegen die Lutherübersetzung 1984: „Anwalt"), sondern in erster Linie auch Unterricht erteilt haben. Lukas wendet bei der Ausarbeitung der Rede 24,2–8 seine ganze stilistische Kunst auf; die Einleitung der Rede stellt die schönste griechische Periode im Neuen Testament dar. Er will damit zeigen, daß die jüdischen Volksführer bei der Anklage gegen Paulus keine Kosten scheuten, sondern einen wirklichen „Könner" mitbrachten.[136] Die Rabbinen kannten später nicht nur das Fremdwort ῥήτωρ und σοφιστής, sondern auch zahlreiche rhetorische Fachausdrücke aus dem Gerichtsbereich.[137]

Diese Beispiele zeigen, daß es gar nicht so einfach ist, *zwischen der „jüdisch-hellenistischen" Literatur der Diaspora und der „genuin-jüdischen" Palästinas zu differenzieren*. Fast alle Darstellungen der jüdischen Literatur in der Zeit zwischen den Testamenten leiden darunter, daß sie hier zu eindeutig unterscheiden wollen, wo eine Unterscheidung z. T. unmöglich ist. Die Verbindungen gingen hinüber und herüber, es bestand ein beständiger und lebendiger Austausch. Wacholder u. a. erwägen daher bei einer ganzen Reihe von „jüdisch-hellenistischen" Schriften bzw. Schriftstellern, die in der Regel in Alexandria angesiedelt werden, eine Entstehung bzw. Herkunft und Wirksamkeit im palästinischen Mutterland. Es handelt sich dabei um die bei Josephus erhaltene Alexanderlegende[138] und den Tobiadenroman, die Fragmente des

---

rian writings, Philo, Josephus, ed. M. E. Stone, Compendium Rerum Iudaicarum ad Novum Testamentum 2/3, Assen/Philadelphia, 1984, 176–183.

135 Josephus, ant 20,205.213.

136 Eine rhetorische Analyse des Eingangs der Rede findet sich bei S. Lösch, Die Dankesrede des Tertullus: Apg 24,1–4, ThQ 112 (1931), 295–319; B. W. Winter, Official Proceedings and Forensic Speeches in Acts 24–26, in: The Book of Acts in Its Ancient Literary Setting, ed. by B. W. Winter/A. D. Clarke, Carlisle 1993, 305–336.

137 S. Krauss, Griechische und Lateinische Lehnwörter in Talmud, Midrasch und Targum 2, 301.343.377.630.643. Ein schönes Beispiel, wo ein „Rhetor" (lōṭyyr) vor dem König sein Plädoyer mit einer captatio benevolentiae wie in Apg 24,2 beginnt, findet sich in SifDev zu Dtn 33,2 § 343; s. M. Hengel, Zur matthäischen Bergpredigt und ihrem jüdischen Hintergrund, ThR 52 (1987), 327–400 (340).

138 Josephus, ant 11,317–345; c. Ap. 1,192ff. F. Pfister, Alexander der Große in den Offenbarungen der Griechen, Juden, Mohammedaner und Christen, SSA 3, Berlin 1956; V. Tcherikover, Hellenistic Civilisation and the Jews, transl. by Sh. Applebaum, Philadelphia, Jerusalem, ²1961, 420 Anm. 17.431; S. J. D. Cohen, Alexander the Great and Jaddua the High Priest according to Josephus, Association for Jewish Studies Review, 87 (1982/83) 41–68 bestreitet mit guten Gründen den alexandrinischen Ursprung.

Pseudo-Hekataios[139], den Chronographen Demetrius[140], den älteren Philo mit seinem Lehrgedicht über Jerusalem[141], den Samaritaner Theodotos mit seinem Lob Sichems und der Söhne Jakobs[142], den Tragiker Ezechiel[143]. Freilich kommen wir hier im Grunde über Vermutungen nicht mehr hinaus, und man sollte diese Möglichkeit nicht überziehen. Am ehesten scheint mir palästinische Herkunft bei dem Epiker Philo, der in Hexametern die von den Hasmonäern angelegten Wasseranlagen Jerusalems preist, und bei Theodotos wahrscheinlich zu sein, dessen Lehrgedicht über Sichem, „die heilige Stadt", im Gegensatz zum Aristeasbrief gute Ortskenntnis voraussetzt und im 2. Jh. v. Chr. entstanden sein muß. Zumindest scheinen beide Autoren Jerusalem bzw. Sichem aus eigenem Augenschein gekannt zu haben.[144] Das Eigenartige bei vielen dieser Schriften ist, daß sie z.T. in typischen Formen griechischer Literatur bzw. Poesie jedoch recht selbstbewußt das *jüdische* Palästina, seine Bewohner und seine Überlieferung preisen. Ein besonderes Problem bildet der sogenannte *Tobiadenroman* (Josephus, ant 12,154–224.228-238), dessen beide Helden Joseph und sein Sohn Hyrkan palästinische Juden sind. Hier würde ich mich dem Urteil Bickermans anschließen:

---

139 Ps.-Hekataios, Josephus, c. Ap. 1,183b-205a; 213b-214a; 2,43; ant. 1,154–168; Clemens Alexandrinus, strom.5,113,1–2; übersetzt bei N. Walter, Fragmente jüdisch-hellenistischer Historiker, JSHRZ 1/2 Historische und legendarische Erzählungen, Gütersloh ²1980, 144–160; vgl. den neuen Schürer 3, 671–677.

140 Er schrieb unter Ptolemaios IV. Philopator (222–205 v. Chr.) ein Werk über die „Könige der Juden", dessen Fragmente FGrH 3 C, Nr. 722 gesammelt sind; Übersetzung bei N. Walter, Fragmente jüdisch-hellenistischer Exegeten: Aristobul, Demetrius, Aristeas, JSHRZ 3/2 Unterweisungen in lehrhafter Form, Gütersloh 1980, 280–292 (Eusebius, p.e. 9,14,4;21,1–10;29,1–3;15.16c; Clemens Alexandrinus, strom. 1,141,1–2); vgl. M. Hengel, Judentum und Hellenismus, 190 Anm. 344 und den neuen Schürer 3, 515–517. Hier halte ich eine alexandrinische Entstehung für wahrscheinlicher.

141 Eusebius, p.e. 9,20,1;24,1;37,1–3 (FGrH 3 C 273 F 19); Übersetzung bei N. Walter, Fragmente jüdisch-hellenistischer Epik, JSHRZ 4/3 Poetische Schriften, Gütersloh 1983, 135–171; vgl. M. Hengel, Judentum und Hellenismus, 190 Anm. 344 und den neuen Schürer 3, 559–561.

142 Eusebius, p.e.9,22; Übersetzung bei N. Walter, aaO. W. bestreitet, m. E. zu Unrecht, daß der Autor Samaritaner war (aaO. 158f); ebenso eher skeptisch in dieser Frage der neue Schürer 3, 561–563 (561). Die ausführliche, sympathische Schilderung der heiligen bzw. ehrwürdigen Stadt (die Formel ἱερόν ἄστυ ist vielleicht als Analogie zu Ἱεροσόλυμα verwendet) macht eine jüdische Herkunft unwahrscheinlich. Die breite Darstellung der Eroberung Sichems bildet die Grundlage für die spätere Ansiedlung der „Israeliten" in Sichem (s. a. M. Hengel, Der alte und der neue Schürer, JJS 35, 1990, 19–72 (56)).

143 Eusebius, p. e. 9,28f; Übersetzung E. Vogt, Tragiker Ezechiel, JSHRZ 4/3, 112–233; beste Textausgabe jetzt Tragicorum Graecorum Fragmenta, hg. v. B. Snell. Ed. correctior et addendis aucta curavit R. Kannicht, Göttingen 1986, 288–301. 357; siehe auch der neue Schürer 3, 563–566 und H. Jacobson, The Exagoge of Ezekiel, Cambridge 1983 mit D. E. Horst, Some Notes on the Exagoge of Ezekiel, Mn. 37, 1984, 354–375.

144 D. Mendels, The Land of Israel, TSAJ 15, 109.119. bzw. N. Walter, JSHRZ 4/3, 142f.

„The story of the Tobiads was obviously written in Palestine. Readers in Alexandria or Ascalon would hardly have been enthusiastic about a tax collector who cheated them. But Jerusalem was proud of these native sons who did so well and who, like other successful businessmen of the Hellenistic age, remembered their hometowns."[145]

Wir hätten damit dann das wohl einzige unmittelbare literarische Zeugnis aus dem Bereich der jüdischen Hellenisten wohl noch vor der Aufrichtung der hasmonäischen Herrschaft, das erhalten ist. Es kennt sich in Palästina besser aus als der etwas spätere Aristeasbrief. Josephus erwähnt es in seinem Geschichtswerk, weil darin jüdisch-palästinische Aristokraten die Helden waren, und weil er damit die große historische Lücke zwischen der Alexander- und Makkabäerzeit füllen konnte. Immerhin scheint selbst er noch nach über 200 Jahren seine Freude an dieser biographischen Erzählung besessen zu haben, ähnlich wie jüdische Aristokraten in frühhellenistischer Zeit:

„The publication of the biography of the Tobiads shows that among the contemporaries of Ben Sira there were many in Jerusalem who not only read Greek but also appreciated a book, written to the Greek taste, one in which the only Jewish elements were the proper names of the heroes of the story."[146]

Dasselbe Problem der Unmöglichkeit einer scharfen Trennung zwischen einer „palästinajüdischen" Literatur und einer jüdisch-hellenistischen gilt auch für Teile des auf einem ganz anderen, für den Griechen „barbarischen" Bildungsniveau stehenden volkstümlich weisheitlich-novellistischen und apokalyptischen Schrifttums. Die Grenze zwischen der originalgriechischen Diasporaliteratur und der ursprünglich aramäischen und hebräischen „Palästinaliteratur" ist nicht so leicht zu ziehen, wie gemeinhin angenommen wird. Auch die Frage, ob eine Schrift ursprünglich Griechisch oder in einer semitischen Sprache abgefaßt wurde, ist oft umstritten, ja z. T. unlösbar. Die Untersuchung von Ulrich Fischer[147] rechnete z. B. damit, daß außer den Zusätzen zu Esther auch die zu Daniel und das Ezechiel-Apokryphon in griechischer Sprache in Palästina geschrieben wurden, bei einer weiteren Anzahl von apokalyptischen Schriften, der koptisch überlieferten Zephaniaapokalypse, dem Testament Abrahams[148] und einzelnen Fragmenten (Eldad und Modad, Eliasapokalypse) sind

[145] E. J. Bickerman, The Jews in the Greek Age, Cambridge (M.)/London, 1988, 233. Hyperkritisch: D. Gera, On the credibility of the History of the Tobiads, in: A. Kasher u. a. (Hg.), Greece and Rome in Eretz Israel, Jerusalem 1990, 21–38; s. auch u. S. 156ff. Die Berührungen zwischen dem Tobiadenroman, Josephus, Zenonpapyri und archäologischem Befund sind doch sehr auffallend.

[146] E. J. Bickerman, aaO.

[147] U. Fischer, Eschatologie und Jenseitserwartung im hellenistischen Diasporajudentum, BZNW 44, Berlin/New York 1978, 6f.

[148] Hier verwirrt Fischers Aufzählung; zu den Texten s. G. Steindorf, Die Apokalypse des Elias, eine unbekannte Apokalypse und Bruchstücke der Sophonias-Apokalypse, Koptische Texte, Übersetzung, Glossar, TU 17/3a, Leipzig 1899, nun O. S. Wintermute, Apocalypse of Zephaniah, in: The Old Testament Pseudepigrapha Vol. 1 Apocalyptic Literature and Testa-

für ihn „sowohl Ursprache als auch der Entstehungsort völlig ungewiß".[149] Auf der anderen Seite vermutet er bei Schriften, deren Ursprache recht unsicher ist, wie z.B. bei den Paralipomena Jeremiae, der Apokalypse Mosis (bzw. Vita Adae et Evae), der altslavischen Abrahamapokalypse, dem größten Teil der Vitae Prophetarum und den Fragmenten von Jannes und Jambres im Anschluß an die ältere Literatur völlig unkritisch ein semitisches Original aus dem palästinischen Bereich.[150] Die Vitae Prophetarum sind jedoch, wie die große Untersuchung mit Kommentar von A.M. Schwemer zeigt, sicher ursprünglich griechisch verfaßt, die Jeremia-Vita und Teile der Daniel-Vita mögen dabei aus Ägypten stammen. Nachrichen aus der babylonischen Diaspora nimmt die Ezechiel-Vita auf.[151] Auch bei den Testamenten der zwölf Patriarchen, wo man jetzt meist eine griechische Urschrift annimmt, ist der Entstehungsort noch ganz offen. Die Testamente Juda und Levi tragen eher „palästinisches" Gepräge, das Testament Joseph hat einen ausgesprochen ägyptischen Charakter, was freilich auch mit der Thematik der Schrift zusammenhängt, dazu starke

---

ments, ed. by J.H. Charlesworth, Garden City, 1983, 497–515 (Textgrundlage aaO. 499); DERS., Apocalypse of Elijah, aaO. 721–753 bzw. A.-M. DENIS, PsVTGr 3, Leiden 1977, 129; D. FRANKFURTER, Elijah in Upper Egypt. The Apocalypse of Elijah and Early Egyptian Christianity, Studies in Antiquity and Christianity, Minneapolis 1993, zeigt überzeugend, daß ApkEl eine christliche Schrift aus dem 3. Jh. n. Chr. ist, die in Ägypten entstanden ist und neben jüdischen Traditionen auch national-ägyptische aufgenommen hat. Zum Testament Abrahams die Neuausgabe von F. SCHMIDT, Le Testament Grec d'Abraham, TSAJ 11, Tübingen 1986 bzw. The Testament of Abraham, the Greek Text now first ed. with an introduction and notes by M.R. JAMES (...), TaS 2/2, Cambridge 1892; auch E. JANSSEN, Testament Abrahams, JSHRZ 3/2, 193–256. Einleitungen und Literatur im neuen SCHÜRER 3,803f; 3,799–803; 3,761–767. Im TestAbr sind ebenfalls ägyptische Einflüsse wirksam.

149 U. FISCHER, Eschatologie und Jenseitserwartung, 5.

150 U. FISCHER, aaO. 6 Anm. 9. Zum älteren Forschungsstand vgl. den neuen SCHÜRER 3, 743–745.757-761.783–786 (zu der Originalsprache der Vitae Prophetarum 3, 705–708.781-783). Zu Jannes und Jambres s. jetzt A. PIETERSMA, The Apocryphon of Jannes and Jambres the Magicians, ed. with Introduction, Translation and Commentary, Leiden 1994. Die griechische Version kommt aus Ägypten und ist wohl um die Zeitenwende oder kurz danach abgefaßt, während die Tradition selbst in Palästina im 2. Jh. v. Chr. ausgebildet wurde (PIETERSMA, 59 u.ö.). Aus Qumran besitzen wir nun auch Vorläufer der späteren Propheten-Pseudepigraphen in hebräischer Sprache aus Palästina, 10QpsJer und 4QpsEz neben einem Mose Apokryphon und den aramäischen PsDan-Fragmenten; s. dazu D. DIMANT, The Apocalyptic Interpretation of Ezekiel at Qumran, in: Messiah and Christos. Studies in the Jewish Origins of Christianity, FS David Flusser, hg. v. I. Gruenwald/S. Shaked/G.G. Stroumsa, TSAJ 32, Tübingen 1992, 31–51; DIES., New Light From Qumran in the Jewish Pseudepigrapha - 4Q390, in: The Madrid Qumran Congress, Proceedings of the International Congress on the Dead Sea Scrolls, hg. v. J. Trebolle Barrera/L. Vegas Montaner, STDJ 11, Leiden/ Madrid 1992, 405–448; dies., An Apocryphon of Jeremiah From Cave 4 (4Q385b = 4Q385 16), in: New Qumran Texts and Studies, Proceedings of the international Organization for Qumran Studies, Paris 1992, ed. by G.J. Brooke with F. García Martínez, STDJ 15, Leiden u.a. 1994.

151 Die beste Textausgabe ist die von TH. SCHERMANN, Prophetarum vitae fabulosae (...), Leipzig 1907. Grundlegend jetzt die ausführlich kommentierte zweibändige Ausgabe von A.M. SCHWEMER, Studien zu den Vitae Prophetarum, TSAJ 49/50, 1996.

Anklänge an die griechische Phädralegende in der Fassung des Hippolytos von Euripides.[152] In der späteren Überlieferung der Test XII ist der Einfluß der palästinischen aramäischen Testamentenliteratur offensichtlich.[153] Auch hier kommt man mit der schroffen Trennung von palästinischem Judentum und hellenistischem Diasporajudentum gerade nicht weiter.

Es wird darum oft sehr schwierig, bestimmte theologische Anschauungen ganz überwiegend oder ausschließlich „der hellenistischen Diaspora" bzw. „dem palästinischen Judentum" zuzuschreiben, denn einmal wird dabei zuwenig bedacht, daß das griechischsprechende Diasporajudentum noch viel weniger eine überschaubare Einheit bildete als die Judenschaft Palästinas vor 70, die, wie wir heute wissen, ein sehr vielschichtiges Gebilde war, zum anderen besitzen wir gar nicht so viele literarische Zeugnisse, die wir – wenn wir einmal von dem einzigartigen und im Grunde unvergleichbaren Werk Philos absehen – mit *absoluter Sicherheit* diesem, schon aus geographischen, politischen und sozialen Gründen, in sich selbst disparaten Diasporajudentum zuweisen können.[154] Aus der großen jüdischen Gemeinde in Rom, die sich von der in Alexandrien wesentlich unterschied, besitzen wir außer den wenigen Nachrichten von Philo und Josephus praktisch nur epigraphische Quellen. Dabei war gerade sie, wie die Inschriften und rabbinsche Nachrichten zeigen, besonders eng mit dem Mutterland verbunden.[155]

Hinzu kommt, daß auch die sicher oder wahrscheinlich dem palästinischen Judentum entstammenden vorrabbinischen Schriften, die ursprünglich in aramäischer oder hebräischer Sprache abgefaßt waren, uns nur dadurch erhalten sind, daß sie – in Palästina oder außerhalb, wer weiß es? – ins Griechische übersetzt und von der christlichen Tradition übernommen wurden. Die einzige Ausnahme bilden hier die neugefundenen antiken Originaltexte von Qumran und ihre „Vorläufer" aus der Kairoer Geniza, die Damaskusschrift und die Sirachfragmente. Die in sehr unscharfer Weise als „Apokryphen und Pseudepigraphen" bezeichneten Schriften sind sämtlich durch die christliche Kirche überliefert worden.[156] Sie haben ihrerseits die Diaspora und später das Chri-

---

152 H. W. HOLLANDER/M. DE JONGE, The Testaments of the Twelve Patriarchs. A Commentary, SVTP 8, Leiden 1985, 130 (TL); 185 (Autor TJ kennt Geographie Palästinas); zum Phädramotiv s. M. BRAUN, History and Romance in Graeco-Oriental Literature, Oxford 1938, 44–93 und M. HENGEL, Judentum und Hellenismus, 203.

153 Der neue SCHÜRER 3, 767–781.

154 Am bedeutsamsten ist hier der Anteil Alexandriens, der mit der Katastrophe des Aufstandes unter Trajan 115–117 n. Chr. abrupt endet (Der neue SCHÜRER 1,389–394.398; 3,92–94.127-129). Das alexandrinische Erbe wird von den Christen übernommen.

155 Josephus, ant 14,215; zu Synagogen zur Zeit des Augustus in Rom CIJ 284,365; zu Tiberius s. Josephus, ant 18,81–84; ferner CIJ 301.416.425.496 bzw. CIJ 1–514. Zur Entstehung der Gemeinde Philo, LegGai 154.158, Sueton, Tiberius 36. Rabb. Belege bei Billerbeck 3,23 f. S. auch jetzt L. V. RUTGERS, The Jews in Late Ancient Rome, Leiden 1995 u. D. NOY, Jewish Inscriptions of Western Europe. Vol. 2: The City of Rome, 1995.

156 M. HENGEL, Anonymität, Pseudepigraphie und „Literarische Fälschung" in der jüdisch-

stentum beeinflußt, wie umgekehrt die Literatur des Diasporajudentums auch in Palästina gelesen wurde. Das alles zeigt, *daß wir mit unseren üblichen klischeehaften Vorstellungen und Etikettierungen die komplizierte historische Wirklichkeit des antiken Judentums kaum mehr in den Griff bekommen*, sondern häufig eher vergewaltigen.

Insgesamt würde ich meinen, daß *Jerusalem* als die Metropole des jüdischen Palästina zwischen der Makkabäerzeit und seiner Zerstörung *innerhalb der jüdischen Diaspora in Ost und West eine größere geistige Ausstrahlung besaß als das jüdische Alexandrien, und daß es* – vom *opus magnum* Philos einmal abgesehen –, *was den Umfang seiner literarischen Produktion in den Sprachen Hebräisch, Aramäisch und Griechisch anbetrifft, den Juden in Alexandrien wesentlich überlegen war* (s. u. S. 85). D. h. aber auch, daß die Zahl der lesekundigen Juden im Mutterland kaum hinter der in der griechischsprechenden Diaspora zurückstand. Vermutlich hatten auch religiöse Bücher aus der „Heiligen Stadt" einen höheren „Devotionswert" als die aus dem „unreinen" Alexandrien.

Besonders verhängnisvoll wirkte sich die Meinung aus, daß im Grunde *nur das rabbinische Judentum*, das sich in der talmudischen Literatur, in den Midraschim und Targumim eine breite Quellenbasis in hebräischer und in aramäischer Sprache geschaffen hat, im vollen Sinne des Wortes als *„palästinisches Judentum"* bezeichnet werden dürfte und alles andere, einschließlich der Pseudepigraphen, ja schließlich selbst der Qumranliteratur, als „hellenistisches Judentum" – je nach eigenem Standpunkt – auf- oder abgewertet werden könne. Diese Meinung, die etwa H. Greßmann in der Auseinandersetzung mit Moore vertrat, die aber auch noch heute anzutreffen ist[157], macht die Verwirrung vollkommen. In Wirklichkeit ist der vielfältige „hellenistische" Einfluß auf die Rabbinen mit Händen zu greifen[158], und die frühen Pharisäer standen ihrer „hellenistischen" Umwelt offenbar aufgeschlossener gegenüber als die rigoristischen Essener, die alles Heidnische als in sich unrein entschieden

---

hellenistischen Literatur, in: Pseudepigrapha I, Entretiens sur l'Antiquité Classique 18, Vandoeuvres/Genève 1971/72, 229–329, in diesem Band s. S. 196–251, weiter DERS., Die Septuaginta als christliche Schriftensammlung, ihre Vorgeschichte und das Problem ihres Kanons, in: Die Septuaginta zwischen Judentum und Christentum, hg. v. M. Hengel/A. M. Schwemer, WUNT 72, 1994, 182–284.

157 H. GRESSMANN, Die Aufgaben der Wissenschaft des nachbiblischen Judentums, ZAW NF.1 (= ZAW 43) (1925), 1–32 (3–5). K. BERGER in seinen früheren Veröffentlichungen, vgl. aber auch die höchst unklare, ja irreführende Bekämpfung desselben (in: DERS., Hermeneutik des Neuen Testaments, Gütersloh 1988, 48). Berger behauptet, daß „die neutestamentlichen Autoren die konkreten Inhalte ihrer Normen häufig von außen her (aus dem Bereich des *hellenistischen Judentums (Hervorhebung M. H.)*, der Apokalyptik oder des paganen Hellenismus) beziehen"; ähnlich auch G. STRECKER, Die Bergpredigt. Ein exegetischer Kommentar, Göttingen 1984 (dazu M. HENGEL, Zur matthäischen Bergpredigt und ihrem jüdischen Hintergrund, ThR 52 (1987), 327–400).

158 Dazu ausführliche Literaturangaben und Text unten, S. 82f mit Anm. 270–273.

ablehnten – obwohl auch sie sich dem Geist der Zeit nicht völlig verschließen konnten (s. u. S. 74–78). Pharisäer reisten eher ins Ausland (Mt 23,15; ant 20,43), obwohl vor 70 keine pharisäischen Schulen außerhalb des jüdischen Palästina nachzuweisen sind und der *Pharisäer* Saulus seine *schriftgelehrte* Ausbildung sicher nicht irgendwo in der Diaspora, sondern in Jerusaelem erhalten hat. Man wird sich vielmehr bemühen müssen, bei jedem einzelnen Text, jeder Schrift und jedem Autor ein differenziertes Urteil über seine geographische Herkunft und seine theologische und kulturelle Einordnung zu fällen, wobei immer auch das Problem der sozialen Einordnung und Bildungsstufe des Verfassers beachtet werden muß.

4. Der politische und soziale Aspekt der „Hellenisierung"

Der Zwang zur Annahme der überlegenen „hellenistischen Weltzivilisation" kam von außen, es ging um die politische, wirtschaftliche und geistige *Selbsterhaltung*. Man mußte sich mit dem auf so vielen Gebieten scheinbar weltbeherrschenden griechischen Geist auseinandersetzen, indem man möglichst viel von ihm lernte. Darum waren auch die führenden Schichten, auch die einsichtigen Herrscher und Volksführer – bis hin zu Jehuda ha-Nasi, dem Redaktor der Mishna, und den jüdischen Patriarchen – an griechischer Bildung interessiert, und selbst dort, wo man alles Fremde schroff verwarf, wie etwa bei den Essenern[159], wurde man von dem neuen Geist, ohne daß man es merkte, beeinflußt. Wesentlich war dabei – wie überhaupt in der Antike – die soziale Bildungsschranke. „Wer den Pflug regiert" oder „den Ochsenstachel" führt, hatte keine Zeit, griechische oder jüdische Bildung (Sir 38,24ff) zu erwerben.[160] Der babylonische Einwanderer und Tagelöhner Hillel[161], der sich den Zugang zum Lehrhaus ertrotzte, war eine seltene Ausnahme, zugleich freilich auch Symbol einer neuen Entwicklung, die den Pharisäern zu verdanken war: „Die Krone der Tora" ist im Gegensatz zur Krone der Priester und Könige potentiell für *alle* da[162]; pharisäisches Ziel war es, das *ganze Volk* im Gesetz zu erziehen.[163]

---

159 Dazu unten S. 58.88f mit Anm. 190.249–255.

160 Vgl. M. Hengel, Die Arbeit im frühen Christentum. ThBeitr 17 (1986), 174–212 (176ff.184f).

161 M. Hengel, Nachfolge und Charisma. Eine exegetisch-religionsgeschichtliche Studie zu Mt 8,21f. und Jesu Ruf in die Nachfolge, BZNW 34, Berlin 1968, 34 (ferner 15 Anm. 41); vgl. bYom 35b Bar und bSot 21a.

162 SifBam zu Num 18,20 § 119; zu den Pharisäern auch J. Jeremias, Jerusalem zur Zeit Jesu, 279–303.

163 Vgl. folgende, in der Mischna Hillel zugeschriebene Sprüche: mAv 1,13 „Wer nicht lernt, ist des Todes schuldig" (ein aramäischer Reim), ebd. 2,5 „Kein Ungebildeter ist sündenscheu und kein Ungelehrter fromm" (Übersetzungen v. K. Marti u. G. Beer, 'Abot (Väter), Gießen 1927, 15.43). Das Torastudium war, auch wenn es nur um seiner selbst willen

Bereits die hasmonäischen Hohepriester und späteren Könige mußten erkennen, daß sie um der Staatsräson willen auf griechische Kriegskunst, Technik, Wissenschaft, Ökonomie, Recht und Sprache nicht verzichten konnten. So geschah die jüdische Expansion in Idumäa, Samarien, dem Küstengebiet, Galiläa und dem Ostjordanland und später unter Herodes in der Gaulanitis, Trachonitis und Batanäa wie in den hellenistischen Monarchien u. a. durch die Gründung jüdischer Militärkolonien. Diese bildeten später, etwa in Galiläa, Hauptstützpunkte im Kampf gegen Herodes und die Römer.[164] Aristobul I. nahm nach ant 13,318 in seiner kurzen Regierungszeit von wenig mehr als einem Jahr den bei orientalischen Königen beliebten Beinamen „Philhellen" an, möglicherweise zusammen mit dem Königstitel; sein Bruder und Nachfolger Alexander Jannai ließ nicht nur Münzen mit griechischer Legende[165] prägen, sondern setzte zur Ausbreitung seiner Macht kleinasiatische Söldner aus Pisidien und Kilikien ein (ant 13,374 = bell 1,88). Dies könnte u. a. mit den auffallenden Einfluß jüdischer religiöser Vorstellungen im südlichen Kleinasien und die große Zahl von „Sympathisanten" dort erklären. Seine Außen- und Innenpolitik, sein Lebens- und Regierungsstil entsprachen weithin dem Verhalten anderer hellenistisch-orientalischer Herrscher, wie etwa dem des so erfolgreichen Mithridates VI. von Pontus oder der armenischen, parthischen und nabatäischen Könige (s. o. S. 15). Schon der Hohepriester Simon, der letzte der fünf Makkabäerbrüder, der nach 26-jährigem Kampf 141 die Unabhängigkeit erreichte, erbaute – kaum an die Macht gelangt – zu Ehren seines Vaters Matthatias und seiner Heldenbrüder ein Grabmal ganz im hellenistisch-orientalischen Stil seiner Zeit.[166] Das Gebäude hatte eine solche Höhe, daß es vom Meer aus gesehen werden konnte.[167] Dieses Monument bestand aus 7

---

und nicht um eigenmächtiger Zwecke willen betrieben werden sollte, eine entscheidende Voraussetzung für den sozialen Aufstieg bzw. für die Gewinnung eines höheren sozialen Prestiges (Mt 23,6f). Die – an sich ungerechte – christliche Polemik in Mt 23 ist auf diesem Hintergrund zu verstehen. Zur Kritik an einem verbreiteten – falschen – Pharisäerbild, das die Bedeutung dieser Gruppe unterschätzt s. M. HENGEL/R. DEINES, u. S. 411–476. Vgl. auch F. AVEMARIE, Tora und Leben, TSAJ 55, 1996.

164 SH. APPLEBAUM, Jewish Urban Communities and Greek Influences, Scripta Classica Israelica 5 (1979/80), 158–175 und G. M. COHEN, The Hellenistic Military Colony: A Herodian Example, TPAPA 103,1972, 83–95; I. SHATZMAN, The Armies of the Hasmonaeans and Herod, TSAJ 25, 1991, 59f zu Idumäa, 171–180 zur Trachonitis und Batanäa zur Zeit des Herodes.

165 Y. MESHORER, Jewish Coins, Plates II/III, Nr. 5,5a,7,8,9: „ΒΑΣΙΛΕΩΣ ΑΛΕΞΑΝΔΡΟΥ", s. o. S. 25; vgl. den neuen SCHÜRER 1, 219–228. 603f; s. auch M. HENGEL, Rabbinische Legende und Frühpharisäische Geschichte. Schimeon b. Schetach und die achtzig Hexen von Askalon, AHAW.PH 2, 1984, Heidelberg 1984, 36–41 (erscheint in Band II).

166 J. JEREMIAS, Heiligengräber in Jesu Umwelt (Mt 23,29; Lk 11,47). Eine Untersuchung zur Volksreligion der Zeit Jesu, Göttingen 1958, 50.

167 1. Makk 13,25–30; zur Lage J. JEREMIAS, Heiligengräber 50 mit Anm. 9. Zum Charakter der Grabanlage s. E. BICKERMAN, The Jews in the Greek Age, Cambridge (Mass.) 1988, 272f.

Grabpyramiden und „Säulen mit Waffenrüstungen", wahrscheinlich Trophäen -ein übliches hellenistisches Architekturelement - und besaß so völlig profanen Charakter.[168] Dasselbe gilt (trotz der Nachahmung der Sprache des Alten Testamentes)[169] auch von dem Preisgedicht auf Simon (1. Makk 14,4–14): Der Name Gottes erscheint nicht mehr, nur Simons gute und heldenhafte Taten werden gerühmt. Sieht man vom Sprachgewand ab - es war ursprünglich hebräisch verfaßt - so gehört es in die Gattung eines typisch hellenistischen Enkomions. Wenn man das in manchem ähnliche, freilich sehr viel stärker religiös geprägte Preisgedicht Ben Siras auf den Hohepriester Simon den Gerechten (50,1–21) vergleicht, das etwa zwei Generationen älter ist, wird deutlich, daß der Weg in die „hellenistische Säkularisierung" trotz der erfolgreichen makkabäischen Erhebung nicht mehr aufzuhalten war. Dieser weitgehend profane „nationale" Stil entspricht dem Charakter des ersten Makkabäerbuches, vor allem in seinem zweiten Teil nach dem Tode des Judas Makkabaios, und man wird darin ein typisches Zeugnis des frühen Sadduzäismus sehen dürfen.

Wenn das 1. Makkabäerbuch 1,41f die Erzählung von der eigentlichen Verfolgung mit dem historisch fragwürdigen Befehl des Königs Antiochos IV. an sein ganzes Reich: „Alle sollen zu einem einzigen Volk werden und jedes (Volk) solle seine Eigenart („νόμιμα") aufgeben", begründet, so erinnert dies an die spätere hasmonäische Judaisierungspolitik unter Hyrkan und seinen Nachfolgern, die die Idumäer und später die Ituräer in Galiläa zur Annahme des jüdischen Gesetzes zwang[170], d.h. zu einer Zeit, als die „makkabäische Heldenchronik" des 1. Makkabäerbuches geschrieben wurde. Hinter diesem selbst für antike Verhältnisse ungewöhnlichen Verhalten steht einerseits die theokratische Vorstellung von der Reinheit des Landes, das durch unbeschnittene Götzenverehrer befleckt wird, daneben aber auch die profane Vorstellung des ökonomisch und kulturell (und d.h. für jüdische Augen zugleich religiös) „einheitlichen" hellenistischen Staates. Man begegnete ihm vor allem im Ptolemäerreich oder in Pergamon und unterstellte dieses Bestreben auch Antiochus IV.[171]

Damals beteiligten sich die Hasmonäer von dem bereits durch Simon eroberten Seehafen Joppe aus an der gewinnbringenden Seeräuberei im östlichen

---

[168] J. JEREMIAS, aaO.

[169] G.O. NEUHAUS, Studien zu den poetischen Stücken im 1. Makkabäerbuch, FzB 12, Würzburg 1974, 144–153.

[170] Vgl. schon 1. Makk 2,46.13,13–48; dazu Josephus, ant 13,257.318f.397 und M. HENGEL, Die Zeloten, 201–204.

[171] S. dazu P. VIDAL-NAQUET, Flavius Josèphe ou du bon usage de la tradition, Paris 1977, 43 und E. WILL/C. ORRIEUX, Ioudaismos-Hellénismos, essai sur le Judaisme Judéen à l'epoque hellénistique, Nancy 1986, 190–193.

Mittelmeer.[172] Das Grab des jüdischen Aristokraten Jason, der vermutlich ein erfolgreicher Seeräuberhauptmann gewesen war, enthält griechische Graffiti, die mit dem Motto „Freut euch, solange ihr lebt!" ganz epikureisch klingen[173] und den neuen hellenistisch-aristokratischen Lebensstil illustrieren, der schon ca. 150 Jahre früher Kohelet bekannt war:

„Zum Vergnügen tafelt man, und Wein erfreut das Leben, und Geld ermöglicht alles"(10,19).

E. Bickerman bemerkt sarkastisch zum Verhältnis der alten und neuen Aristokratie:

„The arrogant aristocracy spoken of by Kohelet and Ben Sira was swept away by the Maccabean tempest because of its unorthodoxy. (The new leaders were no less rapacious, but more godly)."[174]

Aber selbst mit „godliness" und „orthodoxy" war es in dem neuen hasmonäischen Herrscherhaus und seinem Militäradel nicht allzu gut bestellt. Der erbitterte Protest der Psalmen Salomos und der Pescharim von Qumran spricht hier für sich, dasselbe gilt von dem Aufstand der Pharisäer, der während der Herrschaftszeit Alexander Jannais aufloderte.

Vermutlich war Jason Sadduzäer, d. h. Angehöriger jener neuen Partei der Oberschicht, die Josephus mit den Epikuräern vergleicht. In der Mischna taucht als Bezeichnung für den jüdischen Gesetzesverächter und Freigeist das Fremdwort „'appiqôrôs" auf[175], und die rabbinische Legende berichtet vom „König Jannai", als er sich von den Pharisäern trennte und den Sadduzäern anschloß, sei die „'appiqôrsût" in ihn gefahren.[176] Eine andere rabbinische Legende bringt den Bürgerkrieg zwischen den Söhnen Jannais, der zur Entweihung des Tempels geführt haben soll, mit der verhängnisvollen Wirkung der „ḥokhmat j^{e}wanît", der griechischen Weisheit, in Verbindung, die daraufhin in Israel verboten worden sein soll, ein Verbot, das – fast stereotyp – auch im Zusammenhang mit späteren Katastrophen wiederholt wird, ein Zeichen, daß derartige Einschränkungen, falls es sie je gab, letztlich wirkungslos blieben, da die Führungsschicht sich nie daran gehalten hat.[177] Auch später, als die Phari-

[172] Vgl. Strabo, 16,2,28 (GLAJ 1, Nr. 114 S. 290–294); Josephus, ant 14,43 und Diodor, 40,2 (Nr. 64, S. 185–187) zu den angeblichen Angriffen gegen die Nachbarn.

[173] L. Y. Rahmani, Jason's Tomb, IEJ 17,1967, 61–100 und P. Benoit, L'inscription grecque du tombeau de Jason, IEJ 17 (1967), 112f.

[174] E. J. Bickerman, The Jews in the Greek age, 231.

[175] (Epikuräer), vgl. mSan 10,1 (cf. die Erläuterungen v. S. Krauss in Sanhedrin (Hoher Rat), Makkot (Prügelstrafe), Die Mischna (...), Gießen 1933, 268f), mAv 2,14.

[176] Neben Josephus, ant 18,376 vgl. bQid 66b. Zum Wort auch ySan 9,27d; bSan 99b, bRHSh 17a und bHag 5b. Zur Person auch M. Hengel, Rabbinische Legende, s. Bd. II.

[177] bBQ 82b; vgl. S. Lieberman, Hellenism in Jewish Palestine, Studies in the literary transmission. Beliefs and manners of Palestine in I Century B.C.E.–IV Century C.E., TSJTSA 18, New York ^{2}1962, 100–114.

säer nach 70 die geistige Führung des Volkes übernommen hatten, blieb die wichtigste Familie, die Dynastie Hillels, aus der die späteren Patriarchen entstammten, weiterhin der griechischen Bildung verpflichtet.[178]

Herodes hat im Grunde nur die schon bei den Hasmonäern sichtbar werdende Tendenz konsequent fortgeführt – freilich in einer neuen Situation, d.h. in einer der Herrschaft des römischen Prinzipats angemessenen Form. Der im Blick auf die politische Gesamtlage im Mittelmeerraum unrealistische Traum der völligen politischen Unabhängigkeit war für ihn ausgeträumt. Er war politischer Realist, verstand sich aber zugleich ganz und gar als hellenistischer Herrscher.[179] Gewiß war er auch ein grausamer Tyrann, aber er wütete nicht schlimmer als andere hellenistisch-orientalische Potentaten seiner Zeit – etwa Alexander Jannai –, und sein Terror war nicht einfach und primär Ausfluß persönlicher Grausamkeit, sondern diente vor allem der Erhaltung seiner stets bedrohten Macht. Uns interessiert im folgenden nicht seine moralische Beurteilung, die – wie bei den meisten zeitgenössischen Herrschern des Orients – überwiegend negativ ausfallen muß, sondern der kulturelle Aspekt seiner Regierung. Er machte Jerusalem zur internationalen Metropole der Diaspora und hat der Stadt ihr in der frühen Kaiserzeit bis 70 n.Chr. einzigartiges kulturelles Gepräge gegeben. Bis heute ist es außerordentlich schwierig, ein klares Bild von ihm zu erhalten, weil Josephus, unsere Hauptquelle, sich in den Antiquitates auf zwei sich schroff widersprechende Quellen gründet, einmal auf den engsten Freund des Königs, Nikolaos von Damaskus, der aber bei aller persönlichen Loyalität und politischen Sympathie auch die charakterlichen Fehler sah, und zum anderen auf eine entschieden antiherodianische priesterliche Quelle[180] – ein weiteres Beispiel für die priesterliche Geschichtsschreibung in griechischer Sprache im jüdischen Palästina. Die negative Aussage ant 19,329 „Herodes habe sich – wie allgemein zugegeben – den Griechen gegen-

---

[178] Vgl. den Briefwechsel des Libanius von Antiochia mit dem jüdischen Patriarchen (dazu Einleitung M. STERNS in GLAJ 2,580–583), dessen Sohn bei Libanius studierte (Ep. 1098,1–2 bzw. Nr. 502, S. 595f): Am bequemsten in Übersetzung mit Kommentar zugänglich bei GLAJ 2, Nr. 496–503, S. 589–599.

[179] A. SCHALIT, König Herodes, Register 803 s.v. Hellenismus im Staate des Herodes (Heerwesen, Verwaltung, Rechtsprechung, Hofleben, Baukunst u. Herrscherkult) und G. PRAUSE, Herodes der Große, König der Juden, Hamburg 1971 (zu einseitig); H. MERKEL, Art. Herodes der Große, RAC 14, 833, verweist auf die Herodesstatuen in den griechischen Städten; vgl. Josephus, ant 14,153 und den neuen Schürer 2, 52 n. 143.

[180] Siehe G. HÖLSCHER, Art. Josephus 2, PRE 9, Stuttgart 1916, 1934–2000 (1944f); anders JACOBY, FGrH 2 C Kommentar 229–291 (230), vgl. W. OTTO, Art. Herodes 14, PRE.Supplement 2, 1–200 (26ff) und Nachtrag 9,2513. Ich glaube aber, daß Nikolaos direkt verwendet wurde, s. auch B.Z. WACHOLDER, Nicolaus of Damascus, UCPH 75, Berkeley 1962 und der neue SCHÜRER 1,26f.28–32 mit M. HENGEL, Die Zeloten. Untersuchungen zur jüdischen Freiheitsbewegung in der Zeit von Herodes I. bis 70 n.Chr., AGSU 1, Leiden/Köln ^{2}1976, 8 mit Anm. 3; zum Quellenproblem des Josephus vgl. auch L.H. FELDMAN, Josephus and Modern Scholarship (1937–1980), Berlin, New York 1984, 402–406 (18: Josephus Sources. 18,2: Nikolaos of Damascus).

über sehr viel freundlicher verhalten als gegenüber den Juden", zumal er die „Städte der Fremden" mit einer Fülle von kostbaren Bauten und Geschenken geehrt habe, während „er keine einzige Stadt der Juden auch nur einer kleinen Verbesserung oder Gabe für würdig erachtet habe", entspricht in dieser Form nicht der historischen Wirklichkeit. Wie oben schon dargestellt, wurde Jerusalem durch ihn zu einer Perle unter den Städten des römischen Reiches, und er erbaute auf jüdischem Gebiet nicht nur Paläste wie in Jericho[181] und Masada[182], einen großen Palastkomplex mit Festung bei Bethlehem, das Herodion, in dem er sich begraben ließ[183], sondern auch – worüber Josephus schweigt –

---

181 Über die gewaltigen Ausmaße seines Palastes im hellenistisch-römischen Jericho (Tulul Abu'l-Alajik) zu beiden Seiten des Wadi el-Qelt informiert am besten O. KEEL/M. KÜCHLER, Orte und Landschaften der Bibel. Ein Handbuch und Studienreiseführer zum Heiligen Land, Bd. 2: Der Süden, Zürich u.a. 1982, 500–512. Zu nennen wären hier auch die weiteren herodianischen Festungen Kypros (Tell el-Aqabe, aaO. 513–516), die von Herodes umgebaute Hasmonäerburg (bell 1,308), Alexandreion (Qarn Sartabe, KEEL/KÜCHLER, 563–567) und die weithin sichtbare Burg Hyrkania (Strabo 16,2,40 = GLAJ 1, Nr. 115, S. 297.302; KEEL/KÜCHLER, 587–593); weiter auch die Festung Machaerus mit dem Bad Kallirhoe am Ostufer des Toten Meeres, die Plinius in seiner Naturalis historia erwähnt (5,72 = GLAJ 1, Nr. 204, S. 469.471 f); vgl. KEEL/KÜCHLER, 447–450. In Kallirhoe geriet Herodes durch die Hand der „Badeärzte" in Lebensgefahr (Josephus, bell 1,657 f).

182 Y. Yadin, Masada, Der letzte Kampf um die Festung des Herodes, übers. v. E. u. A. EGGEBRECHT, Hamburg 1967, 41–54 (nördliche Palastvilla), 58–73 (mittlere und obere Terrasse), 75–85 (Thermen), 117–132 (Westpalast). Obwohl die Angleichung an zeitgenössische römische Provinzialarchitektur groß ist, ist „auffallend, daß Herodes sogar in seinen eigenen Bauten in Masada gezögert hatte, die Empfindlichkeit seiner Familie und der jüdischen Bürger zu verletzen. Deshalb ließ er keine Menschen und Tiere in den Mosaiken darstellen" (aaO. 119), sondern nur geometrische Motive und Blattmuster (Abb. aaO. 124 f). Dies spricht doch dafür, daß er auch aus persönlicher Glaubensüberzeugung Jude war. Ob schon eine Synagoge zur herodianischen Bauperiode gehörte (so YADIN, aaO. 185), ist umstritten; s. dazu zuletzt L. L. GRABBE, Synagogues in pre-70 Palestine: A reassessment, JThS 39 (1988), 401–410 (406), und E. NETZER, The Synagogues in Massada, Herodium, Gamla and Magdala (?) – from the architect's viewpoint, in: Synagogues in Antiquity, ed. by A. Kasher, A. Oppenheimer, U. Rappaport, Jerusalem 1987, 165–172 (hbr.).

183 Die Monographie E. NETZERS (Greater Herodium, Qedem 13, Jerusalem 1981) ist zu ergänzen um einige neue Funde, s. E. NETZER/S. ARZI, The Tunnels of Herodium, Qadmoniot 69/70 (1985), 33–38 (hbr.) bzw. Netzers Führer (Herodium. An Archaeological Guide, Jerusalem 1987). Das in bell 1,670–673 erwähnte Grab des Königs ist bisher nicht aufgefunden worden (vgl. bell 1,418–421). Man hat vermutet, das Herodium sei dem Mausoleum des Augustus in Rom, 28 v. Chr. errichtet, nachgebildet (so A. SEGAL, Herodium IEJ 23 (1973), 27–29). Das kann jedoch aus zwei Gründen kaum zutreffen: Nach wie vor ist unklar, wo sich das Grab des Herodes befand (s. u.). Zudem besteht zwischen dem Mausoleum des Augustus, bei dem sich ein Tambour auf einem quadratischen Sockel erhob, und dem Herodium, dessen Bergfestung einen durch einen von vier Türmen eingerahmten Rundbau bildete, nahezu keinerlei Ähnlichkeit (so auch E. NETZER, Guide, 28); neben der Bergfestung mit Triclinium, einem römischen Bad mit Hypokaustenheizung ist ein umfangreicher Komplex (15 Hektar), „Lower Herodium" freigelegt worden, zu dem ebenfalls Bäder, eine Art Hippodrom (da seine Funktion bisher unklar ist, von den Ausgräbern „the Course" genannt; vgl. NETZER, Guide, 37) und Palastgebäude gehören. Ein „Monumental Building" kann als triclinium eines Grabbaues gedeutet werden und würde damit eine Analogie zu Bauten in Petra bilden (NETZER, Guide, 39). Netzer erwägt, ob Spolien in der byzantinischen „Central-Church" aus dem

das Grab der Erzväter in Hebron[184] und eine Gedenkstätte in Mamre zu Ehren von Abraham und Isaak[185]. Als Städtegründungen mit überwiegend jüdisch(-samaritanischer) Bevölkerung wären Antipatris in der Ebene Saron und Phasaelis im Jordantal nördlich Jerichos[186] zu nennen, aber auch das als „Καισάρεια Σεβαστή" neubegründete[187], einstmals phönizische Stratonsturm hatte einen sehr großen jüdischen (und samaritanischen) Bevölkerungsanteil (s.o. S. 26f).

Das *herodianische Jerusalem war äußerlich eine ganz und gar hellenistische Stadt,* die durch den Ehrgeiz des Königs prächtig ausgestattet worden war (s.o. S. 21f). In ihr fehlten Theater und Hippodrom so wenig wie in der Winterresidenz Jericho.[188] Die Ausgräber haben die letztgenannte Anlage trefflich charakterisiert:

> „Everything about this civic center instantly calls up Rome and Pompeii. Indeed, one may say that here in New Testament Jericho is a section of Augustan Rome that has been miraculously transported on a magic carpet from the banks of the Tiber to the banks of the Wadi Qelt."[189]

---

abgerissenen Grab des Herodes stammen (aaO. 40). Jüngst wurden auch herodianische Zisternen aufgedeckt; E. NETZER, Jewish Rebels Dig Strategic Tunnel, BAR 15 (1988) 18–33.

184 Literatur und Darstellung des Gebäudekomplexes bei O. KEEL, M. KÜCHLER, Orte und Landschaften der Bibel 2,670–696.

185 KEEL/KÜCHLER, aaO. 696–713.

186 Zu Antipatris siehe M. HENGEL, Der Historiker Lukas (Anm. 63) 173ff: Herodes habe in Antipatris die bei der Gründung von Sebaste vertriebenen Samaritaner und Juden angesiedelt (Syncellus 584 ed. A. A. MOSSHAMMER 373,5); zu Phasaelis KEEL/KÜCHLER, aaO. 562f mit Literatur.

187 Zum Namen vgl. den neuen SCHÜRER 2,116 mit n. 163f.

188 Diese Gebäude sind z.T. bisher nur literarisch belegt; vgl. Josephus, ant 17,255 und bell 2,44 mit A. SCHALIT, König Herodes 403. Einen Hinweis auf die mögliche Lokalisierung des Jerusalemer Hippodroms gibt J. JEREMIAS, Jerusalem zur Zeit Jesu. Kulturgeschichtliche Untersuchungen zur neutestamentlichen Zeitgeschichte, Göttingen ³1958, 10; zum Amphitheater vgl. bell 1,667. Zur Nutzung solcher herodianischen Gebäude hat M. LÄMMER einige Studien vorgelegt: Griechische Wettkämpfe in Jerusalem und ihre politischen Hintergründe, Kölner Beiträge zur Sportwissenschaft 2, Schorndorf 1974, 182–227 (zu ant 15,267–279 und dem Ablauf des Festes der Pentaeteris mit Festspielen zu Ehren des Kaisers); DERS., Die Kaiserspiele von Caesarea im Dienste der Politik des Königs Herodes, Kölner Beiträge zur Sportwissenschaft 3, Schorndorf 1975, 95–164 (zu ant 16,136–141 und bell 1,415) und DERS., Eine Propaganda-Aktion des Königs Herodes in Olympia, Perspektiven der Sportwissenschaft, Schorndorf 1973, 160–173 (zu ant 16,149/bell 1, 426f). Zum Jerichoer Theater s. neben ant 17,194 auch O.KEEL/M.KÜCHLER, Orte und Landschaften der Bibel 2, 501.512; westlich des Hippodroms lag das Grab der Goliath-Familie (oben S. 19 Anm. 41). Zu Theaterbau und Hippodrom im römischen Palästina s. auch H.-P. KUHNEN, Palästina in griechisch-römischer Zeit, HbArch Vorderasien II,2, 1990, 193–206 u.a. zu Caesarea Maritima, Jericho, Samaria-Sebaste, Skythopolis, Gerasa etc.

189 J.L. KELSO/D.C. BARAMKI, Excavations at New Testament Jericho and Khirbet En-Nitla (...), AASOR 29/30, 1949/51, 10 (zitiert bei A. SCHALIT, König Herodes 402f Anm. 882).

Das technisch-künstlerische Niveau der Bauten befand sich auf der Höhe der Hauptstädte der Zeit und wurde in Rom erst durch die Prunksucht Neros überboten. Der König muß dazu ein Heer von griechischen und römischen Architekten und Künstlern ins Land geholt, aber dann auch Einheimische – für die Neugestaltung des eigentlichen Tempelgebäudes selbst Priester – in der Kunst des hellenistischen Prachtbaus unterwiesen haben. Es ist so nicht ausgeschlossen, daß der „τέκτων" Jesus von Nazareth, Sohn des τέκτων Joseph, mehr vom Bauwesen verstand als nur die Errichtung einfacher galiläischer Bauernhäuser aus unbehauenen Steinen, Holz und Lehm.

Im bewußten Gegensatz zu diesem Bauluxus steht die schlichte Armut der essenischen Gebäude von Qumran, obwohl die Essener bei ihrer kunstvollen Wasserversorgung nicht auf die neuesten technischen Errungenschaften verzichten wollten.[190] Daß der Herrscher von Roms Gnaden bei den Stadtgründungen in Cäsarea und Sebaste, bei denen ältere hellenistische Städte (Stratonsturm und Samaria) neubegründet und vergrößert wurden und für die er politisch-ökonomische und militärische Gründe hatte, durch Tempelbauten für Augustus und die Roma auch dem Princeps und seinem Kult die angemessen erscheinende Reverenz erwies, war unumgänglich. Er mußte seine Politik auf Augustus ausrichten, dem er alles verdankte und von dem er politisch völlig abhängig war. Auf der anderen Seite nahm er erstaunliche Rücksicht auf die seit der Makkabäerzeit stark ausgeprägten religiösen Eigenheiten der jüdischen Bevölkerung. Die Münzen – jetzt ausschließlich mit griechischer Legende – zeigten keine Herrscherbilder, sondern unverfängliche, z.T. neutrale und z.T. religiöse Symbole.[191] Auch die hellenistischen Städte seines Reiches hatten hier keine Sonderprägungen mit Kaiserbildern. Erst der wegen seiner angeblichen Frömmigkeit so beliebte, in Wirklichkeit nur überaus anpassungsfähige Agrippa I. wagte, davon abzugehen.[192] Vor ihm hatte schon der Herodessohn Philippus in der Gaulanitis, Trachonitis und Batanäa Münzen mit dem Bild des Kaisers geprägt, doch sein Gebiet war nicht so intensiv jüdisch besiedelt wie Judäa oder Galiläa. Auch in Masada und auf dem Herodium hat man bisher keine bildlichen Darstellungen von Menschen oder Tieren auf den Wandmalereien gefunden, die sich etwa mit der Illusionsmalerei im Landgut der Livia in Primaporta vergleichen ließen. Im eigentlichen nur von Juden bewohnten Gebiet gab es weder eine öffentliche Kaiserverehrung noch fremde Kulte, noch – was für eine

---

190 M. Hengel, Qumran und der Hellenismus, zuerst in: Qumran. Sa piété, sa théologie et son milieu, ed. M. Delcor, BEThL 46, Paris/Leuven 1978, 333–372 und A. Strobel, Die Wasseranlagen von Hirbet Qumran, ZDPV 88,1972, 55–86 – vgl. die Wassersysteme am Tempelberg: M. Ben-Dov, In the Shadow of the Temple. The Discovery of Ancient Jerusalem, transl. from the Hebrew by I. Friedman, New York 1985, 117–119; Dazu jetzt Bieberstein/Bloedhorn, op. cit. Anm. 47.

191 Der neue Schürer 1, 312.317 – vgl. allgemein das Register s. v. Herodes (aaO. 3,940f). Y. Meshorer, Ancient Jewish Coinage, New York 1982, 2,5–30.235-238.

192 Der neue Schürer 1,445–447.451 u. 2,82.117.

griechische Stadt ganz selbstverständlich war – menschliche Darstellungen in Statuen und Bildern. Es überwiegt völlig das geometrische oder pflanzlich-florale Ornament.[193] In diesem Punkt unterschied sich Jerusalem am stärksten von allen bedeutenden Metropolen des Reiches. Es war am Ende dann doch wieder eine atypische „hellenistische Stadt". Aber dieser Mangel wurde überstrahlt durch den Glanz des erneuerten Tempels und der zahlreichen Paläste einerseits des Königs und seiner Familienmitglieder, zum andern der führenden Priesterfamilien. Durch ihn wurde Jerusalem erst wirklich zur *longe clarissima urbium Orientis*, wie sie Plinius maior rückblickend nach der Zerstörung bezeichnete (n. h. 5,70; s. dazu Bd. II). Der Neubau des Tempels, hinter dem, wie Schalit zeigte[194], ein Stück politischer Theologie steht, diente dem Ruhm des jüdischen Volkes in der ganzen Ökumene. Der Tempelbau machte Herodes gewissermaßen zum Salomo *redivivus* und zum „Friedensherrscher", denn ihm war mit Gottes Segen gelungen, was seine hasmonäischen Vorgänger nicht vermocht hatten. In der Rede, mit der Josephus (bzw.Nikolaos) Herodes den Tempelbau vor dem Volk begründen läßt, betont der Monarch zu Beginn, daß er „mit Gottes Willen das jüdische Volk zu einem bisher nicht erreichten Wohlstand geführt" habe:

„Da ich aber jetzt durch Gottes Willen herrsche und eine lange Friedenszeit, ein großes Vermögen und beträchtliche Einkünfte zur Verfügung stehen und – was das Wichtigste ist – die Römer als die Herrn (...) der Welt wohlgemute Freunde sind, werde ich versuchen, das durch Zwang und Versklavung in früheren Zeiten Versäumte gut zu machen und Gott (zum Dank) für die empfangene Herrschaft dieses vollkommene Werk der Frömmigkeit zurückzuerstatten."[195]

---

193 Wie man zwei Darstellungen römischer Götter in diesem Zusammenhang in Jerusalem einschätzen soll, ist kaum zu sagen: Eine Gemme, die Hermes darstellt (N. Avigad, Excavations in the Jewish Quarter of the Old City, Jerusalem Revealed, 49) und ein Siegelabdruck mit dem thronenden Zeus (R. Amiran/A. Eitan, Excavations in the Jerusalem Citadel, Jerusalem Revealed, 54) sind noch nicht eindeutig datiert und noch nicht so publiziert, daß man Schlüsse ziehen kann. In mZav 1,5 erscheint als Ortsangabe in Jerusalem ein „גד יון", worunter doch wohl das Standbild einer griechischen Glücksgottheit zu verstehen ist, vielleicht das der in hellenistischen Städten so häufigen Stadt-Tyche in der Nähe von Siloah (vgl. bSan 63b): Im Semitischen wird Τύχη als Gottesname durch גד wiedergegeben, vgl. der neue Schürer 2, 34f Anm. 45. Diese Ortsangabe mag eine Reminiszenz an die heidnische Militärkolonie in der Akra (167–141 v. Chr.) sein oder aus der Zeit nach 70 stammen. Dasselbe gilt für die genannten archäologischen Funde; vgl. auch Judentum und Hellenismus 286f für die ptolemäische Zeit. Wie empfindlich man in Jerusalem in der Frage von Götzenbildern war, zeigt der Protest gegen den Adler am Tempel, den Herodes anbringen ließ (s. u. S. 63 m. Anm. 204). Schon seit längerem ist der Fund von Fragmenten einer Reliefaedicula und von anderen Weihreliefs in den Ausgrabungen des Bethesda-Teiches bekannt (etwa: C. Watzinger, Denkmäler Palästinas. Eine Einführung in die Archäologie des Heiligen Landes 2, Leipzig 1935, 85f Abb. 7). A. Duprez hat (Jésus et les dieux guérisseurs, à propos de Jean V, CRB 12, Paris 1970) diese Funde, die auf einen Asclepius-Serapiskult in *Aelia* deuten, in Zusammenhang mit Joh 5 gebracht und ihn als „Kampftext" gegen diesen Kult interpretiert. Das ist aber extrem unwahrscheinlich.

194 A. Schalit, König Herodes, 329.

195 Josephus, ant 15,383.387.

Auch die griechischen Warninschriften im Tempel, die allen Nichtjuden, also auch den römischen Bürgern, bei Betreten des inneren Tempelbezirks die Todesstrafe androhten, sind Zeichen seiner Rücksichtnahme auf die jüdische Frömmigkeit.[196]

Ein ausgesprochenes Interesse hatte der König, der bereits im Jerusalem des Hohepriesters Hyrkan II. als Sohn von dessen Berater Antipater einen soliden griechischen Schulsack erworben hatte, für die höhere griechische Bildung. Allein schon die Tatsache, daß er mit den höchsten Spitzen des römischen Reiches in ständigem Kontakt stand und in Konfliktfällen seine Sache vor ihnen vertreten mußte, setzte diese höhere Bildung voraus. Als primitiver Barbar häte er kaum das Vertrauen eines Mark Anton oder Augustus erworben. Aus diesem Interesse heraus holte er einen der bedeutesten Gelehrten seiner Zeit, den Peripatetiker Nikolaos von Damaskus, an seinen Hof.[197] Dieser entstammte einer vornehmen und gebildeten Familie aus der alten syrischen Hauptstadt.[198] Die Namen des Vaters (Antipater) und der Mutter (Stratonike) sind typisch makedonisch, doch handelte es sich wohl um hellenisierte Aramäer. Der Vater des Herodes, ein judaisierter idumäischer Aristokrat, trug denselben Namen und hatte eine vornehme Nabatäerin, Kypris, geheiratet (bell 1,181). Nikolaos' Vater spielte als geübter öffentlicher Redner in der als griechischen Polis organisierten Stadt während der unruhigen Jahre nach dem Zerfall des Seleukidenreiches eine wichtige Rolle. Nikolaos wurde ungefähr zur selben Zeit geboren, als Pompeius die Verhältnisse in Syrien ordnete (64 v.Chr.). In seiner Autobiographie gibt er sein Alter nach dem Tode des Herodes (4 v.Chr.) mit etwa sechzig Jahren an. Er scheint in Damaskus eine vorbildliche Erziehung genossen zu haben, fühlte sich zeitlebens als Grieche und zugleich mit der römischen Herrschaft als Schutzherrin der griechischen Kultur in Syrien eng verbunden. Als Gelehrter verfügte er über ein enzyklopädisches Wissen und vielseitige Fähigkeiten, u.a. hat er Tragödien und Komödien gedichtet und beschäftigte sich mit Musik und Mathematik, vor allem aber wirkte er als glänzender Redner. Philosophisch betrachtete er sich

---

196 Über die Funde dieser Inschriften, die Josephus (bell 6,125) bezeugt, orientiert der neue Schürer 1, 378. Der Text bei Dittenberger, OGIS 598 bzw.CIJ 1400; eine zweite Version SEG 8,109. Weitere Literaturangaben und der Text bei Schürer 3,285f n. 57, aus denen besonders E. Bickerman, The Warning Inscription of Herod's Temple, zuerst in JQR 37, 1946/47,387–405, jetzt in: ders., Studies in Jewish and Christian History 2, AGJU 9/2, Leiden 1980, 210–224, hervorzuheben ist.

197 Dazu vgl. oben S. 55 mit Anm. 180 und den neuen Schürer 1, 28–32 (Textausgaben und Literatur 31f), ferner M. Hengel, Judentum und Hellenismus, 141f; R. Laqueur, Art. Nikolaos 20, PRE 17/1, Stuttgart 1936, 362–424; F. Millar, Problems of Hellenistic Syria, 125 und B. Z. Wacholder, Nicolaus of Damascus, UCPH 75, Berkeley/Los Angeles 1962.

198 Zu Damaskus: A. Barrois, Art. Damascus, DBS 2, Paris 1934, 275–287; E. Cavaignac, Damas de 125–29 av. J.C., in: Mélanges bibliques, ed. par A. Robert, Paris 1957, 348–353. Wann die Stadt den Rang einer griechischen Polis erhielt, ist unbekannt. Dies kann schon im 3. Jh. geschehen sein, als die Stadt von Seleukiden und Ptolemäern umkämpft war.

als „Aristoteliker". Als solcher hat er in zahlreichen Schriften das Werk des Stagiriten auf konservative Weise kommentiert. Teile sind davon auf syrisch und arabisch, kleinere Auszüge bei Diogenes Laertios und Stobaios erhalten. Sein wissenschaftliches Werk muß imposant gewesen sein. Im Mittelpunkt seiner wissenschaftlichen Tätigkeit stand jedoch die rhetorisch aufgeputzte Geschichtsschreibung. Dank seiner vielseitigen, früh entwickelten Begabung eröffnete sich ihm eine glänzende Laufbahn. Zunächst wurde er der Lehrer der Kinder Kleopatras und des Antonius, doch noch vor dem Jahre 20 v. Chr., vielleicht schon bald nach Actium 31 v. Chr., lernte Herodes ihn näher kennen und holte ihn später an seinen Hof. Er blieb Berater und Freund des Königs bis zu dessen Tod 4 v. Chr. Auf Anregung des Herodes und zu dessen Gebrauch schrieb er seine große Weltgeschichte in 144 Büchern, die in wesentlichen Teilen in Jerusalem entstand und deren jüdische Passagen Josephus ausgeschrieben hat. Interessant muß sein Bild der jüdischen Frühgeschichte gewesen sein: U. a. macht er Abraham, bevor er nach Palästina kommt, zum König von Damaskus.[199] Ein weiteres Herodes gewidmetes Werk behandelte die Sitten der Völker, auch die Augustusbiographie fällt wohl noch in die Zeit seiner Verbindung mit dem König, doch ist ihre Datierung umstritten. Weiter unterrichtete der Gelehrte den königlichen Schüler in Philosophie, Rhetorik und Geschichte, wobei der gelehrige Herrscher nur an den beiden letzten Disziplinen wirklich Gefallen fand und sich von Nikolaos bewegen ließ, selbst seine Memoiren – gewiß auf Griechisch – aufzuzeichnen, die Nikolaos dann wahrscheinlich wieder für sein Geschichtswerk verwendet hat.[200] Es war selbstverständlich, daß Herodes diesem homme lettré im besten Sinne auch die Erziehung seiner jüngeren Söhne anvertraute, die dann in Rom fortgesetzt wurde. Daneben werden noch zwei weitere „Freunde" des Herodes genannt, Andromachos und Gemellos, die auch als Gesandte und politische Ratgeber fungierten. Sie „unterstützten ihn bei der Unterrichtung der Söhne" bzw. ließen ihre Söhne „zusammen (mit den seinen) erziehen", fielen dann aber in Ungnade (ant 16,242f). Auch der Bruder des Nikolaos, Ptolemaios, gehörte zu den engsten Freunden des Königs und begleitete später, nach dem Tode des Königs, dessen Sohn Herodes Antipas, den Landesherrn Jesu, nach Rom, um seine Sache vor Augustus zu vertreten (bell 2,21; ant 17,225). Die Tradition hoher Bildung wurde in der herodianischen Familie bei den Enkeln – dabei wäre in erster Linie König Agrippa I. zu nennen – und Urenkeln weitergeführt.

---

199 Josephus, ant 1,159f; Eusebius, p.e.9,16 (= GLAJ 1, Nr. 83 S. 233f); vgl. Pompeius Trogus bei Justin, Hist.Phil., Lib.36 Epitoma, 2,1 (= GLAJ 1, Nr. 137 S. 335.337 mit Kommentar 339). S. auch J.S. Siker, Abraham in Graeco-Roman paganism, JSJ 18 (1987), 188–208 (192f). Zum Aristotelismus s. auch u. S. 84f; zu Abraham M. Hengel/A.M: Schwemer, Die unbekannten Jahre des Apostels Paulus, erscheint in WUNT, Index s. v. Damaskus.

200 Der Beleg-Text, erhalten durch Constantin VII Porphyrogenitus (912–952), Exc.1 [ed. Büttner-Wobst, 327], ist am besten zugänglich bei GLAJ 1, Nr. 96 S. 248–250; vgl. ebenda Nr. 94 S. 246.

Josephus kann darum von Agrippa II. sagen, er und seine Verwandten seien „Männer, die eine überaus gründliche griechische Bildung erhalten hätten" (vita 359).

Selbstverständlich muß – bei dem Lerneifer des Königs – Jerusalem damals eine *gute griechische Bibliothek* besessen haben, auch die weitgespannten literarischen Arbeiten des Nikolaos und die Pflege des Theaters setzen eine solche voraus. Die königliche Bibliothek trat neben die des Tempels.[201] Vom Umfang derartiger Bibliotheken gibt uns die ganz andere von Qumran mit ihren rund 1000 Rollen eine lebendige Anschauung. „Bildung" wurde hier wie dort groß geschrieben – wenn auch in ganz anderem Sinne. Außer Nikolaos weilten noch zahlreiche andere Griechen, Gelehrte, Techniker, Künstler, Politiker und Militärs, aber auch Abenteurer – man könnte von Parasiten sprechen –, am Hofe des Königs. Diese Kulturpolitik des Königs entsprang wohl nicht nur einer Herrscherlaune, sondern wurde von anderen Klientelkönigen geteilt. Daß orientalische Könige sich „Philhellen", Griechenfreund, (und später auch „Philorhomaios") nannten, war eine alte Tradition. Wir finden sie bei den Parthern, den Nabatäern, in Armenien, Kappadozien und der Kommagene. Herodes konnte dahinter nicht zurückstehen. Er hatte zudem das ehrgeizige Ziel, die widerstrebenden Juden in die Ökumene des Römischen Reiches zu integrieren. Zu diesem Ziel gehörte auch, daß er seinen politisch unruhigen Untertanen zumindest in der Oberschicht „hellenistische Zivilisation" zu vermitteln suchte, wie sie auch – ohne die eigene jüdische Identität aufzugeben – von den führenden Kreisen des Diasporajudentums aufgenommen worden war. Daß dieses Bildungsstreben eine gewisse Ausstrahlung in die aristokratischen Kreise Jerusalems, ja in das ganze Land hinein besaß, ist kaum zu bezweifeln. Wer am Hofe in Jerusalem und in der dortigen Führungsschicht etwas gelten wollte, mußte Griechisch sprechen und wenigstens Ansätze „griechischer Bildung" besitzen. Herodes wollte darin seinen Zeitgenossen nicht nachstehen. Wacholder zählt über 40 Autoren auf, die sich – aus den Werken des Nikolaos zu erschließen – in der herodianischen Bibliothek befunden haben mögen, insbesondere Historiker. In diesem Milieu, das gewiß über den königlichen Palast hinausdrang, mag auch ein Schriftgelehrter wie Hillel vom griechischen Geist beeinflußt worden sein: „Certainly the leading Pharisees studied Greek even when they attempted to discourage its dissemination among the people".[202]

Diese Bestrebungen wurden unterstützt durch die Bemühungen des Königs *um die griechischsprechende Diaspora*, als deren Schutzherr er sich betrachtete

---

[201] „The composition of the historical works under Herod's auspices presupposes a fairly large Greek library in Jerusalem" (B.Z. Wacholder, Nicolaus of Damascus, 48.81–86: Greek authors in Herod's library; vgl. auch A. Schalit, König Herodes, 412f Anm. 932).

[202] B.Z. Wacholder, Nicolaus of Damascus, 48; vgl. den Appendix „Greek authors in Herod's library", 81–86.

und die seinen Einfluß im Reich verstärkte.[203] In den Augen der Griechen und Römer erschien Herodes dagegen als exotischer orientalischer Herrscher, aber auch als gesetzestreuer Jude, der die Interessen des Volkes vertrat. Es war nicht zuletzt der – im Stil seiner Zeit gebildete – *Jude* Herodes, der seine griechisch-römische Umwelt beeindruckte. Nikolaos schreibt in seinem Werk, daß sich der Stammbaum des Königs auf führende Judäer zurückführen lasse, die aus dem babylonischen Exil heimkehrten, und Josephus hat ihn deswegen der Lüge bezichtigt (ant 14,9). Offensichtlich legte der König Wert darauf, in der jüdischen und nichtjüdischen Öffentlichkeit als genuiner Jude zu gelten. Seine politische Geltung hing u.a. auch indirekt mit der Bedeutung des jüdischen Ethnos, die Diaspora eingeschlossen, in der Welt des römischen Reiches zusammen. Man könnte unter seiner Herrschaft von einer neuen ακμή τις Ἑλληνισμοῦ (2. Makk 4,13) sprechen, die in mancher Hinsicht mit der nach 175 v. Chr. vergleichbar ist, sich jedoch darin unterschied, daß sie keine wirkliche Gefahr für den jüdischen Glauben mehr darstellte. Den strengen, an die Tora gebundenen Monotheismus seines Volkes, den Herodes bei aller „Liberalität" selbst teilte, konnte und wollte er nicht erschüttern. Seine Bedeutung und sein Ansehen als Herrscher waren zugleich an die nationale und religiöse Identität des Judentums im Mutterland gebunden. Da der König von der Eroberung Jerusalems 37 v. Chr. bis zu seinem Tode das Land fest in seiner Hand hielt, wird dasselbe auch in „kulturpolitischer" Hinsicht in jenen 33 Jahren eine mehr als oberflächliche Prägung erhalten haben, die tiefer ging und auch breitere Schichten erreichte. Hätten die Römer die von Herodes begründete Dynastie – vor allem nach dem Tode Agrippas I. – an der Macht belassen, hätte sich in Jerusalem die langsame Hellenisierung der Oberschicht fortgesetzt, die Radikalen hätten nicht die Oberhand behalten und die Stadt wäre nicht zerstört worden.

Gewisse Proteste, wie die Zerstörung des goldenen Adlers am Tempel[204] und die Aufstände nach dem Tode des Königs, wo ein ehemaliger Sklave des Herrschers die Villen und Paläste im Jordantal plünderte und niederbrannte, und ein ehemaliger Hirte mit messianischen Ansprüchen auftrat,[205] zeigen eine ähnlich „antihellenistische" Reaktion in den einfachen Volksschichten wie

---

203 S. das Eintreten des Nikolaos von Damaskus für die ionischen Städte im Auftrag des Königs (Josephus, ant 16,27–65) vor Marcus Agrippa; vgl. auch ant 16, 299.333 mit GLAJ 1, Nr. 95 S. 246–248 (s. o. S. 67f). Für Erwähnungen des Herodes bei antiken griechischen und lateinischen Autoren s. GLAJ 3, 125 s.v.; Persius, sat. 5,180 nennt den Sabbat „Herodis ... dies"; Augustus erklärt: „melius est Herodis porcum esse quam filium" (Macrobius, Sat. 2,4,11); zu Ptolemaeus (v. Askalon?) s. ebd. 1, 355f.

204 Josephus, bell 1,648–650; vgl. Exkurs III: Der Adler am Tempel zu Jerusalem bei Josephus Flavius, De Bello Judaico. Der jüdische Krieg. Zweisprachige Ausgabe der sieben Bücher, Bd. 1, hg. u. mit einer Einl. versehen v. O. Michel u. O. Bauernfeind, Darmstadt 1959, 425 und M. Hengel, Zeloten, 328f.

205 M. Hengel, Zeloten, 153; zu Sklaven s. J. Jeremias, Jerusalem zur Zeit Jesu, 347–351 bzw. 370–373.

beim Makkabäeraufstand. Da aber die Grundlagen des jüdischen Glaubens nicht bedroht waren, sie deshalb keinen breiten Widerhall in allen Volksschichten fanden und ihnen außerdem zunächst kein politischer Erfolg beschieden war, wirkte der „Hellenisierungsprozeß" – wenn auch weniger intensiv – weiter.

Daß dieser nicht nur die „ersten Familien" betraf, sondern selbst den gemäßigten Flügel der Opposition der Frommen nicht unberührt ließ, zeigt eben das Beispiel *Hillels*, des größten pharisäischen Lehrers vor 70 n.Chr., den Leo Baeck als „den geheimen Gegenkönig gegen Herodes" bezeichnete,[206] und der der Führer der „Liberalen" innerhalb der pharisäischen Partei wurde. Zwar besitzen wir nur relativ wenige, in ihrer Historizität schwer verifizierbare Nachrichten über ihn, aber die ihn betreffenden Traditionen zeigen doch eine relativ einheitliche Tendenz, die sicher auch eine historische Grundlage besitzt. Dazu gehört auch ein teilweise auffallendes „hellenistisches" Gepräge, eine Haltung, die später nach den großen Katastrophen von 66–70 und 132–135 für die geistig und politisch führende Familie des Patriarchen bestimmend blieb.[207]

Die *Söhne des Herodes* führten die vom hellenistischen Herrscherideal inspirierte „Kulturpolitik" weiter, denn mit dem Glanz ihres „aufgeklärt-absolutistischen" Regierungsstils hing unmittelbar ihr politisches Prestige im Römischen Reich zusammen. Mehr als bei Archelaos, von dem wir kaum etwas wissen, da er schon 6 n.Chr. wegen Mißwirtschaft nach Gallien verbannt wurde, zeigt dies das Beispiel des Tetrachen Philippus und vor allem das des *Herodes Antipas*, des Landesherrn Jesu. Typisch sind hier vor allem seine schon erwähnten Städtegründungen:

Zunächst baute er das von Varus 4 v.Chr. zerstörte Sepphoris (ca. 6 km nördlich von Nazareth, s.o. S. 27) wieder auf und gab ihm den Namen ‚Autocratoris' (ant 18,27). Die fast ausschließlich jüdische Bevölkerung stand beim jüdischen Aufstand entschlossen auf Seiten der Römer, eine Haltung, die wohl nicht nur auf die bitteren Erfahrungen im Jahr 4 v.Chr., sondern auch auf den höheren „Hellenisierungsgrad" der Stadt und ihre langjährige Rolle als Hauptstadt Galiläas zurückgeht. Josephus nennt sie das „Schmuckstück von ganz

---

206 L. Baeck, Paulus, die Pharisäer und das Neue Testament, Frankfurt 1961, 87 (= Die Pharisäer. Ein Kapitel jüdischer Geschichte, Schocken-Bücherei 6, Berlin 1934, 69); s.u. S. 83f.

207 Der neue Schürer 2,363–369; N.N. Glatzer, Hillel. Repräsentant des klassischen Judentums, Bibliotheka Judaica, Frankfurt/M., 1966, 19; vgl. ebenfalls E.E. Urbach, The Sages. Their Concepts and Beliefs, Vol. 1, transl. from the Hebrew by I. Abrahams, Jerusalem 1979, 576–593; eine kritische Analyse bei J. Neusner, The Rabbinic Traditions about the Pharisees before 70, Part 1, The Masters, Leiden 1971, 212–302, zu Hillel und dem Jerusalem des Herodes s. noch B.Z. Wacholder, Nicolaus of Damascus, 44–49 und seinen interessanten Vergleich zwischen den Maximen Hillels und Texten von Nikolaos.

Die nur schmal bezeugte Abstammung der Patriarchen von Hillel ist heute umstritten. Es ist jedoch keine Frage, daß R. Gamliel II., der erste Patriarch, die *Tendenzen* Hillels konsequent weiterführte.

Galiläa" (ant 18,27). Die Bewohner scheinen auf Grund des Schicksals der Stadt im Jahre 4 v. Chr. ihre Lektion gelernt zu haben. Als Nero (im Jahre 61?) Tiberias und dessen Gebiet dem König Agrippa II. schenkte, wurde Sepphoris wieder Hauptstadt Galiläas. Möglicherweise erhielt die Stadt schon damals den Namen „Neronias", während ihr der Titel „Eirenopolis" erst später für ihr Verhalten im jüdischen Krieg verliehen wurde. Hadrian nannte sie dann - im Zuge seiner antijüdischen Politik - „Diokaisareia". In Peräa verwandelte Antipas das alte „Bethaharamphta" in eine Neugründung zu Ehren der Kaiserin Livia (zunächst *Livias*, nach 14 n. Chr. *Julias*).[208] Seine bedeutendste Neugründung wurde jedoch die neue Residenz *Tiberias*, die vermutlich in den Jahren 17–20 n. Chr. angelegt wurde. Da man die Stadt über Gräbern errichtete, soll sie zunächst von Juden strengerer Observanz gemieden worden sein.[209] Wegen der Schwierigkeiten, geeignete Bewohner zu finden, führte der Tetrarch eine Zwangsansiedlung durch und brachte so eine sozial und bildungsmäßig gemischte, ganz überwiegend jüdische Bevölkerung zusammen. Die in der üblichen hippodamischen Form mit rechtwinklig zueinander verlaufenden Straßenzügen geplante Anlage wurde beherrscht durch den Königspalast, dessen Tierdarstellungen dazu führten, daß er im Aufstandsjahr 66 von Eiferern aus den einfachen Volksschichten niedergebrannt wurde,[210] auch Theater und Stadion durften nicht fehlen. Auf der anderen Seite errichtete der Herrscher die größte Synagoge in Palästina, die vermutlich die berühmte Synagoge in Alexandria, das fünfschiffige „Diplostoon", zum Vorbild hatte.[211] Auch hier

---

[208] Sepphoris: Der neue SCHÜRER 2,172.176; Julias ebd. 176–178 (vgl. auch 1,342); zur Lokalisierung vgl. aaO. 178; vgl. auch S. J. D. COHEN, Josephus in Galilee and Rome. His vita and development as a historian, Columbia Studies in the Classical Tradition 8, Leiden 1979, 244–246; S. FREYNE, Galilee from Alexander the Great to Hadrian. A Study of Second Temple Judaism, Notre Dame, 1980, 122f; DERS.; Galilee, Jesus and the Gospels, 137–143.144-155.170–173; Y. MESHORER, Sepphoris and Rome, in: Greek Numismatics and Archaeology, Essays in honor of M. Thompson, Brüssel 1979, 159–171; S. S. MILLER, Studies in the history and traditions of Sepphoris, SJLA 37, Leiden 1984 und S. SEYRIG, Eirenopolis-Neronias-Sepphoris, NumC 10,1950, 284–289; zu Hadrians Politik s. M. HENGEL, Hadrians Politik gegenüber Juden und Christen, in: Ancient Studies in Memory of Elias Bickerman, JANES 16–17 (1984–1985) 153–182 = u. S. 358–391; P. SCHÄFER, Hadrians Policy in Judaea and the Bar Kokhba Revolt: A Reassesment, in: A Tribute to Geza Vermes. Essays on Jewish and Christian Literature and History, ed. P. R. Davies/R. T. White, JSOT.S 100, 1990, 281–303.

[209] M. AVI-YONAH, The Foundation of Tiberias, IEJ 1 (1950/51), 160–169; vgl. dazu Josephus: Nach ant 18,36–38 wurde in der Stadt zusammengewürfeltes Publikum (σύγκλυδες) angesiedelt, das sowohl aus besitzlosen und z.T. unfreien Proletariern ganz verschiedener Herkunft wie aus Angehörigen der besseren Schichten besteht; für die Rabbinen galt die Stadt bis ins 2.Jh. hinein als unrein. Vgl. auch den neuen SCHÜRER 2,178–182 (auch 1,342) und S. FREYNE, Galilee, Jesus and the Gospels, 137–140, s. auch Index s.v.

[210] Josephus, vita 65–67; der neue SCHÜRER 2,178–183; G. FOERSTER, The Excavations of Tiberias, Qad. 10, 1977, 87–91 (hbr).

[211] tSuk 4,6 (Lieberman 273); ySuk 5,1 (Krotoschin 55a Z. 72–55b Z.8) und bSuk 51b. Vergleiche dazu in diesem Band M. HENGEL, Proseuche und Synagoge. Jüdische Gemeinde,

wollte Antipas es seinem Vater nachtun, und da er einen zweiten Tempel nicht errichten konnte, blieb ihm nur die Nachahmung der bedeutendsten Synagoge seiner Zeit übrig.[212] Der Stadt selber gab er das Münzrecht und eine griechische Verfassung mit einer βουλή, an deren Spitze ein ἄρχων stand. Die Stadtverwaltung wurde weiter durch zwei Beamte des Tetrarchen, einen Polizeioffizier (ὕπαρχος) und den Marktaufseher (ἀγορανόμος) überwacht. Claudius scheint die Privilegien der unter Tiberius gegründeten Stadt noch vergrößert zu haben, denn unter Trajan und Hadrian bezeichneten sich die Bürger auf Münzen als „ΤΙΒΕΡΙΕΙΣ ΚΛΑΥΔΙΕΙΣ“[213].

Zu Beginn des jüdischen Krieges suchte die hellenisierte jüdische Oberschicht unter Führung des Justus und seines Vaters Pistus (vita 390), sowohl die Aufständischen wie auch die Angriffe der Städte der Dekapolis abzuwehren. D.h. sie nahmen eine ähnliche vermittelnde Haltung ein wie die Jerusalemer Aristokratie und hatten in ihrer Politik so wenig Erfolg wie jene. Die Stadt fiel in die Hände der Aufrührer und mußte dann später ihre Teilnahme am Aufstand büßen.

Offenbar gehörten im jüdischen Palästina ein gewisses Maß an griechischer Bildung, die Zugehörigkeit zur Oberschicht und die relative Loyalität gegen Rom zusammen. Während in Sepphoris ein Theater ausgegraben wurde, das ca. 4–5000 Personen faßte, und vermutlich von Antipas erbaut wurde (s.o. S. Anm. 208), bezeugen Josephus (bell 2,619f; 3,538f; vita 92) und der Jerusalemer Talmud (yEr 5,1 22b Z.58) ein großes Stadion in Tiberias. Es scheint wahrscheinlich zu sein, daß Antipas dort auch ein Theater errichtete. Das 5 km nördlich davon gelegene Tarichäa (Magdala) besaß ein Hippodrom (bell 2,599; vita 132f), das noch größer war als das Stadion in Tiberias selbst. Diese Bauten dienten nicht nur der Abhaltung von Spielen, sondern auch für Volksversammlungen u. ä.[214] Sie bildeten das profane Gegenstück zu den Synagogen, die seit der Zeit des Herodes im jüdischen Palästina errichtet wurden.

Gotteshaus und Gottesdienst in der Diaspora und in Palästina, zuerst in: Tradition und Glaube. Das frühe Christentum in seiner Umwelt. Festgabe für K. G. Kuhn, Göttingen 1971, 157–184 (168 Anm. 44) = in diesem Bd. u. S. 171–195.

[212] A. Kasher, Synagogues in Ptolemaic and Roman Egypt as Community Centers, Synagogues in Antiquity, ed. by A. Kasher, A. Oppenheimer u.U. Rappaport, Jerusalem 1987 (hbr.) und H.-P. Stähli, Antike Synagogenkunst, Stuttgart 1988, 18f [teilweise sehr oberflächlich].

[213] Der neue Schürer 2, 181; Josephus, bell 2,599; 3,453. Die Funktion des Archonten Jesus, Sohn des Sapphias, besteht nach vita 58 darin, der Boulé mit 600 Mitgliedern vorzustehen (bell 2,641). Ferner erwähnt J. in vita 13 den Rat der δέκα πρῶτοι, Hyparchoi (bell 2,615) und den Agoranomos (ant 18, 149; dazu der neue Schürer 2,180 Anm. 520); zur Bezeichnung der Bürger s. op. cit. 2,180 Anm. 514 und 523.

[214] M. Lämmer (Griechische Wettkämpfe in Galiläa unter der Herrschaft des Herodes Antipas, Kölner Beiträge zur Sportwissenschaft 5, Schorndorf 1977, 37–67) vermutet, daß darin „athletische, hippische und musische Agoge ausgetragen worden“ sind (52). Die Spiele wurden nach Lämmers Auffassung zu Ehren des Kaisers abgehalten, da eine kultische Verehrung für Antipas nicht möglich war.

Die Tendenz, die Kenntnis der griechischen Sprache und dazu eine gewisse Bildung und Gebräuche anzunehmen, um damit den höheren Status zu dokumentieren, setzte sich so auch unter den Herodessöhnen, den römischen Präfekten und Prokuratoren fort, selbst wenn diese keine „offensive Kulturpolitik" mehr betrieben, wie dies der ehrgeizige König getan hatte. Vermutlich waren die „Herodianer", d.h. die Angehörigen der herodianischen Großfamilie samt ihrer politisch-wirtschaftlichen Klientel im weitesten Sinne, zugleich die Freunde solcher Bildungsbestrebungen. Die römischen Herrscher bis Nero sahen in ihnen zuverlässige Parteigänger Roms und vertrauten den Nachkommen des Herodes umfangreiche Territorien auch außerhalb des jüdischen Palästina an, so im Ostjordanland, die Gebiete von Chalkis und Abila im Libanongebiet, ja selbst Kleinarmenien. Als römische „Ehrenbürger", z.T. mit höherem prätorischen, ja consularischem Rang, mußten sie außer dem Griechischen auch das Lateinische beherrschen. Da mit solchem politischen Einfluß durchaus nicht mehr die Verleugnung des jüdischen Glaubens verbunden sein mußte, wie zu Zeiten Antiochus IV., dagegen erhebliche wirtschaftliche Vorteile, bessere Kontakte zu den Juden der Diaspora (samt ihrer Literatur) und überhaupt zur griechisch-römischen Oberschicht bis hin zu den führenden Beamten und Amtsträgern lockten, wird zumindest in den Städten bei Angehörigen des „gehobenen Bürgertums" die Neigung zu einer elementaren griechischen Erziehung durchaus nicht gering gewesen sein. Der griechische Elementarlehrer, der Grammatistes, war vermutlich in den jüdischen Hauptorten gut beschäftigt. Eine höhere literarische Bildung, wie etwa bei Justus von Tiberias, blieb jedoch die Ausnahme und beschränkte sich auf Einzelne. Bei einem intellektuell und charakterlich so beweglichen Herrscher wie König Herodes Agrippa I., aber auch bei seinen ehrgeizigen und lebensfrohen Schwestern Drusilla und Berenike, verbanden sich eine ostentativ jüdische Frömmigkeit und eine ganz liberale Haltung – etwa für Agrippa I. bei der Münzprägung und der göttlichen Verehrung seiner Person im nichtjüdischen Gebiet – auf erstaunliche Weise.[215]

Erst durch das *Versagen der römischen Prokuratoren* und ihrer Verwaltung in den fünfziger Jahren gewannen die radikalen antirömischen und d.h. „antihellenistischen" Kräfte Raum, vor allem konnten sie die einfache Landbevölkerung auf ihre Seite bringen, wodurch die mehr oder weniger „hellenisierte"

---

[215] Agrippa I. war nach Josephus (ant 18,149) kurzfristig Agoranomos von Tiberias; zu seiner frommen Haltung s. den neuen Schürer 1,443–454 und ebd. 2, 117 Anm. 168; zu Agrippas Titeln aaO. 1,451f; zum Tod des Agrippa ant 19,343–352 und Apg 12,21–23: der neue Schürer 1,452f mit n. 43f. Nach beiden Berichten stirbt der König, nachdem er von der heidnischen Bevölkerung Cäsareas als Gott begrüßt wurde, für vergleichbare Texte aus der Umwelt siehe H. CONZELMANN, Die Apostelgeschichte, HNT 7, Tübingen 1963, 72f. Aus Freude über den Tod des Königs kam es zu Ausschreitungen des heidnischen Pöbels in Cäsarea und Sebaste. Zu Agrippa I. s. ausführlich D.R. SCHWARTZ, Agrippa I, TSAJ 23, 1990. Zur griechischen und lateinischen Bildung s. 43–45.92. Zu Abila, Chalkis, Kleinarmenien etc. s. G. SCHMITT, ZDPV 98 (1982), 110–124.

Aristokratie in den Städten, insbesondere in Jerusalem, in eine immer schwierigere Situation geriet.[216] In Cäsarea war z. B. ein reicher Steuerpächter Johannes, vermutlich ein Bankier – vergleichbar mit dem Alabarchen Alexander (dem Bruder Philos) in Alexandria – der politische Führer der starken jüdischen Volksgruppe, die die gleichen politischen Rechte forderte wie die „Griechen".[217] Nero wies – ähnlich wie Claudius in seinem berühmten Brief an die Alexandriner – diese Forderung nach der ἰσοπολιτεία zurück, obwohl die Juden in Cäsarea kaum weniger „hellenisiert" waren als die in der ägyptischen Metropole. Damit legte er den Keim für den jüdischen Aufstand, der im Grunde dadurch entflammte, daß ein Teil der Oberschicht, enttäuscht von der römischen Mißwirtschaft und Parteilichkeit, sich mit halbem Herzen den radikalen Aufstandsgruppen zuwandte, von denen sie durch Bildung und soziale Interessen weit geschieden waren. Der letzte Prokurator, Gessius Florus, ließ z.B. in den ersten Monaten des Krisenjahres zwei vornehme Juden, die im Besitz des römischen Bürgerrechtes waren und – vermutlich aufgrund ihres großen Vermögens – dem Ritterstand angehörten, wider alles römische Recht in Jerusalem öffentlich geißeln und kreuzigen.[218] Es scheint sich dabei um Juden aus Jerusalem (oder Cäsarea) gehandelt zu haben, die der obersten Gesellschaftsschicht angehörten, eben jenen Kreisen, aus denen auch der Pächter Johannes stammte. Trotz dieser Übergriffe, die vor allem die hellenisierte Führungsschicht betrafen, wehrte sich die Jerusalemer Aristokratie in ihrer Mehrheit bis zuletzt gegen die Machtergreifung durch die Radikalen. Der Riß, der durch das Volk ging, war so zugleich ein sozialer, bildungssoziologischer und kultureller. Trotz der Vermittlungsversuche Agrippas II. und seiner Schwester Berenike (die später die Geliebte des Titus wurde) in Verein mit führenden Priestern und liberalen Pharisäern war das Verhängnis nicht mehr aufzuhalten, der Versuch des Herodes und seiner Nachfolger, Judäa durch die Förderung der griechischen Bildung bei den „oberen Zehntausend" in die römische Herrschaft zu integrieren, mußte scheitern.

Die furchtbare Katastrophe des 1. Jüdischen Krieges 66–70 zerstörte in Jerusalem gewaltsam eine eigenständige blühende jüdisch-hellenistische Kultur, hinter der ein nicht unbeträchtlicher Teil der Bevölkerung stand, die gegenüber den jüdischen Zentren in der Diaspora, Alexandrien, Antiochien, Rom, Kyrene oder den Städten Kleinasiens *ein eigenes Gepräge* trug. Diese besondere jüdisch-hellenistische Kultur der jüdischen Metropole wurde durch den in jeder Hinsicht verhängnisvollen Abfall von Rom und seine Folgen gewissermaßen plötzlich „enthauptet". Dabei besaß dieselbe – entsprechend der gesellschaft-

---

216 M. HENGEL, Zeloten, 319–386.

217 Josephus, ant 20,173–178.182-184; bell 2,266–70.284; zur Datierung des Reskriptes Neros vgl. den neuen SCHÜRER 2,117 Anm. 168.

218 Bell 2,309 (vgl. Anm. 161 bei O. MICHEL/O. BAUERNFEIND, 445; zu Gessius Florus ant 20,252f; bell 2,277–79 mit dem neuen Schürer 1,470.485–486).

lich-geistigen Pluralität der Jerusalemer Bevölkerung vor 70 – *eine erstaunliche Vielfalt.* Zu den sie tragenden Kreisen gehörten die weitläufige Familie des Herodes und seine Klientel, die „Herodianer", die führenden hohepriesterlichen Familien, die vor allem dem Clan des Hannas verpflichteten Sadduzäer und die letztlich aus Alexandrien stammenden Boethusäer, die zahlreichen Rückwanderer aus der Diaspora einschließlich wohlhabender Proselyten, die in landsmannschaftlichen Synagogengemeinden zusammengeschlossen waren, reiche Großgrundbesitzer, größere Kaufleute, „Fabrikanten" und Handwerker, etwa die Hersteller von Glas- und Metallwaren, Steingefäßen, Kleidung aus reinem Leinen oder aus Wolle und die Besitzer von Skriptorien, die in dieser größten Pilgerstadt des Reiches vorzügliche Geschäfte machten, nicht zu vergessen all jene, die durch Status und Beruf eng mit der römischen Macht zusammenarbeiten mußten. Auch die Architekten, Steinmetzen und Kunsthandwerker, die mit dem Bau und der Ausschmückung des Tempels und der Stadtpaläste beschäftigt waren, wären dazuzurechnen. Herodes hatte ja die Stadt zu einer großen Baustelle gemacht und noch nach 60 Jahren arbeiteten ca. 18.000 relativ gut bezahlte Bauhandwerker in der Stadt (ant 20,219–22). Diese Kreise, die in sich selbst durchaus nicht einig und z.T. politisch hoffnunglos zerstritten waren, leisteten den jüdischen Revolutionären, die das offene Land mehr und mehr beherrschten und terrorisierten, lange Zeit zusammen mit den gemäßigten Pharisäern der Hillel-Schule und der ganzen Jerusalemer Mittelschicht erfolgreich Widerstand, wenn auch das Unheil nicht mehr aufzuhalten war.[219] Sie hatten durch den Aufstand viel zu verlieren.

Die Haltung der christlichen *Urgemeinde* in diesem geistigen und sozialen Konflikt war eine zwiespältige. Grundsätzlich galt, daß, wo Gottes Herrschaft im Anbruch ist, die Fragen des Sozialprestiges, fremde Zivilisation und Bildung ihre Bedeutung weitgehend verlieren mußten. Die Jesusbewegung und die Urgemeinde waren alles andere als „Bildungsbewegungen". Zugleich standen Jesus – und die älteste Gemeinde – dem Luxus und fremden Lebensstil der herodianischen Herrscher und den Machtansprüchen der ersten Familien, aber auch dem nationalen Eifer der Radikalen mit deutlicher Distanz gegenüber. Der ganze Bereich wird jedoch in ihrer Verkündigung nur am Rande thematisiert. Jüdische „Kyniker", wie heute gerne phantasiert wird, hat es in Palästina nicht gegeben. Erst recht kann man Jesus nicht unter dieses absurde Etikett subsumieren.

In methodisch beispielhafter Weise hat G. Theißen an Hand der Gründungsmünzen von Tiberias und des auf ihnen dargestellten Schilfrohres Mt 11,7f/Lk 7, 25f als konkrete Polemik gegen Antipas und ein Eintreten für den Täuferkreis deuten können. Es wird an seiner zeitgeschichtlichen Deutung dieses

---

[219] Vgl. M. Goodman, The first Jewish Revolt: social conflict and the problem of debt, JJS 33 (1982), 417–26; ders., The Ruling Class of Judaea. The Origins of Jewish Revolt against Rome AD 66–70, Cambridge 1987 mit der Rez. von E. Bammel, JThS 40 (1989), 378–385.

Logions deutlich, wie sich ein echtes Jesuswort mit großer Wahrscheinlichkeit eingrenzen läßt. Da Antipas bereits 38 n. Chr. nach Gallien verbannt wurde, kann dieses Wort mit dem eigenartigen Parallelismus „Schilfrohr, das vom Winde bewegt wird“ und „ein Mensch in weichen Kleidern“, in „Prunk und Schwelgerei in den Königspalästen“ sicher keine späte „Gemeindebildung“ sein, denn es wurde nur von den unmittelbaren Zeitgenossen Jesu und des Täufers verstanden, gleichwohl aber relativ unverändert weiter tradiert. Zur abwertenden Bezeichnung des Antipas als allzeit anpassungsfähiges „Schilfrohr“ paßt auch seine Titulierung als „Fuchs“ in Lk 13,32.[220] Für die konkrete Kritik des Täufers am Ehehandel des Antipas, der dem fremden Lebensstil etwa in der römischen Nobilität entsprach, haben wir jedoch bei Jesus keine Parallele. Zwar übt er, wie später auch der Jakobusbrief, Kritik an den Reichen, die „alle Tage herrlich und in Freuden lebte(n)“, doch gewann er auch Anhänger gerade in der gebildeten Mittel- und Oberschicht, und wurde von vornehmen Damen, wie etwa von jener Johanna, Frau des Vermögensverwalters (επίτροπος = procurator[221]) des Herodes, Chuza, finanziell unterstützt (Lk 8,3; s. o. S. 33). Weil er nicht als Asket wie der Täufer lebte, wurde er von der anderen Seite, den radikalen Frommen, als „Fresser und Weinsäufer“ (Mt 11,19) verlästert.

Die „hellenisierten“ Städte wie Tiberias und Sepphoris spielen in den Evangelien keine Rolle.[222] Tiberias erscheint nur im Johannesevangelium, das von Jerusalemer Standpunkt aus geschrieben wurde und z. T. fast aristokratischen Charakter besitzt.[223] Auch jenseits der Grenzen Galiläas besucht Jesus nach Markus nur die außerhalb der eigentlichen Poleis gelegenen „Gebiete von Tyrus und Sidon“ und „die Dörfer (des Stadtgebietes) von Caesarea Philippi“,[224] der von Philippus gegründeten Hauptstadt seiner Tetrachie an der Stelle des älteren Paneas. Nach den Ortsangaben der Evangelien hat Jesus größere Städte gemieden – außer Jerusalem, wo er hingerichtet wurde (Lk 13,33). Und

[220] G. THEISSEN, Das „schwankende Rohr“ (Mt. 11,7) und die Gründungsmünzen von Tiberias, ZDPV 101 (1985), 43–55. Sein Forschungsprogramm hatte T. unter dem Titel „Lokalkoloritforschung in den Evangelien. Plädoyer für die Erneuerung einer alten Fragestellung“ in EvTh 45 (1985), 481–500 entfaltet. Diese Aufsätze sind jetzt gesammelt in: Lokalkolorit und Zeitgeschichte in den Evangelien. Ein Beitrag zur Geschichte der synoptischen Tradition, NTOA 8, Freiburg/Ch., Göttingen 1989.

[221] BAUER/ALAND, Wörterbuch, 615.

[222] A. ALT, Die Stätten des Wirkens Jesu in Galiläa territorialgeschichtlich betrachtet, in: DERS., KS 2, München ^{2}1959, 436–456. Freilich sind an Alts Bild einer strikten Trennung von jüdischen und hellenistischen Siedlungen, etwa von Nazareth und Sepphoris, m. E. einige Korrekturen nötig, wie auch oben gezeigt. S. jetzt auch S. FREYNE, Galilee, Jesus and the Gospel, 139f.

[223] Joh 6,1.23;21,1; zum sozialen Hintergrund M. HENGEL, ‚The Johannine Question‘, London, Philadelphia, 110–113; DERS., Die johanneische Frage, WUNT 67, 1993, 280.306–313.

[224] M. HENGEL, Der Historiker Lukas (Anm. 63), 150f Anm. 19; F. G. LANG, „Über Tyros und Sidon mitten ins Gebiet der Dekapolis“ (s. o. Anm. 72).

doch wird binnen von zwei Jahrzehnten das Urchristentum zu einer ausgesprochenen Stadtreligion.[225] Die Glieder der Urgemeinde in Jerusalem nannten sich „die Armen"[226] und waren trotzdem dankbar für den Hausbesitz vornehmer Familien (Apg 2,46; 9,36–39; 14,14f). Tödlich für Jesus wurde sein Zusammenstoß mit dem sadduzäischen Priesteradel in der jüdischen Hauptstadt, der ihn wegen seines messianischen Anspruchs an Pilatus auslieferte, und auch die spätere Gemeinde bis zur Hinrichtung des Jakobus 62 n. Chr. mit seinem Haß verfolgte. Hier fürchtete man die „subversive" Kraft der neuen Botschaft, fürchtete, daß sie den labilen politischen status quo gefährden könnte. Auch im „Doppelprozeß" Jesu wird die tiefe Aversion der maßgeblichen Kreise in Jerusalem gegen charismatische „Unruhestifter" aus dem „Hinterland", als solches mußte man Galiläa betrachten, sichtbar. Auffallend ist demgegenüber, daß wir von einer Verfolgung durch die römischen Behörden in Palästina bis in die Zeit Domitians (Euseb h. e. 3,20) und Trajans nichts mehr hören. Der Prokurator Albinus reagierte sehr scharf auf die Hinrichtung des Herrenbruders Jakobus und anderer Judenchristen durch den Hohepriester Hannas II. (Jos., ant 20,200ff). Erst unter Trajan (98–117) wird wieder von einem römischen Christenprozeß gegen den Neffen Jesu, Symeon S. des Klopas, berichtet, der durch den Prokonsul Attikos gekreuzigt worden sei (Euseb u. Hegesipp h. e. 3,32,1–6).

Entscheidend für den weiteren Weg des Urchristentums war jedoch die erstaunlich rasche und intensive Wirkung der neuen Botschaft auf die *griechisch-sprechenden Hellenisten*[227] in Jerusalem und die daraus resultierende, noch in den dreißiger Jahren eingeleitete Verkündigung der Jesusbotschaft über die Grenzen Israels hinaus. Es handelt sich eben um jene Gesellschaftsschicht in Jerusalem, deren Bedeutung für die Entwicklung der Stadt vor 70 und hier wieder besonders für die Entstehung der Urgemeinde in der jüdischen Metropole, bisher viel zu wenig erkannt wurde. Der Kreis der aus ihr kommenden Christen kann nicht ganz klein gewesen sein, sonst hätte ihre missionarische Wirksamkeit in Jerusalem nicht solches Aufsehen und solches Ärgernis erregt. Daß gerade sie die neue messianisch-endzeitliche Verkündigung aufnahmen und ihre Gestalt schöpferisch weiterentwickelten, deutet doch wohl auf eine *innere Affinität* zur griechischsprechenden Welt hin und läßt eine

---

[225] E. PLÜMACHER, Identitätsverlust und Identitätsgewinn: Studien zum Verhältnis von kaiserzeitlicher Stadt und frühem Christentum, BThS 11, Neukirchen–Vluyn 1987.

[226] H. MERKLEIN, Die Ekklesia Gottes. Der Kirchenbegriff bei Paulus und in Jerusalem, zuerst in BZ.NF 23,1979, 48–70, wieder abgedruckt in: DERS., Studien zu Jesus und Paulus, WUNT 43, Tübingen 1987, 296–318 (303–305 mit Anm. 51).

[227] S.M. HENGEL, Zwischen Jesus und Paulus, ZThK 72 (1975), 151–206 und DERS., Christologie und neutestamentliche Chronologie. Zu einer Aporie in der Geschichte des Urchristentums, in: Neues Testament und Geschichte, FS für O. Cullmann zum 70. Geburtstag, hg. v. H. Baltensweiler u. B. Reicke, Tübingen/Zürich 1972, 43–67. S. jetzt auch DERS., Der vorchristliche Paulus (Anm. 60).

Universalität sichtbar werden, die bereits in Jesu Verkündigung und Wirken enthalten gewesen sein muß. Das Verhältnis der Verkündigung Jesu und der synoptischen Tradition zur griechischen Gnomik wie auch zur philosophischen (und hier vor allem zur kynischen) Anekdote bedarf dabei noch der eingehenden Untersuchung. Warum soll Jesus, aufgewachsen in der Umgebung von Sepphoris, nicht vereinzelte Aussprüche kynischer Wanderprediger gehört haben, zumal er wahrscheinlich selbst etwas Griechisch sprach?[228] Damit wurde er noch lange nicht zu einem „jüdischen Sokrates“.

5. *„Hellenistische“ Traditionen im jüdischen Palästina*

Wenn die „griechische Bildung“ im jüdischen Palästina des 1. Jh.s n. Chr. schon eine jahrhundertelange Tradition besaß, dann müßten sich davon auch Spuren in jener Literatur aufweisen lassen, die in einer semitischen Sprache abgefasst wurde und dem neuen Geist kritisch gegenüber stand. Freilich ist es methodisch sehr schwer nachzuweisen, ob es sich um literarische Abhängigkeit handelt oder um mündliche Tradition, um klare Anklänge oder nur um zufällige Analogien, die auf der Konvergenz orientalischer und griechischer Mythologie in der hellenistischen Zeit beruhen. Auch alte, schon bei Homer und Hesiod nachweisbare Verbindungen zwischen dem griechischen und altorientalischen Mythos sind zu bedenken. Daß jüdische Apokalyptiker griechische Profanliteratur gelesen haben, wird eher die Ausnahme gewesen sein – etwa bei den Verfassern der jüdischen Sibylle, die aber doch vornehmlich in Alexandria entstanden ist. Sie müssen eine gründliche Ausbildung erhalten haben, so daß sie die von der Umgangssprache der hellenistischen Koine so weit entfernte Sprache Homers – wenigstens einigermaßen – beherrschten. Auf der anderen Seite spielen aber gerade in den jüdischen Sibyllen das Mutterland und die Heilige Stadt eine große Rolle, und wenigstens bei einem Fragment (2,63–92), wo das Kommen Beliars, des endzeitlichen Gottesfeindes, von den „Sebastenern“, d. h. doch wohl aus Samarien, geschildert wird, könnte man eine Entstehung im jüdischen Palästina vermuten.[229] Um so größere Bedeutung hatte die gemeinsame *“religiöse Koine“* der Zeit (man könnte auch sagen: der „religiöse

---

[228] S.M. Hengel, Nachfolge und Charisma, 31–33 („Hier [Epiktet, diss. 3,22,45–49] haben wir gewiß die nächste philosophische Analogie zu den Nachfolgeworten von Q, Mt 8,18–22 u. Lc 9,57–62“, aaO. 33),35.37; zum Problem C. Schneider, Geistesgeschichte des Christentums 1, München 1954, 29–99; E. Wechssler, Hellas im Evangelium, Hamburg, 1936 (übertreibend); F. G. Downing, Cynics and Christians, NTS 30, 1984, 584–93; The Social Contexts of Jesus the Teacher, NTS 33 (1987), 439–51; ders., Jesus and the Threat of Freedom, London 1987; ders., Christ and the Cynics, JSOT.MS 4, Sheffield 1988.

[229] Vor allem die 3. Sibylle mit ihren verschiedenen Schichten aus dem 2. und 1. Jh. v. Chr. und die 5. (2. Jh. n. Chr.) gehören nach Ägypten; die 4. mag um 80 n. Chr. in Italien verfaßt worden sein, s. H. Lichtenberger, Täufergemeinden und frühchristliche Täuferpolemik im letzten Drittel des 1. Jahrhunderts, ZThK 84 (1987), 36–57 (38–43) und F. Millar, Empire, Community and Culture (Anm. 3), 158f.

Zeitgeist"), die es ja überhaupt erst verständlich macht, daß die eschatologisch-messianische Botschaft des Urchristentums von Griechen und Römern so überraschend schnell verstanden wurde.[230] Der Erfolg der aus dem jüdischen Palästina stammenden Botschaft der ersten christlichen Missionare, allen voran des Paulus, in Antiochien, Ephesus, Korinth und Rom ist ein Rätsel und Wunder zugleich. Ich kann im folgenden diesen ganzen Komplex, der eine ganze Reihe von detaillierten monographischen Untersuchungen erfordert, nur kurz streifen, zumal dazu bereits zahlreiche Arbeiten – einiges auch von mir selbst[231] – vorliegen.

Im *Danielbuch* begegnet uns das Motiv der aufeinanderfolgenden und sich qualitativ verschlechternden vier Weltreiche, das wir mehrfach bei antiken Historikern finden und das vielleicht schon persischen Ursprungs ist, das wieder mit der Reihe der vier absteigenden Metallzeitalter verbunden wird, die uns aus Hesiod bekannt sind.[232] „Hellenistische" Züge sind weiter die astrologische Zuordnung von Weltreichen zu einem Tierkreissymbol (Dan 8 u. 9), oder die Metaphorik der astralen Unsterblichkeit in Dan 12,1 ff.[233]

---

230 Zum Verständnis der urchristlichen Botschaft vom Sühnetod siehe mein The Atonement. A Study of the origins of the doctrine in the New Testament, in: M. HENGEL, The Cross of the Son of God, London 1986, 189–292. Eine Fülle von Materialien finden sich weiter bei M. HADAS, Hellenistic Culture. Fusion and Diffusion, New York, London 1959; E. J. BICKERMAN, The Jews in the Greek Age, Cambridge(Mass.)./London 1988 (vor allem im 3. Teil „Permanence and Innovation", 133–305); wesentlich sind weiter zahlreiche kleinere Untersuchungen von M. PHILONENKO: David et Orphée, RHPhR 47 (1967), 353–357; La cosmogonie du Livre des Secrets d'Henoch, in: Religions en Égypte hellénistique et romaine, Paris 1969, 109–116; Juda et Héraclès, RHPhR 50 (1970), 60–62; Iphigenie et Sheila, in: Les syncrétismes dans les religions greques et romaines, Paris 1973, 270–279. Un mystère juif, in: Mystères et syncrétiennes, Paris 1975, 65–70; La sixième vision de IV Esdras et les ‚Oracles d'Hystaspe', in: F. Raphael (u. a.), L'Apocalyptique, Études d'Histoire des Religions 3, Paris 1977, 129–135; Paradoxes stoiciens dans le Testament de Lévi, in: Sagesse et Religion, Bibliothèque des centres d' études supérieures spécialisés, Colloque de Strasbourg, Oct. 1976, Paris 1979, 99–104; Deux horoscopes qumrâniens: Identifications des personnages, RHPhR 65 (1985), 61–66.

231 M. HENGEL, Judentum und Hellenismus, 3. Kapitel 6. Abschnitt: Die Chassidim und der erste Höhepunkt der jüdischen Apokalyptik (319–381) und die im vorliegenden Bande versammelten Aufsätze ‚Anonymität, Pseudepigraphie und literarische Fälschung' S. 198–251 und ‚Messianische Hoffnung und politischer „Radikalismus" in der „jüdisch-hellenistischen Diaspora"' S. 314–343.

232 Dan 2,1–49 mit Hesiod, erga 1,109–201.156-173; vgl. M. HENGEL, Judentum und Hellenismus, 332–336 mit Anm; D. FLUSSER, The Four Empires in the Fourth Sibyl and in the book of Daniel, Israel Oriental Studies 2 (1972), 148–175; D. MENDELS, The Five Empires. A Note on a Propagandistic Topos, AJP 102 (1981), 330–337.

233 Erstaunlicherweise urteilte L. BAECK (Paulus, die Pharisäer und das Neue Testament, Frankfurt 1961, 15): „Das Buch Daniel wurde geschrieben, als Palästina ein Jahrhundert lang Teil des ptolemäischen Königreichs (...) gewesen war und unter dem geistigen Einfluß seines Hellenismus stand (...). Wir wissen nicht, ob der neue Messiasbegriff, der im Buch Daniel erscheint, aus Palästina oder Ägypten stammt. Auf jeden Fall paßt diese neue Form der messianischen Idee auffallend gut zur Grundidee der alexandrinischen Philologen. Der Messianismus der Höhe hatte einen mächtigen Bundesgenossen gefunden, der aber auch zugleich

Im Zusammenhang mit der den Tod überschreitenden Zukunftshoffnung für das einzelne Individuum, die in Dan 12 erstmalig eindeutig für Märtyrer zu Tage tritt, ist weiter zu bedenken, daß die Straforte für die Gottlosen in der Unterwelt eine alte griechische Vorstellung sind, und daß in den frühesten Zeugnissen die Auferstehung noch nicht jene massiv realistische Gestalt besitzt, die sie in der späteren pharisäischen Haggada gewinnt,[234] sondern noch einen gewissen spiritualisierenden Charakter hat. Die Aufnahme in die himmlische Welt des Feuers und des Geistes erfordert eine völlige Verwandlung, wie sie etwa Paulus in 1. Kor 15,50ff voraussetzt. Bei den wenigen essenischen Zeugnissen zu diesem Thema muß man sich sogar fragen, ob Josephus nicht recht hat, wenn er ihnen eine Lehre von der Unsterblichkeit der Seele zuschreibt.[235] Wahrscheinlich bestanden – wie übrigens auch im Urchristentum und im Pharisäismus – beide Vorstellungen nebeneinander bzw. waren miteinander verbunden. Der in der Forschung gerne angenommene grundsätzliche Gegensatz zwischen einer an der griechischen Unsterblichkeitsvorstellung orientierten hellenistisch-jüdischen Eschatologie vom Aufstieg der Seele nach dem Tode in die himmlische Welt und einer apokalyptisch-palästinischen Auferstehungshoffnung beim Anbruch der irdisch vorgestellten Gottesherrschaft besteht in dieser schroffen Weise nicht. Sowohl bei Jesus und Paulus wie im *Corpus Johanneum* finden sich beide Vorstellungen und ergänzen sich. Sie berühren sich ständig und lassen sich neben- und miteinander im jüdischen Palästina wie in der Diaspora nachweisen. Es besteht hier so wenig ein sich ausschließender Gegensatz wie zwischen dem irdischen Messias und einer vom Himmel kommenden Erlösergestalt in der Art des Menschensohnes.[236] Umgekehrt war die Auferstehungshoffnung durchaus nicht nur auf Palästina beschränkt. Wir besitzen für sie auch eine Reihe von Zeugnissen aus der Diaspora,[237] der Übergang zur Unsterblichkeitshoffnung war fließend und ließ ver-

---

ein höherer Verführer sein konnte". Ägyptische Einflüsse aus ptolemäischer Zeit auf die Menschensohnvorstellung vertritt R. KEARNS, Das Traditionsgefüge um den Menschensohn, Tübingen 1986. Mir scheint ein solcher Einfluß jedoch nicht notwendig zu sein.

[234] Vgl. etwa syrBar 30,1–5.49,1–52,7; (STRACK-)BILLERBECK 4, 1166–98; 1175f.

[235] Josephus, bell 2,154 „τὰς δὲ ψυχὰς ἀθανάτους ἀεὶ διαμένειν"; vgl. H. LICHTENBERGER, Studien zum Menschenbild in Texten der Qumrangemeinde, StUNT 15, Göttingen 1980, 218–231. Eindeutig nachgewiesen wird die Auferstehungserwartung von É. PUECH, La croyance der Ésseniens en la vie furture: immortalité, résurrextion, vie éternelle? Histoire d'une croyance dans le Judaïsme ancien, I La résurrection des morts et le contexte scripturaire; II Les donnés Qumraniennes et classiques, Paris 1993. Für die Auferstehungshoffnung spricht auch die Bedeutung des Danielbuches, vgl. c. 12,2f und jetzt auch das Ezechiel-Apokryphon, hg. v. J. Strugnell/D. Dimant, 4QSecond Ezechiel (4Q385), in Memorial J. Carmignac (éd. par F. García Martínez et É. Puech), RdQ 13 (1988) 45–58.

[236] Die Typisierungen von N. WALTER („Hellenistische Eschatologie" im Frühjudentum – ein Beitrag zur „Biblischen Theologie"? ThLZ 110 (1985), 331–348) sind daher insgesamt problematisch. Die von ihm herausgearbeiteten Gegensätze verfließen stärker miteinander, als es in seiner Darstellung sichtbar wird (dazu aaO. 335).

[237] Vgl. H. C. C. CAVALLIN, Life after Death, Paul's Argument for the Resurrection of the

schiedene Möglichkeiten offen. Auch hier hat sich die strenge Trennung zwischen „hellenistischer" Diaspora und Mutterland nicht bewährt.

Die „mythologische Geographie" des *äthiopischen Henoch* berührt sich ebenfalls in zahlreichen Punkten mit griechischen Vorstellungen. Dies gilt zunächst für das Reich der Toten im fernen Westen,[238] mit einem lichten Raum und einer erfrischenden Quelle für die Gerechten, man denkt hier an die elysäischen Gefilde und die Quelle Mnemosyne, der Feuerstrom erinnert an den Pyriphlegeton und die dunklen Straforte an den Tartaros. Möglicherweise gehen diese Vorstellungen auf gemeinsame Mythen zurück, die die Griechen und der Vordere Orient teilten, die aber jetzt in hellenistischer Zeit unter den veränderten Vorzeichen eine größere Verbreitung fanden.[239] Die utopische Reise Henochs in die sagenhaften Länder jenseits des erythräischen Meeres, d.h. des Indischen Ozeans, wo das Paradies mit seinen wunderbaren Gewürzpflanzen liegen soll (äthHen 30–32), erinnert an Motive des utopischen Reiseromans.[240] Daß die ausführliche Schilderungen der *Himmelsreise*, die dann im TestLevi erstmals durch sieben Himmel führt[241], zahlreiche ältere griechische Parallelen besitzen, braucht nicht weiter gesagt zu werden,[242] sie gehören von

---

Dead in I Cor 15, Part I, An Enquiry into the Jewish Background, CB.NT 7,1 Lund 1974. Typisch etwa Ps.-Phokylides 102–104 und 115, wo Auferstehungsglaube und Unsterblichkeit der Seele nebeneinander postuliert werden. Vgl. auch den interessanten Beitrag von S. LIEBERMAN, Some aspects of after life in early Rabbine literature, in: Essays in Greco-Roman and related Talmudic literature, selected with a prolegomenon by H.A. FISCHEL, LBS, New York 1977, 387–424.

[238] ÄthHen 22,1–14; M. HENGEL, Judentum und Hellenismus, 360–62 mit Anm. 548–551; ebd. 342–345.

[239] M. NILSSON, Geschichte der Griechischen Religion, HAW 5/2, Bd. 1 Die Religion Griechenlands bis auf die griechische Weltherrschaft, Nachdruck der 3., durchges. u. erg. Aufl. 1967, München 1976, Bd. 2 Die hellenistische und römische Zeit, 3., durchges. u. erg. Aufl. München 1974; W. BURKERT, Die orientalisierende Epoche in der griechischen Religion und Literatur, SHAW.PH 1, 1984, Heidelberg 1984.

[240] Zu nennen sind hier neben Pytheas von Massalia, der über seine tatsächlich durchgeführte große Seefahrt berichtet (F. LASSERRE, Art. Pytheas 4., KP 4, München 1979, 1272–1274), etwa Euhemeros, der auf der Wende vom 4. ins 3. Jh. v.Chr. einen Reiseroman „ἱερὰ ἀναγραφή" verfasste (vgl. K. THRAEDE, Art. Euhemerismus, RAC 6, Stuttgart 1966, 877–890) und der aus Syrien stammende Jamblich, Romanschriftsteller des 2. nachchristlichen Jahrhunderts (W. RÖLLIG, Art. Jamblichos 3., KP 2, München 1979, 1307); zur Sache auch N. HOLZBERG, Der antike Roman. Eine Einführung, Artemis Einführungen, 25, München/Zürich 1986 und jetzt der Sammelband ‚Der antike Roman. Untersuchungen zur literarischen Kommunikation und Gattungsgeschichte, von einem Autorenkollektiv unter Leitung von H. Kuch, Veröffentlichungen des Zentralinstitutes für Alte Geschichte und Archäologie der Akademie der Wissenschaften der DDR, 19, Berlin 1989, dort vgl. bes. die Übersicht von R. JOHNE (mit Literatur: S. 199f zu Euhemeros bzw. 215f zu Jamblich).

[241] TestLev 2,7–10; 3,1–10; vgl. W. BOUSSET, Die Himmelsreise der Seele, ARW 4, 1901, 136–169 u. 229–273 (ND Libelli 71, Darmstadt 1960); J.S.D. TABOR, Things unutterable. Paul's ascent to Paradise and its Greco-Roman, Judaic and Early Christian contexts, New York, London 1986.

[242] S. M. HENGEL, Judentum und Hellenismus, 373 mit Literatur in Anm. 580a.

jetzt an zum festen Inventar der hellenistischen wie jüdischen Offenbarungsliteratur, wobei in der deutschen Forschung zu Unrecht eine grundsätzliche Differenz zwischen einem angeblich apokalyptischen zeitlichen Denken, das durch den Gegensatz von altem und neuem Äon bestimmt werde, und einem hellenistischen oder gar gnostischen räumlichen Denken mit dem Gegensatz himmlische-irdische Welt, konstruiert wurde.[243] Beides war gerade in der Apokalyptik ständig aufeinander bezogen. Das Heil konnte nur deshalb in naher Zukunft erwartet werden, weil man wußte, daß es schon jetzt in der himmlischen Welt bereit steht und gegenwärtig ist.[244] Es ist erstaunlich zu sehen, wie die neutestamentliche Wissenschaft der letzten Jahrzehnte sich ständig durch falsche Alternativen „inspirieren" ließ, weil sie sachlich Zusammengehöriges im analytischen Übereifer trennen wollte.

G. W. E. Nickelsburg sieht in dem Bericht vom Aufstand und Fall der Wächterengel äthHen 6–11 den Einfluß des griechischen Prometheusmythos[245], während P. D. Hanson eine gemeinsame orientalische Quelle vermutet, die ihrerseits schon Hesiod beeinflußt haben soll.[246] Das Motiv des „euhemeristischen" Kultbringers und Heroen, das hier und im Jubiläenbuch begegnet, mag letztlich altorientalischen Ursprungs sein, es spielt jedoch in der hellenistischen Welt eine große Rolle und wird vom Judentum in seiner Polemik gegen den Götzendienst gerne übernommen.[247] Auch die bei Henoch und in den Jubiläen auftauchende Vorstellung, daß die Seelen der aus den Ehen der gefallenen Engel mit menschlichen Frauen hervorgegangenen Riesen zu bösen Geistern werden, deckt sich völlig mit der griechischen Dämonologie; wie überhaupt die Dämonenlehre des Judentums und des frühen Christentums kaum nachweisbare engere Beziehungen zum Alten Testament (dort ist sie weitgehend zurückgedrängt), umsomehr aber zu seiner hellenistisch-orientalischen Umwelt besitzt.[248] Freilich ist damit zu rechnen, daß die ältere alttestamentliche Überlie-

---

243 Typisch dafür ist etwa das Urteil von W. Schneemelcher, Das Urchristentum, 101 (zu Apg 6,1): „Es hat dort (*scil. im „palästinischen Urchristentum"; M. H.*) neben den weitgehend aramäisch sprechenden und apokalyptisch bestimmten Judenchristen schon früh ein hellenistisches Judenchristentum gegeben" – als ob dieses weniger „apokalyptisch bestimmt" gewesen wäre!

244 Der Anbruch des „neuen Äons" geht von der himmlischen Welt aus: Der Stein, der die vier Weltreiche zerstört, fällt von oben vom (Gottes-)Berge (Dan 2,45, in V. 34 ist „vom Berge" zu ergänzen); der Menschensohn kommt (Dan 7,13) „auf den Wolken des Himmels", von dort her kommt auch Michael, der „Beistand" für Israel (Dan 12,1). Die ganze Johannesapokalypse durchzieht die Gewißheit, daß die Erlösung vom Himmel ausgeht, vgl. Apk 4,5 und 21,1 ff.

245 G. W. E. Nickelsburg Jr., Apocalyptic and Myth in 1 Enoch 6–11, JBL 96 (1977), 383–405, bes. 395–397.399-404.

246 P. D. Hanson, Rebellion in Heaven, Azazel, and Euhemeristic Heroes in 1 Enoch 6–11, JBL 96 (1977), 195–233.

247 K. Thraede, Art. Erfinder II (geistesgeschichtlich), RAC 5, Stuttgart 1962, 1191–1278, hier 1241–1245 und M. Hengel, Judentum und Hellenismus, 164 f.484.

248 J. Maier, Art. Geister (Dämonen) B. I. c. Israel, RAC 9, Stuttgart 1976, 579–585 mit

ferung volkstümliche, allgemeine Dämonenvorstellungen eliminiert hat (vgl. aber etwa Dtn 32,17 LXX und Paulus in 1.Kor 10,20).

In einer ausführlichen Studie habe ich die „hellenistischen" Einflüsse auf die *essenische Bewegung* behandelt.[249] Direkte Berührungen sehe ich dort in der Militärtechnik der Kriegsrolle, die wohl auf einem hellenistischen Taktikhandbuch beruht, der Rechtsform des privaten religiösen Vereins[250], der möglicherweise aus Alexandrien stammenden, doch letztlich iranischen Zwei-Geisterlehre und vor allem in den Horoskopen[251], in denen physiognomische Details mit der astrologischen Geburtskonstellation verbunden wurden. Astrologie[252], Mantik und Magie[253] haben im Judentum der Zeitenwende keine geringere Rolle gespielt als in der heidnischen Umwelt. Auch die Tempelrolle mit ihren stark systematisierenden Zügen ist ein Erzeugnis des Rationalismus der hellenistischen Zeit.[254] Die Kompliziertheit der diffusen religionsgeschichtlichen Problematik läßt sich etwa daran illustrieren, daß gerade die Essener, die erbittertsten Gegner alles heidnischen, fremden Denkens und Wissens, ganz besonders für eine *interpretatio graeca* – nicht nur durch jüdische, sondern auch durch heidnische Schriftsteller – geeignet erschienen, und daß die Forschung

---

DERS., Geister (Dämonen) B.III.b. Frühes u. hellenistisches Judentum, 626–640; E. SCHWEIZER, Art. Geister (Dämonen) C.I. Neues Testament, 688–700 mit Literaturhinweisen am Schluß; F. ANDRES, Die Engellehre der griechischen Apologeten des zweiten Jahrhunderts und ihr Verhältnis zur griechisch-römischen Dämonologie, FChLDG 12/3, Paderborn 1914.

249 In diesem Band S. 258–294, s. auch o. S. 58.

250 J. DUHAIME, The War Scroll from Qumran and the Greco-Roman Tactical Treatises, RdQ 13 (1988), 133–151: „an utopian tactical treatise" (151); s. schon M. HENGEL, Die Zeloten AGSU 1, Leiden ²1976, 283f unter Verweis auf Y. Yadin; M. WEINFELD, The Organizational Pattern and the Penal Code of the Qumran Sect. A Comparison with Guilds and Religious Associations of the Hellenistic-Roman Period, NTOA 2, Fribourg, Göttingen 1986.

251 M. PHILONENKO, La parabole sur la lampe (Luc 11,33–36) et les horoscopes qoumraniens, ZNW 79 (1988), 145–151; DERS., Philon d'Alexandrie et „l'Instruction sur les deux Esprits", in: Hellenica et Judaica. Hommage à V. Nikiprowetzky, ed. A. Caquot, M. Hadas-Lebel et J. Riaud, Leuven/Paris, 1986, 61–68.

252 M. HENGEL, Judentum und Hellenismus, Register s.v. Astrologie (653); W. u. H.G. GUNDEL, Astrologumena, Sudhoffs Archiv Beiheft 6, 1966; J.H. CHARLESWORTH, Jewish Astrology in the Talmud, Pseudepigrapha, in the Dead See Scrolls and Early Palestine Synagogues, HThR 70 (1977), 183–200; M. SMITH, Helios in Palestine, ErIs 16 (1982), 199–214.

253 M. HENGEL, Rabbinische Legende und frühpharisäische Geschichte, 19 (Nachdruck in Band II) mit Anm. 23. Eine umfassende Darstellung der jüdischen Magie in der Antike ist ein dringendes Desiderat. Wie sehr alttestamentliche Formeln und Begriffe z.T. in hebräischer Sprache die Zauberpapyri und gnostische Texte beeinflußt haben, zeigt mit einer Fülle von Belegen W. Fauth, Arbath Iao. Zur mystischen Vierheit in griechischen und koptischen Zaubertexten und in gnostischen und apokryphen Schriften des christlichen Orients, OrChr 67 (1983), 65–103.

254 J.H. CHARLESWORTH, M. HENGEL, D. MENDELS, The Polemical Character of ‚On Kingship' in the Temple Scroll: An Attempt at Dating 11QTemple, JJS 37 (1986), 28–38. Eine Entstehung in der Perserzeit ist ganz unwahrscheinlich.

sie lange Zeit, teilweise bis zur Entdeckung der Qumrantexte, für eine Gruppe von jüdischen Neupythagoräern hielt.[255]

Die Beispiele, die man anführen könnte, sind fast unbegrenzt. Bei Ben-Sira, der eine Reihe von eigenartigen Berührungen mit dem Stoizismus aufweist, finden wir die erste Andeutung der Zwei-Wege-Lehre[256], die durch das Zeichen Y zum Symbol des Pythagoreismus wurde und deren bekannteste literarische Ausprägung die Prodikosfabel von Herakles[257] am Scheidewege bei Xenophon darstellt. Ben-Sira bringt auch den ersten Ansatz zur Lehre vom „yēṣer", die die Rabbinen dann in dem Gegensatz des „guten und bösen Triebs" entfalten.[258] Dieser steht zwischen der essenischen Spekulation von den beiden Geistern[259] und der hellenistischen Anthropologie mit der Unterscheidung zwischen höherer und niederer Seelenkraft im Menschen. Auch die Diskussion um den freien Willen in den jüdisch-palästinischen Religionsparteien, wie sie Josephus darstellt[260], berührt sich mit philosophischen Kontroversen. Schließlich und endlich sind die Inspirationstheorien und die Offenbarungsformen der hellenistischen Religiosität und des Judentums gar nicht so sehr verschieden.[261] Es gibt Differenzierungen, die z. T. philologische Gründe

---

[255] So etwa E. ZELLER, Grundriss der Geschichte der griechischen Philosophie, Leipzig 1893, 275–277 und DERS., Die Philosophie der Griechen in ihrer geschichtlichen Entwicklung, hg. v. F. Lortzing, W. Nestle u. E. Wellmann, Bd. 3/2, Leipzig [5]1923 (ND Hildesheim 1964), 307–377 (365ff).

[256] „δύο τρίβους" JesSir 2,12; vgl. TestAsh 1,3.5: „δύο διαβουλία"; vgl. M. HENGEL, Judentum und Hellenismus, 255 mit Anm. 222; Th. Middendorp, Die Stellung Jesu Ben Sira zwischen Judentum und Hellenismus, Leiden 1973 (dazu meine Rezension, zuerst in JSJ 5 (1974), 83–87 bzw. in diesem Bande 252–257); M. KÜCHLER, Frühjüdische Weisheitstraditionen. Zum Fortgang weisheitlichen Denkens im Bereich des frühjüdischen Jahweglaubens, OBO 26, Fribourg, Göttingen 1979; J. MARBÖCK, Sir 38,24–39,11: Der schriftgelehrte Weise. Ein Beitrag zu Gestalt und Werk Ben Siras, BEThL 51, Louvain 1979; R. PAUTREL, Ben Sira et le Stoicisme, RSR 51, 1963, 535–549; O. RICKENBACHER, Weisheitsperikopen bei Ben Sira, OBO 1, Fribourg/Göttingen. J.T. SANDERS, Ben Sira and Demotic Wisdom, Society of Biblical Literature, Monograph Series 28, Chico/Cal. 1983; weitere Literatur im neuen Schürer 3, 208–212.

[257] Xenophon, Mem. 2,1,21–34; zum „Y" s. Persius, sat. 3,56f („der Buchstabe auch, der in samische Zweige sich spaltet"). Vgl. schon Hesiod, Erga 216f.288f.

[258] E.E. URBACH, The Sages. Their Concepts and Beliefs 1, 471–483 (VI. The two Inclinations); vgl. auch 1QS 3,18–22 (M. HENGEL, Qumran und der Hellenismus, 355 bzw. in diesem Band S. 278f).

[259] P. v. D. OSTEN-SACKEN, Gott und Belial. Traditionsgeschichtliche Untersuchungen zum Dualismus in den Texten von Qumran, StUNT 6, Göttingen 1969; H. STEGEMANN, Zum Textbestand und Grundgedanken von 1QSIII,13-IV,26, RdQ 13 (1988), 95–131, dessen religionsgeschichtliche Deutung freilich unzureichend ist.

[260] Josephus, bell 2,162: Die Pharisäer schreiben alles der εἱμαρμένη zu, die Sadduzäer lehnen diese Vorstellung ab (2,164); der Mensch habe die Willensfreiheit (ἐκλογή; ebd. 165); vgl. G. MAIER, Mensch und freier Wille. Nach den jüdischen Religionsparteien zwischen Ben Sira und Paulus, WUNT 12, Tübingen 1971.

[261] Vgl. meinen Exkurs Nr. 4 „Höhere Weisheit durch Offenbarung" als Wesensmerkmal spätantiker Religiosität in ‚Judentum und Hellenismus', 381–394; H. BURKHARDT, Die Inspiration heiliger Schriften bei Philo von Alexandrien, Gießen/Basel 1988, 150–188 (165–170).

haben, die jüdische „Psychologie" war z.B. begrifflich noch nicht so weit entwickelt wie die griechische, trotz dieser Unterschiede waren hier vielfältige Beziehungen möglich. Das Verbindende ist oftmals größer als das Trennende.

Eine grundlegende Gemeinsamkeit für Juden und Griechen in der hellenistischen Zeit ist die *Entdeckung des religiösen Individuums* und seines ganz persönlich durch „Bekehrung" erschlossenen eschatologischen Heils, d.h. die Hoffnung, als Individuum die Todesgrenze überschreiten zu können. Wie die Mysterienweihe und der Anschluß an einen Thiasos der Eingeweihten oder die Bekehrung zur Philosophie, die das wahre, der göttlichen Vernunft entsprechende Leben garantiert, sich auf Grund ganz individueller Entscheidungen eines einzelnen ereignen, so rufen die Essener in ähnlicher Weise einzelne Menschen aus der *massa perditionis* Israels zum Anschluß an die endzeitliche Heilsgemeinde des „wahren Israels" heraus, so verkündigt Johannes der Täufer die Taufe am Jordan als eschatologisches Sakrament und Zeichen wahrer Umkehr, die jeweils nur jeder einzelne vollziehen kann, und fordert Jesus einzelne zur Nachfolge auf. Pharisäische Sendboten „reisen über Meere und Festland, um *einen* Proselyten zu gewinnen" (Mt 23,15) – damit könnte auf Vorgänge wie die Bekehrung des Königs Izates angespielt sein. Man hat, um mit A. v. Harnack zu sprechen, bei Juden und Griechen zwar nicht unbedingt das Wissen um „Gott den Vater"[262] gemeinsam, wohl aber eine wachsende gemeinsame Ahnung von dem „unendliche(n) Wert der Menschenseele"[263]. Ich möchte hier eine größere Passage aus der 2. Vorlesung Harnacks über „das Wesen des Christentums" zitieren, die das Problem sehr deutlich kennzeichnet:

> Das „Lebensbild und die Reden Jesu zeigen kein Verhältnis zum Griechentum. Fast muß man sich darüber wundern; denn Galiläa war voll von Griechen, und griechisch wurde damals in vielen seiner Städte gesprochen (...). Griechische Lehrer und Philosophen gab es daselbst, und es ist kaum denkbar, daß Jesus ihrer Sprache ganz unkundig gewesen ist. Aber daß er irgendwie von ihnen beeinflußt worden, daß die Gedanken Platos oder der Stoa, sei es auch nur in irgend welcher populären Umbildung, an ihn gekommen sind, läßt sich schlechterdings nicht behaupten. (*An diesem Punkte würde ich heute nicht mehr ganz so sicher urteilen, M. H.*) Freilich, wenn der religiöse Individualismus, Gott und die Seele, die Seele und ihr Gott, wenn der Subjektivismus, wenn die volle

---

262 Obwohl auch die Griechen, wie etwa der Zeushymnus des Stoikers Kleanthes zeigt (SVF I, 537 p. 121–123; Übersetzung bei M. Pohlenz, Die Stoa. Geschichte einer geistigen Bewegung 1, Göttingen [4]1970, 109f; vgl. ders., Kleanthes' Zeushymnus, in: ders., KS 1, hg. v. H. Dörrie, Hildesheim 1965, 87–93), Gott als Vater anrufen konnten (s. G. Schrenk, Art. πατήρ κτλ., ThWNT V, Stuttgart 1954, 946–959, bes. 946–959).

263 A. v. Harnack, Das Wesen des Christentums, 16 Vorlesungen vor Studierenden aller Facultäten im Wintersemester 1899/1900 an der Universität Berlin gehalten, Leipzig [3]1900, 33 (= Gütersloh 1977, 40). Zur Sache vgl. M. Hengel, Nachfolge und Charisma, BZNW 34, 31–40 und A.D. Nock, Art. Bekehrung, RAC 2, Stuttgart 1954, 105–118 bzw. ders., Conversion. The old and the new in religion from Alexander the Great to Augustine of Hippo, Oxford 1933.

Selbstverantwortlichkeit des einzelnen, wenn die Loslösung des Religiösen von dem Politischen – wenn das alles nur griechisch ist, dann steht auch Jesus in dem Zusammenhang der griechischen Entwicklung, dann hat auch er reine griechische Luft geatmet und aus den Quellen der Griechen getrunken. Aber es läßt sich nicht nachweisen, daß nur auf dieser Linie, nur im Volke der Hellenen, diese Entwicklung stattgefunden hat; (...) auch andere Nationen sind zu ähnlichen Erkenntnissen und Stimmungen fortgeschritten – fortgeschritten allerdings in der Regel erst, nachdem Alexander der Große die Schlagbäume und Zäune, welche die Völker trennten, niedergerissen hatte. Das griechische Element ist gewiß in der Mehrzahl der Fälle der befreiende und fördernde Faktor auch für sie gewesen. Aber ich glaube nicht, daß der Psalmist, der die Worte gesprochen hat: „Herr, wenn ich nur Dich habe, frage ich nicht nach Himmel und Erde" – je etwas von Sokrates oder von Plato gehört hat."[264]

Viel wichtiger als oft schwer nachweisbare „Einflüsse" ist die – bei allen grundlegenden Verschiedenheiten – tiefgreifende Konvergenz im alttestamentlich-jüdischen und griechischen Denken. Sie zeigt sich schon in den vielfältigen Elementen des Prozesses der Hellenisierung des Judentums und im Christentum, der fruchtbarsten Synthese, die der Alten Welt gelungen ist. Man mag diesen Sätzen Harnacks aus mancherlei Gründen widersprechen, er hat mehr recht, als wir heute wahr haben wollen:

„Ich sage euch, daß so Freude im Himmel sein wird über *einen* Sünder, der umkehrt, im Gegensatz zu 99 Gerechten, die der Umkehr nicht bedürfen" (Lk 15,7)

Das richtet sich nicht an das heute so hoch gepriesene Kollektiv, sondern spricht *jeden einzelnen* konkret und umittelbar als Sünder vor Gott an. Und die Antwort des Petrus im Namen der Jünger (Mk 10,28: „Siehe wir haben alles verlassen und sind dir nachgefolgt") ist die Antwort jener, die durch den persönlichen Ruf Jesu vor Gott zu Einzelnen wurden und denen dadurch die neue Gemeinschaft der anbrechenden Gottesherrschaft geschenkt wurde.[265]

In diesem Punkt, der *Entdeckung des Einzelnen vor Gott,* liegt wohl der größte Gewinn jener so wirkungsmächtigen und zugleich konfliktvollen Begegnung zwischen jüdischem und griechischem Geist. Das aus dem palästinischen Judentum hervorwachsende Urchristentum war eine von der Glaubensentscheidung des Individuums ausgehende *geistige* Bewegung, die wie keine andere in der Antike die Welt auf revolutionäre Weise verändert hat. Seine historischen Wurzeln liegen in den geistigen Auseinandersetzungen im Mutterland seit der makkabäischen Erhebung. Von entscheidender Bedeutung sind dabei Texte wie Dan 7 und 12. Die Gewißheit der Überwindung des Todes und die Betonung des einzigartigen Wertes des Individuums verbanden sich in der

---

264 A. v. Harnack, Das Wesen des Christentums, Leipzig [3]1900, 22 (= Gütersloh 1977, 30f).

265 „Dies, das der *einzelne* (Hervorhebung M.H.) Mensch – vor Gott sei, bekommt die Spekulation niemals in den Kopf; sie verallgemeinert lediglich die einzelnen Menschen phantastisch in das Geschlecht." S. Kierkegaard, Die Krankheit zum Tode, Jena 1911, 78.

Verherrlichung des Märtyrers. Das Alte Testament konnte den Preis des Helden, der für seine Vaterstadt und deren Götter stirbt, noch nicht kennen, umso mehr finden wir etwa in der Zeit der Perserkönige dieses Heldenlob in der griechischen Dichtung und Literatur. Obwohl im alten Israel mehrfach vom Tod von Profeten und ihrer Treue zu YHWH berichtet wird, werden sie doch nie als Märtyrer verklärt: Von einem heldenhaften „Sterben für" (ἀποθνῄσκειν ὑπέρ) ist im Gegensatz zum Griechentum nirgendwo die Rede.[266] Das ändert sich schlagartig mit der Makkabäerzeit und zwar gerade in der auf Palästina bezogenen Literatur[267]: Im Danielbuch erscheinen die drei Jünglinge im Feuerofen (vgl. Dan 3,28) als die ersten Märtyrer, die auf wunderbare Weise errettet wurden, aber auch in dieser ersten „Apokalypse" dient die Verfolgung der „Weisen" der Sühne für die eigene Sünde (Dan 11,35; 2. Makk 7,18.22f.38). Auf der anderen Seite wird freilich den Märtyrern besonderer Lohn verheißen (Dan 12,1–4). 1. Makk 2,50 fordert der sterbende Matthatias seine Söhne auf, ihr Leben *für* den Bund der Väter einzusetzen, und in 6,44 opfert sich sein heldenhafter Sohn Eleazer wie die griechischen Kämpfer in der Perserzeit, „um sein Volk zu retten und sich einen ewigen Namen zu machen" – ein ganz neuer Gedanke. 2. Makkabäer 6 und 7 bringt die ersten ausführlichen Märtyrerberichte und von jetzt an häufen sich auch die Formeln vom „Sterben für" Gottes Gesetz und das von ihm erwählte Volk.[268] Ausgehend von Gen 22 und Jes 53 begegnet uns zugleich mehr und mehr der Gedanke der stellvertretenden Sühne im Tod des Gerechten. H. S. Versnel, der die erschöpfendste und überzeugendste Darstellung des Problems vorgelegt hat, schließt:

> „Die Frage ‚griechisch' oder ‚jüdisch' könnte möglicherweise weniger simplistisch, jedoch befriedigender beantwortet werden mit: ‚hellenistisch'".[269]

---

[266] Ps 44(43),23 ist kein Preis der Märtyrer, sondern Anklage gegen Gott; vgl. Ps 69(68),8. Am ehesten finden wir noch Anklänge im archaischen Deboralied Ri 5,18 und der Gideonüberlieferung Ri 9,17; vgl. auch 1. Sam 19,5; Ri 12,3 – d.h. relativ alte Überlieferungen. Jes 53 ist ein einzigartiger, rätselhafter Sonderfall. Zum Ganzen s. M. Hengel, The Atonement, in: The Cross of the Son of God, 194–206.

[267] N. Brox, Zeuge und Märtyrer. Untersuchungen zur frühchristlichen Zeugnis-Terminologie, StANT 5, München 1961, 144–160; J. Jeremias, Neutestamentliche Theologie, 1. Tl. Die Verkündigung Jesu, Gütersloh ³1979, 283; ders., Das Lösegeld für Viele, zuerst Jud. 3,1947/48, 249–264, in: ders., Abba. Studien zur neutestamentlichen Theologie und Zeitgeschichte, Göttingen 1966, 216–229; E. Lohse, Märtyrer und Gottesknecht. Untersuchungen zur urchristlichen Verkündigung vom Sühntod Jesu, FRLANT 64, Göttingen ²1963, 9–110.

[268] Vgl. dazu M. Hengel, The Atonement, 196f; vgl. auch den Forschungsüberblick bei N. Brox, Zeuge und Märtyrer, 132–142.

[269] *Quid Athenis et Hierosolymis?* Bemerkungen über die Herkunft von Aspekten des ‚Effective Death', in: Die Entstehung der jüdischen Martyrologie, hg. v. J. W. van Henten, StPB 38, Leiden u. a. 1989, (162–196) 193 (mit zahlreichen anderen wertvollen Beiträgen zum Thema). Zur vorchristlichen Wirkungsgeschichte von Jesaja 53, s. Bd. II.

Es bleibt das Meer der *rabbinischen Traditionen*, die zwar ganz überwiegend einer späteren Zeit angehören, die aber doch durch einen ungebrochenen Strom der Überlieferung mit der Zeit vor 70 verbunden sind und deren Alter sich im einzelnen durch Vergleiche mit besser datierbaren Quellen wie Philo, Josephus, Qumran und den älteren Apokryphen und Pseudepigraphen, aber auch durch die Evangelien und Paulusbriefe teilweise überprüfen läßt. Wir wollen auf sie doch noch kurz eingehen. Gerade dieser Bereich läßt sich zu allerletzt reinlich von seiner griechisch-römischen Umwelt trennen. Zur Frage des „hellenistischen Einflusses" gibt es aber bereits eine Reihe von trefflichen oder zumindest anregenden Arbeiten, obwohl dieses Forschungsgebiet bei weitem noch nicht ausgeschöpft ist. Ich kann jedoch auf die Untersuchungen von R. Meyer[270], S. Lieberman[271] und auch auf den von H. A. Fischel herausgegebenen Sammelband „Essays in Graeco-Roman and related Talmudic Literature"[272] verweisen. Ein besonderes Desiderat bildet eine neue Sammlung der griechischen und lateinischen Fremdwörter; die unverzichtbare Arbeit von S. Krauss[273] bedarf einer gründlichen linguistischen und methodischen Neubearbeitung.

Josephus hat die Pharisäer mit den Stoikern verglichen, und es lassen sich hier wirklich manche erstaunliche Parallelen feststellen, die freilich eher auf einer gewissen ethisch-religiösen Grundhaltung beruhen als auf nachweisbaren direkten Einflüssen. Ich will im folgenden nur einige bekannte Beispiele herausgreifen, die deutlich machen, daß auch die pharisäischen Weisen ihren Tribut an den Geist der Zeit zahlten und an der religiösen Koine ihrer Zeit teilhatten.

Daß die – angeblich durch die sieben hermeneutischen Regeln Hillels be-

---

270 R. Meyer, Hellenistisches in der rabbinischen Anthropologie. Rabbinische Vorstellungen vom Werden des Menschen, BWANT 74, Stuttgart 1937.

271 S. Lieberman, How much Greek in Jewish Palestine? zuerst in: Biblical and other Studies, ed. A. Altmann, LIAJS, Texts and Studies 1, Cambridge 1963, 123–141; jetzt in: Essays in Greco–Roman and Related Talmudic Literature, selected with a Prolegomenon by H. A. Fischel, LBS, New York 1977, 325–343 oder in: S. Lieberman, Texts and Studies, New York 1976, 216–234; ders., Hellenism in Jewish Palestine, Studies in the literary transmission. Beliefs and manners of Palestine in I Century B. C. E.-IV Century C. E., TSJTSA 18, New York ²1962; Greek in Jewish Palestine, Studies in the Life and Manners of Jewish Palestine in the II–IV Centuries C. E. New York ²1965; vgl. auch S. R. Shimoff, Hellenization among the Rabbis: Some evidence from early Aggadot concerning David and Solomon, JSJ 18 (1987), 168–187.

272 Dazu die obige Anmerkung; ferner vom selben Autor Rabbinic Literature and Greco-Roman Philosophy. A Study of Epicurea and Rhetorica in Early Midrashic Writings, StPB 21, Leiden 1973.

273 Griechische und lateinische Lehnwörter in Talmud, Midrasch und Targum, Berlin 1898. Freilich existieren neuere Vorarbeiten dazu: A Dictionary of Greek and Latin Legal Terms in Rabbinic Literature by D. Sperber, Dictionaries of Talmud, Midrash and Targum 1, Jerusalem 1984 mit: D. Sperber, Greek and Latin Words in Rabbinic Literature, Prolegomena to a New Dictionary, Bar Ilan 14/15, 1977, 70–78. Zur Kritik s. G. Zuntz, Greek Words in the Talmud, JSS 1 (1957), 129–140, s. auch o. S. 15f.

gründete – rabbinische Schriftinterpretation letztlich ihr Vorbild in den Methoden alexandrinischer Philologen und Juristen besitzt, haben in sehr schöner Weise David Daube[274] und Günther Mayer[275] dargelegt. Die pharisäische Traditionskette besitzt ihre nächste Parallele in der Sukzession der Schulhäupter griechischer Philosophenschulen, der jüdische Passa-Seder ist eine Sammlung von Paradigmata für griechische Tischsitten, die schon bei Ben-Sira eine Rolle spielen. Im Grunde wurde hier der Festbrauch der führenden Schicht, die bei ihren Symposien auf bequemen Polstern tafelte und sich mit Frage- und Antwort-Spielen und fröhlichen Liedern unterhielt, auf die religiöse Fest-Feier des breiten Volkes übertragen. Diskussionen mit heidnischen Philosophen und die Kenntnis ihrer Anschauungen lassen sich im Talmud so häufig belegen wie die Kenntnis griechischer Mythologumena. So ist die rabbinische Seelenlehre bis hin zur Lehre von der Präexistenz der Seele weithin von popularphilosophischen Vorstellungen abhängig. Man kannte die „sifre homeros",[276] die Bücher Homers, und sah in ihnen ein Adiaphoron, das nicht wie die heiligen Schriften die Hände verunreinigte. Die vier Elemente der Griechen verwendete man zur Illustration der Schöpfungsgeschichte, selbst der Mythos vom androgynen Urmenschen wurde aufgenommen, „'Androginôs" wird zu einem Lehnwort im Talmud. Auch ein Bild der Seelenwanderungslehre, das Zeitrad, das sich stets gleich dreht, wird übernommen.[277] Die Alexanderlegende wurde hochgeschätzt, man kannte den Mythos vom Tod des Osiris und das Bild der säugen-

---

[274] D. DAUBE, Alexandrian Methods of Interpretation and the Rabbis, zuerst in FS H. Lewald, Basel 1953, 27–44; in Essays in Greco-Roman and Related Talmudic Literature, 165–182; bzw. DERS., Rabbinic Methods of Interpretation and Hellenistic Rhetoric, HUCA 22 (1949), 239–264. Vgl. zum Thema auch: S. R. SHIMOFF, Hellenization among the Rabbis: Some Evidence from early Aggadot concerning David and Solomon, JSJ 18 (1987), 168–187. Weitere Literatur nennt auch H. L. STRACK/G. STEMBERGER, Einleitung in Talmud und Midrasch, 7., völlig neu bearb. Aufl., München 1982, 26f.

[275] G. MAYER, Art. Exegese II (Judentum), RAC 6, Stuttgart 1966, 1194–1211.

[276] mJad 4,6 „ספרי המירס"; vgl. dazu M. HENGEL, Judentum und Hellenismus, 139f. Juden und Homer, und DERS., Achilleus in Jerusalem. Eine spätantike Messingkanne mit Achilleus-Darstellungen aus Jerusalem, unter Mitarbeit v. R. PELED, SHAW.PH 1, 1982 Heidelberg 1982, 51 mit Anm. 51 (abgedruckt in Bd. II).

[277] mBik 1,5 u. ö.; vgl. S. KRAUSS, Griechische und Lateinische Lehnwörter in Talmud, Midrasch und Targum, Bd. 2, Berlin 1899, 64f. 598; R. MEYER, Hellenistisches in der rabbinischen Anthropologie, 68 (Gen R 8 §1 ed. J. Theodor/Ch. Albeck, 55) und G. KITTEL, Probleme des palästinischen Spätjudentums und das Urchristentum, 142–168 zur Vorstellung des „Schöpfungs-" oder „Zeitrades" (גלגל הוא שחוזר בעולם, anders W. JAEGER, Das frühe Christentum und die griechische Bildung, 5), eines eigentlich aus dem Zusammenhang der Seelenwanderungsthematik stammenden Motives, dessen Auftreten im hellenistischen Bereich M. DIBELIUS (Der Brief des Jakobus, KEK 15, 12., durchg. Aufl. mit Ergänzungen v. H. GREEVEN, mit einem Literaturverzeichnis und Nachträgen hg. v. F. HAHN, Göttingen 1984, 182–184) untersucht hat; zur Sache natürlich nach wie vor E. NORDEN, P. Vergilius Maro. Aeneis Buch VI, Sammlung wissenschaftlicher Kommentare zu griechischen und römischen Schriftstellern, Leipzig 1903, 16–19 zum τόπος περὶ παλιγγενεσίας bei Vergil 723–755, V. 748 *„ubi mille rotam volvere per annos"*.

den Isis, die Sagen vom Danaidenfaß, dem Ariadnefaden, dem Prokrustesbett, den Phönixmythos, die Sirenen (schon in der LXX) und die Zentauren. Auch Tierfabeln im Stile Äsops und hellenistische Traumgeschichten waren beliebt. Zahlreiche griechische Sätze, Gnomen und Wortspiele in der rabbinischen Literatur wurden von S. Lieberman[278] herausgearbeitet.

Zum Schluß möchte ich nur noch auf einige bekannte Hilleltraditionen[279] hinweisen. Hier wäre zunächst die Prosbolbestimmung zu erwähnen (προσβολή), die die schädliche soziale Nebenwirkung des Erlaßjahrgebotes beseitigte, weiter die Zusammenfassung der ganzen Tora in der goldenen Regel[280], die Definition der Seele als „Gast im Körper", der freilich die Forderung der Pflege des Leibes als des göttlichen Ebenbildes Gottes gegenübergestellt wird.[281] Auf derselben Linie stehen das Gebot universaler Menschenliebe, die Betonung des Studiums, eine fast kynische Askese und Streben nach Autarkie sowie das Verlangen, Heiden für die Wahrheit der Tora Gottes zu gewinnen.[282] Vielleicht darf man in dieser – legendär gewordenen Haltung – doch eine echte Gegenposition zu der hellenistischen Prachtentfaltung im herodianischen Jerusalem sehen, eine Position, die ihrerseits nicht *nur* dem Geist des Alten Testaments, sondern – bewußt oder unbewußt – auch *sokratisch-humanitärer Tradition* verpflichtet war. Auch sie war im jüdischen Palästina, vermittelt durch die frühhellenistische Weisheitstradition eines Qohelet oder Ben-Sira, nicht völlig unbekannt. Umgekehrt sollen schon in der Schule Platons einige Orientalen gewesen sein, und als die Griechen die Juden entdeckten, sahen sie in ihnen „barbarische Philosophen"[283]. Vor allem Aristotelesschüler wie Theophrast und Klearch von Soli interessierten sich für die Juden. Hillel und Nikolaos von Damaskus können sich sehr wohl begegnet sein. Nicht nur das Christentum,

[278] S. Lieberman, Greek in Jewish Palestine, 144–160 (Greek and Latin Proverbs in the Rabbinic Literature); für Motive aus der griechischen Mythologie vgl. (Strack)-Billerbeck 4,405f,408ff.

[279] Vgl. J. Neusner, Die Suche nach dem historischen Hillel, in: ders., Das pharisäische und talmudische Judentum. Neue Wege zu seinem Verständnis, TSAJ 4, Tübingen 1984, 52–73 und N.N. Glatzer, Hillel. Repräsentant des klassischen Judentums, Bibliotheka Judaica, Frankfurt/Main 1966.

[280] J. Jeremias, Art. Goldene Regel 2, in: RGG^3 II, Tübingen 1958, 1688f; A. Dihle, Die goldene Regel, Eine Einführung in die Geschichte der antiken und frühchristlichen Vulgärethik, SAW 7, Göttingen 1962, 82 und M. Hengel, Zur matthäischen Bergpredigt und ihrem jüdischen Hintergrund, 390–395 mit Belegen aus der rabbinischen Literatur und orientalischen Quellen.

[281] E.E. Urbach, The Sages 1, 243–254.

[282] Hillel: Prosbolé mShevi 9,3; bGit 36b; s. auch mAv 1,12b „Sei ein Schüler Aarons, den Frieden liebend und dem Frieden nachjagend (Ps 34,15; Jes 51,1 und das διώκειν εἰρήνην in Hbr 12,14; רודף שלום), die Geschöpfe liebend und sie zur Torah führend." (Übersetzung K. Marti/G. Beer, Abot, 27. Dazu E.E. Urbach, The Sages 1, 588 und N.N. Glatzer, Hillel, 75–80).

[283] H.D. Betz, Der Apostel Paulus und die sokratische Tradition. Eine exegetische Untersuchung zu seiner „Apologie" 2. Korinther 10–13, BHTh 45, Tübingen 1972, 138–148; M. Hengel, Judentum und Hellenismus, 464–486.

auch das in vielem so andere rabbinische Judentum beruht im Grunde auf einer Synthese, die man nicht nur eine „religiöse", sondern auch eine „humanistische" nennen kann, denn es geht um die Humanisierung des menschlichen Lebens im Angesicht des lebendigen Gottes. Zu einem Wort wie Micha 6,8 hätten sich auch Sokrates und Plato bekannt.

6. Die Konsequenzen: Das palästinische Judentum als „hellenistisches" Judentum

Die Konsequenzen dieses knappen und gewiß sehr bruchstückhaften Bildes der „Hellenisierung" des jüdischen Palästina für unser Verständnis der Geschichte des Urchristentums sind vielfältig. Ich möchte nur einige Punkte herausgreifen:

1. Da das palästinische Judentum nach einer über dreihundertjährigen Geschichte im Bannkreis griechischer Kultur ebenfalls als „hellenistisches Judentum" bezeichnet werden muß, *taugt der Begriff „hellenistisch" im landläufigen Sprachgebrauch kaum mehr zu einer sinnvollen religionsgeschichtlichen Differenzierung im Bereich der Geschichte des Urchristentums.* Ein Satz, wie ihn F. Büchsel niederschrieb: „Der Untergrund seiner Anschauung vom Leben ist das palästinische, nicht das alexandrinische *hellenistisch verseuchte* Judentum"[284], läßt sich in dieser Form nicht mehr aufrecht erhalten. Wenn schon, dann wäre auch das Judentum in Palästina in seiner Weise „hellenistisch verseucht" gewesen, doch ist dieses Prädikat in sich selbst völlig absurd und in diesem Zusammenhang a limine abzuweisen. Man sollte die Frage des „hellenistischen" Einflusses nicht mehr mit negativen oder positiven Zensuren versehen. So beliebt es heute wieder ist, den (alttestamentlich-)jüdischen Geist gegen den griechischen (früher war es lange Zeit eher umgekehrt) auszuspielen, so wenig bringen uns derartige Wertungen weiter. Das Judentum und Christentum, unsere ganze abendländische Welt, sind durch beides – die alttestamentliche *und* die griechische Tradition – geworden, was sie sind. Es geht zunächst einmal um die historischen Zusammenhänge, die komplizierter und komplexer – man könnte auch positiv sagen: sehr viel reicher – sind als unsere Etiketten, Klischees und Schubfächer, zugleich aber auch um ein wirkliches Verstehen und eine gegenüber der Vergangenheit gerechte, nicht einseitig tendenziöse Wertung. Die Wahrheit der göttlichen Offenbarung konnte sowohl in griechischer wie hebräischer Sprache ausgedrückt werden; die heilsame Botschaft war nicht an eine einzelne Sprache gebunden. Das in der Antike einzigartige Übersetzungswerk der LXX belehrt uns, daß dies nicht erst für das Christentum gilt.[285]

---

[284] F. BÜCHSEL, Johannes und der hellenistische Synkretismus, BFChTh 2.R.16, Gütersloh 1928, 53.

[285] S. dazu M. HENGEL, in: Die Septuaginta (Anm. 112), 182–284.

2. Wir sollten darum mit dem Adjektiv „hellenistisch" bei der Charakterisierung des Urchristentums vorsichtiger umgehen. *Es besagt zu vielerlei und gerade darum zu wenig.* Wir benötigen bei dieser so diffizilen Materie der Geschichte einer kleinen jüdisch-messianischen Sekte, die in Palästina ihre Wurzeln hat, während ihrer ersten 100 Jahre genauere Differenzierungen. Da ist zunächst einmal der *Sprachenunterschied* zwischen Griechisch und Aramäisch, der schon in Galiläa und Jerusalem beginnt, weiter der durch die Bildung bedingte des Sprachniveaus, zwischen der einfachen Koine und dem rhetorisch ausgefeilten Griechisch, dann der *soziologische*, zwischen Stadt und Land, zwischen Sklaven, Tagelöhnern, Pächtern, der Mittelschicht und der Aristokratie. Weitere Unterscheidungsmöglichkeiten ergeben sich aus den verschiedenen *geographischen* Regionen und Städten: zwischen Galiläa und Judäa, Jerusalem und Antiochien, Kleinasien und Rom, und schließlich last not least aus den *personalen* Beziehungen zu Autoritäten, Traditionsträgern und Schulen, Paulus, Petrus, Johannes, Jakobus etc. Wenn man schon das Wort „hellenistisch" verwendet, dann sollte man es näher bestimmen. Es hat zuviele Gesichter. Bedeutet es einfach „griechisch in der Spätzeit" oder „orientalisch-synkretistisch", ist es technisch, künstlerisch, ökonomisch, politisch, rhetorisch-literarisch, philosophisch oder religiös gemeint? Soll es gar, wie später ab dem 3. Jh., einfach „heidnisch" bedeuten? Diese Vielfalt machte ja unser Thema so schwierig, zumal vielerlei Nuancen ineinander verflochten sind. Oder bezieht es sich auf den altgriechischen Mythos, auf iranische, ägyptische, babylonische oder auch – besonders beliebt und besonders irreführend – gnostische Mythologie?[286] Seine unqualifizierte Verwendung schafft nicht *mehr*

[286] Ich kann mich nur wundern, mit welcher Selbstgewißheit viele meiner neutestamentlichen Kollegen in Zusammenhängen von „*dem* gnostischen Mythos" oder „*der* Gnosis" sprechen. Dieser Mythos, wie ihn etwa Bultmann vor Entdeckung der Textfunde von Nag Hammadi (und der dadurch stark veränderten Gnosisdiskussion) in zahlreichen Veröffentlichungen beschrieb (DERS., Theologie des Neuen Testamentes, 169–171; Das Urchristentum im Rahmen der antiken Religionen, 152–162) ist ein ahistorisches Kunstprodukt der religionsgeschichtlichen Schule, wie C. COLPE treffend klargelegt hat (DERS., Die religionsgeschichtliche Schule. Darstellung und Kritik ihres Bildes vom gnostischen Erlösermythos, FRLANT 78, Göttingen 1961). Schon elf Jahre vor Colpes Buch hatte der beste Kenner der hellenistischen Religionsgeschichte, A. D. NOCK, in seiner Besprechung von R. BULTMANN, Das Urchristentum, energischen und zugleich mit Quellen begründeten Protest angemeldet (NSNU 5 (1951), 35–40). Aber dieser war in Deutschland völlig überhört worden. Gewiß hatte Bultmann, der hier die Ergebnisse seiner Lehrergeneration übernahm, durchaus zuweilen von den „mannigfaltigen Varianten" zu reden gewußt (R. BULTMANN, Das Urchristentum, 153), aber dann doch je und je im Interesse theologischer *Systematisierung* den disparaten Befund zu sehr und in falscher Weise vereinheitlicht und irreführende *historische* Konsequenzen daraus gezogen. Seine Frage nach dem „Daseins- und Existenzverständnis" (aaO. 155) eines Johannes, Paulus oder gnostischer Autoren ist in der Beschäftigung eines Theologen mit diesem Phänomen gewiß legitim, selbst wenn manche Unschärfen des damit gewonnenen Bildes beklagt werden müssen und die Trennung zwischen zeitgenössischem Existenzverständnis der Gegenwart und dem aus dem Text erhobenen historischen Verstehen nicht immer gelingt. Doch führte dabei vor allem die ahistorische Konstruktion „*des* gnostischen

Klarheit, sondern verstärkt nur die historische Verwirrung, die unsere Disziplin sowieso bedroht.

3. Schließlich und endlich müssen wir damit rechnen, daß im jüdischen Palästina sehr viel mehr an geistiger Entwicklung *möglich* war, als die Forschung gemeinhin annehmen will. Was *unmöglich* war, ist rasch gesagt: Ein offener heidnischer Kult, d.h. der klare Bruch mit dem ersten (und zweiten) Gebot, der zum Polytheismus führt, eine eklatante, andauernde Mißachtung von wesentlichen Teilen der Tora und die konkrete Entweihung des Tempels, wobei man sich hier freilich nicht auf das kasuistisch verfeinerte pharisäische Toraverständnis festlegen darf, denn wir wissen nicht, wie weit sich dieses zur Zeit Jesu schon im Volk – etwa in Galiläa – völlig durchgesetzt hatte. Die Pharisäer hatten den größten Einfluß auf das Volk, gewiß, aber besaßen noch nicht die absolute geistige Herrschaft über dasselbe. Es bleibt selbst fraglich, ob, wann und wie weit die Rabbinen später dieselbe erlangten. Diese Unmöglichkeit einer offenen Tora- und Tempelkritik wurde schon den Hellenisten

---

Mythos", der in irgendeiner Weise – u.U. als Antithese – neutestamentlichen Texten unterlegt wird, allzuleicht zu Verzerrungen. Zugleich macht sich die philosophische Prämisse zeitloser Existentialia als einem – Verstehen überhaupt erst ermöglichenden – Allgemeinen in jedem Individuellen negativ bemerkbar. In seinem Aufsatz „Das Problem der Hermeneutik" (zuerst ZThK 47 (1950), 47–69, in: DERS., Glaube und Verstehen. GA 2, 3., unveränd. Aufl., Tübingen 1961, 211–235) präzisiert Bultmann dies noch auf den Zusammenhang der verschiedenen „Lebensverhältnisse" von Text und Ausleger, deren Beziehung er im Anschluß an Dilthey für die „Voraussetzung aller verstehenden Interpretation"(217) hielt. Freilich besteht bei einer falschen *historischen* Einordnung der „Lebensverhältnisse", die sich in einem Text ausdrücken, die Gefahr, daß auch diese nicht präzise ermittelt und dargestellt werden können. Die große Arbeit von HANS JONAS (Gnosis und spätantiker Geist, Tl.1 Die mythologische Gnosis, 2., durchg. Aufl. Göttingen 1954 mit erheblicher Selbstkorrektur auf dem Kongreß in Messina 1966, dtsch. in: Gnosis und Gnostizismus, WdF 262, hg. v. K. Rudolph, Darmstadt 1975, 626–645) zeigt bei aller Problematik der Einzelergebnisse und seines zu sehr ausgeweiteten Gnosisbegriffes, daß die damit thematisierte Leitfrage nach dem *Wesen* des Phänomens eine entscheidende Hilfe bei der Einzelanalyse gnostischer Systembildungen und Motive ist. Der entscheidende Streitpunkt, ob das ältere Urchristentum von einer in den Quellen *nicht nachweisbaren* „vorchristlichen Gnosis" abhängig ist, wird damit aber *keineswegs* beantwortet. Er ist natürlich zu weiten Teilen auch ein Definitionsproblem: Je weiter der Gnosisbegriff angelegt wird, desto mehr Texte können darunter subsumiert werden. Aber eine solche Ausweitung fördert das Verstehen der Texte in ihrer unverwechselbaren Besonderheit gerade nicht. Colpe hat in dankenswerter Weise klargestellt, daß hinter dem „gnostischen Erlösermythos" der religionsgeschichtlichen Schule und ihrer Schüler „de facto das manichäische System (*stand*), das infolge einer unglücklichen wissenschaftsgeschichtlichen Konstellation gerade damals von der Orientalistik angeboten wurde" (C. COLPE, Mythische und religiöse Aussage außerhalb und innerhalb des Christentums, in: DERS., Theologie, Ideologie, Religionswissenschaft. Demonstrationen ihrer Unterscheidung, ThB 68, München 1980, 101). Ob die bei Colpe im Anschluß gebotene Deutung dieses historischen Fehlgriffs der existentialen Interpretation mit Hilfe einer geistreich-bösartigen Bemerkung von KARL KRAUS über die Psychoanalyse wirklich die Genese oder gar das Motiv der Anschauungen Bultmanns wiedergibt, möchte ich dem Urteil des Lesers überlassen. Doch muß man, wenn man die deutsche Gnosisforschung von Reitzenstein über die Marburger Schule bis zu heutigen Epigonen betrachtet, schon sagen: *difficile est saturam non scribere*.

und später Paulus zum Verhängnis. Aus diesem Grunde halte ich auch eine vorpaulinische gesetzesfreie Mission unter Heiden im jüdisch besiedelten Kerngebiet Palästinas selbst für unmöglich. In den Randgebieten wie der Küstenebene, den Städten der Dekapolis, im nabatäischen Arabien (Gal 1,17) oder der phönizischen Küste mag die Situation etwas anders gewesen sein.

Dagegen *könnte* sich die ganze *christologische* Lehrbildung durchaus im palästinischen Judentum vollzogen haben. Himmlische, mit Gott aufs engste verbundene, präexistente Mittlerwesen wären dort in vielfacher Weise zu finden. Selbst der Titel ὁ κύριος muß bereits in Jerusalem auf Jesus übertragen worden sein. Immerhin ließen sich Jakobus und die anderen Brüder Jesu „ἀδελφοὶ τοῦ κυρίου" nennen, später hatten sie und die nachfolgenden Herrenverwandten die ähnliche Bezeichnung „δεσποσύνοι"[287]. Es gibt kaum einen neutestamentlichen Lehrtopos, der nicht auch in Palästina hätte *gedacht* oder gelehrt *werden können*. Die Probleme, die zur Verfolgung der Christen führten, bestanden dort nicht primär in „abstrakt-dogmatischen", sondern in Fragen des konkreten Tora-Gehorsams inklusive der Haltung zum Tempelkult. Letztlich ging es um die Frage Mosetora oder Glaubensgehorsam gegenüber Jesus, dem gekreuzigten Messias Israels. Diesen Gegensatz sollte auch die heutige Forschung nicht einfach überspielen und dabei bedenken, daß sowohl die Mosetora wie der zur Rechten Gottes erhöhte Messias jüdische Glaubensvorstellungen sind. Das Problem bricht heute bei den „messianischen Juden" in Israel wieder auf. Die Hochchristologie könnte man als eine der frühesten Erscheinungsformen der jüdischen Mystik betrachten. Auch die Sohn Gottes- und Präexistenz-Christologie ist darum an sich nicht „hellenistisch" oder gar „unjüdisch" bzw. „unpalästinisch". Wenn wir z.B. die Entstehung des Philipperhymnus nicht in der Jerusalemer Gemeinde *vermuten*, so hat das andere – etwa philologische – Gründe. Theologumena des „hellenistischen" Judentums der Diaspora, wie etwa die Logoslehre Philos, können durchaus auch im jüdischen Palästina bekannt gewesen sein. Aufs Ganze müssen wir darum mit unseren Hypothesen über das Kerygma der palästinischen Urgemeinde sehr viel vorsichtiger – oder besser gesagt großzügiger – sein: Es gab in Jerusalem zwischen 30 und 50 n. Chr. mehr geistige Beweglichkeit und Möglichkeiten, „als unsere Schulweisheit sich träumen läßt". Dagegen muß man für die späte Gemeinde ab dem Ende der vierziger Jahre unter Jakobus eine gewisse Regression unter dem Druck der veränderten politischen Verhältnisse annehmen.

4. Ein letzter Punkt ist das *bildungssoziologische* Problem. Die neutestamentlichen Autoren, die ganz überwiegend Judenchristen waren, hatten –

[287] Julius Africanus, ep. ad Aristidem 5 (ed. W. Reichardt, TU 34, 3 Leipzig 1909, 61 Z. 20 bzw. MPG 10,61,14). Julius Africanus gibt selbst als Geburtsort Jerusalem an; s. zuletzt F.C.R. Thee, Julius Africanus and the Early Christian View of Magic, HUTh 19, Tübingen 1984. S. dazu jetzt meine Studie: Die unbekannten Jahre des Apostels Paulus, die 1997 in WUNT erscheinen wird.

außer vielleicht Lukas und der Verf. des Hebräerbriefes – keine tiefergehende Bekanntschaft mit profangriechischem Schrifttum. Wirkliche griechische, an bekannter „klassischer Literatur" erworbene Bildung fehlte entweder ganz, so bei Markus, Matthäus, Johannes und wohl auch bei Paulus, oder war doch recht mangelhaft. In der Regel kamen die neutestamentlichen Autoren aus der synagogalen Schulung der griechischsprechenden jüdischen Gemeinden Palästinas und der Diaspora, wo es innerhalb der einzelnen Synagogengemeinden freilich erhebliche Qualitätsunterschiede gab. Gerade in diesem Punkt des Mangels an tiefergehender *literarischer griechischer Bildung* innerhalb des vorherrschenden Literaturkanons, der mit Homer begann und die Tragiker bis Euripides mit einschloß[288], besteht eine wesentliche Gemeinsamkeit zwischen dem Urchristentum und der Masse des palästinischen (und „hellenistischen") Judentums. Bei aller Kenntnis der griechischen Sprache war der Zugang zu höherer Bildung nur einer recht dünnen Oberschicht vorbehalten. Daß nicht jeder Neureiche gebildet war, der sich zur Oberschicht rechnete, kann man in der *cena Trimalchionis* des Petronius sehen. Die übliche jüdisch-"hellenistische" Bildung im Mutterland und in der Diaspora besaß eine ganz andere Grundlage. Man las wohl die Septuaginta und andere „judengriechische" erbauliche und unterhaltende Literatur, aber sehr selten griechische Klassiker und Philosophen im Original. Das blieb nur ganz wenigen Gliedern der gebildeten Oberschicht vorbehalten. Die größte missionarische Wirkung hatte im 1. und 2. Jh. zudem nicht die Literatur, sondern die jüdische und christliche *Predigt*, mündliche Diskussionen und das persönliche Zeugnis in Wort und Tat. Man darf annehmen, daß jene Männer, die vom jüdischen Palästina aus die neue Botschaft nach Syrien und Kleinasien, ja bis nach Rom trugen, weder aus dem analphabetischen Proletariat noch aus der Aristokratie kamen, sondern aus der schöpferischen Mittelschicht, die heute gern als „Kleinbürgertum" abgewertet wird, ein soziales Milieu, aus dem auch Jesus und Paulus stammten.

Diese Situation dauerte im Grunde im ganzen 1.Jh. an und änderte sich eindeutig erst im Verlauf des 2. Jh.s, wobei erste „Vorboten" einer solideren literarischen griechischen Bildung Lukas, der Autor des Hebräerbriefes und Clemens Romanus[289] sind. Die eigentliche Wende kam erst relativ spät etwa zur Zeit des Kaisers Hadrian (117–138) durch die ersten bedeutenden Gnostiker, Basilides und Valentin, durch Marcion, und etwa zu gleicher Zeit durch die Apologeten.[290] Diese „Bildungsschranke" war viel einschneidender als der

---

[288] E. NORDEN, Die antike Kunstprosa vom VI. Jh.v.Chr. bis in die Zeit der Renaissance, 2. Bd., 2. Abdruck, Leipzig, Berlin 1909, 451–510.

[289] Vgl. die Deutung, die W. JAEGER, Das frühe Christentum und die griechische Bildung, übers. v. W. ELTESTER, Berlin 1963, 9–19 gibt. Jaeger weist auf die Benutzung von „Regeln der politischen Beredsamkeit" hin (aaO. 9), auf Anleihen in stoischer Philosophie (10) und Beispiele aus politischer Wirklichkeit (14).

[290] Vgl. M. HENGEL, Hadrians Politik gegenüber Juden und Christen (Anm. 208), 153–182 (161f), in diesem Band S. 358–391, und für Justin H. CHADWICK, The Vindication of Chris-

in der Forschung über Gebühr problematisierte Schritt vom palästinischen zum „hellenistischen" Judenchristentum.[291]

Erst jetzt beginnt, um mit Harnack zu sprechen, die endgültige „Hellenisierung des Christentums".[292]

---

tianity in: Early Christian Thought and the Classical Tradition. Studies in Justin, Clement, and Origen, Oxford 1984 (= 1966), 1–30; auch Chadwick beschreibt eine Wende, wenn er Verbindungen der justinischen Logostheologie zum Logosbegriff bei Johannes abweist (4) und die Bedeutung der hellenistischen Popularphilosophie für Justin hervorhebt (11–13); daneben auch W. Jaeger, Das frühe Christentum und die griechische Bildung, 20–26. E. Schwartz bescheinigte dem von Eusebius schwer gescholtenen Papias, „daß er über rhetorische Kunstmittel verfügte" (Über den Tod der Söhne Zebedäi. Ein Beitrag zur Geschichte des Johannesevangeliums, zuerst AGWG.PH 7/5, 1904, dann in: ders., GS 5, Zum Neuen Testament und zum frühen Christentum, Berlin 1965, 48–123, und in: Johannes und sein Evangelium, hg. v. K. H. Rengstorf, WdF 82, Darmstadt 1973, 202–290 (211)) und für „bloße Einfalt" zu gut schreibt (216). Dazu auch M. Hengel, Die johanneische Frage, WUNT 67, 1993, 79.

291 W. Jaeger, Das frühe Christentum und die griechische Bildung, 7. Jaeger führt dort eine Apg 17,17–34 verwandte Stelle aus den Philippusakten an, nach der auch Philippus in Athen mit 300 Philosophen disputiert, die ihn aufgrund seiner Kleidung bereits für einen Philosophen halten (A.Phil. 6(1), ed. R. A. Lipsius/M. Bonnet, 2/2, 4) und dort sagt: „Καὶ γὰρ παιδείαν ὄντως νέαν καὶ καινὴν ἤνεγκεν ὁ κύριός μου εἰς τὸν κόσμον" (A.Phil 8(3) Lipsius/Bonnet, 5). Der Terminus „Paideia" verrät den Grad der Hellenisierung des Kerygmas in diesem freilich späten Text. Es ist bezeichnend, daß παιδεία in den Evangelien, den echten Paulusbriefen, den johanneischen Schriften, im Jakobus- und den Petrusbriefen nicht erscheint, sondern nur Eph 6,4; 2. Tim 3,16 und viermal ausgehend von Prov 3,11 (LXX) in Hebr 12,5–11. Es geht dabei immer um die παιδεία κυρίου, nie um „griechische Bildung".

292 A. v. Harnack, Lehrbuch der Dogmengeschichte, 1. Bd. Die Entstehung des kirchlichen Dogmas, 4., neu durchgearbeitete und vermehrte Auflage, Tübingen 1909, 250; vgl. dazu die Darstellung der Hintergründe der Ritschlschen Theologie und ein differenziertes Urteil bei W. Pannenberg, Die Aufnahme des philosophischen Gottesbegriffes als dogmatisches Problem der frühchristlichen Theologie, zuerst in: ZKG 70, 1959, 1–70, dann auch in: ders., Grundfragen systematischer Theologie, GA, Göttingen [3]1979, 296–346, und jetzt E. P. Meijering, Die Hellenisierung des Christentums im Urteil A. v. Harnacks, Verhandlungen der Koninklijke Nederlands Akademie van Wetenshappen, Afd. Letterkuknde, Nieuwe Reeks, deel 128, 1987. Der Harnacksche Hellenismusbegriff ist freilich ein wesentlich anderer als der heute in der Regel vorausgesetzte. Er versteht unter der wichtigen Signatur des „Hellenismus" eine Form „wissenschaftlicher" Bildung, nicht nur im Bereich der Rhetorik, sondern vor allem im Bereich der Philosphie. Legt man diesen Begriff zugrunde, beginnt eben erst jetzt die „Hellenisierung" des Christentums, da tatsächlich relativ spät und allmählich in der frühen Kirche mit Basilides, Valentin und Justin oder noch eindeutiger mit Clemens Alexandrinus, Tertullian und Hippolyt jenes philosophische und rhetorische Niveau des „Hellenismus" erreicht wird, das der Jude Philo u. a. längst selbstverständlich vorausgesetzt hatten. S. dazu jetzt Chr. Markschies, Valentinus Gnosticus?, WUNT 65, 1993 und W. Löhr, Basilides und seine Schule, WUNT 81, 1996.

2. Die Synagogeninschrift von Stobi*

Bei Ausgrabungen wurde 1931 im römisch-byzantinischen Stobi eine relativ umfangreiche Inschrift entdeckt, die auf die Existenz einer jüdischen Gemeinde an diesem Ort hinwies. Stobi liegt etwa 150 km nordwestlich von Thessalonich, nahe der Nordgrenze der römischen Provinz Macedonia, am Oberlauf des Axios, des heutigen Vardar, an der wichtigen Durchgangsstraße zwischen Thessalonich und der mittleren Donau. Sie erhielt früh römisches Munizipalrecht. Der ältere Plinius nennt sie n. h. 4,10 (34) *oppidum Stobi civium Romanorum*, auf Lokalmünzen erscheint sie von den Flaviern bis in die Zeit Elagabals (218–222 n. Chr.) als *municipium Stobensium*. Gegen das Ende des Prinzipats wurde sie wohl in den Rang einer römischen Kolonie erhoben und gehörte so – wie Philippi – zu den 5 bzw. 7 römischen Kolonien der Provinz Macedonia. Im Jahre 386 n. Chr. wurde Stobi schließlich die Hauptstadt der neugegründeten Provinz Macedonia secunda salutaris[1].

Die Inschrift – trotz der „römischen" Tradition des Ortes in griechischer Sprache abgefaßt – befand sich auf einem Säulenschaft, der in dem Atrium eines größeren Gebäudekomplexes aufgestellt war. Die Inschrift von 33 Zeilen füllte über die Hälfte des 2,48 m langen Schaftes aus[2]. Das obere Ende der

---

* Erstveröffentlichung in ZNW 57 (1966), 145–183. Wieder abgedruckt in: The Synagogue. Studies in Origins, Archaeology and Architecture, hg. v. Joseph Gutmann, New York 1975, 110–148. Die Anregung zu dieser Untersuchung verdanke ich Prof. K. Galling. Sie wurde auszugsweise in seiner Übung über antike Synagogen im Bibl.-Archäol. Institut Tübingen vorgetragen. Der Aufsatz wurde Prof. E. Käsemann zum 60. Geburtstag gewidmet.

[1] s. B. Saria, PW 2. R. 4,49 f., 53 f.; vgl. E. Kornemann, PW 5,729 nach Corpus iuris civilis, Dig. 50 15, 8, 8. Zur Teilung der Provinz s. B. Saria o. c. 50 u. Geyer, PW 14, 768. Die wenigen jüdischen Inschriften der nördlich anschließenden Provinzen sind lateinisch oder in einem lateinisch-griechischen Sprachgemisch, s. J. B. Frey, Corpus Inscriptionum Judaicarum (CIJ), 1 (1936), Nr. 675–678 Pannonien; 680 Salona; 681 Serdica.

[2] Die Inschrift wurde erstmalig von dem Ausgräber J. Petrović, Starinar (Revue de la Societé archéologique de Belgrade), 7 (1932), 83, deutsche Zusammenfassung 135/6 veröffentlicht, mit kurzem Kommentar wurde sie von H. Lietzmann, ZNW 32 (1933), 93 f. u. S. Klein MGWJ 77 (1933), 81–84 abgedruckt. Eine verbesserte Fassung veröffentlichten N. Vulič, BCH 56 (1932), 291–298, C. M. Danov, Notizen zur großen Synagogeninschrift aus Stobi, Bull. Inst. Arch. Bulg. 8 (1934), 101–105 und E. L. Sukenik, Ancient Synagogues in Palestine and Greece, 1934, 79 f., während der ausführlichsten Bearbeitung von A. Marmorstein, JQR 27 (1936/37), 373–384 eine sehr schlechte Textfassung zugrunde liegt. Wir folgen dem von J. B. Frey, CIJ 1 Nr. 694 wiedergegebenen Text; s. auch die vorzüglichen Abbildungen der Säule mit Transkription der Inschrift bei E. Kitzinger. The town of Stobi, Dumbarton

Säule scheint schon bei ihrem Ein|bau in das Gebäude abgeschnitten worden zu sein, so daß die erste Zeile, die vermutlich das Datum trug, nicht mehr zu entziffern ist[3]. Der Text ist erst ab der zweiten Zeile lesbar; er lautet:

...
[Κλ.] Τιβέριος Πολύ-
χαρμος, ὁ καὶ Ἀχύρι-
ος, ὁ πατὴρ τῆς ἐν
Στόβοις συναγωγῆς
ὃς πολειτευσάμε-
νος πᾶσαν πολειτεί-
αν κατὰ τὸν ἰουδαϊ-
σμὸν εὐχῆς ἕνεκεν
τοὺς μὲν οἴκους τῷ
ἁγίῳ τόπῳ καὶ τὸ
τρίκλεινον σὺν τῷ
τετραστόῳ ἐκ τῶν
οἰκείων χρημάτων
μηδὲν ὅλως παραψά-
μενος τῶν ἁγίων, τὴν
δὲ ἐξουσίαν τῶν ὑπε-
ρώων πάντων πᾶσαν
καὶ τὴν (δ)εσποτείαν
ἔχειν ἐμὲ τὸν Κλ. Τιβέρι-
ον Πολύχαρμον καὶ τοὺς
⟨καὶ τοὺς⟩ κληρονόμους
τοὺς ἐμοὺς διὰ παντὸς
βίου, ὃς ἂν δὲ βουληθῇ
τι καινοτομῆσαι παρὰ τὰ ὑ-
π᾽ ἐμοῦ δοχθέντα, δώσει τῷ
πατριάρχῃ δηναρίων (μ)υριά-
δας εἴκοσι πέντε · οὕτω γάρ
μοι συνέδοξεν, τὴν δὲ ἐπι-
σκευὴν τῆς κεράμου τῶν
ὑπερώων ποιεῖσθ(α)ι ἐμὲ
καὶ κληρονόμους
ἐμούς.

a) *Die angeblich in Stobi ausgegrabene Synagoge*

Auf Grund der klaren Hinweise im Text auf die Existenz einer Synagoge in Stobi und beeindruckt durch die Tatsache, daß die Säule sich im Atrium eines umfangreichen Gebäudes befand (Außenmaße 42,20 × 16,55 m), zu dem auch eine kleinere (Innenmaße 22,20 × 14,10 m), aber in der Form typische, dreischiffige Basilika mit nach SO gerichteter Apsis und 3-türigem schmalem Narthex gehörte, sah sich der Ausgräber W. R. Petrović veranlaßt, den ganzen Gebäudekomplex mit einer Synagoge zu identifizieren, die dann später in eine | Kirche verwandelt worden sei. Diese Meinung lag nahe, weil die in der Inschrift aufgeführten Nebenräume in der ausgegrabenen Anlage leicht untergebracht werden konnten: Das „Tetrastoon" paßte zu den 4 rechteckig angeordneten „Hallen" des Atriums, die allerdings nur teilweise von „Säulenreihen" abge-

Oaks Papers, 3 (1946), Pl. 202–204. Dort S. 159f. eine umfassende Bibliographie. Zur Inschriftensäule s. o. c. Pl. 190 u. J. B. Frey, CIJ 1, S. 504.

[3] S. E. Kitzinger, o. c. 143 nach J. Petrović, Starinar 8/9 (1933/34), 169f. Zu den Entzifferungsversuchen der ersten Zeile s. N. Vulić, o. c. 291, der 2 Möglichkeiten, ΕΤΟΥΣ ΤΙΑ = 311 oder ΡΙΑ = 111 vorschlägt. Die erste Lesung ergäbe nach der makedonischen Ära 163 n. Chr. oder nach der Ära von Aktium 279 n. Chr.; s. auch A. Marmorstein, o. c. 382 u. J. B. Frey, CIJ 1, S. 505f. Beides ist absolut unsicher und damit auch die Datierung von Frey, o. c. 1. CX auf 165 v. Chr. S. Baron, The Jewish Community, 1942, 3, 28 A. 4 u. H. Mantel, Studies in the history of the Sanhedrin, 1961, 205 A. 219 u. 238 A. 470 kommen durch diese falsche Datierung zu falschen Konsequenzen.

schlossen wurden und zum andern Teil eher durch festes Mauerwerk abgetrennten „Korridoren" glichen; das „Trikleinon" ließ sich auf einen der drei an der SW-Front liegenden Räume deuten. Auf das „Hyperoon", d.h. die Räume im Obergeschoß, wiesen die Reste einer Treppe in der NO-Ecke des Atriums hin, die vermutlich zu der Galerie der Basilika und den Räumen des Obergeschosses führte[4]. Schließlich hatte Sukenik zwei Jahre zuvor in Galiläa im Jahre 1929 in Beth Alpha eine dreischiffige Basilika-Synagoge mit 3-türigem Eingang, Narthex und nach Jerusalem gerichteter Apsis ausgegraben, die im Grundriß der Basilika gewisse parallele Züge trug, nur daß sie statt eines Atriumhauses als Vorraum einen freien Vorhof besaß[5].

Die Vermutung von Petrović, die dieser in den vorläufigen Grabungsberichten in der serbischen archäologischen Zeitschrift Starinar äußerte[6] – ein endgültiger Bericht ist, wie so oft, nicht mehr erschienen – wurde von den verschiedenen Bearbeitern mit Ausnahme von H. Lietzmann teilweise bis in die jüngste Zeit ohne Widerspruch übernommen[7], obwohl sich rasch eine schlechterdings unüberwindliche Schwierigkeit einstellte, die Frage nach der Datierung von | Inschrift und angeblichem Synagogengebäude. Schon der Ausgräber J. Petrović ließ sich in seiner Entdeckerfreude zu der Feststellung hinreißen: „Es besteht die Wahrscheinlichkeit, daß der Apostel Paulus in der Synagoge von Stobi gepredigt hatte".[7a] Während jedoch die Inschrift aufgrund epigraphischer und inhaltlicher Indizien einen Ansatz zwischen dem 1. u. 3. Jh. n. Chr. nahelegte, kam nach dem kundigen Urteil Sukeniks für die Errichtung der

---

[4] S. den Plan bei J. Petrović, Starinar 8/9 (1933/34), 175; E. Kitzinger, o.c. (A. 2) Pl. 187; R. Wischnitzer, The Architecture of the European Synagogue, 1964, 8, veröffentlicht noch den älteren ungenaueren Plan aus Starinar 7 (1932) 81. J. Petrović, Starinar 8/9 (1933/34), 184, wollte auch noch den nach SW anschließenden palastartigen Komplex zur Synagoge rechnen.

[5] Der Ausgräber von Beth Alpha, E. L. Sukenik, l.c. (Anm. 2) verweist ausdrücklich auf diese Ähnlichkeit: „the description and plan of which are immediately reminiscent of the synagogue of Beth Alpha" (79). Vgl. dazu den o.c. 32 wiedergegebenen Plan; s. auch E. L. Sukenik, The Ancient Synagogue of Beth Alpha, 1932, Pl. XXVII, u. E. R. Goodenough, Jewish Symbols in the Greco-Roman Period, 1953, 1, 241 ff. u. 3, Nr. 631.

[6] Starinar 7 (1932), 81–86, 135/36 u. 8/9 (1933/34), 169–191. Einen umfassenden Überblick über alle z. T. schwer erreichbaren, überwiegend serbischen und bulgarischen Veröffentlichungen gibt E. Kitzinger, o.c. (Anm. 2) 159 ff.

[7] S. E. L. Sukenik, l.c.; S. Klein, o.c. (Anm. 2); A. Marmorstein, o.c. (Anm. 2); J. B. Frey, CIJ 1, S. 504 f.; G. Mano-Zissi, Bemerkungen über die altbyzantinische Stadt von Stobi, Atti de V Congresso intern. di studi bz., Studi biz. e neoell. 6 (1940), 234; S. Baron, l.c. (A. 3). Neuerdings noch R. Wischnitzer, o.c. (Anm. 4); E. Peterson, Frühkirche, Judentum, Gnosis, 1959, 3f.; J. Pinkerfeld, Cahiers de Byrsa 7 (1954), 136 u. H. Mantel (A. 3), 205 A. 219; vgl. auch W. Schrage ThWNT 7, 816 A. 120. Lediglich H. Lietzmann, ZNW 77 (1933), 93 betonte, daß die Frage, ob eine Synagoge am selben Platz stand, „nur erneute Grabungen aufklären" könnten. Auch L. Robert, Rev. Phil. 32 (84), (1958), 45 A. 6 lehnt im Anschluß an die Untersuchung von E. Kitzinger jede Vermutung über Standort und Plan der Synagoge ab.

[7a] Starinar 8/9 (1933/34), 190.

Synagoge frühestens das Ende des 4. Jh. n. Chr. in Frage. Außerdem waren in dem kleinsten, westlichen Zimmer des Atriumhauses etwa 170 Kupfermünzen aus dem 5. Jh. n. Chr gefunden worden[8].

Ernst Kitzinger hat nun in einer eingehenden Untersuchung die ganzen Grabungsergebnisse von Stobi aus der Vorkriegszeit zusammengefaßt und erneut überprüft. Auch die sogenannte Synagoge samt den sich an sie anschließenden, nach 1931 ausgegrabenen Gebäudekomplexen wurde in diese kritische Prüfung miteinbezogen[9]. Schon bei der Untersuchung der 5 Säulen des „Peristyls" (2 nach N, 2 nach S, 1 nach O) zeigte sich, daß die Säulenbasen von verschiedener Herkunft und Form, also offensichtlich Spolien waren; dasselbe galt von den drei von Petrović abgebildeten Kapitellen. Bei der Inschriftensäule hatte die Oberseite der Basis z.B. 32 cm Durchmesser, die Unterseite des Säulenschafts 29,5 cm. Außerdem zeigt die Planskizze bei den beiden Säulen der Nordseite eine verschiedene Höhe des Aufsatzes auf der Einfassungsmauer des Atriumhofes. Die auf der NO-Seite stehende Säule, die auch die Inschrift trug, war wesentlich länger als ihr in NW-Richtung stehender Partner. Nicht besser war die Situation bei den vier Säulen in der Basilika, von denen drei in situ gefunden wurden. Die östliche Säule aus dem nördlichen Schiff ist allem Anschein nach eine Spolie aus dem Theater der Stadt, das etwa ab dem 5. Jh. als Steinbruch diente[10]. Wir hätten hier zu|sammen mit den Münzen einen Terminus post quem für die Erstellung des Gebäudes in der ausgegrabenen Form. Von den drei abgebildeten Kapitellen ist ein ionisches schon aus früher Zeit, die beiden anderen haben relativ späte, degenerierte Akanthusformen, die Kitzinger auf den Anfang des 5. Jh. datiert. Da die Stadt im Jahre 479 und vielleicht auch noch in den späteren Jahren von den Ostgoten geplündert und wohl teilweise zerstört wurde, könnte man annehmen, daß diese Kapitelle beim Wiederaufbau aus zerstörten Häusern entwendet und hier eingebaut wurden. Kitzinger verlegt das Gebäude in seiner ausgegrabenen Form in das Ende des 5. bzw. den Anfang des 6. Jh. n. Chr.[11]

---

[8] N. Vulić, o.c. (A. 2), 291; 1./2. Jh. n. Chr.; H. Lietzmann, l.c. 2./3. Jh. n. Chr.; A. Marmorstein (A. 2), 382 schwankt zwischen dem 1. u. 3. Jh. n. Chr.; J. B. Frey, CIJ 1, S. 504 folgt N. Vulić. W. Bauer, Wörterbuch zum NT, 1963^5, 1361, u. πολιτεία: 100 n. (Chr.). Zur Datierung der „Synagoge" s. E. L. Sukenik, l.c. (A. 2); vgl. auch K. Galling, RGG^3 6, 558. Zum Münzfund s. E. Kitzinger, o.c. (A. 2) 131 A. 214: Die Zahlenangaben der verschiedenen Ausgrabungsberichte steigern sich von 43 auf 172 Münzen, lt. Starinar 7 (1932), 135 waren 170 aus dem 5. Jh. Im nördlichen Schiff wurde noch eine Kupfermünze von Anastasios I. 491–518 gefunden.

[9] E. Kitzinger, o.c., speziell Abschnitt VI, The „Synagogue Complex", 129–146, dazu Pl. 186–204.

[10] O.c. 130ff. 153; s. auch Pl. 187 oben. 188. 190 und I. Petrović, Starinar 8/9 (1933/34), 171. 173. 174.

[11] O.c. 132f. Zur Eroberung und Plünderung Stobis durch Theodorich d. Gr. s. A. Nagl, PW 5, 2. R. 1750ff. Die Ostgoten hielten sich rund 10 Jahre im makedonisch-moesischen Raume auf, teils als Feinde, teils als Verbündete des oströmischen Kaisers.

Zwei deutliche Anzeichen sprechen dafür, daß die Anlage in dieser späten Zeit eine Kirche gewesen sein muß: Einmal wurde im östlichsten, sich zum Narthex hin öffnendem Raum des Atriumhauses ein Grabstein mit christlicher Inschrift gefunden, zum andern zeigen die sehr einfachen „Kapitelle" an den Fenstern der Apsis die Abbildung eines Kreuzes. Wahrscheinlich hatte dieses Kreuz den Zweck, die Gebetsrichtung nach Osten anzuzeigen[12]. Schon die Ausgräber sahen, daß die Basilika als Kirche verwendet wurde; bei dem aus dem archäologischen Befund sich ergebenden späten zeitlichen Ansatz ist die Konsequenz unausweichlich, daß sie überhaupt *nur* eine Kirche – vermutlich in Verbindung mit einem Privathaus – gewesen ist. E. Kitzinger verweist als Parallele für eine Besonderheit der Basilika, den großen Säulenabstand von über 5 m, der nur durch Bogenkonstruktionen überwunden werden kann, auf die Vorbilder syrischer Kirchen aus der Zeit um 500[13]. Aus dieser Epoche stammt auch ungefähr die ähnlich konstruierte Synagoge von Beth Alpha, deren Mosaikfußboden aufgrund einer aramäischen Inschrift wahrscheinlich auf die Regierungszeit Justins I. 518–527 zurückgeht.|

Es ist allerdings damit zu rechnen, daß der äußere Rahmen des Gebäudes älter ist. Nach Nordosten schließt sich eine ältere Badeanlage an, die trotz des ansteigenden Gebäudes auf einem tieferen Niveau liegt und möglicherweise ebenfalls zu unserem Komplex gehörte. Es fehlt jedoch jeder genauere Plan darüber. Unmittelbar verbunden ist auch ein an der SW-Seite anschließendes 1,5 m tieferliegendes, palastartiges Gebäude, das nach Kitzinger etwa bis 450 erbaut wurde und schöne Mosaiken und Skulpturen, so z. B. ein dionysisches Relief, enthielt. Es war schon fest mit den Mauern des Vorläufers unserer Basilikaanlage verbunden, die demnach nochmals 50–100 Jahre älter sein dürften und möglicherweise noch aus der 2. H. des 4. Jh. stammen[14]. Dies sind die frühesten Spuren der Baugeschichte, die sich verfolgen lassen. Das Atrium aber mit seinen fünf Säulen und die beiden Schiffe der Basilika, also alles, was

[12] S. Starinar 7 (1932), 84 Abb. 6, 135 u. 8/9 (1933/34), 174 Abb. 6; E. Kitzinger, o. c. (A. 2), 131 u. Pl. 190. Zur Bezeichnung der christlichen „Qibla" durch das Kreuz s. E. Peterson, Frühkirche, Judentum und Gnosis, 1959, 9 ff. 15–35.

[13] E. Kitzinger, o. c. 132. Zu Beth Alpha s. o. A. 5. Die Synagoge von Beth Alpha war sicherlich vom Stil des syrischen Kirchenbaues beeinflußt. Auch die Synagogen von Na'aran ('Ain Duq), s. L.-H. Vincent und P. Benoit, RB 68 (1961), 161–177, Ma'on, s. die Rekonstruktion von I. Dunayevsky, Bulletin of the L. M. Rabinowitz Fund, 3 (1960), 22–24, und Beth-Shean, s. RB 71 (1964), 410 f., besaßen wahrscheinlich einen ähnlichen Grundriß, wobei man in Na'aran an der Südseite im nichtausgegrabenen Teil (entgegen der Rekonstruktion von L.-H. Vincent mit E. L. Sukenik, Bull. L. M. Rabinowitz Fund 1 (1949) fig. 1) eine kleine Apsis vermuten muß. Auch die in eine Kirche verwandelte Synagoge von Gerasa, E. L. Sukenik, o. c. (A. 2) 35 f., hatte diese Form. Zu den syrischen Kirchen s. H. W. Beyer, Der syrische Kirchenbau, 1925.

[14] E. Kitzinger, o. c. 134–140. Zum Relief s. Starinar 8/9 (1933/34), 179 Abb. 13. H. E. Searls, Traditio 5 (1947), 366 vermutet in der ganzen Anlage ein Kloster „or some other kind of ecclesiastical residence attached to the church".

den besonderen Charakter des Gebäudes ausmacht, wurden erst gegen Ende des 5. oder am Anfang des 6. Jh.s erstellt.

Daß in dem äußeren Rahmen des Gebäudes früher einmal eine Synagoge zu Hause war, ist theoretisch möglich, läßt sich aber so nicht mehr nachweisen, denn es wurden in der ganzen Anlage außer der Inschrift auf dem Säulenschaft keinerlei Hinweise dafür gefunden. Da es jedoch feststeht, daß der Schaft seinen Standort verändert hat, ist es sehr viel wahrscheinlicher, daß er – wie die anderen Spolien, Säulenbasen und Kapitelle – von außen hereingebracht wurde.

b) Die Datierung der Inschrift

Zugleich steht jedoch einem früheren Ansatz der Inschrift nichts mehr im Wege. Wenden wir uns zunächst der strittigen Frage der Datierung zu: Der epigraphische Befund ist relativ einheitlich: Vom reinen Schriftbild her liegt das 1.–2. Jh. n. Chr. am nächsten. Doch wird man in der Provinzstadt Stobi damit zu rechnen haben, daß die traditionellen Schriftformen sich länger hielten als in den Zentren des römischen Reiches. Auf die vielfachen Ligaturen hat schon H. Lietzmann hingewiesen[15]; der Text selbst ist in einem lesbaren Griechisch abgefaßt, er enthält jedoch einige Vulgarismen und Flüchtigkeitsfehler[16]. Aufallend ist, daß das Verbum finitum bei der eigentlichen Stiftung fehlt. |

Ihrem Inhalt nach ist sie eine Stifterinschrift, wie nahezu alle Synagogeninschriften[17]. Für die Anbringung auf einer Säule besitzen wir Parallelen aus Zypern und Palästina[18]. Meist wurden solche Säulen – um das Gedächtnis des Stifters zu verewigen – im Kultraum aufgestellt. Der volle Name des Stifters lautete *„Klaudios Tiberios Polycharmos der auch Achyrios genannt wird“*. Die Namensverbindung von Claudius und Tiberius war – allerdings in umgekehrter

---

[15] S. o. A. 8. H. LIETZMANN, o. c. (A. 2) 93 schließt das 3. Jh. mit ein.

[16] Z. 6: πολειτευσάμενος; Z. 7: πολειτεία; Z. 12: τρίκλεινον: Die Schreibung ει statt ι findet sich schon im 1. Jh. n. Chr., vgl. SEG 17 (1960), 823 u. DITTENBERGER Syll.^{3} 801 Z. 5: [πολ]ειτῶν. Dieselbe Schreibung o. c. 898 Z. 10 s. u. S. 111 A. 79: τρίκλεινον. Weiter s. u. S. 103 A. 40 aus einer Inschrift aus Thessalien τεις statt τις. Z. 19: Λ statt Δ; Z. 22: Doppelschreibung; Z. 27: N statt M; Z. 31: Λ statt A.

[17] Zu den Synagogenstiftungen s. J. JUSTER, Les Juifs dans l'Empire Romain, 1914, I, 429–432, S. KRAUSS, Synagogale Altertümer, 1922, 306–316 und W. SCHRAGE, ThWNT 7, 812f. und A. 91–94. Neue Stifterinschriften enthält die Synagoge in Sardes, s. D. G. MITTEN, BASOR 170 (1963), 45. 47 und 174 (1964), 33; s. auch SEG 20 (1964), 453: ein Tierkreismosaik aus Tiberias; 462 ein Mosaik in Caesarea (s. u. S. 168f.); Spenderliste für den Bau einer Synagoge zur Zeit Neros aus Berenike in der Cyrenaika, s. SEG 17 (1960), 823; M. F. SQUARCIAPINO, Archaeology 16 (1963), 203: Behälter für Torarollen in Ostia.

[18] CIJ 2, Nr. 735 und 736; für Palästina 855. 971. 982. 983. Vor allem die Stifter der Säulen selbst ließen sich auf denselben verewigen. Vgl. auch die Sabbatistai-Inschrift OGIS 2, Nr. 573 Z. 15.

Reihenfolge – seit Kaiser Claudius (Tiberius Claudius Nero Germanicus) 41–54 n. Chr. außerordentlich verbreitet, vor allem in der 2. Hälfte des 1. Jh.s und im 2. Jh. n. Chr.; aber auch im 3. Jh. tauchte sie noch zuweilen auf. Eigenartig ist die äußerst seltene Umkehrung, für die es nur ganz wenige Beispiele gibt[19]. Eine jüdische Inschrift aus Puteoli nennt einen Tiberius Claudius Philippus, Gerusiarch auf Lebenszeit, der eine Mauer stiftete[20]. Möglicherweise stammten Polycharmos und Philippus von Familien ab, die unter Claudius das römische Bürgerrecht erhalten hatten, z. B. könnte es sich um Nachkommen ehemaliger Freigelassener handeln. Das cognomen Polycharmos ist ebenfalls nicht sehr häufig; man findet es am ehesten in der klassischen Zeit[21]. Der Beiname Achyrios könnte semitischen Ursprungs sein, ist | jedoch nicht eindeutig aufzuhellen. Beinamen dieser Art – überwiegend semitischen Ursprungs – finden wir vor allem bei den jüdischen Inschriften in Rom[22]. Wie schon Lietzmann sah, können die Namen zur Datierung kaum mehr als den Hinweis beitragen, daß die Inschrift nicht später als in das 3. Jh. angesetzt werden darf.

In dem eigenartigen Schluß behält sich der Stifter für sich und seine Erben die volle Verfügungsgewalt (τὴν δὲ ἐξουσίαν … πᾶσαν), ja das Besitzrecht (δεσποτείαν) für alle Räume des Obergeschosses (τῶν ὑπερώων πάντων) vor. Falls jemand an dieser Bestimmung auch nur etwas ändern (καινοτομῆσαι) wollte, so müßte er an *„den Patriarchen"* den horrenden Betrag von einer Viertel-Million Denare zahlen.

---

19 S. PW 3, 2662–2885; für das 3. Jh. vgl. etwa Nr. 109. 114. 146. 175. 235 u. a. Zu der sehr seltenen Umkehrung des Namens s. 157 und CIL 8, 11912 und CIG 5313. 5343: Kl. Tiberios Leon aus Teucheira in der Cyrenaika (vielleicht jüdischer Abstammung).

20 CIJ 1, Nr. 561; vgl. auch 556: die Grabinschrift *[Cl]audia Aster [H]ierosolymitana [ca]ptiva curam egit. [Ti.] Claudius Aug. libertus [Mas]culus* …, s. auch A. Marmorstein, o. c. (A. 2), 375. Nomen gentilicium und Praenomen wurden oft in der Familie von Generation zu Generation weitergegeben; s. PW 3, 2677 ff., Nr. 71–73. 87. 179, wonach Herodes Atticus im 2. Jh. n. Chr., sein Vater und seine 3 Söhne den Namen Ti. Claudius trugen. Wie die Ehrenbezeichnung „Vater der Synagoge" (s. u. A. 102) weist auch der Name nach Rom.

21 Pape-Benseler, Wörterbuch der griechischen Eigennamen, 1231; F. Preisigke, Namenbuch, 1922, 338, PW 21, 1596 f.

22 H. Lietzmann o. c. (A. 2) 94 denkt an den Ortsnamen Achyro, die Todesstätte Kaiser Konstantins; N. Vulić, o. c. (A. 2) an eine Ableitung von dem griechischen ἄχυρος. Die Anfangssilbe 'Αχ … ist jedoch bei gräzisierten hebräischen Namen relativ häufig. S. Hatch-Redpath, Concordance to the Septuagint, 3, 27; A. Schlatter, Die hebräischen Namen bei Josephus, BFCTh 17 (1913), 3. H., 125; H. Wuthnow, Die semit. Menschennamen …, Stud. z. Epigraphik … I, 4 (1930), 22 f. Überwiegend semitische Beinamen, mit ὅς καί hinzugefügt, finden wir vor allem in Rom; z. B. CIJ 1, Nr. 362; 'Ιώνιος ὁ κὲ 'Ακωνε (הַכֹּהֵן oder הַקַּנָּא) Σεφωρηνός. Vgl. noch 108. 140. 206. 379 und 523: „Beturia Paucla … proselita … nominae Sara." Zum Ganzen s. H. J. Leon, The Jews of Ancient Rome, 1960, 117 f. Interessanterweise ist der Beiname BARשEODA (Nr. 108) in griechischen, hebräischen und lateinischen Buchstabenformen geschrieben s. o. c. Pl. XIX fig. 32 Nr. 14. Die übrige Inschrift ist dagegen griechisch abgefaßt. Im phrygischen Hierapolis hat der Alexander Theophilos wohl ebenfalls einen semitischen Beinamen: ἐπίκλ[ην 'Ασ]άφ CIJ 2, Nr. 776; in Beth Schearim SEG 17 (1960), Nr. 778: … ἡ καὶ Σί/ρικις ἡ κύρ/α ἡμῶν.

Bei dem als bekannte Autorität vorausgesetzten Patriarchen kann es sich nur um das Haupt der Judenschaft im spätrömischen Reich handeln, der seinen Sitz in Galiläa hatte. Eine überregionale jüdische Autorität auf Provinzebene im Sinne der von J. Juster vermuteten „kleinen Patriarchen" kann kaum gemeint sein, da von diesen erst im Codex Theodosianus die Rede ist und es sehr fraglich erscheint, ob und wie weit es solche jüdischen „Provinzhäupter" – zumindest vor dem 5. Jh. – überhaupt gegeben hat[23]. Die erste Persönlichkeit, die sich als anerkanntes Haupt der Judenschaft allgemein durchsetzen konnte, war Jehuda I., meist einfach Rabbi genannt, der das Amt des „Nasi'" etwa 170 n. Chr. von seinem Vater Simeon II. ererbte. Dieser aus Hesekiel abgeleitete Titel wurde erstmalig von R. Gamliel II., dem Urenkel Hillels des Gerechten, angenommen, als er etwa 80 n. Chr. den Vorsitz des nach 70. n. Chr. neuformierten Synhedriums in | Jabne erhielt. Nach dem Ende des Aufstandes von Bar-Kochba und der Aufhebung der hadrianischen Religionsedikte durch Antoninus Pius übernahm der Sohn Gamliels II., Simeon II., die Würde. Internationale Bedeutung und volle Anerkennung bei der römischen Regierung erlangte das Amt erst unter dessen Sohn Jehuda I. Hannasi', der durch seine überragende Gesetzeskenntnis, seine Aufgeschlossenheit gegenüber der griechischen Kultur und Sprache und aufgrund seiner guten Beziehungen zum Kaiserhause die höchste geistliche Autorität der Juden im römischen Reich und in Babylonien wurde[24]. Origenes, der früheste nichtjüdische Zeuge dieses Amtes, spricht von der großen Macht des jüdischen ἐθνάρχης, der selbst das Recht Todesurteile zu vollstrecken für sich in Anspruch nehme. Möglicherweise war dies der ursprüngliche Titel des Nasi' für die griechisch sprechende Diaspora, eine Bezeichnung, die auch schon hasmonäische und herodianische Fürsten, die ja ebenfalls eine gewisse Autorität in der Diaspora anstrebten, getragen hatten. Schon der Titel Nasi' hatte eine ausgesprochen messianische Tradition[25]. Daneben findet sich aber bei Origenes mindestens an einer, viel-

---

[23] S. S. Krauss, o. c. (A. 17) 145 f. 155 ff. gegen J. Juster, Les Juifs dans l'Empire Romain, 1914, 1, 402 f. Die in Cod. Theod. (ed. Th. Mommsen, Nachdruck Berlin 1954, I, 2, 887) 16, 8, 2 mit den Presbytern und 16, 8, 13 zwischen den Archisynagogen und Presbytern genannten „Patriarchen" sind wahrscheinlich mit den Gerusiarchen identisch. Die Aufzählung zeigt, daß sie zur Einzelgemeinde gehören und nicht überregionale Bedeutung haben (s. auch u. A. 103).

[24] Zum Amt des Patriarchen und zu Jehuda hannasi' s. H. Graetz/S. Horovitz, Gesch. d. Juden, 4^4, 1908, 186 ff. 192–210. 224 ff. 275 ff., der den Einfluß der Patriarchen zugunsten der Rabbinen unterschätzt; über seine Rechte s. J. Juster, o. c. 1, 385–388, 391–400; H. Zucker, Studien zur jüdischen Selbstverwaltung im Altertum, 1936, 148–172; M. Avi-Yonah, Geschichte der Juden im Zeitalter des Talmud, Stud. Jud. 2 (1962), IX. 52–63; 120–124. 169 f. 195–202. 227–231. Grundlegend jetzt bei aller Skepsis M. Jacobs, Die Institution des jüdischen Patriarchen, TSAJ 52, 1995.

[25] Origenes, ep. ad Afric. 14, PG 11, 84 f. ἐθνάρχης vgl. I Macc 14,47; 15,1 ff.; Jos. Ant. 13, 214: Simon d. Makkabäer; Jos. Ant. 14, 148. 151. 191. 317 u. ö.: Hyrkan I. u. II.; Ant. 17, 317 = Bell, 2, 93. 115: Archelaos d. Sohn d. Herodes. Auch die ägyptische Judenschaft hatte einen Ethnarchen: Ant. 14, 117 (Strabo); 19, 283. Vgl. dazu V. A. Tcherikover in CPJ 1, 10.57: das Amt wurde schon von Augustus aufgehoben, s. Philo, in Flacc. 74. Zur Ableitung des Titels

leicht an zwei Stellen der Titel πατριάρχης, der wohl eine geistliche Aufwertung dieses Amtes bedeutete und als Titel ein Novum darstellte[26]. Origenes hatte den | Bruder des Patriarchen Jehuda II., Hillel, einen Enkel Jehudas I., persönlich gekannt und mit ihm Gespräche über die Psalmenexegese geführt[27]. Der Titel des Patriarchen erscheint dann auch bei Euseb und den späteren Vätern sowie im Codex Theodosianus, wo die hohe Würde und die Vorrechte der Träger dieses Amtes deutlich zu Tage treten[28]. Als das geistlich-rechtliche

---

Nasi' aus Hesekiel s. Hes 34,24; 37,25; 45,7. 9.16f. u.ö. In Qumran trug der davidische Messias die Bezeichnung נשיא העדה s. M. Hengel, Die Zeloten, 1976², 281 A. 6. Bar Kochba übernahm die Amtsbezeichnung נשיא ישראל, s. DJD IIa, Les Grottes de Murabba'at, ed. P. Benoit u.a., s. Index 293 unter נשיא. Zu messianischen Andeutungen bei Jehuda hannasi' s. M. Avi-Yonah, o.c. (A. 24) 56; so galten die Hilleliten mütterlicherseits als Davididen, vgl. J. Juster, o.c. 1, 395 A. 8. 9; J. Jeremias, Jerusalem z.Zt. Jesu 1969³, 320 u. H. Mantel. o.c. (A. 3), 46 A. 264. Dagegen wandten sich einzelne Kirchenväter, s. J. Juster 1, 395f. A. 10: Nicht von David, sondern von Herodes stammten sie ab (Theodoret, dial. eranist. Dial 1, PG 83, 61). Dazu jetzt M. Jacobs (A. 24), 212ff. 323ff.

26 Origenes, Sel. in Ps ad Ps 89,1, PG 12, 1056: τὸ ὕστερον δὲ ἀνακινούμενος περί τινων λογίων θεοῦ 'Ιούλλῳ τῷ πατριάρχῃ, καί τινι τῶν χρηματιζόντων παρὰ 'Ιουδαίοις σοφῶν. Vgl. auch De princ. 4,3, PG 11,348 = GCS 5,297 ed. Koetschau, Frg. d. Philokalia: τὸν ἐθνάρχην, ἀπὸ τοῦ 'Ιουδα γένους τυγχάνοντα ἄρχειν τοῦ λαοῦ wozu Rufin in seiner Übersetzung ergänzt: „quem nominant patriarcham". Vielleicht lag Rufin der ursprüngliche Text vor. Der Begriff πατριάρχης der leider im Theol. Wörterbuch z. NT nicht behandelt wurde, ist wahrscheinlich eine Bildung des Übersetzers der Chronikbücher ins Griechische, der damit die Sippenhäupter bezeichnete: I Chr 24,31; 27,22; II Chr. 19,8; 23,20; 26,12. Im hellenistischen Judentum macht der Begriff dann einen Bedeutungswandel durch und wird IV Macc 7,19; 16,25 u. Act 7,8f. u. Hebr 7,4 auf die Erzväter und in Act 2,29 auf David übertragen. Vermutlich liegt an der letzten Stelle der Anknüpfungspunkt für die Verwendung des Begriffs πατριάρχης zur Explikation der Würde des Nasi' in der Diaspora. Er brachte sehr viel stärker als ἐθνάρχης den geistlichen Rang des Nasi' zum Ausdruck. In der christlichen Kirche wurde der Titel erst wesentlich später, frühestens ab Beginn des 5. Jh., zu einer Ehrenbezeichnung gewisser Bischöfe, s. A. Hauck, PRE 14, 764. Fast möchte man annehmen, daß der jüdische Titel das Aufkommen des christlichen begünstigt hat. Auch die Montanisten hatten an der Spitze ihrer Hierarchie einer Patriarchen und übernahmen diesen u. andere Titel vielleicht von den Juden: s. S. Lieberman, o.c. (A. 27) 441f.

27 S.o. A. 26: Man dachte, das 'Ιούλλῳ τῷ πατριάρχῃ müßte auf einem Irrtum beruhen, s. H. Graetz, Hillel der Patriarchensohn, MGWJ 30 (1881), 438–443, der die Textänderung 'Ιούλλῳ τοῦ πατριάρχου vorschlägt, und J. F. Moore, Judaism, 1, 165 A. 1, der 'Ιούδας lesen möchte. Es ist jedoch durchaus möglich, daß ähnlich wie bei dem Titel ἀρχιερεύς auch die Glieder der Familie daran Anteil hatten; s. M. Simon, Verus Israel, 1948, 235. Zu den gelehrten Beziehungen zwischen Juden und Christen in Caesarea während des 3. Jh. s. auch S. Lieberman, Annuaire de l'Inst. de Phil. et d'Hist. Or. et Slav. 7 (1939/44), 397ff.

28 Euseb in Jes 3,3.4, PG 24, 109 über gewisse Degenerationserscheinungen in der Familie des Patriarchen: τὶς οὖν ὁρῶν τοὺς παρὰ 'Ιουδαίοις ὀνομαζομένους πατριάρχας, νεανίσκους ἀληθῶς, οὐ τὴν τῶν σωμάτων ἡλικίαν, ἀλλὰ τὰς ψυχὰς ἀτελεῖς καὶ ἐνδεεῖς φρενῶν. Weitere patristische Belege s. b. J. Juster, o.c. (A. 23) 1, 394 Anm. 4. Die Meinung von H. Zucker, o.c. (A. 24), 156, der Begriff tauche im Brief Julians an die Juden zum erstenmal auf, ist völlig unbegründet, es handelt sich höchstens um die erste Nennung in einem offiziellen Dokument, s. ep. 25 bei Th. Reinach, Textes d'Auteurs Grecs et Romains relatifs au Judaisme, 1895, 207: ἐπὶ πλέον δὲ ὑμᾶς εὐωχεῖσθαι βουλόμενος τὸν ἀδελφὸν(!) Ἴουλον, τὸν αἰδεσιμώτατον πατριάρχην, παρῄνεσα. Die Formel zeigt deutlich, daß um 362 n. Chr. der Titel „Patriarch" für den Nasi' ein fester, allgemein anerkannter Begriff war und dessen hohe

Haupt der Juden hatte er das | Vorrecht der Ordination von Rabbinen, konnte er Sendboten *(apostoli)* in die Diaspora entsenden und Amtsträger in den jüdischen Gemeinden des römischen Reiches ein- und absetzen, war er die letzte jurisdiktionelle Instanz in allen Fragen des Gesetzes und besaß auch das Recht, eine jährliche feste Steuer, das *aurum coronarium*, einzuziehen. Von Epiphanius erfahren wir, daß er diese Steuer u.a. in Cilicien erheben ließ[29]. Das Amt blieb im erblichen Besitz der Familie Hillels, seine Vorrechte wurden auch von den späteren christlichen Kaisern bestätigt. Die Aufgeschlossenheit gegenüber der hellenistischen Kultur zeigt sich etwa an dem Austausch des Patriarchen mit dem Rhetor Libanius in Antiochien[30]. Auf die Dauer blieb jedoch die kirchliche Polemik vor allem durch Johannes Chrysostomus nicht ohne Wirkung, und als etwa um 425 n.Chr. der Patriarch Gamliel VI. starb, ließ Kaiser Theodosius II. das Amt unbesetzt[31]. Für die Diaspora ist die Inschrift von Stobi vermutlich die früheste Nennung des „Patriarchen". Sie unterstreicht die Einflußnahme der palästinischen Judenschaft auf die Diaspora der spätrömischen Zeit. Eine religionsgeschichtlich interessante Inschrift aus Argos könnte ebenfalls einen Hinweis auf dieses Amt enthalten:

'Αυρήλιος 'Ιωσῆς ἐνεύ/χομαι τὰς θείας καὶ μεγάλ[ας] / δυνάμ(ει)ς τάς τοῦ θεοῦ καὶ τὰ[ς] δυνάμ(ει)ς τοῦ νόμου καὶ τὴν / τιμὴν τῶν πατριαρχῶν καὶ / τὴν τιμὴν τῶν ἐθν[ι]αρχῶν καὶ / τὴν τιμὴν τῶν σοφῶν καὶ τὴν / τιμὴν τῆς λατρίας τῆς γιγνομένης / ἐφ' ἑκάστης ἡμέρας τῷ Θεῷ ... |

Autorität ausdrückte. Zum Cod. Theod. (A. 23) 16, 8, 8: „virorum clarissimorum et inlustrium patriarcharum", vgl. auch 16, 8, 11.12.33. Neben dem Titel clarissimus et illustris besaßen sie auch die praefectura honoraria, die allerdings dem letzten Patriarchen Gamliel VI. 415 n.Chr. entzogen wurde, weil er die gegen die Juden erlassenen Edikte nicht beachtet hatte, s. Cod. Theod. (A. 23) 16, 8, 22 u. J. JUSTER, o.c. 397 A. 6; M. JACOBS (A. 24), 288 ff.

29 Über seine Vorrechte s. J. JUSTER, o.c. (A. 23) 1, 398 f. und zum *aurum coronarium* (Cod. Theod. 16, 8, 29) o.c. 1, 385 ff. und Epiph. pan. haer. 30,11 GCS ed. HOLL 1, 346:... ἀπὸ ἑκάστης πόλεως τῆς Κιλικίας τὰ ἐπιδέκατα καὶ τὰς ἀπαρχὰς παρὰ τῶν... 'Ιουδαίων εἰσέπραττεν. Dazu M. JACOBS (A. 24), 155 f. 159 ff. 308 ff.

30 S. dazu M. SCHWABE, Tarbiz 1 (1930), 107–121 und M. AVI-YONAH, o.c. (A. 24), 228; vgl. auch O. SEEK, PW 7, 690 Gamaliel Nr. 3. Es handelte sich wohl um den Patriarchen Gamaliel V. Einer seiner Söhne soll zuerst in Berytus bei einem Schüler des Libanius und dann bei Libanius selbst Rhetorik studiert haben. Die Vielzahl der griechisch-jüdischen Inschriften im spätrömischen Palästina, speziell in Beth-Schearim, der Grablege der Patriarchenfamilie (s. CIJ 2, Nr. 993–1161, SEG 14 (1957), Nr. 833–842; 16 (1959), Nr. 829–840); 17 (1960), Nr. 775–781; 20 (1964), Nr. 418–436), zwingen uns, das einseitig rabbinische Bild des damaligen palästinischen Judentums zu revidieren. „Das Griechische war die offizielle Sprache der Synagoge in der Stadt des Patriarchen Juda I": B. LIFSHITZ, ZDPV 78 (1962), 76–78 (78). Die wohlhabenden und städtischen Kreise standen ganz unter griechischem Einfluß. In Caesarea wurde noch im 4. Jh. selbst das Schᵉmaʿ auf Griechisch gebetet, s. j Sota 7,21b Z. 49, BILLERBECK, Komm. z. NT 4, 196. Vgl. auch S. LIEBERMAN, Greek in Jewish Palestine, 1965² und Hellenism in Jewish Palestine, 1950; M. JACOBS (A. 24), 259–271.

31 Zur Polemik gegen die Patriarchen und zur Abschaffung des Patriarchats s. Chrysostomus c. Jud. 16 u. adv. Jud. 6, 5, PG 48, 835 u. 911 f.; τοὺς καπήλους, und τοὺς ἐμπόρους πάσης παρανομίας γέμοντας, vgl. J. JUSTER, o.c. 1, 395 A. 10 und M. AVI-YONAH, o.c. (A. 24), 229 f.; M. JACOBS (A. 24), 314 ff.

Eigenartig ist hier die Nennung der *„Patriarchen“*, der *„Ethnarchen“* und der *„Weisen“*, vermutlich wohl in absteigender Reihenfolge. Man wird in den Patriarchen vielleicht die Erzväter, in den Ethnarchen – wie bei Origenes – die „N^{e}si'īm“ in Galiläa und in den Weisen die von jenen ordinierten Gesetzeslehrer sehen dürfen. Der ganze Tenor der Inschrift, die den Schutz eines Grabes zum Ziele hat, zeigt in der Anrufung der göttlichen Kräfte und Zwischeninstanzen eine magisch-synkretistische Tendenz. Auch in einer Grabinschrift aus Catania wird in ähnlichem Zusammenhang unter Beschwörung der „honores patriarcarum“ vor Grabfrevel gewarnt. Während J. B. Frey auch hier an die Erzväter denkt, glaubt B. Lifshitz, daß der Begriff „Ehre“ sich eher auf die Patriarchen in Galiläa beziehe[32]. Direkt erwähnt wird der Patriarch in einer griechischen Mosaikstifterinschrift des 4. Jh. aus Tiberias. Hier wird unter anderen Spendern auch ein gewisser Severus im Dienste des hochwürdigen Patriarchen genannt:

Σευῆ[ρος] /θρεπτὸς / τῶν λα/μπροτάτων / πατριαρχ/ῶν ἐποίησ/εν · εὐλογία αὐτῷ ἀμήν.

Der Stifter war im Hause des Patriarchen aufgezogen worden[33]. Das λαμπρότατος entspricht dem im Cod. Theod. bezeugten *clarissimus* | *et illustris*. Das Fehlen eines solchen ehrenden Zusatzes in der Stobi-Inschrift könnte darauf hinweisen, daß in ihr die Würde des geistlichen Oberhauptes der Juden

---

32 CIJ 1, Nr. 719. Vgl. auch B. Lifshitz, ZDPV 78 (1962), 183f.; zur Datierung s. L. Robert, Hellenica 11/12 (1960), 390: 3. Jh. n. Chr. Es handelt sich hier wohl u. a. auch um eine Anrufung von personifizierten δυνάμεις im Sinne von Engeln zum Schutze des Grabes. Die philonische Deutung bei Goodenough, o. c. (A. 5) 2, 147f. überfordert den Gehalt der Inschrift, vor allem dürfen „Patriarchen“, „Ethnarchen“ und „Weise“ nicht einfach identifiziert werden. Ein Engel als Grabbeschützer erscheint auch auf einer christlichen, jedoch vermutlich jüdisch beeinflußten Grabinschrift in Eumeneia in Phrygien, s. L. Robert, Hellenica 11/12 (1960), 430 und 432ff. Auch die vorchristlichen jüdischen Fluchinschriften von Rhenaia, CIJ 1, Nr. 725 Z. 9f. enthalten – zusammen mit der Anrufung Gottes – eine Anrufung der Engel. Zur Hypostasierung der göttlichen δύναμις speziell bei Philo s. Grundmann, ThWB 2, 299f.; vgl. auch IV Macc 5,13 Act 8,10: ἡ δύναμις τοῦ θεοῦ ἡ καλουμένη μεγάλη; Rm 8,38 I Cor 15,24 Eph 1,21 I Ptr 3,22 und W. Bauer, Wörterbuch z. NT^{5}, 1963, 412 Nr. 6. In rabbinischen Kreisen war die Anrufung der Engel zumindestens verpönt, s. j. Ber. 13a Z. 69ff.; vgl. auch T. Chull. 2, 18 (Z. 503) und b. AZ 42b. Weiteres bei Bousset-Gressmann, Die Religion des Judentums, 1966^{4}, 329f. und M. Simon, o. c. (A. 27), 402ff. S. auch Celsus nach Origines c. Cels. 1,26, GCS ed. Koetschau 1,77: Ἰουδαίους... σέβειν ἀγγέλους καὶ γοητείᾳ προσκεῖσθαι... Zur Inschrift von Catania 383 n. Chr., CIJ 1, Nr. 650 Z. 9f.: *Adiuro vos per honores patriarc(h)arum item adiuro vos per licem (legem) que(a)m Dominus dedit Iud(a)eis ni(e) quis aperiat memoriam et mittat corpus alienum supra ossa nostra.* B. Lifshitz verweist (o. c. 184) auf Quidd. 32b, wo dem כָּבוֹד des Nasi' der höchste Rang eingeräumt wird.

33 S. B. Lifshitz, ZDPV 78 (1962), 181–184 u. SEG 20 (1964), 453h. Zum Titel λαμπρότατος s. L. Robert, Rev. Phil. 32 (84) (1958), 50; CIJ 2, Nr. 883. 991; SEG 20 (1964), 443 und B. Lifshitz RB 67 (1960), 59. Zu θρεπτός, im Hause geborener Sklave oder adoptierter Findling s. CIJ 1, Nr. 3. 144. 683f. 691. 65*. 78* u. bes. 21. Vielleicht zogen fromme Juden, da der Proselytismus verboten war, Findelkinder auf, die Proselyten wurden.

in Galiläa noch relativ neu war. Man käme von hier wieder auf einen Ansatz im 3. Jh. n. Chr.

Die Inschrift gibt jedoch noch einen weiteren Hinweis. Die Verpflichtung, daß schon für die Anfechtung der Besitzrechte am Obergeschoß 250000 Denare an den Patriarchen zu zahlen seien, ist schlechterdings ungewöhnlich. Zwar findet sich die Verpflichtung zur Zahlung eines Strafgeldes bei jüdischen Inschriften relativ häufig, vor allem in Kleinasien, aber auch in Griechenland und Italien[34], jedoch handelt es sich dabei durchweg – ähnlich wie bei heidnischen Parallelen – um Bußgelder für die Verletzung von Besitzrechten an Gräbern. Der Strafbetrag beträgt gewöhnlich 500–4000, in einem Falle auch 10000 Denare, und ist zum Teil an die jüdische Gemeindekasse[35], meist aber an den kaiserlichen Fiskus[36], seltener an die jeweilige Polis[37] und einmal an die geschädigten Erben zu zahlen. Häufig sind Zahlungen an mehrere Instanzen vorgesehen[38]. Eine | Zahlung an den Patriarchen wird außer in der Stobi-Inschrift nie mehr erwähnt. Häufig enthalten die Inschriften den Hinweis auf eine Deponierung von einem oder mehreren Exemplaren des Inschriftentextes in dem Archiv der Polis oder der Synagogengemeinde[38a]. Auch Polycharmos wird vermutlich ein Exemplar seiner „Stiftungsurkunde" im Archiv hinterlegt haben. In nichtjüdischen Stiftungen finden wir Strafbestimmungen bei eigen-

[34] CIJ 2, Nr. 741: Smyrna, insgesamt 2500 Denare; 752: Thyatira, insgesamt 4000 Denare; 757: Tlos in Lykien; 770: Acmonia, Phrygien, 500 Denare; 773: Apamea, 500 Denare; 775. 776. 778. 779: Hierapolis, zwischen 500 und 3300 Denare; 786. 788. 791: Corycos in Cilicien, 2500 Denare; 799: Nicomedien 3500 Denare, ein weiteres Beispiel aus N. gibt L. Robert, Hellenica 11/12 (1960), 387, insgesamt 1500 Denare; Beröa: Hellenica 3 (1946), 105f. 1 Pfd. Silber; Thessalien: s. u. A. 40; CIJ 1, 640: Concordia, ein Goldpfund; 650: Catania (s. o. A. 32) 10 Pfd. Silber. Schon aus dem Rahmen fällt der Betrag von 10000 Denaren in einer pisidischen Inschrift des 3. Jh. n. Chr. s. L. Robert, Hellenica 11/12 (1960), 386 oben. Unter den zahlreichen heidnischen Parallelen vgl. z. B. SEG 12 (1955), 498. 499 u. 501 aus Side.

[35] CIJ 2, Nr. 741: τῷ ἔθνει τῶν Ἰουδαίων; 775: τῇ κατοικίᾳ τῶν ἐν Ἱεραπόλει κατοικούντων Ἰουδαίων; 776: τῇ λάῳ τῶν Ἰουδαί[ω]ν; 779: τῇ ἱεροτάτῃ γερουσίᾳ; 799: τῇ συναγω[γ]ῇ τῶν Ἰουδ(αί)ων. L. Robert, Hellenica 3 (1946), 105: τῶ ἁγιωτά(τῃ) συναγω(γῇ) ebenso Rev. Phil. 32 (84) (1958), 43f. A. 4; s. auch u. A. 95. Interessant sind die wechselnden Bezeichnungen für die jüdische Gemeinde bzw. deren Vertretung. Die Gemeinden können einerseits mehr als religiöser Verband, andererseits mehr als politisch-ethnische Größe erscheinen und spiegeln auf diese Weise die Doppelstellung des antiken Diasporajudentums wider (s. dazu u. S. 121 f.).

[36] CIJ 2, Nr. 741: τῷ ἱεροτάτῳ ταμείῳ vgl. 752. 778. 779; Nr. 770. 773 u. 799 haben dagegen nur ταμι(εί)ῳ, CIJ 1, Nr. 640. 650: fiscus. Es ist eigenartig, daß selbst Juden den kaiserlichen Fiskus als ἱερότατον bezeichnen konnten, s. dazu L. Robert, Hellenica 11/12 (1960), 391, A. 2, der Begriff war so eingebürgert, daß er nicht mehr anstößig wirkte.

[37] CIJ 2, Nr. 752: Thyatira; 757 Tlos.

[38] Zahlung an die Erben: CIJ 2, Nr. 788: Corycos. Zahlung an mehrere Instanzen: CIJ 2, Nr. 741. 779: a. u. auch 300 Denare an den Anzeigenden (vgl. auch 775). 799; s. auch L. Robert, Hellenica 11/12 (1960), 387. In der Sabbatistai-Inschrift, Dittenberger OGIS 2, 573, ist bei Beschädigung der Weihgeschenke und Inschriften eine Strafe von je 100 Denaren an den Gott bzw. seine Gemeinde, an die Polis und an den örtlichen Dynasten zu zahlen.

[38a] CIJ 2, Nr. 741. 752. 775. 776. 778. 779. Auch hier bestehen heidnische Vorbilder.

mächtiger Änderung der Stiftungsstatuten, aber auch hier geht die Strafsumme über einige Tausend Denare nicht hinaus[39].

Die einzige Ausnahme bildet eine von L. Robert veröffentlichte jüdische Inschrift aus Thessalien[40], die also nicht zu weit von Stobi entfernt ist:

τῶν ἐπὶ γῆ[ς ἀνθρ]ώπων. κεῖτε Ἑρμογένη[ς] ἐν τῷ τάφῳ τουτῷ· ἐά(ν) δέ τεις (s. dazu o. A. 16) τούτου τὸν τάφον ἀνορύξῃ, δώσι τῇ ἁγιοτάτῃ συναγωγῇ δηναρίων μυρίαδες δέκα.

In der hohen Summe sieht der Herausgeber ein Zeichen dafür, daß die Inschrift dem Ende des 3. oder dem Anfang des 4. Jh. angehört. Auch für Stobi hatte A. Marmorstein die Möglichkeit angedeutet, daß die Höhe der Summe durch die fortschreitende Geldentwertung im römischen Reich seit Ende des 2. Jh. n. Chr. bedingt ist, daneben aber noch den Einfluß gewisser rabbinischer Rechtsbegriffe angenommen[41]. Man wird jedoch schwerlich die Kenntnis von Feinheiten rabbinischen Rechts in Stobi voraussetzen dürfen, zumal die Inschrift in der Form der Stiftung und der Strafbestimmungen durchaus griechischen Charakter trägt. Der Hinweis auf die Inflation im 3. Jh. n. Chr. ist dagegen sicherlich ernst zu nehmen. Ihren Höhepunkt erreichte sie gegen Ende dieses Jahrhunderts, bis Diokletian durch die Neufestsetzung des Wertes des Golddenars, des Aureus, und an|schließend des Silberdenars den Geldwert stabilisierte[42]. Der Aureus (Solidus) erscheint darum auch in den späteren Bauinschriften, so z. B. in der Synagoge in Ägina. Die Geldentwertung zeigt sich u. a. in einem auf das Jahr 291 n. Chr. datierbaren Papyrus aus dem Fajum über den Loskauf einer jüdischen Sklavin mit ihren zwei oder drei Kindern durch zwei jüdische Honoratioren aus Ono in der palästinischen Küstenebene. Im Auftrag ihrer jüdischen Gemeinde zahlten sie an den Besitzer den hohen Preis von 14 Silbertalenten = 84000 Denaren[43].

Selbstverständlich bleibt die von Polycharmos genannte Summe auch nach

---

[39] S. B. Laum, Stiftungen in der griechischen und römischen Antike, 1914: 1, 195 Attaleia = Text Nr. 72 s. 2, 80f. 2500 Denare; 1, 196 Iasos = Text Nr. 124 s. 2, 115 5000 Denare in beiden Fällen an den kaiserlichen Fiskus.

[40] S. L. Robert, Rev. Phil. 32 (84) (1958), 43f. A. 4 = Hellenica 11/12 (1960), 391.

[41] A. Marmorstein, o. c. (A. 2), 383, vermutet neben der Inflation noch den schuldrechtlichen Vorgang der אַסְמַכְתָּה, doch damit ist etwas ganz anderes gemeint: die im Grunde nicht verpflichtende Zusage des Schuldners, bei Nichteinhaltung eines Zahlungstermins eine höhere Schuldsumme anzuerkennen. Davon kann hier keine Rede sein. Auch der Verweis auf M. Ned. 5, 2, der nur bei palästinischen Verhältnissen sinnvoll ist, erklärt unsere Stelle nicht.

[42] Zur Entwertung des Denars s. Hultsch, PW 5, 210ff. Zwischen Septimius Severus und Diokletian sank der Denar auf 1/20 seines ursprünglichen Wertes. Vgl. auch Oertel, CAH 12, 262. 266ff. 403f. 724f. Speziell zur Wirkung der Inflation auf die Juden im römischen Reich s. M. Avi-Yonah, o. c. (A. 24) 102–105.

[43] Ägina: CIJ 1, Nr. 722 vgl. auch 2, Nr. 739 Smyrna und 788 Z. 5 Corycos sowie 848 und 857. Zu dem Freikauf s. Tcherikover-Fuks, CPJ 3, Nr. 374 Z. 9 und dazu S. 36 z. St.; 151 n. Chr. kostete eine 12jährige Sklavin nur 350 Silber-Denare s. o. c. Nr. 490. Die Geldentwertung verschärfte sich vor allem mit dem 3. Jh.

Berücksichtigung der Geldentwertung außerordentlich hoch; aber zusammen mit der Benennung des fernen Patriarchen als Empfänger der Strafsumme wird gerade daraus als Sinn dieser eigenartigen Verfügung deutlich, daß jeder Einspruch für alle Zukunft unmöglich gemacht werden sollte. Warum Polycharmos auf das Wohnrecht im Oberstock „der heiligen Stätte" so großen Wert legte, wird noch geprüft werden müssen.

Für den zeitlichen Ansatz kommen nach Prüfung aller Gesichtspunkte die letzten Jahrzehnte des 3. Jh. n. Chr. am ehesten in Frage. Möglicherweise trifft die o. A. 3 genannte sehr hypothetische Datierung 279 n. Chr. doch das Richtige. Es ist interessant zu sehen, daß in diesem und im frühen 4. Jh. der Synagogenbau, wie die Beispiele von Dura, Sardes, Priene, Stobi und Ostia u. a. in der Diaspora sowie der frühen galiläischen Synagogen in Galiläa zeigen, besonders aufblühte und die Zahl der aus vorkonstantinischer Zeit bekannten Kirchen weit übertrifft[44].

c) Die in der Stiftung genannten Räume der Synagoge

Was war nun der Inhalt dieser Stiftung, die Polycharmos aufgrund eines Gelübdes (εὐχῆς ἕνεκεν[45]) durchführte? Die Würdigung | seiner Freigiebigkeit wird erschwert, weil das Verbum finitum, das den ersten Satz nach Z. 14 abschließen sollte, fehlt. H. Lietzmann schlägt dafür ἀνήγειρεν vor[46], die in manchem ähnliche Theodotos-Inschrift in Jerusalem hat οἰκοδόμησεν, eine andere Bauinschrift aus Ägina οἰκοδόμησα[47]. An sich wäre beides möglich, denn am Schluß spricht der Stifter in 1. Person (οὕτω γάρ μοι συνέδοξεν). Aber handelte es sich überhaupt um einen Neubau, konnte er nicht einen schon in seinem Besitz befindlichen Gebäudekomplex nach entsprechendem Umbau der Gemeinde geschenkt haben (ἐχαρίσατο[48])? Im Singular kann οἶκος mehrfach das Synagogengebäude bedeuten[49], der Plural im Zusammenhang unserer

---

44 Aus vorkonstantinischer Zeit stammen nur 2 ausgegrabene Kirchen, die Hauskirche in Dura Europos und der neue Fund in Aquileia, der fälschlich zuerst für eine Synagoge gehalten wurde. S. E. Dinkler, Dura Europos III, RGG³ 2, 290ff. und G. Brusin-P. L. Zovatto, Monumenti Paleochristiani di Aquileia e di Grado, 1957, 301–349 (Ende des 3. Jh. n. Chr.).

45 Synagogenstiftungen aufgrund von Gelübden finden sich mehrfach s. CIJ 2, Nr. 739 Smyrna; 806–812 Apamea: Mosaikstiftungen wegen eines Gelübdes von 7 Stifterinnen, vgl. auch 816–818. Weiter s. 1436. 1532 in Ägypten und 1, Nr. 727 in Delos; s. auch D. G. Mitten, BASOR 174 (1964), 33 fig. 17: Mosaik in der Apsis von Sardes: ὑπὲρ εὐχῆς; SEG 20 (1964), 453a. b. c. e. f. j: εὐχόμενος ἐποίησεν.

46 H. Lietzmann, o. c. (A. 2) 94; vgl. dazu Dittenberger, OGIS 1, Nr. 422 Z. 4 und 2, Nr. 619 Z. 6.

47 Theodotos-Inschrift CIJ 2, Nr. 1404, Z. 3f.; vgl. auch 861. 864; Ägina 1, Nr. 722.

48 CIJ 2, Nr. 738 Z. 5.

49 CIJ 2, Nr. 738 Z. 2; 766 Z. 1; 828a: ביתה הדין Dura Europos; s. auch N. Avigad, The Lintel-inscirption of Nabratein, Bull. of the L. M. Rabinowitz Fund 3 (1960), 52: הבית. Dazu s. J. Juster, o. c. 1, 457. Auch Tempel – einschließlich des Heiligtums in Jerusalem – konnten

Inschrift mehrere Häuser oder ein einzelnes Haus mit mehreren Räumen meinen[50]. Schließlich besteht die Möglichkeit, daß es sich nicht um einen Neubau oder die Übereignung eines Gebäudekomplexes, sondern lediglich um einen Anbau an eine schon bestehende Synagoge handeln könnte, dann müßte man ein προσέθετο ergänzen. Eine ganze Reihe früherer Bearbeiter neigt dieser Ansicht zu[51]. Jedoch stößt man hier auf beträchtliche Schwierigkeiten. Der Stifter hätte an die alte Synagoge einmal ein oder gar mehrere nicht näher definierte Gebäude angebaut, außerdem noch einen Peristylhof und einen Speiseraum und schließlich auch noch die Räume im Oberstock, in denen er wohnen will. Das wäre doch etwas zu viel an Nebenräumen. Daß man das „Tri|klinium" und das „Tetrastoon" als einen zusammengehörenden Komplex von dem Pl. τοὺς μὲν οἴκους trennen muß, zeigt sich daran, daß sie durch ein καί deutlich abgehoben werden.

Die Vielzahl der genannten Räume legt die Vermutung nahe, daß es sich bei der Synagoge in Stobi nicht um eine ausgesprochene Basilika wie in Alexandrien, Sardes, Kapernaum, Beth Schearim oder bei den anderen typischen galiläischen Synagogen handelte, sondern um ein umgebautes Privathaus[52]. Die Hausform finden wir gerade bei zwei besonders frühen Synagogen der Diaspora, so auf Delos, wo die Anlage noch aus vorchristlicher Zeit stammt[53], und in Dura Europos, wo man noch zwei Baustadien verfolgen kann und sich

---

allgemein mit οἶκος bezeichnet werden; s. O. Michel, ThWNT 5, 123. 127; vgl. Lc 11,51 Act 7,46 = II Reg 7,5. 6. 11. 13.

50 S. Liddell-Scott 1205 Nr. 2. Die Bedeutung von „Häuser" ist in dem ganzen Zusammenhang wenig sinnvoll.

51 S. Klein, MGWJ 77 (1933), 82f.: „Der ... ‚Vater der Synagoge' war nicht der Erbauer der Synagoge selbst, sondern nur der zum ‚heiligen Platze', d. h. eben zur Synagoge gehörenden Räumlichkeiten, ferner des Trikliniums und des Säulenhofes"; ähnlich A. Marmorstein, o. c. (A. 2), 377f.: „Polycharmus built sacred edifices in the long-established synagogue ..." E. Kitzinger, o. c. (A. 2) 142 übersetzt: „(added) to the synagogue the buildings ..." S. dagegen E. L. Sukenik, o. c. (A. 2) 80: „(erected) the buildings for the Holy Place" and J. B. Frey, CIJ 1, S. 507: „a construit ... les édifices pour le saint lieu ..."

52 S. dazu W. Schrage, ThWNT 7, 816: „Dieser Typus ist möglicherweise der ältere".

53 Die Synagoge in Delos ist mit Abstand die älteste bisher entdeckte und stammt noch aus dem 1. Jh. v. Chr. Sie wurde zuerst veröffentlicht von A. Plassart, Mélanges Holleaux, 1913, 201–205 und RB 11 (1914), 523–534. B. D. Mazur, Studies on the Jewry in Greece I, 1935, 15–24 bestritt zwar ihre Eigenschaft als Synagoge und fand die Zustimmung von R. Wischnitzer, o. c. (A. 4), 11; doch E. L. Sukenik, o. c. (A. 2) 37–40, der allerdings in Bull. of the L. M. Rabinowitz Fund 1 (1949), 21 sein Urteil widerruft, und E. R. Goodenough, o. c. (A. 5) 2, 71–75 traten mit guten Gründen für ihre Deutung als Synagoge ein. S. auch G. Kittel, ThLZ 69 (1944), 16 und das übereinstimmende Urteil von L. Robert, Rev. Phil. 32 (84) (1955), 44 A. 7 und S. Krauss, o. c. (A. 17) 243f.: „... die Erwähnung der Proseuche stempelt sie zu einer jüdischen" (s. CIJ 1, Nr. 726). Die Hypsistos-Inschriften (CIJ 1, 727–730) verweisen einerseits auf die jüdischen Rachegebete des unmittelbar bei Delos gelegenen Rhenaia (725) und auf eine Reihe früher ägyptischer Synagogeninschriften (CIJ 2, Nr. 1433. 1443. 1532. S. auch R. Marcus, PAAJR 1931/32 (1932), 115 und u. u. A. 86. Nach der Beobachtung von B. D. Mazur, o. c. 15f. handelte es sich auch hier um ein ursprüngliches Wohnhaus.

der Umbau auf das Jahr 244/45 datieren läßt[54]; sie begegnet uns auch in Hammam Lif in Tunesien, wo die Synagoge noch ganz den vornehmen Villencharakter bewahrt hat[55] und insgesamt fünfzehn Räume umfaßte. Auch die Synagogen in Priene und Ägina sind – obwohl sie eher basilikalen Charakter haben – aus Privathäusern herausgewachsen[56]. Zu irgendeinem Zeitpunkt müssen diese Haussynagogen durch Schenkung oder Kauf aus Privatbesitz in Gemeindebesitz übergegangen sein. Es handelt sich hier um einen Vorgang, der sich auch bei anderen | orientalischen Religionen und beim frühen Christentum verfolgen läßt. H. Lietzmann, der sich bei der Deutung der Inschrift durch den angeblich basilikalen „Synagogenfund" nicht beeindrucken ließ, verstand die Inschrift in der richtigen Weise: „So wird die ganze Anlage im eigentstlichen Sinne das, was die Urchristenheit eine κατ'οἶκον ἐκκλησία nennt".[57] Die talmudische Literatur kennt ausdrücklich den Unterschied zwischen Privatsynagoge (בית הכנסת של יחיד) und Gemeindesynagoge (בית הכנסת של רבים) und weiß auch von der Möglichkeit, daß eine Synagoge aus Privathand in Gemeindebesitz übergeht[58]. Die Stiftung ganzer Synagogen kommt zwar gegenüber der Schenkung einzelner Gebäudeteile, Mosaiken oder Einrichtungsgegenstände sehr viel seltener vor, wird aber doch in Inschriften und im Talmud bezeugt: Die früheste Stiftung dieser Art stammt aus dem ptolemäischen Alexandrien, wohl aus der Zeit Kleopatras VII., 37 v. Chr.:

---

[54] S. The Excavations at Dura Europos, Final Report VIII, 1 The Synagogue ed. C. H. Kraeling, 1956, 32 ff. Es handelte sich um eine ausgesprochene Haussynagoge, deren 1. Baustufe auf das letzte Drittel des 2. Jh. n. Chr. zurückgeht: „The archeological evidence makes it entirely clear that the earlier building is nothing more or less than a adapted private dwelling" (32).

[55] S. ausführlich E. R. Goodenough, o. c. (A. 5) 2, 89–100, und den Plan 3, Nr. 886.

[56] S. E. L. Sukenik, o. c. (A. 2), 42 f. 44 f. und E. R. Goodenough, o. c. (A. 5) 2, 77 f. und 75 f.

[57] H. Lietzmann, o. c. (A. 2), 94, s. dazu Rm 16,5; I Cor 16,19; Col 4,15 und Phlm 2; vgl. auch Act 2,46; 5,42; 20,20. S. W. Schrage, THWNT 7, 817 A. 120. Zu den frühesten christlichen Hauskirchen s. o. A. 44. Über das Wohnhaus als ursprünglichen Kultort heidnischer Kulte s. z. B. die Apollonius-Inschrift aus Delos, IG XI, 4, 1299 und dazu A. D. Nock, Conversion, 1933, 51 f. 280 f., zur Einführung des Sarapiskultes auf Delos im 3. Jh. v. Chr. Auch die heidnischen „Kult-Basiliken haben ihren Ursprung vielleicht in der Haus-B(asilika). Sie dienten als Gemeinde- und Kultraum für Mysterienkulte." Das bedeutendste Beispiel ist die Basilika Sotteranea bei Porta Maggiore in Rom; s. E. Langlotz, RAC 1, 1247 und Abb. 28,3.

[58] J. Meg 3, 1 73d Z. 33 f.; s. S. Krauss, o. c. (A. 17) 306: „Die Privatsynagoge ist wohl eine solche, die ein einzelner für sich errichtet und der Öffentlichkeit frei gestellt hat, oder die von ihm als alsogleich der Gemeinde geschenkt, gewidmet oder gestiftet wurde." Vgl. auch A. Marmorstein, o. c. (A. 2), 378. Zur Verwandlung eines Privathauses in eine Synagoge s. M. Ned. 9, 2 und j. Meg. 3, 1 73d Z. 42–50: Ein als „Hof" gebautes Haus wird in eine Synagoge verwandelt und dadurch geheiligt, s. S. Krauss, o. c. 342. In der Synagoge der „römischen Juden" im babylonischen Maḥuza war die Synagoge mit einer privaten Wohnung verbunden; wobei zufälligerweise die Tür zu einem Raum offen stand, in dem ein Toter lag: b. Meg. 26b.

[῾Υπὲϱ] βασ[ιλίσση]ς καὶ β[ασιλ]έως θεῶι [με]γάλω[ι] ἐ[πηκό]ωι ῎Αλυπ[ος τὴν] πϱοσε[υχὴν] ἐπο(ί)ει ... [58a].

In Phokäa bei Smyrna erbaute eine gewisse Tation, Tochter des Straton, aus eigenen Mitteln (ἐκ τῶ[ν ἰδ]ίων) das Synagogengebäude (οἶκος) mit ummauertem, wohl von einer Säulenhalle umgebenem Innenhof (πεϱίβολος τοῦ ὑπαίθϱου) und schenkte es der jüdischen Gemeinde (ἐχαϱίσατο τ[οῖς ᾿Ιο]υδαίοις). Dafür wurde sie nach gut griechischer Sitte mit einem goldenen Kranze und einem Ehrenplatz (πϱοεδϱία) | geehrt[59]. Hier haben wir wohl die nächste Parallele zur Stobi-Inschrift vor uns. Im nahen Teos finden wir einen Archisynagogos auf Lebenszeit und seine Frau als Stifter, wobei allerdings das erbaute Objekt nicht näher umschrieben ist (ἐκ θεμελίων ἐκ τῶν ἰ[δίων); es liegt jedoch nahe, an eine Synagoge zu denken[60]. Im phrygischen Acmonia wurde die Synagoge von einer vornehmen heidnischen Dame, Julia Severa, erbaut und später von zwei Archisynagogen und einem Archonten erneuert, die allerdings zusätzlich noch Gemeindemittel heranziehen mußten[61]. Polycharmos hebt dagegen als sein besonderes Verdienst hervor, daß er alles „aus eigenen Mitteln, ohne den heiligen Gemeindefonds in Anspruch zu nehmen", gestiftet habe (ἐκ τῶν οἰκείων χϱημάτων μηδὲν ὅλως παϱαψάμενος τῶν ἁγίων)[62]. Eine alte, vermutlich vorchristliche Inschrift aus Nysa in Karien deutet auf die

---

58a CIJ 2, 1432 und dazu TCHERIKOVER-FUKS, CPJ 3, S. 139. Zum „großen Gott" s. R. MARCUS, PAAJR 1931/32 (1932), 89 und CIJ 2, Nr. 1532.

59 CIJ 2, Nr. 738. Zu ὑ⟨π⟩[αι]θϱα = unter freiem Himmel s. SEG 14 (1957), 823. Eine Ehrung durch einen goldenen Kranz finden wir auch bei Onias (?) Sohn d. Chelkias, einem Enkel Onias IV. und Strateg in ägyptischen Diensten Nr. 1450; vgl. E. SCHÜRER, Gesch. d. jüd. Volkes, 3^4, 1909. 42. 132 und TCHERIKOVER-FUKS, CPJ 1, 24. Die Archonten des jüdischen Politeuma in Berenika ehrten den römischen Statthalter, der sich gegen die Juden freundlich erwiesen hatte, bei jeder Versammlung und am Neumond στεφάνῳ ἐλαΐνῳ καὶ λημνίσκῳ und ließen den Beschluß im Amphitheater der Stadt aufstellen, s. E. SCHÜRER, o. c. 3,79 f. A. 20 u. SEG 16 (1959), 931. In den alexandrinischen Synagogen waren vergoldete Kränze und Schilde mit Ehreninschriften für die Kaiser aufgestellt. Die „Sabbatistai" in Cilicien beschloß ihren „Synagogeus" Aithibelion zu bekränzen: OGIS 2, 573. S. E. SCHÜRER, o. c. 3,79 f. A. 20 und 92. Weiteres bei S. KRAUSS, o. c. 163. Vgl. weiter W. GRUNDMANN, ThWNT 7, 625 f.

60 CIJ 2, Nr. 744.

61 CIJ 2, Nr. 766: τὸν κατασκευασθέντα/οἶκον ὑπὸ ᾿Ιουλίας Σεουή[ϱας ... Die 3 Erneuerer wurden von der Gemeinde mit einem vergoldeten Schilde geehrt. Zur Korrektur von FREY s. L. ROBERT, Rev. Phil. 32 (84) (1958), 41 A. 1. Zu der Stifterin s. E. SCHÜRER, o. c. 3,20 f. u. GROAG, PW 10, 946 ff.: sie wird auf Inschriften u. Münzen neben ihrem Manne Servenius Capito als „Oberpriesterin" des Kaiserkultes zur Zeit Neros erwähnt. Mit ihrer judenfreundlichen Haltung ist sie ein Gegenstück zu Poppäa; s. auch G. KITTEL, ThLZ 69 (1944), 12.

62 Auch bei dem Bau der Synagoge in Ägina reichten die privaten Spenden nicht aus, vielmehr mußte auf Gemeindemittel zurückgegriffen werden, s. CIJ 1, Nr. 722; die Mosaiken wurden ganz durch die synagogale Kasse finanziert 723. Im Gegensatz zu dem ausführlichen Selbstlob des Polycharmos ist bei Stiftungen aus eigenen Mitteln in der Regel die Formel ἐκ τῶν ἰδίων ausreichend: s. CIJ 2, Nr. 738. 744 und 1, Nr. 548 Rom. S. auch Hammam Lif, J. OEHLER, MGWJ 53 (1909), 526 Nr. 252a = CIL 8, 12457a: *de suo propium teselavit*, weiter die synkretistische Hypsistos-Inschrift SEG 19 (1963), 852 und die Stiftung für den Zeus Bakchos (?) in Beth-Schean-Skythopolis SEG 20 (1964), 457.

Stiftung eines synagogalen Erweiterungsbaues hin. Der Stifter könnte nach dem Tenor der Inschrift und aufgrund seines Namens ein Gottesfürchtiger oder ein Proselyt gewesen sein[63]. Auch aus Palästina be|sitzen wir eine Reihe von Zeugnissen über den Bau ganzer Synagogen durch Privatpersonen. Die berühmte Theodotos-Inschrift kann man hier allerdings nur mit Vorbehalt anführen, da einmal die Grundsteinlegung vor geraumer Zeit schon durch einen größeren Kreis – Vater, Großvater, die Ältesten und Simonides – erfolgt war, und zum anderen der Hinweis „aus eigenen Mitteln" fehlt[64]. Eine Aufzählung von 21 Stiftern zum Aufbau oder zur Ausbesserung einer Synagoge (εἰς ἐπισκευὴν συναγωγῆς) gibt eine Inschrift aus Berenike in der Cyrenaica 56 n. Chr. Interessant ist dabei, daß die höchsten Beiträge nicht von den Gemeindebeamten (Archonten), sondern von Privatpersonen stammen[64a]. Wenn Lukas von dem Hauptmann von Kapernaum berichten läßt: „Er liebt unser Volk und hat uns selbst die Synagoge gebaut"[65], so entsprach dies durchaus der historischen Möglichkeit seiner Zeit, allerdings würde man einen solchen Vorgang eher in der Diaspora als in Galiläa erwarten[66].

Unter den verschiedenen Deutungsmöglichkeiten erscheint mir am wahrscheinlichsten, daß Polycharmos seine eigene Villa, die er als eine Art von „Privatsynagoge" vielleicht schon bisher für den Gottesdienst zur Verfügung gestellt hatte, aufgrund eines Gelübdes nun der jüdischen Gemeinde in Stobi überschrieb, womit wohl auch ein gewisser Umbau verbunden war. Unter dem Plural τοὺς ... οἴκους ist wohl – wie die direkte Beziehung zu τῷ ἁγίῳ τόπῳ zeigt – das aus|gesprochen für den gottesdienstlichen Gebrauch dienende Gebäude

---

[63] L. Robert, Hellenica, 11/12 (1960), 261 f. Die Inschrift fehlt im Corpus von Frey, L. Robert begründet jedoch eindringlich ihren jüdischen Ursprung: Μένανδρος 'Απολλων(ί)δου ἐποίησεν / οἰκο(δ)ομήσας τὸν τόπον ἀπὸ τῆς / ἐπιγραφῆς τῆς πρὸς ἀνατ[ολ]ὴν / τῶι λαῶι καὶ τῆι συνόδωι τ[ῶν περὶ] Δωσίθεον Θεογένου.

[64] CIJ 2, Nr. 861: Tafas südlich Nawa im Ostjordanland: 'Ιάκωβος καὶ Σεμουῆλος καὶ Κλημάτιος πατὴρ αὐτῶν τὴν συναγωγὴν οἰκοδόμησ[αν]. A. Alt, PJ 25 (1929, 89–95 erwägt die Möglichkeit, ob es sich nicht um eine judenchristliche Synagoge handeln könnte, s. jedoch dazu die kritischen Bemerkungen von J. B. Frey, CIJ 2, S. 100. Vgl. auch 981, die Inschrift auf der Kathedra Moses' in Chorazin: *„Gesegnet sei das Gedächtnis Judans, S. d. Ismael, der diese ‚Stoa'* (הדן סטוה) *und ihre Treppe machte"* ... Zur Lesung s. E. L. Sukenik, o. c. (A. 2) 60 A. 2. Unter der „Stoa" ist mit Sukenik wohl „the whole synagogue" zu verstehen. Nach b. Meg. 26b erbaute R. Ammi b. Abba eine Synagoge, wobei ihm untersagt wurde, dafür Ziegel und Balken einer alten Synagoge zu verwenden s. S. Krauss, o. c. (A. 17), 305. Zur Theodotos-Inschrift s. CIJ 2, Nr. 1404 und dazu A. Deissmann, Licht vom Osten, 1923^4, 378–380.

[64a] SEG 17 (1960), 823: Die Beiträge sind relativ klein; sie schwanken zwischen 4 und 28 Drachmen.

[65] Lc 7,5: ἀγαπᾷ γὰρ τὸ ἔθνος ἡμῶν καὶ τὴν συναγωγὴν αὐτὸς ᾠκοδόμησεν ἡμῖν. Auf jüdischen Gräbern in Rom findet sich mehrfach φιλόλαος, CIJ 1, Nr. 203. 509 oder auch φιλοσυνα[γωγός], 321; s. außerdem die Regina-Inschrift 476 Z. 10: *amor generis* als eine der Tugenden, die das ewige Leben verdienen. Auch Rm 9,1–5 könnte von hier aus verstanden werden: vielleicht hatte man Paulus den Vorwurf gemacht, er liebe sein Volk nicht. Daneben finden sich auch Begriffe wie φιλόνομος CIJ 1, Nr. 113 und φιλέντολος Nr. 203 und 509.

[66] Lukas überträgt wohl Erfahrungen aus der Diaspora nach Kapernaum.

mit den entsprechenden Räumen zu verstehen. Dazu gehören neben dem eigentlichen Kultraum eventuell Räume für die Frauen[67] und ein Abstellraum für den Toraschrein und die Menorot. Gerade in früherer Zeit, als der Toraschrein noch keinen festen Platz hatte, wurde er aus einem Seitenraum hereingebracht[67a]. Schon in einer vorchristlichen, dem Theos Hypsistos geweihten Synagogeninschrift aus Alexandria, ist von einer Synagoge und den dazugehörigen Nebengebäuden die Rede[68]. In Delos finden wir zwei ineinandergehende Räume für den Gottesdienst. In el-Ḥammeh bei Gadara und in Hammam Lif in Tunesien öffnen sich eine ganze Reihe von Nebenräumen zum gottesdienstlichen Hauptraum, so daß ihr Zweck im einzelnen kaum mehr zu rekonstruieren ist[69]. In Ostia, Milet, Skythopolis, Na'aran und Beth Alpha schließt sich jeweils mindestens ein Nebenraum direkt an den Kultraum an, weitere Räume sind indirekt mit dem Synagogenkomplex verbunden. Auch in Priene und Ägina wird man Nebenräume voraussetzen dürfen[70].

Das „Tetrastoon" und mit ihm das „Triklinon" wird in der Inschrift von den gottesdienstlichen Räumen getrennt aufgeführt, vermutlich weil es nicht direkt den Gottesdiensten, sondern anderen Zwecken diente. Es ist darunter eine vierteilige Säulenhalle zu verstehen, die den Innenhof des Peristylhauses von allen Seiten umgab. Seine Ausführung ist von Vitruv ausführlich beschrieben. Beispiele derartiger Häuser finden sich auf Delos und auch in Pompei. Im | Gegensatz zum römischen Atriumhaus, das in seiner ursprünglichen Form nur einen Innenhof ohne Säulen kannte, galt ein Haus mit richtigem Peristyl von vier Säulenhallen als luxuriös[71]. Derartige perystilartige, nach innen geöffnete Säulenhöfe sind auch bei Synagogen nicht selten. Wenn man von den relativ

---

[67] Dazu S. KRAUSS, PW 2.R. 4, 1311 und W. SCHRAGE, ThWNT 7, 816 A. 115 und 817 A. 122. In den basilikaartigen Synagogen, besonders in Galiläa, war die Galerie für die Frauen bestimmt.

[67a] E. L. SUKENIK, Bull. of the L. M. Rabinowitz Fund 1 (1949), 18f.

[68] CIJ 2, Nr. 1433 = CPJ 3, S. 139: [...θε]ῶι ὑψίστωι/[ἐπηκόωι? (?) τ]ὸν ἱερὸν/[περίβολον? καὶ] τὴν προσ[ευχὴν/καὶ τὰ συγ]κύροντα, ähnlich auch CIJ 2, Nr. 1442 = CPJ 3, S. 142: τὴν προσευχὴν καὶ τὰ συγκύροντα. Nebengebäude sind gerade bei ägyptischen Tempeln nicht selten, s. OGIS 1, Nr. 52 Z. 1f.; 65 Z. 9f. und 92 Z. 5, wo allerdings auch allgemein Grundbesitz gemeint sein kann.

[69] Zu Delos s. o. A. 53 und die Abbildungen und den Plan bei E. L. SUKENIK, o. c. (A. 2) 39 fig. 10 und E. R. GOODENOUGH, o. c. 3 Nr. 875. Zu el-Ḥammeh s. E. R. GOODENOUGH, o. c. (A. 5) 3, Nr. 626 und K. GALLING, Bibl. Reallexikon, HAT I, 1 (1937), 508 Abb. 4; Zu Hammam Lif s. E. RENAN, Rev. Arch. 3. Ser. 3 (1884), 274 und E. R. GOODENOUGH, o. c. 3, Nr. 886: Die Synagoge hatte insgesamt 15 verschiedene Räume.

[70] Zu Ostia s. den Plan in Boll. d'Arte, Ser. 4 46 (1961), 326 fig. 1 u. o. c. (A. 17), 194ff.; zu Milet s. E. L. SUKENIK, o. c. (A. 2) 41 fig. 11 und GOODENOUGH, o. c. 3, nr. 880; zu Beth-Shean s. den Grabungsbericht in RB 71 (1964), 410f.; zu Naʿaran s. E. L. SUKENIK, o. c. 29 fig. 4 und etwas abweichend L. VINCENT, RB 68 (1961), Pl. IV–VI; zu Beth Alpha s. E. L. SUKENIK, The Ancient Synagogue of Beth Alpha, 1932, Pl. VII; zu Priene und Ägina s. o. A. 56.

[71] S. LIDDELL-SCOTT, Lexicon, 1782; zum Peristylhaus s. Vitruv VI, 7,1–3; Das einfachere Peristylhaus hat nur 3 Säulenhallen, das größere 4 mit gleichen Säulenabständen und daraus sich ergebender quadratischer Form. Der Begriff ist jedoch nicht so einheitlich wie Vitruv es

großen Hallen in Sardes und Kapernaum absieht[72], so begegnen wir einem – allerdings zunächst nur 2-seitigen und nach dem Umbau 3-seitigen – Säulenhof in Dura, der bei dieser ausgesprochenen Haussynagoge die Verbindung zwischen dem eigentlichen gottesdienstlichen Raum und den zahlreichen Nebenräumen herstellte. Auch die Synagoge von Milet hatte einen 3-seitigen Säulenvorhof. Reste eines vermutlich 4-teiligen Peristyls finden wir noch in Hammam Lif; die vier schönen korinthischen Säulen in Ostia dagegen waren seit jeher ein Teil des Kultraumes[73]. Epigraphische Hinweise enthält die schon erwähnte Inschrift von Phokäa (τὸν περίβολον τοῦ ὑπαίθρου) und eine von L. Robert veröffentlichte Inschrift aus Side in Pamphylien, die von der Stiftung eines Brunnens (κρήνη) mit dem dazugehörigen Innenhof (σὺν τῷ μεσαύλῳ) spricht[74]. Die Tosefta erwähnt einen – vermutlich von Säulen umgebenen – Innenhof in der Synagoge von Lydda[75]. Im einzelnen ist es bei den Inschriften oft schwierig zwischen einem peristylartigen Innenhof, wie er in Stobi erwähnt wird, und einer einfachen, von Säulen getragenen Vorhalle, wie sie sehr viele Synagogen besitzen, zu unterscheiden[76]. Die Ergänzung des gottesdienstlichen Raumes durch | einen entsprechenden Vorhof mit oder ohne Säulenumgang war vor allem im Mittelmeergebiet sehr beliebt und wurde sowohl durch das Wohnhaus wie auch durch das Vorbild orientalischer Heiligtümer nahegelegt.

darstellt; s. auch H. Treidler, PW 19, 860 u. ausführlich H. Sulze, PW Suppl. 7, 950–971; vgl. zum hellenistischen Haus D. M. Robinson, PW Suppl. 7, 262–278.

72 Zu Sardes s. D. G. Mitten, BASOR 170 (1963), 38–51 und fig. 26 und 174 (1964), 30–47 und fig. 15. Zu Kapernaum (Tell Ḥūm) s. Kohl-Watzinger, Antike Synagogen in Galiläa, 1916, T. I–VI; s. auch E. L. Sukenik, o. c. (A. 2), 9 fig. 1.

73 Zu Dura s. K. Galling, o. c. (A. 69), 506 und Abb. 507/8, 1; ausführlich C. H. Kraeling, o. c. (A. 54), Plan II–VIII dazu 26–33. Milet s. o. A. 71; Hammam Lif. s. o. A. 69; Ostia s. o. S. 114 A. 92.

74 S. o. S. 107 A. 59 und L. Robert, Rev. Phil. 32 (84) (1958), 36 und speziell zu μέσαυλος 45f: „C'ést la cour à portiques, frontale ou laterale, attenante à la salle de réunion de la synagogue."

75 T. Ohal. 4,2 (Z. 600): אֲויר (ἀήρ) der Synagoge in Lydda, s. dazu S. Krauss, o. c. (A. 17) 342f. und die dort angeführten weiteren rabbinischen Beispiele.

76 Wir finden dies schon in den frühesten ägyptischen Synagogeninschriften: CIJ 2, Nr. 1441 Xenephyris: τὸν πυλῶνα τῆς προσευχῆς. Schwierig ist die Deutung von 1444 Athribis: 'Ερμίας καὶ Φιλοτέρα ἡ γυνὴ καὶ τὰ παιδία τήνδε ἔξεδραν τῆι προσευχῆι S. Krauss, o. c. (A. 17), 349 sieht in der Exedra „eine Art Vorhalle ... gebildet von einer Säulenreihe, die vor dem Hauptgebäude zusammenlief." Siehe dagegen jedoch Tcherikover-Fuks in CPJ 3, S. 143: „Place for sitting". Vielleicht lassen sich beide Anschauungen kombinieren s. Liddell-Scott, Lex. 589: „Hall or arcade with recesses and seats". Die Übersetzung von J. B. Frey, CIJ 2, S. 371 „salle" ist ungenügend. Daß die Exedra als eine mit Sitzen ausgestattete Halle verstanden werden konnte, zeigt auch die von L. Robert erwähnte Inschrift, BCH 60 (1936), 196/97, die von einem Mosaik in der Exedra spricht.
Weitere Beispiele: CIJ 1, Nr. 720, Mantinea in Arkadien: πρόναος; 2, Nr. 805, Apamea in Syrien: Stiftung eines Mosaiks für die πρόθεσις [τοῦ] νάου (!) 391 n. Chr.; CIL 8, 12457b: ... *partem portici tesselavit*. S. auch CIJ 2, Nr. 739 στρ(ῶ)σιν τοῦ εἰσοτίκου vermutlich „Innenraum"; 804: ψήφωσις τῆς (ε)ἰσόδου könnte dagegen das Mosaik in der Eingangshalle bedeuten.

Oftmals befand sich dann im Vorhof eine Brunnenanlage für rituelle Waschungen[76a]. Im Gegensatz zu dem „Tetrastoon" von Stobi ist im rabbinischen Bericht über die große Basilika in Alexandrien von einem „Diplostoon" (דיפלי סטון) die Rede, ein griechisches Wort, das nur in der talmudischen Literatur erhalten ist. Es weist jedoch nicht auf ein Peristyl hin, sondern bedeutet, daß die synagogale Basilika in Alexandria doppelte Seitenschiffe besaß, also insgesamt 5-schiffig war. Sie wurde 116 n. Chr. unter Trajan zerstört. Auch Tiberias soll später eine solche 5-schiffige Basilikasynagoge besessen haben[77]. Dieser der Marktbasilika nachgebildete Synagogentyp steht ganz im Gegensatz zu dem Haustyp, der wohl auch in Stobi vorlag.

„Triklina" waren eigentlich kleine intime Speiseräume mit 3 Liegebetten, nach Vitruv konnten sich bis zu 4 solcher Räume an der südlichen Innenseite des Peristyls befinden[78]. In Stobi handelte es sich jedoch sicher um einen größeren Speiseraum, wie er vor allem in der Kaiserzeit üblich wurde, und wie er auch in einer Reihe von griechischen Heiligtümern zur Bewirtung von Gästen inschriftlich bezeugt ist. Besonders interessant ist die Stiftung eines Aurelius Hermodoros ebenfalls aus dem 3. Jh. n. Chr. für die Stadtgöttin in Chalkis, der eine Mauer um das Heiligtum baute, eine zerstörte Halle erneuerte und einen Speisesaal errichtete (τρίκλεινον (sic) δειπνιστήριον ποιήσας), wofür er und seine Erben „auf ewige Zeiten" das Ehrenamt | der νεωκορεία erhielten. Die Parallelen zur Polycharmos-Inschrift sind offensichtlich[79]. In jüdischen Gemeinden bestand ein Bedürfnis für einen solchen Raum, da gemeinsame Mahlzeiten am Sabbatvorabend und an sonstigen Feiertagen weit verbreitet waren und etwa seit dem 2. Jh. n. Chr. im Zusammenhang mit der Tendenz, die „Heiligkeit" des synagogalen Raumes zu erhöhen (s. u. S. 116 ff.), das Essen und Trinken in den gottesdienstlichen Räumen selbst verpönt war. Schon Cäsar hatte den Juden trotz des Verbotes der Collegia ausdrücklich erlaubt, Gelder für gemeinschaftliche Kultmahle einzuziehen (χρήματα εἰς σύνδειπνα... εἰσφέρειν[80]; die rabbinische Überlieferung gebietet nicht nur, den Sabbat mit 3 festlichen Mahlzeiten, bei denen mit Speisen und Wein nicht gespart werden sollte, zu begehen, sondern erwähnt auch, daß der Qiddusch über dem Segensbecher teilweise auch in der Synagoge gesprochen wurde, was

---

76a Zur mediterranen Kombination von sakralen Bauten und Hof s. J. Pinkerfeld, Cahiers de Byrsa 7 (1957), 136; zu den Brunnenanlagen s. L. Robert, Rev. Phil. (84) (1958), 43–46 und W. Schrage, ThWNT 7, 814 A. 99 (Lit.).

77 S. S. Krauss, o. c. 261: T. Sukka 4, 6 (Z. 198) par.; zu Tiberias s. o. c. 336: Midr. Teh. zu Ps. 93, 8 S. 416 Buber. Zur Synagoge in Alexandrien s. auch u. A. 93.

78 Vitruv VI, 7, 3 f.; eine ganze Reihe solcher Triclinia innerhalb eines Peristylhauses finden sich in einem Gebäude des *Pagus maritimus* von Pompeji, s. O. Elia, Boll. d'Arte, Ser. 4, 46 (1961), 200–211 s. besonders fig. 1–3. S. auch K. Scherling, PW 2. R. 7, 97 f.

79 S. Dittenberger, Sylloge[3] 898; weitere Beispiele bei K. Hanell, PW 2. R. 7, 150.

80 Jos. Ant. 14,214, vgl. auch 216: ἐσθιᾶσθαι, s. dazu E. Schürer, o. c. (A. 59) 3^4, 110. 143. Vgl. auch III. Macc. 7,19–20.

darauf hinweist, daß zumindest in der früheren Zeit im gottesdienstlichen Raum selbst ein Gemeinschaftsmahl abgehalten werden konnte[81]. Sowohl Persius, wie Plutarch und einzelne Kirchenväter wissen darum, daß man beim jüdischen Sabbatmahl dem Weine reichlich zusprach. Selbst Philo warnt seine Volksgenossen vor ungezügelter heidnischer Festfreude[82]. Daß sich ausgesprochene Speiseräume auch noch in anderen Synagogen befanden, zeigt eine Inschrift aus Caesarea, in der wie in Stobi ein „Triklinon" erscheint:

Βή[ρ]υλλος ἀρχισ(υνάγωγος) / καὶ φροντιστής, / ὑ(ι)ὸς 'Ιού(σ)του ἐποί/ησε τὴν ψηφο/θεσίαν τοῦ τρι/κλίνου τῷ ἰδίῳ.|

Der 11,20 × 2,60 m große Raum war mit einem weißen Mosaikboden ausgestattet, in deren Mitte sich in einer tabula ansata die Inschrift befand[83]. In der jüngst ausgegrabenen Synagoge von Sardes – mit ihren über 80 m Länge die größte bisher entdeckte Anlage – fand man, daß die Gemeinde durch einen Umbau den südlichen Teil des auf der Ostseite liegenden Porticus in einen 6,90 × 6,80 m großen Speisesaal verwandelt hatte. Die Ausgräber nannten den Raum wegen der reichlichen Funde an Glas, Keramik, Tierknochen – selbst ein marmornes Brettspiel fehlte nicht – das „Restaurant"[84]. Es war wohl nicht zuletzt das festliche Mahl am Sabbat, das zur Gründung judaisierender, heidnischer Kultvereine führte, die den Gott Sabbatistes oder auch den Hypsistos verehrten[85]. Eine analoge heidnische Weihung an

---

[81] S. E. Lohse, ThWNT 7, 15f. u. Billerbeck, Komm. z. NT, 1, 611–615; u. zu Gastmählern am Sabbat auch 2, 202f. zu Lc 14,1. Zu Mahlzeiten in der Synagoge s. S. Krauss, o.c. (A. 17), 193ff. 206. Zum Qiddusch-Ritus in der Synagoge s. Pes. 100b/101a und dazu S. Krauss, o.c. 194: „Sicher ist es, daß die Synagoge, namentlich am Abend des Sabbateinganges, als Speiseraum diente".

[82] Persius Sat. 5, 180–184, s. Th. Reinach, o.c. (A. 28): 264: Die Juden feiern das Sabbatmahl beim Schein der Sabbatlampe mit Thunfisch und Wein; Plutarch, quaest. conv. IV, 6, 2 (672 A), s. Th. Reinach, o.c. 144f.; ὅταν σάββατον τιμῶσι, μάλιστα μὲν πίνειν καὶ οἰνοῦσθαι παρακαλοῦντες ἀλλήλους, s. auch Philos Warnung, spec. leg. 1, 192ff. (M. 1, 240), die jüdischen Feste nicht nach heidnischer Art mit übermäßigem Weingenuß zu feiern. Vgl. Augustin, in ev. Joh 3,19, PL 35, 1404: *Judaei enim serviliter observant diem sabbati, ad luxuriam, ad ebrietatem.* Ähnlich Chrysostomus, adv. Jud. I, 2, 4.8, PG 48, 846. 849. 927ff. S. dazu J. Juster, o.c. (A. 17), 359 u. S. Krauss, Talmudische Archäologie, 3, 99–102. Im Grunde handelt es sich hier um eine Wiederaufnahme antiker antisemitischer Polemik. Eine ausführliche Übersicht über den Wein im jüdischen Kult gibt E. R. Goodenough, o.c. (A. 5), 6, 126–217.

[83] M. Avi-Yonah, Bull. of the L. M. Rabinowitz Fund. 3 (1960), 47; s. auch B. Lifshitz, RB 67 (1960), 59/60 und SEG 20 (1964), 462. Vgl. auch IGL Syr 3 (1950), 770, Antiochien: ἐγένετο ἡ ψήφωσις τοῦ τρικλινίου in einer Herberge aus dem 6. Jh. n. Chr. und die jüdische Mahlgemeinschaft CPJ 1, Nr. 139.

[84] D. G. Mitten, BASOR 174 (1964), 47; s. auch 177 (1965), 17.

[85] S. M. Nilsson, Gesch. der griechischen Religion, 1961, 2^2, 665f. Zur Verehrung des Gottes Sabbatistēs in Cilicien s. Dittenberger, OGIS 2, Nr. 573 und dazu G. Kittel, ThLZ 69 (1944), 16 und Tcherikover-Fuks, CPJ 3, S. 46ff. und die dort erwähnte Inschriften... Σαμβαθικῷ εὐχήν, sowie den σύνοδος Σαμβαθική in Naukratis aus der Zeit des

„Zeus Hypsistos" aus Palmyra berichtet ebenfalls von der Stiftung eines Speiseraumes: Διὶ Ὑψίστῳ καὶ ἐπηκόῳ τὸν βωμὸν καὶ τὸ συμπόσιον ἀνέθηκε[86].

In der Diaspora, wo man die häufigen gemeinschaftlichen Mahlzeiten heidnischer Kult- und Totengedächtnisvereine ständig vor Augen hatte, war das Bedürfnis nach ähnlichen die Gemeinde verbindenden Mahlzeiten vermutlich wesentlich größer als in Palästina, wo zumindest noch in Galiläa bis weit in die byzantinische Zeit hinein bürgerliche Gemeinde und Synagogengemeinde oftmals zusammenfielen[87]. So weist ein Vorraum in der jüdischen Katakombe an der | Via Appia darauf hin, daß dort vielleicht Totengedächtnismahle abgehalten wurden, und auf jüdischen Goldgläsern erscheinen teilweise Symbole eines Gemeinschaftsmahles[87a]. Vermutlich sollen sie – wie die Darstellung des Vincentius-Grabes – auf das eschatologische Mahl hinweisen. Auch das urchristliche, gemeinschaftliche Herrenmahl, wie es uns in I Cor 11,20ff. begegnet, ist „eine Weiterführung der jüdischen Mahlzeiten"[88]. Es wäre durchaus denkbar, daß der I Cor 11,20–22 geschilderte Zustand, daß jedes Gemeindeglied Speise und Trank zum gemeinschaftlichen Mahle von zu Hause mitbrachte, auf einen in der Synagoge in Korinth am Sabbatvorabend geübten Brauch zurückging. Selbst das μεθύει (V. 21) muß durchaus nicht ein Reservat für enthusiastische Gnostiker gewesen sein. Es mag auch bei den Gemeinschaftsmahlen in jüdischen Diasporagemeinden hin und wieder vorgekommen sein[88a]. Vermutlich zählte Polycharmos mit dem „Tetrastoon" und „Trikleinon" nur die wichtigsten Nebenräume auf, die zudem möglicherweise – wie in der Villa der Vettier in Pompeji – gegenüber den übrigen Gebäudeteilen eine gewisse architektoni-

---

Augustus. Die Verbindung mit einer angeblich kleinasiatischen Göttin Sambethe (s. H. Gressmann, PW 2. R. 1, 1559ff.) ist weniger wahrscheinlich.

[86] S. J. Starcky, Syria 26 (1949), 60, Nr. 2 s. dort auch die weiteren „Symposion"-Inschriften eines Thiasos: Nr. 3 u. 4 (S. 61). συντε]λούμενον συμπόσιον σὺν [πάντι κό]σμῳ ... sowie die Bankettszene des Vincentiusgrabes in Rom s. M. Nilsson, o.c. 2, 662f. Abb. 5 und Goodenough o.c. (A. 17) 2, 45–50 und 3, Abb. 842. 843. Speziell in Palmyra wurden etwa 120 Weihungen an den „höchsten Gott" gefunden, die zwar nicht jüdisch waren: „yet the ideas associated with him could approximate to those of Judaism", s. Roberts-Skeat-Nock, HThR 29 (1936), The Gild of Zeus Hypsistos, 65; vgl. auch J. G. Février, La Religion des Palmyriens, 1931, 120–127.

[87] Hier liegt einer der Hauptunterschiede zwischen Palästina und der Diaspora. In Palästina waren die jüdischen Gemeinden wenigstens im geschlossenen Siedlungsgebiet „Volkskirche", in der griechisch sprechenden Diaspora ein staatlich privilegierter ethnisch-religiöser Verein. Zum Verbot der Mahlzeiten in der Synagogen s. u. A. 90. Zu den heidnischen Kult- und Totengedächtnismahlen s. H. Lietzmann, An die Korinther, HBNT 9 (1949[4]), 49f. u. 91f.

[87a] E. R. Goodenough, o.c. (A. 5) 2, 16 vgl. auch 11f. und 111f., dazu 3, Abb. 736. 973. 974.

[88] H. Lietzmann, o.c. (A. 87), 56.

[88a] Hier ist der Hintergrund von Ermahnungen wie Eph 5,18 I Tim 3,3. 8 Tit 1,7 2,3. Vgl. die Bedeutung der Weinsymbolik in der antiken jüdischen Kunst s. E.. Goodenough, o.c. (A. 5), Bd. 1 u. 2 s. im Index u. Grapes, Vine, Vase u. Wine. Asketische Neigungen waren, wenn man von der Furcht vor heidnischem Libationswein absieht, relativ selten.

sche Einheit bildeten[89]. Als ausgesprochenes Lebenszentrum der Gemeinde hatte die Synagoge in der Diaspora eine sehr vielseitige Funktion, die sich nicht nur auf den Gottesdienst am Sabbat und das persönliche Gebet beschränkte[90]. Im Peristylhof konnte unterrichtet werden[91], und der Speiseraum mochte außerdem | zur Unterbringung von jüdischen Reisenden dienen. So wurden in Ostia mit der Synagoge direkt verbundene Herbergsräume mit Liegebänken und eine Mazzenbäckerei gefunden. Weiter war die Synagoge der Ort für alle die Gemeinde betreffenden Entscheidungen, insbesondere gerichtlicher Art, soweit sie unter die Iurisdiktion der Gemeinde fielen[92]. Die Gliederung der Besucher der großen synagogalen Basilika in Alexandria nach Zünften und die Entdeckung einer ganzen Ladenreihe an der Synagoge von Sardes, die wenigstens teilweise jüdischen Geschäftsleuten gehörte, weisen darauf hin, daß die Synagoge oftmals auch der Ort geschäftlicher Verhandlungen war. Bei größeren Gemeinden wird für die innere Organisation neben der landsmannschaftlichen auch die berufständische Gliederung eine gewisse Bedeutung be-

---

[89] S. die Abbildung in Vitruvius, ed. F. Granger, LCL, 1934, 2, 385 P. I: an das klassische Atriumhaus ist hier ein großes Peristyl und 3 Nebenräume, darunter ein Speiseraum für mehrere Personen, angefügt; s. H. Sulze, PW Suppl. 7, 961f.: Bei Villen wurden gerne Wohn- und Repräsentationstrakt getrennt. Peristyl u. Triclinium gehörten zum letzteren.

[90] Zu den verschiedenen Funktionen der Synagoge s. S. Krauss, o.c. (A. 179) 55f. 182–200: „Die Synagoge als Gemeindehaus" und W. Schrage, ThWNT 7, 823f. Auf Grund der nach 70 n. Chr. immer stärker hervorgehobenen „Heiligkeit" der Synagoge (s. u. A. 95. 96) suchte man später ihre Funktionen als allgemeines Versammlungshaus einzuschränken, s. z. B. die Bestimmungen Billerbeck 2,27 und 4,125. Vgl. auch die Bestimmungen über eine zerstörte Synagoge M. Meg. 3,3; s. dazu auch u. A. 95. 96. u. 98.

[91] Synagoge und Lehrhaus waren weitgehend identisch s. S. Krauss, o.c. (A. 17) 4: „die Lehrhäuser..., die ja sachlich und räumlich mit den Synagogen oft zusammenfielen", vgl. 17–19. 182. 279. 428–433; Billerbeck 4, 116 außerdem W. Schrage, o.c. 7, 823f. Eine idealisierende späte Tradition berichtet aus dem Jerusalem vor 70 n. Chr., j. Meg. 3, 1 73d Z. 31 ff. bei Billerbeck, o.c. 2, 150: „480 Synagogen hat es in Jerusalem gegeben und jede besaß ein Schulhaus (בית ספר) und ein Lehrhaus (בית תלמוד); ein Schulhaus für den Bibelunterricht (למקרא) und ein Lehrhaus für den Mischnaunterricht (למשנה). Vgl. auch die Theodotosinschrift CIJ 2, Nr. 1404 Z. 5: εἰς [δ]ιδαχ[ὴ]ν ἐντολῶν; vgl. auch Billerbeck o.c. 4, 121f.

[92] Zur Synagoge als Herberge s. S. Klein, MGWJ 76 (1932), 545–557. 603/04 und 77 (1933), 81–84, letzteres unter Berücksichtigung der Stobiinschrift, und die erschöpfende Übersicht von W. Schrage, o.c. 7, 824 A. 178. 179. Eine aram. Inschrift aus Er-Rama (CIJ 2, Nr. 979) spricht ausdrücklich von der Stiftung einer Herberge vor dem Tor (vermutlich einer Synagoge). Vorbildlich ist die Theodotos-Inschrift l.c., die in Ergänzung zur neuerbauten Synagoge eine Herberge (ξενῶνα), Fremdenzimmer (δώματα) und Wasseranlagen für rituelle Waschungen (τὰ χρησ[τ]ήρια τῶν ὑδάτων) erwähnt, alles zur Unterbringung der aus der Fremde kommenden Pilger (εἰς κατάλυμα τοῖς [χ]ρήζουσιν ἀπὸ τῆς ξέ[ν]ης Z. 6–8). Der Begriff ζενών erscheint auch in der Schilderung des Herodespalastes in Jerusalem, Jos. Bell. 5, 177, der 100 Fremdenzimmer mit Betten besessen haben soll. Zu Ostia s. M. F. Squarciapino, Boll. d'Arte Ser. 4 46 (1961), 326–336 u. Archeology 16 (1963) 194–203. Noch am Anfang d. 4. Jh. wurde die Herberge wesentlich vergrößert. Zur Synagoge als Rats- und Gerichtssaal s. S. Krauss, o.c. (A. 17), 54ff. 186ff. und W. Schrage, o.c. 7, 824 A. 170–173 und 829f.

sessen haben[93]. Als Paulus in Korinth die dortige Syn|agoge aufsuchte, erbrachte dies zunächst nicht etwa missionarische Kontakte, sondern solche beruflicher Art, die ihm Arbeit und Auskommen sicherten; in ähnlicher Weise fanden auswärtige Besucher der Synagoge in Alexandrien bei ihren Berufskollegen Arbeit und Unterstützung[94].

Das Bedürfnis der Synagogengemeinden nach Nebenräumen wurde dabei – zumindest für die Diaspora – mit der Zeit eher größer als kleiner, weil sich die Neigung verstärkte, alle profanen Verrichtungen aus den für den eigentlichen Gottesdienst verwendeten Räumen zu verbannen. Eine Baraita aus dem 2. Jh. n. Chr. fordert:

> „Die Rabbanan lehrten: Man benehme sich in Synagogen nicht würdelos; man esse dort nicht, trinke dort nicht, ziehe keinen Nutzen aus ihnen und gehe nicht in ihnen umher und trete nicht in sie ein im Sommer wegen der Hitze und in der Regenzeit wegen des Regens..."

---

93 Zu Alexandrien s. S. Krauss, o.c. (A. 17) 261ff., der auch eine durch die Parallelen ergänzte Übersetzung des Textes, T. Sukka 4, 6 (Z. 198) parr. j. Sukka 5, 55a/b und b. 51b, gibt. Vgl. auch Billerbeck, o.c. 4, 122 und G. F. Moore, Judaism, 1954[4], 3, 91f. Ob es sich bei dieser 5-schiffigen Basilika – zu ihrer Anlage s.o. A. 77 und E. Langlotz, RAC 1, 1232 vgl. auch J. Jeremias, o.c. (A. 25), 411 A. 141 – um eine Markthalle handelte, wie S. Krauss vermutete, ist doch recht fraglich; möglicherweise waren an der Außenseite wie in Sardes Läden angebracht. Während des Gottesdienstes saßen die Besucher nach Zünften geordnet: „Nicht aber saßen sie durcheinander, sondern die Goldarbeiter für sich, Silberarbeiter für sich, Schmiede für sich, Weber für sich, Teppichweber für sich, damit, falls ein Fremder kommt, er sich zu seinem Gewerbe geselle, um von daher seinen Unterhalt zu gewinnen". Die Woche über mag die synagogale Basilika der Treffpunkt der Juden in Alexandria gewesen sein, wo man sich begegnete und Verabredungen traf. Sie hätte in dieser Weise eine Art von jüdischem Forum der Stadt gebildet. Zu Sardes s. D. G. Mitten, BASOR 170 (1963), 49ff. und 177 (1965), 17: in 3 verschiedenen Läden wurden jüdische Namen gefunden: Jakob, Sabbatios und Johannes. Eine Gliederung nach Berufsständen innerhalb der Synagogengemeinde lag vermutlich auch in Hierapolis in Phrygien vor, wo ein Aelius Glykon Damianus dem Vorsitzenden der Purpurfärber 200 Denare als Stiftung (Kranzgeld: στεφανωτικός) in Verwahrung gab, damit von den Zinsen jedem (ἑκάστῳ) Mitglied an Mazzot (ἀζύμων) ein gewisser Betrag ausgezahlt würde; 150 Denare stiftete er der Zunft der Teppichweber mit dem Auszahlungstag an Pfingsten, vielleicht um sein Grab schmücken zu lassen oder für ein Totenmahl: CIJ 2, Nr. 777 und dazu G. Kittel, ThLZ 69 (1944), 12. Auch in Corycos in Cilicien gab es wohl jüdische Zünfte s. Nr. 793. 790. 792 und 787. Die alexandrinischen Weber feiner „tarsischer" Gewänder hatten möglicherweise eine eigene Synagoge in Jerusalem und später in Tiberias, b. Meg. 26a, s. S. Krauss, o.c. (A. 17), 200f. und 206 vgl. auch CIJ 2, Nr. 931 in Jaffa. Die „Synagoge der ‚Calcaresier'" CIJ 1, Nr. 304. 316. 384. 433. 504. 537 s. H. J. Leon, o.c. (A. 22), 142–144, ist vielleicht trotz der Einwände Leons doch aus einer jüdischen Gilde von Kalkbrennern hervorgegangen, es könnte sich z.B. um ehemalige jüdische Sklaven handeln, die nach 70 n. Chr. beim Bau des Kolosseums zu dieser Arbeit eingesetzt worden waren, und aus deren Kreis die spätere Synagogengemeinde herauswuchs. Neben die berufliche Organisation einzelner Synagogen trat selbstverständlich nicht weniger häufig die landsmannschaftliche, s. Billerbeck, 3, 602f. zu Act 6,9 und 4, 117.

94 Act 18,2–4. Obwohl die Begegnung mit Prisca und Aquila vor dem Synagogenbesuch am Sabbat erzählt wird, ist es doch das Wahrscheinlichste, daß Paulus sie am Sammelplatz aller Juden antraf.

Auch wenn diese Bestimmung – vor allem in der Diaspora – nicht sehr streng eingehalten wurde, so zeigt sie doch eine allgemeine Entwicklungstendenz, der man durch die Bereitstellung von ausreichenden Nebenräumen begegnete[94a]. |

d) Das Wohnen „an heiliger Stätte“.

Sämtliche Räume im Obergeschoß (τῶν ὑπερώων πάντων) hatte Polycharmos auf unbegrenzte Zeit für sich und seine Erben reserviert. Dieser Eigentumsvorbehalt erklärt sich am besten daraus, daß der Stifter der Gemeinde sein eigenes Wohnhaus übertragen hatte. Zum Ausgleich für das von ihm in Anspruch genommene unbegrenzte Wohn- und Besitzrecht an den oberen Räumen verpflichtete er sich, die Kosten für die Dachreparaturen derselben zu tragen (τὴν δὲ ἐπισκευὴν τῆς κεράμου τῶν ὑπερώων ποιεῖσθαι ἐμέ). Wahrscheinlich legte er für sich und seine Erben besonderen Wert darauf, ständig „an der heiligen Stätte“ (τῷ ἁγίῳ τόπῳ) wohnen zu können[95]. Diese Vorstellung von der Heiligkeit der Synagoge setzt eine längere Entwicklung voraus. Vor allem nach der Zerstörung des 2. Tempels hatte die Synagoge, vermittelt durch die pharisäische Auffassung von der dinglichen Heiligkeit der kanonischen Schriften, in vielen Punkten das Erbe des Heiligtums in Jerusalem angetreten und war durch die ständige Anwesenheit der heiligen Schriftrollen in ihren Räumen selbst zu einem sakralen Ort geworden, dessen Würde man durch einengende Vorschriften in zunehmendem Maße zu steigern wußte[96]. |

[94a] B. Meg. 28a/b parr. T. Meg. 3, 7 (Z. 224f.); j. 3, 4 74a 60ff., dazu S. Krauss, o.c. (A. 17), 423 und Billerbeck, o.c. 2, 27 und 4, 125; vgl. auch M. Meg. 3, 3. Die ständige Aufstellung des Toraschreins im Gottesdienstraum förderte diese Tendenz.

[95] Zu ἅγιος τόπος als Bezeichnung für die Synagoge s. W. Schrage, ThWNT 7, 808 A. 49 und für das aramäische Äquivalent אתרה קדישה 809 A. 60. Zu ergänzen ist CIJ 2, 980, die Inschrift auf dem Bronzeleuchter von Kefar Ḥananjah לאתרה קדישה דכפר חנניה und wahrscheinlich auch 964; τῷ Θ(ε)ῷ καὶ τῷ ἁγίῳ [τόπῳ...; s. auch Ḥammam Lif. J. Oehler, o.c. (A. 62), 526 Nr. 522a = CIL 8, 12457a: *sancta sinagoga*. Daneben wurden die Synagogen auch im Superlativ „Hochheilig“ (ἁγιωτάτη) genannt, s. W. Schrage, o.c. 7, 822 A. 157 und L. Robert, Rev. Phil. 32 (84) (1958), 43 A. 4 und Hellenica 3, 105. Speziell die Bezeichnung ἅγιος τόπος galt ursprünglich für den Tempel, s. Mt 24,15; Act 6,13; 21,28, und erscheint schon im AT: Qoh 8,10: מקום קודֶשׁ = LXX (ἐκ) τόπου ἁγίου und Jes 60,13 LXX: τὸν τόπον τὸν ἅγιον. Auch der Begriff τόπος allein als Bezeichnung der Synagoge (Belege bei W. Schrage, ThWNT 7, 809 A. 61. S. auch u A. 63) wird, wie E. R. Goodenough o.c. (A. 5), 1, 201f., zu Recht vermutet, auf alttestamentliche Stellen wie Hab 2,9 Jes 18,7; 26,21; 60,13; Hes 3,12; 43,7 u. Mi 1,3 zurückgehen. Zur Synagoge als „Ersatz für den Tempel“ s. die reichen rabbinischen Belege bei Billerbeck o.c. 4, 123ff. (a).

[96] Die rituelle Heiligkeit der kanonischen Schriften wurde nach M. Jad. 4, 6 noch von Jochanan b. Zakkai gegenüber den Sadduzäern verteidigt, sie war also kurz vor 70 n. Chr. selbst in Palästina noch keineswegs allgemein anerkannt. Nach T. Jd 2, 12 (Z. 683) ging die rituelle Heiligkeit auch auf die Umhüllung und den Toraschrein über, und nach M. Meg. 3,1 wurde davon in absteigender Linie auch die Synagoge erfaßt (Texte bei Billerbeck, o.c. 4, 136aa u. 132r). Während noch R. Eleazar b. Zadok vor 70 n. Chr. die Synagoge der Alexandriner in Jerusalem kaufen und nach eigenem Belieben profan verwerten konnte, wurde etwa ab

Man wird wohl stärker als bisher in diesem Zusammenhang zwischen einer vorpharisäischen Auffassung von der Synagoge, wie sie uns in dem größeren Teil der ägyptischen Inschriften und in Delos begegnet, und der Synagoge als pharisäisch-rabbinischem Institut zu unterscheiden haben. Es ist bezeichnend, daß die uns erhaltenen synagogalen Inschriften aus der Zeit vor 70 den Hinweis auf die dingliche Heiligkeit der Synagogengebäude noch nicht in dieser Weise enthalten. Stärker als die Analogien zum Tempel in Jerusalem werden dort – wenigstens für die Diaspora – gewisse, durch den engen Kontakt mit der Umwelt bedingte Parallelen zu heidnischen Heiligtümern sichtbar[97]. Die Synagoge war Versammlungsort der jüdischen Ge|meinde zum Gebet, darum der – für die Antike neuartige – Name „Proseuchē" zur Verlesung und Auslegung

---

150 n. Chr. von R. Meir der Verkauf von Gemeindegut erschwert, „weil man es dadurch aus seiner Heiligkeit erniedrigen würde"; s. T. Meg. 3, 6 (Z. 224) und M. Meg. 3,2 nach dem b. Talmud. Die Rabbinen verfuhren nicht ganz so schroff, legten aber für den Verkauf auch Beschränkungen auf; s. Billerbeck, o.c. 4, 143f. und S. Krauss, o.c. (A. 17), 200f. In späterer Zeit erwiesen Juden der Synagogen selbst von außen im Vorübergehen die Reverenz (השתחוה), und es kam vor, daß sie dies einem heidnischen Tempel gegenüber taten, den sie wegen seiner Bauform mit einer Synagoge verwechselten: b. Sanh. 61b; 62a u. 62b, s. dazu E. R. Goodenough, o.c. (A. 5) 1, 183. Diese steigende, vom Pharisäismus ausgehende Tendenz, die Synagoge zu einem „Heiligtum im Kleinen" (מְעַט לְמִקְדָּשׁ Hes 11,16, vgl. b. Meg. 29a: die Synagogen und Lehrhäuser in Babylonien) werden zu lassen, hat Krauss in seinen Synagogalen Altertümern eindeutig nachgewiesen, s. u.a. 17f. 66ff. 93ff. 423ff.; „die Synagoge (erscheint) als Nachfolgerin des Tempels (433)"; vgl. dazu auch W. Schrage, ThWNT 7, 821ff. 825.

97 Die bekannten frühesten Synagogeninschriften haben lediglich die Bezeichnung προσευχή ohne weitere Zusätze, die auf die besondere Heiligkeit des Ortes hinweisen, und waren in Ägypten durchweg dem ptolemäischen Königspaar geweiht: s. CIJ 2, Nr. 1432 (s. o. S. 162) 1433 (s. o. A. 68). 1440–1444. 1449 und CPJ 3, S. 164 (Nr. 1532a), dasselbe gilt von Erwähnungen auf Papyri CPJ 1, Nr. 129,5; 134,17f. 29; 138,1; eine Synagoge aus späterer Zeit CPJ 2, Nr. 432, 60 wird εὐχεῖον genannt, und erst bei einer ganz späten Inschrift aus byzantinischer Zeit erscheint auch die in Stobi gebrauchte Formel τῷ ἁγίῳ τό[πῳ s. CIJ 2, Nr. 1437 und dazu den Ergänzungsvorschlag von L. Robert Rev. Phil. 32 (84) (1958), 43 A. 4. Das ἱερόν 1433 bezieht sich nach Vorbild ägyptischer Heiligtümer auf den „heiligen Bezirk" und nicht auf den Begriff προσευχή. Eine Parallele in der Asylie ägyptischer Heiligtümer hat die nach Nr. 1449 einer Synagoge verliehene Asylie. Die strukturelle Ähnlichkeit der ägyptischen Synagogeninschriften mit den Weihinschriften heidnischer Tempel zeigt ein Vergleich mit OGIS 1, Nr. 64. 65. 91. 92 u.a. Ähnlich ist die Situation auch in Delos. Die ganz unkonventionell auf der Westseite der Synagoge angebrachte Kathedra weist eine Ähnlichkeit mit den Sitzen griechischer Dionysos- und Zeuspriester auf, s. Sven Risom, Melanges Holleaux, 1913, 257–263 und E. R. Goodenough, o.c. (A. 5), 2, 71. 74. In Pantikapaion auf der Krim wurden Sklaven gegen die Bestimmungen des AT, aber parallel zu den Gebräuchen in heidnischen Tempeln, in der „Proseuche" freigelassen, s. CIJ 1, Nr. 683 u. 684, s. dazu E. Schürer, o.c. (A. 59) 3^4, 23f. u. 93f. Vgl. auch o. A. 65 die Inschrift aus dem karischen Nysa, wo die Synagogengemeinde noch als „Synodos" bezeichnet wird. Dies alles legt den Schluß nahe, daß der pharisäisch-palästinische Einfluß etwa seit dem 1. Jh. n. Chr. die Form der synagogalen Gemeinde und ihres Kultraumes zumindest in der Diaspora wesentlich geändert hat. Ich hoffe, dieses in einem späteren Aufsatz ausführlicher begründen zu können. Es zeigt sich hier, daß die gewiß einseitigen Thesen von M. Friedländer, Synagoge und Kirche in ihren Anfängen, 1908, 53ff. wenigstens teilweise eine gewisse Berechtigung haben. S. dazu u. S. 171ff. und 428ff.

des Gesetzes, daneben aber auch zu durchaus profanen Versammlungen, möglicherweise noch ohne „heilige Lade“ als kultischem Mittelpunkt und sicherlich noch ohne Menorot und andere Symbole, die sich in den späteren jüdischen Synagogen so großer Beliebtheit erfreuten[98]. Dagegen kommt in der Stobi-Inschrift etwa 200 Jahre nach der Tempelzerstörung eine Frömmigkeitshaltung zum Ausdruck, für die der ausgeprägte Wunsch, ständig an „heiliger Stätte“ zu wohnen, typisch ist und die – ebenso wie die Nennung des Patriarchen – zeigt, daß sich die pharisäische Form des Judentums auch in der griechisch sprechenden Diaspora längst allgemein durchgesetzt hatte. Eine gewisse Parallele dazu finden wir, allerdings dort noch auf den Tempel in Jerusalem übertragen, bei Lukas: Der 12-jährige Jesus würde am liebsten für immer in dem als Lehrhaus verstandenen Tempel bleiben, die Profetin Hanna „wich nicht vom Heiligtum“, und die vorbildliche Urgemeinde „harrte einmütig im Heiligtum aus“[99]. Was bei Lukas für den idealisierten Tempel galt, wurde im Judentum | nach 70 auf die Synagoge übertragen. Man sollte sie möglichst täglich betreten, denn hier war allein der Ort fruchtbaren Gesetzesstudiums, hier wurden Gebete in besonderer Weise erhört, war Gottes Schechina selbst anwesend, und wer sie regelmäßig aufsichte, dem war langes Leben gewiß[100]. Dies alles erklärt auch jene so eigenartige, selbst durch die Geldent-

[98] Der Toraschrein als kultischer Mittelpunkt des Gottesdienstes bzw. des synagogalen Raumes setzt die dingliche Heiligkeit der Schriftrollen voraus und hat sich in Palästina wohl frühestens seit dem 1. Jh. v. Chr. – etwa seit der Machtergreifung der Pharisäer unter Alexandra 76–67 v. Chr. – eingeführt. Seine kultische Aufwertung zeigt sich u. a. darin, daß die Mischnah noch das neutrale תֵּבָה dafür verwendet (M. Ber 5,3.9; Meg. 3,1; Taan. 2,1; T. Jad. 2,12 (Z. 683): תֵיבָה שֶׁל סִיפָרִים) und sich erst etwa seit dem 2. Jh. der auf die heilige Lade (אָרוֹן הַקֹּדֶשׁ) bezogene Begriff אָרוֹן einbürgerte: s. b. Schab. 32 a unten Bar. und dazu S. Krauss, o. c. (A. 17) 366f. Die Menorot und die anderen jüdischen Symbole tauchen erst nach 70 n. Chr. auf, sie fehlen z. B. – im Gegensatz zu den späteren jüdischen Katakomben in Rom – noch ganz auf den jüdischen Ossuarien in Jerusalem. Vor 70 besaß das Judentum kein zentrales Symbol, das es als solches charakterisiert hätte. Dies ist wohl auch der Grund, warum bisher außer Delos noch keine synagogalen Räume der frühen Zeit gefunden wurden, obwohl sie nach Philo, leg. ad. C. 132 (M. 2, 565) in großer Zahl vorhanden waren: sie unterschieden sich kaum von profanen Räumen. Der hauptsächliche Schmuck werden Inschriften und – nach griechischem Vorbild angebrachte – Weihgeschenke gewesen sein, s. Philo, leg. ad. C. 133 (M. 2, 565), vgl. auch in Flacc. 48 (M. 2, 524). Zum profanen Gebrauch der Synagogen s. o. S. 171 A. 93 und auch Jos. vita 277. 280. 283ff. 293. 302f., wo in der großen Synagoge in Tiberias politische Versammlungen abgehalten wurden, die am Ende zu bewaffneten Auseinandersetzungen führten. Vgl. auch die alte Bezeichnung בֵּית עַם und die Polemik dagegen Bar. b. Schab 32 a, s. S. Krauss, o. c. 366.

[99] Lc 2,46–49.36f.; Act 2,46. Es ist durchaus möglich, daß die hellenistischen Diasporajuden, die ihrer örtlichen Proseuche keine besondere Heiligkeit zumaßen, ähnlich wie der Aristeasbrief oder auch Philo sehr unreale, idealisierte Vorstellungen vom Tempel in Jerusalem besaßen.

[100] S. dazu S. Krauss, o. c. (A. 17), 427–433; Billerbeck, o. c. 2, 240; 4, 123f. und W. Schrage, ThWNT 7, 825f. R. Jizchaq, etwa. 300 n. Chr.: „Wer (täglich) in das Bethaus zu gehen pflegt und einen Tag nicht kommt, nach dem erkundigt sich der Heilige...“; s. auch die anschließende Diskussion der Gemara. b. Ber. 8 a.: Jehoschua b. Levi (pal. Amoräer um 230)

wertung nur teilweise zu erklärende, uns übertrieben erscheinende Sicherung des Wohnrechtes. Als reicher Mann, der in der Lage ist, sein Haus der jüdischen Gemeinde zu schenken, hätte Polycharmos sicherlich die Möglichkeit gehabt, anderswo ein neues zu erwerben. Aber er wollte für sich und seine Erben auf alle Zeiten einen Anteil an der Heiligkeit dieses Ortes sichern. Die starke Absicherung zeigt, daß er selbst für spätere Zeiten mit Widerständen rechnete. Auch die Erwähnung des Hyperoon, für das es im Zusammenhang mit Synagogen m.W. keine Parallelen mehr gibt, hat möglicherweise ihre religiöse Seite: Die Räume im „Obergemach" waren – wie E. Peterson an Hand vieler Beispiele gezeigt hat – seit Dan 6,11 (G: ἐν τῳ ὑπερῴῳ Theodotion: ἐν τοῖς ὑπερῴοις) ein bevorzugter Ort des Gebets und außerdem, sowohl bei den Rabbinen wie wieder bei Lukas die beliebte Stätten kleiner religiöser Versammlungen und frommer Gespräche[101]. In diesem Sinne war es gewiß der richtige Wohnort für einen solch eifrigen und selbstbewußten Frommen wie Polycharmos.

e) Der „Vater der Synagoge" und sein Wandel im Judnetum

Polycharmos trug den Titel „πατὴρ τῆς Στόβοις συναγωγῆς, eine Bezeichnung, die in dieser Form vor allem in römischen Judengemeinden und deren Einflußgebiet erscheint, und die vermutlich den höchsten dort zu vergebenden Ehrentitel darstellte. Diese Würde und ihr weibliches Gegenstück „Mutter der Synagoge" wurde wohl an reiche Glieder der jeweiligen Gemeinde verliehen, die sich durch ihr Geld und ihren Einfluß tatkräftig für deren Belange eingesetzt hatten. In Rom, wo insgesamt 11 verschiedene Synagogengemeinden nach|weisbar sind und so u.U. verschiedene Gemeinden an der Unterstützung durch reiche und fromme Juden interessiert waren, konnte man den Titel auch von mehreren Synagogengemeinden erhalten[102]. Er stand in solchem Anse-

zu seinen Söhnen: „Geht ins Bethaus morgens früh und abends spät, damit ihr lange lebet", ähnlich R. Jochanan und R. Acha b. R. Chanina (beide Stellen bei W. Schrage l.c.).

[101] E. Peterson, o.c. (A. 7), 1–3 und besonders A. 11 u. 12. Zum „Obergemach" bei Lukas s. Act 1,13f. 9.37.39 (vgl. III Reg 17 19ff. u. IV Reg 4,10ff.) Act 20,8, vgl. auch das Gebet des Petrus auf dem Dache 10,9. Zum Obergemach im Rabbinat s. auch A. Marmorstein, o.c. (A. 2) 378 und Billerbeck, o.c. 2, 594: „Die Söller (עֲלִיָּה) dienten den Gelehrten als Versammlungsräume, als Studierzimmer u. als Gebetsstätten".

[102] CIJ 1, Nr. 88, 93. 166. 319. 508: μαθητὴς σοφῶν καὶ πατὴρ συναγωγιῶν; 509. 510. 535: (πατρος τῶν 'Εβρέων = der Synagoge d. H.); 537; in dieser Form sonst nur noch in Stobi und Sitifis in Mauretanien: CIL 8, 8499 s. auch Schürer, o.c. 3^4, 55. Die abgekürzte Form *pater* ohne Zusatz ist späteren Ursprungs und bedeutet wohl schon ein festes Gemeindeamt s.u. A. 103. Sonst findet sich der Titel nur noch mit Abänderungen: CIJ 1, Nr. 720: πατὴρ λαοῦ διὰ βίου Mantinea in Arkadien, auch hier eine Weiterentwicklung zum festen Gemeindeamt (s.u. A. 103); CIJ 2, Nr. 739: πατὴρ τοῦ στέματος (sic). In Kleinasien, Syrien und Ägypten findet sich der Titel m.W. nur noch mit einer Ausnahme, dem schon erwähnten POx. 1205 = CPJ 3, Nr. 473, Z. 8f.: 'Ιούσ]του βουλευτ[ο]ῦ 'Ωνειτῶν τῆς Συρίας Παλαιστείνης πατρὸς τῆς [συναγωγῆς(?)... Da dieser Titel für den ganzen Osten ein Novum ist und er auch im Talmud

hen, daß in einer römischen Grabinschrift, der Gatte einer verstorbenen Frau besonders hinzufügte, er sei der Bruder des Quintus Claudius Synesius, des Vaters der Synagoge der Campesier in Rom (CIJ 1, Nr. 319). Von der Jüdin Cattia Ammias wird gesagt, daß sie die Tochter des Monophilos, Vater der Synagoge der Calcaresier war und daß sie in Treue zum Judentum 43 Jahre mit ihrem Gemahl lebte, dessen Name nicht erscheint, da des Vaters Titel scheinbar wichtiger war (Nr. 537, s. auch u. S. 178). In späterer Zeit wurde der „Vater der Synagoge" möglicherweise zu einem festen Amtsträger in der Gemeinde und entsprach etwa dem Archisynagogen[103]. Bei Polycharmos wird jedoch noch der Ehrentitel vorliegen. | Ehrentitel dieser Art finden wir in den frühesten Synagogeninschriften noch nicht, vermutlich war damals die synagogale Verfassung wesentlich einfacher, so daß eine solche Vielzahl von Amts- und Würdenträgern in den Gemeinden nicht notwendig erschien[104].

---

nicht erscheint, wäre vielleicht eine andere Ergänzung zu überlegen. Das Gegenstück dazu ist die *Mutter der Synagoge* s. Nr. 166. 496. 523 Rom; 639 Brescia; u. 606 *pateressa*, Venosa. Die Herkunft des Titels ist dunkel, wahrscheinlich geht er auf das römische religiöse Vereinswesen zurück, s. E. Schürer, o. c. 3^4, 89 A. 49. 50; J. Juster, o. c. (A. 17) 1, 448f. u. J. B. Frey, CIJ 1, S. XCVf.; vgl. auch S. Krauss, o. c. (A. 17), 166f. Der Mithraskult kannte die Würdebezeichnung *pater*, auch *pater et antistes* oder *p. et sacerdos, p. patrum, p. patratus* (s. E. Wüst PW 15, 2142) u. wohl auch *p. sacrorum*. Der Titel *mater sacrorum* erscheint vielleicht im Isiskult (s. v. Blumenthal, PW 18, 2157f.); vgl. Tertullian, Apol. 8: Der *p. sacrorum* ist für die Aufnahme in die Mysterien zuständig. Zum späteren Titel πατὴρ τῆς πόλεως s. L. Robert, Hellenica 4 (1948), 130.

103 S. dazu CIJ 1, Nr. 720 (s. o. A. 102), die Bezeichnung *pater* für den Leiter der Gemeinde in Ostia Nr. 533 Z. 5, er steht dort an erster Stelle vor dem Gerusiarchen, in den späten Inschriften in Venosa: Nr. 589. 611–613; und aus der Gegend von Mailand: 645. 646, alle lateinisch. Der Titel erscheint 540 n. Chr. in Magona auf Ibiza: 2 Brüder, Caecilianus und Florinus, jeweils als *pater Judaeorum*, über ihnen steht ein Theodorus: *apud illos legis doctor[et]ut ipsorum utar verbo pater patrum*, hier wohl im Sinne von Ältesten und Archisynagogen, s. Severus, ep. de Iud., PL 20, 741 und 733, s. J. Juster, o. c. 1, 449 A. 2; außerdem erscheinen die patres synagogarum im Cod. Theod. (A. 23) 16, 8, 3f. hinter den Priestern und Archisynagogen, vermutlich ebenfalls im Sinne von Gemeindevorstehern (aus einem Erlaß Kaiser Constantins über die Juden in Köln 331 n. Chr.). Vermutlich besaß Köln um diese Zeit eine Synagoge.

104 Titel in den frühen Inschriften sind relativ selten. In dem großen jüdischen Gräberfeld von Tell el Yeduhieh CIJ 2, Nr. 1451–1530 erscheint kein einziger (s. dazu die unveröffentlichten Inschriften in CPJ 3, S. 162f. Nr. 1530 A–D). In 2 Synagogeninschriften wird von dem Amt der Vorsteherschaft gesprochen, aber bezeichnenderweise nicht als Titel, sondern als Funktion: CIJ 2, Nr. 1441: ... προστάντων Θεοδώρου καὶ 'Αχιλλίωνος, ähnlich 1447. Der Titel προστάτης findet sich häufig in der ägypt. Priesterschaft: s. W. Otto, Priester u. Tempel ..., 1 (1905), 45. 362. Der „Hēgemōn" und Stifter Eleazar S. d. Nikolaos ist gegen J. B. Frey, CIJ 2, Nr. 1531 und mit Tcherikover-Fuks, CPJ 3, S. 163 nicht als jüdischer Gemeindebeamter, sondern als Offizier zu verstehen, vgl. auch Nr. 1443. Die Theodotos-Inschrift kennt πρεσβύτεροι u. das Amt des ἀρχισυνάγωγος, das seit 3 Generationen in Familienbesitz ist. Eine Vielzahl von Ämtern ist erst in den nachchristlichen Inschriften der Gemeinden in Rom, Kleinasien und Palästina nachzuweisen. Hier kommt es teilweise zur „Ämterkumulation", s. CIJ 1, Nr. 337. 494; vgl. L. Robert, Rev. Phil. 32 (84) (1958), 36ff. u. die doppelte Amtsbezeichnung einer Jüdin auf Kreta REG 77 (1964), 216 Nr. 413. Dagegen sind in dem auf die ptolemäische Zeit zurückgehenden jüdischen Politeuma in Berenike in der

Sonderbar ist, in welch betonter Weise der Stifter hervorhebt, daß er sein ganzes Leben in Treue der jüdischen Sitte gemäß zugebracht habe: ὃς πολειτευσάμενος πᾶσαν πολειτείαν κατὰ τὸν Ἰουδαϊσμόν.

H. Lietzmann vermutete in ihm darum einen Proselyten, „der seinen exemplarischen Wandel durch die Stiftung einer Synagoge krönt"[105]. Dies wäre an sich durchaus möglich, da auch Proselyten synagogale Ehrentitel erhalten konnten. So lesen wir auf der Grabinschrift der Römerin Beturia Paucla: *quae (v)ixit an(nos) LXXXVI me(n)ses VI, proselita an(nos) XVI, nomin(a)e Sara mater synagogarum Campi et Bolumni* (Nr. 523). Obwohl sie erst mit 70 Jahren definitiv zum Judentum übertrat, konnte sie – gewiß durch ihre glaubenseifrige Freigiebigkeit – den hohen Ehrentitel gleich für 2 jüdische Gemeinden erwerben. Aber gerade hier zeigt sich der Unterschied: Polycharmos betont ausdrücklich, daß er sein ganzes Leben in Treue zur jüdischen Sitte zugebracht habe. So wird ganz ähnlich von der schon erwähnten Kattia Ammias gesagt: καλῶς βιώσασα ἐν τῷ Ἰουδαϊσμῷ (Nr. 537). Der mit 110 Jahren gestorbene Pancharios, Vater der Synagoge von Elaia in Rom, erhält die Charakterisierung: φιλόλαος, φιλέντολος καλῶς βιώσας (Nr. 509). Es tritt uns hier ein Frömmigkeitstypus entgegen, der in besonderer Weise die lebenslange Treue zur | jüdischen Tradition betont und an gewisse Stellen in den Pastoralbriefen erinnert[106]. H. Lietzmann (l.c.) macht darüber hinaus auf die wichtige Parallele zu Gal 1,13.14 aufmerksam, in der Paulus von seiner vorchristlichen ἀναστροφή ποτε ἐν τῷ Ἰουδαϊσμῷ redet und betont: καὶ προέκοπτον ἐν τῷ Ἰουδαϊσμῷ ὑπὲρ πολλοὺς συνηλικιώτας ἐν τῷ γένει μου. Der seltene Begriff Ἰουδαϊσμός erscheint erstmalig in II Macc und ist vielleicht von Jason v. Kyrene, dessen Werk in diesem Buch zusammengefaßt ist, überhaupt erst gebildet worden. Sowohl hier, wie in IV Macc und bei seinem nur einmal erscheinenden hebräischen Äquivalent יהדות wird das Wort stets in bekenntnishaften Situationen gebraucht und man wird es am besten mit „Judentum" wiedergeben, wobei es sowohl dessen religiöse Seite wie auch dessen ethnisch nationale Beschränkung enthält[107]. Auch die Begriffe πολιτεία und πολιτεύεσθαι finden sich mehrfach in II Macc, wobei dort noch die ursprüngliche, politische Bedeutung stärker hervortritt. Das durch die beabsichtigte Verwandlung Jerusalems in eine Polis bedrohte Gesetz ist gleich den wahren νομίμους...

Cyrenaika in Anlehnung an die griechische Polisverfassung lediglich 10 (9) Archonten nachweisbar, s. die Spenderinschrift SEG 17 (1960), 823 und die ältere Inschrift CIG 3, 5361 bei E. Schürer, o.c. 3, 79 f. = SEG 16 (1959), 931.

[105] H. Lietzmann, o.c. (A. 2) 94; s. dagegen A. Marmorstein, o.c. (A. 2), 382.

[106] Vgl. II Tim 1,5; 3,14 f.

[107] II Macc 2,21; 8,1; καὶ τοὺς μεμενηκότας ἐν τῷ Ἰουδαϊσμῷ προσλαμβανόμενοι; 14,88; über Razis, den Ältesten von Jerusalem: καὶ σῶμα καὶ ψυχὴν ὑπὲρ τοῦ Ἰουδαϊσμου παραβεβλημένος μετὰ πάσης ἐκτενίας. Das hebräische Äquivalent erscheint nur einmal s. Esther R. 7,11 über die 3 Männer im Feuerofen; „sie änderten nicht ihren Gott und ihre Gesetze und hielten am Judentum fest:, (והחזיקו ביהדותן), s. dazu K. G. Kuhn, ThWNT 3, 364 Z. 22 ff.

πολιτείας[108], der Freiheitskampf des Judas geht um Gesetz, Heiligtum, Stadt, Vaterland (πατρίς) und πολιτεία (II Macc 13,14), wobei es hier einseitig wäre, diesen Begriff nur mit „frommer Lebensordnung" zu übersetzen[109]; es könnte dafür ohne weiteres auch „Iudaismos" stehen. Auch das Wort πολιτεύεσθαι bedeutete nicht einfach im neutralen Sinne „sein Leben führen", sondern es hatte ursprünglich einen durchaus politischen Unterton, der in der Garantie Antiochus' III. für die Geltung des mosaischen Gesetzes als einer Art von „Verfassung" des jüdischen Ethnos genau so zum Ausdruck kommt (πολιτευέσθωσαν δὲ πάντες οἱ ἐκ τοῦ ἔθνους κατὰ τοὺς πατρίους νόμους) wie in der Aufhebung dieses Gesetzes durch Antiochus IV. und der erneuten Bestätigung durch dessen | Sohn Antiochus V. Eupator[110]. In der Folgezeit erfreute sich diese „politische Terminologie" als Ausdruck für den gesetzestreuen Wandel im hellenistischen Judentum besonderer Beliebtheit. Vor allem im IV Makkabäerbuch, einer vermutlich aus dem 1. Jh. n. Chr. stammenden philosophischen Kampfschrift, wird diese zusammen mit dem Begriff Ἰουδαϊσμός wiederaufgenommen[111]. Selbst im NT kann von der πολιτεία Israels im heilsgeschichtlichen Sinne gesprochen werden[112]. Dieser Sprachgebrauch im hellenistischen Judentum war mitbedingt durch die Tatsache, daß das jüdische Gesetz für den wohlmeinenden griechischen Beobachter durchaus wie eine vor uralter Zeit dem jüdischen Volk gegebene Verfassung erscheinen konnte, die in umfassender minutiöser Weise sowohl die religiösen wie die profan-politi-

---

108 II Macc 4,11; vgl. auch 8,17 und den Gebrauch der Begriffe πολίτης 4,5.50 5,6.8.23; 9,19; 15,80 und φιλοπολίτης 14,37.

109 So H. Strathmann, ThWNT 6, 525 Z. 47 zu II Macc 8,17. Es wird hier der moderne Gegensatz zwischen dem religiös-sittlichen und dem profan-staatlichen Bereich in die Vorstellungswelt des antiken Judentums hineinprojeziert, der so damals noch gar nicht existierte. Schließlich wollten ja jüdische Griechenfreunde Jerusalem in eine griechische Polis verwandeln. Jason übernimmt als hellenistischer Geschichtsschreiber diese Terminologie und wendet sie gegen die Feinde der Makkabäer. Die seleukidischen Gegner der Juden sind für ihn „Barbaren", vgl. 4,25; 10,4, vgl. auch 5,22; 13,9; 15,2, was ja auch nicht der alttestamentlichen Vorstellungswelt entstammt.

110 Zum Edikt Antiochus III. s. Jos. Ant. 12, 138–144 (142) und dazu E. Bickermann, Der Gott der Makkabäer, 1937, 51 ff. und La Charte Séleucide de Jerusalem, REJ 100 (1935), 4–35; zur Verfügung Antiochus' IV: II Macc 6,1: ἀναγκάζειν τοὺς Ἰουδαίους μεταβαίνειν ἀπὸ τῶν πατρίων νόμων καὶ τοῖς τοῦ θεοῦ νόμοις μὴ πολιτεύεσθαι. Vgl. auch den Volksbeschluß über die Juden in Sardes Jos. Ant. 14, 260: πολιτεύεσθαι κατὰ τὰ ἐπὶ προγόνων αὐτῶν ἔθη. Zu Antiochus V. s. II. Macc 11,25. Zur Sache s. jetzt B. Schröder, Die väterlichen Gesetze, TSAJ 53, 1996.

111 Ἰουδαϊσμός: IV Macc 4,26; die „Politeia" der Juden wurde von Seleukos anerkannt: 3,20; vgl. 8,7; 17,9; πολιτεύεσθαι: 2,8.23; 4,23; 5,16 vgl. 4,1: ἀντιπολιτεύεσθαι. S. auch ep. Arist. 31; III Macc. 3,4; Zus. in Esth 8,12 p. Zu Josephus s. H. Strathmann, ThWNT 6, 526 f. und zu Philo 527 f., wobei jedoch die politische Terminologie bei Josephus nicht neu, sondern ihm durch die Tradition des hellenistischen Judentums schon vorgegeben war.

112 Eph 2,12: ἀπηλλοτριωμένοι τῆς πολιτείας τοῦ Ἰσραὴλ καὶ ξένοι τῶν διαθηκῶν τῆς ἐπαγγελίας. Zur Deutung im Sinne von „πόλις, *civitas*", s. H. Schlier, Der Brief an die Epheser, 1963, 120.

schen Bereiche des Lebens ordnete[113]. Das Judentum hat in Übereinstimmung damit nie das Bewußtsein aufgegeben, daß es nicht allein eine religiöse Gemeinschaft, sondern zugleich auch ein reales – nicht nur geistlich verstandenes – Volk war, das sich durch den Besitz der Tora von den anderen Völkern unterschied[114]. Die Bedeutung von πολιτεύεσθαι und πολιτεία verflachte sich – und zwar zuerst bei dem Verb – seit der späthellenistischen Zeit im Sinne des Wandels und der Lebensführung überhaupt, wobei der Sprachgebrauch des hellenistischen Judentums wohl wesentlich zu dieser Entwicklung beigetragen hat[115]. Die eigenartige doppelte Aus|durcksweise der Stobi-Inschrift erscheint in I Clem 54,5: ταῦτα οἱ πολιτευόμενοι τὴν ἀμεταμέλητον πολιτείαν τοῦ θεοῦ ἐποίησαν καὶ ποιήσουσιν und es wäre zu fragen, ob diese Art zu formulieren nicht im Grunde auf die hellenistisch-jüdische Gemeinde in Rom zurückgeht[116].

Der Begriff 'Ιουδαϊσμός wird – in negativer Weise – gerne von Ignatius gebraucht, um ihn dem wohl in Analogie dazu gebildeten Χριστιανισμός gegenüberzustellen; ähnlich wie in der Polycharmosinschrift kann Ignatius sagen: εἰ γὰρ μέχρι νῦν κατὰ 'Ιουδαϊσμὸν ζῶμεν, um dann als Abwehr fortzufahren: ὁμολογοῦμεν χάριν μὴ εἰληφέναι[117]. Es ist nun interessant zu sehen, wie Polycharmos zur Darstellung seiner Treue zum Judentum noch gegen Ende des 3. Jh. n. Chr. auf alte, der Tradition jüdisch-hellenistischer Theologie eigentümliche Begriffe zurückgreift; ein ähnliches Fortleben hellenistisch-jüdischer Theologumena war auch auf der etwa gleichzeitigen Inschrift aus Argos (s. o. S. 155) zu beobachten, wo sich philonische Begriffe mit magischen Vorstellungen verbanden.

---

113 So etwa schon bei Hekataios von Abdera, der Mose als den weisen Schöpfer des jüdischen Priesterstaates zeichnet (Diodor 40,3, fr. 13, s. TH. REINACH, o.c. (A. 28) 15ff. Ähnlich Poseidonios nach Strabo 16, 2, 36 (C 761), (o. c. 100f.).

114 In frühhellenistischer Zeit galten die Juden politisch als „Ethnos", s. E. BI(C)KERMAN(N), Institutions des Séleucides, 1938, 164f. und V. TCHERIKOVER, Hellenistic civilization and the Jews, 1961, 88. Daß sie auch später noch so verstanden wurden, zeigt der Titel „Ethnarchēs" für den „Nasi", s. o. S. 98f. A. 25.

115 S. dazu die Belege bei H. STRATHMANN, ThWNT 6, 518f.; die frühesten Belege für diesen Sprachwandel finden sich überwiegend im hellenistischen Judentum, die seltenen Belege aus dem nichtjüdischen Bereich sind ethisch-religiöser Art, s. U. WILCKEN, Urkunden der Ptolemäerzeit, I (1922), Nr. 144 Z. 12ff.: πρὸς (τοὺς θεοὺς) ὁσίως καὶ δικαίως πολιτευσάμενος (2. Jh. v. Chr.); vgl. auch Nr. 110, Z. 78. Bei πολιτεία sind die Belege für den übertragenen Sprachgebrauch durchweg nachchristlich, der von W. BAUER, Wörterbuch z. NT, 1963^5, 1361 angeführte Beleg aus der Augustusbiographie Nikolaus' v. Dam. F. Gr. Hist. IIA 90, fr. 126: τὰ ... ἐκ τῆς πολιτείας ἥντινα ἐν τῆι πατρίδι ἐπολιτεύσατο ist noch im politischen Sinne als „das Leben als Staatsbürger, das er in seiner Vaterstadt führte ..." zu verstehen. Er zeigt jedoch, wie die Wandlung der Begriffe begann.

116 I Clemens hat überhaupt eine Vorliebe für diese Begriffe; πολιτεύεσθαι: I Clem 3,4; 6,1; 21,1; 44,6; 51,2 und I Clem. 2,8, s. auch Justin, Dial. c. Tr. 45, 3: κατὰ τὸν νόμον τὸν Μωϋσέως πολιτευσαμένους 47, 4: τὴν ἔννομον πολιτείαν außerdem Polykarp, Phil 5,2; Hermas Sim 5, 6 (59, 6).

117 Ignatius Mg 8,1; der Zusatz in den HSS L und G ist wohl Glosse; vgl. 10,3: ὁ γὰρ Χριστιανισμός οὐκ εἰς 'Ιουδαϊσμὸν ἐπίστευσεν und Phd. 6, 1.

f) Zusammenfassung:

Von der basilikalen Synagoge in Stobi sollte nicht mehr gesprochen werden; es handelt sich um eine späte Kirche aus dem 5./6. Jh. Die Synagogen-Inschrift von Stobi aus dem Ende des 3. Jh. n. Chr. (279 n. Chr.?) ist dagegen eines der interessantesten Zeugnisse der griechischsprechenden Diaspora der spätrömischen Zeit, aus der ja sonst kaum literarische Quellen erhalten sind. Sie weist mit der Erwähnung des Patriarchen und der Hervorhebung des „heiligen Ortes" auf palästinischen Einfluß hin, doch war, wie der Titel des „Vaters der Synagoge" und einige stilistische Parallelen zeigen, auch die Ausstrahlungen der römischen Gemeiden spürbar. Rom und Galiläa waren nach der weitgehenden Dezimierung der Juden in Alexandria | 116 n. Chr. und in Judäa 132–135 n. Chr. die beiden großen Zentren des wiedererstarkenden orthodoxen Judentums im römischen Reich[118]. Weiter läßt die Inschrift vermuten, daß die griechisch sprechende Diaspora auch im spätrömischen Reich gegenüber Palästina einen guten Teil ihrer Eigenart bewahren konnte. Die formale Ähnlichkeit dieser Stifterinschrift mit den nichtjüdischen Inschriften ist beträchtlich, und es gilt auch von ihr die Bemerkung von L. Robert über die jüdischen Inschriften der hellenistisch-römischen Welt überhaupt: „Ces inscriptions ne peuvent s'isoler de la vie du monde gréco-romain". [119] Die „rabbinische Überfremdung" wird in stärkerem Maße erst nach den Unterdrückungsmaßnahmen der christlichen Kaiser sichtbar[120]. Die Inschrift deutet darauf hin, daß sich ein

---

118 Zur Geschichte der Juden in Rom s. jetzt das ausführliche Werk von H. J. LEON, The Jews of Ancient Rome, 1960. Daß die Juden in Rom einerseits nachdrücklich die Rabbinen in Palästina unterstützten (ein Gegenstück zu Ignatius Rom Einl.: προκαθημένη τῆς ἀγάπης), sich andererseits aber erhebliche Freiheiten herausnahmen, die zu Konflikten mit den palästinischen Lehrern führte, zeigt die Theudas-Episode, s. BILLERBECK, 3, 23 T. Jom Tob 2,15 (Z. 204), schärfer noch die Parallele j. Pes. 7, 34 a Z. 47. S. auch L. LEON, o. c. 37, der Theudas unter Hadrian ansetzt. Ein Ansatz nach der Zerstörung 70 n. Chr. erscheint mir jedoch wahrscheinlicher. So wie das Werk Philos ein Beweis für den jüdischen „Schulbetrieb" in Alexandrien darstellt, ist die Archäologie des Josephus u. a. auch ein Hinweis auf die Exegese der jüdischen Gemeinde in Rom.

119 L. ROBERT, Hellenica 3 (1946), 93. Der Hellenisierungsgrad der Juden Kleinasiens und Griechenlands scheint stärker gewesen zu sein als der der römischen Juden, da die kleinasiatisch-griechische Diaspora in vormakkabäische Zeit zurückreichte und entsprechend eigenständiger war als die jüngere römische. S. dazu a. G. KITTEL, ThLZ 69 (1944), 11. 15. Die ersten Juden in Rom scheinen aus Kleinasien gekommen zu sein. S. Val. Max. 1, 3, 2 und Cic. pro Flacc. 66 f.: Sowohl die Erwähnung des „Sabazios" (= Sabaoth) wie die Unterstützung der Anklage gegen den ehemaligen Statthalter in Asia durch die Juden der Stadt weisen in diese Richtung. Entscheidend war jedoch der große Zustrom von palästinischen Kriegsgefangenen 63 v. Chr. (s. Philo leg. ad C. 155 f. = M 2,569, vgl. auch Tac. ann. 2,85) und nach 70 und 135 n. Chr. Entsprechend finden wir im Gegensatz zu Rom in Griechenland und Kleinasien kaum hebräische Inschriften (Ausnahmen CIJ 2, 739 Smyrna). Auch jüdische Symbole sind wesentlich seltener.

120 Hebräische Zusätze bei Inschriften in der Diaspora sind in der Regel spät. Ein typisches Beispiel für eine solche unter rabbinischem Einfluß stehende Diasporagemeinde bieten die

Privathaus in einen Kultort verwandelte, wobei aufgrund der vielseitigen Funktionen der jüdischen Gemeinden ein großer Bedarf an Nebenräumen bestand. Dies läßt sich an Hand vieler Beispiele auch bei anderen Synagogen belegen. Es wird daraus deutlich, daß die Synagoge nicht nur Ort des Gottesdienstes, sondern Lebenszentrum der jüdischen Gemeinde überhaupt war. Speziell das besonders erwähnte „Triclinium" deutet | wohl auf die Verwendung als Herberge und auf Gemeinschaftsmahle hin, die in der Synagogengemeinde abgehalten wurden. Schließlich gibt die Inschrift auch einen Eindruck von der eigenwilligen Frömmigkeit des Stifters, der fromme Freigebigkeit und persönliche Interessen in geschickter Weise miteinander zu verbinden wußte.

(Abgeschlossen Januar 1966)

Anhang: Zur neueren Ausgrabung der Synagoge in Stobi

von

Hanswulf Bloedhorn

Die Säule mit der Polycharmos-Inschrift war wie andere Bauglieder als Spolie im Atrium der Kirche am Ende des 4. Jhs. verbaut worden. Ferner wurde unter dem Fußboden eines der angrenzenden Räume ein Bronzestempel mit Menora gefunden, zu deren Seiten in Spiegelschrift Εὐσταθίου (*des Eustathios*) steht (in Belgrad, Nationalmuseum Inv. Br. 66-IV). In der Literatur wurde die Kirche meist als *Synagogue Church* bezeichnet und von zahlreichen Forschern sogar für die Synagoge gehalten.

Erst während der amerikanisch-jugoslawischen Ausgrabungen 1970–80 gelang es James Wiseman und Djordje Mano-Zissi bei Grabungen unter der Kirche, deren Namen bis heute nicht bekannt ist und jetzt neutral *Central Church* genannt wird, zwei Vorgängerbauten festzustellen, die beide tatsächlich als die in der Inschrift genannte Synagoge von Stobi anzusehen sind. Ferner gehört der südlich anschließende Baukomplex unmittelbar dazu.

Die ältere Synagoge wurde im 3. Jahrhundert errichtet; sicher sind ihr zwei parallele Mauern (M 1 und M 2) zuzuschreiben, die westöstlich in einem Abstand von 6 m verlaufen. Zwei nordsüdlich verlaufende Mauern (M 44 und M 4) können wohl als Raumbegrenzungen angesehen werden, sind aber nur teilweise erhalten und binden nicht in die Südmauer ein. Jedenfalls fanden sich unter den Resten der Wandbemalung auch zwei Fragmente mit einer Inschrift in einer *tabula ansata*:

Grabinschriften aus Venosa (Venusia) in Apulien, s. CIJ 1, Nr. 569–619, aus dem 6. Jh. Lit. s. B. LIFSHITZ, Riv. Filol. 40 (1962), 367 ff.

Πολύχα[ϱ-	*Polycharmos,*
μος ὁ πα[τὴ-	*der Vater (der Synagoge),*
ϱ εὐχήν	*aufgrund eines Gelübdes.*
und	
Πολύ]χαϱμος	*Polycharmos,*
ὁ] πατὴϱ	*der Vater (der Synagoge),*
ε]ὐχήν	*aufgrund eines Gelübdes.*

Leider war es nicht möglich, die genauen Ausmaße der Synagoge zu klären, wie auch der ursprüngliche Standort der Inschrift-Säule nicht gefunden wurde.

Zu Beginn des 4. Jahrhunderts wurde ein größerer Umbau durchgeführt. Südlich in die weiterhin genutzte Nordmauer (M 1) wurde ein 21 × 6 m großer Innenraum geschaffen, der mit Mosaikboden ausgestattet war und einer Sitzbank an der östlichen Südwand; vor der Ostwand (M 3) kam ein Fundament zutage, das entweder als Bema diente oder den Toraschrein aufnahm. Ein Zugang lag im Westen, ein weiterer in der Südwand; dieser führte in einen weiteren Raum, dessen westliches Ende nicht bekannt ist. An seiner Ostwand (M 16) waren Grafiti mit Menorot angebracht; eine weitere Tür im Süden führte in das angrenzende Gebäude. Östlich schloß ein weiterer Raum an.

Unter dem Fußboden wurde ein Kupferplättchen mit Inschrift gefunden (4,7 × 7,9 cm; Inv. I-70-61):

Ποσιδ-	*Posidonia*
ονία Θε<ῷ>	*Gott*
Ἁγίῳ	*dem Heiligen*
εὐχήν	*aufgrund eines Gelübdes.*

Noch vor Ende des 4. Jhs. wurde die Synagoge in eine Kirche umgebaut, in deren Atrium man die Inschrift-Säule erneut aufstellte.

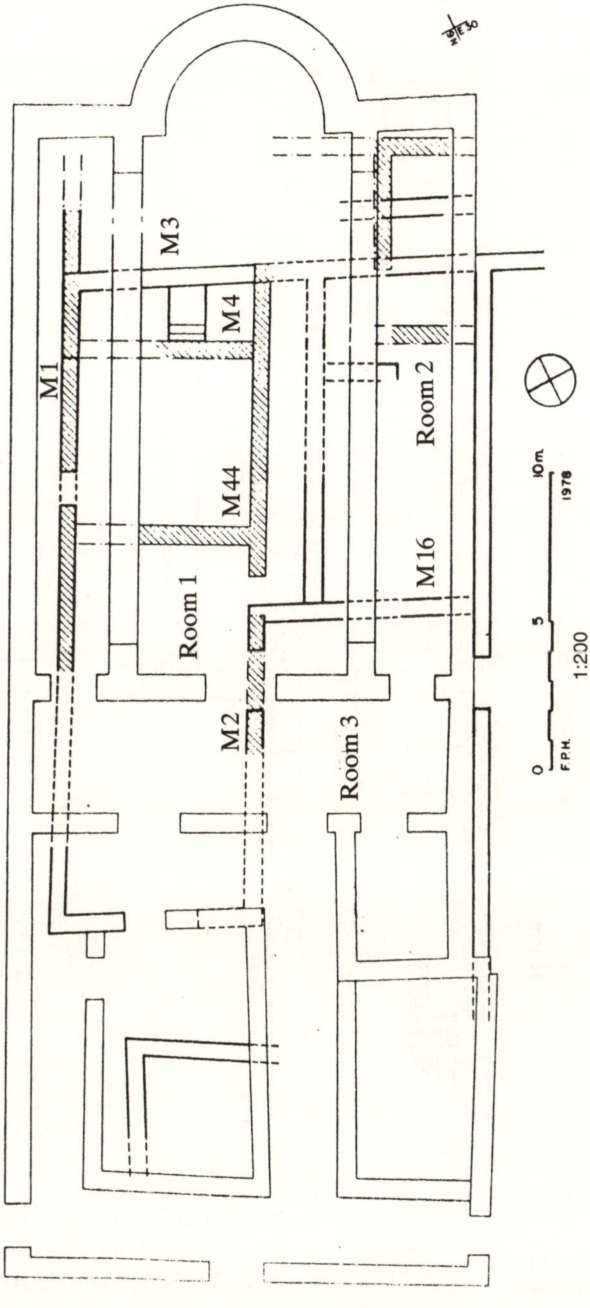
M3
M4
M1
M44
Room 1
Room 2
M16
M2
Room 3
0
5
10m
1:200
F.P.H.
1978

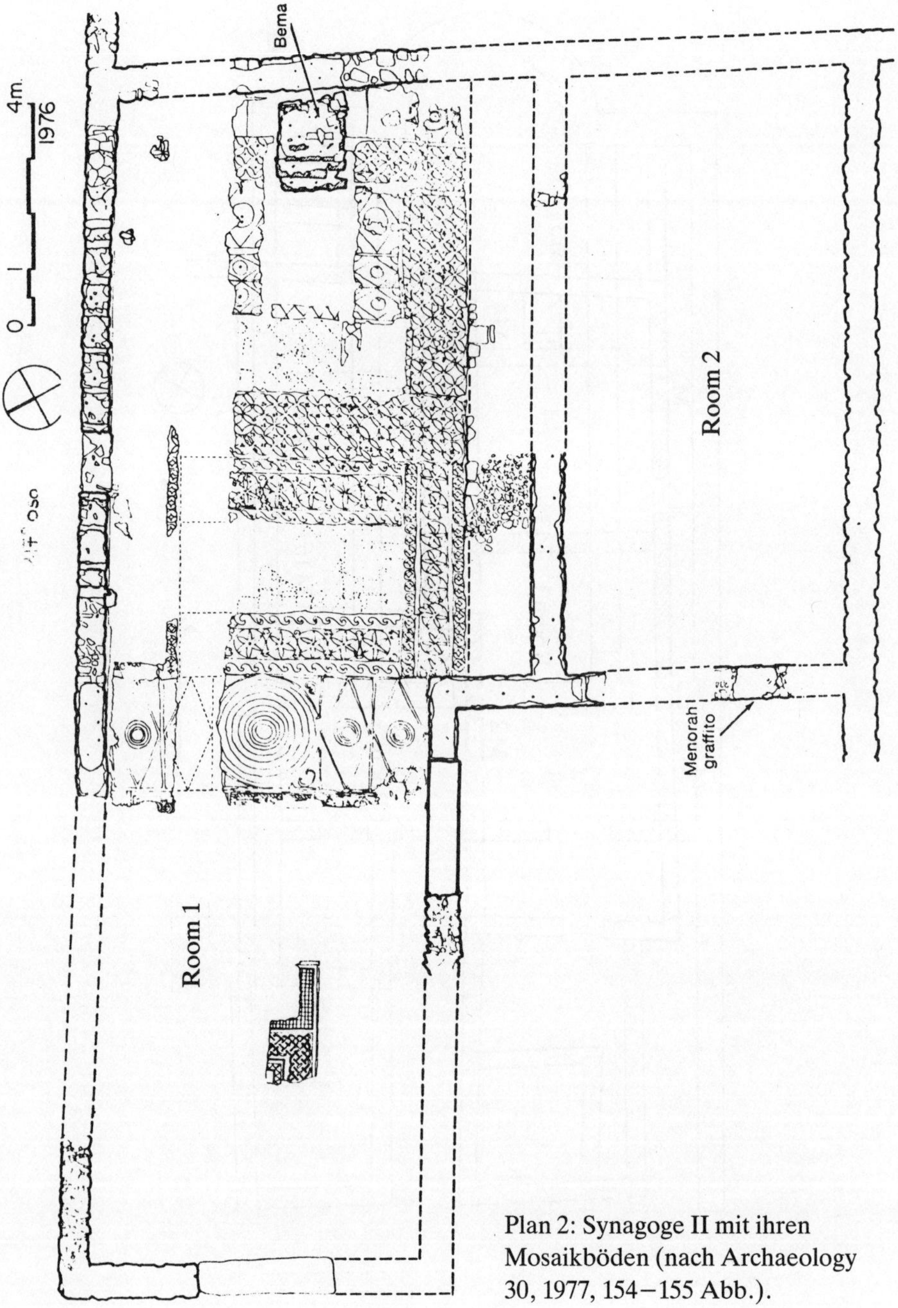

Plan 2: Synagoge II mit ihren Mosaikböden (nach Archaeology 30, 1977, 154–155 Abb.).

2. Literatur

Abkürzungen:
Stobi = Studies in the Antiquities of Stobi, I, hg. v. James Wiseman (1973); II, hg. v. James Wiseman (1975); III, hg. v. Blaga Aleksova u. James Wiseman (1981).

Das Gebäude nach der Zerstörung der Synagoge heißt in der Literatur sowohl ‚Synagogue Basilica' als auch ‚Central Basilica'.

Stobi I, 241–242: Bibliographie zur Polycharmos-Inschrift
Stobi I, 263–264: Bibliographie zur Synagogue Basilica

HELEN ROSENAU, JPOS 16, 1936, 35:
Synagoge ist ἅγιος τόπος.
RAC II (1954), 1235 s. v. Christianisierung der Monumente.
ERIK PETERSON, Die geschichtliche Bedeutung der jüdischen Gebetsrichtung, in: Frühkirche, Judentum und Gnosis. Studien und Untersuchungen, 1959.
S. 2 Anm. 12: Obergemächer der Synagoge bleiben privat.
S. 3–4: Gebetsrichtung nach Jerusalem. Ostung des Gebäudes.
BARUCH LIFSHITZ, Donateurs et fondateurs dans les synagogues juives, CahRB 7, 1967, 18–19, Nr. 10: *Inschrift.*
JAMES WISEMAN – DJORDJE MANO-ZISSI, American Journal of Archaeology 75 (1971), 406–411 *(1. Grabung 1970).*
DIESS., American Journal of Archaeology 76 (1972), 408–411 *(2. Grabung 1971).*
DIESS., American Journal of Archaelogy 77 (1973), 391–393 *(3. Grabung 1972).*
MICHAEL H. CRAWFORD, The Stobi Hoard of Roman Republican Denarii, in: Stobi I, 1–21:
Die Münzen wurden unter Synagogen-Niveau gefunden.
DJORDJE MANO-ZISSI, Stratigraphic Problems and the Urban Development of Stobi, in: Stobi I, 198–201. 208–210. 216.
JAMES WISEMAN – DJORDJE MANO-ZISSI, Journal of Field Archaeology 1 (1974), 146–148 *(5. Grabung 1974).*
JAMES WISEMAN – DJORDJE GEORGIEVSKI, Wall Decoration at Stobi, in: Stobi II, 163–165. 174. 182–186.
ROBERT L. FOLK – S. VALASTRO JUN., Radiocarbon Dating of Mortars at Stobi, in: Stobi II, 33–37.
RUTH KOLARIK – MOMCILO PETROVSKI, Technical Observations on Mosaics at Stobi, in: Stobi II, 66–76, 103–104.
DJORDJE MANO-ZISSI, Observations on the Conservation and Presentation of the Monuments at Stobi, in: Stobi II, 117–118.
JAMES WISEMAN – DJORDJE MANO-ZISSI, Journal of Field Archaeology 3 (1976), 293–297 *(2. Grabung 1975).*
DEAN, I., MOE, The Cross and the Menorah, Archaeology 30 (1977), 148–157.
JAMES WISEMAN, Journal of Field Archaeology 5 (1978), 392–395 *(7. und 8. Grabung 1977–1978).*
ALF THOMAS KRAABEL, The Diaspora Synagogue: Archaeological and Epigraphic Evidence since Sukenik, in: ANRW II, 19/1, Berlin – New York 1979, 477–510, bes. 494–497, 505.
DERS., Social Systems of Six Diaspora Synagogues, in: Ancient Synagogue. The State of Research, hg. v. Joseph Gutmann (Brown Judaic Studies 22), 1981, 79–91.
LEE L. LEVINE, Ancient Synagogues – A Historical Introduction, in: Ancient Synagogues Revealed, hg. v. Lee I. Levine, 1981, 1–10:
S. 3: Mahle in Synagogen. Auf diese weist in Stobi die Inschrift (triclinium) hin.
GIDEON FOERSTER, A Survey of Ancient Diaspora Synagogues, in: Ancient Synagogues Revealed, hg. v. Lee I. Levine, 1981, 164–171, bes. 167–170.

DJORDJE MANO-ZISSI, Hellenism and the Orient in Stobi, in: Stobi III, 122, 124–125.
JAMES WISEMAN, Stobi, 1970–1977: A Review, in: Stobi III, 135–136.
GJORGJI GEORGIEVSKI, Conservation and Restoration of Wall Decoration at Stobi, in: Stobi-III, 268–270.
WILLIAM POEHLMAN, The Polycharmos Inscription and Synagogue I at Stobi, in: Stobi III, 235–246 (Plan: S. 248).
(Shmu'el Safrai): שמואל ספראי ׳ארץ־ישראל והתפוצה היהודית, ארץ־ישׂראל מחורבן בית שני ועד הכיבוש המוסלימי׳. י 457 – (1982).

3. Zum Thema „Die Religionsgeschichte und das Urchristentum"*

I.

Es handelt sich um den 1. Band eines umfangreichen Werkes, dessen 2. Band ein „religionsgeschichtliches Lesebuch" mit Quellen und Texten enthalten soll, an den sich ein ebenfalls bereits erschienener 3. Band mit Bildern aus der religiösen Umwelt des Neuen Testaments anschließen wird, der von dem inzwischen verstorbenen Mitherausgeber Johannes Leipoldt gestaltet wurde. Das Werk kommt so einem dringenden Desiderat auf dem Gebiet der neutestamentlichen Wissenschaft entgegen. Eine umfassende, wissenschaftlich fundierte, in den gegenwärtigen Stand der Forschung einführende Darstellung der „Umwelt des Urchristentums" könnte gerade heute, da wieder in neuer Weise nach den historisch-religionsgeschichtlichen Grundlagen | des Neuen Testaments gefragt wird, für den Theologen und den theologisch interessierten Laien eine große Hilfe bedeuten.

Jedoch zeigen sich schon bei dem – im Grunde nur für den Theologen sinnvollen – Untertitel „Darstellung des neutestamentlichen Zeitalters" die methodischen Schwierigkeiten eines solchen Unternehmens. Auf welche Weise ist dieses „neutestamentliche Zeitalter" zeitlich, räumlich und sachlich richtig abzugrenzen? Die einzelnen Mitarbeiter beantworten diese Frage nicht alle in gleicher Form. Wenn man es sinnvollerweise mit Alexander d. Gr. beginnen und etwa mit dem Bar-Kochba-Aufstand z. Zt. Hadrians (132–135 n. Chr.) abschließen läßt – der Herausgeber W. Grundmann legt seinem Abriß der Geschichte des palästinischen Judentums (S. 145–172) diesen zeitlichen Rah-

---

* Teil I: Rezension von Johannes Leipoldt†, u. Walter Grundmann [Hrsg.] in Verbindung m. G. Hansen, G. Haufe, H. Hegermann, K. Matthiae, H. Ristow, H.-M. Schenke: Umwelt des Urchristentums, I: Darstellung des neutestamentlichen Zeitalters, 527 S. Lw. III: Bilder zum neutestamentlichen Zeitalter, ausgewählt u. erläutert v. J. Leipoldt†. 274 S. m. 323 Abb. a. Taf. Lw. Berlin: Evang. Verlagsanstalt [1965/66]. gr. 8°.

Erschienen in: ThLZ 92 (1967), 801–814.

Teil II: Rezension von: Johannes Leipoldt†, u. Walter Grundmann [Hrsg.] in Verb. mit G. Hansen, G. Haufe, H. Hegermann, K. Matthiae, H. Ristow, H.-M. Schenke: Umwelt des Urchristentums. II: Texte zum neutestamentlichen Zeitalter. Berlin: Evang. Verlangsanstalt [1967]. 426 S., 1 Faltkarte. gr. 8°.

Erstveröffentlichung in: ThLZ 94 (1969), 905–907.

men zugrunde –, so ist das „neutestamentliche Zeitalter“ praktisch deckungsgleich mit dem Zeitalter des Hellenismus[1]. Sofort erhebt sich die 2. Frage, was | in diesem von ungeheuren politischen und geistig-religiösen Umwälzungen erfüllten Zeitraum vom Blickpunkt des Neuen Testamentes aus die richtungweisende Mitte darstellt, die verhindert, daß eine „Darstellung des neutestamentlichen Zeitalters“ bei einer Aufreihung des fast unübersehbaren, amorphen Stoffes stehenbleibt. Den Herausgebern war dieses Problem bewußt, ihre Darstellung will „die geschichtliche Situation im Mittelmeerraum im allgemeinen und in Palästina im besonderen darstellen“ (S. 6). Man wird hier wohl noch ergänzend hinzufügen müssen ‚und im antiken Judentum im besonderen‘, denn das Judentum Palästinas und der Diaspora war in seiner häufig unterschätzten „Vielschichtigkeit“ (s. H. Hegermann S. 342) der soziologische und geistige Mutterboden, aus dem die junge Christenheit herauswuchs, und zugleich auch ganz überwiegend das Medium, durch welches die hellenistische Umwelt auf das Urchristentum einwirkte[2]. Diese Blickrichtung auf das antike Judentum und Palästina ist es, was einer „Darstellung des neutestamentlichen Zeitalters“ im Gegensatz zu einer allgemeinen „Geschichte des Hellenismus“ ihr besonderes Gepräge geben sollte[3].

Ein 2. Desiderat ist die möglichst vollständige Aufführung der wesentlichen neueren Literatur, speziell der nichttheologischen Bereiche der alten Geschichte und Philologie, da der Theologe heute nur mit Mühe den Fortgang der Forschung außerhalb seines engeren Fachgebietes zu verfolgen vermag. Auch in diesem Punkt zeigen sich bei den Beiträgen der einzelnen Mitarbeiter erhebliche Unterschiede.

Auf S. 13–67 versucht H. Ristow eine Darstellung der „politische(n) und soziale(n) Verhältnisse im Römischen Reich im ersten vor- und im ersten nachchristlichen Jahrhundert“ zu geben. Er setzt ein mit dem Reformversuch der Gracchen, schildert relativ ausführlich die Machtkämpfe, die das Ende der Republik und die Aufrichtung des Prinzipats herbeiführten, und anschließend das augusteische Zeitalter (S. 15–54). Die für das Neue Testament entscheidende Zeit zwischen Tiberius und der Ermordung Domitians (14–96 n. Chr.)

---

[1] Zum Begriff u. der chronologischen Einordnung s. H. Bengtson, Griechische Geschichte, 3. A. 1965, 289f., der die zeitliche Begrenzung – im Blick auf das griechische Mutterland – zwischen 360 und 30 v. Chr. legt. Speziell für Syrien und Palästina ist die Lage etwas anders. Die letzten „hellenistischen“, halbautonomen Nachfolgemonarchien in der Kommagene und Palästina sowie das Nabatäerreich gehen unter den Flaviern und Trajan im römischen Reich auf.

[2] E. Schürer gab darum ab der 2. Auflage seiner richtungweisenden „Neutestamentlichen Zeitgeschichte“ den Titel „Geschichte des Jüdischen Volkes im Zeitalter Jesu Christi“.

[3] Eine flüssig geschriebene Einführung in die hellenistische Kultur, unter besonderer Hervorhebung der auch für die antike Welt einzigartigen Rolle des Judentums, gibt M. Hadas, Hellenistic Culture, New York 1959, deutsch Stuttgart 1963. S. auch den hervorragenden Überblick von W. W. Tarn – G. T. Griffith, Hellenistic Civilisation 3. A. 1952, deutsch Darmstadt 1966, dort auch S. 431 ff. eine gedrängte Bibliographie.

wurde dagegen auf knapp 12 Seiten zusammengepreßt (S. 54–66). Über den Details der innerrömischen Parteikämpfe kommt leider die Politik Roms gegenüber dem hellenistischen Osten zu kurz. So wird auch nicht sichtbar, daß gerade die römische Expansionspolitik im Osten nicht nur den schrittweisen Verfall der hellenistischen Monarchien, und hier besonders des Seleukidenreiches, herbeiführte, wodurch erst ein unabhängiger jüdischer Staat entstehen konnte, sondern daß auch die verschiedenen Sklavenkriege und sozialen Unruhen des 2. und 1. Jh. v. Chr. eine direkte Folge des politisch-wirtschaftlichen Vordringens Roms im Osten darstellen. Auch der Stil ist einer historischen Darstellung nicht angemessen (s. z. B. S. 49 Absatz 2 und 3).

Bibliographische Ergänzungen: H. Fuchs, Der geistige Widerstand gegen Rom, Berlin 1938; H. E. Stier, Roms Aufstieg zur Weltmacht und die griechische Welt, Arbeitsgemeinschaft für Forschung des Landes Nordrhein-Westfalen H. 11, 1957; D. Magie, Roman Rule in Asia Minor to the end of the third century after Christ. 2 Bde., Princeton 1950; E. Kornemann, Tiberius, Stuttgart, 1960. Zur Sklavenfrage, die gerade in hell. Zeit brennend wurde, s. die Untersuchungen von J. Vogt, Struktur der antiken Sklavenkriege AAWLM.G 1957, 1 u. Sklaverei u. Humanität, Historia-Einzelschr. 8 (1965).

G. Haufe gibt S. 68–100 eine inhaltsreiche, instruktive Darstellung der „Hellenistische(n) Volksfrömmigkeit" und anschließend S. 101–126 der Mysterien. Als „die niederen Formen des hellenistischen Volksglaubens" bezeichnet er den Glauben an „Heilgötter", „Wundermänner" (θεῖοι ἄνδρες), Magie, Astrologie und Mantik. Zumindest bei der Astralreligion und Astrologie ist es sehr die Frage, ob man hier von „niederen Formen" reden kann, da, wie M. P. Nilsson gezeigt hat[4], gerade in frühhelle|nistischer Zeit die astrale Religiosität einen Wesensbestandteil der „philosophischen" Religion des späten Plato, eines Eudoxos von Knidos, Aristoteles und der frühen Stoiker bildete. Auch die Astrologie fand ihre stärkste Unterstützung in den gebildeten Kreisen, sie galt dort als der Gipfel der Wissenschaften schlechthin[5].

Der Babylonier Beros(os) war nicht „Baalpriester" (S. 83), sondern Priester des babylonischen Gottes Bel. Es ist sehr fraglich, ob man ihn mit dem angeblichen Astrologen identifizieren darf, der nach Vitruv eine Astrologenschule auf Kos gründete. Möglicherweise sind diese ganzen Nachrichten legendär[6].

Typisch für die hellenistische Zeit war, daß man versuchte, das – im Grunde

---

[4] M. P. Nilsson, Geschichte der Griechischen Religion, Bd. II 2. A. 1961, 271 ff. 277; O. Neugebauer u. H. B. van Hoesen, Greek Horoscopes, Philadelphia 1959 u. O. Neugebauer, The Exact Sciences in Antiquity, 2. A. Providence 1957, 170 f. Zum archaischen Charakter der griechischen θεῖοι ἄνδρες s. E. R. Dodds, The Greeks and the Irrational, Sather Class. Lect. 25, 1951, deutsch Darmstadt 1970; vgl. auch W. Burkert, RhMus 105 (1962), 36 ff.

[5] M. P. Nilsson, op. cit. Bd. I 2. A. 1955, 839–843 u. Bd. II, 278 ff. Zur verbreiteten Anschauung von der „astralen Unsterblichkeit" (vgl. auch Dan. 12,3) s. F. Cumont, Lux Perpetua, Paris 1949 u. M. P. Nilsson, Opuscula selecta, Bd. III 1960, 250 ff.

[6] M. O. Nilsson, Gesch. d. Griech. Rel. Bd. II, 269 A. 1 u. W. Spoerri, Der Kleine Pauly, 1, 1548.

allgemeinmenschliche – Phänomen der Magie und Mantik in „wissenschaftlicher“ Weise zu begründen. Beispiele dafür bieten nicht nur die stoischen Theorien über die Mantik, sondern auch das – allerdings schwer rekonstruierbare – Werk des Bolos von Mendes ca. 200 v. Chr.[7]. Die Alchemie, Mineralogie und Pharmazie sind im Grunde aus der Magie herausgewachsen. Auch ein Hinweis auf die meisterhafte Darstellung des durchaus nicht durchweg „niederen“ religionsgeschichtlichen Hintergrundes von Magie, Mantik und Astrologie durch J. A. Festugière im 1. Band seines großen Werkes, La Révélation d'Hermès Trismégiste[8], wäre dem Leser nützlich gewesen. Es gehen von hier Wirkungen auf die Hermetik, die Gnosis und selbst auf die – gegenüber diesen ältere – jüdische Apokalyptik aus. Im Zusammenhang mit der Mantik geht der Verfasser zu Recht auf die beliebten und verbreiteten Orakelsammlungen ein (S. 93). Hier wäre eine Hervorhebung des starken iranischen Einflusses wesentlich, wie er etwa in den Orakeln des Hystaspes zutage tritt[9] und selbst auf die 4. Ekloge Vergils einwirkte (s. dazu S. 139), wodurch das Verständnis für die apokalyptische Botschaft des Urchristentums in der heidnischen Welt vorbereitet wurde. Auch im hellenistischen Ägypten der Ptolemäerzeit war ein nach älteren Vorbildern gestaltetes national-apokalyptisches Schrifttum nicht unbekannt[10].

Vielleicht hätte der Verfasser noch kurz zeigen können, wie alle diese Phänomene, Astrologie, Magie, Zukunftsschau, Traumdeutung und Wunderheilertum, auch im zeitgenössischen Judentum lebendig waren, und zwar nicht nur in der Diaspora, sondern auch in Palästina. Die jüdische Magie war neben der iranischen und ägyptischen führend in der Antike, und der Literaturhinweis auf Schürer, S. 80 A. 61, ist in keiner Weise mehr genügend[11]. Abraham oder auch Henoch galten als die ersten Astrologen[12], und die essenischen

---

[7] M. Wellmann, Die ΦΥΣΙΚΑ des Bolos Demokritos und der Magier Anaxilaos aus Larissa, Teil 1, APAW.PH 1928 Nr. 7; s. auch J. H. Waszink RAC 2, 502–508.

[8] L'Astrologie et les Sciences occultes, 2. A. Paris 1950.

[9] H. Windisch, Die Orakel des Hystaspes, VAW.L NR XXVIII Nr. 3, 1929; J. Bidez – F. Cumont, Les Mages Hellénisés, Paris 1938, Bd. I u. II s. Register u. G. Widengren, Die Religionen Irans, Stuttgart 1965, 199–207.

[10] So die Demotische Chronik, das Töpferorakel u. a.; dazu C. C. McCown, Hebrew and Egyptian Apocalyptic Literature HThR 18 (1925), 387–411 u. H. Gressmann, Der Messias, FRLANT NF 26 (1929), 417–445. Texte bei W. Spiegelberg, Die sogenannte Demotische Chronik, Demot. Studien H. 7 (1914) und zum Töpferorakel den P. Rainer, ed. G. Manteuffel, De opusculis Graecis Aegypti..., Warschau 1930, 99ff. u. ergänzend P. Ox. 22, 2332 (1954) ed. C. Roberts. Tcherikover-Fuks, Corpus Pap. Jud. Bd. III Nr. 520 bringen ein antisemitisches „apokalyptisches“ Fragment.

[11] Ausführlich E. R. Goodenough, Jewish Symbols in the Greco-Roman Period, Bd. II, 155-295 u. M. Simon, Verus Israel, Paris 1948, 394–431.

[12] Samaritanischer Anonymus: Euseb pr. ev. 9, 17, 2ff. u. 9, 18, 2 = Jacoby, FGrHist 724; Artapanus pr. ev. 9, 18, 1 = FGrHist 726 F 1; Orpheus bei Aristobul pr. ev. 13, 12, 5 = Cl. Alex. strom. 5, 123, 2; Jos. Ant. 1, 158. 167f. vgl. auch T. Qidd. 5, 17 = bab. Talmud BB 16b s. Billerbeck 3, 541n.

Horoskope zeigen, wie die führende „Wissenschaft“ der antiken Welt selbst bei den toratreuesten Kreisen Eingang gefunden hatte. Gerade bei den Essenern sind auch Mantik und Heilertätigkeit auf magischer Grundlage nachweisbar[13].

Selbst der hellenistische Heroen- und Totenkult (S. 97ff.) findet sein jüdisches Pendant in der Verehrung der Patriarchen- und Prophetengräber im jüdischen Volksglauben[14].|Die Mysterien sind der eigentliche, bedeutsamste Beitrag Griechenlands zur Religiosität der hellenistischen Zeit. Die ägyptischen, syrischen und iranischen Kulte übernahmen den Mysteriencharakter in sekundärer Weise unter griechischem Einfluß (S. 113). Selbst jüdische Diasporagemeinden konnten sich als „die wahre(n) Mysteriengemeinde(n)“ verstehen[15], ja sogar den Rabbinen und dem Samaritaner Marqah war die Mysterienterminologie nicht unbekannt[16]. Freilich bleibt es fraglich, ob etwa Dionysos „schon früh... mit dem Jahwe in Syrien“ eine „enge Verbindung“ einging (S. 107), die frühesten Nachrichten stammen von Tacitus und Plutarch[17], auch die Gleichsetzung „Jahwe(s) als Gott des Sabbats mit Sabazios“ (S. 116) ist, was ihre Gründe und ihren Umfang anbetrifft, umstritten[18].

Die engste Verbindung zwischen dem Judentum und den Mysterien ergab sich wohl im Zusammenhang mit der orphischen „Buchreligion“ (112), die ab dem 3. Jh. v. Chr. schon in Ägypten nachweisbar ist und durch ihre Versammlungen in Privathäusern, ihren Hymnengesang, die Betonung von Reinheitsriten und ethischem Lebenswandel nicht ohne Einfluß auf das Judentum blieb, so daß schon früh Orpheus als ein Schüler des Mose betrachtet wurde (S. 319)[19]. Das Eindringen der Dionysos-Verehrung im nichtgriechischen Palästina zeigt sein durch Legenden untermauerter Kult in Skythopolis-Beth-Schean und Damaskus sowie seine Gleichsetzung mit dem nabatäischen Dusares[20], umgekehrt bezeugt eine Inschrift aus Ptolemais-Akko schon früh die Verehrung des syrischen Götterpaares Atargatis-Hadad durch griechische Siedler[21].

---

[13] J. Carmignac, Les Horoscopes de Qumran, RQ 5 (1964/65), 199–217 vgl. J. Allegro, The Dead Sea Scrolls, 2. A. 1964, 126f. A. Dupont-Sommer, Exorcismes et guérisons dans les écrits de Qoumrân, VT.S 7 (1960), 246–261.

[14] J. Jeremias, Heiligengräber in Jesu Umwelt, Göttingen 1958, s. vor allem 126ff., 137ff.

[15] s. A. Wlosok, Laktanz und die philosophische Gnosis. AHAW.PH 1960, 2. Abh., 99 vgl. 97–107. W. Grundmann verweist S. 253 auf die von Wlosok zwischen Qumran und der „Mysterientheologie“ herausgearbeiteten Parallelen.

[16] S. Lieberman, Hellenism in Jewish Palestine, New York, 1950, 119ff. u. J. Lebram, VT 15 (1965), 211ff.

[17] Tac. hist. 5, 5; Plut. quaest. conv. 4, 6: vgl. Lydus, de mens. 4,53 (ed. Wünsch) 109. 111.

[18] s. die Übersicht bei M. P. Nilsson, op. cit. (A. 6), 662ff.; zurückhaltender H. J. Leon, The Jews of Ancient Rome, 1960, 3f vgl. E. Bickerman, RIDA 5 (1958) 137–164 wiederabgedruckt in: ders., Studies in Jewish and Christian History, AGJU 9/2, 1980, 324–346.

[19] s. Mose-Musaios als Lehrer des Orpheus bei Artapanus, Euseb, pr. ev. 9, 27, 4 = FGrHist 726 F 3, 4 und bei Aristobul, pr. ev. 13, 12, 4ff sowie die verschiedenen Rezensionen des Orpheus-Testaments bei O. Kern, Orphicarum fragmenta, 1922 ([2]1963), Nr. 245–248.

[20] s. C. Colpe, Der Kleine Pauly, Bd. 2, 184f.

[21] s. M. Avi-Yonah, Syrian Gods at Ptolemais-Accho, IEJ 9 (1959), 1–12.

Vorzüglich ist die knappe Darstellung des Herrscherkultes und der Friedensidee durch G. Hansen S. 127–142, die auch eine ausführliche Bibliographie enthält. Zu ergänzen wären vielleicht noch die frühesten, epigraphischen Zeugnisse für den hellenistischen Herrscherkult in Palästina, eine neue Inschrift aus Ioppe und eine ältere aus Marisa zu Ehren Ptolemaios IV. nach der Schlacht von Raphia 217 v. Chr.[22]. Leider ist die für das palästinische Judentum so bedeutsame Entwicklung des Herrscherkultes im Seleukidenreich, insbesondere unter Antiochos IV., nur mit einem Satz erwähnt (S. 137); hier gibt die von den Münzen ausgehende Untersuchung von O. Mørkholm einen guten, kritischen Überblick[23]. Die jüdische Reaktion selbst zeichnet sich in Dan. 3,1 ff; 6,8 ff und Judith 3,8 ab. Auch die spätere Aufstandsbewegung des Judas Galiläus im Anschluß an den Census 6 n. Chr. richtete sich u. a. gegen die im Osten besonders betonte göttliche Verehrung des Kaisers[24].

Die Situation in Palästina illustriert u. a. die Tatsache, daß Herodes die Kaiserstatue im Augustustempel in Caesarea der Statue des Zeus von Olympia nachbilden ließ (Jos. Bell. 1,414), oder daß die Jüdin Babatha am 2. Dez. 127 n. Chr. bei der Deklaration ihres Besitzes in Rabbath Moab gezwungen wurde, bei der τύχη κυρίου Καίσαρος zu schwören. Die Forderung nach einer göttlichen Verehrung des Kaisers verursachte unter Caligula (s. S. 164 f. 305) fast einen allgemeinen jüdischen Aufstand und gab auch später noch Anlaß zu Unruhen[25].

Der Herausgeber W. Grundmann gibt S. 143–291 eine ausführliche Darstellung des palästinischen Judentums von der | ptolemäischen Herrschaft bis zum Duldungsedikt des Antoninus Pius, die die Folge der politischen Ereignisse, die soziologischen Verhältnisse und die wirtschaftliche Entwicklung, die Frömmigkeit und die verschiedenen Gruppenbildungen umfaßt. Bei der Bibliographie wäre das neueste grundlegende Werk von V. Tcherikover, Hellenistic Civilization and the Jews, Philadelphia 1961 zu ergänzen, das sich S. 39–265 mit der Geschichte des palästinischen Judentums von Alexander d. Gr. bis zum Eingreifen des Pompeius 64 v. Chr. befaßt, außerdem S. Zeitlin, The Rise and Fall of the Judaean State, Vol. I 332–37 B. C. E., Philadelphia 1969. Bedeutsam für die ptolemäische Periode ist der Aufsatz Tcherikovers, Palestine under the Ptolemies, Mizraim 4/5 (1937), 9–90, der vor allem die Zenon-Papyri auswertet. Die das palästinische Judentum betreffenden Teile der Zenon-Korrespondenz sind von ihm im Corpus Papyrorum Judaicarum Bd. I,

---

[22] Joppe, B. Lifshitz, ZDPV 78 (1962), 82 ff.; Marisa: Clermont-Ganneau, CRAI 1900, 536 ff.

[23] Studies in the Coinage of Antiochus IV of Syria, Hist.-flos. Meddelser (hg. v. Det Kongelige Danske Videnskabernes Selskab) 40, 3 Kopenhagen 1963.

[24] M. Hengel, Die Zeloten, AGJU 1, Leiden ^{2}1976, 103–111.

[25] H. J. Polotsky, The Greek Papyri from the Cave of the Letters, IEJ 12 (1962), 260; vgl. auch den Zwischenfall in Dor: Jos. Ant. 19, 300–303.

115–130 herausgegeben. Bei der Darstellung der die ganze weitere Entwicklung des palästinischen Judentums festlegenden „große(n) Krise unter Antiochus IV. Epiphanes" (S. 147 ff.) hätte man doch wohl auf das grundlegende Werk von E. Bickermann, Der Gott der Makkabäer, Berlin 1937, hinweisen sollen, das zeigt, daß die ganze Entwicklung bis hin zur Verfolgung der Toratreuen primär von einer assimilationsfreudigen, aristokratischen Minderheit ausging. Die makkabäische Erhebung war so nicht zuletzt ein Bürgerkrieg von Juden gegen Juden (s. z. B. Jub. 23,19f); dies erklärt auch die Schärfe der Gegenreaktion. Sowohl der weitere Verlauf der palästinisch-jüdischen Geschichte, wie vor allem die wirtschaftlichen und sozialen Verhältnisse, werden bei aller raumbedingten Knappheit eindrucksvoll und anschaulich geschildert; zu erwähnen wäre noch die Wirtschaftsgeschichte des römischen Syrien von F. M. Heichelheim in: T. Frank (ed.), An Economic Survey of Ancient Rome (repr. 1959) Bd. IV. 123–257, der gerade aus talmudischen Quellen viel Material für die ökonomische Situation in Palästina beisteuert.

Fraglich ist, ob man den von Antiochus IV. eingesetzten Hohenpriester Menelaos direkt als Tobiaden (S. 149 f.) bzw. als Laien aus dem Stamme Benjamin bezeichnen darf (S. 189). Die Göttinger Septuaginta-Ausgabe des 2. Makkabäerbuches, hrsg. v. R. Hanhart, übernimmt für die entscheidende Stelle 2. Makk. 3,4 statt des Βενιαμιν der griechischen Codices aus der altlateinischen und armenischen Übersetzung die LA Βαλγεα, was auf die Priestersippe Bilga (1. Chr. 24,14; Neh 10,9; 12,5.18) hinweisen würde. Dies könnte auch deren Ausschluß vom Priesterdienst für alle Zeiten nach T. Sukk. 4,28 erklären[26].

Ausführlich wird auch das nach dem Festkalender orientierte religiöse Leben des frommen Juden geschildert, das im Zuge der nachmakkabäischen „Toraverschärfung" bis in alle Einzelheiten minuziös geregelt wurde (S. 194–217); es schließt sich daran die eingehende Darstellung der vielseitigen jüdischen Gruppenbildungen in neutestamentlicher Zeit an, die man sich nicht differenziert genug vorstellen darf (S. 217–291). Zu Recht weist der Verfasser auf die überragende Bedeutung der in der Makkabäerzeit hervortretenden Chas(s)idim hin. Über die religiösen Anschauungen dieser Kreise, aus denen sowohl die Essener wie die Pharisäer herauswuchsen, die zugleich die geistigen Väter der Apokalyptik waren und auf diese Weise die ganze nachmakkabäische jüdische Frömmigkeit prägten, waren wir bisher nur sehr bruchstückhaft unterrichtet. Die wichtigsten Zeugnisse bildeten Daniel und die ältesten Teile des äthiopischen Henoch. Die von M. Baillet herausgegebene Liturgie aus 4Q mit heilsgeschichtlichem Charakter und die von J. A. Sanders veröffentlichten,

---

[26] Vgl. F.-M. Abel, Les Livres des Maccabées, Paris 1949, 316 u. V. Tcherikover, Hellenistic Civilization and the Jews, 1961, 403 f.

zum Teil apokryphen Psalmen aus 11Q[27] ergänzen dieses Bild. Bei der Darstellung der essenischen Bewegung S. 234–267 wäre eine Zusammenstellung sämtlicher wichtiger, bisher veröffentlichter Texte – ähnlich wie es H. M. Schenke S. 371 ff. im Zusammenhang mit den gnostischen Texten von Nag-Hammadi tut – für den wissenschaftlich interessierten Leser nützlich ge|wesen, da es nicht leicht ist, einen Überblick über die teilweise sehr zerstreuten Editionen einzelner Fragmente zu erhalten. Vielleicht kann dies im Textband noch nachgeholt werden. Die von W. Grundmann ausführlich gewürdigte (S. 248) Datierung der Sezession des Lehrers der Gerechtigkeit auf die Regierungszeit des 1. hasmonäischen Hohenpriesters Jonathan 152–143 v. Chr., der mit dem Frevelpriester identisch ist[28], gibt der Qumranforschung endlich den dringend notwendigen zeitlichen Ausgangspunkt. Die sadduzäische Lebenshaltung (S. 267–269) wird jetzt durch das Grab des jüdischen Aristokraten Jason aus der Zeit Alexander Jannais mit seinen Schiffs- und Tierdarstellungen, aramäischen Versen und einem griechischen Graffito unter dem Motto „Freut euch des Lebens..." deutlich illustriert[29]. Es folgt eine knappe, jedoch inhaltsreiche, gut informierende Darstellung des Pharisäismus und der zelotischen Bewegung. Hier wäre noch ein Hinweis auf das große Werk von L. Finkelstein, The Pharisees, 2 Bde., 3. A. Philadelphia 1962, das allerdings eine kritische Verwendung erfordert, nachzutragen. Das pharisäisch-rabbinische Frömmigkeitsideal illustriert vorzüglich R. Mach, Der Zaddik in Talmud und Midrasch, Leiden 1957.

Es schließt sich an die bei aller Kürze ausgezeichnete Darstellung des „hellenistischen Judentums" von H. Hegermann S. 292–345, die auch eine wertvolle Bibliographie enthält.

Zu ergänzen wäre noch die Geschichte des Judentums in Ägypten in der Einleitung zu Tcherikover-Fuks, Corpus Papyrorum Judaicarum, Bd. I, 1-111; H. J. Leon, The Jews of Ancient Rome, Philadelphia 1960, das großartige Werk von M. Simon, Verus Israel, Étude sur les Relations entre Chrétiens et Juifs dans l'Empire Romain (135–425) Paris 1948 u. „Post-Scriptum" 1964, das an vielen Stellen in die vorchristliche und neutestamentliche Zeit zurückgreift[29a]. Die Fragmente der alexandrinischen und palästinischen (samaritanischer Anonymus u. Eupolemus) „Historiker" in griechischer Sprache sind bequem erreichbar bei F. Jacoby, Die Fragmente der Griechischen Historiker,

---

[27] M. Baillet, RB 68 (1961), 195–250 u. DJDJ IV, The Psalms Scroll of Qumrân Cave 11 ed. J. A. Sanders, Oxford 1965; s. vor allem 64 ff 11QPs[a] 154 und 85 ff 11QPs[a] Zion.

[28] So schon J. T. Milik, Dix ans de découvertes dans le désert de Juda, Paris 1957, 56f u. ausführlich G. Jeremias, Der Lehrer der Gerechtigkeit, StUNT 2 Göttingen 1963.

[29] s. L. Y. Rahmani, N. Avigad, P. Benoit, Atiqot 4 Jerusalem 1964 (hebr.) u. B. Lifshitz, RB 73 (1966), 248ff.

[29a] Engl. Übersetzung der Ausgabe 1948 u. „postscript" 1964, Oxford 1985 (592 S.); s. ferner *ders.*, Le Judaïsme berbère dans l'Afrique ancienne, RHPHR 26 (1946), 105ff u. E. R. Goodenough, The Bosporus Inscriptions to the Most High God, JQR 47 (1956), 221–244.

III C, Leiden 1958, S. 666–713. Von A. Pelletier erschien eine vorzügliche kommentierte Ausgabe des Aristeasbriefes mit französischer Übersetzung, in Sources Chrétiennes, Nr. 89, Paris 1962. Zu den Juden im frühptolemäischen Ägypten s. die Neubearbeitung des P. Cowley 81 durch J. Harmatta, Acta Antiqua 7 (1959), 337–409, zu den zahlreichen jüdischen Söldnern in der hellenistischen Welt und speziell in Ägypten M. Launey, Recherches sur les Armées hellénistiques, 2 Bde. Paris 1949/50. Zu Synagogengemeinde und -gebäude müßte der grundlegende Artikel von W. Schrage ThWB 7, 810–826 erwähnt werden, ergänzend dazu die neue Spendeninschrift aus Berenike SEG 17 (1960), Nr. 823 (= S. 215f) und die Ausgrabungen in der großen Synagoge von Sardes, D. G. Mitten, BASOR 170 (1963), 38–48, dazu die Inschriften, L. Robert, Nouvelles Inscriptions des Sardes, Ier Fascicule, Paris 1964, 37–58. Vgl. auch M. Hengel, Die Synagogeninschrift von Stobi ZNW 57 (1966), 145–183 (in diesem Band s. S. 91–129).

Mit gutem Recht wird die Bedeutung Jerusalems „als Zentrum des Weltjudentums" hervorgehoben (S. 301 ff.), es war damals eine „internationale" Stadt, und die gemeinhin übliche Unterscheidung zwischen „palästinischem" und „hellenistischem" Judentum wird von hier her gesehen in Frage gestellt. Ob freilich die antiken Juden im Römischen Reich Inhaber eines besonderen „Jerusalemer Bürgerrechtes" waren (S. 304), ist doch sehr unsicher. Jerusalem war nie im Vollsinne eine wirkliche Polis mit griechischer Verfassung - mit Ausnahme während der hellenistischen Reform unter Antiochos IV. - gewesen, und der rechtliche Status der Juden in der hellenistischen Welt war der eines „Ethnos", s. E. Bikerman, Institutions des Séleucides, 1938, 164 ff. und vor allem V. Tcherikover, Was Jerusalem a ‚Polis'? IEJ 14 (1964), 61–78. Aus diesem Grunde legten die Ju|den auch so großen Wert darauf, das Bürgerrecht der von ihnen bewohnten griechischen Städte zu erlangen. Glänzend gelungen ist die kurze Darstellung Philos von Alexanderien S. 326–342, wobei Hegermann zu Recht trotz der hellenistisch-philosophischen Einkleidung den „orthodoxen" Charakter der philonischen Frömmigkeit hervorhebt (S. 341), der allerdings nicht mit den späteren rabbinischen Maßstäben gemessen werden darf. Leider tritt - vermutlich aus Raumgründen - die Frage eines stärker „heterodoxen", synkretistisch beeinflußten Judentums, wie sie schon von H. Greßmann, ZAW 43 (1925), 1–32, aufgeworfen wurde, zurück. Man darf die Bedeutung solcher Kreise, von denen möglicherweise die Entstehung der Gnosis gefördert wurde, nicht völlig übersehen. Hinweise auf derartige Gruppen finden wir bei den Hypsistos-Verehrern im bosporanischen Reich, den kleinasiatischen Hypsistariern und den Verehrern des Gottes Sabbatistes oder auch später bei den nordafrikanischen Coelicolae. Die jüdischen Grabinschriften von Tell el-Yehudieh, dem ehemaligen Leontopolis s. J.-B. Frey, Corpus Inscriptionum Judaicarum Bd. II Nr. 1451–1530 und ergänzend Tcherikover-Fuks, Corpus Papyrorum Judaicarum Bd. III, 162 Nr. 1530 A–D und

Teucheira in der Cyrenaika[30] zeigen einen hohen Hellenisierungsgrad. Ähnliches gilt von Artapanus (S. 319) und den jüdischen Allegoristen und Antinomisten, von denen Philo berichtet[31]. Demgegenüber haben die späteren jüdischen Grabinschriften in Rom einen stärkeren national-orthodoxen Charakter.

Mit einer umfangreichen Bibliographie ausgestattet ist auch der gedrängte Beitrag von G. Hansen über die „Philosophie in der hellenistischen Welt" 346–370, der eine gute Einführung gibt. Mit Recht wird die Stoa in den Mittelpunkt gestellt, sie hat von allen Schulen auch das Judentum und Urchristentum am stärksten beeinflußt. Vielleicht hätte noch stärker auf den – im einzelnen allerdings umstrittenen – semitischen Einfluß bei den Gründern, Zeno aus dem phönizischen Kition und Chrysipp aus dem cilicischen Soloi, hingewiesen werden können; ein Zug, der sich später bei Diogenes von Babylon, Boethos von Sidon und vor allem bei Poseidonios von Apameia fortsetzte[32]. Hier mag der Hauptgrund für gewisse verwandte Züge zwischen jüdischem und stoischem Denken liegen. Daß die peripatetische Schule übergangen wurde, ist bei ihrem relativ geringen Einfluß in der hellenistischen Zeit berechtigt. Sie erlebt jedoch ab dem 1. Jh. v. Chr. eine Renaissance. Einen Hinweis hätte hier vor allem der Aristoteliker und Freund des Herodes Nikolaos von Damaskus verdient, von dessem großem Geschichtswerk Josephus in weiten Teilen abhängig ist, sowie die pseudoaristotelische Schrift ‘de mundo’ als dem ausgeprägtesten Zeugnis eines philosophischen Monotheismus[33]. Für die Darstellung des Platonismus, Neuplatonismus und Pythagoreismus könnte man noch Bd. II–IV des großen Werkes von Festugière, die umfangreiche Monographie von W. Burkert[34] und die vorzügliche Untersuchung von A. Wlosok, Laktanz und die philosophische Gnosis, AHAW.PH 1960 2. Abh. heranziehen, die auch für Philo von Alexandrien (S. 48–114) von Bedeutung ist.

Es folgt der Beitrag von H. M. Schenke über die Gnosis S. 371–415 mit einer wertvollen Bibliographie, einer Untersuchung gewisser Grundbegriffe S. 374–382 und einem kurzen Abriß verschiedener beispielhafter gnostischer Systeme. Daran schließen sich einige leider zu kurz gehaltene, sehr generelle

---

30 S. Applebaum, Scripta Hierosolymitana 7 (1961), 27–52.

31 s. migr. Abr. 89ff u. conf. ling. 2f u. a. vgl. I. Heinemann, Philons griechische und jüdische Bildung, Nachdruck Darmstadt 1962, 454ff. u. H. A. Wolfson, Philo, 1948, Bd. I, 82ff.

32 J. Bidez, La Cité du monde et la Cité du Soleil chez les Stoïciens, BAB.L 5. Ser. 18 (1932) 244–294 u. M. Pohlenz, Stoa und Semitismus. NJWJ 2 (1926), 257–269.

33 s. M. P. Nilsson, op. cit. (A. 6), 297ff, vgl. auch The High God and the Mediator HThR 56 (1963), 101–120. Zu N. v. D. s. B. Wacholder, Nicolaus of Damascus, Berkeley and Los Angeles 1962.

34 A. J. Festugière, La Révélation d'Hermès Trismégiste, Bd. II Le Dieu Cosmique 1949; Bd. III Les Doctrines de l'Ame, 1953; IV Le Dieu Inconnu et la Gnose, 1954. W. Burkert, Weisheit u. Wissenschaft, Studien zu Pythagoras, Philolaos und Platon, Erlanger Beitr. z. Sprach- u. Kunstwiss. 10 (1962).

Erwägungen über Ursprung und Ausbreitung der Gnosis an; diese Frage hätte – da für die neutestamentliche Problematik von besonderem Interesse – vielleicht auf Kosten der späteren Systeme eines | Valentinus, Marcion und Mani (3. Jh.) – ausführlicher behandelt werden sollen. In einem Exkurs wird S. 396ff. auf die Mandäer eingegangen, die im Anschluß an K. Rudolph und R. Macuch – m. E. allzu spekulativ – aus einer im 1. oder 2. Jh. n. Chr. aus Palästina ausgewanderten gnostisch beeinflußten jüdischen Täufersekte abgeleitet werden. Diese Beobachtung, die Rolle der Samaritaner Simon Magus, Menander und vielleicht auch des noch früheren dunklen Dositheus[35], die von jüdischen Engel- und Gottesnamen durchsetzten Bezeichnungen der gnostischen Hypostasen, die mit der Adamspekulation eng verwandte Urmenschlehre[36], sowie die von Schenke hervorgehobene Tatsache, daß „der erste Markstein... die Kehrtwendung der jungen gnostischen Bewegung gegen das offizielle Judentum" (S. 414) bildete, legt m. E. den Schluß nahe, daß die Anfänge der Gnosis auf eine synkretistisch beeinflußte, antinomistische Bewegung in der Peripherie des palästinischen Judentums selbst zurückgehen. Wenn, wie Schenke l. c. vermutet, „eine Verfolgung der Gnostiker durch die Juden ein wesentlicher Grund" zu dieser Entwicklung war, so kann es sich bei den Verfolgten nur um heterodoxe Juden gehandelt haben. Diese Vorgänge sind historisch freilich schwer verifizierbar. Eine Verfolgung von heidnischen „Gnostikern" durch die Juden ist auf jeden Fall schlechterdings undenkbar[37].

Damit schließt die eigentliche Darstellung der einzelnen historischen sowie geistes- und religionsgeschichtlichen Bereiche. Bei der Aufteilung in die einzelnen Sektoren bleiben allerdings wichtige Gesichtspunkte unberücksichtigt. So die Frage des iranischen Einflusses, wie sie vor allem in den verschiedenen Aufsätzen von F. Cumont[38] und in dem grundlegenden Werk von Bidez-Cumont, Les Mages hellénisés, 2 Bde. Paris 1938, zum Ausdruck kommt, weiter der ganze Bereich der Hermetik, dessen religionsgeschichtliche Hintergründe vor allem Festugière in seinem vierbändigen, oben mehrfach zitierten Werk in unübertroffener Weise aufgehellt hat[39]. Auch ein stärkeres Eingehen

---

35 Th. Caldwell, Dositheos Samaritanus, Kairos 4 (1962), 105–117.

36 G. Quispel, Der gnostische Anthropos u. die jüdische Tradition, Eranos-Jb. 22 (1953), 195–234 u. Christliche Gnosis u. jüdische Heterodoxie, EvTh 10 (1954), 474–484. Zur Schöpfungslehre s. auch O. Betz, Was am Anfang geschah, Das jüdische Erbe in den neugefundenen koptisch-gnostischen Schriften, in: Abraham unser Vater, Festschrift f. O. Michel, AGJU 5 Leiden 1963, 24–43. Eine Zusammenfassung gibt R. McL. Wilson, The Gnostic Problem, 2. A. London 1964.

37 Parallelen wären der Kampf der Toratreuen unter der Führung der Makkabäer gegen die jüdischen „Assimilationisten" zwischen 167 v. Chr. und der Eroberung der Akra 141 v. Chr. oder auch die Verfolgung der urchristlichen „Hellenisten" nach Apg. 6–8,3. Von einem gewaltsamen Verfahren gegen jüdische „Gnostiker" wissen wir freilich nichts.

38 Les Enfers selon Axiochos CRAI 1920; 272–285; La fin du monde selon les mages occidentaux, RHR 103 (1931), 29–96.

39 Hermes wurde durch den Euhemerismus vermenschlicht, aber auch mit dem ägyptischen

auf das Werk des Flavius Josephus und auf die Samaritaner, deren Eigenart durch eine Reihe neuerer Veröffentlichungen herausgearbeitet wurde[40], wäre gewiß wünschenswert gewesen. Doch konnten durch die Begrenzung des Umfangs nicht alle Probleme in gleicher Weise erörtert werden. Ausführlich und hilfreich ist die synoptische Zeittafel von K. Matthiae 476–507; das Register weist dagegen leider gewisse Lücken auf.

Zum Abschluß behandelt der Herausgeber W. Grundmann die „Geschichte und Botschaft des Urchristentums in ihrer religiösen Umwelt" S. 416–475 und entwirft dabei in origineller und anregender Weise den Abriß einer neutestamentlichen Theologie in nuce. Das eigentliche Problem, „die Religionsgeschichte und das Urchristentum" konnte jedoch auf dem engen Raum, knapp 59 Seiten, nicht mit genügender Deutlichkeit herausgearbeitet werden, zumal es sich kaum im generellen Vergleich, sondern allein im konkreten Detail erschließt.

Vielleicht hätte sich für dieses eigenständige, heute wieder ungemein aktuelle Thema die Einplanung eines letzten, 4. Ban|des gelohnt, wodurch die einzelnen, z.T. durch den begrenzten Raum stark eingeengten Beiträge des 1. Bandes mehr Spielraum erhalten hätten. Das Thema „Die Religionsgeschichte und das Urchristentum", geraume Zeit in den Hintergrund gerückt, meldet sich heute im Fortgang der theologischen Entwicklung wieder unüberhörbar zu Wort. Es konzentriert sich dabei vor allem auf die Frage des Verhältnisses von Judentum und Urchristentum, wobei der Begriff „Judentum" allerdings ein sehr viel komplizierteres und vielschichtigeres Phänomen darstellt, als es etwa in dem Werk von G. F. Moore, Judaism, zum Ausdruck kommt; dagegen hat sich der religionsgeschichtliche Ausgangspunkt von Bousset-Greßmann, Die Religion des Judentums im späthellenistischen Zeitalter, eher bestätigt. Nur müßte man hier auch stärker das „rabbinische" Judentum, das Bousset allzusehr vernachlässigte, einbeziehen. Auch das Judentum jener Zeit konnte sich

---

Schreibergott Thot identifiziert und als „Protos Heuretes" und auserwählter Weiser der Urzeit „vergöttlicht". Schon Eratosthenes beschreibt im 3. Jh. v. Chr. eine Himmelsreise des Hermes und macht ihn dadurch zum Offenbarer astronomischer Weisheit, s. KNAACK PW Bd. 6, 388. Aus dem 2. Jh. v. Chr. stammt das von W. GUNDEL veröffentlichte Werke s. dazu G. HAUFE S. 38 A. 84. Das jüdisch-apokalyptische Pendant ist Henoch.

[40] Die kommentierte Josephus-Ausgabe von Loeb's Classical Library von H. ST. J. THAKKERAY, fortgeführt von R. MARCUS, ist jetzt durch den 9. Bd. (Ant. (XVIII–XX) ed. H. L. Feldman, 1965, abgeschlossen. Vor allem die letzten Bände enthalten äußerst wertvolle Bibliographien. Der Nachdruck von 1981 teilt diesen letzten Bd. in 2 Bde: Bd. 9 (Ant. XVIII–XIX), Bd. 10 (Ant XX). Letzterer besitzt ein ausführliches Gesamtregister zu allen 10 Bd.en (S. 159–383). Die neuere Literatur über Philo u. Josephus ist zusammengefaßt von L. H. FELDMAN, Studies in Judaica, Scholarship an Philo and Josephus (1937–1962), New York o. J.; *ders.*, Josephus and Modern Scholarship (1937–1980), hg. v. W. Haase, Berlin und New York 1984. Zu den Samaritanern s. jetzt J. MACDONALD, The Theology of the Samaritans, N.T. Library 1964, und vom selben Vf. herausgegeben und übersetzt: MEMAR MARQAH, BZAW 84 (1963), 2 Bde; H. D. Crown (Hg.), The Samaritans, Tübingen 1989.

den vielfältigen Einflüssen teils „synkretistischer“, teils popular-philosophischer Art nicht entziehen; selbst das Mutterland, Palästina, macht hiervon keine Ausnahme[41]. Der alte, geläufige Gegensatz zwischen „palästinischem“ und „hellenistischem“ Judentum oder „palästinischer“ und „hellenistischer“ Gemeinde bedarf daher neuer Überprüfung und Korrektur[42].

Das neue Werk stellt besonders für den Studierenden eine hilfreiche, anregende Einführung in die „Umwelt des Urchristentums“ dar; auf seine reiche Stoffülle und die teilweise ausgezeichneten Bibliographien wird auch der Weiterforschende mit Dankbarkeit zurückgreifen. Im Blick auf die Gesamtlage der Forschung zeigt es freilich auch, mit welchen methodischen und sachlichen Schwierigkeiten eine umfassende Darstellung der Probleme verbunden ist.

Relativ rasch folgte der 3. Teil des Gesamtwerkes, das gewissermaßen das „Vermächtnis“ des Verfassers Johannes Leipoldt „an die religionsgeschichtliche und theologische Forschung“ bildet (S. 5), an dem er bis zu seinem Tode im 85. Lebensjahr am 22. 2. 1965 unermüdlich gearbeitet hatte.
Im Gegensatz zum 1. Band konzentriert es sich nahezu ausschließlich auf die religiöse „Umwelt des Neuen Testaments“, der politische, kulturgeschichtliche und soziologische Bereich wird leider kaum berücksichtigt. Dafür wird der Rahmen der „religiösen Umwelt“ umso weiter gespannt. Er reicht von Altgriechenland bis zur Spätantike und altkirchlich-byzantinischen Kunst und schließt selbst Bilder aus Indien (S. 36f. Abb. 128/9) und Etrurien (S. 64 Abb. 322/3) mit ein. Der eigentliche Schwerpunkt liegt dabei – einer alten Neigung des Herausgebers gemäß – bei den antiken Mysterienreligionen und ihrer Entwicklung.

Ihnen zuliebe durchbricht er selbst die sonst vorherrschende geographisch bestimmte Ordnung: Die Mysterien von Eleusis (S. 16–20 Abb. 26–45), die dionysischen Mysterien unter Einschluß des Sabazioskultes (S. 20–25 Abb. 46–70), die Orphik (S. 25f Abb. 71–79) und Mithras (S. 31–35 Abb. 105–127) erhalten gesonderte Abschnitte. Aber auch sonst sind die Mysteriengottheiten vorherrschend. Die Behandlung Kleinasiens konzentriert sich überwiegend auf Kybele und Attis (S. 26–30 Abb. 80–102), die Syriens auf Adonis und die Syrische Göttin (S. 39–42 Abb. 145–155) und in Ägypten, das mit 11 Seiten Text und 89 Abb. unter Einschluß altägyptischer Zeugnisse

[41] S. schon die These von H. Gunkel, „daß das Christentum, aus dem synkretistischen Judentum geboren, starke synkretistische Züge aufweist“ (im Original gesperrt), in: Zum religionsgeschichtlichen Verständnis des Neuen Testaments, Göttingen 1930, 35. Allerdings darf man „synkretistisch“ nicht irgendwie abwertend, sondern nur rein religionsphänomenologisch verstehen. Außerdem kann dieses „synkretistische“ Judentum nicht einem „reinen“, „orthodoxen“ Judentum gegenübergestellt werden; der „Synkretismus“ betrifft es im Ganzen unter Einschluß des Rabbinats. S. dazu R. Meyer, Hellenistisches in der rabbinischen Anthropologie, BWANT IV, 22 (1937); S. Lieberman (s. o. A. 16) u. H.-F. Weiss, Untersuchungen zur Kosmologie des hellenistischen und palästinischen Judentums, TU 97 (1966).

[42] Diese Erkenntis bricht immer mehr durch: s. H.-F. Weiss, Klio, 43–45 (1965), 307 A. 3; etwas überpointiert formuliert E. Grässer, ThR 30 (1964), 176; „Die Alternative ‚hellenistisch-palästinisch‘ hat sich endgültig als völlig abwegig erwiesen“.

weitaus am ausführlichsten behandelt wird, stehen die Osiris- Sarapis- und Isisverehrung im Mittelpunkt (S. 49–60 Abb. 223–299).

In diesem Bereich erhält das Werk reichhaltiges und sehr instruktives, wertvolles Bildmaterial mit ausführlichen Erklärungen, die die Hand des gelehrten Kenners verraten. Es fragt sich jedoch, ob man durch die damit verbundene Einseitigkeit der | „Umwelt des Urchristentums" wirklich gerecht wird und ob hier nicht die in der alten religionsgeschichtlichen Schule vorherrschende Überschätzung der Mysterienreligionen und ihres unmittelbaren Einflusses auf das Urchristentum fortwirkt. Ihre eigentliche Blüte fällt ja erst in die nachchristliche Zeit. Der Vf. hebt dies im Blick auf den Mithraskult S. 31 extra hervor. Der Aufbau des 1. Bandes setzt die Gewichte mit Recht in ganz anderer Weise.

Im Gegensatz zu dieser Tendenz ist die Darstellung des so vielschichtigen antiken Judentums aufs äußerste verkürzt und wird auf knapp 5 Seiten erläuternden Text (43–47) und relativ willkürlich ausgewählte 41 Abbildungen (163–203) beschränkt. Sollte hier nicht eine grundsätzliche, historisch und theologisch verhängnisvolle Fehleinschätzung der eigentlichen „Umwelt des Urchristentums" in Verbindung mit einem anfechtbaren Religionsbegriff zugrundeliegen? Seitdem das große 13-bändige Werk von E. R. Goodenough, „Jewish Symbols in the Greco-Roman Period" (New York, 1953–1968) vorliegt, wird man kaum mehr über einen Mangel an eindrucksvollem jüdischem Bildmaterial aus der Antike klagen dürfen. Bezeichnenderweise wurde das Werk Goodenoughs, und hier besonders die entscheidenden drei ersten Bände, weder erwähnt noch herangezogen. So wird leider auch die vielfache Verflechtung des Judentums der hellenistischen Zeit mit seiner synkretistischen Umwelt viel zu wenig deutlich. Auch das Urchristentum hat seine „mysterienhaften" Züge, die man nicht überschätzen darf, wohl kaum durch den direkten Kontakt mit der heidnischen Welt, sondern durch die Vermittlung des Diasporajudentums empfangen. Man sollte nicht vergessen, daß unsere literarische Kenntnis der „Mysterien" und erst recht ihrer „Theologie" sehr beschränkt ist. Vieles, was in unscharfer Weise als „Mysterienterminologie" bezeichnet wurde, geht letztlich auf die Arkandisziplin der orientalischen Weisheit zurück und begegnet uns im jüdischen Raum etwa in der Apokalyptik und Qumran.

Schon der einleitende Satz S. 43: „Jüdische Quellen archäologischer Art spielen kaum irgendwo eine entscheidende Rolle für die Religionsgeschichte", beruht auf einem offensichtlichen Vorurteil, das im Grunde die Einseitigkeit der Gesamtauswahl zu rechtfertigen sucht. Es ist ja gerade das Auffallende, daß das jüdische Bilderverbot Ex 20,4 – wenn man von der durch einen zelotischen Rigorismus beherrschten Zeit zwischen Herodes und 70 n. Chr. in Palästina absieht – im Judentum trotz der vielfältigen Proteste der Rabbinen relativ wenig beachtet wurde. Das beste Beispiel bietet dazu die große Grablege der vornehmen Judenschaft im galiläischen Beth Schearim während des 2.–4. Jh. n. Chr., deren vielfältige bildlichen Darstellungen und Inschriften vom Herausgeber mit keinem Wort erwähnt werden, obwohl gerade sie deutlich den starken hellenistischen Einfluß auf die jüdische Oberschicht widerspiegeln. Wenn es der Herausgeber für notwendig befand, eine Darstellung von „Leda und dem Schwan" aufzuführen (Abb. 5), warum wählte er nicht die schöne Darstellung eines jüdischen Sarkophagfragments aus eben dieser Grablege (Goodenough Bd. 3 Abb. 456, vgl. Bd. 1, 138)? Auch die zahlreichen Grabmalereien und Sarkophagfragmente aus den jüdischen Katakomben in Rom werden mit Stillschweigen übergangen. Dasselbe gilt von der vielfältigen Tierkreissymbolik in den jüdischen Synagogen Palästinas. Von den herodianischen Bauten in Palästina werden nur eine alte Darstellung der Klagemauer in Jerusalem (165) und Reste des Augustustempels im – nichtjüdischen – Samaria-Sebaste gezeigt (186). Der Winterpalast in Jericho, Masada, das Herodeion und Mamre bleiben unerwähnt. Auch die 3 Abbildungen aus der Synagoge von Dura Europos (Abb. 180, 181 u. 183 vgl. S. 46) vermitteln leider keinerlei Eindruck von der Eigenart und religionsgeschichtlichen Bedeutung der frühesten bekannten biblischen Wandgemälde.

Einige Angaben bedürfen der Korrektur:
So ist die Bar-Kochba Münze Abb. 164 auf dem Kopf stehend abgebildet (richtig Goodenough Bd. 3 Abb. 692), und der Erklärer kommt daher S. 43 zu einer falschen Deutung. Der Gegenstand zwischen den beiden Säulen ist weder ein leerer Thron noch „eine erneuerte Bundeslade", sondern ein Toraschrein. Die |Torarollen werden deutlich durch die zwei Punkte in der Mitte gekennzeichnet: Die Tora ist der Ort der Gegenwart Gottes. Die bekannte Rekonstruktion der Synagoge von Tell Chum (Kapernaum) durch Kohl-Watzinger (Abb. 173, 175 vgl. S. 45) ist nach einer neuen Überprüfung von E. I. Sukenik, Bulletin of the L. M. Rabinowitz Fund 1 (1949), 18f. zu korrigieren: Die Synagoge besaß noch keinen fest aufgebauten Toraschrein, bei den zur Rekonstruktion verwendeten Bruchstücken handelte es sich um Reste des oberen doppelten Fensters der Synagoge. Die spätpersische oder frühhellenistische Gazamünze Abb. 178 vgl. S. 45 hat sicherlich nichts mit dem Gottesnamen „Jahu" zu tun, sondern trägt – wie auch einige andere Münzexemplare jener Zeit – den Provinznamen jhd = Jehud (s. E. L. Sukenik, JPOS 14 [1934]), 178ff. vgl. 15 [1935], 341ff.) und ist wie die anderen Jehud-Münzen ohne jeden tieferen religionsgeschichtlichen Hintergrund eine Nachahmung griechischer Prägungen mit einer zeusähnlichen Gestalt auf dem Flügelwagen des Triptolemos. Die Münze Abb. 195.196 (vgl. auch S. 47) mit Ethrog und Kelch ist sicher nicht „makkabäisch", sondern stammt aus dem 1. Aufstand 66–70 n. Chr. s. L. Kadman, The Coins of the Jewish War of 66–73 C. E., 1960, 124ff. Plate I–III. Die Datierung der jüdischen Münzen ist im Gegensatz zur Meinung des Vf. heute sehr exakt möglich; vgl. etwa B. Kanael, BA 26 (1963) 38–62.

Das Bedenken der Einseitigkeit betrifft jedoch nicht nur den jüdischen Bereich, sondern in gleicher Weise auch das nicht-jüdische Palästina sowie überhaupt Syrien und Phönizien, die eigentlichen Zentren der Entstehung des Urchristentums. Weder Palmyra, Damaskus und das nabatäische Petra noch die blühenden hellenistischen Städte des Ostjordanlandes und der Küstenebene (außer Cäsarea) treten in Erscheinung. Gerade ihre Münzdarstellungen bilden einen wertvollen Beitrag zur interpretatio Graeca der ursprünglich semitischen Landesgottheiten. Auch ein Hinweis auf die bedeutsamen Grabmalereien im idumäischen Marisa ca. 40 km südwestlich von Jerusalem aus dem 2. Jh. v. Chr. hätten die Vermischung hellenistischer und phönizisch-semitischer Elemente in Palästina deutlicher illustriert. Während Adonis überbetont wird, sucht man vergebens nach einem Hinweis auf den syrischen Himmelsgott Baal-Schamem, der als „Zeus Olympios" an einem entscheidenden Punkt auch die jüdische Geschichte berührte (vgl. 2. Makk 6,2 [Syr] u. Dan 8,13; 9,27; 11,31 u. 12,11), besonders mit astralen Symbolen verbunden wurde und so die spätere Heliosverehrung vorbereitete (vgl. etwa F. Cumont, Syria 8 [1927], 163 ff. und den neuen Fund aus Amman RB 69 [1962], 85 f).

Im Abschnitt Kleinasien wird im Zusammenhang mit dem Attiskult die Aberkiosinschrift abgebildet (Abb. 100 S. 29 f.). Der Vf. läßt die Frage, ob heidnisch oder christlich, offen, nach den Untersuchungen von Abel u. Dölger ist die christliche Herkunft jedoch eindeutig erwiesen. Die Charakterisierung der römischen Gemeinde ist darin durch die doppeldeutige, esoterische Bildsprache bedingt.

Eine eigenständige, ausführlichere Behandlung hätten weiter die für die Spätantike besonders wichtigen Bereiche des Herrscherkultes, der Astralreligion und der Magie verdient, auf die nur in zerstreuter Form hingewiesen wird, während man andererseits bei einer Anzahl von Bildern fragen kann, ob sie mit dem Grundthema der „Umwelt des Urchristentums" noch in Verbindung stehen. Der geographische Rahmen der Darstellung hätte hier durch eine mehr systematische Ordnung ergänzt werden sollen.

Die Beschreibung der Bilder geschieht in einer lockeren, fast feuilletonhaften Weise, die die exakte Orientierung erschwert; wahrscheinlich wäre dem Leser mehr gedient gewesen, wenn dieselbe in einer geschlosseneren Form, etwa nach dem unübertroffenen Vorbild von H. Greßmann, Altorientalische Bilder zum Alten Testament, 2. A. 1927, vorgenommen worden wäre. Auch den Nachweis der Standorte und Bildvorlagen, der S. 270 ff. in leider sehr unübersichtlicher Weise angefügt wurde, hätte man besser unmittelbar mit der einzelnen Bildbeschreibung verbunden. Auffallend ist weiter, daß relativ wenig neuere Veröffentlichungen herangezogen wurden und auch Literaturhinweise auf neuere, bedeutsame Bildsammlungen fehlen. Auch | die Qualität der einzelnen Abbildungen ist teilweise unterschiedlich. Es mag dies an den z. T. alten Vorlagen liegen.

Der Bildband wird so leider der Thematik des Gesamtwerkes nur in eingeschränkter Weise gerecht. Er bietet zwar viele interessante und lehrreiche Einblicke in die antike Religionsgeschichte, insbesondere im Bereich der Mysteriengottheiten, bleibt aber in Auswahl und Erklärung sehr einseitig. Es handelt sich, wie der Vf. S. 60 selbst sagt, um eine „religionsgeschichtliche Rundreise", allerdings mit relativ einseitig ausgewählten Stationen. Eine stärkere Beschränkung auf die Monumente der hellenistisch-römischen Zeit, eine vermehrte Berücksichtigung des antiken Judentums sowie des palästinisch-syrischen Raumes als Ausgangspunkt, sowie ausführlichere, weiterführende und sachbezogene Literaturangaben würden den Wert des Buches für den Forscher wie für den Studenten und Pfarrer wesentlich erhöhen. Die Herausgabe eines umfassenden Bildbandes über die „Umwelt des Urchristentums" bleibt so, nach wie vor, ein dringliches Desiderat.

II.

Erfreulich rasch nach Bd. I und III (s. ThLZ 92 [1967], 801–814) erschien auch Bd. II, der eine vielseitige Auswahl von Texten in Übersetzung enthält, die die historische Darstellung von Bd. I ergänzen sollen. Die Auswahl erfolgte durch die Verfasser des ersten Bandes, wobei jeder für seinen eigenen Bereich verantwortlich ist. Sie entspricht daher in ihrem Aufbau weitgehend der Gliederung des Textbandes. Die Schwierigkeit einer derartigen Textauswahl war den Herausgebern wohl bewußt. W. Grundmann weist darauf bereits im Vorwort hin: „Eine solche Auswahl... vermag nicht alles zu erfassen und wird immer Wünsche offenlassen". Das Ziel ist, „ein Bild dieses (neutestamentlichen) Zeitalters aus unmittelbaren Zeugnissen zu vermitteln". Dieses Ziel wurde in dankenswerter Weise bei einem großen Teil der Beiträge erreicht. S. 11–67 gibt H. Ristow eine bunt gemischte Palette von antiken Zeugnissen über die „politische(n) und soziale(n) Verhältnisse im Römischen Reich im ersten vor- und im ersten nachchristlichen Jahrhundert". Dies führt zu einer für den Leser wenig sinnvollen Zersplitterung, da nicht nur politische Zeugnisse von den Gracchen bis Trajan geboten werden, sondern auch Hinweise auf politische Rechtsformen, Wirtschaft, Militärwesen, Wissenschaft und Theater, Medizin und Privatleben, bis hin zur Liebeslyrik und Totenklage. Hier wäre man versucht, als Wunsch ein „non multa sed multum" vorzubringen. Der Treueid der Bürger von Assos als einziges Zeugnis über Caligula (30) trägt zur Beurteilung dieses für die jüdische und urchristliche Geschichte besonders bedeutsamen Kaisers wenig bei, hier sind die Zeugnisse Philos aus der „Gesandtschaft an Gaius", die H. Hegermann S. 300–307 vorträgt, ungleich wertvoller. In diesem Zusammenhang stößt man auf einen grundsätzlichen Mangel des Werkes: es besitzt weder einen Sach- und Personenindex noch Seitenverweise über den Bereich des jeweiligen Verfassers hinaus auf Parallelen in den anderen Sachgruppen. Das Zeugnis Philos ist z.B. ein hochinteressanter Beleg für den Herrscherkult, der von G. Hansen S. 102–113 durch Texte illustriert wird, in denen Caligula überhaupt nicht erwähnt wird. Da das Werk ja doch auch als Nachschlagewerk für den Studenten dienen soll, hätten derartige Zwischenverweise bzw. ein Register seinen Wert wesentlich gesteigert. S. 68–101 bringt G. Haufe Texte zur „hellenistische(n) Volksfrömmigkeit" und zu den Mysterien. Hier zeigt sich, daß diejenigen Textzusammenstellungen für den Leser besonders wertvoll sind, die einen wirklichen Überblick geben, wie die Zeugnisse zum Dionysoskult S. 82–88 und zu den Mysterien überhaupt. Auch bei einer Anthologie dürfte aufs Ganze gesehen die Konzentration auf das ausgewählte Wesentliche wichtiger sein als eine zusammenhanglose Vielfalt.

Mit Recht stehen die jüdischen Texte im Mittelpunkt der Sammlung (S. 114–314). S. 114–130 bringt der Hrsg. W. Grundmann in Zusammenarbeit mit K. Steiner eine instruktive Auswahl aus Josephus zur jüdischen Geschichte von Hyrkan I. bis zur Zerstörung Jerusalems. Die Rechtszeugnisse S. 131–134 (Urkunden aus Wadi murabba'at) hätten dagegen unbedingt durch rabbinische Zeugnisse ergänzt werden müssen. Überhaupt wird das Rabbinat | S. 218–233 mit Auszügen aus Pirque 'Abot, 4 Zitaten aus Berakhot und dem Achtzehn-Gebet etwas stiefmütterlich behandelt. Die Psalmen Salomos sind S. 180–186 dagegen ausführlich dargestellt, freilich hätte bei der Überschrift „Pharisäisches Schrifttum" wenigstens in einer Anmerkung darauf verwiesen werden sollen, daß ihre pharisäische Herkunft heute angefochten ist. M.E. ist sie freilich immer noch die wahrscheinlichste Hypothese. Die großzügige Aufnahme der – durchweg vorchristlichen – „Texte aus Qumran" S. 135–180 mit ausführlicher Bibliographie gibt diesen neuerschlossenen Quellen den Rang, den sie innerhalb der „Umwelt des N.T." verdienen. Es wäre wünschenswert, daß ihre überragende Bedeutung für die Erschließung der antiken jüdischen Religionsgeschichte und damit zugleich für den Hintergrund des Neuen Testaments auch in der deutschen neutestamentlichen Wissenschaft ohne Einschränkung anerkannt würde, zumal ja noch laufend neue Texte veröffentlicht werden. Vgl. dagegen R. Bultmann im Vorwort seiner Theologie des Neuen Testaments, 3.A.1958: „Ihre Bedeutung für die Interpretation des NT wird m.E. vielfach überschätzt". Unter der Überschrift „Apokalyptik" werden S. 187–218 Texte aus den Jubliläen, dem äth. und slaw. Henoch, 4. Esra und den Test. XII dargeboten.

Die Datierung von Jub. unter Antiochos IV. Epiphanes (175–164 v. Chr.) ist fraglich, s. M. Testuz, Les idées religieuses du Livre des Jubilées, Paris 1960, die Zeit Hyrkans um 100 v. Chr. ist vorzuziehen, denn die makkabäische Erhebung liegt offensichtlich längere Zeit zurück. Da das Werk CD 16,3f. genannt wird und in Qumran bisher durch 9 Fragmente vertreten ist, dürfte es direkt essenischen Ursprungs sein. So erklären sich auch die sachlichen Berührungen mit Qumran am besten (188). Sehr fraglich ist auch, ob man die Apokalyptik einseitig aus dem „Weisheitsdenken Israels" ableiten kann (187). Die Wurzeln liegen in der Verschmelzung von weisheitlicher und prophetischer Tradition, ein Phänomen, das uns selbst bei dem ganz anders gearteten Ben-Sira begegnet, der sich prophetischer Formen bedient und ein fast „prophetisches Selbstbewußtsein" besitzt. Irreführend ist auch S. 141 Anm. 84 die Bemerkung, die Lehre von den beiden Geistern 1 QS 3,13ff. sei „auf früheste gnostische Einflüsse zurückzuführen". Dieser Text – entstanden gegen Ende des 2. Jh. v. Chr. – ist über 200 Jahre älter als die frühesten „gnostischen" Zeugnisse und unterscheidet sich grundsätzlich von ihnen. Hier sind die Begriffe unklar. Ansätze zu einer „dualistischen" Weltbetrachtung müssen noch nicht eo ipso „gnostisch" sein, mit gleichem Recht könnte man auch den platonischen, iranischen oder auch jüdisch-apokalyptischen „Dualismus" als „gnostisch" bezeichnen. Ein derartig unscharfer Sprachgebrauch muß notwendigerweise zu einem – zwar heute beliebten, aber gerade deswegen unqualifizierten – „Pangnostizismus" führen (Zur Sache vgl. K. G. Kuhn in: Neotestamentica et Patristica, Festschrift O. Cullmann, 1962, 111–122).

Besonders wertvoll sind die Zeugnisse über „das hellenistische Judentum" von H. Hegermann S. 234–314, da hier in informativer Weise größere Texteinheiten dargeboten werden. Neben den jüdischen Quellen kommen nichtjüdische Zeugen, wie Manetho (255f.), Juvenal (247f.), Tacitus (258ff.) und der Brief des Claudius an die Alexandriner (250ff.) zu Wort. Auch die jüdisch-hellenistische Literatur, nicht zuletzt die philonische Exegese (281–314), wird im Rahmen des Möglichen gebührend berücksichtigt. Hier erhält der Studierende eine solide Einführung.

Wünschenswert wäre eine stärkere Heranziehung der jüdischen Inschriften (241f.), etwa der Regina-Inschrift aus Rom oder – zum Vergleich – der Inschriften von Leontopolis (Tell el-Yehudieh). Auch die Synagogeninschriften der Diaspora und Palästinas bleiben unberücksichtigt (s. jetzt B. Lifshitz, Donateurs et fondateurs dans les synagogues juives, 1967). Die einzige ausführliche jüdische Inschrift bringt G. Haufe (72) aufgrund eines Versehens als angebliche „Rheinische Fluchtafel" aus dem 2. Jh. n. Chr. (!). In Wirklichkeit handelt es sich um die wichtige 2-fach erhaltene Fluchstele von Rheneia, der Grabinsel von Delos, aus der Zeit um 100 v. Chr., das früheste epigraphische Zeugnis für die LXX (CIJ 1, 725; Deißmann, LvO^4 351–362).

Instruktiv ist auch der Ausschnitt aus philosophischen Texten von G. Hansen S. 315–349. Schade ist freilich, daß die ältere und mittlere Stoa vor Seneca aus Raumgründen nicht mehr zu Worte kam. Hätte man vielleicht zu ihren Gunsten auf Plotin (340–349), der erst für die spätere Kirchengeschichte Bedeutung gewinnt, verzichten sollen? Erfreulicherweise wird die pseudoaristotelische Schrift „Über die Welt" (333–336) herangezogen, die einen Höhe|punkt des antiken philosophischen Monotheismus darstellt, und die der Hrsg. im Anschluß an H. Strohm, MusHelv 9 (1952), 137–175, einem Platoniker mit antistoischer Tendenz zuschreibt. Nicht minder interessant sind die gnostischen Texte von H.-M. Schenke S. 350–418, die einen weitgespannten Querschnitt enthalten von den in reichem Maße berücksichtigten koptischen Texten – insbesondere aus Nag Hammadi – über kleine Kostproben aus dem Traktat Poimandres (388 ff.), dem Ginza (390–396), dem manichäischen Psalmenbuch (404–407) bis zu einem kurzen Auszug aus den Zeugnissen des Irenäus (412–418 vgl. 355). Das Perlenlied aus den Thomasakten wird dagegen ungekürzt wiedergegeben (407–412), ebenso 8 von den Oden Salomos. Auffällig ist für den Leser dieses Florilegiums der sehr wechselnde Charakter der verschiedenen unter dem Stichwort „Gnosis" zusammengefaßten Texte. Zumindest bei den Oden Salomos möchte man sich fragen, ob sie das Etikett „gnostisch" wirklich zu Recht tragen, ob hier nicht sehr stark neben dem christlichen Erlösungsgedanken auch alttestamentlich-jüdisches Gedankengut mit der entsprechenden Metaphorik wirksam ist (S. die Vergleiche von J. Carmignac in: Qumran-Probleme, hg. v. H. Bardtke 1963, 75–108; Revue de Qumran 3 [1961/62], 71–102 und 4 [1963/64], 429–432). Das Rätsel dieser Schrift ist noch ungelöst. – Im ganzen ist der II. Bd. eine sehr wertvolle Ergänzung des Gesamtwerkes, und man möchte sich ihn in der Hand eines jeden Theologiestudenten und Pfarrers wünschen. Er führt in die Texte ein und gibt dadurch – dies wäre sein eigentlicher Zweck – dem Interessierten den Anreiz, sich mit den originalen Quellen selbst zu beschäftigen.

4. Die Begegnung von Judentum und Hellenismus im Palästina der vorchristlichen Zeit[1]

Ferdinand Christian Baur hat durch die Erkenntnis, daß die frühkatholische Kirche aus der Synthese von judenchristlicher und heidenchristlicher Gemeinde entstanden sei, der neutestamentlichen Wissenschaft ihren historischen Forschungsbereich zugewiesen: Will diese die Hintergründe der Entstehung des Urchristentums erhellen, so muß sie sich sowohl der jüdischen wie der spätantik-griechischen Geisteswelt zuwenden. Für letztere hat der 18 Jahre jüngere Johann Gustav Droysen in seinem genialen Erstlingswerk den Begriff des „Hellenismus" geprägt und dabei ebenfalls das Spezifikum für diese neue Epoche nach Alexander d. Gr. in der Synthese gesehen: „Osten und Westen war zur Verschmelzung reif, schnell erfolgte von beiden Seiten Durchgährung und Umgestaltung; und das neuerwachte Völkerleben ward zu immer neuen und weiteren Entwickelungen in Staat und Wissenschaft, in Handel und Kunst, in Religion und Sitte. Mag es uns erlaubt sein, dieß neue weltgeschichtliche Princip mit dem Namen des Hellenistischen zu bezeichnen; das Griechenthum, in das Leben der östlichen Welt eingebildet und dasselbe durchgährend, hat jenen Hellenismus entwickelt, in dem das Heidenthum Asiens und Griechenlands, ja das Alterthum selbst aufzugehen bestimmt war".[2] Die Problemstellung Droysens führte dabei freilich weit über den dialektischen Dreiklang F. Chr. Baurs hinaus, weil er in übergreifender Weise nach der Synthese zwischen Orient (einschließlich des Judentums) und Hellenentum überhaupt fragte. Leider ist der neutestamentlichen Forschung der letzten 160 Jahre der Anstoß, der von Baur und Droysen im Blick auf eine Erhellung dieser Synthesen ausging, nicht immer in positiver Weise aufgenommen worden; oftmals erhält man vielmehr den Eindruck, als stünde eine einseitig antithetische Betrachtung im Vordergrund. Während die konservative Forschung häufig

---

[1] Erstveröffentlichung in: Verborum Veritas, Festschrift für Gustav Stählin zum 70. Geburtstag, hg. v. O. Böcher u. K. Haacker, Wuppertal (R. Brockhaus) 1970, 329–348. Der Aufsatz wurde auf dem Symposion zu Ehren des 65. Geburtstages von Prof. D. Eugen Ludwig Rapp am 14. 5. 1969 in Mainz als Festvortrag gehalten. Er bildet eine teilweise Zusammenfassung meines Buches „Judentum und Hellenismus, Studien zu ihrer Begegnung unter besonderer Berücksichtigung Palästinas bis zur Mitte des 2. Jh. v. Chr." (WUNT 10). Tübingen 1969 (zit. JuH). S. auch M. H., Juden, Griechen und Barbaren, SBS 76, 1976.

[2] Geschichte des Hellenismus. Hamburg 1836, I, 4f.; vgl. JuH 3f.

allein eine Herleitung des Urchristentums aus der alttestamentlich-jüdischen Tradition für legitim erachtete, sahen die religions|geschichtliche Schule und ihre Nachfahren unter dem Stichwort des „Synkretismus" den „hellenistischen" Anteil für ausschlaggebend an[3]. Auch die Tatsache, daß man später statt der sog. „hellenistischen Mystik" eine angeblich ursprünglich orientalische Gnosis zur Deutung zentraler neutestamentlicher Sachverhalte heranzog, konnte die Gegensätze nicht ausgleichen, da hier ein X durch ein noch weniger bekanntes Y erklärt werden sollte[4]. Im Grunde ist so die neutestamentliche

---

[3] Dieser schließt freilich seit E. NORDEN, BOUSSET und REITZENSTEIN die „orientalische" Komponente mit ein, doch ist gerade dieser Begriff besonders unbestimmt. Dies zeigt der Wechsel der geographischen Herleitung wesentlicher religionsgeschichtlicher Phänomene bei R. REITZENSTEIN selbst. Während er im Poimandres (1904) noch fast ausschließlich das ägyptische Erbe betonte, suchte er später des Rätsels Lösung im iranischen Einfluß, s. Das iranische Erlösungsmysterium (1921) und Studien zum antiken Synkretismus aus Iran und Griechenland (1926, zusammen mit H. H. SCHAEDER). BOUSSET hob in Hauptprobleme der Gnosis (1907) besonders das babylonische Erbe hervor, unbeschadet der Tatsache, daß wir über die babylonische Religion der persisch-hellenistischen Zeit nicht allzu viel wissen. Zur Kritik an dem so sehr unscharfen Begriff „orientalisch" s. C. COLPE, Die religionsgeschichtliche Schule, FRLANT 78 (1961), 28ff.: Zumindest vom Standpunkt Palästinas und des NT aus ist er irreführend. Im übrigen scheint mir mit M. P. NILSSON, A. D. NOCK, H. LANGERBECK u. a. auch in der hellenistisch-römischen Zeit das griechische Erbe in Religion und Geisteswelt bei aller Transformation vorherrschend gewesen zu sein. Die Überbetonung des „Orientalischen" ist vermutlich eine moderne Version des romantischen „ex oriente lux", das uns bereits in der Antike etwa im Zusammenhang mit den Reisen des Pythagoras, Demokrits, Platons u. a. in den „Orient" begegnet. Dahinter steht letztlich das noch zu wenig geklärte Problem älterer Zusammenhänge zwischen dem „Alten Orient" und dem Altgriechenland der vorklassischen, ja minoischen Periode. Dazu u. S. 153ff. Zum Problem vgl. schon das besonnene Urteil von W. KROLL, Die religionsgeschichtliche Bedeutung des Poseidonios, N. Jb. f. d. Kl. Altertum 39 (1917), 145–157.

[4] Ich kann schlechterdings den Optimismus BULTMANNS und einiger seiner Schüler über die Nachweisbarkeit einer vorchristlichen Gnosis, „die in verschiedenen Formen aus dem Orient als Konkurrentin des Christentums in den Westen eindrang" (Das Urchristentum im Rahmen der antiken Religionen. Hamburg 1962, 152), nicht teilen. Die phantasievollen Konstruktionen von W. SCHMITHALS, der in mehreren Untersuchungen (Die Gnosis in Korinth [FRLANT 66]. Göttingen ^{2}1965; Das kirchliche Apostelamt [FRLANT 81]. Göttingen 1961 u. a.) versuchte, die Hypothese seines Lehrers im Detail durchzuführen, hat diese eher unglaubwürdig gemacht als gestützt. Neuere Untersuchungen, wie etwa E. BRANDENBURGER, Fleisch und Geist (WMANT 29), Neukirchen 1968, zeigen daher mit Recht eine spürbare Distanz. Mit LEISEGANG, LANGERBECK und NILSSON möchte ich nachdrücklich davor warnen, das griechische Element in der Gnosis zu unterschätzen. Plato, die Orphik, die Stoa (Poseidonius) und der Neuphytagoreismus haben alle ihren wesentlichen Beitrag dazu geleistet. Dies gilt auch für die Dämonologie und den Dualismus. In den an sich recht uneinheitlichen Hermetica überwiegt bei weitem das depravierte griechische Gedankenerbe und nicht etwa die „orientalischen" Einflüsse. Auch bei den Systemen der sog. „christlichen Gnosis" haben griechische Gedanken einen sehr breiten Anteil. Die alte, viel widersprochene These HARNACKS, „dass sich in den gnostischen Bildungen die acute Verweltlichung, resp. Hellenisierung des Christenthums darstellt" (Dogmengeschichte I, 250) enthält mehr geschichtliche Wahrheit als manche modernen Theorien über die Entstehung der Gnosis. Bestenfalls wäre noch zu überlegen, ob nicht das Wort „Christentum" hier durch „Judentum" ergänzt werden könnte. Vgl. auch JuH 294–562 u. ThLZ 92 (1967), 809. Letztlich ist nicht der Gegensatz Griechisch-

Wissenschaft bis heute an jene antithetischen Differenzierungen gebunden: Nach wie vor unterscheidet man zwischen „jüdischer Apokalyptik" und „hellenistischer Mystik", zwischen „jüdisch-rabbinischer Überlieferung" und „hellenistisch-orientalischer Gnosis", zwischen „palästinischer" und „hellenistischer" Gemeinde. Diese Gegensätzlichkeit der religionsgeschichtlichen Ableitungen übersieht zu leicht das Gewicht der Tatsache, daß gerade Palästina, das Kernland des antiken Judentums, zur Zeit Jesu schon über 360 Jahre unter hellenistischer Herrschaft und damit im Einflußbereich der fremden Kultur stand. Man könnte freilich auch umgekehrt formulieren: Das antike Judentum hatte zur Zeit der Entstehung des Urchristentums sowohl in Palästina wie in der Diaspora eine fast 400jährige Geschichte der erfolgreichen Selbstbehauptung und Auseinandersetzung mit der | hellenistischen Zivilisation hinter sich. Es liegt so nahe, die Baursche Problematik von Antithese und Synthese gerade auch auf die vorchristliche Geschichte des Judentums in der hellenistischen Ära anzuwenden. Das antike Judentum war ja ganz gewiß keine einheitlich-statische Größe, und es könnte sein, daß die Dialektik der hinter der Entstehung des Urchristentums stehenden Kräfte sich aufgrund einer tiefergehenden Analyse als sehr viel komplizierter und vielschichtiger erweist, als es die bislang vorherrschenden Differenzierungen zwischen „jüdischer" und „hellenistischer Gemeinde", zwischen „jüdisch-alttestamentlicher" und „hellenistisch-griechischer" Traditionslinie zum Ausdruck bringen.

Wir wenden uns im folgenden der Begegnung und Auseinandersetzung zwischen Judentum und Hellenismus in Palästina zu, einmal, weil hier die Quellen reichlicher und kontinuierlicher fließen als in der Diaspora, und zum andern, weil hier die Dialektik zwischen Antithese und Synthese an einzelnen Höhepunkten besonders deutlich wird. Aus der ungeheuren Fülle des Materials können wir freilich nur eine sehr begrenzte Reihe von Gesichtspunkten herausgreifen, wobei ich mich vor allem auf die beiden ersten Jahrhunderte dieser Begegnung, auf das 3. und 2. Jh. v. Chr., beschränken will.

I. Zur Vorgeschichte

Die Begegnung zwischen Hellas und dem Alten Orient begann durchaus nicht erst mit dem Alexanderzug, sie hat eine sehr vielseitige Geschichte, die bis weit in das 2. Jahrtausend, in die mykenische Zeit, zurückreicht. Es zeigt sich | hier die historische Fragwürdigkeit der geläufigen Unterscheidung zwischen klassischer Antike und Altem Orient. Man wird grundsätzlich mit einem einheitlichen Kulturraum rechnen müssen, der Ägypten, den fruchtbaren

Orientalisch entscheidend, sondern *das Neue*, das die hellenistische Zeit gegenüber der klassischen Epoche *und* dem Alten Orient brachte. S. auch o. S. 86–90.

Halbmond Syriens und Mesopotamiens wie Kleinasien und die Ägäis mit umfaßte. Zunächst waren die Hellenen mehr die Empfangenden, und die kulturelle Brücke bildeten vor allem die Phönizier, von denen die Griechen z.B. das Alphabet empfingen[5]. Etwa seit Beginn der Perserherrschaft änderte sich jedoch dieses Bild: Griechische Münzen und Waren strömten in reichem Maße nach Syrien und Palästina, und wieder waren die Phönizier die Vermittler, zumal sie seit der Mitte des 5. Jh. die ganze palästinische Küstenebene beherrschten. Es ist z.B. bezeichnend, daß wir gerade im persischen Palästina keine Münzfunde von Dareiken, sondern nur solche von griechischen, vor allem athenischen Prägungen und deren einheimische Nachahmungen kennen, darunter auch 5 oder 6 mit der Aufschrift „j^{e}hud", dem Namen der Satrapie um Jerusalem. Zu den ganz wenigen griechischen Lehnwörtern im A.T. gehört daher das Wort „darkh^{e}monîm", gebildet aus dem griechischen Genetivus Pl. δραχμῶν[6]. Nahezu bei jeder Ausgrabung aus dem Palästina der persischen Zeit findet sich weiter die athenische schwarz- und rotfigurige Keramik, ab dem 4. Jh. werden dann auch künstlerische Einflüsse – bis hinein in die einheimische Kleinkunst, etwa die Terrakottenmanufaktur, – sichtbar[7]: Ein allgemeiner Gestaltwandel bahnt sich an. Neben die griechischen Händler traten die griechischen Söldner: Ihre Anwerbung war kriegsentscheidend, so etwa bei dem Aufstand Sidons um 350, bei dem auch Judäa betroffen wurde, oder bei der Wiedereroberung Ägyptens durch Artaxerxes III. Ochos. Einen ersten Beleg für diese frühen Kontakte mit den Griechen kann man vielleicht in dem Protest Joel 4,4ff. gegen den Verkauf jüdischer Sklaven an die „b^{e}nê hăjj^{e}wanîm", an die „Ionier", durch die Phönizier sehen[8].

2. *Judäa nach Alexander und unter ptolemäischer Herrschaft*

Die makedonische Eroberung brachte eine vielfache Intensivierung des bisherigen griechischen Einflusses. Von entscheidender Bedeutung war dabei, daß nach den wechselvollen Diadochenkämpfen – gerade auch um die Landbrücke Palästina – das umstrittene Gebiet nach der Schlacht von Ipsos 301 endgültig an die Ptolemäer fiel und 100 Jahre in ihrem Besitz blieb. Zunächst offenbarte sich die kulturelle Überlegenheit der neuen Herren in sehr säkularer Form: in der Unwiderstehbarkeit der griechisch-makedonischen Kriegs|technik. Sie wurde den Bewohnern Palästinas bereits durch die Zerstörung von Tyrus und Gaza sowie die rasche und harte Bestrafung der samaritanischen Rebellen demonstriert. Alexander verwandelte Samaria in eine makedonische

[5] JuH 61f. 132f. 197f.
[6] Esra 2,69 u. Neh 7,69–71.
[7] JuH 61–67.
[8] JuH 21f. 81.

Kolonie, der Rest der Samaritaner siedelte sich in Sichem an. Einige Jahrzehnte später wurde Jerusalem das Opfer eines Überfalls durch den 1. Ptolemäer, der Tausende von gefangenen Juden als Sklaven nach Ägypten verschleppte (Agatharchides nach Jos Ant 12,5ff.; Jos Ap 1,205ff.).

Palästina selbst bildete das lebenswichtige strategische Glacis für das ägyptische Mutterland, entsprechend befestigten es die Ptolemäer nach allen Seiten: einmal nach Norden gegen die Seleukiden, die ihre Ansprüche nie aufgaben, und zum andern gegen die nabatäischen Araber im Osten und Süden. Eine Fülle von als Festungen ausgebauten makedonisch-griechischen Militärsiedlungen wurde gegründet, die ältesten wie Samaria und Gerasa stammten noch von Alexander oder Perdikkas, weitere wie Dion, Hippos, Gadara, Pella u. a. gehen wohl schon aufgrund ihrer Namen auf die makedonische Gründerzeit der Diadochen zurück. Die Ptolemäer gründeten Ptolemais-Acco, Philoteria am See Genezareth, Philadelphia-Rabbath-Ammon und Skythopolis-Beth-Schan. Teils waren es Neugründungen, teils Umwandlungen älterer Städte; auch Orte, die ihren Namen nicht änderten, nahmen im 3. Jh. die griechische Polisverfassung an, so die phönizischen Hauptorte an der Küste bis hinunter nach Gaza. Dem Seleukidenkönig Antiochos III. machten bei seinem dreimaligen Angriff auf Palästina 221, 219 und 202 v. Chr. diese gestaffelten ptolemäischen Festungslinien schwer zu schaffen.

Von den Persern übernahmen die Makedonen die Anwerbung jüdischer Söldner, möglicherweise begleiteten schon jüdische Hilfstruppen Alexander auf seinem Indienzug; seit dem ersten Ptolemäer sind sie auch in größerer Zahl in Ägypten nachweisbar, wo sie dann im 2. Jh. v. Chr. unter Führung eigener Generäle große politische Bedeutung gewannen. Die von Strabo und zahlreichen Inschriften bezeugte große jüdische Diaspora in der Cyrenaika dürfte wohl auf alte jüdische Militärkolonien zurückgehen. Aber auch in Palästina selbst finden wir jüdische Söldner in ptolemäischem Dienst. So berichten die Zenonpapyri um 260 v. Chr. von der Existenz einer Militärkolonie im Ostjordanland mit griechisch-makedonischen und jüdischen Soldaten und Reitern unter dem Befehl des jüdischen Feudalherrn Tobias aus dem schon Nehemia bekannten Geschlecht der Tobiaden. Nach Josephus war er der Schwager des Hohenpriesters. Die sog. jüdischen „Toubianoi" erscheinen später in den Makkabäerkämpfen als jüdische Reitertruppe, die sich Judas anschloß, wobei 2 ihrer Offiziere bereits griechische Namen trugen: Dositheos und Sosipatros (2 Makk 12,19.24). Vermutlich dienten diese jüdisch-griechischen Militärkolonien dem Schutze Palästinas gegen die räuberischen Araber. Derartige Kleruchien in Ägypten, der Cyrenaika und in Palästina selbst waren natürlich eine Stätte stärkster gegenseitiger kultureller Beeinflussung. Die jüdischen Siedler in Ägypten machen nach Name und Sprache bereits im 3. | Jh. einen völlig hellenisierten Eindruck. Es ist dabei durchaus damit zu rechnen, daß die Juden ähnlich wie die Schweizer im Mittelalter gerne Söldnerdienste in den hellenistischen Monarchien annahmen, da das kleine gebirgige Land seine wachsende Bevölkerung nicht ernähren konnte. Das jüdische „Reislaufen“ in frühhellenistischer Zeit blieb gewiß nicht ohne Rückwirkungen auf das Mutterland, da man auch mit Rückwanderern zu rechnen hatte; vielleicht liegt hier der Grund für die überraschenden militärischen Fähigkeiten der Juden in der makkabäischen Erhebung.

Auch in der prophetisch-apokalyptischen Tradition wird der tiefe Eindruck der hellenistisch-makedonischen Kriegstechnik sichtbar: Das vierte Tier in Dan 7,7 war furchtbarer als alle anderen Tiere; „es fraß und zermalmte, und den Rest zerstampfte es mit seinen Füßen“. Ihm gegenüber besann man sich auf die altisraelitische Tradition vom Heiligen Krieg, so in Sach 9,13, wo Juda zum Bogen und Ephraim zum Pfeil wider die „Söhne Jawans“ werden. Ein späteres Beispiel ist die in ihrem ältesten Teil auf die Makkabäerzeit zurückgehende Kriegsrolle, die mit dem Heiligen Krieg der „Söhne des Lichts“ gegen die „kittîm“ von Assur und Ägypten, d. h. gegen die Seleukiden und Ptolemäer, beginnt[9].

Noch schwerwiegender war freilich die einzigartig straffe politische Verwaltung und wirtschaftliche Ausbeutung der Provinz, die unter dem 2. Ptolemäer nach dem Zeugnis der Zenonpapyri ihren Höhepunkt erreichte. Der Beauftragte des Finanzministers Apollonios, Zenon, reiste von Ende 260 bis März 258, d. h. ca. 15 Monate, kreuz und quer durch Palästina und Phönizien, er besuchte u. a. Jerusalem und Jericho und hatte besonders engen Kontakt mit dem jüdischen Magnaten Tobias, dessen Burg in der Ammanitis er ebenfalls aufsuchte. Wir haben keinen Anlaß dafür anzunehmen, daß die Ptolemäer ihre wichtigste Provinz sehr viel schonender behandelten als das Mutterland. Allein in dem Landstädtchen Marisa, der Hauptstadt der Hyparchie „Idumäa“, residierten 5 verschiedene ptolemäische Beamte[10]. Man wird daher auch für Jerusalem eine entsprechende Schar griechischer Amtsträger und eine militärische Besatzung in der Zitadelle erwarten dürfen. Sicher nachgewiesen ist sie um 200, der Zeit der Eroberung durch Antiochos III[11]. Auch eine jüngst veröffentlichte große Inschrift mit königlichen Briefen zugunsten des auf die seleukidische Seite übergetretenen Strategen Ptolemaios S. des Traseas um 200 v. Chr. aus der Gegend von Skythopolis bestätigt die Anwesenheit griechischer Beamter bis in das letzte Dorf hinein[12]. Das Land wurde zur optimalen Nutzung seiner Hilfsquellen zugleich straffer verwaltet als in der Per|serzeit. Wir besitzen einen Erlaß des 2. Ptolemäers für Palästina und Phönizien, der

---

[9] JuH 8ff. 21–32. 501f. u. zu den Städtegründungen 42f. Zur Traditionsgeschichte der Kriegsrolle vgl. P. v. d. Osten-Sacken, Gott und Belial (SUNT 6, 1969), 42–72.

[10] Zu den Zenonpapyri s. JuH 10A. 5; zur Reise Zenons 77ff.; z. Marisa 38f.; vgl. V. Tcherikower, Palestine under the Ptolemies (Mizraim 4/5, 1937), 9–90.

[11] Josephus, Antiquitates 12, 131ff., dazu JuH 26f.

[12] Y. H. Landau, A Greek Inscription Found near Hefzibah (IEJ 16, 1966), 54–70.

einerseits die Landbevölkerung vor Übergriffen der Besatzung schützen sollte – so wurde die Versklavung der halbhörigen Bauernbevölkerung in den großen Domänen untersagt und überhaupt die Ausfuhr von Sklaven verboten –, auf der anderen Seite mußte jedoch jeder Baum und jedes Stück Vieh von den königlichen Steuerbeamten aufgenommen werden. Man führte das typisch griechische System der abgestuften Steuerverpachtung ein und ahndete Fehldeklarationen und Steuerverweigerung durch hohe Strafen bis hin zum Zwangsverkauf in die Sklaverei. Die im N.T. so verhaßten „τελῶναι" begegnen uns für Palästina erstmalig in den Zenonpapyri[13].

Die Selbständigkeit des jüdischen „Ethnos", dies war seine offizielle staatsrechtliche Bezeichnung[14], wird daher, entgegen den Darstellungen der modernen jüdischen Historiker, nicht zu hoch eingeschätzt werden dürfen. Zwar besaßen die Juden – im Gegensatz zu dem anderen palästinischen „Ethnos", den Idumäern, – dadurch einen staatsrechtlichen „Doppelcharakter", daß sie auch als eine Art von Tempelstaat mit dem Hohenpriester an der Spitze betrachtet werden konnten. Dies bringt u.a. auch die gräzisierte Bezeichnung „Hierosolyma" in Analogie zu den beiden Tempelstädten Hierapolis in Nordsyrien und Phrygien zum Ausdruck. Aber wie die Ptolemäer die reichen ägyptischen Tempel streng überwachten, wird man dies auch für den Tempelstaat von „Hierosolyma" erwarten dürfen. Zur Kontrolle trat neben den Hohenpriester nach dem Motto „divide et impera" die „Gerusia"; sie begegnet uns als feste Körperschaft erstmalig im Erlaß des Antiochos III. zugunsten der Juden, was auf eine Herausbildung unter den Ptolemäern zurückweist. Vermutlich wurde der Hohepriester von konkurrierenden Gremien und Beamten überwacht, besonders in den Finanzfragen[15]. Ein Licht auf diesen neuralgischen Punkt wirft die Auseinandersetzung zwischen dem Hohenpriester Onias III. und dem – den griechenfreundlichen Tobiaden nahestehenden – „προστάτης τοῦ ἱεροῦ" Simon, ein Konflikt, der nach 2 Makk 3 den Reformversuch der Hellenisten einleitete. Es ist so durchaus verständlich, daß der Hohepriester Onias II. – der Schwager des schon erwähnten Tobias – vermutlich unter dem Eindruck der seleukidischen Erfolge gegen Ende des 3. syrischen Krieges um 240 v. Chr., der ständigen ptolemäischen Bevormundung müde, die Steuerzahlung verweigerte. Durch das Dazwischentreten seines Neffen Joseph, eines Sohnes des Tobias, wurde damals eine Katastrophe vermieden. Joseph ersteigerte dann später in Alexandrien die Generalsteuerpacht für ganz Palästina und Phönizien. Zugleich übernahm er auch die politische Vertretung des jüdischen Volkes gegenüber dem ptolemäischen König, Schlatter nennt ihn und seine Familie mit Recht „die ersten jüdischen Ban|kiers". Unter ihm erreichen Judäa und Jerusalem eine ganz erhebliche Steigerung ihrer politi-

[13] JuH 32–42; zum Sklavenhandel 79–81.
[14] 36. 44f. 504–507.
[15] 45f., 494f.

schen und wirtschaftlichen Bedeutung[16]. Der Tobiadenroman bei Josephus preist ihn als „edlen und großzügigen Mann, der das jüdische Volk aus Armut und elenden Verhältnissen zu einer glanzvollen Lebensform geführt“[17] habe.

Der Erfolg des jüdischen Steuerpächters lag wohl nicht zuletzt darin begründet, daß er es verstand, der Tendenz der ptolemäischen Verwaltung entsprechend aus der Provinz einen möglichst hohen Ertrag herauszuholen. Um dies zu erreichen, schützte der König nicht nur die Landbevölkerung vor Übergriffen und Versklavung, er förderte auch zugleich neue Anbaumethoden und Industrien. Ein plastisches Beispiel gibt dafür die aus königlicher Schenkung stammende riesige Weindomäne des Finanzministers Apollonios in Beth-Anath in Galiläa, wo der Minister 80000 Qualitätsreben aus Chios in der Ägäis anpflanzen ließ, um die Provinz vom Import ausländischen Weins unabhängig zu machen. Auch die großen Ertragssteigerungen in den berühmten Balsamplantagen in Jericho gegenüber der persischen Zeit, von der – aus hellenistischen Quellen schöpfend – Strabo und Plinius berichten, werden wohl auf ptolemäische Initiative zurückgehen[18]. In welcher Weise die Ptolemäer den wirtschaftlichen Ertrag ihrer Provinz steigerten, mögen einige Zahlen beweisen: Unter Darius betrug der Tribut für die ganze Satrapie Transeuphratene 350 (babylonische) Talente, dagegen haben die Ptolemäer allein von dem kleinen Judäa 300 Talente gefordert, für ganz Palästina und Phönizien nennt Josephus gar 8000 Talente. Später ist dieser Betrag nicht mehr gewachsen. Im Gegenteil, Archelaos bezog aus – dem wesentlich größeren – Judäa und Samarien nur noch 400 Talente[19].

3. *Die frühhellenistische Skepsis*

Der Geist dieser frühhellenistischen Gründerzeit war so durch und durch vom materiellen Erfolg her geprägt, die geistigen oder gar religiösen Interessen der griechischen Beamten und Abenteurer in den neueroberten Kolonien waren zunächst relativ gering. Die griechische Aufklärung hatte zu dieser Zeit ihren Kulminationspunkt erreicht. Als Pendant zur Jagd nach dem Erfolg breitete sich die Skepsis aus, die neue Komödie bezeugt dies in gleicher Weise wie die platonische Akademie. Im jüdischen Palästina wird das Wehen des | neuen Zeitgeistes bei *Qohelet* spürbar, einer Gestalt, bei der man früher häufig den Einfluß griechischer Philosophie vermutet hatte. Auch wenn wir bei der

[16] 51f., 486–492. A. Schlatter, Die Theologie des Judentums nach dem Bericht des Josefus. Gütersloh 1932, 170.

[17] Josephus, Antiquitates 12, 224.

[18] JuH 67–02. Zum Weingut von Beth-Anath und der Domänenwirtschaft in Palästina s. M. Hengel, ZNW 59 (1968), 11ff. 19ff.

[19] JuH 54f.

Vermutung derartiger unmittelbarer Einflüsse vorsichtig sein müssen, läßt sich Qohelet doch nur von dem Denken einer neuen Zeit her verstehen. Meisterhaft charakterisiert er die drückende bürokratische ptolemäische Verwaltung:

„Wenn du die Unterdrückung der Armen und den Entzug von Recht und Gerechtigkeit siehst in der Provinz, wundere dich nicht darüber, denn ein Hoher belauert den anderen Hohen und Hohe sind über ihnen."[20] Der eigenartige Nachsatz könnte das Interesse der Ptolemäer am landwirtschaftlichen Ertrag der Provinz andeuten, der – notgedrungen – auch mit einer gewissen Fürsorge verbunden war: „Aber ein Vorteil für das Land ist bei allem dies, daß ein König da ist für das bebaute Land." Den neuen Lebensstil, den etwa Männer wie der Steuerpächter Joseph einführten, charakterisiert die folgende Sentenz: „Zum Vergnügen veranstaltet man Gelage, und Wein erfreut das Leben, und das Geld gewährt alles."[21] Die Bedeutung Qohelets liegt freilich nicht in diesen „sozialkritischen" Bemerkungen, sondern in seiner Kritik der traditionellen Frömmigkeit. In ihm begegnen wir einer ausgesprochen neuartigen Individualität, deren Denken sich – ohne nationale Beschränkung – dem Menschen und seinem Schicksal überhaupt zuwendet. Nicht die Tradition, sondern die eigene kühle, skeptische Beobachtung sind für ihn die gültige Instanz. So macht er die Erfahrung, die die griechische Aufklärung seit Euripides gemacht hatte, daß eine gerechte göttliche Vergeltung in dieser Welt nicht nachweisbar sei. Am Ende steht für den Weisen wie den Toren, den Gerechten wie den Bösewicht, den Menschen wie das Tier der Tod, der keine Hoffnung offen läßt. Gottes Handeln in dieser Welt wird zum unverständlichen Schicksal, dem Menschen bleibt nur die Möglichkeit sich zu fügen und die Gegenwart im Sinne des „carpe diem" dankbar zu genießen:

„Ich erkannte, daß alles, was Gott tut, zum Zeitenablauf gehört. Ihm kann man nichts hinzufügen und von ihm nicht wegnehmen und Gott hat es so gemacht, daß man sich vor ihm fürchte."[22] Zeit und Zufall werden wie bei den Griechen zu den beherrschenden Schicksalsbegriffen:

> „Ich wandte mich um und sah unter der Sonne,
> daß nicht die Schnellen den Lauf gewinnen
> noch die Helden den Krieg,
> auch nicht die Weisen Brot,
> noch die Verständigen Reichtum,
> auch nicht die Wissenden Gunst, |
> vielmehr Zeit ('et) und Zufall (pægă') trifft sie alle.
> Denn auch der Mensch kennt seine Zeit nicht,
> wie die Fische, die sich in einem bösen Netz gefangen,
> wie die Vögel gefangen in der Schlinge,

[20] Qoh 5,7f. vgl. JuH 97ff.

[21] Qoh 10,19 vgl. JuH 103f.

[22] Qoh 3,14 vgl. JuH 221f. und dazu K. Galling, Das Rätsel der Zeit im Urteil Kohelets (Koh 3,1–15), ZThK 58 (1961), 1–15.

so werden die Menschenkinder gefangen zur bösen Zeit,
wenn sie plötzlich auf sie fällt" (9,11f.).

Gott wird hier zur Chiffre des rätselvollen Schicksals. Menschliches Handeln und Frömmigkeit können sich nicht mehr an seinem Willen orientieren, sondern werden zu einer Sache der Lebensklugheit. Nur das „carpe diem" kann dem von der Nichtigkeit bedrohten Leben noch einen begrenzten Sinn geben.

Vermutlich hat Qohelet schulbildend gewirkt. Der erste Epilogist 12,9-11 ist sich der provozierenden Schärfe der Lehren seines Meisters, die wie „Ochsenstacheln" wirkten, wohl bewußt. Ein späterer 2. Epilogist hat sie dann in traditioneller Weise überarbeitet und entschärft[23]. Daß diese aufgeklärten Anschauungen weiterwirkten, zeigt jedoch ein späterer Weisheitslehrer, über dessen Person wir mehr wissen und der sich relativ genau datieren läßt: Jesus ben Sira.

4. Die Abwehrreaktion der jüdischen Weisheit[24]

Als Ben-Sira gegen 180 v. Chr. sein Alterswerk abschloß, war der religiöse Kampf in Jerusalem in vollem Gange. Die Gestalt des Siraciden bezeichnet so eine geistige Wende. Einerseits erscheint er noch als ein Vertreter der traditionellen, distanzierten aristokratischen Weisheit, auf der anderen Seite wird er bewußt zum Verkündiger; er will nicht nur Weiser, sondern zugleich Schriftausleger sein und nicht zu jenen „ḥ^{a}kamîm" gehören, die nur für sich selbst weise und darum töricht sind. Als Weiser will er über die Tora des Höchsten nachsinnen und die prophetischen Schriften auslegen (38,34 u. 39,1), ja er vergleicht sich selbst mit einem Propheten 24,32f., denn nur wer den Geist der Einsicht besitzt, kann Gottes Geheimnisse erforschen. Entsprechend kann er auch prophetische Formen verwenden und schließt in seinen Lehrvortrag auch den eschatologischen Ausblick in Form eines Gebets ein (Sir 36,1-17). Wir haben hier die ersten Ansätze zu einer neuen – schriftgelehrten – Form der Inspiration, die uns später noch deutlicher beim Lehrer der Gerechtigkeit und im alexandrinischen Judentum begegnen. Die Grenzen zwischen dem Weisen und Propheten verwischen sich, die Weisen erhalten von jetzt an prophetische Züge und die Propheten werden als inspirierte Weise verstanden[25]. Insbesondere die Jugend, die am meisten von der Ver|führung durch den Zeitgeist bedroht ist, lädt er eindringlich zu seinem „bêt hămmidraš" und zu seiner „j^{e}šîbā" ein[26]. Neu ist auch Ben-Siras Lob der Väter, das mit seiner ausgesprochenen Heldenverehrung an die biographische Gattung „de viris illustribus"

---

[23] JuH 210–237.
[24] 241–275. 284–292.
[25] 246ff. vgl. 375.
[26] Sir 51,23.29 vgl. JuH 145. 243.

erinnert, die im hellenistischen Alexandrien gepflegt wurde. Auffällig ist, daß Sirach dabei das Nachfolgeprinzip einführt, das später in den Pirqe Abot eine so große Rolle spielt und für das Bickermann die Verwandtschaft mit den Traditionsketten der Philosophen- und Rechtsschulen nachgewiesen hat. Etwa gleichzeitig mit ihm schrieb Sotion in Alexandrien über die „διαδοχαὶ τῶν φιλοσόφων". Ben-Sira will durch diesen – ganz unweisheitlichen – biographischen Geschichtsüberblick die Überlegenheit der heiligen jüdischen Geschichte demonstrieren[27]. Deutlich ist die „prophetische" Komponente in seiner z. T. sehr scharfen sozialen Polemik. Zwar schätzt er im Anschluß an die traditionelle Weisheit ehrlich erworbenes Vermögen und bescheidenen Lebensgenuß, doch das kritische Moment ist sehr viel stärker. Die Worte gegen die, „die ihre Geschäfte zahlreich machen und dadurch in Schuld geraten", oder gegen den umherziehenden fremden Kaufmann, d. h. den phönizischen Händler, der zugleich Vermittler der fremden Zivilisation war, zeigen deutlich, in welche Richtung seine Polemik geht[28]. Von entscheidender Bedeutung ist für ihn dabei die Gewißheit der göttlichen Vergeltung, die – vermutlich in Antithese zu Qohelet, den er kannte – wie ein roter Faden sein Werk durchzieht. Gott kann für ihn zutreffend als „Gott der Vergeltung" definiert werden (32,13). Daß dies polemisch gemeint ist, zeigt sich daran, daß er jene angreift, die behaupten: „Von Gott kommt meine Sünde, ... er hat mich zu Fall gebracht" (15,11f.), denn damit klingt ein bekanntes Thema der griechischen Aufklärung an. Auch jene – ebenfalls Qohelet nahestehende – Ansicht ist verwerflich, die sagt: „Ich bin vor Gott verborgen und wer wird in der Höhe meiner gedenken, ... Wenn ich sündige, sieht mich kein Auge (und) ... mein gerechtes Tun – wer meldet es?" (16,17ff.). Gegenüber derartigen frevlerischen Gedanken, die Gottes Vergeltung herausfordern, ist ein Doppeltes festzuhalten: 1. der Mensch soll über die verborgenen Dinge, die seinen Verstand übersteigen, nicht nachgrübeln: „denn vielerlei Meinungen haben die Menschen und böse Vorstellungen führen irre" (3,24) und 2. muß der Mensch wissen, daß ihm von Gott die freie Entscheidung über Gut und Böse in die Hand gegeben ist, seine Aufgabe ist es, seinen „jeṣær ra'" zu beherrschen und in glaubendem Vertrauen ('æmûnā) Gottes Geboten gehorsam zu sein.

Ben Sira entwickelt so mit Hilfe seiner weisheitlichen Terminologie gewisse Grundbegriffe einer theologischen Anthropologie, die uns schärfer aus|geprägt in Qumran und im Rabbinat wiederbegegnen[29]. Seine rationale, apologetische Argumentation gegenüber den Vertretern der hellenistischen Aufklärung in Jerusalem führt ihn schließlich zu einer ausführlichen Theodizee, die unter dem Stichwort der durchgängigen, einsehbaren Zweckmäßigkeit der

27 248f. vgl. 184. Vgl. E. BI(C)KERMAN(N), La chaîne de la tradition pharisienne, RB 59 (1952), 44–54.

28 Sir 11,10; 31, 5; 34,24ff.; 26,29.27,3; 11, 29 u. ö.; vgl. dazu JuH 66f. 99f. u. 249–252.

29 252–60.

gesamten Schöpfung steht, ein Gedanke, der dem A. T. so noch fremd ist, sich jedoch eng mit stoischer Argumentation – etwa eines Chrysipp – berührt[30]. Das Übel in der Welt dient vor allem der gerechten Bestrafung der Frevler:

> „Wilde Tiere, Skorpion und Giftschlange
> und das Racheschwert zur Vertilgung der Frevler,
> alle diese Dinge sind zu ihrem Zwecke erschaffen".
> ... „Die Werke Gottes sind alle gut,
> jedem Zweck genügen sie zu seiner Zeit.
> Man sage nicht: ‚Dies ist schlechter als jenes!'
> Denn alles ist zu seiner Zeit wertvoll" (39, 30.33f.).

Diese – man darf wohl sagen „stoisierende" – Manier Ben-Siras geht bis zu den pantheistisch klingenden Aussagen „hû' hăkkol" „er ist Alles" oder „er ist das All", wobei Sirach für die „hăkkol"-Formel eine ausgesprochene Vorliebe zeigt[31]. Wir stoßen hier auf die interessante Tatsache, daß Ben-Sira in seinem erbitterten Abwehrkampf gegen das Eindringen des hellenistischen Geistes in Jerusalem sich selbst fremden Denkschemata öffnet. Es ist dies eine alte religions- und geistesgeschichtliche Beobachtung: Gerade in der Abwehr des Gegners wird man von ihm beeinflußt.

Wie weit die Situation damals in Jerusalem gediehen war, kann sein Fluch gegen die jüdischen Apostaten illustrieren:

> „Wehe euch, ihr gottlosen Männer,
> die ihr das Gesetz des Höchsten verlassen habt,
> wenn ihr euch mehrt, ist es für das Unglück,
> wenn ihr Kinder zeugt, ist es für den Jammer,
> wenn ihr zu Fall kommt, ist es zu dauernder Freude,
> wenn ihr sterbt, ist es zum Fluche" (41,8f.).

In seiner Verteidigung des angegriffenen Gesetzes führte Ben-Sira jene Gleichsetzung durch, die für die nächsten Jahrhunderte im Judentum besondere Bedeutung gewinnen sollte: die Identifikation von hypostasierter Weisheit und Tora. Die Darstellung der Weisheit als Hypostase hat dabei einen doppelten Aspekt, einmal den mythologischen; die „ḥâkhmā" zeigte dabei Züge, die mit der hellenistischen Isisaretalogie verwandt sind: Auch die Allgöttin Isis wurde mit Abstrakta wie ἐπίνοια, φρόνησις, πρόνοια identifiziert. Im palästinischen Ptolemais-Akko wurde sie z. B. als φρονίμη verehrt[32]. Der 2. | Aspekt hat mehr philosophischen Charakter und berührt sich mit der Vorstellung der platonisch-stoischen Weltseele oder dem Logos. Die Weisheit ist auf alle Werke Gottes ausgegossen und unter allen Menschen verteilt (Sir 1,9.10a), sie besitzt so den Charakter der von Gott ausgehenden Weltvernunft, die die

[30] 260–266.

[31] Sir 43,27 vgl. JuH 264ff. 481. Die πάντα-Formeln des NT sind wohl aus diesem jüdischen Sprachgebrauch abzuleiten.

[32] POx XI, 1380 Z. 116f.

ganze Schöpfung erfüllt und durchwaltet, ihren Höhepunkt aber darin findet, daß sie die Menschen zu vernünftigen Wesen macht. Ähnlich konnte auch Cicero sagen: „Est quidem vera lex recta ratio ... diffusa in omnes"[33]. In einer Wendung von 180 Grad beschränkt freilich Ben-Sira die weltweite Weisheit auf die Israel am Sinai exklusiv mitgeteilte Tora. Damit konnte er der in Jerusalem von den radikalen Aufklärern so angefochtenen Tora eine übergeschichtliche und zugleich rationale Basis geben. Aber selbst hier schwingt noch ein stoischer Gedanke mit: Die Weisheit war auf diese Weise sowohl das rationale Ordnungsprinzip der geschaffenen Welt wie auch als Tora die verbindliche, sittliche Norm für das menschliche Handeln; ähnlich wie der stoische Weltlogos zugleich als „κοινὸς νόμος" verstanden wurde, dem alle Menschen zu folgen hätten, oder um nochmals an die zitierte Cicerostelle anzuknüpfen: vera lex und recta ratio ... quae vocet ad officium iubendo"[34]. Die an die Identifizierung von Gottes kosmischer Weisheit und geschichtlicher Offenbarung im Gesetz anknüpfende religiöse Spekulation sollte in Alexandrien wie in Palästina größte Bedeutung gewinnen. In Alexandrien führte sie ca. 20 Jahre später der erste jüdische Religionsphilosoph Aristobul unter stoisch-pythagoreischem Einfluß weiter[35], in Palästina entstand daraus die das Gesetzesverständnis des Pharisäismus und des Rabbinats begründende Toraontologie, in der die Tora eine exklusive Mittlerfunktion zwischen Gott und Welt und Gott und Mensch erhielt[36].

5. *Der hellenistische Reformversuch in Jerusalem*

Die überraschende Machtergreifung Antiochos' IV. 175 v. Chr. und der gleichzeitig erfolgende Hohepriesterwechsel offenbarte, wie weit die Dinge in Jerusalem inzwischen gediehen waren. Die vermutlich den überwiegenden Teil der Aristokratie und Bürgerschaft umfassende Reformpartei fühlte sich jetzt stark genug, den jüdischen Tempelstaat in eine hellenistische Polis zu verwandeln. Elias Bickermann hat in seiner meisterhaften Studie „Der Gott der Makkabäer" (1937) die Hintergründe jenes Reformversuches erhellt, der sich – wie häufig in der Geschichte – aufgrund des Widerstandes der Konservativen und der Ungeduld der Reformer rasch in eine immer größere Radikali|tät hinein eskalierte, bis er schließlich 167 v. Chr. mit dem Verbot der Ausübung der Tora und der gewaltsamen Verwandlung des jüdischen Gottesdienstes in einen synkretistischen Kult seinen Höhepunkt erreichte. Bickermann gelang es vor allem überzeugend nachzuweisen, daß hinter dieser Entwicklung nicht

33 Re Pub 3,33. Zur Weltseele vgl. JuH 293f.

34 JuH 284–292.

35 295–307.

36 307–318.

etwa die spezielle Initiative des Königs stand, der sich als Epikureer für religiöse Fragen herzlich wenig interessierte, sondern die radikalen Glieder der jüdischen Reformpartei selbst, die dem traditionellen jüdischen Eifer für das Gesetz, der jetzt in der makkabäischen Erhebung zu neuem Leben erwachte, den nicht minder typisch jüdischen Eifer gegen das Gesetz entgegenstellten. Ausgangspunkt ihres Reformversuchs war das Bestreben, den Makel der selbstgewählten Isolierung und der Fremdenfeindschaft zu überwinden, den schon die ersten Berichterstatter über die Juden, Hekataios und Manetho, getadelt hatten und der nach antiker Meinung das typische Merkmal der Barbaren war. Ihr anfängliches Programm finden wir in 1 Makk 1,11: „Lasset uns einen Bund mit den Völkern um uns machen, denn seitdem wir uns von ihnen abgesondert haben, haben uns viele Übel getroffen." Das Ziel war die Assimilation an die nichtjüdische hellenisierte Umgebung, und hier besonders an die Phönizier[37], die in der ihnen eigenen Beweglichkeit sich besonders rasch an die hellenistische Zivilisation adaptiert hatten, ohne dabei ihre nationale Eigentümlichkeit völlig aufzugeben. Auch jetzt noch waren sie die kulturelle Vormacht in Palästina und Träger der neuen Zivilisation; ein plastisches Beispiel bildet das sidonische Politeuma ab 250 im idumäischen Marisa 40 km von Jerusalem, dessen Mitglieder nach ihren stark von alexandrinischen Vorbildern her geformten Grabmalereien ein beträchtliches kulturelles Niveau erreicht hatten. Selbst einige griechische Liebesgedichte sind uns von dort als Graffiti erhalten. Eine ähnliche phönizisch-sidonische Handelskolonie befand sich vermutlich auch im samaritanischen Sichem[38]. Möglicherweise huldigten die Reformer in aufgeklärter Weise der Vorstellung einer allen Völkern gemeinsamen Urreligion, als deren Vertreter sie etwa Abraham betrachten konnten. Erst in späterer Zeit nach Mose setzte dann durch die sekundäre Ritualgesetzgebung die Absonderung von den anderen Völkern und der Niedergang ein. Der neue durch Theokrasie geschaffene Kult des einen, allen Völkern gemeinsamen Himmelsgottes, der – getreu der hellenistischen Aufklärung – mit vielen Namen Iao Sabaoth, Hypsistos, Zeus Olympios oder auch Baal-Schamem genannt werden konnte, wurde so als die Rückkehr zu der ursprünglichen Gottesverehrung der guten Urzeit verstanden. Doch der Reformversuch scheiterte – nicht zuletzt am Ungeschick der Reformer und des mit ihnen verbündeten Königs, und damit zerbrach die Möglich|keit einer allmählichen Assimilation des palästinischen Judentums an seine hellenistische Umwelt. In diesem Zusammenhang darf nicht übersehen werden, daß die jüdischen Apostaten nach der Entweihung des Tempels 167 n. Chr. noch 26 Jahre bis zur Übergabe der Akra

---

[37] Zur kulturellen Vermittlerrolle der Phönizier bei der Hellenisierung Palästinas s. 62ff. 131ff. 166f. 197f. 235. 538ff.

[38] Zu Marisa s. 66. 84. 115f. 543; zu Sichem 117. 166f. 535ff. Vgl. J. P. Peters u. H. Thiersch, Painted Tombs in the Necropolis of Marissa, 1905 u. J. N. Sevenster, Do you know Greek? (SNT 19, 1968), 111ff.

– gewissermaßen als Pfahl im Fleisch – in Jerusalem gegenwärtig waren[39]. Das Scheitern der Reformer entband in dem kleinen jüdischen Ethnos in Palästina, dessen Territorium kaum mehr als einen Umkreis von 30 bis 40 km um Jerusalem umfaßt hatte, ungeahnte religiöse und politische Kräfte. Man könnte glauben, daß mit der jetzt aufgerissenen Antithese jede Möglichkeit zu weiteren Synthesen unterbunden worden sei. Dem ist jedoch durchaus nicht so.

6. Die Chasidim und die Anfänge der jüdischen Apokalyptik

Die rigoros gesetzestreuen Kreise schlossen sich als Antwort auf den Reformversuch zur „Sammlung der Frommen" (1 Makk 2,42 συναγωγὴ Ἀσιδαίων) zusammen. Nach einigem Zögern bildeten sie eine Kampfgemeinschaft mit den militärisch aktiven Makkabäern. Vermutlich besitzen diese Kreise der „ḥ^{a}sîdîm" eine längere Vorgeschichte, in der besonders die prophetisch-apokalyptischen Traditionen gepflegt wurden[40]. Ihnen verdanken wir die ersten geschlossenen Apokalypsen, die Endfassung des Danielbuches und die frühesten Teile des äth. Henoch. Weiter stammen aus ihren Kreisen vermutlich auch die apokryphen David-Psalmen aus Höhle 11Q. Typisch für die neue Situation ist dort etwa die Aufforderung „Schließt euch zu einer Gemeinschaft (jăḥăd) zusammen, sein Heil zu künden..." oder die Aufforderung an Zion: „Nimm die Vision an, (welche) über dich gesprochen wurde, und Träume von Propheten, (welche) für dich erbeten wurden"[41]. Kennzeichnend war weiter ihr rigoroser Toragehorsam, ihr Selbstverständnis als Bußbewegung sowie ihre kritische Einstellung zum traditionellen Tempelkult. Auffallend ist dabei, daß sie trotz ihrer rigorosen, fremdenfeindlichen Haltung in besonderer Weise fremdes religionsgeschichtliches Gut aufgenommen haben, wobei sie im Blick auf seine Herkunft nicht wählerisch waren. Neben babylonischen und iranischen Vorstellungen waren es vor allem phönizisch-kanaanäische, so etwa in der Angelologie, aber auch orphisch-griechische Mythologumena müssen zum Vergleich mit herangezogen werden. Das Problem ist zu dunkel und zu kompliziert, um hier in extenso erörtert zu werden, ich kann nur auf einige Gesichtspunkte hinweisen: Die Vorstellung von den 4 Metallen in Dan 2 hat ihre nächste Parallele in der Schilderung der 4 absteigenden Metall-|Weltzeitalter bei Hesiod. Das damit verbundene Schema von den 4 aufeinanderfolgenden Weltmonarchien mag zwar persischen Ursprungs sein, in der antiken Welt verbreitet wurde es jedoch durch die griechischen Historiker, die es bereits im 2. Jh. v. Chr. an die Römer weitergaben. Warum sollte der Vf. der Danielapokalyp-

---

39 Vgl. die Darstellung des Reformversuchs im Schlußkapitel 464–564.

40 319–330; vgl. O. Plöger, Theokratie und Eschatologie, WMANT 2 (^{2}1962).

41 J. A. Sanders, The Psalms Scroll of Qumrân Cave 11 (DJDJ IV, 1965), 64 (II Q Ps^{a} 154 V. 4) u. 87 (II Q Ps^{a} Zion V.17).

se, der nach Dan 11 so vorzüglich über die Geschichte der Seleukiden und Ptolemäer Bescheid weiß, es nicht aus einer hellenistischen Quelle empfangen haben[42]? Noch stärker scheint mir der hellenistische Einfluß in den frühapokalyptischen Anschauungen von Auferstehung, Unsterblichkeit und Gericht wirksam zu sein. Eigenartig ist hier zunächst, daß – im Gegensatz zur späteren sehr massiven pharisäischen Tradition – die Art und Weise der Auferstehung in Daniel 12 und 1 Hen sehr unscharf bleibt, ähnliches gilt auch noch von den essenischen Zeugnissen. Es wird nicht deutlich gesagt, in welcher Form die eschatologische Restitution erfolgt. Um so mehr fällt auf, daß sowohl in Dan 12,3 wie in 1 Hen 104 ganz ähnlich wie in der hellenistischen Aufstiegsvorstellung astrale Motive auftauchen: „Die Weisen werden leuchten wie der Glanz der Himmelsfeste, und jene, die viele zur Gerechtigkeit geführt haben, wie Sterne auf immer und ewig."[43]

Daß in Palästina die Vorstellung von der Auferstehung der Toten die hellenistische von der Himmelfahrt der Einzelseele verdrängte, mag einmal damit zusammenhängen, daß die eschatologische Solidarität des Gottesvolkes wichtiger war als das Schicksal des einzelnen, und zum andern, daß die apokalyptischen Chasidim das Heil in unmittelbarer Nähe für das ganze Volk erwarteten. Dies schließt freilich nicht aus, daß sie z. B. im Buch der Reisen Henochs eine Vorstellung vom Totenreich entwickelten, die sich mit den Schilderungen Homers und der Orphiker berührt. Im fernen Westen wird Henoch „der Ort der Geister der Seelen der Toten" gezeigt. Ein heller Raum mit einer Quelle, sie erinnert an die Quelle Mnemosyne, ist „für die Geister der Gerechten", andere dunkle Räume sind für die Sünder. Nach den Mahnreden „werden sich die Geister (πνεύματα) der verstorbenen Frommen freuen und nicht zugrunde gehen", während die „Seelen" (ψυχαί) der Sünder in die Unterwelt hinabgebracht werden, wo sie „in großer Not sein werden"[44]. Auch die entsprechende Schilderung der unterirdischen Straforte im 1 Hen hat ihre nächste Parallele im griechischen Mythos, ich erinnere etwa an Platons Phaidros, der von „unterirdischen" δικαωτήρια spricht, in denen die dahin Kommenden „Sühne leisten"[45]. Nilsson kommt aufgrund seines Vergleichs | jüdisch-apokalyptischer und griechischer Unterweltsdarstellungen zu dem Schluß: „Leider bleibt es dabei, daß die Hölle eine griechische Erfindung ist."[46]

Einen Neuansatz bedeutet auch das Offenbarungsverständnis der Apokalyptiker. Über Gottes umfassenden Geschichtsplan, das nahe Weltende, Aufer-

---

[42] JuH 331 ff.

[43] 357–369. Das religionsgeschichtliche Material ist jetzt gesammelt bei P. Hoffmann, Die Toten in Christus, Münster/W. 1966. Zur Auferstehung in den Qumrantexten bzw. bei den Essenern s. J. Buitkamp, Die Auferstehungsvorstellungen in den Qumrantexten, Dissertation Groningen 1965.

[44] I Hen 22; 103, 2 ff.

[45] Phaidros 249a.

[46] Geschichte der griech. Religion. München [2]1961, II, 558.

stehung und Gericht, über Engel und Totenreich vermochte die beobachtende und reflektierende Vernunft des traditionellen Weisen kaum etwas auszusagen, hier mußte man sich auf besondere göttliche, das übliche Maß der Erfahrung transzendierende Mitteilungen berufen. Dies erscheint in konzentrierter Form erstmalig bei Daniel, wo uns eine Vielfalt von Offenbarungsformen und übernatürlichem Wissen begegnet. Dazu gehören Visionen, Träume, Engelerscheinungen und inspirierte Exegese. Zur Vorbereitung zum Offenbarungsempfang sind Fasten und Gebet erforderlich, dennoch kann der Mensch Gottes Offenbarung nicht erzwingen; das Gebet Dan 2,20ff. zeigt, daß die Mitteilung göttlicher Weisheit Gottes freie Gabe ist. Ganz ähnlich ist die Situation in den Henochschriften. Bereits für Sirach ist der große Weise der Urzeit eine „'ôt dă'ăt" (44, 16), ein Vorbild der Erkenntnis. Im samaritanischen Anonymus, einer griechisch abgefaßten Geschichte Abrahams von einem Samaritaner aus Palästina um etwa 200 v. Chr., wird Henoch, der mit den Engeln verkehrte und von ihnen die Astrologie empfing, mit dem griechischen Titanen Atlas, dem Bruder des Prometheus und Vater aller Weisheit, identifiziert[47]; nach Überlieferungen der Hermetica berührt er sich mit dem Urweisen und Himmelsschreiber Hermes-Thot[48]. Wie bei Daniel begegnen wir auch bei ihm einer Fülle variabler Offenbarungsformen; zu den schon genannten kommt hier vor allem die Himmelsreise und die Kenntnis der himmlischen Tafeln hinzu. Es ließen sich nun alle diese Offenbarungsformen inklusive der notwendigen Pseudepigraphität der apokalyptischen Schriften auch in hellenistischen Quellen nachweisen. Die gemeinsame Grundtendenz möchte ich mit der Formel „höhere Weisheit durch Offenbarung" umschreiben. Sie kennzeichnet die Erneuerung der antiken Geisteswelt unter dem Einfluß der orientalischen Religionen und die Zurückdrängung der im 3. Jh. v. Chr. noch vorherrschenden Skepsis, wobei die neuen Formen der Frömmigkeit – nicht zuletzt als eine Folge der Begegnung mit dem griechischen Geist – ein beträchtliches Maß an Rationalität übernommen haben[49]. Auf philosophischem Gebiet zeigt sich diese neue Tendenz vom Ende des 2. Jh. an bei dem Syrer Posidonios und in der Überwindung der Skepsis innerhalb der platonischen Akademie durch den – Palästiner – Antiochos von Askalon. Sie | erreicht dann im Neuplatonismus ihren Höhepunkt[50]. Selbst die Philosophie wollte jetzt ihre Erkenntnisse nicht mehr allein mit den Mitteln wissenschaftlicher Forschung gewinnen, sondern gründete sich auf unfehlbare Autoritäten der Vergangenheit oder überhaupt auf höhere Offenbarung.

---

47 Jacoby, Die Fragmente der griech. Historiker IIIC Nr. 724 (Eus. pr. ev. 9, 17) F 1,9 dazu JuH 163A.236.

48 JuH 390. Auf einer aramäischen Zauberschale aus Mesopotamien wird z. B. der „große Herr Armasa" (= Hermes) mit (Henoch-)Metatron identifiziert, s. J. A. Montgomery, Aramaic Incantation-Texts from Nippur, 1913, 98f.

49 JuH 373–394.

50 158ff. 393. Vgl. dazu G. Luck, Der Akademiker Antiochos, Noctes Rom. 1953, 7.

Die jüdische Apokalyptik trat innerhalb dieser Gesamtbewegung mit als die früheste datierbare, klar umrissene geistige Kraft auf, etwa gleichzeitig mit der Astrologie, die ebenfalls seit dem Anfang des 2. Jh. vom hellenistischen Ägypten ausgehend an Raum gewann, und die den typisch hellenistischen Versuch darstellte, der tückischen Allmacht der Tyche, bei der die griechische Aufklärung geendet war, zu entrinnen. Daß die Hochschätzung der Astrologie dann im 1. Jh. n. Chr. in eine Verteufelung der Gestirne und der durch sie gelenkten Heimarmene umschlug, eine Entwicklung, die in der Gnosis offenbar wurde, lag in der Natur der Sache. Anders bei der jüdischen Apokalyptik, in deren geschichtliche Wirkungen im Grunde das Christentum mit einbezogen werden muß. Sie wurde, wie E. Käsemann richtig bemerkt hat, zur „Mutter aller christlichen Theologie"[51].

In dieser Weise konnte sie fruchtbar werden, weil sie trotz gewisser gemeinsamer Züge mit der neu erwachenden hellenistisch-orientalischen Religiosität das Proprium der personalen Offenbarung Gottes an Israel in keiner Weise aufgab, sondern es vielmehr in einer neuen universalen – und damit ihrer Zeit konformen – Gestalt festhielt. Eben dadurch wurde sie die entscheidende Kraftquelle im Kampf des jüdischen Volkes um seine geistig-religiöse Selbstbehauptung. Im Gegensatz zu dem im Grunde sehr brüchigen frühhellenistischen Kosmopolitismus und Kulturoptimismus stellte sie die Welt und die Geschichte als Ganzes unter Gottes Willen. Dieser verwirklicht sich in einem nahen Ziel, das die Menschheit als Ganzes, das auserwählte Volk Israel wie den einzelnen betrifft und dessen zeitliche Nähe jeden Menschen vor eine letzte Entscheidung stellt. Durch die Apokalyptik erreichte die etwa seit Jeremia und Hesekiel sichtbar werdende Individualisierung der israelitisch-jüdischen Religion ihren Höhepunkt, ohne dabei die geschichtliche Bezogenheit auf das Volksganze zu verlieren.

Es ist verständlich, daß die geistig vorwärtsdrängende Bewegung der Chasidim nicht bei den zunächst ins Auge fallenden geschichtstheologischen, kosmo- und eschatologischen Spekulationen sowie bei einem bloßen Streben nach „höherer Weisheit durch Offenbarung" stehen bleiben konnte, sondern ihr eschatologischer Ansatz weiter zur Lösung jener Frage drängte, die bereits die späte Weisheit eines Qohelet und Sirach gestellt hatte, aber nicht zu lösen vermochte: der Frage nach dem Sinn des einzelnen Menschenlebens gegenüber dem göttlichen Willen, der Frage nach dem Heil des Menschen und der Ehre Gottes. Versuche einer Antwort auf diese Frage finden wir in jenen bei|den jüdischen Gruppen, die aus den Chasidim hervorgingen: den Essenern und den Pharisäern[52].

Ich muß an diesem Punkte, wo wir in die unmittelbare Nähe der neutesta-

---

51 Exegetische Versuche und Besinnungen, II, 100.

52 Zu den Essenern s. JuH 394–453; zum Pharisäismus 143ff. 307ff. 461.

mentlichen Zeit kommen, abbrechen. Ganz bewußt ging ich von der dem Neutestamentler relativ fremden Frühzeit der Begegnung zwischen Judentum und Hellenismus in Palästina aus, einer Begegnung, die bereits im 4. Jh. v. Chr. einsetzt und die sämtliche Lebensbereiche, den profanen von Handel, Wirtschaft, Verwaltung und Militärwesen, den geistigen von Sprache und Bildung, wie auch den religiösen umfaßte. Als Theologen sind wir immer in der Gefahr, den letzteren Bereich isoliert untersuchen zu wollen. Der Historiker muß jedoch um der geschichtlichen Realitäten willen den Menschen in der Gesamtheit seiner Lebensbezüge zu erfassen suchen.

Nur ganz kurz und skizzenhaft kann ich zum Schluß noch den Fortgang der Entwicklung im spannungsvollen Wechsel und Ineinander von Antithese und Synthese andeuten. Beide aus den Chasidim herausgewachsenen Gruppen, die essenische etwas früher unter den Makkabäern Jonathan und Simon und die pharisäische unter Johannes Hyrkan und Alexander Jannai entstanden als antisäkulare und d.h. zugleich antihellenistische Protestbewegungen. Und doch sind sie in erstaunlicher Weise vom Geist ihrer Zeit geprägt. Schon die Verfassungsform des „jăḥăd" oder der "ḥ^{a}bûrôt" ist nicht aus dem alten Israel abzuleiten, sondern aus dem hellenistischen Vereinswesen, mit seinen πολιτεύματα, σύνοδοι und θίασοι[53]. Bei beiden ist weiter auffällig die ganz starke Betonung des Bildungsideals und des Studiums, die sich bei den Essenern in ihrer für palästinische Verhältnisse riesigen Bibliothek manifestierte, die fast so etwas wie ein jüdisches „Museion" darstellte[54]. Die pharisäischen Schriftgelehrten entwickelten in Analogie zu den alexandrinischen Philologen eine eigene philologische Methode und eine exegetische Hermeneutik. Die Middot Hillels sind z. B. nach hellenistischen Vorbildern ausgearbeitet[55]. Während wir über die frühpharisäische Lehre leider viel zu wenig wissen – m. E. war sie stark apokalyptisch geprägt, eben darum wurde sie später unterdrückt[56], – erhalten wir in den essenischen Schriften eine Reihe von eindrucksvollen theologischen Entwürfen, teils anthropologischen, teils heilsgeschichtlichen Charakters. Ihre Analyse im Blick auf die religiöse, d.h. hellenistisch-orientalische Umwelt steht noch in den Anfängen. Anerkannt ist der iranische Ursprung des schroffen Dualismus, der Lehre von den beiden Geistern; doch wie wurde er vermittelt? M. E. über Alexandrien, wo man mit den | Schriften Zoroasters sehr wohl vertraut war[57]. Noch erstaunlicher sind die neu veröffentlichten astrologischen Fragmente[58], die eng mit der dualistischen Anthropologie verbunden waren.

---

53 323. 445ff. Alle diese „Parteibildungen" haben eine individualistische Komponente.

54 143ff. 415ff.

55 Vgl. G. Mayer, RAC 6, 1197ff.

56 M. Hengel, Nachfolge und Charisma, BZNW 34 (1968), 61f. vgl. JuH 461.

57 JuH 419 Anm. 710; vgl. 331f.

58 J. M. Allegro, Qumrân Cave 4 Teil I (DJDJ V), 1968 fr. 186, dazu J. A. Fitzmyer S. J. CBQ 31 (1969), 70f. (Lit.); JuH 433ff.

Auch sie weisen auf die astrologischen Traktate des hellenistischen Ägyptens, etwa eines Nechepso-Petosiris zurück, der u. a. auch Berührungen mit dem fast gleichzeitigen Daniel aufweist[59]. Hier steht die Forschung vor nicht leichten, aber um so lohnenderen Aufgaben.

Nach dem siegreichen Makkabäeraufstand, der die Gefahr der Assimilation abwehrte, war dem Einfluß der hellenistischen Kultur durchaus noch kein Ende gesetzt. Er wird bereits wieder bei den Hasmonäern seit Johannes Hyrkan[60] und dann erst recht bei Herodes[61] sichtbar. Beide wollten ja auf die jüdische Diaspora Einfluß nehmen, und das blieb nicht ohne Rückwirkungen auf das Mutterland. Allein die jüdischen Inschriften müßten die schematische Vorstellung von dem fremdenfeindlichen, nur Aramäisch und Hebräisch sprechenden jüdischen Palästina widerlegen. Palästina war zur Zeit Jesu ein dreisprachiges Land[62], ein Land mit einer langen Tradition des Kulturkampfes und der Kulturbegegnung zugleich, in dem Antithese und Synthese *miteinander* wirksam waren. Es wäre daher an der Zeit, den alten Gegensatz zwischen jüdisch und hellenistisch durch feinere, sachgemäßere Distinktionen zu ersetzen. M. a. W.: auch das palästinische Judentum war – nach fast 400jähriger Auseinandersetzung mit der hellenistischen Kultur – zur Zeit Jesu eine besondere Form des „hellenistischen Judentums".

---

[59] JuH 339. 388 ff.

[60] 111 f. 119 f. 141 f. 411 ff. S. dazu in diesem Band S. 1–90.

[61] Dazu jetzt A. Schalit, König Herodes, Berlin 1969.

[62] JuH 108–120. Dazu jetzt die vorzügliche Darstellung von J. N. Sevenster (A. 38) passim, vgl. besonders 172 = B. Lifschitz ZDPV 78 (1962), 78 die Bemerkung aus einem wahrscheinlich von Barkochba selbst stammenden Brief: ἐγράφη δ[ὲ] ἑληνιστὶ (sic!) διὰ τ[ὸ ὁϱ]μὰν μὴ εὑϱηθ[ῆ]ναι ἑβϱαεστὶ γ[ϱά]ψασθαι. Der Vf. scheint so das Griechische besser als das Hebräische beherrscht zu haben.

5. Proseuche und Synagoge

Jüdische Gemeinde, Gotteshaus und Gottesdienst in der Diaspora und in Palästina*

Der reine „Wortgottesdienst" des Protestantismus, der aus dem spätmittelalterlichen Prädikantengottesdienst hervorging und sich auf Gebet, Gesang, Schriftlesung und auslegende Predigt beschränkt, ist im Grunde bereits eine Schöpfung des antiken Juden|tums; ähnliches gilt auch vom Versammlungshaus der Gemeinde, die sich zu einem solchen Gottesdienst versammelt. Dieser jüdische Wortgottesdienst und der dazugehörige gottesdienstliche Raum bildeten gegenüber den Kultformen aller antiken Religionen wie auch gegenüber dem eigenen traditionellen Tempelkultus eine revolutionäre Neuerung. Leider liegen die historischen Hintergründe ihrer Entstehung nach wie vor im dunkeln.

1. Erstmalig greifbar wird die Synagoge nicht in Palästina oder in Babylonien, sondern in der Diaspora des ptolemäischen Ägypten im 3. Jh. v. Chr. So besitzen wir zwei Synagogeninschriften aus der Herrschaftszeit Ptolemaios' III. Euergetes (247–221 v. Chr.) mit ausführlicher Widmung an das Herrscherpaar. Die eine wurde in Schedia bei Alexandrien gefunden und könnte daher auch von einer der Synagogen der ptolemäischen Metropole stammen[1]; die andere wurde kurz vor dem 2. Weltkrieg in Arsinoë-Krokodilopolis im Faijûm entdeckt[2]. Die dort erwähnte Synagoge (προσευχή) erscheint dann noch einmal in einem Katasterverzeichnis auf Papyrus aus dem Ende des 2. Jh.s v. Chr.[3]; ein weiterer Papyrus vom selben Ort nennt in einer Wasserrechnung aus dem Jahre 113 n. Chr. – kurz vor dem Ende der ägyptischen Diaspora –

---

* Erstveröffentlichung in: Tradition und Glaube, Festgabe für Karl Georg Kuhn zum 65. Geburtstag, hg. v. Gert Jeremias, Heinz-Wolfgang Kuhn und Hartmut Stegemann, Göttingen 1971, 157–184. Diese Arbeit geht hervor aus einem *Forschungsseminar* des Institutum Judaicum in Erlangen im Sommersemester 1970. Teilnehmer waren die Assistenten R. Braun, H. Kienle und H. Merkel, Vikar A. Lembke und stud. theol. G. Mahlke, F. Siegert und W.-J. Starke. Ihnen und Herrn Kollegen Prof. Dr. Dr. E. Bammel sei hier herzlich Dank gesagt für die gute und anregende Zusammenarbeit. Zu den Abkürzungen s. u. S. 194f.

1 OGI 726 = CIJ 1440 = Lifshitz 92.

2 D. M. Lewis in CPJ III S. 164 (Nr. 1532 A) = Lifshitz 99.

3 SB 8939; CPJ I, Nr. 134 (S. 247ff.), Col. II, 16ff.; Col. III, 29. Die Synagoge lag offenbar am westlichen Stadtrand, es gehörte zu ihr ein „paradeisos", der als γῆ ἱερά deklariert war.

gleich zwei Synagogen[4]. Ein weiteres Zeugnis aus dem Faijûm (Alexandru Nesos) ist noch mit Sicherheit ins 3. Jh. v. Chr. anzusetzen, es handelt sich um die Klage einer heidnischen Frau über den Diebstahl ihres Mantels. Der Dieb, Dorotheos – dem Namen nach sicher ein Jude –, sei mit seiner Beute in die προσευχὴ τῶν Ἰουδαίων geflohen. Aufgrund des Eingreifens eines reichen Grundbesitzers habe der Synagogenbeamte (νακόρος) Nikomachos den strittigen Gegenstand sichergestellt[5]. Aus diesen früheren Nachrichten über die Synagogen in Ägypten, die sich durch spätere Zeugnisse noch ergänzen lassen, kann man einige wesentliche Folgerungen ziehen:

1.1 müssen sie bereits im 3. Jh. v. Chr. schon in weiten Teilen des Landes verbreitet gewesen sein. Während Schürer erst 6 Belege aus ptolemäischer Zeit beibringen konnte, nennt Tcherikover insgesamt 12; hinzu kommen noch die Zeugnisse des Talmuds und Philos sowie eine Inschrift aus der frühen Kaiserzeit. Die Fundorte | verteilen sich über ganz Unterägypten bis zum Faijûm. Der Brief des Onias IV. spricht von vielen jüdischen ἱερά in Ägypten[6].

1.2 waren die Synagogen bereits gegen Ende des 3. Jh.s v. Chr. ein allgemein anerkanntes Institut, das auch den Nichtjuden vertraut war und einen festen Stellenwert in der bunten ägyptischen Gesellschaft besaß. Im Sprachgebrauch findet man sowohl das absolute προσευχή wie auch προσευχὴ τῶν Ἰουδαίων.

1.3 zeigen sämtliche Zeugnisse einen hohen Hellenisierungsgrad. Schon im 3. Jh. v. Chr. sind die meisten Namen von Juden in Ägypten griechisch[7], wir besitzen auch keinerlei aramäische oder hebräische Synagogeninschriften aus der Ptolemäer- und frühen Kaiserzeit. Vermutlich war bereits ab dem 3. Jh. v. Chr. auch die Gottesdienstsprache in der Regel Griechisch. Das Aramäische wurde relativ rasch abgestoßen, das Demotische gewann nie irgendwelche Bedeutung. Die Juden strebten bewußt danach, Griechisch zu erlernen. Dies brachte dann auch eine soziale Aufwertung mit sich[8].

1.4. Wie die Weihungen heidnischer Heiligtümer beginnen die jüdischen

---

[4] CPJ II, Nr. 432 (S. 220 ff.), Col. III, 57: προσευχή; 60: εὐχεῖον.

[5] CPJ I, Nr. 129 (S. 239) vom 11. 5. 218 v. Chr.

[6] Schürer II, 499 f.; CPJ I S. 8: Außer den in Anm. 1–5 genannten Belegen s. noch OGI 742 = CIJ 1432 (36 v. Chr.); CIJ 1433 = SB 589 = Lifshitz 87 (2. Jh. v. Chr.) beide aus Alexandrien; CIJ 1441 = SB 5862 = Lifshitz 93 (2. Jh. v. Chr.) Xenophyris, Unterägypten; OGI 96 = CIJ 1443 = Lifshitz 95 u. OGI 101 = CIJ 1444 = Lifshitz 96 (2. oder 1. Jh. v. Chr.) beide Athribis, Unterägypten, sie nennen neben dem König eine Kleopatra; CIJ 1442 = SB 7454 = Lifshitz 94 (2. Jh. v. Chr.) Nitriai; OGI 129 = CIJ 1449 bei Kairo gefunden, unbekannter Herkunft, historisch schwierig zu deuten s. u. Anm. 12; CPJ I, Nr. 138 (S. 252 ff.) spätptolemäisch, unbekannter Herkunft s. u. Anm. 54; Inschrift aus der frühen Kaiserzeit (vor 116 n. Chr.): SB 6832, fehlt in CIJ und bei Lifshitz. Onias an Philometor: Jos., Ant. 13,66 (ca. 160 v. Chr.).

[7] CPJ I S. 27 ff. vgl. HC 346 f. 523 f.; JuH 117 f.

[8] CPJ I S. 30 ff.: Die Einwanderer haben zwar noch eine gewisse Zeit auch in Ägypten Aramäisch gesprochen, doch hörte dieses – im Gegensatz zur persischen Zeit – jetzt auf, eine literarische Sprache zu sein. Das beste Zeichen für diesen Umbruch ist die Übersetzung des Pentateuch bereits in der 1. H. d. 3. Jh.s v. Chr. Vgl. JuH 109. 122 f. 125 ff.; S. Jellicoe, The

Synagogeninschriften fast immer mit einer Nennung des ptolemäischen Herrscherpaares (Ὑπὲρ βασιλέως Πτολεμαίου καὶ βασιλίσσης...[9]), nur daß hier der direkte Bezug auf den Herrscherkult fehlt[10]. Es wird daraus deutlich, daß die Synagogen mit königlicher Duldung, ja Förderung entstanden sind. Dem entspricht die gehobene soziale, politische und kulturelle Stellung der Juden im Ptolemäerreich im 2. und 1. Jh. v. Chr.[11]. In einer Inschrift, die möglicherweise ebenfalls schon auf Ptolemaios III. Euergetes zurückgeht, wurde einer Synagoge ein Asylrecht verliehen[12]. Es ist auffallend, daß unter der römischen Herrschaft die Synagogenstiftungsinschriften nicht nur in Ägypten fast völlig abbrechen, sondern daß wir – mit drei Ausnahmen – im ganzen späteren römischen Herrschaftsbereich keine derartigen inschriftlichen Widmungen an das Kaiserhaus mehr besitzen[13]. Zwar berichtet uns noch Philo, daß in der Hauptsynagoge in Alexandrien (s. u. Anm. 44) – wie im Tempel in Jerusalem – kaiserliche Weihgeschenke und Ehreninschriften aufgestellt waren, auch spricht er davon, daß τοῖς πανταχόθι τῆς οἰκουμένης Ἰουδαίοις ὁρμητήρια τῆς εἰς τὸν Σεβαστὸν οἶκον ὁσιότητός εἰσιν αἱ προσευχαὶ ἐπιδήλως. Vermutlich spielt er hier auf das synagogale Gebet für das Kaiserhaus an. Im ganzen aber dürfte es sich um eine apologetische Übertreibung handeln. Der epigraphische Befund spricht dagegen[14].|

Septuagint and Modern Study, 1968, 55ff. Erst in byzantinischer Zeit taucht in Inschriften das Hebräische wieder auf: CPJ I S. 107f.; JuH 109 Anm. 4.

9 CIJ 1440–44 = Lifshitz 92–96; umgekehrte Reihenfolge CIJ 1432 = Lifshitz 86; vgl. auch o. Anm. 2 u. u. Anm. 12.

10 Zum ptolemäischen Herrscherkult und den Juden s. JuH 480. 523 Anm. 181. Der seit Ptolemaios IV. Philopator (vgl. 3 Makk) sehr aktive ptolemäische Herrscherkult wurde von den Juden offenbar noch nicht als so anstößig empfunden wie später in der Kaiserzeit, s. M. Hengel, Die Zeloten, ²1976, 103ff. Aus den genannten Gründen kann auch die von P. M. Fraser, Berytus 12 (1958), 115f. Nr. 8 veröffentlichte Inschrift (= SEG 18, 738) gegen dessen Vorschlag nicht mit τὴν προσευχήν ergänzt werden, das vorhergehende θεοῦ Εὐεργ[έτου schließt dies aus.

11 CPJ I S. 11ff. 19ff.; HC 281ff. 333ff.; JuH 29f. 128ff. Vgl. SA 161. 261ff. 345.

12 OGI 129 = CIJ 1449 vgl. Schrage 824 Anm. 175–177 Lit.; S. Krauss, SA 226f. u. Tcherikover, CPJ I S. 94 vermuten im Anschluß an Th. Mommsen u. L. Friedländer, daß dieses Recht der Asylie von Königin Zenobia und ihrem Sohn 270 n. Chr. erneuert worden sei. J. Bingen, AntClass 32 (1963), 317 denkt freilich an eine Fälschung. Aber gerade der knappe, formlose Text könnte doch sehr wohl auf eine solche Wiederherstellung der nach dem Aufstand 116/17 aufgehobenen Asylie durch die palmyrensische Königin zwischen 269 und 271 n. Chr. hinweisen.

13 CIJ 677 aus Pannonien für Severus Alexander; 972 aus Kasjun am Hulesee für Septimius Severus; AnnÉpigr 1967, 77 Ostia: Pro salute Aug(usti), οἰκοδόμησεν κὲ αἰπόησεν (sic) ἐκ τῶν αὐτοῦ δομάτων (sic) καὶ τὴν κειβωτὸν ἀνέθηκεν νόμῳ ἁγίῳ Μίνδις Φαῦστος... dazu M. Floriani Squarciapino, in: Atti del VI Congr. Int. di Arch. Crist. 1962, SAC 26 (1965), 299–315.

14 Leg. ad. C. 133; c. Flacc. 48f. (zit. 49), dazu E. M. Smallwood, Philonis Alexandrini leg. ad C., 1961, 220ff. Nach c. Flacc. 97 hätten die Juden in Alexandrien Caligula bei seinem Herrschaftsantritt alle τιμαί, die das Gesetz erlaubte, dargebracht. Eine Ausnahme machten auch noch die Juden in Rom, wo die Synagogengemeinde der Augustesier auf eine Verbin-

2. Am auffallendsten ist freilich die durchgängige Bezeichnung der vorchristlichen ägyptischen Synagogen mit dem Begriff προσευχή. Es handelt sich hier um ein in der Profangräzität praktisch unbekanntes Wort, das, abgeleitet von dem ebenfalls seltenen Verb προσεύχεσθαι, erst durch die Übersetzer der LXX eingeführt wurde – ähnlich wie etwa der Begriff προσήλυτος. Es ist hier in der Regel die Übersetzung von תְּפִלָּה, ein Begriff, der im Pentateuch überhaupt nicht, in den erzählenden Büchern selten, um so häufiger aber in den Psalmen erscheint. Er kann sowohl das Prosagebet wie den gesungenen Hymnus bezeichnen[15].

Für die Bezeichnung des gottesdienstlichen Gebäudes als προσευχή sind dabei drei Gesichtspunkte bedeutsam:

2.1 Signalisiert sie die große geistige Wende, die das Judentum zwischen der persischen und hellenistischen Zeit erfahren haben muß. Noch um 400 v. Chr. besaßen die jüdischen Militärkolonisten an der Südgrenze Ägyptens einen eigenen Tempel mit altertümlich „synkretistischem" Gepräge, und dieser Tempel war vermutlich nicht das einzige jüdische Heiligtum im damaligen Ägypten[16]. 150–200 Jahre später finden wir keine derartigen Tempel mehr; die zahlreichen Juden nennen ihre Heiligtümer nicht wie die Griechen, Ägypter oder auch die idumäischen Söldner ἱερόν bzw. nach dem Namen ihres Gottes „Sarapeion", „Isieion", „Apollonieion" u. ä.[17], sondern mit einer neuen Wortbildung προσευχή[18], | eine Bezeichnung, die zugleich auf eine neue, „geistige"

---

dung zum Kaiserhaus hinweist, s. H. J. LEON, The Jews of Ancient Rome, 1960, 142. Bei der Gemeinde der Agrippesier glaube ich an einen Zusammenhang mit Agrippa II, s. o. c. 141. Die von S. KRAUSS, SA 254 aufgrund rabbinischer Quellen erschlossene Syngagoge des Severus (כנישתא דאסוירוס) könnte in Wirklichkeit die der Siburesier (LEON 151 f.) sein.

15 LIDDELL-SCOTT s. v.; H. GREEVEN, ThW II, 806ff. Zu תפלה s. J. HERMANN, ThW II, 782, 42f.: es „bezeichnet sowohl das kultische wie das außerkultische, sowohl das gesprochene wie das gesungene Gebet". Das wird man auch für das griechische Äquivalent προσευχή festzuhalten haben. Vgl. dazu die Unterschrift zu Ps 72 (V. 20): כלו תפלות דוד = LXX 71, 20: Ἐξέλιπον οἱ ὕμνοι Δαυιδ sowie die Psalmentitel 16 (M 17); 89 (90); 101 (102) u. Hab 3,1; weiter die Variante in 11 QPs[a] 145,1 (ed. Sanders, DJDJ IV S. 37) Col. XVI, 7: תפלה לדויד statt M תהלה לדוד.

16 A. VINCENT, La Religion des Judéo-Araméens d'Éléphantine, 1937; E. G. KRAELING, The Brooklyn Museum Aramaic Papyri, 1953; Y. MUFFS, Studies in the Aramaic Legal Papyri from Elephantine, 1969. Vgl. die neuen Papyri von Hermopolis und dazu J. T. MILIK, Bibl 48 (1968), 216–231. Siehe auch JuH 28.499f.; Jes 19,19; Jer 44,1.

17 Preisigke, Lex. III. 259f. s. v. ἱερόν. 260 s. v. Ἰσιεῖον. 263 s. v. Σαραπεῖον. Eine – nicht jüdische – Analogiebildung ist σαββατεῖον s. u. Anm. 80, 81. Zum Ἀπολλωνιεῖον u. ἱερόν des Politeumas idumäischer Söldner in Memphis aus dem 2. Jh. v. Chr. s. OGI 737. Dahinter steht die Interpretatio Graeca des idumäischen Gottes Qos, s. JuH 115f. 474.

18 Zum einzigen vorjüdischen Beleg s. GREEVEN, ThW II, 808, 9f.: IG IV, 1 ed. min. 106, 27 aus dem Asklepieion in Epidauros, 4. Jh. v. Chr. Der Sinn ist dunkel. Siehe auch die Fehlanzeige bei A. CORLU, Recherches sur les mots relatifs à l'idée de prière..., 1966, 240; zum Verb s. 238ff. Zum späteren Vorkommen bei judaisierenden paganen Gruppen s. u. S. 190. Zur Nebenform πρόσευξις s. Orph. Hymn. 15, 2 (ed. Quandt 15) im Zeushymnus u. Anc. Greek Inscr. Brit. Mus. III, 1 (1886) 421, 2f. Petition, Ersuchen (Priene hell. Zeit).

Form des Gottesdienstes ohne Opferdarbringung hinweist. Der einzige jüdische Tempel, den wir ab ca. 160 v. Chr. in Ägypten noch finden, ist das aus Palästina „importierte" zadokitische Heiligtum des Hohepriesters Onias IV. in Leontopolis, das in bewußtem Gegensatz zu der Vielzahl der jüdischen ἱερά (= Synagogen Jos., Ant. 13,66) in Ägypten steht[19].

2.2 W. Bauer hat in seinem bedeutsamen Aufsatz über den Wortgottesdienst der ältesten Christen gegen eine Verbindung des urchristlichen Gottesdienstes mit dem der Diaspora-Synagoge das Argument ins Feld geführt, daß – im Gegensatz zum urchristlichen Gottesdienst – hier nicht Gebet und Hymnengesang, sondern die Gesetzeslesung und -auslegung im Mittelpunkt standen[20]. Gegen eine derartige einseitige Betonung des Gesetzes im Gottesdienst der griechischsprechenden ägyptischen Diaspora spricht m. E. die Bezeichnung προσευχή. Weder kann man ihren Gottesdienst einfach mit dem pharisäischen Modell der Mischna identifizieren[21], noch kann man sich mit Bauer allein auf die Zeugnisse des Josephus c. Ap. 2, 175 und Philos in den Hypothetika (Eus., pr. ev. 8, 7, 12f.) verlassen, denn der Palästiner Josephus war selbst Pharisäer, und Philo legt entscheidenden Wert darauf, die Synagogen als διδασκαλεῖα für die Kardinaltugenden und den jüdischen Gottesdienst als Unterrichtung in der wahren Philosophie darzustellen[22]. Ganz ab|gesehen davon, daß selbst das palästinische Judentum die Bedeutung des Gebets neben der Lehre betont[23], besitzen wir einige Zeugnisse aus der Diaspora, die nahelegen, daß der Synagogengottesdienst – entsprechend der Bezeichnung seines Ortes – vor allem auch

---

19 CPJ I, S. 17.44ff. vgl. S. 244ff. zu Nr. 132; HC 276–281, 497ff.; JuH 20. 29. 499. 504; s. auch B. Z. Lurie, Wer war Onias? (hebr.), Bêt Miqrā 12 (1966/67), 65–81. Zur Begründung durch Jes 19,18-22 (LXX!) vgl. Jos., Ant. 13,64.

20 In: Aufsätze und kleine Schriften, 1967, 155–209 = SgV 148 (1930). Auch Bauer betont 162 zu Recht, „daß sich Talmudsynagoge und Diasporasynagoge keineswegs decken". Leider beachtet er 169f. diesen Unterschied zu wenig.

21 Zum jüdisch-pharisäischen Gottesdienst s. I. Elbogen (mit E. Lohse), RGG[3] II, 1756ff.; ders., Der jüdische Gottesdienst in seiner geschichtlichen Entwicklung, [3]1931 (Nachdr. 1962), 444–510; G. F. Moore, Judaism, I, 1927, 31ff. 281ff.; Bill. IV, 153ff.; P. Billerbeck, ZNW 55 (1964), 143–161; K. Hruby, Geschichtlicher Überblick über die Anfänge der synagogalen Liturgie und ihre Entwicklung, Judaica 18 (1962), 193–214.

22 Vgl. vit. Mos. 2, 211. 215f.: καὶ εἰσέτι νῦν φιλοσοφοῦσι ταῖς ἑβδόμαις 'Ιουδαῖοι τὴν πάτριον φιλοσοφίαν. Die κατὰ πόλεις προσευκτήρια sind darum διδασκαλεῖα der vier Kardinaltugenden bzw. συμπάσης ἀρετῆς (216), ähnlich de spec. leg. 2, 61f. in echt philonischer Übertreibung: μυρία κατὰ πᾶσαν πόλιν διδασκαλεῖα (62) vgl. de praem. et poen. 66; leg. ad C. 156. 312. Zum jüdischen Gottesdienst als Philosophiestudium s. noch vit. Mos. 2,209ff.; quod omnis... 82 (Essener); de vit. contempl. 26ff. (Therapeuten); de decal. 98. 100; de somn. 2, 127 u. a.; vgl. dazu D. Georgi, Die Gegner des Pls im 2. Korintherbrief, 1964, 87ff., der mit Recht die charismatische Seite solcher „philosophischen" Schriftauslegung betont (126ff.): „Die Schriftausleger, die Exegeten, sind also für Philo die Propheten der Gegenwart" (128). Zur Beurteilung der Juden als „Philosophen" s. JuH 295ff. 464ff.

23 SA 95: „bekanntlich bildet ‚Gebet' (תפלה) schlechthin das Hauptstück der synagogischen Andacht". Unsere durch die reichen essenischen Funde erweiterte Kenntnis antiker jüdischer Gebete und Hymnen kann dieses Urteil nur bestätigen.

ein Gebetsgottesdienst war. So berichtet der alexandrinische Historiker und Geograph Agatharchides von Knidos (geb. ca. 200 v. Chr.), die Juden arbeiteten am Sabbat grundsätzlich nicht „vielmehr beten sie in ihren Heiligtümern mit ausgestreckten Händen bis zum Abend" (ἀλλ' ἐν τοῖς ἱεροῖς ἐκτετακότες τὰς χεῖρας εὔχεσθαι μέχρι τῆς ἑσπέρας). Daß es sich hier um den Synagogengottesdienst und nicht – wie es der Kontext nahelegte – um den Tempel in Jerusalem handelt, zeigt die Übereinstimmung in der Zeitangabe mit der genannten Philostelle (μέχρι σχεδὸν δείλης ὀψίας)[24]. Darüber hinaus betont Philo selbst mehrfach die Bedeutung von Gebet und Hymnengesang im Gottesdienst, vor allem bei den Therapeuten. Auch seine Ausführungen zu Ex 15 deuten auf konkrete Vorstellungen vom Gesang im Gottesdienst hin[25]. Ebenso gibt 3 Makk 6 und 7 einen Einblick in die vielfältigen liturgischen Formen des Hymnen- und Psalmengesangs der ägyptischen Diaspora. Am Ort der Freudenfeier wegen der wunderbaren Rettung wird | dabei nach 7,20 eine προσευχή errichtet[26]. Aus alledem läßt sich erschließen, daß der Gottesdienst in der ägyptischen Diaspora Gebet und Hymnengesang stärker betonte und damit eine freiere Gestalt besaß als sein palästinisches Gegenstück[27]. Spuren dieser Gebets- und Hymnendichtung aus der Diasporasynagoge sind uns in reichem Maße in der frühchristlichen Literatur erhalten[28]. Im palästinischen Gottes-

---

[24] Nach Jos., c. Ap. 1, 209. Zum Gebetsgestus s. J. HERRMANN, ThW II, 786, 39 ff. u. Bill. I, 401; II, 259–262. Vgl. dazu de vit. contempl. 66 στάντες ἑξῆς κατὰ στοῖχον ἐν κόσμῳ καὶ τάς τε ὄψεις καὶ τὰς χεῖρας εἰς οὐρανὸν ἀνατείναντες ... προσεύχονται τῷ θεῷ...

[25] G. DELLING, ThW VIII, 499 f.: ὕμνος bedeutet bei Philo vor allem die Psalmen, er kennt aber auch eigene Hymnendichtung in den Gemeinden: de vit. contempl. 80: καὶ ἔπειτα ὁ μὲν ἀναστὰς ὕμνον ᾄδει πεποιημένον εἰς τὸν θεόν, ἢ καινὸν αὐτὸς πεποιηκὼς ἢ ἀρχαῖόν τινα τῶν πάλαι ποιητῶν. Seine Darstellung des Vortrags von Ex 15 als Wechselgesang und als gemeinsamen Hymnus, seine Unterscheidung von Chor und Chorführung könnte auf die Liturgie der alexandrinischen Gemeinde hindeuten: vit. Mos. 1,180; 2,256 f.; de vit. contempl. 83 ff.; vgl. de agricult. 79 ff. u. a., s. DELLING, l. c. Vgl. auch die Feier des Laubhüttenfestes durch die Juden in Alexandrien nach Eintreffen der Nachricht von der Verhaftung des Flaccus c. Flacc. 121: προτείνοντες τὰς χεῖρας εἰς οὐρανὸν ὕμνουν καὶ παιᾶνας ἐξῆρχον εἰς τὸν ἔφορον θεόν ...; 122: πάννυχοι δὲ διατελέσαντες ἐν ὕμνοις καὶ ᾠδαῖς, am frühen Morgen ziehen sie aus der Stadt hinaus zum Meer – da ihre Proseuchen zerstört sind –, um dort ihre Lobgesänge zu singen.

[26] 3 Makk. 6,32: ἀνέλαβον ᾠδὴν πάτριον τὸν σωτῆρα καὶ τερατοποιὸν αἰνοῦντες θεόν vgl. 35; 7,13: οἱ τούτων ἱερεῖς καὶ πᾶν τὸ πλῆθος ἐπιφωνήσαντες τὸ αλληλουια μετὰ χαρᾶς ἀνέλυσαν; 7,16: παμμελέσιν ὕμνοις εὐχαριστοῦντες τῷ θεῷ τῶν πατέρων αὐτῶν αἰωνίῳ σωτῆρι τοῦ Ισραηλ.

[27] Die Meinung von ELBOGEN (Anm. 21) 503: „daß in der hellenistischen Diaspora der Chorgesang allgemein üblich war, ist kaum anzunehmen", muß daher korrigiert werden. Vgl. auch SA 410. Wenn D. GEORGI (Anm. 22), 131 im Zusammenhang mit der Länge des Gottesdienstes „eine Mannigfaltigkeit der Formen" und einen „theatralische(n) Charakter des Gottesdienstes" vermutet, so hat dies viel für sich. Siehe u. S. 180 die Lenkung des Gottesdienstes in der großen Synagoge in Alexandrien durch Tücherschwenken von einer Bühne in der Mitte des Gebäudes aus.

[28] Vgl. die Gebete in 1 Cl, die Gotteshymnen in der ApkJoh, weiter W. BOUSSET, Eine jüdische Gebetssammlung im 7. Buch d. apost. Konst., in: NGG 1915, 435–489 (Nachdr. in

dienst verzichtete man dagegen zunächst auf den Hymnengesang, weil dieser den Tempelsängern im Heiligtum in Jerusalem vorbehalten war und später von den Häretikern geübt wurde[28a].

2.3. Unterscheidet sich so der Gottesdienst in den προσευχαί der ägyptischen Diaspora sowohl von allen traditionellen Tempelkulten in der Antike wie auch von der späteren pharisäisch geprägten Form des Synagogengottesdienstes, so könnte man fragen, wie es zu dieser „Gebetsstätte" und ihrem Gottesdienst kam. Leider geben hier unsere Quellen wenig Aufschluß. Wir wissen, daß das antike Judentum das private Gebet an einem bestimmten Ort und zur festgelegten Zeit schätzte[29], daß man auch aus bestimmten Anlässen gemeinschaftlich zu Gebet und Toralesung an einem öffentlichen | Platz zusammenkam[30] oder daß es außerhalb einer Ortschaft einen Gebetsplatz gab, zu dem man hinausging[31]. Aber das alles erklärt noch nicht die Entstehung jener „προσευχαί" in Ägypten und des dazugehörigen Gottesdienstes am Sabbat.

Eine weitere Bezugsmöglichkeit wären die opferlosen Gottesdienste der orphischen Mysteriengemeinschaften, bei denen die Lesung heiliger Schriften und vor allem der Hymnengesang[32] eine große Rolle spielten. Wie die ersten Synagogengottesdienste in der Diaspora fanden sie nicht in prächtigen Tem-

---

NT.S 50, 1979, 231–286); I. H. Dalmais, Office synagogal et liturgie chrétienne, VieSpir 97 (1957), 23–42; W. Wiefel, Der Synagogengottesdienst im neutestamentlichen Zeitalter u. seine Einwirkung auf den entstehenden christlichen Gottesdienst, theol. Diss. Leipzig 1959 (masch.; non vidi). Leider wird in den neueren Untersuchungen zum urchristlichen Gottesdienst die Frage der besonderen Form des synagogalen Gottesdienstes in der Diaspora zu wenig beachtet: s. G. Delling, Der Gottesdienst im N. T., 1952; O. Cullmann, Urchristentum und Gottesdienst, ^{4}1962; R. Deichgräber, Gotteshymnus und Christushymnus in der frühen Christenheit, 1967; F. Hahn, Der urchristliche Gottesdienst, 1970, Lit. Es wird zum Vergleich zu sehr nur das A.T. herangezogen und einseitig die Antithese zum Judentum betont.

28a Elbogen (Anm. 21), 502ff.: Der Gesang kam über die Lesung und den Gebetsvortrag in den Gottesdienst. Vgl. A. Z. Idelsohn, Jewish Music, 1967, 92ff.

29 Dan 6,11f. 14 vgl. Ps 55,18; Jos., Ant. 4,212; Bill. II, 696ff.; Moore (Anm. 21) II, 218ff.; SA 267ff.

30 Neh 7,72-9,37 u. besonders 8,1-8 (vgl. die LXX 2 Esra 18,1-8) haben wir eine „Vorstufe" des palästinischen Synagogengottesdienstes vor uns; s. SA 57f.; K. Galling, ZDPV 72 (1956), 167; Schrage 811 Anm. 76. Auffallend ist, daß auf die Toralesung der Lobpreis u. das Bußgebet folgen: Neh 9,5-37, vgl. dazu L. J. Liebreich, The Impact of Neh 9.5-37 on the Liturgy of the Synagogue, HUCA 32 (1961), 227–237.

31 Judith 12,6-8; 13,10; 1 Makk 3,46: τόπος προσευχῆς.

32 W. Bauer (Anm. 20), 174f.; A. D. Nock, Conversion, 1933, 26f.: „The tone of the literature is prophetic in the Jewish sense of the word". Zum frühen Einfluß orphisch-dionysischer Kreise in Ägypten s. den Pap. Gurob aus dem 3. Jh. v. Chr., dazu M. P. Nilsson, Geschichte d. Griech. Rel., II, ^{2}1961, 244f. Zu Berührungen mit dem Judentum: JuH 171. 367f. 478; H. Stern, The Orpheus in the Synagogue of Dura-Europos, Journal of the Warburg... Institutes 21 (1958), 1–6; A. Dupont-Sommer, Semitica 1964, 37–40; M. Philonenko, RHPhR 47 (1967), 355–357. Direkte Berührungen werden sichtbar im sog. Test des Orpheus bei Aristobul, s. Orphicorum fragmenta, ed. Kern, ^{2}1963, Nr. 245–248, u. bei Artapanos FGrHist 726.

peln, sondern in Privathäusern statt. Auch wurde bei ihnen – wie bei den Juden – Wert auf die Einhaltung ethischer und ritueller Bestimmungen gelegt. Aber diese Mysteriengottesdienste feierte man – anders als die Juden in den προσευχαί – unter Ausschluß der Öffentlichkeit. Die Lehren der Orphiker waren sehr stark synkretistisch durchsetzt und hatten sich mit den Dionysosmysterien verbunden, auch fehlte ihnen der religiöse Ausschließlichkeitsanspruch, der für den jüdischen Glauben typisch war. Derartige Mysteriengemeinden konnten so auf die Juden kaum anziehend und vorbildlich wirken. Bereits in der LXX finden wir eine schroffe Polemik gegen sie in der Weise, daß die unsittlichen kanaanäischen Kulte z. T. als „Mysterienkulte" interpretiert wurden[33]. Wenn später Philo die Mysterienterminologie ausgiebig verwendet, so handelt es sich dabei um ein „Lesemysterium", um die literarische Sprache religiöser Mystik, nicht um echte Anleihen aus den wirklichen Mysterienreligionen[34].|

2.4. Auch an einen „Ersatz" für den Tempel in Jerusalem war nicht gedacht. Vielmehr war das Aufkommen der προσευχαί in Ägypten ein Zeichen dafür, daß jetzt – im Gegensatz zur persischen Zeit – das deuteronomistische Gebot der Kultzentralisation auf dem Zion wirklich ernstgenommen wurde, ernster als zum Teil in Palästina selbst, wo sich ja immerhin noch einige „Konkurrenzheiligtümer" nachweisen lassen[35]. Eine Bezugnahme auf die Interpretation des Tempels als בית תפלה in Jes 56,7 (vgl. LXX Jes 60,7 und 1 Makk 7,37 οἶκος προσευχῆς) ist nirgendwo zu sehen, erst im Urchristentum wird der Tempel selbst in polemischer Abgrenzung gegen den Opferdienst als „Gebetsstätte" interpretiert[36]. Selbst Philo, der den Tempel in Jerusalem nur ein einziges Mal in seinem Leben besucht hat[37], betont im Zusammenhang mit seiner Gesandtschaft bei Caligula den grundsätzlichen Unterschied zwischen den προσευχαί und dem Tempel in Jerusalem: „Soll und kann man in Zukunft vor den Schänder des allerheiligsten Tempels treten und seine Stimme um der Gebetshäuser willen erheben? Denn gewiß werden die unscheinbareren und wenig verehrten Kultstätten dem gleichgültig sein, der den berühmtesten und bedeutendsten Tempel (τὸν περισημότατον καὶ ἐπιφανέστατον νεών) schändet, ihn, der nach allen Seiten sonnengleich leuchtet und die Blicke von Ost und West auf sich zieht"[38]. Entsprechend finden wir in den frühesten Nachrichten über

---

[33] Vgl. Nu 25,2; Dtn 23,18; Ps 105,28 in der LXX; weiter Sap 12,4f.; 14,15.22ff.; 3 Makk 2,29 dazu JuH 368 Anm. 570.

[34] Gegen J. Pascher, Η ΒΑΣΙΛΙΚΗ ΟΔΟΣ, 1931, 65ff. u. U. Wilckens, ThW VII, 501; richtig C. Colpe, RGG^3 V, 345.

[35] JuH 499f.: die Tempelanlage Hyrkans in Araq el-Emir u. der Tempel der Samaritaner auf dem Garizim; dazu jetzt das Heiligtum aus Lachisch in frühhellenistischer Zeit: Y. Aharoni, IEJ 18 (1968), 157–169 vgl. 162.

[36] Mk 11,17 parr; vgl. auch Lk 24,53; Apg 2,46; 3,1ff., dazu 7,41. 48: Der Tempel ist für Lk nur noch Gebetsstätte. Vermutlich steht dahinter ein altes Theologumenon der Hellenisten in Jerusalem.

[37] H. A. Wolfson, Philo, ^{4}1968, II, 242.

[38] leg. ad C. 191 vgl. 346; c. Flacc. 46. Zum Verhältnis Philos zum Tempel s. Wolfson II,

antike Synagogen keinerlei Hinweise auf einen kultisch hervorgehobenen Raum sakraler Heiligkeit, keine heilige Nische oder heiligen Schrein für die Torarollen, auch keine Hinweise auf heilige Symbole wie Menora, Schophar, Lulab und Ethrog; die dinglich-sakramentale Heiligkeit findet erst nach der Zerstörung des Tempels ihren Eingang in die Synagoge[39], dann wurde sie allerdings vom Rabbinat kräftig gefördert: Die Synagoge trat an die Stelle des Tempels, sie wurde zum Ort, wo die *š^e^ḵînāh* wohnt[40]. Die beliebte, vom Tempel auf die Synagoge über|tragene Bezeichnung ἅγιος τόπος erscheint in Ägypten erst in einer Synagoge der byzantinischen Zeit[41]. Desgleichen fehlen auch Hinweise auf eine hierarchische Vielzahl synagogaler Ämter, wie sie dann in den nachchristlichen Synagogen begegnet. Die Gemeindeverfassung muß noch relativ einfach gewesen sein[42]. Dem entspricht auch die kunstvoll schlichte Form des ersten uns bekannten Synagogengebäudes auf der Insel Delos ca. 100 v. Chr.: im Anschluß an einen Hof zwei Räume, beide miteinander verbunden durch drei Durchbrüche, vermutlich der eine für die Männer, der andere für die Frauen, eine einfache Sitzbank längs den Wänden. Der einzige Schmuck ist der kunstvolle Stuhl des Leiters des Gottesdienstes, dazu Weihinschriften, die durch die Bezeichnung προσευχή und die Dedikationen an den θεὸς ὕψιστος das ganze als Synagoge ausweisen[43]. Auch die große Synagoge in

---

241ff. 247. 344f. 401f. Richtig jedoch SCHRAGE 822, 12–14: „die Synagogen... füllten die durch die Kultzentralisation entstandene Lücke aus". Man darf hinzufügen: in völlig neuer Weise.

39 Stobi 173ff.

40 A. M. GOLDBERG, Untersuchungen über die Vorstellung von der Schekhinah..., 1969, s. Index 562 s. v. Sch. in der Synagoge. Vgl. SA 17f. 214f. Nach b. Meg. 29a (GOLDBERG 399f.) ließ sich in der Synagoge von Huzal und Schaph-Jatib in Nehardea nach der Tempelzerstörung die Schekhinah nieder. Bei letzterer hatte man zum Bau Steine und Erde vom Tempel verwendet. Vgl. J. NEUSNER, Hist. of the Jews in Bab. I, ²1969, 157.

41 Stobi 174 Anm. 97 zu CIJ 1437 = Lifshitz 90. Zu der späten Formel ἅγιος τόπος s. 173 Anm. 95 u. SCHRAGE 808 Anm. 49.

42 Stobi 178. Den Unterschied zu der späteren Gemeindestruktur zeigt ein Vergleich der Inschriften des Gräberfeldes von Leontopolis CIJ 1451–1530 (zu ergänzen durch CPJ III S. 162f. Nr. 1530 A–D) aus vorchristlicher Zeit mit den späteren Grabinschriften in Rom oder in Beth Schearim ab dem 2. Jh. n. Chr. Die Ämter des ἀρχισυνάγωγος und der πρεσβύτεροι erscheinen erstmalig auf der Jerusalemer Theodotosinschrift CIJ 1404, das erstere ist schon drei Generationen in Familienbesitz. Sie sind offensichtlich palästinischen Ursprungs. Vgl. Joma 7,1 u. Sota 7,7f., die das Amt des Archisynagogen und des ḥazzan in der angeblichen Synagoge auf dem Tempelberg voraussetzen (dazu u. Anm. 100). Bei dem einzigen Ämterverzeichnis CPJ I, Nr. 138 (S. 252ff.) handelt es sich um typisch griechisch-ägyptische Vereinsämter. Leider ist der Zusammenhang nicht mehr zu erkennen. Wie beim synagogalen Gottesdienst hat sich auch in der Ämterverfassung die palästinische Ordnung schließlich durchgesetzt.

43 Stobi 161 Anm. 53; 174 Anm. 97. Erstveröffentlichungen von A. PLASSART, Mélanges Holleaux, 1913, 201–215 u. RB 11 (1914), 523–534. Zum Plan s. auch GOODENOUGH III Abb. 875, dazu Text II, 71–75. Zur Kathedra S. RISOM, Mélances Holleaux, 257–263. Der θεὸς ὕψιστος erscheint in ägyptischen Synagogeninschriften: CIJ 1433. 1443. 1532. Es war die offizielle Bezeichnung des jüdischen Gottes in der nichtjüdischen Umwelt: JuH 544ff., vgl. u.

Alexandrien, die in der Tosephta als דיפליסטון (= διπλόστοον), d.h. als fünfschiffige Basilika mit zwei doppelten Säulenreihen geschildert wird, sollte nicht den Tempel ersetzen; sie diente nicht zuletzt auch profanen Zwecken und bildete gewissermaßen die „Agora" der Judenschaft in Alexandrien. Die Tosephta berichtet ausdrücklich, daß sie z. B. | der Arbeitsvermittlung für Fremde diente. Auffallend war die große Tribüne (*bêmāh* = βῆμα) in der Mitte, von der aus durch Tücherschwenken der Gottesdienst dirigiert wurde[44]. Eine Ausnahme macht lediglich die alte Synagoge in Antiochien, die Josephus gleichzeitig συναγωγή und ἱερόν nennt. Sie habe von den Nachfolgern des Antiochus IV. Epiphanes die ehernen Weihgeschenke erhalten, die Antiochus im Tempel in Jerusalem geplündert hatte[45]. Vielleicht wollten die Seleukiden damit die antiochenische Synagoge zu einem wirklichen Konkurrenzheiligtum gegenüber dem abtrünnigen Jerusalem aufwerten. Zur Zeit des Josephus scheint es sich jedoch um eine echte – freilich sehr bedeutende – Synagoge gehandelt zu haben. Auch die späte Nachricht bei Procop, die Juden in Boreion in der Südwestecke der Cyrenaica hätten ihren „Tempel" (νεώς) auf die Zeit Salomos zurückgeführt, weist kaum auf einen Konkurrenztempel hin, sondern auf eine sehr alte Synagoge, die wohl von jüdischen Militärsiedlern in frühptolemäischer Zeit gegründet wurde[46].

Die „Heiligkeit" der Synagogen wurde im Judentum erst hervorgehoben, als man sich der Übergriffe des Kaiserkultes erwehren mußte. So betont Philo in der ihm eigenen plerophorischen Weise, die von Flaccus geduldeten, ja geförderten Übergriffe gegen die Synagogen in Alexandrien, die mit der Aufstellung von Kaiserbildern begannen und mit der Zerstörung einzelner „Proseuchen" endeten, hätten zur Folge gehabt, daß „die Juden als einzige unter der Sonne zugleich mit ihren Gotteshäusern ihre Achtung vor den Wohltätern verloren... Denn so fehlten ihnen heilige Bezirke (ἱεροὶ περίβολοι), an denen sie ihre Dankbarkeit (gegenüber dem Herrscherhaus) zeigen konnten"[47]. Die Zwischenfälle in Alexandrien und dann später in Dora in Palästina zeigen, daß die Aufstellung von Kaiserbildern für die Juden einen derartigen Affront bedeutete, daß für sie damit der gottesdienstliche Gebrauch einer Synagoge unmöglich wurde. Eine weitere Entweihung einer Synagoge in | Caesarea durch ein

S. 175 Anm. 76. Einen paganen Kultverein des Zeus Hypsistos in Ägypten beschreiben C. Roberts, Th. C. Skeat, A. D. Nock, HThR 29 (1936), 39–88.

[44] T. Sukka 4,6 (Z. 198) parr; SA 262; Bill. IV, 122; Stobi 167. 171 Anm. 93. Philo erwähnt diese Synagoge in leg. ad C. 134: μεγίστη καὶ περισημοτάτη.

[45] Jos., Bell. 7,43-46(45), dazu SA 86f.; O. Michel–O. Bauernfeind, Der jüdische Krieg, II, 2, 1969, 228f. Anm. 28. Zu dem palästinischen Sonderfall der essenischen Synagogen nach Philo, quod omnis... 81 s. u. S. 181 Anm. 51. 52.

[46] Procop, de aedif. 6, 2, 22 vgl. JuH 28 gegen SA 81f. Vgl. S. Applebaum (Anm. 107), 167. 169.

[47] c. Flacc. 48f. vgl. 41. 45. 53; leg. ad C. 132ff. 137f. 165. Zum Unterschied gegenüber dem Tempel 191 u. 346. Zum ägyptischen term. techn. ἱερὸς περίβολος s. CIJ 1433 und Preisigke, Lex. II, 290.

Geflügelopfer vor der Eingangstür provozierte dann den Ausbruch des jüdischen Krieges[48].

3.1. Die Bezeichnung προσευχή für die Synagoge blieb nicht auf Ägypten beschränkt, sondern findet sich auch sonst im Mittelmeerraum. Sie scheint zunächst die im Diasporajudentum herrschende Bezeichnung für das Synagogengebäude gewesen zu sein[49]. Philo spricht nahezu ausschließlich (18mal) von προσευχαί, einmal verwendet er die Nebenform προσευκτήριον (vit. Mos. 2,216). In den zwei Fällen, wo er den Begriff συναγώγιον gebraucht, ist es umstritten, ob er damit das Synagogengebäude oder die Synagogengemeinde meint[50]. Nur ein einziges Mal verwendet er συναγωγή, und zwar bezeichnenderweise in seiner Schilderung der Essener Palästinas: εἰς ἱεροὺς ἀφικνούμενοι τόπους, οἳ καλοῦνται συναγωγαί[51]. Neben der Theodotosinschrift dürfte es sich hier um den ältesten Beleg für συναγωγή als Synagogengebäude handeln. Eigenartigerweise enthält die einzige essenische Erwähnung eines derartigen gottesdienstlichen Gebäudes in CD 11, 21f וכל הבא אל (22) בית השתחות eine Bezeichnung, die eher dem Begriff προσευχή nahekommt. Dem philonischen ἱερὸς τόπος entspricht, daß in CD für jeden Eintretenden die levitische Reinheit gefordert wird. Wahrscheinlich stammt diese Nachricht Philos aus einer palästinisch-hellenistischen Quelle, möglicherweise Nikolaus von Damaskus[52]. Die vorchristliche jüdische Diaspora Ägyptens gebrauchte offenbar den Begriff συναγωγή noch nicht, weder als Bezeichnung für ihre gottesdienstlichen Ge-|bäude noch auch für die Gemeinde[53]. Zwar erscheint συναγωγή

48 Jos. Ant. 19,299-311; Bel. 2,285ff. Die rabbinische Überlieferung kennt die Synagoge in Caesarea als „Aufruhrsynagoge", s. Bill. IV, 118.

49 Einmal findet sich in der o. S. 171f. Anm. 4 erwähnten nichtjüdischen Wasserrechnung die Bezeichnung εὐχεῖον, offensichtlich eine Angleichung an die Namen heidnischer Heiligtümer wie σαββατεῖον.

50 de somn. 2, 127: καὶ καθεδεῖσθε ἐν τοῖς συναγωγίοις ὑμῶν, τὸν εἰωθότα θίασον ἀγείροντες; leg. ad. C. 311: Augustus erlaubt den Juden in Kleinasien, εἰς τὰ συναγώγια συνέρχεσθαι. Zur Deutung dieser umstrittenen Stellen s. SCHRAGE 808 Anm. 51, der auf die – wesentlich spätere – Inschrift CIJ 508 in Rom verweist, wo von einem μαθητὴς σοφῶν καὶ πατὴρ συναγωγίων die Rede ist. Hier bedeutet das Wort eindeutig „(mehrere) Gemeinden".

51 quod omnis 81. S. u. S. 274. Dies weist auf palästinischen Ursprung hin.

52 BARDTKE, LOHSE und J. MAIER übersetzten „Bethaus", C. Rabin: „the house of (meeting in order to) pray". Weitere Vorschläge bei SCHRAGE 809 Anm. 65. Das בית התורה in CD 20, 10. 13 bedeutet dagegen keine Versammlungshäuser, sondern die Gemeinde selbst. Zur Quelle der Philostelle s. W. BAUER (Anm. 20), 31. Der Deutung durch BAUER (14) kann ich freilich nicht folgen. Philo hat diesen ihm völlig ungewohnten Begriff sicherlich nicht selbst gebildet. Die „Synagogen" waren damals – außer bei den vom Tempel getrennten Essenern – in Palästina noch nicht „ἱεροὶ τόποι": s. u. S. 184.

53 W. SCHRAGE konnte in seinem außerordentlich gründlichen und kenntnisreichen Artikel aus Raumgründen leider auf die Datierung der Zeugnisse und die Frage der Begriffsentwicklung zu wenig eingehen. 807 glaubt er, daß die Übertragung des Begriffs von der „Einzelgemeinde" – wofür wir ebenfalls keine frühen, vorchristlichen Belege haben – auf das „Versammlungshaus" „zwischen der Zeit der LXX (des Pentateuch?) u(nd) der des Urchr(istentums) u(nd) wohl nicht in Palästina, sondern in der Diaspora" erfolgt sei. Mir scheint sicher zu

einmal in einem Text aus dem 1. Jh. v. Chr., doch der leider sehr stark zerstörte Papyrus spricht nur in einer im ptolemäischen Ägypten häufig nachweisbaren Weise von einer „Versammlung in der Proseuche" (ἐπὶ τῆς γ[ε]ν̣η̣θε̣ί̣σης σ̣υ̣ν̣αγωγῆς ἐν τῆι προσευχῆι)[54]; neben συναγωγή wird dabei auch noch synonym mehrfach der Begriff σύνοδος[55] gebraucht. Weiter zeigen die aufgeführten „Funktionäre", daß diese Juden genau wie ein hellenistischer Verein organisiert waren (s. u. Anm. 60). Erst in einem Papyrus aus dem Jahre 291 n. Chr. ist von einem Freikauf jüdischer Sklaven durch die συναγωγή τῶν 'Ιουδαίων (von Oxyrhynchos) die Rede[56]. Dazwischen liegt die Katastrophe unter Trajan. Die großen jüdischen Gemeinden in Alexandrien oder in Berenike und Cyrene formierten sich zunächst als Landsmannschaften, d. h. als πολιτεύματα, die von jüdischen Militärsiedlern ausgingen[57]. Häufig wurden daher | als tragende Körperschaft einer „Proseuche" einfach οἱ ἐν... 'Ιουδαῖοι genannt[58]. Die alexandrinische Inschrift: 'Αρτέμων Νίκωνος πρ(οστατήσας) τὸ ια' (ἔτος) τῇ συναγωγῇ [...]ντηκη ist entweder, wie der Herausgeber S. de Ricci glaubte, gar nicht jüdisch oder stammt aus nachchristlicher Zeit[59]. Diese Zurückhaltung gegenüber dem Begriff συναγωγή im vorchristlichen Judentum Ägyptens ist um so auffallender, als der Begriff nicht nur durch die weitgehend

---

sein, daß die Übertragung des palästinischen Begriffs בית (ה)כנסת = συναγωγή auf das Gebäude in Palästina erfolgt ist. In der Diaspora war schon längst προσευχή eingeführt.

54 CPJ I Nr. 138 (S. 253). Bei der Einleitungsformel handelt es sich um eine feste Wendung: SB 8031, 16 (104 v. Chr.); 8267, 3f. (5 v. Chr.): 'Επὶ τῆς γενηθείσης συναγωγῆς ἐν τῶι 'Αριστίωνος Κλεοπατρείωι; 8929 = OGI 737, 1–3 das Politeuma der Idumäer in Memphis (s. o. Anm. 17): ἐπὶ συναγωγῆς τῆς γενηθείσης ἐν ἄνω 'Απολλ[ω]νιείωι.

55 CPJ Nr. 138 (S. 253) Z. 4. 8. 16. Zum Begriff σύνοδος vgl. CIG III, 5361 (= Schürer III, 79f.) u. 5362 (ergänzt nach Roux, RÉG 62 [1949], 286 = SEG 16, 931, s. u. S. 182 Anm. 107) das „Politeuma" der Juden in Berenike, Z. 23f. (16f.) [καθ'] ἑκάστην σύνοδον καὶ νου[μη-]νί[αν]; weiter Philo, leg. ad C. 312 u. Jos., Ant. 14,257. Eine Inschrift aus Nysa in Karien, L. Robert, Hellenica 11/12 (1960), 261f. (= Lifshitz 31), spricht von einer Baustiftung... οἰκο(δ)ομήσας τὸν τόπον... τῶι λαῶι καὶ τῆι συνόδωι τ[ῇ περὶ] Δωσίθεον Θεογένου. Sie erweist sich durch die Nennung des λαός als jüdisch. Vgl. auch Schürer III, 74 u. SA 27, dort noch ein später Beleg aus dem 5. Jh. n. Chr.

56 CPJ III Nr. 473 (S. 33) Z. 7. Einer der jüdischen Repräsentanten ist Ratsherr und πατὴρ τῆς [συναγωγῆς] (Z. 8f.) im palästinischen Ono. Die ägyptische Diaspora nach der Katastrophe unter Trajan hatte ein völlig neues, von Palästina her geprägtes Gesicht.

57 Der Begriff πολίτευμα bei Juden ist bezeugt für Alexandrien, Ps. Arist. 310 (= Jos., Ant. 12,108), und in Berenike, s. o. Anm. 55 u. u. Anm. 107. Vgl. auch Strabo bei Jos., Ant. 14,115: die vier Gruppen in Kyrene; CIJ 775: die κατοικίᾳ τῶν ἐν ῾Ιεραπόλει κατοικούντων 'Ιουδαίων u. Ps. Hekataios in Jos., c. Ap. 1, 189; Schürer III, 71ff.; CPJ I S. 6f. (dort Anm. 16 weitere Beispiele landsmannschaftlicher Politeumata). 9 Anm. 24. 32f. 56f.; HC 297ff.; W. Ruppel, Politeuma, Philolgus 82 (1926/27), 299ff. 437ff.; J. u. G. Roux, RÉG 62 (1949), 288; P. Ch. Böttger, ZNW 60 (1969), 245ff. Vgl. auch SEG 20, 499 das „Politeuma der Soldaten in Alexandrien".

58 CIJ 1443, vgl. 1440. 1441; CPJ II, 432 Z. 57: ἀρχόντων 'Ι[ου]δαίων προσευχῆς Θηβαίων; III S. 164 Nr. 1532 A.

59 CIJ 1447 = Lifshitz 98. Ähnliches gilt von dem sehr fragmentarischen Vereinsbeschluß SB 4981.

in Ägypten entstandene LXX, sondern auch durch das von den Juden nachgeahmte hellenistische Vereinswesen wohlbekannt war. Wir besitzen gerade aus Ägypten eine ganze Reihe von Belegen für Versammlungen von Kultvereinen, die mit συναγωγή bezeichnet werden; außerdem erscheint häufig der Titel συναγωγός im Sinne von „Vereinsvorstand“[60]. Die Lösung des Problems wird bereits von Schürer[61] angedeutet. Die Verdrängung der differierenden Begriffe durch συναγωγή im Sinne von „Gemeinde“ geschah in dem Maße, als aus landsmannschaftlichen Kolonien mehr und mehr religiöse Privatvereine wurden. Die Erlasse Caesars zugunsten der Juden (s. u. Anm. 69) dürften hier die Rechtsgrundlage geschaffen haben. Der wachsende Einfluß aus Palästina tat ein übriges: Schließlich trat auch als Gebäudebezeichnung συναγωγή an die Stelle von προσευχή.

3.2. Daß bis in die frühe Kaiserzeit in der griechischsprechenden Diaspora nicht συναγωγή, sondern προσευχή die vorherrschende offizielle Bezeichnung für das Synagogengebäude war, zeigen die vier antiken Schriftsteller, die die Synagoge erwähnen: Der Judengegner Apion (1. H. d. 1. Jh.s n. Chr.) behauptet, Mose habe als Bürger von Heliopolis nach heimischem Brauch in verschiedenen Teilen der Stadt die ersten αἰθρίους προσευχάς errichtet, die alle nach Osten orientiert gewesen seien. An Stelle des Obelisken habe er eine | Säule als Sonnenuhr errichtet[62]. Vermutlich haben wir hier eine – freilich sehr bruchstückhafte – Beschreibung einer ägyptischen Synagoge vor uns. Der Astrologe Kleomedes (1. Jh. n. Chr.) behauptet, Epikur habe seine Ausdrücke in Bordellen gesammelt, einiges sei vergleichbar mit dem Geschwätz der Weiber bei den Thesmophorien, anderes stamme ἀπὸ μέσης τῆς προσευχῆς und den Bettlern in deren Umgebung, „verfälschtes, erdenschlechtes Rotwelsch“ (Ἰουδαϊκά τινα καὶ παρακεχαραγμένα καὶ κατά πολὺ τῶν ἑρπετῶν ταπεινότερα). Diese Stelle läßt nicht nur vermuten, daß die Juden Alexandriens ihren besonderen Dialekt sprachen, sie zeigt zugleich den Hochmut des „gebildeten“ Griechen gegenüber der fremden Minorität und ihrem Glauben[63]. Von dieser Haltung aus werden auch die Pogrome des alexandrinischen Pöbels gegen die Synagogen Alexandriens verständlich. Nach Artemidors Traumbuch (2. H. d. 2. Jh.s n. Chr.) bringt ein Traum über eine „Proseuche“, Bettler und Arme Unglück und Sorgen, „denn keiner wird in eine Proseuche gehen, ohne daß er Sorgen

[60] Siehe die erschöpfende Aufzählung bei Schrage 800ff. Zu συναγωγός s. M. San Nicolò, Ägyptisches Vereinswesen, II, 1, 1915, 60ff., dazu den neuesten Beleg bei P. M. Fraser, Berytus 15 (1964), 84 Nr. 14. Der häufigste Titel war προστάτης o. c. 58ff.; vgl. dazu CIJ 1441 (u. 1447? s. o. Anm. 59) und im NT Rö 12,8, 1 Thess 5,12 u. die Pastoralbriefe.

[61] III, 75; s. auch u. S. 192.

[62] Nach Jos., c. Ap. 2, 10. Die Herkunft Moses von Heliopolis stammt von Manetho c. Ap. 1, 238, vgl. aber auch Symmachus zu Jes 19,18. Die Stiftung einer Sonnenuhr (und eines Brunnens) durch einen jüdischen Offizier berichtet CIJ 1531. Das Adjektiv αἴθριος deutet auf offene Innenhöfe hin: s. u. Anm. 90.

[63] Theoria cyclica 2, 1, Text bei Reinach 212f.

hat"[64]. Das letzte Zeugnis weist uns nach Rom. Juvenal schildert uns einen streitsüchtigen, betrunkenen Adligen, der mit seinem Gefolge einen furchtsamen Nachtwanderer überfällt: „ede ubi consistas: in qua te quaero proseucha?"[65] Auch hier kommt – wie in den anderen Schilderungen jüdischen Milieus durch Juvenal – die niedere soziale Stellung der Juden in Rom zum Ausdruck. Alle vier Zeugnisse illustrieren zugleich den antiken Antisemitismus[66]: Nicht der Reichtum, sondern die Armut der Juden war dem antiken Bourgeois anstößig.

3.3. In Rom erscheint nun freilich der Begriff συναγωγή sehr häufig in den Inschriften der verschiedenen jüdischen Katakomben ab dem Ende des 2. Jh.s, jedoch bedeutet er „properly the congregation itself, while the place of worship was generally known as a *proseucha*"[67]. Zwar begegnet uns dieses nicht in den jüdischen Grabinschriften mit ihren Erwähnungen von insgesamt 11(?) verschiedenen Synagogengemeinden, wir finden es jedoch auf dem | Grabstein eines heidnischen Obsthändlers, der damit die Lage seines Ladens angab: „Dis m(anibus) P. Corfidio Signino pomario de aggere a proseucha..."[68]. Auch Philo spricht in seiner wichtigen Notiz über den Ursprung der Gemeinde in Rom durch ehemalige Kriegsgefangene des Pompeius 63 n. Chr. von den προσευχαί in der Reichshauptstadt[69]. Einen weiteren Beleg im Westen finden wir in Elche in Spanien, wo in einem synagogalen Mosaik auf einer tabula ansata noch die Lesung πρ[οσ]ευχὴ λαο[ῦ] erhalten ist und als Leiter der Gemeinde ἄρχοντες und πρεσβύτεροι genannt werden[70].

3.4. Relativ häufig erscheint προσευχή in Inschriften des Bosporanischen Königreiches an der Nordküste des Schwarzen Meeres. Sie beginnen im 1. Jh. n. Chr. und gehen bis in die Zeit Diokletians. Je eine aus Olbia und eine aus Pantikapaion sind Bauinschriften. Die letztere schildert die Stiftung einer „Proseuche" durch eine vornehme Persönlichkeit, die sich rühmt, von Diokle-

---

64 Onirocriticon, ed. R. A. Pack, 3, 53.

65 3, 296 vgl. Reinach 290 ff., dort weitere Zeugnisse über jüdische Bettler. Die Spekulationen von D. Georgi (Anm. 22), 108 ff. sind abwegig; diese jüdischen Bettler waren keine „Missionare".

66 Siehe I. Heinemann, PW-Suppl. V, 3–43.

67 Leon (Anm. 14), 139. Vgl. auch W. Wiefel, Judaica 26 (1970), 71 ff.

68 CIJ 531. Zur Diskussion über die Lage s. Leon (Anm. 14), 152 f.

69 leg. ad. C. 155 f. dazu E. M. Smallwood (Anm. 14), 233–238 u. 205 f. Die Konstitution von Synagogengemeinden in Rom dürfte aufgrund der Befreiung der Juden von dem Verbot der collegia durch Caesar (vgl. Sueton, Julius Caesar 42, 3 u. Augustus 32, 1) möglich geworden sein. Bereits Cicero klagte pro Flacco 28 (Reinach 237 f.): scis quanta sit manus, quanta concordia, quantum valeat in concionibus. Mögen die Anfänge der Juden in Rom auf Einwanderer aus Kleinasien zurückgehen (Val. Max. 1, 3, 3, JuH 478 f.), eigentliches Gewicht erhielten sie erst durch den Zustrom aus Palästina; vgl. auch Stobi 182 Anm. 119. Bei dieser palästinisch geprägten, großen Diasporagemeinde wäre auch die Einführung des Begriffs συναγωγή gut verständlich. Die jüd. Gde. in Rom war von Palästina her geprägt.

70 CIJ 662. 663 = Lifshitz 101.

tian und Maximian selbst geehrt worden zu sein[70a]. Die Inschrift ist dem θεὸς ὕψιστος ἐπήκοος gewidmet, wobei umstritten ist, ob es sich bei diesen Verehrern des „höchsten Gottes" um wirkliche Juden oder nur um judaisierende Heiden handelt[71]. Vermutlich wird man in der Erwähnung einer προσευχή den Hinweis auf eine wirkliche Judengemeinde sehen dürfen, zumal die jüdischen Gemeinden einen breiten Kreis von Gottesfürchtigen und judaisierenden Heiden um sich gesammelt hatten[72]. Dies zeigt eine der vielen Freilassungen von Sklaven aus | Pantikapaion, die mit der Auflage schließt, die Freigelassene sei aller Verpflichtungen ledig χωρὶς τοῦ προσκαρτερεῖν τῇ προσευχῇ ἐπιτροπευούσης τῆς συναγωγῆς τῶν Ἰουδαίων καὶ θεὸν σέβων. H. Bellen hat überzeugend gezeigt, daß hier θεοσεβῶν statt θεὸν σέβων zu lesen ist[73]. Weiter ist auffallend, daß diese Inschrift – und zwei bis drei weitere – ähnlich wie in Rom zwischen dem gottesdienstlichen Gebäude, der προσευχή, und dem religiösen Verein, der συναγωγὴ τῶν Ἰουδαίων, unterscheidet. Die προσευχή war dabei – wie in den griechischen Heiligtümern – der Ort der Freilassung, die Gemeinde übernahm dagegen die „Vormundschaft" über die Freigelassene. Dieser wurde zur Auflage gemacht, den Synagogengottesdienst regelmäßig zu besuchen[74].

70a σεβαστόγνωστος CIRB 64, 7f. vgl. 58, 5 u. in Olbia IosPE I^2, 43. 79, 6. Zu Stiftungen ganzer Synagogen s. Stobi 159ff.

71 Olbia: IosPE I^2, 176 = CIJ 682 = Lifshitz 11. In der letzten Zeile ist mit Lifshitz ἀπὸ τοῦ θε(μελί)ου zu lesen. Pantikapaion: CIRB 64 = IGRR I, 873 (fehlt sonderbarerweise bei Frey u. Lifshitz). Zur Gottesbezeichnung s. CIRB 1260, 2f.; 1278, 2; 1279, 2; 1280, 2; 1287, 2; 1289; 1316 alle in Tanais, dazu u. Anm. 76. Da Olbia nicht direkt zum regnum bosporanum gehörte, wurden seine Inschriften nicht in CIRB aufgenommen.

72 Schürer III, 23f. u. ders., Die Juden im bosporanischen Reich, SAB 1897, 200–225. E. R. Goodenough, JQR 47 (1956/57), 221–244 vertritt eine jüdische Herkunft sämtlicher Inschriften. Ähnlich bereits E. H. Minns, Scythians und Greeks, II, 1913, 620ff.

73 CIRB 71; H. Bellen, JAC 8/9 (1965/66), 171–176. Offenbar unabhängig von dem Vf. kam B. Lifshitz, RB 76 (1969), 95f. zum selben Ergebnis. Vgl. auch seinen weiterführenden Aufsatz JSJ 1 (1970), 77–84 u. das Urteil von L. Robert, RÉG 82 (1969), 429 Nr. 52 u. 83 (1970), 487 Nr. 404f. Durch die Inschrift in Pantikapaion u. weitere aus Sardes, L. Robert, Nouvelles inscriptions de Sardes, Ier fasc., Paris 1964, 39 Nr. 3 u. 5 = Lifshitz 17. 18, wird offenbar, daß die „Gottesfürchtigen" in vielen Diasporagemeinden ein fester Bestandteil dieser Gemeinden waren. Die Angaben der Apg werden dadurch in erstaunlicher Weise bestätigt. Zum NT s. K. Romaniuk, Die „Gottesfürchtigen" im NT, Aegyptus 44 (164), 66–91.

74 IosPE II, 52 (81 n. Chr.). 53 = CIJ 683, 684 = CIRB 70. 73. Vgl. noch das Fragment CIRB 72. Die Formel προσκαρτερεῖν τῇ προσευχῇ CIRB 71 oder (ε)ἰς τ[ὴ]ν προσευχὴν θωπείας τε καὶ προσκα[ρτερ]ήσεω[ς CIRB 70. 73 berührt sich eng mit Apg 1,14 u. 2,42. Zur sakralen Sklavenfreilassung s. F. Bömer, Untersuchungen über die Religion der Sklaven..., 2. Teil, AAMz 1960 zu den judaisierenden Inschriften der nördlichen Schwarzmeerküste s. 101ff. Sie bilden „eine Mischung zwischen eigenen, griechischen und vielleicht auch nichtjüdischen östlichen Vorstellungen" (102). Er sieht hier „die ältesten bekannten Vorstufen der spärteren *manumissio in ecclesia*" (106). W. L. Westermann, The Slave Systems of Greek and Roman Antiquity, 1955, 124ff. vermutet, daß sich hier heidnische Sklaven zum Judentum bekehrt hatten.

Größere Schwierigkeiten bereitet eine Freilassungsinschrift aus Gorgippia. Sie beginnt mit der Weihung an den θεὸς ὕψιστος παντοκράτωρ εὐλογητός, es folgt die Freilassung einer Sklavin in der Proseuche, am Ende steht die weitverbreitete Schwur- und Freilassungsformel ὑπὸ Δία, Γῆν, Ἥλιον. Die drei stehen stellvertretend für alle Götter; man könnte sie vielleicht als ein synkretistisches Pendant zu Dtn 4,26 und 30,19 betrachten, wo „Himmel" und „Erde" als Schwurzeugen angerufen werden[75].|

Während in Pantikapaion die „Gottesfürchtigen" zur jüdischen Gemeinde gehörten und in Gorgippia judaisierende Heiden die Sklavenfreilassung in der „Proseuche" vollzogen, gab es in Tanais eine σύνοδος περὶ θεὸν ὕψιστον, die organisatorisch unabhängig war, jedoch unverkennbar judaisierende Züge trug. Mehrere Inschriften erwähnen die neugewonnenen εἰσποιητοὶ ἀδελφοὶ σεβόμενοι θεὸν ὕψιστον in Zusammenhang mit einem πρεσβύτερος sowie eine Fülle von Ämtern und Ehrentiteln wie ἱερεύς, συναγωγός, φιλάγαθος, γυμνασιάρχης, πατὴρ συνόδου in anderen, dem höchsten Gott gewidmeten Inschriften: Typisch jüdische Begriffe und solche des hellenistischen Vereinswesens treten in verschiedenen Kombinationen nebeneinander. Möglicherweise hatte an der Nordküste des Schwarzen Meeres eine einheimische Vatergottheit wie etwa der skythische Papaios die Herausbildung eines judaisierenden Monotheismus begünstigt[76].

3.5. In Griechenland und Kleinasien hatten wir nur wenige Zeugnisse für προσευχή; dies hängt jedoch damit zusammen, daß überhaupt wenig frühe

---

[75] IosPE II, 400 = CIJ 690 = CIRB 1123 (41 n. Chr.), dazu B. LIFSHITZ, Riv. di Fil. 92 (1964), 157–161. Zur Gottesformel s. CIRB 1125. 1126. Das εὐλογητός ist ausgesprochen jüdisch, und auch der παντοκράτωρ dürfte auf die LXX (שַׁדַּי u. צְבָאוֹת) zurückweisen. Er spielte eine wichtige Rolle bei den „Hypsistariern" Kleinasiens im 3. u. 4. Jh. n. Chr., s. u. Anm. 94. Zur Schwurformel s. CIRB 74,10 u. 1126,6f., dazu BÖMER (Anm. 74), 81f. 102. Sie findet sich in Ägypten, s. Preisigke, Lex. III, 387, s. v. Γῆ; DITTENBERGER, Syll.[4] 196,39, 360,1ff.; 366,7ff. u. ö.; OGI 229,60.70. u. ö. Dabei wurde in der Regel eine Vielzahl von Göttern aufgeführt. Weiteres bei A. B. COOK, Zeus, II, 1, 1925, 729ff. Zum Schwur auf Himmel und Erde s. Pap. Edmondstone (354 n. Chr.) Z. 7, abgedruckt in POx 4, S. 202f.; Syll.[4] 527,31f. u. a. Zur Formelhaftigkeit GOODENOUGH (Anm. 72), 223. Eine Parallele wäre der Schwur der Jüdin Babatha aus En-Gedi auf die Tyche des Kaisers, s. H. J. POLOTSKY, IEJ 12 (1962), 260, u. J. N. SEVENSTER, Do You Know Greek? 1968, 163. Vgl. die 7 Schwurzeugen der Elkesaiten, Hennecke[3] II, 531. Der Zusammenhang der Inschrift mit einer jüdischen Gemeinde legt sich aus CIRB 1124,10 nahe. Auch T. RAJAK (in: To See Ourselves..., ed. J. Neusner, 1985, 253) sieht in ihr „a truly Jewish inscription".

[76] Θεὸς ὕψιστος mit Ämterbezeichnungen (ohne πρεσβύτερος): CIRB 1260. 1260a. 1261. 1277–1280. 1282. 1284. 1287; Θεῷ ἐπηκόῳ mit Ämtern: CIRB 1288; θεῷ ὑψίστῳ ἐπηκόῳ ohne Ämter: CIRB 1289 (vgl. 1316); εἰσποιητοὶ ἀδελφοί mit θεὸς ὕψιστος: CIRB 1281, 1286 (mit πρεσβύτερος); ἀγαθῇ τύχῃ und θεῷ ὑψίστῳ εὐχῇ mit πρεσβύτερος CIRB 1283. 1285. Häufig steht am Anfang der Dedicatio Ἀγαθῇ τύχῃ. Vgl. dazu auch die Inschriften aus Moesien, Inscriptiones Graecae in Bulgaria repertae, ed. G. Mihailov, IV, 1065. 1941–44. 2111. Weitere Lit. zum θεὸς ὕψιστος bei G. Bertram, ThW VIII, 613f. 616f. u. o. Anm. 43. Unübertroffen ist nach wie vor die Übersicht C. ROBERTS... (Anm. 43), 55–72. Zur Gleichsetzung von Sabaoth, Hypsistos u. Papaios s. Celsus in Origenes, c. Cels. 5, 42.

Synagogeninschriften und Zeugnisse über das Synagogeninstitut außerhalb Ägyptens erhalten sind. Die älteste Inschrift von Delos aus der Zeit von ca. 100 v. Chr. wurde schon erwähnt (o. S. 167); weiter zu nennen wäre Apg 16,13: ἐξήλθομεν ἔξω τῆς πύλης παρὰ ποταμὸν οὗ ἐνομίζομεν προσευχὴν εἶναι (vgl. V. 16), wo sicher nicht ein bloßer Gebetsplatz außerhalb der Stadt an dem Flüßchen Gangytes gemeint ist, sondern ein wirkliches Gebäude. Daß Lk hier gegen seine Gewohnehit nicht συναγωγή, sondern προσευχή sagt, dürfte auf eine Quelle hinweisen. In dem bei Josephus erhaltenen Dekret des Demos von Halikarnass | aus der Zeit Caesars wird den Juden gestattet, τά τε σάββατα ἄγειν καὶ τὰ ἱερὰ συντελεῖν κατὰ τοὺς Ἰουδαϊκοὺς νόμους, καὶ τὰς προσευχὰς ποιεῖσθαι πρὸς τῇ θαλάττῃ κατὰ τὸ πάτριον ἔθος. Auch die Übersetzung dieser Stelle ist umstritten. Vom ganzen historischen Kontext her kann jedoch kaum ein Zweifel daran bestehen, daß hier nicht nur die Erlaubnis gegeben wurde, „Gebetsgottesdienste" am Meer abzuhalten, sondern Synagogen zu bauen[77]. Den Griechen war der Begriff προσευχή vor allem im Sinne eines jüdischen Kultgebäudes vertraut, nicht aber in der Bedeutung „Gebet". Die Errichtung von Synagogen in der Nähe des Wassers zum Zweck der rituellen Waschungen ist vielfältig bezeugt[78]. Unmittelbar darauf folgt das Dekret von Sardes, das überhaupt nicht von einem Synagogengebäude spricht, sondern dieses umschreibt: δοθῇ τε καὶ τόπος αὐτοῖς εἰς ὃν συλλεγόμενοι μετὰ γυναικῶν καὶ τέκνων ἐπιτελῶσι τὰς πατρίους εὐχὰς καὶ θυσίας τῷ θεῷ. Vermutlich wurde den sardischen Juden damals ein Grundstück für eine erste Synagoge zuerkannt, bevor diese dann später auf einem möglicherweise erst im 3. oder frühen 4. Jh. in ihren Besitz gekommenen Gelände ein bereits bestehendes, in diesem Falle dann zuvor noch nicht als Synagoge genutztes Gebäude um die Mitte des 4. Jh.s in jene einzigartige, 80 m lange Basilikasynagoge umbauten und diese mit herrlichen Mosaiken ausstatteten[79].

Ein Unikum ist eine uns ebenfalls von Josephus in einem Edikt des Augustus an die Juden in Asien überlieferte Synagogenbezeichnung: ἐὰν δέ τις φωραθῇ

---

77 Ant. 14, 258, gegen SCHRAGE 814 Anm. 100.

78 SCHRAGE 813 f. Anm. 99; Stobi 167 Anm. 76 a.

79 Ant. 14,260. Zur Synagoge in Sardes s. die Grabungsberichte in BASOR 170 (1963), 38–51; 174 (1964), 30–47; 177 (1965), 17–21; 182 (1966), 34–35; 187 (1967), 9–62; 191 (1968) 26–32; 199 (1970), 45–53; 203 (1971), 12–18; 206 (1972), 20–23. 33–39; weiter A. R. SEAGER, The Building History of the Sardis Synagogue, AJA 76 (1972), 425 ff.; DERS./A. T. KRAABEL, The Synagogue and the Jewish Community, in: G. M. A. HANFMANN, Sardis from Prehistoric to Roman Times, Cambridge 1983. Zu den Inschriften L. ROBERT (Anm. 73). Eine kritische Bestandsaufnahme bietet neuerdings H. BOTERMANN, Die Synagoge von Sardes: Eine Synagoge aus dem 4. Jahrhundert, ZNW 81 (1990), 103–121. Demnach ist meine in der Erstfassung dieses Aufsatzes (S. 176) gebotene Sicht der Baugeschichte zu korrigieren. Der bei Jos Ant 14,260 genannte τόπος ist wohl nicht der Ort der Basilikasynagoge. Vgl. auch Stobi 166. 169. 171 f. Anm. 93. Das Problem ist, daß die frühen Synagogen vor 70 außer eventuellen Inschriften keine Ausschmückung besaßen, die sie als Synagoge kenntlich machten.

κλέπτων τὰς ἱερὰς βίβλους αὐτῶν... ἔκ τε σαββατείου ἔκ τε ἀνδρῶνος. Vermutlich handelt es sich hier um eine von Nichtjuden gebildete Bezeichnung; das zusätzliche ἀνδρών definiert noch näher: „aus dem Versammlungssaal der Männer“[80]. Die nächste Parallele findet sich dazu in einer heidnischen Inschrift auf einem Sarkophag, dessen Lage mit minutiöser Genauigkeit angegeben wird: ἐπὶ τόπου καθαροῦ, ὄντος πρὸ τῆς πόλεως πρὸς τῶι Σαμβαθείωι ἐν τῷι Χαλδαίου περιβόλωι παρὰ τὴν δημοσίαν ὁδόν[81]. Ähnlich wie der pomarius in Rom seinen Laden bei einer „proseucha“ hatte, ist der Sarkophag in der Nähe eines Σαμβαθεῖον, d.h. doch | wohl einer Synagoge, plaziert; diese lag wie in Rom und Philippi außerhalb der Stadtmauer[82].

3.6. Während der Palästiner und Pharisäer Josephus die Synagogen in Antiochien, Dora und Caesarea συναγωγή[83] nennt, spricht er bei der besonders großen Synagoge in Tiberias – Midr. Teh. 93 (Ende) nennt sie wie ihr Pendant in Alexandrien דיפליסטון – stereotyp von einer προσευχή[84]. Vermutlich legten die stark hellenisierten Einwohner dieser von Herodes Antipas gegründeten führenden Polis in Galiläa Wert darauf, daß dieses Prachtgebäude nicht den in Palästina gebräuchlichen Namen בית כנסת = συναγωγή trug, sondern den fremd und vornehm klingenden der Diaspora. Das Gebäude wurde auch zu profanen Zwecken verwendet, u.a. führte Josephus dort als Befehlshaber der Aufständischen in Galiläa Gespräche mit seinen galiläischen Gegnern und wäre beinahe in ihm ermordet worden[85].

Dagegen sind die sonstigen Zeugnisse für die Bezeichnung „Bethaus“ u.ä. in Palästina außerordentlich spärlich[86]. Daß man dort den Begriff בית תפלה nicht verwendete, hing wohl damit zusammen, daß man in den strenggläubigen Kreisen zunächst, als der Tempel noch stand, von Jes 56,7 her den Begriff allein auf diesen bezog und hinter der Bezeichnung προσευχή eine Konkurrenz für ihn witterte. Später war die eigene, ursprünglich völlig profane Bezeichnung so fest eingeführt, daß man des spezifischen Begriffs der griechischsprechenden

---

[80] Ant. 16, 164. Zu ἀνδρών vgl. den Kultverein des Zeus Hypsistos, SB 7835, 8f. der Bankettsaal im Zeusheiligtum, C. Roberts... (Anm. 43), 47f.

[81] CIJ 752 dazu Schürer III, 562; Schrage 821 Anm. 144 u. CPJ III S. 43–56. SB 12 erwähnt aus der Zeit des Augustus eine σύνοδος Σαμβαθική in Naukratis in Ägypten. Hier dürfte es sich um einen judaisierenden heidnischen Kultverein handeln wie bei den ἑταῖροι καὶ Σαββατισταὶ θεοῦ [εὐν]οίαι Σαββατιστοῦ συνηγμένοι OGI 573 in Cilicien.

[82] Zur Lage von Synagogen außerhalb der Stadt s. SA 273ff.; Schrage 813f. In Rom wie auch in der römischen Kolonie Philippi war die Lage einer Synagoge außerhalb des pomerium eine Selbstverständlichkeit. In Arsinoë lag die Proseuche am Stadtrand, s.o. Anm. 3.

[83] Bell. 2, 285. 289: Caesarea (s.o. Anm. 48); 7, 44: Antiochien (s.o. S. 180 Anm. 45); Ant. 19, 300. 305; Dora (s.o. Anm. 48).

[84] Vita 277. 280. 293ff. μέγιστον οἴκημα καὶ πολὺν ὄχλον ἐπιδέξασθαι δυνάμενον (277). Zu den talmudischen Nachrichten s. SA 205ff. 336.

[85] Vita 290–303.

[86] SA 8ff. 17. 247. 285; Bill. I, 852f. zu Mt 21, 13 = Jes 56,7, das aber fast ausschließlich auf den Tempel bezogen wird. Die Zeugnisse sind mit ganz wenigen Ausnahmen (s.u. Anm. 88f.) sehr spät.

Diaspora nicht mehr bedurfte. Hinzu kommt, daß die Bezeichnung „Bethaus" auch von Samaritanern und Christen übernommen wurde (s.u. Anm. 91, 92). Zu den wenigen Zeugnissen gehört die Vita Adae et Evae, wenn sie von einem „oratorium" spricht, vor welchem sich die Söhne Adams versammelten, „ubi adorant dominum deum"[87]; dies ist eine Parallele zur rabbinischen Auf|fassung, nach der es Synagogen von Anfang an gegeben hatte. Andere Beispiele zeigen, daß man den Sprachgebrauch der Diaspora sehr wohl kannte. So bei Josippon, daß der Kaiser dem Josephus Häuser und eine בית תפלה in Rom geschenkt habe[88]. Dem entspricht die Antwort Jochanan b. Zakkais nach seiner Flucht aus Jerusalem vor Vespasian auf dessen Frage: „Fordere, was soll ich dir geben?" Jochanan antwortet: „Ich bitte dich um nichts außer um Jabne, wo ich hingehen will und dort Schüler lehren will, und ich werde dort eine תפלה einrichten und alle Gebote erfüllen". Hier wird תפלה eindeutig im Sinne von προσευχή als Gebäude gebraucht. Der Erzähler setzte wohl voraus, daß Jochanan dem Kaiser griechisch antwortete und den dem Kaiser vertrauten griechischen Begriff verwendete[89].

3.7. Nach Epiphanius wurden auch die samaritanischen Synagogen in Palästina τόποι προσευχῆς genannt; die wichtigste sei bei „Sichem, das jetzt Neapolis genannt wird", gelegen, ca. zwei Meilen außerhalb der Stadt in einer Ebene, sie habe theaterförmige Gestalt (θεατροειδής) besessen[90]. Dieser Bezeichnung der samaritanischen Synagoge als „Bethaus" entspricht eine späte samaritanische Synagogeninschrift aus Salbit nördlich von Emmaus: Ἀνενεώθη τουκτήρην = τὸ εὐκτήριον[91]. Diese Nebenform εὐκτήριον wie auch προσευκτήριον wurde dann vom frühen Christentum als Bezeichnung für die christlichen Kirchen übernommen[92]. Eine samaritanische Synagogeninschrift mit dem Priestersegen Nu 6,22-27 in der Fassung

---

87 Ed. W. Meyer, ABAW.PP 14, 3 (1878), 231 (cap. 30); vgl. auch den wohl sekundären Schluß S. 244 (cap. 51b), Michael zu Salomo: Et oportet te ibi aedificare templum domini id est domum orationis. Vgl. Apok. Mos. cap. 5 (ed. Tischendorf, Apoc. apocryphae, 3): ὁ οἶκος ἐν ᾧ εἰσήρχετο εὔξασθαι τῷ θεῷ.

88 SA 247 nach A. Neubauer, Mediaeval Jewish Chronicles, I, 190. N. vermutet eine Herkunft aus der Chronik des Jerachmeel.

89 ARN Vs. a c. 4 p. 23 ed. Schechter. S. Krauss, SA 97 Anm. 3. 247 konjiziert בית תפלה. Aber man wird sich über die lectio difficilior nicht so leicht hinwegsetzen dürfen. Vgl. die von Schechter mitgeteilte erläuternde Randglosse.

90 Pan. 80, 1, 5f. GCS 37, 485 ed. Holl; dazu S. Krauss, SA 344 u. 356, der als jüdische Parallele auf Keth. 5a verweist: Wie die Theater zugleich die Stätten von Volksversammlungen sind, so auch die Synagogen in Palästina. Vgl. das „Amphitheater" der Gemeinde in Berenike, u. S. 193 Anm. 107 u. zu Synagogen mit offenem Hof Stobi 166.

91 Lifshitz 80, 6. Jh. n. Chr.

92 G. W. H. Lampe, A Patristic Greek Lexicon, 1961, 566. 1169; s. Eus., h.e. 7, 32, 32; 10, 4, 14. Zur – vereinzelten – Verwendung von συναγωγή für christliche Gottesdienstgebäude s. Schrage 839, 19ff.; vgl. OGI 608 für eine Kirche der Markioniten bei Damaskus.

des samaritanischen griechischen Pentateuch wurde 1953 in Thessalonich entdeckt. Auffallend ist dabei der Segenswunsch: Αὔξι Νεάπολις μετὰ τῶν φιλούντων [αὐτήν. Die Bezeichnung der Synagoge wird hier leider nicht erwähnt[93].|

3.8. Ein Zeugnis dafür, daß die Bezeichnung in Kleinasien noch lange in die nachchristliche Zeit hinein verbreitet war, ist die Nachricht des Epiphanius, daß die „Messalianer" – gemeint sind vermutlich die auch von Gregor von Nazianz bezeugten Hypsistarier –, die den παντοκράτωρ verehrten, ihre gottesdienstlichen Gebäude προσευχαί wie die Juden oder auch (wie die Christen) εὐκτήρια nannten. Entsprechend ihrer besonderen Verehrung für Feuer und Licht spielte bei ihren Gottesdiensten das Anzünden von Lichtern eine große Rolle, daneben auch der Gesang von Hymnen ὥσπερ θεὸν ἐξιλεούμενοι[94].

3.9. Die προσευχή ist so eine typische religiöse Einrichtung der jüdischen Diaspora; wo wir sie außerhalb des Judentums finden, weist sie auf judaisierende Gruppen hin. Dies gilt auch von einer Inschrift aus Amastris an der Nordküste Kleinasiens: Θεῷ / ἀνεικήτῳ / 'Ασβαμεῖ κα[ὶ] / τῇ κυρίᾳ προσ/ευχῇ εὐξάμενος καὶ / ἐπιτυχὼν / ἀνέθηκα Αὐ/ρήλιος Πρω/τόκτητος εὐχαριστή[ρι]ο[ν. Das Epithet ἀνίκητος ist völlig unjüdisch, wir finden es – analog zu dem lateinischen invictus – als „Allmachtsformel" bei spätantiken Allgöttern wie Zeus, Sarapis, Mithras und Helios[95]. 'Ασβαμεῖ deutet wohl auf den Beinamen des Zeus 'Ασβαμαῖος hin, der von der Quelle Asbamaion bei Tyana abgeleitet wurde und sich auf Zeus als den Schützer des Eides bezog. Das κυρία ist, wie L. Robert gezeigt hat, als ehrendes Epithet zu προσευχή zu deuten. Neben der Gottheit wird auch ihr Versammlungsort – der hier eventuell gar die Bezeichnung des Kultvereins selbst bedeutet – geehrt. Da die Inschrift aus dem 3. Jh. n. Chr. stammen soll, könnte sie den kleinasiatischen Hypsistariern nahestehen[96].

4. War so προσευχή die ursprüngliche, von Ägypten ausgehende Bezeichnung des Synagogengebäudes im griechischsprechenden Diasporajudentum und συναγωγή als Übersetzung von בית (ה)כנסת die typisch palästinische Bezeichnung, so wäre zum Schluß zu fragen, warum die palästinische Bezeichnung den eigenständigen Ausdruck der Diaspora verdrängen konnte, der dann

93 B. Lifshitz/J. Schiby, RB 75 (1968), 368–377, dazu L. Robert, RÉG 82 (1969), 476 Nr. 369.

94 Pan. 80, 1, 2–4; 2, 1f. GCS 37, 485f. ed. K. Holl. Vgl. G. Krüger, RE VIII, 506f.; N. Bonwetsch, RE XII, 661–664; JuH 562.

95 K. Latte, Römische Religionsgeschichte, 1960, 352.

96 E. Kalinka, JÖAI (Wien) 28 (1933), Beiblatt Sp. 61, Nr. 8, auf schmalem 4-seitigem Marmoraltar, dazu die Verbesserung der Lesung durch L. Robert, RevArch 7, sér. 6 (1936), 237, vgl. auch RevPhil 32 (1958), 43 Anm. 4. Zum Zeus Asbamaios s. Jessen, PW II, 1518 u. A. B. Cook, Zeus, II, 1, 1925, 569 Anm. 4 über eine mögliche semitische Etymologie des Namens. Lifshitz 35 läßt sonderbarerweise in seiner Wiedergabe das entscheidende 'Ασβαμεῖ weg.

– in etwas | gewandelter Form – auf das christliche Kirchengebäude überging (s.o. Anm. 92).

4.1. Hier ist zunächst festzustellen, daß die Synagoge in der Diaspora älter ist als in Palästina. In dem relativ kleinen Gebiet des vormakkabäischen Judäa bedurfte es keiner Synagogen, hier genügte der eine Tempel. Die Priester und Leviten als die geistigen Führer hatten kaum Interesse an Synagogen in den Landorten. Erst im Zusammenhang mit der makkabäisch-hasmonäischen Expansion des jüdischen Gebietes und dem Aufkommen des Pharisäismus mit seinem Programm der „Erziehung des ganzen Volkes im Gesetz" änderte sich die Sachlage. Möglicherweise haben hier die positiven Erfahrungen der Diaspora die palästinische Entwicklung befruchtet. Analog zur Synagoge entwickelten sich das Lehrhaus der Schriftgelehrten und die jüdische Elementarschule; alle drei Komplexe zusammen waren das Medium, durch das der Pharisäismus seinen ungeheueren Einfluß im Volke gewann. Er war, wenn man so will, eine „demokratische Bildungsbewegung"[97].

Damit die Synagogen nicht den Verdacht erweckten, in irgendeiner Weise eine Konkurrenz zum Tempel darzustellen, erhielten sie die völlig profane Bezeichnung „Versammlungshaus". Als solches waren sie nicht nur Ort des Gottesdienstes, sondern zugleich der Versammlungsort eines Ortes für alle das Gemeinwesen betreffenden Angelegenheiten, Ratsversammlungen, Gerichtssitzungen, Schulunterricht etc.[98]. Der betont sakrale Charakter der Synagogen in Palästina entwickelte sich erst nach der Tempelzerstörung. Die συναγωγαί der Essener nach Philo (und der Damaskusschrift, s.o. S. 181) bilden hier eine Ausnahme: Sie standen ja in bewußtem Gegensatz zum Tempel. Das früheste epigraphische Zeugnis in Palästina, die Theodotosinschrift in Jerusalem, betont den Unterricht im Gesetz: ᾠκοδόμησε τὴν συναγωγὴν εἰς ἀν[άγν]ωσ[ιν] νόμου καὶ εἰς [δ]ιδαχ[ὴ]ν ἐντολῶν... Damit war noch eine Herberge für Pilger aus der Diaspora verbunden[99].

Die Hypothese einer Ursynagoge im Tempel ist unwahrscheinlich, doch mag die Ausbreitung der Synagoge in Palästina durch die gottesdienstlichen Versammlungen der örtlichen „Standmannschaften" (מעמדות) in Parallele zum Tempeldienst der priesterlichen | Wachabteilungen gefördert worden sein[100]. Für die Mischna und das rabbinische Judentum erscheint die Synagoge bereits als uraltes Institut, das – wie die mündliche Tora – bis auf die Zeit Moses

---

97 R. Meyer, ThW IX, 20ff.; Schrage 823f.; JuH 144ff. (146).

98 Dies betont mit Recht S. Krauss, SA 19ff. 56f. 104f. 182ff. 341ff., ihm folgt Schrage 824. Vgl. o. Anm. 84f. die Rolle der „Proseuche" in Tiberias als Ort von Gemeindeversammlungen. Gegen S. Zeitlin, PAAJR 2 (1930/31), 79ff. u.a. besaß die Synagoge in Palästina jedoch neben ihrer profanen zugleich auch von Anfang an die religiöse Funktion als Ort der Torabelehrung und des Gebets. Dazu Schrage 810 Anm. 71.

99 CIJ 1404 vgl. dazu J. N. Sevenster (Anm. 75), 131ff.; Stobi 171 Anm. 92.

100 Positiv noch SA 66ff., vgl. auch Schrage 821 Anm. 145. Dagegen mit guten Gründen S. B. Hoenig, JQR 54 (1963/64), 115–131; vgl. S. Zeitlin, JQR 53 (1962/63), 168f.

zurückgeht. Ohne Zögern las man daher in den Targumen das Synagogeninstitut in das AT hinein[101].

Während Josephus nur drei palästinische Synagogen, und zwar alle drei in hellenisierten Städten (Caesarea, Dora, Tiberias), erwähnt, ist das NT der erste Zeuge für eine große Verbreitung der Synagoge im jüdischen Palästina, vor allem in Galiläa. Da Galiläa erst am Ende des 2. Jh.s v. Chr. von Aristobul (104/03 v. Chr.) erobert worden war, war hier die Synagoge zur „Volkserziehung" besonders notwendig. Zugleich ist auffallend, daß im NT der palästinische Begriff συναγωγή vorherrscht. Es ist dies m. E. ein Zeichen dafür, daß auch die Ausformung der Evangelienüberlieferung noch unter dem Einfluß ihrer palästinischen Herkunft stand[102].

4.2. Bei der Durchsetzung des Begriffs in der Diaspora muß man zwischen der Bezeichnung für die Gemeinde und der für das Synagogengebäude unterscheiden. Aufgrund des häufigen betonten Vorkommens von συναγωγή in der LXX ist verständlich, daß dieses das synonyme, bei heidnischen Vereinen sehr viel häufigere σύνοδος oder ähnliche Begriffe bald beiseite schieben konnte[103]. Rom und die Inschriften im Bosporanischen Reich sind weiter ein Zeichen dafür, daß die Bezeichnungen συναγωγή für die Gemeinde und προσευχή für das Gebäude nebeneinander bestehen konnten[104]. Mit der Zeit verdrängte jedoch συναγωγή den älteren Begriff[105]; vermutlich ist diese Entwicklung zugleich ein Hinweis auf den wachsenden Einfluß des palästinischen Judentums, seiner theologischen Anschauungen, seines Nationalismus und seiner Gottesdienstformen in | der griechischsprechenden Diaspora. Dieser Einfluß begann unter den Hasmonäern, verstärkte sich zur Zeit des Herodes und im Laufe des 1. Jh.s n. Chr. und setzte sich dann bis zum Ende des 2. Jh.s vollends durch, als der „Patriarch" in Galiläa mehr und mehr zum religiös-politischen Oberhaupt aller Juden des Römischen Reiches wurde[106].

Ein schönes Beispiel dieser Veränderung in der Diaspora bilden drei In-

---

[101] SA 34ff.; Bill. IV, 115f.; vgl. auch Apg 15,21; Philo, vit. Mos. 2,211-216. Tg. Jer. I Ex 18,20b: Gesetzeslehre u. Gebet in den Synagogen; vgl. Tg. Ri 5,9; Tg Hes 11,16; Tg Am 6,3; Tg 1 Chr 8,33; 16,39: Hier wird von der „Wohnung Jahwes in der Synagoge von Gibeon" gesprochen (für M במה), dazu o. Anm. 40.

[102] Auffallend ist weiter, daß Lk 4,16ff. u. Apg 13,14ff. die palästinische Form des Synagogengottesdienstes darstellt.

[103] Zu den verschiedenen Begriffen für die Gemeinde(versammlung) s. SA 111f.; s. auch o. S. 182 Anm. 54–57.

[104] Schrage 806ff. „Die Bdtg *Gemeinde* u *Synagogengebäude* sind nicht immer scharf voneinander abzusetzen" (807f.). Um so auffallender ist es, wenn zunächst doch unterschieden wurde.

[105] Schrage 817 Anm. 119: „Das ältere προσευχή ... scheint jedoch in der Diaspora bevorzugt u später stärker zurückgedrängt worden zu sein".

[106] Vgl. JuH 186ff. 559ff. Die Durchsetzung des Patriarchen in der Diaspora zeigt die Inschrift von Stobi CIJ 694, s. o. S. 97ff. Vgl. Tcherikover, CPI I S. 91f. 100f. Vgl. jetzt M. Jacobs, Die Institution des jüdischen Patriarchen, TSAJ 52, 1995.

schriften aus Berenike in der Cyrenaika[107]. Anläßlich einer Versammlung am Laubhüttenfest ἐπὶ συλλόγου τῆς σκηνοπηγίας ehrte das πολίτευμα τῶν ἐν Βερενίκῃ Ἰουδαίων samt seiner neun ἄρχοντες den römischen Statthalter Markus Titius S.d. Sextus mit einem Lorbeerkranz und einer marmornen Stele, die im Amphitheater aufgestellt werden sollte. Die zweite ehrt einen Decimus Valerius Dionysius S.d. Gaius, weil er den Boden des Amphitheaters tünchen und die Wände mit Bildern bemalen ließ, in gleicher – gut griechischer – Weise. Hatte das „Amphitheater" zugleich – wie bei der Samaritanersynagoge in Sichem – gottesdienstliche Funktion? Außer der Erwähnung des Laubhüttenfestes ist in beiden Inschriften von nichts typisch Jüdischem die Rede, die Juden erscheinen hier wie irgendeine landsmannschaftliche Gruppe im ehemaligen ptolemäischen Reich. Das dritte Zeugnis, rund 31 Jahre später (56 n. Chr.), spricht nicht mehr von einem πολίτευμα, sondern von der συναγωγὴ τῶν ἐν Βερενικίδι Ἰουδαίων, die beschloß, die Stifter τοὺς ἐπιδιδόντες εἰς ἐπισκευὴν τῆς συναγωγῆς durch eine Marmorstele zu ehren. Jetzt bedeutet συναγωγή plötzlich sowohl die Gemeinde wie das Synagogengebäude. Zunächst werden zehn Archonten aufgezählt, ihnen folgt ein Priester, die darauffolgenden einfachen Gemeindeglieder dürfen dafür wesentlich höhere Beträge stiften (25 / 28 statt 10 / 5 Denare)[108]. Die Form der jüdischen Ge-|meinde in Berenike scheint sich so im Zeitraum zwischen den beiden Inschriften gewandelt zu haben. Statt des landsmannschaftlichen Politeumas, das auf eine ptolemäische Militärkolonie zurückging, erscheint jetzt ein ethnisch-religiöser Verein. Dazwischen liegen die Unruhen unter Caligula und vor allem das Edikt des Claudius an die Alexandriner über das Bürgerrecht der Juden. 60 Jahre später wird die blühende Judenschaft in Cyrene in einem verzweifelten, überaus blutigen Aufstand ausgerottet[109].

Eine weitere alte Inschrift findet sich auf einem Türsturz mit der Aufschrift

---

107 CIG III, 5361 = IGRR I, 1024, s. Schürer III, 79f. Die zweite Inschrift, von der in CIG III, 5362 nur einige unverständliche Fragmente abgedruckt worden waren, wurde von J. u. G. Roux in einem französischen Museum wiederentdeckt u. in RÉG 62 (1949), 281–296 ediert. Sie geben auch die exakte Datierung von CIG 5361: 25 n. Chr. Zu dem hohen Hellenisierungsgrad s. S. Applebaum, ParPass 19 (1964), 291–303 u. Greeks and Jews in Ancient Cyrene (hebr.), 1969, 110–174, bes. 137ff. 167ff.: Das „Amphitheater" hatte die Funktion eines „Versammlungshauses". Unter Augustus hatten die Juden in Cyrene erfolgreich ihren rechtlichen Status verteidigt (Jos., Ant. 16, 169 s.o. S. 188 Anm. 80), er blieb jedoch in ähnlicher Weise umstritten wie bei den Juden in Alexandrien. Der Ersatz von πολίτευμα durch συναγωγή deutet innere Veränderungen an.

108 G. Caputo, ParPass 12 (1957), 132–134; L. Robert, RÉG 72 (1959), 275f. Nr. 514; SEG 17, 823; Lifshitz 100.

109 Zum Edikt des Claudius s. CPJ II, Nr. 153 (S. 36ff.). Applebaum verweist zwar darauf, daß 60 n. Chr. ein Eleazar S.d. Jason noch auf einer Inschrift als „nomophylax" der Stadt erscheint, aber wir wissen nicht, ob sich dieser noch zur jüdischen Gemeinde bekannte oder ob er wie Tiberius Julius Alexander, der Neffe Philos in Alexandrien, Apostat geworden war. Nach 70 hat sich die Situation der cyrenäischen Juden noch weiter verschlechtert, s. Jos., Bell. 7, 437ff. Auffallend ist auch, daß sich der Aufstand 116/17 auf das ehemalige ptolemäische

Συνα]γωγὴ Ἑβρ[αίων in Korinth. Zunächst handelt es sich auch hier wie bei der συναγωγὴ Ἑβραίων in Rom um die Kennzeichnung der Gemeinde. Da Korinth im Todesjahr Caesars 44 v. Chr. von römischen Freigelassenen als römische Kolonie neu begründet wurde und die Juden in Rom nach Philo zum großen Teil aus Freigelassenen bestanden, könnte man sich fragen, ob diese Gemeinde nicht ein Ableger der jüdischen gleichen Namens in Rom war. Die Bezeichnung Ἑβραῖοι weist letztlich auf palästinische Herkunft der Gründer zurück[110]. Auch hier scheint dann die Gemeindebezeichnung auf das Gebäude übergegangen zu sein. Apg 18,4.7 nennt es Lk gewohnheitsgemäß συναγωγή.

4.3. Die weitere Entwicklungstendenz in der Diaspora entspricht der in Palästina. Immer häufiger tauchen in den nachchristlichen | Inschriften Bezeichnungen auf, die die kultische Würde des Synagogengebäudes hervorheben: ἅγιος τόπος, ἁγιωτάτη συναγωγή u. ä.; daneben treten Abbildungen kultischer Gegenstände, der Menora, der Torarollen, des Toraschreins u. a.[111]. So paradox es klingen mag: Die Zerstörung Jerusalems in Verbindung mit der Ausbreitung des Christentums begünstigte die schrittweise „Rabbinisierung" der recht multiformen Diaspora im Römischen Reich. Die Bezeichnung προσευχή und die davon abhängigen Derivate wie προσευκτήριον und εὐκτήριον gehen auf die jüdischen Sekten bzw. auf die christlichen Kirchen über; es entsteht das einheitliche Bild der „Synagoge".

Abkürzungen:

AnnÉpigr.: L'Année Épigraphique. Paris; AntClass: L'Antiquité Classique. Brüssel; CIG: Corpus inscriptionum graecarum, ed. A. Boeckh u. a., I–IV, 1828–77 (Nachdr. 1977); CIJ: Corpus inscriptionum judaicarum, ed. J.-B. Frey, I u. II, 1936/52; CIRB: Corpus inscriptionum regni bosporani, Moskau/Leningrad 1965; CPJ: Corpus papyrorum judaicarum, ed. V. A. Tcherikover u. a., I–III, 1957–64; FGrHist: Die Fragmente der griechischen Historiker, ed. F. Jacoby; Goodenough: E. R. Goodenough, Jewish Symbols in the Greco-Roman Period, 13 Bd.e, New York 1953–1968; HC: V. Tcherikover, Hellenistic Civilization and the Jews, 1959; IGRR: Inscriptiones graecae ad res romanas pertinentes, ed. R. Cagnat, I.III.IV, 1901–27 (Nachdr. 1964); IosPE: Inscriptiones antiquae orae septentrionalis Ponti Euxini graecae et latinae, ed. B. Latyschev,

---

Herrschaftsgebiet Cyrenaika, Ägypten, Zypern beschränkte, wo die Juden einst eine besonders günstige Stellung eingenommen hatten. S. dazu u. S. 314 ff.

[110] CIJ 718; zum Alter der Inschrift Schrage 811 Anm. 84. Über die Neugründung Korinths s. Lenschau, PW-Suppl. IV, 1033 f. Diese alten Beziehungen zwischen Korinth u. Rom würden sowohl die Grußlisten des von Korinth aus geschriebenen Römerbriefes wie auch das Eingreifen des Clemens von Rom in Korinth erklären, s. L. W. Barnard, Studies in the Apostolic Fathers and their Background, 1966, 17. Zur Synagoge der Hebräer in Rom s. Schrage 807 Anm. 42 u. Leon (Anm. 14), 147 ff. Es sind von ihr vier Inschriften (CIJ 291. 317. 510. 535) erhalten, eine (291) ist zweisprachig, zwei stammen aus der ältesten jüdischen Katakombe in Monteverde (Trans Tiberis). Mit Leon (Anm. 14), 148 f., K. Galling, ThStKr 103 (1931), 354 u. a. sehe ich in ihr die älteste „Synagogengemeinde", die auf die von Philo erwähnten palästinischen Freigelassenen zurückgeht, s. o. S. 184 Anm. 69. Sonst kennen wir nur noch eine – späte – „Synagoge der Hebräer" in Deliler in Lydien CIJ 754.

[111] Stobi 173 ff., s. o. S. 179 Anm. 41.

Petropoli, I^2 1916, II 1890, IV 1901; JSJ: Journal for the Study of Judaism. Leiden; JuH: M. HENGEL, Judentum und Hellenismus (WUNT 10), 1969; Lifshitz: B. LIFSHITZ, Donateurs et fondateurs dans les synagogues juives, 1967; OGI: Orientis graeci inscriptiones selectae, ed. W. Dittenberger, I u. II, 1903/05 (Nachdr. 1960); PAAJR: Proceedings of the American Academy for Jewish Research. Philadelphia, Pa.; ParPass: La Parola del Passato. Neapel; Preisigke, Lex.: F. PREISIGKE/E. KIESSLING, Wörterbuch der griechischen Papyrusurkunden, Iff., 1925ff.; Reinach: Textes d'auteurs grecs et romains relatifs an Judaïsme, 1895 (Nachdr. 1963); SA: S. KRAUSS, Synagogale Altertümer, 1922 (Nachdr. 1966); SB: Sammelbuch Griechischer Urkunden aus Ägypten, ed. F. Preisigke/F. Bilabel/E. Kießling, Iff., 1915ff.; Schrage: W. SCHRAGE, Art. συναγωγή κτλ., ThW VII, 798–850; SEG: Supplementum Epigraphicum Graecum; RÉG: Revue des Études Grecques; Stobi: M. HENGEL, Die Synagogeninschrift von Stobi, ZNW 57 (1966), 145–183 = in diesem Band S. 91–129. Für weitere Abkürzungen s. RGG^3.

6. Anonymität, Pseudepigraphie und „literarische Fälschung" in der jüdisch-hellenistischen Literatur[1]

1.1 Die Überschrift deutet auf eine Einschränkung hin. Ich werde mich im Folgenden auf jene Schriften beschränken, die während der hellenistisch-römischen Zeit ursprünglich in *griechischer Sprache* abgefaßt wurden, die also nicht auf Übersetzungen aus dem Hebräischen oder Aramäischen beruhen. D. h. es geht um diejenige jüdische Literatur, die zwischen dem 3. Jh. v. Chr. und dem 2. Jh. n. Chr. in der *griechischsprechenden Diaspora* entstanden ist[2]. Der Schwerpunkt dieser literarischen Produktion lag ohne Zweifel in Ägyp-

[1] Erstveröffentlichung in: Pseudepigrapha I, Pseudopythagorica – Lettres de Platon – Littérature pseudépigraphique juive. Huit exposés suivis de discussions par R. SYME, W. BURKERT, H. THESLEFF, N. GULLEY, G. J. D. AALDERS, M. SMITH, M. HENGEL, W. SPEYER. Entretiens préparés et présidés par K. v. FRITZ. Entretiens sur l'Antiquité Classique XVIII, Vandoeuvres - Genève 1972, 231–308. Die an den Vortrag anschließende Diskussion findet sich dort S. 309–329. Für freundliche Literaturhinweise danke ich Herrn Dr. W. Speyer. Für den Wiederabdruck wurden Korrekturen eingetragen und die Literaturhinweise in den Anmerkungen überarbeitet und aktualisiert. Für die Ergänzung der neueren Literatur danke ich Herrn Dr. Jörg Frey. Die Abkürzungen richten sich nach S. SCHWERDTNER, Internationales Abkürzungsverzeichnis für Theologie und Grenzgebiete, Berlin – New York 1974. Weitere *Abkürzungen: Denis, Fragmenta:* A.-M. DENIS, Fragmenta Pseudepigraphorum quae supersunt Graeca, Leiden 1970; *FHJA:* Fragments from Hellenistic Jewish Authors, ed. C. R. Holladay, I: Historians, 1983; *FGrH:* Fragmente der Griechischen Historiker (hg. F. Jacoby); *GLAJJ:* M. Stern (ed.), Greek and Latin Authors on Jews and Judaism; *ANRW:* Aufstieg und Niedergang der Römischen Welt; *JSHRZ:* Jüdische Schriften aus hellenistisch-römischer Zeit; *OTP:* The Old Testament Pseudepigrapha (ed. J. H. Charlesworth); *CRINT:* Compendia Rerum Iudaicarum ad Novum Testamentum; *Schürer*[3]: E. SCHÜRER, The History of the Jewish People in the Age of Jesus Christ (175 B. C. – A. D. 135), rev. and ed. by G. VERMES; F. MILLAR; M. GOODMAN, Edinburgh 1973–1987; *Bickerman, Studies I–III:* E. BICKERMAN, Studies in Jewish and Christian History, AGJU IX/1–3, Leiden 1976, 1980, 1986; *Speyer, Fälschung:* W. SPEYER, Die literarische Fälschung im heidnischen und christlichen Altertum, HAW I, 2, München 1971; *Hengel, JuH:* M. HENGEL, Judentum und Hellenismus, WUNT 10, [3]1988.

[2] Die Texte finden sich zum Teil bei A.-M. DENIS, Fragmenta Pseudepigraphorum quae supersunt Graeca, Leiden 1970. Eine neue dt. Textausgabe mit Einleitung und textkritischem Apparat bietet das Gemeinschaftswerk Jüdische Schriften aus hellenistisch-römischer Zeit (JSHRZ), hg. v. W. G. Kümmel und H. Lichtenberger, Gütersloh 1973 ff. Eine neue engl. Bearbeitung wurde von J. H. Charlesworth herausgegeben: The Old Testament Pseudepigrapha (OTP), Vol. 1: Apocalyptic Literature and Testaments, Garden City (N. Y.) 1983; Vol. 2: Expansions of the „Old Testament" and Legends, Wisdom and Philosophical Literature, Prayers, Psalms and Odes, Fragments of lost Judeo-Hellenistic Works, 1985. Ein Teil der Texte in franz. Übersetzung mit Einleitungen und Anmerkungen wurde hrsg. von A. Dupont-

ten[3], das bis zur Ausrottung der jüdischen Minderheit durch die Aufstände 116/117 n. Chr. mehr Juden beherbergte als das palästinische Mutterland und in Alexandrien ein geistiges Zentrum mit jüdisch-hellenistischem Schulbetrieb besaß; aber auch Palästina selbst brachte eine Reihe von jüdischen Autoren hervor, die Griechisch schrieben.|

1.2 Die Abgrenzung dieses Bereichs ist freilich schwierig. Einmal ist die Grenze zwischen dem Aramäisch bzw. Hebräisch sprechenden Judentum Palästinas und Babyloniens und der griechischsprechenden Diaspora längst nicht so schroff, wie früher angenommen wurde; man muß gerade in Palästina mit einer in den gebildeten Schichten weitverbreiteten Zweisprachigkeit rechnen[4]. Zum

---

Sommer u. M. Philonenko, La Bible, Écrits Intertestamentaires, Bibliothèque de la Pléiade, 1987. Zu erwähnen ist noch das in Madrid erscheinende mehrbändige span. Projekt: Apócrifos del Antiguo Testamento, ed. A. Diéz Macho, M.-A. Navarro u. a.

Zu den Einleitungsfragen vgl. A.-M. Denis, Introduction aus pseudépigraphes grecs d'Ancien Testament, Leiden 1970; sowie jetzt auch die engl. Neubearbeitung des Standardwerks von E. Schürer (s. Anm. 1), für das vorliegende Thema besonders Bd. 3/1–2 (dazu die Besprechung von M. Hengel, Der Alte und der Neue Schürer, JSS 35 (1990), 19–64, Abdruck im 2. Band). Vgl. weiter CRINT II/2, Abt. 2: Jewish Writings of the Second Temple Period. Apocrypha, Pseudepigrapha, Qumran Sectarian Writings, Philo, Josephus. Assen/Philadelphia 1984. Eine ausführliche Bibliographie dieser Schriften wurde zusammengestellt von J. H. Charlesworth u. a.: The Pseudepigrapha and Modern Research with a Supplement, SCSt 7, Ann Arbor (Mich.), 1981; wertvolle Hilfsmittel liegen jetzt vor in A.-M. Denis, Concordance Grecque des Pseudépigraphes d'Ancien Testament, Louvain-la-Neuve 1987; W. Lechner-Schmidt, Wortindex der lateinisch erhaltenen Pseudepigraphen zum Alten Testament, TANZ 3, Tübingen 1990; sowie W. Strohmann (ed.), Wörterverzeichnis der apokryphen-deuterokanonischen Schriften des Alten Testaments in der Peshitta, GOF.S 27, Wiesbaden 1988. Vgl. weiter J. H. Charlesworth, A History of Pseudepigrapha Research: The Reemerging Importance of the Pseudepigrapha, ANRW II, 19/1, 54–88; I. Gruenwald, Jewish Apocalyptic Literature, ANRW II, 19/1, 89–118 (zur Pseudepigraphie in der jüd. Apokalyptik bes. S. 97–102); N. Walter, Jüdisch-hellenistische Literatur vor Philon von Alexandrien (unter Ausschluß der Historiker), ANRW II, 20/1, 67–120; G. Mayer, Zur jüdisch-hellenistischen Literatur, ThR 40 (1975), 282–287; 44 (1979), 197–226; 45 (1980), 226–244.

[3] Zur jüdischen Diaspora s. Schürer[3], III/1, 3–176 (zu Ägypten: 38–60); M. Stern, The Jewish Diaspora, CRINT 1/1, 117–183; S. Safrai, Relations between the Diaspora and the Land of Israel, CRINT I/1, 184–215; S. Applebaum, The Legal Status of the Jewish Communities in the Diaspora, CRINT I/1, 420–463; ders., The Organisation of the Jewish Communities in the Diaspora, CRINT I/1 464–503; ders., The Social and Economic Status of the Jews in the Diaspora, CRINT I/1, 701–727. Zum Judentum in Ägypten s. die Einleitung von Tcherikover in V. A. Tcherikover – A. Fuks, Corpus Papyrorum Judaicarum I, 1957, 1–111; A. Kasher, The Jews in Hellenistic and Roman Egypt, TSAJ 7, Tübingen 1985. Man darf nicht vergessen, daß es daneben eine große aramäisch sprechende Diaspora in Mesopotamien gab, s. dazu J. Neusner, A History of the Jews in Babylonia, StPB 10–15, Leiden 1965–1970.

[4] JuH, 108–143; J. N. Sevenster, Do you know Greek?, NT.S 19, 1968; J. A. Fitzmyer, The Languages of Palestine in the first Century A. D, CBQ 32 (1970), 501–531, auch in ders., A Wandering Aramean. Collected Essays, SBL.MS 25, Chico (Ca.) 1979, 29–56; G. Mussies, Greek in Palestine and the Diaspora, CRINT I/2, 1040–1064 (mit ausführl. Bibliographie); M. Hengel, Zum Problem der „Hellenisierung“ Judäas im 1. Jahrhundert nach Christus (in diesem Band S. 1–90).

andern ist es häufig nicht einfach, bei einer griechisch oder gar äthiopisch, altslawisch und lateinisch überlieferten Schrift die Ursprache zu bestimmen, zumal, wenn darin das semititierende Griechisch der LXX nachgeahmt wurde. Schließlich ist die aus jüdischen Quellen stammende religiöse Erbauungsliteratur in der Regel mehr oder weniger christlich überarbeitet, und in einzelnen Fällen läßt es sich kaum mehr entscheiden, ob eine Schrift einen jüdischen Kern besitzt oder ob sie nur ein christliches Werk in alttestamentlich-jüdischem Gewande darstellt.

1.3 Das uns interessierende Problem der Pseudepigraphie[5], die nicht ohne weiteres mit dem moralisch bestimmten Begriff der „literarischen Fälschung" identifiziert werden darf, kann nicht von vorgegebenen psychologischen, moralischen oder theologisch-dogmatischen Prämissen aus untersucht werden[6], sondern nur in der Gestalt einer | „Literaturgeschichte"; d.h. die Motive der „Anonymität" bzw. „Pseudonymität" müssen bei jeder einzelnen Schrift bzw. Schriftengruppe herausgearbeitet und auf einem komplexen literargeschichtlichen Hintergrund gedeutet werden. Zwei Grundvoraussetzungen sind dabei bedeutsam:

1. Das Judentum bildete eine für die hellenistische Welt einzigartige, scharf umrissene *Buchreligion*. Der Mose zugeschriebene *Pentateuch* hatte gegen Ende der persischen Herrschaft im 4. Jh. v. Chr. seine endgültige Form und „kanonische" Geltung erlangt, im 3. Jh. v. Chr. setzte sich auch die Anerken-

[5] Vgl. J. A. Sint, Pseudonymität im Altertum, Dommentationes Aenipontanae 15, 1960; grundlegend die Untersuchungen von W. Speyer, Religiöse Pseudepigraphie und literarische Fälschung im Altertum, JAC 8/9 (1965–66), 88–125 (auch in: ders., Frühes Christentum im antiken Strahlungsfeld, WUNT 50, Tübingen 1989, 21–58); Art. Fälschung, literarische, RAC 7, 1969, 236–277, und vor allem: Die literarische Fälschung im heidnischen und christlichen Altertum, HAW I, 2, München 1971; (dort z. Judentum, S. 150–168); dazu die Rezension von E. Bickerman, Faux littéraires dans l'antiquité classique, in ders., Studies III, 196–211. Vgl. weiter den Sammelband Pseudepigraphie in der heidnischen und jüdisch-christlichen Antike (hg. N. Brox), WdF 484, Darmstadt 1977; H. R. Balz, Anonymität und Pseudepigraphie im Urchristentum, ZThK 66 (1969), 403–436; B. M. Metzger, Literary Forgeries and Canonical Pseudepigrapha, JBL 91 (1972), 3–24; N. Brox, Falsche Verfasserangaben. Zur Erklärung der frühchristlichen Pseudepigraphie, SBS 9, Stuttgart 1975; F. Schmidt, L'écriture falsifiée. Face à l'inerrance biblique: l'apocryphe et la faute, in: Le Temps de la Réflections 5 (1984), 147–165; L. R. Donelson, Pseudepigraphy and Ethical Argument in the Pastoral Epistles, HUTh 22, Tübingen 1986, 9–42; D. W. Meade, Pseudonymity and Canon, WUNT 39, Tübingen 1986; dazu G. Stemberger, Pseudonymität und Kanon, JBTh 3 (1988), 267–274.

[6] Dies war der Nachteil der älteren Untersuchungen wie F. Torm, Die Psychologie der Pseudonymität im Hinblick auf die Literatur des Urchristentums, SLA 2, 1932, und der Entgegnung von A. Meyer, ThLZ 58 (1933), 354–357, s. auch ders., Religiöse Pseudepigraphie als ethisch-psychologisches Problem, ArchGesPsych 86 (1932), 171–190 = ZNW 35 (1936), 262–279. Auch das abschließende Urteil von H. R. Balz, op. cit. (Anm. 5) 436, über die frühchristliche Pseudonymität: „Flucht vor personal verantworteten theologischen Neuansätzen in der Verkündigung Jesu" verkennt die historische Situation.

nung der „prophetischen Schriften“ als religiöser Autoritäten durch[7]. Daneben gab es im Mutterland wie in der Diaspora eine lebhafte literarische Produktion, deren Wirkung jedoch von irgendeiner Form der Rückbindung an die normative Vergangenheit abhängig war. Dies gilt selbst für die mündliche Überlieferung. Das Rabbinat führte z.B. seine Gesetzestradition auf Mose zurück; er habe sie zusammen mit der schriftlichen *Tora* von Gott selbst am Sinai empfangen[8]. Für das antike Judentum des Mutterlandes und der Diaspora, das sich gegenüber der neuen, überlegenen Zivilisation behaupten mußte, besaß so der rückblickende Bezug auf die eigene heilige Geschichte eine sehr viel größere Bedeutung als in der griechischen Literatur: *Die Norm lag grundsätzlich in der Vergangenheit*, die Gegenwart wurde eher unter negativem Vorzeichen betrachtet. Für Josephus und | *IV. Esra* liegt der Einschnitt bei Artaxerxes I, bzw. bei Esra, mit ihm ist die τῶν προφητῶν ἀκριβὴς διαδοχή und d.h. zugleich die Inspiration zu Ende (*C. Ap.* I 41; *IV Esra* 14,18ff).

2. W. Speyer macht mit Recht darauf aufmerksam, daß die Möglichkeit literarischer Fälschungen eine klare Vorstellung vom *geistigen Eigentum* voraussetzt[9]. Während sich diese im griechischen Bereich bereits im 7. Jh. herausbildete, konnte sie sich selbst in hellenistischer Zeit im Judentum nie voll durchsetzen. Dies gilt in besonderer Weise von Palästina, wo im Grunde nur das Werk Ben Siras die Anonymität bzw. Pseudepigraphität durchbrach[10]. Die Individualität und Autorität des Lehrers wurde nicht durch sein schriftliches Werk, sondern durch seine *mündliche Lehre* begründet und auch zunächst allein durch sie festgehalten. Wenn spätere Werke einzelnen Rabbinen zugeschrieben wurden, so sind auch sie ausgesprochene Sammelwerke, keine originalen Schöpfungen[11].

2.1 Es gehört nun zu den wesentlichen Unterschieden des griechischsprechenden Judentums gegenüber dem Mutterland, daß wir in seiner Literatur sehr viel mehr Werke finden, bei denen der Verfassername bekannt war. So sammelte gegen Mitte des 1. Jh. v.Chr. der Raritätenjäger *Alexander Polyhistor* für seine Schrift *Über die Juden* Exzerpte jüdisch-hellenistischer und nichtjüdischer Schriftsteller, da sich das römische Publikum aufgrund der Eroberung des Orients – 63 v.Chr. unterwarf Pompeius | Judäa – für die Gebräuche und Geschichte dieser fernen Völker interessierte[12].

---

[7] O. Eissfeldt, Einleitung in das Alte Testament, ^{3}1964, 755f. 765ff.

[8] Vgl. mAvot I, 1, vgl. Bill. IV/1, 439ff.

[9] W. Speyer, Fälschung, 3ff.; ders., in JA 8/9, 90f., sowie in RAC 7, 237.

[10] JuH 241ff; vgl. auch meine Rezension von Th. Middendorp, Die Stellung Jesu Ben Siras zwischen Judentum und Hellenismus, JSJ 5 (1974), 83–78, in diesem Band S. 252–257. Die Gestalt und das Werk Ben Siras ist ein typisches Beispiel für die Wirksamkeit des hellenistischen Geistes auch im jüdischen Palästina.

[11] Zur rabbinischen Literatur s. H. L. Strack/G. Stemberger, Einleitung in Talmud und Midrasch, München ^{7}1982; G. Stemberger, op. cit. (Anm. 5), 271ff.

[12] Texte: FGrH 722–737; GLAJJ I, 1974, 157–164; A.-M. Denis, Fragmenta, 175–198

2.2 Euseb zitierte daraus in der *Praeparatio Evangelica* neun jüdische bzw. samaritanische Autoren, die ohne Ausnahme teils in Prosa, teils in poetischer Form Themata aus der heiligen Geschichte ihres Volkes behandelten. Im Gegensatz zum palästinischen Brauch schrieben sie weder anonym noch unter dem Namen einer Autorität der Vergangenheit. Josephus, der das Werk des Polyhistor nur oberflächlich eingesehen hat[13], sah in einem Teil dieser jüdischen Autoren heidnische Schriftsteller (*C. Ap.* I 218), vor allem verwechselte er den Chronographen *Demetrios*[14] mit dem ihm vom *Aristeasbrief* her wohlbekannten Demetrios von Phaleron[15], während ihn Euseb im Anschluß an Clemens von Alexandrien mit Recht zu jenen jüdischen Geschichtsschreibern rechnet, die „das höhere Alter des Moses und des jüdischen Volkes gegenüber den Griechen bewiesen haben" (*Hist. eccl.* VI 13, 7). Euseb hat damit den Zweck dieser nüchternen und gewissenhaften, ganz an der LXX orientierten, überwiegend chronographischen Arbeit, die wohl noch im 3. Jh. v. Chr. zur Zeit Ptolemaios' IV. Philopator (221–204) entstand, im Grunde richtig erfaßt, | man wird jedoch diesem apologetischen Bemühen noch nicht eine Fälschungsabsicht unterschieben und von einer „zurechtgemachten Zeitrechnung" reden dürfen. „Ein großer Teil der chronologischen Ansätze ist ... durch Kombination ... wirklicher Daten der heil.[igen] Schrift (d. h. der LXX) gewonnen"[16]. Die wissenschaftliche Chronologie hatte eben erst in Alexandrien ihren Höhepunkt erreicht, und es galt, die griechischen und orientalischen Chronologien

---

und 203–216. Zu Alexander Polyhistor und den Juden s. F. JACOBY FGrH Komm. zu III a 273, S. 248 ff. und 268 ff. Grundlegend J. FREUDENTHAL, Alexander Polyhistor und die von ihm erhaltenen Reste jüdischer und samaritanischer Geschichtswerke, Hellenistische Studien, Heft 1 und 2, Breslau 1875. Vgl. weiter SCHÜRER^3, III/1, 510–513; J. STRUGNELL in: OTP II, 777–779. Die Exzerpte der – überwiegend – judenfeindlichen heidnischen Schriftsteller hat Euseb mit Ausnahme von Molon weggelassen; vgl. etwa auch FGrH 273 F 70 über die Hebräerin Moso, die angeblich das jüdische Gesetz niederschrieb. Demgegenüber setzt sich Josephus in c. Apionem häufig mit Molon auseinander, der eigentlich Apollonios heißt; zu diesem FGrH 728; GLAJJ I, 150–156; SCHÜRER^3, III, 598–600.

13 J. FREUDENTHAL, op. cit. (Anm. 12) 33 f. und 169 f.

14 FGrH 722 = A.-M. DENIS, Fragmenta, 175 ff.; dazu DERS., Introduction, 248 ff.; FHJA I, 51–91; N. WALTER, Fragmente jüdisch-hellenistischer Exegeten, JSHRZ III/2, 1975, 280–292; J. HANSON, OTP II, 843–854. Vgl. R. DORAN, The Jewish Hellenistic Historians before Josephus, ANRW II, 20/1 (1987), 248–251; E. BICKERMAN, The Jewish Historian Demetrios, in DERS., Studies II, 347–358. B. Z. WACHOLDER, Biblical Chronology in the Hellenistic World Chronicles, HThR 61 (1968), 451–481 (452–58); C. R. HOLLADAY, Demetrius the Chronographer as Historian and Apologist, in: Christian Teachings: Studies in Honor of L. G. Lewis, 1981, 117–129.

15 Daß dies „kaum auf Zufall oder Irrtum, sondern auf Absicht beruhen" soll, wie W. SPEYER, Fälschung, 165 Anm. 1 im Anschluß an F. JACOBY vermutet, ist schwer einzusehen. Zu Demetrios v. Phaleron s. SCHÜRER^3 III, 474 f.

16 E. SCHÜRER, Geschichte des jüdischen Volkes im Zeitalter Jesu Christi, 1. Aufl., III, 472. Zwischen der Chronologie des hebräischen Textes und der LXX bestand ein erheblicher Unterschied. Demetrios folgt schon der LXX; s. dazu B. Z. WACHOLDER, op. cit. (Anm. 14), 454 ff.

in Übereinstimmung zu bringen. Demetrios unterscheidet sich hier durchaus positiv von den phantastischen Berechnungen, die unter dem Namen Manethos und Berossos' über das Alter der ägyptischen und babylonischen Überlieferung verbreitet waren. Eine weitere Aufgabe, der er sich widmete, war die Auflösung von Widersprüchen nach der bei den hellenistischen Philologen Alexandriens üblichen Methode der ἀπορίαι καὶ λύσεις. Ob und wie weit spätere *jüdische Chronographen* die Chronologie des Manetho veränderten, um sie ihrer eigenen Zeitrechnung anzupassen[17], bleibt ungewiß, zumal die Überlieferung der jüdischen wie der ägyptischen Chronologie in hellenistischer Zeit selbst nicht einheitlich war. Daß jüdische Historiker im 2. und 1. Jh. n. Chr. versuchten, die nationale Zeitrechnung mit der ihrer hellenistischen Umwelt zu synchronisieren, war an sich eine Notwendigkeit. Bei Polyhistor haben sich hier Spuren erhalten[18]. Unwahrscheinlich ist dagegen die generelle Annahme jüdischer „Fälschungen“ unter dem Namen | eines Berossos, Apollodoros und Eratosthenes[19]. Der angebliche „jüdische Fälscher“ war ein zu beliebtes Motiv früherer Forschergenerationen. Wenn z. B. H. Diels 1890 in seinem Aufsatz über „ein gefälschtes Pythagorasbuch“ von „jener jüdischen Fälscherbande“ spricht, „die sich in dem Labyrinthe des Polyhistor eingenistet hat“, so steht dahinter ein Anflug von jenem Antisemitismus, der gerade bei deutschen Gelehrten verbreitet war[20].

2.3.1 Unter dem Namen des *Eupolemos* verbergen sich, wie Freudenthal gezeigt hat, in den Fragmenten des Polyhistor zwei völlig verschiedene Schriftsteller[21]. Der eine ist ein *Samaritaner*, von dem wir eine *Geschichte Abrahams* besitzen[22]. Dieser wird darin als Kulturbringer dargestellt, der die Phönizier und Ägypter die Astrologie lehrte, die ihrerseits wieder auf Henoch zurück-

---

[17] Einen solchen Eingriff vermutet R. Laqueur, Art. Manetho, PRE 4, 1 (1928), 1087 ff.; vgl. W. Helck, Untersuchungen zu Manetho..., UGAÄ 18 (1956), 41 ff.; 62 ff.; 83 ff. und ders., Art. Manetho, KP 3 (1969), 952 f.

[18] B. Z. Wacholder, op. cit. (Anm. 14), 463 ff.

[19] Gegen W. Speyer, Fälschung, 165, Anm. 3 und B. Z. Wacholder, op. cit. (Anm. 14), Anm. 55. Es bleibt völlig unsicher, ob bereits Ps. Apollodor eine Synchronisation der griechischen, babylonischen und jüdischen Flutsage und Urgeschichte vollzogen hat. Darüber hinaus sollte man diese verbreiteten „Synchronisationen“ nicht als Fälschungen bezeichnen.

[20] Kleine Schriften zur Geschichte der antiken Philosophie hrsg. von W. Burkert, Hildesheim 1969, 286. Eine typische Tendenzschrift in dieser Richtung ist H. Willrich, Urkundenfälschung in der hellenistisch-jüdischen Literatur, FRLANT 38 (1924); vgl. unten Anm. 48 S. 208.

[21] J. Freudenthal, op. cit. (Anm. 12), 82–103.

[22] Texte: FGrH = A.-M. Denis, Fragmenta, 197 f.: FHJA I, 157–188; N. Walter, Die Fragmente jüdisch-hellenistischer Historiker, JSHRZ I/2, 1976, 137–143; R. Doran, OTP II, 873–882. F 2 wurde anonym überliefert. Vgl. zu Pseudo-Eupolemos, dem ‚Samaritanischen Anonymus‘, auch M. Hengel, JuH, 162 ff.; A.-M. Denis, Introduction, 259–261; N. Walter, Zu Pseudo-Eupolemos, Klio 43–45 (1965), 282–290; H. G. Kippenberg, Garizim und Synagoge, RVV 30, 1971, 80–83; B. Z. Wacholder, Pseudo-Eupolemus. Two Greek Fragments on the Life of Abraham, HUCA 34 (1963), 83–113; ders., Eupolemus: A Study of Judaeo-Greek Literature, Cincinatti 1974; R. Doran, op. cit. (Anm. 14), 270–274; D.

geht. Noah wird mit Bel-Kronos und Henoch mit dem ersten Philosophen und Astrologen Atlas, dem Bruder des Prometheus, identifiziert. Wir haben in diesem Fragment – ganz ähnlich wie in der ältesten Sibylle – eine Verbindung von jüdisch-apokalyptischer Tradition mit babylonischer und griechischer Mythologie vor uns, die freilich in euhemeristischer Weise „entmythologisiert" wird. Im Vordergrund steht der Altersbeweis, zugleich zeigt das Fragment, wie man | versuchte, in einer neuen historischen Situation die eigene heilige Geschichte mit den Traditionen der anderen Völker zu verbinden, ohne den Wahrheitsanspruch des eigenen Glaubens aufzugeben. Entstanden ist das Werk in vormakkabäischer Zeit unter seleukidischer Herrschaft, möglicherweise in Samarien selbst. Ob der Name des Verfassers verlorenging oder dieser gar ebenfalls Eupolemos hieß und dadurch die Identifikation mit dem jüdischen Geschichtsschreiber bei Alexander Polyhistor zustande kam, läßt sich nicht mehr sicher entscheiden; da Alexander Polyhistor sonst nur jüdische Autorenliteratur überlieferte, möchte man annehmen, daß das Werk nicht ursprünglich anonym war.

2.3.2 Der *Jude* Eupolemos[23] schrieb einige Jahrzehnte später zur Zeit der siegreichen makkabäischen Expansion in Palästina, möglicherweise ist er mit dem *I Makk.* 8,17 und *II Makk.* 4,11 erwähnten Priester Eupolemos, S. d. Johannes, identisch, der im Auftrage des Judas Makkabaios eine Gesandtschaft nach Rom leitete. Auch bei ihm findet sich das Kulturbringermotiv. Mose habe als der „erste Weise" die Juden die Schrift gelehrt, über die Phönizier sei sie dann später zu den Griechen gelangt (F 1). Der Schwerpunkt der Fragmente liegt jedoch auf dem Tempelbau Salomos. Im Anschluß an die Nachrichten über den Austausch von Botschaften zwischen Salomo und König Hiram von Tyrus *I Kg.* 5,15-23 und *II Chr.* 2,2-15, die nach *II Chr.* 2,10ff bereits in Briefform erfolgten, verfaßte Eupolemos einen fiktiven Briefwechsel zwischen Salomo und den Königen von Phönizien und Ägypten (F 2 § 32–41, 1). Auch Josephus gibt dem alttestamentlichen Bericht die Form eines Briefaustausches und versichert, daß „Abschriften dieser Briefe" nicht nur in den jüdischen Schriften, | sondern auch in den „tyrischen Archiven" erhalten seien (*Ant.* VIII 50–56), nach *C. Ap.* I 111 sollen „sich Salomo und Hiram viele Briefe geschrieben haben, die bis heute bei den Tyrern erhalten sind". Josephus beruft sich dabei auf zwei Schreiber phönizischer Geschichte, Menander von Ephesus und Dios, nach denen Salomo und Hiram ständig Rätsel ausge-

---

Mendels, ‚Creative History' in the Hellenistic Near East in the Third and Second Centuries BCE: The Jewish Case, JSPs 2 (1988), 13–20; Schürer³, III/1, 528–531.

[23] Texte: FGrH 723 = A.-M. Denis, Fragmente, 179ff.; FHJA I, 93–156; N. Walter, JSHRZ I/2, 1976, 93–108; F. Fallon, OTP II, 861–872; vgl. Schürer³, III/1, 517–521; Denis, Introduction, 252ff.; M. Hengel, JuH, 169ff.; H. W. Attridge, Historiography, CRINT II/2, 157–184 (162–165); B. Z. Wacholder, Eupolemus (op. cit., Anm. 22); R. Doran, op. cit. (Anm. 14), 263–270. Josephus betrachtet ihn ebenso wie den älteren Philo als Heiden: c. Ap. I 218, s. auch u. Anm. 35.

tauscht hätten, ein Motiv, das auch im *Achikarroman* bzw. in der *Äsopvita*[24] eine Rolle spielt (*FGrH* 783 F1 § 119 und 785 F1 § 114f.). Dagegen ist der Briefwechsel des Salomo mit dem Pharao Uaphres bei Eupolemos eine freie Analogiebildung zu dem vorgegebenen Austausch mit dem phönizischen König. Das Ziel dieser historischen Fiktion war die Betonung der politischen Macht Salomos, die dem wiedererwachenden politischen Selbstbewußtsein der Juden nach den Makkabäerkämpfen entsprach. Beide Könige werden praktisch als Vasallen dargestellt, die Salomo als „Großkönig" anreden und seinem Befehl um Unterstützung des Tempelbaus ohne Verzug nachkommen[25].

2.4 Die romanhafte, aretalogische Mosebiographie des ägyptischen Juden *Artapanos*[26] könnte aufgrund ihrer politischen Ansprüche und ihrer synkretistischen Tendenz aus der Militärkolonie um den jüdischen Tempel von Leontopolis stammen. Aber auch eine vormakkabäische Entstehung ist nicht völlig auszuschließen. Unwahrscheinlich ist dagegen die Vermutung Freudenthals[27], ein jüdischer | Fälscher habe diese Schrift, ähnlich wie bei *Pseudo-Aristeas*, einem Nichtjuden, und zwar einem ägyptischen Priester, unterschoben. Artapanos war ein persischer, kein ägyptischer Name und persische Namen finden sich auch sonst bei Juden. Wie bei dem unbekannten Samaritaner und Eupolemos begegnen wir dem Kulturbringer- und Erfindermotiv, ja es wird bis zur letzten Konsequenz durchgeführt. Hier stammt nicht nur die Astrologie von Abraham, sondern entsprechend von Joseph die Landvermessung, die Aufteilung des Ackerbodens einschließlich des Tempellandes; der größte Erfinder ist jedoch Mose selbst, dem nahezu alle Kulturgüter vom Kriegswerkzeug bis zur Philosophie zuzuschreiben sind. Er hat nicht allein die politische Ordnung Ägyptens stabilisiert, sondern gleichzeitig die ägyptische Religion erfunden; er erhielt so beim Volk „gottgleiche Verehrung" und wurde wegen der τῶν ἱερῶν γραμμάτων ἑρμηνεία *Hermes(-Thot)* genannt. Für die Griechen war er dage-

---

24 Achikar: J. R. Harris/F. C. Coneybeare/A. S. Lewis, The Story of Ahikar, Cambridge 1913². R.H. Charles, The Apocrypha and Pseudepigrapha of the Old Testament II, 1913 (Nachdr. 1963), 750ff. 780ff. In neuerer Zeit I. M. Lindenberger in: OTP II, 429–507; ders., The Aramaic Proverbs of Ahiqar, Baltimore - London 1983; Schürer³, III/1, 232–239 (Lit.!), sowie zur Formgeschichte der ‚Hoflegenden' S. Niditch, R. Doran, The Success Story of the Wise Courtier: A Formal Approach, JBL 96 (1977), 179–193.

25 Ein derartiger Austausch von Nachrichten oder Briefen zwischen Königen gehört, wie die Achikarüberlieferung, Esra/Nehemia, Ester und Daniel zeigen, zum weisheitlich-orientalischen Erzählungsstil und sollte – gegen W. Speyer, Fälschung, 164 – nicht als „Fälschung" bezeichnet werden. Vgl. etwa auch die Vielzahl von Königsbriefen im Alexanderroman des Ps.-Kallisthenes.

26 Texte: FGrH 726 = A.-M. Denis, Fragmenta, 186ff.; FHJA I, 189–244; J. J. Collins, OTP II, 889–903; N. Walter, JSHRZ I/2, 1976, 121–136; vgl. A.-M. Denis, Introduction, 255ff.; M. Hengel, JuH, 166f.; 170f.; Schürer³, III/1, 521–525; R. Doran, op. cit. (Anm. 14), 257–263; H.W. Attridge, op. cit. (Anm. 23), 166–168; A.-M. Denis, Le portrait de Moïse par l'antisémite Manéthon (IIIᵉ, s. av. J.-C.) et la réfutation juive de l'historien Artapan, Muséon 100 (1987), 49–65.

27 J. Freudenthal, op. cit. (Anm. 12), 143ff.

gen *Musaios*, der Lehrer des Orpheus. Das traditionelle Verhältnis der beiden, dem wir im jüdischen Testament des Orpheus begegnen, wird hier einfach umgekehrt. Der Name Musaios wird dann später von dem judenfreundlichen Neupythagoräer Numenios wieder aufgenommen[28]. Aus alledem ergibt sich, daß Artapanos mit der biblischen Geschichte äußerst frei umging, u. a. wird sie durch Mirakel ausgeschmückt: Wie bei Dionysos oder Apollonios von Tyana öffnen sich die Kerkertüren von selbst, Mose geht vom Gefängnis direkt in den Königspalast[29], der König fällt unter der Wirkung des ihm ins Ohr gehauchten Gottesnamens wie tot zu Boden und wird durch | Mose wieder zum Leben erweckt. Hier wird deutlich, warum Mose für die Antike als der große *Magier*[30] erscheinen konnte, weiter wird die Macht des geheimen Gottesnamens der Juden sichtbar, der als Iao[31] in den Zauber-Papyri und -Gemmen eine große Wirkung entfaltete. Trotz dieser bizarren Züge ist der Roman des Artapanos eine ausgesprochen nationale Tendenzschrift. Sie soll die religiöse, intellektuelle und politische Überlegenheit der Juden demonstrieren, die ja im 2. Jh. seit der Gründung von Leontopolis eine bedeutende politisch-militärische Rolle in Ägypten spielten.

2.5 Eine ähnliche Tendenz, in der sich Synkretismus und Nationalstolz miteinander mischen, zeigt das bei Josephus überlieferte, ebenfalls aus dem Werk des Polyhistor stammende Fragment des „Propheten“ *Kleodemos Malchos*[32] über Abraham und Ketura (*Gen.* 25,1-6). Die Söhne und Enkel aus dieser Ehe habe Abraham teilweise zur Kolonisation Afrikas ausgesandt. Sie seien dann Herakles bei seinem Feldzug gegen Lybien und Antaios zu Hilfe gekommen, und Herakles habe eine Enkelin Abrahams geheiratet. Derartige Spekulationen beleuchten auch die Entstehung der Legende über die *Verwandtschaft der Juden und Spartaner* durch ihre gemeinsame Abstammung von Abraham, eine Legende, die nicht nur von den jüdischen Hellenisten in Judäa, sondern auch von ihren makkabäischen Gegnern geglaubt wurde. *I Makk.* und Josephus berichten von einem unechten Brief des | spartanischen Königs Areus (I. gestorben 265 v. Chr.) an den jüdischen Hohenpriester Onias (I.). Die

---

28 Eus. Pr. ev. IX 8,2 (GCS 43,1 ed. K. Mras S. 494); vgl. E. R. DODDS in: Entretiens V (1960), 5ff.; J. H. WASZINK, Entretiens XII (1966), 50ff. Zu Mose als Erfinder s. J. JEREMIAS, Art. ThWNT IV (1942), 854f. und K. THRAEDE, Art. Erfinder, RAC V (1962), 1244ff.

29 Zum Motiv: O. WEINREICH, Gebet und Wunder, Genethliakon W. Schmidt 1929 = DERS., Religionsgeschichtliche Studien, 1968, 118–179.

30 Zu magischen Moseschriften s. A.-M. DENIS, Introduction, 140; I. HEINEMANN, PRE 16, 1 (1933), 363; M. HENGEL, JuH, 436f.

31 R. GANSCHINIETZ, PRE 9, 1 (1914) 698ff.; M. HENGEL, JuH, 472, 476ff.

32 Texte: FGrH 727 = 273 F 102 = A.-M. DENIS, Fragmenta, 196f.; R. DORAN, OTP II, 883–887; FHJA I, 245–260; N. WALTER, JSHRZ I/2, 115–120. Vgl. A.-M. DENIS, Introduction, 259ff.; SCHÜRER[3], III/1, 526–528; R. DORAN, op. cit. (Anm. 14), 255–257. Es ist das einzige Fragment, das von Josephus, Ant. I 238–241, überliefert wird. Möglicherweise stammt es nicht aus Alexanders Über die Juden, sondern aus den Lybika; vgl. jedoch F. JACOBY, Komm. zu III a 273, S. 301.

Entstehung dieser Legende ist jedoch sicher nicht in Sparta, sondern in hellenistischen Kreisen Judäas im 3. Jh. v. Chr. zu suchen[33]. Auch der Hinweis auf die Freundschaft Abrahams mit den Vorfahren der Pergamener beruht auf ähnlichen Vorstellungen, dürfte jedoch aus einem echten Dokument aus der Zeit Hyrkans I. (134–105) stammen[34].

2.6 Diese synkretistisch gefärbte und zugleich nationalstolze „Geschichtsschreibung" in Prosa wird ergänzt durch zwei epische Werke und ein dramatisches Opus. Von dem *älteren Philo*[35] sind 24 Hexameter erhalten, die in dunkler, Lykophrons Kassandra nachahmender Sprache Isaaks Opferung durch Abraham, die Herrschaft Josephs über Ägypten und den angeblich international berühmten Wasserreichtum Jerusalems schildern. Auch dieses Werk dürfte trotz seines Titels *Über Jerusalem* vor allem die jüdische Geschichte dargestellt haben. Das Gegenstück dazu ist die Verherrlichung Sichems, der „heiligen Stadt" (ἱερὸν ἄστυ), in homerischen Hexametern durch den Samaritaner *Theodotos*[36]. Die Stadt wurde gegründet durch Sikimios, den *Sohn des Hermes*. D.h. Theodotos projiziert den nach *Gen.* 34 erwähnten König Emmor (hebr. ḥ^{a}môr) und seinen Sohn | Sikimios in die mythologische Urzeit zurück, verwandelt Emmor in Hermes und schafft die Möglichkeit einer Gründungssage, wie wir sie auch häufig bei Stephan von Byzanz finden[37].

2.7 Als letzter der von Alexander Polyhistor gesammelten Autoren wäre der *Tragiker Ezechiel*[38] mit seiner dramatischen Schilderung der Mose- und Ex-

---

33 I Makk. 12,7-9; Josephus, Ant. XII 226f.; vgl. XIII 164–170; I Makk. 12,5-23; II Makk. 5,9; dazu B. CARDAUNS, Juden und Spartaner, Hermes 95 (1967), 317–324; M. HENGEL, JuH, 133f.

34 Jos. Ant. XIV 255, dazu E. SCHÜRER, op. cit. (Anm. 16), III, 13.

35 Texte: FGrH 729 = A.-M. DENIS, Fragmenta, 203f.; H. ATTRIDGE, OTP II, 781–784; N. WALTER, JSHRZ IV/3, 1983, 148–153; vgl. A.-M. DENIS, Introduction, 270f.; Y. GUTMAN, Philo the Epic Poet, ScrHier 1 (1954), 36–63; SCHÜRER^{3}, III/1, 559–561; G. W. E. NICKELSBURG, The Bible rewritten and expanded, CRINT II/2, 89–156 (118–121). Gegen eine Identifizierung des von Josephus erwähnten „älteren Philo" (den dieser c. Ap. I, 218 als Heiden betrachtet, s.o. Anm. 23, zu Eupolemos) mit dem „Epiker Philo" wendet sich N. WALTER in JSHRZ IV/3, 139f., m.E. zu Unrecht.

36 Texte: FGrH 723 = A.-M. DENIS, Fragmenta, 204ff.; F. FALLON, OTP II, 785–793; N. WALTER, JSHRZ IV/3, 1983, 154–171; vgl. A.-M. DENIS, Introduction, 272f.; SCHÜRER^{3}, III/1, 561–563; G. W. E. NICKELSBURG, op. cit. (Anm. 35), 121–125; N. WALTER, op. cit. (Anm. 35), 110–112. Daß der Verfasser Samaritaner war, wird von N. WALTER (JSHRZ IV/3, 157ff.) wenig überzeugend bestritten: Auch ein Jude könne sich für Sichem interessieren, besonders in der Periode des definitiven Bruchs zwischen der jüdischen und samaritanischen Kultgemeinde, den er mit H. G. KIPPENBERG (Garizim und Synagoge, RVV 30, 1971) im 2. Jh. v. Chr. ansetzt, s. auch F. FALLON, OTP II, 786ff.; SCHÜRER^{3}, III/1, 561f. Vgl. jedoch den Lobpreis von Sichem-Neapolis in der samaritanischen Synagogeninschrift in Thessalonich: B. LIFSHITZ/J. SCHIBY RB 75 (1968), 369: αὔξι Νεάπολις μετὰ τῶν φιλούντων [αὐτήν...

37 E. SCHÜRER, op. cit. (Anm. 16), III, 500 Anm. 34.

38 Texte: A.-M. DENIS, Fragmenta, 207–216; B. SNELL, Tragicorum Graecorum Fragmenta I, 1971, Nr. 128; H. JACOBSON, The Exagoge of Ezekiel, 1983; R. G. ROBERTSON, OTP II, 803–819; E. VOGT, JSHRZ IV/3, 115–133; Eus. Pr. ev. IX 28, 2–4 (GCS 43,1, S. 525–527); vgl. Clem. Alex. Strom. I 23, 155, 2–7 und 156, 2; Eus. Pr. ev. IX 29, 4–16 (GCS 43, 1,

odusüberlieferung im Stile des Euripides zu nennen. Trencsényi-Waldapfel[39] sieht in diesem Werk einerseits ein klassisch gestaltetes Drama in fünf Akten, auf der anderen Seite weist er eine Reihe von Parallelen zum palästinischen *Midrasch* nach. Die Traumvision Moses erinnert an die zahlreichen Deutevisionen des palästinischen *Targums*[40]. Zu kühn ist dagegen wohl seine Vermutung, daß sich hinter dem Angriff gegen den Tragiker Theodektes in *Ps.-Arist.* 316, der mit Blindheit geschlagen wurde, weil er biblische Texte in ein Drama übertragen wollte, eine Polemik gegen das Werk des jüdischen Tragikers verberge. Die mögliche Entsprechung der Namen war bereits H. Graetz aufgefallen[41]. | Auf jeden Fall weist die Notiz in *Ps.-Aristeas* darauf hin, daß derartige Dramatisierungsversuche der heiligen Überlieferung auch bei Juden abgelehnt wurden, die sonst dem hellenistischen Geist positiv gegenüberstanden.

2.8 Es ist auffallend, daß alle diese so verschiedenartigen von Alexander Polyhistor zusammengestellten jüdischen und samaritanischen Autoren sich um die *positive Darstellung ihrer heiligen Geschichte* und gleichzeitig um den Nachweis ihrer *Überlegenheit gegenüber den nichtjüdischen Völkern*, vor allem den Ägyptern, Griechen und Phöniziern (= Kanaanäern) bemühen. Eine große Rolle spielt dabei der Altersbeweis und das Kulturbringermotiv, gegenüber synkretistischen Kombinationen ist man teilweise recht großzügig, dieselbe Freiheit zeigt man – mit Ausnahme des Demetrios – auch gegenüber der überlieferten biblischen Erzählung, die nach Belieben zur größeren Ehre des eigenen Volkes ausgestaltet wurde. Wir finden diese – für unsere Vorstellungen erstaunliche – Großzügigkeit freilich genauso in den palästinischen haggadischen Nacherzählungen der heiligen Geschichte, etwa im *Jubiläenbuch*, dem

---

S. 529–538). Ein anonymes Fragment über die Schlange als Versucherin findet sich bei Epiphanios, Pan. haer. 64, 29, 6 (GCS 31, S. 447f.). Vgl. A.-M. DENIS, Introduction, 273ff.; J. WIENECKE, Ezechielis Iudaei poetae Alexandrini fabulae quae inscribitur 'Ἐξαγωγή fragmenta, phil. Diss. Münster 1931; J. STRUGNELL, Notes on the Text and Metre of Ezekiel the Tragedian's ‚Exagoge', HThR 60 (1967), 449–457; H. JACOBSON, op. cit.; P. W. VAN DER HORST, ‚Moses' Throne Vision in Ezekiel the Dramatist, JJS 34 (1983), 21–29; B. Z. WACHOLDER – S. BOWMAN, Ezechielus the Dramatist and Ezekiel the Prophet: Is the Mysterious ζῷον in the 'Ἐξαγωγη a Phoenix? HThR 78 (1985), 253–277; dagegen H. JACOBSON, Phoenix Resurrected, HThR 80 (1987), 229–233; SCHÜRER³, III/1, 563–566; G. W. E. NICKELSBURG, op. cit. (Anm. 35), 125–130; N. WALTER, op. cit. (Anm. 35), 107f.

39 Une tragédie grecque à sujet biblique, AcOr 2 (1952), 143–164; vgl. auch A. KAPPELMACHER, Zur Tragödie der hellenistischen Zeit, WSt 44 (1924–5), 69–86 und B. SNELL, Ezechiels Mosedrama, AuA 13 (1967), 150–164.

40 Zur targumischen Deute-Vision, s. F. LENTZEN-DEIS, Die Taufe nach den Synoptikern, FTS 4, 1970, 201–248. Vgl. auch die Traum-Vision des Pharao TgJer. I zu Ex. 1 15ff., dazu die Parallele Josephus Ant. II 205f., sowie den Traum Amrams Ant. II 212ff. Vgl. weiter P. W. VAN DER HORST, Moses' Throne Vision in Ezekiel the Dramatist, JJS 34 (1983), 21–29; in DERS., Essays on the Jewish World of Early Christianity, NTOA 14, Freiburg Schweiz – Göttingen 1990, 63–71; DERS., Some Notes on the Exagoge of Ezekiel, op. cit., 72–93.

41 I. TRENCSÉNYI-WALDAPFEL, op. cit. 161 Anm. 27. In Wirklichkeit handelt es sich um den Rhetor Theodektes, einen Zeitgenossen des ebenfalls erwähnten Theopomp; s. E. DIEHL, PRE 2. R 5,2 (1934), 1725f.

Genesisapokryphon oder in den pseudophilonischen *Antiquitates biblicae*. Die Angleichung an die hellenistische Literatur betraf weniger den Inhalt als Form und Stil, dort, wo man auf die griechische Mythologie Bezug nahm, geschah es meist, um sie euhemeristisch zu entkräften oder sie der eigenen Tradition einzuordnen.

3.1 Unsere Ausgangsthese, daß in der Diaspora die schriftstellerische Individualität und damit das Bewußtsein des geistigen Eigentums stärker ausgeprägt war als im palästinischen Mutterland, wird erst recht durch die Werke der *großen Geschichtsschreiber und Religionsphilosophen* bestätigt: Jason von | Kyrene, Josephus, Justus von Tiberias[42], Aristobul und Philo von Alexandrien. Und dennoch lohnt es sich, kurz bei ihnen zu verweilen, weil deutlich wird, wie nahe Authentizität und Anonymität, echte Verfasserschaft und Pseudepigraphie beieinanderliegen.

3.2 Die in der 2. H. des 2. Jh.s v. Chr. entstandenen fünf Bücher des *Jason von Kyrene*[43] über den Aufstand des Judas Makkabäus und seine Vorgeschichte waren ein typisches Beispiel für die rhetorisch-pathetische Geschichtsschreibung. Erhalten sind sie jedoch nur noch in der Form einer anonymen Epitome aus dem Anfang des 1. Jh.s v. Chr., dem sogenannten *II. Makkabäerbuch*[44]. Der Epitomator hat nach seinem eigenen Urteil „all das, was von Jason von Kyrene in fünf Büchern dargelegt worden ist... auf ein einziges Buch zusammengedrängt“ (2,23). Freilich hat er nicht nur stark verkürzt, sondern auch je und je nach Belieben erweitert und verändert. Gemäß seinem Schlußwort 15, 38f wollte er den Leser durch „Wein... mit Wasser vermischt“ angenehm unterhalten. So beginnt er mit zwei Briefen, von denen der erste durch E. Bickerman als echtes Schreiben der Jerusalemer an die Judenschaft in Alexandrien erwiesen wurde (1,1-10a), während der 2. umfangreichere Brief eine Fälschung darstellt oder aber | zumindest stark interpoliert ist (1,10b-2,18)[45]. Weiter fügte der Epitomator im Anschluß an den Bericht vom Martyrium des

42 Fragmente: FGrH 734; FHJA I, 371–387; vgl. A.-M. Denis, Introduction, 267; vgl. Schürer³, I, 34–37; F. Rühl, RhM 71 (1916), 289–308. Leider ist von seinem Werk, das noch dem Patriarchen Photios vorgelesen wurde, praktisch nichts mehr erhalten.

43 S. die große Arbeit von J. G. Bunge, Untersuchungen zum zweiten Makkabäerbuch, phil. Diss. Köln 1971; M. Hengel, JuH, 176–183; Schürer³, III/1, 531–537.

44 Ed. R. Hanhart/W. Kappler, Septuaginta Göttingensis Bd. 9, 1959 Chr. Habicht, 2. Makkabäerbuch, JSHRZ I/3, 1976; O. Eissfeldt, op. cit. (Anm. 7), 785ff.; L. Rost, Einleitung in die alttestamentlichen Apokryphen und Pseudepigraphen, 1971, 58ff.; vgl. R. H. Pfeiffer, History of New Testament Times, New York 1949, 506–524; H. Bunge, op. cit. (Anm. 43), 153ff.; 595ff.; R. Doran, Temple Propaganda: the Purpose and Character of 2 Maccabees, CBQ.MS 12, Washington 1987; ders., op. cit. (Anm. 14), 274–295; J. A. Goldstein, II Maccabees, AB 41a, Garden City (N. Y.), 1987.

45 E. Bickerman, Ein jüdischer Festbrief vom Jahre 124 v. Chr. (II Makk. 1,1-19), ZNW 32 (1933), 233–254; in Studies II, 136–158. H. Bunge, op. cit., 32–152 hält auch II Makk. 1,10b-18a und 2,16-18 für einen echten Brief aus dem Jahr 164 und sieht in II Makk. 1,18b-2,15 eine Interpolation mit apokryphen „Aufzeichnungen der Denkwürdigkeiten Nehemias (2,13) und einem midraschartigen Exkurs über die Tempelrestauration“.

Schriftgelehrten Eleazar (6,18-31) die ganz aus dem Rahmen fallende Erzählung vom Märtyrertod der sieben Brüder mit ihrer Mutter vor dem König ein (c. 7). Sie wurde der Prototyp der späteren christlichen und jüdischen Märtyrerlegende und fand nicht nur Eingang in die rabbinische Tradition (*Gittin* 57b), sondern bildete die Grundlage zu einem stark stoisch geprägten philosophischen Traktat über die Frage, „ob die fromme Vernunft Selbstherrscherin der Triebe sei" (εἰ αὐτοδέσποτός ἐστιν τῶν παθῶν ὁ εὐσεβὴς λογισμός, *IV Makk.* 1,1). Auch diese Schrift war anonym, sie entstand im 1. Jh. n. Chr. vermutlich in Antiochien und wurde bereits von Euseb und Hieronymus dem Josephus zugeschrieben. Die heute übliche Bezeichnung *IV Makkabäerbuch* findet sich seit Synkellos[46].

3.3 Der jerusalemische Priester, Befehlshaber der Aufständischen in Galiläa und spätere Pensionär des flavischen Kaiserhauses, *Josephus*, ist diejenige hellenistisch-jüdische Schriftstellerpersönlichkeit, deren Individualität wir am besten erfassen können[47]. Dennoch stellt sich gerade bei seinem Hauptwerk, den Antiquitates, nicht nur die in der Antike allgegenwärtige Frage von „Dichtung und Wahrheit", | sondern auch die nach der Grenze zwischen tendenziöser Darstellung und bewußter Fälschung. Dies gilt etwa für die zahlreichen in seinem Werk verstreuten Briefe und Urkunden, über die man heute im ganzen positiver urteilt, als zur Zeit von H. Willrich[48]; die zahlreichen „Reden" sind

---

[46] Text bei A. Rahlfs, Septuaginta, Stuttgart, 1935, I, 1157–1184; O. F. Fritzsche, Libri Apocryphi Veteris Testamenti Graeci, 1971; dt. mit Einleitung von H.-J. Klauck, JSHRZ III/6, 1989 (Lit.!); engl. mit Einleitung von H. Anderson, OTP II, 531–564. Vgl. dazu O. Eissfeldt, op. cit. (Anm. 7), 831ff.; L. Rost, op. cit. (Anm. 44), 80ff.; Schürer^3, III/1, 588–593; E. Bickermann, The Date of Fourth Maccabees, in: ders., Studies I, 276–281; J. H. C. Lebram, Die literarische Form des vierten Makkabäerbuches, VigChr. 28 (1974), 81–96; U. Breitenstein, Beobachtungen zu Sprache, Stil und Gedankengut des Vierten Makkabäerbuches, 1976; H.-J. Klauck, Hellenistische Rhetorik im Diasporajudentum. Das Exordium des vierten Makkabäerbuchs (4 Makk 1,1-12), NTS 35 (1989), 451–465; B. Heininger, Der böse Antiochus. Eine Studie zur Erzähltechnik des 4. Makkabäerbuchs, BZ 33 (1989), 43–59. Zum philosophischen Hintergrund I. Heinemann, Poseidonios' metaphysische Schriften I, 1921, 154ff.; R. Renehan, The Greek Philosophic Background of Fourth Maccabees, RMP 115 (1972), 223–238; zur antiochenischen Märtyrertradition, s. E. Bickerman, Les Maccabées de Malala, Byz. 21 (1951), 63–83; O. Perler, Das Vierte Makkabäerbuch, Ignatius von Antiochien und die ältesten Märtyrerberichte, RivAC 25 (1949), 47–72; A. O'Hagan, The Martyr in the Fourth Book of Maccabees, SBFLA 24 (1974), 94–120; H.-J. Klauck, JSHRZ III/6, 674–677; G. M. Dehandschutter, Martyrium und Agon. Über die Wurzeln der Vorstellung von AGON im vierten Makkabäerbuch, in: ders., J. W. v. Henten, H. J. van der Klaauw (Hg.), Die Entstehung der jüdischen Martyrologie, StPB 38, Leiden 1989, S. 215–219.

[47] M. Hengel, Die Zeloten, AGSU 1, ^{2}1976, 6–16.

[48] S. oben Anm. 20; vgl. ders., Judaica. Forschungen zur hellenistisch-jüdischen Geschichte der Literatur, 1900, und die schroff antijüdische Herodesbiographie: Das Haus des Herodes zwischen Jerusalem und Rom, 1929. Das Urteil von A. Schalit, König Herodes, SJ 4, 1969, IX: „das Werk zeugt für den leidenschaftlichen Judenhaß des Verfassers" ist keine Übertreibung. Zu den jüdischen Urkunden s. E. Bickerman, Une question d'authenticité, Les privilèges juifs, in ders., Studien II, 24–43.

dagegen völlig frei gestaltet. In der Darstellung der alttestamentlichen Geschichte verwendet Josephus nicht nur häufig zur Ausmalung die palästinische Haggada[49], sondern auch die bunten Farben des hellenistischen Romans. Die Szene von Joseph und Potiphars Weib spinnt er unter Verwendung des Hippolytos-Motivs zu einer dramatischen Liebesnovelle aus[50]; die mit reichem nichtbiblischem Material ausstaffierte Mosegeschichte erhält den Charakter eines biographischen Romans, wobei er auf Traditionen zurückgreift, die auch Artapanos verwendet hat. Ein weiteres Problem ist die | Fragwürdigkeit gewisser Quellen. Zwar betont Josephus immer wieder die Zuverlässigkeit seines Berichts[51], aber gerade bei den jüdischen Quellen war nicht zuletzt der Gesichtspunkt wesentlich, ob sie der höheren Ehre seines Volkes und seines Gesetzes dienen, das älter und größer ist als alle griechische Weisheit. Aus diesem Grunde arbeitet er den Aristeasbrief als eine für ihn zuverlässige Quelle ein[52], ja er möchte nach dem Prolog der *Antiquitates* für den griechischen Leser dieselbe Rolle spielen wie der Hohepriester Eleazar für Ptolemaios II. Philadelphos und wünscht dem Leser den gleichen Eifer, wie ihn der König dem Gesetz entgegenbrachte (*Ant.* I 10–12). Weiter zitiert er als erster jüdischer

---

[49] S. Rappaport, Agada und Exegese bei Flavius Josephus, Wien 1930; B. Heller, Grundzüge der Aggada des Flavius Josephus, MGWJ 80 (1936), 237–246) (241 ff.): Apologetische Tendenzen = Verschweigen, Harmonisierung, Rettungen, Beschönigungen, Verherrlichungen, rationale Begründungen, Flucht vor dem Anonymen, Hellenisierungen, Allegorese; I. Heineman, Josephus' Method in the Presentation of Jewish Antiquities, Zion 5 (1940), 180–203 (hebr.). Auf weite Strecken folgt Josephus getreu dem alttestamentlichen Geschichtsbericht; s. N. G. Cohen, JQR 45 (1963–4), 31–332. S. weiter zur Geschichtsdarstellung des Josephus H. W. Attridge, The Interpretation of Biblical History in the Antiquitates Judaicae of Flavius Josephus, Missoula 1976; und vor allem L. H. Feldman, Josephus as a Biblical Interpreter: the Aqedah, JQR 75 (1984/85), 212–252; ders., Josephus' Portrait of Saul, HUCA 53 (1982), 45–100; ders., Josephus' portrait of Jacob, JQR 79 (1988/89), 101–151; ders., Josephus' Version of Samson, JSJ 19 (1989), 171–214; ders., Josephus' Portrait of Deborah, in: Hellenica et Judaica, Hommage à V. Nikiprowetzky, ed. A. Caquot etc., Leuven 1986, 115–128; ders., Josephus' Portrait of David, HUCA 60 (1989), 129–174. Th. W. Franxman, Genesis and the ‚Jewish Antiquities' of Flavius Josephus, Rome 1979; T. Rajak, Josephus. The Historian and his Society, London 1983; P. Villalba i Varneda, The Historical Method of Flavius Josephus, ALGHJ 19, Leiden 1986.

[50] *Ant.* II 41–59; M. Braun, Griechischer Roman und hellenistische Geschichtsschreibung, FSRKA 6, 1934, 58, 23–117: die „älteste uns bekannte romanhaft ausgestaltete ‚Phädrafabel'", vgl. ders.: History and Romance in Graeco-Oriental Literature, Oxford 1938, 44–93; H. Sprödowsky, Die Hellenisierung der Geschichte von Joseph in Ägypten bei Flavius Josephus, GBLS 18, 1937. M. Hadas, Hellenistic Culture, New York/London 1959, 153 ff.; H. J. Tschiedel, Phaedra und Hippolytos, phil. Diss. Erlangen 1969, 33 ff.; E. W. Smith, Joseph Material in Joseph and Asenath and Josephus Relation to the Testament of Joseph, in: G. E. Nickelsburg (ed.), Studies on the Testament of Joseph, Missoula 1975, 133–137. S. auch unten S. 222 das T. Joseph.

[51] Bell. I 16; VII 455; Ant. I 4,16 f.; VIII 56; XVI 187; XX 157.

[52] Ant. XII 12–118 und c. Ap. II 45–47. Er macht u.a. Apion den Vorwurf, diese „Quellen" übersehen zu haben; vgl. auch A. Pelletier, S. J., Flavius Josèphe adaptateur de la lettre d'Aristée, Paris 1962; L. H. Feldman, op. cit. (Anm. 49), 208–210 (Lit.!).

Autor die Sibylle[53] und übernimmt aus einem jüdischen *Alexanderroman* den Bericht von der Huldigung Alexanders vor dem Hohenpriester in Jerusalem. U. a. sei dort Alexander das *Danielbuch* mit der Weissagung, daß ein Grieche das Perserreich zerstören werde, gezeigt worden und er habe dies sofort mit Freuden auf sich bezogen (*Ant.* XI 313–347). Derartige Alexanderlegenden tauchen später nicht nur in der talmudischen Überlieferung auf, sondern auch in gewissen Versionen des *Alexanderromans* von Ps. Kallisthenes[54]. Eine weitere Quelle berichtet über das Schicksal der ersten jüdischen „Bankiersfamilie“, der Tobiaden[55], und schließ|lich verbindet er die im *Bellum* noch einseitig vorherrschende positive Darstellung des Herodes durch Nikolaos von Damaskus mit einer schroff antiherodianischen Quelle, vermutlich priesterlicher Herkunft. Da Josephus in der Regel nur seine nichtjüdischen Quellen nennt, wissen wir nicht, ob es sich hier um anonyme, pseudonyme oder durch den Verfassernamen gekennzeichnete Quellen handelt. In seiner Apologie *C. Apionem*, wo er sich besonders um den Altersbeweis bemüht, verwendet er nicht nur das gefälschte Geschichtswerk des Hekataios *Über die Juden* (s. unten S. 247f.), sondern möglicherweise auch teils projüdisch, teils antijüdisch überarbeitete Manethotexte[56].

3.4 Der erste bekannte jüdische Religionsphilosoph ist *Aristobul*[57]. Seine durch Clemens Alexandrinus und Euseb erhaltene Lehrschrift wurde seit Richard Simon, 1685, in ihrer Echtheit immer wieder angefochten, in neuerer Zeit vor allem durch A. Elter und P. Wendland. Man sah in dieser Schrift „das Produkt eines christlichen... pseudonym schreibenden Philon-Nachahmers aus dem 2. oder 3. Jh. n. Chr.“[58]. Mit einer gründlichen Arbeit hat N. Walter

---

53 Ant. I 118 = Sib. III 97–104, vermutlich nach Alexander Polyhistor wegen des Plurals; vgl. A. Rzach, PRE 2, R. 2,2 (1923), 2101, anders Jacoby FGrH 273 F 79,4 dazu Komm. S. 283; 289; vgl. auch Abydenos FGrH 685 F 4b,2.

54 Lit. bei W. Speyer, Fälschung, 164, Anm. 10; weiter F. Parthe, Der griechische Alexanderroman, Rez. Γ Buch III, BKP 33, 1969, 402f.; 406f. Zur talmudischen Literatur s. Bill. IV, Index S. 1214 s. v. Alexandersagen; vgl. unten Anm. 76. Zu diesem Thema bei Josephus vgl. A. D. Momigliano, Flavius Josephus und Alexander's Visit to Jerusalem, Ath. 57 (1979), 442–448; G. Delling, Alexander der Große als Bekenner des jüdischen Gottesglaubens, JSJ 12 (1981), 1–51; L. H. Feldman, op. cit. (Anm. 49), 207f.

55 Ant. XII 160–236, dazu M. Hengel, JuH 486–503; vgl. weiter J. A. Goldstein, The Tales of the Tobiads, in: J. Neusner (ed.), Christianity, Judaism and other Greco-Roman Cults. Studies for Morton Smith at 60, SJLA 12/3, Leiden 1975, 85–123; L. H. Feldman, op. cit. (Anm. 49), 215–217 (Lit.!).

56 R. Laqueur, PRE 14, 1 (1928), 1064–1080, vgl. W. Helck, KP 3 (1969), 952; weiter Schürer^3, III/1, 595f. 610f.; sowie L. Troiani, Sui frammenti di Manetone nel primo libro del Contra Apionem di Flavio Giuseppe, SCO 24 (1975), 97–126.

57 Text: A.-M. Denis, Fragmenta, 217–228; engl. von A. Yarbro Collins, OTP II, 831–842; dt. von N. Walter, JSHRZ II/2, 1975, 261–279. Vgl. dazu N. Walter, Der Thoraausleger Aristobulos, TU 86, Berlin 1964 (Lit.!); Schürer^3, III/1, 579–587.

58 S. den Forschungsüberblick von N. Walter, op. cit. 1–6 (zit. S. 2); vgl. ders., Anfänge alexandrinisch-jüdischer Bibelauslegung bei Aristobulos, Helikon 3 (1963), 353–372 und ders., Frühe Begegnungen zwischen jüdischem Glauben und hell. Bildung in Alexandrien,

ihre Echtheit nachgewiesen, nachdem schon R. Keller die Verwandtschaft mit der Sprache eines Polybios, Diodor und der ptolemäischen Papyri aufgezeigt hatte[59]. In einer ca. 170 | v. Chr. dem jungen Ptolemaios VI. Philopator gewidmeten Lehrschrift deutet Aristobul mit seiner gegenüber dem späteren *Aristeasbrief* und Philo noch wenig entwickelten Allegorese die anthropomorphe Redeweise des *Pentateuch* (*Pr. ev.* VIII 9, 38-10, 17), in einem weiteren Fragment betont er als erster die Abhängigkeit Platos und Pythagoras' von Mose und äußert im Gegensatz zum späteren *Aristeasbrief* die Hypothese einer älteren griechischen Teilübersetzung des mosaischen Gesetzes, die schon Plato vorgelegen habe, das ganze Gesetz sei dann auf Betreiben von Demetrios von Phaleron unter Ptolemaios III. Philadelphos übersetzt worden; d.h. er kennt schon die Legende, die später Ps. Aristeas literarisch ausgestaltet hat. Zur Unterstützung seiner Meinung, daß „Pythagoras, Sokrates und Plato" die Erschaffung und Erhaltung der Welt durch die Kraft des einen Gottes erkannt hätten, beruft er sich auf den noch älteren Orpheus (s.u. S. 242). Unmittelbar darauf folgt das Zitat des berühmten Anfangs der *Phainomena* von Aratos, wobei Aristobul ausdrücklich begründet, warum er den Begriff Zeus des Originals durch „ϑεός" ersetzt: „Alle Philosophen sind sich darüber einig, daß man von Gott heilige Begriffe haben müsse. Unsere Schule (αἵρεσις) dringt mit Recht am meisten darauf" (Pr. ev. XIII, 12, 6–8). Man kann aus dieser Begründung seiner Änderung schließen, daß Aristobul seine Quellen *bona fide* verwendete und selbst kein Fälscher war[60], auch wenn er gegen Ende | seiner Lehrschrift einige gefälschte bzw. veränderte Hesiod- und Homerverse sowie Verse des mythischen Sängers Linos über die Bedeutung des 7. Tages, bzw. der Siebenzahl überhaupt, anführt, die für ihn wie für die Pythagoreer ontologische Bedeutung besaß. Bei Clemens Alexandrinus erscheinen die Linosverse unter dem Namen des Kallimachos[61]. Wahrscheinlich stammten sie aus einem Florilegium jüdisch-pythagoreischen Ursprungs[62].

Neue Beiträge z. Gesch. d. Alten Welt I, 1964, 367–378. Von „(Pseudo-)Aristobulos" spricht selbst noch P. Katz, ZNW 47 (1956), 212.

[59] R. Keller, De Aristobulo Judaeo, phil. Diss. masch. Bonn 1948. Zur Charakterisierung, s. N. Walter, op. cit. (Anm. 57), Anm. 4 und 120f. Vgl. auch M. Hengel, JuH 295–307; A.-M. Denis, Introduction, 277–283; J. G. Bunge, op. cit. (Anm. 43), 53ff.; 67ff.

[60] Man sollte darum besser nicht vom „jüdischen Fälscher Aristobolus" sprechen, s. W. Speyer, Fälschung, 101. Gegen Speyer 162 weist Aristobolus nicht aus „Vorsicht" auf die Änderung des Aratoszitats hin, sondern aus theologischen Gründen. Es lehnt bewußt die Verwendung des heidnischen Gottesnamens ab. Ps. Aristeas 16 und Josephus Ant. XII 22 sind in diesem Punkt weniger empfindlich, vgl. M. Hengel, JuH 481ff. Vgl. auch die euhemerisierende Deutung des Gottesnamens Zeus, Sib. III 141. Anders Ant. XIII 260: der jüdische Gesandte Diodoros Sohn des Jason in Rom; Philo, De prov. 2,91, der Ausruf „beim Zeus" (vgl. auch 2, 8. 13. 16. 25. 35–7. 46. 80. 89) und das Testament des Orpheus bei Ps. Justin, unten (242). Gegen eine derartige „leichtfertige" Verwendung des Begriffs „Zeus" will Aristobul mit diesem Hinweis polemisieren.

[61] A.-M. Denis, Fragmenta, 226 (Strom. V 14, 107, 4) vgl. unten, S. 243f.

[62] N. Walter, op. cit. (Anm. 57), 150–171; vgl. W. Speyer, loc. cit. (Anm. 60). Ähnlich

3.5 Es ist ein Zeichen für die gründliche, wohl alle seine jüdischen Vorgänger und Zeitgenossen überragende griechische Bildung *Philos*, daß er, der die griechischen Dichter und Philosophen seit Homer und den Ioniern häufig erwähnt und zitiert, niemals derartige Tendenzfälschungen verwendet. Orpheus und die Sibylle erwähnt er überhaupt nicht. Aber auch die Prophetenbücher und Hagiographen treten völlig zurück, obwohl er – wie seine Schrift *De praemiis et poenis* zeigt – eine sehr realistische, politisch-nationale Eschatologie besaß. Erst recht läßt sich bei ihm keine Kenntnis von Apokalypsen und anderen Pseudepigrapha nachweisen. Sein Interesse konzentrierte sich in erster Linie auf die Interpretation des von Gott offenbarten *Pentateuch* mit Hilfe der alexandrinischen Hermeneutik, vor allem der Allegorese. Selbstverständlich war auch er überzeugt vom höheren Alter der jüdischen Religion und der Abhängigkeit der griechischen Philosophen von Mose[63], aber er bedurfte | zur Unterstützung dieser Meinung keines Rückgriffs auf trübe Quellen. Wenn er in seiner *Vita Mosis* den Heros in der Form eines philosophischen Erziehungsromans nach Art der *Cyropaedie* Xenophons verherrlicht, ihn zu einer übermenschlichen Gestalt hochstilisiert und sich reicher haggadischer und psychologischer Ausmalung bedient, obgleich er sich damit weit von den schlichten Aussagen der LXX entfernt[64], so entspricht dies der philosophisch-rhetorischen Manier seiner Zeit und dem Geschmack der griechisch gebildeten Leser, die er mit diesem apologetischen Roman ansprechen wollte. Ähnlich ist es auch mit den von der Tendenz her verwandten Schriften *C. Flaccum* und *Legatio ad Gaium*. Von modernen Vorstellungen her müßte der angebliche *Brief des Agrippa I. an Caligula* sicher als Fälschung betrachtet werden, denn er wurde, wenn überhaupt – Josephus berichtet hier ganz anders –, gewiß nicht in dieser barocken, manierierten Weise geschrieben; aber selbst hier folgt Philo nur der literarischen Konvention[65]. Als Schriftsteller und Gelehrter steht Philo in einsamer Höhe über den anderen jüdischen Literaten der hellenistisch-römi-

---

wie bei Orpheus (s. u. S. 242ff)) erweckte der Pythagoreismus das Interesse gewisser jüdischer Kreise – nicht umgekehrt, s. H. THESLEFF, An Introduction to the Pythagorean Writings, AAAbo. H, 1961, 48ff.

63 Zu den griechischen Schriftstellern bei Philo, s. den Sachweiser zu Philo von W. Theiler in: Philo von Alexandria. Die Werke in deutscher Übersetzung. VII, 1964, 388–392; weitere Literatur bei E. HILGERT, Bibliographia Philoniana 1935–1981, ANRW II/21/1, 47–97 (67–70); R. RADICE, D. T. RUNIA, Philo of Alexandria. An Annotated Bibliography, VigChr. S 8, Leiden... 1988, s. Index. Vgl. SCHÜRER^3 III/2, 871ff.; H. A. WOLFSON, Philos, Cambridge Mass. 1962, I, 87–115; 140ff.: In Quaest. in Gen. 4,152 erscheint bereits das Diebstahlmotiv; ähnlich Spec. leg. 4, 61, dazu K. THRAEDE, RAC 5 (1962), 1243f. s. u. Anm. 161.

64 L. TREITEL, Agada bei Philo, MGWJ 53 (1909), 28–45; 159–173; 286–291; E. STEIN, Philo und der Midrasch, BZAW 57, 1931; vgl. A. PRIESSNIG, Die literarische Form der Patriarchenbiographen des Philon von Alexandrien, MGWJ 73 (1929), 143–155.

65 Leg. ad C., 276–329; vgl. dagegen Josephus Ant. XVIII 289–301. E. M. SMALLWOOD, Philonis Alexandrini legatio ad Gaium, Leiden 1961, 291f., hält den zeitgenössischen Bericht Philos für ursprünglicher, räumt jedoch ein: „the letter given by Philo is probably not a verbatim copy of that actually written by Agrippa, but, in accordance with the conventions of

schen Zeit, das Problem der tendenziösen Fälschung tritt an ihn am wenigsten heran. Auch darin zeigt sich die Überlegenheit seiner griechisch-jüdischen Bildung.

3.6 Damit hätten wir den Kreis der hellenistisch-jüdischen Verfasser abgeschritten, von denen eine gewisse | schriftstellerische Individualität sichtbar wird. Sie sind durchweg *Tendenzschriftsteller*: Im Mittelpunkt ihres Bemühens steht die Darstellung der Geschichte und religiösen Anschauungen und heiligen Traditionen ihres Volkes. Gemeinsam ist ihnen weiter die apologetische Auseinandersetzung mit der griechischen Kultur, an der sie jedoch selbst durch ihre literarische Bildung mehr oder weniger teilhaben. In der Frage des Altersbeweises und der Abhängigkeit der griechischen Philosophie wird die Frage der geschichtlichen Wahrheit und Wirklichkeit – die sie im modernen kritischen Sinne freilich noch gar nicht stellen konnten – der apologetischen Tendenz völlig untergeordnet. Die Vergangenheit wird ganz unter dem Gesichtswinkel der Probleme der Gegenwart gesehen, sie hat für dieselbe paradigmatische Bedeutung. Die verwendeten Quellen wie auch die Methode ihrer Kombination ist häufig von zweifelhafter Art und die Abgrenzung gegenüber der wirklichen Fälschung ist oft nur schwer möglich. Diese Tendenz war mitbedingt durch die seit den Makkabäerkämpfen immer stärker anschwellende antijüdische Literatur, die die Juden und ihre Vergangenheit in z.T. unsinniger Weise diffamierte, wobei selbst bedeutende Schriftsteller wie Tacitus derartigen Behauptungen Glauben schenkten[66]. Diese sogenannte „apologetische“ Literatur diente freilich nicht nur der Verteidigung der Juden nach außen, sondern mindestens eben so sehr den literarischen Bedürfnissen des gebildeten jüdischen Publikums, einschließlich der heidnischen Sympathisanten. Gegenüber der überwiegend judenfeindlichen Umwelt bedurfte gerade das Selbstbewußtsein der Gebildeten je und je der Festigung, der Abfall vom angestammten Glauben war in diesen Kreisen keine Seltenheit. Das beste Beispiel dafür bietet Tiberius Iulius Alexander, | der Neffe Philos, der Prokurator in Judäa und spätere Präfekt in Ägypten[67].

4.1 Diese mehr oder weniger mit griechischem Geist durchtränkte, unter dem Verfassernamen verbreitete Literatur bildete freilich nur eine Art von *Überbau*. Darunter gab es eine breite Schicht von *volkstümlichen, erbaulichen Schriften*, die ähnlich wie der größte Teil des palästinischen Schrift-

ancient historiography, merely reproduces its general contents.“ Selbst dies scheint mir noch fraglich zu sein.

66 S. dazu die Texte bei Th. Reinach, Textes d'auteurs grecs et romains relatifs au Judaisme, 1895 (Nachdr. 1963) und I. Heinemann, Art. Antisemitismus, PRE Suppl. 5 (1931), 3–43.

67 V. T. Burr, Tiberius Julius Alexander, Würzburger Jahrbücher f. d. Altertumswiss. 5, 1950/1; E. G. Turner, JRS 44 (1954), 54–64; V. A. Tcherikover/A. Fuks, CPJ II, 1960, 188–197.

tums als *anonyme* Werke ohne Verfassernamen oder aber als *Pseudepigraphen* mit dem Namen einer Autorität der heiligen Vorzeit verbreitet wurden.

4.2 Hier wäre zunächst die *Novelle* nach der Art der palästinischen (bzw. babylonischen) Bücher *Ruth, Esther, Judith, Jona* oder *Tobit* zu nennen[68]. Diese Novellen wurden, wie auch die jüdischen Weisheitsbücher *Hiob, Proverbia* und *Ben-Sira*, noch während des 2. Jh.s ins Griechische übersetzt. Der Enkel des Ben-Sira, der das Werk seines Großvaters ins Griechische übertrug, schildert im Prolog die Schwierigkeiten einer derartigen Übertragung. Der vermutlich unechte Brief *II Makk.* 1,10-2,18 verweist auf die angeblich von Nehemia begründete Bibliothek in Jerusalem und schließt mit dem Hinweis an die Alexandriner: „Wenn ihr nun davon braucht, so laßt es euch holen" (2,13 ff)[69]. D. h. die griechischsprechende Diaspora war – trotz ihrer eigenen Produktion – auf literarischem Gebiet stark vom Mutterland abhängig. Diese Abhängig|keit wurde von Palästina aus gefördert, weil auf diese Weise die geistige und politische Bindung der Diaspora an Jerusalem gefestigt werden konnte. Nur der „skeptische" Kohelet wurde erst später ins Griechische übertragen.

4.3 Ein typisches Beispiel bietet dafür das Buch *Esther*. Nach seinem Kolophon wurde es in Jerusalem von einem gewissen Lysimachos ins Griechische übersetzt und von dem Priester Dositheos und seinem Sohn Ptolemaios als „Festbrief des Purim" nach Alexandrien gebracht, vermutlich mit dem Ziel, dort die Feier dieses Festes einzuführen. Bezeichnend ist nun, daß diese griechische Fassung keine bloße Übersetzung mehr, sondern eine durch Zusätze *wesentlich erweiterte Bearbeitung* darstellt, wobei sich – entsprechend der Änderung des geistigen Klimas durch die Makkabäerkämpfe – das fremdenfeindliche Motiv verstärkt hat. In *Esther* 9,24 wird aus dem Agagiter Haman der Makedone Haman und in dem in original griechischer Sprache abgefaßten, zusätzlich hinzugefügten Dekret des Artaxerxes wird nicht nur Mardochai als σωτήϱ und εὐεϱγέτης des Königs gepriesen, sondern zugleich Haman beschuldigt, er hätte „das Reich der Perser in die Hände der Makedonen spielen wollen" (τὴν τῶν Πεϱσῶν ἐπικϱάτησιν εἰς τοὺς Μακεδόνας μετάξαι *E.* 10-14 = 8,12 k-p). Bedenkenlos wird die ältere Erzählung der neuen politischen Situation angepaßt[70].

4.4 Auch das *Danielbuch*, hinter dem ja von Anfang an eine breitere Erzählungstradition steht, erhält in einer griechischen Fassung liturgische und novel-

---

[68] Zur jüdisch-palästinischen Novelle und Weisheitsliteratur, s. M. SMITH, in: Fischer Weltgeschichte 5, Griechen und Perser, hrsg. von H. Bengtson 1965, 364 f.; M. HENGEL, JuH 202 ff.

[69] *Op. cit.*, 186 ff.; J. G. BUNGE, op. cit. (Anm. 43), 111 f.; 137 ff.

[70] Zu den Zusätzen zu Esther vgl. H. BARDTKE, Zusätze zu Esther, JSHRZ I/1, 1973, 15–62; weiter E. BICKERMAN(N), The Colophon of the Greek Book of Esther, DERS., Studien I, 225–245; DERS., Notes on the Greek Book of Esther, op. cit. 246–275; R. H. PFEIFFER, op. cit. (Anm. 44), 304–312; O. EISSFELDT, op. cit. (Anm. 7), 800 ff.; L. ROST, op. cit. (Anm. 44), 61 ff.; M. HENGEL, JuH, 58, Anm. 211.187 f. 202. 560; SCHÜRER[3] III/2, 718–720.

listische *Zusätze*[71]. | Aus dem Rahmen fällt vor allem die *Susanna-Novelle*, sie stellt eine weisheitlich-volkstümliche Erzählung dar, die in Daniel nicht den königlichen Berater und apokalyptischen Seher, sondern den weisen Richter sieht[72]. Bereits Sextus Iulius Africanus hat in einem *Brief an Origenes* mit historisch-kritischem Scharfsinn die Echtheit dieser Novelle bezweifelt. U.a. wies er darauf hin, daß sie in originalem Griechisch abgefaßt sei und mit dem biblischen Daniel nichts zu tun haben könne[73].

4.5 In das sogenannte apokryphe *Erste Esrabuch* (= III. Esra), das eine durch freie Zusammenstellung von Texten aus *II Chronik, Esra* und *Nehemia* gewonnene Geschichte von der Passafeier enthält, hat der Kompilator eine weisheitlich-volkstümliche Novelle vom *Rätselwettkampf der drei Pagen* (c. 3–5, 3) eingefügt, zu deren Helden er Serubabel machte. Vermutlich wollte er die aufgrund der vielen Listen und königlichen Erlasse trockene Materie durch diese Szene für den Leser schmackhafter machen. Josephus mit seinem guten Sinn für dramatische Effekte legte seinem Bericht in den *Antiquitates* nicht die kanonischen Bücher von *Esra* und *Nehemia* zugrunde, sondern eben diese apokryphe Kompilation, wobei er die *Drei-Pagen-Novelle* noch weiter ausmalte (*Ant.* XI 31–68)[74].|

---

[71] Vgl. O. Plöger, Zusätze zu Daniel, JSHRZ I/1, 1973, 63–87; R.H. Pfeifer, op. cit., 433–456; O. Eissfeldt, op. cit., 797ff.; L. Rost, op. cit., 64ff., sowie jetzt K. Koch, Deuterokanonische Zusätze zum Danielbuch: Entstehung und Textgeschichte, I: Forschungsstand, Programm, Polyglottensynopse; II: Exegetische Erläuterungen, AOAT 38, Kevelaer – Neukirchen-Vluyn 1987.

[72] W. Baumgartner, Susanna. Die Geschichte einer Legende, ARW 24 (1926), 258–280; ders., Der weise Knabe und die des Ehebruchs beschuldigte Frau, ARW 27 (1929), 187f., beide jetzt in: ders., Zum Alten Testament und seiner Umwelt. Ausgewählte Aufsätze, Leiden 1959, 42–67; R. A. F. McKenzie, The Meaning of the Susanna Story, CJT 3 (1957), 211–218; F. Zimmermann, The Story of Susanna and its Original Language, LQR 4 (1957–8), 236–241; J.T. Milik, Daniel et Susanne à Qumrân?, in: J. Doré... (eds.), De la Torah au Messie, Mélanges H. Cazelles, 1981, 337–359; C. A. Moore, op. cit. (Anm. 70), 77–116; H. Engel, Die Susanna-Erzählung, OBO 61, Freiburg Schweiz 1985.

[73] W. Speyer, Fälschung, 153, Anm. 2.

[74] Textausgabe: R. Hanhart, Esdrae Liber I, Septuaginta. Vetus Testamentum Graecum VIII, 1, Göttingen 1974; dt. bei K.F. Pohlmann, 3. Esra-Buch, JSHRZ I/5, 1980. Vgl. R. Hanhart, Text und Textgeschichte des I. Esrabuches, 1974, R.H. Pfeiffer, op. cit., 233–257. O. Eissfeldt, op. cit., 777ff.; L. Rost, op. cit., 71ff.; M. Hengel, op. cit., 57f.; K.F. Pohlmann, Studien zum dritten Esra, 1970, 74–126. Zur Pagenerzählung vgl. besonders F. Zimmermann, The Story of the Three Guardsmen, JQR 54 (1963/4), 179–200; W. Th. In der Smitten, Zur Pagenerzählung im 3. Esra (3 Esr III, 1-5,6), VT 22 (1972), 492–495; G. W. E. Nickelsburg, op. cit. (Anm. 35), 131–135. Gegen W. Speyer, Fälschung, 164 kann man die „Urkunden im dritten Buch Esra“ nicht generell als „unecht“ bezeichnen, da sie nur Wiedergaben der aramäischen Dokumente des hebräischen Esrabuches darstellen, deren Echtheit heute – im Rahmen des in antiker Geschichtsschreibung Üblichen – durchaus positiv beurteilt wird: III Esra 6,7-22 = Hebr. Esra 5,6-17; 6,23-26 = 6,3-5; 6,26-33 = 6,6-12; 8,9-24 = 7,12-26. Vgl. dazu W. Rudolph, Esra und Nehemia, HAT 20, 1949, 51–77; s. dort auch IV–XIX und XVII zu den Motiven des Josephus. Auch das Urteil Speyers über die Urkunden von I Makk, loc. cit. ist zu einseitig.

4.6 Ganz anderer Art sind die in vielen, z.T. Epiphanios von Salamis zugeschriebenen Rezensionen überlieferten *Vitae Prophetarum*[75]. Hinter der christlichen Überarbeitung steht eine jüdisch-hellenistische Urschrift, die ihrerseits wieder auf palästinische Überlieferungen gründet. Die besonders ausführliche *Jeremiasvita* scheint in ihrer Urform auf einen ägyptischen Juden zurückzugehen. Sie berichtet nicht nur (Vit. Proph. 2, 1), daß Jeremia in Taphnai in Äypten (vgl. *Jer.* 43,9) gesteinigt worden sei, sondern auch, daß sein Grab Heilung bei Schlangenbissen verschaffe. Diese Legende wurde mit der jüdisch-hellenistischen Alexandersage verbunden. Der makedonische König habe die Gebeine des Propheten nach Alexandrien gebracht, sie dort „verehrungsvoll an verschiedenen Stellen im Kreis um die Stadt beigesetzt" und so Schlangen und Krokodile aus dem Stadtgebiet vertrieben[76].

4.7 Ausgesprochen romanhaften Charakter besitzt die in gutem Griechisch geschriebene, aus der ägyptischen Diaspora stammende reizvolle Schrift *Joseph und Aseneth*[77]. Der Titel wechselt in den verschiedenen Handschriften und Versionen: *Gebet, Bekehrung* oder auch *Leben Aseneths*. Dies zeigt, daß

---

[75] Ed. TH. SCHERMANN, Prophetarum vitae fabulosae, Indices apostolorum discipulorumque Domini, BT 1907; engl. D. R. A. HARE, OTP II, 379–399; vgl. ED. TH. SCHERMANN, Propheten- und Apostellegenden..., TU 31, 3 (1907); A.-M. DENIS, Introduction, 85–90; SCHÜRER^3, III/2, 783–786. Grundlegend jetzt A. M. SCHWEMER, Studien in den frühjüdischen Prophetenlegenden Vitae Prophetarum, I/II, TSAJ 49/50, 1995/6.

[76] Ed. TH. SCHERMANN, 71, 15ff. vgl. 44, 19ff.; 63, 3ff.; dazu J. JEREMIAS, Heiligengräber in Jesu Umwelt, 1958, 15ff.; F. PFISTER, Eine jüdische Gründungsgeschichte Alexandrias, SAH 1914, 11, 20ff.; DERS. Alexander der Grosse in den Offenbarungen der Griechen, Juden ..., AAB 1956, 3, 24ff.; 29f.; 47; A. M. SCHWEMER, op. cit. I, 180–202.

[77] Text: P. BATIFOL, Le Livre de la Prière d'Aseneth, in: Studia Patristica I–II, Paris 1889–90, 1–115; M. PHILONENKO, Joseph et Aséneth. Introduction, texte critique, traduction et notes, StPB 13, 1968 dazu kritisch C. BURCHARD, Zum Text von „Joseph und Aseneth", JSJ 1 (1970), 3–34. Übersetzungen: C. BURCHARD, Joseph und Aseneth, JSHRZ II/4, 1983; DERS., OTP II, 177–247. Vgl. DERS., Untersuchungen zu Joseph und Aseneth, WUNT 8, 1965; DERS., Joseph et Aséneth: Questions Actuelles, in: W. C. van Unnik (ed.), La Littérature juive entre Tenach et Mischna, 1974, 77–100; A.-M. DENIS, Introduction, 40–48; SCHÜRER^3 III/1, 546–552; E. W. SMITH JNR., Joseph and Asenath and Early Christian Literature: A Contribution to the Corpus Hellenisticum Novi Testamenti, Claremont Ph. D., 1974; DERS., Joseph Material in Joseph and Asenath and Josephus relating to the Testament of Joseph, in: G. W. E. Nickelsburg, ed., Studies on the Testament of Joseph (1975), 133–137; R. I. PERVO, Joseph and Asenath and the Greek Novel, SBL Abstracts and Seminar Papers 1976, 171–181; G. DELLING, Einwirkungen der Septuaginta in Joseph und Aseneth, JSJ 9 (1978), 29–56; D. SÄNGER, Bekehrung und Exodus. Zum jüdischen Traditionshintergrund von ‚Joseph und Aseneth', JSJ 10 (1979), 11–36; DERS., Antikes Judentum und die Mysterien. Religionsgeschichtliche Untersuchungen zu Joseph und Aseneth, WUNT II/5, 1980; H. C. KEE, The Socio-cultural setting of Joseph and Aseneth, NTS 29 (1983), 394–413; G. DELLING, Die Kunst des Gestaltens in Joseph und Aseneth, NT 26 (1984), 1–42; D. SÄNGER, Erwägungen zur historischen Einordnung und zur Datierung von ‚Joseph und Aseneth', ZNW 76 (1985), 86–106; R. D. CHESNUTT, The Social Setting and Purpose of Joseph and Aseneth, JSPs 2 (1988), 21–48; C. BURCHARD, Der jüdische Asenethroman und seine Nachwirkung, ANRW II, 20/1, 1987, 543–667 (Lit!); DERS., The Importance of Joseph and Aseneth for the Study of the New Testament, NTS 33 (1987), 102–134.

nicht eigentlich Joseph, sondern die Frau Held | des Romans ist. In einer ganzen Reihe jüdischer Novellen steht eine Frauengestalt im Mittelpunkt. Den Ausgangspunkt bildet die Septuagintanotiz von *Gen.* 41,45 über die Heirat Josephs mit Aseneth, der Tochter von Pethephre, dem Priester von Heliopolis, d.h., wie in der palästinischen Haggada, die biblische Erzählung. Das darin angedeutete Problem der Ehe des Patriarchen mit einer heidnischen Priestertochter gibt dem Roman seine innere Bewegung. Er beginnt mit der Schilderung der Schönheit und Männerverachtung der jungen Aseneth, die sich jedoch beim ersten Zusammentreffen in die übernatürliche Gestalt Josephs verliebt, es folgt ihre Bekehrung zum wahren Gott, die in einer Erscheinung des höchsten Erzengels gipfelt, die Heirat mit Joseph und als Abschluß ein Anschlag des eifersüchtigen Sohnes des Pharao, der glücklich abgewehrt wird. Der Roman hat beachtliches religiös-ethisches Niveau – am Ende steht mehrfach die Mahnung, auf keinen Fall Böses mit Bösem zu vergelten, es atmet in ihm ein universaler Geist und eine tolerante Haltung gegenüber den Nichtjuden. Von großer Bedeutung ist dabei der jüdische Missionsgedanke. Nicht zufällig bilden die Reue und wunderbare Bekehrung der Aseneth den Höhepunkt, sie werden in mysterienhafter Sprache geschildert und könnten fast als eine Art von *hieros gamos* gedeutet werden. Verschiedentlich wurde darum therapeutischer Ursprung angenommen. Zuweilen ist schwer zu unterscheiden, ob symbolischer Tiefsinn oder nur farbige romanhafte Einkleidung vorliegt. Auf die starken Beziehungen zum antiken Roman hat jüngst wieder C. Burchard hingewiesen[78].|

Wie in den Novellen *Esther, Judith, Susanna* und *Tobit* spielt auch hier das *erotische Motiv* keine geringe Rolle, freilich erhält es eine tiefere religiöse Bedeutung. Ein weiterer Zug, den *Joseph und Aseneth* nicht nur mit ihrem Ausgangspunkt, der Josephsnovelle in *Gen.* 39-47, sondern auch mit anderen jüdischen Novellen, speziell der persisch-hellenistischen Zeit, gemeinsam hat, ist der Charakter der *Hofgeschichte*[79]. Ihr begegnen wir schon im *Achikarro-*

---

[78] Zu Joseph und Aseneth und den Beziehungen zum antiken Roman, s. CH. BURCHARD, Der dreizehnte Zeuge, FRLANT 103, 1970, 59–86: „Die Fabel von JA ist aufs ganze gesehen nichts anderes als eine Variante des einen Vorwurfs, der den erotischen Romanen der Chariton, Xenophon, Achilleus, Tatius, Heliodor... mit ihrem bizarren Handlungsgeflecht aus sex, crime und royalty samt einem Schuß kommoder Religion zugrunde liegt" (63). Auch „die Bekehrungshandlung hat ihre nächsten Parallelen ebenfalls im Roman" (65), vor allem in der Bekehrung des Lucius im XI. Buch der Metamorphosen des Apuleius. Über diesen formalen und inhaltlichen Beziehungen zum antiken Roman sollte jedoch der typisch jüdische Charakter der Schrift nicht zu gering eingeschätzt werden. Gerade ein Vergleich mit den Metamorphosen zeigt auch extreme Unterschiede, die beweisen, daß sich hier zwei verschiedene Welten gegenüberstehen. In Joseph und Aseneth zeigt sich die Rezeption wie der Gegensatz zum Hellenismus. Zur Literaturgattung s. auch J. W. B. BARNS, Egypt and the Greek Romance, Mitt. a. d. Papyrussammlung d. Östl. Nat. bibl., NS 5 (1956), 29–36.

[79] Zur Hofgeschichte s. M. HENGEL, JuH 55ff.; 97, 188. Die positive Haltung zur heidnischen Obrigkeit und das Fehlen der fremdenfeindlichen Züge läßt eine Entstehung in ptole-

man von Elephantine, dessen Kenntnis auch im *Tobitbuch* vorausgesetzt wird, und der die *Äsopvita* beeinflußte[80], in *Esther* und der *Drei-Pagen-Novelle*, den Danielgeschichten c. 1–6, dem Tobiadenroman bei Josephus und – | in völlig hellenisierter, pseudepigraphischer Form – im *Aristeasbrief*. Diese Beliebtheit der „Hofgeschichte“ in der persischen und frühhellenistischen Zeit deutet u. a. darauf hin, daß Angehörige der jüdischen Oberschicht im Mutterland und in der Diaspora Wert darauf legten, in den Dienst der fremden Könige zu treten. Selbst für den gegenüber der Fremdherrschaft so kritischen Ben-Sira ist dies eine angemessene Betätigung für den Weisen:

ἀνὰ μέσον μεγιστάνων ὑπηρετήσει
καὶ ἔναντι ἡγουμένων ὀφθήσεται (39,4).

4.8 Ganz im Gegensatz zu dieser letztlich positiven Haltung gegenüber der heidnischen Obrigkeit steht das sogenannte *III Makkabäerbuch*[81]. Dieser unter römischer Herrschaft – vielleicht zur Zeit Caligulas oder Claudius (Schürer III, 491) – in Alexandrien entstandene anonyme „historische Roman“ schildert die Verfolgung der ägyptischen Juden unter Ptolemaios IV. Nach seinem Siege bei Raphia, 217 v. Chr., habe der König versucht, den Tempel in Jerusalem zu betreten, sei aber durch ein göttliches Strafwunder zurückgehalten worden. Es erscheint hier das Gottesfeind-Motiv, wie in der Heliodorlegende *II Makk.* 3,

mäischer Zeit bzw. im frühen Prinzipat als wahrscheinlicher erscheinen als im 1. Jh. n. Chr., wo sich die Situation in Ägypten vor allem seit Caligula und Claudius mehr und mehr verschärfte.

[80] A. Cowley, Aramaic Papyri of the fifth Century B. C., Oxford 1923 (Nachdruck 1967), 204–248. Die verschiedenen Versionen sind abgedruckt bei R. H. Charles, The Apocrypha and Pseudepigrapha of the Old Testament II, 715–784; engl. von J. M. Lindenberger, OTP II, 479–507. Vgl. die o. Anm. 24 angegebene Lit., weiter F. Pennachietti, Storia e massime di Achicar, in P. Sacchi (ed.) Apocrifi dell' Antico Testamento, 1981, 51–95 (Lit!); J. C. Greenfield, Ahiqar in the Book of Tobit, in: De la Tôrah au Messie, Mélanges H. Cazelles, 1981, 329–336. Das Buch ist heidnischen Ursprungs, wurde aber von den Juden übernommen. Die griechische Achikarüberlieferung ist vom Judentum unabhängig und geht ins 4. Jh. v. Chr. zurück, s. schon Theophrast n. Diog. Laert. V 20; dazu O. Regenbogen, PRE Suppl. 8 (1940), 1541; vgl. E. Meyer, Der Papyrusfund von Elephantine, 1912, 102 ff. Auch bei dem Demokritzitat Clem. Alex. Strom. I 15, 69 darf man keinen jüdischen Einfluß annehmen gegen W. Speyer, Fälschung, 167, eher könnte man den Fälscher Bolos von Mendes für diese ganze Pseudo-Demokrit-Überlieferung verantwortlich machen, s. H. Steckel, PRE Suppl. 12 (1970), 197–200. Vgl. oben Anm. 24 f.

[81] Text: ed. R. Hanhart, Septuaginta Gottingensis IX, 3, 1960; engl. von H. Anderson, OTP II, 509–529; M. Hadas, The Third and Fourth Books of Maccabees, Nachdr. New York 1976; dazu O. Eissfeldt, op. cit. (Anm. 7), 788 f.; L. Rost, op. cit. (Anm. 44), 77 ff.; zur historischen und gattungsmäßigen Einordnung s. M. Hadas, III. Maccabees and the Tradition of Patriotic Romance, Chronique d'Egypte 47 (1949), 97–104; ders., Hellenistic Culture, 121 f.; 127 ff.; V. A. Tcherikover, The Third Book of Maccabees as a Historical Source, ScriptHier 7 (1961), 1–26; ders., CPJ I, 37; 47 ff.; 64, 68; 74 f.; A. Kasher, The Jews in Hellenistic and Roman Egypt, TSAJ 7, Tübingen 1985, 211–232; A. Paul, Le Troisième livre des Macchabées, ANRW II/20/1 (1986), 298–336; F. Parente, The Third Book of Maccabees as Ideological Document and Historical Source, Henoch 10 (1988), 143–182.

das dann in abgewandelter Form auch in der rabbinischen Titussage wiederkehrt[82]. Nach Ägypten zurückgekehrt nimmt er Rache, beraubt die Juden ihrer Bürgerrechte und versetzt | sie in den Sklavenstand, es sei denn, sie fallen ab und lassen sich in die Dionysosmysterien einweihen[83]. Nicht genug damit, befiehlt er, die Juden in Alexandrien in der Rennbahn zusammenzubringen, mit dem Ziel, sie durch Elephanten zertrampeln zu lassen. Die Elephanten stürzen sich jedoch auf die Soldaten des Königs, worauf dieser die Freilassung befiehlt und die Juden mit der Erlaubnis entläßt, die Apostaten zu töten. Eine ältere Form der Elephanten-Legende erscheint in *C. Ap.* II 53–56 unter Bezugnahme auf Ptolemaios VIII Physkon. Der Roman enthält zwar wertvolle historische Details - etwa über die Schlacht von Raphia -, im ganzen ist er jedoch ein tendenziöses Machwerk, das gegen die Entrechtung der Juden im römischen Ägypten polemisiert und sich wohl zugleich auch - ähnlich wie das *Estherbuch* - als Festlegende eines nationalen Befreiungsfestes der Judenschaft in Alexandrien empfiehlt. Es kündigt sich darin bereits jener zelotische Geist an, der dann in der Katastrophe 115/117 n. Chr. endete.

5.1 Eine Zwischenstellung zwischen der haggadischen Novelle, der paränetischen Weisheitsschrift und der Apokalypse nehmen die sogenannten *Testamente* ein. Nach gemeinantiker Ansicht war der Mensch in *facie mortis* mit übernatürlichen Kräften begabt[84]. Sein Segen und Fluch besaß besondere Kraft, weiter war er in der Lage, Zukünftiges zu weissagen. Schon der Jakobs- und Mosesegen (*Gen.* 49; *Dtn.* 33) sind Zeugen dieser Anschauung, im palästinisch-essenischen *Jubiläenbuch* sind mehrere apokalyptische Testamente eingestreut[85], auch die Mahnreden | bzw. der „Brief“ Henochs[86] haben im Grunde die Form eines Testaments (*Äth Hen.* 91,1ff; *SlawHen* 43ff; 58ff). Ein neutestamentliches Beispiel sind die Abschiedsreden Jesu, *Joh.* 13-17. Auch in der jüdisch-hellenistischen Literatur finden sich einige Beispiele dieser Gat-

---

82 Zur Heliodorlegende s. E. BICKERMAN, Héliodore au Temple de Jérusalem, in: DERS., Studien II, 159–191. Zur Titussage: bGittin 56b; Bill. I, 946ff. mit Parallelen. Vgl. auch das Schicksal des Pompeius nach Ps. Sal. 2,26ff.

83 III Makk. 2,29f.; dazu M. HENGEL, JuH, 480, Anm. 43.

84 Vgl. etwa Cicero Div. I 30, 63–65 unter Berufung auf Poseidonios, den Brahmanen Calanus (I 47) und Hektor bei Homer (Il. XXII, 355ff.) dazu die zahlreichen Belege in dem Komm. von A. S. PEASE; weiter E. STAUFFER, Art. Abschiedsreden RAC I (1950), 29ff.; M. HENGEL, JuH 391f.

85 Jub 10, 13ff.; 20–23, 31; 35; 36.

86 Der letzte Teil des sog. Henochbuches trägt nach dem griechischen Text die Überschrift ἐπιστολὴ Ἐνώχ; s. C. BONNER, The last Chapters of Enoch in Greek, StD8, 1937 (Nachdr. 1968) 10. 87; s. auch S. UHLIG, JSHRZ V/6, 1984, 708f. Vgl. äthHen 100, 6 und J. T. MILIK, Problèmes do la littérature hénochique à la lumière des fragments araméens de Qumrân, HThR 64 (1971), 333–378, 360ff.: der Brief war in seiner aramäischen Urform schon in der Bibliothek von Qumrân. Zur Henochliteratur in Qumran s. jetzt A. S. VAN DER WOUDE, ThR 54 (1989), 250–261, zum Henochbrief 258ff.; F. GARCÍA MARTINEZ, E. J. C. TIGCHELAAR, The Books of Enoch (1 Enoch) and the Aramaic Fragments from Qumran, RdQ 14 (1989), 131–146.

tung: Es erscheinen dabei – im Gegensatz zu anonymer Novelle oder Roman – pseudepigraphische Verfassernamen.

5.2 Das *Testament Job*[87], das an gewisse biographische Details der eigenwilligen griechischen Übersetzung des *Hiobbuches* anschließt und diese in haggadischer Weise ausdeutet, hat die Form eines Rückblicks des sterbenden Hiob auf sein Leben. Es besitzt so mehr erzählenden als apokalyptischen Charakter. Der Bericht wird von seinem Bruder Nereus aufgeschrieben (51,2-4). Man wird diese Angabe des unbekannten Verfassers kaum als bewußten Täuschungsversuch gegenüber dem Leser verstehen dürfen, es ist genauso ein novellistischer Zug wie der Hinweis auf die sonst völlig unbekannten *Paralipomena* des Hiobfreundes Eliphas (41,6). Üblicherweise nahm man an, daß die Söhne derartige *Testamente* niederschrieben. Die biographischen Details stammen z.T. aus derselben Tradition, aus der auch der von Polyhistor exzerpierte jüdische „Historiker" Aristeas schöpft und die außerdem in einem „aus dem Syrischen" (d.h. Aramäischen) übersetzten Anhang zur LXX von Iob | erscheinen[88]. Danach war Hiob ursprünglich Heide, identisch mit dem Edomiterkönig Jobab, dem Urenkel Esaus nach *Gen.* 36,33. Durch eine Vision bekehrt, änderte er seinen Namen in Job. Die mit der Bekehrung verbundene Zerstörung eines Götzenbildes veranlaßt Satan, den Kampf gegen Job aufzunehmen. Die Freunde Hiobs, die ihn nach 20 Jahren Krankheit besuchen, werden zu arabischen Königen befördert. Das größte der alttestamentlichen Weisheitsbücher verwandelt sich so in einen naiv-erbaulichen Roman, dessen Grundthema der siegreiche Kampf des Helden gegen den Satan darstellt, ein Kampf, der u.a. auch mit Bildern des gymnasialen Wettkampfes geschildert wird. Große Bedeutung hat der Auferstehungsgedanke und die unverbrüchliche Hoffnung Hiobs auf seine Erhöhung durch Gott – das Gegenbild bietet dazu seine Frau, die in Armut und Verzweiflung als Sklavin stirbt. Mit Hingabe wird dann auch die Rehabilitation des standhaften Frommen geschildert: er heiratet eine En-

---

[87] Text: Testamentum Iobi, ed. S. P. Brock, Pseudepigrapha Veteris Testamenti Graece II, Leiden 1967; dt. von B. Schaller, JSHRZ III/3, 1979; engl. von R. P. Spittler, OTP I, 829–868; franz: M. Philonenko, Le Testament de Job. Introduction, traduction et notes, Semitica 18 (1968), 1–75. Vgl. dazu A.-M. Denis, Introduction, 100–104; Schürer^3 III/1, 552–55; M. Delcor, Le Testament de Job, la prière de Nabonide et les traditions targoumiques, in: S. Wagner (Hg.), Bibel und Qumran, 1968, 57–74; I. Jacobs, Literary Motifs in the Testament of Job, JJS 21 (1970), 1–10; D. Rahnen/F. Führer, Das Testament des Hiob und das Neue Testament, ZNW 62 (1971), 68–93; R. P. Spittler, The Testament of Job, Harvard Ph.D. 1971; E. v. Nordheim, Die Lehren der Alten I, ALGL 13, Leiden 1980, 119–135; B. Schaller, Das Testament Hiobs und die Septuaginta Übersetzung des Buches Hiob, Bib. 61 (1980), 377–406.

[88] FGrH 725 = A.-M. Denis, Fragmenta, 195f.; dazu Introduction, 258f. Zur LXX von Hiob s. H. M. Orlinsky, Studies in the Septuagint of the Book of Job, HUCA 28 (1957), 53–74; 29 (1958), 229–272; 30 (1959), 153–168; 32 (1961), 239–268; 33 (1962), 119–152; 35 (1964), 57–78; 36 (1965), 37–48; dazu S. Jellicoe, The Septuagint and Modern Study, Oxford 1968, 310ff.; weiter B. Schaller, op. cit. (Anm. 87).

kelin Jakobs, seine drei Töchter aus dieser Ehe werden mit der Sprache der Engel begabt, d.h. wohl mit der auch im Urchristentum geschätzten Glossolalie.

5.3 Die inhaltlich bedeutsamste, freilich auch überlieferungsgeschichtlich komplizierteste Schrift dieser Gattung sind die *Testamente der 12 Patriarchen*[89], d.h. eine Sammlung, | die das letzte Vermächtnis der zwölf Söhne Jakobs an ihre Söhne enthalten soll. Aufgrund gewisser christlicher Passagen vermutete de Jonge einen judenchristlichen Ursprung. Man kann jedoch diese Stücke relativ leicht ablösen, sie beruhen deutlich auf einer sekundären Überarbeitung. Aber auch der dahinterstehende jüdische Komplex ist nicht einheitlich. Erschwert wird das traditionsgeschichtliche Problem durch die Vielfältigkeit der Überlieferung mit zahlreichen Varianten. Die Texte dieser volkstümlich-erbaulichen, paränetischen oder apokalyptischen Literatur waren leicht Veränderungen und Interpolationen unterworfen, da im Gegensatz zu den kanonischen Schriften keinerlei kritische Kontrolle und Reinigung der Texttradition stattfand. Trotz starker palästinischer Einflüsse neigt man heute dazu, eine original griechische Urschrift anzunehmen. Bereits in der Geniza der Synagoge von Kairo und dann wieder in Qumran wurden Stücke eines aramäischen *T. Levi* und hebräischen *T. Naphtali* gefunden, die vom *T. XII* unabhängig sind, jedoch auf gemeinsame Tradition zurückgehen. Vor allem J. Becker hat sich in jüngster Zeit um eine literarkritische Scheidung der verschiedenen Schichten bemüht. Er versucht so, ein in Ägypten entstandenes Original herauszuarbeiten, das vom „Thema der Nächstenliebe“ beherrscht worden sei und noch keine apokalyptischen Bestandteile enthielt[90]. Freilich überfordert er damit die literarkritische Methode, auch weckt das abgerundete Ergebnis den Verdacht, daß es bereits vor der Untersuchung vorlag. Zum Inhalt der *Testa-*

---

[89] Text: The Greek Versions of the Testaments of the Twelve Patriarchs ed. R. H. Charles, Oxford 1908 (Nachdr. 1960); Testamenta XII Patriarcharum ed. M. de Jonge, PVTG I, Leiden ²1970, basiert auf dem Text der von Charles zu Unrecht zurückgesetzten Handschrift b. Dazu A.-M. DENIS, Introduction, 49–59; M. DE JONGE, The Testaments of the Twelve Patriarchs, 1953; CH. BURCHARD/J. JERVELL/J. THOMAS, Studien zu den Testamenten der Zwölf Patriarchen, hrsg. v. W. Eltester, BZNW 36, 1969 und grundlegend J. BECKER, Untersuchungen zur Entstehungsgeschichte der Testamente des Zwölf Patriarchen, AGAJU 8, 1970. Übersetzungen von J. BECKER, JSHRZ III/1, 1974, 1–163; H.C. KEE, OTP I, 775–828. Vgl. weiter SCHÜRER³ III/2, 767–781; M. de Jonge (ed.), Studies on the Testaments of the Twelve Patriarchs, SVTP 3, Leiden 1975; E. v. NORDHEIM, op. cit. (Anm. 87), 12–141. Vgl. den Kommentar von H. W. HOLLANDER and M. DE JONGE, The Testaments of the Twelve Patriarchs, Leiden 1985; zur Forschungsgeschichte M. DE JONGE, The Main Issues in the Study of the Testaments of the Twelve Patriarchs, NTS 26 (1980), 508–524; DERS., The Testaments of the Twelve Patriarchs: Central Problems and Essential Viewpoints, ANRW II, 20/1, 1987, 359–459; D. SLINGERLAND, The Testaments of the Twelve Patriarchs: A Critical History of Research, 1977.

[90] Op. cit., 383. Die Genizafragmente sind bereits in einem Anhang der Ausgabe von Charles abgedruckt; zu den Qumranfragmenten s. die Analyse von J. BECKER, op. cit. (Anm. 89), 69ff.

mente gehören autobiographische Ich-Berichte, apokalyptische Belehrung und vor allem die ethische Ermahnung. Das paränetische Schwergewicht der Schrift ergibt sich bereits aus den Überschriften zu den einzelnen *Testamenten: Testa|ment Ruben* über die Gesinnung, *Testament Simeon* über den Neid, *Testament Levi* über das Priestertum und den Hochmut, *Testament Juda* über die Tapferkeit, den Geiz und die Unzucht usw. Auch Einleitung und Schluß sind stereotyp: „Abschrift (ἀντίγραφον) des Testaments Ruben, das er seinen Söhnen auftrug, bevor er starb im 125. Jahr seines Lebens". Am Ende jedes *Testaments* steht eine Notiz über den Tod, die Totenklage und das Begräbnis des Patriarchen. Vor allem in den kleineren *Testamenten* überwiegt die rein ethische Tendenz, wobei das Liebesgebot keine geringe Rolle spielt: „Aber liebet den Herrn und den Nächsten, habt Erbarmen mit dem Armen und Schwachen" (*T. Iss.* 5,2) oder „Liebt den Herrn mit eurem ganzen Leben und einander mit wahrhaftigem Herzen" (*T. Dan* 5,3). Hier kommt das Werk dem Geist der Evangelien nahe[91]. Aus dem Rahmen fällt dagen das *T. Jos.* Es hat in ähnlicher Weise wie Josephus die Potipharerzählung novellistisch ausgestaltet und behandelt im Grunde nur diese eine Episode mit den Mitteln der erotischen Novelle. Man hat hier den Eindruck, als ob der Verfasser das Thema Περὶ σωφροσύνης im Blick auf die sonst zuweilen etwas zu moralische Materie dazu verwendet hat, die Schrift für den Leser attraktiver gestalten[92].

6.1 Das sogenannte *Testament Abrahams* und das verwandte, jedoch sehr viel stärker christlich gefärbte *Testament Isaaks* sind vom Inhalt her bereits eher *Apokalypsen*. Sie behandeln die Erlebnisse der Patriarchen kurz vor ihrem Tode und den Tod selbst. Der Ausgangspunkt ist ihre Weigerung zu sterben, diese Weigerung führt dann zu einer | Himmels- und Höllenreise und zu Offenbarungen über das Gericht und die Theodizee[93].

---

[91] Zum neutestamentlichen Liebesgebot und den TestXII s. CH. BURCHARD, Das doppelte Liebesgebot in der frühen christlichen Überlieferung, in: Der Ruf Jesu und die Antwort der Gemeinde, FS J. Jeremias, 1970, 39–62 (55f.).

[92] Vgl. oben, S. 209, Anm. 50 und J. W. B. BARNS, Egypt and the Greek Romance, in Mitt. a. d. Papyrussammlung d. Österr. Nat. Bibl., N.S. 5,31f., der auf eine Parallele aus einer ägyptischen Volkserzählung hinweist.

[93] TestAbraham: ed. M. R. James, The Testament of Abraham, TaS II, 1892; jetzt F. SCHMIDT, Le Testament grec d'Abraham, TSAJ 11, Tübingen 1986; dt. von E. JANSSEN, Das Testament Abrahams, JSHRZ III/2, 1975; engl. von G. H. Box, The Testament of Abraham, London 1927; E. P. SANDERS, in: OTP I, 871–902; vgl. dazu A.-M. DENIS, Introduction, 31–39; SCHÜRER^3 III/2, 761–767; E. v. NORDHEIM, op. cit. (Anm. 87), 140–150; G. W. E. Nickelsburg (ed.), Studies on the Testament of Abraham, 1976; M. DELCOR, Le Testament d'Abraham, Leiden 1973. – Das TestIsaak ist nur Koptisch (Sahidisch und Bohairisch), Arabisch und Äthiopisch erhalten, s. A.-M. DENIS, op. cit., 32 Anm. 6; 34 Anm. 17–20. Übersetzungen: W. E. BARNES, in: TaS II, 1892, 140ff.; S. GASELEE, in G. H. Box, op. cit., 55ff.; W. F. STINESPRING, OTP I, 903–911; unvollständig P. RIESSLER, Altjüdisches Schrifttum außerhalb der Bibel, 1135ff. Einen sahidischen Text mit Übersetzung und kurzer Einleitung hat K. H. KUHN, JThS 8 (1957), 225–239 und 18 (1967), 324–336 vorgelegt. Ob die Ursprache Griechisch war, bleibt umstritten, ebenso die jüdische Herkunft, vermutlich ist es

6.2 Derartige apokalyptische Schriften werden in der Regel als eine Besonderheit des palästinischen Judentums betrachtet. In seinem Artikel „Apokalyptik" in der *RGG*³ konnte z.B. H. Ringgren die These aufstellen: „Die jüdische A. scheint fast ausschließlich (Ausnahmen Sib. und sl. Hen.) auf palästinischem Boden gepflegt worden zu sein"[94]. Diese weit verbreitete Anschauung läßt sich so nicht aufrechterhalten. Die jüdische Religion war als Buchreligion zugleich eine an das Medium des göttlichen Wortes gebundene *Offenbarungsreligion*. Die schrittweise Abgrenzung kanonischer Schriften und die Begrenzung der normativen „Offenbarung" auf die „Propheten" und „Weisen" | der Vergangenheit hatte in hellenistischer Zeit ein religiöses Vakuum im Blick auf brennende Fragen der Gegenwart geschaffen, zu denen vor allem die *Theodizee* gehörte. In der Auseinandersetzung mit der hellenistischen Aufklärung und den Verfolgungen der makkabäischen Religionsnot zerbrach das alte Tat-Folge-Schema und es stellte sich die Frage nach dem Sinn der Geschichte, der Ursache des Leidens und des Bösen in der Welt und nach dem Schicksal des Individuums nach dem Tode[95].

Hier konnten weder die *Tora* noch die älteren Prophetenschriften eine der neuen Situation entsprechende, zureichende Antwort geben; um diese „göttlichen Geheimnisse" zu erschließen, bedurfte man neuer, unmittelbarer „Offenbarung". Freilich traten solche „Offenbarungen" grundsätzlich *als Pseudepigrapha mit dem Namen der Autoritäten der normativen Vergangenheit auf*. Die wirkungsvollstc „Apokalypse" war das *Danielbuch*. Ein unbekannter Verfasser hatte eine ältere weisheitlich-aretalogische Erzählungssammlung auf dem Höhepunkt der Religionsnot 165 v. Chr. in eine Apokalypse umgestaltet[96].

6.3 Diese *neue Gattung der „Apokalypsen"* fand sehr rasch auch in der

---

ein christliches Werk unter Verwendung jüdischer Tradition, ja vielleicht eine direkte Nachahmung des TestAbraham; s. K. H. Kuhn, JThS 8 (1957), 226f.; P. Nagel, WZ (H) 12 (1963), 259ff. und die Antwort von Kuhn, JThS 18 (1967), 325f. Vgl. weiter E. v. Nordheim, op. cit. (Anm. 87), 150–160; M. Delcor (op. cit.). – Beziehungen bestehen bei beiden Werken zum koptischen TestJakob (s. W. E. Barnes, op. cit., 152ff.; S. Gaselee, op. cit., 77ff.; dazu weiter E. v. Nordheim, op. cit., 160–170; W. F. Stinespring, OTP 1, 914–918; J. H. Charlesworth, The Pseudepigrapha and Modern Research with a Supplement, 1981, 131–133) und zum Tod Josephs (s. bes. S. Morenz, Die Geschichte von Joseph dem Zimmermann, TU 56, 1951, 177ff.). Es zeigt sich hier, wie aus der jüdischen Erbauungsliteratur in Ägypten nahtlos eine christliche Volksliteratur herauswächst. J. T. Milik, RB 79 (1972), 77–97 (92ff.) vermutet aufgrund von in Qumran gefundenen Fragmenten eines Testamentes Amrams, des Vaters Moses (s. dazu E. v. Nordheim, op. cit., 115–119) die Existenz einer Testamenten-Trilogie (Levi, Kahat, Amram), die auch in griechischer Übertragung verbreitet war.

94 RGG³ I, 464.

95 Die Theodizeefrage wurde schon durch Hiob und Kohelet vorbereitet. Ben-Sira versuchte sie noch einmal in konservativer Weise zu lösen, s. M. Hengel, JuH, 210ff.; 252ff.

96 Zum Neuansatz bei Daniel, s. op. cit. 330ff.; 357ff.; zur Aretalogie, 205f.; zum Offenbarungsverständnis, 369ff.; zum Pseudepigraphischen der Apokalypsen s. M. E. Stone, Apocalyptic Literature, CRINT II/2, 383–441 (Pseudepigraphy, Inspiration and Esotericism: 427–433). I. Gruenwald, Jewish Apocalyptic Literature, ANRW II, 19/1, 1979, 89–118, bes. 97–102. Die Danielapokalyptik setzte sich in der Alten Kirche fort: A.-M. Denis,

Diaspora Verbreitung. Hier war die Frage nach dem Ziel der Geschichte und der Erlösung Israels so akut wie im Mutterland, und das 2. Problem, das Schicksal des Individuums nach dem Tode, hatte die griechische Religion, längst bevor es in Israel bedacht wurde, in der Orphik und in den Mysterienkulten zu lösen versucht. Gegen 140 entstand die erste jüdische | Ursibylle (s. unten S. 237ff.), daneben besitzen wir eine ganze Reihe von Apokalypsen in original griechischer Sprache. Weitere Werke wie das erweiterte *Danielbuch*, eine Sammlung von Henochschriften, die *Assumptio Mosis*, die *Apokalypse Abrahams*, die *IV Esraapokalypse* und die syrische *Baruchapokalypse* wurden ins Griechische übersetzt. Auch diese Übersetzungen zeigen das Interesse an dieser Art von Literatur in der Diaspora. Wenn bei einem Schriftsteller wie Josephus die apokalyptische Heilserwartung völlig zurücktritt, so hat dies politische Gründe[97]. Eine methodische Schwierigkeit bleibt freilich stets die Trennung des jüdischen Kerns von der christlichen Bearbeitung, denn „bruchlos und unmerklich geht die jüdische A. in die christliche über"[98]. So hat z. B. die christliche *Ascensio Jesajae* vielleicht ein älteres jüdisches *Jesaja-Martyrium* eingearbeitet[99]. Auch die *Johannesapokalypse* enthält ganz überwiegend jüdische Traditionen. Genau wie im Mutterland erscheinen auch in der Diaspora als Autoren die großen prophetischen Gestalten der Vergangenheit, einmal die Väter der Urzeit von Adam bis Mose, dann wieder die Propheten, vor allem der Spätzeit, von dem Jeremia-Schüler Baruch bis Esra, mit dem nach pharisäischer Lehre und dem Zeugnis des Josephus das Wirken des Geistes ein Ende fand, d. h. der Zeit der Zerstörung Jerusalems, des | Exils und des Neubeginns im Heiligen Land. Die Frage der Theodizee konnte besonders gut von „Augenzeugen" der Zerstörung Jerusalems und des Exils, d. h. der tiefsten Erniedrigung Israels, gestellt werden. Erst die christliche Apokalyptik setzte – im Bewußtsein des endzeitlichen Geistbesitzes – wie in der *Johannesapokalypse*, dem *Hirten des Hermas* und gewissen montanistischen Prophezeiungen den

---

Introduction, 309–314; K. Berger, Die griechische Daniel-Diegese, StPB 27, Leiden 1976; G. T. Zervos, OTP I, 755–770.

97 M. Hengel: Die Zeloten (s. Anm. 47), 245. A. Wlosok, Laktanz und die philosophische Gnosis, AAH 1960, 2, 111 weist darauf hin, daß synkretistisch-dualistische Anschauungen, die dem palästinischen Essenismus nahestanden, „bei Philo stärker hervortreten, wo er auf das Gemeindeverständnis zurückgreift". D. h., daß in den breiten Schichten der jüdisch-alexandrinischen Bevölkerung apokalyptische Anschauungen stärker verbreitet waren als in der griechisch erzogenen Oberschicht.

98 H. Kraft, RGG^3 I, 469. Vgl. oben Anm. 93.

99 E. Tisserant, Ascension d'Isaïe, Traduction de la version ethiopienne avec les principales variantes des versions grecque, latines et slave, Paris 1909; vgl. A.-M. Denis, Introduction, 170–176; griechische Fragmente in Fragmenta, 105–114. Übersetzungen: dt. von C. D. G. Müller, Die Himmelfahrt des Jesaja, in: H. Hennecke/W. Schneemelcher, Neutestamentliche Apokryphen, 5. Aufl. 1989, II, 547–562; engl. von M. A. Knibb, OTP II, 143–176. Zum Martyrium Jesajas vgl. Schürer^3 III/1, 335–341; E. Hammershaimb, JSHRZ II/1, 1973, 15–34; A. Caquot, Bref commentaire du Martyre d'Isaïe, Semitica 23 (1973), 65–93.

Verfassernamen ein; aber auch hier kehrte man rasch in die Pseudepigraphität zurück.

6.4 Es ist wenig sinnvoll, die verschiedenen jüdisch-hellenistischen Apokalypsen, die griechischen *Baruch-* und *Esraapokalypsen*[100], die Offenbarungen unter dem Namen Sedrach[101], Zephanja (Sophonias)[102] und Hesekiel *(Apokryphon Ezechiel)*[103] in diesem Zusammenhang einzeln ausführlicher zu besprechen. Die Grundmotive wiederholen sich, dies beweist, daß es sich hier in besonderer Weise um *Traditionsliteratur* handelt. Das Medium der Offenbarung ist die Vision bzw. der Traum, beides läßt sich kaum trennen, und – noch stärker als in der palästinischen Überlieferung – die Himmels- und Höllenreise. Entscheidende Bedeutung erhält der *angelus interpres* als Offenbarer und Geleiter, d.h. die Offenbarungsmedien sind weithin die der hellenistischen | Umwelt[104]. Wichtige Themata bilden die Darstellung der Heilsgeschichte häufig in der Form des *vaticinium ex eventu*[105], Diskurse über die Frage der Theodizee, den Ursprung der Sünde und das kommende Gericht[106]. Gegen-

---

100 Baruch: ed. J.-C. Picard, Apocalypsis Baruchi Graece, Pseudepigrapha Veteris Testamenti Graece II, Leiden 1967; H. E. Gaylord Jr., 3 (Greek Apocalypse of) Baruch, OTP I, 653–679; A.-M. Denis, Introduction, 79–84; vgl. T. W. Willet, Eschatology in the Theodicies of 2 Baruch and 4 Ezra, JSP.S 4, Sheffield 1989.

Esra: ed. C. Tischendorf, Apocalypses Apocryphae, 1866 (Nachdr. 1966), XIIff.; 24–33; vgl. M. E. Stone, Greek Apocalypse of Ezra, OTP I, 561–579; A.-M. Denis, Introduction, 91–96, dort auch Beispiele für die christliche Esraapokalyptik (V und VI Esra), vgl. H. Duensing, A. de Santos Otero, in: Neutestamentliche Apokryphen[5], hg. W. Schneemelcher, Tübingen 1987/89, II, 581–590. Zur Übersicht über die Werke der Esra-Literatur vgl. OTP 1, 516.

101 Ed. M. R. James, Apocrypha Anecdota, TaS II, 3, Cambridge 1893 (Nachdr. 1967), 127–137; A.-M. Denis, Introduction, 97–99; S. Agourides, in: OTP I, 605–613.

102 Wir besitzen sahidische und achmimische Fragmente: G. Steindorff, Die Apokalypse des Elias, Eine unbekannte Apokalypse und Bruchstücke der Sophonias-Apokalypse, TU 17, 3 (1899), ein griechisches Fragment bei A.-M. Denis, Fragmenta, 129; Introduction, 192f., 166 Anm. 11. Deutsche Übersetzung auch bei P. Riessler, op. cit., 168–177; engl. von O. S. Wintermute, OTP 1, 497–516; vgl. dazu Schürer[3] III/2, 803f.

103 A.-M. Denis, Fragmenta, 121–128; vgl. ders., Introduction, 187–192; Schürer[3] III/2, 793–796; engl. Übers. mit Einführung von J. R. Müller/S. E. Robinson, in: OTP 1, 487–495.

104 Zu den Offenbarungsformen s. M. Hengel, JuH 381–394.

105 E. Osswald, Zum Problem der vaticinia ex eventu, ZAW 75 (1963), 27–44; M. Hengel, op. cit. 184ff., 337ff. Wir finden dieselben auch in der ägyptischen und griechischen Weissagung der hellenistischen Zeit. Literarische Beispiele bieten das Töpferorakel (Anf. des 2. Jh. v. Chr.), s. L. Koenen, ZPE 2 (1968), 178–209; vgl. M. Hengel, op. cit., 338f., 391 und Lykophrons Alexandra; dazu St. Josifovic, PRE Suppl. 11 (1968), 888–930: die Formen des vaticiniums wird später von Vergil übernommen (922f.). Vgl. unten, S. 238.

106 Vgl. den Rechtsstreit mit Gott um die Frage der Theodizee, IV Esra 1 und 2; 7, 15; Sedrachapokalypse c. 7 (James 132); Apok. Abr. 23; die griech. Esraapokalypse, ed. Tischendorf S. 24ff. und E. L. Dietrich, Die rabbinische Kritik an Gott, ZRGG 7 (1953), 193–224. Diese Motive wirken dann in der mandäischen Gnosis weiter; s. H. Jonas, Gnosis und spätantiker Geist I3, 1964, 136f. Vgl. auch W. Harnisch, Verhängnis und Verheissung der Geschichte, FRLANT 97 (1969) zur Syr. Baruch- und IV Esraapokalypse.

über der palästinischen Apokalyptik steht die Frage nach dem Heil des Individuums noch mehr im Vordergrund, die Schilderungen der endzeitlichen Ereignisse treten dagegen hinter den Himmelsreisen und den Darstellungen des Gerichts, der Höllenqualen und des Heils der Geretteten zurück. Hier mag ein stärkerer hellenistisch-orphischer Einfluß vorliegen, wie ihn etwa G. H. Maccurdy für *T. Abraham* c. 12f. wahrscheinlich gemacht hat, wobei er auf die Parallele des mythischen Berichts des Pamphyliers Er über das Totengericht in Platons *Staat* (X 614bff.) verwies[107]. Man wird in diesem Zusammenhang an die Bemerkung von M. P. Nilsson erinnert: „Leider bleibt es dabei, daß die Hölle eine griechische Erfindung ist“[108].|

6.5 Diese apokalyptisch gefärbte Offenbarungsliteratur muß in der jüdischen Diaspora wie auch im frühen Christentum außerordentlich beliebt gewesen sein. Da sie von der Reichskirche später zurückgedrängt wurde, ging vieles verloren[109], von manchen Schriften sind nur noch der *Titel* oder kleine *Bruchstücke* erhalten, anderes z. B. das äth. und slavische *Henochbuch* wurde aus der griechischsprechenden Kirche hinausgedrängt. Fragmente besitzen wir noch vom sog. *Gebet Josephs*, in dem der Erzvater Jakob unter dem Namen Israels mit dem obersten Engel Gottes identifiziert wird[110], ein Text, der auch zum Verständnis der Entstehung der Christologie von Bedeutung ist; weiter von der *Poenitentia Iannes et Mambres*, den beiden ägyptischen Erzzauberern der jüdischen Haggada, auf die *II Tim.* 3,8 anspielt[111]. Eine andere vom *Hirten des Hermas* zitierte Schrift (7,4) handelt von den Propheten Eldad und Modad, die

[107] Platonic Orphism in the Testament of Abraham, JBL 61 (1942), 213–226; vgl. schon A. DIETERICH, Nekyia^2, 1913 (Nachdr. 1969), 214ff. 225ff.; zum palästinischen Henochbuch und T. F. GLASSON, Greek Influence in Jewish Eschatology, London 1961. Beim T. Abraham liegt zusätzlich ägyptischer Einfluß vor; s. S. MORENZ, Die Geschichte von Joseph dem Zimmermann, TU 56 (1951), 123ff.

[108] Geschichte der Griechischen Religion, II2, 1961, 558.

[109] E. SCHÜRER, op. cit. (Anm. 16), III, 357ff.; 395ff.; M. R. JAMES, The Lost Apocrypha of the Old Testament, London 1920; A.-M. DENIS, Introduction, XIV vgl. u. Anm. 183.

[110] A.-M. DENIS, Fragmenta, 61f.; Introduction, 125–127; engl. Text mit Einführung von J. Z. SMITH in: OTP II, 699–714. Vgl. dazu die gründliche Untersuchung von J. Z. SMITH, The Prayer of Joseph, in Religions in Antiquity, ed. J. Neusner, Leiden 1968, 253–294; nach ihm gehört das Werk „within the environment of first or second century Jewish mysticism“ (291); weiter A. D. NOCK, Essays on Religion and the Ancient World, 1972, II, 931f.; SCHÜRER^3 III/2, 798f.

[111] A.-M. DENIS, Fragmenta, 69, Introduction, 146–149. Ein altenglisch erhaltenes Fragment des 11. Jh.s beschreibt die Beschwörung der Seele des verstorbenen Jannes durch Mambres; s. M. R. JAMES JThS 2 (1901), 572–577, Übersetzung bei P. RIESSLER, op. cit., 496; engl. mit Einf. von A. PIETERSMA/T. R. LUTZ in OTP II, 427–442. Vgl. weiter SCHÜRER^3 III/2, 781–783. Die Tradition von den Zauberern erscheint in der palästinischen Überlieferung (Bill. III, 660ff.; CD V 18; TgJer. I zu Ex. 1,15) wie bei Plinius, hist. nat. XXX, 1, 11; Apuleius, Apologie 90 und Numenios (Euseb, Pr. ev. IX 8,1). S. auch L. GINZBERG, The Legends of the Jews, 1909ff., VII, Index s. v. 251. Text und Kommentar ed. A. PIETERSMA, The Apocryphon of Jannes & Jambres, RGRW 119, Leiden etc. 1994.

nach *Nu.* 11,26-29 unter Billigung Moses in ekstatische Verzückung fielen[112]. Eine *Eliasapokalypse* wird vielleicht in | *I Kor.* 2,9, *I Clem.* 34,8 und bei Clemens Alexandrinus zitiert[113]. Schließlich und endlich wäre das vielverzweigte *Adam-Schrifttum* zu nennen, das wohl ursprünglich auf palästinische Überlieferung zurückgeht, wo sich eine reiche, spekulative Adamhaggada entwickelte. Der Mythos vom „Urmenschen“ war für alle Formen der synkretistischen Variation besonders geeignet[114]. Diese Adamschriften konnten mehr biographischen Charakter erhalten, teilweise besitzen sie die Form eines Testaments an seinen Sohn Seth, andere geben sich wieder als Apokalypse. Auch – halbmagische – Gebete Adams waren im Umlauf. Diese Adamliteratur besaß einen gewissen Einfluß auf die Entwicklung der späteren *jüdisch-christlichen Gnosis*, in der die Urgeschichte von *Gen.* 1-10 eine entscheidende Rolle spielte. Unter den Schriften der 1947 entdeckten koptisch-gnostischen Bibliothek von Nag Hammadi, die eine ganze Reihe von „Apokalypsen“ (im Sinne von „Offenbarungsschriften“) enthält, befindet sich auch eine *Offenbarung des Adam*, die er seinen Sohn Seth im 700. Jahr gelehrt hat[115].|

---

112 A.-M. DENIS, Introduction, 142–145; VGL. L. GINZBERG, op. cit., III 251ff.; VI 88ff.; SCHÜRER^3 III/2, 783; E. G. MARTIN, OTP II, 463–465.

113 A.-M. DENIS, Fragmenta, 103f.; Introduction, 163–169; 799–803. Eine koptische Eliaapokalypse, die freilich mit den griechischen Fragmenten in keinem Zusammenhang steht, hat G. Steindorff (TU 17,3 1899) ediert; vgl. auch H. P. HOUGHTON, The Coptic Apocalypse, Aegyptus 39 (1959), 40–91 und 179–210 und die deutsche Übersetzung bei P. RIESSLER, op. cit., 114–125. Sie ist offensichtlich christlich und stammt aus dem Ende des 3. Jh.s, verwendet jedoch älteres jüdisches Material. Etwa aus derselben Zeit stammt eine hebräische Apokalypse (ed. M. Buttenwieser), Die hebräische Eliasapokalypse, 1897; S. A.-M. DENIS, op. cit., 168 Anm. 17. Vgl. zum Ganzen SCHÜRER^3 III/2, 799–803; O. S. WINTERMUTE, OTP 1, 721–753; J. M. ROSENSTIEHL, L'Apocalypse d'Élie, 1972; DERS., Les révélations d'Élie. Élie et les tourments des damnés, in: La Litterature Intertestamentaire, ed. A. Caquot, Paris 1985, 99–107; M. E. STONE/J. STRUGNELL, The Books of Elijah, I–II, 1979.

114 A.-M. DENIS, Introduction, 3–14; M. R. JAMES, The lost Apocrypha of the Old Testament, 1–18; E. C. QUINN, The Quest of Seth for the Oil of Life, Chicago-London 1962, und U. BIANCHI, Gnostizismus und Anthropologie, Kairos NF 11 (1969), 6–13; Zum „Urmenschen“ s. J. JERVELL, Imago Dei, FRLANT 76, 1960; H.-M. SCHENKE, Der Gott „Mensch“ in der Gnosis, 1962.

115 Vgl. jetzt den Überblick über die Adam-Schriften bei SCHÜRER^3 III/2, 760f., sowie die Monographie: J. R. LEVISON, Portraits of Adam in Early Judaism, JSP.S, Sheffield 1988. Biographischen Charakter haben die Vita Adae et Evae und die ihr entsprechende sog. Apokalypse Mosis. Der griechische Text findet sich bei C. Tischendorf, Apocalypses apocryphae, 1866, 1–23; vgl. A.-M. DENIS, Introduction, 3–5; eine engl. Übers. mit Einf. von L. S. A. WELLS in R. H. Charles (ed.), Apocrypha and Pseudepigrapha of the Old Testement II, 123–154; dt. von C. FUCHS in: E. Kautzsch (Hg.), Die Apokryphen und Pseudepigraphen des Alten Testaments, 1900, II, 506–528. Vgl. SCHÜRER^3 III/2, 757–760; D. A. BERTRAND, La Vie grecque d'Adam et Ève, Recherches Intertestamentaires 1, Paris 1987; J. R. LEVISON, The Exoneration of Eve in the Apokalypse of Mosis 15–20, JSJ 20 (1989), 135–150, sowie die Bibliographie bei J. H. CHARLESWORTH, op. cit. (Anm. 2), 74f. 273. Eine christliche Weiterentwicklung bildet die syrische Schatzhöhle; der Text ist ediert bei C. BEZOLD, Die Schatzhöhle, 1888; vgl. A.-M. DENIS, op. cit., 8f.; E. A. WALLIS BUDGE, The Book of the Cave of Treasures, 1927. Ebenfalls Syrisch erhalten ist ein Testamentum Adae: Patrologia Syriaca I/2,

6.6 Aus der Fülle der apokalyptischen Überlieferung des griechischsprechenden Judentums möchte ich nur *einen paradigmatischen Fall* herausgreifen: Es handelt sich hier – wie bei den Adamapokalypsen – um eine Schrift, die in einem breiten Traditionsstrom steht, und zwar innerhalb der *Henochüberlieferung*[116]. Auf eine *mündliche Geheimlehre* in Verbindung mit dem Namen Henochs deutet schon die Notiz *Gen.* 5,24 hin: „Henoch wandelte mit Gott, und er war plötzlich nicht mehr da, denn Gott hatte ihn fortgenommen". Ein Hinweis auf diesen Traditionsstrom erscheint im Lob der Väter des *Ben Sira* (44,16), der Henoch ein „Beispiel der Erkenntnis" nennt. Im äthiopisch erhaltenen *Henochbuch*, das keine geschlossene Einheit, sondern eine Sammlung von 5 Henochschriften darstellt, und in dem der erste und letzte Teil griechisch erhalten sind, treten Züge dieser Geheimüberlieferung zutage. Die apokalyptische Tradition geht jedoch weiter und mündet ein in die Thronwagen- und Hekhalotspekulation der nachchristlichen, jüdischen Mystik, wo Henoch mit | dem göttlichen Wesir Metatron identifiziert wird. Ein Zeichen dafür, daß diese „Henoch-Apokalyptik" auch in der griechischsprechenden Diaspora Einfluß gewann, ist der neutestamentliche *Judasbrief*, der die griechische Übersetzung

1917, 1307–1360; E. Robinson, OTP I, 989–995; vgl. ders., The Testament of Adam: An Examination of the Syriac and Greek Traditions, 1982. Ein darin enthaltenes horarium wird auch Apollonios von Tyana (!) zugeschrieben (op. cit., 1370ff.); vgl. R. M. James, The lost Apocrypha of the Old Testament, 138ff. Zu dem Adamgebet, s. E. Peterson, La libération d'Adam de l' ἀνάγκη, RB 55 (1948), 199–214, deutsch in: Frühkirche, Judentum, Gnosis, 1959, 107–129. Zur gnostischen Adamapokalypse s. A. Böhlig/P. Labib, Koptisch-gnostische Apokalypsen aus Codex V von Nag Hammadi, WZ (H) 1963, Sonderband 86–117; G. McRae, in: OTP I, 707–719; dazu K. Rudolph, ThR 34 (1969), 160ff.; A. J. Welburn, Iranian Prophetology and the Birth of The Messiah: the Apocalypse of Adam, ANRW II, 25/6, 4752–4794. Über jüdischen Einfluß auf die Gnosis s. A. Böhlig in: Le Origini dello Gnosticismo, Colloquio die Messina, Leiden 1970, 109–140; ders., Mysterion und Wahrheit, AGSU 6, 1968, 149–161; K. Rudolph, ThR 36 (1971), 98–124 (Lit.). Vgl. auch U. Bianchi, La rédemption dans les livres d'Adam, Numen 18 (1971), 1–8.

116 H. Odeberg, Art. Ἐνώχ, ThWNT II (1935), 553–557; H. L. Jansen, Die Henochgestalt, SNVAO.HF 1939; P. Grelot, La Légende d'Hénoch dans les Apocryphes et dans la Bible, RSR 46 (1948), 5–26; 181–210; M. Hengel, JuH 165f.; 360ff.; 371ff.; H. R. Balz, ZThK 66 (1970), 424ff.; J. J. Collins, The Early Enoch Literature, in ders., The Apocalyptic Imagination, New York 1984, 33–67; K. Berger, Henoch, RAC XIII, 473–545; H. S. Kvanvig, Roots of Apocalyptic. The Mesopotamian Background of the Enoch Figure and the Son of Man, Neukirchen 1988. Zur späteren Entwicklung s. H. Odeberg, 3 Enoch or the Hebrew Book of Enoch, Cambridge 1928; G. Scholem, Die jüdische Mystik in ihren Hauptströmungen, 1967, 72ff., 399f.; M. Himmelfarb, A Report on Enoch in Rabbinic Literature, SBL Seminar Papers 1978 Vol. I, 259–269. Vgl. zur Henochliteratur weiter M. Delcor, L'Apocalyptique juive: Le Livre d'Hénoch ou le Corpus Hénochien, in: A. Abécassis/G. Nataf (Hrsg.), Encyclopédie de la Mystique juive, Paris 1977, 56–87; J. C. Greenfield, M. E. Stone, The Books of Enoch and the Traditions of Enoch, Numen 26 (1979), 89–103; D. Dimant, The Biography of Enoch and the books of Enoch, VT 33 (1983), 14–29; sowie jetzt die Bibliographie von F. García Martinez und E. J. C. Tigchelaar, 1 Enoch and the Figure of Enoch. A Bibliography of Studies 1970–1988, RdQ 14 (1989), 149–174. Diese späten jüdischen Hekhalottexte liegen jetzt in den Editionen und Übersetzungen von P. Schäfer und seinen Mitarbeitern in TSAJ vor.

des *Äth. Henoch* (Jud 14f = *Äth. Hen.* 12,4ff.; *Jud* 6 = 1,9 vgl. 60,8) anführt. Der sog. *Barnabasbrief* zitiert 16,5f. *Äth. Hen.* 89,56.66f. als γραφή, d.h. als heilige Schrift[117]. Spuren dieser apokalyptischen Henochtradition finden sich in jüdischen Gebeten der Diaspora, ja selbst in der Gnosis, wo Henoch die Abfassung der Bücher Jeû zugeschrieben wird[118].|

6.7 Eine von der palästinischen Henochüberlieferung abhängige, aber im ganzen doch eigenständige jüdisch-hellenistische Ausprägung findet sich im sogenannten slawischen *Henochbuch*[119]. Es ist praktisch völlig frei von christli-

---

[117] Der Anfang und Schluß des Buches (c. 1–32, 6 und 97, 6–104; 106/7, 3 der Brief Henochs s. oben S. 219 Anm. 86) liegen in Griechisch vor. s. Apocalypsis Henochi Graece, PVTG III, ed. M. Black, 1970; dazu A.-M. Denis, Introduction, 15–30. Von 4 der 5 ursprünglich selbständigen Einheiten des Äth. Hen. wurden Fragmente in Qumran gefunden; s. J. T. Milik, Problèmes de la littérature hénochique à la lumière des fragments araméens de Qumrân , HThR 64 (1971), 333–378; ders., The Books of Enoch. Aramaic Fragments of Qumran Cave 4, Oxford 1976. Das Äth. Hen. 72–82 überlieferte astronomische Buch lag dort in sehr viel umfangreicherer Form vor, während das wegen der Menschensohnüberlieferung bedeutsame Buch der Bilderreden 37–71 in Qumran noch fehlt. J. T. Milik vermutet, daß es erst gegen Ende des 3. Jh.s n. Chr. in griechischer Sprache entstanden sei und zum Genus der christlichen Sibyllinen gehöre (373ff.), eine freilich sehr kühne Vermutung, denn die Schrift enthält keinerlei spezifisch christliche Züge noch zeigt sie – von den allgemein apokalyptisch-eschatologischen Zügen abgesehen – stärkere Beziehungen zu den Sibyllinen. Die Identifikation des erhöhten Henoch mit dem „Menschensohn“ in c. 71 kann unmöglich einem Christen zugeschrieben werden. Sehr viel stärker sind gerade in diesem entscheidenden Kapitel die Beziehungen zum III. hebräischen Henochbuch (ed. H. Odeberg, 3 Enoch, Cambridge 1928; repr. mit einem Vorw. von J. C. Greenfield, New York 1973; vgl. H. Hofmann, Das sogenannte Hebräische Henochbuch (3 Henoch), BBB 58, Bonn 1985; P. Alexander, OTP 1, 223ff.). Zu dem Motiv der geflügelten Engel, Äth. Hen. 61, 1 (378), könnte man auf die geflügelten Geister der 4 Winde in der Darstellung der Totenerweckung nach Hes. 37 in der Synagoge von Dura Europos verweisen. Jüdischer Ursprung ist dadurch in keiner Weise ausgeschlossen, u. U. wird man jedoch mit einer Entstehung in der griechischsprechenden Diaspora rechnen müssen.

[118] Koptisch-Gnostische Schriften I,3, die Pistis Sophia; die beiden Bücher des Jeû; unbekanntes altgnostisches Werk, ed. C. Schmidt/W. Till, 1962 (GCS 45), 158, 19 und 228, 35. Die Verbindung zur jüdischen Henochtradition zeigt sich in der Gestalt des „kleinen Jaô“ (7, 36; 8, 11), der im hebräischen (III.) Henochbuch mit Henoch-Metratron identifiziert wird (ed. Odeberg 12,5; 48C, 7; 48D vgl. S. 228, Anm. 116). Zu den jüdischen Gebeten s. E. Peterson in: Frühkirche, Judentum und Gnosis, 1959, 36ff. Nach J. T. Milik, op. cit. (Anm. 117), 366ff. und ders., Turfan et Qumran. Livre des Géants juif et manichéen, in Tradition und Glaube, Festgabe für K. G. Kuhn, 1971, 117–127, ist das Buch der Riesen von Mani durch eine in Qumran verbreitete Henochschrift beeinflußt, die im 4. Jh. n. Chr. in griechischer Übersetzung auch im christlichen Ägypten bekannt war. Dazu vgl. auch G. E. Nickelsburg, 1 Enoch and the Book of Giants, in: CRINT II/2, 90–97; W. Sundermann, Ein weiteres Fragment aus Mani's Gigantenbuch, in: Hommages et opera minora 9. Orientalia J. Duchesne-Guillemin emerito oblata, Acta Iranica 23, Leiden 1984, 491–505; J. Tubach, Spuren des astronomischen Henochbuches bei den Manichäern Mittelasiens, in: P. O. Scholz – R. Stempel (eds.), Nubia et Oriens Christianus, Bibliotheca Nubica I, Köln 1987, 73–95. Die Fragmente werden von L. Stuckenbruck in TSAJ herausgegeben.

[119] Text und Übersetzung: A. Vaillant, Le Livre des Secrets d'Hénoch, Paris 1952. Die älteren Übersetzungen von Bonwetsch, Charles und Riessler sollten, nachdem diese Ausgabe vorliegt, nur mit Vorsicht verwendet werden, da sie auf sekundären Textformen

chen Einflüssen und dürfte in seiner Urform in griechischer Sprache noch während des 1. Jh.s n. Chr. in Alexandrien entstanden sein. Das Buch enthält die Schilderung einer Himmelsreise des Patriarchen 30 Tage vor seiner Entrükkung, anschließend eine Abschiedsrede und endet mit der Entrückung selbst, es kommt so von der Form her einem „Testament“ nahe. Die *Himmelsreise* führt Henoch durch alle 7 Himmel vor den Thron Gottes, er verwandelt sich dort in die himmlische Glorie der Engel und wird zum Schreiber eingesetzt, der alles im Himmel und auf Erden notiert. Den Höhepunkt bildet die Offenbarung der Geheimnisse der Schöpfung durch Gott selbst. Dabei werden ägyptisch-orphische Spekulationen sichtbar. Das All ist aus dem „großen Adoil“, d. h. dem „großen Aion“, der die Gestalt des Welten-Eis hat, hervorgegangen (c. 25 Charles Anderson = S. 29f. Vaillant). Trotz dieser | synkretistischen Schöpfungslehre wird jedoch jeder gnostische Dualismus abgewehrt (c. 33, 7 = S. 35). Auf Gottes Befehl schreibt Henoch alles in Bücher nieder, die er an seine Söhne weitergeben soll: „Übergib ihnen die Bücher, die von deiner Hand geschrieben sind, und sie sollen sie lesen und den Schöpfer aller Dinge erkenne ... und sie sollen die von deiner Hand geschriebenen Bücher an ihre Kinder weitergeben, und die Kinder an die Kinder, von Verwandten zu Verwandten, von Geschlecht zu Geschlecht“ (c. 33, 8f). Der Hinweis auf die „Bücher“ deutet auf eine umfangreichere Henoch-Literatur hin. Zur Erde zurückgekehrt ruft Henoch seine Söhne zu einer ethisch geprägten *Abschiedsrede* zusammen und offenbart ihnen seine künftige Funktion: Er wird der Himmelsschreiber werden, der alle Werke der Menschen aufschreibt. Man hat fast den Eindruck, daß den Anhängern der Henoch-Apokalyptik diese Schriften Henochs mindestens so wichtig waren wie der Pentateuch, denn sie decken die Geheimnisse auf, die bei Moses nur angedeutet werden. Es ist verständlich, wenn sich daher gegen die Henochapokalyptik im jüdischen Palästina, in der Diaspora und im frühen Christentum auch Widerstände regten. Die Einwände gegen die Echtheit der Henochschriften, von denen Tertullian berichtet[120], hatten weniger

---

beruhen. Eine neue engl. Übers. bei F. I. ANDERSEN, OTP I, 91–221; vgl. weiter SCHÜRER[3] III/2, 746–750. Das Methusalem-Noah-Apokryphon (bei Vaillant S. 65 ff.), das im slawischen Text mit dem Henochbuch verbunden ist, könnte eine sekundäre, christliche Zutat sein, da hier von der jungfräulichen Geburt des Melchisedeks berichtet wird. Dagegen hat das Henochbuch – gegen A. VAILLANT und A.-M. DENIS, Introduction, 28f. – keinerlei christliche Züge; s. G. SCHOLEM, Eranos-Jahrbuch 27 (1958), 250ff. und Ursprung und Anfänge des Kabbala, 1962, 64f. Vgl. auch A. RUBINSTEIN, Observations on the Slavonic book of Enoch, JJS 13 (1962), 1–29. J.-T. MILIK, op. cit., 373, vermutet eine zu späte Entstehung (9. Jh. n. Chr.); hier bleibt jedoch das Fehlen aller christlichen Elemente völlig rätselhaft. S. demgegenüber jetzt F. I. ANDERSON, op. cit., der das Werk als „result of a long and complex process of collecting and editing“ (95) auf das Ende des 1. Jh. n. Chr. datiert.

[120] De cultu fem. I 3,1 (CCL 1, 346); vgl. W. SPEYER, Fälschung, 153. Zum Widerstand gegen die Henochüberlieferung s. auch Bill. III 744f. S. auch M. HENGEL in M. Hengel/A. M. Schwemer (Hg.), Die Septuaginta zwischen Judentum und Christentum, WUNT 72, 216ff. 228f. 233f.

„historische“ als dogmatische Ursachen. Möglicherweise war das Argument, gegen das Tertullian dieselben zu verteidigen sucht, daß nämlich dieses Werk die Sintflut nicht überlebt haben könnte, bereits dem Verfasser des slav. *Henoch* bekannt. Der Auftrag Gottes an Henoch über die ihm diktierten Bücher schließt mit der bezeichnenden Verheißung:

„Denn die Schrift deiner Hand und die deiner Väter Adam und Seth werden nicht vernichtet bis zur letzten Zeit, | denn ich habe meinen Engeln Arioch und Marioch befohlen... deine und deiner Väter Schrift zu bewahren, damit sie nicht in der nahen Flut verlorenginge...“ (Slaw. Hen. 33,10ff.)

6.8 Vielleicht könnte man bei einer derartigen apokalyptischen Traditionsliteratur am ehesten von *echter religiöser Pseudepigraphie*[121] reden. Freilich nicht deshalb, weil es sich hier um nachweisbar inspirierte Schriften handelte. Der dogmatisch belastete Begriff der „Inspiration“ ist in diesem ganzen Zusammenhang schwerlich brauchbar[122]. Auch das Kriterium der Erlebnisechtheit hilft hier kaum weiter, da das Entscheidende in der jüdischen Apokalyptik nicht nachweisbar erlebte Visionen, sondern die mündliche und schriftliche Tradition war. Der autobiographische Bericht des Paulus in *II Kor.* 12,1ff. über seine Entrückung in den 3. Himmel bzw. ins Paradies stimmt zwar mit dem slav. *Hen.* (c. 8) und der *Adamapokalyptik* (*Apok. Mos.* 37) überein, da sich auch dort das Paradies im 3. Himmel befindet, aber es folgt daraus nur, daß sich visionäres Erlebnis und traditionelles Deuteschema nicht trennen lassen. Auch echte Visionen wurden in ihrer Deutung dem interpretierenden Raster der Tradition unterworfen[123]. Das Entscheidende ist der *religiöse Traditionsstrom*, | der immer wieder neue literarische Form annimmt, für die dann die pseudepigraphische Form eine Selbstverständlichkeit ist, weil nicht die Individualität des Schreibers, sondern die Gestalt des religiösen Heros, an dessen Überlieferung und Geist man allein gebunden ist, die entscheidende Norm darstellt. Am ehesten könnte man diese apokalyptische Henochüberlieferung mit dem hermetischen Schrifttum vergleichen, zumal der Himmelsschreiber Henoch mit dem

---

121 S. W. Speyer, JAC 8/9 (1965/66), 109ff.; ders., Fälschung, 339, Index s.v. Pseudepigraphie, „echte religiöse“.

122 Der Begriff der Inspiration war in der griechischen Tradition stärker verankert als in der alttestamentlich-jüdischen. S. dazu W. Speyer, JAC 8/9 (1965/66), 91f.; ders. in: Pseudepigrapha I ed. K. v. Fritz, 1971, 311ff. und H. Kleinknecht, ThWNT VI, 1959, 341ff. Typisch ist etwa Ps.-Longinus, De sublimitate 8,4; 13,2; 16,2. Im Judentum hat sich die literarische Inspirationsvorstellung erst relativ spät entwickelt, s. P. Katz, ZNW 47 (1956), 209ff.; E. Schweizer, ThWNT VI, 1959, 382ff.; M. Hengel, JuH 248; 299f.; 374ff.; 390ff. Dazu Josephus (c. Ap. I 37ff.), der die Auswahl der 22 kanonischen Schriften bei den Prophetenbüchern durch Inspiration begründet, vgl. zu Philo jetzt H. Burkhardt, Die Inspiration heiliger Schriften bei Philo von Alexandrien, Gießen/Basel 1988; allgemein M. Stone, op. cit. (Anm. 96), 427–433.

123 Paulus bedient sich bei der Darstellung seiner Erlebnisse der aretalogischen Form, H. D. Betz, ZThK 66 (1969), 288–305, die selbst wieder eine lange, innerjüdische Traditionsgeschichte besitzt: M. Hengel, JuH, 203; 205f.; 285ff.

göttlichen Schreiber Hermes-Thoth eine ganze Reihe verwandter Züge besitzt. In einem späten magischen Traktat werden sie dann auch beide identifiziert[124].

7.1 Gerade die Henoch-Apokalyptik enthielt ein sehr starkes *weisheitliches* Element, wie denn überhaupt die jüdische Apokalyptik aus der Verbindung von alttestamentlicher Weisheit und Prophetie herausgewachsen ist. Auch die alttestamentliche Weisheitstradition fand in der Diaspora ihre Fortsetzung, und zwar – es konnte nicht anders sein – unter dem Namen jenes Heros, der nach *I Kg.* 5,11ff. die Weisheit in Israel begründet hatte, d.h. als Weisheit Salomos. In Palästina wurde ihm die im 3. Jh. v. Chr. abgeschlossene Sammlung der *Sprüche Salomos* zugeschrieben (1,1; 10,1), obwohl darin auch Sprüche anonymer (22,17; 24,23) und altarabischer Weiser (30,1ff.; 31,1ff.) enthalten waren; weitere Pseudepigrapha unter seinem Namen waren das *Hohe Lied, Kohelet* – nach dem Anfang des Buches 1,1.12 – und die pharisäischen *Psalmen Salomonis* im 1. Jh. v. Chr.[125]. Wie diese Wirksamkeit Salomos in der | Diaspora eingeschätzt wurde, zeigt die LXX zu III Reg 5,12: Sie machte aus den 1005 Liedern des hebräischen Textes 5000. Diese ᾠδαί wurden dann z.T. als ἐπῳδαί, d.h. als magische Beschwörungen, verstanden und begründeten den Ruf Salomos als Magier[126]. Auch die Übersetzung von 5,14 steigerte die universale Geltung seiner Weisheit: „Und alle Völker kamen, die Weisheit Salomos zu hören, und er empfing Gaben von allen Königen der Erde, welche seine Weisheit gehört hatten". Aristobul verweist darum auf Salomo als einen seiner philosophischen Vorgänger, der die archetypische Bedeutung der göttlichen Sophia viel klarer zum Ausdruck gebracht habe als die Schule der Peripatetiker (Euseb. *Pr. ev.* XIII 12,10f.). Die *Weisheit Salomos* wurde dabei auf den ganzen Kosmos ausgeweitet und philosophisch interpretiert: οὐδεμίαν γὰρ φύσιν ἠγνόησεν... ἀλλ' ἐν πάσαις ἐφιλοσόφησε... sagt Josephus von ihm *Ant.* VIII 44. Hier liegt die Wurzel für die schon bei Josephus selbstverständliche Bedeutung Salomos als *Magier* und das unter seinem Namen umlaufende magische Schriftum (VIII 45). Ein Beispiel bietet dafür das auf jüdische Quellen zurückgehende, in verschiedenen Versionen erhaltene *Testamentum Salomonis*[127]. Wenn Salomo so zum Autor von magischer oder weisheitlicher Literatur gemacht wurde, so

---

[124] M. HENGEL, JuH, 390; vgl. auch die aramäische Zauberschale bei J. A. MONTGOMERY, Aramaic Incantation Texts in Nippur, 1913, 98f.; der große Herr Armase (= Hermes) Metatron (= Henoch). Dazu J. T. MILIK, op. cit. (Anm. 117), 369.

[125] Zu dem Schrifttum im Namen Salomos, s. K. PREISENDANZ, PRE Suppl. 8 (1958), 660–704; J. A. SINT, Pseudonymität im Altertum, 154f.; E. LOHSE, ThWNT VII, 1964, 459ff.; M. HENGEL, JuH, 237ff.; A.-M. DENIS, Introduction, 60–69 (65ff.). Bei KOHELET zeigt sich schon im 3. Jh. v. Chr. in Palästina starker griechischer Einfluß; s. R. BRAUN, Kohelet und sein Verhältnis zur literarischen Bildung und zur Popularphilosophie, theol. Diss. Erlangen, 1971.

[126] K. PREISENDANZ, op. cit., 662f. Vgl. SCHÜRER^3 III/1, 375–379; S. GIVERSEN, Solomon und die Dämonen, in: Essays on the Nag Hammadi Texts in Honour of Alexander Böhlig (ed. M. Krause), 1973, 16–21.

[127] Text: C. C. McCOWN, The Testament of Solomon, UNT 9, Leipzig 1922; engl. von D. C. DULING in: OTP I, 935–987; vgl. K. PREISENDANZ, op. cit., 684ff. und A.-M. DENIS,

war dies so naheliegend, wie wenn Fabeln dem Äsop, naturwissenschaftlich-magische Schriften Demokrit und Gnomensammlungen Theognis oder Menander zugeschrieben wurden.

7.2 Auch der unbekannte Verfasser der sogenannten *Sapientia Salomonis* führte nicht deshalb in 7,1 (vgl. 9,7f.) die Gestalt Salomos, in der ersten Person redend, als Lehrer ein, um durch eine bewußte literarische Fälschung – vor-|nehmlich bei Griechen und Römern – „seinem Werk dadurch Ansehen (zu) verschaffen“[128]. Im Gegenteil, er wollte in dieser protreptikosartigen Lehrschrift gerade nicht seine Individualität und ihr Werk in den Vordergrund stellen, sondern die überzeitliche und überindividuelle Weisheit selbst, als deren Traditionsträger er sich verstand und deren paradigmatischer Repräsentant Salomo war. Der Verfasser versteht die Weisheit als göttlichen Geist (1,4ff.; 6,12ff.; 7,7; 7,22b-8,1 u.ö.), der von Gott ausgehend wie die platonische „Weltseele“ oder der stoische „Logos“ das All durchdringt und versucht, die Herrschaft über den Menschen zu gewinnen. Diese Identität der Weisheit als Geist Gottes überbrückt die Zeiten:

μία δὲ οὖσα πάντα δύναται
καὶ μένουσα ἐν αὑτῇ τὰ πάντα καινίζει
καὶ κατὰ γενεὰς εἰς ψυχὰς ὁσίας μεταβαίνουσα
φίλους θεοῦ καὶ προφήτας κατασκευάζει (7,27).

Aufgrund der Identität der göttlichen Weisheit kann der Verfasser Salomo als den von Gott selbst vorbildlich mit Weisheit begabten Herrscher in den Mittelpunkt stellen und ihn sprechen lassen:

αὐτὸς γάρ μοι ἔδωκεν τῶν ὄντων γνῶσιν ἀψευδῆ
εἰδέναι σύστασιν κόσμου καὶ ἐνέργειαν στοιχείων,
ἀρχὴν καὶ τέλος καὶ μεσότητα χρόνων,
τροπῶν ἀλλαγὰς καὶ μεταβολὰς καιρῶν,
ἐνιαυτοῦ κύκλους καὶ ἄστρων θέσεις,
φύσεις ζῴων καὶ θυμοὺς θηρίων,
πνευμάτων βίας καὶ διαλογισμοὺς ἀνθρώπων,
διαφορὰς φυτῶν καὶ δυνάμεις ῥιζῶν,
ὅσα τέ ἐστιν κρυπτὰ καὶ ἐμφανῆ ἔγνων·
ἡ γὰρ πάντων τεχνῖτις ἐδίδαξέν με σοφία. (7,17-22a).|

Auch in diesem Falle kann man von einem „echten religiösen Pseudepigraphon“ (s. oben S. 231) sprechen, nur ist es nicht die verborgene, mündliche oder schriftliche Tradition des Apokalyptikers, sondern der Geist der Weisheit, der Salomo als das Idealbild des vollkommenen weisen Königs mit dem jüdisch-hellenistischen Lehrer verbindet.

Introduction, 67f.; D. C. Duling, The Testament of Solomon: Retrospect and Prospect, JSPs 2 (1988), 87–112; H. M. Jackson, Notes on the Testament of Solomon, JSJ 19 (1988), 19–60.

[128] Gegen die Deutung von W. Speyer, Fälschung, 166. Lit. bei O. Eissfeldt, op. cit. (Anm. 7), 812–817, 1022; L. Rost, op. cit. (Anm. 44), 41ff.

7.3 Der Verfasser steht dabei auf einer *geistigen Grenzscheide*. Er verfügt, wie J. M. Reese[129] gezeigt hat, über rhetorische Bildung, einen reichen und gewählten, z. T. fast manieriert erscheinenden Wortschatz und beachtliche popularphilosophische Kenntnisse. Besonders auffällig ist der Einfluß der Sprache der Isisaretalogien und des Epikureers Philodemos von Gadara. Dieses rhetorische, griechische Sprachgewand, das sich wesentlich vom Stil der LXX unterschied, hatte zur Folge, daß einzelne gebildete Kirchenväter wie Origenes und Hieronymus[130] erkannten, daß die Schrift nicht von Salomo stammen könne. Gleichzeitig hält der Verfasser jedoch bewußt an der jüdischen Tradition fest, verwendet den traditionellen semitischen *Parallelismus membrorum* und verzichtet – im Gegensatz zum Übersetzer der *Proverbia Salomonis*, der zuweilen die hebräischen Verse in Jamben und Hexameter verwandelte[131] – auf den Gebrauch des fremden Metrums. Stark betont wird die Unsterblichkeit der Seele – die palästinische Vorstellung von der Auferstehung des Leibes spielt dagegen keine Rolle | –, doch die Unsterblichkeit wird gut biblisch mit der *imago Dei* nach *Gen.* 1,27 begründet. Umstritten ist, ob in 8.20 und 15,8 die platonische Anschauung von der Präexistenz der Seele auftaucht. J. M. Reese sieht darin mehr eine quasi-aristotelische Anschauung von der Seele als der Form des Leibes[132]. Während die griechische Verehrung der Gestirne noch relativ milde beurteilt wird (13,6ff.), tadelt der Verfasser schroff den ägyptischen Tierkult (12,23ff.; 15,14ff.); der mit der Begrifflichkeit der Mysterienreligionen dargestellten kanaanäischen Religion wird der Vorwurf des Kannibalismus gemacht, den gewisse Griechen gegen die Juden erhoben[133]. Der Verfasser steht so mitten in dem geistigen Kampf der jüdischen Religion um ihre Selbstbehauptung, die angesprochenen Leser waren wohl weniger gebildete Griechen und Römer als junge Juden, es könnte sich bei dem Werk ähnlich wie bei *Ben Sira* um eine Zusammenfassung von Lehrvorträgen handeln, freilich nicht aus einem Jerusalemer, sondern aus einem alexandrinischen Lehrhaus[134]. In den Schlußkapiteln wird an Hand des Para-

---

[129] Hellenistic Influence on the Book of Wisdom and its Consequences, AnBib 41, Rom 1970. Vgl. auch P. C. LARCHER, Etudes sur le livre de la Sagesse, Paris 1969ff. Schon I. HEINEMANN, Poseidonios metaphysische Schriften I, 1921, 136–153, vermutete eine von Poseidonios abhängige Quelle.

[130] W. SPEYER, Fälschung 154, Anm. 6; M. HENGEL, Septuaginta (s. Anm. 120), 231.

[131] H. J. THACKERAY, The Poetry of the Greek Book of Proverbs, JThS 13 (1912), 46–66; G. GERLEMAN, The Septuagint Proverbs as a Hellenistic Document, OTS 8 (1950), 15–27 und Studies in the Septuagint III, Proverbs, Lund Universitets Artskrift I, 52, 1956, Nr. 3; vgl. M. HENGEL, JuH 292ff.

[132] Op. cit., 80ff.; vgl. auch P. C. LARCHER, op. cit. (Anm. 129).

[133] 12,5; vgl. Damokritos (REINACH, Textes, 121) und Apion (REINACH, 131f = c. Ap. II 91–97). Hier liegt der Ursprung der Ritualmordlegende. Vgl. E. BICKERMAN. Ritualmord und Eselskult, in: DERS., Studien II, 225–255.

[134] J. M. REESE, op. cit., 117ff. 146ff. Das „Lehrhaus“ (bêt hammidraš) und der Stuhl des Lehrers (ješîbā) tauchen erstmalig in Sir 51,23 und 29 auf. Sie sind eine typische Errungen-

digmas der Errettung der Juden aus Ägypten Gottes Treue gegenüber seinem Volk und sein Gericht über die Heiden dargestellt. Das Schlußwort dient der nationalen, religiösen Selbstbestätigung:

κατὰ πάντα γάρ, κύριε, ἐμεγάλυνας τὸν λαόν σου καὶ ἐδόξασας
καὶ οὐχ ὑπερεῖδες ἐν παντὶ καιρῷ καὶ τόπῳ παριστάμενος (19,22).|

8.1 Wenn man die unter ihrem *Verfassernamen* überlieferte jüdisch-hellenistische Literatur – von Philo und Josephus abgesehen – mit der anonymen und pseudepigraphischen vergleicht, so muß man sagen, daß auch in der Diaspora letztere überwog, vor allem wenn man noch die zahlreichen Übersetzungen aus der palästinischen Literatur hinzurechnet. D.h. *selbst im jüdisch-hellenistischen Bereich war das Bewußtsein des geistigen Eigentums und der schriftstellerischen Individualität gegenüber der griechisch-römischen Welt unterentwikkelt.* Bei der Fortführung des Vergleichs fällt weiter auf, daß sich die „Autorenliteratur“ durchweg mit ihrer hellenistischen Umwelt direkt auseinandersetzt, sei es, daß die jüdische Geschichte mit der heidnischen verbunden und zugleich ihre Überlegenheit postuliert wird, sei es, daß man wie Aristobul den philosophischen Charakter der jüdischen Religion erweisen wollte. In der anonymen und pseudepigraphischen Literatur spielt dagegen dieses „apologetische“ Element kaum eine Rolle, selbst die *Sapientia* hütet sich, *expressis verbis* auf die heidnische Mythologie, Geschichte oder Philosophie einzugehen, sie will vielmehr das Walten der göttlichen Weisheit in und für Israel beschreiben. D.h. diese beiden Literaturtypen gehören – bis zu einem gewissen Grade – verschiedenen Bildungsschichten an. Die „Autorenliteratur“ setzt ein stärker gebildetes Publikum voraus, das unmittelbar von der Frage des Verhältnisses zur hellenistischen Kultur bewegt war. Natürlich gibt es auch Ausnahmen, dazu wäre bei der anonymen und pseudepigraphischen Literatur neben der *Sapientia* auch das stark stoisch gefärbte *IV. Makkabäerbuch* (s.o. S. 208) zu rechnen. Gemeinsam ist beiden Gruppen, daß es sich um ausgesprochene Tendenzliteratur handelte und daß *der Sinn für die historische Wirklichkeit und Wahrheit in der Regel unterentwickelt war.* | Bei Anlegung moderner Maßstäbe müßte man hier wie dort ständig von „Fälschungen“ sprechen. Man würde freilich mit einem derartigen ahistorisch-moralisierenden Urteil der geschichtlichen Situation nicht gerecht.

8.2 *Der Unterschied zwischen der Anonymität und Pseudepigraphität hängt eng mit der Gattung der jeweiligen Schrift zusammen.* Die Novelle wie auch der Geschichtsbericht konnten auf jeden Verfassernamen verzichten, da hier die erzählte Geschichte an sich das Interesse des Lesers erweckte. In diesem

schaft des Erziehungseifers der hellenistischen Zeit; s. M. HENGEL, JuH, 143–152. Zum Lehrbetrieb in Alexandrien, s. W. BOUSSET, Jüdisch-Christlicher Schulbetrieb in Alexandria und Rom, FRLANT 23, 1915, der vor allem die Schultraditionen bei Philo herauszuarbeiten sucht.

Bereich war auch der profane Einfluß am größten. Dennoch versuchte man, in irgendeiner Weise profane Erzählungen wie die *Susanna-* oder die *Drei-Pagen-Novelle* durch Übertragung auf einen jüdischen Helden der Vergangenheit mit der heiligen Geschichte zu verbinden. Bei der Testamentenliteratur, den Apokalypsen und weisheitlichen Lehrschriften war es aus Gründen der Autorität der Schrift unabdingbar, sie als Offenbarungsschriften eines der Männer der Urzeit bzw. der Propheten der israelitischen Geschichte auszugeben. Eine derartige Übertragung wurde kaum als Betrug empfunden, denn einmal trat das Bewußtsein des individuellen geistigen Eigentums gegenüber der Bindung an die transsubjektive Tradition und den Schulzusammenhang stark zurück, und zum anderen glaubte man an das Fortwirken der Autorität, des Geistes und der Weisheit bestimmter Personen und wollte nichts anderes als sie zur Sprache bringen. Einer geistigen Welt, in der ein Henoch, Mose, Elia oder Jeremia *redivivus* erwartet wurde, wo man gewiß war, daß einzelne Gestalten wie Henoch, Jakob, Pinehas oder Elia zu Gott als himmlischer Schreiber, Heerführer, Hoherpriester, Interzessor oder Nothelfer erhöht seien, war auch das lebendige Weiterwirken ihrer autoritativen Tradition vertretbar. In diesem Punkte bestand zwischen dem Mutterland und der Diaspora kein grund|sätzlicher Unterschied. Eine Konsequenz dieser Betrachtungsweise war auch, *daß man diese Schriften*, soweit man sie nicht durch Kanonisierung absicherte, *beliebig erweiterte, veränderte oder verkürzte*. Die Integrität eines Textes erschien so wenig ein feststehender Wert wie das „geistige Eigentum“ seines Verfassers. Entscheidend war vielmehr das Bestreben, die autoritative Norm der Vergangenheit für die Gegenwart wirksam zur Sprache zu bringen.

9.1 Einen Bereich hatten wir bisher ausgespart: *Die jüdischen Fälschungen unter dem Namen eines nichtjüdischen, in der Regel griechischen Verfassers*. Im Blick auf das zuvor Gesagte wird man grundsätzlich feststellen können, daß wegen des „unterentwickelten“ Bewußtseins für das geistige Eigentum und die literarische Individualität, sowie des relativ geringen Sinnes für historische Distanz, Wirklichkeit und Wahrheit der Schritt zu derartigen „Fälschungen“ leicht war. Auffallend ist weiter, *daß uns praktisch alle für die jüdisch-hellenistische Literatur typischen „Gattungen“ unter den Fälschungen wiederbegegnen*. Der Geschichtsschreibung entspricht das Hekataios zugeschriebene Werk *Über die Juden*, der novellistischen Hofgeschichte der *Ps.-Aristeasbrief*, der Testamentenliteratur das *Testament des Orpheus*, den Apokalypsen die jüdischen *Sibyllen* und der Weisheitsliteratur die *Sprüche des Ps.-Phokylides* und die gefälschten Klassikerzitate. Auszuscheiden sind die nur syrisch erhaltenen *Sprüche des Weisen Menander*[135], die sich stark mit der jüdischen | Spruchweis-

[135] Text: ed. J. P. N. Land, Anecdota Syriaca I, Leiden 1862, 64ff (156ff); französische Übersetzung mit Kommentar bei J. P. Audet, La sagesse de Ménandre l'Égyptien, RB 59 (1952), 55–81: Der Verfasser sei kein Jude, sondern ein „Gottesfürchtiger“ (80). Deutsche Übersetzung bei P. Riessler, Altjüdisches Schrifttum außerhalb der Bibel, 104ff; engl. von T.

heit berühren, da damit zu rechnen ist, daß die Überschrift sekundär zugewachsen ist, weiter die *Briefe Pseudo-Heraklits*[136], die stoisch-kynischen Ursprungs sind, das *Orakel des Hystaspes*[137], das aus einer hellenistisch-iranischen Quelle stammt, sowie – aus methodischen Gründen – der ganze Komplex der angeblich gefälschten *Urkunden* in den *Makkabäerbüchern* und bei Josephus (s.o. S.207ff.).

9.2 Beginnen wir mit der *jüdischen Sibylle*[138], da sie den innerjüdischen Pseudepigraphen sachlich am nächsten steht. Nach einer rabbinischen Anschauung besaßen nicht nur das auserwählte Volk, sondern auch die Heidenvölker Propheten, die diese im Namen Gottes warnen sollten, freilich habe die Gabe des Geistes an die Völker mit der Übergabe der *Tora* an Israel aufgehört. Zu diesen Propheten zählten u.a. Bileam, Hiob und seine Freunde. In der Diaspora konnten auch Griechen als „heidnische Propheten" betrachtet werden, Philo bezeichnet, *Leg. ad Cai.* 99, Hermes als ἑρμηνεὺς καὶ προφήτης τῶν θείων und Apollon als μάντις ἀγαθός (109). In den Pastoralbriefen wird der sagenumwobene Kreter Epimenides *Tit.* 1,12 aufgrund seines Zitats über die lügnerischen Kreter προφήτης genannt. In der alten Kirche erhielten dann die Weissagungen der heid|nischen „Propheten" eine große Bedeutung, wobei die Sibylle im Mittelpunkt stand[139]. Für den hellenistischen Juden waren die

---

Baarda, in OTP II, 583–606; vgl. auch A.-M. Denis, Introduction, 209ff (211, Anm. 49); Schürer³ III/1, 692–694; M. Küchler, Frühjüdische Weisheitstraditionen, 1979, 207–318.

136 J. Bernays, Die Heraklitischen Briefe, 1869, vertrat eine jüdische Bearbeitung des 4. und eine Fälschung des 7. Briefes; der 9. Brief stamme von einem jüdisch-christlichen Verfasser (26–35; 61–81; 109ff); vgl. auch A.-M. Denis, Introduction, 220ff und Fragmenta, 156ff. S. dagegen mit Recht W. Speyer, Fälschung 167 und J. Strugnell – H. Attridge, The Epistles of Heraclitus and the Jewish Pseudepigrapha: A Warning, HThR 64 (1971), 411ff; H.W. Attridge, First-Century Cynicism in the Epistles of Heraclitus, 1976, 3–39; vgl. Schürer³ III/1, 694f.

137 Text gesammelt bei J. Bidez – F. Cumont, Les Mages hellénisés II, Paris 1938, 357–377; vgl. dazu I, 215–223, weiter H. Windisch, Die Orakel des Hystaspes, Amsterdam 1929; A.-M Denis, Introduction, 268f; vgl. C. Colpe, Kairos 12 (1970), 85ff; Schürer³ III/1, 754–756.

138 Zur Literatur bis 1920, s. A. Rzach, PRE 2. R. 2 (1923), 2073–2183, sowie die Edition von A. Kurfess, Sybillinische Weissagungen, 1915, 1–23; 364ff. Vgl. ders. in E. Hennecke – W. Schneemelcher, Neutestamentliche Apokryphen³, II, 498ff; einen engl. Text und Einführung von J.J. Collins, OTP I, 317–472; weiter A.-M. Denis, Introduction, 111–122 und ausführlich A. Peretti, La Sibilla Babilonese, Biblioteca di Cultura 21, Firenze 1943; sowie neuerdings J.J. Collins, The Sibylline Oracles of Egyptian Judaism, SBL. Diss. Series 13, Missoula 1974; ders., The Development of the Sibylline Tradition, ANRW II, 20/1, Berlin – New York 1987, 421–459, ders., The Sibylline Oracles, CRINT II/2, 357–382, sowie Schürer³ III/1, 618–654. Zur ältesten 3. Sybille, s. V. Nikiprowetzky, La troisième Sibylle, Paris 1970.

139 Zu der heidnischen Prophetie bei den Juden s. Bill. II, 233 = BB 15b und Seder OlamR 21; III, 63f = NuR 20, 7.13. Zur christlichen Deutung s. Irenäus, Adv. haer. IV 33, 3 (Homer); Clem. Alec. Strom I 59; 69; VI 42; 66; vgl. V 108, 2 (Platon); H. Erbse, Fragmente griechischer Theosophien, Hamburger Arbeiten zur Altertumswissenschaft 4 (1941), 167ff; 180–182; 213ff; vgl. auch A. von Premerstein, BNGJ 9 (1934), 338–374.

Sammlungen sibyllinischer Prophezeiungen, die sich seit der Alexanderzeit immer größerer Beliebtheit erfreuten, besonders interessant. Hier begegnete er einer weder an heidnische Orakel noch an magische Praktiken gebundenen, durch freie göttliche Eingebung gewirkten Prophetie, die ihn an die eigenen Propheten erinnern mußte, zumal sie ganz überwiegend Unheil voraussagte. Da die Zahl der „Sibyllen" in hellenistischer Zeit ständig wuchs – Herakleides Ponticus nennt im 4. Jh. nur 2 bzw. 3[140], Varro ca. 300 Jahre später aus griechischer Quelle insgesamt 10[141] – und sich einzelne zudem den Rang streitig machten, lag es für den griechisch gebildeten jüdischen Autor in Alexandrien nahe, auch eine hebräische Sibylle zu Wort kommen zu lassen. Wahrscheinlich war ihm bekannt, daß selbst Griechen als älteste Sibylle eine orientalische, die persische, vermuteten[142]. Auch der Zeitpunkt zu einem derartigen Unternehmen war günstig. In den Makkabäerkämpfen hatten die Juden in Palästina das seleukidische Joch abgeworfen und in Ägypten einen bedeutenden Macht|zuwachs erhalten. Das Gefüge der hellenistischen Monarchien war durch Rom zerstört worden, die Zukunft gerade für den östlichen Mittelmeerraum drohend und ungewiß (*Sib.* III 174ff.). In diese Zeit hinein ließ der unbekannte Dichter seine Sibylle sprechen und ein Bild der Weltgeschichte entwerfen, das mit der von Mose geschilderten Urzeit beginnt und mit der Gottesherrschaft endet (III 652ff.; 741ff.; 767ff.). Die jetzige Ursibylle setzt mit dem Turmbau zu Babel ein (III 97ff.), der ursprüngliche Anfang ist weggebrochen, er wurde jedoch in dem jüngeren 1. Buch verarbeitet[143]. Neu gegenüber den älteren Sammlungen sibyllischer Weissagungen war, daß hier ein geschlossenes literarisches Werk mit einer festen Konzeption entstand. Darin verbanden sich 2 Komponenten: 1. die jüdische des apokalyptischen Geschichtsbilds, das uns erstmals bei Daniel und in der Tiersymbolapokalypse (*Äth. Hen.* 83-90) begegnet und 2. die hellenistische der literarischen „Weissagung" in Versform, wie sie uns zu Beginn des 2. Jhs. in Lykophrons *Alexandra* entgegentritt[144]. Beide Formen verbindet der ständige Gebrauch des *vaticinium ex eventu* zum Zweck der Geschichtsdeutung, der selbst wieder ältere ägyptische Vorbilder besitzt (s. o. S. 225).

Die „Prophetin des großen Gottes" (III 818) stellt sich als Tochter (bzw.

[140] Fr. 130 und 131a–c ed. F. Wehrli, Die Schule des Aristoteles VII, 1953, 40f; vgl. 104f und Rzach, op. cit. (Anm. 138), 2076: Die nach Delphi gekommene phrygische, die Erythräerin Herophile und die hellespontische, die mit der phrygischen identifiziert wird.

[141] Nach Laktanz, Div inst. I 6, 8, CSEL 19, 1, 20ff.

[142] So Varro, loc. cit.; vgl. dazu A. Rzach, op. cit., 2097. Sie soll schon von Nikanor (FGrH 146), einem Alexanderhistoriker, erwähnt worden sein. Später wurde sie mit der hebräisch-chaldäischen identifiziert, eine ursprüngliche Identität liegt jedoch nicht vor.

[143] A. Rzach, op. cit., 2122f. Zum I. (und II.) Buch s. 2146ff und A. Kurfess, ZNW 40 (1941), 151–165. Es enthält einen jüdischen Grundstock, der christlich überarbeitet wurde. Zur Abhängigkeit seiner Sprache von Homer und Hesiod s. ders. Phil. 100 (1956), 147–153.

[144] Zu Lykophron, s. St. Josifovic, PRE Suppl. II (1968), 888–930, zur Datierung s. 925ff: nach der Schlacht bei Kynoskephalai 197 v. Chr.

Schwiegertochter) Noahs vor[145]. Sie ist so | keine eigentliche „Heidin“, sondern partizipiert an der „Uroffenbarung“ der biblischen Frühgeschichte. Zugleich ist eine derartige Personenverbindung typisch für die uns schon mehrfach begegnete Methode der jüdischen Haggada[146]. Ihr Name scheint ausgefallen zu sein, möglicherweise hieß sie nach späteren Quellen Sambethe bzw. in der Kurzform Sabbe, so Pausanias (X 12,9), der hinzufügt, ihr Vater sei Berossos gewesen und sie würde von einigen auch die babylonische oder ägyptische Sibylle genannt[147]. Man wird jedoch aus diesen dunklen Angaben kaum schließen dürfen, daß der jüdische Verfasser selbst wieder auf eine ältere babylonische Sibylle zurückgegriffen habe[148]. Was er verwendet | sind ältere griechische Orakel, die er geschickt einflicht und dadurch erreicht, daß seine Prophetin gleichzeitig mit der bedeutendsten griechischen Sibylle, der Erythräerin, wie auch mit der italischen von Cumae identifiziert wird: Die Prophetin verläßt Babylon und geht nach Griechenland, um auch dort zu weissagen. Lactanz sieht in ihr eindeutig die erythräische Prophetin[149]. Durch eine euhe-

---

145 Vgl. III 823ff. E. Schürer, III, 561 und A.-M. Denis, 113 sprechen aufgrund von III 827: τοῦ μὲν ἐγὼ νύμφη καὶ ἀφ' αἵματος αὐτοῦ ἐτύχθην nur von einer „Tochter“ Noahs. Dazu würde auch passen, daß die griechischen Sybillen Jungfrauen sind: A. Rzach, op. cit., 2097f. Für die Deutung „Schwiegertochter“ spricht dagegen I 277; 287ff und das Scholion zu Platon Phaedr. 244b: καὶ ἑνὶ τῶν παίδων τοῦ Νῶε εἰς γυναῖκα ἁρμοσθῆναι καὶ συνεισελθεῖν αὐτῷ τε καὶ τοῖς ἄλλοις ἐν τῇ κιβωτῷ, weiter der Sprachgebrauch der LXX, der νύμφη zur Wiedergabe von „kalla“ = Braut-Schwiegertochter verwendet, weiter die Tatsache, daß Gen. 6,18; 7,7; 8,16 nur von den Frauen der Söhne Noahs, nicht aber von einer Tochter die Rede ist. Die Übersetzung „Schwiegertochter“ ist die übliche: s. F. Blass in Kautzsch, Apokryphen und Pseudepigraphen II, 1900, 201; A. Kurfess, op. cit. (Anm. 138), 111; Lancester in R. H. Charles, The Apocrypha and Pseudepigrapha of the Old Testament II, 393; vgl. auch A. Rzach, op. cit., 2102. Möglicherweise wurde diese Deutung erst in der späteren Tradition als Interpretament eingetragen. Die christlich-koptische Überlieferung kennt die Sibylle als Schwester des Henoch, s. J. T. Milik, HThR 64 (1971), 376.

146 Namen der Schwiegertöchter Noahs erscheinen auch in Jub. 7,14ff; im Melchisedek-Apokryphon (s. oben S. 230 Anm. 119) ist ein Bruder Noahs Nir, in gnostischen Texten die Frau Noahs Norea Offenbarungsträger: s. R. A. Bullard, The Hypostasis of the Archonts, PTS 10 (1970), 94ff; vgl. M. R. James, The lost Apocrypha of the Old Testament, London 1920, 12ff.

147 A. Rzach, op. cit., 2097ff.

148 Gegen W. Bousset, ZNW 3 (1902), 23–49; J. Geffcken, Komposition und Entstehungszeit der Oracula Sibyllina, 1902, 1ff; A. Peretti, La Sibilla Babilonese, 43ff; A. Kurfess, Sib. Weiss. 16 und in E. Hennecke – W. Schneemelcher^3 II, 500. S. dagegen A. Rzach, loc. cit. und V. A. Tcherikover, CPJ III, 43–56: The Sambathions. Vermutlich hängt der Name mit den Enkeln Noahs nach Gen. 10,7 Saba und Sabatha zusammen. Eine nichtjüdische, babylonische Göttin dahinter zu vermuten, ist abwegig. Der Name Berossos bei Pausanias könnte auf eine Interpretatio graeca des Namens Noah hinweisen; vgl. Henoch-Atlas, Mose-Musaios-Hermes (s. oben S. 228.203f) oder auch Ezechiel-Zoroaster bei Clem Alex. Strom. I 15, 70, 1. Vgl. die kritische Beurteilung der angeblichen älteren babylonischen Sibylle bei N. Nikiprowetzky, op. cit. (Anm. 138), 11–36.

149 III 809ff; καὶ καλέσουσι βροτοί με καθ' Ἑλλάδα πατρίδος ἄλλης, | ἐξ Ἐρυθρῆς γεγαυῖαν ἀναιδέα· οἳ δέ με Κίρκης μητρὸς κἀγνώστοιο πατρὸς φήσουσι Σίβυλλαν. 813ff. Dazu Lactanz, Div. inst. IV 15, 29 (CSEL 19, 1, 336). Auch der Erythräerin wurden

meristisch-historisierende Darstellung entmythologisiert der Verfasser die griechische Götterwelt der Hesiodischen *Theogonie* (110ff.), der Kampf zwischen Titan und Kronos wird als der erste Krieg unter den Menschen gedeutet (154). Erst die Gottesherrschaft bringt den Frieden wieder (755; 780). Jedoch nur die Völker, die das Gesetz Gottes anerkennen, werden dieser Friedenszeit teilhaftig werden. Alle anderen verfallen dem Gericht (686ff.; 710f.; 756ff.). Die Polemik gegen den ψευδογράφος Homer (419ff.) stammt wohl aus einer Überlieferung der erythräischen Sibylle, der Verfasser nimmt sie gerne auf: Homer habe Sprache und Metrum aus den Büchern der Sibylle gestohlen: Der dichterische Heros der Griechen wird vom jüdischen Fälscher des geistigen Diebstahls bezichtigt (vgl. XI 163ff.)[150].|

9.3 Von allen jüdischen Apokrypha hat wohl die Sibylle die größte Wirkung entfaltet, die weit bis ins Mittelalter hineinreicht und zusammen mit dem Vier-Weltreiche-Schema Daniels das abendländische Geschichtsbild mitgeformt hat. Die Ursibylle wurde erweitert und ergänzt; immer *neue jüdisch-hellenistische Sibyllendichtungen* schlossen sich ihr an. Dazu gehören u.a. die von Theophilos von Antiochien in *Ad Autolycum* überlieferten Fragmente und das ganz politisch gefärbte XI. Buch[151]. Von dem Anhänger einer jüdischen Täufergruppe stammt wohl das IV. Buch, das kurz nach dem Ausbruch des Vesuvs 79 n.Chr. entstand, gegen die Zerstörung des Tempels polemisiert und zur Rettung vor dem bevorstehenden Weltenbrand die μετάνοια und die Reinigung durch Untertauchen in fließendem Wasser fordert (IV 161ff.). Seinen antirömischen Charakter erweist es auch durch das Motiv vom *Nero redivivus*, das hier erstmalig auftaucht (4,119ff.; 138ff.). Die V. Sibylle bildet ein buntes Konglomerat und wurde wohl in der Zeit Hadrians aus älteren Stücken zusammengefügt. Auffallend ist darin der tiefe Haß gegen die römischen Unterdrükker: Wie in der *Johannesapokalypse* wird Rom-Babylon die baldige Vernichtung angekündigt (V 159ff.). Die Verschärfung der jüdischen Situation unter römischer Herrschaft spiegelt sich so auch in der Sibyllendichtung wieder[152].

übermenschliches Alter, Weltreisen, dazu Jungfräulichkeit nachgesagt. S. das Epigramm aus der Nymphengrotte von Erythrai bei A. RZACH, op. cit. 2085 (z. 9f):

τρὶς δὲ τριηκοσίοισιν ἐγὼ ζώουσ' ἐνιαυτοῖς
παρθένος οὖσ' ἀδμὴς πᾶσαν ἐπὶ χθόν' ἔβην.

Möglicherweise ist die hebräisch-chaldäische Sibylle auf der berühmten Noahmünze von Apameia Kibotos in Phrygien dargestellt; s. B. VON HEAD, Historia Numorum 2 (Nachdr. 1963), 666f; dazu A. RZACH, op. cit., 2102.

150 A. RZACH, op. cit., 2086f; vgl. Apollodor von Erythrai FGrH 422, dazu den Komm. IIIb S. 242f und Noten S. 160f. Zur weiteren jüdischen Homerkritik vgl. Josephus c. Ap. I 12, II 14.155.256, die letzte Stelle unter Berufung auf Plato Rep. III 398a.

151 A. RZACH, op. cit., 2129f; A.-M. DENIS, Introduction, 118f. Zu Buch XI, s. A. KURFESS, ZRGG 7 (1955), 270–272; Sib. Weissagungen, 333–341. Das Buch habe „die gleiche Tendenz wie das III. Makk.-Buch, den Zustand der Juden in Ägypten erträglicher zu machen“ (339).

152 RZACH, op. cit., 2134ff; A.-M. DENIS, Introduction, 119. Zum Nero redivivus, s. IV,

Seit den Apologeten des 2. Jhs. wurden christliche Schriftsteller mehr und mehr auf | diese Prophetin im heidnischen Gewande aufmerksam[153]. Christliche Sibyllen fügten sich fast nahtlos an die jüdischen an. Es zeigt sich auch hier die Einheit zwischen jüdischer und christlicher Apokalyptik. Gegen Ende des 2. oder zu Anfang des 3. Jhs. entsteht der Hauptteil des VIII. Buches, der sich durch das Akrostichon Ἰησοῦς Χριστὸς Θεοῦ υἱὸς σωτὴρ σταυρός (217–243) als christliche Schrift erweist. Damit war auch hier die Kirche in das Erbe des hellenistischen Judentums eingetreten[154].

9.4 Noch eine weitere Gestalt der mythischen Urzeit der Griechen hat das Interesse der hellenistischen Juden in Ägypten erweckt. Artapanos machte Mose-Musaios zum Lehrer des *Orpheus* (s. oben S. 240) und nach Aristobul hat Orpheus in seinem „Hieros Logos" gelehrt, „daß alles durch göttliche Kraft zusammengehalten werde und erschaffen sei und daß Gott über alles herrsche" (Eus. *Pr. ev.* XIII 12,4). Dieses Interesse an der Gestalt des Orpheus erstreckt sich bis in die bildlichen Darstellungen in Synagogen, ja selbst in einem apokryphen Davidpsalm von Qumran wird der junge David mit den Farben des heidnischen Sängers gezeichnet. Möglicherweise fanden die hellenisierten Juden in Ägypten bei den orphischen Mysteriengemeinschaften gewisse Züge, die ihnen verwandt erschienen, die strenge gesetzliche Lebensweise des Ὀρφικὸς βίος, die Vergeltungslehre mit Totengericht und der opferlose Gottesdienst mit Hymnengesang und Lesung und | Deutung heiliger Schriften[155]. Dieses Interesse hat offenbar auch Dichtungen im Namen des Orpheus hervor-

---

119ff; 137f; V 28ff; 138–153; 216ff; 363ff; VIII 70ff; 140ff; dazu das Sibyllenzitat Dio Cass. LXII 18, 4 und Sueton, Nero 39; dazu J. Bishop, Nero, The Man and the Legend, London 1964. Zu den Sibyllen als Kampfschriften gegen Rom, s. H. Fuchs, Der geistige Widerstand gegen Rom, ²1964. Bereits die III. Sibylle enthält in den späteren Ergänzungen romfeindliche Orakel, die Feindschaft gegen Rom steigert sich jedoch und erreicht im V. und VIII. Buch ihren Höhepunkt. Diese Entwicklung entspricht ganz der der jüdisch-palästinischen Apokalyptik, s. op. cit., 30ff; 79ff. Zur 5. Sibylle s. auch u. S. 327ff.

153 Der früheste Hinweis findet sich beim Hirten des Hermas 8, 1 (= vis 11, 4); vgl. Justin, Ap. 20,1; 44,12 jeweils zusammen mit Hystaspes; Athenagoras 30, 1 = Sib. III 108ff.

154 Zu den christlichen Sibyllen, s. A. Kurfess in E. Hennecke – W. Schneemelcher, Neutestamentliche Apokryphen³, Tübingen 1964, II 500ff; vgl. ders., Sib. Weissagungen, 208ff, sowie jetzt U. Treu, in: Neutestamentliche Apokryphen⁵, hg. W. Schneemelcher, Tübingen 1989, II, 591–618.

155 H. Stern, The Orpheus in the Synagogue of Dura-Europos, Journal of the Warburg-Institute 21 (1958), 1–6; A. Dupont-Sommer, Semitica 14 (1964), 37–40; M. Philonenko, David-Orphée sur une mosaique de Gaza, RHPhR 47 (1967), 355–357; vgl. den Bericht von A. Ovadiah, IEJ 19 (1969), 195 und Pl. 15a; dazu M. Hengel, JuH 171; 367f; 478 und ders., Proseuche und Synagoge, in: Tradition und Glaube, Fs. K. G. Kuhn, 1971, 165 (in diesem Bd. S. 171–195); weiter P. C. Finney, A Connection in Iconography between Greco Roman Judaism and Early Christianity, Journal of Jewish Art 5(1978), 6–15; P. Prigent, Orphée dans l'iconographie chrétienne, RHPhR 64 (1984), 205ff. Orphische Spekulationen über den Allgott, wie wir sie in dem Derveni-Papyrus finden, konnten auch bei Juden Interesse finden. Vgl. S. G. Kapsomenos, Archaiologikon Deltion 19 (1964), 17–25. Dazu W. Burkert, Orpheus und die Vorsokratiker, AuA 14 (1968), 93–114.

gebracht, von denen 2 erhalten sind. Die erste ist ein *Hymnus*, der durch Clemens Alexandrinus überliefert ist, in dem Gott als allmächtiger Weltenherrscher geschildert wird, vor dem die Dämonen zittern (*Jak.* 2,19), den die Götterversammlung fürchtet (*Ps.* 82,1) und dem die Moiren gehorchen. Um seinen feurigen Thron stehen die Engel, die sich um das Schicksal der Menschen bemühen (*Hebr.* 1,14)[156].

9.5 Bedeutsamer ist das sogenannte *Testament des Orpheus*, das in 6 verschiedenen Fassungen vorliegt. Die ausführlichste ist die der *Tübinger Theosophie*, die die divergierenden älteren Fassungen kompiliert, dann folgt die in dem Aristobulfragment bei Euseb überlieferte. Sie ist wohl erst sekundär in den Text Aristobuls eingefügt worden. Clemens verwendet in seinen zahlreichen Zitaten zwei variierende Versionen, die beide kürzer sind als die Eusebs, die knappeste Fassung ist bei Pseudo-Justin *De Monarchia* erhalten. Da in ihr der von den anderen ausgeschiedene Name Zeus erscheint und Gott die Verursachung des Bösen in der Welt zugeschrieben wird, eine Aussage, die die späteren Versionen ins Gegenteil umkehren, erweist sie sich klar als die älteste. Orpheus, der Vater des Polytheismus, der die Verehrung von 360 Göttern eingeführt haben soll, bereut in dem | Gedicht seinen Irrtum und bekennt sich gegenüber seinem Sohn Musaios zu dem einen wahren Gott, der selbst unsichtbar ist, aber vom Himmel aus die Welt regiert. In einer Fassung des Clemens ist noch Abraham eingeführt, der ihn als einzigen sah, Euseb(-Aristobul) hat darüber hinaus einen Hinweis auf die Gesetzgebung Moses; in den späteren Versionen wurde so der jüdische Glaube Schritt für Schritt entfaltet. Die von Pseudo-Justin, Clemens und der Theosophie überlieferte Bezeichnung διαθῆκαι ist sicherlich ursprünglich: Es geht um das Vermächtnis des Orpheus, der sein ganzes bisheriges Lebenswerk als Irrtum bekennt und damit den Polytheismus der Griechen *ad absurdum* führt. Der „ἱερὸς λόγος“ bei Aristobul deutet dagegen auf ein ursprünglich anderes Zitat hin, das ausgewechselt wurde[157].

9.6 In der pseudo-justinischen Schrift *De Monarchia*[158] wie auch bei Clemens im V. Buch seiner *Stromateis* finden sich außer dem Orpheustestament noch eine ganze Reihe anderer *Klassikerverse*, die ebenfalls den Glauben an

---

[156] Clem. Alex. Strom. V 125, 1 = fr. 248 KERN. Vgl. dazu E. PETERSON, FRLANT 41, 1926, 296ff.

[157] Text: A.-M. DENIS, Fragmenta, 163–167 = fr. 245–247; dazu A.-M. DENIS, Introduction, 230ff; N. WALTER, TU 86, 1964, 202–261. Zum umfangreichen Text, s. H. ERBSE, Fragmente griechischer Theosophien, 1941, 180–182. Vgl. N. ZEEGERS – VAN DER VORST, Les versions juives et chrétiennes du fr. 245/7 d'Orphée, AnCl 39 (1970), 475–506. S. jetzt C. RIEDWEG, Jüdisch-hellenistische Imitation eines orphischen Hieros Logos, Tübingen 1993.

[158] Text: Corpus Apologetarum Christianorum saeculi secundi ed I. C. Th. von Otto III, 23, 1879, 127–158. Die kleine Schrift wurde in der patristischen Forschung der letzten 70 Jahre fast völlig vergessen: s. B. ALTANER – A. STUIBER, Patrologie^7, 1966, 68. Entstehungszeit: Ende 2. oder Anfang d. 3. Jh. n. Chr.; S. A. v. HARNACK, Geschichte der altchristlichen Literatur II, 1, 1897 (Nachdr. 1958), 512. Terminus ad quem: Euseb von Caesarea. Vgl. E. PETERSON, Theologische Traktate, 1951, 63, 118f.

den einen wahren Gott bekennen und z.T. schon von der Sprache her den Stempel der Fälschung tragen. Bezeichnend ist dabei, daß nur ein Teil der Clemens und Ps. Justin gemeinsamen Verse auch denselben Dichtern zugeschrieben wird. Verse, die *De Monarchia* unter dem Namen des | Philemon bringt, werden bei Clemens dem Diphilos und Menander zugedacht, ein echtes Euripideszitat aus *Phrixos* (fr. 835 N^2), das dann durch ein gefälschtes fortgesetzt wird, erscheint bei Clemens ebenfalls innerhalb des Diphiloszitats, umgekehrt zitiert Clemens den „κωμικός“ Diphilos, wo *De Monarchia* in einer Kette von echten Menanderzitaten auf eine angebliche Komödie „Diphilos“ dieses Dichters Bezug nimmt. Während *De Monarchia* praktisch nur eine Aufzählung von Zitaten bringt, in der die gefälschten bei weitem überwiegen, und über das von Clemens Gebrachte hinaus nur noch einen Pythagoras-Vers, sowie einige echte Euripides- und Menanderverse anfügt, stellt Clemens eine Vielzahl von anderen Schriftstellern zusammen[159]. Die gemeinsame Quelle läßt sich so kaum mehr rekonstruieren. Vermutlich handelte es sich um ein Florilegium von Dichterzitaten, in dem die Einzigartigkeit und Schöpfermacht Gottes, seine Unvergleichlichkeit mit dem Menschen, seine Funktion als Richter nach dem Tode, die Forderung ethischen Verhaltens und die Torheit des Götzendienstes dargestellt wurden, wobei unter die gefälschten Texte auch echte Stücke eingestreut waren. Der Wechsel der Verfassernamen mag darauf zurückgehen, daß Clemens und dem unbekannten Verfasser von *De Monarchia* 2 verschiedene Rezensionen derselben Schrift vorlagen. Weiter war auch die Zitationsweise des Clemens nicht sonderlich sorgfältig. Einen Hinweis auf eine mögliche Herkunft enthält das Sophokleszitat bei Clemens *Strom.* V 113,2, das mit dem Zusatz eingeführt wird: „Wie Hekataios in der Schrift über Abraham und die Ägypter sagt“. *Hekataios* war der erste griechische Schriftsteller, der gegen 300 v.Chr. ausführlich und positiv über die Juden berichtet hatte, aus diesem Grunde wurde ihm später eine Schrift Περὶ Ἰουδαίων zugeschrieben, auf die | wir noch eingehen werden. Clemens weist hier wohl auf eine weitere Fälschung im Namen des Hekataios hin, die dieses Florilegium monotheistischer Stellen aus griechischen Dichtern enthielt. Auch sie war sicher jüdischen Ursprungs. Vielleicht sollte darin die Abhängigkeit der Griechen von Abraham als dem ersten Weisen nachgewiesen werden. Auch Josephus zeichnet Abraham in den Farben eines griechischen Philosophen, wobei er sich auf das Zeugnis des Berossos, Nikolaos' von Damaskus und eben des Hekataios beruft (*Ant.* I 158f.); im letzten Falle kann er nur eine gefälschte Schrift meinen[160]. Die *De Monarchia* und Clemens gemeinsamen Verse, die so vielleicht auf eine

[159] Die Texte der Fälschungen sind übersichtlich zusammengestellt bei A.-M. DENIS, Fragmenta, 160ff; 167ff; dazu DERS., Introduction, 223–230.

[160] Vgl. dazu jetzt N. WALTER, op. cit. (Anm. 57), 187–201. Zu Abraham als „Philosophen“ bei Josephus s. F. H. FELDMAN, TAPA 99 (1968), 143–156 und G. MAYER, EvTh 32 (1972), 118–127.

gefälschte Hekataiosschrift zurückgehen, sind grundsätzlich von den *Siebenerversen* (s. oben S. 211) zu unterscheiden, die sich schon bei Aristobul finden und die wohl aus einer jüdisch-pythagoreischen Quelle stammen. Auch sie wurden von Clemens übernommen, der gewissenhaft alles zusammentrug, was das größere Alter der jüdischen Überlieferung und den „Diebstahl" der Griechen beweisen konnte[161].

9.7 Einen wesentlich anderen Charakter besitzt die unter dem Namen des *Phokylides*[162], einem Spruch|dichter des 6. Jhs. und Zeitgenossen des Theognis, entstandene Spruchsammlung. Auch hier geht es um ein echtes Pseudepigraphon, das der Fälscher zu Beginn mit einer Sphragis versehen hat. Daß dieser ein Jude war, kann m. E. nicht bezweifelt werden; zu stark ist das ganze Gedicht von der alttestamentlich-jüdischen Weisheitstradition her geprägt. Einem Griechen wäre es kaum eingefallen das Gebot von *Dtn.* 22,7: „Die Vogelmutter sollst du freilassen, nur die Jungen darfst du nehmen" in der Form von Hexametern als ethische Regel vorzutragen (84f.). Daß sich in dem Gedicht auch starke Anklänge an die griechische Gnomik finden, ist bei dem internationalen, universal-ethischen Charakter gerade auch der jüdischen Weisheitsdichtung selbstverständlich. Das einmalige Vorkommen des Plurals ϑεοί (104) im Zusammenhang mit dem Hinweis auf die Auferstehung ist nicht mehr als eine freie Redeweise, ganz abgesehen von der freien Ausdrucksweise Philos, werden in *Sap. Sal.* und in *Jos. As.* mehrfach der Fromme bzw. Joseph als υἱὸς ϑεοῦ bezeichnet, in Qumran werden die Engel häufig „'elîm" genannt[163]. Wenn weiter die Gestirne (10ff.) als beseelte Wesen betrachtet werden, die in neidloser Harmonie zueinander stehen, so hat auch dies jüdische Parallelen[164]. Der häufige Gebrauch von ϑεός (1, 8, 11, 17, 29, 111, 194), der in

---

[161] Vgl. dazu K. Thrade, Art. Erfinder, RAC 5, 1962, 1250f. Er wird bereits von Philo angedeutet (s. oben S. 212, Anm. 63), von Tatian (Or. ad Gr. 40, 1) und Tertullian klar ausgesprochen und von Clemens ausgebaut.

[162] Text: Theognis, Ps.-Pythagoras, Ps.-Phocylides... ed. E. Diehl – D. Young, BT 1961, 95–112; A. Farina, Silloge Pseudofocilidea, CSG 37, Napoli 1962. Abdruck bei A.-M. Denis, Fragmenta, 149–156; zu V. 5-79 vgl. Or. Sib., II 56–148. Dazu A.-M. Denis, Introduction, 215–219 und W. Kroll, PRE 20, 1 (1941), 505–510. Nach Kroll sind stark jüdisch beeinflußt V. 3-39 und 84f; 140-149; 170-188; 220-227. Diese Einteilung ist jedoch fraglich, der jüdische Einfluß geht durch das ganze Gedicht, das eine Einheit bildet. Kroll unterschätzt den jüdischen Gesamtcharakter der Schrift. Rabbinische Parallelen bringt G. Klein, Der älteste christliche Katechismus, 1909, 143–153. Vgl. zu Ps.-Phokylides weiter: Schürer[3] III/1, 687–692; P. W. van der Horst, Pseudo Phocylides Revisited, in: ders., Essays on the Jewish World of Early Christianity, NTOA 14, Freiburg Schweiz – Göttingen 1990, 35–62; ders., Pseudo-Phocylides and the New Testament, a. a. O., 19–34; M. Küchler, Frühjüdische Weisheitstraditionen, 1979, 236–302; N. Walter, ANRW II, 20/1, 1987, 91–97. S. jetzt T. S. Wilson, Mysteries of Righteousness, TSAJ 40, 1994.

[163] S. dazu E. Schweizer, ThWNT VIII (1969), 355ff und M. Hengel, JuH 424ff. Zum vielseitigen Sprachgebrauch Philos H. Leisegang, Indices ad Philonis Alexandrini Opera, II, 1930, 381 f.

[164] M. Hengel, op. cit., 427ff.

der Aussage von V. 54 gipfelt: εἷς ϑεός ἐστι σοφὸς δυνατός ϑ'ἅμα καὶ πολύολβος, die strenge Sexual- und Familienethik (175ff.) oder auch die Warnung vor der Magie (149) entsprechen ganz jüdischer Lebensform in der Diaspora. Das Gedicht ist von seiner Moral her etwa mit den *Testamenten der 12 Patriarchen* verwandt. Daß die exklusiv-jüdischen Züge fehlen, hängt mit dem weisheitlichen Charakter der Schrift und ihrem pseud|epigraphischen Gewande zusammen. Sie sind in den gefälschten Klassikerzitaten genausowenig anzutreffen. Die Charakterisierung am Schluß: ταῦτα δικαιοσύνης μυστήρια... zeigt, wie der Schwerpunkt der jüdischen Frömmigkeit in der Diaspora ganz auf der Ethik lag. Dies erklärt auch ihre Missionserfolge[165].

9.8 Einen Briefroman in der Form einer Hofgeschichte mit stark popularphilosophischem Einschlag haben wir im *Aristeasbrief*[166] vor uns. Seine Entstehung dürfte nach den Untersuchungen von Bickerman in die 2. Hälfte des 2. Jhs. fallen, in der sich das Selbstbewußtsein der Juden in Judäa und Ägypten stark entwickelt hatte[167]. Die Grundlage bildet die dem Vf. vorgegebene Legende von der Übersetzung der Tora unter Ptolemaios II. Philadelphos auf Veranlassung von Demetrios von Phaleron, sie war bereits Aristobul bekannt. An dieser Legende dürfte historisch sein, daß die Übertragung noch im 3. Jh. v. Chr. in Alexandrien zur Zeit der Herrschaft des 2. Ptolemäers (285–247) erfolgt ist. Bei der straffen Regierung der ersten Ptolemäer und der Bedeutung der jüdischen Minorität im Lande als Militärkolonisten ist ein solches Unternehmen wohl kaum ohne königliche Billigung crfolgt[168]. Die Beteiligung von Demetrios von | Phaleron ist dagegen unwahrscheinlich, da er von Philadelphos nach dessen Regierungsantritt verbannt wurde und bald starb[169]. Die Legende entwickelte sich auch nach der Entstehung des *Aristeasbriefes* selbständig

---

165 Die jüdische Religion stellt sich hier als „ethische Mysterienreligion" dar. Zur Übernahme der Mysteriensprache im Judentum s. M. HENGEL, JuH, 368, Anm. 570. S. jetzt C. RIEDWEG, Mysterienterminologie bei Platon, Philon u nd Klemens v. Alex., 1987.

166 Text: P. WENDLAND, Aristeae ad Philocratem Epistula, BT 1900; A. PELLETIER S.J., Lettre d'Aristée à Philocrate, SC 89, 1962, dort 254–259 ausführliche Bibliographie; dt.: N. MEISNER, Aristeasbrief, JSHRZ II/1, 1973, 35–87; vgl. auch A.-M. DENIS, Introduction, 105–110; SCHÜRER³ III/1, 677–687; S. JELLICOE, The Septuagint and Modern Study, Oxford, 1968, 29–58; G. ZUNTZ, Opuscula Selecta, Manchester 1972, 102–143; O. MURRAY, Art, Aristeasbrief, RAC Suppl. Lfg. 4, 1986 573–587; N. WALTER, op. cit. (Anm. 2), 83–85.

167 E. BICKERMAN, Zur Datierung des Pseudo-Aristeas, ZNW 29 (1930), 280–298; in: DERS., Studien I, 123–136; vgl. A. MOMIGLIANO, Aegyptus 12 (1932), 161–172. Neuere Versuche einer Frühdatierung vor der makkabäischen Erhebung s. S. JELLICOE, op. cit., 47ff, können gegenüber den Argumenten BICKERMANS kaum überzeugen.

168 Zur Situation der Juden im frühptolemäischen Ägypten s. V. A. TCHERIKOVER, Hellenistic Civilization and the Jews, Philadelphia 1961, 273ff; 299ff und DERS. Corpus Papyrorum Judaicarum, I, 1957, 3ff, zur Septuaginta s. 31f. Zur Übersetzung s. R. HANHART, VT 12 (1962), 139–163 (161ff): Das Hauptmotiv war der gottesdienstliche Bedarf.

169 E. BAYER, Demetrios Phalereus, der Athener, TBAW 36, 1942 (Nachdr. 1969), 113ff; vgl. O. HILTBRUNNER, Art. Demetrios von Phaleron, KP I, 1964, 1468f.

weiter[170]. Philo in seiner *Vita Mosis* (II 25-44) weiß von dem durch göttliche Inspiration bei allen Übersetzern übereinstimmenden Text zu berichten, der der Urschrift gleichwertig sei. Justin und Irenäus dehnen die Übersetzung auf alle alttestamentlichen Schriften aus und der Verfasser der *Cohortatio ad Gentiles* will bei einem Besuch in Alexandria die Reste der 70 Hütten auf Pharos gesehen haben[171]. Selbst in den *Talmud* ist die Legende eingedrungen[172]. Als Verfasser erscheint ein sonst unbekannter Aristeas, ein hoher Beamter des Königs (40). In dem Brief an seinen Freund Philokrates berichtet er von seiner durch Demetrios von Phaleron angeregten Gesandtschaft zu dem jüdischen Hohenpriester Eleazar. Von dem jüdischen Souverän huldvoll empfangen, hat er Gelegenheit, den Tempel und Jerusalem zu bewundern und mit dem Hohenpriester Gespräche über die allegorisch begründete Bedeutung des Ritualgesetzes zu führen. Begleitet von den 72 Übersetzern mit ihren wertvollen Schriftrollen kehrt er nach Alexandrien zurück. Bei einem Bankett führt der König philosophische Gespräche mit den jüdischen Weisen, der Verfasser hat hier einen hellenistischen Traktat Περὶ βασιλείας eingearbeitet[173]. | In 72 Tagen (307) vollenden sie in der Einsamkeit der Insel Pharos das Übersetzungswerk. Durch gegenseitigen Vergleich hatten sie je und je ihre Übersetzungen aufeinander abgestimmt (302). Die neue Übersetzung wird dem „Politeuma"[174] der Juden in Alexandrien vorgelesen und von diesem legitimiert (308ff.), über jeden, der eine Änderung vornimmt, wird ein Fluch ausgesprochen (311). Jetzt erst wird die Übersetzung dem König vorgelegt, wobei Demetrios erklärt, warum das Gesetz bisher von griechischen Dichtern und Historikern nicht erwähnt wurde. Wegen seiner Heiligkeit und seines göttlichen Ursprungs seien alle, die Stücke daraus entnahmen, z.B. Theopomp und Theodektes, von Gott gestraft worden, „da sie die göttlichen Dinge... profanen Menschen ausliefern" wollten[175].

Der Sinn dieser in späterer Zeit so wirksamen Schrift offenbart sich an ihrem

---

170 S. die Zeugnisse bei A. Pelletier, op. cit. (Anm. 166), 78–98.

171 C. 13 ed. I. C. Th. von Otto, Corpus Apologetarum (s. Anm. 158) III, 2, 56.

172 Bill. IV 414: bMeg. 9a, Baraita: Hier wird die Form Philos vorausgesetzt. Die Urteile der Rabbinen zur griechischen Übersetzung, deren Abweichungen notiert wurden, waren überwiegend kritisch. S. loc. cit., Sepher Tora 1 § 8 und Meg. Taan. 13. S. jetzt M. Hengel u. a. in: Septuaginta (o. Anm. 120), Index 314 s. v. Aristeas(brief).

173 Grundlegend P. Hadot, Art. Fürstenspiegel, RAC 7, 1970, 555–632 (zu Aristeas 587–589); dazu W. W. Tarn, The Greeks in Bactria and India, Cambridge 1938, 414–436 und A.-J. Festugière, Grecs et Sages orientaux, RHR 130 (1945), 29–41; O. Murray, Aristeas and Ptolemaic Kingship, JThS 18 (1967), 337–371.

174 Zu den jüdischen Politeumata im ptolemäischen Machtbereich s. V. A. Tcherikover, Hell. Civ., 299ff; CPJ I, 273f, Index s. v.; M. Hengel, Proseuche und Synagoge, in: Tradition und Glaube, Festgabe K. G. Kuhn, Göttingen 1971, 146 (in diesem Band S. 171–195).

175 Ps.-Arist. 312–315, vgl. 31. Zum Motiv der Profanierung durch Übersetzung vgl. M. Hengel, JuH 386f. Wie Jonatan b. Uzziel die Propheten ins Aramäische übersetzt, ertönt eine Himmelsstimme: „Wer ist es, der meine Geheimnisse den Menschen verraten hat?", bMeg. 3a. Zum Problem G. Veltri, Eine Tora für den König Talmai, TSAJ 41, 1994.

Schluß: Es handelt sich um eine Apologie des hellenistischen Judentums in Alexandrien und zwar in doppelter Hinsicht: einerseits gegenüber den heidnischen Verächtern des jüdischen Glaubens und jenen Juden der Oberschicht, die ohne innere Beziehung zum Glauben der Väter in der Gefahr waren, der fremden Zivilisation zu verfallen. Zugleich wendet sie sich aber auch gegen die jüdischen Verächter der hellenistischen Kultur und der loyalen Bindung an die judenfreundliche, ptolemäische Herrschaft. Möglicherweise polemisiert sie auch gegen von | Palästina aus gesteuerte Versuche, den im 3. Jh. übersetzten *Pentateuch* zu revidieren. Derartige Revisionen wurden vor allem im 2. Jh. n. Chr. von Theodotion und Aquila vorgenommen. Die Änderung dieses von der jüdischen Gemeinde akzeptierten Werkes käme einer Gotteslästerung gleich. Eine Missionsschrift kann man dagegen den Briefroman kaum nennen. Ein gebildeter Grieche wäre wohl von einer derartigen Schrift so sehr abgestoßen worden wie von der jüdischen Sibylle oder den gefälschten Klassikerzitaten. Sie diente in erster Linie der Hebung des eigenen jüdischen Selbstbewußtseins. Lediglich heidnische Sympathisanten von der Art, wie Aristeas selbst geschildert wird, konnten ein derartiges Opus mit Zustimmung lesen[176].

Ob man dem unbekannten Verfasser die Absicht einer wirklichen Fälschung unterschieben darf, scheint mir sehr fraglich zu sein. Aristeas war ja keine bekannte historische Figur und der gebildete griechische Leser mußte bei einigem Wirklichkeitssinn die Fiktion durchschauen. Übernommen wurde sie nur von dem, der selbst „tendenzgebunden" war, etwa Josephus oder in veränderter Form von Philo und den christlichen Apologeten. Außerdem goß der Verfasser ja nur eine schon bestehende und selbständig weiterwirkende Legende in eine konventionelle literarische Form. Wir dürfen dabei auch nicht vergessen, daß ein großer Teil der griechischen literarischen Briefe Pseudepigrapha sind[177].

9.9 Die von Josephus in seiner Apologie (184–204) *C. Apionem* ausführlich zitierte angebliche Schrift des *Hekataios von Abdera* Περὶ Ἰουδαίων ist in ihrer Echtheit bis in die jüngste Zeit heftig umstritten. So bedeutende Gelehrte wie P. Wendland und Hans Lewy hatten sich | für ihre Authentizität eingesetzt, und erst vor kurzem hat J. G. Gager von Princeton wieder ihre Echtheit vertreten[178]. Auch die Zahl derer, die diese Frage offenlassen wollen, ist nicht

---

[176] Vgl. V. A. TCHERIKOVER, The Ideology of the Letter of Aristeas, HThR 51 (1958), 59–85; R. FELDMEIER in: Septuaginta (o. Anm. 120), 20–37.

[177] W. SPEYER, Fälschung 79ff; 129f; 137f. J. SYKUTRIS, Art. Epistolographie, PRE Suppl. 5 (1931), 208ff.

[178] J. G. GAGER, Pseudo-Hecataeus again, ZNW 60 (1969), 130–139; vgl. H. LEWY, ZNW 31 (1932), 117–132, dort 117, Anm. 2 zu P. WENDLAND und anderen älteren Vertretern der Echtheit. Gegen die Echtheit E. SCHÜRER III, 603ff; F. JACOBY, FGrH III a Komm. zu 264 F 21–24 S. 61ff und in neuerer Zeit vor allem B. SCHALLER, ZNW 54 (1963), 15–31. Zum Ganzen vgl. auch A.-M. DENIS, Introduction, 262–267.

unbeträchtlich[179]. Auf jeden Fall spricht diese Unsicherheit in der Forschung – auch wenn sich die Waagschale der Argumente auf die Seite der Unechtheit neigt – für die Qualität der Fälschung. Dennoch wurden bereits in der Antike Zweifel an ihrer Echtheit laut: Nach Origenes (*C. Cels.* I 15) hat schon Herennios Philon ihre Herkunft von Hekataios bezweifelt, „wenn sie aber von ihm stamme, sei er durch die Überredungskraft der Juden verführt worden und habe sich ihrer Lehre angeschlossen“[180]. Gerade der letzte Satz macht deutlich, daß es sich – im Gegensatz zu dem echten, wesentlich zurückhaltenderen Bericht des Hekataios über die Juden, der im Geschichtswerk des Diodorus Siculus erhalten ist[181] – doch wohl um eine apologetische Fälschung handelt. Für eine Entstehung nach der siegreichen makkabäischen Erhebung spricht der Hinweis auf die Martyriumsbereitschaft der Juden und ihren Eifer gegen fremde Kulte, der selbst vor der Zerstörung heidnischer Heiligtümer nicht Halt machte – nach Ps. Hekataios soll sich dies freilich unter Alexander d. Gr. in Babylonien zugetragen haben, weiter der Hinweis auf die angebliche Übertragung samaritanischer Bezirke an die Juden durch Alexander (*C. Ap.* I 192f.; II 43), die wohl erst unter Demetrios II. (*I. Makk.* 11,34) stattfand. Auf eine Abfassung | durch einen ägyptischen Juden deutet das Lob des 1. Ptolemäers hin, das seiner wirklichen Haltung gegen die Juden widerspricht, der nach Ägypten übergesiedelte „Hohepriester“ Ezekias, der bei den Zurückgebliebenen Propaganda für die Vorzüge der neuen πολιτεία der Juden in Ägypten machte, könnte eine Anspielung auf den Hohepriester Onias IV. und seine Militärkolonie in Leontopolis enthalten (I 187f.), die Nachricht, daß nach dem Tode Alexanders viele Juden nach Phönizien und Ägypten ausgewandert seien „wegen des Aufruhrs in Syrien“, ist dagegen eine Spitze gegen die ständigen Unruhen im zerfallenden Seleukidenreich (I 194). Auch der „Augenzeugenbericht“ über den aufgeklärten Juden Mesullam (I 201–204) kann kaum Vertrauen erwecken. Zwar ist nicht zu bestreiten, daß die Fragmente interessante historische Details enthalten, die Gesamttendenz ist jedoch zu durchsichtig, um sie für authentisch halten zu können. Der wohlgelungenen Fälschung Περὶ Ἰουδαίων folgte dann später wahrscheinlich eine weitere über „Abraham und die Ägypter“ mit falschen Dichterzitaten[182].

10. Damit hätten wir die Durchsicht der uns überlieferten jüdisch-hellenistischen Literatur abgeschlossen. Fassen wir den Ertrag kurz zusammen:

1. Vermutlich sind uns nur mehr oder weniger zufällige Bruchteile des

---

179 S. die bei R. SCHALLER, op. cit., 22, Anm. 44 und J. G. GAGER, op. cit., 131, Anm. 5 aufgeführten Forscher.

180 FGrH 790 F 9, vgl. dazu W. SPEYER, Fälschung 160f.

181 Diod. XL 3 = Phot. *Bibl.* 244, p. 380a 7 = *FGrH* 264 F 6.

182 S. oben S. 243. Auch Ps.-Aristeas beruft sich § 31 auf Hekataios von Abdera, wobei offen bleiben muß, ob es sich hier um eine Erfindung *ad hoc* oder um ein Zitat aus einer unbekannten Schrift handelt. Zum Ganzen vgl. F. JACOBY, op. cit., Komm. zu F. 23/24 S. 74f. S. auch E. SCHÜRER^3, III, 657–659. 671–677.

reichen und vielseitigen Schrifttums erhalten[183], weiter dürfen wir nicht vergessen, daß diese Werke und Fragmente | allein durch christliche Vermittlung zu uns gekommen sind. Das Judentum der griechisch-römischen Welt hatte seit der Christianisierung des Reiches und dem Einbruch des Islam kein Interesse mehr an der Erhaltung seiner griechischsprachigen Überlieferung.

2. Diese Schriften zeigen eine außerordentliche Vielfalt der Form und des Inhalts, auch die Unterschiede der Bildung und des sozialen Standes der Verfasser waren erheblich. Einfache Volksliteratur in primitiver Koine steht neben Werken in dichterischer Form, die sorgfältig die Sprache der heidnischen klassischen Vorbilder nachahmen. Außerdem gibt es Zwischenstufen.

3. Auf der anderen Seite enthalten sie trotz dieser Pluralität eine relativ eindeutige *Tendenz*: Sie wollen der Verherrlichung des eigenen Volkes, seiner heiligen Geschichte, seines Glaubens an den einen Gott und des von ihm gegebenen Gesetzes dienen, wobei das Gesetz gerne in allgemeingültiger, ethischer Weise interpretiert wurde. Diese Tendenz ist unabhängig davon, ob eine Schrift unter dem Namen des Verfassers, anonym oder als Pseudepigraphon überliefert wurde, ob als ihr Verfasser eine Gestalt der heiligen Überlieferung oder ein heidnischer Name erscheint. Die Unterschiede liegen mehr in der Gattung. In weisheitlichen Texten und in Teilen der apokalyptischen Überlieferung, wo man mehr an den himmlischen Geheimnissen und dem Schicksal des Individuums nach dem Tode interessiert war, konnte der nationale Bezug teilweise stärker zurücktreten, in der Geschichtsschreibung wurde er dagegen stärker sichtbar.

4. Auffällig ist die Häufung dieser „Tendenzliteratur" *in den Jahrzehnten nach der makkabäischen Erhebung*. Offenbar hatte dieses tiefgreifende „revolutionäre" Ereignis und sein erfolgreicher Ausgang die literarische Produktion wie auch den Bedarf nach „national|religiöser" Literatur stark angeregt und zwar in der Diaspora fast noch stärker als im Mutterland[184].

5. Zwar war das *Bewußtsein für schriftstellerische Individualität und geistiges Eigentum* in der griechischsprechenden Diaspora mehr ausgebildet als in Palästina, doch überwiegt auch noch hier – wenn man von den großen Werken Philos und Josephus' absieht – das anonyme und pseudonyme Schrifttum. Die Unterordnung unter die transsubjektive Tradition blieb stärker als der Drang, die Person des Schriftstellers zur Geltung zu bringen. In der eigentlichen Offenbarungsliteratur bei Apokalypsen und Testamenten war die Autorität

183 Vgl. die zahlreichen anonymen Zitate von verlorengegangenen „apokryphen" Schriften bei den Kirchenvätern, A.-M. Denis, Introduction, 284–305 dazu die Textauswahl Fragmenta, 229ff und M. R. James, The lost Apocrypha of the Old Testament, passim.

184 In jener Zeit ca. zwischen 170 und 100 v. Chr. entstanden das Geschichtswerk des Eupolemos, der aretalogische Roman des Artapanos, die Lehrschrift des Aristobulos, die 5 Bücher Jasons von Kyrene, die erweiterten Bücher Esther und Daniel, das Testament der 12 Patriarchen, die jüdische Ursibylle, der Ps. Aristeasbrief und Ps. Hekataios; bei einer Reihe anderer Schriften ist die Entstehung in dieser Zeit zumindest möglich.

einer religiösen Schrift außerdem von der Bindung an eine Autorität der Vergangenheit abhängig.

6. Das *Bewußtsein für die historische Wahrheit und Wirklichkeit* war – gemessen an unseren heutigen Begriffen – unterentwickelt. Es wäre darum verfehlt, etwa beim Begriff der „Fälschung“ unsere kritischen und moralischen Vorstellungen ohne weiteres auf die damalige Zeit zu übertragen. Die Wahrheitsfrage war für die jüdischen Verfasser im Grunde durch ihr Bekenntnis zur religiösen Wahrheit gelöst, der Zweck, diese Wahrheit in möglichst wirksamer Weise zu vertreten, heiligte – bewußt oder unbewußt – die Mittel.

7. *Das Judentum hatte gegenüber der hellenistischen Umwelt einen Kampf um seine religiöse und ethnische Existenz zu bestehen.* Da die Juden gerade in Ägypten mit Erfolg versuchten, sich | kulturell der überlegenen griechischen Herrenschicht anzuschließen und die Gefahr, auf die Stufe der unterdrückten ägyptischen Bevölkerung herabgedrängt zu werden, abwehrten – es gibt z. B. keine jüdisch-demotische oder jüdisch-koptische Literatur – waren sie der Gefahr der völligen Hellenisierung und Assimilation in besonderer Weise ausgesetzt. Die Zahl der Apostaten muß vor allem in Zeiten politischer – und d. h. zugleich auch religiöser – Unterdrückung besonders in der Oberschicht beträchtlich gewesen sein. Eine Karriere im Staatsdienst war häufig nur durch den Verrat am väterlichen Glauben möglich[185]. Die jüdisch-hellenistische Literatur diente zunächst einmal dieser ethnisch-religiösen Selbsterhaltung. Ihre bildungsmäßig-soziale Abstufung entsprach der soziologischen Differenzierung der Judenschaft selbst. Ihr Ziel war so nicht in erster Linie die missionarische Gewinnung von Griechen, sondern *die Befriedigung des literarischen Bedarfs der griechischsprechenden Juden selbst*, ihre Bindung an die Tradition und den Glauben der Väter und die Stärkung ihres religiös-nationalen Selbstbewußtseins. Gerade die Gewißheit des größeren Alters der eigenen Religion oder der Abhängigkeit der griechischen Denker von Mose und Abraham konnte das Vertrauen in die Wahrheit und Überlegenheit des eigenen Glaubens stärken und heidnische Sympathisanten anziehen.

8. Das *apologetische Moment* gegenüber den Griechen mochte bei einzelnen Schriften – wie z. B. Ps.-|Hekataios, bei Josephus' *C. Apionem* oder Philos *Vita Mosis* eine entscheidende Rolle spielen, aber aufs ganze gesehen tritt dieses Motiv gegenüber dem innerjüdischen Literaturbedürfnis zurück. Gerade der gebildete Jude stand vor dem Überangebot der heidnisch-polytheistischen oder

---

[185] Zu Tiberius Iulius Alexander s. oben Anm. 67; weitere Beispiele bieten die Angehörigen der Familie des Herodes und unter Ptolemaios IV Philopator der königliche Sekretär und Alexanderpriester Dositheos S. d. Drimylos, s. III Makk. 1,3; dazu V. Tcherikover, CPJ I 37, 231 ff. Vgl. auch III Makk. 2,30 f; 7,10 ff; Sap. 3,10; Philo, Vit. Mos. I 31; II 30 f (Anspielung auf den Abfall seines Neffen?) 193; De Jos. 254; Spec. leg. I 54; 319 ff; Conf. Ling. 2 f. Zum Ganzen V. A. Tcherikover, Jewish Apologetic Literature Reconsidered, Eos 48 (1956) = Symbolae Raphaeli Taubenschlag dedicatae III, 181. Das Problem bedürfte einer gründlichen Untersuchung.

auch philosophisch-religionskritischen Literatur und er brauchte dazu einen positiven Ausgleich und zwar in der Sprache und dem Geist, in dem er ausgebildet worden war. Es ging um die jüdische παιδεία in griechischer Sprache. Ich halte es durchaus für möglich, daß ein Teil der sogenannten Fälschungen, etwa die unechten Klassikerfragmente, letztlich auf rhetorische Übungen des jüdisch-hellenistischen Schulbetriebs zurückgehen könnten[186].

9. Gewiß wurden auch je und je einzelne Griechen vom jüdischen Glauben angesprochen, die *jüdische religiöse Propaganda* war ja – vor allem in der Zeit zwischen Cäsar und der Christianisierung des Reiches – recht erfolgreich. Nach Josephus, Lukas oder auch Juvenal war es vor allem die Damenwelt, die sich mit Interesse dem neuen Glauben zuwandte. Aber diese jüdische Propaganda vollzog sich zugleich durch persönliche Kontakte, die hohe Ethik und organisierte Armenpflege, sowie durch den in der Antike einzigartigen Wortgottesdienst in der Synagoge. Das geschriebene Wort kam erst in 2. Linie. Darüber hinaus haben die Juden niemals organisierte Mission getrieben. *Darum kann man auch nicht im strengen Sinne von jüdischer „Missionsliteratur" sprechen.*

10. Aufs ganze gesehen ist es vielmehr erstaunlich, *wie wenig die jüdische Überlieferung in der Antike bekannt war*. Man machte sich über Äußerlichkeiten lustig, namhafte Schriftsteller tradierten die abge|schmacktesten Greuelmärchen, die LXX blieb weitgehend ein völlig unbekanntes Buch[187]. Erst die hermetische Tradition und die Neuplatoniker ab Numenios nahmen von ihr stärker Notiz, und auch hier interessierte man sich in erster Linie nur für die Anfangskapitel der *Genesis*. Die Wirksamkeit der sogenannten jüdisch-apologetischen Literatur nach außen auf das wirklich gebildete antike Publikum kann so nicht sehr groß gewesen sein. Natürlich gab es Ausnahmen: Neben dem berühmtesten Zitat aus *De sublimitate* wieder Numenios, der Josephus *C. Apionem* zitiert, ohne den Verfasser zu nennen[188]. Der unterschwellige Einfluß der jüdischen Magie war jedoch sehr viel größer. Erst die Christen haben die jüdisch-apologetische Literatur wirklich zu Ehren gebracht.

---

186 Ich folge damit weitgehend der These, die V. A. TCHERIKOVER, op. cit., entwickelt hat. Der beliebte Begriff „Missionsliteratur" führt in die Irre, weil er den wachsenden Eigenbedarf des Diasporajudentums nach einer bildungssoziologisch vielgestaltigen Erbauungsliteratur verkennt. Dabei sind die heidnischen Sympathisanten miteinbezogen.

187 Das viel zitierte Genesiszitat bei Ps. Longinos, De sublimitate 9,9 ist die Ausnahme, die die Regel bestätigt; s. M. HENGEL, JuH 473.

188 Euseb, Pr. ev. IX 9. Zu dem Einfluß der jüdischen Urgeschichte auf die Hermetica, s. C.H. DODD, The Bible and the Greeks, 1945 (Nachdr. 1964), 99ff. Zu einer möglichen Beeinflussung der pseudopythagoreischen Schrift des Ekphantos Περὶ βασιλείας durch Gen 1 und 2, s. W. BURKERT in: Pseudepigrapha I S. 49f. Dagegen scheint der von R. HARDER, Ocellus Lucanus = NPhilUnt 1, 1926, 22 Z. 18 und 128f vermutete Einfluß von Gen. 1,28 fraglich zu sein. Vgl. die Diskussion in: Pseudepigraphia I S. 315ff. und insgesamt S. 309–329 unter Leitung von K. v. Fritz. Zu Galen, s. R. WALZER, Galen on Jews and Christians, 1949. Zum Ganzen M. STERN, Greek and Latin Authors about Jews and Judaism, I–III, 1974–84.

7. Ben Sira und der Hellenismus

Rezension: Th. Middendorp, *Die Stellung Jesu Ben Siras zwischen Judentum und Hellenismus*, E. J. Brill, Leiden 1973, XIV und 183 S., Leinen Gld. 48,– (Dissertation)*

Das Ziel dieser Arbeit ist der Nachweis, beim Werk des Siraciden handle es sich um eine stark von griechischem Geiste beeinflußte „Anthologie", d. h. um ein „Schulbuch", in dem der Verfasser bewußt eine Synthese zwischen griechischem und jüdischem Denken anstrebe, wobei er bereits „griechisch geschulte Leser" voraussetze. Freilich ist dem Vf. der Beweis für seine wahrhaft kühne These schwerlich gelungen. Es handelt sich um eine typische Anfängerarbeit, die nicht nur sehr schematisch aufgebaut ist, sondern deren Argumentation jedes tiefere Eindringen in den komplizierten und vielschichtigen historischen Sachverhalt vermissen läßt. In einem ersten Teil werden ca. 100 angebliche Parallelen aus der griechischen Literatur herbeigebracht, die die literarische Abhängigkeit Ben-Siras von griechischen Quellen untermauern sollen, wobei freilich keine einzige wirklich stichhaltig ist, da es sich fast durchweg um in der „internationalen" Weisheitsliteratur gängige Motive und Metaphern handelt. Auf S. 26, Anm. 1 gibt der Vf. selbst zu, daß „der internationale Charakter der gnomischen Literatur mit ihren Analogien ... im konkreten Fall die Beweisführung schwierig (mache)". Leider hat er diesen entscheidenden Punkt zu wenig bedacht und damit das Wesen der orientalischen Weisheit verkannt, die seit der Perserzeit natürlich auch „hellenistische" Elemente in sich aufnehmen konnte, zumal die Ägäis und der syrischphönizische Raum in vielen Bereichen eine kulturelle Einheit bildeten. Literarische Abhängigkeiten sind damit freilich noch in keiner Weise bewiesen, so wenig wie bei Kohelet, wo Rainer Braun (*Kohelet und die frühhellenistische Popularphilosophie*, BZAW 130, 1973) für dessen sehr viel kleineres Werk rund 350 griechische „Parallelen" nachweist, die noch durch „Gräzismen" und Formparallelen ergänzt werden. Daß der – m. E. | ältere – Kohelet und Ben-Sira griechische Bücher lasen, ist möglich, aber nicht wirklich erweisbar; die Bedeutung der mündlichen Tradition kann dagegen kaum überschätzt werden, auch ist die Bekanntschaft mit einer stärker hellenisierten semitischen Weisheitsliteratur in aramäischer oder phönizischer

---

* JSJ 5 (1974), 83–87.

Sprache nicht auszuschließen, zumal in Palästina die Phönizier bei der Vermittlung der neuen Zivilisation eine entscheidende Rolle spielten, wie die phönizischen Kolonien in Marisa 40 km von Jerusalem und wohl auch in Sichem zeigen. Auch die These vom Schulbuch bzw. von der „Anthologie" ist mißverständlich. Ben-Sira verfaßte eine Sammlung von Weisheitssprüchen und -gedichten (vgl. die Aufzählung der Gattungen bei Salomo 47,17), d.h. ein durchaus traditionelles Sujet, das freilich durch die Hervorhebung des Verfassernamens gegenüber der älteren anonymen und pseudepigraphischen Weisheitsdichtung eine neue „hellenistische" Note erhielt. Es erwacht das Gefühl für die „literarische Individualität" und das „geistige Eigentum", ein Zug, der auch in dem – für die Weisheitsdichtung neuen – „Lob der Väter" eine wesentliche Rolle spielt. Von einer „Anthologie" sollte man nicht reden, da in einer solchen Dichtungen verschiedener „Verfasser" gesammelt sind, wie etwa im Psalmenbuch und in der Anthologie des Palästiners Meleager von Gadara (130–60 v.Chr.), der den Grundstock der Anthologia Graeca legte. Mit einem Schulbuch für die Elementarschule hatte sein Werk gerade nichts zu tun (so richtig S. 32), der Hinweis auf das bekannte von O. Guéraud und O. Jouguet edierte frühptolemäische Schulbuch (S. 8, Anm. 3) ist daher irreführend. Das Lesen erlernte der jüdische Elementarschüler an Hand der Tora, und hier begann er noch in rabbinischer Zeit mit dem Buch Leviticus: ein Hinweis auf die alte Tempelschule. Was Ben-Sira in seinem Werk vermittelt, ist umfassende „Lebensweisheit", die jedermann gilt, sie erwächst als ein Seitenzweig aus seiner Tätigkeit als Ausleger der Tora und der Profeten, die den Hauptschwerpunkt des „Sofer" bildete, ähnlich wie später die weisheitlichen Pirqe Abot die in der Mischna gesammelte und geordnete mündliche Tora-Halakha "schmücken", aber keineswegs deren Mittelpunkt darstellen. Der Vf. hat völlig verkannt, welchen radikalen – und zugleich auch ganz und gar unhellenistischen – Bruch mit der ganzen älteren „universalen" Weisheitstradition es bedeutet, wenn Ben-Sira die Weisheit auf Gottes Befehl hin exklusiv auf dem Zion Platz nehmen läßt und mit dem „Bundesbuch", d.h. der Tora Moses, identifiziert (24,8f.10f.23). Mag der Siracide in der Auseinandersetzung mit anderen Weisheitsschulen – etwa der des Kohelet –, die die Fürsorge Gottes für seine Schöpfung und den Menschen leugnen und die an Gottes Gerechtigkeit zweifeln, stoische Argumente verwenden – das tut wenig später in Alexandrien auch Aristobul –, die Bindung der universalen Weisheit, die man in manchem mit der „Weltseele" der Philosophen vergleichen konnte, an Israel und an die Tora widersprach allem stoischen Denken. Dieser ganz unhellenistischen Hochschätzung der allein Israel gegebenen Tora entspricht die scharfe Verurteilung ihrer Verächter in der Form einer Verfluchung (41,8f.). Hier ist sehr wohl der eifernde Geist bereits lebendig, der dann später in der Makkabäerzeit aufbricht, wie denn auch Ben-Sira die eifernde Tat des Pinchas nicht genug rühmen kann (45,23, vgl. 50,24b und der Eifer Elias, des „Feuerprofeten"

48,1f.). Ich | glaube, daß die Geisteshaltung eines Mattathias und seiner sieben Söhne von der eines Ben-Sira gar nicht *so* sehr verschieden gewesen sein muß. Die Makkabäerfamilie gehörte ja gerade nicht ursprünglich der Partei der Chasidäer an und war später seit Jonathan und Simon bestimmten Formen der hellenistischen Zivilisation nicht abgeneigt. Das Problem von „Judentum und Hellenismus" ist ein sehr komplexes Syndrom; der Vf. des Werkes neigt dagegen leider zur Simplifizierung und schreckt zur Durchsetzung seiner Thesen auch vor Gewaltsamkeiten nicht zurück. So ist es sehr mißlich, daß er z.T. ohne weitere Begründung eine ganze Reihe von Stücken, die seinem Sirach-Bild widersprechen, als sekundäre Ergänzungen ausscheidet, obwohl sie schon in der Übersetzung des Enkels erscheinen, der doch wohl über ein Exemplar verfügt haben sollte, das aus der Familientradition stammt. U. a. entfernt er die Polemik gegen die Nachbarvölker 50,25f., weiter den doppelten Hinweis auf Henoch 44,16 und 49,14. In Wirklichkeit handelt es sich um so etwas wie eine Inclusio: Am Anfang und (fast) am Ende des Lobes der „frommen Männer" steht der Vermittler himmlischer Weisheit, in dessen Spuren auch noch der Verfasser selbst wandelt. Daß man Henoch selbst in „hellenisierenden" Kreisen Palästinas schätzte, zeigt z.B. der samaritanische Anonymus, ein Zeitgenosse Ben-Siras. Der Zensur fällt aber auch Sir. 35,18cdef = 35,22d. 23 zum Opfer, weil es die Überleitung zu dem Gebet 36,1-22 darstellt, das der Vf. als eine Zutat aus der Zeit des Makkabäeraufstandes ausscheidet, obwohl hier die für die akute Notzeit zu erwartende Konkretion der Verfolgung wie auch jede individuelle, todesüberwindende Hoffnung fehlen und das Ganze in eine traditionelle positive universale Aussage ausmündet:

> „und alle Enden der Erde sollen erkennen,
> daß du der ewige Gott bist!" (Vgl. Jes. 42,10; 48,20; 52,10; Ps. 19,15; 22, 28; 98,3 etc.)

Fallen muß auch 10,13cd als Erinnerung an die Plagen Ägyptens, die Erwähnung des Davidbundes 45,25ab und schließlich und endlich die an Mal. 3,23f orientierte eschatologische Elia-Verheißung 48,10f. Der auf diese Weise purgierte und domestizierte Ben-Sira erscheint dann als stoischer Kosmopolit, der durch sein Schulbuch hellenistische Weisheit in hebräischem Gewande propagiert und mit seiner „Schriftauslegung... die Aushöhlung des theokratischen alttestamentlichen Gedankens" betreibt (162). Von einem „Eingreifen Gottes in die gegenwärtige oder künftige Geschichte Israels" weiß er angeblich nichts mehr (133, vgl. 58), an die Stelle „des jüdischen Partikularismus" tritt „stoische Weltoffenheit" (55). „Theokratie und Sozialkritik" übergeht er, obwohl er die profetischen Schriften kennt, dagegen werden seine „deistische Gottesvorstellung und ein individueller Schicksalsglaube" von dem „griechisch geschulten Leser" seines Werks wohl verstanden (71). Daneben wird zwar – nolens volens – zugegeben, „daß er die Autorität der Priesterschaft und der Tora im großen und ganzen erkannte" (59 sic!), doch läßt uns der Vf. dabei im Unklaren, ob es sich hier nicht im Grunde um eine Adaption an seine jüdische Umwelt handelte, von der „der Erfolg eines Lehrbuchs (ab)hing" (50). Warum er dann doch Anhänger des Hohepriesters Simon II. und Gegner der hellenisierenden Tobiaden war (157ff., vgl. 159 zu 45,18), wird | nicht einsichtig, zumal der Weisheitslehrer „sich ängstlich von der Politik fernzuhalten suchte" (130, vgl. 31 u. 33. Die wirklichen Griechenfreunde in Judäa waren dagegen ja politisch sehr aktiv).

Stärker kann die Intention dieses für das Verständnis der jüdischen Religions- und Geistesgeschichte so bedeutsamen Werkes kaum verkannt werden. Die typische Grundhaltung der orientalischen Weisheit, ihren „Rationalismus" und „Universalismus" schreibt der Vf. kurzerhand hellenistischem Einfluß zu und übersieht, welch radikale Wende die jüdische Weisheit gerade durch den Siraciden gewonnen hat. Ein Vergleich mit den älteren Weisheitsschriften zeigt viel mehr, wie sehr dieser den „theokratischen" Gedanken erstmalig in die jüdische Weisheit eingeführt hat, in der selbiger vorher relativ fremd war. Ähnliches gilt für die profetisch-heilsgeschichtliche Tradition in dem ganz neuartigen Lob der Väter. Natürlich begegnet man auf Schritt und Tritt bei Ben-Sira Spuren eines „hellenistischen Einflusses", aber derselbe ist gerade nicht Ausdruck eines „stoischen Kosmopolitismus", sondern er dient der Stärkung der eigenen jüdischen Position in einer neuen, für den Glauben der Väter bedrohlichen Situation: dem Streben gewisser Gruppen der jüdischen Aristokratie nach vollkommener Assimilation an die überlegene hellenistische Kultur. Ähnliches kann auch von einem Großteil der „jüdisch-hellenistischen" Literatur gesagt werden, die weithin ganz bewußt apologetische, projüdische „Tendenzliteratur" sein will. Auffällig ist bei Ben-Sira, daß sich hier traditionelle Lebensweisheit mit ganz neuen Gedanken und Begriffen vermischt, aber zugleich das nationale, heilsgeschichtlich-theokratische Element erheblich verstärkt wird, wobei Weisheitslehre und Profetie bei ihm zusammenfallen können (24,32f.; vgl. 38,34cd; 39,1.6f.; 18,29; 50,27c; s. auch die Anlehnung an Jes. 55,1 in 51,24f.). Profetisch klingende Sozial- und Kultkritik begegnet uns etwa in 34,21-31, auch die Kritik am Kaufmann (26,29-27,3 vgl. 14,4f.; 20,9ff.; 31,5) hat profetische Parallelen (vgl. Sach. 14,21). Erst recht schlägt die Hochschätzung der profetischen Tradition im „Preis der frommen Männer" durch, den Ben-Sira bewußt an das Ende des Werkes gesetzt hat. Hier bringt er sein eigentliches Anliegen zur Sprache. Schon die Einleitung (44,1.10) zeigt – in Antithese zu den heidnischen Herrschern und Weisen, die den Siraciden gerade nicht interessieren – die einzigartige Besonderheit der Frommen Israels, die sich nicht nur in Weisheit und Gesetzesgehorsam manifestiert, sondern auch im Gericht gegenüber heidnischen Königen (45,3: Mose vor Pharao; 48,18ff.: Sanherib, Hiskia und Jesaja) und in gewaltigen Kriegstaten. Hier wird z. B. in eindeutiger Weise Josua hervorgehoben, (von Gott) „gebildet, daß er sei... eine große Rettung für (Gottes) Auserwählte, um Rache am Feind zu vollziehen, um Israel sein Erbe zu verschaffen". Die mehrfache Betonung von Israels Siegen über die Kanaanäer und Philister (46,6; 46,18; 47,4.7; vgl. 50,25f.), die Bezeichnung des Nordreichs als „mamläk̠ät ḥāmās" (47,21; vgl. 23 und das Scheltwort gegen die Sichemiten 50,25f.), die Hervorhebung von Gottes unbarmherzigem Gericht gegen alle Sünder (16,1-23; vgl. 35,13ff.; 10,13ff.; 40,10f.), das aus der Heilsgeschichte begründet wird und auch die Sünder des eigenen Volks miteinschließt (16.6.10; 45,18; 47,24f.; 48,15f.; 49,5ff.), das alles widerspricht dem Bild des stoischen Weltbürgers | und deutet eher auf einen traditionsbewußten und nationalstolzen Schriftgelehrten hin, der in seiner strengen Beurteilung der Könige Judas (49,4f.) und in seiner völligen Ablehnung des Nordreichs die Geschichtsauffassung des in frühhellenistischer Zeit entstandenen chronistischen Werkes teilt. Da für *jeden* antiken Schriftsteller die Darstellung der vergangenen Geschichte immer zugleich auch Gegenwartsbedeutung hat – das gilt für die Griechen und erst recht für die Juden, der „Historismus" ist eine moderne Erfindung –, ist die Behauptung absurd, daß es Ben-Sira nicht „um den handelnden, erlösenden Gott" gehe (57) und daß das „direkte Eingreifen Gottes in den Geschichtslauf... im Denken Ben Siras zurück (träte)" (58). In Wirklichkeit führt er es wie kein anderer in die Weisheitstradition ein, man vergleiche die Proverbien, Hiob oder Kohelet! Seine Verherrlichung der Profeten sowie die mehrfache Hervorhebung der Zuverlässigkeit ihrer Weissagung (48,22ff.; 49,10) strafen die Behauptung Lügen, er sei an der eschatologischen Zukunft seines Volkes nicht interessiert gewesen. In 48,24 sagt er, Jesaja habe durch seine Weissagung der „fernen Zukunft" (*'aḥ^{a}rit*; G τά ἔσχατα) die Trauernden Zions getröstet (vgl. Jes 40,1), d.h. doch, Ben-Sira verweist auf die zukünftige Erlösung Israels, die er auch in 36,1-22 und 48,10f. beschreibt. Wenn in 47,7 von David gesagt wird, daß er die Philister vernichtete und „bis auf den heutigen Tag ihr Horn (l. mit Segal *qarnam*; von der Stadt Karnaim im Ostjordanland ist sicher nicht die Rede, so Vf. S. 64) zerbrach", so ist damit ein deutlicher Gegenwartsbezug hergestellt. Der Siracide sieht in den inzwischen mehr oder weniger hellenisierten Städten der ehemals philistäischen Küstenebene Gegner Israels und betont unter Verweis auf die Vergangenheit die Überlegenheit des Gottesvolkes (vgl. 50,25).

Der Hauptgrund für den Husarenritt des Vf.s, der ihn so sehr in die Irre führte, liegt wohl darin, daß er sowohl im Blick auf die jüdische Weisheitsliteratur, wie auf die frühhellenistische Umwelt und auf das zeitgenössische Judentum überhaupt zu wenig wissenschaftliche Informationen gesammelt hat. Das Literaturverzeichnis zeigt ganz erhebliche Mängel, und mit der Literaturverarbeitung ist es noch schlechter bestellt. Je weniger man weiß, desto gewaltsamer kann man radikal einseitige Thesen vertreten. Dem besseren Verständnis des Buches von Ben-Sira hat er keinen Dienst erwiesen. Das schwierige, das widerspruchsvolle Verhältnis des Siraciden zu seiner frühhellenistischen Umwelt bedarf weiterhin einer umfassenden Untersuchung. Man kann dem jüdischen „Sofer" und ḥakham weder die „antihellenistische", d.h. gegen die Assimilation gerichtete toraorientierte und nationaljüdische Tendenz, noch andererseits den „hellenistischen" Einfluß absprechen. Es gilt für ihn in besonderer Weise das schöne Wort aus *Huttens letzte Tage* von C. C. Meyer: „Ich bin kein ausgeklügelt Buch, ich bin ein Mensch mit seinem Widerspruch".

Nachtrag:

Eine vorzügliche Darstellung der kulturellen Welt Ben-Siras bietet O. Wischmeyer, Die Kultur des Buches Jesus Sirach, BZNW 77, 1995. M. Küchler, Frühjüdische Weisheitstraditionen, OBO 26, 1979, stellt die Sirachtexte in den Traditionszusammenhang der sich in hellenistischer Zeit breit entfaltenden jüdischen Weisheitsüberlieferung. Die Stellung Ben-Siras gegenüber dem sich formierenden hebräischen „Kanon" habe ich selbst untersucht: „Schriftauslegung" und „Schriftwerdung" in der Zeit des zweiten Tempels, in: M. Hengel/H. Löhr (Hg.), Schriftauslegung im antiken Judentum und im Urchristentum, WUNT 73, 1994, 1–71 (35–44). Erstmals wird bei Ben-Sira die Verbindung von traditionellem „Weisen" und „inspiriertem" Schriftausleger sichtbar. Dies weist auf eine *relative* Distanz zur hellenistischen Zivilisation hin, wie auch die Untersuchung von H. Stadelmann, Ben Sira als Schriftgelehrter, WUNT II/6, 1980, bestätigt.

8. Qumrān und der Hellenismus*

Dieses Thema klingt wie „Feuer und Wasser“ oder, in der Sprache jener religiösen Bewegung, mit der wir uns hier beschäftigen, wie „Licht und Finsternis“. Man ist versucht, darauf mit einem neutestamentlichen Text zu antworten, der wie kaum ein anderer essenisches Gepräge trägt: „Ziehet nicht am fremden Joch mit den Ungläubigen! Denn was hat die Gerechtigkeit zu tun mit der Ungerechtigkeit? Oder was hat das Licht gemein mit der Finsternis? Wie stimmt Christus zu Beliar? Oder was haben der Gläubige und der Ungläubige gemeinsam? Wie verträgt sich der Tempel Gottes mit den Götzenbildern?“ (*2 Kor* 6,14-16)[1]. Für die Essener von Qumrān waren die ihnen geoffenbarte göttliche *daʿat* und die *ḥŏkhmat j*^{e}*wānît* gewiß zwei völlig entgegengesetzte, unvergleichbare Größen[2]. Führt sich so das Thema durch absolute Beziehungslosigkeit der beiden Komponenten selbst ad absurdum?

Nun, auch der schroffe Gegensatz, die harte Antithesis ist eine bestimmte Form von Beziehung. Sie setzt ja in irgendeiner Form die Thesis | voraus, in ihr ist – zumindest nach Hegel – die Thesis mitenthalten. Von völliger Beziehungslosigkeit kann man darum nicht reden. Zunächst müssen wir vor allem den schillernden Begriff des *„Hellenismus“* näher betrachten[3]. Im Griechischen

---

* Erstveröffentlichung in: M. Delcor (Hg.), Qumrān. Sa piété, sa théologie et son milieu. Bibliotheca Ephemeridum Theologicarum Lovaniensium XLVI, Paris – Leuven 1978, S. 333–372. Für die genaue Durchsicht des Manuskripts und für Hilfe bei der Beschaffung der Literatur und beim Lesen der Korrekturen danke ich meinen Assistenten Helmut Kienle und Dr. Hermann Lichtenberger. Meinem Freund Otto Betz zum 60. Geburtstag in herzlicher Verbundenheit gewidmet.

1 Zum angeblich unpaulinischen Charakter von 2 Kor 6,14-7,1 s. J. A. FITZMYER, Qumran and the Interpolated Paragraph in 2 Cor 6:14-7:1, in Essays on the Semetic Background of the New Testament, London 1971, 205–217 = CBQ 23, 1961, 271–280; er vermutet „a Christian reworking of an Essene paragraph which has been introduced into the Pauline letter“ (217 = 279f.). S. auch J. GNILKA, 2 Kor 6,14-7,1 im Lichte der Qumranschriften und der Zwölf-Patriarchen-Testamente, in Neutestamentliche Aufsätze. Festschrift für Prof. Josef Schmid zum 70. Geburtstag, 1963, 86–99. Vgl. TERTULLIAN, De Praescr. haer. 7,9: Quid ergo Athenis et Hierosolymis? quid academiae et ecclesiae? quid haereticis et christianis?

2 Der Begriff der „griechischen Weisheit“ erscheint erst in rabbinischen Texten, s. BQ 82b/83a; Midr Teh 1,17 (p. 16 Buber). Die Qumrāntexte sprechen von den Griechen nur als politischer Macht, s. die Könige bzw. den König von Jawan CD 8,11; 19,24; 4Q169 (pNah) 3-4, I;2f. Mit den häufig erwähnten „Kittim“ *(kittijjîm, kittîʾîm)* können sowohl Griechen (bzw. Makedonen) als auch Römer gemeint sein.

3 Vgl. M. HENGEL, Judentum und Hellenismus, WUNT 10, 3. Aufl. 1988, 2f; DERS., Juden,

bedeutete Ἑλληνισμός ursprünglich nicht die griechische Kultur im Allgemeinen, sondern, abgeleitet von ἑλληνίζειν, „einwandfrei Griechisch sprechen", den guten griechischen Stil, die Beherrschung der griechischen Sprache. Der einzige vorchristliche Beleg, bei welchem dieser sehr prägnante Sprachgebrauch durchbrochen ist, findet sich bezeichnenderweise in *2 Makk* 4,13 im Zusammenhang mit dem hellenistischen Reformversuch der jüdischen Aristokratie in Jerusalem nach 175 vChr. Es ist dort von einer ἀκμή τις Ἑλληνισμοῦ die Rede. Hier erhält der Begriff Ἑλληνισμός eine klare kulturelle und dh gerade für den Juden zugleich auch religiöse Bedeutung. Der ἐπὶ τὰ Ἑλληνικὰ μετάθεσις (II,24; vgl. 6,9: μεταβαίνειν ἐπὶ τὰ Ἑλληνικά) wird darum folgerichtig das μένειν ἐν τῷ Ἰουδαϊσμῷ (8,1; vgl. 2,21; 14,38) entgegengestellt. Da die Ursprünge der essenischen Bewegung letztlich mit der Bußbewegung der Chasidim zusammenhängen, die sich in der Zeit jenes hellenistischen Reformversuchs vor Beginn des Makkabäeraufstandes als Opposition formiert hatte, wird man auch bei den essenischen Texten vom Toten Meer ein Fortwirken jener antihellenistischen und damit zugleich fremdenfeindlichen Haltung annehmen können, die durch die chasidische Opposition und den erfolgreichen Makkabäeraufstand ausgelöst oder verschärft worden war. Doch ist damit das Verhältnis von Qumrān und Hellenismus noch nicht zureichend umschrieben. Es ist zu prüfen, ob nicht bei aller schroffen Opposition und rigorosen Absonderung von gottlos-heidnischer Weisheit dennoch der Geist der neuen Zeit im Leben und Denken der Essener von Qumrān wirksam war. Der von Droysen geschaffene Begriff des „Hellenismus" bezeichnet einerseits eine historische Epoche, die etwa vom Alexanderzug bis in die frühe Kaiserzeit reicht, er ist aber gleichzeitig auch Ausdruck einer neuen Zivilisation und eines neuen Weltgefühls, die durchaus nicht allein durch den – zunächst überwiegenden – Einfluß griechischer Rationalität in Technik, Literatur, Philosophie und Religion bestimmt waren, sondern aus der Synthese von griechischem und orientalischem Denken erwuchsen. Die Konvergenz der Entwicklungslinien auf diese Synthese hin wird bereits in der Perserzeit sichtbar, die Eroberungen Alexanders haben sie nur beschleunigt und verstärkt.|

Es wird darum im folgenden nicht in erster Linie darum gehen, direkte „griechische Einflüsse" in der essenischen Bewegung nachzuweisen – derartige „Einflüsse" werden bei einer Oppositionsbewegung nur vereinzelt sichtbar werden –, vielmehr will ich versuchen, an gewissen Punkten aufzuzeigen, wie Leben und Lehre der Essener als Ganzes vom Geist ihrer Zeit bestimmt

---

Griechen und Barbaren, SBS 76, 1976, 73ff; DERS., Zwischen Jesus und Paulus, in ZThK, 72, 1975 (151–206) 166ff. Leider hat L. H. FELDMAN, Hengel's Judaism and Hellenism in Retrospect, in JBL 96 (1977), 371–382, dieses Grundproblem, daß schon der „Hellenismus" auf einer Synthese beruht und zum „Zeitgeist" gehört, nicht gesehen. Sein rasanter Angriff gleicht daher jener berühmten Attacke gegen Windmühlenflügel.

waren und wie sie sich in die kulturelle und religiöse Gesamtentwicklung des Judentums in der hellenistisch-römischen Epoche einordneten.

Beginnen wir mit einem scheinbar äußerlichen Phänomen. Wenn man die Reste des *essenischen Gebäudekomplexes* von Ḫirbet Qumrān[4] mit anderen Bauten aus hellenistischer Zeit im Jordangebiet und in den Seitentälern vergleicht, etwa mit der unvollendet gebliebenen Tempelanlage des Tobiaden Hyrkan in ʿIrāq al-Amīr[5] oder dem herodianischen Sommerpalast in Jericho[6], dann fällt sofort der schroffe Gegensatz zwischen der hybriden Prachtentfaltung dieser Bauwerke und der schlichten, ja ärmlichen Ausgestaltung des essenischen Zentrums ins Auge, dem jeglicher äußere Schmuck fehlt. Selbst die Säulen im Refektorium sind einfache behauene Steinblöcke. Einzelne wertvollere Bauelemente, die gefunden wurden, wie Säulenbasen und -trommeln, hat man wohl auf ein Erdbeben hin nicht mehr eingebaut[7]. Der Schlichtheit des Baues entsprechen die völlig schmucklosen Gräber. Sie und der Kultbau zum Zweck des gemeinsamen Gottesdienstes, des Schriftstudiums und der kultischen Mahlzeiten bestätigen im Grunde die essenische Selbstbezeichnung *'äbjônîm*, „die Armen"[8].

Das Bild ändert sich jedoch, wenn man einzelne Anlagen genauer betrachtet, insbesondere das kunstvolle *Wasserversorgungssystem*, das einen kontinuierlichen Zufluß über das ganze Jahr hin garantierte und die Grundlage für die geforderten Tauchbäder zur Erhaltung der vollkommenen levitischen Reinheit bildete[9]. Nicht nur die Wasseranlagen | in der Siedlung selbst mit ihren zahlreichen Stufenbädern und Zisternen, sondern auch das innen auszementierte Aquädukt, das das Wasser vom Stausee im Wādi Qumrān an den Felsen entlang teils im gemauerten Kanal, teils durch Tunnels herabführte, und die verschiedenen Wasserzuführungen aus den Seitentälern zum Auffangbecken zeugen von hoher technischer Perfektion. Derartige Wasseranlagen begegnen uns in Palästina erst in hellenistisch-römischer Zeit. Je nach Wasserstand wurde, offenbar durch ein Schöpfwerk, das kostbare Naß vom Staubecken in

---

[4] Dazu die Zusammenfassung von R. de Vaux, Archaeology and the Dead Sea Scrolls, London, 1973, 3ff; zu den Säulen s. 26f. Vgl. H. Bardtke, Die Handschriftenfunde am Toten Meer. Die Sekte von Qumrān, 1958, 47ff.

[5] S. M. Hengel, Judentum und Hellenismus, 496ff.

[6] S. A. Schalit, König Herodes, in SJ, 4, 1969, 398ff. S. auch o. S. 21f. 57f.

[7] S. R. de Vaux, Fouilles de Khirbet Qumrân, in RB 63, 1956 (533–577), 563f.

[8] Zu den Gräbern s. R. de Vaux, op. cit., 45ff.; H. Bardtke, op. cit., 37ff. Als Kontrast dazu könnte man die Priestergräber im Kidrontal, das Grabmonument, das Simon für seinen Vater und seine Brüder in Modeïn errichtete (1 Makk 13,28ff), und das Grab des Jason in Jerusalem anführen, vgl. C. Watzinger, Denkmäler Palästinas, II, 1935, 22f.63f; L. Y. Rahmani, The Tomb of Jason, in ʿAtiqot Hebr. Ser. 4, 1964, 1–31. Dazu o. S. 54ff.

[9] Ausführlich A. Strobel, Die Wasseranlagen der Ḫirbet Qumrān, in ZDPV 88, 1972, 55–86; vgl. R. de Vaux, Archaeology (s. Anm. 4) 8ff.75ff. und S. Schulz, Chirbet ḳumrān, ʿēn feschcha und die buḳēʿa, in ZDPV 76, 1960, 50–72. Die Wasseranlagen werden schon in der Kupferrolle 3Q15 5,1-11 (DJDJ, IIIa, 289f) erwähnt.

den mehrere Meter höher liegenden Kanal gehoben[10]. Solche Schöpfwerke, etwa die archimedische Schraube, sind Erfindungen der hellenistischen Epoche und für Palästina literarisch erst in den talmudischen Texten nachweisbar[11]. Daß die äußere Kargheit der Bauanlagen und der Lebensführung eine hochentwickelte Funktionalität bestimmter Einrichtungen keineswegs ausschloß, zeigen auch die Töpferei, wo einfache, aber formschöne Gefäße gefertigt wurden, die große, moderne Basaltmühle, das Skriptorium und die ebenfalls mit Wasseranlagen verbundenen, in ihrer Aufgabe noch rätselhaften Betriebe im nahen ʿEn Fešḫa[12]. So sehr man an einer strengen, asketischen, ja zivilisationsfeindlichen Lebensführung festhielt – ein Beispiel dafür ist etwa das Verbot der Ölsalbung[13] –, dem gerade in der hellenistischen Zeit besonders auffallenden technisch-wirtschaftlichen Fortschritt stand man durchaus nicht völlig negativ gegenüber. Ohne die künstliche Bewässerung wäre eine Kultivierung des vorher unbebauten Küstenstreifens am Toten Meer südlich von Ḫirbet Qumrān bei ʿEn Tannūr und ʿEn Fešḫa kaum möglich gewesen[14]. Diese Urbarmachung von Ödland mit Hilfe neuer technischer | Mittel ist ein typisches Zeichen der frühhellenistischen Epoche[15]. Das schönste Beispiel dafür bietet die Kultivierung des Fayyūm durch den zweiten Ptolemäer. Der ägyptische Jude Artapanos schrieb solche Kultivierungsarbeiten schon Joseph zu; Mose habe dann allgemein die künstliche Bewässerung in Ägypten eingeführt[16]. In dem wohl vom „Lehrer der Gerechtigkeit" stammenden Hymnus 1 QH 8,4ff ist

---

[10] S. A. Strobel, op. cit., 67f.

[11] Zur künstlichen Bewässerung und zu den Schöpfwerken s. M. Hengel, Judentum und Hellenismus, 88.90f; R. J. Forbes, Studies in Ancient Technology, II, Leiden, 1955, „Irrigation and Drainage" (1ff); A. Ben-David, Talmudische Ökonomie, I, 1974, 81ff. Zu ihrer Einführung im Palästina der hellenistischen Zeit vgl. H. J. Stoebe, Art. Wasserleitung, in BHH III, 1966, 2142: „Erst aus *hellenist.-röm.* Zeit sind W. en, die auf weite Entfernung in Rinnen, Tunneln und Röhren Quellwasser zu Zisternen... und Teichen leiten, archäologisch bekannt...". A. Strobel, op. cit., 68 Anm. 16 verweist auf TMiqw 4,2: die beim Wasserheben verwendeten *kbwljn* machen das Wasser für das Tauchbad nicht untauglich, „da es nicht losgerissen wird". Es handelt sich hier offenbar um eine archimedische Schraube, vgl. A. Ben-David, op. cit., 86, im Gegensatz zum bloßen Schöpfrad (ʾanṭlijjā = ἀντίον); vgl. G. Lisowsky, in Die Tosefta, VI/2, 1965, z. St.

[12] Zu ʿEn Fešḫa: R. de Vaux, Archaelogy (s. Anm. 4), 60ff, bes. 75ff.

[13] Josephus, Bell. jud. 2,123. J. M. Baumgarten, The Essene Avoidance of Oil and the Laws of Purity, in RdQ 6, 1967–69, 183–192, vermutet zu Recht hinter der Vermeidung einer Berührung mit Öl Furcht vor ritueller Verunreinigung. Das Problem ist nur, daß diese Furcht hier so groß war, daß die gesamte Lebenshaltung der Essener asketische Züge annahm. Die Askese wurde schließlich doch zur eigenständigen Größe.

[14] Zur wirtschaftlichen Bedeutung der künstlichen Bewässerung für die Essener s. L. M. Pákozdy, Der wirtschaftliche Hintergrund der Gemeinschaft von Qumrān, in Qumran-Probleme, hg. v. H. Bardtke, in SSA, 42, 1963, 269–291.

[15] S. M. Rostovtzeff, Gesellschafts- und Wirtschaftsgeschichte der hellenistischen Welt, Übers. v. G. u. E. Bayer, 1955/56, s. III, 1510f Index s. v. Neuland, bes. I, 284ff; II, 927f; M. Hengel, Judentum und Hellenismus, 69.

[16] S. M. Hengel, op. cit., 55.

die Kenntnis künstlicher Bewässerung zur Pflanzung von Baumgärten vorausgesetzt[17]. Da die Anlage von parkartigen Gärten und Teichen zum Zweck der Irrigation gerne als Werk des jüdischen Universalweisen *Salomo* betrachtet wurde, wie *Koh* 2,4ff und Josephus, *Ant.* 8,186 zeigen, wird verständlich, daß auch die Kupferrolle 3Q15 5,5ff die essenische Wasserversorgungsanlage mit Stausee und Kanal mit dem Namen Salomos verbindet[18]. In ähnlicher Weise wird im Jubiläenbuch 11,23 der damals neu in Palästina eingeführte Saatpflug als eine Erfindung Abrahams ausgegeben[19], der nach anderen jüdischen Quellen sogar die höchste aller Wissenschaften, die Astrologie, von Mesopotamien nach Phönizien und Ägypten gebracht haben soll[20]. Es taucht hier das Motiv des „ersten Erfinders" auf, das in der ganzen hellenistischen Welt einschließlich des griechischsprechenden Judentums von großer Bedeutung war[21].

Ökonomisch und rechtlich wird man die Anlagen der Essener in und um Ḫirbet Qumrān als Teile einer *Domäne*[22] betrachten dürfen, die | Landwirtschaft mit Dattelpalmen und Gartenbau bei ʿAin Fešḫa, Getreideanbau in der Buqēʿa[23], Viehzucht und Handwerksbetriebe umfaßte, und von den Gliedern der Sekte gemeinsam betrieben wurde. Weitere Wirtschaftszweige waren ver-

---

17 Vgl. dazu H. Bardtke, Wüste und Oase in den Hodajoth von Qumran, in Gott und die Götter. Festgabe für Erich Fascher zum 60. Geburtstag, o.J., 44–55; S. Schulz, op. cit. (Anm. 9), 66.

18 Vgl. noch Hld 4,12-5,1; 5,12f; 6,2; Josephus, Bell. jud. 5,145: der Teich Salomos in Jerusalem. Aus den Bezeichnungen „Teich Salomos" und „Kanal Salomos" in der Kupferrolle muß man nicht schließen, daß der Verfasser diese Anlagen Salomo zuschrieb, so J. T. Milik, in DJDJ IIIa,257f.277, für den dies ein Grund ist, eine Abfassung der Kupferrolle durch Essener vor 68 nChr zu verneinen. Den Bezeichnungen mag auch lediglich zu entnehmen sein, daß man die Erfindung derartiger Anlagen Salomo zuschrieb.

19 Vgl. M. Hengel, Judentum und Hellenismus, 91.

20 S. M. Hengel, op. cit., 165f.168.438; vgl. unten S. 292f.

21 Vgl. K. Thraede, Art. Erfinder II, in RAC V, 1962, 1191–1278.

22 Vgl. M. Hengel, Das Gleichnis von den Weingärtnern Mc 12,1-12 im Lichte der Zenonpapyri und der rabbinischen Gleichnisse, in ZNW 59, 1968 (1-39) 11ff.19ff; ders., Judentum und Hellenismus, s. 657 Index s.v. Domänenwirtschaft. Selbstverständlich gab es schon in der altisraelitischen Königszeit Latifundienbesitz in Palästina, s. H. Bardtke, Die Latifundien in Juda während der zweiten Hälfte des achten Jahrhunderts v. Chr., in Hommages à André Dupont-Sommer, Paris, 1971, 235–254; in hellenistisch-römischer Zeit gewannen die Latifundien jedoch erhöhte Bedeutung und wurden nicht mehr patriarchalisch, sondern mit rationalem Gewinnstreben bewirtschaftet. Auch die essenische Gemeinwirtschaft setzte einen genau vorgeplanten, rationellen Einsatz der Arbeitskräfte voraus.

23 Zur Buqēʿa westlich von Ḫirbet Qumrān, oberhalb des Felsabsturzes des Wādi Qumrān bis hin zu Ḫirbet al-Mird s. F. M. Cross, Jr.-J. T. Milik, Exploration in the Judaean Bugêʿah, in BASOR 142, 5–17; S. Schulz, op. cit. (Anm. 9), 58ff.67ff. Sie war mit Ḫirbet Qumrān durch eine Straße verbunden. Es scheint mir wahrscheinlich zu sein, daß die Dämme und Zisternen aus der israelitischen Zeit von den Essenern wiederverwendet wurden. Daß größere Scherbenfunde fehlen, könnte daran liegen, daß die Essener in der Buqēʿa nicht ständig siedelten, vgl. S. Schulz, op. cit., 69. S. auch L. M. Pákozdy, op. cit. (Anm. 14), 272ff und die älteren Erwägungen von W. R. Farmer, The Economic Basis of the Qumran Community, in ThZ 11, 1955, (295–308), 307f; 12, 1956 (56–58) 57f.

mutlich Salz- und Bitumengewinnung aus dem Toten Meer. Die Grabungen von ʿAin al-Ġuwēr 15 km weiter südlich zeigen, daß Qumrān nicht das einzige, wohl aber das wichtigste essenische Zentrum bildete[24]. Ein derartig umfassender Wirtschaftsbetrieb war notwendig, weil die Glieder der Sekte um ihres strengen priesterlichen Reinheitsideals willen darauf bedacht waren, die Abhängigkeit von der Außenwelt auf ein Minimum zu reduzieren. Seit der Ptolemäerzeit lassen sich solche Großbetriebe, die mit beträchtlicher wirtschaftlicher Rationalität betrieben werden mußten, häufig nachweisen, sie bildeten in hellenistisch-römischer Zeit die Basis der palästinischen Landwirtschaft. So besaß der Dioiket Apollonios aus Alexandrien um 250 vChr ein riesiges Weingut im galiläischen Bet ʿAnat, der seleukidische Stratege Ptolemaios S. d. Traseas um 200 vChr mehrere Dörfer bei Skythopolis. Die Balsamplantagen bei Jericho waren eine königliche Domäne, ähnliches gilt wohl, in römischer Zeit, von Engeddi[25]. Zu nennen ist auch die Domäne des Alkaios bei Gezer um 100 nChr; weitere Beispiele bieten die Evangelien und Josephus. Ob der essenische Wirtschaftsbetrieb am Toten Meer auf ehemaligem Königs-, Tempel- oder Privatland eingerichtet war, wissen wir nicht; aus 1QS 9,22: „... ihnen (den Männern der Grube) zu überlassen Besitz und Arbeit der Hände, wie ein Sklave gegenüber seinem Herrn..." könnte man schließen, daß die Essener zur Pachtzahlung verpflichtet waren[26].|

Der Zwiespalt zwischen antihellenistischer Haltung und bewußtem Eingehen auf die technisch bedingten Notwendigkeiten der Zeit zeigt sich auch in zwei ganz anderen Bereichen. Hier ist zum einen kurz auf die *Sprachenfrage* einzugehen[27]. Mit Bedacht versuchte die Sekte, das reine, klassische biblische Hebräisch zu pflegen, die Sprache der Schöpfung und der Engel (*Jub* 12,25ff; vgl. 3,28). Griechische Lehnwörter wurden vermieden, und ob man sich des fremden Ursprungs der wenigen persischen Lehnwörter wie *rāz* oder *naḥšîr* bewußt war, ist fraglich[28]. Das von Aramaismen und griechischen Lehnwörtern durchsetzte mischnische Hebräisch begegnet uns nur in der Kupferrolle, deren essenische Herkunft umstritten ist. Die aramäischen Schriften der Bibliothek von Qumrān sind überwiegend außer- bzw. voressenischen, chasidi-

---

[24] S. P. Bar-Adon, in RB 79, 1972, 411-413; ders., Another Settlement of the Judean Desert Sect at ʿAin el-Ghuweir on the Dead Sea, in ErIs, 10, 1971, 72–89 (hebr.).

[25] S. M. Hengel, in ZNW 59, 1968, 11ff.19ff; ders., Judentum und Hellenismus, 86ff.

[26] Vgl. H. Bardtke, Qumrān und seine Probleme, in ThR NF 33, 1968 (97-119.185-236) 227f.

[27] Vgl. S. Segert, Die Sprachenfragen in der Qumrāngemeinschaft, in Qumran-Probleme (s. Anm. 14), 315–339; M. Hengel, Judentum und Hellenismus, 112ff.415; J. N. Sevenster, Do You Know Greek?, in NT. S 19, Leiden, 1968, 149ff; J. A. Fitzmyer, The Languages of Palestine in the First Century A. D., in CBQ, 32, 1970, 501–531. S. o. S. 12–34.

[28] naḥšîr: 1QM 1,9.10.13; 4Q243,1-5; vgl. Y. Yadin, The Scroll of the War of the Sons of Light Against the Sons of Darkness, London, 1962, 260; D. Winston, The Iranian Component in the Bible, Apocrypha, and Qumran, in HR 5, 1965/66 (183–216) 207 Anm. 62; L. P. de Menasce, Un mot iranien dans les Hymnes, in RdQ 1, 1958/59, 133f.

schen Ursprungs. Man könnte – cum grano salis – bei den Essenern vom Versuch eines „hebräischen Attizismus" sprechen. Dennoch waren zumindest Teile der Sekte dreisprachig. Die Bibliothek, die mit ihren rund 1000 Rollen – von denen die Reste von etwa 660 erhalten sind – so etwas wie ein jüdisches „Museion" darstellte und der im jüdischen Palästina wohl nur die in *2 Makk* 2,13f auf Nehemia und Judas Makkabäus zurückgeführte Tempelbibliothek vergleichbar war, enthielt neben hebräischen und aramäischen Schriften auch griechische. Einige griechische Papyrusfragmente haben sich in Höhle 7 erhalten, darunter ein Septuagintabruchstück des Buches Exodus aus der Zeit um 100 vChr und ein weiteres vom apokryphen Brief Jeremias. Es wurden in dieser Höhle offenbar nur griechische Texte deponiert. Aus Höhle 4 stammen Bruchstücke der Septuaginta von Leviticus und Numeri; weiter wurden hier drei Fragmente mit nichtbiblischen griechischen Texten – auch liturgischen Charakters – entdeckt, die noch nicht veröffentlicht sind[29]. Auch wenn der griechische Anteil sehr viel geringer ist als bei den Funden vom Wādi Murabbaʿat aus dem 2. Jh. nChr – hier war die soziale und politische Situation ganz anders –, so fällt doch auf, daß überhaupt | griechische Texte in der Bibliothek von Qumrān existierten. Man konnte bei allem Haß gegen die Fremden nicht darauf verzichten. Griechische Buchstaben begegnen uns in den chiffriert geschriebenen Horoskopen und als Markierungen in den ersten vier Kolumnen der Kupferrolle, die auch ein paar griechische Lehnwörter, u. a. aus dem Bausektor, aufweist, weiter auf zwei in Ḫirbet Qumrān gefundenen Tonscherben[30]. Das Bild wird abgerundet durch die Forderung der Damaskusschrift, der *m^ebaqqer*, der „Aufseher über alle Lager", solle „kundig sein in jedem Geheimnis der Menschen und in jeder Sprache gemäß ihren Geschlechtern" (CD 14,8ff). Man wird das Griechische in Qumrān nicht besonders geschätzt haben – möglicherweise ist es mit der „fremden Zunge" gemeint, mit der nach 1 QH 4,16 die Verführer zum Volk reden –, eine völlige Ignorierung war aber unmöglich.

Die Berichte Philos und Josephus' schreiben den Essenern übereinstimmend *Friedensliebe* und Ablehnung von Gewaltanwendung zu (*Quod omnis*, 76.78; *Bell. jud.*, 2,135), wobei in der von Philo und Josephus verwendeten gemeinsamen hellenistischen Quelle die Friedfertigkeit und die Ablehnung von Privateigentum und Handel einem verbreiteten philosophischen Ideal entsprechend eng miteinander verbunden waren. Es war dies jedoch nur die eine Seite einer „Doppelstrategie". Die andere Seite tritt in der Sektenregel zutage, wo „ewiger Haß gegen alle Männer des Verderbens" freilich zunächst nur „mit dem Geist

---

29 Höhle 7: DJDJ III a, 142ff; Höhle 4: P. W. Skehan, The Qumran Manuscripts and Textual Criticism, in Qumran and the History of the Biblical Text, hg. v. F. M. Cross-Sh. Talmon, Cambridge (Mass.)-London, 1975 (212–225), 219ff = Volume du Congrès, Strasbourg 1956 (VT. S, 4), Leiden, 1957 (148–160), 155ff; J. A. Fitzmyer, op. cit., 503 Anm. 6.

30 Horoskope 4 Q 186: DJDJ V. 88f; Kupferrolle 3 Q 15 1,4.12; 2,2.4.9; 3,7.13; 4,2: DJDJ, III a, 284ff, dazu J. T. Milik, ebd., 221; Scherben: R. de Vaux, RB 63, 1956, 564.

der Verborgenheit" gefordert wird, dies jedoch mit zeitlicher Begrenzung auf das „letzte Gefecht" hin: „Aber es sei jeder ein Eiferer (*m^eqanne'*) für das Gebot und seine Zeit, für den Tag der Rache ..." (1QS 9,21-23)[31]. Dieser „Tag der Rache" wird in der *Kriegsrolle* in Form eines vierzigjährigen Krieges zwischen den „Söhnen des Lichts" und den „Söhnen der Finsternis" entfaltet, der sich in erster Linie gegen die „Kittim" aus Assur und Ägypten, dh doch wohl gegen Seleukiden und Ptolemäer, richtet. In den ausführlichen Kampfesschilderungen, in der Beschreibung der wie auf dem Exerzierfeld exakten Bewegungen der verschiedenen Einheiten, in der Darstellung der Waffengattungen, der Details der Bewaffnung, der Feldzeichen und der Trompeten mit ihren Signalen zeigt sich eine eingehende Kenntnis hellenistischer Militärtechnik und Taktik. Nachdem eine vorzügliche Analyse aus der Hand Yigael Yadins vorliegt[32], brauche ich hier nicht weiter ins Detail zu gehen. Ich frage mich jedoch, ob es bei dem alten Streit, ob das römische Heerwesen | des 1. oder das hellenistische des 2. Jh. vChr Pate gestanden habe, nicht im Grunde um ein Scheinproblem geht. Man kann nicht mehr allein davon ausgehen, daß die Kriegsrolle 1QM aus der 1. Hälfte des 1. Jh. nChr oder aus der 2. Hälfte des 1. Jh. vChr stammt, denn die zT abweichenden Fragmente aus Höhle 4 weisen auf ältere Fassungen hin[33]. 4QM[a] dürfte in herodianischer Zeit geschrieben worden sein; 4QM[e] dagegen stammt aus der 1. Hälfte des 1. Jh. vChr, dh schon aus der hasmonäischen Ära. Damit ist die Hypothese einer Entstehung des Werkes in der herodianischen Epoche oder noch später überholt. Yadins Nachweise einer weitgehend römischen Herkunft von Taktik und Bewaffnung behalten jedoch ihre Bedeutung. Römische Ausrüstung und Taktik waren im hellenistischen Osten seit der Zeit des vierten Antiochos und seines Neffen Demetrios, die beide als Geiseln in Rom waren, wohlbekannt. Antiochos IV. selbst rüstete schon einen Teil seines Heeres auf römische Weise aus. Dazu kommt, daß seit Judas Makkabäus besondere Beziehungen zwischen Judäa und Rom bestanden. Auch darf man nicht vergessen, daß die Juden im ptolemäischen Ägypten von der Mitte des 2. Jh. vChr an unter Führung des Zadokiden Onias IV. große militärische Macht besaßen, in einer Zeit, als die römische Einflußnahme in Ägypten immer stärker wurde. Zudem sind wir über Ausrüstung und Taktik der hellenistischen Heere nicht so gut unterrichtet wie über die römischen; vor allem wissen wir nicht genau, was die Römer vom hellenistischen Militärwesen übernommen haben. Weitgehend unbekannt sind uns Ausrüstung und Kampfesweise des makkabäisch-hasmonäischen Heeres. Gewiß war die bewegliche Manipulartaktik nach römischer Art im judäischen Berg-

---

31 Vgl. M. HENGEL, Die Zeloten, AGJU, 1, 2. Aufl., Leiden-Köln, 1976, 184.

32 S.o. Anm. 28. Zur Diskussion s. H. BARDTKE, Literaturbericht über Qumrān, VI. Teil, in ThR NF 37, 1972 (97-120.193-219), 97ff.

33 Zu den Handschriften aus Höhle 4 und ihrer Datierung s. M. BAILLET, Les manuscrits de la Règie de la Guerre de la grotte 4 de Qumrân, in RB 79, 1972, 217–226.

land der starren, schwerfälligen makedonischen Phalanx überlegen. Es ist darum unwahrscheinlich, daß die Hasmonäer einfach die traditionell makedonische Kampfesweise der Seleukiden nachahmten. Der Speer *(romaḥ)* der „Lichtsöhne" entspricht mit seinen ca. 3 bzw. 3,6 m Länge weder dem wesentlich kürzeren römischen *pilum* noch der viel längeren makedonischen *sarisa*; er ist auch noch rund 90 cm länger als die römische *hasta*[34]. Liegt hier eine makkabäische Entwicklung vor, die auf eigener Kampferfahrung gründete? Mir scheint möglich zu sein, daß der Ausrüstung und Taktik in der Kriegsrolle letztlich eine makkabäische Militärinstruktion in hebräischer Sprache zugrundeliegt, die selbst wiederum hellenistische *und* römische Vorbilder verarbeitet hätte. Die aus der hasmonäischen Ära stammende Grundschrift der Kriegsrolle könnte in herodianischer Zeit überarbeitet worden sein[35]. Eigenartig ist | in diesem Werk auf jeden Fall, in welch bedenkenloser Weise die hellenistisch-römische Kriegstechnik übernommen und für die eigenen apokalyptischen Zwecke fruchtbar gemacht wird. Es verbindet sich dabei das mit rationaler Akribie geschilderte Detail mit einem utopischen Kolossalgemälde, das die Engel in den Lüften mitkämpfen läßt. Diese sonderbare Verschmelzung von Rationalität und Utopie begegnet uns auch in den ausgeklügelten Schilderungen des himmlischen Jerusalems und in der rätselhaften Kupferrolle mit ihren Schatzverzeichnissen. Übrigens war es nicht das erste Mal, daß hellenistische Kriegstechnik einen jüdischen Schriftsteller in Palästina faszinierte; die stolzen Hinweise auf den Festungsbau und die kunstvollen Kriegsmaschinen des Königs Usia *2 Chr* 26,9.15 dürften ebenso wie die auffallend häufige Erwähnung der mit Langschild und Stoßlanze ausgerüsteten Streitmacht Judäas in den Chronikbüchern an makedonischen Vorbildern orientiert sein[36].

Wenn wir uns dem *soziologischen und rechtlichen Status* der Sekte zuwenden, so stoßen wir auf drei weitere Phänomene, die wir im Israel der persischen Zeit so noch nicht finden und die man wohl auch als Zeichen eines neuen Geistes und einer neuen Zeit betrachten muß. Es handelt sich um die Gütergemeinschaft, um die Auffassung des Eintritts in die Sekte als individueller Umkehr des Eintretenden, die einen radikalen Bruch mit dem bisherigen Leben erforderte, und um den Charakter der Sekte als einer freien religiösen Gemeinschaft, die durch die Selbstbezeichnung *jaḥad* in die Nähe des hellenistischen Vereins rückt. Wir beschränken uns hier auf die vornehmlich in der Sektenregel angesprochene Kerngemeinde; die Damaskusschrift lassen wir beiseite, da sie offenbar einem weiteren Kreis galt, der weder Gütergemein-

---

[34] S. Y. Yadin, op. cit. (Anm. 28), 138f.

[35] P. von der Osten-Sacken, Gott und Belial, StUNT, 6, 1969, 72 vermutet einen Grundbestand aus der Zeit des makkabäischen Freiheitskampfes. Zum hellenistischen Kriegswesen und zum jüdischen Söldnertum: M. Hengel, Judentum und Hellenismus, 21ff. S. jetzt I. Shatzman, The armies of the Hasmoneans and Herod, TSAJ 25, 1991.

[36] Vgl. M. Hengel, Juden, Griechen und Barbaren, 34f.

schaft noch ehelose *vita communis* kannte, sondern in „Lagern" unter Beibehaltung der Familienstruktur und des Privatbesitzes lebte[37].

Die *Gütergemeinschaft* und die Ablehnung des individuellen Eigentums, des Handels und des Geldes beeindruckte die antiken Beobachter neben der Ehelosigkeit am meisten an den Essenern, wie Philo, Josephus und Plinius d. Ä. übereinstimmend zeigen[38]. Denn hier traf die essenische Lebensform mit einer verbreiteten popularphilosophischen Theorie | zusammen[39]. Im idealen Urstand, in der guten, alten Zeit, als die Menschen noch nicht durch Zivilisation und Habsucht, die Wurzel alles Übels, verdorben waren, lebten sie ohne privaten Besitz und anspruchsvolle Bedürfnisse in uneingeschränkter Gemeinschaft ihrer bescheidenen Habe und erfreuten sich eines naturgemäßen, einfachen Lebens. Einzelne Philosophen, aber auch der Gnostiker Epiphanes im 2. Jh. nChr, der Sohn des Karpokrates, suchten diesen vollkommenen Urstand wieder zu verwirklichen. Entsprechend ist der ideale Frauenstaat in den Ekklesiazusen des Aristophanes kommunistisch organisiert; die ganze Stadt bildet ein großes Hauswesen, die Mahlzeiten nimmt man gemeinsam ein, aus kommunalen Magazinen erhält man Kleider (590ff.670f.673ff). Auf der Wunderinsel Panchaia ist nach dem Roman des Euhemeros das ganze Land, außer „Haus und Garten", Gemeinbesitz, die Erträge des gemeinsam bebauten Bodens werden abgeliefert, und die weisen Priester teilen jedem das ihm Zukommende aus[40]. Ähnliche Zustände herrschen auch im Sonnenstaat des Syrers Iambulos[41]. Das Sprichwort „Gemeinsam ist der Besitz der Freunde" in Aristoteles' Nikomachischer Ethik (1159b; 1168b) entsprach einem gemeinantiken Ideal. Philo hebt darum die ideale κοινωνία der Essener hervor (bei Euseb., *Praep. ev.*, 8,11; *Quod omnis*, 84ff; 84: τὴν παντὸς λόγου κρείττονα κοινωνίαν)[42]. W. Bauer beurteilte wegen solcher Zusammenhänge in seinem

---

[37] Zur Damaskusschrift s. den Forschungsbericht von H. BARDTKE, Literaturbericht über Qumrān, VIII. Teil, in ThR NF 39, 1975, 189–221.

[38] Zur Gütergemeinschaft s. jetzt den mit einer ausführlichen Literaturübersicht versehenen Überblick von D. L. MEALAND, Community of Goods at Qumran, in ThZ 31, 1975, pp. 129–139, der trotz der Einwände von CH. RABIN, Qumran Studies, in ScJ 2, Oxford, 1957, 22ff betont: „... there is good reason for holding that some form of community of goods was practised at Qumran, at least in the early years of the life of the sect" (129).

[39] S. das reiche antike Material, das W. BAUER, Essener, in DERS., Aufsätze und kleine Schriften, 1967 (1–59), 33ff = PRE Suppl. IV, 1924 (386–430), 410ff zusammenstellt. Den kulturübergreifenden Charakter dieses Ideals zeigt B. GATZ, Weltalter, goldene Zeit und sinnverwandte Vorstellungen, in Spudasmata, 16, 1967, s. 229 Index s. v. absentia rerum privatarum. Das ganze Material ist gesammelt bei R. VON PÖHLMANN, Geschichte der sozialen Frage und des Sozialismus in der antiken Welt, I, II, 3. Aufl., durchges. u. um einen Anhang vermehrt v. F. OERTEL, 1925, s. II 592 Index s. v. Kollektivwirtschaft, Kommunismus. Zur Einwirkung auf das frühe Christentum s. M. HENGEL, Eigentum und Reichtum in der frühen Kirche, 1973.

[40] DIODOR, Bibl. 5,45,3-5.

[41] Ebd., 2,55-60. Zum Motiv der utopischen Insel s. B. GATZ, op. cit., 190ff.

[42] Der Begriff der κοινωνία kommt der Selbstbezeichnung *jaḥad* nahe, s. u. S. 271 f.

gelehrten Artikel über die Essener in der Realenzyklopädie von Pauly-Wissowa gerade diesen Zug als festen Topos relativ kritisch[43]. Wir haben heute aufgrund der | essenischen Originalquellen keinen Anlaß mehr für solche Skepsis. Doch worin lag die Ursache dafür, daß die Kerngemeinde von Qumrān bei ihren Mitgliedern privates Eigentum ablehnte, so daß nach zweijährigem Noviziat – wenn es erfolgreich war – der Neueintretende angewiesen wurde, seinen Privatbesitz ganz im Gemeinbesitz der Vielen aufgehen zu lassen (1QS 6,17ff; vgl. 1,11ff)? Dies wurde ja nicht als schwerer Verzicht interpretiert, sondern es handelte sich um eine Forderung, die als besonderer Vorzug anzusehen war. Mit dem Besitz der Draußenstehenden und Abtrünnigen wollte man nichts zu tun haben, denn der Besitz der „Männer der Heiligkeit" „soll nicht vereint werden mit dem Besitz der Männer des Trugs" (1QS 9,8)[44]. Man könnte als mögliche alttestamentliche Grundlage darauf verweisen, daß nach dem Verständnis der Tora der Boden des heiligen Landes das von Gott ans ganze Volk verliehene Erbe war und darum im Grunde Gemeinbesitz, der dann für die Stämme verlost wurde. Näher liegt der Gedanke daran, daß im Heiligtum beim Opferdienst und bei den priesterlichen Mahlzeiten das Privateigentum keine Rolle spielen sollte. Aber von diesen alttestamentlichen Ordnungen bis zu der schroffen Ablehnung von „Privateigentum und Profit" bei den Essenern ist es doch ein weiter Schritt[45]. Die Forderung ließ sich auch begründen als Ausdruck der ganzen Hingabe an Gottes wahren Willen: „Und alle, die willig sind gemäß seiner Wahrheit, sie sollen all ihre Erkenntnis und

---

[43] Op. cit. (Anm. 39), 40 = 416: „Natürlich ergeben die vorgeführten Parallelen, das Vorhandensein ‚typischer' Züge, die Verwendung auch sonst beobachteter Motive, nicht die Ungeschichtlichkeit dessen, was über die E. erzählt wird, oder gar dieser selbst... Etwas muß doch an dem Völkchen gewesen sein, um es zum geeigneten Gegenstand gerade solcher Berichterstattung zu machen. Aber Vorsicht in der Beurteilung und Zurückhaltung in der Annahme geschichtlicher Wirklichkeit sind für das einzelne durchaus am Platz." 50f = 423f: vielleicht keine wirkliche Gütergemeinschaft, sondern nur „Tischgenossenschaft". Bauer möchte für „die Betonung des *jüdischen* Charakters der E.... in hohem Maße Philon verantwortlich" machen (48 = 421). In Wirklichkeit ist es gerade umgekehrt. Philo und Josephus bringen eine *interpretatio graeca*.

[44] S. zu dem entscheidenden Begriff ʿrb D. L. Mealand, op. cit. (Anm. 38), 132ff, der gleichzeitig jedoch auf die sonderbare Bemerkung 1QS 5,16f verweist, die verbietet, von Nichtmitgliedern Gaben anzunehmen, den Kauf gegen Barzahlung aber gestattet. Dem würde entsprechen, daß in Ḫirbet Qumrān zahlreiche Münzen gefunden wurden. Es könnte sich um eine spätere Aufweichung handeln oder aber um eine Möglichkeit, die nur eine begrenzte, dazu – etwa aus beruflichen Gründen – legitimierte Gruppe betraf. Die Münzen könnten z. B. von Novizen oder von bestimmten wirtschaftlichen Beauftragten stammen. Die von H. Bardtke, Die Handschriften am Toten Meer. Die Sekte von Qumran, 1958, 72 gegebene Münzstatistik zeigt eigenartige Häufungen und Lücken. Einen generellen Gebrauch von Münzen bei allen Mitgliedern können die Funde nicht beweisen. Dagegen spricht auch das weitgehende Fehlen von Münzen in den Höhlen, die ja auch zum Wohnen benutzt wurden.

[45] Zur Formel *hôn wābāṣaʿ* vgl. 1QpHab 9,5; 1QH 10,29f; CD 8,7; 10,18; 11, 15; 12, 7; 19, 19.

ihre Kraft und ihren Besitz einbringen in die Gemeinschaft *(jaḥad)* Gottes..." (1QS 1,11f). So kann der Beter 1QH 10,22f.29f bezeugen, daß er sich nicht auf „Profit und Eigentum" gestützt, vielmehr beides verabscheut habe. Nach CD 4,15ff gehört der Privatbesitz neben der Unzucht und der Befleckung des Heiligtums zu den drei tödlichen „Netzen Belials". Weiter ist zu bedenken, daß sowohl im Blick auf das eschatologische Ideal der Wiederherstellung „aller Herrlichkeit Adams"[46] als auch im Blick auf die Gemeinschaft | mit dem himmlischen Gottesdienst der Engel[47] die Sorge um „Eigentum und Profit" alle Bedeutung verlieren mußte. Hier könnte man als Parallele – bei allen Unterschieden – auf die früheste christliche Gemeinde in Jerusalem hinweisen. Trotz dieser theologischen Deutungen der qumrānischen Gütergemeinschaft ist aber nicht zu übersehen, daß sie zugleich in den Zusammenhang der radikalen antihellenistischen Oppositionsbewegung hineingehört. Während der hundert Jahre ptolemäischer Herrschaft hatten sich große Teile der jüdischen Aristokratie in Palästina an die hellenistische Zivilisation assimiliert. Das beste Beispiel bietet die reiche Familie der Tobiaden, die zu Vorkämpfern der radikalen hellenistischen Reform in Jerusalem wurden[48]. Es gilt für diese Kreise das Wort Kohelets (10,19): „Zum Vergnügen veranstaltet man Mahlzeiten, und Wein erfreut das Leben, und das Geld gewährt alles"[49]. Der Makkabäeraufstand, der sich gegen die von Antiochos IV. Epiphanes unterstützten radikalen Reformer aus der Oberschicht richtete, hatte eine starke soziale Komponente, er war nicht zuletzt ein Aufstand der armen Landbevölkerung gegen die assimilationsbereite Aristokratie[50]. Als nun freilich die Makkabäer mit der Einsetzung Jonatans zum Hohepriester durch den Usurpator Alexander Balas 152 vChr selbst zu politischer Macht gelangt waren, als sie ihrerseits die „Expropriateure expropriierten" und sich an der wachsenden Kriegsbeute bereicherten, richtete sich die Kritik der radikalen Chasidim unter Führung des „Lehrers der Gerechtigkeit" auch gegen den neuen Hohepriester: „... er verließ Gott und handelte treulos gegen die Gebote um des Reichtums willen. Raubte und sammelte er doch Reichtum von den Männern der Gewalt, die sich gegen Gott empört hatten" (1QpHab 8,10f). Über die „letzten Priester von Jerusalem", dh die hasmonäischen Priesterfürsten und ihren Offiziersadel,

---

46 1QS, 4, 23; 1QH 17, 15; CD 3, 20.

47 Vgl. 1QS 11,7ff; 1QH 3,19ff; 6,12ff; 11,10ff; fr. 2,10; 1QSb 4,24ff u.ö. Vgl. H.-W. Kuhn, Enderwartung und gegenwärtiges Heil, StUNT, 4, 1966, 66ff.

48 Vgl. M. Hengel, Judentum und Hellenismus, 486ff.508ff; J. A. Goldstein, The Tales of the Tobiads, in Christianity, Judaism and Other Greco-Roman Cults. Studies for Morton Smith at Sixty, III: Studies in Judaism in Late Antiquity, 12/3, Leiden, 1975, 85–123.

49 Vgl. 5,9: „Wer Geld liebt, wird des Geldes nicht satt, und wer Reichtum liebt, nicht des Gewinns." Vgl. M. Hengel, op. cit., 98ff.

50 Vgl. die freilich in ihrer orthodox-marxistischen Geschichtsdeutung sehr einseitige Studie von H. Kreissig, Der Makkabäeraufstand. Zur Frage seiner sozialökonomischen Zusammenhänge und Wirkungen, in Studii clasice, 4, 1962, 143–175.

hören wir, daß sie „Reichtum und Profit aus der Beute der Völker sammeln" (9,4f). An der Geschichte der Hasmonäer von Jonatan bis zu seinem Großneffen Alexander Jannai kann man verfolgen, wie dieses Streben nach kriegerischem Erfolg, nach Beute und Reichtum sich schrittweise mit einer neuen Rezeption hellenistischer | Zivilisation verband[51]. Auf der anderen Seite fällt auf, daß die schroffe Reaktion der radikalen Chasidim ihrerseits einem philosophischen Ideal der hellenistischen Welt entsprach, so daß Josephus die Essener mit den Pythagoreern vergleichen konnte (*Ant* 15,371). Die ehelosen, schweigsamen Essener, die in Gütergemeinschaft ein der göttlichen Weisheit hingegebenes Leben führten, *sine ulla femina, omni venere abdicata, sine pecunia, socia palmarum*, konnten zum idealen Schaufenster des palästinischen Judentums, zu jüdischen Philosophen und ϑεῖοι ἄνδρες werden: *ita per saeculorum milia – incredibile dictu – gens aeterna est, in qua nemo nascitur. tam fecunda illis aliorum vitae paenitentia est* (Plinius d. Ä., *Nat. hist.* 5,15,73).

Diese Aussage des Plinius von der *vitae paenitentia*, die den Essenern immer neue Anhänger zuführte, weist auf ein weiteres Phänomen hin, das erst in hellenistischer Zeit als verbreitetes Phänomen klar zutage tritt: die *Umkehr* als ganz individuelle Entscheidung und Lebenswende, die zugleich einen radikalen Bruch mit allen bisherigen sozialen Bindungen bedeutet. Der Gedanke, daß die Umkehr, die *t^e^šûbāh*, nicht in erster Linie eine Sache des Kollektivs bzw. des ganzen Volkes sei, sondern mindestens ebensosehr jeden einzelnen betreffe, wird bei den großen Propheten bereits im Restgedanken angedeutet und dann bei Jeremia – etwa in der Formel „jeder kehre um von seinem bösen Wege" (18,11; 25,5; vgl. 26,3 u. ö.) – und noch mehr bei Hesekiel entfaltet[52]. Diese Entwicklung hängt mit der Individualisierung der israelitischen Religion zusammen, der in der griechischen Geistesgeschichte etwa gleichzeitig eine fortschreitende Individualisierung des Denkens bis hin zu den Sophisten und Sokrates entsprach. In Griechenland finden wir darum seit Sokrates und seinen Schülern den Gedanken der Bekehrung zur Philosophie im Sinne einer radikalen persönlichen Lebenswende[53]. Der korinthische Bauer Nerinthos las Platos

---

[51] Vgl. E. Schürer, The History of the Jewish People in the Age of Jesus Christ. A New English Version, Revised and Edited by G. Vermes-F. Millar, I, Edinburgh, 1973, 174ff. Aristobul I. (104/103 v. Chr.) gab sich nach Josephus, Ant. 13,318 den Beinamen φιλέλλην.

[52] Vgl. E. Würthwein, in ThWNT IV, 982.984.

[53] Vgl. W. Kranz, Die griechische Philosophie, dtv Wissenschaftliche Reihe 4098, 1971, 126 zu Platos Höhlengleichnis: „Daß wir, in den Banden der Sinnenwelt gefesselt, nur durch eine völlige, geradezu schmerzhafte ‚Umdrehung' das richtige Urteil über deren Wert und die Schau in die wahre Welt erhalten können; daß der also Befreite in gefährlicher Einsamkeit dasteht unter seinen Mitmenschen . . . ; daß aber dennoch ‚der Weg nach oben' der einzige des Menschen würdige ist." Dazu Plato, Polit. 7,518c/d: So wie sich das Auge nur mit dem ganzen Leib von der Finsternis der Helligkeit zuwenden kann, so kann auch das geistige Erkenntnisvermögen nur mit der ganzen Seele sich von der Welt des Werdens abkehren und der Anschauung des Seienden und hier vor allem des am hellsten Leuchtenden zuwenden, dh der Erkenntnis des Guten. Vgl. auch M. P. Nilsson, Geschichte der griechischen Religion, II,

Gorgias und „verließ sofort den | Acker und die Weinberge, vertraute seine Seele Plato an und säte dessen Lehren aus und pflanzte sie ein“[54]. Es ließen sich für diese lebenserneuernde Hinwendung zur Erkenntnis der Wahrheit zahlreiche Beispiele aus der griechischen Geistesgeschichte beibringen bis hin zu der Gestalt des Nigrinus bei Lukian. Bei einzelnen philosophischen Schulen, etwa dem „Garten“ Epikurs, verband sich eine solche Lebenswende mit dem Anschluß an eine feste Gemeinschaft, in der die Lehren des Gründers streng weiterüberliefert wurden. Von diesen griechischen Vorstellungen unterscheidet sich die essenische „Umkehr zur Wahrheit“ (vgl. 1QS 6,15) grundlegend dadurch, daß sie zugleich als „Umkehr zur Tora Moses“ verstanden wurde, dh nicht als eine Einkehr, die der Stimme der eigenen Vernunft folgte, sondern als Gehorsam gegenüber dem göttlichen *verbum externum*, gegenüber Gottes geschichtlicher Offenbarung; sie ist es, die das bisher verfinsterte Erkenntnisvermögen erleuchtet und auf den „Weg nach oben“, zur Gemeinschaft mit Gottes himmlischer Welt führt[55]. Die irdischen Konsequenzen waren die Aufgabe des bisherigen Lebens und seiner Verpflichtungen und das Eintreten in eine festgefügte Gemeinschaft, den *jaḥad*, der nicht auf gewachsenen, blutsmäßigen Bindungen oder auf einer traditionellen sozialen und standesmäßigen Ordnung beruhte, sondern allein auf der freien Entscheidung seiner Mitglieder. Die essenische „Umkehr zur Wahrheit“ erforderte dabei einen sehr viel schärferen Bruch mit Vergangenheit und Umwelt als etwa die hellenistische Bekehrung zur Philosophie. Andererseits ist sie aus der | alttestamentlichen Überlieferung allein nicht zureichend zu erklären, vor allem, was ihre soziologische Seite anbetrifft.

Die Form der streng organisierten, hierarchisch gegliederten, freien Gemeinschaft des *jaḥad* ist ohne echte Analogie im Israel der klassischen Zeit. Die

---

HAW, V. 2.2, 3. Aufl. 1974, 303: „Die Philosphie wußte aber auch Trost zu geben; sie wurde zu einer Heilstätte für kranke Seelen, sie forderte sie auf zu bereuen und sich zu bekehren, sie hatte ihre Heiligen und Märtyrer, die mit gutem Beispiel vorangingen. Reue kannte die altgriechische Religion nicht, und Bekehrung war den heidnischen Religionen, in welchen die Götter, woher immer sie kamen, sich miteinander vertrugen, überhaupt fremd“. Umkehr setzt immer ein Wissen um den bisherigen Irrtum und die Erkenntnis einer fordernden Wahrheit voraus.

[54] Aristoteles, fr. 64, ed. Rose; vgl. Apollodoros bei Plato, Symp. 172c/173a: bevor ich Sokrates kennenlernte, „trieb ich mich umher... und glaubte etwas zu schaffen, war aber schlechter dran als irgend jemand...“. Zur Sache vgl. A. D. Nock, Conversion, Oxford 1933; zur Umkehr zur Philosophie im Vergleich mit der Bekehrung zur Tora im Rabbinat s. M. Hengel, Nachfolge und Charisma, BZNW, 34, 1968, 31ff.

[55] Auffallend häufig sind die Offenbarungsbegriffe in Qumrān, die ein Erleuchten zum Ausdruck bringen: *he'îr* 1QS 2, 3; 4, 2; 1QM 17, 7; 1QM 3, 3; 4, 5.27; 9, 27; 1QSb 4, 27; 4Q164 1, 5; *hôphîᵃᶜ* 1QH 4,6.23 u.ö. Zur Offenbarungsterminologie überhaupt s. M. Hengel, Judentum und Hellenismus, 403, Anm. 660. A. Wlosok, Laktanz und die philosophische Gnosis, AHAW.PH, 1960, 2, 1960, 100 Anm. 113 weist auf die Verwandtschaft der philonischen Erleuchtungsterminologie mit der von Qumrān hin. Vgl. auch H.-F. Fabry, Die Wurzel *šûb* in der Qumran-Literatur, BBB 46, 1975, 28ff.36ff.

Rechabiten, die man zum Vergleich herangezogen hat, waren eine blutsmäßig verbundene Sippe, die alte beduinische Lebensformen auch noch im Kulturland zu bewahren suchten, und die Prophetenschulen, wie sie uns etwa in den Elia- und Elisageschichten entgegentreten, besaßen keine greifbare feste Organisation, die der des essenischen *jaḥad* vergleichbar wäre. Das Wort *jaḥad* in der Bedeutung der in sich geschlossenen freien Vereinigung, das in der Sektenregel eine so große Rolle spielt, findet sich in den alttestamentlichen Texten so noch nicht[56]. Zum ersten Mal begegnen wir der Aufforderung zum Zusammenschluß zu einem *jaḥad* in dem apokryphen *Ps* 154 aus Höhle 11 von Qumrān, der m. E. aus voressenischem, chasidischem Milieu stammt:

„Verbindet euch mit den Guten,
und mit den Vollkommenen, den Höchsten zu preisen,
bildet eine Gemeinschaft *(häḥ$^{\bar{a}}$bîrû jaḥad)*, sein Heil zu verkünden,
und werdet nicht müde, seine Macht zu verkünden..." (11 QPs^a 154,3f)[57].

Der nächste Parallelbegriff zu *jaḥad* ist *ḥ^{a}bûrāh*, das im Alten Testament noch ganz fehlt und später auf die pharisäischen Gemeinschaften und auf die Mahlgemeinden beim Sabbatmahl oder bei der Passafeier bezogen wurde[58]. Mit Recht haben H. Bardtke und andere auf Parallelen zwischen dem essenischen *jaḥad* und dem privatrechtlichen Verein der hellenistischen Zeit hingewiesen[59]. Das hebräische *hajjaḥad* entspricht, wie B. W. Dombrowski gezeigt hat, sprachlich dem griechischen τὸ κοινόν, das für ethnische und religiöse Vereine in hellenistischer Zeit verwendet wurde[60]. Wie leicht die essenische

---

56 In Dtn. 33,5 bedeutet der Begriff „Gesamtheit" (der Stämme Israels), in 1 Chr. 12,18 hat das *l^{e}jaḥad* finalen Sinn: „... dann bin ich von Herzen bereit, mich mit euch zusammenzuschließen..."

57 Vgl. M. Hengel, op. cit., 323, dazu H. Bardtke, Literaturbericht über Qumrān, V. Teil, ThR NF, 35, 1970 (196–230), 224f.

58 Vgl. M. Delcor, Repas cultuels esséniens et thérapeutes, thiases et ḥaburoth, in RdQ, 6, 1967–69 (401–425), 422ff; E. E. Urbach, The Sages. Their Concepts and Beliefs, Jerusalem, 1975, I, 583ff.

59 Die Rechtsstellung der Qumrān-Gemeinde, in ThLZ 86, 1961, 93–104; ThR NF, 33, 1968, 217ff; vgl. C. Schneider, Zur Problematik des Hellenistischen in den Qumrāntexten, in Qumran-Probleme (s. Anm. 14), 299–314; M. Hengel, op. cit., 445ff; W. Tyloch, Les Thiases et la Communauté de Qomran, in Fourth World Congress of Jewish Studies, Papers I, Jerusalem, 1967, 225–288.

60 היחד in 1 QS and τὸ κοινόν, in HThR, 59, 1966, 293–307; vgl. M. Hengel, op. cit., 446; für jüdische πολιτεύματα in Ägypten s. Beispiele bei V. Tcherikover/A. Fuks, Corpus Papyrorum Judaicarum, I, Cambridge, Mass. 1957, 6ff. Der Vereinscharakter des Begriffs jaḥad wird bestritten von E. Koffmahn, Rechtsstellung und hierarchische Struktur des יחד von Qumran, in Bib 42, 1961, 433–442; Die staatsrechtliche Stellung der essenischen Vereinigungen in der griechisch-römischen Periode, in Bib 44, 1963, 46–61. Es handle sich nicht um eine *societas*, sondern um eine *universitas* (437), der Begriff drücke dabei die Einigkeit der Kommunität aus (440f). Die Verfasserin hat recht, wenn sie den theologischen Charakter des Begriffs betont; dies hebt jedoch die Frage nach dem soziologischen und rechtlichen Hintergrund nicht auf. Es geht gewiß nicht um eine bewußte, „unbedingte Rezeption des griechischen Rechtes" (60), zumal auch für den ägyptischen und semitischen Bereich der hellenisti-

Gemeinschaft als religiöser | Verein interpretiert werden konnte, zeigt die Tatsache, daß Philo zweimal davon spricht, daß die Essener κατὰ θιάσους zusammenwohnen und gemeinsame Mahlzeiten abhalten (*Quod omnis*, 85f und bei Euseb, *Praep. ev.*, 8,11,5), während er am Anfang seiner Schrift, in der er die Essener behandelt, von einer Lehre des τῶν Πυθαγορείων ἱερώτατος θίασος ausgeht (*Quod omnis*, 2). Schon E. Ziebarth hat in seinem grundlegenden Werk über das griechische Vereinswesen gesehen, daß die Organisation der Essener griechischen Betrachtern durchaus wie die eines Kultvereins erscheinen mußte[61].

Man darf allerdings nicht übersehen, daß das Selbstverständnis der essenischen Gemeinde keineswegs dem eines freien griechischen Kultvereins entsprach, dafür waren ihr exklusiver Wahrheitsanspruch und die innere Ordnung ihres Gemeinschaftslebens viel zu streng. Bestenfalls können hier die sagenhaften pythagoreischen Gemeinschaften in Süditalien mit ihr verglichen werden. Die Essener selbst verstanden sich als den von Gott erwählten heiligen Rest, als das wahre Israel, als das „Königreich von Priestern", und das „heilige Volk" von *Ex* 19,6. Dies, zusammen mit ihrem eschatologischen Selbstbewußtsein und ihrem exklusiven Wahrheits- und Heilsanspruch, ist ohne Analogie bei den philosophischen und religiösen Vereinen der hellenistisch-römischen Zeit, es hat seine nächste Parallele in dem ebenfalls im Judentum entstandenen Urchristentum. Die Vereinstruktur betrifft so nur die äußere Rechtsform und gewisse Züge der inneren Organisation. Der hellenstische Verein erscheint etwa als Träger des gemeinsamen Besitzes, er hat feste Statuten mit Aufnahme-, Gerichtsbarkeits-, Straf- und Ausschlußbestimmungen sowie mit Angaben über den Vereinszweck, Punkte, die wir alle in der Sektenregel wiederfinden. Eine wichtige Rolle spielt die Person des Stifters; hier kann man auf den „Lehrer der Gerechtigkeit" verweisen, dessen Bedeutung für die Sekte in der neueren Forschung freilich unterschiedlich beurteilt wird. Auch die Rechte und Funktionen der verschiedenen Vereinsorgane, der Vollversammlung und der leitenden Beamten, waren durch die Vereinsstatuten genau geregelt. Es fällt zB auf, daß in |der Sektenregel der Vollversammlung, den *rabbîm*, eine entscheidende Rolle zukommt, während in der Damaskusschrift der *m^{e}baqqer* in den Vordergrund tritt. Die Sektenregel nennt nur einmal den *pāqîd* als Haupt der Vollversammlung (1QS 6,14); der *m^{e}baqqer* scheint ihm gegenüber an zweiter Stelle zu stehen (6,12.20), während seine Autorität in der Damaskusschrift viel stärker hervorgehoben ist. Diesem Unterschied in der Bedeutung von Vollversammlung und leitenden Beamten bei den Essenern entspricht, daß in den Vereinen der hellenistischen Zeit in der Regel die Vollversammlung die oberste Instanz war, wogegen in den *collegia* des Kaiserreichs die Beamten die eigentliche

schen Zeit religiöse Vereine nachweisbar sind, wohl aber um eine naheliegende Analogie, wie sie sich in der altisraelitischen Zeit so noch nicht findet.

61 Das griechische Vereinswesen, 1896, 130.

Verantwortung innehatten. Das römische Prinzipat stand allen demokratischen Bestrebungen mißtrauisch gegenüber[62]. Die Aufnahme in die Sekte war rechtlich gesehen ein privater Vertrag zwischen dem Novizen und dem *jaḥad*, und auch die Disziplinargerichtsbarkeit hatte nur privatrechtliche Verbindlichkeit für die Mitglieder; daß sie dennoch wirksam war, zeigt die Bemerkung des Josephus, daß die von der schärfsten Strafe, der lebenslänglichen Ausstoßung, Betroffenen häufig verhungerten, da sie auch weiterhin an der Verpflichtung festhielten, alle von Nichtmitgliedern stammende Speise zu verweigern – offenbar aus rituellen Gründen (*Bell. jud.* 2,143). Daß im vormakkabäischen Jerusalem die Institution des hellenistischen Vereins bekannt war, läßt die Gründung des Gymnasiums durch den Hohepriester Jason 175 vChr vermuten, denn die antiken Gymnasien wurden in den hellenistischen Städten der Diadochenmonarchien in der Regel von freien Vereinen getragen. Auch die Synagogengemeinden der Diaspora, die sich erstmals für das ptolemäische Ägypten von der 2. Hälfte des 3. Jh. vChr an nachweisen lassen[63], waren meist als landsmannschaftliche Vereine organisiert. Diese rechtlichen Grundlagen waren in der hellenistischen Zeit zum selbstverständlichen Allgemeingut geworden.

Beziehungen zwischen den seit der Perserzeit in Ägypten nachweisbaren religiösen Zusammenschlüssen und der Sektenregel vermutete der Rechtshistoriker E. Seidl[64]. Solche Zusammenschlüsse durften auf | Anweisung der Herrscher nur die Dauer eines Jahres haben und mußten, um fortdauern zu können, jedes Jahr neu gegründet werden. Dieses Annuitätsprinzip möchte Seidl im „Bundeserneuerungsfest" 1QS 1,18ff und in der jährlichen Prüfung der Mitglieder 5,20ff wiederentdecken. Freilich hatten diese ägyptischen Vereine, wie die ständig wechselnden Namen in jährlichen Mitgliederlisten zeigen, keineswegs die innere Konsistenz der Qumrāngemeinde.

H. Bardtke verglich die Prüfung der eintretenden Mitglieder auf ihren Toragehorsam und ihre geistigen Qualitäten, die sich in einer strengen Einstufung

---

[62] Vgl. H. BARDTKE, in ThLZ 86, 1961, 100 unter Verweis auf M. SAN NICOLÒ, Ägyptisches Vereinswesen zur Zeit der Ptolemäer und Römer, II, in MBPF, 2, 1915 (2., durchges. Aufl. mit Nachträgen v. J. HERRMANN, MBPF, 2/II, 1972), 44f.106. In Ägypten wird dies freilich erst seit dem 2. Jh. nChr deutlich sichtbar. Vielleicht entstand die Ordnung der Gemeinde der Damaskusschrift erst in herodianisch-römischer Zeit, vgl. zB CD 9,1.

[63] S. M. HENGEL, Proseuche und Synagoge, in Tradition und Glaube. Festgabe für Karl Georg Kuhn zum 65. Geburtstag, 1971, 157–184. Der früheste Beleg für συναγωγή im Sinne eines jüdischen Gottesdienstgebäudes findet sich m. E. bei Philo in Bezug auf die Essener: εἰς ἱεροὺς ἀφικνούμενοι τόπους, οἳ καλοῦνται συναγωγαί, Quod omnis, 81. Dem entspricht wohl das *bêt hištaḥ^a wôt* CD 11,22. S. dazu oben S. 171–195 (181).

[64] Ptolemäische Rechtsgeschichte, ÄF, 22, 2. Aufl. 1962, 152ff. Auch E. E. URBACH, op. cit. (Anm. 58), II, 953 Anm. 69 sieht die Verwandtschaft der Strafbestimmungen der Sektenregel mit denen der demotischen Vereinssatzungen des ptolemäischen Ägyptens; er verweist auf W. ERICHSEN, Die Satzungen einer ägyptischen Kultgenossenschaft aus der Ptolemäerzeit, Hist. filos. Skr. Dan. Vid. Selsk., 4,1, Kopenhagen 1959. Semitische Kult- und Mahlgenossenschaften beschreibt J. T. MILIK, Recherches d'épigraphic proche-orientale, I: Dédicaces faites par des dieux (Palmyre, Hatra, Tyr) et des thiases sémitiques à l'époque romaine, Paris, 1972.

niederschlug, mit der Dokimasie bei der Aufnahme in den hellenistischen Verein[65]. Nur erfolgte die „Dokimasie“ in Qumrān nicht nur bei der Neuaufnahme, sondern sie wurde auch Jahr für Jahr wiederholt, „um einen jeden aufrücken zu lassen gemäß seinem Verständnis und der Vollkommenheit seines Wandels oder ihn entsprechend seiner Verkehrtheit zurückzustufen“ (1QS 5,23f)[66]. Man kann dabei an das hellenistische agonistische Erziehungsideal erinnern, das durch ständige Wettkämpfe und Prüfungen zu Höchstleistungen anspornte[67]. In diesem Zusammenhang dürfen die Hochschätzung des praktisch zu bewährenden Intellekts und das Bemühen um fortschreitende geistig-ethische *Erziehung und Vervollkommnung* innerhalb der Sekte nicht übersehen werden, die dem zeitgenössischen philosophischen Ideal des vollkommenen Weisen, wie es etwa die Stoa vertrat, entsprachen[68]. Auch in Qumrān erscheint die Forderung des προκόπτειν und der τελειότης in der Form des vollkommenen Toragehorsams und vollkommener Erkenntnis. Dazu gehörte u.a. die absolute Selbstbeherrschung, die Schweigsamkeit und Freiheit von Affekten miteinschloß, eine Forderung, die uns sowohl in der Darstellung des Josephus wie – verbunden mit strengen Strafbestimmungen – in der Sektenregel begegnet (*Bell. jud.* 2,120.130.|132f.135: ὀργῆς ταμίαι δίκαιοι, θυμοῦ καθεκτικοί, πίστεως προστάται, εἰρήνης ὑπουργοί; 1QS 5,25f; 6,10ff.25ff; 7,1ff.8ff u.ö.)[69]. Sie hat eine Fülle von Parallelen in der philosophischen Ethik der hellenistischen Zeit. Auch hier konnten – ähnlich wie bei der Gütergemeinschaft – die Essener der hellenistischen Welt als philosophische Idealtypen des palästinischen Judentums vorgestellt werden.

Damit stehen wir beim eigentlichen Kernpunkt unserer Fragestellung, nämlich beim Verhältnis der *religiös-theologischen Anschauungen* der Essener von Qumrān zur hellenistischen Geisteswelt. Es ist dies freilich das schwierigste Problem, denn unmittelbare Einflüsse hellenistischer Literatur, Philosophie und Religion auf das Denken der Männer vom Toten Meer lassen sich – wenn wir von der Zwei-Geister-Lehre und den rätselhaften Horoskopen absehen – kaum nachweisen. Die geistigen Quellen der Essener waren nach deren eigenem Bekenntnis ausschließlich die Mose anvertraute Tora – inklusive der Tempelrolle – und die Vielfalt der prophetischen Schriften. Ihnen wollte man

---

65 ThLZ 86, 1961, 102; vgl. 97f.

66 Vgl. auch Philo, Quod omnis, 81: Ordnung nach dem Alter; dies war offenkundig nicht der alleinige Maßstab.

67 Zum agonistischen Ideal in der griechischen Erziehung: H.-I. Marrou, Geschichte der Erziehung im klassischen Altertum, 1957, s. 647 Index s.v. Wettkampf. Es betraf vor allem die sportlichen und „musikalischen“ Disziplinen, aber etwa auch Ärzte (285). Vgl. auch M. Hengel, Judentum und Hellenismus, 124.402.

68 Man prüfe einmal in der Konkordanz die Begriffe *tôm, tāmîm*, meist in Verbindung mit *däräkh* bzw. *hālakh*, weiter die Begriffsgruppe *bîn, bînāh, da'at, de'ah, jada'*, *'ŏrmāh, śekhäl* und *haśkîl*. Zum stoischen Ideal des Weisen s. M. Pohlenz, Die Stoa, (I), 4. Aufl. 1970, 153ff.

69 Vgl. Philo, Quod omnis, 84.88.

in vollkommener Weise gehorchen; ihre göttlichen Geheimnisse für die endzeitliche Gegenwart auslegen.

Dennoch gibt es auch hier unübersehbare Beziehungen, sowohl formaler wie inhaltlicher Art. Beginnen wir mit einem zentralen Problem. Bei den Essenern wird – m. E. zum ersten Mal in der jüdischen Geistesgeschichte – ansatzweise ein *„System" universaler Weisheit* vorgelegt, das Gott, Himmel und Erde, Menschheit und Geschichte umfaßt und in dem alle Phänomene von Natur – oder besser Schöpfung – und Geschichte ihren bestimmten Ort zugewiesen erhalten. Vorstufen finden wir in der priesterlichen Weisheit, wie sie sich etwa im Schöpfungsbericht der Priesterschaft niedergeschlagen hat, oder auch im Hiobbuch. Jetzt begegnet uns darüber hinaus ein umfassendes, relativ einheitliches Geschichtsbild. Es sind hier allerdings einige Einschränkungen zu machen. Einmal durchschauen wir – zumal ein beträchtlicher Teil der Qumrāntexte noch nicht veröffentlicht ist – den inneren Zusammenhang und die literarische Entwicklung der essenischen Quellenschriften nur zum Teil. Dasselbe gilt von der geistigen und organisatorischen Geschichte der Sekte; die Abgrenzung gegenüber anderen chasidisch-apokalyptischen Gruppen, etwa im Zusammenhang mit der Daniel- und Henochliteratur, dem Jubiläenbuch oder dem Genesisapokryphon, ist schwierig. Aus diesen Gründen muß bei der Rekonstruktion des essenischen „Systems" manches hypothetisch bleiben. Zum andern: Wenn ich von einem „System" spreche, so geht es mir ganz gewiß nicht um einen geistigen Kosmos, der mit einiger Sicherheit auf *einen* Denker, etwa den dunklen „Lehrer der Gerechtigkeit", zurückgeführt werden könnte und der deshalb von widerspruchsloser Geschlossenheit wäre. An diesem „System" | haben vermutlich mehrere Generationen gebaut, und es enthält innere Spannungen und Widersprüche. Solche begegnen uns ja auch in den wichtigsten antiken philosophischen Schulen und ihren „Systemen", in der platonischen Akademie und der Stoa; die Geschlossenheit der Schule Epikurs wurde demgegenüber mit einer inneren Erstarrung erkauft. Schließlich und endlich handelt es sich nicht um ein durchgehend rationales Denksystem, das von Axiomen aus stets logisch stringent deduziert werden könnte. Es bliebt vielmehr – bei aller Rationalität – ein mythisches „System", dessen Quellen in erster Linie in der alttestamentlichen Tradition und der altorientalischen Weisheit zu suchen sind. Es wird auch nicht in der Form des systematisch-theologischen Traktats vorgetragen, vielmehr stehen ihm zahlreiche Gattungen zur Verfügung, nicht zuletzt der Pescher, d. h. die deutende Auslegung, die Liturgie und der Hymnus sowie die utopische Apokalypse. Auf der anderen Seite kann nicht übersehen werden, daß gerade die auffälligste und umfangreichste erhaltene essenische Schrift, die Tempelrolle, im Vergleich mit den gesetzlichen Partien des Pentateuch wie auch mit der pharisäischen Halacha der Mischna eine ausgesprochen systematisierende, formende Kraft enthält, die verstreute Einzelgebote verbindet und ordnet, Widersprüche ausgleicht und Fehlendes ergänzt. Sie ist damit ein Ausdruck jener strengen essenischen Rationalität, die im Alten Testament und in der älteren jüdischen Tradition ihresgleichen sucht.

Seine Einheit erhält der systematische Entwurf der Essener nicht dadurch, daß er von einem unveränderlichen Sein ausging, sondern dadurch, daß er an dem einen Gott Israels, dem Schöpfer Himmels und der Erde, dem Herrn der Geschichte, orientiert war. M. a. W.: er ist ganz und gar theozentrisch. Sein Ausgangspunkt sind *Gottes freier Ratschluß und Offenbarung*[70]. Er beruht im vollen Sinne des Wortes auf „apokalyptischer Weisheit", die dem Nicht-Erwählten verborgen bleibt. Als Beispiel braucht man nur auf die Einleitung des vielleicht bekanntesten essenischen Textes zu verweisen, der Belehrung über die beiden Geister[71]: „Vom Gott der Erkenntnisse stammt alles Seiende und Geschehende" (1 QS 3,15). Wir stoßen hier – noch stärker als bei Kohelet und Ben-Sira | – auf eine systematisierende, abstrakte, fast philosophisch klingende Begrifflichkeit. E. Kamlah möchte dieses *kôl hôwäh w^enihjāh* geradezu mit πάντα τὰ ὄντα καὶ τὰ γινόμενα wiedergeben und bemerkt dazu: „Es ist nicht allein der iranische Dualismus, mit dem sich der israelitische Schöpfungsglaube hier auseinandersetzt, sondern auch ein Weltverständnis, das sich zu Sein und Werden abstrahiert hatte: Das griechische also"[72]. Im Schlußhymnus der Sektenregel spricht der Beter davon, daß ihm Gottes Erleuchtung das „Geheimnis des Gewordenen und des ewigen Seins" *(rā[z] nihjāh w^ehôwe' 'ôlām)* enthüllt habe (11,3f; vgl. 11,5f)[73]. Ewiges Sein und die Ereignisse der Geschichte in Vergangenheit und Zukunft sind für essenisches Denken in keiner Weise Gegensätze, beide entspringen dem einen göttlichen Ratschluß und sind Teil der von Gott ausgehenden und von ihm determinierten Heilsgeschichte, in die auch die ganze Schöpfung, die Engel, die Gestirne und alle Naturphänomene, eingeordnet sind: „... und durch sein Wissen ist alles entstanden, und alles, was ist, ordnet er nach seinem Plan *(ûb^eda'tô nihjāh kôl w^ekôl hôwäh b^emaḥ-*

---

70 Zum Offenbarungsbegriff s. O. BETZ, Offenbarung und Schriftforschung in der Qumransekte, WUNT, 6, 1960, 6ff. u. ö.

71 Dazu J. LICHT, An Analysis of the Treatise of the Two Spirits in DSD, in: Aspects of the Dead Sea Scrolls, ScrHie 4, Jerusalem, 2. Aufl., 1965, 88–100; P. WERNBERG-MØLLER, A Reconsideration of the Two Spirits in the Rule of the Community (1 Q Serek III, 13-IV, 26), in RdQ, 3, 1961/62, 413–441; J. MURPHY-O'CONNOR, La genèse littéraire de la Règle de la Communauté, in RB, 76, 1969, (528–549) 541ff.; P. VON DER OSTEN-SACKEN, op. cit. (Anm. 35), 17ff; 26: „Die lehrhaften Darlegungen in S III,13-IV,14; IV,15-23a.23b-26 müssen Gegenstand lebhaften Interesses in der Gemeinde von Qumran gewesen sein, wie die immer neue, aus den Ergänzungen ersichtliche Arbeit an dem Lehrstück verdeutlicht."

72 Die Form der katalogischen Paränese im Neuen Testament, WUNT, 7, 1964, 44 Anm. 1; vgl. zur Zwei-Geister-Lehre 39ff.

73 Die Übersetzung des *nihjāh* ist umstritten, es kann sowohl futurisch wie im Präteritum wiedergegeben werden, s. P. WERNBERG-MØLLER, The Manual of Discipline, STDJ, 1, Leiden, 1957, 68 Anm. 48 zu 1 QS 3,15: die Übersetzung von H. Bardtke (und E. Lohse) „alles Sein und Geschehen" sei vielleicht vorzuziehen, „because it avoids any specific time-aspect read into the text." Vgl. auch M. HENGEL, Judentum und Hellenismus, 396f.

ᵃšabtô jᵉkînô)), und ohne ihn geschieht nichts" (11,11; vgl. 11,18; 1QH 1,7f)[74]. Die strenge Prädestination alles Geschehens bis hin zum Handeln des einzelnen Menschen liegt in der inneren Konsequenz dieses allein am göttlichen Ratschluß orientierten, theozentrisch-heilsgeschichtlichen „Systems". Sie hat ihre nächste hellenistische Parallele im Determinismus der Stoa, wo die göttliche Weltvernunft das ganze All durchwaltet und alles Geschehen im voraus bestimmt[75].|

Die dualistische *Lehre von den beiden Geistern* der Wahrheit und des Frevels, den Fürsten des Lichts und der Finsternis, Michael und Beliar, *Malkîṣädäq* und *Malkîrä̆šaʿ*[76], die die Existenz und das Verhalten des Menschen beherrschen, ist ein weiterer wesentlicher Baustein im essenischen „System". Sie ermöglicht es, an Gottes Allwirksamkeit festzuhalten und ihn doch von der unmittelbaren Verursachung des Bösen zu entlasten; weiter kann auf diese Weise die transsubjektive Macht des Bösen in der Menschheitsgeschichte wie auch der Kampf zwischen Gut und Böse im Individuum selbst erklärt werden, ohne daß – wie in der Gnosis – die Welt in einen leibfeindlichen Dualismus auseinanderbrechen und die Schöpfung antigöttlichen Mächten überantwortet werden mußte. Steht am Anfang der Geschichte der herrliche Plan Gottes, die *maḥᵃšäbät kᵉbôdô* (1QS 3,16), so ist der Verlauf der Geschichte bestimmt durch den dauernden Kampf der beiden Mächte „zu gleichen Teilen bis zur letzten Zeit" (1QS 4,16f.25). Am Ende jedoch „wird der Frevel vor der Gerechtigkeit verschwinden, wie die Finsternis vor dem Licht verschwindet, und wie der Rauch vergeht und nicht mehr ist, so wird der Frevel für immer vergehen, aber die Gerechtigkeit wird offenbar werden wie die Sonne, die Grundordnung der Welt..." (1Q27 1,5-7). Der Blick richtet sich daher nicht

---

[74] Vgl. M. HENGEL, op. cit., 397.

[75] Vgl. M. HENGEL, op. cit., 397ff.420ff; G. MAIER, Mensch und freier Wille, WUNT, 12, 1971, 165ff; E.H. MERRILL, Qumran and Predestination, STDJ, 8, Leiden, 1975. Zum stoischen Determinismus s. M. POHLENZ, op. cit. (Anm. 68) 101ff und die schönen Verse des KLEANTHES SVF 1, fr. 527 (p. 118) (Übers. nach POHLENZ 106):

„Führ du mich, Zeus, und du, Pepromene,
wohin der Weg von euch mir ist bestimmt!
Ich folg' euch ohne Zaudern. Sträub' ich mich,
so handl' ich schlecht, – und folgen muß ich doch."

Man könnte damit 1QS 9,24 vergleichen: „In allem, was durch ihn (Gott) getan wird, finde er willig Gefallen, aber außer Gottes Willen soll ihm nichts gefallen." Vgl. auch das astrologische Bekenntnis des VETTIUS VALENS, Anth. 5,9:... ἐγκρατῶς φέρουσι τὰ νενομοθετημένα καὶ πάσης ἡδονῆς ἢ κολακείας ἀλλοτριωθέντες στρατιῶται τῆς εἱμαρμένης καθίστανται (p 220, 26ff Kroll).

[76] Dazu J.T. MILIK, Milkî-ṣedeq et Milkî-rešaʿ dans les anciens écrits juifs et chrétiens (I), in JJS, 23, 1972, 95–144; DERS., 4Q Visions de ʿAmram et une citation d'Origène, in RB, 79, 1972, 77–97. Vgl. besonders 4QʿAmram[b] 1,10-12: „(Ich sah Wächterengel) in meiner Vision, der Traumvision, und siehe, zwei (von ihnen) disputierten über mich und sprachen [...] und sie gerieten wegen mir in einen großen Streit. Und ich fragte sie: Ihr, warum... [... Und sie antworteten und sprachen zu mir: Wir haben Herr]schaft empfangen, und wir herrschen über alle Menschensöhne. Und sie sprachen zu mir: Welchen von uns [hast du erwählt...".

nur auf die kampferfüllte Gegenwart, sondern immer zugleich auf die nahe Zukunft der Überwindung des Bösen im eschatologischen Endkrieg, wobei die kleine auserwählte Heilsgemeinde schon jetzt in der Gegenwart eine Antizipation der kommenden Erlösung darstellt[77]. Im Anschluß an diesen eschatologischen Ausblick läßt der unbekannte Verfasser des Fragments vom „zukünftigen Geheimnis“ *(rāz nihjāh)* einige rhetorisch scharf formulierte Antithesen folgen, die fast den Charakter einer geschichtsphilosophischen Reflexion tragen:

„Hassen nicht alle Völker das Unrecht?
Und doch breitet es sich durch sie alle aus.
Hört man nicht aus dem Munde aller Völker (das Lob der) Wahrheit?
Aber gibt es eine Lippe oder Zunge, die daran festhielte?
Welches Volk wünscht, daß es von einem stärkeren bedrückt wird?|
Wer wünscht, daß sein Besitz durch Frevel geraubt wird?
Aber welches Volk hat nicht seinen Nachbarn unterdrückt?
Wo gibt es ein Volk, das nicht den Besitz [eines andern] geraubt hat...?“
(1 Q 27 1,8-12)

Es wird hier jener Zwiespalt sichtbar, der den Skeptiker Karneades in seiner zweiten Rede über die Gerechtigkeit bei dem berühmten Philosophenbesuch in Rom 156/155 vChr zu dem Urteil führte, es gebe im politischen Leben der Völker nur Eigennutz und keine wirkliche Gerechtigkeit[78]. Die Grundproblematik der menschlichen Existenz, die nach Tertullian vor allem *apud haereticos et philosophos uolutatur...: unde malum et quare? et unde homo et quomodo?* (*De praescr. haer.* 7,5)[79], versuchten die Essener in einer Weise zu lösen, die die Macht des Bösen über den Menschen und dessen Heillosigkeit sehr viel tiefer sah als die alte optimistische Weisheit oder auch die rationalistische Anthropologie der zeitgenössischen philosophischen Systeme und die dennoch die Gefahr des ontologischen Dualismus überwand, dem die spätere Gnosis zum Opfer fiel. So radikal der Entwurf der Essener dem philosophischen

---

[77] Zur Heilsgegenwart in Qumrān s. H.-W. KUHN op. cit. (Anm. 47) passim und G. W. E. NICKELSBURG Jr., Resurrection, Immortality, and Eternal Life in Intertestamental Judaism, HThS, 26, Cambridge, Mass./London 1972, 144ff. 152ff.

[78] S. J. v. ARMIN, Art. Karneades 1, in PRE, X, 1919 (1964–1985), 1980f.

[79] Vgl. die gnostische Fragestellung bei CLEMENS ALEX, Exc. ex Theod., 78, die neuplatonische bei PORPHYRIOS, De abst. 1,27: ... ἀνθρώπῳ δὲ λελογισμένῳ, τίς τέ ἐστιν καὶ πόθεν ἐλήλυθεν ποῖ τε σπεύδειν ὀφείλει... S. auch HIPPODAMAS VON SALAMIS nach JAMBLICH, Vit. Pyth. 82: ὦ θεοί, πόθεν ἐστέ, πόθεν τοιοίδ' ἐγένεσθε; /ἄνθρωποι, πόθεν ἐστέ, πόθεν κακοὶ ὧδ' ἐγένεσθε; und dazu auch die Frage nach dem Menschen 1 QH 10,3ff: „Und was ist er denn, der Mensch? Erde ist er, geformter [Lehm], und zum Staub geht seine Rückkehr, daß du ihn klug machst für Wunder wie diese und ihn im Rat [deiner] Wa[hrheit] belehrst? Ich bin Staub und Asche. Was soll ich denken, ohne daß du es willst?...“; vgl. 4,29f; 13,14ff; 1 QS 11,20ff u.ö. Vom weisheitlichen Optimismus des Ps. 8 ist hier nichts mehr zu spüren. Zum Ganzen vgl. M. HENGEL, Was ist der Mensch?, in Probleme biblischer Theologie. Gerhard von Rad zum 70. Geburtstag, 1971, 116–135.

Denken der Zeit schon von seinem theozentrischen Ansatz her entgegengesetzt war, auch er suchte Antworten auf Grundfragen des Menschseins, die hier wie dort die Herzen bewegten. Es ging um den rechten Weg zur Erkenntnis der Wahrheit, die das gute Handeln begründet, um das Glück bzw. das Heil des Menschen, um den Ursprung und die Notwendigkeit des Bösen, dh um die Theodizee, um die Ordnung der Welt und um den Sinn des Menschseins. Auf beiden Seiten dachte man dogmatistisch, dh es wurden bestimmte Axiome zugrundegelegt, von denen aus man eine in sich schlüssige, das eigene Denken befriedigende Gesamtschau von Welt und Geschichte zu gewinnen suchte. Auch im Ziel bestand ein Stück weit Übereinstimmung. Dem altstoischen Ideal des ὁμολογουμένως ζῆν, des Lebens in Übereinstimmung mit dem göttlichen Logos[80], dem Denken | Gottes[81], hätte – freilich auf ganz anderer Grundlage – auch ein Essener zustimmen können. Sowohl die Stoiker wie der Beter der Hodajot reflektieren über den Ursprung der Sprache, die den Menschen erst zum Vernehmen des Logos bzw. des Wortes Gottes und zur Antwort darauf befähigt[82]. Indem der Essener inmitten der „Lichtsöhne" in vollkommener Harmonie mit Gottes Schöpfung, der Ordnung der Gestirne und Zeiten, und in Gemeinschaft mit dem himmlischen Kult der Engel das Lob Gottes anstimmte, hatte er seine eigentliche Bestimmung erreicht, denn in der Doxologie gelangen Welt und Geschichte zu ihrem gottgegebenen Ziel. Man muß sich fragen, ob dieser systematische Entwurf der essenischen Gemeinde im Grunde nicht tiefer und originaler war als die religionsphilosophischen Vermittlungsversuche der jüdischen Alexandriner wie des Aristobul, des Aristeasbriefes, des 4. Makkabäerbuches, ja selbst Philos.

Wenn wir im folgenden einige Neuentwicklungen im essenischen Denken herausgreifen, die eine Affinität zu Entwicklungen in der hellenistischen Umwelt besitzen, so soll keineswegs immer ein direkter Einfluß behauptet werden; vielfach geht es lediglich darum, eine gleichlaufende Tendenz aufzuzeigen.

Besonders auffallend ist in den essenischen Schriften die überragende Bedeutung jener Begriffe, bei denen es um Weisheit, Erkenntnis, Offenbarung, Geheimnis geht. Dies ist Zeichen für eine *„Intellektualisierung der Frömmigkeit"* (J. Hempel[83]), wie sie uns ähnlich im Pharisäismus, aber auch in der griechischen Mystik, in der Gnosis und im Neuplatonismus begegnet. Nur der

---

[80] SVF, III, fr. 16 (p. 6,9f); vgl. fr. 12 (p. 5,13f); II fr. 127 (p. 39,5).

[81] Auffallend ist in Qumrān die außerordentliche Häufigkeit von Erkenntnisbegriffen (*bînāh, daʿat deʿāh, śekhäl, ʿŏrmāh* u.a), vielfach bezogen auf Gott. Er ist der *m*^{a}*qôr daʿat*, 1QS 10,12; 11,3; vgl. 1QH 2,18; 5,26; 8,6; vgl. M. Hengel, Judentum und Hellenismus, 401f.

[82] S. M. Pohlenz, op. cit. (Anm. 68), 37ff; 1QH 1,27ff; vgl. 11,4ff.33f; vgl. O. Betz, op. cit. (Anm. 70), 83 Anm. 5; R. Bergmeier-H. Pabst, Ein Lied von der Erschaffung der Sprache, in RdQ, 5, 1964–66, 435–439.

[83] Weitere Mitteilungen über Text und Auslegung der am Nordwestende des Toten Meeres gefundenen hebräischen Handschriften, NAWG. PH, 1961 (281–374) 349 (auch separat: Die Texte von Qumran in der heutigen Forschung. Weitere Mitteilungen..., 1962).

Weise und Gelehrte, der über die beherrschende und durchdringende Kraft des Denkens verfügt, kann wirklich fromm, wirklich gut sein[84]. Die Erkenntnis erhält dabei den Charakter des Heilswissens, das dem irrenden Menschen durch Gottes Offenbarung erschlossen werden muß. Mit einer zeitlichen Verschiebung von etwa ein bis zwei Jahrhunderten gewinnt diese „Erkenntnis durch göttliche | Offenbarung" ab der Zeitenwende auch in der hellenistischen Welt, im Neupythagoreismus und in einem volkstümlichen Platonismus, Bedeutung. Der erste historisch greifbare Philosoph der neuen, auf Offenbarung gegründeten hellenistischen Wahrheitserkenntnis ist der Außenseiter Philo von Alexandrien (ca. 30 vChr–45 nChr). Hier, wo beide Strömungen, die dualistisch gefärbte chasidische Apokalyptik und ein ebenfalls – freilich in ganz anderer Weise – dualistischer, volkstümlicher Platonismus zusammentrafen, wurde die Grundlage für das gnostische Denken geschaffen; möglicherweise hat den letzten Anstoß dazu die Katastrophe des Judentums 70 nChr gegeben.

Ein gemeinsamer Zug ist auch die Bindung an autoritative, ja „heilige" Schriften, deren Gültigkeit nicht mehr in Frage gestellt wird. In der hellenistischen Philosophie proklamierte Antiochos von Askalon das *veteres sequi*, die Orientierung an den alten „klassischen" Autoritäten, die man von jetzt an immer häufiger auslegte. In Qumrān richtete man sich an der von Gott gegebenen Tora Moses und den prophetischen Schriften aus, die durch „inspirierte" Exegese auf die endzeitliche Gegenwart gedeutet wurden. Zugleich zeigen die Tempelrolle, die „Worte Moses" oder das Jubiläenbuch, hinter dem wohl eine Offenbarung Michaels steht, daß die Bindung an „Heilige Schriften" neue interpretierende Offenbarung nicht ausschloß, wobei man diese mit Hilfe der pseudepigraphischen Fiktion in die normative Frühzeit zurückversetzte[85].

Ein Sonderproblem ist die Herkunft der stark anthropologisch bestimmten heilsgeschichtlichen *Lehre von den zwei Geistern* und des damit verbundenen Dualismus. Aus dem Alten Testament ließe sich dieser bestenfalls auf großen Umwegen ableiten. Deuterojesaja konnte – vermutlich in Auseinandersetzung mit dem iranischen Dualismus – das Böse direkt auf Jahwe zurückführen: „Ich bin Jahwe, und sonst ist keiner. Der das Licht bildet und die Finsternis schafft, der das Heil wirkt und das Unheil schafft. Ich bin Jahwe, der dies alles wirkt" (45,6f). Die Essener haben offenbar aus dieser eindeutigen, ganz unspekulativen Aussage das Gegenteil herausgelesen, nämlich die Erschaffung der Fürsten

---

84 Dies entsprach – aus chasidischer Wurzel kommend – auch dem pharisäischen Ideal. Vgl. die Worte Hillels 'Abot 1,13: „Wer nicht lernt, ist des Todes schuldig"; 2,5: „Kein Ungebildeter ist sündenscheu und kein *ʿam hāʾārāṣ* ist fromm".

85 Zum Problem der Pseudepigraphie in der jüdischen Literatur s. MORTON SMITH, Pseudepigraphy in the Israelite Literary Tradition, in Pseudepigrapha, I, Entretiens sur l'antiquité classique, 18, Genf 1972, 191–215; M. HENGEL, Anonymität, Pseudepigraphie und „Literarische Fälschung" in der jüdisch-hellenistischen Literatur, in op. cit., 231–308 = o. S. 196–251. Zur Tempelrolle s. Y. YADIN, op. cit. (Anm. 28), 14–17. Zur Auslegung autoritativer Texte s. M. HENGEL in: Schriftauslegung (o. S. 257), 1–8.

des Lichts und der Finsternis. Seit dem Aufsatz von K. G. Kuhn „Die Sektenschrift und die iranische Religion“[86] ist trotz vereinzelten Widerspruchs anerkannt, daß die nächste religionsgeschichtliche | Parallele zur Lehre von den beiden Geistern in den Gathas des Awesta zu finden ist, im zoroastrisch-iranischen Dualismus. Ich verweise etwa auf Yasna 45,2: „Verkündigen will ich die beiden grundlegenden Bestrebungen des Lebens,/von denen die heilvollere folgendermaßen zur bösen sprechen soll:/‚Nicht stimmen unsere Gedanken, nicht unsere Anweisungen, nicht unsere Geister,/nicht unsere Entscheidungen, nicht unsere Aussprüche, nicht unsere Werke,/nicht unsere Gesinnungen und nicht unsere Atemhauche zusammen‘“[87]. Offen bleibt der Weg der Vermittlung dieser Vorstellungen. Als die frühesten essenischen Texte entstanden, war das Perserreich bereits rund 200 Jahre zerstört. K. G. Kuhn vermutet indirekte Vermittlung an Kreise des palästinischen Judentums über Mesopotamien, in der Zeit etwa vom 5. bis zum 3. Jh. vChr. Es fällt jedoch auf, daß sich innerhalb des Judentums nur noch in zwei jüdisch-*hellenistischen* Texten nahe Parallelen zu der Zwei-Geister-Lehre von Qumran finden, einmal im Testament Asser, wo die Zwei-Geister-Lehre in eine Zwei-Wege-Lehre verwandelt ist, die dann in der christlichen Tradition, im Hirten des Hermas, in der Didache und im Barnabasbrief, weiterwirkt, und zum andern – noch prägnanter – in Philos *Quaestiones in Ex* 1,23:[88] „Into every soul at its very birth there enter two powers, the salutary and the destructive. If the salutary one is victorious and prevails, the opposite one is too weak to attack. And if the latter prevails, no profit at all or little is obtained from the salutary one. Through these powers the world too was created...“[89]. Auch Sonne und Gestirne sind durch diese beiden Kräfte geschaffen, genauer in Übereinstimmung mit der guten Kraft, die der bösen ein Ende bereitet. Diejenigen aber erhalten Un-

---

[86] ZThK 49, 1952, 296–316; vgl. D. Winston, op. cit. (Anm. 28) 200ff; H. Lichtenberger, op. cit. (Anm. 105), 249ff.

[87] Übers. nach H. Humbach, Die Gathas des Zarathustra, I, 1959, 124. Vgl. Yasna 30,3-5 (op. cit., 84f): „Das sind die beiden grundlegenden Bestrebungen, die Zwillinge, die als beiderlei Träume bekannt geworden sind,/als beiderlei Gedanken und beiderlei Worte, als beiderlei Werke, das bessere und das schlechte;/und zwischen diesen beiden scheiden recht die Gutesgebenden, nicht die Schlechtesgebenden.

(4) Und wenn diese beiden Bestrebungen feindlich aufeinander stoßen, dann schafft man sich die Grundlage eines Lebens,/Lebensfülle und Mangel an ihr, und die Art, wie das Leben zuletzt sein wird./Gar schlecht wird das der Trughaften sein, aber dem Wahrhaften wird der beste Gedanke zuteil werden.

(5) Von diesen beiden Bestrebungen erwählt sich die trughafte das schlechteste Tun, die Wahrhaftigkeit erwählt sich die heilvollste Bestrebung, die in die härtesten Steine gekleidet ist,/und diejenigen, die sich, bekennend, des Kundigen Lebensherrn mit lauteren Taten annehmen.“

Zur eschatologischen Überwindung des Bösen s. Yasna 30,9–11 (op. cit., 86f).

[88] S. dazu E. Kamlah, op. cit. (Anm. 72), 50ff und A. Wlosok, op. cit. (Anm. 55), 107ff, die auf platonisch-pythagoreische Parallelen hinweist.

[89] Übers. nach R. Marcus.

sterblichkeit, die von der heilbringenden Kraft beherrscht werden. Eine weitere griechische Parallele | besitzen wir im Bericht des Plutarch über den persischen Dualismus[90]: „Ormazd, der aus dem reinsten Licht, und Ahriman, der aus der Finsternis stammt, kämpfen miteinander". In der Welt – und dh auch im Menschen – sind Gut und Böse immer vermischt. Es kommt aber eine festbestimmte Zeit, wo Ahriman völlig vernichtet wird, dann werden glückliche Menschen in einer Lebensweise und einer Herrschaft mit gleicher Sprache existieren (*de Is. et Os.* 47, 369F–370C). Gemeinsam ist den Berichten Philos und Plutarchs und der Zwei-Geister-Lehre von 1QS 3,13ff, daß sie sowohl den kosmologischen Bereich wie den Kampf der beiden Geister im Menschen und dazu die eschatologische Überwindung des Bösen umfassen. Der monotheisierende Rahmen, die Prädestination und der endgültige Sieg des Guten weisen auf eine zervanistische Gestalt dieser Traditionen hin; der Zervanismus scheint sich jedoch erst in hellenistischer Zeit voll entwickelt zu haben. Die Zwei-Wege-Lehre des Testaments Asser beschränkt sich dagegen auf den Kampf der Triebe im Menschen (δύο διαβούλια i,3.5) und den daraus folgenden ewigen Lohn bzw. die ewige Strafe, auch wird die Willensfreiheit nicht geleugnet; dh hier liegt eine anthropologisch-katechetische Einengung vor. Die Feststellung Philos, daß der weise und der böse Mensch verschiedene quantitative Mischungen der beiden Kräfte darstellten, führt aber hinüber zu der quantifizierenden Anthropologie der essenischen Horoskope. Da der iranische Dualismus, wie Eudoxos von Knidos und Theopomp zeigen, schon im 4. Jh. vChr der griechischen Welt wohlbekannt war und nach Hermippos um 200 vChr die Bibliothek von Alexandrien zahlreiche Zarathustra zugeschriebene Schriften besaß, ist die Möglichkeit einer Vermittlung der Zwei-Geister-Lehre an die Essener durch eine hellenistische Quelle und bereits in einer zervanistischen Form durchaus in Betracht zu ziehen. Dafür würde auch sprechen, daß sowohl bei Philo wie bei Plutarch eine ältere Fassung vorliegt, nach der die Welt selbst durch die beiden Geister erschaffen wurde, während der essenische Text die Einheit der Schöpfung im Sinne der israelitischen Tradition vertritt. Vermutlich geht auch die Gleichsetzung Zarathustras mit Hesekiel bei Clemens Alex., *Strom* 1,15,70 auf jüdisch-hellenistische Kreise zurück, dasselbe mag für die Identifikation Zarathustra-Nimrod in den *Pseudoclementinischen Homilien*, 9,4f gelten[91].

Ein Ausdruck der rationalen, systematisierenden Weltbetrachtung ist auch die essenische *Engellehre*, die, wie das astronomische Buch *1 Hen* 72-82 zeigt, von dem aramäische Fragmente in Qumrān gefunden wurden, eng mit der Lehre von den Gestirnen und dem Ablauf der Zeiten | zusammenhängt[92]. Die

---

[90] Dazu E. KAMLAH, op. cit., 57ff.

[91] Vgl. M. HENGEL, Judentum und Hellenismus, 418ff; D. WINSTON, op. cit. (Anm. 28), 185.213ff.

[92] S. J.T. MILIK (ed.), The Books of Enoch. Aramaic Fragments of Qumrân Cave 4,

hierarchisch gestuften Engelheere bilden Gottes Werkzeuge in seinem Weltregiment, sowohl im Blick auf die Ordnung seiner Schöpfung wie im Blick auf den Geschichtsverlauf. Die untersten Engel sind nichts anderes als personifizierte Naturkräfte (*Jub* 2,2; *1 Hen* 60,12ff; 75; 80). Alle Unordnung auf Erden wurde durch die Rebellion und den Fall der bösen Engel nach *Gen* 6,1ff ausgelöst, die endgültige Herstellung der Gottesherrschaft im letzten endzeitlichen Kampf ist in erster Linie das Werk der guten Engel unter Führung des Lichtfürsten Michael. Vom Engelfall und dem damit anhebenden Wechsel von Unheils- und Heilsgeschichte wird in dem Pescher über die von Gott geschaffenen Zeiten 4Q180 und 181 gesprochen, vom Endkampf außer in der Kriegsrolle in dem Fragment 11QMelch; J.T. Milik vermutet, daß es sich bei 11QMelch um dasselbe Werk handelt wie bei 4Q180 und 181[93]. Michael-*Malkîṣädäq* erscheint hier als der mit Gott aufs engste verbundene endzeitliche, „himmlische Erlöser“[94]. Wir haben hier jetzt eine Schlüsselfigur zum besseren Verständnis der neutestamentlichen Christologie. Der Ursprung des gottnahen, vom Himmel kommenden Erlösers, des Mittlers zwischen Gott und den Menschen, muß nicht mehr in der gnostischen Mythologie gesucht werden; dieser Erlöser ist nicht hellenistisch-paganer, sondern eher jüdisch-essenischer Herkunft.

So sehr uns die essenisch-apokalyptische Engellehre jedoch jüdisch oder auch iranisch anmutet, sie hat auch gewisse Analogien in der Entwicklung der hellenistischen Religiosität. Eine frühe, auf gemeinsame altorientalische Traditionen zurückgehende Analogie besteht zwischen der Bestrafung der gestürzten Titanen bei Hesiod (*Theog.* 726ff) und der gefallenen Engel nach *Gen* 6. Bei Hesiod werden die Menschen des goldenen Zeitalters zu guten δαίμονες und „Wächtern der sterblichen Menschen“ (*op.* 121ff). Der Platonschüler Xenokrates füllte den Raum zwischen der Fixsternsphäre und der Erde mit solchen halbgöttlichen „Daimones“, die für die niederen Kultformen, für die Magie, aber auch für böse Ereignisse wie Krankheiten und andere Übel verantwortlich waren[95]. Die Stoa systematisierte diese Vorstellungen; vor allem Posei|donios dachte sich „den Luftraum von zahllosen Geistern bevölkert, die

---

Oxford 1976, 7ff.273ff: The Astronomical Book. Vgl. M. Limbeck, Die Ordnung des Heils, KBANT, 1971, 63ff; M. Hengel, op. cit., 422ff.

93 S. J.T. Milik, in JJS 23, 1972, 96ff.109ff.124ff.

94 Vgl. die grundlegenden Sätze J.T. Miliks, op. cit., 125: „Milkî-ṣedeq est par conséquent quelque chose de plus qu'un ange créé, ou même le chef des bons esprits, identifiable à Michaël... Il est en réalité une hypostase de Dieu, autrement dit le Dieu transcendant lorsqu'il agit dans le monde. Dieu lui-même sous la forme visible où il apparaît aux hommes, et non pas un ange créé distinct de Dieu (Ex 23,20).“ Dazu M. Hengel, Der Sohn Gottes, 1975, 128f und passim.

95 U. von Wilamowitz-Moellendorff, Platon, 5. Aufl. bearb. v. B. Snell, 1959, 579: „... er ist der eigentliche Vater des hellenistischen Geister- und Teufelsspukes.“ Zu paganen Engelvorstellungen in hellenistisch-römischer Zeit s. J.T. Milik, Recherches... (s. Anm. 64), 423ff; L. Robert, Reliefs votifs et cultes d'Anatolie (I), in Anat. 3, 1958 (103–136) 115f; ders., Hellenica XI/XII, Paris, 1960, 433.

Teilchen des feurigen göttlichen Urgeistes sind“[96]. Wenn in *1 Hen* 15,8ff; 16,1; *Jub* 10,1ff die bösen Dämonen als die Totengeister jener Riesen gelten, die durch die Verbindung der Wächterengel mit den Menschenfrauen nach *Gen* 6 gezeugt wurden, so kommt dies hellenistischen Anschauungen relativ nahe. Die Hervorhebung des Finsternisfürsten und Frevelgeistes mit seinen bösen Engeln als Gegenspieler des Lichtfürsten bei den Essenern zog mit Notwendigkeit eine reichhaltige Dämonologie nach sich. Vermutlich hatte auch die von Josephus hervorgehobene Heilertätigkeit der Essener eine exorzistische Komponente (*Bell. jud.* 2,136)[97]. Die jüdisch-apokalyptische Engellehre und die hellenistischen Anschauungen von den δυνάμεις und δαίμονες bewegten sich aufeinander zu. Wie leicht beides verbunden werden konnte, zeigt die Interpretation des Engelfalls von *Gen* 6 bei *Philo, De gig.* 6ff.

Der philosophisch und religiös begründete Glaube an die Gesetzmäßigkeit und Vollkommenheit der *Gestirnbewegungen* war eine communis opinio der hellenistischen Welt[98]. Man sah darin den Ausdruck göttlicher Vollkommenheit. In schöner Weise faßt dies Cicero, *De nat. deor.* 2,56 in Worte, allerdings mit der Einschränkung auf den Bereich jenseits des Mondes: *Nulla igitur in caelo nec fortuna nec temeritas nec erratio nec vanitas inest, contraque omnis ordo, veritas, ratio, constantia*; in dem Raum *infra lunam* wohnt dagegen der Irrtum. Aus der wissenschaftlichen Betrachtung des „gestirnten Himmels über mir“ erwachsen Gotteserkenntnis, Frömmigkeit, Gerechtigkeit, ja wahre Seligkeit: *Quae contuens animus accipit [ad] cognitionem deorum, e qua oritur pietas, cui coniuncta iustitia est reliquaeque virtutes, e quibus vita beata existit, par et similis deorum*... (2,153)[99]. Auch in Qumrān sind die himmlischen Lichter und hier vor allem die Sonne Zeichen der unverrückbaren göttlichen Ordnung, freilich tritt der theozentrische Bezug dieser | Ordnung sehr viel stärker hervor. Die Gestirne folgen nicht einer eigenen, ihnen innewohnenden Gesetzmäßigkeit, sondern allein Gottes Festsetzung, hebräisch *ḥôq* oder *tikkûn* – Begriffe, die man in diesem Zusammenhang fast mit „Naturgesetz“ übersetzen könnte[100]. Die göttliche Fixierung der Gestirnläufe, an erster Stelle des Sonnenlaufes, hat jedoch zugleich eine unmittelbare Beziehung auf die

---

96 M. Pohlenz, op. cit. (Anm. 68), 230.

97 Vgl. den von J. P. M. van der Ploeg veröffentlichten Text 11QPsAp[a]: Un petit rouleau de psaumes apocryphes (11QPsAp[a]), in Tradition und Glaube (s. Anm. 63), 128–139: 1,2 Nennung Salomos; 1,3f Nennung von *šedîm*; 1,7 Begriff „Heilung“ *(r^ephû'āh)*; 3,2(?).5 der „starke Engel“, der gegen die Dämonen kämpfen soll. Vermutlich diente der Psalm exorzistischen Zwecken. S. auch unten S. 293f.

98 Vgl. dazu M. Hengel, Judentum und Hellenismus, 427ff; W. Gundel-H. G. Gundel, Astrologumena, in Sudhoffs Archiv, Bh. 6, 1966, passim.

99 Vgl. 2,140: Qui primum eos humo excitatos celsos et erectos constituit, ut deorum cognitionem caelum intuentes capere possent. Sunt enim ex terra homines non ut incolae atque habitatores sed quasi spectatores superarum rerum atque caelestium, quarum spectaculum ad nullum aliud genus animantium pertinet.

100 S. dazu M. Limbeck, op. cit. (Anm. 92), 175ff. 1Q27 i,6f wird die Sonne *tikkûn tebel*

Menschen und die ihnen durch Mose gegebene Tora: Sie bestimmt die exakte Einhaltung der großen jährlichen Festtermine, der Neumonde, der Sabbate, schließlich der täglichen Gebetszeiten und sichert damit die völlige Harmonie im gemeinsamen Gotteslob der himmlischen und der irdischen Gemeinde:

„Beim Kommen der Zeiten entsprechend den ersten
Tagen des Monats mit ihrem Wendepunkt,
bei ihrem Übergang von der einen (Zeit) zur andern,
wenn sie sich erneuern (ist es) ein großer Tag
für das Allerheiligste
und ein Zeichen für das
Auftun seiner ewigen Gnade
...
entsprechend dem Gedächtnis in ihren Zeiten will
ich als ein Hebeopfer der Lippen ihn preisen
nach der für immer eingegrabenen Satzung,
an den Anfängen der Jahre und am Wendepunkt ihrer
(Jahres-)Zeiten, wenn sie das Gesetz ihrer Ordnung
erfüllen ...
...
(in) den Festjahren entsprechend ihren sieben (Jahren)
und an der Spitze ihrer sieben (Jahrwochen) entsprechend der Festzeit der
Freilassung."
(1 QS 10,3-8)[101].

Diese Bindung an Gottes ewige Ordnung erklärt auch die einzigartige Bedeutung des essenischen Sonnenjahrs, ganz gleich, wo sein Ursprung zu suchen ist, sei es in Babylonien oder Ägypten. Das Sonnenjahr von 364 Tagen garantierte, daß jedes Fest immer auf denselben Wochentag fiel, Kollisionen zwischen kultischen Festgeboten und Ruhegebot wurden so vermieden. Das scheinrationale Kalkül war hier stärker als die exakte Beobachtung. Die durch die tatsächliche Jahresdauer bewirkte Jahreszeitenverschiebung wurde in einer kühnen Umkehr der wirklichen | Kausalität als Folge des widergöttlichen Mondkalenders erklärt[102]. Die besondere Wichtigkeit der Sonne bei den Essenern, die ja auch Josephus bezeugt, war zugleich durch den Gegensatz Licht-Finsternis begründet; sie galt offenbar als Symbol der Macht des Lichts. Auf die Verehrung der Sonne in hellenistischer Zeit, von Kleanthes an, der sie als ἡγεμονικὸν τοῦ κόσμου betrachtete[103], bis hin zum spätrömisch-syrischen *Sol*

genannt, denn sie gibt die zeitliche Ordnung für die Festzeiten des Jahres und den ganzen Lauf der Heilsgeschichte.

101 Übers. nach M. LIMBECK, op. cit., 162ff.

102 Vgl. M. HENGEL, Judentum und Hellenismus, 428ff; M. LIMBECK, op. cit. 134ff. Limbeck sieht im qumrānischen Kalender im Anschluß an A. Jaubert einen alten Priesterkalender (144ff).

103 SVF I, fr. 499 (p. 112).

invictus, brauche ich nicht weiter hinzuweisen. Die liturgische Ordnung des Jahres war für die Essener nur ein Ausschnitt aus der großen göttlichen Ordnung der Heilsgeschichte nach Jahrwochen und Jubiläen, deren Ziel, das eschatologische Befreiungsjahr, das in 11 QMelch nach *Lev* 25 und *Jes* 61 geschildert wird[104], in unmittelbarer Nähe bevorstand. Auch hier stoßen wir wieder auf den systematisch-rationalen Charakter des essenischen Denkens, das nicht davor zurückscheute, die astronomisch-chronologische Wirklichkeit zu vergewaltigen.

Ein weiterer Bereich, wo die Tendenz des essenischen Denkens bei aller Eigenständigkeit eine ähnliche Richtung aufweist wie in der hellenistischen Welt, ist die *Anthropologie*[105]. Zwar kennen die Essener weder schon die spezifische Form der Dialektik von Fleisch und Geist, wie sie bei Paulus vorliegt, noch erst recht die platonische Entgegensetzung, die den Leib als das Gefängnis der Seele abqualifiziert. Es wird aber doch in immer neuen, aus der alttestamentlichen Vorstellungswelt geschöpften Bildern die Vergänglichkeit, ja Nichtigkeit des Menschen als eines leiblichen Wesens geschildert. Ich zitiere den Schluß der Sektenregel: „Und was ist es, wirklich, das Menschenkind unter deinen wunderbaren Werken? Und der vom Weibe Geborene, wofür <wird er geachtet> vor dir? Er, dessen Knetung aus Staub und dessen Wohnung Wurmfraß ist. Er, der ausgepreßter Speichel[106], geformter Lehm ist und dessen Begeh-|ren sich auf den Staub richtet. Was soll der Lehm erwidern, das von der Hand Geformte, und einen Ratschluß, wie soll er ihn verstehen?" (1 QS XI,20-22). Diese Schwäche, ja Nichtigkeit des Menschen, wird noch dadurch gesteigert, daß er über keinen freien Willen verfügt; sein Handeln und Schicksal sind vorherbestimmt. Man darf darum in diese Sätze, die den menschlichen Leib als Knetung aus Staub und Nahrung für Würmer bezeichnen, nicht eine dualistische Leib-Seele-Anthropologie hineinlesen, in der die Seele einen höheren Rang hätte. Die Aussagen von der Nichtigkeit des Leibes führen hinüber zur Verfallenheit des ganzen Menschen an der Sünde: „Ich aber bin vom Staube gen[ommen und aus Lehm ge]formt zu einer Quelle der Unreinheit und schmachvoller Schande, ein Haufe Staub und [mit Wasser] geknetet [...] und

---

104 A. S. van der Woude, Melchisedek als himmlische Erlösergestalt in den neugefundenen eschatologischen Midraschim aus Qumran Höhle XI, in OTS, 14, 1965 (354–373), 358 Z. 9, vgl. 364; J. T. Milik, in JJS, 23, 1972, 97f Z. 4.9.14.19f.

105 Dazu W. H. Brownlee, Anthropology and Soteriology in the Dead Sea Scrolls and in the New Testament, in The Use of the Old Testament in the New and Other Essays. Studies in Honor of William Franklin Stinespring, Durham, N.C., 1972 (210–240), 212ff. Speziell zu den Begriffen *bāśār* und *rû*^{a}*ḥ* s. E. Brandenburger, Fleisch und Geist, WMANT, 29, 1968, 86ff; 86: „... ist hier im Unterschied zur Apokalyptik die negative Wertung von Fleisch und Erdenstofflichkeit und zumal der Zusammenhang zwischen Fleisch und Sünde von vornherein für die theologische Konzeption insgesamt grundlegend." S. jetzt die vorzügliche Arbeit von H. Lichtenberger, Studien zum Menschenbild in Texten der Qumrangemeinde, SUNT, 15, Göttingen 1980.

106 *mṣjrwq*; P. Wernberg-Møller, op. cit. (Anm. 73), 43.

eine Wohnung der Finsternis" (1QH 12,24-26). Noch deutlicher umschreibt 1QH 13,14ff den Sachverhalt: Nicht nur ist der vom Weib Geborene, „ein Gebäude von Staub und geknetet mit Wasser", nicht nur ist sein Rat „schmachvolle Schande", die höchste Steigerung liegt in der Aussage, daß „ein verkehrter Geist in ihm herrscht"[107]. Auch das Denken des Menschen ist ganz und gar verdorben. Die Hoffnung für den Menschen beschränkt sich nicht auf irgendein besseres Selbst, sie gilt dem ganzen Menschen und ruht allein in Gottes freier Erwählung, Offenbarung und Erlösung von den Mächten der Gottlosigkeit: „Und ich erkannte, daß es Hoffnung gibt für den, den du aus Staub gebildet hast zur (Teilhabe an der) ewigen Ratsversammlung. Und den verkehrten Geist hast du gereinigt von großer Missetat, daß er sich stelle an den Standort mit dem Heer der Heiligen und in die Gemeinschaft eintrete mit der Gemeinde der Himmelssöhne" (1QH 3,20-22).

Auf der anderen Seite fällt auf, daß wir in den eigentlichen Qumrāntexten kein einziges wirklich eindeutiges Zeugnis für die *Auferstehung* des Leibes besitzen[108]. Nach dem Bericht des Josephus (*Bell. jud.* 2,154ff), der dem etwas verworrenen Parallelreferat des Hippolyt (*Philos.* 9,27) vorzuziehen ist, erwarteten die Essener keine leibliche Auferstehung, sondern waren der Unsterblichkeit ihrer Seelen gewiß. G. W. E. Nickelsburg betont mit Recht, daß die möglichen Auferstehungsaussagen (1QH 6,29f.34) auch anders gedeutet werden können, selbst wenn gewisse sprachliche Anklänge an Dan 12,2 vorliegen[109]. | Ähnliche Probleme ergeben sich aus dem rätselhaften Text *Jub* 23,30f, wo zunächst davon die Rede ist, daß die Diener Gottes „sich erheben und großen Frieden sehen werden", und dann die „Gerechten" die Verheißung erhalten, „daß ihr Geist viel Freude haben wird", während „ihre Gebeine in der Erde ruhen werden". Überhaupt wird in den essenischen Texten die Hoffnung über den Tod hinaus meist nur am Rande und in recht allgemeinen Begriffen wie „ewiges Leben", „ewige Freude", „neue Schöpfung" und durch die Vorstellung von der ständigen Gemeinschaft mit der himmlischen Gemeinde zum

---

[107] Zur *rûaḥ na*ʿᵃwāh s. auch 1QH 1,22; 3,21; 11,12.

[108] Vgl. dazu J. Buitkamp, Die Auferstehungsvorstellungen in den Qumran-Texten und ihr alttestamentlicher, apokryphischer, pseudepigraphischer und rabbinischer Hintergrund, Diss. Groningen (1965); H.-W. Kuhn, op. cit. (Anm. 47), s. 240 Index s. v. Auferstehung; G. W. E. Nickelsburg, op. cit. (Anm. 77), 144ff; M. Hengel, Judentum und Hellenismus, 357ff; H. Lichtenberger, op. cit. (Anm. 105), 219. Das hat sich durch neue Funde geändert: E. Puech. La croyance des ésseniens et la vie future ..., ETB NS 22, 1993, Vol. I.

[109] Op. cit., 149ff. Möglicherweise ist auch in 4Qps-Dan^c ein Hinweis auf die Auferstehung enthalten. J. T. Milik, „Prière de Nabonide" et autres écrits d'un cycle de Daniel, in RB, 63, 1956 (407–415) 414. Doch dies besagt für die Anschauungen der Essener selbst wenig, da ja auch Dan 12,2f und die Henoch-Texte, in denen Auferstehungsaussagen erscheinen, bei ihnen bekannt waren. Zu den Texten aus 1Hen, s. G. W. E. Nickelsburg, op. cit., 112ff. 134ff sowie G. Stemberger, Der Leib der Auferstehung, AnBib, 56, Rom. 1972, 27ff. Bezeichnend, daß die Qumrāntexte fehlen: Sie sagen zum Leib der Auferstehung nichts (3).

Ausdruck gebracht, wobei jeweils zu fragen ist, ob nicht bereits – ähnlich wie im Johannesevangelium – eine präsentische Eschatologie wirksam ist, die in der Vorstellung von der gegenwärtigen Gemeinschaft mit den Engeln ihren Ausdruck findet[110]. Das Heil wird dabei – ganz ungriechisch – nicht individuell, sondern kollektiv umschrieben. In der Katechese 1 QS 3,13-4,26 werden diese Heilsbegriffe erst durch den Kontrast zu der immerdauernden Strafe für „Finsternissöhne" 4,11 ff in ihrer Zukunftsbezogenheit eindeutig[111]. Die Gemeinschaft mit dem himmlischen Chor der Engel und ihrer Liturgie in Gottes Gegenwart wird schon jetzt durch das Gotteslob des *jaḥad* wirklich und gegenwärtig, gewissermaßen als Vorwegnahme der künftigen Vollendung. G. W. E. Nickelsburg verweist auf den schönen Satz Philos über die Therapeuten, in denen er mit Milik und Geoltraine „an Alexandrian branch of the Essenes" sieht[112]: „... wegen ihrer Sehnsucht nach dem unsterblichen und seligen Leben glauben sie, daß sie das sterbliche Leben bereits beendet haben..." (*De vit. contempl.* 13). Danach wäre die essenische Zukunftserwartung sowohl von der hellenistischen Unsterblichkeitshoffnung zu unterscheiden, wie sie uns etwa in der *Sapientia Salomonis* begegnet, wie auch von | der massiven Auferstehungserwartung der späteren Pharisäer vom 1. Jh. nChr an. Dabei ist zu bemerken, daß selbst in *Dan* 12,2 die Form der Auferstehung noch nicht klar umrissen ist, zumal sie sich in 12,3 mit dem typisch hellenistischen Motiv der astralen Unsterblichkeit verbindet, die auch in den Qumrāntexten Anklänge besitzt[113]. Daß hinter der Entwicklung der todesüberwindenden Hoffnung in der chasidischen Apokalyptik *auch* hellenistische Einflüsse stehen, ist nicht unwahrscheinlich[114]. Ein entscheidender Unterschied bleibt jedoch bestehen: Die auf das individuelle Schicksal der Einzelseele bezogene griechische Zukunftshoffnung wird in der chasidischen Apokalyptik dadurch überboten, daß es hier vor allem um die Restitution des Volkes bzw. der auserwählten Frommen geht. Dagegen taucht ein hellenistisches Motiv bei der Vorstellung der Bestrafung der Gottlosen in Gottes Gericht auf; M. P. Nilsson betont zu Recht, daß die Hölle als Strafort eine griechische Erfindung sei[115].

---

110 Vgl. J. J. Collins, Apocalyptic Eschatology as the Transcendence of Death, in CBQ, 36, 1974 (21–43) 36: „... the community believed that death was already transcended by its fellowship with the angelic host." G. Stemberger, op. cit. 58f sieht diese Tendenz zur Vergegenwärtigung des Heils auch in den Psalmen Salomos wirksam. Zur Gemeinschaft mit den Engeln s. o. S. 269 Anm. 47 und H. Lichtenberger, op. cit. (Anm. 105), 224.

111 Vgl. G. W. E. Nickelsburg, op. cit., 156ff. 165f; 165: „This pericope is characterized by a highly realized eschatology", was freilich „a powerful ‚not yet'" nicht ausschließt. Zur „kollektiven Heilserwartung" s. H. Lichtenberger, op. cit., 227.

112 Op. cit., 169.

113 Vgl. M. Hengel, Judentum und Hellenismus, 358f.

114 Dazu jetzt J. J. Collins, op. cit. (Anm. 110), 38ff.

115 Op. cit. (Anm. 53), 558; vgl. 234.242.549ff. Daneben kommen Einflüsse iranischer Vorstellungen in Frage, deren Alter freilich schwer zu bestimmen ist; s. D. Winston, op. cit. (Anm. 28), 205ff.

Eindeutig läßt sich fremder Einfluß schließlich in den essenischen *Horoskopen* erkennen, die die Zwei-Geister-Lehre und den damit verbundenen Determinismus in massiver, fast materialistischer Weise interpretieren. Einmal handelt es sich um drei in chiffrierter Schrift abgefaßte individuelle Horoskope (4Q 186), in denen physiognomische Beobachtungen mit dem Sternbild bei der Geburt verbunden sind; aus beidem zusammen wird die quantitative Bestimmung der Betroffenen durch Licht- und Finsternisteile erschlossen[116]. Im ersten Horoskop ist von der Geburt *(môlād)* „am Fuße des Stiers" *(b^{e}rägäl haššôr)* die Rede, beim zweiten ist die Angabe über das Sternbild leider nicht erhalten, beim dritten kann man nur noch lesen „... das ist sein Tier..." *(h]û'ah b^{e}häbtô*[sic]), vor dem Namen des Sternbilds bricht das Fragment ab. Ein weiteres, noch unveröffentlichtes Fragment aus Höhle 4 bezieht zwei Monatstage auf das Zeichen des Krebses und sagt für den Fall von Donner im Zeichen der Zwillinge Angst und Schrecken, verursacht durch die | Heiden, voraus[117]. Eine aramäische Weissagung schließlich, die ihrer Schriftform nach wohl aus der 2. Hälfte des 1. Jh. vChr stammt, schildert die Physiognomie und das zukünftige Schicksal einer von Gott erwählten und mit einzigartiger Weisheit ausgestatteten Gestalt. Leider sind das Ende der ersten und die zweite Kolumne so fragmentarisch, daß keine Angaben über das Datum bzw. Sternbild ihrer Geburt zu entnehmen sind. Wer die Gestalt ist, ist umstritten. Der Herausgeber J. Starcky vermutete ein Horoskop des Messias, ihm widersprach J. A. Fitzmyer, der an eine Weissagung auf Noah dachte[118]. Wie dem auch sei, unbestreitbar ist, daß physiognomische Details, u. a. Muttermale[119], mit der Geburt und dem eigenartigen wunderbaren Schicksal einer von Gott erwählten Heilsgestalt verbunden werden.

Das Auftauchen von Horoskopen und anderen astrologisch-mantischen

---

[116] Die ersten beiden Horoskope wurden 1964 vorweg veröffentlicht von J. M. Allegro, An Astrological Cryptic Document from Qumran, in JSSt, 9, 1964, 291–294. Die endgültige Edition DJDJ, V, 88–91 enthält noch einen dritten Text. Weitere Literatur nennt J. A. Fitzmyer, A Bibliographical Aid to the Study of the Qumran Cave IV Texts 158–186, in CBQ 31, 1969 (59–71), 70f. Wichtige Textverbesserungen gibt J. Strugnell, Notes en marge du volume V des „Discoveries in the Judaean Desert of Jordan", in RdQ 7, 1969–71 (163–276) 274ff, vor allem zu Fragment 2. Zur Anthropologie s. H. Lichtenberger, op. cit. (Anm. 105), 142.

[117] S. J. T. Milik, Dix ans de découvertes dans le Désert de Juda, Paris, 1957, 38; M. Hengel, Judentum und Hellenismus, 436.

[118] Erstedition: J. Starcky, Un texte messianique araméen de la grotte 4 de Qumrân, in École des langues orientales anciennes de l'Institut Catholique de Paris. Mémorial du cinquantenaire 1914–1964, in TICP 10, Paris, 1964, 51–66. Eine ausführliche Analyse gibt J. A. Fitzmyer, The Aramaic ‚Elect of God' text from Qumran Cave 4, in Essays... (s. Anm. 1), 127–160 = CBQ, 27, 1965, 348–372.

[119] Dazu J. Licht, Legs as Signs of Election, in Tarb. 35, 1965/66 (18–26), 21ff (hebr.); Th. Hopfner, Art. Μαντική, in PRE, XIV/1, 1928 (1258–1288), 1287f. Zur populären Verbindung von Physiognomik und Astrologie s. J. Schmidt, Art. Physiognomik, in PRE XX/1, 1941 (1064–1074), 1066. Vgl. auch M. Hengel, op. cit. 434f.

Schriften in der Bibliothek von Qumrān ist auffällig; es zerstört die Vorstellung einer völligen geistigen Autarkie und Unbeeinflußbarkeit der Essener gegenüber den weltanschaulichen Strömungen ihrer Zeit. Denn das Horoskop ist eine typische Erscheinung der hellenistischen Ära, und die von Babylonien ausgehende Astrologie eroberte vom 3. Jh. vChr an den ganzen Mittelmeerraum bis nach Italien, wobei sie vor allem im ptolemäischen Alexandrien rasch zu einer Hochblüte gelangte. Bereits Chrysipp verteidigte sie, ähnliches gilt von Poseidonios; vor allem verhalf ihr Hipparch von Nikaia (2. Jh. vChr), der wohl bedeutendste antike Astronom, zum Siege. Die Astrologie galt als die höchste aller Wissenschaften, und zugleich konnte sie sich in die Form göttlicher Offenbarungswahrheit kleiden, wie das dem König Nechepso und dem Priester Petosiris zugeschriebene, etwa zwischen 150 und 120 vChr in Alexandrien entstandene astrologische Werk zeigt. In gewisser Weise wurde sie die Religion der Gebildeten. Von Tiberius sagt Sueton (*Tib.,* 69): „Gegenüber den Göttern und den religiösen Verpflichtungen verhielt er sich recht lax, er hatte sich jedoch der Astrologie ergeben und war fest überzeugt, daß alles vom Schicksal abhängig sei". Die Zahl der | – meist pseudepigraphischen – astrologischen Schriften wuchs mehr und mehr, unübersehbar ist die dem Hermes Trismegistos zugeschriebene Literatur, die ursprünglich nicht theologisch-mystischer, sondern astronomisch-astrologischer und iatromantischer Art war[120]. Daß sich selbst das Urchristentum der Herrschaft astrologischer Vorstellungen nicht ganz entzichen konnte, zeigen *Mt* 2 und die Johannesapokalypse[121]. Auch bei den essenischen Horoskopen und verwandten Texten kann man – ähnlich wie bei der Zwei-Geister-Lehre – fragen, ob die zugrundeliegenden Vorstellungen direkt aus Babylonien oder nicht eher über den Umweg hellenistischer Astrologie vermittelt wurden, etwa über Alexandrien, dem größten geistigen Umschlaghafen der Antike. Bei dem astronomischen Buch *1 Hen* 72-82, das ursprünglich auf Aramäisch geschrieben war, möchte man – ähnlich wie bei großen Teilen der Henochtradition überhaupt – babylonische Herkunft annehmen, bei den Horoskopen scheint mir dies weniger wahrscheinlich zu sein. Einmal finden wir in den babylonischen Horoskopen, soweit ich sehe, die eigenartige Verbindung von Physiognomik und Nativität, wie sie für die essenischen Fragmente charakteristisch ist, noch nicht, andererseits fehlen in Qumrān – zumindest in den bisher bekanntgewordenen Texten – Hinweise auf die Planetenkonstellation, die in Babylonien von entscheidender Bedeutung war, die uns aber auch in dem berühmten „Löwenhoroskop" des Königs Antichos I.

---

120 Einen vorzüglichen Überblick geben W. Gundel-H. G. Gundel, op. cit. (Anm. 98), passim; zur jüdischen Astrologie s. 51 ff.

121 S. M. Hengel-H. Merkel, Die Magier aus dem Osten und die Flucht nach Ägypten (Mt 2) im Rahmen der antiken Religionsgeschichte und der Theologie des Matthäus, in Orientierung an Jesus. Für Josef Schmid, 1973, 139–169; F. Boll, Aus der Offenbarung Johannis, in ΣΤΟΙΧΕΙΑ, 1, 1914; W. Gundel-H. G. Gundel, op. cit., 200 ff.

von Kommagene vom Nemrud Dagh begegnet (ca 70–35 vChr)[122]. Eratosthenes im 3. Jh. vChr spricht von Sternen bei den Knien und Klauen des Stiers, eine ähnliche Bestimmung könnte bei der Geburtskonstellation *b^erägäl haššôr*, „am Fuße des Stiers", vorliegen[123]. M. Delcor weist auf die Polemik Hippolyts gegen die Astrologen hin[124], der nicht nur die Horoskopstellung als | solche ad absurdum führt, sondern vor allem auch die Kombination der Geburt unter einem bestimmten Tierkreiszeichen mit Körpermerkmalen, Charakter und Schicksal verspottet. Dabei werden auch die im Stier Geborenen beschrieben: „runder Kopf, dichtes Haar, breite viereckige Stirn... Ihr Charakter: gefällig, verständig... streitsüchtig, stumpfsinnig... Teilweise sind sie mißmutig, gleichgültig gegen Freundschaft, ihres Verstandes wegen nützlich, Pechvögel" (*Philos.*, 4,16; vgl. schon 4,6). Bereits Sextus Empiricus, von dem Hippolyt in weiten Teilen seiner Polemik abhängig ist, sucht die unsinnige Verbindung des Zodiakus mit menschlichen Körperteilen bzw. Charaktereigenschaften lächerlich zu machen (*Adv. math.*, 5,95ff); er weist damit auf ältere hellenistische Traditionen zurück. Diese offenbar beliebte Kombination war Ausdruck der verbreiteten, vor allem in der Stoa geschätzten Vorstellung einer „Sympatheia" zwischen dem Makrokosmos des Alls und dem Menschen als Mikrokosmos, ein Gedanke, den man gerne auf Demokrit zurückführte, der das Wort ὁ ἄνϑρωπος μικρὸς κόσμος geprägt haben soll[125]. Die bedeutendsten Stoiker – außer Panaitios – schätzten die Astrologie, weil sie die strenge Determination alles Geschehens durch den göttlichen Logos zu demonstrieren schien, getreu der bekannten Sentenz des Manilius: *fata regunt orbem, certa stant omnia lege* (*Astron.* 4,14). Aus ähnlichen Gründen nahmen auch die Essener die Astrologie in ihr „System" auf, obwohl sie, wie *Jub* 8,3f und *1 Hen* 8,3 zeigen, als Lehre der abtrünnig gewordenen Wächterengel verurteilt wurde. Vermutlich stellten sie der von den Engeln Belials stammenden Astrologie der „Finsternissöhne" in der Welt draußen eine wahre, geoffenbarte Gestirnlehre entgegen. Sie konnte man auf Henoch zurückführen oder auf Abraham, der nach dem samaritanischen Anonymus die Astrologie aus Chaldäa in den Westen brachte

---

122 Zum „Löwenhoroskop" s. H. Dörrie, Der Königskult des Antiochos von Kommagene im Lichte neuer Inschriften-Funde, in AAWG. PH, 3. Folge 60, 1964. 201ff. O. Neugebauer-H. B. van Hoesen, Greek Horoscopes, Philadelphia, 1959, 14ff errechneten als Datum der Konstellation den 7. 7. 62 vChr. Der König glaubte zu diesem Zeitpunkt seine eigene Verstirnung, den „Katasterismos", erlebt zu haben. Eine schöne Darstellung des Horoskop-Löwen findet man bei W. Haase, Voraussetzungen und Motive des Herrscherkultes von Kommagene, in Antike Welt, 6, 1975. Sondernummer Kommagene (17-21.86f), 21, Abb. 19.

123 Eratosthenes, Catasterismorum reliquiae, ed. C. Robert, 1878 (Nachdr. 1963), 112. Vgl. M. Hengel, Judentum und Hellenismus, 435.

124 Recherches sur un horoscope en langue hébraïque provenant de Qumrân, in RdQ 5, 1964–66 (521–542) 541f.

125 Fr. B. 34 Diels-Kranz. Daß diese „Sympatheia" ältere, orientalische Vorbilder hat, zeigen Texte wie Ri 5,20 und Ex 25,9, die eine Entsprechung zwischen himmlischer und irdischer Welt zum Ausdruck bringen.

und selbst die ägyptischen Priester in Heliopolis darin unterwies; bei Artapanos belehrt Abraham sogar den ägyptischen König[126]. In der hellenistischen Welt waren schon sehr früh astrologische Schriften im Umlauf, die auf Gestalten des Alten Testaments zurückgeführt wurden, ähnlich wie bei der Magie. Schon gegen Ende des 3. Jh. vChr soll Hermippos, der Schüler des Kallimachos, astrologische Bücher des „sehr bewundernswerten Abraham" gekannt haben[127]. Als andere Autoren werden Seth, der nach einem astrologischen Traktat durch einen Engel Gottes in die Geheimnisse der Astrologie eingeweiht | wurde[128], weiter Mose, David, Salomo, Esra und Daniel genannt. Die Haltung des antiken Judentums gegenüber der Astrologie war stets ambivalent, sie schwankte zwischen Faszination und schroffer Ablehnung hin und her[129]. Für die Essener war die Astrologie vor allem deshalb verführerisch, weil sie mit ihrer Hilfe einen streng deterministischen Zusammenhang zwischen der kosmologischen Zwei-Geister-Lehre und der Anthropologie bei jedem Menschen demonstrieren konnten. Schon in 1QS 4,15f wird gesagt, daß jeder Mensch Anteil an den beiden Geistern habe, „es sei viel oder wenig", nach 4,23 „kämpfen die Geister der Wahrheit und des Frevels im Herzen des Menschen". Die sachlich eng damit verwandten Aussagen Philos in *Quaest. in Ex.* 1,23 beleuchten die Bedeutung der Geburtskonstellation; er spricht davon, daß „in jede Seele bei der Geburt zwei Kräfte eintreten, die heilbringende und die zerstörende". Sowohl im weisen wie im gottlosen Menschen ist nach Philo eine Mischung dieser beiden Kräfte, alles kommt darauf an, daß die heilbringende überwiegt, denn nur so erhält man Anteil an der ewigen Seligkeit. Für die Essener war dies durch göttliches Dekret vorherbestimmt; warum sollten da nicht Astrologie und Physiognomik zusammenwirken, um Gottes Ratschluß erkennen zu lasen? Die Aufnahme astrologischer Elemente, ihre Kombination mit physiognomischen Details und der Versuch, von hier aus das Verhältnis von Licht- und Finsternisteilen im Menschen zu bestimmen, *beweist wieder den Drang der Essener zur systematischen, rationalen Durchdringung aller Geheimnisse von Natur und Geschichte*. Sie mußte der axiomatischen Basis, dem theozentrischen Offenbarungsgedanken, durchaus nicht widersprechen: Gott hatte ihnen seine Geheimnisse geoffenbart und einen erleuchteten Verstand gegeben. Der „Sitz im Leben" der geheimen Texte von Qumrān könnte die Beurteilung der Novizen sein, über deren Aufnahme entschieden wurde. In wessen Geist die Finsternisteile überwogen, der war kaum dazu geeignet, ein

---

126 S. M. HENGEL, Judentum und Hellenismus, 158.165ff.175.438.

127 VETTIUS VALENS, Anth 2,28 (p. 96, 7ff KROLL); vgl. 2,29 (p. 96, 22ff). FIRMICUS MATERNUS, Math 4,17,2 spricht vom *divinus ille Abram*; vgl. 17.5; 18,1.

128 CCAG VII, 87. Bei JOSEPHUS, Ant 1,69ff sind Seths Nachkommen die Erfinder der Gestirnkunde.

129 Zur positiven Haltung gegenüber der Astrologie im Judentum s. W. GUNDEL-H. G. GUNDEL, op. cit. (Anm. 98), 51ff.

Glied der Sekte zu werden. Weiter wird man annehmen dürfen, daß dieses Geheimwissen der Essener in engem Zusammenhang mit ihrer von Josephus berichteten mantischen, medizinisch-magischen Praxis stand, mit der Kenntnis von Wurzeln und Steinen wie auch der Geheimhaltung der Engelnamen, die ja selbst wieder mit der Gestirnwelt in engster Verbindung standen (*Bell. jud.* 2,136.142)[130].|

Wir kommen zum Schluß. Das Thema „Qumrān und der Hellenismus" hat sich durchaus nicht als Gegensatz zweier ausschließender Größen erwiesen. Zwar ist die essenische Bewegung eine besonders radikale Frucht der Gegenreaktion auf den hellenistischen Reformversuch, der die Makkabäerkämpfe auslöste. Die Reaktion der völligen Abgrenzung gegenüber heidnischem Frevel und heidnischer Unreinheit erhielt hier ihre schärfste Form und führte so weit, daß man selbst die ehemaligen chasidischen Kampfgenossen als Abtrünnige betrachtete. Darum spielte auch bei ihr – im Gegensatz zum Pharisäismus – die Gewinnung von Heiden keine Rolle; nicht missionarische Expansion, sondern eine radikale Reduktion auf den „heiligen Rest" war ihr Ziel. Doch konnte dieser – eschatologisch motivierte – Versuch der radikalen Abschließung das Eindringen des fremden Geistes nicht verhindern. Unmittelbare hellenistische Einflüsse sind uns im ökonomisch-technischen Bereich, in der Militärtechnik der Kriegsrolle, in der Rechtsform des privaten religiösen Vereins, in der Zwei-Geister-Lehre und in den Horoskopen begegnet. Der allgemeinen Tendenz der neuen Zeit entsprachen die Intellektualisierung und Individualisierung der Frömmigkeit und der Zug zur systematischen Erfassung von Welt und Geschichte von einem Axiom, Gottes freier Offenbarung, her; dasselbe gilt von dem dadurch begründeten strengen Determinismus. Auch die Vorliebe für angelologische und astronomische Spekulationen, das Streben, im liturgischen Tages- und Jahreslauf der göttlichen Harmonie der himmlischen Welt zu entsprechen, die relativ spiritualistische Hoffnung über den Tod hinaus und die Ansätze zu einer dualistischen Anthropologie stimmen mit der geistigen Tendenz der Epoche überein. In diesem Sinne sind die Essener von Qumrān ein Paradigma dafür, daß die „Hellenisierung" des Judentums auch die schroffsten Gegner des griechischen Geistes nicht ausschloß. Eben darum waren sie auch – so sonderbar das klingt – für jene *interpretatio graeca* prädestiniert, die ihnen in den Schriften des Philo, des Josephus, des Plinius, des Dio Chrysostomus und anderer widerfuhr und die dazu führte, daß sie in der Forschung lange Zeit immer wieder als jüdische Neupythagoreer betrachtet werden konnten.

---

130 Vgl. oben S. 362. Auch die Traumdeutung der Essener (JOSEPHUS, Ant 17,345ff) gehört in diesem Zusammenhang. Vgl. A. DUPONT-SOMMER, Exorcismes et guérisons dans les écrits de Qoumrân, in Congress Volume, Oxford, 1959, VT.S, 7. Leiden 1960, 246–261.

9. Die Hellenisierung des antiken Judentums als Praeparatio Evangelica*

mit Hermann Lichtenberger

Eusebios von Caesarea (265–340 n. Chr.), der erste Autor einer umfassenden Kirchengeschichte, schrieb u. a. auch eine große Apologie des Christentums, deren erster Teil den Titel εὐαγγελικὴ προπαρασκευή, *praeparatio evangelica,* Vorbereitung des Evangeliums[1], trug. Darin versuchte er zu zeigen, daß im Vergleich mit der Weisheit der Griechen die – wie er sagt[2] – *Religion und Philosophie der Hebräer* an Alter und Wahrheitsgehalt überlegen sei. Anhand zahlreicher Zitate aus griechischen Philosophen und Schriftstellern weist er nach, wie sehr die größten Geister der Hellenen an der Offenbarungsweisheit des Gottesvolkes partizipiert hätten. Er konnte sich dabei auf ältere jüdisch-hellenistische Autoren aus vorchristlicher Zeit berufen, die fest davon überzeugt waren, daß bereits Orpheus, Pythagoras oder Plato das Werk des Moses, vor allem seinen Schöpfungsbericht, gekannt und abgeschrieben hätten[3]. Dies entspricht ganz gewiß nicht dem historischen Sachverhalt, es wird jedoch daraus deutlich, daß griechisch gebildete jüdische Gelehrte schon Jahrhunderte vor Christus beim Studium philosophischer Texte der Griechen, etwa des Timaios von Platon, glaubten, darin ihre eigene ältere religiöse Tradition wieder entdecken zu können[4]. Dieses eine Beispiel mag illustrieren, daß die beiden Fundamente, auf denen sich unsere sogenannte *abendländische Kultur* gründet, das griechisch-römische und das alttestamentlich-jüdische Erbe in der Antike nicht nur Gegensätze bildeten, sondern zugleich eine innere Affinität zeigten, die zu einer – gewiß spannungsreichen – Synthese hindrängte[5]. Diese Synthese vollzog sich im frühen Christentum, das im jüdi|schen Palästina als eine messianische Sekte entstand, dann aber rasch diese engen Grenzen

---

* Erstveröffentlichung in: Humanistische Bildung. Heft 4, 1981, S. 1–30. Die Anmerkungen wurden von Hermann Lichtenberger verfaßt.

1 Ed. K. Mras, GCS 43, 1 (1954), 2 (1956).

2 Praep. ev. 13,12,1 (Überschrift).

3 Praep. ev. 13,12,1ff (Aristobul); siehe dazu N. Walter, Der Thoraausleger Aristobulos, TU 86, Berlin 1964; ders., in JSHRZ 3, 261ff; M. Hengel, Judentum und Hellenismus. Studien zu ihrer Begegnung unter besonderer Berücksichtigung Palästinas bis zur Mitte des 2. Jh.s v.Chr., WUNT 10, Tübingen ^{3}1988, S. 299ff (JuH).

4 JuH 294.

5 Siehe dazu insgesamt JuH; weiter M. Hengel, Juden, Griechen und Barbaren. Aspekte der Hellenisierung des Judentums in vorchristlicher Zeit, SBS 76, Stuttgart 1976 (JGB).

sprengte und sich unaufhaltsam in der griechisch-römischen Welt ausbreitete. Es konnte freilich diesen Weg nur gehen, weil ihm bereits das griechischsprechende Judentum der Diaspora in intensiver Weise vorgearbeitet und jene Synthese vorbereitet hatte. Mit anderen Worten: Wer über das Christentum in der antiken Welt sprechen will, muß mit dem antiken Judentum beginnen.

Die Anfänge der Synthese, die sich im Christentum vollendet, gehen im Grunde auf das 4. Jh. v. Chr. zurück, in jene bewegte Zeit, da der zweiundzwanzigjährige Feuerkopf Alexander von Makedonien auszog, die halbe Welt zu erobern. Für den Ausleger des Neuen Testaments und Historiker des frühen Christentums beginnt dessen Vorgeschichte so schon 300 Jahre vor Augustus und Herodes, als Alexander nach Indien vordrang und seine Nachfolger, die Diadochen, sich um sein Erbe stritten[6].

Auch die Juden gehörten damals zu den von den siegreichen makedonischen Eroberern unterjochten orientalischen *Kolonialvölkern*, nicht nur im kleinen judäischen Mutterland, sondern auch in der Diaspora, in Babylonien, Syrien und Ägypten. Uns interessiert im folgenden vor allem das letzte Gebiet, Ägypten[7] unter der Herrschaft der neuen Dynastie der Ptolemäer, denn von dort besitzen wir durch die Papyri, Inschriften und eine neue jüdische Literatur in griechischer Sprache die meisten Nachrichten[8].

Wir werden jedoch nicht sofort mit der kulturellen und religiösen Begegnung zwischen Juden und Griechen einsetzen, sondern müssen zunächst kurz in einem ersten Teil gewissermaßen den *Unterbau*, die soziale und rechtliche Situation der Juden unter den neuen Herrschern, betrachten, um dann in einem zweiten die Übernahme griechischer Sprache, Bildung und Literaturformen zu behandeln, um schließlich zum Schluß | die Bedrohung und religiöse Selbstbehauptung der Juden in einer fremden, ja zum Teil feindlichen Umwelt an wenigen Beispielen darzustellen.

1. Schon unter den Persern hatte es zahlreiche jüdische Militärsiedler[9] in Ägypten gegeben, d.h. Söldner, die sich von einem zugeteilten Stück Ackerland ernährten. Ihre Zahl wurde nun durch die neuen Machthaber erheblich vermehrt. So eroberte der Begründer der ptolemäischen Dynastie, Ptolemaios I. Soter, gegen 302 v. Chr. durch eine List am Sabbat[10], an dem sich die Juden nicht richtig verteidigten, die Stadt Jerusalem und führte den größten Teil der Bevölkerung als Gefangene nach Ägypten. Eine Minderheit davon machte er zu Soldaten, die Mehrzahl wurde Sklaven. Jüdische Soldaten und Sklaven

---

[6] JGB 11ff.

[7] JuH 8ff; JGB 126.

[8] JGB 126ff; V.A. Tcherikover/A. Fuks, Corpus Papyrorum Judaicarum I, S.131ff (CPJ); knappe Zusammenfassung bei H. Hegermann, Griechisch-jüdisches Schrifttum, in: J. Maier/J. Schreiner, Literatur und Religion des Frühjudentums, Würzburg-Gütersloh 1973, S.163ff; weiter A.-M. Denis, Introduction, siehe unter A.62.

[9] JGB 116ff.

[10] Josephus Ant. 12,4ff; Ap. 1,209ff.

bildeten so die Grundlage für die Ausweitung der Diaspora im Westen. Da jedoch für die streng staatskapitalistisch gelenkte ptolemäische Planwirtschaft die Verwendung von Sklaven weniger lukrativ war als die von freien Lohnarbeitern und Pächtern, die nicht nur fleißiger arbeiteten, sondern im Gegensatz zu den Sklaven rigoros besteuert werden konnten, soll der zweite Ptolemäer Philadelphos eine großzügige Freilassung der von seinem Vater nach Ägypten verschleppten jüdischen Sklaven angeordnet haben. Der sogenannte Aristeasbrief nennt übertreibend eine Zahl von 100000[11]. In einer Papyrussammlung aus der Mitte des 3. Jh. v. Chr., dem sogenannten Zenonarchiv[12], begegnen uns entsprechend neben jüdischen Haussklaven auch freie jüdische Lohnarbeiter der niedersten sozialen Stufe: Weingärtner, Schäfer, Hundewärter und Ziegeleiarbeiter. Für den Selbstbehauptungswillen dieser einfachen Tagelöhner im fremden Land ein Beispiel: Eine Arbeitsabrechnung enthält am siebenten Tag nicht die Zahl der abgelieferten Ziegel, sondern den lakonischen Vermerk *sabbata*, d.h., daß die jüdischen Ziegelarbeiter auch in ihrer gedrückten sozialen Situation dem Glauben ihrer Väter treu geblieben waren und | den Sabbat trotz des Widerstandes der fremden Herren strikt einhielten[13]. Ein derartiges Verhalten konnte von Nichtjuden als anstößig empfunden werden. Spätere antisemitische Schriftsteller der Antike verspotteten darum diese Treue gegenüber dem dritten Gebot bei den Juden als bösartige Faulheit[14]. Etwa aus der gleichen Zeit stammt die erste eindeutige Erwähnung eines Juden auf europäischem Boden in einer Freilassungsschrift aus Oropos in Attika. Dort wird der Jude Moschos, S.d. Moschion[15], aufgrund eines Befehls befreit, den er durch den Heilgott Amphiaros im Traum beim Tempelschlaf empfangen hatte. Er muß sich offenbar an den heidnischen Kult seiner griechischen Umwelt assimiliert haben. Rund 100 Jahre später wird in Delphi die Jüdin Antigone mit ihren beiden Töchtern Theodora und Dorothea[16] freigelassen. Hier ist die Situation völlig anders. Die Namen der beiden Mädchen, die ja beide *Gottesgabe* bedeuten, waren ein deutliches Bekenntnis zum Gott der Väter. Es ist bezeichnend, daß als häufigster griechischer Name bei den Juden in der Diaspora Dositheos bzw. auch Theodotos/Theodoros erscheint. Dositheos, *Gott schenkt*, wurde fast nur von Juden verwendet. Hier in der Fremde waren Kinder in besonderer Weise Gottes Gabe. Man brachte so gerade durch den

---

11 Aristeasbrief 12–14.23.

12 Zu Personen und Archiv siehe KP 5, Sp. 1497; CPJ I, S. 113ff.

13 Siehe CPJ I, S. 136, Nr. 10.

14 Zur Arbeitsruhe am Sabbat als *Faulheit* siehe E. Lohse, Art. σάββατον, ThWNT 7, 17f; J. N. Sevenster, The Roots of Pagan Anti-Semitism in the Ancient World, NT.S. 4, Leiden 1975, S. 126–130; weiter F. Siegert, Gottesfürchtige und Sympathisanten, JSJ 4, (1973), S. 148.

15 Vgl. M. Mitsos, Archailogike Ephemeris 1952 (ed. 1955), S. 194–196; JGB 121.

16 CIJ I, S. 512f, Nr. 709; JGB 121.

griechischen Namen die Treue gegenüber dem einen Gott Israels zum Ausdruck, selbst wenn man nur eine jüdische Sklavin war[17].

Sozial besser war die Lage der jüdischen Militärsiedler in Ägypten. Vor allem seit dem 2. Jh. v. Chr., als die politischen Verbindungen des Ptolemäerreiches zum griechischen Mutterland zurückgingen, mußten die Herrscher noch mehr als bisher auf diese jüdischen Söldner zurückgreifen. Das kleine jüdische Bergland konnte so wenig wie die Schweiz im Mittelalter seine wachsende Bevölkerung ernähren. Junge jüdische Bauernsöhne aus kinderreichen Familien, die der karge Boden nicht mehr ernähren konnte, traten daher wie später | die Schweizer Reisläufer in den Dienst fremder Könige. Ein Handelsvolk waren die Juden damals noch nicht. Besonders der judenfreundliche König Ptolemaios VI. Philometor (180–145) räumte seinen jüdischen Parteigängern großen Einfluß ein. Er gestattete dem aus Palästina geflüchteten Hohenpriester Onias IV., in Leontopolis[18] im östlichen Nildelta, dem alten Land Gosen der Bibel, eine jüdische Militärkolonie mit eigenem Tempel zu errichten und machte ihn und später seine Söhne zu ptolemäischen Generälen[19]. Von jetzt an stellten die jüdischen Truppen unter eigenen Strategen bis in die Zeit Cäsars und Kleopatras einen wesentlichen politischen Machtfaktor dar. Sie bildeten zwischen Ägyptern und Griechen eine dritte Kraft. Wahrscheinlich erhielt unter demselben Herrscher auch die wachsende jüdische Bevölkerung in der Hauptstadt Alexandria eine eigene *Verfassung*, aufgrund derer sie sich zu einem selbständigen *Politeuma* unter Führung eines *Ethnarchen* zusammenschloß. Zu Beginn der römischen Herrschaft soll nach dem Urteil Philos die jüdische Bevölkerung in Ägypten rund eine Million[20] – gegenüber sieben Millionen Ägyptern und Griechen – betragen haben; das mag übertrieben sein, auf jeden Fall war sie größer als im palästinischen Mutterland. Auf Alexandrien[21] entfallen dabei einige hunderttausend, die in einem eigenen Stadtviertel beisammen wohnten. Diese wichtigste Metropole des östlichen Mittelmeers und der größte Schmelztiegel der antiken Welt wurde zum eigentlichen Zentrum der geistigen Begegnung zwischen dem Diasporajudentum und dem Geist des Hellenismus, zugleich aber auch zur Brutstätte des antiken Antisemitismus[22].

Ich habe hier an wenigen Beispielen in umrißhafter Weise die große soziale und politische Veränderung der jüdischen Diaspora in Ägypten skizziert, die sich in knapp 250 Jahren vollzog. Am Anfang stand eine sozial gedrückte und

---

17 JGB 121.

18 Zum Tempel in Leontopolis, siehe Josephus Ant. 12, 387f; 13,62–73; 20, 236.

19 Josephus Ant. 13,285; vgl. CPJ I, S. 24.

20 Philo Flacc. 43.

21 H. F. Weiss, Art. Alexandrien II: Judentum in Alexandrien, TRE 2,262–264.

22 Zum Antisemitismus in Alexandrien siehe N. R. M. De Lange/C. Thoma, Art. Antisemitismus I, TRE 3,116f; J. N. Sevenster, op.cit. passim und jetzt grundlegend P. Schäfer, Judeophobia, 1966.

machtlose Minderheit, die aber dann mehr und mehr politische und auch wirtschaftliche Bedeutung im fremden Lande | gewann, bis sie dort zu fast so etwas wie einem Staat im Staate wurde.

2. Diese Entwicklung war nur möglich durch die Aufnahme der griechischen Sprache und Zivilisation. Die jüdischen Sklaven, Bauern, Handwerker und Soldaten legten in erstaunlich kurzer Zeit die ihnen vertraute aramäische Muttersprache ab und nahmen die griechische Sprache der Herrenschicht an, d.h. sie überwanden die schwierige *Sprachbarriere*[23]. Für einen Semiten war dies wohl noch schwerer als für die jungen Theologen, die auch heute noch Griechisch lernen müssen. Es gibt nur noch ganz wenige jüdische Papyri und Inschriften in aramäischer und hebräischer Sprache aus dem hellenistischen Ägypten, und überhaupt keine Zeugnisse für die Kenntnisse des Ägyptisch-Demotischen. Schon auf den Papyri des 3. Jh.s v. Chr. tragen lediglich etwa 25% der dort erwähnten Juden noch traditionelle jüdisch- palästinische Namen, der Rest hat griechische, ägyptische finden sich in der Frühzeit überhaupt nicht. Es zeigt sich hier eine deutliche Tendenz zur Angleichung an die herrschende Schicht der Makedonen und Griechen. Das gemeinsame Leben, speziell der jüdischen Militärsiedler mit Söldnern aus Griechenland und Kleinasien, führte zu einer raschen Annahme der fremden Sprache, und damit auch griechischer Sitten. Im 2. Jh. ist der prozentuale Anteil der traditionellen jüdischen Namen wieder etwas stärker, einmal, weil jetzt die jüdischen Söldner mehr in national geschlossenen Gruppen dienten, und zum anderen, weil durch die Erfolge des Makkabäeraufstandes in Palästina und die größere politische Macht in Ägypten auch das nationale und religiöse Selbstgefühl der Minderheit gewachsen war[24]. Nicht die bedingungslose Assimilation gegenüber der fremden Kultur, sondern die Verbindung von Angleichung und Selbstbehauptung in einer neuen Sprache und Lebensform war das Ziel der griechisch-sprechenden Juden in Ägypten, eine Haltung, die auch bei | den jüdischen Minderheiten in der Cyrenaika, Kleinasien, Griechenland und selbst Rom zu beachten ist. Grundlage dafür waren zwei revolutionäre Neuerungen, die später zu einem Ausgangspunkt für die urchristliche Mission werden sollten: 1. die sogenannte Septuaginta, die Übersetzung des Alten Testaments ins Griechische[25],

2. die Synagoge einmal als gottesdienstliches Gebäude sowie als Ausdruck kultureller und religiöser Lebensgemeinschaft in einer freien Gemeinde und der damit verbundene reine Wortgottesdienst[26].

---

[23] JGB 116ff.

[24] JGB 117f.

[25] JGB 128ff.

[26] JGB 129ff. Zur griechischen Synagogenpredigt siehe jetzt F. Siegert, Drei hellenistisch-jüdische Predigten: Pseudo Philo: „Über Jona", „Über Simson" und „Über die Gottesbezeichnung ‚wohltätig verzehrendes Feuer'". Übersetzung aus dem Armenischen mit sprachli-

Getreu dem Gebot der Kultzentralisation in Jerusalem, nach dem fünften Buch Moses, errichteten die Juden in Ägypten keine Tempel mehr mit obligatem Opfergottesdienst; dieser blieb allein dem Heiligtum auf dem Zion in der Heiligen Stadt vorbehalten. Der eine Tempel, den der Hohepriester Onias IV. während der Makkabäerkämpfe ca. 160 v. Chr. in Leontopolis[27] errichtete, war eine umstrittene Ausnahme, die die Regel bestätigt. Der Gottesdienst erhielt nun in den Diasporagemeinden eine neue, opferlose Form: Er wurde – eine echte Neuerung in der Antike – zum reinen Wortgottesdienst mit Gebet, Hymnengesang, Schriftlesung und Auslegung. D. h., sowohl der Gottesdienst der Urkirche, des Islam wie später des reformierten Protestantismus geht im Grunde auf die Diasporasynagoge zurück. Im Gegensatz zum Opferkult des Tempels hatte die neue Gottesdienstform ganz stark lehr- und bekenntnishafte Form. Es war diese wöchentliche Unterweisung im Gesetz und die gemeinsam rezitierte Liturgie am Sabbat, die die Juden in einem fremden Sprach- und Kulturmilieu beim Glauben der Väter erhielt. Vermutlich führte die Begegnung mit dieser, gerade für den Griechen neuartigen Form des Gottesdienstes die frühesten griechischen Berichterstatter wie Theophrast und Hekataios zu dem Urteil, es handle sich bei den Juden um ein Volk von *barbarischen Philosophen*[28]. Auch Josephus[29] und vor allem Philo[30] betonen diese philosophische Art des jüdischen Gottesdien|stes. Die Synagoge wurde damit zur großen Schule des Volkes, und sie ist es im Grunde bis heute geblieben.

Der Sprachwechsel vom Aramäischen zum Griechischen erforderte auch eine Übersetzung des Gesetzes. Zunächst hatte man wohl die Tora noch im Urtext vorgelesen und durch einen Dolmetscher *ad hoc* übersetzen lassen, aber bald, noch in der ersten Hälfte des 3. Jh. s, entstand eine schriftliche Übersetzung der fünf Bücher Moses. Nach der Legende des Aristeasbriefes[31] soll sie auf Wunsch des Königs durch 72 Übersetzer aus Judäa gefertigt worden sein, daher der Name *Septuaginta*. Die späteren Schriften, Propheten und Hagiographen wurden dann sukzessive in den nächsten 150 Jahren ins Griechische übertragen. Ein Teil dieser Schriften, z. B. das sogenannte Estherbuch[32], wurden sogar in Jerusalem selbst übersetzt. Die Übertragung einer derartigen *barbarischen Offenbarungsschrift* ins Griechische, die sowohl heilsgeschichtliche wie gesetzliche und poetische Partien enthielt, war ein Novum für die

---

chen Anmerkungen, WUNT 20, Tübingen 1980; dazu die ausführlichen Drei hellenistisch-jüdische Predigten II, WUNT 61, 1992.

27 Siehe oben A. 18

28 JuH 464–467.

29 JuH 483 f. Zur Synagoge s. o. S. 171–195.

30 Siehe bes. Philos Bericht über die Therapeuten, Vit. Cont.

31 Aristeasbrief 35 ff; vgl. Philo Vit. Mos. 2,31 ff; Josephus Ant. 12,11 ff; dazu N. WALTER, Aristobul 95 und A. 1. Zur LXX s. R. HANHART und M. HENGEL in: M. Hengel/A. M. Schwemer (Hg.), Die Septuaginta, WUNT 72, 1994, 1–19, 182–284.

32 JuH 187 (Est 10, 11).

hellenistische Welt, zu dem uns keine Parallele erhalten ist. Schon durch ihre Form unterschied sie sich grundsätzlich von aller anderen griechischen Literatur. Es fehlt in ihr jeglicher rhetorisch-stilistischer Aufputz, denn sie beruhte auf einer handwerklich-einfachen, wörtlichen, aber auch nicht sklavischen Wiedergabe. Das bedeutet, daß die Übersetzer zugleich Ausleger waren, die sich bemühten, das heilige Wort in einer neuen Sprache und Umwelt auszusagen, ohne dasselbe zu verfälschen. Zwei Beispiele mögen zeigen, daß sie zugleich auch Berührungen mit griechischem Denken enthielt. So wird die Selbstoffenbarung Gottes im Dornbusch vor Moses (2. Moses 3,14) *Ich bin der ich bin*, mit ἐγώ εἰμι ὁ ὤν = *ich bin der Seiende*, wiedergegeben. *So sollst du den Söhnen Israels sagen*: ὁ ὤν, *der Seiende, hat mich zu euch gesandt.* Hier vollzieht sich doch eine bezeichnende Angleichung der Gottesvorstellung an griechisches Denken[33]. Für den späteren jüdischen Religionsphilosophen Philo von Alexandrien ist | ὁ ὤν, der Seiende, die allein wirklich zureichende Gottesbezeichnung; die üblichen Bezeichnungen κύριος, das Äquivalent für den nicht mehr aussprechbaren Gottesnamen Jahwe-Jaho (Ἰαω) und θεός sind nur Ausdruck der göttlichen Kräfte, und zwar Gottes herrscherlich-richterlichen und gütig-vergebenden Gewalt[34]. Im 1. Mose 1,2 übersetzt die Septuaginta das *tohu wabohu*, das *wüst und leer* des Urchaos mit ἀόρατος καὶ ἀκατασκεύαστος, die Erde war *unsichtbar und ungeformt*. Hier wird der griechische Gegensatz von wohlgeordnetem Kosmos und dem Chaos der ungeformten Materie gegenübergestellt. Entsprechend wurde das *und siehe es war sehr gut* beim Abschluß der Schöpfung mit καὶ ἰδοὺ καλὰ λίαν, d. h. mit *sehr schön* im Sinne von καλός *trefflich, zweckmäßig* wiedergegeben[35]. Freilich wurde die Septuaginta von der nichtjüdischen gebildeten Welt zunächst kaum beachtet. Die hellenistischen und römischen Schriftsteller von dem Ägypter Manetho[36] bis hin zu Tacitus[37] hielten sich mehr an abgeschmackte antijüdische Traditionen von der Art, die Juden seien unter dem abtrünnigen Priester Mose als Aussätzige und Verbrecher aus Ägypten vertrieben worden, und sie würden im Tempel in Jerusalem einen Esel als Gott verehren[38]. Keine Beschuldigung vom Ritualmord bis zum Vorwurf des *Atheismus*[39] war zu absurd, als daß sie nicht

---

33 JuH 294 A. 361.

34 Philo Mut. 11 ff.

35 JuH 294 A. 361.

36 Text bei M. Stern, Greek and Latin Authors on Jews and Judaism, I. Jerusalem 1976, S. 66 ff.

37 Vgl. Tacitus, Hist. 5,3 f.

38 So bereits um 200 Mnaseas von Patara, Text bei M. Stern, op.cit. 97 f; Literatur siehe M. Hengel, Mors turpissima crucis, FS E. Käsemann, Tübingen-Göttingen 1976, S. 136; ders. Crucifixion, London 1977, S. 19.

39 Z. B. in den Acta Alexandrinorum, siehe H. Musurillo, Acta Alexandrinorum, Leipzig 1961, S. 34 (Acta Hermaisci VIII, 43.49, vgl. CPJ II, S. 82 ff) und 41 (Acta Pauli et Antonini VI, 14, vgl. CPJ II, S. 87 ff); s. auch CPJ I, S. 89 f; H. Musurillo, The Acts of the Pagan Martyrs. Acta Alexandrinorum, Oxford 1954, Nachdruck 1979, z. St.

gegen die Juden erhoben wurde. Diese unsinnigen Anschuldigungen gingen dann zum großen Teil bruchlos in die antike Polemik gegen die Christen über[40]. Erst ab dem 1. Jh. n. Chr. finden wir dann auch häufiger positive heidnische Zeugnisse für die Septuaginta. So wurden sowohl die hermetische[41] und gnostische Offenbarungsliteratur Ägyptens[42] wie auch einzelne Philosophen wie Numenios[43] durch die Tradition von Schöpfung und Anfang der Menschheit in Gen. 1–11 beeinflußt. Eine wirkliche Breitenwirkung erhielt die griechische Bibel erst durch das Christentum[44].

Die zweite zukunftsträchtige Neuerung war das Synagogengebäude als Stätte des opferlosen Wortgottesdienstes[45]. |

Es ist erstmals durch zwei – bereits griechische – Inschriften aus der Zeit des 3. Ptolemäers Euergetes (247–221 v. Chr.) bezeugt. Eine davon lautet:

Zur Ehre des Königs Ptolemaios und der Königin Berenike, der Schwestergemahlin und der Kinder, (widmeten) die Juden in Krokodilopolis diese Proseuche[46]. Wie auch heidnische, der Isis, Sarapis oder anderen Göttern gehörende Tempel war – mit fast demselben Wortlaut – das jüdische Kultgebäude dem Herrscherhaus gewidmet[47]. Es bestand nur ein bezeichnender Unterschied, daß das Königspaar hier nicht mehr als Götter, als ϑεοί, angesprochen wurde. Die religiöse Bedeutung der Neuerung liegt dabei im letzten Wort: προσευχή[48], d.h. Gebetsstätte, ein ganz neuer Begriff, den die Griechen so noch nicht kannten und den erst die Übersetzer der Septuaginta geschaffen haben. Die Bezeichnung *Gebetsstätte* weist darauf hin, daß in dem neuen reinen Wortgottesdienst das Gebet verbunden mit dem Gebetslied, dem Hymnus, im Mittelpunkt stand, wozu Schriftlesung und auslegende Predigt hinzutraten[49].

---

40 Zum Vorwurf der Gottlosigkeit gegen Christen siehe E. STAUFFER, Art. ϑεός κτλ., ThWNT 3,122; E. FASCHER, Der Vorwurf der Gottlosigkeit in der Auseinandersetzung bei Juden, Griechen und Christen, FS O. MICHEL 1963, S. 78–105.

41 A. D. NOCK/A. FESTUGIÈRE, Corpus Hermeticum, 1–4, Paris, 1972–73.

42 Edition der Nag Hammadi-Texte: The Facsimile Edition of the Nag Hammadi Codices, Leiden 1972ff.

43 Vgl. KP 4, 192ff; M. STERN (o. A. 36) II, 206–216.

44 Zur Geschichte und Bedeutung siehe E. WÜRTHWEIN, Der Text des Alten Testaments, Stuttgart 1973, S. 50ff; S. P. BROCK/CH. T. FRITSCH/S. JELLICOE, A Classified Bibliography of the Septuagint, ALGHJ 6, Leiden 1973; S. JELLICOE, The Septuagint and Modern Study, Oxford 1968; ders. (ed.); Studies in the Septuagint: Origins, Recensions, and Interpretations, New York 1974. S. auch o. A. 31.

45 Siehe M. HENGEL, Proseuche und Synagoge. Jüdische Gemeinde, Gottesdienst in der Diaspora und in Palästina, FS K. G. Kuhn, Göttingen 1971, S. 157–184 o. S. 171–195; auch in: J. GUTMANN (ed.), The Synagogue: Studies in Origins, Archaeology and Architecture, New York 1975, S. 27–54.

46 Siehe M. HENGEL, Proseuche: o. 171f; CPJ III, S. 164 (Nr. 1532 A); B. LIFSHITZ, Donateurs et fondateurs dans les synagogues juives, CRB 7, Paris 1967, S. 80f. (Nr. 99).

47 s. o. 172.

48 s. o. 174.

49 s. o. 175–178.

Auch diese Tradition hat sich im Judentum im Grunde bis heute erhalten. Es ist wie kaum eine andere eine Religion des Gebets geblieben. Die Kraft seiner Gebete gab ihm den Rückhalt, die Verfolgungen und Nöte einer nun über zweitausendjährigen Zeit der Zerstreuung und Verfolgung durchzustehen. Auch die christliche Liturgie ist zu einem guten Teil aus dem Gebetsschatz der griechischsprechenden Diasporagemeinde herausgewachsen[50]. Das erste Synagogengebäude begegnet uns archäologisch greifbar auf der Insel Delos[51] in der Ägäis gegen Ende des 2. Jh.s v. Chr., damals ein wichtiger Umschlagplatz zwischen dem östlichen Mittelmeer und Rom. Es besteht aus zwei schlichten Räumen, dem einen für Männer, dem anderen für Frauen. Der einzige Schmuck sind der Sessel für den Versammlungsleiter und einige Weihinschriften an den Wänden, die ganz hellenistisch stilisiert, dem höchsten Gott, dem θεὸς ὕψιστος gewidmet sind, eine davon als Dank für Heilung aus schwerer Krankheit. Aus einer anderen sehen wir, daß es sich bei diesen | Räumen um eine προσευχή, eine jüdische Kultstätte, handelt[52]. Rituelle, dingliche Heiligkeit war dem synagogalen Raum ursprünglich fremd, erst nach der Zerstörung des Tempels wurden Schritt für Schritt Funktionen des Jerusalemer Heiligtums auf das Synagogengebäude übertragen[53]. Es erhielt jetzt die palästinische Bezeichnung *Versammlungshaus, bêt hak-kᵉnäsät*, griechisch verkürzt συναγωγή[54], und dann später im Mittelalter auch die Bezeichnung *hekhal* = *Tempel*. Der Name *Gebetsstätte* (in etwas anderer Form als εὐκτήριον) ging dagegen sonderbarerweise auf die frühchristlichen Hauskirchen über[55].

Die Gebetsstätte wurde getragen von der synagogalen Gemeinde. Das hellenistische Recht bot die Möglichkeit von landsmannschaftlichen und religiösen Zusammenschlüssen in der Form vereinsartiger Korporationen mit rechtlich fixierter Verfassung und eigener Gerichtsbarkeit. Im ptolemäischen Ägypten und in der Cyrenaika schlossen sich die Juden zu derartigen πολιτεύματα zusammen, in römischer Zeit begegnet uns in der Regel dann die Bezeichnung Synagoge im Sinne religiöser *collegia*, d.h. von privaten Kultvereinen[56]. Der

---

50 Siehe W. Bousset, Eine jüdische Gebetssammlung im siebenten Buch der Apostolischen Konstitutionen, NAWG 1915, S. 435–489; insgesamt jüngst G. Kretschmar, Art. Abendmahlsfeier I, TRE 1, 229–278; jetzt: M. Hengel, Studies in Early Christology, Edinburgh, 1995, 227–299.

51 M. Hengel, Proseuche: o. S. 179f; F. Hüttenmeister/M. Hengel, Art. Synagoge, BRL, Tübingen 1977, S. 327.

52 M. Hengel, Die Synagogeninschrift von Stobi, ZNW 57 (1966), S. 145–183, bes. 161 A. 53; 174 A. 97; auch in J. Gutmann, op.cit., S. 110–148; weiter M. Hengel, Proseuche 167 A. 43.

53 Siehe W. Schrage, Art. συναγωγή, ThWNT 7, 821–823; M. Hengel, Stobi 173ff; ders., Proseuche 166f.

54 M. Hengel, Proseuche: o. S. 190f.

55 o. S. 189, 194..

56 o. S. 182f.

Begriff συναγωγή = wörtlich Versammlung, kommt aus der Septuaginta[57], vermutlich wählten die frühen Christen in bewußter Konkurrenz zu diesem von den jüdischen Gemeinden bereits belegten Begriff das ebenfalls in der Septuaginta für die Vollversammlung Israels verwendete griechische Wort ἐκκλησία[58]. Frühchristlicher Gottesdienst und Gemeindeverfassung haben sich so einerseits in enger Abhängigkeit, teilweise aber auch in bewußter Abgrenzung zur jüdischen Diasporagemeinde herausgebildet. Der Kern der Synagogengemeinde bestand aus Volljuden, geleitet wurde sie von jährlich gewählten Archonten – ganz wie bei hellenistischen Vereinen –, oder in palästinischer Manier durch Älteste[59]. Um diesen Kern herum bestand ein Kreis von heidnischen Sympathisanten, nicht selten vornehmen Damen der höheren Gesellschaft[60]. Das berühmteste Beispiel für eine solche | Sympathisantin ist die Kaiserin Poppäa, die Frau Neros, die Josephus eine Gottesfürchtige (θεοσεβής) nennt[61]. Die jüdischen Gemeinden wurden so gewissermaßen von selbst zu Missionszentren. Die reine monotheistisch-ethische, fast philosophische Form des Gottesdienstes war auch für Nichtjuden attraktiv. Die christliche Mission konnte sich hier fast nahtlos an die jüdische Propaganda anschließen.

Die Verbindung von heiliger Geschichte und Gesetz in der Septuaginta bestimmt auch die uns erhaltene jüdische Literatur in griechischer Sprache[62]. In ihrem sprachlichen und intellektuellen Niveau, wie auch in ihren literarischen Gattungen – wir würden heute sagen: *bildungssoziologisch* – extrem verschieden, hat sie doch eine einheitliche Grundtendenz, die alle diese inhaltlich und formal so differenzierten Werke miteinander verbindet: Sie wollen der Verherrlichung des eigenen Volkes, seiner heiligen Geschichte, seines Glaubens an den einen Gott und des von ihm gegebenen Gesetzes dienen, wobei das Gesetz gerne in allgemeingültig-ethischer, d. h. popularphilosophischer Weise interpretiert wurde[63]. Das Diasporajudentum erschien als eine universale monotheistisch-ethische – und d. h. zugleich nach dem eigenen Urteil *vernünftige* Religionsgemeinschaft. Ich möchte im folgenden einige typische Beispiele

---

57 Siehe dazu W. SCHRAGE, art.cit. 802–806.

58 W. SCHRAGE, art.cit., 803.

59 M. HENGEL, Proseuche: s. o. S. 184.

60 F. SIEGERT, art.cit. (A. 14), S. 149–151.

61 Josephus, Ant. 20, 195.

62 Siehe jetzt die knappe Übersicht bei S. SANDMEL, Judaism and Christian Beginnings, New York 1978, S. 262–301; ausführlich: A.-M. DENIS, Introduction aux pseudépigraphes grecs d'Ancien Testament, SVTP 1, Leiden 1970; Texte in: ders., Fragmenta pseudepigraphorum quae supersunt graeca, PVTG 3, Leiden 1970.

63 Siehe jetzt M. KÜCHLER, Frühchristliche Weisheitsspekulationen, OBO 26. Fribourg-Göttingen 1979, S. 57 ff. 125–127 (zu Aristobul); 117 ff (zu Demetrios); zum ganzen siehe M. HENGEL, Anonymität, Pseudepigraphie und „literarische Fälschung" in der jüdisch-hellenistischen Literatur, in: Pseudepigrapha I, hrgs. v. K. von Fritz, Vandoeuvres-Genève, 1972, S. 231 ff = o. S. 196–293 mit einem Gesamtüberblick.

herausgreifen, die zeigen, daß bei der – z.T. virtuosen – Verwendung ganz verschiedener, typisch griechischer Literaturgattungen diese heilsgeschichtliche und zugleich rationale Tendenz immer wieder durchschlägt.

So schreibt noch im 3. Jh. v. Chr. ein jüdischer Historiker, Demetrios[64], – man beachte den heidnischen Namen nach der Göttin Demeter – aufgrund der Angaben der Septuaginta eine Chronologie der Geschichte Israels, um – nach den Worten Eusebs (h.e. 6,13,7) – *das höhere Alter des Moses und des jüdischen Volkes gegenüber den Griechen (zu) beweisen*. Er folgt darin dem Graeco-Ägypter Manetho[65], der | uns eine Chronologie der ägyptischen Könige mit antijüdischen Einschüben hinterlassen hat. Nebenher versucht Demetrios in der Manier der alexandrinischen Philologen, scheinbare Widersprüche im heiligen Text durch Kombination, d.h. nach der Methode der ἀπορίαι καὶ λύσεις zu lösen[66]. Ähnliche apologetische Ziele verfolgt der Jude Artapanus[67] mit einer ganz anderen Literaturgattung, dem aretalogischen, einen religiösen Heros verherrlichenden Roman. Von ihm besitzen wir die erste Mosebiographie[68]. In ihr werden Joseph und dann vor allem Mose mit den bei den Griechen beliebten Zügen des *ersten Erfinders*[69] gezeichnet, dem bzw. denen Ägypten und Griechenland, d.h. die zivilisierte Welt, die Wohltaten der Kultur verdanken. Mose wird dabei mit dem ägyptischen Urweisen Hermes-Thot, dem Erfinder der Schrift, und für die Griechen mit Mousaios, dem angeblichen Lehrer des Orpheus, identifiziert, der den Griechen die Mysterien brachte. Nicht nur Technik und Wissenschaft, sondern selbst die Religionen beider Völker gehen so auf Mose zurück[70]. In diesem Punkt konnte der jüdische Verfasser die hellenistische Religions- und Mythenkritik des Euhemeros[71] aufgreifen und sie gegen seine heidnische Umgebung wenden. Euhemeros hatte behauptet, daß die griechischen Götter nur große Herrscher und Wohltäter der Urzeit gewesen seien, die dann später göttlich verehrt wurden.

Eine ähnliche Form rationaler Religionskritik begegnet uns auch in der jüdischen Sibylle[72]. Hier legt der jüdische Verfasser in der Mitte des 2. Jh.s v.

---

64 A.-M. Denis, Introduction 248–251; Fragmente: A.-M. Denis, Fragmente 175–179, N. Walter, in: JSHRZ 3, S. 280–292.

65 M. Stern, op.cit. I, S. 62–86.

66 Z.B. Euseb.Praep.ev.9,29, 16 (Denis, Fragmenta 179).

67 A.-M. Denis, Introduction S. 255–257; Fragmente bei A.-M. Denis, Fragmenta S. 186–195; N. Walter, in: JSHRZ 1, 121–126.

68 A.-M. Denis, Fragmenta S. 187–195.

69 Dazu JuH 166 und A.251 (Lit.).

70 Euseb.Praep.ev. 9,27,3–6; bei A.-M. Denis, Fragmenta S. 187f; Übersetzung bei N. Walter, in: JSHRZ 1, S. 129f. In Wirklichkeit ist Mousaios Schüler des Orpheus.

71 Siehe KP 2,424f.

72 A.-M. Denis, Introduction S. 111–122; Text J. Geffcken, Oracula Sibyllina, 1902; A.M. Kurfess, Sibyllinische Weissagungen, 1951; zur Literatur siehe jetzt V. Niki-Prowetzky, La troisième Sibylle, Paris-Mouton-Den Haag 1970; J.J. Collins, The Sibylline Oracles of Egyptian Judaism, Missoula, Mo. 1974; M. Hengel, Anonymität (s. A. 63), o. S. 237ff.

Chr. der ältesten Prophetin und angeblichen Tochter des Noah Weissagungen in den Mund, die – in Hexametern und in der archaischen Sprache Homers – die ganze Geschichte der Menschheit von der Sintflut bis zum Anbruch des endzeitlichen Gottesreiches und der Herrschaft des Messias umfassen. In dieser Form der sibyllinischen Weissagung, die immer neue, später auch christliche Nachahmer[73] fand, hat sich das jüdisch-apokalyptische Geschichtsbild dem ganzen Abendland mitgeteilt. |

Ich erinnere nur an die Propheten und Sibyllen Michelangelos in der Sixtina. Die griechischen Götter der Theogonie Hesiods werden darin auf euhemeristische Weise als Urkönige *entmythologisiert*[74]. Sie sind es, die nach dem Turmbau von Babel und der Sprachverwirrung zum ersten Mal den Krieg unter die Menschen brachten. Erst die Gottesherrschaft am Ende der Zeit kann der Menschheit wieder den wahren Frieden schenken[75].

Ein Drama im Stil des Euripides dichtete ein jüdischer Tragiker, Ezechiel[76]. Er schildert darin die Geschichte Moses und den Auszug aus Ägypten. Wo aber bei Euripides vor allem Schicksal und Verhängnis walten, ist bei Ezechiel die gnädige Vorsehung Gottes als des Herrn der Geschichte am Werk. Es ist gut möglich, daß jüdische Gemeinden derartige Dramen aus der heiligen Überlieferung aufgeführt haben, so besaß die jüdische Gemeinde in Berenike in der Cyrenaika eine Versammlungsstätte in der Form eines Theaters[77].

Ich möchte mich mit diesen vier beispielhaften Proben aus der frühesten jüdisch-hellenistischen Literatur begnügen. Sie zeigen uns ein Zweifaches. Einmal müssen die Verfasser eine mehr oder weniger gründliche Ausbildung in griechischer Sprache und Rhetorik durchlaufen haben, d. h. sie haben als Juden griechische Bildung angestrebt. Griechische Mythologie ist ihnen ebenso vertraut wie Literatur und Poesie. Doch solche Kenntnisse bedeuten nicht etwa den ersten Schritt zur Assimilation an die fremde Kultur und Religion. Im Gegenteil, sie werden zum wirksamen Mittel, die eigene heilige Tradition darzustellen und zu verteidigen. Dies war keine Ausnahme, sondern die Regel. Wir könnten eine ganze Reihe jüdischer Schriftsteller anführen, die im Besitz griechischer Bildung die gleiche Tendenz vertraten. Die Reihe geht von dem Historiker Jason von Kyrene[78], dessen Werk von fünf Büchern im 2. Makkabäerbuch zu|sammengefaßt ist, bis zu Josephus[79] und von dem Religionsphi-

[73] Siehe bei A. M. KURFESS, op.cit., S. 204ff; JGB 136. S. auch o. S. 237–341.
[74] Sib 3,97ff; JuH 484; JGB 135f.
[75] Sib 3,367–380; bes. 3,741–808.
[76] A.-M. DENIS, Introduction, S. 187–191; Text: DERS., Fragmenta, S. 207ff; s. o. S. 205f.
[77] Siehe M. HENGEL, Proseuche: o. S. 192, A. 107.
[78] JuH 176–183.
[79] Siehe KP 2, 1440–1444.

losophen Aristobul[80], dem Berater des 6. Ptolemäers, bis zu Philo[81]. Sie sind alle ohne Ausnahme Apologeten ihres Glaubens und gebrauchen dazu die rhetorischen und stilistischen Mittel der griechischen Literatur.

3. Aber vielleicht habe ich bisher doch diese Auseinandersetzung zu positiv dargestellt. Es gab auch Fälle der völligen Assimilation, des Abfalls vom jüdischen Glauben. Dies war zugleich ein soziales Problem. Die Ptolemäer behandelten die jüdische Aristokratie aus politischen Gründen in bevorzugter Weise. Die Glieder der Oberschicht nahmen daher am schnellsten griechische Sprache und Kultur an, bei ihnen war auch die persönliche Bindung an das religiöse Erbe der Väter häufig relativ schwach. So begegnet uns in den Zenonpapyri[82] des 3. Jh.s im Ostjordanland, d.h. im Mutterland selbst, ein jüdischer Feudalherr, Tobias, nach Josephus der Schwager des Hohepriesters Onias II., als Befehlshaber einer gemischten jüdisch-makedonischen Streitmacht[83]. Der selbstbewußte Herr verkehrt mit dem König und seinem Finanzminister in Alexandrien fast wie mit seinesgleichen und übersendet ihnen – wider das Gesetz Moses – jüdische Sklaven[84] und für den königlichen Zoo in Alexandrien wertvolle Tiere[85]. Sein Sohn Joseph wird als Generalsteuerpächter für die Provinz *Phönizien und Syrien* der erste jüdische Großbankier[86]. Seine Nachkommen, die sogenannten Tobiaden, sind dann die Führer bei dem radikalen hellenistischen Reformversuch in Jerusalem nach 175 v.Chr., durch den die stark hellenisierte jüdische Aristokratie selbst, ohne Zwang, versuchte, die Heilige Stadt in eine griechische Polis zu verwandeln. U.a. wurde am Fuße des Tempels ein Gymnasium eingerichtet[87]. Dieser Versuch steigerte sich schließlich mit Unterstützung des Königs Antiochos IV. Epiphanes bis zur Entweihung des Tempels, dem Verbot der Tora und der Verfolgung der Glaubens-|treuen 167 v.Chr.[88], ein für die antike Welt, die ja in religiösen Dingen recht tolerant war, unerhörtes Geschehen. Aus dem Widerstand gegen Verfolgung entwickelte sich der Aufstand der Makkabäer, der 26 Jahre später mit einem vollen Sieg der Gesetzestreuen und der politischen Befreiung der Juden in Palästina vom Joch der hellenistischen Monarchie endete. Damals hing der geistig-religiöse Bestand des Judentums im palästinischen Mutterland selbst an einem seidenen Faden. Die Reaktion der Frommen war die rigorose Bindung

---

80 Siehe N. Walter Aristobulos; ders., in: JSHRZ 3,261–279; Text bei A.-M. Denis, Fragmenta 217–228; zur Einleitung: A.-M. Denis, Introduction 277–283.

81 KP 4,772–776.

82 Siehe KP 5, 1497.

83 JuH 487.

84 CPJ I, S.125–127; JuH 488f.

85 CPJ I, S.128f.

86 Siehe dazu JuH 51f., 489.

87 E. Bickermann, Der Gott der Makkabäer. Untersuchungen über Sinn und Ursprung der makkabäischen Erhebung, Berlin 1937, S.59–65; JuH 130ff.

88 E. Bickermann, op.cit. S.90ff.

an die von Gott gegebene Tora, der *Eifer für das Gesetz*[89], der noch 200 Jahre später den Pharisäer Saulus zum Christenverfolger werden ließ[90]. Auch die uns bekannten großen jüdischen Religionsparteien zur Zeit Jesu, die Sadduzäer[91], Pharisäer[92] und Essener[93], haben ihre Wurzel in der makkabäischen Erhebung. Sie gründen, zumindest was die Essener und Pharisäer anbetrifft, auf der individuellen Entscheidung des Einzelnen, der *conversio* für eine bestimmte religiöse Gruppe, die jeweils ein bestimmtes Programm der Erziehung verkörperte[94]. Es zeigt hier sich selbst bei jüdisch – palästinischen Religionsparteien das für die hellenistische Zeit typische Ideal der Paideia und des religiösen Individualismus[95].

In der Diaspora kam es zwar nie zu einem derartig radikalen innerjüdischen Assimilationsversuch wie in Jerusalem, jedoch haben wir einige berühmte jüdische Apostaten, die um ihrer politischen Karriere willen im Dienste der heidnischen Weltmacht den angestammten Glauben aufgegeben:

So brachte es schon im 3. Jh. v. Chr. unter Ptolemaios III. Philopator ein jüdischer Dositheos, S. d. Drimylos[96], bis zum königlichen Sekretär und Priester des Alexander- und Herrscherkultes in Alexandrien. Derselbe König soll nach dem 3. Makkabäerbuch versucht haben, die Juden in Ägypten durch Zwang für die dionysischen Mysterien zu gewinnen[97]. Einige hätten sich auch, um die Gunst des Königs | nicht zu verlieren, dazu verleiten lassen. Dann heißt es aber (Zitat): *Die meisten aber blieben mit tapferer Seele stark und wichen nicht von ihrer Frömmigkeit* (2,30 ff).

Ein noch eindrücklicheres Beispiel bietet der Neffe des großen jüdischen Religionsphilosophen Philo und Sohn des jüdischen Rothschild seiner Zeit, Tiberius Julius Alexander[98]. Sein Vater Alexander, der Bruder Philos, war Generalpächter der Nilzölle und Vermögensverwalter der Witwe des Drusus und Mutter des Kaisers Claudius, Antonia, ja zugleich ein alter Freund des Kaisers (Jos. Ant. 19,276). Er bildete neben den Vertretern des herodianischen Königshauses, mit denen er verschwägert war, die Spitze der jüdischen Gesellschaft im Römischen Reich. Sein Sohn Tiberius Julius Alexander brach nun bewußt mit seinem jüdischen Glauben und trat in den Dienst des Kaisers,

---

89 1 Makk. 2,26f.50. Vgl. M. HENGEL, Die Zeloten, AGSU 1, ²1976.

90 Gal. 1,14; vgl. Apg. 22,3.

91 Siehe R. MEYER, Art. Σαδδουκαῖος. ThWNT 7, 35–54; E. SCHÜRER, The History of the Jewish People in the Age of Jesus Christ, vol. II, Edinburgh 1979, S. 404 ff.

92 Siehe R. MEYER/H.-F. WEISS, Art. Φαρισαῖος. ThWNT 9,11–51; E. SCHÜRER op.cit. II 381 ff.

93 Siehe jetzt zusammenfassend E. SCHÜRER op.cit. II 381 ff.

94 Siehe M. HENGEL, Qumrân und der Hellenismus, in: M. DELCOR (ed.), Qumrân. Sa piété, sa théologie et son milieu, BETL 46, Paris-Löwen 1978, S. 346–352 = o. S. 258–294.

95 S. o. S. 207 f, 280 f.

96 JuH 60 A. 216; 132; JGB 125; vgl. 3 Makk. 1,3; CPJ I S. 230 ff.

97 3. Makk. 2,27–30.

98 JGB 125.

wurde als Glied des römischen Ritterstandes Prokurator in Judäa und erreichte schließlich das höchste Amt, das ein römischer Bürger nichtsenatorischen Ranges überhaupt erhalten konnte: Er wurde der Präfekt Ägyptens und befahl in dieser Eigenschaft zu Beginn des jüdischen Krieges 66 n. Chr. den Angriff der Legionen gegen das jüdische Quartier in Alexandrien. 50000 seiner ehemaligen Volksgenossen fielen angeblich dem Gemetzel zum Opfer (Bell. 2,494f). Er ließ 69 n. Chr. Vespasian zum Kaiser ausrufen und erlebte die Belagerung und Eroberung Jerusalems als Berater des Titus im Jahre 70 n. Chr.[99].

Wir besitzen von seinem Onkel Philo, mit dem ihn eine vollendete rhetorisch- philosophische Bildung verband, zwei Dialoge[100], die er mit seinem abtrünnigen Neffen geführt haben will. Der erste behandelt die göttliche Vorsehung, der zweite die Frage, ob auch die Tiere Vernunft besitzen. Es ist wohl kein Zufall, daß in dem ersten Dialog über die Vorsehung und Weltregierung Gottes der Apostat Alexander die epikureische und skeptische Weltdeutung vertritt, die Gott als Schöpfer und Erhalter der | Welt leugnet, während Philo mit vorwiegend stoischen Argumenten nicht nur Gottes Schöpfermacht und Vorsehung, sondern auch seine vollkommene Weisheit und gütige Vorsorge verteidigt. Man könnte sich sehr wohl denken, daß Philo, bei dem sich überragende Gelehrsemkeit und tiefe Frömmigkeit verbanden, versuchte, seinen Neffen durch das philosophische Gespräch über den Selbsterweis Gottes in der Natur und der menschlichen Vernunft in der Treue zum Gott Israels zu erhalten, daß aber Skepsis und Ehrgeiz bei dem jungen Alexander stärker waren und ihn auf einen ganz anderen Weg führten.

Damit stehen wir bei dem wichtigsten Beispiel unseres einerseits allzu weitgespannten und doch zugleich wieder allzu knappen Überblicks über die spannungsvolle Begegnung des Judentums in der Zerstreuung mit griechischer Sprache und Kultur. Die wenigen Paradigmata, die ich vorführen konnte, zeigten es uns schon: Es war mehr als nur *Begegnung* im üblichen Sinne. Es führte zu intensiver Anziehung und Abstoßung, Einflußnahme und Auseinandersetzung, Assimilation und erbitterter Feindschaft.

4. Eine wirkliche, in die Tiefe gehende Synthese, eine vollkommene Begegnung von höchstem geistigen Niveau und großer Wirksamkeit für die Zukunft finden wir bei dem eben erwähnten Philo von Alexandrien. Er war ein etwas älterer Zeitgenosse Jesu und lebte von ca. 20 v.Chr. bis gegen Ende der vierziger Jahre n.Chr. Die späteren Kirchenväter waren der Meinung, daß er sich zum Christentum bekehrt habe und ein Gesprächspartner der Apostel

---

[99] Josephus, Bell. 5,45.

[100] De providentia, Übers. in: Philo von Alexandria. Die Werke in deutscher Übersetzung, Bd.7, Berlin 1964, S.267ff; M. Hadas-Lebel, De Providentia I et II, in: Les Oeuvres de Philon d'Alexandrie, Bd.35, Paris 1973; s. dazu H. Leisegang, PW 20, 8ff.; De providentia I et II et De animalibus, Edition und Übersetzung aus dem Armenischen ins Lateinische von J.B. Aucher, Venedig 1822, PW 20,6ff.

geworden sei[101] – nicht ganz ohne Grund. Denn das Werk Philos ist uns – genau wie das des großen jüdischen Historikers Josephus – nicht durch jüdische Tradition erhalten, sondern durch die Kirche. Während das im Rabbinat fixierte Judentum die ganze Überlieferung der griechischsprechen|den Diaspora verwarf und vergaß, blieb sie in der Kirche lebendig, weil man darin – historisch gewiß zu Unrecht – einen Beweis für die Wahrheit des Evangeliums erblickte. Man sah in Philo geradezu einen christlichen Theologen, den ersten *Kirchenvater*. Im Blick auf seine Vita war eine derartige Beanspruchung unberechtigt. Er ist zeit seines Lebens gesetzestreuer Jude geblieben. Ob er als alter Mann in Alexandrien noch etwas von den Umtrieben der neuen Sekte der Christen erfuhr, wissen wir nicht. Er wird diese sonderbare enthusiastisch – eschatologische Bewegung kaum geschätzt haben. Seine Treue gegenüber dem Gesetz und dem eigenen Volk erweist sich daran, daß er in fortgeschrittenem Alter im Jahre 40 die Führung einer jüdischen Gesandtschaft an den Kaiser Caligula übernahm[102], um die Einstellung der schweren antijüdischen Pogrome in Alexandrien zu erbitten. Es war dies eine lebensgefährliche Mission, da der größenwahnsinnige Kaiser den Juden zürnte, weil sie ihn nicht als Gott verehren wollten. Er hatte darum schon den Befehl gegeben, sein Standbild im Tempel in Jerusalem aufzustellen[103]. Nur seine plötzliche Ermordung im Januar 41 verhinderte einen jüdischen Aufstand und rettete das Leben der Gesandtschaft. Philos in der Gesetzespraxis eher konservative Haltung ergibt sich auch aus seiner Polemik, nicht nur gegenüber jüdischen Apostaten, sondern auch gegenüber liberalen Juden, die die buchstäbliche Erfüllung der Gebote durch deren radikale allegorische Umdeutung auflösten[104]. Worin lag nun die Wirkung dieses großen jüdischen Denkers auf die späteren Kirchenväter seit Clemens Alexandrinus? Bei ihm finden wir den Versuch einer echten Synthese zwischen der alttestamentlichen Offenbarung und griechischem Denken, wie es sich für ihn in platonisch-pythagoreischer Theologie und stoischer Ethik darstellte. Diese Synthese entfaltet er als Ausleger der fünf Bücher Moses[105]. Der weitaus größte Teil seines umfangreichen Werkes ist der Exegese des von Mose am Sinai empfangenen Gesetzes gewidmet. Die rein phi|losophischen Traktate haben dagegen nur Randbedeutung und stammen vermutlich aus seinem Jugendwerk[106]. In mehreren parallel laufenden Kommentaren zum Pentateuch entwickelt er eine vielschichtige Auslegungsweise, die einerseits im

---

101 Euseb. H. E. 2,171ff.

102 Text in: Philonis Alexandrini opera quae supersunt, VI S. 155–223; Übers. in: Philo von Alexandria, VII, S. 166–266; Text und engl. Übers.: Philo X, LCL; E. Mary Smallwood, Philonis Alexandrini Legatio ad Gaium, Leiden 1961.

103 Josephus, Bell. 2, 184ff; Tacitus, Hist. 5,9.

104 Siehe I. Heinemann, Philos griechische und jüdische Bildung, 1932, Nachdruck Hildesheim 1963, S. 454ff.

105 Siehe dazu: B. Schaller in: KP 4, 772ff; S. Sandmel, op.cit. 282.

106 B. Schaller in: KP 4, 772.

Gesetz den schlichten Wortsinn ernst nimmt, da die Gebote strikt und wörtlich eingehalten werden sollen, auf der anderen Seite aber – mittels der aus der stoischen Homerexegese übernommenen allegorischen Methode – den Text umdeutet, um aus ihm einen höheren geistig – religiösen Sinn zu erheben, der für ihn vor allem ethisch – psychologischen Charakter besitzt. In seiner Schöpfungslehre[107], bei der er die platonische Unterscheidung zwischen der unsichtbaren geistigen Ideenwelt und der sichtbaren materiellen Welt auf die beiden Schöpfungsberichte in 1. Mose 1 und 2 überträgt, begegnen uns auch Begriffe, die für die Entwicklung der Christologie von Paulus bis Johannes eine entscheidende Rolle spielen. Hier wäre in erster Linie der Logos zu nennen, er ist Ebenbild Gottes, zweiter Gott, Gottes Sohn, himmlischer Hohepriester und als die Verkörperung der geistigen Welt der Schöpfungs- und Offenbarungsmittler zwischen Gott als dem wahrhaft Seienden und der sichtbaren Welt[108]. Hier bei Philo fanden die Väter des 2. bis 4. Jh.s n.Chr. die Methode wie auch ihnen vertrauten Begriffe, um das Geheimnis der Offenbarung Gottes durch seinen Sohn in Schöpfung, Heilsgeschichte und Inkarnation in der wissenschaftlichen Sprache ihrer Zeit sachgemäß auszusagen. Denn schon bei Philo war die Philosophie – anders als bei den Griechen – nicht mehr Selbstzweck, sondern *praeambula fidei*, Vorbereitung des Glaubens an Gottes freie Offenbarung in seinem Wort, d.h. für Philo Vorbereitung für die Offenbarung Gottes am Sinai. Es ist darum kein Zufall, daß der Begriff des Glaubens, die πίστις, bei ihm eine entschcidende Rolle spielt[109].

Wir müssen hier stehen bleiben. Eine erregende Frage, ob nämlich das Denken Philos mit seinem leibfeindlichen Platonismus im Grunde nicht die hybriden Spekula|tionen der großen dualistischen Gnostiker des 2. Jh.s, eines Basilides, Valentin oder Karpokrates, sehr viel mehr angeregt hat als die kirchliche Christologie auf ihrem konfliktreichen Weg zu den großen Bekenntnissen von Nicäa und Chalkedon, muß darum unbeantwortet bleiben. Auch wenn Philo ganz gewiß kein streng systematischer Denker war, ist doch die Kühnheit, mit der er – im Ringen um die Wahrheit – die Synthese des letztlich Unvereinbaren wagte, bewunderungswürdig. Zu Recht verdient er den Titel: der erste Theologe. Zeitlich noch vor Paulus ist er, obwohl gesetzestreuer Jude, paradoxerweise aus der Geschichte des frühchristlichen Dogmas nicht wegzudenken. Er hat dafür die sprachlichen Mittel bereitgelegt.

Der spannungsreiche Weg, den ich am Anfang als *praeparatio evangelica* bezeichnete, der mit der Zeit Alexanders des Großen beginnt und auf das 1. Jh.

---

[107] U. Früchtel, Die kosmologischen Vorstellungen bei Philo von Alexandrien, ALGHJ 2, Leiden 1968. M. Hengel, Der Sohn Gottes, ²1975, 82–89.

[108] B.L. Mack, Logos und Sophia-Untersuchungen zur Weisheitstheologie im hellenistischen Judentum, StUNT 10, Göttingen 1973, bes. S. 133ff.

[109] Siehe die Indices von H. Leisegang, Philonis Alexandrini opera VII, 2, S. 653f und G. Mayer, Index Philoneus, Berlin 1974, S. 233.

n. Chr., die Zeit Jesu und der Apostel, hinführt, erreicht bei ihm seinen Höhepunkt. In einem Atemzuge wäre mit ihm der zweite große jüdische Schriftsteller in griechischer Sprache, der Historiker Flavius Josephus[110], zu nennen, der wenige Jahre vor dem Tode Philos geboren wurde. Verdankt die alte Kirche dem Religionsphilosophen aus Alexandrien einen guten Teil ihrer exegetischen Methoden und ihrer wissenschaftlichen Begrifflichkeit, so schenkte uns der jüdische Geschichtsschreiber einen einzigartigen Kommentar zur frühchristlichen Geschichte, die ohne sein Werk für uns weithin unverständlich wäre. Wir können hier auf sein Werk und Schicksal, das in gleicher Weise wie bei Philo die unerhörte Spannung der politischen und geistigen Auseinandersetzung zwischen Judentum und Hellenismus widerspiegelt, nicht weiter eingehen. Ich möchte dazu nur noch einen Satz sagen:

Sein Werk wäre nie geschrieben worden, wenn dieser priesterliche Aristokrat[111] aus Jerusalem, Führer der Aufrührer in Galiläa[112], Überläufer zu den Römern[113] und | Pensionär das flavischen Kaiserhauses wider alle Versuche der Apostasie, die in Rom gewiß vielfältig an ihn herantraten, nicht dem Gott der Väter treu geblieben wäre. Gerade seine späten Werke, die jüdischen Altertümer, eine jüdische Geschichte in 20 Büchern[114], und die mutige Apologie ‚Contra Apionem'[115] sind u.a. auch Bekenntnisse zu seinem damals sehr angefochtenen und unterdrückten Glauben. Darin liegt seine Größe.

Dieser verschlungene und vielfach unterbrochene Weg hin zur Synthese zwischen dem Glauben an den Gott Abrahams, Isaaks und Jakobs, den die Christen als den Vater Jesu Christi bekannten, und griechischer Sprache, Denken und Kultur war freilich zugleich ein Weg voller Kämpfe und schmerzhafter Mißverständnisse. So wirft Tacitus, der größte römische Historiker, den Juden in verzerrter Polemik vor, sie zeigten einen gegen alle anderen Menschen feindlichen Haß (*adversus omnes alios hostile odium*, hist. 5,5). Es entspricht dies seinem Bericht über die Christenverfolgung Neros (ann. 15,44), wo wir von ihm hören, die angeklagten Christen seien zwar nicht der Brandstiftung, wohl aber *des Hasses gegen das Menschengeschlecht überführt* worden (*odio humani generis convicti sunt*). Antiker Antijudaismus und Christenpolemik gingen Hand in Hand. Schlimmer konnte der alte und neue Glaube nicht mißdeutet werden. Denn das Gebot: *Du sollst deinen Nächsten lieben wie Dich selbst*, findet sich schon im Gesetz Moses (Lev. 19,8), und der Jude Jesus von Nazareth gab ihm jene universale Ausrichtung, die den Feind miteinschließt[116].

---

110 Siehe B. Schaller in: KP 2, 1440–1444.
111 Josephus, Vita 1ff.
112 Siehe seine Darstellung in Bell. 2,568–646; Vita 28–335. 368–412.
113 Josephus, Bell. 3,340–391.
114 Ed. B. Niese; auch in LCL 6 Bde.
115 Ed. B. Niese; auch LCL.
116 Mt 5,43ff.

Beide, Juden und Christen, begründeten die Forderung der Nächstenliebe mit der Liebe Gottes zum Menschen. Aber selbst hier, wo wir das Herz der biblischen Botschaft berühren, konnte sie griechische Sprach- und Denktradition in ihren Dienst nehmen, um das eine Entscheidende auszusagen. So etwa, wenn Philo Gott definiert: θεὸς φιλάνθρωπος[117], | *Gott liebt den Menschen*; dabei wendet er sich in seiner wesenhaften Liebe gerade dem leidenden Geschöpf zu. Es wird hier der zentrale Begriff des antiken Herrscherideals, die φιλανθρωπία, auf Gott selbst als den höchsten Souverän übertragen. Ganz ähnlich wie Philo konnte sein Zeitgenosse, der Stoiker Musonius, sprechen: *Gott ist großmütig, wohltätig und* φιλάνθρωπος[118]. Für das Urchristentum erweist sich diese φιλανθρωπία in der Menschwerdung des Logos. Im Titusbrief begegnet uns ein Text über dieses Thema, in dem jüdische und griechische Sprachform völlig verschmelzen, ein Text, in dem sich die von uns beschriebene Synthese gewissermaßen vollendet: *Als aber die Freundlichkeit und* φιλανθρωπία *unseres Gottes und Heilands erschien, rettete er uns – nicht um der Werke der Gerechtigkeit willen, die wir getan haben, sondern gemäß seiner Barmherzigkeit* (Tit. 3,4).

---

117 Philo, Spec.Leg. 36; Virt. 77

118 Fragm. 17; siehe U. Luck, Art. φιλανθρωπία, φιλανθρώπως, ThWNT 9, S. 108f.

10. Messianische Hoffnung und politischer "Radikalismus" in der "jüdisch-hellenistischen Diaspora"*

Zur Frage der Voraussetzungen des jüdischen Aufstandes unter Trajan 115–117 n. Chr.

1. Zum Problem

Die mir durch das Programm des Symposiums vorgegebene Thematik: "Soziologie der Apokalyptik" bzw. "der Sitz im Leben der Apokalypsen" des "hellenistischen Judentums" ist so etwas wie eine Gleichung mit zahlreichen Unbekannten. Man sieht die Aufgabe und weiß zugleich, daß sie unlösbar ist, weil wir darüber zu wenig wissen und die einzelnen Größen nicht eindeutig zu erfassen sind.

1.1. Da erscheint zunächst der Begriff des *"hellenistischen Judentums"*, doch ist er viel zu allgemein, denn er umfaßt im Grunde das ganze Judentum der hellenistisch-römischen Zeit, einschließlich des Mutterlandes. Aber auch die exakter benannte Größe des *"griechisch-sprechenden Judentums"* ist alles andere als eine religiöse, soziale oder politisch-geographische Einheit, die sich leicht überschauen ließe. Weiter ist auch der Begriff der *"Apokalyptik"* – wie gerade unser Symposium gezeigt hat – gegenüber verwandten religiösen Vorstellungen und Offenbarungsschriften relativ schwer abzugrenzen und enthält in sich eine zum Teil widersprüchliche Vielfalt von Motiven. "*Den* Apokalyptiker" und "*die* Apokalyptik" im strengen Sinn gibt es noch weniger als "*die* Gnosis" oder "*den* Gnostiker". Wir kennen bestenfalls "apokalyptische *Schriften*". Schon ihre Autoren sind uns unbekannt, und dasselbe gilt auch weitgehend von ihrem Leserkreis. Noch komplizierter wird der Sachverhalt, wenn wir das unklare Attribut "jüdisch-hellenistisch" hinzufügen. Denn was soll damit gemeint sein? Apokalyptische Schriften, die in der griechischsprechenden Diaspora entstanden sind und deren Originale in griechischer Sprache geschrieben wurden? War aber nicht gerade auch das palästinische Mutter-

---

* Erschienen in: Apocalypticism. In the Mediterranean World and the Near East, Proceedings of the International Colloquium on Apocalypticism Uppsala, August 12–17, 1979, ed. D. Hellholm, Tübingen (J.C.B. Mohr (Paul Siebeck)) 1893 (2nd edition, enlarged by Supplementary Bibliography, Tübingen 1989), 655–686. Der Vortrag ist die stark verkürzte Fassung einer umfangreicheren Studie, die ich in anderem Zusammenhang zu veröffentlichen hoffe. Für das sorgfältige Mitlesen der Korrekturen danke ich Frau Anna-Maria Schwemer und Dr. H. Lichtenberger; für das mehrfache Schreiben des Manuskripts Frl. Monika Merkle.

land zutiefst von der "hellenistischen" Zivilisation beeinflußt und das Griechische dort eine geläufige Sprache[1]? Darf man es darum ausschließen? | Darüber hinaus wurden diejenigen Apokalypsen, die in Aramäisch oder Hebräisch abgefaßt worden waren, in der Regel ins Griechische übersetzt, sonst wären sie ja gar nicht zu uns gelangt. Bei zahlreichen "apokalyptischen" Schriften ist es darum umstritten, ob ein semitisches oder griechisches Original zugrunde lag. Bei vielen Werken bleibt es weiter ungewiß, ob sie nicht christlich "zensiert" wurden oder ob es sich nicht überhaupt um christliche Apokalypsen handelt, die jüdisches Traditionsmaterial verwenden. Erhalten wurde von der apokalyptischen Literatur des Judentums in der Regel ja nur das, was späteren christlichen Lesern behagte. Das alles führt dazu, daß Zeit, Herkunftsort und Milieu dieser Schriften sich häufig kaum mehr eindeutig bestimmen lassen, so daß auch Schlüsse auf den "soziologischen Hintergrund" oder auf den "Sitz im Leben" recht hypothetisch werden.

1.2. Man könnte sich nun auf wenige Schriften konzentrieren, bei denen Entstehungsort und -zeit näher bestimmbar sind, etwa auf die *jüdischen Sibyllen*. Sie wollten aufgrund ihrer Nachahmung der Sprache Homers in erster Linie die gebildete Oberschicht, ja vielleicht sogar Nichtjuden ansprechen. Aber auch bei ihnen ergeben sich erhebliche Unterschiede. Während z. B. die 3., 5. und 11. Sibylle aus Ägypten stammen, freilich mit einer zeitlichen Differenz von mindestens 250 Jahren, kommt die kurz nach 79 n. Chr. verfaßte 4. Sibylle aus einem völlig anderen Traditionskreis, der an Ägypten uninteressiert ist, dafür aber mit den jüdischen Taufsekten Syriens und Palästinas in Verbindung steht. Außerdem sind gerade die relativ ergiebigen Sibyllen nach Collins[2] nicht Apokalypsen im strengen Sinn, sondern nur Orakel, da sie auf direkter Inspiration beruhen. Dagegen sind die als typisch "hellenistisch" geltenden "Apokalypsen" von der Art der griechischen Baruchapokalypse oder des Testaments Abrahams mit ihrer Betonung des Motivs der Himmelsreise und der ganz auf das Individuum bezogenen Eschatologie für die Frage der sozialen Herkunft des Verfassers, seiner politischen Anschauungen und seines Milieus – zumin-

---

[1] Zu griechischsprechenden Juden in Jerusalem und Palästina s. Hengel 1975, 152ff.

[2] Collins 1979, 46f. Vgl. *idem*, 1974, 17f.: "The place of the oracle collections in Judaism of the Hellenistic age was filled by the apocalyptic literature" und S. 110: "Yet we must insist that the sibyllina at any stage are not fully apocalyptic writings". Ich kann freilich dem Verf. in seiner Meinung nicht folgen, daß die Sibyllinen keine klare Trennung zwischen der Herrschaft der Weltmächte und der Gottesherrschaft kennen und daß in ihnen jeglicher Hinweis auf eine den Tod überwindende Hoffnung fehle. Sib 4,178–190 erwartet nach der Ekpyrosis die Auferstehung und das Gericht, und in Sib 3,705ff. wird das ewige Leben der Gerechten im Heiligen Land beschrieben. Richtig ist, daß dort nicht das Heil des einzelnen Individuums, sondern des ganzen Volkes im Mittelpunkt steht, s. Cavallin 1974, 150: "So we might say that this Alexandrian Jewish work is the extreme opposite of Philo"; vgl. *idem*, 1979, 293ff. Man sollte sich darum sehr hüten, das sogenannte "hellenistische Judentum" in irgendeiner Weise als wirkliche Einheit zu betrachten. Sein wichtigstes Band war die gemeinsame griechische Muttersprache. Religiös war es dagegen vielschichtig.

dest dem äußeren Anschein nach – relativ wenig aussagekräftig. Sie wollen als religiöse Unterhaltungsliteratur den einzelnen Leser erfreuen, erbauen, und dazu vielleicht noch etwas das Gruseln lehren. Inhaltlich stehen sie der mit "apokalyptischen" Passagen ausgeschmückten religiösen Novelle, von der Art des Testamentum Iobi, von Joseph und Asenath oder der Paralipomena Jeremiae gar nicht so ferne. Von höherer griechischer Bildung unberührt, dienten diese Werke dem religiösen Unterhaltungsbedürfnis[3] der breiten lesekundigen Mittelschicht des griechischsprechenden Diasporajudentums im östlichen Mittelmeerraum.

1.3. Diese Vielfalt, Verschiedenartigkeit, ja Widersprüchlichkeit der sogenannten "apokalyptischen" Quellen verführt dabei leicht zu einer einseitigen Auswertung und zu *fragwürdigen Urteilen*. So kommt eine neuere deutsche Dissertation mit dem Titel "Eschatologie und Jenseitserwartung im hellenistischen Diasporajudentum" von Ulrich Fischer zu dem Ergebnis, "daß in jenem Judentum eschatologische Vorstellungen im Sinne einer kosmologisch-apokalyptischen Zukunftsschau eine weitaus geringere Rolle spielen als individuelle Jenseitsvorstellungen", weiter, daß "auch nationaleschatologische Heilserwartungen im Sinne eines politischen Messianismus ... im Judentum der westlichen Diaspora offensichtlich keine bedeutende Rolle gespielt" haben. Dieses Ergebnis wird unterstrichen durch die abschließende Bemerkung, daß "nirgends in den von uns untersuchten Zeugnissen des hellenistischen Diasporajudentums ... auch nur die geringste Spur einer eschatologischen Naherwartung zu finden" war[4]. Das Ergebnis ist freilich durch eine einseitige Quellenauswahl zustande gekommen, da der Verfasser so entscheidende Zeugnisse wie die jüdischen Sibyllinen, die Zwölfertestamente oder die Abrahamsapokalypse einfach beiseite ließ und auch die Wirkung der griechischen Übersetzungen palästinischer Apokalypsen nur ganz am Rande streifte[5]. Auf das Problem der hellenistisch-orientalischen Orakel und "Apokalypsen" politischen Inhalts (Hystaspes, Töpferorakel, Asklepios oder die 4. Ekloge Vergils) ging er überhaupt nicht ein, ebensowenig auf die jüdisch-apokalyptischen Traditionen in der christlichen Literatur. So ist m. E. die Entwicklung des christlichen Chiliasmus von Apk 20 über Papias, Irenäus bis hin zu Laktanz ohne jüdisch-hellenistische Quellen völlig unverständlich. Fischer muß daher am Ende verwundert die Frage stellen, "wie die christliche Mission unter den Juden der westlichen Diaspora die eschatologische Naherwartung der christlichen Urgemeinde hat 'exportieren' können" und wie die Predigt des Paulus "von der nahe bevorstehenden Parusie" von seinen

[3] Vgl. Morton Smith 1972, 223: "Edifying literature can also be intended to amuse. Neither religious, nor even moral concern is an insuperable obstacle to the enjoyment of life."

[4] Fischer 1978, 255, 256, 259.

[5] Fischer 1978, 3 Anm. 4, S. 255; vgl. auch S. 7.

Hörern überhaupt verstanden wurde[6]. Die Frage, ob die Einseitigkeit der von ihm behandelten Quellen u. a. auch soziale Gründe haben könnte (s. u. § 3.), kommt ihm überhaupt nicht in den Sinn. Diese Ergebnisse sind typisch für die *Enge*, die die neutestamentlich-judaistische Forschung in Deutschland heute bedroht, und zugleich ein warnendes Beispiel. Mit einer einseitigen Quellenauswahl kann man nahezu alles beweisen.

2. *Der jüdische Aufstand unter Trajan*[7]

Um der Komplexität der Thematik willen wollen wir einen anderen Weg wählen, der von einem politischen Ereignis von elementarer Gewalt und katastrophalen Folgen ausgeht, das zugleich das Zentrum der griechischsprechenden Diaspora, die jüdische Gemeinde in Alexandrien, aber darüber hinaus auch die Judenschaft ganz Ägyptens, der Cyrenaika und Zyperns, weitgehend dezimierte, ja fast völlig zerstörte.

Der jüdische Aufstand in diesen ehemals ptolemäischen Gebieten unter Trajan 115–117 n. Chr. war wohl die schwerste militärische und soziale Erschütterung, die diese Provinzen zwischen Aktium 31 v. Chr. und der Eroberung Ägyptens durch Zenobia 269/270 n. Chr. heimsuchte[8].

2.1. Die von Dio Cassius[9] überlieferten Zahlen der getöteten "Römer und Griechen" sind gewiß übertrieben (240000 in Cypern und 220000 in der Cyrenaika); daß dieser Krieg jedoch auf beiden Seiten als *Ausrottungskrieg* geführt wurde, ergibt sich daraus, daß die Cyrenaika von Hadrian

[6] Fischer 1978, 259. Zur Kritik s. die Rezension von *Ulrich B. Müller* 1980, 239 f., der u. a. auch auf das Phänomen des Aufstands unter Trajan verweist.

[7] Unser Wissen hat sich vor allem durch die Arbeiten von *Applebaum* und *Fuks* ganz wesentlich erweitert. Das zeigt ein Vergleich mit älteren Studien, etwa mit dem immer noch lesenswerten Bändchen von Münter, weiland Bischof von Seeland, 1821, mit Schlatter 1897, 86 ff., und 1925, 370 ff., ja selbst noch mit der im deutschsprachigen Raum vielzitierten Untersuchung von Bietenhard 1948, 66 ff. Grundlegend jetzt Fuks, in: *CPJ* II, 1960, 225 ff. und Nr. 436–450; vgl. *idem*, 1953, 131 ff. und 1961, 98 ff.; dazu Tcherikover in: *CPJ* I, 1957, 85–93; weiter Applebaum 1951, 177 ff. und in seiner großen Monographie von 1979, 201–344, der z. Zt. wichtigsten, jedoch zu phantasievollen Untersuchung zum Aufstand und seinen Ursachen. Bei der Abfassung der Studie konnte nur die hebräische Vorlage dieser Monographie verwendet werden. Die Einarbeitung der englischen Fassung war mir erst nachträglich möglich. Eine vorzügliche Zusammenfassung gibt Smallwood 1976, 389 ff., vgl. auch 1962, 500 ff. Zum neuesten Stand der Diskussion s. Kasher 1976. 147 ff. Die wesentlichsten antiken Quellen sind bei Schürer/Vermes/Millar I, 1973, 529 aufgeführt. Hilfreich ist jetzt auch der eingehende Kommentar von M. Stern 1980 zu den einzelnen Quellentexten. Die jüdischen Inschriften der Cyrenaika wurden von G. Lüderitz/J. M. Reynolds, 1983, veröffentlicht.

[8] Man könnte noch am ehesten den Aufstand der Bukolen, der räuberischen Hirten im nordwestlichen Nildelta, z. Zt. Mark Aurels 172 n. Chr. vergleichen. Unter ihrem tüchtigen Führer Isidoros, einem Priester, bedrohten sie Alexandrien und schlugen zunächst eine römische Streitmacht, auch schlossen sich ihnen Teile der ägyptischen Bevölkerung an. Sie wurden jedoch von dem aus Syrien herbeigeeilten Avidius Cassius aufgespalten und rasch niedergeworfen (Dio Cassius Epitome 71,4; Script. Hist. Aug. M. Ant 21,2 und Avid. Cass. 6,7). Dazu jetzt A. Henrichs 1972, 48 ff. Offenbar waren bei ihrem Aufstand auch religiöse Motive im Spiele.

[9] Epitome 68,32,1–3, Text bei M. Stern 1980, 385 Nr. 437.

später über weite Strecken hin neu besiedelt werden mußte[10]. Der Augenzeuge Appian berichtet andererseits, Trajan habe die Juden in Ägypten "ausgerottet"[11] und Euseb überliefert, der von Trajan wohl gegen Ende 116 n. Chr. eingesetzte Flottenbefehlshaber und Feldherr L. Marcius Turbo habe "in zahlreichen Gefechten und in einem langwierigen und mühevollen Krieg Zehntausende von Juden nicht allein aus Kyrene, sondern auch aus Ägypten getötet..."[12]. Nur in Alexandria blieb ein Rest der jüdischen Gemeinde zunächst erhalten, der – vermutlich verstärkt durch jüdische Flüchtlinge aus der Chora – vom Präfekten gegen Übergriffe der Alexandriner geschützt werden mußte[13]. Die jüdische Gemeinde der Stadt verlor jedoch völlig ihre bisherige Bedeutung, möglicherweise ging sie im Zusammenhang mit dem Bar-Kochba-Aufstand völlig unter. Diesen Nachrichten entspricht, daß die papyrologischen und epigraphischen Belege über Juden in Ägypten nach dem Aufstand für die Dauer des 2. Jh. fast ganz abbrechen[14]. Auf Cypern wurde die Judenschaft gänzlich ausgerottet und das Betreten der Insel für Juden bei Todesstrafe verboten. Der jüdische Landbesitz in Ägypten verfiel, wie A. Świderek nachwies, weitgehend, wenn nicht ganz, der staatlichen Konfiskation[15]. Noch im Jahre 199/200 wurde in Oxyrhynchos ein jährliches Fest über die "Waffenbrüderschaft" der örtlichen Bevölkerung mit den Römern bei dem rettenden Sieg

---

[10] Orosius 7,12,6: Quae (i.e. Libya, d.h. die Cyrenaika) adeo tunc interfectis cultoribus desolata est, ut, nisi postea Hadrianus imperator collectas illuc aliunde colonias deduxisset, uacua penitus terra abraso habitatore mansisset. Vgl. Eus. Chron. Hadrian V (121 n. Chr.), *GCS* 47 ed. Helm 1955, 198: Hadrianus in Libyam, quae a Iudaeis uastata fuerat colonias deducit. Die Inschrift Türk Tarih Bell. XI (1947) S. 101ff. Nr. 19 (*SEG* 17,584) berichtet, daß schon Trajan den Befehl gab, in der Cyrenaika 3000 Legionsveteranen anzusiedeln. Vgl. auch *SEG* 17,809 und Fraser 1950, 78ff., dazu Applebaum 1979, 270ff., der eine Ansiedlung dieser Veteranen in Teucheira vermutet (287), und Smallwood 1976, 410ff.

[11] Bell. Civ. 2,90 (M. Stern 1980, 187f. Nr. 350): *Τραϊανὸν ἐξολλύντα τὸ ἐν Αἰγύπτῳ Ἰουδαίων γένος*. Vgl. auch die Schilderung seiner Flucht durch das Delta vor den Juden Arab. F 19 (M. Stern 1980, 185 Nr. 348).

[12] Hist. eccl. 4,2,4: *ὁ δὲ πολλαῖς μάχαις οὐκ ὀλίγῳ τε χρόνῳ τὸν πρὸς αὐτοὺς διαπονήσας πόλεμον, πολλὰς μυριάδας Ἰουδαίων ... ἀναιρεῖ.*

[13] Das ergibt sich aus den Acta Pauli et Antonini, Act. Alex IX = *CPJ* II, 1960, 87ff. Nr. 158 vgl. Smallwood 1976, 406ff.: "The Jewish community in Alexandria now sinks into historical oblivion for a century" (409); etwas anders Applebaum 1979, 295,338. Zu ihrer späteren Neuentwicklung s. Smallwood 1976, 516ff. Der berühmte Brief Hadrians, Script. Hist. Aug. Quadr. Tyr. 8, in dem der jüdische Patriarch erwähnt wird, ist eine antichristliche und antijüdische Fälschung aus dem Jahre 399 n. Chr., oder wenig später, s. W. Schmid 1966, 178ff.; vgl. auch M. Stern 1980, 636ff. Nr. 537. Zum Ganzen s. u. S. 358–391.

[14] Tcherikover CPJ I, 1957, 93: "an almost total annihilation of Egyptian Jewry; strictly speaking, with this period the history of the Egyptian Jews in the Hellenistic-Roman age comes to an end". Smallwood 1976, 406 Anm. 66 weist darauf hin, daß in *CPJ* den fast 450 Dokumenten aus der hellenistischen und römischen Zeit bis 117 n. Chr. nur 50 aus der Zeit zwischen 117 und 337 gegenüberstehen. Nach *CPJ* III 1964, Nr. 460 zahlte von den über 1000 männlichen Erwachsenen des Ortes Karanis nur noch ein einziger die Judensteuer (145/46 oder 167/68 n. Chr.).

[15] Dio Cassius 68,32,2f.; dazu Smallwood 1976, 412ff.; Applebaum 1979, 297ff.; Świderek 1971, 45ff.

über die Juden gefeiert[15a]. Die Menschenverluste der Juden in diesen wichtigen Zentren der Diaspora waren so fast noch größer als die der beiden Aufstände in Palästina. Die Erhebung muß für die Betroffenen eine Katastrophe von apokalyptischem Ausmaß bedeutet haben. Zusammen mit dem Aufstand Bar-Kochbas bildete sie den "Holocaust" des antiken Judentums.

2.2. Die Juden führten den Krieg mit dem Ziel der *Eroberung*, zumindest aber der *Zerstörung* der überwiegend heidnischen Territorien. Der Aufstand scheint dabei an verschiedenen Orten ziemlich gleichzeitig in der 1. Hälfte des Jahres 115 aufgeflammt zu sein, als Trajan in das parthische Mesopotamien einmarschiert war. Zwar wurde die Erhebung in Alexandrien relativ rasch niedergeschlagen, dagegen behielten die Juden auf Cypern, in der Cyrenaika und dann auch in weiten Teilen der ägyptischen Chōra zunächst die Oberhand. In Ägypten erreichten ihre Erfolge erst im Verlauf des Jahres 116 ihren eigentlichen Höhepunkt. Die Aufständischen brachten weite Teile von der Thebais im Süden bis vor Pelusium im Nordosten und bis vor die Tore Alexandriens unter ihre Kontrolle[16]. Dabei wurden sie von ihren Glaubensgenossen aus der Cyrenaika tatkräftig unterstützt. Applebaum vermutet m. E. mit Recht, daß sie nach einem übergreifenden strategischen Plan handelten und nach ihrem Sieg in der Cyrenaika versuchten, die ganze ägyptische Chōra und Alexandrien zu erobern, um am Ende nach dem Heiligen Lande durchzustoßen. Zugleich bedrohten sie die Getreideversorgung Roms und hatten, wie der erfolgreiche Aufstand in Salamis auf Cypern zeigt, wohl auch das Ziel, auf See aktiv zu werden. Sie scheiterten bei dem Ziel, Alexandrien in ihre Hand zu | bringen. Der Verfasser bemerkt anschließend: "It may be doubted whether there ever arose in the early Roman Empire any movement which so imperilled Roman authority as did the Jewish Diaspora revolt in the reign of Trajan. No one of Rome's subject peoples had risen in active rebellion

---

15a *CPJ* II, 1960, Nr. 450; vgl. dazu Fuks 1953, 153f.

16 Die erste Nachricht stammt aus dem Archiv des Strategen Apollonios aus dem Distrikt von Hermoupolis in Mittelägypten Ende August/Anfang September 115 n. Chr.: Der Zivilbeamte wurde durch die Unruhen von seiner Familie plötzlich getrennt, d. h. er wurde wohl zum militärischen Dienst herangezogen. Seine Frau bittet ihn, er solle sich nicht ohne militärische Bewachung der Gefahr aussetzen, vielmehr wie andere Beamte die gefährlichen Situationen den Offizieren überlassen: *CPJ* II, 1960, Nr. 436. Ein Erlaß des Präfekten Rutilius Lupus berichtet wenig später am 13. 10. u. a. von einem geraume Zeit zurückliegenden, für die Römer siegreichen Kampf in Alexandrien. Die Erhebung der Juden war dort zu diesem Zeitpunkt offenbar schon niedergeschlagen: *CPJ* II, 1960, Nr. 435. Möglicherweise gab es jedoch noch jüdische Angriffe von außen bzw. neue Unruhen in der Stadt, vgl. dazu die späteren Verhandlungen vor Hadrian *CPJ* II, 1960, Nr. 158. Zum Ganzen Smallwood 1976, 395ff., 406ff. *CPJ* II, 1960, Nr. 438 berichtet in der 2. Hälfte des Jahres 116 von jüdischen Siegen im Distrikt von Hermoupolis, bei der die von den Römern eingesetzten ägyptischen Bauernmilizen schwere Verluste erlitten. Der letzte Beleg für die Zahlung der Judensteuer aus Edfu in Oberägypten stammt von einem Centurio Aninios vom 18. Mai 116 n. Chr., danach brechen die Zahlungsbelege ab. Er ist der einzige jüdische Soldat in römischen Diensten, der uns bekannt ist: *CPJ* II, 1960, Nr. 229.

on this scale..."[17]. Der ganze Verlauf des Krieges gibt dieser Vermutung Recht. Erst zu Beginn des Jahres 117 hören wir von einem Sieg römischer Legionstruppen bei Memphis, die Kämpfe bis zur völligen Niederschlagung des Aufstandes haben jedoch weit über den Tod Trajans am 7. 8. hinaus in die Anfänge der Regierungszeit Hadrians angedauert. Noch im August 118 konnte man im Gau von Hermoupolis wegen der völligen Verwüstung nicht auf dem Landwege, sondern nur auf dem Nil reisen[18].

2.3. Die Kämpfe wurden auf beiden Seiten mit erbarmungslosem Haß als "Religionskrieg" geführt. Dio Cassius berichtet von unsagbaren Kriegsgreueln bis hin zum Kannibalismus, ein Vorwurf, der in anderem Zusammenhang ja auch gegen die Christen erhoben wurde und als Mittel der "psychologischen Kriegsführung" die Angst und den Haß auf den Gegner schüren sollte[19]. Ein Papyrusbrief aus Mittelägypten illustriert die Furcht der Bevölkerung, die der antijüdischen Greuelpropaganda offenbar Glauben schenkte[20]. Die Juden hatten es vor allem, wie eine Fülle von Nachrichten aus Kyrene[21] und z. T. auch aus Alexandrien[22] bezeugen, auf | die Zerstörung heidnischer Kultstätten abgesehen. Auf ihrer Seite wurde die großartige Basilikasynagoge in Alexandrien – nach der Zerstörung des Tempels - das wichtigste religiöse Bauwerk des Judentums – niedergebrannt[23]. Die formelhafte Redeweise von den *ἀνόσιοι Ἰουδαῖοι*, die uns

[17] Vgl. Applebaum 1979, 269ff., 337ff., 341 (Zit.). Das geographische Ausmaß des Krieges 66–70 und 132–135 war wesentlich geringer und darum politisch weniger bedrohlich, das gilt selbst für den Aufstand des Civilis in Germanien und NW-Gallien 68–70 n. Chr., der sich nur in einem noch halb barbarischen Grenzgebiet und aufgrund des römischen Bürgerkriegs entfalten konnte.

[18] Hadrian wurde am 9. 8. 117 vom syrischen Heer zum Kaiser proklamiert. Zum Regierungswechsel s. jetzt Temporini 1978, 120ff. Am 28. November 117 erbittet der Stratege Apollonios beim Präfekten Ägyptens um 60 Tage Urlaub, nachdem ein früheres Urlaubsgesuch, vermutlich wegen der noch unsicheren militärischen Lage, abgelehnt worden war. Seine persönlichen Besitzungen im Gebiet von Hermoupolis seien "durch den Angriff der gottlosen Juden" in so ungeordneten Zustand geraten, daß seine persönliche Anwesenheit dringend notwendig sei. Zu diesem Zeitpunkt scheint der Aufstand im wesentlichen militärisch niedergeschlagen zu sein: *CPJ* II, 1960, Nr. 443. Vgl. auch Script. Hist. Aug. Hadrian 5,2.8 und Euseb Chron. Hadrianus I (117 n. Chr.): Hadrianus Iudaeos capit secundo contra Romanos rebellantes. Zur Verwüstung: *CPJ* II, 1960, Nr. 446 vgl. 447.449.

[19] Epitome 68,32,1f. Ähnliche Greuel wurden später den Bukolen nachgesagt, s. A. Henrichs 1972, 48ff. Vgl. dazu jetzt M. Stern 1980, 387.

[20] *CPJ* II, 1960, Nr. 437, dazu Fuks S. 236: "the only thing one can safely say is that the war was conducted ruthlessly on both sides."

[21] Smallwood 1976, 397ff., 409f.; Applebaum 1951, 177ff.; 1979, 269ff.

[22] In Alexandrien wurde das Heiligtum der Nemesis am Ostende der Stadt, in dem das Haupt des Pompeius begraben war, zerstört: Appian, bell. Civ. 2,90 (M. Stern 1980, 187 Nr. 350). Auch das Serapeion trug schwere Beschädigungen davon, s. Smallwood 1976, 399, 409. Vgl. Applebaum 1979, 267, 295f., 316f. Dazu die übertreibende Nachricht Eusebs, Chron. Hadrian I (117 n. Chr.): Hadrianus Alexandriam a Romanis (sic; es ist jedoch mit der armenischen Fassung und der syrischen Epitome Iudaeis zu lesen) subversam publicis instaurauit impensis", vgl. Dionysius Telmaharensis (ed. Siegfried/Gelzer 1884) 62: "Hadrianus Alexandriam, quae a Iudaeis perturbata erat, restituit".

[23] T. Sukka 4,6 (Zuckermandel 198); zur Zerstörung jSukka 5,1 55b Z. 7f.; bSukka 51b; vgl. dazu M. Hengel 1966, 167 = o. S. 110f.

mehrfach in den "alexandrinischen Märtyrerakten" begegnet, kam jetzt selbst in offiziellen Urkunden in Gebrauch[24]. Diese alexandrinischen antijüdischen Propagandaschriften betonen ihrerseits die rettende Macht des *Sarapis* gegenüber den Juden und dem angeblich judenfreundlichen Kaiser[25].

2.4. Der Verlauf des Krieges war so in den ersten eineinhalb Jahren, d. h. bis der Kaiser mit Marcius Turbo seine volle Militärmacht einsetzte, für die militärisch wenig geübten und schlecht ausgerüsteten jüdischen Insurgenten – wenn man von dem durch eine römische Legion geschützten Alexandrien absieht – überraschend erfolgreich. Dies mag durch mehrere Ursachen bedingt gewesen sein. Einmal müßte man den Kampfesmut und die Todesverachtung der Aufständischen hervorheben, die Tacitus kurz zuvor im Blick auf den Jüdischen Krieg begründet hatte: animosque proelio aut suppliciis peremptorum aeternos putant: hinc generandi amor et moriendi contemptus[26]. Nicht minder wesentlich war die *vorzügliche militärische Führung*. Euseb spricht von einem "König" Lukuas[27], der die Juden aus Kyrene nach Ägypten führte und dort erfolgreich den Aufstand befehligte. Die nächste Parallele zu diesem jüdischen König Lukuas stellt der nicht minder kriegstüchtige "naśî' Jiśra'el Schim'on Bar Kokhba" dar. Die militärische Leistung der Juden der Cyrenaika und Ägyptens wird man um so höher einschätzen, wenn man bedenkt, daß die strategische Position Bar Kochbas im unwegsamen jüdischen Siedlungsgebiet Judäas sehr viel | vorteilhafter war. Er konnte einen Guerillakrieg führen; in den beiden Provinzen ohne natürliche Befestigungen, und mit einer ganz überwiegend feindlichen Bevölkerung, die die Römer militärisch unterstützte, war dies fast unmöglich. Die Verluste der Römer müssen sehr groß gewesen sein, bei einzelnen Einheiten fast bis zu 40%. Ob sie freilich, wie Applebaum aufgrund einer dunklen Notiz in Or.Sib 14,326–28 vermutet, eine römische Legion, darunter Teile der an sich nach Parthien abkommandierten legio III Cyrenaica vernichteten, ist mehr als fraglich. Über die – gewiß harten und für die Juden im ersten Jahr recht erfolgreichen – Kämpfe sind

[24] *Act. Alex.* VIII = *CPJ* II, 1960, Nr. 157 col. III Z. 42f. der Vorwurf des Hermaiscus gegen den Kaiser: *ἀλλὰ λυπούμεθα ὅτι τὸ συνέδριόν σου ἐπλήσθη τῶν ἀνοσίων Ἰουδαίων*. Vgl. weiter IX A = Nr. 158 col. VI Z. 14. S. dazu das Gesuch des Strategen Apollonios an den Präfekten *CPJ* II, 1960, Nr. 443 col. II Z. 4 und Fuks 1953, 157f.; 1961, 103f., das darauf hinweist, daß vor dem Aufstand *ἀνόσιοι Ἰουδαῖοι* noch keine feste Bezeichnung für die Juden war. Vgl. dazu auch Sevenster 1975, 99ff. und die treffende Bemerkung von Wilcken 1909, 786: "In jener Prägung des *ἀνόσιοι Ἰουδαῖοι* sehe ich einen Beweis dafür, wie tief der religiöse Gegensatz empfunden wurde."

[25] *Act. Alex.* VIII = *CPJ* II, 1960, Nr. 157 col. III Z. 50ff.: Das von den alexandrinischen Gesandten getragene Standbild des Sarapis fängt an zu schwitzen und erfüllt Trajan und ganz Rom mit Entsetzen. Vgl. auch *Act. Alex.* II = *CPJ* II, 1960, Nr. 154 col. II Z. 47ff.

[26] Hist. 5,5,3; dazu M. Stern 1980, 41ff.

[27] Hist. eccl. 4,2,4: *Λουκούᾳ τῷ βασιλεῖ αὐτῶν*. Dio Cassius nennt die Anführer in Kyrene Andreas und auf Zypern Artemion. Möglicherweise handelte es sich bei dem ersteren um einen Doppelnamen, so jetzt auch M. Stern 1980, 386.

wir nur ganz fragmentarisch unterrichtet[28]. Die Tatsache, daß Trajan auf die Wiedereroberung der Adiabene östlich des Tigris Ende 116 verzichtet und Hadrian Mesopotamien wieder ganz aufgab, hängt wohl nicht zuletzt auch mit der Bedrohung durch den Aufstand der Juden zusammen, der zu einer unmittelbaren Gefährdung des Reiches geworden war.

Mit einem gewissen Recht besteht in der Forschung darum eine weitgehende Übereinstimmung darüber, daß der "König Lukuas" wie Bar Kochba und frühere jüdische "Königsprätendenten" am besten als eine *messianische Gestalt* zu verstehen ist und entsprechend der ganze Aufstand eine *Erhebung mit eschatologisch-messianischem Hintergrund* darstellte. Applebaum bemerkt dazu: "The spirit of the movement was messianic, its aim the liquidation of the Roman régime and the setting up of a new Jewish commonwealth, whose task was to inaugurate the messianic era"[29]. Dies würde aber bedeuten, daß die endzeitlich-politische Heilserwartung auch in den ältesten Kernländern der griechischsprechenden Diaspora im Gegensatz zu der von Fischer geäußerten Meinung recht kräftig gewesen sein muß. Es wäre darum lohnend, der Frage nachzugehen, ob in der "apokalyptischen" Literatur der griechischsprechenden Diaspora gerade Ägyptens Hinweise auf Motive zu finden sind, die für jene einzigartige Erhebung typisch waren.

2.5. Zuvor müssen wir jedoch noch einen Blick auf *Palästina* werfen[30]. Nach der raschen Niederschlagung des parthisch-jüdischen Aufstandes in Nordmesopotamien bis gegen Ende 116 ernannte Trajan den im Osten siegreichen Feldherrn und maurischen Fürsten *Lusius Quietus* zum Statthalter Palästinas, der dadurch zugleich senatorischen Rang erhielt. Gleichzeitig wurde wohl auch die Besatzung dort wesentlich verstärkt. Diese Beorderung des tüchtigen und harten Quietus in die kleine Provinz deutet darauf hin, daß Trajan auch dort *die Situation als recht bedrohlich ansah*[31]. Die

[28] S. dazu jetzt Kasher 1976, 156ff.; vgl. Applebaum 1979, 312ff.; s. auch Artemidor, Oneirocrit. 4,24 über einen praefectus praetorii, der "in dem jüdischen Krieg in Kyrene" getötet wurde. Zu Sib 14 (nicht wie Applebaum 1979, 313, vgl. 316, meint Sib 17!) s. Rzach 1923, 2162ff. Es handelt sich um ein sehr spätes Machwerk. Besonders interessant sind die Zahlenangaben über den Empfang der deposita neuer tirones Asiani bei der Cohors I Lusitanorum am 3. 9. 117 in Ägypten. Bei einer Sollstärke von 360–380 pedites, wurden dieser 126 Rekruten zugeführt, in den 6 Centurionen zwischen 17 und 24; s. dazu J. F. Gilliam 1966, 91–97: "In all likelihood, ..., the 126 tirones Asiani were sent to the cohort largely to replace men lost in the revolt" (96). Neuedition des Textes bei Robert O. Fink 1971, 277ff. Nr. 74.

[29] Applebaum 1979, 260; vgl. Tcherikover, *CPJ* I, 1957, 89ff. Fuks 1961, 103, der zusätzlich noch auf die Verspottung eines jüdischen Königs im Mimus vor dem alexandrinischen Pöbel, *Act. Alex.* IX A = *CPJ* II, 1960, 158a col. I Z. 4–7, verweist; Smallwood 1976, 397; "a messianic crusade". Kritisch, ohne nähere Begründung, dagegen Sevenster 1975, 100 Anm. 61. Vgl. auch jetzt M. Stern 1980, 386: "It seems that he attracted Messianic hopes, being called king by Eusebius".

[30] Smallwood 1962, 500ff.; 1976, 421ff.; Applebaum 1979, 300ff., 322ff.

[31] Groag 1927, 1879f.; M. Stern 1980, 389. Lusius Quietus wurde bald nach der Thronbe-

rabbinischen Nachrichten vom *"Krieg des Qîṭos"* zwischen den Kriegen Vespasians und Bar Kochbas, die rabbinischen Legenden von Pappos und Lulianos[32] sowie Hinweise in Ps. Spartians Vita Hadriani[33], bei Hippolyt und die Weihung einer vexillatio der legio III Cyrenaica an Sarapis in Jerusalem aus dem Jahre 116 oder 117[34] und andere historische und epigraphische Indizien machen es wahrscheinlich, daß Palästina durch den Aufstand in Ägypten nicht nur bedroht war, sondern daß es dort zu Spannungen und einzelnen Unruhen, wenn auch nicht zu einem wirklichen Aufstand, kam. Besonders auffallend ist die Notiz in syrischen Chroniken, daß sich der jüdische König Lukuas von Ägypten aus Judäa zugewandt habe und von | "Lysias", d.h. Lusius Quietus, besiegt worden sei[35]. Umgekehrt legt eine Schimeon b. Jochai zugeschriebene Tradition die Vermutung nahe, daß Juden aus Palästina den ägyptischen Insurgenten zu Hilfe eilten. Sie seien in

---

steigung Hadrians abgesetzt und im Jahr 118 hingerichtet. Seine Tätigkeit in Palästina dauerte nur wenige Monate.

[32] M. Sota 9,14; Seder Olam R. c. 30; beide Texte mit Kommentar bei Krauß 1972, 81f. Vermutlich ist von L. Quietus auch im Zusammenhang der Legende von Lulianos und Pappos und ihrer Hinrichtung die Rede, s. Sifra Emor c. 9,5, ed. Finkelstein 1956, 442; Scholion Meg. Taanit, ed. Lichtenstein 1931/32, 272f., 350, dazu Schlatter 1897, 90f., Krauß 1972, 84f. und Stemberger 1979, 358ff. Die Deutung des "Krieges des Qitos" auf die Katastrophe der griechischsprechenden Diaspora bei Rokeah 1972, 79ff. kann dagegen gar nicht überzeugen, er läßt sich auch nicht mit Schürer/Vermes/Millar I, 1973, 533 einfach auf den Aufstand in Mesopotamien beziehen, da dieser keine rein oder auch nur überwiegend jüdische Sache war. Wir hören von ihm allein durch Euseb, der an allen negativen Nachrichten über die Juden interessiert war, während Dio Cassius nur ganz allgemein von einer Erhebung in Nordmesopotamien spricht, ohne eine jüdische Beteiligung zu nennen: 68,29,4–31,4. Dieser Aufstand brach auch erst im Spätsommer 116 los, als Trajan das ganze Gebiet bereits erobert hatte und die jüdische Erhebung in Ägypten bereits auf ihrem Höhepunkt stand. Der Aufstand der Juden in Mesopotamien im Sommer 116 steht so weniger in Zusammenhang mit der Rebellion in der Cyrenaika und Ägypten als mit der allgemeinen Erhebung gegen die Römer in Nordmesopotamien. Vgl. Lepper 1948, 91–96; Applebaum 1979, 319ff.

[33] 5,2: Lybia denique ac Palaestina rebelles animos efferebant; dazu M. Stern 1980, 618 Nr. 509.

[34] Smallwood 1962, 506f.; Applebaum 1979, 301f. Die Inschrift *ILS* 4393 lautet: (I)ovi o.m. Sarapidi pro salute et victoria imp. Nervae Traiani Caesaris optumi Aug. Germanici Dacici Parthici et populi Romani vexill. leg III Cyr. fecit. Die Legion hatte ihren Standort in Alexandrien, war aber zum Partherfeldzug von dort abgezogen worden. Wahrscheinlich waren dann Teile derselben gleichzeitig mit der Ernennung des siegreichen L. Quietus zum Statthalter nach Jerusalem verlegt worden. Die Weihung in Jerusalem wäre dann auch als religiöse antijüdische Demonstration zu verstehen.

[35] Applebaum 1979, 322: "The epigraphical and literary evidence for the situation in Iudaea at the time of the revolt ... point, in sum, to tension and even to bloodshed, although not to a genuine military outbreak." Zu den syrischen Quellen s. Michael Syrus üs. v. Chabot I, 1899, 172: "A la fin du règne de Trajan, les Juifs d'Egypte se révoltèrent. Ils se constituèrent un roi nommé Lucua. Il les dirigea et vint en Judée. Trajan envoya contre eux Lysias qui en détruisit des myriades. C'est pourquoi Lysias fut établi gouverneur de la Judée" vgl. auch *Bar-Hebraeus Chron. Syr.* ed Bruns/Kirsch 1789, 56. Vermutlich gehen sie beide jedoch nicht auf eine unbekannte Quelle zurück, sondern fassen den Bericht der syrischen Übersetzung von Eusebs Kirchengeschichte (E. Nestle 1901, 122) zusammen. Applebaum 1979, 259 Anm. 69 zitiert noch eine spätere Nachricht von Eutychius ibn Batrik, wonach die Juden zur Zeit Trajans ihren König in Jerusalem gekrönt hätten, was völlig unglaubwürdig ist.

den Tagen Trajans nach Ägypten gezogen und wie schon zur Zeit Sanheribs und Jeremias "zu Fall gekommen"[36]. Es wäre sonderbar, wenn die Juden, die nach Appian bis vor Pelusium vorgedrungen waren, nicht versucht hätten, auch das palästinische Mutterland zu erreichen, und wenn nicht dort selbst, nach der erfolgreichen Erhebung im Westen und den Rückschlägen der Römer im Partherkrieg, das messianische Fieber aufs Äußerste angestiegen wäre.

3. Zu den Gründen und zur Vorgeschichte des Aufstandes

3.1. Eigenartig ist, daß wir nichts Näheres über die *Gründe* dieser so furchtbaren Insurrektion erfahren. Die politische und soziale Lage der Judenschaft in den drei betroffenen Gebieten war an sich nicht schlechter als im übrigen römischen Reich. Offenbar hatte sich jedoch in den 150 Jahren römischer Herrschaft über Ägypten *ein grundlegender Wandel im Verhältnis gegenüber der heidnischen Umwelt und Staatsmacht vollzogen*, dessen Spuren sich auch in der jüdischen Literatur Ägyptens nachweisen lassen. Man vergleiche nur einmal den Aristeasbrief mit dem im 1. Jh. n. Chr. entstandenen 3. Makkabäerbuch und die 3. mit der 5. Sibylle. Ganz am Anfang scheint die Reaktion auf die römische Eroberung sogar kurze Zeit positiv gewesen zu sein. Eine negative Rolle mag bei dieser verhängnisvollen Entwicklung die Kopfsteuer gespielt haben, die Augustus für alle Bewohner Ägyptens, mit Ausnahme der Bürger Alexandriens, einführte[37], außerdem die Verweigerung des Zugangs zum alexandrinischen Bürgerrecht für die Juden der Stadt durch das Edikt des Claudius[38]. Weiter wird sich auch das Verhältnis zur nichtjüdischen Bevölkerung durch die Pogrome der Jahre 38 und 66 verschlechtert haben, auch die Tempelzerstörung und die Erhebung des fiscus Judaicus verbesserten das Verhältnis zur römischen Macht nicht. Aber all das sind noch keine zureichenden Gründe für den Aufstand, die alexandrinischen Märtyrerakten zeigen ja, wie die Kaiser bis hin zu Trajan und Hadrian von den Alexandrinern z. T. in massiver Weise verleumdet wurden, auf jüdischer Seite zu stehen. So beschuldigte der Märtyrer Hermaiskos Trajan, sein aus Senatoren bestehendes Ratskollegium sei voller "gottloser Juden" (*ἀλλὰ λυπούμεθα ὅτι τὸ συνέδριόν σου ἐπλήσθη τῶν ἀνοσίων Ἰουδαίων*)[38a].

3.2. Man wird daher zusätzlich davon ausgehen müssen, *daß die jüdische Bevölkerung selbst in sich gespalten war.* Während die Oberschicht aus Grün-

---

[36] Mekh Ex zu 14,13 (Lauterbach I, 1949, 213); jSukka 5,1 55b Z. 8ff.; LamR 1,16 §45. Schlatter 1897, 89f.

[37] Tcherikover, *CPJ* I, 1957, 60ff., vgl. *idem*, 1963, 1ff.; Smallwood 1976, 231f.; anders Kasher 1978, 196ff.

[38] Tcherikover, *CPJ* I, 1957, 71ff.; II, 1960, 36ff. Nr. 153; Smallwood 1976, 248ff.; anders Kasher 1978, 239ff.

[38a] *CPJ* II, 1960, 83f. Nr. 157 Col. III, 42f.

den der Selbsterhaltung die Loyalität gegenüber Rom bewahrte und versuchte, die unvermeidlichen Spannungen mit der nichtjüdischen Bevölkerung, besonders mit der "griechischen" Majorität in den Städten, in Schranken zu halten, und dabei immer wieder – oft mit Erfolg – beim Kaiser Hilfe suchte, *scheinen die einfachen Schichten sich immer mehr messianisch-politischen Hoffnungen hingegeben zu haben.*

Darauf weisen die Vorgänge in *Ägypten* – nach der Niederwerfung Judäas im Jahre 70 – hin. Damals flüchteten jüdische Aufständische – Josephus nennt hier besonders die *"Sikarier"* – in größerer Zahl nach Ägypten, vermutlich weil sie die berechtigte Hoffnung hatten, bei einem Teil ihrer dortigen Volksgenossen Gehör zu finden. Eine Folge der daraus entstehenden Unruhen war die Schließung des Tempels in Leontopolis[39].

Zu ähnlichen Unruhen kam es in der *Cyrenaika*, wo ein dorthin geflüchteter "Sikarier", der Weber Jonathan, als *Mose redivivus* eine größere Menge aus der einfachen Bevölkerung "in die Wüste führte, mit dem Versprechen, er wolle ihnen Zeichen und Erscheinungen zeigen". Der Vorgang erinnert an die Pseudopropheten in Judäa, wie jenen Ägypter und Theudas, von denen Josephus berichtet. Die Vornehmen meldeten den "Exodus" dem Statthalter Catullus, der die Ausgezogenen niedermachen oder gefangennehmen ließ, aber darüber hinaus zugleich einen Pogrom gegen die jüdische Oberschicht entfachte, der bis nach Alexandrien und Rom fortwirkte. Selbst Josephus wurde in diesem Zusammenhang denunziert und angeklagt, jedoch von Vespasian freigesprochen (Vita 425f). Diese Vorgänge mußten zu einer fortdauernden Spannung führen, zumal es schon zu Beginn der römischen Herrschaft zu Unruhen gekommen war. In der Cyrenaika war bereits 87/88 v. Chr. ein jüdischer Aufstand gegen die griechischen Städte ausgebrochen, so daß Sulla den Lukullus dorthin entsandte. Später hatte sich unter Augustus die wirtschaftliche und politische Lage in der Provinz | erheblich verbessert. Wahrscheinlich erzeugte dann wieder der seit Claudius erhobene Anspruch des fiscus, das alte ptolemäische Königsland sei als ager publicus zu betrachten, bei den ehemaligen Kleruchen jüdischer Herkunft eine gewisse Unruhe und wirtschaftliche Unsicherheit; die Auseinandersetzungen um diesen Streit zogen sich lange hin, so daß auch er als auslösendes Moment des Aufstandes keinesfalls ausreicht. Er wird nur *ein* Motiv unter anderen gewesen sein[40].

3.3. Die Gründe des Aufstandes 115–117 erscheinen so als *vielschichtig*; auch wird man zwischen primären und sekundären Ursachen unterscheiden müssen. Zu den letzteren gehört die Verschlechterung der Rechtssitua-

---

[39] Jos. Bell 7,408ff.

[40] Jos. Bell 7, 437ff.; Jos. Ant 14,114ff.; Vita 424f. vgl. Plut. Luc. 2; Romanelli 1943, 223ff. und 1954, 668ff.; Applebaum 1979, 65,202ff.,219ff. Auf ein positives Verhältnis zur römischen Verwaltung deutet z. B. die Ehreninschrift für M. Titius 24/25 n. Chr. aus Berenike hin: Roux 1949, 281ff.; Applebaum 1979, 146ff.,216f. Zum ager publicus s. *op. cit.*, 353 Index s. v. und bes. 208ff.

tion der jüdischen Bevölkerung gegenüber der ptolemäischen Zeit und damit verbunden die Zunahme der Spannungen gegenüber der römischen Macht.

Ein unmittelbarer äußerer Grund für den Ausbruch des Aufstandes mag der *Partherkrieg Trajans* und der Abzug von einer der beiden in Alexandrien stationierten Legionen darstellen. Die Römer scheinen ihre Besatzungstruppen in Ägypten etwa um die Hälfte vermindert zu haben[41]. Die *eigentliche* Ursache für die Explosion des Jahres 115 wird jedoch nicht primär bei rationalen politischen oder sozialen Erwägungen, sondern im *religiösen Bereich* zu suchen sein, in der alten Hoffnung, die schon die Juden Palästinas nach dem übereinstimmenden Urteil des Josephus, Tacitus und Sueton zum Aufstand verführte, daß der durch die Tora verheißene Messias jetzt "die Weltherrschaft erlangen werde"[42]. Man glaubte, "das Reich Gottes sei nahe herbeigekommen". Möglicherweise war diese Hoffnung durch den großen Krieg mit den Parthern bekräftigt worden, da man in dem erwarteten Sieg der östlichen Heere über die Macht Roms den Vorläufer des Messias sah (s. u. Anm. 54). Euseb und Orosius betonen entsprechend die *plötzliche, unerwartete Leidenschaftlichkeit* der Empörung. Die Juden "in Alexandrien, in dem übrigen Ägypten und außerdem in Kyrene seien, wie von einem gewaltsamen, revolutionären Geist gepackt, angetrieben worden, sich gegen ihre griechischen Mitbürger zu erheben..."[43] bzw. sie "entbrannten gleichzeitig in unglaublicher Leidenschaft... wie vom Wahnsinn dahingerissen"[44].

4. Die 5. Sibylle und der jüdische Aufstand

4.1. Wir besitzen nun eine "apokalyptische" Schrift, das sogenannte *5. sibyllinische Buch*[45], in der uns eine ganze Reihe von Motiven des Aufstandes begegnet. Den Hauptteil des Buches (ab v. 52) wird man in der Zeit

[41] Kasher 1976, 151ff. Applebaum 1979, 310ff. Von den beiden bei Alexandrien stationierten Legionen, der legio XXII Deiotariana und der legio III Cyrenaica, war die letztere vermutlich schon im Jahr 114 zur Teilnahme an dem östlichen Feldzug abberufen worden. Eine Inschrift von Anfang 115 bezeugt eine ihrer Einheiten in Dura Europos, eine zweite Ende 116/Anfang 117 in Jerusalem, s. o. Anm. 34.

[42] Jos. Bell 6,312f.: *τὸ δ' ἐπᾶραν αὐτοὺς μάλιστα πρὸς τὸν πόλεμον ἦν χρησμὸς ἀμφίβολος ὁμοίως ἐν τοῖς ἱεροῖς εὑρημένος γράμμασιν, ὡς κατὰ τὸν καιρὸν ἐκεῖνον ἀπὸ τῆς χώρας αὐτῶν τις ἄρξει τῆς οἰκουμένης*. Tac. Hist. 5,13: Pluribus persuasio inerat antiquis sacerdotum litteris contineri, eo ipso tempore fore ut valesceret Oriens profectique Iudaea rerum potirentur. Ähnlich Sueton, Vesp. 4,5, dazu Hengel 1976, 243ff.; Fischer 1978, 158ff.; M. Stern 1980, 61f.

[43] Euseb, Hist. eccl. 4,2,2: ... *ὥσπερ ὑπὸ πνεύματος δεινοῦ τινος καὶ στασιώδους ἀναρριπισθέντες, ὥρμηντο πρὸς τοὺς συνοίκους Ἕλληνας στασιάζειν.*

[44] Orosius, Hist adv. pag. 7,12,6: incredibili deinde motu sub uno tempore Iudaei quasi rabie efferati per diuersas terrarum partes exarserunt. Vgl. dazu Applebaum 1979, 259.

[45] Zur 5. Sibylle s. Geffcken 1902a, 22ff.; Rzach 1923, 2134ff.; Collins 1974, 75–95; vgl. auch den Beitrag von M. Simon, Apocalypticism (o. S. 314), 219ff.

Domitians oder Trajans ansetzen dürfen, jedoch noch vor dem Aufstand der Jahre 115–117, da dieser nicht direkt erwähnt wird. Die Endredaktion erfolgte dann unter Hadrian, doch noch vor dem Bar-Kochba-Aufstand, da Hadrian in der einleitenden Aufzählung im Gegensatz zu Trajan positiv beurteilt wird[46]. Das Werk ist ein Zeugnis für die endzeitliche Hoffnung ägyptischer Juden, die selbst der gebildeten Oberschicht entstammen, da sie mit der Sprache Homers umzugehen wissen, heidnische Mythologie kennen und in Geographie und Geschichte nicht unbewandert sind. Weiter verfügt die 5. Sibylle über das ganze Arsenal apokalyptischer Schreckensvisionen. Das Weltbild der Verfasser ist beherrscht durch den schroffen Gegensatz zu den gottlosen Völkern, die dem einen, wahren Gott und Schöpfer Anerkennung und Ehre versagen und Israel unterdrücken[47]. Ihnen droht jetzt, in der "letzten Zeit"[48], die mit der Zerstörung des Tempels beginnt, Gottes vernichtender Zorn:

> "Denn allen Menschen zumal ist Mord und Schrecken beschieden,
> Wegen der mächtigen Stadt und wegen des Volks der Gerechten,
> Welches gerettet stets ward, das besonders die Vorsehung schützte."
>
> (225–227 Üs. n. Kurfeß) |

Werkzeuge des Gotteszorns sind einerseits kosmische Katastrophen, doch noch sehr viel mehr beschäftigt den Verfasser die – fast genüßliche – Schilderung des *κοσμομανὴς πόλεμος*[49].

4.2. Urheber des weltweiten Vernichtungskrieges ist der letzte gottlose Weltherrscher. Für den Verfasser ist er identisch mit dem *Nero redivivus*[50]. Die vier Passagen vom Endtyrannen bestimmen den – durchdachten – Aufbau des Werkes[51]. Der Dichter hat dieses Motiv aus der heidnischen Nerosage übernommen, damit das kriegerische Vernichtungsgericht an Rom und an den Völkern durch die widergöttliche Tyrannengestalt vollzogen werden kann und nicht mehr Israel und dem Messias allein zugeschrieben werden muß. Der "Antichrist" wird zum Werkzeug Gottes[52]. Dahinter steckt eine tiefe Ironie. Als der römische Herrscher mit dem höchsten, göttlichen Anspruch wird er zum Todfeind und Zerstörer Roms. Er flieht in den parthischen Osten, zu Persern und Medern, um sich mit Hilfe der barbarischen Völker an den Enden der Erde die zivilisierte Welt, d.h. das

---

[46] Geffcken 1902a, 23ff., 30; Rzach 1923, 2134ff. Die positive Beurteilung Hadrians mag a) mit dem Schutz der Reste der Judenschaft in Alexandrien, b) mit der Abberufung und Hinrichtung des brutalen Lusius Quietus, c) mit seiner Räumung Mesopotamiens und d) mit seiner zunächst "liberalen", friedvollen, auf Ausgleich bedachten Regierung zusammenhängen. S. dazu ausführlich o. S. 359f.

[47] 276f.284.403–406.497–500.

[48] *ὑστατίῳ καιρῷ* 74.348.361.432.447.

[49] 362.462.

[50] S. dazu jetzt die Beobachtungen von Collins 1974, 74f., 82ff.

[51] 52ff.143ff.218ff.361ff.

[52] 220: *τούτῳ γάρ τοι δῶκε θεὸς μένος ἐς τὸ ποιῆσαι οἷά τις οὐ πρότερος τῶν συμπάντων βασιλήων.*

römische Reich, zu unterwerfen[53]. Möglicherweise geht diese Sage letztlich selbst auf eine romantische Vorliebe Neros für den fernen Orient zurück. Der parthische Prinz Tiridathes hatte ihm wie einem göttlichen Weltherrscher gehuldigt und aus seiner Hand die Krone Armeniens empfangen, darüber hinaus sollen ihm gegen Ende seiner Herrschaft Astrologen den Verlust der römischen Macht und dafür die Herrschaft über den Osten (Orientis dominationem), einige gar das "regnum Hierosolymorum", und andere schließlich – doch wohl vom Osten aus – die Wiederherstellung seiner früheren Macht geweissagt haben[53a]. Ein derartiger Herrscher konnte nur der "Antichrist" sein.

4.3. Seit in der parthischen Invasion 40 v. Chr. der letzte Hasmonäerspoß Antigonos zum jüdischen König eingesetzt worden war, *erwarteten viele Juden das Ende der römischen Herrschaft durch den Sturm aus dem Osten*[54]. *Der Partherkrieg* Trajans war, seit der Niederlage Mark Antons 36 v. Chr., der erste wirklich große und bedrohliche Krieg zwischen Rom und seinem östlichen Gegner. Trajan hatte ihn seit geraumer Zeit vorbereitet, am 27. Oktober 113 Rom verlassen und seit Beginn des Jahres 114 von Antiochien aus seine Truppen zusammengezogen. Diese Vorbereitungen blieben gerade in Ägypten, wo eine Legion abberufen wurde, nicht verborgen. Im Frühjahr 114 marschierte er in Armenien ein, ein Jahr später erfolgte der Angriff auf das parthische Mesopotamien. Der neue Krieg mußte so die jüdische Enderwartung aufs äußerste steigern, auch ließ seine stufenweise Entwicklung genug Zeit zur eigenen Vorbereitung. War jetzt nicht der langersehnte Augenblick gekommen, da sich die große Weltenwende anbahnte, die Israel mit Gottes Hilfe die Befreiung bringen würde? Mußte jetzt nicht die eigene Aktion das Ende vollends "herbeidrängen"[55]? Wenn – was sehr wahrscheinlich ist – die jüdischen Insurgenten des Jahres 115 endzeitlich motiviert waren, dann müssen sie ähnlich gedacht haben.

---

[53] Vgl. 93ff. 189ff. 194ff. 206. S. dazu M. Hengel, in: WUNT 33, 1984, 29–43.

[53a] Dio Cassius 63,1–5; Sueton, Nero 13,40,2.

[54] S. die zahlreichen rabbinischen Belege bei Krauß 1972, 50ff. über die Zerstörung Roms durch Persien vor dem Kommen des Messias. Freilich gab es auch die umgekehrte Meinung, daß erst wenn Rom seine Herrschaft über die ganze Welt ausgedehnt habe, der Messias kommen werde. Daß das Kommen des Messias durch einen Feldzug Roms im Osten eingeleitet werde, konnte man aus Num 24,24 MT, LXX und Targumim herauslesen. Num 24 war zudem die wichtigste messianische Weissagung für das Diasporajudentum (s. u. §6.2.). Bekannt ist der Ausspruch des Römerfeindes Schimeon b. Jochai aus der Mitte des 2. Jh.: "Wenn du siehst ein persisches Roß angebunden an die Gräber des Landes Israel, dann schaue aus nach den Spuren des Messias." Cant R 8,9 §2 Ende; Lam R 1,13 §41 vgl. Sanh 98a/b. Analog Gen R 42,4: R. Abina Anf. 5. Jh.: "Wenn du siehst, daß sich die Weltmächte gegenseitig bekämpfen, dann schaue aus nach den Spuren des Königs Messias." Daß diese Tradition wesentlich älter ist, ergibt sich aus einem Vergleich mit syrBar 70,2–10. Zu den wechselnden politischen Beziehungen zwischen Rom und den Parthern s. K.-H. Ziegler 1964.

[55] Zur Vorbereitung des Partherkrieges s. F. A. Lepper 1948, 28ff.; H. Temporini 1978, 116ff.; M.-L. Chaumont 1976, 131ff. Zur Verurteilung des Versuchs, mit Gewalt "das Ende herbeizudrängen" im späteren Rabbinat s. Hengel 1976, 129ff.

In der apokalyptischen Spekulation des in seinem Bildungsniveau weit über dem Durchschnitt des Diasporajudentums stehenden Verfassers der Sibylle[56] war alles – entsprechend der alten Kluft zwischen Theorie und Praxis – viel einfacher. Bei ihm mußte sich Gottes Volk seine Hände kaum im blutigen Geschäft schmutzig machen, vielmehr wurde das "gottlose, frevelhafte Reich" durch sein ehemaliges Haupt, den Erzfrevler Nero, vernichtet. Gott bzw. sein Bevollmächtigter mußte nur noch das letzte Gericht an diesem und seinen Anhängern vollziehen. Was den Dichter der 5. Sibylle und die Aufständischen verband, waren der *abgrundtiefe Haß gegen Rom (und Ägypten), der gespannte Blick auf das politische Geschehen im parthischen Osten und die brennende endzeitliche Erwartung*. Es war wohl dieser abgrundtiefe Haß gegen den langjährigen Unterdrücker im Zusammenspiel mit der eschatologischen Fehldeutung der Ereignisse im Osten, die den Aufständischen den Anstoß zum Aufstand gab. D.h. die Erhebung ging nicht aus zufälligen Straßentumulten hervor, die es in Alexandrien immer wieder gegeben hat; sie war – wie auch der Aufstand Bar Kochbas – vorbereitet und geplant. In der Sibylle tritt uns dieser Haß in der ersten größeren Passage gegen das gottlose Imperium überdeutlich entgegen (168–178). Rom soll dort – um es mit einem Satz auszudrücken – zur Hölle | fahren[57]. Hinter dieser Version von der Vernichtung Roms steht wohl Jes 14,4–21:

"Doch zur Hölle wirst du hinabgestürzt (*εἰς ᾅδου καταβήσῃ*), zur tiefen Grube" (14,15).

Unter den jüdischen Apokalypsen in griechischer Sprache nimmt die 5. Sibylle in der Schärfe der Polemik gegen die gottlose Weltmacht den ersten Platz ein[58]. Ihre Weissagung steht *in denkbar schärfstem Gegensatz zur römischen Reichsideologie*, zur Vorstellung von der Roma aeterna, wie sie etwa Vergil in der Verheißung Iuppiters an Venus zum Ausdruck bringt:

---

[56] Zum Milieu, der Absicht und dem Bildungsniveau der jüdischen Sibyllendichter s. Hengel 1972, 286ff. = o. S. 237ff. Zur ältesten 3. Sibylle s. jetzt das grundlegende Werk von Nikiprowetzky 1970, bes. 227ff.

[57] *αἰαῖ πάντ' ἀκάθαρτε πόλι Λατινίδος αἴης*
μαινὰς ἐχιδνοχαρής, χήρη καθεδοῖο παρ' ὄχθας,
καὶ ποταμὸς Τίβερίς σε κλαύσεται, ἣν παράκοιτιν,
ἥτε μιαιφόνον ἦτορ ἔχεις ἀσεβῆ δέ τε θυμόν.
οὐκ ἔγνως, τί θεὸς δύναται, τί δὲ μηχανάαται;
ἀλλ' ἔλεγες· "μόνη εἰμὶ καὶ οὐδείς μ' ἐξαλαπάξει".
νῦν δὲ σὲ καὶ σοὺς πάντας ὀλεῖ θεὸς αἰὲν ὑπάρχων
κοὐκέτι σου σημεῖον ἔτ' ἔσσεται ἐν χθονὶ κείνῃ,
ὡς τὸ πάλαι, ὅτε σὰς ὁ μέγας θεὸς εὕρατο τιμάς.
μεῖνον, ἄθεσμε, μόνη, πυρὶ δὲ φλεγέθοντι μιγεῖσα
ταρτάρεον οἴκησον ἐς Ἅιδου χῶρον ἄθεσμον. (Text nach Geffcken S. 112).

[58] Vgl. Collins 1974, 79: "The outburst against Rome ... is unparalleled in bitterness anywhere in the Sibyllina". Fuchs 1964, 68: "Seit diesen Schilderungen aus der Zeit nach der Zerstörung Jerusalems hat der Gedanke von der Vernichtung Roms seinen festen Platz in dem Vorstellungsbereiche der jüdischen Sibyllinen". Die nächst Parallele dürfte Apk 17 und 18 darstellen.

"his (i. e. Romanis) ego nec metas rerum nec tempora pono: imperium sine fine dedi..."[59]

4.4. Der Vernichtung Roms voraus geht *Gottes Strafgericht über ganz Ägypten*, von Alexandrien bis nach Syene im Süden[60]. Die Begründung desselben liegt in der *Verfolgung Israels*, sie wird etwa in der Gottesstimme ausgesprochen, die gegen Memphis ertönt, die alte Königs- und Hauptstadt Ägyptens, die hier das ganze Land vertritt[61]. Vollstrecker des Gerichts ist der "Perser", der Nero redivivus, der wenig später angekündigt wird und das ganze Land mit vernichtendem Krieg überzieht[62]. Doch nicht nur wegen der Verfolgung der Juden straft Gottes Zorn, sondern auch wegen des ägyptischen Götzendienstes. Mit den Städten des Landes werden zugleich ihre Heiligtümer und Götter vernichtet. *Isis*, im Töpferorakel die Retterin des Landes, verfällt als "dreimal unselige Göttin" wie Rom dem Totenreich und wird vergessen, mit ihr kommt auch *Sarapis* zu Fall. Durch den Sturz dieses höchsten Gottes der Alexandriner werden alle erkennen, daß er nur ein "Nichts" darstellt[63]. Es ist eigenartig, daß der Dichter im Gegensatz zum sonstigen jüdischen Brauch die heidnischen Götter beim Namen nennt. Isis, Sarapis, Herakles, Hermes, Zeus, Hera und Poseidon erscheinen in dieser Häufung nur in seinem Werk[64]. Man wird darin ein Zeichen der Schärfe der Auseinandersetzung mit den heidnischen Kulten

---

[59] Aeneis I, 277f.; vgl. den Preis der Siege Cäsars im Osten, die den dauernden Frieden heraufführen:

"hunc tu olim caelo spoliis Orientis onustum
accipies secura...
aspera tum positis mitescent saecula bellis" (289–291).

Eine Verbindung von römischer Reichsideologie und "apokalyptischer" Heilsgeschichte findet sich bei Josephus, wenn er Bell 2,360 in der Rede Agrippas II und 5,367 betont, daß "das Schicksal auf die Seite der Römer übergegangen sei" bzw. daß ihre Weltherrschaft nur mit Gottes Hilfe zustande gekommen sei (2,390), Gott selbst habe, nachdem er früher die Herrschaft auf andere Völker gelegt, dieselbe jetzt auf Italien übertragen. Die jüdischen Vorfahren hätten sich nur deshalb den Römern unterworfen, weil sie wußten, daß Gott mit diesen sei (5,367/368). Das "sine fine" hätte Josephus freilich nie teilen können, s. u. Anm. 99. Zum Ganzen Lindner 1972, 42ff. Vgl. andererseits die Voraussage des Untergangs Roms in der 16. Epode von Horaz und das Orakel des Hystaspes bei Laktanz Inst. 7,15,19: Sublatuiri ex orbe imperium nomenque Romanum. Ähnlich Sib 5,175: *κοὐκέτι σου σημεῖον ἔτ᾽ ἔσσεται ἐν χθονὶ κείνῃ*. Rom soll spurlos vom Erdboden verschwinden. Vgl. auch Tacitus, Hist 4,54,2f. über die Weissagungen der Druiden, daß der Brand des Capitols 68 n. Chr. die Wende der Weltherrschaft bedeute: Fatali nunc igne signum caelestis irae datum et possessionem rerum humanarum Transalpinis gentibus portendi superstitione vana Druidae canebant

[60] 52ff. Vgl. 88,194. Auch die benachbarten Gebiete wie die Cyrenaika (195ff.), Kreta, Zypern und Phönizien (450ff.) sind davon betroffen, d. h. z. T. die Aufstandsgebiete.

[61] 67–73. Alexandrien wird dagegen – gerade umgekehrt wie im Töpferorakel – als Hauptzentrum der Juden relativ geschont, 88ff.

[62] Der "Erzieher" bzw. die "Amme" (*τροφός* Z. 70 zum Text s. Geffcken 1902) bezieht sich wohl auf den "Perser", der 93–97 das ganze Land verwüstet.

[63] 75–86.279f.484–491. Vgl. schon 53: Isis wird auf euhemeristische Weise zur Schwester der Sibylle gemacht.

[64] Herakles und Hermes 5,87; Zeus: 7.87.131.141; Hera: 140; Poseidon: 157; vgl. auch das Ende des dionysischen Enthusiasmus bei den Griechen: 264f.

sehen dürfen. Die Gegner werden beim Namen genannt und in ihrer Nichtigkeit "entlarvt". Es ging hier um einen zugleich religiösen *und* politischen Kampf, der sich dann am Ende in den beiderseitigen Gewaltakten des Aufstandes unter Trajan entlud. Die Intensität dieses Kampfes wird beleuchtet durch ein ägyptisches Orakel, nach dem die "gesetzlosen" Juden "durch den Zorn der Isis" aus Ägypten vertrieben werden[65].

4.5. Es ist eigenartig, daß der Verfasser mehrfach die *Zerstörung des Heiligtums* in Jerusalem erwähnt, sie jedoch nie – im Anschluß an die prophetische Tradition des Alten Testaments – als Gottes Gericht über sein Volk begründet. Die Vernichtung des Tempels bzw. der Heiligen Stadt erscheint ausschließlich als Untat Roms[66] und dient nur dazu, das Maß von dessen Bosheit vollzumachen, Gottes Gericht über die gottlose Menschheit | zu motivieren und die Endereignisse einzuleiten[67]. Die Geschichte wird völlig *dualistisch* gesehen: Hier die ganz Guten, und dort die ganz Bösen. Darum ist von Israels Sünde und Umkehr nicht die Rede, sondern nur am Ende von der Aufrichtung des Friedensreiches "für das göttliche und himmlische Geschlecht der seligen Juden", "denn sie werden in Ewigkeit Siegeszeichen (*τρόπαια*) über die Bösen aufstellen"[68]. Gott wird mit Sicherheit seinem Volk im letzten Kampf gegen alle Feinde helfen und ihm den Sieg geben. Auch hier wird man wieder an analoge Aussagen der *Selbstverherrlichung Roms* erinnert, so etwa, wenn am Ende der Aeneis Jupiter gegenüber Juno das kommende Geschlecht der Römer preist: "supra homines, supra ire deos pietate videbis"[69], oder wenn gesagt wird, daß es die "erhabene Roma" den "Verheißungen (auspicia) Jupiters verdanke, wenn ihre Herrschaft über die Welt, ihr Mut aber bis zum Olymp reiche": "imperium terris, animos aequabit Olympo"[70]. Die eigentliche "theologische" Reflexion, z.B. die Frage nach Gottes Gerechtigkeit, wie sie uns etwa in der doch aus Palästina stammenden zeitgenössischen pharisäischen Apokalypse des 4. Esrabuches begegnet, tritt gegenüber den grausigen Unheils- und verklärten Heilsschilderungen fast völlig zurück. Das Ganze wird beherrscht von einer radikal-dualistischen "politischen Theologie".

---

[65] *CPJ* III, 1964, Nr. 520. Manteuffel 1934–37, 123 bringt das Fragment in Zusammenhang "mit dem Judenaufstand vom Jahre 115". Vgl. jedoch schon den ägyptischen Priester, Stoiker und Erzieher Neros, Chairemon, der nach Jos. Ap 1,289 von einer Traumerscheinung der Isis berichtet, die König Amenophis veranlaßte, die aussätzigen Vorfahren der Juden unter Führung des Mose und Joseph aus Ägypten zu verjagen. Es handelt sich wohl um ein Zeugnis jenes älteren ägyptischen Antijudaismus, der den Aufstand 115–117 wie auch die Polemik der 5. Sibylle mit provozierte.

[66] Zerstörung durch Nero: 150f.226; durch Titus: 408, vgl. 398ff.

[67] Der Brand des Vestatempels in Rom 64 n.Chr. als Vorzeichen der Strafe Gottes für die Tempelzerstörung: 395–401.

[68] 255, Text nach Rzach 1923; vgl. 249; *Ἰουδαίων μακάρων θεῖον γένος οὐράνιόν τε.*

[69] 12,839.

[70] 6,782. Dieser Vers wurde gerne von römischen Historikern zitiert. Vgl. die Epitome des Werkes von Pompeius Trogus, Justinus 43,3,2, über Romulus: finitimisque populis armis subiectis primo Italiae et mox orbis imperium quaesitum.

Auffällig ist weiter die Hervorhebung des darniederliegenden Heiligen Landes aus der Feder eines ägyptischen Juden[71]. Hier scheint sich die Haltung gegenüber dem Mutterland im Vergleich zu früheren Zeiten positiv verändert zu haben. Es würde so verständlich, warum die Aufständischen der Jahre 115–117 auf Palästina zustrebten, weiter, daß der spätere Plan Hadrians, in Jerusalem eine römische Kolonie mit einem Jupitertempel zu errichten, die Juden – nicht nur in Judäa – aufs äußerste provozieren mußte.

Es gehen so beim Verfasser weitläufige hellenistische Bildung und naive Freude an teils realistischen, teils mythologischen Zukunftsgemälden ineinander. Die "fremde" Bildung wird dabei ganz in den Dienst der Verherrlichung des eigenen Glaubens an den einen wahren Gott gestellt[72], um das "letzte Gefecht", den religiös-politischen Machtkampf gegen Rom, | in grellen Farben auszumalen. Aber eben hier ist zu fragen, ob nicht gerade diese rigoros "nationale" Ausgestaltung der eschatologischen Hoffnung im Grunde selbst in die Nähe zur verhaßten hellenistisch-römischen "Reichsideologie" führt. Die für die Antike einzigartige *Verschmelzung von Volkstum, exklusiver Religion und utopischer politischer Hoffnung* und die damit verbundene Radikalität gab der jüdischen Rebellion in der Cyrenaika und Ägypten jenen unerbittlichen Charakter, den die nicht jüdische Umwelt nicht verstehen konnte und den sie mit der haßerfüllten Formel von den *ἀνόσιοι Ἰουδαῖοι* beantwortete. Es war der ganz andere Weg des intensiven Torastudiums, verbunden mit einer relativen Freiheit gegenüber der hellenistisch-römischen Kultur, gewissermaßen der Weg nach innen, durch den das palästinensische Judentum nach der Katastrophe des Bar-Kochba-Aufstandes unter der politischen und geistigen Führung des Bet-Hillel sich eine ganz neue Zukunft eröffnete[72a]. Im Blick auf die zurückliegenden Katastrophen des 2. Jh.s erscheint darum diese vor allem von dem Redaktor der Mischna, Jehuda han-naśî', vertretene Haltung als wegweisend für die weitere Geschichte des antiken Judentums.

5. Der Messias und der messianische Krieg

5.1. Zunächst wäre zu sagen, daß in der 5. Sibylle der messianische Erlöser weniger hervortritt als der dämonische "Endtyrann" in der Gestalt des Nero redivivus. Gott könnte wie in der 4. Sibylle sein Reich auch

[71] Das Heil wird als frommes und friedvolles Wohnen im Heiligen Land und in Jerusalem geschildert, das eine Mauer mit dem Hafen Jope verbindet (250f.) und das ein neuer Tempel schmückt, dessen Turm als Gegenstück des Turms zu Babel allen Menschen sichtbar bis zu den Wolken reicht (420ff.).

[72] Dies gilt schon für die ältere "jüdisch-hellenistische" Literatur, Hengel 1972, 244, 253, 305f. = o. S. 206f. 213. 249f.

[72a] S. dazu Neusner 1979, 123ff. "The disputes of the Houses were now a matter of a legal study, not of political importance" (125).

unmittelbar, ohne Zuhilfenahme einer Mittlergestalt, aufrichten und die gottlose Menschheit auch ohne dessen Eingreifen vernichten. Diese Tendenz entspricht auch den zeitgenössischen rabbinischen Texten. Die "Erlösung" ist wichtiger als der "Erlöser", die Erlösergestalten sind außerdem variabel und leicht austauschbar. Dennoch spielt der endzeitliche Erlöser eine nicht unwesentliche Rolle[73]. Insgesamt erscheint die Person des "Messias"[74] in der 5. Sibylle viermal, doch beruht eine Erwähnung auf einer christlichen Interpolation oder ist zumindest christlich überarbeitet[75], eine weitere ist verschlüsselt[76]. Der erste klare Beleg[77] geht davon aus, daß der Antichrist "auf dem Gipfel seiner Macht ... kommt und die Stadt der Seligen zerstören will", d. h. der Verfasser greift hier das traditionelle Bild des Völkersturms von Gog und Magog auf. Darauf erfolgt die wunderbare Wende:

> "und ein König von Gott her gesandt gegen diese
> wird alle großen Könige und tüchtigsten Männer töten.
> Darauf wird so Gericht sein vom Unsterblichen über die Menschen."

Der zweiten Erwähnung[78] geht die Schilderung der Zerstörung Jerusalems und des Tempels voran. Darauf erscheint der Erlöser als eine "übermenschliche" Gestalt:

> "Denn es kam vom Himmelsgewölbe ein seliger Mann
> der hielt ein Szepter in Händen, das Gott selbst ihm verliehen.
> Der brachte alles trefflich in seine Gewalt
> und gab allen Guten den Reichtum zurück, den frühere Männer
> (ihnen) genommen hatten. Jede Stadt eroberte er von Grund aus
> mit viel Feuer, und die Volksgemeinden der Menschen, die zuvor
> Übeltäter gewesen, verbrannte er."

---

[73] S. dazu jetzt Collins 1974, 87ff.

[74] Der Begriff "Gesalbter" erscheint nirgendwo; in 5,68 wird die ungewöhnliche Bezeichnung *παῖδες θεόχριστοι* auf Israel bezogen, vielleicht schon in Abwehr des Christentums.

[75] 256f.; s. schon Geffcken 1902a, 29.

[76] 155–160: Ein Stern kommt vom Himmel, der das Meer und Babylon und Italien (= Rom) vernichtet.

[77] 106–110:
*ἀλλ' ὅταν ὕψος ἔχῃ κρατερὸν καὶ θάρσος *ἀηδές**
ἥξει καὶ μακάρων ἐθέλων πόλιν ἐξαλαπάξαι.
καί κέν τις θεόθεν βασιλεὺς πεμφθεὶς ἐπὶ τοῦτον
πάντας ὀλεῖ βασιλεῖς μεγάλους καὶ φῶτας ἀρίστους.
εἶθ' οὕτως κρίσις ἔσται ὑπ' ἀφθίτου ἀνθρώποισιν.
Zur Sendungsvorstellung in Judentum s. J.-A. Bühner 1977, 270–373. Vgl. auch Act 3,20; IThess 1,10. Zu hellenistisch-römischen Parallelen s. M. Hengel 1977, 58ff.

[78] 414–421:
ἦλθε γὰρ οὐρανίων νώτων ἀνὴρ μακαρίτης
σκῆπτρον ἔχων ἐν χερσίν, ὅ οἱ θεὸς ἐγγυάλιξεν,
καὶ πάντων ἐκράτησε καλῶς πᾶσίν τ' ἀπέδωκεν
τοῖς ἀγαθοῖς τὸν πλοῦτον, ὃν οἱ πρότεροι λάβον ἄνδρες
πᾶσαν δ' ἐκ βάθρων εἷλεν πόλιν ἐν πυρὶ πολλῷ
καὶ δήμους ἔφλεξε βροτῶν τῶν πρόσθε κακούργων
καὶ πόλιν, ἣν ἐπόθησε θεός, ταύτην ἐποίησεν
φαιδροτέραν ἄστρων τε καὶ ἠλίου ἠδὲ σελήνης. (Texte nach Geffcken).

Man wird diese beiden Aussagen nicht auseinanderreißen dürfen. Der von Gott gesandte "König" und der "vom Himmelsgewölbe kommende selige Mann"[79] meinen dieselbe Person, den "Messias-Menschensohn", bei dem sich der irdisch-königliche und der himmlisch-richterliche Aspekt (man könnte auch sagen Num 24,7.17 und Dan 7,13) verbinden.

5.2. Im Gegensatz zum Menschensohn der Bilderreden des äth. Henoch ist jedoch hier noch nicht expressis verbis von einer Präexistenz des Messias die Rede, und noch mehr als in der 3. Sibylle besitzt er die Funktion des *Weltherrschers und Kriegshelden*[80], zumal er deutlich der Gestalt des Antichristen gegenübergestellt wird, dessen Heer er völlig vernichtet. Wurde zuvor vom Antichrist gesagt, daß "er die ganze Erde besiegen und alles beherrschen wird"[81], so gilt dies jetzt für den Messias[82]. Jede Stadt – man wird hinzufügen müssen: die Widerstand leistet – wird er niederbrennen, dasselbe gilt von allen "Volksgemeinden" (*δήμους*), die das heilige und gerechte Gottesvolk Israel unterdrückt hatten. Weiter wird der Erlöser eine Umverteilung der Güter vornehmen: Die Guten, d.h. Israel, erhalten jetzt zurück, was ihnen in früherer Zeit geraubt worden war[83]. Beim heilvollen Ende darf die Expropriation der Expropriateure nicht fehlen.

5.3. Gegenüber der älteren Darstellung des Messias in der 3. Sibylle bringt der Dichter des 5. Buches so eine deutliche Steigerung durch die Betonung des *Vernichtungskrieges*. Nicht nur sein Haß gegen Rom ist innerhalb der sibyllinischen Literatur unübertroffen, sondern auch seine Darstellung des Antichristen und als notwendiges Gegengewicht die des messianischen Krieges. Es wäre dabei irreführend, wenn man im zeitgenössischen Judentum einen grundsätzlichen Gegensatz zwischen dem irdischen Messiaskönig als Kriegshelden und dem Menschensohn-Erlöser als himmlischer Gestalt konstruieren wollte; beide Motive haben sich in vielfältiger, immer wieder neuer Weise verbunden. Das apokalyptische Denken eignet sich in seiner scheinbar widersprüchlichen Vielfalt schlecht für die Zettelkästen und Schubfächer des modernen Forschers und seine reinliche analytische Scheidekunst. Man sollte die Vorstellung einer "reinen Transzendenz" ebenso aus den Beurteilungskategorien der "Apokalyptik" verbannen wie das Zerrbild einer "ausschließlich irdischen Hoffnung". Ähnliches gilt von dem immer wieder in falscher Weise betonten Gegensatz zwischen den Begriffspaaren "irdisch-himmlisch" und "gegenwärtig-zukünftig". Die jüdische "Apokalyptik" war in gleicher Weise an der himmlischen Welt wie an der verklärten Zukunft interessiert. Das erwar-

[79] Vgl. I Kor 15,47: *ὁ δεύτερος ἄνθρωπος ἐξ οὐρανοῦ.*

[80] Nikiprowetzky 1970 deutet schon Sib 3,652 den König, den Gott von der Sonne her senden wird und der den Krieg auf der Erde beendet als "un prince guerrier" (Sibylle S. 136).

[81] 108ff. 365: *καὶ πάντα κρατήσει.*

[82] 416: *καὶ πάντων ἐκράτησε καλῶς*, vgl. auch 156 (Messias) und 365 (Antichrist): *ὃς πᾶσαν γαῖαν καθελεῖ.*

[83] Vgl. ApkAbr 31,6-10 und syrBar 72,2–6.

tete "utopische Paradies" war, das zeigt Apk 20–22, weder völlig transzendent noch wirklich irdisch. Da die militärisch-destruktive Gewalttätigkeit des Antichristen in der 5. Sibylle in so einzigartiger Weise geschildert wird, mußte er auch darin im Messias seinen Meister finden[84]. Daß dieser dabei nicht mehr nur mit menschlichen Waffen kämpft, sondern vor allem mit dem göttlichen Gerichtsfeuer[84a], ist die notwendige Konsequenz seiner gottgegebenen Aufgabe und ein altes sibyllinisches Motiv.

Die Gestalt eines *vom Himmel kommenden Erlösers* mußte entsprechend durchaus nicht zur Vorstellung vom realen eschatologisch-messianischen Krieg in Widerspruch stehen. Ich verweise hier en passant nur auf die vielfältigen Erwartungen der Essener mit dem vierzigjährigen Krieg der Söhne des Lichts gegen die Söhne der Finsternis, den beiden Messiassen aus Aaron und Israel, und der kommenden Erlösung durch den Lichtfürsten Michael[85].

Selbst ein so hochgebildeter christlicher Theologe wie der Erzieher des Sohnes von Konstantin, *Laktanz*, kann im 7. Buch seiner Institutiones den messianischen Krieg in erstaunlicher Weise variieren. Nachdem der *dux sanctae militiae* vom Himmel herabgekommen ist und das Heer des Antichristen zum großen Hinschlachten in die Hand der Gerechten gegeben wurde[86], geht der Kampf dennoch weiter: Der Antichrist flieht und erneuert den Kampf viermal "donec quarto proelio confectis omnibus impiis *debellatus* et captus tandem scelerum suorum luat poenas"[87].

Man möchte von unserer heutigen Erfahrung aus diese zunächst jüdischen und dann auch christlichen Schilderungen des "letzten Gefechts" eine gewiß verständliche, aber dennoch allzumenschlich-unmenschliche

---

[84] Die nächste Parallele ist dazu Apk 19,11ff.: *ἐν δικαιοσύνῃ κρίνει καὶ πολεμεῖ.*

[84a] Das Motiv erscheint u.a. in IV. Esr 13,4–11 als Kombination von Jes 11,4; Ez 39,6 und Dan 7,12. Zum Feuermotiv vgl. Volz 1934, 318f.; Hultgård 1979, 570f.

[85] Vgl. Dan 12,1ff.; äthHen 90,14ff.; 1QM 17,7f.; 16,8ff.; 11QMelch s. Milik 1972, 95ff.; zu den beiden Messias v. d. Woude 1957; Starcky 1963, 481ff. und Liver 1979.

[86] Inst. 7,17,10f.: et exaudiet eos deus et mittet regem magnum de caelo qui eos eripiat ac liberet omnesque inpios ferro ignique disperdat; 7,19,5: cadet repente gladius e caelo, ut sciant iusti *ducem sanctae militiae descensurum* ... et antecedet eum flamma inextinguibilis et uirtus angelorum tradet in manus iustorum multitudinem illam quae montem circumsederit et concidetur ab hora tertia usque in uesperum et fluet sanguis more torrentis: deletisque omnibus copiis inpius solus effugiet et peribit ab eo uirtus sua.

[87] Inst 7,19,6. Vgl. auch die Auslegung von Apk 19,11 bei dem Märtyrerbischof Victorinus von Pettau (*CSEL* 49, 1916 ed. Haußleiter) p. 137: Equum enim album et sedentem super eum dominum nostrum cum exercitu caelesti ad regnandum ostendit, cuius in aduentu omnes colligentur gentes et gladio cadent. Caeterae autem, quae fuerint nobiliores, seruabuntur in seruitutem sanctorum. Zum endzeitlichen Vernichtungskrieg s. noch T.Sim 6,3f.; T. Jos 19,8; den himmlischen Krieg (*πόλεμος*) zwischen Michael und der Schlange Apk 12,7; 19,11ff.; 20,8f. In der aus dem 3. Jh. stammenden hebräischen Eliasapokalypse erscheint der Messias mit einem Heer von 30000 Gerechten und läßt die Heiden "dahinschwinden" (ed. Buttenwieser 1897, 19f.). Zum Motiv des endzeitlichen "Heiligen Krieges" s. auch Hengel 1976, 277ff., zum Messias als Krieger 281ff.

Variante des bekannten höchst fragwürdigen römischen Selbstlobs nennen[88]:

> "tu regere imperio populos, Romane, memento
> (haec tibi erunt artes), pacisque imponere morem,
> parcere subiectis et *debellare* superbos."

5.4. Wir sehen aus alledem, daß *Kosmologie* und *Politik* zwar für uns als zwei völlig verschiedene Dinge erscheinen mögen, für das antike mythische und d.h. auch für das jüdisch-apokalyptische Denken sind sie es nicht[89]. Gottes Schöpfung und die Geschichte der Menschheit lassen sich nicht auseinanderreißen. Kriege und kosmische Katastrophen bedingen sich gegenseitig, ebenso Weltfriede und kosmische Ordnung. Um die gottlose Weltmacht, in der sich alle Feinde des Gottesvolkes und widergöttlichen Kräfte am Ende der Zeit zusammenschließen, zu zerbrechen, muß Gott mit noch größerer, übermenschlicher, wunderbarer Macht eingreifen. Eben dies geschieht im endzeitlichen messianischen Krieg. Ein traditionsgeschichtlicher Vergleich könnte dabei zeigen, daß an diesem Punkt weite Teile des griechischsprechenden Diasporajudentums nicht weniger "militärisch-politisch" dachten als die Juden im palästinischen Mutterland.

Aus diesem Grund werden auch die eschatologischen Erwartungen der Aufständischen zur Zeit Trajans gar nicht so weit von den Vorstellungen des Dichters der 5. Sibylle entfernt gewesen sein. Die Gewißheit der rettenden Reaktion Gottes in der Entsendung einer himmlischen Rettergestalt schloß die eigene – äußerlich verzweifelt erscheinende – politisch-militärische Aktion nicht aus, sondern konnte sie als Vorbereitung erfordern. Die Erwartung des messianischen Endkampfes war zudem, je nach Wechsel der Situation, vielseitig variierbar, wobei unmittelbare prophetische Weisung, schriftgelehrte Deutung und Umformung der Tradition Hand in Hand gingen. Im Jüdischen Krieg 66. n.Chr., dessen Ausbruch ja durch die Erwartung der nahen Erfüllung der messianischen Verheißungen gefördert wurde und in dem verschiedene Führer mit messianischen Ansprüchen auftraten[90], hat sich die endzeitliche Erwartung auch nach schwersten Rückschlägen eher noch weiter intensiviert. Die Führer der Aufständischen im eingeschlossenen Jerusalem waren sich nicht nur gewiß,

---

[88] Aeneis 6,851–853. Die fata, die die Geschicke der Völker leiten, verkörpern den Willen Jupiters, dessen Ziel die Überwindung des kriegerischen furor und der gesittete Frieden ist. Auch in den Sibyllinen folgt auf Vernichtungskrieg und Gericht die Utopie des Friedensreiches. Josephus macht sich bis zu einem gewissen Maße die Idee, daß die Tyche bzw. Gott die Römer selbst begünstige zu eigen und argumentiert von dieser Basis aus gegen seine aufständischen Volksgenossen, s.o. Anm. 59.

[89] Gegen Collins 1974, 91: "... that the saviour does not operate in the sphere of politics, but in the sphere of cosmology. Deliverance is seen as a cosmological event. This shows how deeply the Egyptian Jews had become disillusioned with the political realm".

[90] Hengel 1976, 242ff., 246ff., 296ff.

daß Tempel und Stadt – entsprechend der alten Weissagung vom Völkersturm – von den Römern nicht erobert werden könnten, "denn die Stadt gehöre Gott", sondern sie verteidigten den Tempel in der Gewißheit, "daß dieser auf jeden Fall von dem, der darin wohnt, gerettet werde"[91], eine Überzeugung, die selbst auf römische Soldaten überging, so daß einzelne zu den Juden überliefen[92]. Noch unmittelbar vor der Eroberung des Heiligtums verkündete ein zelotischer Prophet für den 10. Ab dem verzweifelten | Volk, "Gott habe den Befehl gegeben, zum Heiligtum hinaufzugehen, dort würden sie die Zeichen der Erlösung empfangen". Wahrscheinlich sollten sie dort die Ankunft des Messias-Menschensohn erwarten[93]. Man wird ähnliche prophetische "Weissagungen" und Orakel auch bei den jüdischen Insurgenten in der Cyrenaika und Ägypten voraussetzen dürfen, deren Erhebung nicht weniger, sondern eher noch mehr verzweifelten Mut voraussetzte als bei den Verteidigern Jerusalems.

Die zeitliche Beschränkung des Vortrags und der vorgeschriebene Umfang des Druckmanuskripts erlauben es nur, den letzten Teil in kurzen Grundthesen zu entwickeln, die nicht mehr ausführlich belegt werden können:

6. Zur Vorgeschichte des Motivs vom messianischen Krieg in der Diaspora Ägyptens

6.1. Die jüdische Diaspora Ägyptens und der Cyrenaika besaß ein ausgesprochenes, durch lange Tradition geprägtes militärisches Selbstbewußtsein, das nicht weniger stark war als das der Bevölkerung des Mutterlandes. Es begegnet uns schon bei dem zweiten griechischen Autor, der über die Juden berichtete, Hekataios von Abdera um 300 v. Chr. Danach habe Mose sich sehr um das Kriegswesen gekümmert und die jungen Männer gezwungen, "sich in Tapferkeit, Ausdauer und im Ertragen von jeder Art von Strapazen zu üben"[94]. Dieses militärische Selbstbewußtsein hängt damit zusammen, daß seit den Tagen des ersten Ptolemäers die sozial führende Schicht der jüdischen Diaspora in Ägypten[94a], der Cyrenaika und vermutlich auch auf Zypern aus Militärsiedlern bestand, die vor allem seit dem Ptolemaios VI Philometor in der Mitte des 2. Jh. v. Chr. in Ägypten einen beachtlichen politischen Machtfaktor darstellten, bis sie – wie das gesamte ptolemäische Heer – von Augustus entwaffnet wurden und ihre mit dem Stande des Militärsiedlers verbundenen Vorrechte verloren[95]. Militärische Tüchtigkeit und Waffengebrauch zur rechten Zeit wer-

[91] Jos.Bell 6,98; 5,459; Hengel 1976, 227f.

[92] Dio Cassius 66,5,4; M. Stern 1980, 371ff. Nr. 430.

[93] Bell 6,285f.; Hengel 1976, 248f.

[94] Diod.Sic. 40,4,6; M. Stern 1974, 26f. und Kommentar S. 32. Auch nach Artapanos und Josephus ist Mose ein großer Heerführer.

[94a] A. Kasher 1979. Dies mag auf die persische Zeit zurückgehen.

[95] S. dazu Tcherikover, *CPJ* I, 1957, 1–47; Kasher 1978, *passim*; Hengel 1976a, 116ff.

den darum auch in der Literatur der ägyptischen Diaspora hochgeschätzt.

6.2. Einen Einfluß dieses kriegerischen Selbstbewußtseins wird man schon in der Übersetzung der wichtigsten messianischen Belegstelle im Pentateuch Num 24,7f.17ff. vermuten dürfen, wo – in starker Abweichung von der hebräischen Vorlage – der Messias als erfolgreicher Krieger und Eroberer gezeichnet wird. Eigenartig ist, daß die späteren Targumim hier durchweg mehr oder weniger der Deutung der Septuaginta folgen. Num 24 wurde sowohl in der Diaspora wie auch im palästinischen Mutterland zum exegetisch und politisch wirkungsvollsten messianischen Text[96], der in seiner traditionsbildenden Kraft nur noch mit Jes 11 verglichen werden kann. Auch in der Auslegungstradition von Jes 11 wurden die kriegerischen Züge verstärkt, während das Motiv der Geistbegabung und der Weisheit abgeschwächt wurde[97].

Die Wirkung dieses messianischen Textes aus dem Pentateuch kann gar nicht überschätzt werden. Sie tritt uns selbst bei dem sonst so uneschatologischen jüdischen Platoniker Philo entgegen, der in Praem Num 24,7 zitiert und mit der Vorstellung des Kriegsmessias verbindet[98]. Josephus, der sonst die jüdische messianische Hoffnung ganz unterschlägt, läßt sie bei seiner Darstellung des Bileamorakels wider seine sonstige Gewohnheit deutlich durchschimmern[99]. Weitere Hinweise finden sich in den Testamenten der XII Patriarchen und der 3. und 5. Sibylle. Darüber hinaus wird man in Num 24 jenes "zweideutige Orakel" sehen dürfen, das nach dem Urteil von Josephus, Tacitus und Sueton die Juden zum Krieg verleitete[100], und schließlich empfing Bar Kochba von dem "Stern aus Jakob" Num 24,17 seinen Namen[101].

6.3. Es lassen sich so in der Entwicklung des palästinischen Judentums von der makkabäischen Erhebung und der hasmonäischen Expansion bis hin zu den Katastrophen der Jahre 70 und 132–135 einerseits und der ägyptischen Diaspora von ihrer politisch-militärischen Blüte ab der Mitte des 2. Jhdts. v. Chr. bis hin zu der selbstmörderischen Erhebung der Jahre 115–117 andererseits durchaus gewisse Parallelen aufweisen. In beiden Bereichen ist eine Intensivierung der messianisch-politischen Hoffnung zu beobachten, die sich schließlich in Vernichtungskriegen entlud und die aufs ganze gesehen durch die Verschlechterung der politischen Situation unter

[96] Dieser Text bedürfte dringend einer eingehenden wirkungsgeschichtlichen Untersuchung. Schon das Zustandekommen des abweichenden Septuagintatextes ist ungeklärt. Am ausführlichsten wird er bei Vermes 1961, 159ff. behandelt.

[97] S. dazu Hengel 1979, 168ff.

[98] §95: *ἐξελεύσεται … ἄνθρωπος … καὶ στρατάρχων καὶ πολεμῶν.*

[99] Ant 4,112–125, vgl. 10,208–210 zu Dan 2.

[100] S. o. §3.3. Anm. 42.

[101] jTaan 4,7 68d Z. 49f.: R. Schimᶜon b. Jochai lehrte: Aqiba, mein Lehrer, lehrte: "'Aufgegangen ist ein Stern aus Jakob!' Aufgegangen ist Kosiba aus Jakob!" S. u. S. 344ff.

römischer Herrschaft, d.h. in Palästina durch den Verlust der Unabhängigkeit und in Ägypten und der Cyrenaika durch die Aufhebung der Vorrechte der jüdischen Militärsiedler, bedingt war. Auffallend ist dabei, daß von den Juden in den ehemals nichtptolemäischen Gebieten, etwa in Syrien, Kleinasien und Griechenland, wo sich ebenfalls eine sehr große jüdische Minderheit befand, keine vergleichbaren Unruhen überliefert | werden. Hier blieb man gegenüber der fremden Herrschaft loyal, wie man es schon unter den Persern und den Seleukiden gewesen war. Dies mag damit zusammenhängen, daß die Juden in diesen Gebieten – etwa in den Städten der Westküste Kleinasiens und der Ägäis – ihren Status unter römischer Herrschaft eher als Verbesserung gegenüber der Willkür der früheren Magistrate der einzelnen Poleis empfanden[102].

6.4. Freilich muß man gleichzeitig hervorheben, daß dieser militante Messianismus, der in Palästina wie in Ägypten zur Katastrophe führte, durchaus nicht die einzige Verhaltensweise war. Das in Palästina entstehende Urchristentum, der nach 70 bzw. 135 allein überlebende hillelitische Flügel der Pharisäer und die überwiegend sadduzäische Oberschicht lehnten den Weg der eschatologisch motivierten gewaltsamen Erhebung als einen Gottes Willen widersprechenden Selbstbetrug ab. Auch in Ägypten werden starke Gruppen – gerade in Alexandrien – diesen Versuchen Widerstand geleistet haben. So wurden nach 70 die nach Ägypten geflohenen Sikarier auf Veranlassung der Führer der jüdischen Gemeinde den Römern ausgeliefert[103]. Daß die Aufstände dann schließlich dennoch ausbrachen, läßt sich mit rationalem Kalkül allein kaum mehr begründen, sondern ist in erster Linie dem alle Widerstände überwindenden apokalyptischen Enthusiasmus der militanten Gruppen und dem demagogischen Genie ihrer Führer zuzuschreiben, daneben freilich auch römischen Mißgriffen, so dem Schreckensregiment eines Gessius Florus vor 66 n.Chr., und später dem Befehl Hadrians zur Gründung von Aelia Capitolina in Verbindung mit dem Beschneidungsverbot. Um so mehr fällt auf, daß wir überhaupt nichts über die Gründe der Erhebung von 115 hören. Sie muß für die Römer ganz überraschend gekommen sein, denn sie waren in keiner Weise militärisch auf diese "Explosion" des jüdischen Zorns vorbereitet. Die 5. Sibylle zeigt freilich, wie sich die messianisch-militante Hoffnung und der Haß gegen Rom schon in den Jahrzehnten vor dem Aufstand aufs äußerste gesteigert hatten und – das ganze Werk wurde ja erst nach dem Tode Trajans unter Hadrian redigiert – auch nach der Katastrophe weiterwirkten. Die Hoffnung auf die Überwindung der "gottlosen Herrschaft" wurde dabei nicht allein aus der alttestamentlich-prophetischen und späteren jüdisch-apokalyptischen Hoffnung gespeist, sondern zusätzlich von der

[102] Zu den römischen Rechtsgarantien für die jüdischen Gemeinden s. Smallwood 1976, 138ff.

[103] Jos.Bell 7,413–416, s.o. §3.2.

autochthonen *ägyptischen "Apokalyptik"* beeinflußt, wie ein Vergleich mit dem Töpferorakel und anderen politischen Weissagungen des Nillandes aus hellenistisch-römischer Zeit zeigt. Wahrscheinlich haben jene unbekannten Verfasser der sog. 3. Sibylle aus der Mitte des 2. Jh. v. Chr. und der Zeit der Kleopatra VII. die an sich heidnische, griechische Form der sibyllinischen Weissagung in Auseinandersetzung mit den fremdenfeindlichen ägyptischen "Apokalypsen" gewählt[104].

6.5. Die Literatur der Diaspora Ägyptens weist jedoch – gerade im Bereich der sogenannten "Apokalypsen" – auch noch ganz andere Schriften auf, in denen die nationale politisch-messianische Hoffnung kaum mehr eine Rolle spielt, sondern sich die Zukunftserwartung auf das *Schicksal des Individuums nach dem Tode* konzentriert. Dazu gehören das Testament Abrahams, die griechische Baruchapokalypse, volkstümliche Offenbarungsschriften, die ihre Fortsetzung in den christlichen Testamenten Isaaks und Jakobs finden und stark an ältere hellenistische und ägyptische Vorbilder erinnern[105]. Hier öffnete sich ein ganz anderer, individueller Weg der Antwort auf die Unterdrückung durch die Fremdherrschaft, der in die Innerlichkeit der persönlichen todesüberwindenden Hoffnung und den kleinen Kreis der religiösen Gemeinschaft der Gleichgesinnten führte. Vielleicht darf man mit aller Vorsicht die Vermutung äußern, daß die nationale, militant-messianische Hoffnung in den breiten, nichtliterarischen Schichten des Judentums der Diaspora der ehemals ptolemäischen Gebiete relativ stark verbreitet war, während in den gebildeteren, literarisch interessierten und produktiven Kreisen die – auf griechischem Einfluß beruhende – individuelle Erwartung stärker im Vordergrund stand. Darüber hinaus mußte man mit Mischformen rechnen. Selbst Philo kennt eine rudimentäre national-militante Zukunftshoffnung. Dies würde auch das einseitige Ergebnis der Untersuchung von U. Fischer (s. o. § 1.3.) erklären. Die 5. Sibylle wäre dann nur die Spitze eines Eisberges.

Eine dritte Möglichkeit bildete das *gnostische oder auch hermetisch-mystische Konventikel*. Die politischen Katastrophen konnten schließlich gerade bei den philosophisch (Halb-)Gebildeten zur Verzweiflung am Gott der Väter und guten Weltschöpfer führen, der sein Volk der Vernichtung preisgab. Mußte ein solcher Gott am Ende nicht als grausamer, immer nur strafender Demiurg erscheinen[106]? Hier scheint mir eine der wichtigsten Wurzeln der

[104] Zur ägyptischen "Apokalyptik" s. Apocalypticism (o. S. 314), 273 ff. 345 ff. Der Erfolg der jüdischen Autoren in der Übernahme der Form des heidnischen Orakels zeigt sich in der Formulierung des Laktanz Inst 7,19,9: quod etiam Sibylla cum prophetis congruens futurum esse praedixit.

[105] Macurdy 1942, 213 ff. weist auf die Beziehungen zwischen dem Test Abr und der Apokalypse des Pamphyliers Er (s. o. §§ 1.2. und 1.3.) im 10. Buch von Platos Staat hin (614b ff.), die selbst wieder vom ägyptischen Totengericht beeinflußt wurde, s. Morenz 1951, 123 ff. A. Hultgård 1979, 567 weist auf möglichen iranischen Einfluß hin.

[106] Die palästinische IV Esraapokalypse zeigt ein Ringen um die Frage nach Gottes Gerechtigkeit, das bei negativem Ausgang zum radikalen Bruch mit dem Gott der Väter führen konnte. Man sollte stärker als bisher die tiefgreifende Katastrophe der Jahre 66–70, die durch

gnostischen Bewegung zu liegen, die ja ganz stark von der jüdischen Apokalyptik und Weisheit beeinflußt ist und die durch die – auch das ägyptische Judentum betreffende – Katastrophe von 70 n. Chr. m. E. offenbar erst richtig ausgelöst wurde.

Bibliographie

Applebaum, Shimon 1951: "The Jewish Revolt in Cyrene in 115–117 and the subsequent recolonization", in: *JJS* 2 (1951) 177–186.

– 1979: *Jews and Greeks in Ancient Cyrene* (SJLA 28), Leiden 1979.

Bietenhard, Hans 1948: "Die Freiheitskriege der Juden unter den Kaisern Trajan und Hadrian und der messianische Tempelbau", in: *Jud.* 4 (1948) 57–77, 81–108, 161–185.

Bruns, Paulus J./Kirsch, Georgius G. 1789: *Gregorii Abulpharagii sive Bar-Hebraei Chronicon Syriacum*, Leipzig 1789.

Bühner, Jan-A. 1977: *Der Gesandte und sein Weg im 4. Evg.* (WUNT 2. R., 2), Tübingen 1977.

Buttenwieser, Moses 1897: *Die hebräische Elias-Apokalypse*, Leipzig 1897.

Cavallin, Hans Clemens Caesarius 1974: *Life after Death.* Paul's argument for the resurrection of the dead in I Cor 15. Part I: An enquiry into the Jewish background (CB.NT 7,1), Lund 1974.

– 1979: "Leben nach dem Tode im Spätjudentum und im frühen Christentum. I. Spätjudentum", in: *ANRW* II 19,1, Berlin/New York 1979, 240–345.

Chabot, Jean-Baptiste 1899: *Chronique de Michel le Syrien* (1166–1199), Ed. et trad. Bd. 1, Paris 1899.

Chaumont, Marie-Louise 1976: "L'Arménie entre Rome et l'Iran I", in: *ANRW* II 9,1, Berlin/New York 1976, 71–194.

Collins, John J. 1974: *The Sibylline Oracles of Egyptian Judaism* (SBLDS 13), Missoula/Mont. 1974.

– 1979: "Towards the morphology of a genre", in: *Semeia 14: Apocalypse: The morphology of a genre*, Missoula/Mont. 1979, 1–20.

Corpus papyrorum Judaicarum I 1957, ed. Victor A. Tcherikover/Alexander Fuks, Cambridge/Mass. 1957.

Corpus papyrorum Judaicarum II 1960, ed. Victor A. Tcherikover/Alexander Fuks, Cambridge/Mass. 1960.

Corpus papyrorum Judaicarum III 1964, ed. Victor A. Tcherikover/Alexander Fuks/Menahem Stern, Cambridge/Mass. 1964.

Fink, Robert O. 1971: *Roman Military Records on Papyrus* (PMAPA 26), Cleveland, Ohio 1971.

Finkelstein, Louis (Ed.) 1956: *Sifra or Torat Kohanim according to Codex Assemani LXVI*, New York 1956.

Fischer, Ulrich 1978: *Eschatologie und Jenseitserwartung im hellenistischen Diasporajudentum* (BZNW 44), Berlin/New York 1978.

Fraser, P. M./(Applebaum, S.) 1950: "Hadrian and Cyrene", in: *JRS* 40 (1950) 77–90.

---

die mit dem jüdischen Aufstand ausgelösten Pogrome ja auch weite Kreise des Judentums in Syrien und Ägypten, nicht zuletzt in den Metropolen Alexandrien und Antiochien, betraf, für die Herausbildung der – von Anfang an stark jüdisch geprägten – Gnosis in Betracht ziehen. Auch in den Hermetica ist der jüdische Einfluß bis in die Liturgie hinein mit Händen zu greifen, s. Philonenko 1975, 204ff. und Zuntz 1972, 150ff. Der deus unicus solitarius destitutus der Juden *und* Christen besaß nach dem Urteil des Heiden Caecilius "adeo nulla vis nec potestas ... ut sit Romanis hominibus cum sua sibi natione captivus" (Min. Felix Oct. 10,3f.). Wenn dieser Gott seinem Volk nicht helfen konnte, mußte er da nicht reif sein zur Abdankung? Oder mußte man seine Hilfe jetzt erst recht wider allen äußeren Augenschein und alle politische Vernunft erwarten? Sowohl die Entstehung der jüdisch-christlichen Gnosis wie die verzweifelten Aufstände der Jahre 115–117 und 132–135 könnten sich so zugleich auch als Versuche erweisen, eine akute religiöse Krise zu lösen.

Fuchs, Harald 1964: *Der geistige Widerstand gegen Rom in der antiken Welt*, Nachdruck Berlin 1964.
Fuks, Alexander 1953: "The Jewish Revolt in Egypt (AD 115–117) in the light of the Papyri", in: *Aeg.* 33 (1953) 131–157.
– 1961: "Aspects of the Jewish Revolt in AD 115–117", in: *JRS* 51 (1961) 98–104.
Geffcken, Johannes (Ed.) 1902: *Die Oracula Sibyllina* (GCS 8), Leipzig 1902.
– 1902a: *Komposition und Entstehungszeit der Oracula Sibyllina* (TU NF VIII, 1), Berlin 1902, Nachdruck Leipzig 1967.
Gilliam, J. F. 1966: "An Egyptian Cohort in AD 117", in: *Beiträge zur Historia-Augusta-Forschung*, hrsg. v. A. Alföldi, Bd. 3, Bonn 1966, 91–97.
Groag, Edmund 1927: Art. "Lusius Quietus", in: *PRE* XIII, 2 (1927) 1874–1890.
Helm, Rudolf (Ed.) 1955: *Hippolytus*, Die Chronik (GCS 36), Berlin [2]1955.
Hengel, Martin 1966: "Die Synagogeninschrift von Stobi", in: *ZNW* 57 (1966) 145–183.
– 1972: "Anonymität, Pseudepigraphie und 'Literarische Fälschung' in der jüdisch-hellenistischen Literatur", in: *Pseudepigrapha I*, Vandoeuvres-Genève 1972, 229–308 (Diskussion S. 309–329).
– 1975: "Zwischen Jesus und Paulus. Die 'Hellenisten', die 'Sieben' und Stephanus (Apg 6, 1–15; 7,54–8,3)", in: *ZThK* 72 (1975) 151–206.
– 1976: *Die Zeloten*. Untersuchungen zur jüdischen Freiheitsbewegung in der Zeit von Herodes I. bis 70 n. Chr. (AGJU 1), Leiden/Köln [2]1976.
– 1976a: *Juden, Griechen und Barbaren*: Aspekte der Hellenisierung des Judentums in vorchristlicher Zeit (SBS 76), Stuttgart 1976.
– 1977: *Der Sohn Gottes*, Tübingen [2]1977.
– 1979: "Jesus als messianischer Lehrer der Weisheit und die Anfänge der Christologie", in: *Sagesse et Religion*, Paris 1979, 147–188.
Henrichs, Albert (Ed.) 1972: *Die Phoinikika des Lollianos*. Fragmente eines neuen griechischen Romans (PTA 14), Bonn 1972.
Hultgård, Anders 1979: "Das Judentum in der hellenistisch-römischen Zeit und die iranische Religion – ein religionsgeschichtliches Problem", in: *ANRW* II 19,1, Berlin/New York 1979, 512–590.
Kasher, Aryeh 1976: "Some comments on the Jewish uprising in Egypt in the time of Trajan", in: *JJS* 27 (1976) 147–158.
– 1978: *The Jews in Hellenistic and Roman Egypt* (PDRI 23), Tel Aviv 1978 (Hebr.).
– 1979: "First Jewish Military Units in Ptolemaic Egypt", in: *JSJ* 9 (1979) 57–67.
Krauß, Samuel 1972: *Monumenta Talmudica*, Darmstadt 1972.
Lauterbach, Jacob Z. (Ed.) 1949: *Mekilta de-Rabbi Ishmael*, Bd. 1, Philadelphia, Penn. 1949.
Lepper, F. A. 1948: *Trajan's Parthian War*, Oxford 1948.
Lichtenstein, Hans 1931–32: "Die Fastenrolle. Eine Untersuchung zur jüdisch-hellenistischen Geschichte", in: *HUCA* 8–9 (1931–32) 257–351.
Lindner, Helgo 1972: *Die Geschichtsauffassung des Flavius Josephus im Bellum Judaicum* (AGJU 12), Leiden 1972.
Liver, J. 1979: "The Doctrine of the Messiahs in Sectarian Literature in the Time of the Second Commonwealth", in: L. Landman (Ed.): *Messianism in the Talmudic Era*, New York 1979, 354–390.
Macurdy, G. H. 1942: "Platonic Orphism in the Testament of Abraham", in: *JBL* 61 (1942) 213–226.
von Manteuffel, Georg 1934–37: "Zur Prophetie in P.S.I., VIII. 982", in: *Mélanges Maspero* II Orient grec, romain et byzantin, Kairo 1934–37, 119–124.
Milik, Joséf T. 1972: "Milkî-ṣedeq et Milkî-reša' dans les anciens écrits juifs et chrétiens", in: *JJS* 23 (1972) 95–144.
Morenz, Siegfried 1951: *Die Geschichte von Joseph dem Zimmermann*, übersetzt, erläutert und untersucht (TU 56), Berlin 1951.
Müller, Ulrich B. 1980: "Rez. Ulrich Fischer, Eschatologie ... 1978", in: *ThZ* 26 (1980) 238–240.
Münter, Friedrich 1821: *Der Jüdische Krieg unter den Kaisern Trajan und Hadrian*, Altona/Leipzig 1821.
Musurillo, Herbert (Ed.) 1961: *Acta Alexandrinorum* (BiTeu), Leipzig 1961.

Nestle, Eberhard 1901: *Die Kirchengeschichte des Eusebius aus dem Syrischen übersetzt* (TU NF VI, 2), Berlin 1901.

Neusner, Jacob 1979: *From politics to piety*. The emergence of pharisaic Judaism, New York ²1979.

Nikiprowetzky, Valentin 1970: *La Troisième Sibylle*, Paris/Mouton/La Haye 1970.

Philonenko, Marc 1975: "Le Poimandrès et la liturgie juive", in: Françoise Dunand et Pierre Lévêque (Eds.): *Les syncrétismes dans les religions de l'antiquité, colloque de Besonçon*, Leiden 1975, 204–211.

Reinach, Théodore 1963: *Textes d'auteurs grecs et romains relatifs au Judaisme*, Nachdruck Hildesheim 1963.

Rokeah, David 1972: "The War of Kitos: Towards the clarification of a philological-historical problem", in: *ScrHie* 23 (1972) 79–84.

Romanelli, Pietro 1943: *La Cirenaica romana*, 1943, Nachdruck Rom 1971.

– 1954: "Cyrenaika", in: *CAH* Bd. XI, Cambridge ²1954, 667–675.

Roux, Jeanne et Georges 1949: "Un décret du politeuma des Juifs de Bérénikè en Cyrénaique au Musée lapidaire de Carpentras (Planches III et IV)", in: *REG* 62 (1949) 281–296.

Rzach, Alois 1923: Art. "Sibyllinische Orakel", in: *PRE* 2. RII A2 (1923), 2103–2183.

Schlatter, Adolf 1897: *Die Tage Trajans und Hadrians* (BFChTh 1,3), Gütersloh 1897. Nachdruck in: *idem: Synagoge und Kirche bis zum Barkochba-Aufstand*, Stuttgart 1966, 9–97.

– 1925: *Geschichte Israels von Alexander dem Großen bis Hadrian*, Stuttgart ³1925.

Schmid, Wolfgang 1966: "Die Koexistenz von Sarapiskult und Christentum im Hadrianbrief bei Vopiscus", (Bonner Historia-Augusta-Colloquium 1964/65, Antiquitas Reihe 4), in: *Beiträge zur Historia-Augusta-Forschung*, hrsg. v. A. Alföldi, Bd. 3, Bonn 1966, 153–184.

Schürer, Emil/Vermes, Geza/Millar, Fergus 1973: *The history of the Jewish people in the age of Jesus Christ (175 B.C.–A.D. 135)*, Bd. 1, Edinburgh 1973.

Supplementum Epigraphicum Graecum 1960: 17 (1960).

Sevenster, Jan Nicolaas 1975: *The roots of pagan anti-Semitism in the ancient world* (NT.S 41), Leiden 1975.

Siegfried, C./Gelzer, H. 1884: *Eusebii canonum epitome ex Dionysii Telmaharensis chronico petita*. Verterunt notisque illustrarunt Carolus Siegfried et Henricus Gelzer, Lipsiae 1884.

Smallwood, E. Mary 1962: "Palestine c. AD 115–118", in: *Historia* 11 (1962) 500–516.

– 1976: *The Jews under Roman rule*. From Pompey to Diocletian (SJLA 20), Leiden 1976.

Smith, Morton 1972: "Pseudepigraphy in the Israelite literary tradition", in: *Pseudepigrapha I*. Entretiens sur l'Antiquité Classique, Vandoeuvres-Genève 1972, 189–215 (Diskussion S. 216–227).

Starcky, Jean 1963: "Les quatre étapes du messianisme à Qumrân", in: *RB* 70 (1963) 481–505.

Stemberger, Günter 1979: "Die Beurteilung Roms in der rabbinischen Literatur", in: *ANRW* II 19,2, Berlin/New York 1979, 338–396.

Stern, Menahem (Ed.) 1974: *Greek and Latin Authors on Jews and Judaism*, Bd. I, Jerusalem 1974.

– 1980: *Greek and Latin Authors on Jews and Judaism*, Bd. II, Jerusalem 1980.

Świderek, Anna 1971: "ΙΟΥΔΑΙΚΟΣ ΛΟΓΟΣ", in: *JJP* 16/17 (1971) 45–62.

Tcherikover, Victor A. 1963: "The decline of the Jewish diaspora in Egypt in the Roman period", in: *JJS* 14 (1963) 1–32.

Temporini, Hildegard 1978: *Die Frauen am Hofe Trajans*, Berlin/New York 1978.

Vermes, Geza 1961: *Scripture and Tradition in Judaism*. Haggadic studies (StPB 4), Leiden 1961.

Volz, Paul 1934: *Die Eschatologie der jüdischen Gemeinde im neutestamentlichen Zeitalter*, Tübingen 1934. Nachdruck Hildesheim 1966.

Wilcken, Ulrich 1909: *Zum alexandrinischen Antisemitismus* (ASGW.PH 27), Leipzig 1909, 781–839.

van der Woude, Adam Simon 1957: *Die messianischen Vorstellungen der Gemeinde von Qumrân* (SSN 3), Assen 1957.

Ziegler, K.-H. 1964: *Die Beziehungen zwischen Rom und dem Partherreich*, Wiesbaden 1964.

Zuntz, Günther 1972: "On the hymns in Corpus Hermeticum XIII", in: *idem: Opuscula selecta*, Manchester 1972, 150–177.

11. Die Bar-Kokhbamünzen als politisch-religiöse Zeugnisse

Rezension: Leo Mildenberg: *The Coinage of the Bar Kokhba War.* Ed. Patricia Erhart Mottahedeh. Aarau/Frankfurt a.M./Salzburg: Sauerländer 1984. 396 S. 44 Tafeln. (Typos. Monographien zur antiken Numismatik. 6.) Gnomon 58 (1986), 326–331

Die jüdische Münzprägung in der hellenistisch-römischen Zeit mag innerhalb der antiken Numismatik als ein exotischer Seitenzweig erscheinen. Auf der anderen Seite kann sie durch ihre räumliche und zeitliche Begrenztheit und die relativ überschaubare Zahl ihrer Prägungen paradigmatischen Charakter erhalten, läßt sie sich doch leichter als andere Bereiche bis in ihre feinsten Verästelungen hinein exakt untersuchen. Dies gilt in besonderer Weise für die Münzen des Bar-Kochba-Aufstandes 132–135. Der bekannte Schweizer Numismatiker hat über sie – man darf wohl sagen als Lebenswerk – eine überaus gründliche Monographie vorgelegt, die die gesamte Münzprägung der Aufständischen systematisch erfaßt, in ihrer Genesis darstellt und historisch auswertet. Sie wird in Zukunft als *das* Standardwerk auf diesem Gebiete zu gelten haben.

Das anregend geschriebene und vorzüglich ausgestattete Buch gibt zunächst auf S. 16–109 eine Darstellung der Technik, des Umfangs und der Gründe der Aufstandsprägung, an die sich eine historische Skizze der Erhebung und ihrer Ursachen anschließt. Da wir im Gegensatz zu dem von Josephus beschriebenen 1. Jüdischen Krieg über die letzte große jüdische Rebellion in der Antike nur ganz fragmentarische Hinweise aus den literarischen Quellen besitzen, die zudem – vor allem im rabbinischen Bereich – häufig legendenhaft und unzuverlässig sind (s. dazu die kritische Analyse von P. Schäfer, Der Bar-Kokhba-Aufstand, TSAJ 1, 1981), bilden die Münzen zusammen mit den in der jüdischen Wüste gefundenen Briefen und Verträgen eine wichtige Ergänzung der schmalen Quellenbasis. Es ist dem Verf. in diesem Teil auf überzeugende Weise gelungen, die Ergebnisse seiner Untersuchung für die historische Rekonstruktion der Ereignisse fruchtbar zu machen.

Den Hauptteil des Werkes bildet der minutiös ausgearbeitete Katalog (119–348), der sämtliche bekannte Münzen, insgesamt 6793 Exemplare, von denen sich die | Mehrzahl in Privatbesitz befindet, erfaßt. Der Autor hat hier eine ungeheuer mühsame und methodisch vorbildliche Arbeit geleistet. Jeder neue Prägestempel und jede Stempelkombination wird numeriert (602 Paare) und auf den Tafeln abgebildet. Da sich die Rückseite-Prägestempel durch den Hammerschlag sehr viel stärker abnutzen als die auf dem Amboß liegenden Vorderseite-Stempel, mußten sie wesentlich häufiger ausgebessert oder neu angefertigt werden. Bei der Münzsorte, die am zahlreichsten vertreten ist, den Silberdenaren, stehen sich in der regulären Prägung 24 Vorder- und 143 Rückseite-Stempel gegenüber. Durch die wachsende Abnützung der Stempel beim Prägen läßt sich nahezu jede Münze in den Gesamtrahmen der Münzherstellung einordnen und mittels der Querverbindungen eine fast lückenlose Übersicht über die Entwicklung der Aufstandsprägung gewinnen. Vor allem die Funde großer Münzhorte im Kerngebiet von Judäa während der letzten Jahrzehnte halfen hier die letzten Lücken zu schließen.

Bei aller Vielfalt zeigt die Prägung der Aufständischen eine erstaunliche innere Konsequenz und Geschlossenheit. Neben die in ihrer Genesis vollständig zu verfolgende reguläre Prägung tritt in der letzten Zeit des Aufstandes eine irreguläre wesentlich kleineren Umfangs, vermutlich stammt sie von einer durch die Kriegsereignisse abgetrennten Gruppe.

S. 349–357 werden die insgesamt 88 verschiedenen Münzlegenden (Vorder- und Rückseite) in althebräischer Schrift faksimileartig dargestellt. Hier wäre für den mit dieser – sehr eigenwillig gebrauchten – Schrift nicht vertrauten Althistoriker und Numismatiker die Angabe der phonetischen Umschrift hilfreich gewesen. Die Aufständischen verwendeten ganz bewußt diese altertümliche, im literarischen Gebrauch längst verschwundene Schrift, die nur noch bei den – häretischen – Samaritanern und in Bibelhandschriften für den heiligen Gottesnamen des Tetragramms verwendet wurde. Schon die ca. 100–300 Jahre älteren Qumrantexte und die Inschriften aus der Zeit des 2. Tempels in Jerusalem waren in der Regel auf die aus dem Aramäischen übernommene Quadratschrift übergegangen.

Offenbar knüpfen die Aufständischen damit bewußt an die unabhängige Münzprägung der Hasmonäer an, die freilich seit Alexander-Jannai zweisprachig war. Der letzte Hasmonäerkönig und Hohepriester Mattatja-Antigonos ließ im Kampf mit Herodes und den Römern z. B. eine Münze schlagen, die neben der althebräischen (und griechischen) Legende Tempelsymbole, die Menora und den Schaubrottisch, enthielt. Daß die althebräische Schrift so etwas wie ein ‚nationales Schibbolet' priesterlicher Kreise war, ergibt sich aus der einzigartigen Abbainschrift, in der ein nach Babylonien geflüchteter Priester, Abba, die Gebeine des ‚Mattatai bar Jehud' (d. h. vermutlich des von Mark Anton in Antiochien auf Betreiben des Herodes hingerichteten Mattatja-Antigonos, S. d. Jehuda-Aristobul) nach Jerusalem zurückbrachte und dort beisetzen ließ (E. S. Rosenthal, IEJ 23, 1973, 72–81). Man wird dieses ebenfalls sonderbare, der samaritanischen Schrift verwandte Zeugnis in der Frühzeit der Prokuratorenherrschaft nach 6 n. Chr. ansetzen dürfen, es bildet gewissermaßen das missing link zu den Münzen des 1. Aufstandes, wo die Münzlegende in althebräischer Schrift von den Priestern ausging, in deren Händen sich der Tempelschatz befand. Die Aufständischen unter Führung Bar Kochbas und des nur auf den Denaren des 1. und 2. Jahres und den kleinen Bronzen erscheinenden sonst unbekannten „Priesters Eleazar" nehmen dieses „theokratisch-priesterliche" Motiv wieder auf.

Im Gegensaz zum 1. Jüdischen Krieg, als die Rebellen über genug Münzmetall aus dem Tempelschatz verfügten, um eine unabhängige Prägung mit neuen Schrötlingen durchzuführen, waren die Insurgenten 132–135 darauf angewiesen, in ihrem Besitz befindliche Münzen, beim Silber ganz überwiegend römischer Herkunft, bei der Bronze aus der Lokalwährung der östlichen Städte, zu überprägen. Aus diesem Grund beschränkten sie sich auf die gängigen Münzformen und verwendeten in | Silber nur Tetradrachmen sowie in besonders großer Zahl Denare, außerdem großes, mittleres und kleines Bronzegeld. Im Gegensatz zum Silber, bei dem man den Metallwert einigermaßen zu erhalten suchte, wurden die Bronzemünzen mit Kaiserbild und heidnischen Symbolen, die gegen das Bilderverbot verstießen, in der Regel zuvor abgefeilt, so daß sich die ursprüngliche Gestalt meistens nicht mehr erkennen läßt. Während die zugrunde gelegten Silbermünzen überwiegend aus der Zeit vor Hadrian stammen und z.T. weit zurückgehen, wurden die noch identifizierbaren Bronzeschrötlinge zumeist unter dem regierenden Kaiser geschlagen.

Das hängt gewiß damit zusammen, daß Silbermünzen längere Zeit im Umlauf waren als das schnell abgenützte Kleingeld, zugleich wirft die große Menge Silbers, das ja ganz überwiegend aus dem Besitz der judäischen Bauern und nicht etwa aus Kriegsbeute stammte, ein positives Licht auf die wirtschaftlichen Verhältnisse in Palästina vor Ausbruch des Krieges (s. u. S. 364f).

Die plötzliche Erhebung hatte nicht - wie gerne immer wieder behauptet wird - in erster Linie ökonomisch-soziale Gründe. Auch die zahlreichen Verträge aus den Höhlen der Wüste von Juda, etwa das bekannte Archiv der Babatha, bestätigen dieses Bild. Offenbar waren die Römer schon seit der Flavierzeit eher auf einen Ausgleich mit den Juden in Palästina als auf Unterdrückung und Ausbeutung bedacht, und selbst der *tumultus Judaicus* der Jahre 115–117 in der Cyrenaika und Ägypten in Verbindung mit dem Partherkrieg Trajans hat im Mutterland keine schwerwiegenden Folgen hinterlassen. Die sofortige Demission des erfolgreichen maurischen Generals Lucius Quietus, der in den letzten Monaten des Jahres 116 in Judäa für ‚Ruhe und Ordnung' sorgte, im August 117 nach der Machtübernahme Hadrians und seine baldige Hinrichtung mag dem neuen Kaiser zunächst durchaus Sympathien bei der jüdischen Bevölkerung eingebracht haben. Möglicherweise erhoffte man sich sogar die Wiederherstellung des Tempels. Darauf weisen jüdische Legenden und der Barnabasbrief 16,1–5 hin. Die Gründe des Aufstandes liegen so ganz überwiegend auf *religiösem* Gebiet. Cassius Dio nennt hier die Gründung von Aelia Capitolina (69,12,1f) und die Historia Augusta (Hadr. 14,2) das Verbot der Beschneidung. Beides hat, wie der Verf. zu Recht betont, zusammengewirkt; m.E. in einer Eskalation. Nachdem der Kaiser bei seinem Besuch im Frühjahr 130 Aelia gegründet hatte, brach der Aufstand erst zwei Jahre später im Frühjahr 132 offen aus (zur Chronologie des Aufstandes s. P. Schäfer a.O. 27f). Sollte das Beschneidungsverbot den Stein vollends in Rollen gebracht haben? Die Nachricht Eusebs, daß die Gründung von Aelia eine Strafmaßnahme nach Beendigung des Krieges gewesen sei (h.e. 4,6,4), beruht auf einem Irrtum. Die zahlreichen verschiedenen

Münztypen der Aelia Capitolina-Prägung noch unter Hadrian, sowie die Tatsache, daß eine von ihnen in einem Bar Kochba-Hort gefunden wurde, bestätigen Cassius Dio gegen Euseb (99ff).

Ein weiteres wichtiges Ereignis der Untersuchung ist auch, daß sich aufgrund der Münzfunde und der Ortsnamen in den Dokumenten das Aufstandsgebiet relativ exakt umschreiben läßt. Es reicht im Norden etwa von Emmaus/Nikopolis (Khirbet el-[c]Aqd 2 km OSO von Imwas) über Beth-Ther (Battir) an der Südgrenze Jerusalems vorbei bis Ch. Qumran, verläuft im Westen in der Shefela etwa von Emmaus (Imwas) bis Bet Guvrin/Eleutheropolis und im Osten entlang des Ostufers des Toten Meeres und umgeht in großem südlichen Bogen in ca. 30 km Abstand Hebron. Die Hauptmünzfunde stammen aus Herodeion, das eine Zeitlang Stützpunkt der Aufständischen war, und aus der Gegend um Hebron. In die Küstenebene sind die Rebellen nicht für längere Zeit vorgedrungen, da in Gaza von 130–138 ununterbrochen geprägt wurde. Auch ist es unwahrscheinlich, daß sie das Legionslager der *Legio decima fretensis* in Jerusalem erobern konnten, da bei den Jerusalemer Grabungen keine Bar Kochba-Münzen gefunden wurden. Das schließt vereinzelte Vorstöße nach Westen und Norden nicht aus. Als Einzelstück wurde z. B. eine Münze in Wadi ed-Daliyeh ca. 15 km NNW von Jericho entdeckt (s. 50 Anm. 115). Das Gebiet entspricht ungefähr dem alten Stammesgebiet von Juda z. Zt. Davids und war vor der Zwangsjudaisierung durch die Hasmonäer in | seinem südlichen Teil idumäisch. Die Idumäer stellten bereits im 1. Jüdischen Krieg eine beträchtliche Streitmacht gegen Rom. Es ist erstaunlich, daß die Aufständischen in diesem relativ kleinen Gebiet über so lange Zeit eine intakte Verwaltung aufrechterhalten konnten. Dies bestätigt die Nachricht von Cassius Dio, daß die Römer nach anfänglichen Mißerfolgen sich mit der Niederwerfung Zeit ließen, um ihre Verluste gering zu halten. Bei den beiden Karten S. 53 und 86 hätte ich mir noch eine etwas exaktere Form gewünscht.

Was war nun das *Ziel* dieser Erhebung, die ich in ihrem Scheitern nicht so positiv beurteilen kann wie der Autor? Das Beschneidungsverbot ließ sich ja kaum wirklich überwachen und vielleicht hätten Verhandlungen – wie bei der ägyptischen Priesterschaft, denen die Beschneidung auch weiterhin erlaubt blieb – zu einer Ausnahmegenehmigung führen können. In der Diaspora hören wir überhaupt nichts von Maßnahmen gegen die Beschneidung. Wahrscheinlich hätte der maßvolle Antoninus Pius das Verbot auch ohne den vorhergehenden selbstmörderischen Aufstand wieder rasch aufgehoben (vgl. Modestinus, dig. 48, 8,11). In Galiläa hat sich die Judenschaft, die dort und in der Gaulanitis so stark war wie im judäischen Bergland, offenbar nicht gegen Rom erhoben. Wir hören jedoch einmal in negativer Weise von Galiläern (Flüchtlingen?) in den Bar Kochba-Briefen. Nach der Zerstörung der judäischen Judenschaft geht von dort – unter Führung der romfreundlichen Patriarchen aus dem Hause Hillel – die geistige und politische Erneuerung des Judentums aus.

Hier gelangen wir zu einem Punkt, an dem ich eine wesentlich andere Meinung vertreten muß als der Autor. Er nennt das Ziel des Aufstandes „a political and cultural renaissance of the Jewish state" (69; ähnliche Formulierungen 71. 72. 84. 92). Das erscheint mir zu modern formuliert und eben darum nicht auszureichen. Dieser Feuerbrand, der damals im Bergland Judäas aufloderte, hat tiefere, durchaus (im westlichen Verständnis) ‚unmoderne' *religiöse* Gründe.

J. Burckhardt sprach im Blick auf dieses tragische Geschehen in seinen Weltgeschichtlichen Betrachtungen (ed. R. Marx KTA 1935, 166) von „religiösen Wutausbrüchen". Im selben Werk kommt er im Zusammenhang mit dem Abschnitt: ‚Der Staat in seiner Bedingtheit durch die Religion' ganz kurz, aber treffend auf die Juden zu sprechen (108): „So sieht man die *Juden* durch alle Wandlungen ihrer Geschichte hindurch beständig wieder auf die Theokratie zustreben, wie sich am deutlichsten aus ihrer späteren Restauration als Tempelstaat zeigt." Den griechischen Begriff der ‚Theokratie' hat bezeichnenderweise ein Jude, Josephus, geprägt (c. Ap. 2,165); im zeitgenössischen palästinischen Judentum sprach man von der ‚Gottesherrschaft'. Bei allen großen jüdischen Erhebungen seit der Makkabäerzeit steht dieser Gedanke als letzte bewegende Kraft im Hintergrund, nicht zuletzt beim 1. Jüdischen Krieg, wo Josephus, Tacitus und Sueton übereinstimmend eine ‚zweideutige Weissagung' – gemeint ist die messianische Weissagung Nu 24,17 – für den Ausgang des Krieges verantwortlich machten (Jos. bell. 6,312f; Tac. hist. 5,13,2; Suet. Vesp. 4,5 s. dazu meine Zeloten ²1976, 243–246 u. den Komm. v. H. Heubner/W. Fauth zu P. Corn. Tacitus, Die Historien Bd. V, 1982, 151ff). Daß der charismatische Kriegsheld Schimᶜon bar Kosiba – diesen seinen wahren Namen erfahren wir erst aus den Brieffunden – unter Berufung auf Nu 24,17 messianische Ansprüche erhob, deutet nicht nur der Zeitgenosse Justin durch den Namen Βαρχωχέβας, d.h. ‚Sternensohn' aufgrund von Nu 24,17 an, sondern unabhängig von ihm auch Euseb, h.c. 4,6,2, in einem Bericht, der ebenfalls auf einen Zeitgenossen, Ariston von Pella (4,6,3), zurückgeht. Justin hat in Ephesus während der Aufstandszeit mit jüdischen Flüchtlingen diskutiert (dial. 9,3). Die Zweifel, die der Verf. an der Textüberlieferung des Namens bei Justin äußert, sind völlig unbegründet (78 Anm. 191; vorsichtiger 80 Anm. 210). Auch die von ihm in ihrer historischen Gültigkeit bestrittene Deutung von Nu 24,17 auf Bar Kosiba durch den berühmtesten rabbinischen Lehrer und Märtyrer des 2. Jhs., Akiba, hat ernstzunehmende geschichtliche Gründe. Die yTaanit 4,8 fol. 68d erhaltene Überlieferung wurde sicher nicht später frei erfunden, denn wer sollte in amoräischer Zeit ein Interesse daran gehabt haben, dem hoch verehr|ten einzigartigen Gelehrten einen derartigen tödlichen Irrtum zuzuschreiben? Erst recht ist eine nachträgliche Zuschreibung messianischer Ansprüche gegenüber Bar Kosiba durch seine rabbinischen Gegner völlig unwahrscheinlich.

Die rabbinische Tradition, die zahlreiche Legenden über ihn erzählt, behauptete später vielmehr, die Rabbinen hätten ihn als Pseudomessias entlarvt und getötet (bSan 93b; vgl. P. Schäfer, op. cit. 55ff).

M. E. liegt der anfängliche, historisch schwer erklärbare Erfolg Bar Kochbas, der sich ‚charismatisch' über alle realpolitischen Erwägungen hinwegsetzte, der unter sehr viel schwierigeren Voraussetzungen als im Jahr 66 die ganze judäische Landbevölkerung mitriß und trotz zweier Legionen Besatzung im Lande militärisch zunächst wesentlich größere Erfolge hatte als die Verteidiger Jerusalems im Jahr 70, in seinem ‚messianischen' Anspruch begründet. Die Polemik gegen eine solche ‚messianische' Deutung des Freiheitshelden hängt m. E. mit einem Mißverständnis zusammen, das den Begriff ‚Messias' viel zu sehr in einem (im Grunde christlich) verklärten rein religiösen Lichte sieht. Der ‚Gesalbte Gottes' war ein menschlicher Herrscher und Krieger, der von Gott mit besonderer Kraft, Weisheit und Erfolg begabt das Gottesvolk aus der Gewalt des gottlosen 4. Reiches nach Dan 2, d. h. Roms, befreite, das Heiligtum nach Gottes Willen neu errichtete (bzw. reinigte) und eine ‚Theokratie' unter strenger Befolgung der Gebote der Tora errichtete. Der Messias konnte zunächst verborgen sein und dann von Gott berufen durch seinen Erfolg offenbar werden. Der Verf. hat mit Recht auf den Gegensatz Bar Kochbas zu Hadrian hingewiesen, der auch in der Münzprägung zum Ausdruck kommt. Nach der wenige Jahrzehnte vor dem 2. Aufstand entstandenen syrischen Baruchapokalypse wird der letzte Herrscher Roms nach Vernichtung seines Heeres vom Messias gefangengenommen und getötet (40,1 ff). Der Aufstand Bar Kochbas hatte von Anfang an utopische Ziele, sonst wäre er – bei seiner völligen Aussichtslosigkeit – nie begonnen worden. Gegen die Messiastheorie spricht nicht, daß der ‚Fürst Israels' Münzen schlägt und Land verpachtet. Ganz abgesehen davon, daß *naśî'* in dem Verfassungsentwurf Hes 40 ff, aber auch in Qumran ein messianisch-eschatologischer Titel ist: Der Messias bleibt ein irdischer Herrscher, der die ‚Theokratie' aufrichtete, und auch in ihr brauchte man Verträge und Geld. Bezeichnend ist weiter, daß nach dem Scheitern des Aufstandes die Tradition vom leidenden Kriegsmessias ben Joseph (bzw. ben Ephraim) entsteht, der im Kampf gegen Gog und Magog fällt. Es gab im Judentum keine feste Messiasdogmatik, die Hoffnung wurde je und je den historischen Gegebenheiten angepaßt. Das babylonische Schulhaupt Mar Samuel konnte z. B. behaupten: ‚Es gibt keinen Unterschied zwischen dieser Welt und den messianischen Tagen als (das Aufhören) der Knechtschaft gegenüber den Regierungen. Selbst Arme (und die Gelegenheit zu guten Werken) wird es dann noch geben' (bBer 34 b).

Auch die Münzsymbole sprechen für diese Deutung. Sie haben durchweg *religiösen* Charakter unter besonderer Hervorhebung des Tempels und seiner Feste als Siegesfeiern. Wenn auf der Vorderseite der Tetradrachme stets die Tempelfassade mit der Bundeslade zwischen den vier Säulen erscheint, so weist das nicht auf den zerstörten 2. Tempel hin, in dem sich keine Lade mehr befand, sondern auf den neuen der erhofften messianischen Zeit (vgl. 2. Makk 2,4–8 u. J. T. Milik, Revue Biblique 66, 1959, 567–575). Die Palme (mit sieben Zweigen) auf dem Revers der mittleren und kleinen Bronzen ist das wichtigste Schmuckmotiv in dem erneuerten Tempel Hes 40ff (vgl. auch Ps 92,13ff). Der Palmzweig mit Kranz auf der Obversseite der frühen mittleren Bronzen ist ein Siegessymbol (1. Makk 13,51; 2. Makk | 14,4; Joh 12,13; Apok 7,9). Selbst die Prägung des – ebenfalls eschatologisch motivierten – 1. Aufstandes weist nicht diese ‚ideologische Geschlossenheit' auf wie die Bar Kochba-Münzen.

Daß in jener Zeit die endzeitliche Erwartung überaus lebendig war, ja daß man das Ende ‚errechnete', zeigt u. a. der jüdische Profet ‚Elxai' im Ostjordanland z. Zt. Trajans (Hipp. ref. 9,16,4 conj. Roeper), der voraussagte, daß drei Jahre nach der Niederwerfung der Parther durch Trajan der Endkrieg aller gottlosen Königreiche folgen werde. Ausgehend vom scheinbaren Sieg Trajans im Jahr 116 kommt man auf das Jahr 119, das sind sieben Jahrwochen nach der Tempelzerstörung. Rechnete man mit den 70 Jahren der profetischen Weissagung (Jer 25,11 f; 29,10; Sach 1,12; 7,5; Dan 9,2), so kam man auf das Jahr 140. Grund genug, aufgrund ‚der gottlosen Dekrete der frevelhaften Regierung' ab 130, d.h. der Gründung von Aelia, auf die wenig später das Verbot der Beschneidung folgte (s. o. S. 379ff), dann im Jahr 132 loszuschlagen. Die Zeit schien wieder einmal ‚erfüllt' zu sein.

Diese Überlegungen sollen den Wert dieses *großartigen* Buches nicht beeinträchtigen. Der Verf. hat der Forschung damit einen Dienst geleistet, für den wir ihm dankbar sein dürfen. Mit meinen Bemerkungen wollte ich nur die weitere Diskussion anregen, die von diesem grundlegenden Werk ausgehen wird. Die Numismatik hat gegenüber der religionshistorischen Betrachtungsweise den Vorzug einer zuweilen fast naturwissenschaftlich erscheinenden Exaktheit. Aber sobald die *Interpretation* der Texte, Symbole und Motive beginnt, solte man gerade im jüdischen Bereich die elementare Kraft der religiösen Utopie nicht unterschätzen. Sie hat in den rund 300 Jahren zwischen der Makkabäerzeit und dem letzten großen jüdischen Aufstand das Denken und Handeln des palästinischen Judentums weitgehend bestimmt. Auch das Christentum wäre ohne sie nicht entstanden.

12. Zeloten und Sikarier[1]

Es ist gerade 32 Jahre her, daß ich mich im September 1955 entschloß, die jüdische Freiheitsbewegung zwischen Herodes und dem jüdischen Krieg als Dissertationsthema zu bearbeiten. Ich war, nachdem ich zwei Semester als Repetent im Tübinger Evangelischen Stift unterrichtet hatte, bei Prof. Otto Michel Assistent geworden, und zu meinen Aufgaben gehörte auch die Vorbereitung und Mitwirkung bei der Übersetzung des Bellum Judaicum von Josephus, die gerade am Ende des I. Buches stand. Dabei fiel mir auf, daß die Probleme der jüdischen Freiheitsbewegung, die den jüdischen Aufstand im Jahre 66 n. Chr. vorbereitete, bisher noch nie monographisch in gründlicher Weise bearbeitet worden waren. Das Thema lockte mich auch deshalb, weil damals in der Mitte der fünfziger Jahre – ganz anders als heute – das Interesse an der jüdischen Umwelt des Urchristentums und der damit verbundenen sozialen und politischen Fragen nicht sonderlich entwickelt war und ein großer Nachholbedarf bestand, der durch die damals neuen Funde von Qumran noch verstärkt wurde. Der Schwerpunkt der damaligen neutestamentlichen Forschung lag bei Problemen der Hermeneutik, insbesondere der Entmythologisierungsdebatte, oder auch bei der Frage des Einflusses einer „vorchristlichen Gnosis". Das Judentum hatte bestenfalls „historisches Material" zu liefern.

Schon im Stift hatte mir am Repetententisch die einseitig nach Marburg hin ausgerichtete, exegetische Euphorie mißfallen, die sich gar zu leicht spekulativ über die wahren Quellenverhältnisse hinwegsetzte; ich wollte mein wissenschaftliches Erstlingswerk an einem ganz anderen Ende beginnen, die jüdischen Quellen selbst zur Sprache bringen und zugleich ein – zumindest in der deutschen Forschung – bisher wenig beachtetes Gebiet neu erschließen. Dabei stand ich in guter Tübinger Tradition. Adolf Schlatter, der Begründer meines heutigen Tübinger Lehrstuhls, hatte nicht nur das theologische Verständnis des jüdischen Historikers wesentlich gefördert, sondern auch in zahlreichen Veröffentlichungen, nicht zuletzt in seinen großen Kommentaren, die Bedeutung der rabbinischen Quellen für das Verständnis des frühesten Christentums und seiner Wurzeln hervorgehoben. Die Aufgabe, die ich mir selbst gestellt hatte,

---

[1] Vorwort zur englischen Übersetzung von „Die Zeloten. Untersuchungen zur jüdischen Freiheitsbewegunmg in der Zeit von Herodes I. bis 70 n. Chr." Abgeschlossen am 19. 9. 1987, erschienen in: M. HENGEL, The Zealots. Investigations into the Jewish Freedom Movement in the Period from Herod I until 70 A. D., transl. by DAVID SMITH, Edinburgh 1989, S. XI–XVII.

gab mir Gelegenheit, in beide Bereiche, die durch die neuen Qumrantexte und die Pseudepigraphen ergänzt wurden, „einzutauchen". Beim Voranschreiten wurde mir deutlich, wie untrennbar die Erforschung des antiken Judentums und der christlichen Frühzeit von der Kenntnis der umgreifenden Geschichte der hellenistischen und römischen Zeit abhängig ist. Es war die Arbeit eines Autodidakten, der sein Studium in den harten Jahren nach Kriegsende relativ rasch in acht Semestern 1947–51 hinter sich gebracht hatte und der dann, den Umständen der Zeit entsprechend, zunächst - durchaus wertvolle - praktische Erfahrungen im Kirchendienst (1951/52), aber auch - nolens volens - in der Textilindustrie in Vertrieb und Werbung (1945/6 und 1953/4) gesammelt hatte. Der Stiftsrepentent mußte zuerst Philosophie und dann Einführung in das Neue Testament unterrichten, Josephus und die rabbinischen Quellen waren für ihn zunächst noch durchaus terra incognita. Stipendien für intensive Spezialstudien gab es damals noch nicht. In die Rabbinica mußte man sich selber einlesen; was es heute an Förderung vielleicht zuweilen zu viel gibt, gab es damals zu wenig.

Während dieser allzu kurzen ersten Tübinger wissenschaftlichen „Lehrzeit", die nur zweieinhalb Jahre dauerte, schwebte immer das Damoklesschwert über mir, daß ich wieder in die Industrie zurückkehren müßte. Im März 1957 verließ ich Tübingen schweren Herzens und glaubte dabei, es sei für immer. Ich hatte etwa 20% der Arbeit ausformuliert und die wichtigsten Quellen exzerpiert - damals gab es noch keine Xeroxkopien. Manuskript und Materialien nahm ich mit in das so völlig andere Milieu eines Industriebetriebs, in dessen Geschäftsleitung ich einzutreten hatte, mit dem festen, ja fast möchte ich sagen verzweifelten Entschluß, diese Arbeit auf jeden Fall zu Ende zu führen. Daß mir dies, unter unsäglichen Schwierigkeiten fern der Universität mit ihren Anregungen und Bücherschätzen und in einem so ganz anderen, aufreibenden Beruf gelang, verdanke ich nicht zuletzt dem Verständnis, der Ermutigung und der Geduld meiner Frau.

Die Arbeit, die ich 1959 zur Promotion einreichte, erschien 1961 im Druck, eine zweite verbesserte und erweiterte Auflage erschien 1976. Ich stelle diesen kleinen autographischen Rückblick an den Anfang der englischen Übersetzung, weil diese Arbeit für mich selbst sehr viel mehr bedeutet als nur ein erstes Buch, dem auf einem relativ geradlinigen Weg andere folgen. Ich habe an ihm den Umgang mit den antiken jüdischen und griechisch-römischen Quellen gelernt, und vielleicht war es gut, daß ich mich aus Zeitgründen, und weil manches Buch für mich nicht erreichbar war, vornehmlich auf sie konzentrieren mußte. Zugleich hat es - ganz wider menschliches Erwarten - meinen weiteren Lebensweg bestimmt und mir Ende 1964 die Rückkehr in die geliebte theologische Wissenschaft ermöglicht. Von der „wissenschaftlichen Welt" wurde es nach seinem Erscheinen überraschend positiv aufgenommen. Mit einzelnen Kritikern seit Anfang der siebziger Jahre habe ich mich in einem Nachtrag[2] auseinandergesetzt, der in kürzerer Form in der Festschrift O. Michel[3] erschienen war. Die damaligen Einwände haben mich nicht sehr überzeugt, neue sind seither, obwohl einzelne jüngere Autoren zum Thema fleißig geschrieben haben, kaum dazu gekommen. Man hat den Eindruck, daß sich die kontroverse Diskussion im Grunde im Kreise dreht. Ich würde darum auch heute an den Grundthesen der Arbeit nichts ändern, so sehr ich im einzelnen neue Gesichtspunkte dazugewonnen habe. Über die Diskussionsbeiträge der letzten 12 Jahre kann sich der Leser im 2. Literaturnachtrag[4] informieren.

Im folgenden möchte ich nur noch auf einige grundsätzliche Punkte hinweisen.

1. Als ich „Die Zeloten" schrieb, standen Arbeiten mit einem stark historisch-politischen und sozialgeschichtlichen Einschlag in der deutschen neutestamentlichen Wissenschaft nicht sonderlich hoch im Kurs. Das hat mich damals wenig angefochten, und ich versuchte, gerade auch die sozialen Probleme im Judäa des 1. Jh.s zur Sprache zu bringen. In diesem Punkt ist die Forschung in besonders intensiver Weise fortgeschritten, und hier könnte die Arbeit ganz gewiß ergänzt und erweitert werden. Inzwischen hat sich freilich die Forschungslage – um nicht zu sagen die geistige Mode – radikal geändert. Eine Arbeit, die etwas auf sich hält, wird, ganz gleich, ob sie in der DDR oder in den USA geschrieben wird, vornehmlich, ja ganz überwiegend soziale Gründe für die Vorbereitung und den Ausbruch des jüdischen Krieges geltend machen. Sie kann sich dabei – zumindest partiell – auf Josephus berufen, der kein Interesse daran hatte, die Katastrophe auf religiös motivierte Bewegungen zurückzuführen. Ihm lag vielmehr daran, aus apologetischen Gründen eine Minderheit von Verbrechern, besitz- und machtgierigen „Banditen" aus der Hefe des Volkes und dazu unfähige, korrupte Prokuratoren für den Untergang der Heiligen Stadt verantwortlich zu machen. Die Aufstandsgruppen erscheinen dann als kriminelle und zugleich relativ diffuse Sozialrevolutionäre, die nur der Haß gegen das ausbeuterische System einer ungerechten, von den Römern sanktionierten Sozialordnung verband. Dieses Unverständnis für die grundlegende Bedeutung religiöser Anschauungen und Hoffnungen im Judentum der frühen römischen Kaiserzeit, die auch das politische Handeln radikaler Gruppen bestimmten, muß zu einer Fehlbeurteilung jener faszinierenden, aber zugleich tragischen Epoche der jüdischen Geschichte führen, in der das Christentum aus

---

2 Zeloten und Sikarier. Zur Frage der Einheit und der Vielfalt der jüdischen Befreiungsbewegung 6–74 n. Chr. In: Die Zeloten, 2. Aufl. Leiden/Köln 1976, 387–412. Englische Übersetzung in: The Zealots, Edinburgh 1989, S. 380–404.

3 In: Josephusstudien, Festschrift für Otto Michel zum 70. Geburtstag, hg. v. O. Betz, M. Hengel, K. Haacker, Göttingen 1974, 175–196.

4 In: The Zealots, Edinburgh 1989, S. 430–434. Besonderes Ärgernis erweckte mein Buch bei Kritikern mit neomarxistischen Tendenzen wie R. A. Horsley. In der DDR mußte es auf Grund der Zensur weitgehend totgeschwiegen werden.

jüdischen Wurzeln entstand, aber zugleich die Judenschaft in Judäa (und Ägypten) sich in drei Aufständen selbst zerstörte. Dem nichtjüdischen Bauern in Syrien, Ägypten und Kleinasien ging es ja sozial gewiß nicht besser als dem jüdischen im Mutterland, sie werden vielmehr alle von der kaiserlichen Pax Romana profitiert haben, die den nicht enden wollenden Kriegen und Bürgerkriegen der späthellenistischen Zeit ein Ende bereitete und eine – gewiß relative – Rechtssicherheit einführte, die auch die peregrini nicht völlig ausschloß. Es ereigneten sich dort jedoch zwischen Augustus und Hadrian keine Aufstände von vergleichbarer Gewalt wie die drei jüdischen. Die große Monographie von Leo Mildenberg, The Coinage of the Bar Kokhba War[5], zeigt auf überzeugende Weise, daß die wirtschaftlichen Verhältnisse der jüdischen Bauern am Vorabend des Bar-Kochba-Aufstandes durchaus nicht so schlecht waren, daß man ihre Erhebung durch soziale Not begründen könnte. Das gilt erst recht vom Judäa im 1. Jh., wo in Jerusalem, das durch Herodes zu einem weltweiten Wallfahrtsort von einzigartiger Bedeutung geworden war, ein beträchtlicher Reichtum angesammelt worden war.

Soziale Not spielte in der Vorgeschichte des 1. Aufstandes und dann vor allem in seinem weiteren Verlauf gewiß *auch* eine, zuweilen nicht unwesentliche Rolle, sie war aber nicht das beherrschende Hauptmotiv. Es handelte sich nicht um einen Aufstand von um ihr Überleben kämpfenden, ausgehungerten Landproletariern. Auch mit den Erhebungen in anderen Teilen des Reiches im 1. Jh., dem siebenjährigen Kampf des Numidiers Tacfarinas (17–24 n. Chr.), dem Aufstand des Batavers Julius Civilis und des Treverers Julius Classicus 69 n. Chr. – die alle zunächst römische Offiziere waren – oder den Unruhen der räuberischen Isaurier in den Bergen des „rauhen Cilicien" bzw. der Bukolen in den Sümpfen des Nildeltas lassen sich die jüdischen Erhebungen kaum vergleichen. Die letzte Ursache für alle drei selbstmörderischen Kriege ist letztlich in der für die antike Welt einzigartigen jüdischen Religion mit ihrem theokratischen Ideal und ihrer um die Zeitenwende besonders ausgeprägten eschatologischen Erwartung zu sehen. Es ist kein Zweifel, daß das Wort θεοκρατία in der Antike nur einmal von Josephus (c. Ap. 2,165)[6] zur Bezeichnung der Besonderheit der jüdischen Staatsform verwendet wird, während Philo im Zusammenhang des 1. Gebots von Gottes μοναρχία spricht. Werden diese Begriffe unter dem Schlagwort der Gottesherrschaft politisch vergröbert, so ist es nur noch ein Schritt bis zu Judas Galiläus, von dem – gerade nach dem Urteil des Josephus – jene *religiös-politische* Ideologie ausging, die dann in die Katastrophe von 70 führte. Th. Mommsen hat in seinem hinreißend geschriebenen Kapitel „Judäa und die Juden" im 5. Band seiner Römischen Geschichte diesen

---

[5] L. Mildenberg, The Coinage of the Bar Kokhba War (Typos. Monographien zur antiken Numismatik IV), Aarau/Frankfurt a. M./Salzburg 1984; s. dazu Gnomon 58, 1986, 326–331 (in diesem Band S. 344–350).

[6] Vgl. Die Zeloten^2, S. 383 Anm. 3.

Tatbestand in knapper präziser Weise dargestellt und an den Anfang desselben mit Recht den Hinweis auf die „mosaische Theokratie" und ihre aggressive Neugestaltung nach der makkabäischen Erhebung gestellt. Ein anderer überragender Historiker, Jacob Burkhardt, nennt in seinen „Weltpolitischen Betrachtungen" in dem Kapitel „Der Staat in seiner Bedingtheit durch die Religion" nicht nur die Juden an erster Stelle unter den „größten, geschichtlich bedeutendsten, stärksten Theokratien", sondern sieht in dieser einen Wesenszug ihrer Geschichte: „So sieht man die *Juden* durch alle Wandlungen ihrer Geschichte hindurch beständig wieder der Theokratie zustreben". Die jüdischen Aufstände nennt er ebenso kurz wie treffend „*religiöse* Wutausbrüche"[7], die sich eben dadurch von den eher sozial bedingten Aufständen in den anderen Provinzen unterscheiden. Wer diese religiöse Eigenart und zugleich Einzigartigkeit der jüdischen Aufstände gegen Rom – die alle einen eschatologisch-messianischen Einschlag hatten – verkennt, wird auch die Vorgänge in Judäa zwischen 6 und 70 n.Chr. nicht sachgemäß beurteilen können. Die für aufgeklärte Europäer und Amerikaner heute so erschreckende Kraft des fanatischen islamischen Fundamentalismus mag als Beispiel dafür dienen, mit welchen Gefühlen betroffene Griechen und Römer den furor Iudaicus empfunden haben. Tacitus Äußerungen hist. 5,5,1–3; 13,3[8] sprechen hier für sich selbst.
2. Aus diesem Grunde wird man weiterhin nach der die Freiheitsbewegung – trotz ihrer Zersplitterung seit Beginn des Aufstands selbst – bestimmenden *religiösen Ideologie* fragen müssen. Eine solche grundsätzlich leugnen zu wollen, wird sicher zu Fehlurteilen führen. Der Gestalt des Judas Galiläus kommt hier ganz gewiß eine grundlegende Bedeutung zu. Ein wesentliches Motiv muß weiter der *Eifer* für Gott und sein Gesetz besessen haben, der zu dem Ehrennamen „Eiferer" führte. Josephus legt ihn zwar seit Ausbruch des Aufstandes – *fast* – nur einer Gruppe in Jerusalem, den überwiegend priesterlichen ζηλωταί zu, aber es gibt hier doch Ausnahmen, insbesondere bei der ersten Nennung bell 2,444, wo er auf die Anhänger des Judas-Sohnes Menahem bezogen wird, eine Gruppe, die Josephus in der Regel als „Sikarier" (von lat. sicarius = Meuchelmörder) bezeichnet, was doch wohl keine ursprüngliche Selbstbezeichnung dieser ältesten Aufstandsgruppe war. Dieses lateinische Lehnwort geht vermutlich auf die römische Besatzungsmacht zurück. Der entscheidende *religiöse* Ehrenname dagegen war – nach dem Vorbild von Pinchas Num 25 – „Eiferer". M.E. hat sich schon Judas Galiläus als ein solcher verstanden.

Auf alle diese Fragen bin ich so ausführlich eingegangen, daß ich mich fragen muß, ob einzelne Kritiker vor allem in Amerika gelesen haben, was ich zur Sache sagte. Ich bin darum für die englische Übersetzung besonders dankbar, da sie es vielleicht dem einen oder anderen erleichtern wird, Argumente zur

---

[7] J. Burkhardt, Weltgeschichtliche Betrachtungen, ed. R. Merx (Kröner), 1935, S. 108. 166 (Hervorhebung von mir).

[8] S. Die Zeloten^2, S. 391.

Kenntnis zu nehmen. Wenn etwa behauptet wird, daß die bei Josephus auffallende Verwendung von λῃσταί durchaus nicht auf religiös motivierte Aufständische, sondern auf gewöhnliche Räuber aus sozialen Gründen zu beziehen sei, so läßt sich anhand der Rengstorfschen Konkordanz leicht zeigen, daß mit einer Ausnahme (ant 9,183 = 4 Reg 13,20f) diese „Räuber" erst mit Beginn der römischen Herrschaft, genauer mit dem Sieg des jungen Herodes über den „Räuberhauptmann Hiskia", auftauchen, der ganz gewiß kein gewöhnlicher Räuberhauptmann war (bell 1,204 = ant 14,159). Josephus übernimmt hier wie in seiner ganzen Herodesdarstellung des Bellum und großer Teile der Antiquitates den Sprachgebrauch seiner notorisch prorömischen und antijüdischen Hauptquelle Nikolaos von Damaskus, der von der römischen Sprachregelung beeinflußt ist, alle irregulären Aufständischen als latrones und nicht als hostes zu bezeichnen[9]. Josephus behält diese generell diffamierende Redeweise auch für sein weiteres Werk einschließlich der Vita bei.

Was das Problem der „Parteinamen" betrifft, so könnte man an zahllosen modernen Beispielen zeigen, wie variabel und auswechselbar sie sind. Dasselbe gilt schon für das antike Judentum: „We are confronted ... by a cardinal problem when we compare between Josephus' description of the aristocratic non-strict Sadducees and the *halakhot* ascribed to the Sadducees in the Talmud, for they do not tally". In dem noch unveröffentlichten halachischen Brief, der vermutlich vom „Lehrer der Gerechtigkeit" an den „gottlosen Hohepriester" geschrieben wurde, vertritt der Autor die Halakhot, die von den talmudischen Quellen den „Sadduzäern" zugeschrieben werden. Wer waren nun die richtigen „Sadduzäer"? In demselben Brief betont der Autor: „Wir haben uns von der Menge des Vol(kes) getrennt (*pršnw* mrwb h^c^m)"[10]. Wer waren nun die richtigen „Pharisäer"?

Kurz und gut: Ich meine, es ist durchaus wahrscheinlich, daß sich die Anhänger des Judas Galiläus als die wahren „Eiferer" – für Gott und sein Gesetz – verstanden haben und spätere Gruppen, die diese Bezeichnung übernahmen und vielleicht von ihnen abgesplittert waren, als Apostaten betrachteten. Daß Josephus – neben einigen rabbinischen und patristischen Hinweisen, die meine Vermutung eher bestätigen[11], unsere einzige (und leider sehr tendenziöse, ja unzuverlässige) Quelle – ihnen, den Hauptschuldigen, diesen *religiösen Ehrentitel* vorenthält, dessen Ursprung er natürlich sehr wohl kannte (bell 7,269ff; 4,160f), mag damit zusammenhängen, daß er ihm für diese Verbrecher viel zu positiv war. Sie waren in seinen Augen nur gemeine „Mörder", d.h. Sicarii.

So hoffe ich, daß die englische Übersetzung meines Buches der festgefahre-

[9] S. Die Zeloten^2, S. 42f.

[10] S. E. QIMRON/J. STRUGNELL, An Unpublished Halakhic Letter from Qumran, in: The Israel Museum Journal 14, 1985, 9–12 (10). Der Text ist inzwischen erschienen: Qumran Cave 4,V. Miqṣat Ma^{c}ase Ha-Torah, ed. E. QIMRON/J. STRUGNELL, DJD X, 1994.

[11] S. Die Zeloten^2, S. 21–23. Vor allem Hippolyt ist hier zu beachten.

nen Diskussion über die jüdische Freiheitsbewegung bis zum 1. Krieg vielleicht doch einige neue Impulse geben wird.

Zu danken habe ich dem Übersetzer David Smith für seine gründliche Arbeit und dem Verlag, daß er das Werk herausgebracht hat. Für das Mitlesen der Korrekturen danke ich Herrn Ulrich Heckel, Frau Anna Schwemer und ganz besonders Paul Cathey.

13. Hadrians Politik gegenüber Juden und Christen*

Sulpiz Boisserée, der große Kunstsammler, überliefert uns eine Äußerung Goethes: „er habe gewiß schon einmal unter Hadrian gelebt. Alles Römische ziehe ihn unwillkürlich an, diese Ordnung in allen Dingen sage ihm zu, das griechische Wesen nicht so."[1]

In Wirklichkeit hat Hadrian wohl kaum die alte römische „Ordnung in allen Dingen" verkörpert, sondern galt in Rom eher als griechenfreundlicher Neuerer, der von manchen gar als Graeculus verspottet wurde[2], während man ihn im Osten als „Olympios" feierte.[3] Aber vielleicht war es die hadrianische Verschmelzung von römischem und griechischem Wesen, die die Sympathie des so ganz anderen „Olympiers" von Weimar für den Gebildeten unter den römischen Kaisern gewann. Für seine Hochschätzung ist weiter wesentlich, daß die 21 Jahre seines Prinzipats als glückliche *Friedenszeit* in die Geschichte eingingen. Er brach mit der Expansionspolitik Trajans und leitete eine relativ friedliche Ära von fast fünfzigjähriger Dauer ein.[4]

Dem preisenden Chor der Zeitgenossen stehen jedoch andere Stimmen

---

* Erstveröffentlichung in: *JANES* 16/17 (1984–1985), Ancient Studies in Memory of Elias Bickerman, 153–181. Bei dem Text handelt es sich um einen Vortrag, den ich vor der phil.-hist. Klasse der Heidelberger Akademie der Wissenschaften, auf Einladung des althistorischen Seminars der Universität München und an einigen anderen Orten gehalten habe. Die Vortragsform wurde beibehalten und die Anmerkungen ergänzt. Die Abkürzungen richten sich nach dem Verzeichnis der TRE. Für das Schreiben des Manuskripts danke ich Frau Anna Maria Schwemer und Fräulein Monika Merkle.

[1] *Tagebücher* 1808–1852, Bd. I: 1808–1823, hg. v. H.-J. Weitz, 1978, 244. In dem Brief an Eleonora Flies geb. v. Eskeles, Weimarer Ausgabe, Bd. 23, S. 82, Z. 16ff. spricht Goethe in ironischer Weise von „meinem Großoheim Hadrian" (Hinweis von Frau Dr. Herwig).

[2] SHA Hadrian 1,5: *imbutusque inpensius Graecis studiis, ingenio eius sic ad ea declinante, ut a nonnullis Graeculus diceretur.*

[3] Dazu J. Beaujeu, *La Religion Romaine à l'apogée de l'empire,* 1955, I. 200ff.; L. Perret, *La titulature impériale d'Hadrien,* 1929, 31–33; A. S. Benjamin, „The Altars of Hadrian in Athens and Hadrians Panhellenic Program", *Hesperia* 32 (1963), 57–86; W. E. Metcalf, „Hadrian, Iovis Olympius", *Mnemosyne* 27 (1974), 60–66; vgl. M. K. Thornton, „Hadrian and his Reign", *ANRW* II, 2, 1975, 432–76 (458f.).

[4] Vgl. etwa das Urteil von Wilhelm Weber, „Trajan und Hadrian", in: *Meister der Politik* I, hg. v. E. Marcks und K. A. v. Müller, [2]1923, 197–274 (247ff.): „Um der Eintracht, der Gerechtigkeit und des Friedens willen hat er in der Tat sein Leben lang gewirkt" (254). „Er hatte der Welt den Frieden verkündet." Das Heer „ward das rechte Instrument des Friedens. Aber nur des Friedens" (258).

gegenüber. So wollte ihm z.B. der Senat nach seinem Tode die Konsekration verweigern[5]. In | unseren beiden Hauptquellen, Dio Cassius und der Historia Augusta, begegnen wir einer ausgesprochenen widerspruchsvollen Berichterstattung. Wie sonst nur für wenige antike Herrscher gilt für ihn Schillers Urteil über Wallenstein: „Von der Parteien Gunst und Haß verwirrt, Schwankt sein Charakterbild in der Geschichte."[6] Das betrifft nicht nur die „große" Geschichtsschreibung, selbst bei „Außenseitern" wie den jüdisch-christlichen Sibyllen finden wir diesen extremen Widerspruch in seiner Beurteilung.

Beginnen wir mit drei Beispielen: Das 5. Buch der Sibylle enthält schroff antirömische Weissagungen eines *ägyptischen Juden* nach der Zerstörung Jerusalems. Nur die ersten 50 Verse sind in der Zeit Hadrians von einem zweiten jüdischen Autor hinzugefügt[7]. Sie enthalten eine Kaiserliste.

Während Vespasian darin als „großer Vernichter frommer Männer" verurteilt und Trajan ein „schändliches Todesgeschick"[8] in fremder Erde zugesprochen wird (44f.), erhält Hadrian als letzter Herrscher vor den Schrecken der Endzeit ganz positive Züge:

> Er wird der allerbeste Mann sein und alles wissen.
> Und unter dir Allerbester, Allervortrefflichster, Dunkelgelockter,
> Und unter deinen Zweigen wird dies sein alle Tage.[9]

Dieser Abschnitt muß *vor* Ausbruch des verheerenden Bar Kochba-Aufstandes geschrieben worden sein; es bleibt dabei jedoch die Frage: wie konnte ein jüdischer Autor Hadrian als „allerbesten" (πανάριστος) Kaiser preisen?

In ihrem Haß gegen die römische Herrschaft steht die *8. christliche Sibylle*

---

[5] Erst auf die Bitte seines beliebten Nachfolgers Antoninus Pius hin wurde sie gewährt: Dio Cassius 70,1; SHA Hadrian 27,2: *nec appellatus es(se)t divus, nisi Antoninus rogasset.*

[6] Wallensteins Lager, Prolog.

[7] Zur Datierung s. J. Geffcken, „Komposition und Entstehungszeit der Oracula Sibyllina", *TU* NF VIII, 1902, 21f. 30; G. möchte aufgrund von V. 51 den Vf. in die Zeit Marc Aurels versetzen. Doch dann bleibt unerklärlich, daß Vespasian scharf verurteilt, aber Hadrian, der in jüngster Zeit den Juden so viel größeres Unheil zufügte, als πανάριστος hochgepriesen wird: Daher ist unbedingt A. Rzach, „Sibyllinische Orakel", *PW* 2.R. 2, 1923, Sp. 2134 recht zu geben, der im Anschluß an Th. Zahn, „Apokalyptische Studien", *Zeitschrift für kirchl. Wissenschaft* 7 (1886), 37f. betont, daß „der seltsam nachklingende, auf die drei Antonine bezügliche V. 51 (hier übrigens in der Überlieferung jämmerlich verstümmelt) ... nach Buch XII, 176, wo die Erzählung weitergeführt wird, zunächst wohl am Rande beigeschrieben wurde und dann später in den Text geraten ist." Vgl. auch J.J. Collins, „The Sibylline Oracles of Egyptian Judaism", *SBLDS* 13, 1974, 75.94. S.o. S. 326ff.

[8] 5,36: εἶτά τις εὐσεβέων ὀλετὴρ ἥξει μέγας ἀνδρῶν.
5,44: μοῖραν ἀεικελίην οὐ φεύξεται, ἀλλὰ καμεῖται·

[9] 5,46–50 (48–50): ἔσται καὶ πανάριστος ἀνὴρ καὶ πάντα νοήσει.
καὶ ἐπὶ σοί, πανάριστε, πανέξοχε, κυανοχαῖτα,
καὶ ἐπὶ σοῖσι κλάδοισι τάδ' ἔσσεται ἤματα πάντα.
Das ἐπὶ σοῖσι κλάδοισι bezieht sich auf Dan 4,21 Theodotion.

hinter der 5. jüdischen kaum zurück. Sie mag unter dem Eindruck der Verfolgungen in den letzten Jahren Marc Aurels stehen. Hier stoßen wir auf ein völlig anderes Hadrianbild:

> Dann wird ein Graukopf herrschen, benannt nach dem Meer in der Nähe,
> Der den Erdkreis durchwandert im Eilschritt...
> ...
> Teil nimmt er an der magischen Heiligtümer Geheimnis,
> Zeigt einen Knaben als Gott, zerstört, was sonst gilt als heilig,
> Jedoch der Mysterien alten Betrug öffnet er allen. |
> Dann wird ein Wehetag sein, wenn der Wehemann selber zugrund geht.
> ...[10]

Offenbar war die Spannung zwischen den beiden widersprüchlichen sibyllinischen Hadriandarstellungen so stark, daß ein dritter Dichter, aus der Mitte des 3. Jh.s, der wieder *Jude* ist, in der 12. Sibylle beide Texte ineinanderarbeitete, jedoch so, daß die positiven Züge weitaus überwiegen. Da heißt es am Ende:

> Doch großer Friede wird werden, sobald dieser
> Herrscher sein wird, auch wird er schönstimmig singen,
> Der Satzungen gewärtig gerecht das Gesetz achten.[11]

1. Das positive Hadrianbild im Judentum

Der Lobpreis zu Beginn der 5. Sibylle und seine Steigerung in der 12. stehen im Gegensatz zur rabbinischen Literatur, wo der Verfolger Israels in den Midraschim häufig mit der Formel „seine Gebeine mögen verdorren" oder einer ähnlichen Fluchformel[12] eingeführt wird. Jedoch gibt es selbst dort Bei-

---

[10] 8, 52f. 56–59. Gegen RZACH, op. cit., Sp. 2143f. handelt es sich hier um kein jüdisches, sondern um ein christliches Werk. Von der Niederwerfung des Bar Kochba-Aufstandes ist nicht die Rede, jedoch von dem Frevel mit Antinoos s. u. S. 377. Zur zeitlichen Einordnung s. A. KURFESS, *Sibyllinische Weissagungen*, 1951, 317. Der „wütende Römerhaß" ist eine Reaktion auf die Zeit der Verfolgungen zur Zeit Marc Aurels. S. auch H. FUCHS, *Der geistige Widerstand gegen Rom in der antiken Welt*, 2. unv. Aufl. 1964, 79f.

[11] 12,163–75 (172–74): εἰρήνη μακρὰ δὲ γενήσεται, ὁππόταν ἔσται
οὗτος ἄναξ· ἔσται δὲ καὶ ἀγλαόφωνος ἀοιδός
καὶ νομίμων μέτοχος θεμιστοπόλος τε δίκαιος·

Zur jüdischen Herkunft s. RZACH, op. cit., S. 2155f.; H. FUCHS, op. cit. (Anm. 10), 74 Anm. 78; J. J. COLLINS, in: *The Old Testament Pseudepigrapha*, ed. J. H. CHARLESWORTH, I, 1983, 443f. 449. Er steht der römischen Herrschaft loyal gegenüber.

[12] GenR 10,3; 28,3; 65,21; 78,1; LevR 18,1; DtnR 3,13; LamR 3,16 § 45; 3,23 § 8; 5,5 § 1; RuthR 3,2; EcclR 2,8 § 2; 12,5 § 1. Zum Bild Hadrians in der rabbinischen Literatur s. D. SPIEGEL, *Die Kaiser Titus und Hadrian in Talmud und Midrasch sowie bei den zeitgenössischen Geschichtsschreibern*, Diss. phil. Wien 1906; M. HERR, „Persecution and Martyrdom in Hadrian's Days", *ScrHie* 23 (1972), 85–125; G. STEMBERGER, „Die Beurteilung Roms in der rabbinischen Literatur", *ANRW* II, 19,2, 1979, 361–367; DERS., *Die römische Herrschaft im Urteil der Juden*, EdF 195, 1983, 82–86.

spiele eines „*positiven Hadriansbild(es)*"[13]. Darin wirkte das spätantike Hadrianbild mit der Betonung seiner schillernden curiositas[14], seiner Leutseligkeit[15] und seiner Klugheit nach. Am eigenartigsten ist die | Nachricht, daß der berühmte Proselyt und Bibelübersetzer Aquila sein Neffe gewesen sei, der von seinem Onkel indirekt zum Übertritt zum Judentum veranlaßt wurde und nur milde Vorwürfe erhielt. Die Geschichte spiegelt in rabbinischer Ironie die Verarbeitung der Katastrophe unter Hadrian wider: Er, der die Toratreuen blutig verfolgte, mußte sich gefallen lassen, daß der eigene Neffe sich dem verfolgten Volk anschließt, ohne daß er ernsthaft etwas dagegen einwenden konnte.[16]

Auch Epiphanius hat diese Überlieferung gekannt; bei ihm ist Aquila der Schwiegervater des Kaisers, der ihn mit der Neugründung Jerusalems beauftragt habe. Dort sei er zuerst zum Christentum und dann zum Judentum übergetreten.[17] Allein für sich betrachtet können wir diesen späten Texten im Blick auf das ursprüngliche Verhältnis Hadrians zu den Juden kaum etwas einigermaßen Sicheres entnehmen. Wohl aber ergibt ein Blick auf die frühe Regierungszeit des Kaisers Anhaltspunkte, die das positive Hadrianbild der so römerfeindlichen 5. Sibylle verständlich machen könnten.

Dazu eine kurze Bemerkung über die politische Lage: Ausgangspunkt ist das schwere Erbe, das Hadrian im August 117 antrat; Trajan hatte ihn als Statthalter Syriens und Befehlshaber des im Osten mit den Parthern kämpfenden Heeres eingesetzt. Dort war nach großen Anfangserfolgen durch den Aufstand in Mesopotamien 116 n. Chr. ein schwerer Rückschlag eingetreten. Die Aufgabe der Belagerung von Hatra bedeutete das Scheitern der Eroberungspläne Trajans. Hadrian brach darum entschlossen und radikal mit der Expansionspolitik seines Vorgängers. Er verzichtete auf die eroberten Gebiete und schloß

---

13 P. Schäfer, „Der Bar Kokhba-Aufstand", *TSAJ* 1, 1981, 236–244.

14 SHA Hadrian 11,4; 16,7; Dio Cassius 69,3,2; 11,3; 22,1; pointiert: Tertullian, apol. 5,7 *omnium curiositatum explorator*. Vgl. dazu 18,5 die Büchersammlung des 2. Ptolemäus und 25,12 die von Numa begründete *curiositas superstitiosa*. Nach praescr. haer. 43,1 haben die Häretiker ihre *curiositas* mit Magiern, Gauklern, Astrologen und Philosophen gemeinsam. Auch Irenäus kann als Ketzerbestreiter als *omnium doctrinarum curiosissimus explorator* bezeichnet werden: Val. 5,1. Vgl. auch Julian Apostata, Caes. 10,8 (311 c/d) über Hadrian: καὶ πολυπράγμων τὰ ἀπόρρητα und Ammianus Marcellinus, der Julian mit Hadrian vergleicht 25,4,17: *praesagiorum sciscitationi nimium deditus ut aequiperare videretur in hac parte principem Hadrianum, superstitionis magis quam sacrorum legitimus observator*. MPG IV, 2446 ff. ließ sich Hadrian von dem ägyptischen Magier Pachrates, „dem Profeten aus Heliopolis" (vgl. Lukian, Philopseudes, 34–36), dessen Künste vorführen. In diesem Milieu konnte sich auch die Überlieferung von den Gesprächen des Kaisers mit R. Jehoschua b. Chananja entwickeln.

15 SHA Hadrian 20,1: *In conloquiis etiam humillimorum civilissimus fuit*; 17,8: *fuit et plebis iactantissimus amator*; vgl. Dio Cassius 69,6,2.

16 P. Schäfer, op. cit. (Anm. 13), 241 ff.: Tanh B. mišpaṭim § 3 = Tanh mišpaṭim § 5; vgl. auch ExR 30,12 und CantR 1,1, § 1.

17 De mens. et pond. 13–16 (Dindorf 4,16–19).

mit den Parthern Frieden.[18] Günstiger war die Situation in dem zweiten Kriegsgebiet, Ägypten, der Cyrenaika und Zypern. Der Aufstand der Juden, der ab dem Sommer 115 den größten Teil der Provinzen in Brand setzte, war beim Tode Trajans bereits weitgehend niedergeschlagen. Hadrian mußte nur noch den Rest der Glut beseitigen.[19]

Die Folgen dieser „messianischen" Erhebung waren furchtbar. Die blühende jüdische Diaspora dieser Gebiete war weitgehend ausgerottet worden.[20] Nur in Alexandrien überstand ein Teil der Juden die Katastrophe. Auf deren bedrohte Situation | weisen antijüdische Zeugnisse aus den Acta Alexandrinorum hin, die Trajan und Hadrian – karikierend – als Judenfreunde darstellen. In den Acta Hermaisci machen die alexandrinischen Gesandten bereits Trajan und seiner Gemahlin Plotina mehr als zwei Jahre vor dem Aufstand schwerste Vorwürfe wegen ihrer Begünstigung der Juden. Der Senat sei voller „gottloser Juden," und als warnendes Vorzeichen für das kommende Unglück fängt die von den Gesandten mitgebrachte Sarapisstatue an zu schwitzen. Trajan selbst habe durch seine Judenfreundschaft den Aufstand provoziert.[21]

Ähnliche Konstellationen wiederholen sich während und nach dem Auf-

---

[18] Dio Cassius 68,31; F. A. Lepper, *Trajan's Parthian War*, 1948, 89ff.; A. Maricq, „La province d'«Assyrie» créée par Trajan. A propos de la guerre Parthitique de Trajan", *Syria* 36 (1959), 254–263; M. G. Angeli Bertinelli, „I Romani oltre l'Eufrate nel II seculo d. C.", *ANRW* II, 9, 1, 1976, 3–45 (20–22). Speziell zu der jüdischen Beteiligung am Aufstand: M. Pucci, „Traiano, la Mesopotamia e gli Ebrei", *Aegyptus* 69 (1979), 168–189; G. Alon, *The Jews in their Land in the Talmudic Age*, II, 1984, 413–429.

[19] A. Fuks, in: *CPJ* II, 1960, 225ff. Nr. 436–450; M. Smallwood, *The Jews under Roman Rule*, SJLA 20, 1976, [2]1981, 389–427; S. Applebaum, *Jews and Greeks in Ancient Cyrene*, SJLA 28, 1979, 201–344 freilich etwas zu phantasievoll; M. Pucci, *La Rivolta Ebraica al tempo di Trajano*, Bibliotheca di Studi Antichi 33, Pisa 1981; dazu die Rezension von M. D. Goodman, *JRS* 73 (1983), 209f. Zum religionsgeschichtlichen Hintergrund, s. M. Hengel, „Messianische Hoffnung und politischer ‚Radikalismus' in der ‚jüdisch-hellenistischen Diaspora'. Zur Frage der Voraussetzungen des jüdischen Aufstandes unter Trajan 115–117 n. Chr.", in: *Apocalypticism in the Mediterranean World and the Near East*, hg. v. D. Hellholm, 1983, 655–686 = o. S. 314–343.

[20] S. jedoch die Bemerkung von A. Kasher, *The Jews in Hellenistic and Roman Egypt. The Struggle for Equal Rights,* TSAJ 7, 1985, 92f.: „The evidence suggests that after the Jewish uprising in Trajan's time it was possible for Jews in certain places to regain their rights, perhaps thanks to the conciliatory policies of Hadrian and Antoninus Pius." Das gilt in erster Linie für Alexandrien.

[21] *CPJ* II, Nr. 157 (P Ox 1242). Der Text, der die Verhandlung einer alexandrinischen und jüdischen Gesandtschaft vor Trajan vor dessen Abreise in den Osten (Oktober 113) schildert, ist sicher erst wesentlich später nach dem jüdischen Aufstand 115–117 verfaßt. Das zeigt die legendäre Darstellung und die erst mit dem Aufstand nachweisbare Formel von den ἀνόσιοι Ἰουδαίοι. Das schwitzende Sarapisbild soll als schlimmes Omen auf die bevorstehende Katastrophe hinweisen. Zum Motiv s. Cicero, de div., 1,74.98; dazu den Kommentar von A. E. Pease, 1920/23 (Nachdr. 1963), p. 271; Livius 22,36,7; 28,11,4; vor der Schlacht am Trasimenischen See und vor Cannae; Diodorus Sic., 17,10,4; Dio Cassius, 40,17,1: vor Carrhae; Plutarch, Anton. 60,2: vor Actium. S. auch Th. Pékary, „Statuen in der Historia Augusta", in: *Bonner Historia-Augusta Colloquium* 1968/69, Ant. R. 4, Btr. z. H. A. Forschung 7, 1970, 151–172 (159ff.).

stand. Daß sich die römische Staatsmacht nach der Niederwerfung der ersten jüdischen Unruhen in Alexandrien schützend vor die Judenschaft stellte, ergibt sich aus einem Schreiben des Präfekten Rutilius Lupus. Darin verbietet dieser rigoros alle Übergriffe der Alexandriner. Für Klagen ist allein das Gericht zuständig, Selbsthilfe wird untersagt. D.h. es ging ihm darum, Ruhe und Ordnung wiederherzustellen und alle Racheversuche gegenüber der jüdischen Minderheit zu vereiteln, obwohl der Aufruhr in der Provinz erst seinem Höhepunkt zustrebte.[22]

Dieselbe Tendenz zeigen die *Acta Pauli et Antonini*, die in die Frühzeit Hadrians gehören. Die antijüdischen Pogrome hatten kein Ende gefunden, der Präfekt mußte eine größere Zahl von Sklaven als Unruhestifter inhaftieren, die gewaltsam befreit wurden. Die Sache wurde schließlich von den antijüdischen Alexandrinern vor das kaiserliche Gericht gebracht. Sie fanden jedoch bei Hadrian kein Gehör, vielmehr wurde der Wortführer Antoninus hingerichtet.[23]

Aus diesen Vorgängen ist gewiß keine „Judenfreundlichkeit" des Kaisers zu erschließen, ihm lag allein daran, daß die Unruhen nicht durch Judenpogrome verlängert würden, und der friedliche Aufbau beginnen konnte, zu dem auch die Behebung der Schäden des jüdischen Aufstands gehörte.[24] Es ging um die Durchsetzung seiner Friedenspolitik auch im Inneren. Zu seinem Programm, das Reich durch inneren Frieden und die Wohlfahrt seiner Untertanen stärker zusammenzuschließen, gehörte die Festigung der Rechtsordnung, die Willkür ausschloß, und die für Rechtssicherheit sorgte. Die friedfertig-loyale jüdische Minderheit, die dem Brand des Krieges entronnen unter den Nachstellungen der Alexandriner[25] zu leiden hatte, bildete eine bedrohte | Gruppe, die auf die iustitia, aequitas, clementia und indulgentia des Kaisers hoffen konnte: Tugenden, die uns auf Münzen Hadrians mehrfach begegnen[26]. Als Friedenskaiser

---

[22] *CPJ* II Nr. 435 mit der Einleitung von A. Fuks.

[23] *CPJ* Nr. 158 (a und b). Die Schilderung der Verhandlungen ist weniger legendär als in Nr. 157. Die Zuweisung der Acta Pauli et Antonini in die Zeit Trajans durch M. Pucci, *ZPE* 51 (1983), 95–103 konnte mich in keiner Weise überzeugen.

[24] Zum Aufbau der Cyrenaica, s. P. M. Fraser, „Hadrian and Cyrene", *JRS* 40 (1950), 77–90; vgl. auch S. Applebaum, op. cit. (Anm. 19), 269–294.

[25] Auch die Alexandriner hatten von der Unterstützung des Kaisers beim Wiederaufbau profitiert: s. Euseb nach der Chronik des Hieronymus, ed. R. Helm GCS 47, 1956, 197 Z. 14f. zum Jahr 117 n. Chr.: *Hadrianus Alexandriam a Romanis* (so mit der Armenischen Epitome und dem Syrer: dazu o. S. 320 Anm. 22) *subversam publicis instauravit impensis.* S. auch für das Jahr 121 die Gründung der Militärkolonien im zerstörten Libyen, 198 Z. 15F. Ca 2–3 Jahre nach der Gesandtschaft (ab Sommer 118/119 n. Chr.?) kam es in Alexandrien zu erneuten blutigen Unruhen wegen des Apisstiers, s. SHA Hadrian 12,1; Dio Cassius 49,81 a (= Pert. Patr. Exc. Vat. 107). Hadrian, der sich in Südgallien befand, schickte einen drohenden Brief, s. dazu W. Weber, *Untersuchungen zur Geschichte des Kaisers Hadrianus*, 1907, 113f.

[26] Zur Münzprägung s. P. L. Strack, *Untersuchungen zur Reichsprägung des zweiten Jahrhunderts. Teil II. Die Reichsprägung zur Zeit Hadrians*, 1933; H. Mattingly, *The Coins of the Roman Empire in The British Museum.* Vol. III, Nerva to Hadrian, 1936 (repr. with

und restitutor orbis, wollte er felicitas, spes, securitas, salus, ja den Anbruch des saeculum aureum für alle loyalen Untertanen des Reiches bringen.

Auch im palästinischen Judentum ist der Regierungswechsel wahrscheinlich eher positiv empfunden worden. Man hatte dort mehr als zwei Jahre zwischen zwei Feuern, dem Aufstand in Ägypten und dem Partherkrieg im Osten, existiert, und es ist verständlich, daß einzelne Flammen des Aufruhrs auch im Mutterland hochzüngelten. In dieser bedrohlichen Situation entsandte Trajan den im Partherkrieg durch seine Härte bewährten maurischen Prinzen und General *Lusius Quietus* nach Judäa. Rabbinische Quellen sprechen von einem „Krieg des Quietus." Dies wird auf dessen brutale Unterdrückungsmaßnahmen zurückgehen.[27]

Unmittelbar nach Regierungsantritt setzte Hadrian diesen zur Kriegspartei gehörenden Statthalter ab und ließ ihn wenig später töten, was den Juden wie ein Gottesurteil erschien und ihnen Anlaß gab, von dem neuen Herrscher eine bessere Zukunft zu erhoffen. Nach einer rabbinischen Nachricht wurde der Todestag des Quietus wahrscheinlich als Freudentag begangen.[28] Vor allem in der Oberschicht wird man den neuen Herrscher, der so energisch mit der Kriegspolitik Trajans brach und Frieden und Recht zum obersten Ziel seiner Herrschaft machte, mit gewisser Sympathie betrachtet haben.

Die nun folgenden zwölf Jahre bis zum Besuch Hadrians in Judäa waren eine Zeit der Ruhe, wirtschaftlicher Erholung und des vom Kaiser geförderten Aufbaus, von der auch die ganze Judenschaft im Reich profitierte. Die Rechtsurkunden, die in den Höhlen der Wüste Juda, der letzten Zuflucht der Aufständischen, gefunden wurden, bezeugen ein lebendiges Wirtschaftsleben, wobei auch ein gewisser Wohlstand sichtbar wird.[29] Die zahlreichen Aufstandsmünzen, die Bar Kochba aus römischen Geld umprä|gen ließ, bestätigen dieses Bild

---

revisions 1976), 236–552: Seine Prägung ist umfangreicher und origineller als die seiner Vorgänger.

[27] M. Smallwood, op.cit. (Anm. 19), 421–427; vgl. dies., „Palestine c. A.D. 115–118", *Historia* 11 (1962), 500–516; G. Alon, op.cit. (Anm. 18) 2, 413–429. Zum plwlmws šl qyṭws: MSota 9,14; Seder Olam Rabba, ed. Ratner, p. 145. Zur Datierung P. Schäfer, op.cit. (Anm. 13), 18f.

[28] G. Alon,op.cit. (Anm. 18), 2,420ff. 433f. M. Smallwood, op.cit. (Anm. 19), 425: „The picture of ‚Trajan' as a governor executed on orders from Rome, most probably represents in a distorted form the fall of Qietus who, after being deprived of his command there soon after Hadrian's accession, was one of the ‚four consulars' put to death early in 118." S. schon E. Schürer, *Geschichte des jüdischen Volkes im Zeitalter Jesu Christi*, I, 1909, 660 Anm. 62; dazu MegTaan 12: Der 12. des Monats (Adar) ist der Tag „Trajans", an dem als Freudentag nicht gefastet werden darf; s. H. Lichtenstein, „Die Fastenrolle", *HUCA* 8/9 (1931/32), 272f. 346; K. Beyer, Die aramäischen Texte vom Toten Meer, 1984, 358; EcclR 3,17.

[29] S. die Literaturübersicht bei B. Isaak/A. Oppenheimer, „The Revolt of Bar Kokhba: Ideology and modern Scholarship", *JJS* 36 (1985), 33–60 (42 Anm. 42). Erg. E. Koffman, *Die Doppelurkunden aus der Wüste Juda*, STDJ 5, 1968; L. Mildenberg, „The Coinage of the Bar Kokhba War", *Typos VI*, 1984, 90–94; vgl. o. S. 344–350.

eines wirtschaftlich florierenden Judäa.[30] Es war nicht die soziale Not, die die judäischen Bauern zu ihrer selbstmörderischen Erhebung gegen Rom veranlaßte.

Gewiß mögen die fanatischen „Eiferer" weiterhin der römischen Herrschaft mit unversöhnlichem Haß gegenübergestanden sein, die Friedenspolitik des Kaisers als ein Zeichen von Schwäche betrachtet und den Anbruch der messianischen Zeit in Verbindung mit einem Vernichtungskrieg gegen die „gottlose Herrschaft" erhofft haben.[31] Von diesen Kreisen wird auch nach dem „Krieg des Quitos" eine gewisse Beunruhigung ausgegangen sein[32], obwohl die Römer im Jahr 117 ihre Garnison im Lande wesentlich verstärkt hatten.[33] Es gab aber gewiß auch zahlreiche Juden, die von dem neuen Herrscher eine bessere Zukunft erwarteten. Selbst die rabbinischen Lehrer bildeten keine Einheitsfront. Dies beleuchtet eine bekannte Anekdote aus der Zeit Hadrians (oder wenig später):

Einmal saßen R. Jehuda, R. Jose und R. Schimeon beieinander und es saß auch Jehuda, der Sohn von Proselyten, mit ihnen. Da begann R. Jehuda und sprach: „Wie herrlich sind doch die Taten dieses Volkes. Sie bauen Märkte, bauen Brücken und bauen Bäder." R. Jose schwieg. R. Schimeon b. Jochai aber gab zur Antwort: „Alles, was sie bauen, bauen sie nur für ihren eigenen Bedarf. Sie bauen Märkte, um Prostituierte hineinzusetzen, Bäder, um in ihnen sich selbst zu pflegen, Brücken, um auf ihnen Zoll zu erheben." Da ging Jehuda, der Sohn von Proselyten, und erzählte ihre Worte der Regierung. Da sagten sie: „Jehuda, der (die Taten Roms) hochgepriesen hat, soll hochgehalten werden, Jose, der schwieg, soll nach Galiläa verbannt werden, Schimeon, der schmähte, soll getötet werden."[34]

---

[30] S. jetzt dazu die meisterhafte Untersuchung von L. MILDENBERG, op. cit. (Anm. 29) passim. Zur älteren Diskussion s. B. ISAAK/A. OPPENHEIMER, op. cit. (Anm. 29), 45 Anm. 52 u. 53. S. auch o. S. 344–350.

[31] Damit setzten sie im Grunde nur die alte Haltung der Radikalen seit den Tagen Judas des Galiläers z. Zt. der Verwandlung Judäas in eine römische Provinz 6 n. Chr. fort, die im Zusammenwirken mit einer verfehlten römischen Politik zu der Katastrophe des ersten Krieges 66–73/4 führte, s. M. HENGEL, *Die Zeloten*, AGSU 1, [2]1976.

[32] S. B. ISAAC/A. OPPENHEIMER, op. cit. (Anm. 29), 49–52: „Prior Unrest", wo eine ganze Reihe sehr verschiedener Komponenten aufgezählt wird.

[33] B. ISAAC/I. ROLL, „Judaea in the Early Years of Hadrian's Reign", *Latomus* 38 (1979), 38 (1979), 54–66; DIES., „Legio II Traiana in Judaea", *ZPE* 33 (1979), 149–156. Diese militärischen Maßnahmen können jedoch noch als eine Folge des Partherkrieges und der jüdischen Aufstände 115–117 betrachtet werden. Durch die Verlegung einer weiteren Legion nach Carpocetna in der Meggidoebene sollte die lebenswichtige Verbindung zwischen Ägypten und Syrien zusätzlich gesichert werden. S. G. W. BOWERSOCK, „A Roman Perspective on the Bar Kochba War", in: *Approaches to Ancient Judaism*, ed. W. S. GREEN, II, 1980, 131–141 (133): „In any case, on the present showing the military reorganization of Judaea must be explained in terms of the revolt under Trajan. It can no longer provide any help in judging the irritants that may have affected Bar Kochba and his followers." Nach Dio Cassius 69,12,2 kam der Aufstand relativ überraschend, sonst hätten die Römer nicht palästinische Juden mit der Waffenherstellung betraut. S. u. S. 384f.

[34] bShab 33b. Zur späteren amoräischen Diskussion s. bShab 34a, dort werden derartige Wohltaten für eine Stadt im Anschluß an Gen 33,18 Jakob zugeschrieben. bAZ 2b beruft sich

Diese „ideale Szene" charakterisiert die Kontroverse in der Beurteilung Roms bei den Rabbinen in der Mitte des 2. Jh.s. Für den „liberalen" R. Jehuda konnte die römische | Kulturpolitik auch in einem positiven Licht erscheinen.[35] Es gab eine ganze Reihe von Gelehrten, die in realistischer Einschätzung der Situation einen bleibenden friedlichen modus vivendi mit Rom suchten und die darum dem Aufstand Bar Kochbas sehr skeptisch gegenüberstanden. Möglicherweise wurden durch die tolerante Politik Hadrians damals im palästinischen Judentum zwischen 117 und 130 die Hoffnung erweckt, Jerusalem (und der Tempel) könnten neu erbaut werden.[36] Selbst gewisse „assimilatorische" Neigungen im palästinischen Judentum jener Zeit lassen sich nachweisen.[37]

Auf diesem Hintergrund wird die Entstehung der hadrianfreundlichen Verse am Anfang der romfeindlichen 5. Sibylle verständlich. Umsomehr erhebt sich die Frage, warum es zu jenem *Wechsel* in der kaiserlichen Politik kam, der das Verhängnis des Bar Kochba-Aufstandes auslöste. Zuvor wäre jedoch die Poli-

---

Rom im Gericht vor Gott darauf, daß es „viele Straßen errichtet und viele Bäder gebaut" habe, damit Israel sich nicht mit der Tora befassen könne, darauf gibt Gott selbst die Antwort, die der von R. Schimeon b. Jochai entspricht.

[35] Zu R. Jehuda bat Ilai s. EJ 10,33ff. Er war der Schüler des reichen R. Tarphon und prägte die Generation nach dem Bar Kochba-Aufstand in der späteren Antoninenzeit (bSanh 20a). Im Kreis des „Nasi" Simeon b. Gamliel II. war er die halachische Autorität (bMen 104a), dessen Sohn Jehuda han-nāśî' galt als sein Schüler. Man darf in ihm den wichtigsten Vertreter des auf einen Ausgleich mit Rom bedachten Flügels unter den rabbinischen Lehrern jener Zeit sehen.

[36] 119 n. Chr. waren 7 Jahrwochen seit der Zerstörung Jerusalems und des 2. Tempels vergangen. 140 n. Chr. waren es 70 Jahre. Es ist naheliegend, daß in dieser Zeit die Erwartungen in Judäa blühten. Vgl. z. B. die elkesaitische Weissagung über das 3. Jahr nach Trajans Parthersieg, in dem der Krieg unter den „gottlosen Engeln des Nordens" ausbrechen soll, bei Hippolyt, ref. 9,16,4; dazu G. P. Luttikhuizen, *The Revelation of Elchesai*, TSAJ 8, 1985, 50.79.190ff. Man erwartete bei den Elkesaiten, daß der Partherkrieg mit einer kosmischen Katastrophe enden werde. Die historischen Hinweise auf den Wiederaufbau sind entweder dunkel (Barn 16,4) oder aber spät und legendär (GenR 64,10; Epiph., de mens. et pond. 14 und spätere christliche Autoren), doch auch erstaunlich vielschichtig, s. die Zusammenstellung bei G. Alon, op. cit. (Anm. 18), 2, 435–460; weniger vollständig P. Schäfer, op. cit. (Anm. 13), 29–34. Spätere christliche Autoren berichten von einem Zustrom von Juden nach Jerusalem in der Erwartung, die Stadt werde wiedererbaut (Alon 2, 446ff.). Möglicherweise wurde das naheliegende Bether schon in der Zeit vor dem Aufstand zu einem jüdischen Zentrum, s. B. Isaac/A. Oppenheimer, *JJS* 36 (1985), 51f.

[37] P. Schäfer, op. cit. (Anm. 13), 45ff. verweist auf tShab 15 (16), 9: „Viele *mšwkym* ließen sich in den Tagen des Bar Koziba ... (neu) beschneiden, hatten Söhne und starben nicht." Dies weist darauf hin, daß nicht wenige Juden im jüdischen Palästina vor dem Aufstand Apostaten geworden waren und wie einst unter dem Hohepriester Jason in der Zeit des Antiochus IV. den Epipasmos vollzogen hatten (1. Makk 1,15 dazu M. Hengel, *Judentum und Hellenismus*, WUNT 10, ^{2}1988, 197.306.528). Um Judenchristen wird es sich hier kaum handeln, da selbst Paulus den „Epispasmos" entschieden ablehnte (1. Kor 7,18). Daß diese Kreise das Beschneidungsverbot Hadrians (s. u. S. 381ff.) begrüßten, ist wahrscheinlich, ob sie die Politik des Kaisers in Richtung auf ein solches – wie einst Menachem und seine Freunde gegenüber Antiochus IV. – direkt beeinflußten, entzieht sich unserer Kenntnis und erscheint als schwer vorstellbar.

tik des Kaisers gegenüber den *Christen* zu erwägen, die damals noch immer als ein selbständig gewordener Seitenzweig der jüdischen Religion betrachtet wurden. Sollte das jüngst gefällte Urteil *but all we know about his religious policy shows him to have been intolerant and activist*[38] richtig sein, müßte dies auch bei seiner Haltung gegenüber den Christen sichtbar werden. Umgekehrt könnte man fragen, ob das offenbar relativ tolerante Verhalten des Kaisers gegenüber den Juden in den ersten zwölf Jahren seiner Herrschaft nicht in seiner Christenpolitik eine Entsprechung findet

2. *Hadrians Politik gegenüber den Christen*

Die christliche 8. Sibylle urteilt sehr hart über den Kaiser[39], obwohl er sich – nach allem, was wir wissen – auch gegenüber der neuen Religion relativ tolerant verhalten hat.

Die ganze frühchristliche Literatur – bis ins 4. Jahrhundert – weiß nichts von *Martyrien* aus der Zeit Hadrians.[40] Erst Hieronymus hat dann aufgrund eines Mißverständnisses eine hadrianische Verfolgung erfunden.[41] Daß heißt natürlich nicht, daß es unter Hadrian keine Christenprozesse gegeben hätte. Die drei Jahrzehnte zwischen 110 und 140 gehörten zu den dunkelsten der Kirchengeschichte. Wir wissen zu wenig, um hier ein eindeutiges Urteil abgeben zu können. Dennoch fällt es auf, daß wir unter Trajan einige schwere Verfolgungen kennen: so u.a. die des Plinius in Pontus und die antiochenische, die die Überführung des Ignatius nach Rom bewirkte[42], während wir aus der Ära Hadrians keine vergleichbaren Nachrichten besitzen. Die relativ zahlreichen

---

38 B. ISAAC/A. OPPENHEIMER, op.cit. (Anm. 29), 47 unter Berufung auf W. DEN BOER, „Religion and Literature in Hadrian's Policy", *Mnemosyne* 8 (1955), 123–144 = *Syngrammata*, 1979, 197–218. Dieser fällt freilich kein derartig generelles Urteil. Er betont nur die Zwiespältigkeit des Kaisers, seine schon von Dio Cassius 69,4,6 und der Vita Hadriani 16,6 betonte Geltungssucht gegenüber Intellektuellen (138) und die Tatsache, daß dieser im Todesjahr des Antinoos „in 130 showed clearly a progress towards absolutism" (139).

39 Sie verurteilt ihn freilich nicht als Verfolger, sondern wegen seiner Religionspolitik im Zusammenhang mit Antinoos und wegen seiner angeblichen Geldgier, was mit seiner luxuriösen Bautätigkeit zusammenhängen mag (s.u. S. 377f und o. S. 360 Anm. 10).

40 S. die nach wie vor unübertroffene, kommentierte Zusammenstellung der wesentlichen Texte bei J. B. LIGHTFOOT, *The Apostolic Fathers*, II, 1, ^{2}1889 (Nachdr. 1973), 476–545: *The Church and the Empire under Hadrian, Pius and Marcus.*

41 Op. cit., 40f.: epist. 70; vgl. vir. ill. 19. Daraus macht Sulpicius Severus nach Nero, Domitian und Trajan eine 4. Verfolgung: Chron. 2,31,32: *Quarta sub Adriano persecutio numeratur, quem tamen postea exerceri prohibuit.* Zu den späteren angeblichen Martyrien unter Hadrian, die nur im Westen verbreitet wurden, s. op.cit. 502–508. Völlig unkritisch B. D'ORGEVAL, *L'empereur Hadrian. Oeuvre législative et administrative*, 1950, 308.

42 Dazu kommt noch die Kreuzigung des Simon S. d. Klopas, eines angeblichen Vetters Jesu, in Jerusalem: so Hegesipp bei Euseb, h. e. 2,32,4–6 vgl. 3,11 unter dem sonst unbekannten „Prokonsul Attikus".

Hinweise im *Hirten des Hermas* beziehen sich m. E. auf die Zeit Trajans, das Martyrium des römischen „Bischofs" Telesphorus fällt in die Frühzeit des Antoninus Pius.[43]

Eine relative Verbesserung der Situation bezeugen auch die frühesten *Apologien*, eine Literaturgattung, welche unter Hadrian entstand. Es wird nicht zuletzt an der Person des neuen Kaisers gelegen haben, daß ein gebildeter Christ, *Quadratus*, es wagte, diesem eine Schutzschrift für die Christen zu überreichen.[44] Dieser kühne Schritt deutete zumindest auf die *Möglichkeit* eines neuen Verhältnisses zum römischen Staate | hin. Der Autor muß ihn als sinnvoll erachtet und damit die Hoffnung auf eine Besserung der unsicheren Rechtslage verbunden haben. Nur an Principes, die man als relativ human ansah, konnte man mit derartigen Texten herantreten. In diesem Sinne sind die von jetzt an folgenden Apologien eine Konsequenz des toleranten Kaisertums der Antoninenzeit. Der gebildete Christ im Philosophenmantel bedeutete zugleich eine gesellschaftliche Aufwertung der neuen Religion. Auch die großen gnostischen „Systembauer", Basilides, Valentin und Marcion, die in ihrer Weise „christliche Philosophen" waren, treten in der Zeit Hadrians auf.[45]

Ein historisch fragwürdiges Zeugnis aus der Historia Augusta möchte ich nur kurz streifen. In der Vita des *Alexander Severus* lesen wir:

> *Christus wollte er einen Tempel bauen und ihn unter die Götter aufnehmen. Daran soll auch Hadrian gedacht haben*, der in allen Gemeinden Tempel ohne Götterbilder hatte errichten lassen für den gedachten Zweck, jedoch wurde er von seiner Absicht abge-

---

[43] S. dazu und zur Datierung überhaupt M. Dibelius, *Der Hirte des Hermas. Die apostolischen Väter*, HNT Erg. bd. IV, 1923, 421f.: „... passen eher in die Zeit Trajans" (422). Das Martyrium des Telesphorus, Irenäus 3,3,3; fällt wohl schon in die Frühzeit des Antoninus Pius, dazu A. v. Harnack, *Marcion*, ^{2}1924 (Nachdr. 1960), 18*f. und ausführlich: *Die Chronologie der altchristlichen Literatur*, I, 1, 1897, 178ff. 191f.; J. Speigl, op. cit. (Anm. 44), 113.

[44] Zur Bedeutung der neuen „Literaturgattung" der Apologie, s. J. Speigl, *Der römische Staat und die Christen*, 1970, 90ff. Sie fällt zusammen mit der ebenfalls neuen Form des „Dialogs" zwischen Juden und Christen; erstmals bei Ariston von Pella um 140 (Orig., c. Cels. 4,52 vgl. Euseb, h. e. 4,6,3; 4,3,1–3 vgl. 3,37,1; 5,17,3). Nach der Chronik des Hieronymus (GCS 47 ed. Helm, p. 199) wurde die Apologie im 9. Jahr Hadrians, 125 n. Chr., übergeben. Vgl. Th. Zahn, FGK VI, 1900, 41–53: „Quadratus der Prophet und Apologet"; und R. M. Grant, „Quadratus, the first Christian Apologists", in: ders., *Christian Beginnings: Apocalypse to History*, 1983, 177–183. Der Hinweis auf die von Christus von den Toten Auferweckten und Geheilten, die als Zeugen für „die Werke unseres Erlösers" bis in die Gegenwart hinein präsent sind, will die „curiositas" (s. o. Anm. 14) des Kaisers erwecken, dem später selbst Wunder nachgesagt wurden (SHA Hadrian 25,1–4; vgl. das Regenwunder bei seiner Ankunft in Afrika 22,14 und sein Glaube an magische Praktiken Dio Cassius 69,22,2).

[45] Nach wie vor ist zu erwägen, ob der Apologet Aristides entsprechend Euseb und im Gegensatz zur syrischen Übersetzung sein Werk schon Hadrian und nicht erst Antoninus überreichte (h. e. 4,3,3), vgl. J. Speigl, op. cit. (Anm. 44), 91ff. Im letzteren Fall muß sie in die Frühzeit des Nachfolgers gehören. Zu Basilides und Valentin als „christlichen Philosophen" s. Chr. Markschies, Valentinus Gnosticus, WUNT 6, 1992 und W. A. Löhr, Basilides und seine Schule, WUNT 83, 1996.

bracht durch Leute, die den Orakelspruch erhalten hatten, alle Tempel würden veröden, wenn er sein Vorhaben durchführe.[46]

Der Text ist nicht ein *direktes* Zeugnis für die Haltung Hadrians gegenüber den Christen; er hebt dessen angebliche Toleranz im Blick auf die neue Religion nur deshalb hervor, um die christlichen Kaiser gegen Ende des 4. Jh.s zu einer analogen Haltung gegenüber den anderen Kulten aufzufordern.

Man kann jedoch fragen, *wie* es zu jener Überlieferung von dem gegen die Christen nachsichtigen Kaiser gekommen ist, die der Verfasser der Historia Augusta für seine Zwecke nutzbar machte.

Hier wäre zunächst darauf zu verweisen, daß zu seiner Zeit in der römischen Gesellschaft und Literatur erstmals ein gewisses *Interesse an den Christen* und ihrer Behandlung sichtbar wird. Das 10. Buch der Briefe des jüngeren *Plinius*, das innerhalb der Korrespondenz des Autors mit Trajan auch die beiden Christenbriefe 96 und 97 enthielt, wurde wohl bald nach dem Tode Trajans herausgegeben. Die Annalen des *Tacitus* mit der Schilderung der Christenverfolgung unter Nero (15,44) wurden ebenfalls in den ersten Regierungsjahren Hadrians veröffentlicht. Ähnliches gilt von *Suetons* Caesarenleben. Der Biograph war unter Trajan kaiserlicher Sekretär *a studiis* und *a bibliothecis* gewesen und hatte von 118–21 bei Hadrian das einflußreiche Amt *ab epistulis* inne. Sein Werk mit den beiden bekannten Notizen (Claudius 25,3; Nero 16,2) | erschien ca. 10 Jahre nach dem Herrschaftsantritt des Kaisers.[47] Weniger bekannt ist, daß möglicherweise *Phlegon von Tralles*, ein Freigelassener Hadrians, in seiner Chronik der „Olympiaden" von einer eingetroffenen Weissagung Jesu (auf den Untergang Jerusalems?) berichtete.[48] Auch *Epiktet*, den Hadrian besonders geschätzt haben soll, äußerte sich über die Christen.[49] Wenig später in der Zeit des Antoninus folgt mit schroffen Anklagen gegen die

46 SHA Alex. Severus 43,6f., dazu Wolfgang Schmid, „Bildloser Kult und christliche Intoleranz", in: *Mullus. Festschrift Theodor Klauser*, JAC Erg.bd. I, 1964, 288–315. Diese Notiz soll die besondere Toleranz des Alexander Severus hervorheben, die sich an die Hadrians anschloß, vgl.: *Iudaeis privilegia reservavit. Christianos esse passus est*; vgl. dagegen Tertullian, apol. 4,4: *non licet esse vos*. Vgl. auch den gefälschten Brief Hadrians an seinen Schwager Servian SHA Quadr. Tyr. 7,4–8,10, mit Kommentar abgedruckt bei M. Stern, *Greek and Latin Authors on Jews and Judaism*, II, 1980, Nr. 537 p. 636–641. Hier werden Christen, Juden, Samaritaner und Sarapisanhänger in gleicher Weise verspottet. Historisch ist der Brief voller Anachronismen!

47 Zu Tacitus' Annalen s. R. Syme, *Tacitus*, 1958, 2, 465–491 (471ff.). Zu den Christen 468f. 532f. Zu Sueton s. A. Wallace-Hadrill, *Suetonius*, 1983, 1–8.

48 Origenes c. Cels. 2,14 = FGrHist 257 F 16e; dazu F. Jacoby, Kommentar zu Nr. 106–261, 1962, 843; vgl. auch Comm. in Mt sermo 40 (GCS Orig. Werke XI ed. Klostermann/Treu, [7]1976, p. 79,9ff.). Phlegon, dem später eine Hadrianbiographie zugeschrieben wurde, hatte eine Vorliebe für Orakel und Wundergeschichten; s. E. Frank, *PW* 20, 1941, 261ff.; J. B. Lightfoot, op. cit. (Anm. 40), II, 1,528f. und vor allem A. v. Harnack, *Gesch. d. altchristl. Lit., 1. Teil: Überlieferung und Bestand*, 1893, 867f.

49 Arrian, diss. 4,7,6 und möglicherweise auch 2,9,19–22; vgl. SHA Hadrian 16,10: *in*

Abendmahlsfeier der hochangesehene Rhetor *Fronto*[50] und unter *Marc Aurel*, der selbst über die Christen schrieb, *Lukian, Apuleius, Aristides, Celsus* und in z. T. positiver Weise der Arzt *Galen*.[51] Diese literarischen Erwähnungen und das Auftreten der ersten Apologeten stehen in einer inneren Beziehung.

Eine Stellungsnahme des Kaisers, die die spätere Überlieferung von seiner toleranten Haltung verständlicher macht, finden wir in dem Reskript Hadrians an *Minicius Fundanus*, das Justin am Ende seiner Apologie überliefert hat. Leider ist nicht mehr die lateinische Urfassung, sondern nur noch die griechische Übersetzung Eusebs erhalten.[52] Die lateinische Übersetzung Rufins gründet ganz auf Euseb und hat das lateinische Original nicht mehr verwendet. Für die nach wie vor umstrittene Echtheit des Reskript[53] sprechen einige *äußere Gründe*: |

1. Aufgrund der völligen stilistischen Übereinstimmung zwischen der Einleitung zum Reskript und der übrigen Apologie muß die Zufügung schon durch Justin erfolgt sein. Soll man sich ihn als Fälscher vorstellen?
2. Ein solcher hätte wohl kaum zu einer griechischen Apologie einen lateinischen Text angefügt[54], den man im Osten weithin nicht verstand.

---

summa familiaritate Epictetum ... habuit. Vgl. S. Benko, „Pagan Christicism of Christianity", *ANRW* II, 23,2, 1980, 1077f.

[50] Minucius Felix, Oct. 9,6; 31,2, dazu S. Benko, op. cit., 1081ff.

[51] S. die Texte bei W. den Boer, *Scriptorum paganorum I–IV Saec. de Christianis Testimonia*, Textus minores, 2, [2]1965, 11–23 dazu S. Benko, op. cit., 1090–1110.

[52] Justin, apol. I, 68 (Corp. Ap. I, 188–193). Der Herausgeber W. v. Otto war noch der Meinung, daß durch Rufin das lateinische Original erhalten sei. Zur unübersehbaren Literatur s. für die ältere Zeit J. M. Mecklin, *Hadrians Rescript an Minucius Felix*, Phil. Diss. Leipzig 1889; C. Callewaert, „Le recrit Hadrien a Minucius Fundanus", *RHLR* 8 (1903), 152–189; Wolfgang Schmid, „The Christian Re-Interpretation of the Rescript of Hadrian", *Maia* 7 (1955), 5–13; R. Freudenberger, „Das Verhalten der römischen Behörden gegen die Christen im 2. Jh.", *MBPF* 52, 2. durchges. A. 1969, 216–234; P. Keresztes, „The Emperor Hadrian's Rescript to Minucius Fundanus", *Phoenix* 21 (1967), 120–129 = *Latomus* 26 (1967), 54–66; ders., „The Imperial Government and the Christian Church I. From Nero to the Severi", *ANRW* II,23,1, 1979, 247–315 (287–292); J. Speigl, op. cit. (Anm. 44), 95–108.

[53] Die überwiegende Zahl der Forscher vertritt heute die Echtheit. Keresztes, loc. cit. 288 Anm. 242 wagt darum die Behauptung: „The authenticity of the Rescript does not seem to be seriously challenged any longer." Vgl. jedoch H. Lietzmann, *Gesch. d. alten Kirche*, 1, 157f.; die Übersicht von E. Groag, *PW* 13,1, Artk. Licinius (Silvanus) 462; H. v. Campenhausen, *Gnomon* 25 (1953), 466; A. Wlosok, in: R. Klein (Hg.), *Das frühe Christentum im römischen Staat*, WdF 247, 1971, 288f. Anm. 29, nimmt daran Anstoß, daß Tertullian in seinem Apologeticum dieses Rescript nicht verwendet, wohl aber das Trajans und einen gefälschten Brief Marc Aurels (2,6ff.; 5,6ff.). Tertullian nennt freilich Justin, dessen Werk ihm nicht unbekannt ist, nur ein einziges Mal (Val 5,1). Hatte er Hemmungen, den „christlichen Philosophen" und ersten „Vermittlungstheologen" zu zitieren? Eine gewisse Unsicherheit liegt in der an sich guten Übersetzung Eusebs und der Textüberlieferung zwischen Justin und Euseb. Eine Fälschung des Reskripts ist dagegen sehr unwahrscheinlich. Sie wird in neuerer Zeit mit unzureichenden Argumenten und ohne Kenntnis von Bickermans grundlegendem Beitrag (s. u. Anm. 57) von H. Nesselhauf, *Hermes* 104 (1976), 348–361 vertreten.

[54] S. dazu D. B. Capelle, „Le rescript d'Hadrien et S. Justin", *RevBen* 39 (1927), 365–368;

3. Zwischen Justins Apologie und dem Reskript liegen nur ca. 25–30 Jahre. Es wäre außerdem die erste derartige christliche Fälschung, entstanden unter Antonius Pius, als die Kirche relativen Frieden hatte. Die späteren Fälschungen weisen in die Zeit unter Marc Aurel, als die Kirche unter einem schweren Druck stand.
4. Etwa 20 Jahre später wird es von Melito von Sardes (um 170) erwähnt.[55]
5. Die zahlreichen kaiserlichen Erlasse über die Christen wurden nach Lactanz von Ulpian in seiner Schrift *de officio proconsulis* gesammelt, es ist freilich nur zu verständlich, daß christliche Autoren diese *rescripta principum nefaria* mit zwei Ausnahmen nie verwendet haben.[56] Die beiden einzigen Reskripte über die Christen, die wir besitzen, sind der Brief Trajans an Plinius und das Schreiben Hadrians. Sie blieben uns erhalten, weil die Christen sie zu ihren Gunsten deuten konnten.

Hinzu kommen *innere Gründe*, die vor allem Elias Bickerman in seiner meisterhaften Untersuchung des Reskripts zur Sprache gebracht hat.[57] Ein Vergleich des Edikts mit wirklichen apologetischen Fälschungen zeigt, daß es bei weitem nicht so günstig gegenüber den Christen ist, wie es sich die Fälscher wünschten.[58] Die Christen werden weder grundsätzlich gerechtfertigt noch ihre Ankläger verurteilt. |

---

vgl. W. Schmid, „The Christian Re-Interpretation of the Rescript of Hadrian“, *Maia* 7 (1955), 5–13 (6).

[55] Euseb h.e. 4, 26, 10: ἀλλὰ τὴν ἐκείνων ἄγνοιαν οἱ σοὶ εὐσεβεῖς πατέρες ἐπηνωρθώσαντο, πολλάκις πολλοῖς ἐπιπλήξαντες ἐγγράφως, ὅσοι περὶ τούτων νεωτερίσαι ἐτόλμησαν. ἐν οἷς ὁ μέν πάππος σου Ἀδριανὸς πολλοῖς μὲν καὶ ἄλλοις, καὶ Φουνδανῷ δὲ τῷ ἀνθυπάτῳ, ἡγουμένῳ δὲ τῆς Ἀσίας, γράφων φαίνεται, ὁ δὲ πατήρ σου, καὶ σοῦ τὰ σύμπαντα διοικοῦντος αὐτῷ, ταῖς πόλεσι περὶ τοῦ μηδὲν νεωτερίζειν περὶ ἡμῶν ἔγραψεν, ἐν οἷς καὶ πρὸς Λαρισαίους καὶ πρὸς Θεσσαλονικεῖς καὶ Ἀθηναίους καὶ πρὸς πάντας Ἕλληνας.

[56] Lactanz, inst. 5,11,19.

[57] „Pliny, Trajan, Hadrian and the Christians“, *RFIC* 96 (1968), 290–315. Die Untersuchung erscheint im 3. Band der im Druck befindlichen: *Studies in Jewish and Christian History* 3, *AGJU* 9 (1986), 152–171. Sie geht aus von einer Rezension des Buches von Freudenberger (s.o. Anm. 52), ab S. 296 widmet sich Bickerman ganz dem Hadrianreskript. Er hat diesen schwierigen Text aus der reichen Fülle seiner Kenntnisse antiker Rechtsdokumente, Papyri und Inschriften in erleuchtender Weise interpretiert. Im Folgenden schließe ich mich vor allem ihm an.

[58] S. dazu die beiden in der einzigen erhaltenen Justinhandschrift an die sog. 2. Apologie angefügten gefälschten Texte, die im Gegensatz zu dem Reskript Hadrians nicht durch eine Einleitung mit dem Apologietext verbunden sind: 1. „Der Brief des Antoninus an das *Koinon* von Asia“, 2. „Der Brief des Kaisers Markus an den Senat, indem er bezeugt, daß die Christen die Ursache ihres Sieges seien“, s. Corp. Ap. I, 1, 244–253 und J. B. Lightfoot, *The Apost. Fath.*, II, 1, 481–492, der neben die sekundär an Justins 2. Apologie angefügte Fassung die wohl ältere, durch Euseb h.e. 4,13, 1–8 erhaltene Version stellt. Während das Hadrianreskript am Ende lediglich Falschanklage mit Strafe bedroht, fordert der gefälschte Brief des Antoninus die Freilassung des angeklagten Christen, „auch wenn er sich als ein solcher erweist“, während den Anklägern, die in Zukunft darauf beharren, Christen vor Gericht zu bringen, der Prozeß zu machen sei. Der angebliche Brief Marc Aurels versteigt sich zu der absurden Forderung, der Ankläger eines Christen „sei lebendig zu verbrennen.“ Man emp-

Lassen wir den Text selbst sprechen:

An Minucius Fundanus.[59] Ich erhalte ein Schreiben, das von deinem Vorgänger, dem hochehrwürdigen Serenius Granianus[60], an mich gerichtet wurde. Es scheint mir nun nicht richtig zu sein, die Sache unentschieden zu lassen, damit die Leute (οἱ ἄνθρωποι, Rufin macht daraus *innoxii*!) nicht in Unruhe versetzt werden und die Denunzianten bei ihren Umtrieben Unterstützung erhalten. Falls also die Provinzialen in bezug auf diese „Petition" ihre Sache gegenüber den Christen überzeugend durchführen können, so sollen sie vor Gericht Rede und Antwort stehen, und sich allein diesem zuwenden, jedoch nicht mit (bloßen) Forderungen und lautem Geschrei. Vielmehr ist es angemessen, wenn einer Anklage erheben will, daß du darüber entscheidest. Wenn nun einer Anklage erhebt und den Nachweis führt, daß sie in irgendeiner Weise gesetzwidrig handeln, dann fälle das Urteil nach der Schwere des Verbrechens. Beim Herakles: Wenn jemand die Anklage der Denunziation wegen vorbringen sollte, dann verfahre um der Schändlichkeit willen und sorge, daß du ihn wirklich bestrafst.[61]

Leider ist uns die Anfrage, die das Reskript auslöste, im Gegensatz zum Brief des Plinius nicht erhalten, was seine Interpretation erschwert. Die Einleitung Eusebs ist ohne historischen Wert. Sie beruht auf Folgerungen aus dem Inhalt des Reskripts selbst. Ausgangspunkt muß die durch die *Antwort Trajans an Plinius* gesetzte Rechtslage sein. Trajan hatte das Vorgehen des Plinius im Großen und Ganzen gebilligt: Die Hinrichtung der Christen wegen ihrer starr-

---

fand in diesen Fälscherkreisen das Hadrianreskript gerade nicht als ausreichend, sondern versuchte es noch zu überbieten.

59 Zu seiner Person s. O. Stein, *PW* 15,2, 1932, Artk. Minicius, 1820ff., der ebenfalls für die Echtheit eintritt. C. Minitius Fundanus war hoch gebildet, Freund von Plinius d. J. und Plutarch. Als Jahr seines Prokonsulats in Asia vermutet man 124/125; vgl. Euseb nach Hieronymus Chronik (GCS 47 ed. Helm p. 199) bringt das Reskript in Zusammenhang mit der Übergabe der Apologie durch Quadratus an den Kaiser im 9. Jahr Hadrians. Zur verkürzten Form der Superscriptio s. Bickerman, op. cit. (Anm. 57), 299: Der Statthalter leitete eine Kopie mit verkürzter Adresse an das *Koinon* weiter, das den Brief veröffentlichte, s. u. Anm. 67.

60 Der Name lautete in Wirklichkeit Q. Licinius *Silvanus* Granianus, s. E. Groag, *PW* 13,1, 1926, Artk. Licinius Nr. 130, 459–464. Wie Trajan und Hadrian stammte er aus Spanien. Sein Konsulat fällt auf das Jahr 106 n. Chr., entsprechend würde nach dem üblichen ca. 17jährigen Abstand sein Prokonsulat gut auf die Jahre 123/124 passen. „L. kannte ... sicherlich den (veröffentlichten) Brief seines consularischen Kollegen Plinius an Trajan" (463). Orosius, hist. adv. pag. 71,13,2 behauptet dann, er sei *libris de Christiana religione conpositis instructus et eruditus* gewesen; vgl. auch J. Speigl, op. cit. (Anm. 44), 96.

61 Apol. I, 68,5–10 = Euseb, h. e. 4,9,1–3:

Μινουκίῳ Φουνδανῷ.

Ἐπιστολὴν ἐδεξάμην γραφεῖσάν μοι ἀπὸ Σερηνίου Γρανιανοῦ, λαμπροτάτου ἀνδρός, ὄντινα σὺ διεδέξω. Οὐ δοκεῖ οὖν μοι τὸ πρᾶγμα ἀζήτητον καταλιπεῖν, ἵνα μήτε οἱ ἄνθρωποι ταράττωνται καὶ τοῖς συκοφάνταις χορηγία κακουργίας παρασχεθῇ. Ἂν οὖν σαφῶς εἰς ταύτην τὴν ἀξίωσιν οἱ ἐπαρχιῶται δύνωνται διϊσχυρίζεσθαι κατὰ τῶν Χριστιανῶν, ὡς καὶ πρὸ βήματος ἀποκίνεσθαι, ἐπὶ τοῦτο μόνον τραπῶσιν, ἀλλ᾽ οὐκ ἀξιώσεσιν οὐδὲ μόναις βοαῖς. Πολλῷ γὰρ μᾶλλον προσῆκεν, εἴ τις κατηγορεῖν βούλοιτο, τοῦτό σε διαγινώσκειν. Εἴ τις οὖν κατηγορεῖ καὶ δείκνυσί τι παρὰ τοὺς νόμους πράττοντας, οὕτως διόριζε κατὰ τήν δύναμιν τοῦ ἁμαρτήματος· ὡς μὰ τὸν Ἡρακλέα, εἴ τις συκοφαντίας χάριν τοῦτο προτείνοι, διαλάμβανε ὑπὲρ τῆς δεινότητος, καὶ φρόντιζε ὅπως ἂν ἐκδικήσειας.

sinnigen Weigerung zu gehorchen, war zu recht geschehen. Falls sie angeklagt und überführt werden, soll man sie bestrafen. An zwei Punkten widersprach jedoch Trajan: Anonyme Anklageschriften sollen keine Beachtung verdienen: *nec nostri saeculi est.* Der zweite Widerspruch gegen Plinius, dessen eifriges Vorgehen den Kreis der Schuldigen allzusehr ausgeweitet hatte, besteht in der Anweisung: *conquirendi non sunt.* Diese von Trajan gewollte Inkonsequenz zeigt, wie wenig er an Christenprozessen interessiert war. Mit der drohenden Todesstrafe bei | Anzeigen sollte die Ausbreitung in Schranken gehalten werden. Eine aktive Strafverfolgung mit Massenhinrichtungen im Stile Neros lag nicht im Staatsinteresse.[62]

Hadrian, den alten Herrschertugenden der iustitia und clementia verpflichtet, vertrat diese Tendenz in noch stärkerem Maße. Im Jahr 123/124 war der Kaiser von Syrien über Kleinasien und die nördlichen Balkanprovinzen und Makedonien nach Athen gereist. D.h. er war über die Christen und die Haltung der Provinzbevölkerung zu ihnen vorzüglich informiert, besser als alle frühere Principes.[63] Die Sache lag ihm offenbar aufgrund der gemachten Erfahrungen am Herzen. Im Blick auf sein Reskript entsteht die Streitfrage, ob er damit die widerspruchsvolle Entscheidung seines Vorgängers zugunsten der Christen korrigierte oder ob er sie aufrechterhielt und nur wegen einer konkreten Anfrage präzisierte. *Mommsen*[64] hat die erste Deutung vertreten. Es werde darin „die Rechtsgleichheit der Christen" ausgesprochen und zwar von dem „Kaiser, der wie kein anderer modern und kühl gedacht und von dem Banne der Vergangenheit sich gelöst hat."[65] Die Mehrzahl der neueren Untersuchungen versucht dagegen, das Reskript in Übereinstimmung mit dem Pliniusbrief zu interpretieren. Ich selber folge den Hauptlinien der Auslegung des Textes von Elias Bickerman und kann auf seine ausführlichen Begründungen zurückverweisen.

Granianus muß Hadrian um eine Entscheidung gebeten haben, bei der er

---

62 Plinius d.J., ep. 10,97. Vgl. schon den Protest Tertullians, apol. 2,7–9 gegen die Inkonsequenz des trajanischen Reskripts.

63 Zur Reise des Kaisers s. W. Weber, *Untersuchungen..., 121–158;* D. Magie, *Roman Rule in Asia Minor*, 1966 (1950), 1, 612–618. Die Reise führte ihn durch die Gebiete, in denen die Christen am zahlreichsten waren. Bei seinem Informationsinteresse und Kontakt mit der Bevölkerung mußte er genau Bescheid wissen.

64 Th. Mommsen, „Der Religionsfrevel nach römischem Recht", *HZ* NF 28 (1890), 389–429.

65 Op. cit., 420. Vgl. 418 Anm. 3: „Hadrian, scharfsichtig wie wenige Kaiser und wie kein anderer Kaiser von allem Spezialpatriotismus frei, hat dies (sc. ‚daß das römische Bürgerthum in die Reichsangehörigkeit aufgegangen war und der Römerglaube werde folgen müssen') wohl empfunden. Die Erzählung, daß er überall dem unsichtbaren Gott habe Tempel erbauen wollen, aber davon abgestanden habe, weil dann alle Reichsangehörigen Christen werden würden (vita Alex. 43, s. o. Anm. 46), ist wohl später nachgefärbt, aber kann im wesentlichen richtig sein." Hier schlägt das verklärte Hadriansbild des deutschen Idealismus durch. Die Ansicht Mommsens hat zunächst eine breite Anhängerschaft gefunden, s. Bickerman, op. cit, 304 Anm. 1; P. Keresztes, *Latomus* 26 (1967), 54 Anm. 3.

nicht die Verantwortung auf sich nehmen wollte. Der Anlaß wird deutlich aus dem Satz, den Rufin, der Übersetzer Eusebs, sachgemäß wiedergibt: *si evidenter provinciales huic petitioni suae adesse valent adversum Christianos*, was auf eine *Petition* gegen die Christen hinweist, die vom „Organ der Provinzialen," dem „Landtag der Griechen der Provinz Asia", an den Statthalter gerichtet war und die dieser wegen der Bedeutung der Angelegenheit an den Kaiser weitergeleitet hatte.[66] In der Petition hatte die offizielle Vertretung der griechischen Städte der Provinz vermutlich den Statthalter um ein unmittelbares Vorgehen von Staats wegen gegen die Christen gebeten.[67] |

Die Antwort Hadrians richtet sich darum zugleich an das „*Koinon* der Hellenen von Asia." Er nennt zwei Gründe:

1. soll die Provinzbevölkerung nicht verwirrt werden. Gegen die Christen kam es häufig zu Massendemonstrationen „mit Forderungen und Gebrüll," wie er selbst schreibt, d.h. er beantwortet die Petition, um Unruhen vorzubeugen. Spätere Beispiele zeigen, wie sehr die Statthalter geneigt waren, dem Druck der Masse nachzugeben.[68] Von dem streng auf die Rechtsordnung achtenden Hadrian besitzen wir mehrere Zeugnisse, daß er Forderungen der Volksmenge zurückwies.[69]

2. wünscht er die Eindämmung des Denunziantenunwesens. Nach dem Edikt Trajans war ein Vorgehen gegen die Christen allein die Sache privater Anklagen. Hadrian besteht darauf, daß solche Anklagen ausschließlich den ordentlichen Rechtsweg beschreiten und wünscht im Interesse von Ruhe und Ordnung, daß sie nicht überhandnehmen.

---

[66] E. Bickerman, op. cit. (Anm. 57), 298ff.

[67] Op. cit., 305: „the Council of Asia introduced its petitions as a matter for administrative relief. When the Emperor or his governor was requested to redress grievances, he generally proceeded by executive action." 306: „When however, the claim conflicted with the rights of a third party, the matter had to be settled in judicial proceedings in a formal cognitio, that is in judicial proceedings where both parties appeared and pleaded their cause before the magistrate." Man könnte hier auf die alexandrinischen und jüdischen Gesandtschaften vor dem Kaiser in den „Alexandrinischen Märtyrerakten" verweisen. Vgl. 308: „The ‚Provincials' following the ordinary course of administration expected that the proconsul would approve their request on the ground of the facts stated in the petition." Dabei gaben „Massendemonstrationen" mit lautem Geschrei (Mk 15,13f.; Apg 17,6; 21,28 etc.) ihren Forderungen Nachdruck.

[68] Zu Massentumulten gegen die Christen s. Euseb, h.e. 3,22,1 unter Trajan; 4,15,6f. u. 26f. in Smyrna (Martyrium Polykarps); 5,1,7–10 in Lugdunum. Tertullian, apol. 35,8: *nec ulli magis depostulatores Christianorum quam vulgus*; 39,2; 49,4 u.ö. Zum Ganzen s. jetzt W. Schäfke, „Frühchristlicher Widerstand", *ANRW* II 23,1, 1979, 464–483.

[69] Dio Cassius 69,6,1; 16,3; vgl. auch seinen Brief an die Alexandriner 69,8,1a (Petr. Patr. Exc. Vat. 108). S. schon Trajan und Plinius ep. 10,93: Die Gründung eines Wohltätigkeitsvereins in Amisus wird nur unter der Voraussetzung erlaubt: *si tali collatione non ad turbas et inlicitos coetus ... utuntur*. Vgl. Apg 17,5ff.; 19,38f. Vgl. schon E. Bickerman, „Utilitas crucis", *RHR* 112 (1935), 169–241 (108ff.) (= op. cit. [Anm. 57], 82–138). Cod. Iust. 9,47,12 wird den Kaisern Diocletian und Maximian folgendes Verhalten zugeschrieben: *Cumque a populo exclamatum est* (als Protest gegen ihr Urteil), *iterum dixerunt: Vanae voces populi non sunt audiendae.*

Die Petition enthielt Vorwürfe gegen die Christen. Zwar hatte Plinius dem Kaiser mitgeteilt, man könne diesen außer schlimmem „Aberglauben" keine *flagitia* nachweisen, aber wenig später, schon unter Hadrian, nennt Tacitus die Christen weiterhin *per flagitia invisos* und „Verbrecher, die die härtesten Strafen verdienten", deren Hinrichtung, an sich „im öffentlichen Interesse," leider zur Befriedigung der Grausamkeit Neros mißbraucht wurde.[70] Die Anklagen wegen Inzest, Ritualmord, Kannibalismus oder allgemeinem Menschenhaß und Gottlosigkeit hörten nicht auf.[71] Offenbar waren die Antragsteller der Meinung, daß die Christen konkrete Verbrechen begingen, und hatten den Statthalter zum Einschreiten aufgefordert. In dem gefälschten Brief des Antoninus machten z.B. die Provinzialen von Asien die ἀθεότης der Christen für Erdbeben verantwortlich.[72] Daß die Verbrechen der Christen die Ursachen für | Katastrophen seien, war bis ins 3. Jh. hinein Volksmeinung: *ut propter multitudinem Christianorum dicant fieri bella et fames et pestilentias* sagt noch Origenes.[73] Wahrscheinlich hatten die Antragsteller in der an Silvanus Granianus gerichteten Petition derartige Verbrechen genannt und erwartet, daß der Prokonsul ihrer Forderung nachgeben und von sich aus Maßnahmen gegen die Christen einleiten würde. Zugleich war ihre Eingabe von Massendemonstrationen begleitet. Der Prokonsul übersandte jedoch die Eingabe an Hadrian: Der Princeps solle entscheiden. Die Antwort des Kaisers vermied jede inhaltliche Festlegung, aus der sich ein Präzedenzfall entwickeln konnte. Umso größeren Wert legt er auf die *Form* des *procedere*. Um mit Mitteis zu sprechen: er demonstrierte ihnen die „römische Formstrenge."[74] Die Sache könne, falls die

---

[70] Plinius ep. 10,96,8: aufgrund der Folterung zweier Sklavinnen, die das Amt von *ministrae* „Diakonissen" innehatten: *nihil aliud inveni quam superstitionem pravam et immodicam.* Tacitus, ann. 15,44,4: *sontes et novissima exempla meritos ... tamquam non utilitate publica, sed in saevitiam unius absumerentur.* Der konservative Tacitus, der ein hartes Vorgehen gegen die Christen befürwortete, gibt mit dem Stichwort der *utilitas publica* den eigentlichen „Rechtsgrund" für rechtliches Vorgehen gegen die Christen an. Es geschah „zum Schutz des Staates", um der „Staatsräson" willen. Vielleicht kritisiert er damit Hadrians Milde.

[71] Zu den heidnischen Verleumdungen gegen die Christen s. jetzt die überaus materialreiche Zusammenstellung von W. SCHÄFKE, op. cit. (Anm. 68), 529–619.627–639.648–657.

[72] Euseb h. e. 4,13,1–8 s. o. S. 371 Anm. 58; vgl. W. SCHÄFKE, op. cit. (Anm. 67), 627ff.

[73] Comm. ad Matth. 24,9 (GCS Orig. XI ed. KLOSTERMANN/TREU ^{2}1976, 75): *„scimus autem apud nos terraemotum factum in locis quibusdam et factas fuisse quasdam ruinas, ita ut qui erant impii extra fidem causam terraemotus dicerent Christianos – propter quod et persecutiones passae sunt ecclesiae et incensae sunt. ..."* Vgl. Tertullian, apol. 40, 2; Augustin, civ. dei 2,3: *„ex quorum imperitia illud quoque ortum est vulgare proverbium: Pluvia defit, causa Christiani sunt."* Vgl. W. SCHÄFKE op. cit. (Anm. 68), 648ff.: Die Christen als Ursache allen Unglücks.

[74] L. MITTEIS, *Reichsrecht und Volksrecht in den östlichen Provinzen des römischen Kaiserreichs,* 1891 (Nachdr. 1984), 142. Er verweist auf die Schilderung einer Gerichtssitzung bei Eunapius, vit. phil. 70 (ed. Boissonade 483/4 = LCL ed. W. C. WRIGHT, 468ff.), wo der Statthalter in Athen nur einem Angehörigen der Parteien das Rederecht zugesteht und jeden Beifall der Zuhörer strikt verbietet: „Ihr sollt von jetzt an lernen, wie groß und wie bedeutend das Recht bei den Römern geachtet wird." Zur Sache s. auch J. DUPONT, „Aequitas Romana. Notes sur Actes 25,16", in: DERS., *Études sur les Actes des Apôtres*, LeDiv 45, 1967, 527–552.

Antragsteller Klage erheben wollten, nur in einem ordentlichen Gerichtsverfahren entschieden werden. Indem der Kaiser so die Antragsteller auf den Rechtsweg der Klage vor dem Statthaltergericht verwies, erteilte er ihren Wünschen eine klare Abfuhr. Das ganze Vorgehen entspricht in etwa der Antwort, die der Prokurator Festus nach Apg 25,15 den jüdischen Volksführern gab, die die Verurteilung des Paulus forderten: „Es ist nicht Sitte bei den Römern, einen Menschen preiszugeben, ehe der Angeklagte persönlich den Anklägern gegenübergestellt sei und die Möglichkeit erhalten habe, sich gegen die Anklage zu verteidigen." Oder mit den Worten des Reskripts: „Falls die Provinzialen in bezug auf diese Petition ihre Sache gegen die Christen überzeugend vertreten können, so sollen sie vor Gericht klagen", und ihre Sache „nicht durch Forderungen und Geschrei betreiben. Vielmehr ist angemessen, daß, wenn jemand Anklage erheben will, du als Richter entscheidest."

Der besonders strittige Satz: „Wenn einer Anklage erhebt und den Nachweis führt, daß sie in irgendeiner Weise gesetzwidrig handeln, dann fälle das Urteil nach der Schwere des Verbrechens," wird auf diesem Hintergrund zur Selbstverständlichkeit: wird der Schuldnachweis erbracht, ist nach der Schwere der Schuld zu bestrafen. Die Frage des Plinius, ob das *nomen ipsum* oder die damit verbundenen *flagitia* zu bestrafen seien, der Trajan ausgewichen war, war hier gar nicht das Problem. Es ging um die Einhaltung der Rechtsform, alles weitere lag in der Hand des Richters, der im Rahmen der jeweiligen Sachlage nach den Gesetzen und dem bisherigen Brauch zu entscheiden hatte.[75] |

Der mit dem Schwur „beim Herkules" eingeleitete Schlußsatz, der zur Bestrafung der Denunzianten aufforderte, entspricht ebenfalls der Tendenz humaner Rechtspflege. Hadrian verweist den Statthalter auf seine Pflicht, bei Fällen der *calumnia*, trügerischer Anklage, nach dem Gesetz zu verfahren. Damit wurde auf das Risiko des Anklägers aufmerksam gemacht. Der Beklagte konnte z. B. sein Christsein bestreiten, und wenn der Kläger keine Zeugenaussagen beibrachte, mußte er wegen falscher Anklage mit Bestrafung rechnen. Dies erklärt, warum Christenprozesse und Martyrien so selten waren.[76]

Origenes bekennt 100 Jahr später freimütig: „Auf daß ein ermunterndes Vorbild nicht fehle, und damit der Anblick einiger Glaubenszeugen Stärkung

---

[75] Die Entscheidungsfreiheit der Statthalter war dabei beträchtlich. Auch ein geständiger Christ mußte nicht unbedingt zum Tode verurteilt werden. Euseb, h. e. 6,41,19 berichtet von der Freilassung eines 15jährigen wegen seiner Jugend; s. auch die Freilassung des Peregrinus Proteus (vermutlich in der hadrianischen Zeit) durch einen Statthalter Syriens: Lukian, de morte Peregrini 14; oder die bei Tertullian, ad. Scap. 4 u. 5 genannten Fälle. Vgl. auch Euseb, h. e. 5,18,5 u. 6 die Fälle der Montanisten Themison und Alexander. Zum Ermessensspielraum der Statthalter und der Zurückhaltung der römischen Behörden gegenüber den Christen s. auch K. Bringmann, „Christentum und römischer Staat im ersten und zweiten Jh. n. Chr.", *GWU* 29 (1978), 1–18 (10f.).

[76] E. Bickerman, op. cit. (Anm. 57), 312f.: „Only a zealot ... or someone bearing a grudge against the accused ... or a blackmailer ... was likely to spend time and money in bringing an accusatory action against a neighbor on charge of Christianity."

im Glauben und Verachtung des Todes in den Herzen wecke, hat im Lauf der Zeiten *eine kleine Schar, die leicht zu zählen ist*, um des christlichen Glaubens willen den Tod erlitten."[77]

Hadrian ist in seinem Reskript den durch das Schreiben Trajans an Plinius eingeschlagenen Weg konsequent weiter gegangen. Das *non inquirendi sunt* gilt auch dann, wenn die Volksmenge oder Körperschaften die Statthalter zu einem Vorgehen gegen die Christen drängen wollen. Allein geordnete, öffentliche Cognitionsverfahren mit privater Anklage – und den damit verbundenen Risiken – sind zulässig. Von einer „religiösen Intoleranz" (s.o. S. 367 Anm. 38) kann hier nicht die Rede sein, und man wird sie ihm daher auch gegenüber den Juden nicht grundsätzlich und von vornherein unterstellen dürfen. Bei seinem Nachfolger Antoninus Pius hat sich darin kaum etwas geändert. Erst unter Marc Aurel brachten äußere Einflüsse wie Erdbeben, Pest und Krieg eine gewisse Änderung der Situation, die aber ebenfalls nicht vom Kaiser ausging, sondern durch eine Verschärfung des Drucks der Massen bedingt war, einem Druck, dem Hadrian und Antoninus Pius entschiedener entgegengewirkt hatten. Gerade seit Hadrian hat sich der neue Glaube intensiv ausgebreitet, ist in neue Bildungsschichten vorgedrungen und hat neue Literaturformen entwickelt. Die sogenannte „nachapostolische" Zeit geht zu Ende und es beginnt die Ära der „frühkatholischen Reichskirche."

Doch wie kommt es zu jener vernichtenden *Hadriankritik* in der *8. Sibylle*? Von Christenverfolgungen ist auch hier nicht die Rede. Der Kaiser wird darin wegen anderer Dinge angegriffen. Vor allem ist es der Vorwurf der Vergöttlichung des Favoriten *Antinoos*: „Zeigt einen Knaben als Gott und zerstört alles, was heilig gilt und eröffnet die von Anfang an betrügerischen Mysterien für alle."[78] Gerade die Christen, die | verleumdet und verklagt wurden, weil sie glaubten, ihr „gekreuzigter Lehrer" (σοφιστής)[79] sei von den Toten auferweckt und zur Rechten Gottes erhöht, mußte es erregen, wenn der Lustknabe des Kaisers, der unter rätselhaften Umständen im Nil ertrank, und dem man nachsagte, daß er sein Leben für Hadrian geopfert habe, durch kaiserliches Dekret zum Gott erhoben, auf Münzen verherrlicht und in Heiligtümern verehrt wurde. Bestätigte dies nicht den Betrug des Teufels, die moralische Korruption der Herrschenden und die Verführbarkeit der Menge? Der neue Kult fand ja in der griechischen Welt begeisterten Widerhall und war bis ins 4. Jh. hinein lebendig, – für die Christen dagegen ein beständiger Anstoß.

---

[77] C. Cels. 38 (Üs. n. Koetschau); vgl. A. v. Harnack, *Die Mission und Ausbreitung des Christentums*, I, ^{4}1924, 502ff.

[78] 8,57f. s.o. S. 360. Das καὶ ἀρχῆς τὰ πλάνης μυστήρια πᾶσιν ἀνοίξει bezieht sich wohl auf die euhemeristische Theorie der Entstehung der Mysterien aufgrund der Trauer eines königlichen Vaters über den Tod seines Kindes, das er abbilden und wie einen Gott verehren läßt, Sap. 14,12–15. S. dazu M. Gilbert, *La critique des dieux dans le livre de la Sagesse*, 1973, 148ff.

[79] Lukian, de morte Peregrini 13.

Der Zeitgenosse *Justin* beginnt seine Beweisführung für die Gottheit Christi mit dem Hinweis: „Nicht für abwegig halten wir es, an Antinoos zu erinnern, der noch in unserer Zeit gelebt hat, und welchen alle aus Furcht bereitwillig wie einen Gott verehrten, wohl wissend, wer er war und wie er emporgekommen war."[80] Insgesamt polemisieren sechs christliche Autoren des 2. Jh. s gegen die Vergottung des Kaiserlieblings[81], in bitterer Ironie spricht *Tertullian*[82] mehrfach von dieser Untat – ohne Hadrian beim Namen zu nennen, wohl um ihn zu schonen; *Clemens Alexandrinus* widmet Antinoos einen ganzen Abschnitt und geht mit dem Kaiser ins Gericht: „Was nennst du denjenigen Gott, dessen Ehre in Unzucht bestand?"[83] Die Polemik pflanzt sich bis ins 6. Jh. fort. Sie erhält ihre besondere Schärfe dadurch, daß antichristliche Autoren die christlichen Argumente umkehren konnten, wobei sie die Apotheose des Antinoos ebenso ablehnten wie die Jesu. So behauptete *Celsus*[84], die Verehrung, die dem Liebling Hadrians von den Bewohnern von Antinoopolis in Ägypten erwiesen wird, „stehe in nichts hinter der Ehre zurück", die die Christen „Jesus erzeigen."

Origenes hat einige Mühe, diesen Vergleich zu entkräften. Seine Ausführungen berühren sich dabei mit der Polemik der 8. Sibylle gegen den Stifter gottloser Mysterien.[85] Es ist so keine Frage, daß die kaiserliche Maßlosigkeit der Vergottung des Antinoos das Bild des Herrschers bei den Christen verdunkelt hat, doch blieb daneben die Erinnerung an den toleranten Herrscher erhalten. Positives und negatives Hadrianbild stehen im Juden- und Christentum unvermittelt nebeneinander, wobei freilich in der jüdischen Tradition die negative, im frühen Christentum dagegen doch eher die positive Auffassung überwiegt. |

---

[80] Apol. I, 29,4. Zum angeblichen Opfertod des Antinoos für Hadrian, s. Dio Cassius 69,11,2; SHA Hadrian 14,6: *eum devotum pro Hadriano;* Aurelius Victor, de Caes. 14,8 dazu R. Lambert, *Beloved and God. The Story of Hadrian and Antinous*, 1984, 130–142.

[81] Tatian, or. ad Gr. 10,1; Athenagoras, leg. 30.2; Hegesipp bei Euseb, h.e. 4,8,2; Theophilus, ad Autol. 3,8; dazu kommen Justin und die 8. Sibylle. Zum Ganzen A. Hermann, „Antinous Infelix", in: *Mullus, Festschrift Theodor Klauser*, JAC Erg.bd. I (1964), 155–167 (159ff.). R. Lambert, op. cit. (Anm. 80), 6f.55.94ff.139.148.178.192ff.

[82] Ad nat. 2,10,11; adv. Marc. 1,18,4; cor. 13,6 und ohne Nennung des Namens apol. 13,9.

[83] Protrept. 4,49,1–3. Vgl. auch P. Guyot, „Antinous als Eunuch. Zur christlichen Polemik gegen das Heidentum", *Hist.* 30 (1981), 250–256.

[84] Bei Origenes, c. Cels. 3,36; vgl. 5,63; 8,9. S. auch Julian Apostata, Caes. 10 (311 d): Silen im Himmel beim Anblick Hadrians: „Was meint ihr über diesen Wortkünstler (σοφιστής): Schaut er sich etwa nach Antinoos um? Man soll ihm sagen, daß dieser Bursche nicht hier ist!" Vgl. Pausanias', Graec. descr. 8,2,5 grundsätzliche Kritik an der Menschenvergötterung.

[85] C. Cels. 3,36.

3. Die antijüdische Wende in der Politik Hadrians

Pausanias hebt als letzten Namensgeber einer Phyle in Athen *Kaiser Hadrian* hervor, „der sich in der Verehrung des Göttlichen als besonders fromm erwies und Außerordentliches für das Glück seiner Untertanen leistete. Auch begann er keinen Krieg aus eigenem Entschluß. Er unterwarf jedoch die Hebräer jenseits von Syrien, die abgefallen waren."[86]

Hadrian, der als Friedensherrscher das Glück seiner Untertanen suchte, der um Gerechtigkeit bemüht war und in alledem zunächst Erfolg hatte, mußte in der zweiten Hälfte seiner Regierung gegen die aufständische Bevölkerung des kleinen Judäa einen brutalen Ausrottungskrieg führen, der kaum Analogien in der Antike besitzt. Wie kam es dazu, nachdem – wie wir sahen – auch die Juden von seiner friedlichen Herrschaft profitiert hatten? Lassen wir unsere wichtigste Quelle, die Epitome des *Dio Cassius*, sprechen:

> Nachdem er anstelle des zerstörten Jerusalem eine Stadt gegründet hatte, die er *Aelia Capitolina* nannte, und am Ort des Tempels Gottes dem Zeus einen anderen Tempel erbaut hatte, brach ein nicht unbedeutender Krieg von nicht geringer Dauer aus. Denn die Juden hielten es für unerträglich, daß Fremdstämmige in ihrer Stadt angesiedelt würden und fremde Heiligtümer in ihr erbaut würden. Solange sich Hadrian in Ägypten und dann wieder in Syrien aufhielt, bewahrten sie Ruhe ... als Hadrian sich aber weiter entfernt hatte, erhoben sie sich.[87]

Der Besuch des Kaisers in der Provinz Judäa im Frühjahr 130 war glanzvoll vorbereitet worden.[88] Straßen wurden gebaut, Caesarea und das jüdische Tiberias erhielten Hadrianeia, d.h. Zentren des Herrscherkultes. Das jüdische Sepphoris wurde in Diocaesarea umbenannt.[89] Auf dem heiligen Berg der Samaritaner, dem Garizim, entstand etwas später ein Heiligtum des Zeus Hypsistos.[90]

Die Gründung von Aelia war so an sich nichts Auffälliges. Hadrian war der größte Städtegründer seit Augustus und der größte Bauherr unter den Kaisern überhaupt. Gerade im Osten war seine Bautätigkeit unübersehbar. Und daß die Römer von ihnen zerstörte Städte als Kolonien erneuerten, zeigen die

[86] Graec. descr. 1,5,5. M. Stern, *Greek and Latin Authors an Jews and Judaism*, II, 1980, 192 Nr. 353. Er schrieb den Anfang seines Werkes etwa um 160.

[87] 69,12,1f. M. Stern, op.cit. (Anm. 86) II, 391ff. Nr. 440 mit ausführlichem Kommentar. Zu Hadrian in Palästina und dem Aufstand s. die vorzügliche Darstellung bei E. Schürer, *The History of the Jewish People in the Age of Jesus Christ* (1973), I: 534–557.

[88] W. Weber, op.cit. (Anm. 25), 231–243; vgl. W. Stinespring, „Hadrian in Palestine", *JAOS* 59 (1939), 360–365; S. Follet, „Hadrien en Égypte et en Judée", *RPh* 42 (1968), 54–77 mit z.T. sehr fragwürdigen Thesen. M. Smallwood, op.cit. (Anm. 19), 428–466 (431f.).

[89] Loc. cit. 432 Anm. 13–15.

[90] G. Hölscher, *PW* 16,2, 1935, Artk. Neapolis 19,2129. Die Gründung kann erst während oder nach dem Krieg erfolgt sein. Münzdarstellungen des Tempels finden sich erst unter Antoninus Pius. Der Anstoß geht dagegen sicher auf Hadrian zurück.

Neugründungen von Korinth, Karthago und Numantia. Eine wichtige Analogie bildet die Gründung von Antinoopolis in Mittelägypten, die kurze Zeit später erfolgte,[91] und seinen im Nil ertrunkenen Liebling verewigte. |

Einen gewissen antijüdischen Akzent erhielten die verschiedenen Maßnahmen Hadrians „zum Wohle" der Provinz dadurch, daß sie im Rahmen seiner „panhellenischen" Bestrebungen, die der Reichseinheit dienen sollten, zu sehen sind.

Die Gründung erfolgte – gegen Euseb – unverzüglich und nicht erst nach der Niederwerfung des Aufstandes. Dies zeigen

1. die neuen Münzen von Aelia noch unter Hadrian mit 10 verschiedenen Prägungen, für die die Zeit nach dem Aufstand 136–38 zu kurz gewesen wäre,[92]

2. eine solche Aeliamünze, die sich in einem Hort zusammen mit Aufstandsprägungen und Denaren bis 130 befand.[93]

Dio Cassius übergeht die Tatsache, daß die Juden auf den Trümmern Jerusalems schon seit 60 Jahren das Legionslager der 10. Legion, deren Symbol ein Eber war, und den dazugehörigen heidnischen Kultbetrieb dulden mußten. Das hatte man bisher ertragen.[94] Auf der anderen Seite gibt es Anzeichen dafür, daß die jüdische Bevölkerung gehofft hatte, der Tempel würde mit Zulassung der Römer wieder erbaut werden. Durch Hadrians Befehl wurde jetzt auf jeden Fall die jüdische Friedenspartei in Judäa ins Unrecht gesetzt. Umstritten ist, ob Hadrian wirklich einen Juppitertempel auf den Ruinen des alten Tempels errichtete. Hieronymus berichtet nur von einer Hadrianreiterstatue und einer Juppiterstatue, der Pilger von Bordeaux erwähnt dagegen zwei Hadrianstatuen, was man als Irrtum erklären müßte.[95]

---

[91] Dazu W. Weber, op. cit. (Anm. 25), 249ff. u. 241f., der beide Gründungen vergleicht. Vgl. H. J. Bell, „Antinoopolis. A Hadrianic Foundation", *JRS* 30 (1940), 140–147; H. Braunert, „Griechische und römische Komponenten im Stadtrecht von Antinoopolis", *JJP* 14 (1962), 73–88.

[92] Zu Euseb s. h.e. 4,6,4; Hieronymus, Chron. (GCS 47 ed. Helm), 201 im Jahr 136. L. Kadman, *The Coins of Aelia Capitolina*, CNP 1, 1956, 80f. Plate I. Die erste Münze zeigt die circumductio aratri. Vgl. auch L. Mildenberg, op. cit. (Anm. 29), 99f.

[93] Loc. cit. 100 unter Verweis auf Y. Meshorer, *Jewish Coins of the Second Temple Period*, 1967, 96.

[94] Vgl. L. J. F. Keppie, „The Legionary Garrison of Judaea under Hadrian", *Latomus* 32 (1973), 859–864; B. Isaac/I. Roll, „Judaea in the Early Years of Hadrian's Reign", *Latomus* 38 (1979), 54–66; B. Lifshitz, „Jérusalem sous la domination romaine", *ANRW* II, 8, 1977, 444–489 (469–476). B. Isaac, „Roman Colonies in Judaea. The Foundation of Aelia Capitolina", *Talanta* 12–13 (1980/81), 31–54 (non vidi).

[95] F. Grelle, *L'autonomia cittadina fra Traiano e Adriano*, 1972, 226–231, zustimmend G. W. Bowersock, *JRS* 65 (1975), 185. Der Pilger spricht freilich 591,1–4 (CChr. SL CLXXV 15f.) von einem nicht näher bestimmten Gebäude (*aedes ipsa*), „wo der Tempel war": *Et in aede ipsa, ubi templum fuit, quem Salomon adificavit, in marmore ante aram sanguinem Zachariae ibi dicas hodie fusum; etiam parent vestigia clavorum militum, qui eum occidereunt, per totum aream, ut putes in cera fixum esse. Sunt ibi et statuae Hadriani* (1–4). Damit konnte der Jupitertempel gemeint sein. Daß er z. Zt. des Hieronymus nicht mehr bestand, ist

In der *Historia Augusta* jedoch wird ein ganz anderer Grund für den Ausbruch des Krieges genannt. Die Juden rebellierten, weil ihnen Hadrian die *Beschneidung* verboten habe.[96] Daß diese Angabe ernstzunehmen ist, zeigt Modestinus in den Digesten:

> Durch ein Reskript des göttlichen Pius wurde den Juden erlaubt, nur ihre Söhne zu beschneiden; gegen denjenigen, der dies tut, obgleich er nicht zu derselben Nation gehört, wird die Strafe, die gegen Kastration angedroht ist, verhängt.[97] |

Antoninus Pius hat offenbar dieses Verbot für die Juden wieder aufgehoben. Durch Juvenal wissen wir, daß um 128 die Beschneidung noch nicht verboten war[98], und aus anderen Nachrichten, daß das Verbot allen Untertanen galt, gewissermaßen als Ergänzung des schon seit Domitian bestehenden Verbots der Kastration. Daß jedoch in der antiken Literatur die Beschneidung fast nur im Zusammenhang mit den Juden erwähnt wird, kann man das Verbot dennoch als einen antijüdischen Akt betrachten, etwa als *Strafaktion* zu Beginn des Aufstandes. Dies entspräche den rabbinischen Nachrichten von den „Dekreten" der „gottlosen Regierung," bei denen meist das Verbot der Beschneidung an erster Stelle steht, in der Regel gefolgt vom Sabbatverbot und dem Verbot der Beschäftigung mit der Tora überhaupt.[99] Im Zusammenhang damit werden

---

verständlich. S. H. DONNER, *Pilgerfahrten ins Heilige Land*, 1979, 56. Die beiden „Hadrianstatuen" könnten Hadrian und Antoninus Pius gewidmet sein. Der Sockel der Antoninusstatue hat sich mit Inschrift wahrscheinlich erhalten.

[96] SHA Hadrian 14,2: *moverunt ea tempestate et Iudaei bellum, quod vetabantur mutilare genitalia.* M. STERN, op.cit. (Anm. 86), II, 619 Nr. 511 mit ausführlichem Kommentar. Vgl. auch M. SMALLWOOD, „The Legislation of Hadrian and Antoninus Pius against Circumcision", *Latomus* 18 (1959), 334–347; DIES., 20 (1961), 93–96. P. SCHÄFER, op.cit. (Anm. 13), 38–50. S. auch E. SCHÜRER, *History*, 536–540. Die Frage ist, ob das Verbot der Beschneidung vor oder nach der Gründung von Aelia erfolgte.

[97] Dig. 48,8,11: *Modestinus libro sexto regularum Circumcidere Iudaeis filios suos tantum rescripto divi Pii permittitur: in non religionis qui hoc fecerit, castrantis poena irrogatur* (vgl. 8,4). Unter Antoninus Pius wurde die Beschneidung ägyptischer Priesteranwärter nach jeweiliger Genehmigung durch den Präfekten wieder möglich (s. L. Mitteis/U. Wilcken, *Grundzüge und Chrestomatie der Papyruskunde*, I, 2, Nr. 97). Es wäre zu überlegen, ob Antoninus Pius die Erleichterung für die ägyptischen Priester im selben Zusammenhang wie die Aufhebung des nicht durchführbaren Beschneidungsverbotes für die Juden erlassen hat; s. M. STERN, op.cit. (Anm. 86), 2, 620.

[98] Sat. 14,99. M. STERN, op.cit. (Anm. 86). Die 14. Satire ist etwa um 128 entstanden. Die 7. Satire ist Hadrian gewidmet.

[99] S. die zahlreichen von P. SCHÄFER, op.cit. (Anm. 13), 195–235 zusammengestellten Quellen. In der Mischna fehlen eindeutige Hinweise auf die Dekrete der Regierung ganz; das mag freilich mit der römerfreundlichen Tendenz des Patriarchen Jehuda han-naśi' zusammenhängen. Wesentlich ist tSot 15,10 (199); tAZ 5,6 (204f.) und die Zeugnisse aus SifDtn und MekhEx (206ff.) sowie aus dem babylonischen Talmud (211f.). Im nichtrömischen Babylonien konnte man die Vorgänge offen beim Namen nennen. In den älteren Quellen sind sie meist nur umschrieben. Vgl. dazu B. ISAAC/A. OPPENHEIMER, op.cit. (Anm. 29), 59f., die, m.E. zu Unrecht, die „Dekrete" erst nach Abschluß des Aufstandes ansetzen. Wenn überhaupt, sind sie zu Beginn oder während desselben erlassen worden. Auch die „Verfolgung" kann schwerlich vom Aufstand abgelöst werden.

Martyrien einzelner rabbinischer Lehrer überliefert. Auffällig ist, daß in den rabbinischen Texten zwar von „Verfolgung“ und „Dekreten“ die Rede ist, aber jeder Hinweis auf den jüdischen *Aufstand* fehlt. Die Rabbinen lehnten diesen später radikal ab und sahen in Bar Koziba einen messianischen Verführer.[100] Die von dem Römerfreund *Jehuda han-naśīᵓ* redigierte Mischna und die spätere Literatur hatten keinerlei Interesse, die Verfolgung durch den Bar Kochba-Aufstand zu erklären und damit Maßnahmen der gottlosen Regierung zu begründen oder gar zu rechtfertigen. Die ganze rabbinische Überlieferung durchlief eine „entpolitisierende“ Zensur, und wir können von ihr keine Antwort auf die Frage nach den Gründen des Aufstandes erwarten.

Zu bedenken ist schließlich die von *Dio Cassius* erwähnte zweijährige Frist zwischen dem kaiserlichen Befehl zur Gründung von Aelia und dem Ausbruch des Krieges, zwischen Frühjahr 130 und Februar/März 132. Könnte diese Zeitspanne nicht | mit inneren Auseinandersetzungen in der Judenschaft Palästinas zusammenhängen, wo man zunächst durchaus noch nicht einmütig hinter der Erhebung stand? Sowohl der Makkabäeraufstand wie auch der 1. jüdische Krieg und der tumultus Iudaicus in Ägypten begannen nicht schlagartig, sondern eskalierten stufenweise. Sollte es beim Aufstand Bar Kochbas völlig anders gewesen sein? Das Beispiel des sonst unbekannten Jochanan b. Tarta, der Aqiba in der Frage der Messianität Bar Kochbas so scharf widerspricht, zeigt doch, daß es eine Opposition gab (s. Anm. 100). Darum liegt es nahe anzunehmen, daß das Beschneidungsverbot vom Kaiser in dieser Zwischenzeit ausging, vielleicht, als er in Athen im Winter 131/2 erste Nachrichten von Unruhen in Judäa erhalten hatte, deren militärische Gefährlichkeit er freilich nicht erkannte, denn der wirkliche Aufstand kam für die Römer überraschend. Er glaubte wohl, damit den Anfängen wehren zu können; in Wirklichkeit goß er Öl ins Feuer und entfachte – mutwillig – einen Brand, der nur unter großen Opfern zu löschen war. Diese Erklärung als – verfehlte – Strafmaßnahme würde auch die Ungewohntheit des Verbots rechtfertigen, das bisherigem römischem Rechtsbrauch, der Toleranz gegenüber alter religiöser Sitte, völlig widersprach. „Zivilisatorische“ Überlegungen mögen bei dem Entschluß, die Beschneidung rechtlich wie die seit Domitian mit der Todesstrafe bedrohte

[100] Zur rabbinischen Beurteilung des „Pseudo-Messias“ Bar Kochba, s. P. SCHÄFER, op. cit. (Anm. 13), 51–77; und: „Aqiva and Bar Kokhba“, in: *Approaches to Ancient Judaism*, hg. v. W. STERN, Brown Judaic Studies 9, 198, 113–130. Die Tatsache, daß er schon von zwei Palästinern und Zeitgenossen, Justin (apol. I, 31,6) und Ariston von Pella als Βαρχοχεβας (zur Schreibweise s. L. MILDENBERG, op. cit. [Anm. 29], 80 Anm. 210), d. h. als „Sternensohn“ (*bar kôkhbā*) bezeichnet wird, deutet klar auf seine messianischen Ansprüche hin. Ich halte es für völlig unmöglich, daß man später eine Szene wie yTan 4,8 66d (P. SCHÄFER, op. cit. [Anm. 13], 55f.) frei erfinden und den größten rabbinischen Lehrer als betrogenen Betrüger bloßstellen konnte. Die Szene zwischen R. Aqiba, der Bar Kozeba als Messias anerkennt, und dem sonst völlig unbedeutenden R. Jochanan b. Tarta muß eine historische Wurzel im Verhalten Aqibas haben. Daß diese Überlieferung nur an dieser Stelle erhalten ist, nimmt nicht wunder! Ein Wunder ist vielmehr, daß sie nicht auch hier völlig verdrängt wurde.

Kastration zu behandeln, eine zusätzliche Rolle gespielt haben. Auf diese Weise wurde der „barbarische" Brauch der Juden, Araber – auch die erst von Trajan 106 aus dem Nabatäerreich geschaffene Provinz Arabia war ein gewisser Unruheherd – und der religiösen Elite der Ägypter, die Hadrian auf seiner Orientreise 129/131 kennengelernt hatte, unterdrückt und diese Völker noch mehr als bisher zur „Einfügung" in das Reich gezwungen. Daß das Verbot jedoch *vor allem* den Juden in Palästina galt, daran läßt sich kaum zweifeln. Den Zeitpunkt des Verbots können freilich wir nur vermuten. Ich selbst neige dazu, dasselbe möglichst nahe an den Ausbruch des eigentlichen Aufstandes, gewissermaßen als dessen unmittelbaren Anlaß, heranzurücken.

Bei der Suche nach Gründen ist eine Analogie unübersehbar: Unter Trajan hatte Tacitus in seinen Historien über den gescheiterten Versuch *Antiochus' IV.*, die religiöse Identität des Judentums zu zerstören, die bösen Worte geschrieben:

rex Antiochus demere superstitionem et mores Graecorum dare adnisus, quo minus taeterrimam gentem in melius mutaret

König Antiochus gab sich Mühe, den Aberglauben (der Juden) zu beseitigen, griechische Sitten einzuführen, damit er das abscheuliche Volk zum besseren bekehre.[101] |

Hadrian wird diese Sätze gekannt haben.[102] Zugleich war er wohl, nach allem, was wir über seinen Charakter wissen, in seiner Eitelkeit gekränkt und zutiefst

---

101 Tacitus, hist. 5,8,2. Der in seinem Judenhaß maßlose römische Aristokrat versteigt sich bis zur Behauptung, unter der Herrschaft der Assyrer, Meder und Perser seien sie die *despectissima pars servientium* gewesen. Tacitus wird Hadrians konsequente Friedenspolitik und seine Griechenfreundschaft kaum gebilligt haben, schon deshalb darf man Tacitus' hemmungslosen Judenhaß, der seinen Bericht hist. 5,1–13 über weite Strecken zu einem bösartigen Pamphlet werden läßt, nicht einfach bei Hadrian voraussetzen, der aufgrund seiner Reisen und seiner Regierungspraxis die Juden sicher viel besser kannte als der Historiker und Consular. „Hadrian was devoured by an insatiable curiosity for strange lands and alien habits", R. Syme, *Tacitus* 1, 281. Das wird auch für die Juden gegolten haben. Wohl aber muß man bei ihm den Ehrgeiz des um die zivilisatorische Einheit des römisch-griechischen Reiches bemühten Kulkturbringers voraussetzen. D. Magie, op. cit. (Anm. 63), 1, 612: „he wished through his presence and his interest in the affairs of the provincials to win their hearts and their enthusiasm. By adopting this policy ... he did more than any of his predecessors to bring about the unification of the Empire." Gegenüber den Juden verfehlte er dieses Ziel. Vgl. R. Syme, loc. cit., 1, 118f. zur Datierung der ersten 6 Bücher der Historien um 105, d. h. noch z. Zt. Trajans. Zum Verhältnis Tacitus' zu Hadrian s. 2, 492–503.517–519; zu hist. 5,8,2 jetzt den ausführlichen Kommentar von H. Heubner, *P. Cornelius Tacitus, Die Historien*, Bd. V, 5. Buch (mit W. Fauth), 117–121.

102 Vgl. SHA Hadrian 20,10. Darüber darf man bei Hadrians Belesenheit die Kenntnis der damals noch existierenden proseleukidischen antijüdischen hellenistischen Geschichtsschreibung voraussetzen; vgl. Josephus, c. Ap. 2,80.83f. 90–102: *Isti* (die antijüdischen griechischen Schriftsteller) *vero magis studuerunt defendere sacrilegum regem quam iusta et veracia de nostris et de templo conscribere. Volentes enim Antiocho praestare et infidelitatem ac sacrilegium eius tegere* (90). Entstanden als letztes Werk in der Spätzeit Domitians zeigt c. Ap., wie die Auseinandersetzung um Antiochus IV. und seine Motive noch durchaus lebendig war.

erbittert über das jüdische Widerstreben, seine „Wohltaten" dankbar entgegenzunehmen. Vielleicht glaubte er, das Werk, bei dem Antiochus IV. gescheitert war, jetzt erfolgreich ausführen zu müssen.

Während das Beschneidungsverbot so auf ein allgemein gültiges kaiserliches Dekret zurückging, war die Unterdrückung des Toragehorsams vermutlich eher eine auf die Provinz Judäa beschränkte „Polizeimaßnahme," mit der der Staathalter *Tineius Rufus* auf den Aufstand in Judäa antwortete.[103] Durch ihre Rebellion waren die Juden im Kriegsgebiet *publici hostes* geworden, zu deren Unterwerfung auch Repressalien gegen ihre nationalreligiöse Eigenart gehörten. Dem entspricht, daß wir über irgendwelche Judenverfolgungen in der weiteren Diaspora des römischen Reiches nichts wissen. Auch die „Religionsnot" unter Antiochus IV. blieb ja auf Palästina beschränkt. Eine Ausnahme bildet die Inschrift *IGR* IV, no. 1431, Z. 29 = *CIJ* 742 aus dem Smyrna der hadrianischen Zeit, die von „den ehemaligen Juden" spricht (οἱ ποτὲ 'Ιουδαῖοι), die der Stadt 10.000 Drachmen spenden.

Wie schon bei den früheren Aufständen würde ich so eine Eskalation der Maßnahmen annehmen. Zunächst beim Besuch des Kaisers der Beschluß zur Gründung von Aelia Capitolina im Frühjahr 130, die unverzüglich eingeleitet wurde. Dieser Schritt zerstörte positive Hoffnungen. Auf die Nachricht von den ersten Unruhen hin mag der Kaiser in Verkennung des Ernstes der Lage im Winter 131/132 das Beschneidungsverbot beschlossen haben, worauf spätestens im März 132 der Aufstand im judäischen Kernland hell aufloderte.[104] Die Unterdrückung der Toraobservanz wurde dann vom Statthalter als Strafmaßnahme gegen die rebellischen Landesbewohner eingesetzt. Diese Reihenfolge bleibt hypothetisch, scheint mir aber der geschichtlichen Wirklichkeit am ehesten zu entsprechen. |

Der Verlauf des Krieges gehört nicht mehr zum Thema der *Politik* Hadrians. Ein Vernichtungskrieg deutet auf das *Scheitern* der Politik hin, vor allem für einen Friedenskaiser, der eine neue *aetas aurea* heraufführen wollte.

---

[103] *Q. Tineius Rufus* war *legatus pro praetore* zu Beginn des Aufstandes und vermutlich schon beim Besuch des Kaisers 130 n.Chr. in der Provinz. S.M. Smallwood, op.cit. (Anm. 29), 436.445f.449, dort Anm. 84 die rabbinischen Quellen, die seinen Namen erwähnen. Vgl. auch M. Stern, op.cit. (Anm. 86), 2, 404 und P. Schäfer, „Rabbi Aqiva and Bar Kokhba", in: „Approaches to Ancient Judaism, hg. W. S. Green, Brown Judaic Studies 9, 1980, 113–130 (120f.: Aqiva and Tineius Rufus). Er war dem Aufstand nicht gewachsen und mußte den militärischen Oberbefehl an *S. Julius Severus* abtreten (Smallwood, op.cit. (Anm. 448–451). Zu der Schwierigkeit, die Verfolgungsmaßnahmen aufgrund der rabbinischen Quellen klar zu definieren und zu datieren, s. P. Schäfer, op.cit. (Anm. 13), 230–235. Daß die Nachrichten vor allem galiläische Orte betreffen (235), hängt damit zusammen, daß die Judenschaft in Judäa fast völlig vernichtet wurde. Nur in Galiläa und in Randgebieten Judäas (Darom, Küstengebiet) war ein Überleben und die Erhaltung von Traditionen möglich.

[104] Zur umstrittenen Chronologie s. P. Schäfer, op.cit. (Anm. 13), 10–28. Die Münzprägung setzt etwas später ein, s. L. Mildenberg, op.cit. (Anm. 29), 29ff.82.84ff.

Die knappe Epitome des Xiphilin aus *Dio Cassius* spricht hier für sich.[105] Sie wird ergänzt durch die wenigen Sätze, die *Euseb* der Gestalt des messianischen Führers Bar Kochba und dem letzten Kampf um Bethther widmet, und die auf den Zeitgenossen *Ariston von Pella* zurückgehen[106], weiter durch die um dasselbe Thema kreisenden überaus zahlreichen rabbinischen Notizen und Legenden.[107] Die Funde von Wadi-Murabbaat und Nahal Hever[108], sowie die durch die erschöpfende Monographie von L. Mildenberg (s.o. Anm. 29) vorbildlich erschlossenen Münzfunde runden das Bild ab. Es war ein Vernichtungskrieg, der auf beiden Seiten mit beispielloser Unerbittlichkeit ausgefochten wurde – wie man sie nur noch in „Religionskriegen" findet, die der Antike im Grunde fremd waren.[109] Dio Cassius sagt:

> [18]daß die Römer ihnen (d.h. den Juden) keine Beachtung schenkten, als aber ganz Judäa in Unruhe geriet, und die Juden überall im Land Aufruhr anzettelten, sich zusammenrotteten und den Römern heimlich und offen viel Schaden zufügten, sich auch viele andere Fremdstämmige aus Gewinngier zusammenschlossen, und sozusagen die ganze Oikumene in Erregung versetzt wurde, sandte Hadrian die fähigsten seiner Feldherrn gegen sie.[110]

Es war der erste größere Krieg im Innern des Reiches nach fast 15 Jahren Friedenszeit, und das in einem Land, das die Römer schon vor 200 Jahren unterworfen hatten, auf der anderen Seite jedoch der dritte schwere Aufstand der Juden innerhalb von 70 Jahren.

Hadrian scheint sich kurze Zeit selbst am Kriegsschauplatz aufgehalten

---

105 69,12,1–14,3; 15,1. M. Stern, op. cit. (Anm. 86), 2,391 ff. Nr. 440.

106 Euseb, h. e. 4,6,1–3; vgl. Hieronymus, Chronik (ed. Helm) p. 201.

107 In Übersetzung zusammengestellt von P. Schäfer, op. cit. (Anm. 13), 136–193.

108 S. die bibliographischen Angaben bei E. Schürer/G. Vermes/F. Millar, *The History of the Jewish People in the Age of Jesus Christ*, I, 1973, 534: Literary sources a. Documents and archaelogical finds.

109 Zum Krieg selbst s. außer den Standardwerken Smallwood, Schürer/Vermes/Millar und Alon die bei aller Knappheit vorzügliche Studie von G. W. Bowersock, „A Roman Perspective of the Bar Kochba War", in: *Approaches to Ancient Judaism*, hg. v. W. S. Green, Brown Judaic Studies 9, 1980, 131–141; L. Mildenberg, op. cit. (Anm. 29), 73–94 und den kritischen Forschungsüberblick B. Isaak/A. Oppenheimer, op. cit. (Anm. 29), 53–60. S. die Parallele zum Aufstand 115–117 o. S. 317–324.

110 69,13,1: καὶ τὸ μὲν πρῶτον ἐν οὐδενὶ αὐτοὺς λόγῳ οἱ Ῥωμαῖοι ἐποιοῦντο· ἐπεὶ δ' ἥ τε Ἰουδαία πᾶσα ἐκεκίνητο, καὶ οἱ ἁπανταχοῦ γῆς Ἰουδαῖοι συνεταράττοντο καὶ συνῄεσαν, καὶ πολλὰ κακὰ ἐς τοὺς Ῥωμαίους τὰ μὲν λάθρᾳ τὰ δὲ καὶ φανερῶς ἐνεδείκνυντο. Dazu M. Stern, op. cit. (Anm. 86), 2, 402 ff. Zu den „Fremdstämmigen", die sich den Juden im Kampf gegen Rom anschlossen, s. Dio Cassius über den ersten Aufstand 66,5,4 zu römischen Überläufern. Im Bar Kochba-Aufstand könnte man an Nabatäer denken, deren Gebiet erst Trajan 105/6 n. Chr. völlig dem römischen Reich einverleibt und in die Provinz Arabia verwandelt hatte, s. A. Negev, „The Nabateans and the Provincia Arabia", *ANRW* II, 8, 1977, 640 ff. S. dazu jetzt M. Mor, „The Bar-Kokhba Revolt and Non-Jewish Participants", *JJSt* 36 (1985), 200–209, der eine – m. E. unwahrscheinliche – soziale Erklärung sucht.

zu haben. Er versammelte in Judäa ein Heer, das kaum geringer war als das von Vespasian und Titus, gegen sechs oder sieben Legionen, die, zumindest teilweise, in Palästina zusammengezogen worden waren[111], angeführt von dem „besten der Generäle." Aus Britannien | holte er sich nämlich nach den ersten Mißerfolgen, spätestes im Jahr 134 n. Chr., den im Kleinkrieg gegen die Pikten und Skoten erfahrenen S. Julius Severus. Ihm gelang es in mühsamen, langwierigen Kämpfen, Judäa zurückzuerobern.

---

[111] S. dazu M. STERN, op. cit. (Anm. 86), 2, 396ff., der folgende Legionen nennt: die legio X Fretensis, VI Ferrata, II Traiana, III Cyrenaica, XXII Deioteriana (sie soll zu Beginn des Krieges vernichtet worden sein, was jedoch so unsicher ist wie das Schicksal der legio IX Hispana in Britannien, s. SCHULTEN, Artk. Legio, *PW* 12,2, 1925, Sp. 1668f.), XXII Fulminata, V Macedonia, XI Claudia, X Gemina. Hinzu kommen noch Cohorten der Prätorianer-Garde und Flotteneinheiten sowie Auxiliartruppen. M. SMALLWOOD, op. cit. (Anm. 19), 446ff.; weitere Literatur bei B. ISAAC/A. OPPENHEIMER, op. cit. (Anm. 29), 56f. Außer den in Palästina stationierten beiden Legionen X Fretensis und II Traiana sowie der in Arabia liegenden IV Traiana mag es sich jedoch zumindest teilweise um Truppenteile gehandelt haben. Es ist nicht unwahrscheinlich, daß diese je und je ausgewechselt wurden, und daß Hadrian den Krieg nach der langen Friedenszeit zur aktiven „Übung" der Truppe verwendete (Hinweis von Dr. M. MOR); vgl. auch Dio Cassius 69,9,3f. Unser Wissen hängt hier weitgehend von zufälligen und oft schwer zu interpretierenden Inschriftenfunden ab und ist auch hier fragmentarisch und weithin hypothetisch. Doch darf man andererseits die Schwere des langwierigen Krieges nicht allzusehr herabspielen. Die vielzitierte Äußerung Frontos in einem Brief an Marc Aurel (F 192 R van den Hout = de Bello Parthico = M. Stern, op. cit. [Anm. 86], 2, 177 Nr. 342), geschrieben 30 Jahre nach Kriegsbeginn: *Avo vestro Hadriano imperium optinente quantum militum a Iudaeis, quantum ab Britannis caesum*? im Zusammenhang einer Aufzählung von schweren Niederlagen spricht hier für sich. Dabei ist zu beachten, daß – entgegen der sonst eingehaltenen chronologischen Reihenfolge – die Juden, als die schwierigeren Gegner, zuerst genannt werden. Vgl. Dio Cassius 69,14,3: πολλοὶ μέντοι ἐν τῷ πολέμῳ τούτῳ καὶ τῶν Ῥωμαίων ἀπώλοντο. Der Aufenthalt des Kaisers wird durch die Anwesenheit der Prätorianer und die vielsagende, von Dio Cassius extra hervorgehobene, Weglassung der Formel ἐγὼ καὶ τὰ στρατεύματα ὑγιαίνομεν in dem Brief Hadrians an den Senat sehr wahrscheinlich gemacht. Zur Datierung s. M. STERN, op. cit. (Anm. 86), 2, 405.134f.; s. u. Anm. 121. Auf der anderen Seite darf der Krieg auch nicht zu sehr ausgeweitet werden. Die Eroberung des Legionslagers der legio X Fretensis in Jerusalem ist ebenso zweifelhaft wie die Aufnahme des Kultes im zerstörten Tempel durch die Aufständischen. Die geographische Begrenzung des „befreiten Gebiets" auf Judäa zwischen Jerusalem und dem Toten Meer, dem Gebiet um Hebron und dem westlichen Hügelland ergibt sich aus den in den Dokumenten genannten Orten und den Fundorten der Horte von Bar-Kochba-Münzen; dazu jetzt L. MILDENBERG, op. cit. (Anm. 29), 52f. 82f. 86 mit den Karten 1–3. In Jerusalem wurden bezeichnenderweise keine Münzen gefunden. Das schließt einzelne Vorstöße in die Küstenebene nach Samaria oder nach Peräa nicht aus. Ob in Galiläa ernsthaft militärisch gekämpft wurde, ähnlich wie im Jahr 67 n. Chr., bleibt mehr als fraglich. Zum geographischen Rahmen des Aufstandes s. auch B. ISAAC/A. OPPENHEIMER, op. cit. (Anm. 29), 53ff. Auch die von Dio Cassius berichteten Höhlenanlagen (69,12,3) liegen im judäischen Gebiet, s. loc. cit. 43f. Daß die p. 44 Anm. 50 erwähnten Höhlen in Untergaliläa der Verteidigung gegen die Römer in den Jahren 132–135 dienten, ist nicht erwiesen. Höhlen waren im palästinischen Kalkgebirge schon immer Zufluchtsorte gewesen. S. jetzt J. PATRICH/R. RUBIN, „Les grottes de el-'Aleiliyât et la laure de Saint-Firmin", *RB* 91 (1984), 381–387. Auch hier ist die Rolle der Anlage während des 2. Aufstandes fraglich.

Severus wagte nicht, seine Gegner frontal anzugreifen, wegen ihrer Menge und ihres verzweifelten Mutes, sondern indem er aufgrund der (Über)zahl (seiner) Soldaten einzelne Gruppen abtrennte, sie von der Verpflegung abschnitt und einschloß, konnte er sie relativ langsam, aber auch gefahrlos, aufreiben, erschöpfen und vernichten.[112]

Im Sommer 135 wurde Bethther, von Bar Kochba verteidigt, erobert.[113] In der judäischen Wüste wurde bis zum Ende des Jahres, ja bis in die Anfänge des Jahres 136 hinein | weitergekämpft und gelitten.[114] Das letzte Aufstandsdokument aus Wadi-Murabbaat stammt von Anfang Oktober 135. So lange arbeitete die „Verwaltung" des „befreiten Gebietes." Die Bilanz des Schreckens, die Dio Cassius in nüchternen Zahlen aufmacht, spricht für sich:

Sehr wenige überlebten. 50 ihrer wichtigsten Festungen und 985 namhafte Dörfer wurden zerstört. 580000 Männer wurden in den Angriffen und Gefechten getötet, die Zahl derer, die durch Hunger, Krankheit und Feuer starben, war unübersehbar. So wurde fast ganz Judäa zur Wüste.[115]

Das Verbot der Siedlung, ja des Aufenthalts von Juden im jetzt heidnischen Aelia Capitolina und seinem Stadtgebiet, dem alten Herzland von Judäa, sowie die Umbenennung der ehemaligen Provinz Judäa in Syria Palaestina, waren die letzten Konsequenzen der gescheiterten Politik Hadrians gegenüber den Juden.[116] Daß Antoninus Pius[117] vermutlich bald nach seinem Regierungsantritt das Beschneidungsverbot und damit vermutlich noch andere gegen die Juden im palästinischen Mutterland gerichtete Unterdrückungsmaßnahmen aufhob, bedeutete zugleich implizit eine Kritik an der in diesem Punkt verfehlten

---

112 69,13,3. Zur todesverachtenden Tapferkeit (ἀπόγνωσις) der Juden im 1. Aufstand s. M. Hengel, *Die Zeloten*, ²1976, 265–277 (266 Anm. 5 u. 6); vgl. Tacitus, hist. 5,13,3: *maior vitae metus quam mortis*; 5,5,3: *animosque proelio aut suppliciis peremtorum aeternos putant: hinc generandi amor et moriendi contemptus.* S. dazu H. Heubner/W. Fauth, op.cit. (Anm. 101), 74ff. Soweit ich sehe, gibt es dazu kaum Parallelen bei den römischen Historikern der Kaiserzeit. Zu C. Julius Severus s. M. Stern, op.cit. (Anm. 86), 404f.

113 Euseb, h.e. 4,6,3; P. Schäfer, op.cit. (Anm. 13), 136–193.

114 Das letzte Dokument stammt vom 21. Tischri des Jahres 4 der Befreiung, d.h. Ende September/Anfang Oktober 135, P. Schäfer, op.cit. (Anm. 13), 22–26; vgl. L. Mildenberg, op.cit. (Anm. 29) 82. Der Widerstand in den Höhlen mag sich noch einige Monate hingezogen haben.

115 69,14,1 dazu M. Stern, op.cit. (Anm. 86), 2,405 und die Zahlen, die Tacitus, hist. 5,13,3 für den 1. Aufstand nennt, dazu H. Heubner/W. Fauth, op.cit. (Anm. 101), 155f. Die Zahlenangaben sind wie auch sonst in der Antike übertrieben. S. auch Hieronymus, in Zach 3,11,5 (CChr. SL LXXVI A, 851) und in Hier 6,18,6 (CChr. SL LXXIV, 307) über die Sklavenverkäufe bei Hebron und das Schicksal der Kriegsgefangenen.

116 Zu seiner strengen Rechtsauffassung: SHA Hadrian 21,1: *De iudici(bu)s omnibus semper cuncta scrutando tamdiu requisivit, quamdiu verum inveniret.* Zu Hadrian als Gesetzgeber und Verwalter des Reichs s. B. d'Orgeval, *L'empereur Hadrian, Oeuvre législative et administrative*, 1950, zu Juden und Christen, s. 288–316, die Darstellung ist jedoch oberflächlich und unkritisch; vgl. auch E. Bund, „Salvius Julianus, Leben und Werk", *ANRW* II, 15, 1976, 408–454 (419–431).

117 Euseb, h.e. 4,6,4; Schürer, op.cit. (Anm. 108), 1, 553f. M. Smallwood, op.cit. (Anm. 19), 463f.

Politik seines Vorgängers.[118] Nur der Proselytismus wurde für die weitere Zukunft erschwert, was aber nicht hinderte, daß – wie die große, noch unveröffentlichte Inschrift von Aphrodisias zeigt – die Juden weiterhin missionarisch recht attraktiv waren.

Die äußeren Gründe für die Wende und den Ablauf der Katastrophe habe ich kurz geschildert. Lassen sich dafür auch innere *tieferliegende Motive* nennen? Im Verhältnis zu den Christen wird, nach allem, was wir wissen, kein solcher Bruch sichtbar. Die Gründe dafür, daß sich Hadrian gegenüber den *Christen* relativ „tolerant" verhielt, sind verhältnismäßig durchsichtig: Er sah in dem aus dem Judentum herausgewachsenen „Aberglauben" kleiner Leute keine ernstzunehmende politische Gefahr, sie waren unpolitisch, fleißig und pünktliche Steuerzahler. Er wird sie als eine universale, abgemilderte Form des Judentums betrachtet haben, die durch ihre „Entnationalisierung" relativ harmlos geworden war. Es genügte, sie durch potentielle Strafandrohung im Falle von privaten Anklagen in Schach zu halten. An Christenprozessen war er noch weniger interessiert als Trajan, Pressionen des Straßenpöbels durfte keinesfalls nachgegeben werden; auch sie hatten Anspruch auf ein geordnetes Verfahren. Das war | er der Rechtsordnung des Reiches und dem inneren Frieden schuldig. In seiner Politik gegenüber den Juden verfolgte er zunächst eine analoge Tendenz. Sicher erwartete er – nach den schweren Niederlagen zweier Kriege – keinen neuen Aufstand mehr. Die Wunden sollten heilen. Die alten Privilegien aus der Zeit Caesars und Augustus' tastete er nicht an, den Schutz des Rechts hatten sie in gleicher Weise verdient wie alle anderen.

Es ist hier nicht Raum, dem Rätsel von Hadrians genialem, aber zugleich zwiespältigem Charakter nachzuspüren, der in dem allseits widerspruchsvollen Hadrianbild unserer Quellen seinen Niederschlag fand.[119] Unter allen Princi-

---

[118] Loc. cit., 467–471.

[119] SHA Hadrian 8,3.10; 9,7f.; 10,2–11,1; 11,7; 14,8–17,8; 18; 20,1–11; Dio Cassius 69,3–7. S. auch das bezeichnende Urteil des Rhetors Fronto gegenüber Marc Aurel 143 n. Chr., ad M. Caes. 2,1 (LCL ed. C. R. Haines, 1, 110): *Divum Hadrianum avum tuum laudavi in senatu saepe numero studio impenso et propenso quoque . . . Hadrianum autem ego, quod bona venia pietatis tuae dictum ist, ut Martem Gradivom ut Ditem Patrem, propitium et placatum magis volui quam amari. Quare? Quia ad amandum fiducia aliqua opus est et familiaritate: quia fiducia mihi defuit, eo quem tanto opere venerabar non sum ausus diligere. Antoninum vero ut solem et diem ut vitam ut spiritum amo, diligo, amari me ab eo sentio.* Zum vielverhandelten Problem seines Charakters s. B. W. Henderson, *The Life and Principate of the Emperor Hadrian A. D. 76–138*, 1923, 235ff. 265ff.; E. Salzmann, „Kaiser Hadrian und das Problem seiner Persönlichkeit", *NJWS* 2 (1926), 520–528; W. den Boer, „Religion and Literature in Hadrian's Policy", *Mnemosyne* 8 (1955), 124–144; R. Syme, „Hadrian the Intellectual", in: A. Piganiol/H. Terasse (ed.), *Les empereurs romains d'Espagnes*, 1965, 243–253; ders., *Tacitus*, 248f. 448 zum Hadrianbild des Vf.s der Annalen: „Hadrian, so various in his nature, seemed an epitome of all Caesars from Tiberius to Nero; and not only various but enigmatic, estranged, and forbidding. His power of dissembling, and the hidden animosities, inevitably evoked the man whom Caesar Augustus in the end had been compelled to designate for empire."

pes verkörperte er am meisten den hochbegabten, aber egozentrischen Intellektuellen, der sich gefiel, *clementia* und *humanitas* zu demonstrieren und als „erster Diener des Staats" durch Pflichtbewußtsein und „Volksnähe" Vorbild zu sein, und der zugleich meinte, alle an Scharfsinn, Wissen und Witz überbieten zu müssen. Gegenüber Kritik reagierte er je nach Laune gelassen oder gereizt. Er war ein faszinierender Gesprächspartner mit unüberbietbarem Gedächtnis und unstillbarer Neugier. Immer mußte er sich als der Erste erweisen. Einerseits setzte er den bedeutensten Gelehrten seiner Zeit hohe Gehälter aus, auf der anderen Seite suchte er sie zu demütigen.[120] Die Rhetoren Favorinus und Dionysios von Milet bekamen den Zorn des Kaisers zu spüren, möglicherweise auch Juvenal;[121] und den größten Architekten des Reiches, Apollodoros, der ihm noch für den jüdischen Krieg Spezial-Kriegsmaschinen entworfen hatte, ließ er hinrichten, weil er den kaiserlichen Dilettanten kritisiert hatte. In den beiden letzten Jahren 136–138 wütete er schließlich, von schwerer Krankheit geplagt, gegen Freunde und nahe Verwandte.[122] |

Dieser Zwiespalt zwischen dem Ideal des gerechten Friedensherrschers, der allein das Wohl des Reiches im Sinne hat und der seine persönlichen Interessen ganz hinter dem für den Staat Notwendigen zurückstellte, und einem unstillbaren Ehrgeiz, der sich mit Haß und Rachsucht paaren konnte, mag auch hinter jenem Wechsel in der Politik gegen die Juden stehen, die zu der größten Katastrophe in seiner Regierungszeit führte, für die unglücklichen Opfer wie für ihn selbst: an diesem Punkt scheiterte seine Friedenspolitik.

Der Besuch in Jerusalem mit dem Befehl zur Neugründung liegt zwischen zwei Aufenthalten in seiner Lieblingsstadt Athen 128/129 und 131/132[123], wo er den schon 300 Jahre zuvor von Antiochos IV. tatkräftig geförderten Bau des Tempels des Zeus Olympios, der in gewisser Weise sein eigener war, vollendete. In eigenartiger Analogie zu Antiochos verstand er sich als Repräsentant des

---

120 Zu Favorinus aus Arles s. E. G. SCHMIDT, KP 2, 526: Von Hadrian verbannt schrieb er auf Chios seine Schrift περὶ φυγῆς; vgl. auch SHA Hadrian, 15,12; Dio Cassius 69,3,4–6. Zu seiner Person s. E. MENSCHING, „Favorin v. Arelate. Der erste Teil der Fragmente", TK 3, 1963, 1–7 (D. 1.2.12b.c). Zu Dionysios von Milet s. Dio Cassius 69,3,5f. und W. SCHMIDT, *PW* 5,1,1903, Dionysios Nr. 126,975. Zur umstrittenen Verbannung Juvenals, der seine 7. Satire Hadrian widmete, s. G. G. Ramsay, *Juvenal and Persius*, LCL 1918 (^{2}1940), XXf. und A. MICHEL, „La date des satires: Juvénal, Héliodore et le tribun d'Arménie", *REL* 41 (1963), 315–327.

121 Dio Cassius 69,4,1–5. Zu den Kriegsmaschinen, die Hadrian bei ihm in Auftrag gab, s. seinen Brief an den Kaiser, s. M. STERN, op. cit. (Anm. 86), 2, 134f. Nr. 96. Der Brief wurde wahrscheinlich vom Kriegsschauplatz aus geschrieben.

122 SHA Hadrian 15,1–9; 25,8; *atque ideo prope cunctos vel amicissimos vel eos, quos summis honoribus evexit, postea ut hostium loco habuit* (15,2). Dio Cassius 69,3,3; SHA 17,1–3; 23,2.

123 Zu den verschiedenen Aufenthalten in Athen, wo er sich schon im Herbst 124 in die Mysterien in Eleusis einweihen ließ, s. W. WEBER, op. cit. (Anm. 25), 158ff. 205ff. 268ff.; P. GRAINDOR, *Athènes sous Hadrien*, 1934; J. H. OLIVIER, „The Athens of Hadrian", in: PIGANIOL/H. TERASSE, *Les Empereurs Romains d'Espagne*, 123–133.

Zeus-Juppiter auf Erden und wurde als „Olympios" im griechischen Osten mit dem Gott „identifiziert". Antiochos und Hadrian wollten durch eine panhellenische Politik die Einheit ihres Vielvölkerstaates stärken.[124] Antiochos hatte schon eine größere Anzahl von Städten gegründet, Hadrian hat ihn darin weit übertroffen.[125] Der Charakteristik *semper in omnibus varius* für Hadrian entspricht bei Antiochos der Spottname ἐπιμανής; beide wollten „Reformer" sein, beide liebten den leutseligen Umgang mit dem einfachen Volk und beide waren von innerer Unrast und von brennendem Ehrgeiz getrieben, auch wenn Hadrian den Seleukiden an intellektuellem Format, Formgefühl und politischer Tatkraft weit über|traf.[126] Beide gerieten schließlich in einen unglücklichen Konflikt mit den Juden.[127] Hadrians ehrgeizige Bestrebungen, die politi-

---

[124] Zum Olympiostitel s.o. Anm. 3; weiter M. Guarducci, „La Religione di Adriano", in: A. Piganiol/H. Terasse, op. cit. (Anm. 121), 209–221 (213f.). Vgl. jedoch die einschränkenden Bemerkungen von A. D. Nock, *Essays on Ancient Religion and the Ancient World*, 1, 1972, 227–229: „On the whole, in view of Hadrian's liberality, the striking fact is that there is so little evidence for actual sharing of temples by him, and no evidence for receiving cultus in temples completes before his accession." Zu den engen freundschaftlichen Beziehungen Antiochus IV. zu den griechischen Städten, die sich in Bauten, Geschenken und Ehrungen widerspiegeln, s. O. Mørkholm, *Antiochus IV. of Syria*, CM.D 8, 1966, 51–63: zu Athen s. 58ff.: *Athens* really derived great profit from the generous cultural policy of Antiochus. His most ambitious project ... was the resumption of building operations on the enormous temple of the Olympian Zeus, which had laid unfinished since the days of the Peisistratids." Das Unternehmen fand auch bei späteren Autoren noch große Anerkennung. Zu dem „(very) special interest in the cult of Zeus Olympios" (122.131), das gewiß kein Monopol für diese Gottheit bedeutete, s. 113.130ff.147. Von einer Identifizierung mit Zeus Olympios kann jedoch bei ihm noch nicht die Rede sein; auch wollte er – sowenig wie Hadrian – sein Reich religiös „vereinheitlichen". S. auch M. Hengel, *Judentum und Hellenismus*, WUNT 10, ^{3}1988, 519–524; zur Analogie zwischen Hadrian und Antiochos IV. ders., op. cit., 559.

[125] V. Tscherikower, *Die hellenistischen Städtegründungen von Alexander d. Gr. bis auf die Römerzeit*, Ph.S. 19,1 (1927), 176 zählte 15 Städte als Gründungen Antiochos IV. auf. Mørkholm, op. cit. (Anm. 124), 116ff. reduziert sie auf drei sichere und eine wahrscheinliche Gründung. Zusammen mit Jerusalem ergäbe es immerhin 5 Gründungen, für den Rest läßt er wenigstens „possibilities" gelten. Nach wie vor erscheint er so nach den beiden ersten Seleukiden der wichtigste Städtegründer. Auch seine großen Bauten „throughout the Greek world are paralleled by a similar activity in Syria". Hadrian war wohl der größte Bauherr und Städtegründer seit Augustus: SHA Hadrian, 20,4: *multas civitates Hadrianpolis appellavit, ut ipsam Karthaginem et* (*At*)*henarum partem. aquarum ductus etiam infinitos hoc nomine nuncupavit.*

[126] Zur Charakteristik Antiochus IV s. Polybios 26,1,10.11, aber auch 28,18; vgl. Diodorus Siculus 30,18; 31,16,2f.; 31,17a; dazu O. Mørkholm, op. cit. (Anm. 124), 181ff.: „Antiochus IV. was something of a puzzle to his contemporaries" (181). Die Überlieferung ist dabei ähnlich wie bei Hadrian in eigenartiger Weise gespalten. Zum Vergleich s. etwa die beiden Szenen in einem öffentlichen Bad: Polybios 26,1,12 u. SHA 17,5–8. Unter Berufung auf Appian, Syr. 45f., der von dem negativen Bild des Königs bei Polybios unabhängig ist, kommt Mørkholm zu dem Schluß: „It can hardly be denied that as a ruler he was both ambitious and energetic" (186). S. auch o. S. 359.

[127] Wie E. Bickermann in seinem klassischen Werk, *Der Gott der Makkabäer*, 1937, das mich als Stiftsrepetenten vor 30 Jahren tief beeindruckte und lehrte, was historische Methode ist, nachweisen konnte, wurde Antiochos IV. im Grunde in einen innerjüdischen, allmählich

sche, kulturelle und religiöse Einheit des Reiches im Osten zu stärken, verführten ihn bei der Behandlung der Juden dazu, seine ursprünglich auf inneren Frieden, Ausgleich und Gerechtigkeit bedachte Politik zu verlassen und – entgegen der relativen Toleranz früherer Kaiser – in Palästina ihre völlige Vernichtung anzustreben. Auch die Vergöttlichung des schönen Antinoos, im Osten begeistert nachvollzogen, die römischer Sitte widersprach und die Christen so sehr erregte, ist ein Ausdruck jener Maßlosigkeit, die keine Schranken mehr anerkennen wollte. Bereits die Gründung von Aelia Capitolina war das Äußerste, was der Kaiser den Juden in Palästina zumuten konnte. Das Beschneidungsverbot entzündete dann das Feuer des Aufruhrs. Trotz seines durchdringenden Verstandes, seines enzyklopädischen Wissens, trotz seiner allgegenwärtigen Informanten hatte der Kaiser die Juden und die Kraft ihrer Gesetzestreue zu wenig gekannt und völlig unterschätzt.

Das Unglück mit Antinoos im Herbst 130 hat ihn gewiß tief erschüttert, vielleicht auch schon verdüstert. Er drängte über Syrien nach Athen, seiner Lieblingsstadt, wo er mit glanzvollen Spielen seine großartigen Bauten einweihte. Äußerlich gesehen war er auf dem Höhepunkt seines Ruhmes. In Athen muß er die ersten Nachrichten von Unruhen in Judäa erhalten haben. Was lag näher, als das zu versuchen, woran Antiochos IV. gescheitert war, und die Juden durch das Verbot der „barbarischen" Beschneidung ein für allemal zu demütigen und zur Assimilation zu zwingen? Danach gab es kein Zurück mehr. Am Ende stand die schroffe, erbarmungslose Konfrontation. Aus dem Friedenskaiser wurde „Hadrian der Frevler", der „kam und das Land zerstörte."[128]

„Hadrian der Frevler": Diese Charakteristik umschreibt die Gegenposition zu Goethes Urteil und dem πανάριστος der jüdischen Sibylle. Nur wenn wir beides zusammensehen, können wir diesen rätselhaftesten aller römischen Kaiser in seiner geschichtlichen Wirkung begreifen.

---

eskalierenden Streit hineingezogen. Das kann man so bei Hadrian gewiß nicht sagen, doch läßt sich eine vorausgehende innerjüdische Auseinandersetzung nicht ausschließen.

[128] yPea 7,1 (20a). Schon Trajan soll analoge Vernichtungspläne erwogen haben, s. Arrian, Parthica F 29 Roos = Suda s. v. ἀτασθαλία et παρείκοι, s. M. Stern, op. cit. (Anm. 86), 2, 152ff. Nr. 332a, sie bezogen sich aber wohl nur auf die Judenschaft in Mesopotamien. Falls Lusius Quietus von Trajan den Auftrag erhalten haben sollte, mit ähnlicher Härte auch in Judäa vorzugehen, würde dies um so mehr die Erleichterung im Mutterland über die sofortige Absetzung und baldige Hinrichtung des maurischen Generals erklären, s. o. S. 364 Anm. 28. Zweimal berichtet Dio Cassius, Epitome 72 (Exc. US 62, ed. O. Veh Bd. V), Marc Aurel habe die Absicht gehabt, die unzuverlässigen Jazygen zu vernichten. Er hat diesen Plan freilich nicht ausgeführt, sondern mit diesem Sarmatenstamm zwischen Donau und Theiß einen Vertrag abgeschlossen, s. R. Klein (Hg.), *Mark Aurel*, WdF 550, 1979, Einleitung, 11.21 Anm. 22. Der Vernichtungskrieg des „Friedenskaisers" gegen die Juden in Judäa ist *innerhalb des Reichsgebiets* in der Prinzipatzeit zwischen Augustus und dem 3. Jh. eine einmalige Katastrophe.

14. E.P. Sanders' „Common Judaism", Jesus und die Pharisäer*

mit Roland Deines

E.P. Sanders, Jewish Law from Jesus to the Mishnah. Five Studies, SCM Press, London/Trinity Press International, Philadelphia 1990.

Judaism: Practice and Belief 63 BCE-66 CE; SCM Press, London/Trinity Press International, Philadelphia 1992.

In rascher Folge hat E.P. Sanders, nachdem ihm schon 1977 mit *Paul and Palestinian Judaism*[1] (627 S., ^{4}1993) ein – freilich nicht unwidersprochener – großer Wurf gelungen war, während der letzten zehn Jahre ein gewichtiges Buch nach dem anderen vorgelegt: 1983 *Paul, the Law, and the Jewish People* (227 S.), 1985 *Jesus and Judaism* (444 S.), das ebenfalls zu einem Standardwerk wurde, 1989 mit Margaret Davies als Co-Autorin *Studying the Synoptic Gospels* (374 S.), nur ein Jahr darauf 1990 fünf Studien unter dem Titel: *Jewish Law from Jesus to the Mishna* (404 S.), und zwei Jahre später, 1992, das wieder fast monumentale *Judaism. Practice and Belief 63 BCE-66 CE* (580 S.), von kleineren Studien wie *People from the Bible* zusammen mit Martin Woodrow 1987 und der kurzen Paulusbiographie in der Reihe Past Masters 1991 ganz zu schweigen. Gerade eben ist aus seiner fruchtbaren Feder ein neues Jesusbuch erschienen: *The historical Figure of Jesus* (London/New York 1993, 336 S.), das die Ergebnisse früherer Forschungen zusammenfaßt, hier aber nicht berücksichtigt wurde.

Welcher Neutestamentler konnte innerhalb eines Dezenniums ein solches imposantes Oeuvre schaffen? Sanders wird darin nur noch von jenem jüdischen Gelehrten übertroffen, den er in seinen (das Judentum betreffenden) Werken am häufigsten und nicht selten kritisch zitiert.

Die beiden Monographien aus den Jahren 1990 und 1992, *Jewish Law* und *Judaism*, gehören sachlich eng zusammen, und bilden mit dem großen Paulus-[2]

---

* Deutsche Erstveröffentlichung. Eine kürzere englische Fassung erschien in JThS NS 46 (1995), 1–70. Hartmut Gese zum 65. Geburtstag in Dankbarkeit gewidmet.

[1] Auf deutsch erschienen unter dem Titel: Paulus und das palästinische Judentum, StUNT 17, Göttingen 1985. Im folgenden wird die englische Ausgabe von 1977 zitiert.

[2] Der weite Rahmen des ersten Buches wird – fast möchte man von einer Mischung von Extrakt und Appendix sprechen – konzentriert zugespitzt im Nachfolger „Paul, the Law, and the Jewish People". Darin geht es nicht um den „Paulinismus" als entwickelte Religionsstruk-

und dem Jesusbuch eine eindrückliche τετράβιβλος, die die Auffassung des Autors vom Judentum des 1. Jh.s n. Chr. in der Zeit der Entstehung des Urchristentums in definitiver Weise zur Darstellung bringt.

Die genannten Bücher werden alle von einem bestimmten Frageinteresse zusammengehalten, das zu klären sich Sanders zur Aufgabe gestellt hat. In der Einführung seines Jesusbuches nennt er als Ziel – abhängig vom Ergebnis seiner Paulusstudien – (a) das Herausarbeiten der Intention Jesu und (b) sein Verhältnis zu seinen jüdischen Zeitgenossen. Damit verbunden sind die Fragen (c) nach den Gründen für Jesu Tod und (d) der Entstehung des Christentums als Religion mit eigener Struktur. Bevor solche Fragen beantwortet werden konnten, war es nötig, die jeweiligen Grunddaten zu bestimmen. Und so baut sich dann das Werk von Sanders als ein den Leser beeindruckendes Gebäude auf:

Das Fundament ist sein Buch über *Paul and Palestinian Judaism*: In ihm stellt er den Rahmen fest, in dem sich Jesus, Paulus, die ersten Christen und ihre jeweiligen jüdischen Zeitgenossen bewegten. Entsprechend weiter gespannt sind darum auch die chronologischen Eckpunkte: 200 v. Chr. bis 200 n. Chr. Die leitende Aufgabe dabei war, die gemeinsame Grundlage – falls es eine solche gab – der verschiedenen, literarisch faßbaren Ausprägungen des palästinischen Judentums in dem genannten Zeitraum herauszufinden. Dabei konzentrierte sich Sanders auf die Komplexe des „Eintretens und Darinbleibens", denn so kann sich s.E. klären lassen, „ob es gemeinsame Vorstellungen darüber gab, welche Forderungen an jemanden gestellt wurden, um in korrekter Weise jüd. zu leben" (Vorw. [zur deutschen Übersetzung] XI).

Es geht also schon im ersten Hauptwerk um das „Judentum kleinsten gemeinsamen Nenners" (ebd.), den er im Konzept des Bundesnomismus (covenantal nomism) gefunden zu haben meint, der – und daran hängt bei Sanders alles, bis hin zu seinem letzten Werk von 1992 – von allen gesellschaftlich relevanten Gruppen auch als ausreichend akzeptiert werden mußte[3], wenn er

---

tur, sondern um den Juden Paulus und sein Verhältnis zu seinen jüdischen Zeitgenossen und deren Religion. Das Ziel dieser Verhältnisbestimmung ist, „the emergence of the Christian movement as a separate religion" (IX) zu erklären. Die bleibende Zentralität des jüdischen Gesetzes in SANDERS' nachfolgenden Arbeiten hängt direkt mit dem Ergebnis seiner Paulus-Bücher zusammen, wonach „the departure from the law ... clinches the separation of the Christian movement from Judaism" (207). Neben der paulinischen Ablehnung der Erwählung Israels (das ist die Frage des „Hineinkommens") steht die des Gesetzes als Heilsweg, indem Paulus den Glauben an Christus an dessen Stelle setzt: „Thus he denies two pillars common to all forms of Judaism: the election of Israel and faithfulness to the Mosaic law" (208). Damit hat SANDERS den ersten Komplex seiner Arbeit abgeschlossen: er hat festgestellt, was das palästinische Judentum über alle inneren Grenzen hinweg *eint*, und was Paulus und die von ihm abhängigen Gemeinden davon trennt. Mit dem Jesusbuch wendet er sich dann der Frage zu, ob diese Entwicklung schon bei Jesus selbst intendiert war.

[3] Vgl. dazu Jesus 336f: Jesus akzeptierte den „covenantal nomism" (s. a. Law 90), ebenso

das Hypothesengebäude tragen soll, das auf ihm aufgebaut wird.[4] Problematisch bleibt bei den Antworten Sanders, die das Hineinkommen in den Bund mittels der Erwählung und das Darinbleiben mittels des Gesetzes (beide Bereiche zusammengehalten vom Bundesnomismus) erklären, daß sie keinen *positiven Willen* dieser Religionsstruktur zu benennen vermögen. Sanders fragte berechtigterweise in seinem Jesusbuch nach der Intention des Handelns und Redens Jesu: aber er versäumte, diese Frage auch an die Vertreter der von ihm erarbeiteten Konzeption der jüdischen Religion dieser Zeit zu stellen. *Wollten sie alle einfach nur dasselbe?*

Der Verfasser trägt so in seinen Büchern eine klar umrissene Position vor, die er dann aus den sorgfältig (freilich bisweilen auch einseitig) ausgewählten Quellen belegt. Positiv ist dabei zu vermerken, daß das Quellenmaterial nicht sekundären Ursprungs ist, sondern auf einer breiten Quellenlektüre beruht, wie sie heute bei Neutestamentlern leider nicht mehr selbstverständlich ist: Das ganze Werk des Josephus, die Gesetzespassagen Philos, Qumran, ausgewählte Pseudepigrapha, Mischna und Tosephta stehen im Hintergrund und werden zu den einzelnen Problemen befragt. Das macht die Lektüre eindrucksvoll und lohnend.

Das immense Quellenstudium trägt dabei nicht wenig zum Umfang der Bände bei. *Jewish Law* hat innerhalb des Gesamtwerkes eine Brückenfunktion zwischen dem Jesusbuch und *Judaism* inne. Es bereitet das Opus maximum vor und rundet das erstere mit einem Nachtrag ab, den der Verfasser an den Anfang stellt: The Synoptic Jesus and the Law (S. 1–96). Die drei folgenden Kapitel aus *Jewish Law* sind Vorstudien für *Judaism*, die separat mit der Hoffnung veröffentlicht wurden, damit das eigentliche Hauptwerk zu entlasten, das als eine „introduction to Jewish religious practice in no more than 200 pages" (Judaism ix) geplant war. Der nun vorliegende Umfang ist jedoch beinahe dreimal so groß, wobei es wiederum offenbar die Quellen selbst waren, die dergestalt ihr Recht forderten. Darin ist – vorab – ein Positivum zu sehen.

Unsere eigene Erfahrung bei der Rezension bestätigt dieses Phänomen. Die von Sanders behandelten Themen sind derart komplex und wichtig, daß mit bloßen Behauptungen nicht weiterzukommen ist. Das gilt insbesondere für

die Pharisäer (Judaism 417f, vgl. a. Law 85–87) und die anderen religiösen Gruppen innerhalb des jüdischen Volkes (Judaism 457).

[4] Schon hier ist, im Hinblick besonders auf das letzte Buch, kritisch zu fragen: ausreichend wozu? Für das „Darinbleiben"? Ist aber eine Religionsstruktur angemessen beschrieben, wenn nur das absolute Minimalziel, eben das „Darinbleiben" anvisiert wird? Keine Religion, und schon gar nicht ihre aktiven, selbstbewußten und besonders erfolgreichen Vertreter (hier taucht dann das Problem der Pharisäer auf), können sich mit einem solchen Minimalziel, das ja nichts weiter als Bestandswahrung darstellt, begnügen. Vielmehr muß eine Religionsstruktur doch in erster Linie danach beschrieben werden, *was* sie will, *warum* sie es will und *mit welchen Mitteln* sie dies zu erreichen sucht. Sanders vermittelt darum eher ein Bild des Judentums, wie es sich für den Betrachter von außen – den antiken und modernen Nichtjuden bzw. einem von der Tradition der Väter ganz emanzipierten liberalen Judentum – darstellt.

solche Themen, deren Bedeutung für das Neue Testament nicht unmittelbar einleuchtet. Hier ist innerhalb der neutestamentlichen Disziplin die Gefahr groß, sich auf die anerkannten Experten zu verlassen bzw. einen gegen den anderen auszuspielen (etwa Neusner gegen Sanders) um sich dann dem anzuschließen, der für die eigene Position hilfreicher erscheint. Aus diesem Grund behandeln wir im zweiten und dritten Teil unserer eigenen Studie (S. 411–439 u. 440–455) in einiger Ausführlichkeit die von Sanders gestellten Fragen „Did the Pharisees have Oral Law?" und „Did the Pharisees Eat Ordinary Food in Purity?" (Kapitel 2 und 3 von *Jewish Law*), weil darin die für sein Pharisäerbild entscheidenden Weichen gestellt werden. Unser vierter Teil (S. 455–476) ist schließlich dem Bild der Pharisäer und Priester gewidmet, wie es Sanders in *Judaism* zeichnet.

Die hier vorgetragenen Überlegungen werden von der Überzeugung zusammengehalten, daß Sanders beständig den Einfluß der Pharisäer auf die jüdische Gesellschaft *unterschätzt*, während er gleichzeitig das Priestertum und den Tempelkult eher *überschätzt*, wobei er in beiden Bereichen zu wenig differenziert. Für alle diese Fragen gilt, daß wir nicht mehr sagen können, als die Quellen hergeben, wir aber auch nicht weniger sagen sollten. Jede Auseinandersetzung kann darum nur aufgrund dieser Quellen geführt werden.

Wir werden also nicht im Detail auf den ganzen Inhalt der beiden lesenswerten, inspirierenden (wenn auch zuweilen mehr zum Wider- als zum Zuspruch) und detailreichen Bände eingehen, sondern an wenigen, doch u. E. wesentlichen Punkten, in ein kritisches Gespräch mit dem Autor eintreten – so wie wir in einer Diskussion von Angesicht zu Angesicht argumentieren würden. Wir denken, dies ist der Bedeutung der beiden Bücher angemessen.

1. Jesus, das Gesetz, und das Urchristentum

In *Jesus and Judaism* war dieses Thema zu kurz gekommen (S. 245–269). Dies holt Sanders jetzt nach, indem er zehn die Tora betreffende Gegenstände abhandelt – wir folgen dem Inhaltsverzeichnis: Sabbath, Food, Purity, Offerings, Tithes, Temple Tax, Oaths and Vows, Blasphemy, Worship at Home and Synagogue, Fasting – und noch ganz knapp auf Gesetzeskonflikte bei Essenern und Pharisäern eingeht, ehe er ein Fazit zieht. Man wird zum rechten Verständnis der ersten Studie darum ständig auf sein Jesusbuch zurückgreifen müssen.

Obwohl der Autor, wie er gleich zu Beginn betont, die Streitgespräche über Sabbat und Reinheitsfragen für „ideale Szenen" im Sinne Bultmanns, d. h. für unhistorisch hält, und bestenfalls einige Logien als authentisch gelten lassen will, geht er – ohne von der Geschichtlichkeit solcher Diskussionen zwischen Jesus und den Pharisäern überzeugt zu sein – auf die diesbezüglichen synoptischen Berichte ein, da in der Forschung der Konflikt Jesu mit den Pharisäern über Gesetzesfragen überbetont und als einer der Hauptgründe bezeichnet werde, die zur Kreuzigung führten. Eben diese Meinung will er widerlegen.

Hier ist ihm gewiß zunächst recht zu geben. Eine alte, auf die liberale Forschung des 19. Jh.s zurückgehende Tradition sah in Jesus vornehmlich den Gesetzesbrecher, d. h. den Überwinder des Judentums überhaupt, der die Freiheit von den rituellen Geboten des Alten Testaments brachte und deshalb hingerichtet wurde.[5]

Demgegenüber ist festzuhalten, daß Jesus nicht vordergründig wegen seiner Kontroversen mit Pharisäern oder Schriftgelehrten über die Sabbathalakha oder Reinheitsbestimmungen verurteilt wurde, trotz der Bemerkung Mk 3,6 (s. a. 12,13). Das ergibt sich auch aus den Passionsberichten aller Evangelien, wo einmütig die „Oberpriester" als treibende Kraft der Beseitigung Jesu erscheinen und die Pharisäer weitgehend zurücktreten.[6]

---

[5] Vgl. Jesus 23ff.272.274ff.331. Diese Ansicht wurde nicht erst in der neueren Jesusforschung vertreten. Als Beispiel unter vielen zitieren wir aus der populären Jesus-Darstellung von Oskar Holtzmann, Christus, Leipzig 1907, 63: „Die, welche er bekehrt, haben vordem wohl im einzelnen das Gesetz übertreten; er reißt sie ganz und gar von dem heiligen Gesetze los, an dessen treuer Erfüllung alle Hoffnungen Israels hängen"; 82: „Der Verführer, der Gottes Gesetz bekämpft, wagt es von Gott zu sagen, Gott habe ihn zum Richter der Welt bestimmt. Einstimmig verurteilen sie ihn wegen Gotteslästerung zum Tod." S. auch das Jesusbild des Alttestamentlers Johannes Meinhold (dargestellt bei R. Smend, Deutsche Alttestamentler in drei Jahrhunderten, Göttingen 1989, 156–159), nach dem „Jesus sich dem Alten Testament grundsätzlich gegenüberstellt" und „sich dieser seiner auflösenden Stellung zum Alten Testament vollkommen bewußt gewesen ist" (158). Beide – nur zufällig herausgegriffenen – Autoren waren Kenner des Judentums. O. Holtzmann schrieb u. a. eine neutestamentliche Zeitgeschichte und bearbeitete vier Mischnatraktate in der Giessener Mischna (Berakhot, Tamid, Middot, Qinnim), J. Meinhold den Traktat Joma. Einen traurigen Höhepunkt erreichte dieses Bestreben, Jesus aus einem völligen Gegensatz zum Judentum heraus zu verstehen in: W. Grundmann, Jesus der Galiläer und das Judentum, aus der Reihe der „Veröffentlichungen des Instituts zur Erforschung des jüdischen Einflusses auf das deutsche kirchliche Leben" (Leipzig ^{2}1941). Darin wird Jesu Gegensatz zu jüdischen Überzeugungen damit begründet, daß Jesus in seiner Frömmigkeit „Entscheidendes aus der religiösen Welt des Parsismus aufgenommen" habe (203) und er „auf Grund seiner seelischen Artung kein Jude gewesen sein kann, es auch blutsmäßig nicht war" (205).

[6] Vgl. Jesus 309–312. Selbst im JohEv verschwinden sie mit 18,3; bei Mk mit 12,13, bei Mt tauchen sie nur 27,62 wieder auf. Dennoch haben die Evangelisten Hinweise in ihre Texte eingebaut, die erkennen lassen, daß sie von einer Beteiligung von Pharisäern an dem Verfahren gegen Jesus ausgingen: Bei dem relativ späten Mt (um 90) ist es die auffällige inclusio, die 27,62 mit 21,45 durch die nur hier im MtEv begegnende Kombination von „Hohepriestern und Pharisäern" verbindet und das ganze Passionsgeschehen umfaßt. In 21,23 bereitet der Evangelist die Frage nach Jesu Vollmacht vor, die dann in 21,45f wieder durch eine redaktionelle Bemerkung zum Abschluß gebracht wird; dabei fällt auf, daß er in V. 23 von den „Hohenpriestern und *Ältesten des Volkes*" redet, wobei er die letzteren dann durch 21,45 als *Pharisäer* kennzeichnet (in seiner Tabelle [Jesus 310f] über die Beteiligten am Prozeß gegen Jesus läßt Sanders diesen Vers aus, obwohl er seine Synopse mit Mt 21,15 beginnt; dasselbe gilt für die Parallele in Mk 11,27; 12,12f). Diese Verbindung von „Hohepriestern und Ältesten des Volkes" benennt die Hauptbeteiligten an Jesu Verurteilung (26,3.47; 27,1, s. a. 26,57.59; 27,3.12.20.41; 28,12); Mk und Lk haben in ihren Evangelien die Beziehung zwischen den beiden an sich zu unterscheidenden Gruppen „Pharisäer und Schriftgelehrte" wiederholt

Jesus wurde in erster Linie wegen seines messianischen Anspruchs gekreuzigt, der sich jedoch auch konkret in seiner zeichenhaft deutlich und damit öffentlich gemachten relativen Freiheit gegenüber dem Gesetz und der „Überlieferung der Ältesten" (Mk 7,3.5.19, vgl. Mt 15,2f.11) zeigt.[7] Sanders sprach schon in seinem Jesusbuch von ihm als einem „eschatologischen Profeten" und dachte bei den Ursachen für seine Verurteilung in besonderer Weise an die sogenannte Tempelreinigung und die Worte Jesu gegen das Heiligtum[8], verbunden mit seiner Verkündigung der kommenden Gottesherrschaft im Sinne einer „Restoration of Israel". „Messias" und „eschatologischer Profet" stehen freilich sehr nahe beieinander, wie schon Jes 61,1 und der neue Text aus 4Q 521 zeigen. Eine in Kürze erscheinende Tübinger Dissertation von Johannes Zimmermann über die messianischen Vorstellungen in den Texten von Qumran läßt diesen engen Zusammenhang sichtbar werden. Anklage, Kreuzesinschrift und die Formel vom gekreuzigten Messias sprechen hier für sich, ebenso die rasche Entstehung einer massiven „Christologie" unmittelbar nach Ostern, bei der der Messiastitel im Mittelpunkt steht und sehr schnell zum Eigennamen wird.[9]

Angesichts dieser unmittelbar an seinen Tod anschließenden christologischen Entwicklung ist es kaum plausibel zu machen, daß Jesus nur als ein Profet wie viele andere aufgetreten ist. Das bleibt so wenig wahrscheinlich wie die Anschauung von Morton Smith, daß er ein schwärmerischer Libertinist und Antinomist gewesen sein soll.[10] Obwohl Sanders sonst sehr der historischen

---

deutlich werden lassen (Mk 2,16; 7,1.5, vgl. a. 3,22: die Schriftgelehrten aus Jerusalem sind offenbar dieselbe Gruppe wie in 7,1; Lk 5,21.30; 6,7; 11,53; 15,2; aus 11,45.53 und 5,17.21 geht überdies hervor, daß Lk νομικοί bzw. νομοδιδάσκαλοι synonym zu γραμματεῖς verwendet, wodurch noch Lk 7,30 u. 14,3 zu der Liste dazuzuzählen sind), so daß sie in den Passionsberichten auf die Parteibezeichnung verzichten konnten, und sich auf die ‚offiziellen' Amtsbezeichnungen beschränkten; bei Lk ist es überdies zweifelfrei, daß er von Pharisäern im Synedrion weiß, die dort Einfluß hatten (Apg 5,34; 23,6.9): der Rat des Pharisäers Gamaliel wurde immerhin befolgt! Bei dem noch späteren Joh ist es wieder ähnlich wie bei Mt, daß er durch die enge Zusammenstellung von „Hohepriestern und Pharisäern" (7,32.45.48; 11.47.57) ein gemeinsames Aktionsbündnis impliziert, das auch in 18,3 verantwortlich ist. Die Frage, inwieweit die veränderte Situation nach 70 die Darstellung bei Mt und Joh mitbestimmte, bleibt – wie bei Josephus (s.u. S. 425–432) – ein Problem. Mk ist um 70 entstanden und setzt die Kenntnis der Situation vor 70 voraus. Vergleichbares gilt auch für den wenig später (75–80 n. Chr.) schreibenden Lk.

7 Zur messianischen Bedeutung der Heilungen und des Ährenausraufens am Sabbat vgl. H. GESE, Das Gesetz, in: DERS., Zur biblischen Theologie, Tübingen [3]1989, 55–84 (78–81).

8 Law 94; vgl. Jesus 61–90.301f.318.

9 S.M. HENGEL, Jesus der Messias Israels. Zum Streit über das „messianische Sendungsbewußtsein" Jesu, in: Messiah and Christos, FS D. Flusser, hg. v. I. GRUENWALD u.a., TSAJ 32, Tübingen 1992, 155–176. Vgl. dazu jetzt auch den messianischen Text 4Q521, hg. v. E. PUECH, Une Apocalypse messianique, RdQ 15 (1991/92), 474–519 und weiter 11QMelch ii 18 (= 11Q13); 4QD[e] 9 ii 14 (=4Q270).

10 M. SMITH, Jesus the Magician, New York/London 1978 (dt.: Jesus der Magier, München 1981). Vgl. zu diesem Thema jetzt: G.H. TWELFTREE, Jesus the Exorcist, WUNT II/54,

Urteilskraft dieses eigenwilligen Gelehrten vertraut, besonders was sein Pharisäerbild betrifft[11], geht er auf diese für M. Smith entscheidende These dann doch nicht ein.

Aber auch ein „Gesetzeslehrer" im eigentlichen, damals vertrauten Sinne, d.h. mit schriftgelehrter Ausbildung, war Jesus gewiß nicht, und es waren darum auch nicht in erster Linie die „halakhischen Kontroversen", die seinen Tod provozierten. In diesem Punkt ist dem Autor durchaus zuzustimmen.

Die Richtigkeit von Sanders' These „that Jesus did not *seriously* challenge the law as it was practised in his day" (Law 96, Hervorhebung M.H./R.D.), hängt davon ab, was er unter „seriously" versteht und was wir über das „practised in his day" wirklich wissen. Vielleicht urteilt hier der Autor – wie zuvor seine Kontrahenten – doch etwas zu selbstsicher (wenn auch jetzt nach der anderen Seite hin), während das historische Problem komplizierter ist. Jedenfalls wird damit schon die Bedeutung erkennbar, die der zweiten und dritten Studie in diesem Band zukommt.

Zunächst gilt mit Wellhausens berühmtem Satz: „Jesus war kein Christ, sondern Jude"[12]. Er hätte weder in Galiläa noch in Jerusalem bei den Festpilgern so viel Zustimmung gefunden, wenn er selbst als offener Gesetzesübertreter blanken Antinomismus gepredigt hätte. Einen Grundkonsens der Volksgemeinschaft, im banalen Sinn des Sanderschen „common Judaism" als der selbstverständlichen Lebensgrundlage des jüdischen Volkes in Palästina, muß er geteilt haben, sonst hätte er gar nicht öffentlich auftreten können. Einzelne, u.U. sehr kritische Äußerungen zu konkreten Fragen des Gesetzes sind jedoch dabei nicht ausgeschlossen, sondern durchaus wahrscheinlich.

Weiter gilt: Wäre er ein religiöser ‚Sonderling' ohne Anhang und Zustimmung gewesen, hätte man ihn weder so rasch und hart – als öffentliche Gefahr – zu beseitigen brauchen (s.u. S. 403.407), noch hätte er – in Palästina selbst – eine so dynamische und expansive Bewegung wie das Urchristentum ausgelöst. Man kann Jesu Auftreten und seine unmittelbaren ‚Nachwirkungen', d.h. die Entstehung der frühesten Gemeinde, nicht so radikal auseinanderreißen wie es seit F.C. Baur und erst recht bei R. Bultmann üblich geworden ist[13].

Gleichwohl möchte Sanders – wie schon gesagt – die Streitgespräche über

Tübingen 1993. Diese neue Untersuchung sieht Jesu Exorzismen als Teil eines eschatologisch-messianischen Handelns.

[11] Vgl. Jesus 5–8.164-173.193.195f: Sanders übernimmt von Morton Smith dessen Definition von „normative Judaism": „whatever the priests and the masses found religiously adequate, which in most cases was simply the biblical law" (195, s.a. 389 Anm. 74). Auch in Law 101 ist es Smith, auf den sich die Sanderssche Marginalisierung der Pharisäer stützt; 345 Anm. 16 nennt er dann noch die Liste seiner übrigen Gefolgsleute: J. Neusner, Sh. J.D. Cohen u. M. Goodman; s.a. Judaism 48.4010.410–412.448f.535 Anm. 45.

[12] Einleitung in die drei ersten Evangelien, Berlin ^{2}1911, 102. Vgl. jedoch 103: „In der Tat steht er überall, wo es darauf ankommt, dem Gesetz, ohne dagegen zu rebellieren, doch ganz unbefangen und frei gegenüber "

[13] Vgl. dagegen J. Wellhausen, op. cit. 103: „Der Schnitt erfolgte erst durch die Kreuzi-

Gesetzesfragen in der Regel mit dem Marburger als unhistorische ‚ideale Szenen' betrachten, die spätere Gemeindesituationen in die Geschichte Jesu zurückverlegen. Aber geben solche ‚idealen Szenen' nicht viel eher *typische* Verhaltensweisen und Reaktionen Jesu in *einer* exemplarischen Szene zusammengefaßt wieder, zumal bei Markus ja in der Regel alles nur einmal paradigmatisch erzählt wird (Wiederholungen sind bei ihm im Unterschied zu Mt und Lk selten), aber keineswegs alles als bloße Gemeindebildung *sinnvoll erklärt* werden kann? Nach dem, was wir wissen, spielte das Heilen ausgerechnet am Sabbat und gar noch in einer Synagoge in den späteren „hellenistischen" Gemeinden, wo nach Bultmann diese Szenen entstanden sein sollen, keine Rolle mehr, und das gilt erst recht vom Zehnten, Opfergaben für den Tempel, Händewaschen und sonstigen rituellen Reinheitsfragen nebst anderem, das Sanders aufzählt.

Umgekehrt werden die brennenden Probleme, die nach Paulus und der Apg in der Auseinandersetzung zwischen den „heidenchristlichen" Missionsgemeinden und dem Mutterland bzw. den Judaisten kontrovers waren wie Beschneidung, Tischgemeinschaft mit Unbeschnittenen, das Essen von rituell einwandfreiem Fleisch und das Vermeiden von Libationswein in den Evangelien *nicht* angesprochen.

Lk 10,8 „eßt, was euch vorgesetzt wird"[14], eine Stelle, die mit dem umstrittenen Mk 7,15 sachlich verwandt ist, die aber Sanders unbeachtet läßt, scheint den Speiseanweisungen des von Lk hochgeschätzten Aposteldekrets[15] direkt zu widersprechen. Lk 10,8 [Q] berührt sich noch am ehesten mit der Anweisung von 1. Kor 10,25, wobei letztere Stelle komplizierter ist als der einfache Befehl Jesu. Was ist nun älter? Sowohl Mk wie Q geben gegenüber Paulus und dem Aposteldekret palästinische Situationen wieder; dies gilt selbst von der Legende über die Tempelsteuer Mt 17,24–27, die ein judenchristliches Problem aus der Zeit vor 70 voraussetzt, das für die Gemeinde des Mt um 90, als Juden den fiscus Caesaris an den Iuppiter Capitolinus zahlen *mußten*, gar nicht mehr aktuell war. Der verbreitete Aberglaube ‚kritischer' Neutestamentler, daß die Evangelien vornehmlich Probleme ihrer unmittelbaren Gegenwart verhandeln, führt sich häufig selbst ad absurdum.

Nicht teilen können wir auch Sanders Ansicht, daß Mk ein unbekannter Heidenchrist gewesen sei, da Mk 7,1–4 zeige, daß er das Judentum nicht

---

gung, und praktisch erst durch Paulus. Er lag aber in der Konsequenz von Jesu eigener Lehre und seinem eigenen Verhalten."

[14] Die Stelle könnte u. E. aus Q stammen; Mt übernahm sie nicht, weil sie nicht in sein Konzept paßte (Mt 10,5f, vgl. Lk 11,37ff).

[15] Apg 15,20f; vgl. 16,4; 21,25; Apk 2,14.20. S. aber auch Apg 10,10–16.28: Die Überwindung der Speisegesetze ist die Voraussetzung der Heidenmission. Und Lukas läßt Petrus, den Jünger Jesu, sagen, daß er bis zu diesem Zeitpunkt noch nie etwas Unreines gegessen habe. Die Konfrontation Jesu mit dem Gesetz zielte nach Lukas nur auf einige konkrete Sachverhalte, an denen er zeichenhaft das mit ihm gekommene Neue demonstriert hat.

richtig kenne[16], eine These, die heute ebenfalls weit verbreitet ist. Aber kennen *wir* das Judentum so viel besser? Markus hat nur die Mischna, Josephus und Billerbeck nicht gelesen und kein neutestamentliches Proseminar besucht. Kann man wirklich die präzisen altkirchlichen Nachrichten zum ältesten Evangelium mit einer Handbewegung beiseite schieben und plausibel machen, das älteste, als Autorität vorbildliche Evangelium sei von einem anonymen Mr. Nobody und Heidenchristen geschrieben?

Es darf in der Frage nach Jesus und dem Gesetz auch nicht übersehen werden, daß Jesu Haltung zu einzelnen konkreten Gesetzesbestimmungen je nach der eigenen Position des zeitgenössischen Beobachters recht verschieden beurteilt werden konnte, d.h. der Konsens jenes „common Judaism" als zureichendem Beurteilungsmaßstab innerhalb des Judentums, auf den Sanders seine beiden Werke gründet, ist als *innerjüdisches* Phänomen nicht unproblematisch, da er in erster Linie in der apologetischen Abgrenzung nach außen hervortrat, und darum in den apologetischen Werken von Philo und Josephus (besonders in Contra Apionem), auf die sich Sanders vornehmlich stützt, besonders hervorgehoben wird.

Im Innern wurde dagegen gerade um die konkrete Halakha z.T. erbittert gekämpft. Das zeigt der Brief 4QMMT, der zugleich beweist, daß manche mischnischen Kontroversen bereits in der Mitte des 2. Jh.s v. Chr. virulent waren.[17] Am Ende dieser Epoche steht der blutige Streit um die 18 Halakhot

---

[16] Law 262: „My own view is that he was a Gentile and that his information about Judaism was that of an observer. I think that he was wrong about the Pharisees: their debates about handwashing before sabbath and festival meals seem to exclude the possibility that they washed hands before every meal. Mark presumably generalized about Jewish practice on the basis of partial information, and I take his report to mean that some Jews who were known to him (that is, some Diaspora Jews) washed their hands more often than they prayed", s.a. 3.39f. Zur palästinischen Herkunft von Mk s. M. HENGEL, Studies in the Gospel of Mark, London 1985.

[17] B.W. DOMBROWSKI, An Annotated Translation of Miqṣāt Masʿaśê ha-Tôrâ (4QMMT), Krakau 1992, ^{2}1993, s. jetzt auch die lange Zeit angekündigte maßgebliche Ausgabe von E. QIMRON/J. STRUGNELL, Qumran Cave 4 V: Miqṣat maʿaśê ha-torah, DJD 10, Oxford 1994. SANDERS hat diesen Text noch nicht verwenden können, dennoch geht er in *Law* (erstaunlicherweise nicht mehr in *Judaism*) wiederholt auf dieses Schreiben ein, in dem er einen Beleg findet, daß zur Zeit seiner Abfassung „the Jerusalem authorities have accepted the pharisaic rule" (37; es geht um das Ritual der Roten Kuh; s.a. 93.336 Anm. 12 u. 346 Anm. 18); dieser pharisäische Einfluß auf den offiziellen Kult war s.E. jedoch nur in der pharisäischen Anfangsphase von Johannes Hyrkan und dann noch einmal während der Regentschaft von Salome Alexandra möglich, nie jedoch während der neutestamentlichen Zeit (das erklärt auch den Verzicht auf den Brief in *Judaism*). Das kann man so sicher nicht behaupten. Zur halakhischen Einordnung des Schreibens s. J.M. BAUMGARTEN, The Pharisaic-Sadducean Controversies about Purity and the Qumran Texts, JJS 31 (1980), 157–170 (163f); DERS., Recent Qumran Discoveries and Halakhah in the Hellenistic-Roman Period, in: Jewish Civilization in the Hellenistic-Roman Period, hg. v. SH. TALMON, JSPs.SS 10, Sheffield 1991, 147.158; L.H. SCHIFFMAN, The Temple Scroll and the System of Jewish Law of the Second Temple Period, in: Temple Scroll Studies, hg. v. G.J. BROOKE, JSPE.S 7, Sheffield 1989, 239–255 (245–250); DERS., Miqṣat Maʿaśê Ha-Torah and the Temple Scroll, RdQ 14 (1989/90), 435–457; DERS.,

zwischen den beiden rivalisierenden pharisäischen Schulen von Hillel und Schammai im Jahre 66 (s.u. S. 437 Anm. 118), und es ist nicht anzunehmen, daß in den dazwischen liegenden Jahrhunderten weniger erbittert um die rechte Auslegung der Tora gestritten wurde.

Typisch für solche innerjüdischen Kontroversen, die in extremen Fällen eben doch bis zu Hinrichtungen (oder Lynchmorden) führen konnten[18], ist die Steinigung des Herrenbruders Jakobus und anderer Judenchristen unter dem sadduzäischen Hohepriester Ananos II., dem Sohn des Hannas der Passionsgeschichte, der diesen durch einen von ihm einberufenen Gerichtshof (συνέδριον) *als Gesetzesbrecher* zum Tode verurteilen und hinrichten ließ.[19] Eine gesetzesstrenge Opposition in Jerusalem, zu der Sanders auch Pharisäer zählt (vgl. Judaism 419.469.536 Anm. 13), protestierte wegen des widerrechtlichen Vorgehens und erreichte bei König Agrippa II. seine Absetzung. Das ὡς παρανομησάντων der Anklage bleibt im Grunde rätselhaft. Sollten der gesetzesstrenge „Jakobus der Gerechte" und die mit ihm gesteinigten Judenchri-

---

The New Halakhic Letter (4Q MMT) and the Origins of the Dead Sea Sect, BA 55 (1990), 64–73; Y. SUSSMANN, The History of Halakha and the Dead Sea Scrolls: Preliminary Observations of Miqṣat Ma'aśê Ha-Torah (4QMMT), Tarbiz 59 (1989/90) 11–76 (hebr.). Zur Kritik an der überspitzten Sadduzäerthese SCHIFFMANS s. O. BETZ/R. RIESNER, Jesus, Qumran und der Vatikan, Gießen u.a. [5]1994, 52–66. S.a. unten S. 443 Anm. 135.

18 Vgl. Apg 6f (Stephanus); 9,1f0.23–25 (Paulus in Damaskus als Verfolger und Verfolgter); 20,3; 23,12–15; 2.Kor 11,26 und die Erwähnung der Femejustiz der „Eiferer" (Zeloten) in mSanh 9,6 (vgl. BELL. 2,254–256 = Ant 20,162–166, s.a. 20,186.208–210 u. dazu M. HENGEL, Die Zeloten, AGJU 1, Leiden [2]1976, 355–361.404ff). SANDERS neigt nicht nur dazu, das Treiben der religiösen Eiferer zu verharmlosen, sondern schwächt auch den Konflikt zwischen den jüdischen Autoritäten und den jüdischen Bekennern der Messianität Jesu ab, vgl. Jesus 281–287, indem er ihn auf die Zulassung der Heiden reduziert, wodurch die Autoritäten die jüdische Identität gefährdet sahen. Zudem argumentiert er, daß die Christen nur *dachten*, daß sie um Jesu willen verfolgt würden, weil sie es gewohnt waren, alles ‚in seinem Namen' zu tun oder zu erleiden, während die eigentlichen Gründe für ihre Verfolgung aus der Perspektive der jüdischen Führer unbekannt seien (284). Andererseits kommt er angesichts von Paulus, dem Pharisäer und Christenverfolger, nicht umhin einzuräumen, daß „if the chief priests were against Jesus and his followers, many loyal Jews, including Pharisees zealous for the law, may well have followed their lead" (287).

19 Ant 20,200: τὸν ἀδελφὸν Ἰησοῦ τοῦ λεγομένου Χριστοῦ, Ἰάκωβος ὄνομα αὐτῷ, καί τινας ἑτέρους, ὡς παρανομησάντων κατηγορίαν ποιησάμενος παρέδωκε λευσθησομένους. Nur hier erwähnt Josephus, der im Bellum Ananos II. aufs höchste preist (4,319–322), diesen Vorgang. Zu fragen ist darum, ob seinem früheren Verschweigen ein Interesse zu Grunde liegt. Zu SANDERS Umgang mit der Stelle s. Jesus 284, vgl. 316: er läßt die entscheidende Begründung zumeist weg. Nur in Jesus 285 nennt er den Vorwurf, aber er wischt ihn sofort als „wahrscheinlich erlogen" (probably trumped up) zur Seite. SANDERS fährt fort: „In all probability a reasonable charge of being against the law could not have been levelled at the Jerusalem apostles" (Jesus 285f). In *Law* geht er auf diesen Vorgang überhaupt nicht ein, und in *Judaism* 469 behandelt er nur die rechtliche Vollmacht des Hohenpriesters, wobei das „*probably* others" dem eindeutigen καί τινας ἑτέρους des Josephus widerspricht. Zur Anklage gegen den Herrenbruder Jakobus und die anderen Judenchristen s. M. HENGEL, Jakobus der Herrenbruder – der erste Papst?, in: Glaube und Eschatologie, FS W.G. Kümmel, hg. v. E. GRÄSSER u. O. MERK, Tübingen 1985, 71–104 (73–75).

sten schlimmere „Gesetzesbrecher" gewesen sein als Jesus, bei dem nach den Synoptikern, genauer nach Mk und Mt[20], nur ad hoc das Urteil wegen Gotteslästerung gefällt wurde, das sich, wie Sanders zu recht betont, nach unserer – sehr fragmentarischen – Kenntnis jüdischer Rechtsbestimmungen nicht eindeutig begründen läßt.[21]

Die nächste Parallele für den Prozeß gegen Jakobus sind die rund dreißig Jahre früheren Anklagen gegen Stephanus. Übergangen werden kann dagegen Apg 12,1ff und 1.Thess 2,14f, da das Gesetz als Anklagepunkt nicht expressis verbis genannt wird, obwohl es natürlich auch hier eine Rolle gespielt haben muß. Selbst Sanders verweist auf die Vorgänge um Stephanus[22], beschränkt aber die „Lästerworte gegen Mose und Gott" bzw. „die Worte gegen diesen heiligen Ort *und* das Gesetz" nur auf „the temple and *consequently* against the law"[23], obwohl der Protomärtyrer nach den „falschen Zeugen" behauptet haben soll, „Jesus der Nazoräer werde diesen Ort zerstören *und die Sitten ändern, die uns Mose überliefert hat*". D.h. Sanders verschiebt das Problem, das er bei Jakobus unerwähnt läßt, bei Stephanus auf bloße Drohworte gegen den Tempel, die nach ihm auch schon hinter der Anklage gegen Jesus Mk 14,58[24] und der angeblich fälschlich so benannten „Tempelreinigung" stehen, bei der es in Wirklichkeit um die Ankündigung Jesu ging „that the end was at hand and that the temple would be destroyed, so that the new and perfect temple might arise"[25].

Damit ist das leidige Gesetzesthema bei Jesus (und Stephanus) beiseite geschoben, aber hat sich Sanders damit nicht doch allzuweit von dem Mk 11,15–17 erzählten Vorgang entfernt, in dem gerade *nicht* von einer Beseitigung des alten und der Errichtung des neuen eschatologischen Tempels die Rede ist[26], sondern von einer symbolischen Protesthandlung gegenüber Taubenhandel und Geldwechsel im Tempel, ein Vorgang, der an die abschließende

---

[20] Mk 14, 63f par Mt 26,65, vgl. dagegen zurückhaltender Lk 22,71: die dort fehlende „Lästerung" wird bei Stephanus Apg 6,11 ῥήματα βλάσφημα εἰς Μωϋσῆν καὶ τὸν θεόν nachgeholt. Lk 23,2 werden noch politische Anklagen vor Pilatus hinzugefügt.

[21] Law 57–67 (s. schon Jesus 296ff). Der Satz „I have discovered no rabbinic passages attributed to Pharisees which deal with blasphemy" (60), ist freilich fragwürdig, da sein Auswahlprinzip, was in frührabbinischen Texten pharisäisch sein darf und was nicht, zu einseitig ist (s.u. S. 411ff.). Der Gebrauch des argumentum e silentio sollte überhaupt mit mehr Vorsicht gebraucht werden; perûsîm werden in der rabbinischen Literatur ja nur selten genannt, und das Wort bedeutet zuweilen eher fromme „Separatisten" (bSota 22b; s.a. Jesus 49f). Zur Anklage gegen Jesus s.a. M. Hengel, op.cit. (Anm. 9) 168f; A. Strobel, Die Stunde der Wahrheit, WUNT I/21, Tübingen 1980, 66–94; K. Haacker, Wer war schuld am Tode Jesu?, ThBeitr 25 (1994), 23–36. Der Vorwurf der Lästerung wurde vom Hohepriester, nicht von den Pharisäern erhoben.

[22] Jedoch nur in Jesus 284, vgl. a. 72.75.268f; nicht in *Law*.

[23] Jesus 284, vgl. Apg 6,11.13f.

[24] Vgl. Mk 13,1f und Apg 6,14a.

[25] Jesus 75; vgl. 369 u. 71.

[26] Diese wird nur in dem christologischen Rätselwort Joh 2,19–22 angedeutet.

Verheißung des Sacharjabuches 14,21b erinnert: „und keinen Händler wird es mehr geben im Hause des HERRN Zebaoth in jenen Tagen"[27] und der zunächst – äußerlich gesehen – gegen die Verquickung von Opfer und Profit im Tempel gerichtet war? Wie die an Sach 9,9 erinnernde Einzugsszene mag auch diese Symbolhandlung messianisch motiviert gewesen sein und zusammen mit anderen Gravamina wenig später zur tödlichen Anklage der Hierarchen gegen Jesus vor dem Präfekten, er erhebe messianische, d.h. politisch: ‚königliche' Ansprüche, beigetragen haben.[28]

Wenn nun aber die für Sanders so wichtige symbolische Handlung gegen den Tempel – *vielleicht* in Verbindung mit seiner messianischen Predigt von dessen Ende und Erneuerung – Jesus die tödliche Feindschaft der Hierarchen zuzog, *könnte* er, der charismatische religiöse ‚Außenseiter', da nicht auch in analoger Weise schon vorher in Galiläa durch *einzelne* kritische Worte und Handlungen, die die Gebote betreffen, etwa zum Sabbat, zum Elterngebot, zur rituellen Reinheit, zur Verunreinigung durch Speisen, zur Ehescheidung, zum ius talionis oder durch agressive Sätze wie in den Antithesen Mt 5,21–48 und nicht zuletzt durch seine bedingungslose Zuwendung zu offenbaren Sündern, den Zorn angesehener religiöser Autoritäten und frommer Gelehrter erregt haben? Daß Jesu Haltung zum Gesetz im Sinne des „common Judaism" nahezu problemlos war, bleibt unwahrscheinlich. Aber genau das ist das Fundament, auf dem Sanders sein gewaltiges Werk aufbaut. Um seine These aufrecht zu erhalten, *muß* er die Streitgespräche Jesu, wie sie in den Synoptikern berichtet sind, radikal kritisch und negativ beurteilen.

Aus dem messianischen Anspruch Jesu, den man nicht länger leugnen sollte[29], leitet sich eine doppelte, eschatologisch motivierte Kontroversrichtung ab: einmal gegen den Tempel, die Priester und den Kult – man könnte das vergröbernd die primär antisadduzäische Linie nennen – und zum anderen gegen die mit dem Tempelkult in engstem Zusammenhang stehende, ebenfalls priesterlich inspirierte, pharisäische Traditionsbildung und Frömmigkeitspraxis, die über den Wortlaut der Tora hinausgingen und die u.a. das Ideal der für den Tempel erforderlichen Heiligkeit in abgeschwächter Form zur Aufgabe jedes frommen Israeliten zu machen versuchten. Es ist darum bei Sanders nur konsequent, wenn er genau diesen Zug, der die priesterlichen Sadduzäer mit

---

27 Vgl. Jesus 67f. Die rituelle Interpretation, die er dieser Stelle gibt, ist in keiner Weise notwendig, vgl. dazu jetzt die in Tübingen erarbeitete Osloer Dissertation (1993) von J. Ådna, Jesu Kritik am Tempel. Eine Untersuchung zum Verlauf und Sinn der sogenannten Tempelreinigung Jesu, Markus 11,15–17 und Parallelen, erscheint in WUNT.

28 Vgl. Law 66f, wo sich Sanders' knappe Darstellung von Jesus 61–71 unterscheidet.

29 Vgl. Jesus 233f.307f.321f: Nach Sanders' Einschätzung konnten die Jünger Jesu zwar den Eindruck bekommen, daß ihr Meister messianische Ansprüche habe, über Jesus selbst jedoch meint er schweigen zu müssen; vgl. dagegen M. Hengel, op.cit. (Anm. 9), 169f. 172–176.

den pharisäischen Priestern und Laien *verbindet*[30], radikal bestreitet, indem er auf die Frage des 3. Kapitels „Did the Pharisees Eat Ordinary Food in Purity" (131–254) mit einem eindeutigen „Nein" antwortet, das er dem Leser schon im Vorwort (S. VII) mit auf den Weg gibt:

> „I argue that the special pharisaic traditions did not have the same status as the written law, that the Pharisees did not eat ordinary food in priestly purity, and that in the Diaspora Jews went their own way with regard to food, purity and donations to the temple, rather than basing their behaviour on Palestinian rules."

Vor allem die ersten beiden Punkte müssen zutreffen, damit sein Bild von Jesus und dem Gesetz und das heißt auch, sein Bild von Jesus und dem ihm zeitgleichen Judentum stimmig wird.

Nun aber gilt es zunächst einmal festzuhalten: Den Streit mit den Schriftgelehrten und Pharisäern haben sich die Evangelisten weder aus den Fingern gesogen, noch kann man ihn einfach der späteren Gemeinde (dann müßte man sofort fragen: welcher?) zuschieben.

Die früheste Jüngergemeinde in Jerusalem und Galiläa mag solche Konflikte – *auch* – erlebt haben. Sie hat aber ‚ideale Szenen' in den Evangelien nicht einfach auf Grund ihrer ganz neuen ‚Gesetzes-' und ‚Pharisäerkritik' frei erfunden, sondern auf der Basis konkreter *Erinnerung* geformt, weil sie noch wußte, daß solche Konflikte auf Jesu provokatives Verhalten in Wort und Tat zurückgingen, die u. E. mit seinem messianischen Vollmachtsanspruch zusammenhängen. Für die *Zuverlässigkeit der Überlieferung* spricht ja – wie Sanders selbst hervorhebt –, daß sich auch vereinzelte Szenen und Worte erhalten haben, in denen Jesus die Institutionen des Opferkults und die Aufgaben der Priesterschaft bejaht.[31] Er verweist hier auf Mt 5,23 und Mk 1,40–44. Man könnte ferner an seine Festbesuche in Jerusalem und die Passafeier mit seinen Jüngern erinnern.[32]

---

[30] Die sachliche Zusammengehörigkeit von Tempelkult und pharisäischer Frömmigkeit ist möglicherweise auch die particula veri, die hinter der von Matthäus in schematischer Weise gebrauchten Zusammenordnung von „Pharisäern und Sadduzäern" steht (Mt 3,7; 16,1.6.11f vgl. dagegen Apg 23,7). Eine Parallele hat diese Zusammenordnung in 4QpPs 37 II,17f, wo von den „Gottlosen von Ephraim *und* Manasse" die Rede ist, „die ihre Hand ausstrecken wollten gegen den Priester und die Männer seines Rates", d.h. auch hier ist von einem gemeinsamen Aktionsbündnis von Pharisäern *und* Sadduzäern gegen eine dritte Gruppe die Rede. Zur Identifikation von „Ephraim" mit den Pharisäern und „Manasse" mit den Sadduzäern s. J. Amoussine, Éphraïm et Manassé dans le Péshèr de Nahum (4 Q p Nahum), RdQ 4 (1963/64), 389–396 u. D. Flusser, Pharisäer, Sadduzäer und Essener im Pescher Nahum, in: Qumran, hg. v. K.E. Grözinger u.a., WdF 410, Darmstadt 1981, 121–166 (urspr. hebr. 1970). In 4QpNah III,9-IV,6 werden die im biblischen Text genannten Orte Ninive (Nah 3,6f.11) und No-Amon/Theben (Nah 3,8–10) auf „Ephraim" bzw. „Manasse" bezogen, d.h. auch hier stehen beide Gruppen unmittelbar nebeneinander, allerdings in einem feindlichen Gegensatz (inspiriert ist diese Gruppenbezeichnung nach Amoussine von Jes 9,18–20). Die äußeren heidnischen Gegner des biblischen Israel werden für die Qumrangemeinde zu Chiffren der innerjüdischen Feinde des wahren eschatologischen Israel.

[31] Law 2.42f.90; vgl. Jesus 49.67.207.

[32] Vgl. auch Lk 13,1; 18,9–14.

Auf der anderen Seite fällt auf, daß bei den Synoptikern der Tempel und sein Kult (wenn wir von dem Sonderfall Mk 13,1f.14 absehen), wie auch die Reinheits- und Speisegebote nur eine ganz marginale Rolle spielen, der Tempel nur als Ort der Lehre Jesu und *einer* Protesthandlung (Mk 11,15–18, vgl. 14,58), letztere in einem tempelkritischen Kontext. Eine ähnliche kritische Distanz begegnet uns in Mk 7, wo man weder Mk 7,15 noch die Polemik Jesu gegen die pharisäische Paradosis Mk 7,5–13 ihm a limine absprechen kann. Daß seine Botschaft ganz anders klingt als die Gelehrtenkasuistik der Mischna, ist so wenig ein Zufall wie die Tatsache, daß die synoptische Tradition Jesu Gesetzesdeutung auf das Doppelgebot der Liebe, so bei Mk und wohl auch in Q[33], bzw. im Gebot der Feindesliebe konzentriert, das Mt 5,43–47 nicht zufällig als Klimax am Ende der Antithesen steht. Die bekannten Aqiba- und Hillel-Parallelen zeigen zugleich auch den wesentlichen Unterschied zur urchristlichen Auffassung, die in nuce doch wohl auf die Torainterpretation Jesu selbst zurückgeht.[34]

Sanders verweist auf das Doppelgebot der Liebe Dtn 6,5 und Lev 19,18, um den Grundsatz zu begründen, der das Ergebnis seiner ersten Untersuchung zusammenfaßt: „The synoptic Jesus lived as a law-abiding Jew."[35] Damit hat er gewiß nicht Unrecht, aber es stellt sich sofort die Frage: In what a way and to what degree? Doch eben nicht im Sinne eines *problemlosen* „common Judaism". Wir zweifeln, ob die pharisäischen oder schriftgelehrten Diskussionspartner Jesu damals dem Urteil des liberalen protestantischen Theologen zugestimmt hätten.

Sanders jedoch *will* Jesus so sehen: seine Gesetzeszusammenfassung im ersten Gebot und im Liebesgebot verbinde ihn mit seinen Zeitgenossen. Wie sie geht er in die Synagoge, ißt kein Schweinefleisch, akzeptiert die sühnende und reinigende Kraft des Tempels[36], und ermahnt seine Jünger, Konflikte mit

---

[33] Mk 12, 28–34; Lk 10, 25–28. Mt 22, 35–40 folgt zwar überwiegend Mk, zeigt jedoch auffallende Übereinstimmungen mit Lk, die sich am besten aus Q erklären.

[34] S. dazu M. HENGEL, Zur matthäischen Bergpredigt und ihrem jüdischen Hintergrund, ThR 52 (1987), 327–400 (390–395): wesentlich bei Jesus und den genannten Lehrern ist der Zusammenhang zwischen Lev 19,18 (zit. bei Mk 12,31.33 [par Mt 22,39; Lk 10,27]) und der Goldenen Regel Mt 7,12 par Lk 6,31 [Q], wobei die späteste Ausdeutung des Doppelgebots bei Mt 22,40 rabbinischer Ausdrucksweise am nächsten steht.

[35] Law 90, vgl. 4f. S. dagegen die trotz aller Mängel immer noch lesenswerte gründliche Monographie von A. NISSEN, Gott und der Nächste im antiken Judentum, WUNT I/15, Tübingen 1974.

[36] Eine Aussage wie Mk 10,45 (vgl. Mk 14,24 parr), die einen eminent kultkritischen Akzent besitzt, muß SANDERS notwendigerweise entschärfen, weil sie nicht in sein Bild paßt. Der Vers wird darum als Gemeindebildung angesehen, vgl. Jesus 235.332. Dasselbe gilt von den Abendmahlsworten, die bei SANDERS im Grunde mit Ausnahme von Mk 14,25 (das er als Zeugnis für die Restaurationstheologie und darum für authentisch ansieht [s. Jesus 128.146f.332]) keine Rolle spielen, obwohl wir hier das frühe Zeugnis von 1.Kor 11,23ff haben (auch dieser Text fehlt in den Indices von *Jesus, Law* und *Judaism*). Auch in Mt 5,23f scheint uns ein kultkritischer Unterton mitzuschwingen.

Mitmenschen zu klären, ehe sie dafür ein Schuldopfer bringen. Seine minimalen Übertretungen („two minor infringements") des Sabbatgebotes bewegen sich innerhalb dieses argumentativen Rahmens des „common Judaism", sie entsprechen in etwa den Unterschieden zwischen Hilleliten und Schammaiten. Auch alle anderen Konflikte, etwa wegen des Händewaschens, werden minimalisiert.

Und doch kann auch Sanders den Schluß nicht umgehen, daß Jesus bei seinen Zeitgenossen Anstoß erregte und derselbe zu seinem Tode führte. Die Gründe für den Anstoß sieht er nahezu ausschließlich in Jesu Angebot der Teilhabe an der Königsherrschaft Gottes an die Sünder ohne die Voraussetzung der Umkehr zur Tora.[37] Dazu ist – auch nach ihm, wenn auch mit Einschränkungen – Jesu Ruf in die Nachfolge, der in konkreten Fällen selbst das Gebot der Pietät gegenüber den Eltern außer Kraft setzte und überhaupt seine familienfeindlichen Äußerungen und schließlich noch sein das Gesetz verschärfendes Verbot der Ehescheidung[38] zu rechnen. Damit bekommen aber auch jene angeblichen „minor infringements" ein ganz anderes Gewicht, gerade *weil gilt, was Sanders völlig zu Recht betont*: „The view that the law is unitary – it was all given by God to Israel, and all parts are thus equally binding – was so common in Judaism, that Jesus must have known it " (Jesus 247). Daß Jesus das wußte, muß man nicht bezweifeln, doch hat er sich darum streng daran gehalten? Sehr wahrscheinlich gerade nicht.

Wäre Jesus ein Handwerker geblieben, dann hätten ihm seine Eigentümlich-

---

[37] Vgl. Jesus 174–211 (203–211): „It seems to be the case, rather, that Jesus offered the truly wicked – those beyond the pale and outside the common religion by virtue of their implicit or explicit rejection of the commandments of the God of Israel – admission to his group (and, he claimed the kingdom) if they accepted him" 210).

[38] Vgl. Jesus 252–255 zu Mt 8,21 f par Lk 9,59 f: „Jesus *consciously* requires disobedience of a commandment understood by all Jews to have been given by God" (Jesus 254). Diese richtige Einsicht schwächt er jedoch sofort wieder ab, wenn er abschließend bemerkt: „This may show that Jesus was prepared, if necessary, to challenge the adequacy of the Mosaic dispensation" (Jesus 255). Dasselbe gilt, wenn er Jesu Haltung gegenüber den Sündern nur als Infragestellung der „adequacy of the law" wertet. Jesu stelle sich damit nicht gegen das Gesetz, „but rather acting on the premise that it need not be applied to those who followed him" (Jesus 255). Was aber heißt das, wenn Jesus die, die ihm nachfolgen, vom Anwendungsbereich des Gesetzes herausnimmt, und auch in der Frage der Ehescheidung (Jesus 256–260) behauptet, „that the Mosaic dispensation is not adequate" (Jesus 260)? Im Falle der Ablehnung der Scheidung durch Jesus geht Sanders auf den eigentlichen Anstoß, den seine Antwort den Gesetzesstrengen gegenüber geben mußte, überhaupt nicht ein: Wenn Wiederverheiratung nach einer Scheidung Ehebruch bedeutet, dann heißt das, daß die mosaische Erlaubnis der Scheidung eine Erlaubnis zum Ehebruch, und alle neuen Ehen von Geschiedenen ehebrecherisch wären (vgl. Mt 19,9)! Sanders häufig gebrauchtes Argument: „It is a general principle that greater stringency than the law requires is not illegal" (256.260 u.ö.) gilt nicht so uneingeschränkt, wie er voraussetzt, vor allem dann nicht, wenn – wie in unserem Fall – das wörtliche Einhalten des Gesetzes konkrete Sünde, nämlich Ehebruch, impliziert. Wir fragen uns, ob man Jesu Stellung zur Scheidung mit den Worten kommentieren kann: „In forbidding divorce Jesus did not directly defy the Mosaic law" (Jesus 256).

keiten wohl kaum Schwierigkeiten eingebracht, im Gegenteil, sein Verhalten wäre vielleicht sogar ein Paradebeispiel für einen frommen Juden gewesen. Aber schon die Tatsache, daß er als jemand, der als Ungelehrter[39] nicht zum ‚religiösen Establishment' gehörte, eine feste Schülerschar an sich band, die er mit seiner Botschaft auch aussandte[40], daß er als Lehrer auftrat und die Volksmassen anzog: all das machte ihn interessant und verdächtig zugleich, all das gab aber auch seinen nicht weniger spektakulären Handlungen einen paradigmatischen Charakter. Dies gilt auch für sein je und je konkretes ‚gesetzeskritisches' Verhalten. Gerade der auch von Sanders zum Vergleich herangezogene Jesus b. Ananias ist hierfür lehrreich (Bell 6,300–309, vgl. Jesus 302f; Law 94). Er trat im Jahr 62 auf und predigte sein Wehewort gegen „Jerusalem und den Tempel", „gegen Bräutigam und Braut" und „gegen das ganze Volk" (Bell 6,301), d.h. er trat als schlimmer Unruhestifter auf. Dafür wurde er von einigen vornehmen Bürgern unter Einsatz von Schlägen verhört, und, nachdem sich dies als erfolglos erwiesen hatte, von den jüdischen Autoritäten (οἱ ἄρχοντες) dem römischen Prokurator überstellt, der ihn bis auf die Knochen auspeitschen ließ, dann aber freigab, weil es sich bei ihm um einen Verrückten handelte, der keinerlei Anhang besaß und sich auch um keinen bemühte.

Josephus erwähnt ausdrücklich, daß er sich in den 7 Jahren seines Wirkens keinem der Bürger Jerusalems näherte noch mit jemand sprach, sondern einzig sein Wehe über Jerusalem herausschrie. Seine Isolation innerhalb des Volkes bewahrte ihn, Jesus von Nazareth wurde dagegen durch seinen Einfluß auf das einfache Volk und die sich um ihn bildende Anhängerschaft gefährdet – und das wiederum machte alles, was Jesus tat und lehrte zu tun, mehr und mehr zu einer Angelegenheit von öffentlichem Interesse. Dies gilt nicht zuletzt auch von seinen kritischen Äußerungen zu Fragen des Gesetzes. Denn nicht das Lehren allein, sondern noch mehr das Anstiften zum Tun ist für das jüdische Rechtsempfinden entscheidend (vgl. mSanh 11,2f und dazu unten S. 420), und darum kann, ja muß auch Jesu Verhalten am Sabbat – im Kontext seines übrigen Wirkens und Predigens – für die religiösen Autoritäten provozierend gewirkt haben. Er war kein so harmloser Vertreter des „common Judaism" wie er bei Sanders erscheinen könnte.

Ein weiterer Punkt ist zu beachten. Sanders selbst ist sich wohl bewußt, daß wir die pharisäischen Gesetzesauffassungen vor 70 im Detail nur fragmentarisch kennen. Was von der Mischna und anderen tannaitischen Texten vor 70 gültig war, ist umstritten. Er selbst folgt in den Datierungen und Zuschreibungen weitgehend den Aufstellungen Neusners, indem er von den Diskussionen der Schulen Hillels und Schammais und wenigen anderen namentlich überlieferten Traditionen ausgeht (Law 5). U.E. verdienen jedoch gerade die anony-

---

39 Vgl. Mk 6,2f; Apg 4,13, vgl. Joh 7,47–49.

40 Vgl. Mk 6,7 parr und dazu M. HENGEL, Nachfolge und Charisma, BZNW 34, Berlin 1968, 82–89; DERS., Die Ursprünge der christlichen Mission, NTS 18 (1971/72), 15–38.

men, d.h. fraglos anerkannten Überlieferungen der Mischna die größte Aufmerksamkeit.[41] Auf Grund der schwierigen Quellenlage können wir das Ausmaß des konkreten Anstoßes, den Jesus durch Wort und Tat seinen gesetzeskundigen und -eifrigen Gegnern im Blick auf den Sabbat, Reinheitsbestimmungen und die Annahme der Sünder ohne Rückkehr zur Tora, nur schwer ermessen. Dasselbe gilt für seine Predigt von der anbrechenden, ja gegenwärtigen Gottesherrschaft[42], in der jeder Bezug auf das traditionelle, vorherrschende Toraverständnis im Sinne eines ‚common Judaism' fehlt. Sie wird gerade nicht vom Einhalten der Gebote der Tora und der Buße als Bedingung abhängig gemacht. Jesus kehrt diesen Zusammenhang vielmehr gerade um.

Der „Eifer für das Gesetz", der auch vor der Anwendung von Gewalt nicht zurückschreckte[43], scheint in der Zeit zwischen Herodes und dem jüdischen Krieg *wesentlich größer* gewesen zu sein als in der Zeit nach den zwei verheerenden Katastrophen, die in der Absage an alle zelotische Naherwartung zur Zeit der Redaktion der Mischna durch Jehuda ha-Nasi einmündete.

Die Anstöße, die Jesus durch sein eigenständiges Gesetzesverständnis gab[44], lassen sich weder von dem von Sanders zu recht betonten, u. E. messianischen „self-claim" Jesu noch von den letzten tödlichen Provokationen beim Passafest in Jerusalem abtrennen, und sie scheinen doch nicht so gering gewesen zu sein, wie man bei der Lektüre von Sanders' – im einzelnen sehr instruktiven und gelehrten – Ausführungen annehmen könnte, auch wenn sie für sich genommen Jesu Verhaftung und Hinrichtung in Jerusalem noch nicht zureichend erklären. Hier trat zusätzlich noch ein weiteres für das Verständnis Jesu und der Urgemeinde grundlegendes Motiv hinzu, eben die *Messiasfrage*.

Jesu Haltung zu Tora und Tempel besitzt gegenüber allen anderen jüdischen Gruppen ein unverwechselbares, ureigenes Gepräge, er bringt dadurch wirk-

---

[41] Vgl. Law 5. So halten wir vor allem seine Ausführungen über das Händewaschen und zu Mk 7,1ff für problematisch, in dem Sanders ursprünglich einen Brauch des Diasporajudentums sehen will. Immerhin hat die Mischna über dieses Problem einen eigenen Traktat, setzt also einen ständig geübten Brauch voraus. Daß Mk 7,3f polemisch übertreiben könnte, steht auf einem anderen Blatt (das tun auch moderne Gelehrte). Mk deswegen zu einem Heidenchristen machen zu wollen, halten wir für unsinnig (s. o. Anm. 16). Zum Problem des Händewaschens s. a. R. DEINES, Jüdische Steingefäße und pharisäische Frömmigkeit. Ein archäologisch-historischer Beitrag zum Verständnis von Joh 2,6 und der jüdischen Reinheitshalacha zur Zeit Jesu, WUNT II/52, Tübingen 1993, 228–233.266–274.

[42] SANDERS sieht sie zu einseitig als zukünftige Größe im Sinne der traditionellen Wiederherstellung des Gottesvolkes, s. Jesus 152–156.228-237.319. Zur Verbindung vom Anbruch der messianischen Zeit mit Buße und Toragehorsam s. Bill. IV/2, 857.860f.992f.1003.1006f.

[43] Vgl. Apg 21,20; Phil 3,6 u. M. HENGEL, op.cit. (Anm. 18), 151–234. SANDERS geht auf diesen Punkt nur in Judaism 239f ganz am Rande ein: Er widerspricht seinem harmonisierenden, friedlichen Bild des Judentums, s. u. S. 473.

[44] Das SANDERS durchaus sieht, vgl. Jesus 249: „What is lacking from ancient Judaism is a parallel to the attitude attributed to Jesus: that he saw himself as sovereign over the law and as being able to decide that parts of it need not be obeyed." Sollte diese – messianische – Souveränität nicht auch erbitterte Gegnerschaft hervorgerufen haben?

lich *Neues*, und dieses Neue setzt sich in seiner Jüngergemeinde fort[45]. Beide fallen aus dem Rahmen der von Sanders so hochgeschätzten Vorstellung eines relativ geschlossenen und harmonischen „common Judaism" heraus. Es ist ja doch kein Zufall, daß die von Jesus angestoßene Bewegung bereits relativ kurze Zeit nach seinem Tod sich schrittweise für eine mehr und mehr ‚gesetzeskritische' Heidenmission öffnete, und daß die drei – mit Jesus selbst noch eng verbundenen – Säulen auf dem Apostelkonzil ca. 28 Jahre später die nicht auf die Tora verpflichteten, unbeschnittenen Heidenchristen als gleichberechtigte Mitglieder der eschatologischen Heilsgemeinde anerkannten. Sollte das nicht letztlich doch *auch* mit Jesu Haltung zu tun haben? Ex nihilo nihil fit, oder, um das von Sanders selbst gebrauchte (und abgelehnte) Bild aufzugreifen: aus unserer – historischen – Ferne *müssen* wir vom Rauch auf das Feuer schließen.[46]

Die Verfolgungen der palästinischen Urgemeinde wie sie punktuell sichtbar werden[47], hängen mit dieser – partiell – kritischen Haltung gegenüber Tora und Kult und natürlich zugleich mit der *Christologie* (diesen ganzen Komplex kann man nicht auseinanderreißen) zusammen. Die ersten Anstöße dazu liegen bei Jesus selbst. Daß das Urchristentum – obwohl es ganz auf jüdischen Wurzeln gründet – relativ rasch aus jenem Sandersschen „common Judaism" ausbrach, geht u. E. *letztlich* historisch und theologisch auf Jesu Wort und Tat in Verbindung mit seinem Sendungsanspruch zurück. Innerhalb des palästinischen Judentums ist diese Entwicklung ohne Analogie.

Auf dem Hintergrund des Schicksals der Urgemeinde in den ersten 30 Jahren würden wir den Satz: „Jews killed one another when government was at stake, not over legal disagreements which had no overtones of civil or governmental control"[48] als zu harmonisierend in Frage stellen. Dagegen spricht nicht nur die ganze jüdische Geschichte zwischen 175 v. und 135 n. Chr., die man nicht so fein säuberlich in friedliche und kriegerische Epochen aufteilen kann, wie

---

[45] J. Wellhausen, op. cit. (Anm. 12), 103: „Man kann sich nicht wundern, daß es den Juden so vorkam, als wollte er die Grundlage ihrer Religion zerstören. Seine Absicht war das freilich nicht, er war nur zu den Juden gesandt und wollte innerhalb des Judentums bleiben" Hier müßte man nur das erste, zu generelle, fast johanneisch klingende „den Juden" durch ein „führende(n) religiöse(n) Autoritäten" ersetzen.

[46] Das freilich möchte Sanders bestreiten, vgl. Jesus 265; Law 1. Er stellt wiederholt die Frage, wie es möglich gewesen sein soll, daß Jesus die Aufhebung der Speisegebote und die Freiheit gegenüber dem Sabbat lehrte, und dennoch seine Jünger und die Urgemeinde erst Jahrzehnte später sich zu diesem Standpunkt durchringen konnten, vgl. Jesus 249f.263f.268. Doch das muß kein Gegensatz sein. Es geht Jesus ja nicht, wie die neuprotestantische Jesusdeutung glaubte, um eine generelle Abrogation des Gesetzes, wohl aber um eine relative ‚messianische' Freiheit im konkreten Kontext und im Blick auf die anbrechende Gottesherrschaft: diese nicht doktrinäre Freiheit bewirkte in der Urgemeinde von Anfang an eine *Tendenz*, der sich am Ende selbst der gesetzesstrenge Herrnbruder Jakobus nicht verschließen konnte. Ohne diese ‚Tendenz' wäre es nie zur gesetzesfreien Heidenmission gekommen.

[47] Apg 4,1–8,3; 12,1ff; 1 Thess 2,14; Mk 13,9 par; Joh 16,1f; Ant 20,200.

[48] Law 89.

Sanders es macht (s.u. S. 462ff), sondern auch die Tatsache, daß bei einer ‚Theokratie'[49] *Recht und Macht untrennbar zusammengehören*. Ein Blick auf den islamischen Fundamentalismus sollte uns lehren, daß moderne westliche Kategorien hier versagen. ‚Gottes Gesetz', ‚Staats-' und ‚Zivilgesetz' waren ja letztlich identisch, und Vertreter der ‚rechten' Gesetzesauffassung strebten in der Regel, so weit es irgend möglich war, ‚in Gottes Namen' nach politischer Macht. Die grundsätzliche Trennung der beiden „Reiche" Joh 18,36 ist eine revolutionäre christliche Neuerung.[50]

Die von Sanders immer wieder geäußerte, *radikale historische Skepsis* im Blick auf Jesus selbst wirft schließlich ein grundsätzliches Problem auf, das die Jesusforschung überhaupt betrifft. Bei der von ihm vertretenen weitgehenden Reduktion der Jesustradition – vor allem im Blick auf die Wortüberlieferung – erhebt sich die Frage, wie bei dem ganz wenigen, das nach Ausscheidung aller „idealen Szenen" und ähnlicher Gemeindebildungen noch übrigbleibt, überhaupt *sinnvolle Kriterien* aufweisbar sind, die echtes Jesusgut glaubhaft oder unglaubhaft machen können. Wenn ein Raum künstlich verdunkelt wird, lassen sich über seinen Inhalt weder positive noch negative Aussagen machen. Hier wird auch der klügste Kritiker blind. Seit den Tagen von D.F. Strauß und Bruno Bauer wird deutlich, daß mit der Steigerung der radikalen Kritik die Ermessensurteile entsprechend der relativen Zufälligkeit des persönlichen Geschmacks und der eigenen erkenntnisleitenden Interessen nicht weniger, sondern zahlreicher geworden sind. An die Stelle des dogmatischen Christusbildes der Orthodoxie sind die zahlreichen, oft gegensätzlichen liberalen Wunschbilder über den Mann von Nazareth getreten. Der historischen Wahrheit sind wir damit nicht immer näher gekommen. Erinnert sei nur an die neuen ‚modischen' Jesusbücher von B.L. Mack und J.D. Crossan, die Sanders Anschauungen radikal entgegengesetzt sind. Wo man den Quellen grundsätzlich mißtraut, kann man nur noch schweigen.

Im Gegensatz zu anderen trifft Sanders dieser Vorwurf freilich nur bedingt. In seinem Jesusbuch bemüht er sich oftmals um plausible Begründungen und versucht abzuwägen, wobei freilich die harmonisierende Tendenz, Jesus in einen weitgehend problemfreien „common Judaism" einzuordnen, ihn zum toratreuen Juden wie andere zu machen, wiederholt zu einseitigen Urteilen führte.

Gleichwohl ist die erste Studie des kenntnisreichen Autors eine Pflichtlektüre für jeden, der sich mit der umstrittenen Frage nach dem synoptischen Jesus und dem Gesetz befaßt. Der kritische Leser kann daraus lernen, daß das

---

[49] Der Begriff erscheint in der Antike nur einmal bei Josephus Ap 2,165, zur Definition der jüdischen ‚Verfassung' im Vergleich mit Demokratie und Aristokratie.

[50] M. Hengel, Reich Christi, Reich Gottes und Weltreich im Johannesevangelium, in: Königsherrschaft Gottes und himmlischer Kult, hg. v. M. Hengel u. A.M. Schwemer, WUNT I/55, Tübingen 1991, 163–184.

Problem wesentlich komplizierter ist, als gemeinhin angenommen wird. Sanders legt seinen Finger auf anstehende offene Fragen, doch seine Antworten bedürfen ihrerseits der kritischen Überprüfung.

2. *Die Pharisäer und das „mündliche Gesetz" (97–130)*

2.1. *Worte der Schriftgelehrten, Halakha und Tora*

Die zweite Studie wendet sich dem Thema zu : Did the Pharisees have Oral Law? Sanders nimmt hier ein Thema auf, das für das Selbstverständnis und die historische Bedeutung der Pharisäer grundlegend ist und er beantwortet damit zugleich eine wesentliche Frage des nachfolgenden größeren Werkes *Judaism*. Auch hier wird die künftige Forschung an Sanders' Überlegungen nicht mehr vorbeigehen können.[51] Die durchschnittliche Anschauung bei Juden und Christen ging häufig dahin, daß die Pharisäer z.Zt. Jesu (und später die Rabbinen) zwei Formen der Tora kannten, eine schriftliche und eine gleichberechtigte mündliche, die nach mAv 1,1 beide unterschiedslos auf Mose am Sinai zurückgeführt wurden.

Gegenüber dieser Vulgata bemüht sich der Autor um den Nachweis, daß es zwar nach Josephus und neutestamentlichen Texten zusätzlich zur schriftlichen *Tora* eine mündliche *Überlieferung* gab, die aber *nicht gleichberechtigt* neben der schriftlichen Tora stand, sondern ihr an Autorität nachgeordnet war, und darum auch nicht für alle verbindlich war. Besonders die Sadduzäer lehnten nach Josephus die Gleichwertigkeit dieser mündlicher Tradition ab und beriefen sich allein auf den Wortlaut der schriftlichen Tora, obwohl auch sie im Alltag Traditionen beachteten, ohne die ein Leben nach der Tora gar nicht möglich gewesen wäre. Diese allgemein gültigen und von allen eingehaltenen

---

[51] Grundlegend dazu ist bisher P. SCHÄFER, Das „Dogma" von der mündlichen Torah im rabbinischen Judentum, in: DERS., Studien zur Geschichte und Theologie des rabbinischen Judentums, AGJU 15, Leiden 1978, 153–197. Dort alle ältere Literatur. S. jetzt auch G. STEMBERGER, Einleitung in Talmud und Midrasch, München [8]1992, 41–54 (Lit.); K. MÜLLER, Beobachtungen zum Verhältnis von Tora und Halacha in frühjüdischen Quellen, in: I. BROER (Hg.), Jesus und das jüdische Gesetz, Stuttgart u.a. 1992, 105–135, der auf einen entscheidenden Sachverhalt hinweist: „Es ist ein Irrtum, annehmen zu wollen, daß Gebote und Verbote stets ein Ausfluß aus dem feststehenden Wortlaut der Tora sein müßten. Es ist durchaus nicht so, daß derjenige, der den *Text* der Tora zu Rate zieht, *das Gesetz* kennt. Von Anfang an und in der Überzeugung aller bislang identifizierbaren frühjüdischen Richtungen reicht der Wortlaut der Tora niemals aus, um das zu gewährleisten, was dieselbe Tora immer wieder verheißt: ein im authentisch ‚jüdischen' Verstande gelingendes Leben" (105f, Hervorhebung im Original). Nach einem Überblick über die Halacha in der Tempelrolle von Qumran schreibt MÜLLER – und dies gilt ohne Einschränkung auch für die pharisäische Halacha: „Halacha entsteht eben nicht aus einer schlichten Kommentierung des *Textes* der Tora, sondern aus der situationsgebundenen Weiterentwicklung von deren *Stoffen*, – sei es in Übereinstimmung mit dem Wortlaut der Tora oder nicht" (108, Hervorhebung im Original).

Traditionen will Sanders dem von ihm postulierten, schon vorpharisäischen „common Judaism" zurechnen, der sich unbeeinflußt von der exklusiv-pharisäischen mündlichen Überlieferung entwickelt und etabliert habe. Er schließt sich bei seiner Abwertung der pharisäischen ‚mündlichen Tradition' einer der vielen Meinungen Jacob Neusners an (vgl. Law 111ff), nämlich daß in der frühesten rabbinischen Literatur deutlich zwischen den „Worten der Weisen" und den Textaussagen der Tora unterschieden werde und sie diesen an Autorität nicht gleichkommen, so daß die formelhafte Gleichsetzung von „mündlicher" und „schriftlicher" *Tora* erst als relativ spät anzusehen ist und darum für die Pharisäer vor 70 noch ohne Bedeutung war. Den Nachweis dafür meint Sanders damit erbringen zu können, daß er „all the instances of ‚words of the scribes', ‚halakah', ‚receive a tradition', and ‚halakah given to Moses on Sinai' which occur in the Mishnah and Tosefta" daraufhin überprüft, ob sie „oral law" enthalten. Ist dies nicht der Fall, dann ist erwiesen, daß „the Pharisees did not regard their own traditions as equal to the law of Moses" (Law 115). Daß dies das Ergebnis sein würde (vgl. Law 123.125–128), ist dem Leser der ersten Studie nicht zweifelhaft, denn in ihr hatte Sanders die Konflikte zwischen Jesus und den Pharisäern durch den Hinweis entschärft, daß diese ihre gruppenspezifischen Lehren anderen nicht aufzwangen und auch sonst in halakhischen Fragen große Toleranz übten (s. Law 12.35f). Den Beweis dafür führt er in der 2. Studie und in der anschließenden 3. über das Essen profaner Speisen in Reinheit. Beide gehören sachlich aufs Engste zusammen. Die eigentliche Bedeutung dieser scheinbar nebensächlichen Frage nach der Stellung der pharisäischen Halakha im 1. Jh. n. Chr. für Sanders gesamtes Werk zeigt sich deutlich in folgendem Zitat:

> „Christian scholars have also seen the rabbinic movement as heir to Pharisaism, and the more anti-Jewish of them have been especially keen to maintain that Judaism in Jesus' day was dominated by the Pharisees. If the Pharisees were in charge, they were at least indirectly responsible for Jesus' death. Jesus was killed because he believed in grace and mercy. Therefore he was opposed by people who opposed those qualities; these were the Pharisees. Their form of Judaism, which continues to this very day, was wretched, being based on self-righteousness and the petty bookkeeping of small merchants" (Judaism 400).

Sanders Anliegen ist apologetisch und richtet sich gegen den s.E. traditionellen Antijudaismus in der neutestamentlichen Wissenschaft, nicht zuletzt in Deutschland. Dessen Wurzeln sind (1.) ein falsches Bild von der jüdischen Soteriologie – das versuchte er in seinem Buch über Paulus und das palästinische Judentum zu widerlegen; (2.) die angebliche Feindschaft der Pharisäer gegen Jesus, die sich in den Streitgesprächen der Evangelien widerspiegelt und (3.) die daraus resultierende Beteiligung der Pharisäer an Jesu Verurteilung und Hinrichtung – ihrer Zurückweisung sind entscheidende Passagen der beiden hier zu besprechenden Bücher und *Jesus and Judaism* gewidmet. Wenn die

Pharisäer ihrer Halakha keinen verbindlichen Rang zuschrieben, dann entfällt der 2. Vorwurf[52], wenn sie keine Macht innerhalb der Gesellschaft und innerhalb der Legislative besaßen, dann entfällt auch Punkt 3. Und genau das ist das Ergebnis von *Law* bzw. *Judaism*.

In unserer Kritik beschränken wir uns weitgehend auf Sanders Umgang mit der Rückführung des „oral law" auf Mose, weil hier gezeigt werden kann, daß er – um die Bedeutung der *Halakha* für den Pharisäismus abzuschwächen – ständig mit einem irreführenden Begriff von „oral law" operiert, den er dann relativ leicht widerlegen kann.[53] Zu seiner schriftstellerischen Kunst gehört es überhaupt, die gegnerische Position so zu beschreiben, daß sie von vornherein im Unrecht ist. Das gilt auch für die geschickte Auswahl der Quellen und der Sekundärliteratur (s. u. S. 477f). Seine Frage ist im vorliegenden Fall, ob die Pharisäer Traditionen besaßen, „which they *knew* were non-biblical, but which

[52] Auf diese Weise schafft er sich eine Basis, die Pharisäer mit den Sadduzäern und dem Am haArez zu einem „common Judaism" zu versöhnen, denn wenn die Halakha nicht verbindlich ist (oder gar in der Schwebe gehalten bleibt), sind die, die anders handeln, keine „sinners" (die Terminologie von SANDERS ist oftmals irreführend, vgl. die Rezension von *Judaism* durch S. STERN, JJS 43 [1992], 307–310 [308]), sofern sie sich an die biblischen Gesetze halten. Weil letzteres nach SANDERS aber fast alle machten (hier wirkt sich sein zu positives Bild von der Frömmigkeit der „ordinary people" aus), gab es auch keinen Anlaß zu intoleranten innerjüdischen Ausgrenzungen (s. Law 128).

[53] Dasselbe gilt auch für seine Beschreibung der Halakha (Law 117–120): er übergeht alle Belege, wo mit Halakha die gültige Regel oder die Mehrheitsmeinung der Weisen bezeichnet wird, denn diese Passagen würden nichts aussagen über „the relative importance of rabbinic rulings and the written law" (117), vgl. dagegen W. BACHER, Die exegetische Terminologie der jüdischen Traditionsliteratur I: Die bibelexegetische Terminologie der Tannaiten, Leipzig 1899 (repr. Hildesheim u. a. 1990), 42 s.v. הֲלָכָה: „... die normirte religiöse Satzung, die geltende Vorschrift *ohne Rücksicht auf ihre Herleitung aus der heiligen Schrift*" (Hervorhebung M. H./R. D.). Damit hat SANDERS bereits eine verhängnisvolle Vorentscheidung getroffen, denn verbindlich im Sinne eines „oral law" ist für ihn eine Halakha nur dann, wenn sie auf einer Stufe wie das geschriebene Gesetz behandelt wird; das aber verlangen die Texte, die er untersucht, und die Gruppen, die dahinter stehen, eben gerade nicht. Fast jede Stelle, die SANDERS anführt, kann anders ausgelegt werden, als er es tut. Als Beispiel sei nur auf mAv 3,11 (12) verwiesen: R. Eleazar aus Modiim, ein Zeitgenosse Bar Kokhbas, lehrt, daß derjenige keinen Anteil an der zukünftigen Welt hat, der sich erfrecht, die Tora nicht gemäß der Halakha auszulegen. Darin sieht *Sanders* nur „passages in which halakah is the correct interpretation of Torah" (119, wozu er auch noch mAv 5,8 zählt, wonach Krieg eine der Strafen dafür ist, wenn die Lehrer die Tora nicht gemäß der Halakha lehren), d. h. er sieht in ihnen keine verbindliche „Tradition", die es zu beachten gäbe. Vgl. auch 5,7, wo „Halakha" ohne den Zusammenhang mit der Tora gebraucht wird: „Der Weise fragt gemäß des Themas und antwortet gemäß der Halakha" (vgl. 4,8 [R. JISCHMAEL b. Jose]: der Richter soll sich in seinem Urteil der Mehrheit anpassen; es ist hier weder von „Tora" noch von „Halakha" die Rede, doch weist die Erwähnung der Mehrheit eindeutig auf die Halakha). Daher liegt es nahe, daß auch bei den von Sanders genannten Stellen nicht nur die korrekte Auslegung gemeint ist, sondern sich darin die Überzeugung ausspricht, daß die Halakha, über die ein Konsens besteht und die bekannt ist, die Auslegung der Tora bestimmt, also nicht die Tora das Kriterium für die Halakha ist, sondern geradezu umgekehrt. Dies gilt erst recht bei den zahlreichen Kontroversen über die rechte Deutung der Tora.

they regarded as being *equal in age and authority* to the written law"[54]. Die Zuordnung von „age and authority" ist für den Pharisäismus gerade nicht *konstitutiv*, auch wenn sie einzelne Traditionen direkt auf Mose zurückführten, im Gegenteil: sie wußten um Entscheidungen, die erst lange nach Mose nötig wurden, die aber dennoch der *Intention* der Gesetzgebung am Sinai entsprachen, und darum zu halten waren. Sie waren „equal in authority" aber nicht im Alter![55]

Historisch sachgemäßer grenzt P. Schäfer die lehrmäßige Formulierung von den „zwei Torot (d.h. der mündlichen und der schriftlichen M.H./R.D.) auf die tannaitische Zeit, d.h. frühestens in der Periode von Yavneh und spätestens gegen Ende des 2. Jh.s n. Chr." ein[56], was freilich nicht ausschließt (sondern im Gegenteil sogar wahrscheinlich macht), daß es Ansätze zu dieser Nebeneinanderstellung schon vor 70 gegeben hat.

Darauf weisen drei mischnische Traditionen hin[57], von denen eine noch aus der Zeit des zweiten Tempels stammen soll. In ihr wird ein bisher ungeklärter Präzedenzfall mit einer für die Mehrheit der in der Quaderkammer des Tempels versammelten Schriftgelehrten bislang unbekannten „*Halakha*, (gegeben) *Mose am Sinai*", entschieden, wobei die „Autorisation" derselben durch die Herkunftsangabe und den Altersnachweis geführt wird, als sei sie quasi schon „durch (und seit) Mose gegeben". Der mündliche Charakter dieser Halakha ist dabei ebenso vorausgesetzt wie ihre Gültigkeit. Indem der Präzedenzfall geklärt worden ist, wissen zukünftige Generationen, wie man sich in so einem Fall zu verhalten hat.[58]

---

[54] Law 98, Hervorhebung im Original; s.a. 107.109; ein weiteres Kriterium für pharisäische Halakha ist nach SANDERS, daß sie nur dann als solche gelten darf, wenn sie nicht auch noch von anderen Gruppen geteilt wurde. Dagegen s. schon P.J. TOMSON in seiner Rezension von Law JSJ 22 (1991), 274–283 (276.278f).

[55] SANDERS stellt außerdem das mündliche Gesetz dem schriftlichen Gesetz so gegenüber, als ob letzteres eine feststehende, für alle gleichverbindliche Einheit wäre. Dabei übersieht er, daß auch im Umgang mit der schriftlichen Tora unterschiedliche Gewichtungen vorliegen, d.h. nicht alle geschriebenen Gesetze wurden in den Jahrhunderten um die Zeitenwende gehalten, vgl. J. NEUSNER, Schrift und Tradition im Judentum unter besonderer Berücksichtigung der Mischna, Kairos 23 (1981), 51–66 (64).

[56] Op. cit. (Anm. 51), 183.

[57] Es handelt sich jedesmal um die Wendung „eine Halakha, gegeben an Mose vom Sinai": mPea 2,6; mEd 8,7; mYad 4,7 = tYad 2,16; s. Law 122: „It is these halakot which, above all others, are held to prove the theory of pharisaic oral law"; P. SCHÄFER, op. cit. (Anm. 51), 184f.

[58] Die in der Frühzeit praktizierte Rückführung einer Halakha auf Mose ist als polemische Reaktion zu verstehen, die nur in bestimmten Fällen nötig erschien, aber nicht die Regel war. Die pharisäische „Überlieferung der Väter" (s.u. S. 432ff) hatte anfänglich für ihre Gültigkeit noch keine ‚Mosaisierung' nötig, so daß in der zunehmenden Rückführung auf Mose eine abgrenzende Tendenz zu erkennen ist: er allein ist der maßgebende Gesetzgeber für Israel, und nicht etwa Henoch, Noah oder die Erzväter. In seinem jüngsten Aufsatz hat K. MÜLLER (Die hebräische Sprache der Halacha als Textur der Schöpfung. Beobachtungen zum Verhältnis von Tora und Halacha im Buch der Jubiläen, in: Bibel in jüdischer und christlicher

Die auf Mose zurückgeführte Halakha hat keinen Schriftbeweis nötig, dieser wird u.U. polemisch abgelehnt. Das zeigt eine Kontroverse zwischen R. Eleazar b. Azarja und R. Aqiba, in der es darum ging, ob eine bestimmte Opfervorschrift exegetisch begründet werden soll, wenn sie als „Halakha des Mose vom Sinai" überliefert worden ist.[59] Beide Lehrer sind sich über Geltung und Inhalt der betreffenden Halakha einig, aber sie diskutieren darüber, welche die rechte Weise ihrer Herleitung ist.

Interessant ist daran, daß die von Sanders so betonte Unterscheidung zwischen Tradition ohne Schriftbezug und Schriftinterpretation in den rabbinischen Texten oft gar nicht möglich ist, weil viele Halakhot, die sich ohne jeden Schriftbezug in der Mischna finden, in den halakhischen Midraschim mit der geschriebenen Tora verbunden sind. Ob diese ‚Exegetisierung' vor, bei oder nach der Einführung eines bestimmten Brauches vorgenommen wurde, kann pauschal nicht gesagt werden. Aber es ist wohl das Wahrscheinlichere, daß die religiöse Praxis im Tempel und im Alltag zunehmend eine feste Tradition ausbildete, die dann in der tannaitischen Zeit mit der Schrift auch äußerlich zu

---

Tradition, FS J Maier, hg. v. H. Merklein u.a., BBB 88, Frankfurt/Main 1993, 157–176) die Halakha im Jubiläenbuch untersucht und gezeigt, daß darin versucht wird, die Moseoffenbarung zugunsten noch älterer abzuschwächen, da Mose nur weitergegeben habe, was schon den Vätern vor ihm überliefert wurde (vgl. 167.171f). Die eigentliche Urhalakha, nach welcher sich die „auf das Buch der Jubiläen eingeschworene frühjüdische Gemeinde" willens war auszurichten (162), ist vor allem die des Henoch (vgl. Jub 4,17f), nach der schon Noah wandelte (vgl. Jub 7,36–39 u. dazu S. 163.171). Dessen Halakha ist die der Schöpfung immanente (Jub 12,25–27), darum darf „der einzelne Jude, der sich den halachischen Anweisungen des Jubiläenbuches gehorsam überläßt, ... gewiß sein, über diese aus der Schöpfung heraus vom Ordnungswillen des Schöpfers angerufen zu werden" (165). Die eigenständige, der Mose-Tora gelegentlich direkt widersprechende Halakha wurde nach Müller nicht als Problem empfunden, aber das ist eine zu harmonische Sicht der Dinge: keine jüdische Gruppe kam an Mose vorbei, darum war es nötig, die eigene Anschauung mit der des Mose so weit als möglich auszugleichen. Die faktische Abwertung des Mose und seiner Tora ist aber dennoch unübersehbar (vgl. a. Mk 10,5f). Eine Parallele hat dieser Vorgang im Kampf um die Kanonizität der heiligen Schriften, wo die Gruppen hinter der Henochliteratur, den Jubiläen und Patriarchentexten ebenfalls versuchen, ihre eigene Tradition durch den Altersvorrang gegen die Mosetradition durchzusetzen, während offenbar die Pharisäer die Verteidiger der Mosetradition waren. Nimmt man den polemischen Hintergrund im Kampf um die rechte Halakha ernst, dann erübrigen sich auch die Attacken Müllers gegen die neutestamentlichen Ausleger der Bergpredigt (vgl. 173f). Zum Problem der vormosaischen Pseudepigraphen s. M. Hengel, Die Septuaginta als „christliche Schriftensammlung", ihre Vorgeschichte und das Problem ihres Kanons, in: Die Septuaginta zwischen Judentum und Christentum, hg. v. M. Hengel u. A.M. Schwemer, WUNT I/72, Tübingen 1994, 182–284 (216–218.232-235). Der von den Christen übernommene pharisäische ‚Kanon' enthielt keine ‚vormosaischen' Schriften mehr. Sie wurden dagegen in gnostischen und sektiererischen Kreisen geschätzt.

59 Sifra Zaw Pereq 11,4–6 (zu Lev 7,12 [Ed. Weiss 35a]) par bMen 89a, zit. b. Ch. Albeck, Einführung in die Mischna, SJ 6 Berlin/New York 1971, 39f: R. Eleazar b. Azarja nennt die umstrittene Halakha im Kontext von zwei weiteren, nämlich dem Viertellog Öl beim Opfer des Nasiräers und den 11 Tagen zwischen Nidda und Nidda. Das will doch wohl sagen: so wie diese Halakhot unbestritten „Halakha des Mose vom Sinai" ist, so auch die, für die Aqiba eine exegetische Begründung versuchte, was aber als ‚Neuerung' zurückgewiesen wurde.

einer Einheit verschmolzen wurde. Die Exegese hat dabei aber nur nachzuvollziehen versucht, was vorher ohne klare exegetische Methodik mit einer gewissen Selbstverständlichkeit praktiziert wurde: die Ausweitung der Tora auf die neu aufgekommenen Fragen. Denn auch die nicht oder nicht eindeutig exegetisch ableitbare alte und uralte Tradition ist ja entstanden als Ausfluß des regelmäßigen Umgangs mit der Tora als der Quelle alles Wissens.[60]

Darum wird von R. Ze'ira im Namen des größten frühamoräischen Haggadisten R. Jochanan (gest. 279) überliefert:

> „Wenn dir eine Halakha begegnet und du nicht weißt, welcher Art (d.h. welchen Ursprungs) sie ist, so wende sie nicht nach einer anderen Richtung (d.h. laß sie nicht gegen eine andere Sache streiten); denn zahlreiche Halakhot sind Moses am Sinai gesagt worden und alle sind sie in der Mischna niedergelegt worden" (yPea 17a [2,6]).

Damit ist dem Schüler gesagt: eine überlieferte Halakha ist auch dann gültig, wenn ihr genaues Herkommen nicht festgemacht werden kann, denn alle Halakha floß aus der einen Quelle, der Offenbarung am Sinai. R. Jochanan unterscheidet hier nicht einmal mehr zwischen schriftlicher und mündlicher Tora, weil die Überzeugung im 3. Jh. schon allgemein anerkannt war, daß sich alle Halakha in einem letzten Sinn (der aber nicht ‚historisch' gemeint ist) Mose verdankt. Darum kann derselbe auch sagen (yShab 3a [1,2]): „Wenn du die Überlieferungskette einer mündlichen Lehre bis auf Mose zurückführen kannst, dann tue es!" – aber damit ist nicht gesagt, daß die Gültigkeit dieser Lehre davon abhängt, weil auch alle späteren halakhischen ‚Entdeckungen', d.h. Neuerungen, aus der einen und einzigen Quelle strömen.[61]

Zwei Tosephtatexte führen mit ähnlichen Formeln einen zur Zeit, als der Tempel noch stand, zwischen dem Volk und dem hochpriesterlichen Clan der

---

[60] Vgl. dazu jetzt auch J. Neusner, The Role of Scripture in the Torah – is Judaism a „Biblical Religion"?, in: FS J. Maier (Anm. 57), 192–211 (196) u. G. Stemberger, Zum Verständnis der Schrift im rabbinischen Judentum, loc.cit. 212–225 (213–216).

[61] Vgl. yPea 17a (2,6): R. Jehoschua b. Levi (um 250 n.Chr.) sagte: „Alle Worte: Schrift, Mischna, Tradition, Talmud, Haggada – sogar was ein ausgezeichneter Schüler dereinst vor seinem Meister lehren wird, wurde Mose bereits am Sinai gesagt" (zit. b. P. Schäfer, op.cit. [Anm. 50], 166f). Vgl. a. S. Safrai, Oral Tora, in: The Literature of the Sages, hg. v. S. Safrai, CRINT II/3a, Assen u.a. 1987, 35–121 (56–60): „The idea, or possibly the belief, that the entire Tora was already given to Moses on Sinai and that he taught it to Israel, in no way restricted the creation of new *Tora*" (59). In der auf den Amoräer Shimon b. Laqisch (Mitte 3. Jh.) zurückgehenden Tradition bBer 5a wird der Vers Ex 24,12 ausgelegt, indem dem biblischen Wortlaut jeweils ein korrespondierendes Element der jüdischen Traditionsbildung gegenübergestellt wird: Gott befahl Mose auf den Berg Sinai zu kommen, wo Gott ihm geben wollte „die Tafeln aus Stein (das wird bezogen auf die ‚Zehn Worte'), und die Tora (das ist die Schrift מקרא), und das Gebot מצווה (= Mischna), welches ich geschrieben habe (das sind נביאים וכתובים), um sie zu lehren (= Gemara)", d.h. die gesamte Bibel, samt Mischna und Gemara sind dem Mose am Sinai gegeben worden. Der Sinn der Aussage ist jedoch nicht ‚historisierend', sondern ‚autorisierend'! Hier ist eine Entwicklung abgeschlossen, deren Tendenz in die Zeit vor 70 zurückreicht. Davon zeugen Josephus, aber auch das Neue Testament, vgl. z.B. Mt. 23,2ff. S. a. unten Anm. 107.

Boethusäer (s. u. S. 467ff) umstrittenen Brauch am Laubhüttenfest sowie den Gegenstand einer Diskussion der Schüler Hillels und Schammais ebenfalls „auf Mose am Sinai" zurück.[62] U.E. beweisen diese Formulierungen, die, wie P. Schäfer zu Recht betont, „von einem Traditionsprinzip ähnlich dem in mAv 1,1 formulierten Grundsatz aus(gehen)"[63], daß Sanders von einem an sich richtigen Satz die falschen Folgerungen zieht (Law 123): „The few minor traditions or halakot which are traced back to Moses serve to refute the idea that the Pharisees ascribed their major distinguishing practices to him". Zuzustimmen ist ihm, daß die Pharisäer nicht jede Einzelhalakha ‚*historisch*' auf Mose zurückzuführten, aber eben: weil sie von der autoritativen Gültigkeit ihrer Halakha überzeugt waren und es darum gar nicht nötig hatten! Daß sie es aber in konkreten Fällen für durchaus *möglich* hielten, zeigen genau die erwähnten Formeln.

Es handelt sich bei dem Rückbezug auf Mose also um mehr als eine bloße, selbstbewußt hingeworfene Floskel (Law 124): „I already knew the answer: it's as old as Moses." Der Hinweis auf Mose war ernster gemeint. Denn wenn es in Einzelfällen möglich war, unbekannte Halakhot auf Grund einer Sondertradition bis in die Zeit der Offenbarung am Sinai zurückzuführen und damit als uralt und ‚mosaisch' zu autorisieren, so galt das mindestens ebenso sehr bezüglich der von den pharisäischen Weisen grundsätzlich und allgemein anerkannten Bestimmungen, wie etwa dem von Sanders hervorgehobenen Eruv oder dem Händewaschen, auch wenn über deren Alter und Herkunft selten ausdrücklich gesprochen wird.[64] Was selbstverständlich anerkannt war, brauchte nicht noch besonders begründet zu werden. Wir haben uns hier weitgehend auf die von Sanders selbst angeführten Beispiele aus Mischna und Tosephta beschränkt, sie ließen sich ohne weiteres aus späteren Texten vermehren.[65] Auch Mt 23,3, das Wort von der κάθεδρα Μωϋσέως ist nur vor

---

[62] Law 122f: Der erste Text ist tSukka 3,1 (Z. 195): „(Das Schlagen der) Weidenzweige ist eine Halacha des Mose vom Sinai her." – Daß Abba Schaul sie mit Lev 23,4 aus der Schrift ableitete (מביאו מן המקרא) zeigt nur, daß mündliche Tradition und der Versuch einer Begründung aus der Schrift sich nicht gegenseitig ausschlossen (vgl. Law 117). Hinzu kommt, daß wer die mündliche Tradition ablehnte, auch die (oftmals weithergeholte) Schriftbegründung nicht anerkannt haben wird; s. dazu BILL. II,794; J.Z. LAUTERBACH, Midrash and Mishnah. A Study in the Early History of the Halakah (urspr. 1915), in: DERS., Rabbinic Essays, Cincinnati 1951 (repr. New York 1973), 163–256 (230–247). In dieselbe Richtung verweist auch die Regel Aqibas, nach welcher die Halakha als überlieferte Satzung ohne Einwand anzunehmen ist, während eine auf exegetischer Ableitung beruhende These widerlegt werden kann (s. mYeb 8,3; mKer 3,9 und dazu W. BACHER, op.cit. [Anm. 53], 42). Vgl. auch mSukka 4,5–7; bSukka 43b: Die einfachen Priester und das Volk standen hier auf Seiten der pharisäischen Halakha. Die zweite Stelle ist tPea 3,2 (Z. 21), eine Bemerkung Eleazer ben Azarjas zu dem Diskussionsgegenstand: התורה אלו הדברים שנאמרו למשה בסיני.

[63] Op. cit. (Anm. 51), 185.

[64] S. aber unten Anm. 109: Der Eruv und das Händewaschen werden auf Salomo zurückgeführt.

[65] Law 124f. SANDERS verweist 348 Anm. 10 auf den grundlegenden Artikel von W.

diesem Hintergrund zu verstehen und wird von Sanders bezeichnenderweise in diesem Kontext überhaupt nicht erwähnt.[66]

Aber auch bei den „Worten der Schriftgelehrten" (דברי סופרים) ist es nach den von Sanders angeführten Beispielen (Law 115–117) nicht immer ohne weiteres eindeutig, daß sie grundsätzlich den „Worten der Tora" nachstehen. Vielmehr wird oftmals eher der enge Zusammenhang deutlich:

In mPara 11,4–6 (vgl. tPara 11,5) erscheinen z.B. beide gleichgeordnet. Dabei fällt auf, daß die „Worte der Tora" und „der Schriftgelehrten", selbst wenn sie verschiedenen Rang haben sollten, als autoritative Halakhot dennoch beieinander stehen. Eine Überordnung der „Worte der Tora" wird dabei nicht unmittelbar sichtbar. W. Bunte etwa, ein vorzüglicher Kenner der Mischna, schreibt zu mToh 4,7.11 über die dort erwähnten דברי סופרים: So galten denn „die סופרים den Tannaiten als anerkannte Autoritäten", ihre Worte waren „der Tora gleichzusetzen"[67].

In tNidda 9,14 dagegen wird mit der Formel „Worte der Schriftgelehrten" eine Differenzierung innerhalb des komplexen Regelwerkes vorgenommen: die erleichternde Regel bezüglich der Unreinheit wird damit begründet, daß „ihre Unreinheit *nur* nach den Worten der Schriftgelehrten besteht". Man muß bei dieser Erleichterung aber darauf achten, daß hier ein äußerst konstruierter Fall verhandelt wird (die Verunreinigungsfähigkeit mittels Druck auf Gegenstände, die unter einem Stein liegen, durch die Leichname von Flußbehafteten, Blutflüssigen, Menstruierenden, Wöchnerinnen oder Aussätzigen), der am Ende einer kasuistischen Ausdifferenzierung steht. Und dennoch

---

Bacher, Satzung vom Sinai. הלכה למשה מסיני, Studies in Jewish Literature, FS Kaufmann Kohler, hg. v. D. Philipson u.a., Berlin 1913, 56–70 sowie ders., Tradition und Tradenten in den Schulen Palästinas und Babyloniens, Leipzig 1914 (repr. Hildesheim 1966), 33–46; s. auch Bill. IV,1235 Index s.v. „Halakha von Mose her vom Sinai": die Belege stammen aus späteren Textsammlungen, wo sich die Formel besonders häufig im Zusammenhang mit den Tefillin und Mezuzot findet. Sie wurden von den Amoräern, für die die Rückführung der schriftlichen und mündlichen Tora auf Mose selbstverständlich war, relativ bedenkenlos gebraucht. Das wird man für die frühesten Beispiele so noch nicht sagen können.

[66] Bei der einzigen Erwähnung der Stelle in *Law* schließt Sanders, daß es vielleicht auch pharisäische Synagogenvorsteher gab (S. 80), aber das ist hier – wenn überhaupt – nur am Rande gemeint. Zu den Pharisäern und dem Synagogeninstitut s. u. S. 428ff.

[67] Die Mischna VI/5: Toharot, Berlin/New York 1981, 156. Als Beispiele für die Gleichsetzung führt er an: mKel 13,7; mPara 11,5f; mToh 4,7.11; mYad 3,2, dazu nennt er außerhalb der Mischna den ältesten tannaitischen Kommentar Sifra zu Lev 19,34 (362a); tTaan 2,6; tEd 1,1; bSanh 87a (Bar.). Sanders deutet dieselben Stellen alle in einem abgeschwächten Sinn. Was nötig wäre, ist eine detaillierte Untersuchung der von Sanders aufgelisteten Stellen *in ihrem Kontext*, die Sanders nicht vorgelegt hat, und die hier auch nicht zu leisten ist. Es reicht dabei auch nicht aus, nur die Stellen auszuwerten, die sich gleichsam lexikalisch über eine Reihe von Stichworten erfassen lassen, da die Verbindlichkeit der mischnischen Halakhot sich sehr verschieden Ausdruck verschafft, s. etwa mSukka 2,7. Zu berücksichtigen wären dabei auch die materialreichen Kommentare von D. Sperber, A Commentary on Derech Erez Zuta. Chapters Five to Eight, Ramat Gan 1990, 174–176 zu DEZ 8,10: „Jeder der die Worte der Weisen übertritt, ist des Todes schuldig" und M. van Loopik, The Ways of the Sages and the Way of the World, TSAJ 26, Tübingen 1991, 297–299 zu DEZ 8,14a (derselbe Text, aber andere Zählweise). Auch S. Stern bestreitet in seiner Rezension von Judaism, daß das von Sanders vorgelegte Material wirklich beweist, daß die mündliche Überlieferung weniger verbindlich gewesen sei, vgl. op.cit. (Anm. 52), 310.

heißt es nicht, daß die dekretierte Unreinheit ohne Folgen bleibt: die solcherart verunreinigte Hebe muß verbrannt werden (vgl. Lev 7,17.19; 19,6), auch wenn nur die Schriftgelehrten über diesen Fall befunden haben. Daraus kann geschlossen werden, daß die nur rabbinisch verunreinigte Hebe für die Lehrer dennoch den Priester, der davon ißt, unter die in Lev 7,18; 19,7f; vgl. 22,8f angeordnete Ausrottungsstrafe stellen würde, so daß die Stelle mehr aussagt als Sanders ihr entnimmt: „Those who are impure only according to the words of the scribes do not render the sanctuary and the holy things in it impure" (Law 116) – vielmehr kann die verunreinigte Hebe sehr wohl die Priester verunreinigen, die davon essen!

Nach tMiqw 5,4 entscheiden bei Reinheitsfragen, in denen die Grundlage (עיקר) aus der Tora stammt, die notwendige Maßbestimmung (שיעור) jedoch aus den „Worten der Schriftgelehrten", die letzteren. Wenn aber die Schriftgelehrten die konkrete Anwendung festlegen können, dann kommen ihre Anweisungen denen der Tora faktisch sehr nahe, denn ohne die korrekten Ausführungsbestimmungen könnte die Tora ja gar nicht befolgt werden, d.h. in diesem Fall (der ja nur ein Beispiel ist für viele parallele Vorgänge) ist die schriftliche Tora und die Auslegung im Sinne einer verbindlichen Anwendungsregel nahezu identisch. D.h. aber weiter, daß es eine Instanz geben mußte, die eine zu praktizierende Ordnung aufstellte. Daß nur das „daß", aber nicht das „wie" relevant sei, ist eine unhistorische Denkweise, denn in allen antiken Religionen – und dazu gehört auch das Judentum – hängt die Wirksamkeit eines vorgeschriebenen Rituals an seiner korrekten, bis in die Einzelheiten hinein geregelten Durchführung![68]

Eine auffallende Parallelisierung finden wir ferner in dem wichtigen Text tEd 1,1 (Z. 454), wo die Worte der Tora *und* der Schriftgelehrten unter das Zitat Am 8,11 subsumiert werden.[69] Die Übereinstimmung von Schrift und Tradition ist Voraussetzung dafür, daß die „Worte des Herrn" ihre Geltung auch zukünftig behalten können. Der ganze Mischnatraktat Eduyot zeigt ja gerade, für wie wichtig die Übereinstimmung der Schulen Hillels und Schammais erachtet wurde. Hier sind doch nicht nur Gruppeninteressen angesprochen, sondern grundlegende Probleme der „Soteriologie"[70] innerhalb des von Sanders proklamierten „Bundesnomismus". Wenn die Einhaltung des Gesetzes als Bundesverpflichtung von seiten des Menschen aus gesehen wird, dann liegt alles daran, eindeutig zu wissen, was diese Verpflichtung hier und jetzt konkret bedeutet.[71]

---

68 Vgl. Law 116f. SANDERS selbst weist darauf hin, daß die ganzen Bestimmungen über Quantitäten im babylonischen Talmud auf Mose zurückgeführt werden, die späteren Generationen also versucht waren, diese Maßgaben durch die ‚Mosaisierung' abzusichern. Das liegt in der *inneren Konsequenz*, weil sich gegen solche ‚willkürlichen' Festsetzungen leicht Widerstand erheben konnte. Auch hier sitzen die pharisäischen Schriftgelehrten auf dem „Lehrstuhl des Mose" (Mt 23,2).

69 Zit. b. P. SCHÄFER, op.cit. (Anm. 51), 60f. SANDERS listet den Beleg zusammen mit tTebY 1,10 und tKel (BB) 7,7 mit der bloßen Bemerkung auf: „ the relative weight of the phrase cannot be determined" (Law 115).

70 Er verteidigt seine eigene Verwendung dieses Begriffes damit, „that it points to a concern which is central to Judaism: a concern to be properly rather than improperly religious, to serve God rather than to desert his way ..." Paul and Palestinian Judaism 75 (Hervorhebung im Original; s.a. die nächste Anm.).

71 Vgl. SANDERS, Paul and Palestinian Judaism 236: Die in der rabbinischen Literatur vorherrschende Religionsstruktur „is based on election and atonement for transgressions, it being understood that God gave commandments in connection with the election and that obedience to them, or atonement and repentance for transgression, was expected as the condition for remaining in the covenant community". Die als Bundesnomismus bezeichnete

Daß die Rabbinen sich bei alledem wohl bewußt waren, daß ihre eigenen Traditionen von den in der Tora schriftlich niedergelegten Geboten unterscheidbar sind, ist dabei selbstverständlich; ihre *Tendenz* war jedoch nicht, die Autorität der ersteren abzuschwächen, sondern sie zu verstärken[72]:

In tTaan 2,6 (Z. 217) wird an den Tagen unmittelbar vor und nach Festtagen und Sabbaten das Fasten erlaubt, während nach mTaan 2,8 dies bei den Gedenktagen der Fastenrolle[73] eingeschränkt ist. Diese Verschärfung bei den Tagen der Fastenrolle wird damit begründet, daß im Gegensatz zu den „Worten der Tora" die „Worte der Schriftgelehrten" (die die Fastenrolle festgelegt haben) noch besonderer „Stärkung" (חזוק) bedürfen (vgl. a. tYev 2,4 [Z. 243]). Diese Formel findet sich auch noch in der späteren Literatur, als die Lehre von den beiden tôrôt längst selbstverständlich geworden war.[74]

Den stärkeren Schutz der schriftgelehrten Entscheidungen im Vergleich zu den biblischen Vorschriften macht besonders mSanh 11,2f deutlich (vgl. Law 117, s.a. 114): In einer – wirklichkeitsfern-theoretischen – Verhandlung über den Fall eines Gelehrten, der, weil er sich gegen die Entscheidung des Bet Din aufgelehnt hat, mit dem Tod durch

Religionsstruktur liefert „the reason for the halakah", nämlich „to determine how to obey the God who chose Israel and gave them commandments" (ebd.). Das aber setzt eine eindeutige Festlegung der Halakha voraus (vgl. ebd. 72: „while Rabbis disputed what the halakah on any particular point should be, they believed *without exception that there should be halakah*. This is a fact that will tell us ... a great deal about their understanding of religion" [Hervorhebung im Original]): Eben darum ging der innerjüdisch-religiöse Streit zwischen den verschiedenen ‚Religionsparteien' und ‚Schulen'. Diesen richtigen Ansatz des frühen Werkes scheint Sanders in seinen letzten Büchern aufgegeben zu haben. Oder glaubt er, daß erst die Zeit nach 70 eine verbindliche Halakha brauchte?

72 Das heißt jedoch nicht, daß sie deswegen weniger verbindlich wären, ihnen konnte nur leichter widersprochen werden. Die späteren Entscheidungen standen immer in der Gefahr, unter Hinweis auf die schriftliche Tora abgelehnt zu werden (innerjüdische „Dissidenten" benützten fast immer ein sola scriptura-Argument, um der Tradition zu entfliehen; das gilt für die Sadduzäer [s. Law 107], Jesus [vgl. Mk 7,8ff] und die Judenchristen, aber ebenso für die Samaritaner und später die Karäer), weshalb für sie besondere Sicherungsmechanismen geschaffen werden mußten (vgl. a. D. Sperber, op.cit. [Anm. 67], 166.175). Wenn die Halakha wirklich so unverbindlich wäre, wie Sanders das gern haben will, dann ist es völlig rätselhaft, weshalb die Rabbinen sich so sehr darum bemühten, ihren Traditionen Gewicht und Geltung zu verleihen. Dieses Bemühen ist doch nur verständlich unter der Voraussetzung, daß ihre Beachtung „soteriologisch" von Bedeutung war.

73 Bei den Gedenktagen der Fastenrolle, die ja an geschichtliche Ereignisse der hasmonäischen und römischen Periode erinnern, dachte niemand daran, hier eine auf Mose zurückgehende Halakha zu lehren, auch das ist ein sicherer Hinweis dafür, daß die Verbindlichkeit einer Halakha nichts mit ihrem ‚historisch-nachweisbaren' mosaischen Ursprung zu tun hat. Zu diesem frühtannaitischen Dokument, das in seinem Grundbestand sicher in die Zeit vor 70 reicht, s. H. Liechtenstein, Die Fastenrolle. Eine Untersuchung zur jüdisch-hellenistischen Geschichte, HUCA 8–9 (1931/32), 257–351 u. unten Anm. 112.

74 Vgl. bEruv 3a; 76a; 85b; bYev 36b; bKet 56a; 83b; 84a; bBM 55b; bZev 101a. Hinter dieser amoräischen Auffassung steht die ältere, als Baraita in bBer 4b u. bEruv 21b überlieferte, wonach der Schüler mit den Worten der Schriftgelehrten sorgfältiger umzugehen hat als mit den Worten der Tora, denn wer die Worte der Schriftgelehrten übertritt, ist des Todes schuldig, s.o. Anm. 67 zu DEZ 8,10 (14a). Wie Paulus um die „Wahrheit des Evangeliums" (Gal 2,5.14) kämpft, so die Pharisäer um eine *verbindliche* Anweisung zum rechten Tun der Tora.

Erdrosselung bestraft werden soll, muß die strittige Sache zuletzt durch den „obersten Gerichtshof" in der Quaderhalle (im Tempel) verhandelt werden, jener Instanz, „von der Tora für ganz Israel ausgehen soll" (mSanh 11,2; vgl. Jes 2,3). Als Schriftbegründung erscheint wenig passend Dtn 17,8–13, wobei der oberste Gerichtshof an die Stelle des Priesters als Richter getreten ist. Wenn der Angeklagte, nachdem er dort über die richtige Halakha belehrt wurde, dennoch weiter in dieser Sache falsch entscheidet und entsprechend *handelt* (Dtn 17,12), hat er sein Leben verwirkt. Das Fazit lautet (mSanh 11,3): *"(Die Auflehnung) gegen die Worte der Schriftgelehrten wiegt schwerer als die gegen die Worte der Tora"*, was dann am Tefillingebot auf eigenartige Weise verdeutlicht wird.[75] Mit diesem schwierigen mischnischen Text dokumentiert die ideale oberste Autorität des höchsten - rabbinischen - Gerichtshofes, daß seine Weisungen im Vergleich zu der ‚banalen', weil jedermann zugänglichen, schriftlichen Tora gestärkt werden müssen. S. Krauß kommentiert diesen Passus so, daß darin ein Fallbeispiel gegeben wird, „wo die Übertretung eines sopherischen Gebotes strenger beurteilt wird als die eines mosaischen Gebotes", nämlich dann, wenn der betroffene Gelehrte „einen vollwertigen Bescheid in einer rabbinischen Sache" erteilt, der abweicht von der für verbindlich erklärten Lehre. In diesem Fall verwirkt er sein Leben, und sein Urteil wird öffentlich bekannt gemacht.[76]

Der letzte Schritt wird dann von den frühen Amoräern vollzogen. Eine besondere Rolle spielt dabei die allegorische Auslegung des Hohenliedes. So werden dem berühmten Haggadisten R. Jochanan[77] zwei fast gleichlautende Worte zugewiesen: „(Eng) verwandt (dôdîm) sind die Worte der Schriftgelehrten mit den Worten der Tora und ebenso beliebt (ḥ^{a}bîbîm, vgl. mAv 3,15) wie die Worte der Tora (denn es heißt [Cant 7,10]:) ‚Dein Gaumen (bzw. Mund = die Worte der Gelehrten) ist wie köstlicher Wein (= die schriftliche Tora)". Die Parallele lautet: „... geliebter sind (die Worte der Gelehrten) als die Worte der Tora. Denn (es heißt [Cant 1,2]: ‚köstlicher sind deine

75 Die herausragende Bedeutung der ‚korrekten' Tefillinkapseln als Bekenntnis ergibt sich aus mMeg 4,8: „Wer seine Tefillin rund macht, (begibt sich in) Gefahr und (handelt) nicht gemäß dem Gebot (מצווה)." In der Fortsetzung werden von der rabbinischen Norm abweichende Anlegeverfahren als „Art der Häretiker" (דרך המינות) bzw. „der Sektierer" (דרך החיצונים) bezeichnet. Dazu überliefert der Jerusalemer Talmud yMeg 4,8 (9) (75c) das Diktum des ansonsten weitgehend unbekannten palästinischen Amoräers R. Yose-ben-Bevai: „(Daß) die Gebets(kapseln) viereckig (Riemen und Kapseln) schwarz sein müssen, ist eine Halakha des Mose vom Sinai" (Übersetzung: F. G. Hüttenmeister, Megilla-Schriftrolle, Übersetzung des Talmud Yerushalmi II/10, Tübingen 1987, 158). Vgl. a. bMakk 11a: „So wie es hinsichtlich der Tefillin eine Halakha des Mose vom Sinai ist, daß sie mit Sehnen zusammengenäht werden müssen, so müssen auch Torarollen mit Sehnen zusammengenäht werden"; auch die Form der Knoten der Gebetsriemen, ihr Material und ihre Reparatur sind Halakhot, die auf Mose am Sinai zurückgehen, vgl. yMeg 1,11 (8) (71d) (Hüttenmeister 51f) u. bMen 35a-b (zu mMen 3,7).

76 Die Mischna IV/4.5: Sanhedrin-Makkot, Gießen 1933, 300f. Der Bann gegen Eliezer b. Hyrkanos zeigt, wie ernst es den Rabbinen damit war, daß sie sogar einen so angesehenen Gelehrten rigoros bis kurz vor seinem Tod aus der Gemeinschaft ausschlossen, weil er sich der Mehrheitsmeinung nicht beugen wollte, vgl. dazu Y. D. Gilat, R. Eliezer Ben Hyrcanus. A Scholar Outcast, Ramat Gan 1984, 479–491.

77 Bill. I,692 und Ch. Horowitz, Der Jerusalemer Talmud in deutscher Übersetzung, Bd I: Berakhot, Tübingen 1975, 26f. Text: P. Schäfer/H.-J. Becker (Hg.), Synopse zum Talmud Yerushalmi Bd. I,1–2, TSAJ 31, Tübingen 1991, 26 §§ 1,7/2f.

Geliebten (לדֹדָיִךְ, wieder bezogen auf die Worte der Schriftgelehrten) als Wein'."[78] Kurz darauf folgt ein Zitat des Tannaiten R. Jischmael (b Elischa, gest. um 135): „Die Worte der Tora enthalten Verbotenes und Erlaubtes, sie enthalten Leichtes und Schweres; aber die Worte der Schriftgelehrten sind alle schwer". Auch hier wird zur Begründung auf das Tefillin-Beispiel aus mSanh 11,3 (s. auch unten Anm. 107) verwiesen.

Daß die Pharisäer und die frühen Tannaiten zwischen ihren Entscheidungen bzw. den „Worten der Schriftgelehrten" und der schriftlichen Tora unterschieden, ist sicher richtig, aber das besagt noch nicht unbedingt etwas über die Autorität der ersteren, denn es bestand zugleich eine starke *Tendenz*, beide zu parallelisieren, um so mit der Autorität der mündlichen Überlieferung zugleich auch die der pharisäischen bzw. später rabbinischen Gelehrten zu steigern.[79] Auch die bekannte Formel von der Überlieferung als „Zaun um die Tora" liegt auf dieser Linie.[80]

---

[78] Nach mAZ 2,5 Ende (par tPara 10,3; yAZ 41c [2,8]) scheint diese Frage schon zwischen R. Jischmael und seinem Lehrer R. Jehoschua kontrovers diskutiert worden zu sein: Der erstere will das דּוֹדַיִךְ mit femininem Suffix auf die Schriftgelehrten Israels beziehen und versteht darum das Wort als eine Anrede Gottes an Israel: „Lieber sind mir deine Lieben (d.h. die Worte deiner Schriftgelehrten) als Wein (d.h. die Worte der Tora)", während R. Jehoschua das Maskulinsuffix דּוֹדֶיךָ vorzieht, das auf Gott zu beziehen wäre. Die spätere amoräische Deutung bezog dagegen auch das maskuline Suffix auf die Gelehrten s. bAZ 35a (vgl. BILL. I,692 und den Kommentar bei: Mischnajot IV: Nesikin, übersetzt und erklärt von D. HOFFMANN, Basel ³1968, 308f). Weitere Diskussionen darüber, ob die schriftliche oder mündliche Tora „beliebter" ist, finden sich in yPea 17a (2,6); yHag 76d (1,8) u.ö. Dabei bekommt *immer* die mündliche Tora den Vorrang, weil sie Israels besondere Stellung unter den Völkern ausmacht. Dahinter mag schon die Auseinandersetzung mit dem christlichen Gebrauch des Alten Testaments stehen, der bis weit ins 1. Jh. n. Chr. zurückreicht, vgl. P. SCHÄFER, op.cit. (Anm. 51), 164–179.

[79] Vgl. K. MÜLLER, op.cit. (Anm. 51), 127–130, der sogar davon ausgeht, daß gerade für die erste Phase der Traditionsbildung gilt, daß „die Halacha selbst als Tora angesehen wird" (das hänge mit ihrer „Sapientialisierung" zusammen, s.u. Anm. 83). Ausgehend von einer Analyse des „halachischen Kompendiums" aus Ant 4,271–274 über die Diebstahlgesetze schließt Müller auf eine grundlegende Analogiefähigkeit der Tora, die in der Halacha ausgenützt wird. Dahinter verbirgt sich die Überzeugung, „daß die Tora eine unerschöpfliche Spenderin und Erzeugerin von weittragenden Analogien ist", so daß alle geschichtlichen Erfahrungen und alle halachischen Erfordernisse innerhalb eines „Toleranzrahmen(s) des Torabezugs" behandelt werden konnten, ohne daß es nötig war, sich im Einzelfall auf einen geschriebenen Text zu beziehen. Erst später, und zwar frühestens mit Hillel, mehrten sich die Bemühungen, die bereits vorhandene und angenommene Halakha mit Bezug auf die Tora auch exegetisch zu stützen: „Zuerst kommt die halachische Regelung des Verhaltens, dann folgt – wenn überhaupt – der Versuch einer Rechtfertigung der Halacha aus der Tora." S. a. S. Safrai, Halakha, in: op.cit. (Anm. 61), 121–209 (152–154).

[80] Aqiba mAv 3,13: מסורת סיג לתורה, vgl. 1,1; mBer 1,1 und dazu Bill. I,693f. Nach bBer 4b (Bar.) machten die Weisen einen Zaun um ihre Worte (דבריהם), um von einer Übertretung fernzuhalten, wenn nämlich ihre Anordnungen betreffs des Betens des Shemʿas am Abend übertreten würden. Die Begründung dafür lautet: „Jeder, der übertritt die Worte der Weisen (דברי חכמים) ist des Todes schuldig." Als biblische Begründung wird auf Koh 10,8 verwiesen, s. yBer 3b (1,7) u. ARN A2/B3. Die qumranische Polemik gegen die „Erbauer der Mauer", die zugleich als „Lügenprediger" auftreten (CD 4,19; 8,12.18 par 19,24.31), womit am ehesten die Pharisäer gemeint sind, kann als Hinweis dafür gelten, daß die Ansätze zum Schutz der

Spätestens in frühtannaitischer Zeit war die Vorstellung von den beiden tôrôt so fest ausgebildet, daß sie, abgelöst von ihrem ursprünglichen Kontext, auch auf die Differenzen von Hillel und Schammai bezogen werden konnte.[81] Die frühen Amoräer hatten dann keine Hemmung mehr, je und je die mündliche Tora im Rang über die schriftliche zu stellen. Es handelt sich um *eine konsequente Entwicklung*, die in Stufen verlief, deren erste Ansätze aber sicher *in die Zeit weit vor 70* zurückreichen. Auch der Begriff ‚Tora' in Pirqe Avot, worin die Unterscheidung zwischen schriftlicher und mündlicher Tora praktisch aufgehoben wird (schon 1,1 ff bezieht sich vornehmlich auf die mündliche Tora), zeigt, daß um 200 die von Sanders so betonte Unterscheidung längst völlig durchlässig geworden war.[82] Dabei wird von Anfang an deutlich, daß ‚Tora' – wie schon in den alttestamentlichen Texten – nicht grundsätzlich und einseitig an den Buchstaben des geschriebenen Wortes gebunden ist, sondern daß im Umgang mit ihr immer auch ein kreatives Element zum Tragen kommen mußte, wenn die Tora als gottgegebene Weisung die alles umfassende Lebensordnung für das Gottesvolk bleiben sollte.[83]

Die Rabbinen waren sich dessen wohl bewußt. In der bekannten Mischna Hag 1,8 werden drei Arten von Halakhot unterschieden: solche, die „in der Luft hängen", d.h. die keinen Schriftgrund haben; solche, die „wie Berge sind, die an einem Haare hängen", d.h. die nur eine ganz geringe Stütze in der Schrift (*miqra'*) finden und solche, die einen Schriftgrund besitzen. Zu den letzteren zählen Zivilrecht, Tempeldienste, die Vorschriften über Reinheit und Unreinheit sowie über Eheverbote aufgrund von Verwandtschaft. Sie gelten als „Hauptstücke (gûfê) der Tora" (so mHag 1,8) bzw. „der Halakha" (so tEr 11 [8],24 [Z. 154]: beide Begriffe sind hier austauschbar)[84]. Die u. E. ältere

biblischen Gebote durch die Halakha bis ins 2. Jh. v. Chr. zurückreichen. Die Polemik der Qumrantexte gegen die Pharisäer, ein Thema, dessen Bedeutung SANDERS überhaupt nicht sieht (vgl. Judaism 186), bestätigt nicht nur die weite Verbreitung der pharisäischen Halakha, sondern auch deren Einfluß auf weite Teile der Bevölkerung. Vgl. dazu den knappen Abschnitt von L.H. SCHIFFMAN, New Light on the Pharisees, in: Understanding the Dead Sea Scrolls, hg. v. H. SHANKS, New York 1992, 217–224 und seine gelegentlichen Hinweise in den Anm. 17 genannten Arbeiten. S.a. unten S. 450.

[81] Vgl. tSota 14b; tHag 2,9 (Z. 235: der Zusatz „und es entstanden zwei tôrôt" fehlt in den HSS Erfurt und London), s. dazu P. SCHÄFER, op.cit. (Anm. 51), 195 f und 203. Die halakhischen Kontroversen wurden als so schwerwiegend erachtet, daß man ihre Aufhebung als eine ‚messianische' Tat wertete (vgl. aber auch die positive Wertung des Streites der Schulen in mAv 5,17). Die ursprüngliche Bedeutung der Rede von den zwei Torot bezog sich jedoch eindeutig auf die Parallelität von schriftlicher und mündlicher Tora, vgl. bShab 31a (m. Parallelen) u. SifDev § 351; MTann zu Dtn 33,10 u. dazu P. SCHÄFER, loc.cit. 179–183.

[82] Vgl. das קבל תורה 1,1 und das entsprechende קבל (1,3) bzw. קבלו (1,4ff) bei den folgenden Tradenten. S.a. W. BACHER, op.cit. (Anm. 53), 106; B. TH. VIVIANO, Study as Worship. Aboth and the New Testament, SJLA 26, Leiden 1978, 4f.

[83] Vgl. H. GESE, op.cit. (Anm. 7), 56f0.68–73.77: Die immer stärkere „Sapientialisierung" der Tora ab dem 4. Jh. v. Chr. war möglich, weil mit ihr von Anfang an auch das „Wissen" verbunden war.

[84] Weitere Belege s. W. BACHER, op.cit. (Anm. 53), 11f: fast zu jeder Stelle gibt es eine

Formulierung von tEr 11,24 fügt den vier Teilbereichen von mHag 1,8 noch „Schätzungen, Bannungen, Geweihtes und den zweiten Zehnt" hinzu (vgl. die etwas abweichende Liste tHag 1,9 [Z. 233]) und schließt den Abschnitt (zugleich den Traktat) mit einem Diktum des Abba Yose b. Hanan, der noch der letzten Zeit des 2. Tempels zugehört[85]: „diese acht Teilbereiche der Tora sind die Hauptstücke der Halakhot." In dieser Mischna wird der schriftunabhängigen Halakha die Zugehörigkeit zur Tora also gerade nicht abgesprochen, im Gegenteil: die Formulierung macht deutlich, daß auch die Lösung von Gelübden, die „in der Luft hängt", weil sie sich auf keinen Schriftbeleg stützen kann, dennoch zur Tora, wenn auch nicht zu ihren Hauptstücken, gehört!

Sanders findet an dieser Stelle dagegen einen qualitativen Unterschied zwischen den „essentials of the Law" und den unabhängigen Halakhot ausgesagt, deren Relevanz dadurch eingeschränkt sei, daß sie nicht auf Exegese basierten (Law 119 und die Schlußfolgerungen daraus 129 unter Nr. 7). Diese Fehldeutung gründet in seinem unbewiesenen Vorurteil, wonach der Schriftbezug für die Verbindlichkeit einer halakhischen Anordnung entscheidend wäre.[86] Die durch die Schrift begründbaren Halakhot bilden gewissermaßen nur ‚die Mitte der Tora' als dem theoretischen Prinzip, woran sich die Halakha zu orientieren hat, wenn sie Fragen zur Entscheidung vorgelegt bekommt, die in der Schrift selbst noch gar nicht im Blickfeld waren, wobei diese Entscheidungen – einmal getroffen – auch verpflichtend sind. Diese weitere Bedeutung von Tora gilt vor allem auch für den Sprachgebrauch im Bereich der Haggada, die ja in Mischna und Tosephta, den Textsammlungen, auf die sich Sanders stützt, noch nicht so stark vertreten ist.[87]

Auf eine interessante Parallele verweist auch Ch. Taylor in seinem Avot-Kommen-

---

Parallele oder Lesart, die גופי הלכות anstatt גופי תורה liest. Zu Lev 19,2, dem Beginn des Heiligkeitsgesetzes, wird in Sifra (Ed. Weiss 86c) gesagt, es sei deswegen vor der „ganzen Gemeinde der Kinder Israels" vorgetragen worden, „weil die Mehrheit der Hauptstücke der Tora daran hängt".

[85] Vgl. S. Safrai, op.cit. (Anm. 61), 155. Von „additional traditions" (so Law 119) ist hier gerade nicht die Rede. Sowohl die „Hauptstücke" wie die, die „nichts (oder wenig) haben, worauf sie sich stützen können", sind Halakhot, d. h. gehören zu Tora.

[86] Eine Halakha besitzt sogar dann Gültigkeit, wenn sie dem Sinn der Schrift zuwiderläuft (trotz Beibehaltung einer formalen Korrektheit gegenüber dem Schriftvers, vgl. SifDev § 113 zu Dtn 15,3), ein Vorgang, der bereits dem Prosbul Hillels zugrunde liegt (vgl. mShevi 10,3f [ohne exegetische Begründung]), und dessen Praktizierung für die Zeit vor 70 sicher nachweisbar ist (worauf Sanders selbst aufmerksam macht, s. Law 8.333f Anm. 2; Judaism 427f; seine übrigen Bemerkungen zum Prosbul sind mehr als gezwungen [Judaism 426f.470], weil an diesem Punkt sicher ist, daß eine pharisäische Praxis rechtliche Geltung besaß; dies muß er unter allen Umständen als Ausnahme und Sonderregelung darstellen [s. besonders Judaism 427]). Für die spätere Zeit s. bSota 16a und dazu W. Bacher, op.cit. (Anm. 53), 144.

[87] Vgl. dazu die Tübinger Dissertation (1994) von F. Avemarie, Tora und Leben. Untersuchung zur Heilsbedeutung der Tora in der frühen rabbinischen Literatur (2.–5. Jahrhundert), Tübingen 1996.

tar[88]: Nach Ps.Clem.Hom. 3,47,1–4[89] hat Mose das Gesetz mündlich von Gott empfangen und so den 70 Ältesten (Num 11,16ff) weitergegeben. Erst nach seinem Tode sei es aufgeschrieben worden, wobei Wahres und Falsches vermischt wurde (vgl. 2,38,1). Vermutlich handelt es sich dabei um eine *polemisch-abwertende Weiterentwicklung* derselben Tradition, die (hier jedoch positiv verwendet) auch hinter Avot 1,1 steht, aus gnostisierenden judenchristlichen Kreisen, die z.B. die blutigen Opfer als Verfälschung der Tora ablehnten. Die ältere, ‚orthodoxe' Überlieferung von der schriftlichen *und* mündlichen Tora, die Mose erhielt, wurde unter Berufung auf den Bericht vom Tode Moses, der von diesem nicht selbst verfaßt sein kann, auf die Übergabe einer mündlichen Tora reduziert. Diejenigen, die das Gesetz aufschrieben, gelten als Unwissende, während Mose sich darin als Prophet erwies, daß er das Medium der Mündlichkeit dem der Schriftlichkeit vorzog.[90] Ganz ähnlich beriefen sich die Gnostiker des 2. Jh.s n. Chr. auf mündliche Überlieferung Jesu oder der Apostel. Die mit der eigenen Meinung der Sektierer übereinstimmende, fiktive mündliche Überlieferung steht hier also eindeutig *über* der schriftlichen, denn nur die Mündlichkeit bewahrt vor dem Vernichtet- und Verfälschtwerden. Daran zeigt sich, daß in derartigen Kreisen die in der rabbinischen Literatur begegnende Einheit von schriftlicher und mündlicher Tradition einseitig zugunsten der mündlichen aufgelöst wurde. Damit war der Weg frei, die eigene Sektentheologie als uralte und ursprüngliche, nur mündlich tradierte Lehre darzustellen.

2.2. Josephus und die mündliche Tradition der Pharisäer

Das Entscheidende zum Verstehen der rabbinischen Nachrichten hat schon Josephus in seinem Bericht über die Pharisäer im Anschluß an deren Konflikt mit Johannes Hyrkanus gesagt.[91] Die daraus zu ziehenden Schlußfolgerungen sind hier zu behandeln, weil die Nachrichten des Josephus in dem Kapitel über „oral law" nur in der Einleitung (99ff) verkürzt zu Wort kommen, in dem zusammenfassenden Schlußabschnitt jedoch keine Rolle mehr spielen,

---

[88] Sayings of the Jewish Fathers, Cambridge 1897–1900 (repr. Amsterdam 1970) 134.

[89] B. REHM (Hg.), Die Pseudoklementinen I. Homilien, zum Druck besorgt durch J. IRMSCHER u. F. PASCHKE, GCS 42, Berlin ^{2}1969, 74f. Deutsch in: NTApo 5II,481f. Auch die judenchristlichen Nasaräer glaubten, daß Mose zwar das Gesetz empfangen habe, der Pentateuch jedoch eine Verfälschung des ursprünglichen darstelle: „Nichts davon sei von den Vätern übernommen" (μηδὲν τούτων ὑπὸ πατέρων γεγενῆσθαι). Als „Väter" betrachteten sie die heiligen Gestalten des Pentateuch von Adam bis Mose und Josua (Epiphanius, Pan. 18,1.3–5). Ähnlich auch bei den Ossäern (Pan. 19,3,6).

[90] Vgl. bNed 38a (Ende), wonach Mose die Tora nur darum schriftlich erhielt, weil er sie nicht lernen, d.h. auswendig lernen konnte. Zu vergleichen ist dazu auch die Bevorzugung der mündlichen Tradition bei christlichen Autoren des 2. Jh.s wie Papias, Irenäus u.a., s. dazu M. HENGEL, Die johanneische Frage, WUNT I/67, Tübingen 1993, 19f.92f.104f.157.269 u. W.A. LÖHR, Kanonsgeschichtliche Betrachtungen zum Verhältnis von mündlicher und schriftlicher Tradition im zweiten Jahrhundert, ZNW 85 (1994), 235–258.

[91] Ant 18,297f, vgl. dazu SANDERS, Law 99ff; P. SCHÄFER op.cit. (Anm. 51), 189ff; DERS., Der vorrabbinische Pharisäismus, in: Paulus und das antike Judentum, hg. v. M. HENGEL u. U. HECKEL, WUNT I/58, Tübingen 1991, 125–175 (136f).

und Sanders allein von seiner Interpretation der rabbinischen Belege aus ein Fazit zieht. Es lohnt sich, die entscheidenden Sätze Sanders denen des Josephus gegenüber zu stellen (Law 128):

„If this view is correct and can be applied to the pre-70 Pharisees, as appears to be the case, it means that they were self-conscious when they introduced innovations. They did not think of their own customs, though hallowed by usage, as law, but rather kept them separate. Despite their willingness to introduce new traditions consciously, they were also deeply conservative and intended not to change the biblical law (vgl. aber den Prosbul! M.H./R.D.). They interpreted it and they also followed rules in addition to it. Their interpretations – when they agreed on them – they regarded as correct, and doubtless they tried to have them enforced in society as a whole. Their traditions were their own: they made them Pharisees."

Josephus dagegen schreibt (Ant 13,297f):

„Die Pharisäer überlieferten *für das Volk* gesetzliche Bestimmungen (νόμιμα), die aus der Überlieferung der Väter stammen (ἐκ πατέρων διαδοχῆς), die in den Gesetzen (νόμοις) Moses nicht aufgeschrieben sind. Deswegen verwirft die Gruppe der Sadduzäer dieselben, wobei sie sagt, daß nur jene als gesetzliche Bestimmungen betrachtet werden dürfen, die niedergeschrieben sind (ἐκεῖνα δεῖν ἡγεῖσθαι νόμιμα τὰ γεγραμμένα), dagegen seien jene, die (nur) aus der Überlieferung der Väter stammen, nicht einzuhalten (μὴ τηρεῖν). (Sanders zitiert den Abschnitt nur bis hierher, s. Law 99.)

Über diesen Fragen kam es zwischen ihnen zu Streitigkeiten und schweren Differenzen. Die Sadduzäer überzeugten allein die Reichen, *das einfache Volk* gewannen sie dagegen nicht als Anhänger, vielmehr hatten die Pharisäer *die Volksmenge als Bundesgenossen.*"

Josephus gibt damit nicht die Situation zur Zeit der Entstehung der Antiquitates nach 90 n. Chr. wieder, denn nach 70 hörten die Sadduzäer als Religionspartei auf zu existieren, sondern er schildert den Grundkonflikt zwischen den beiden wichtigsten religiös-politischen Parteien des palästinischen Judentums zwischen der Hasmonäerzeit und der Zerstörung Jerusalems. Die grundlegende Bedeutung dieses von einem Zeitgenossen und Kenner der Verhältnisse stammenden Textes sollte nicht, wie es bei Morton Smith, Neusner und eingeschränkt auch bei Sanders geschieht, von vornherein bestritten werden.[92] Wesentlich ist (a) der Hinweis, daß die Pharisäer die νόμιμα[93] aus der „Tradi-

[92] Law 100f.345 Anm. 16, vgl. Judaism 389f.393f.410f u. ö.; s. a. schon Jesus 312–317.

[93] In der LXX dient das Wort über 40mal als Übersetzung von חק/חֻקּוֹת, 7mal für תורה und einmal (Dan 6,5 Th) für das aramäische דָּת. In den Pseudepigraphen erscheint es nur zweimal in Arist 10.127 zur Umschreibung des jüdischen Gesetzes. Zum Wortgebrauch bei Josephus s. S. Mason, Flavius Josephus on the Pharisees, StPB 39, Leiden u. a. 1991, 230f0.240–245. Ant 13,297f ist die einzige Stelle, wo Josephus von pharisäischen νόμιμα redet, ansonsten benützt er das Wort regelmäßig zur Bezeichnung der *schriftlichen Gesetze* (νόμιμα ἐν τοῖς Μωϋσέως νόμοις). Darum erklärt er an dieser Stelle, was bei den Pharisäern (im Unterschied zur üblichen Bedeutung) darunter zu verstehen sei: sie stammen nicht aus dem Gesetz Moses, sondern aus der „Tradition der Väter" und, so fügt Mason hinzu: „... the Pharisees were able to win massive support for their ordinances" (245).

tion der Väter" nicht, den Essenern vergleichbar, für das esoterische Vollkommenheitsstreben in der eigenen Gruppe überlieferten, sondern für das ganze Volk τῷ δήμῳ. Dahinter steht doch wohl ihr Grundgedanke der *Erziehung des Volkes im Gesetz*. Die Gebote „aus der Überlieferung" der Väter treten neben die schriftlich überlieferten Gesetze Moses, die die Sadduzäer allein für verbindlich erklären. Die Essener als dritte Gruppe[94] stützten sich dagegen neben dem Gesetz Moses (und den prophetischen Schriften) auf geheimgehaltene (Bell 2,141 f; vgl. 136.159) zusätzliche Offenbarungsschriften und Ordnungen.

Inwieweit die νόμιμα der Pharisäer aus zusätzlichen Geboten, die keinen Schriftgrund haben, bestanden, oder aus solchen, für die durch eine – u.U. gewagte Interpretation – doch ein solcher gefunden werden konnte, läßt sich schwer sagen. Tradition und Interpretation konnten schon damals häufig nicht mehr säuberlich getrennt werden.[95] Nicht umsonst betont Josephus auch mehrfach die ἀκρίβεια, d.h. den minutiösen Scharfsinn der Pharisäer in der Interpretation der Tora.

Beides zusammen, *Tradition und Exegese*, weist auf die Bedeutung der Gelehrten*schule*[96] für die Pharisäer hin: Sie waren eine stark intellektuell geprägte Gruppe, für die Schriftauslegung, Erhalt und Ausbau der mündlichen Gesetzestradition zusammengehörten und die wichtigsten Aufgaben bildeten. An anderen Stellen weisen Josephus und die Synoptiker zusätzlich noch auf ihre besondere Eschatologie und ihre sonstigen spezifischen Frömmigkeitsfor-

---

[94] Sie hat Josephus in Bell 2,119–161 schon ausführlich dargestellt, vgl. a. Ant 13,171; 18,11.18–22.

[95] Vgl. L.H. Schiffman, From Text to Tradition. A History of Second Temple and Rabbinic Judaism, Hoboken (New Jersey) 1991, 186f: die ursprünglich unabhängige Halakha und die durch Exegese gewonnene verschmolzen immer mehr zu einer einheitlichen Tradition. Das gilt z.B. für den Sabbat und den damit verbundenen Eruv, s.a. oben S. 417.

[96] Vgl. Law 125, wo Sanders den hellenistischen Traditionsbegriff als Vergleich für die pharisäische Haltung heranzieht: „This view of pharisaic tradition places the party in the mainstream of thought in the Hellenistic period, which venerated tradition but did not consider it the equivalent of law." Auch hier schwächt Sanders ab, um seine vorgefaßte Meinung nicht zu gefährden. Es geht nicht um den Gegensatz Gesetz/Tradition, sondern „the test of any single teacher's competence was his degree of faithfulness to the school's foundational principles" (S. Mason, op.cit. [Anm. 93], 235), d.h. es geht um die Legitimität der Lehrer. Zur Bedeutung der διαδοχή in den griechischen Philosophenschule s. die gesammelten Belege bei E.J. Bickerman, La Chaîne de la tradition pharisienne, in: ders., Studies in Jewish and Christian History II, AGJU 9/2, Leiden 1980, 256–269 (262f.269). Josephus verwendet ihn im Gegensatz zur LXX sehr häufig, aber nur an unserer Stelle hat διαδοχή die Bedeutung „Überlieferung", vgl. S. Mason, loc.cit. 235–240. Er schließt aus dem Sprachgebrauch von Ant 13,297 f, daß hier Josephus sehr stark von der Terminologie abhängig ist, die die Pharisäer selbst gebrauchten (238f). Zur Bedeutung des pharisäischen Lehrhauses s.a. M. Hengel, Der vorchristliche Paulus, in: op.cit. (Anm. 91), 177–293 (222–225.239-242); zum Aufkommen der Lehrhäuser als Reaktion auf die hellenistische Herausforderung s. M. Hengel, Judentum und Hellenismus, WUNT I/10, Tübingen ^{3}1988, 143–152; s.a. B. Th. Viviano, op.cit. (Anm. 82), 9.111–157 u. R. Riesner, Jesus als Lehrer, WUNT II/7, Tübingen ^{3}1988, 151–153.163-182.

men hin.[97] Es verwundert darum nicht, daß sie besonders an der Einführung des erstmalig in der ägyptischen Diaspora bezeugten *Synagogeninstituts* als Ort des Wortgottesdienstes und der Lehre interessiert waren, das in Palästina erst recht spät in der 2. Hälfte des 1. Jh.s v. Chr., d.h. seit herodianischer Zeit bezeugt ist.[98]

Sanders bestreitet dagegen den bestimmenden pharisäischen Einfluß in der Entwicklung der *Synagoge* in Palästina (Judaism 450, vgl. Law 79f). Statt dessen meint er, daß nichtpharisäische Priester und Leviten diese Einrichtung trugen: „It is likely, however, that in the first century priests retained their traditional role as teachers, especially in Palestine, and they doubtless were often leaders of synagogues" (Law 79). Belege hat er dafür nur wenige und fragwürdige.[99] Auch auf die grundlegende Frage, warum die Synagogen im jüdischen Palästina erst sehr spät nachweisbar sind und in allen früheren palästinisch-jüdischen Quellen fehlen, geht er nicht ein, wohl weil die Erklärung auf der Hand liegt: Die Priesteraristokratie in der vorherodianischen Zeit hatte keinerlei Interesse daran, sich im Synagogengottesdienst eine Konkurrenz zum Tempelgottesdienst zu schaffen. Ein eigener selbständiger Wortgot-

---

[97] Vgl. Jos. Ant 18,12–14; Bell 2,162f; Mk 7,3f.11f; Mt 23,16–29, (teilweise parallel mit Lk 11,37–44, d.h. ein Teil der Weherufe gegen die Pharisäer geht auf Q und damit in die Zeit vor 50 n. Chr. zurück); Apg 23,6–9; s.a. den Abschnitt über „Theology and Practice" der Pharisäer in Judaism 413–451, der aber etwa auf die pharisäische Eschatologie überhaupt nicht eingeht.

[98] M. Hengel, Proseuche und Synagoge, in: Tradition und Glaube, FS K. G. Kuhn, hg. v. G. Jeremias u.a., Göttingen 1971, 157–184 (179–181) = o. S. 171–195 (191f.); ders., op.cit. (Anm. 94 [1991]), 259f; R. Deines, op.cit. (Anm. 41), 4–11.

[99] Theodotos-Inschrift (Law 77.341 Anm. 28; Judaism 176f.450); Philo, Hypothetica 7,13 (Law 78f): ein Priester oder ein Ältester leiten den Gottesdienst; außerdem nennt er eine Synagogen-Inschrift aus Sardis vom 4. Jh. n. Chr. („a small bit of evidence that priests retained their identities and teaching role" [Law 343 Anm. 33]; hingewiesen werden könnte ferner auf die aramäische Bauinschrift der Synagoge von Dura Europos von 244/45, die den Priester Samuel bar Yedaja als Archon [ארכון] bezeugt; eine griechische Inschrift nennt ihn – allerdings ohne Hinweis auf seine priesterliche Herkunft, die offenbar als nicht so wichtig galt – πρεσβύτερος τῶν Ἰουδέων, s. C.H. Kraeling, The Excavations at Dura-Europos. Final Report VIII/1: The Synagogue, New Haven 1956, 263.277). Die Möglichkeit, daß zumindest unter den niederen Priestern und den Leviten die Pharisäer relativ zahlreich vertreten waren, erwägt Sanders nicht (vgl. Judaism 412: „There was only a small overlap: a few priests and Levites were Pharisees"). Sanders übersieht ferner die wichtige Tatsache, daß zum Abhalten eines Synagogengottesdienstes *kein* Priester nötig war, sondern lediglich der Segen am Schluß ihnen aufgrund von Num 6,23 vorbehalten bleiben mußte (vgl. mSota 7,6; mBer 5,4; mMeg 4,3.5–7). Beim Lesen der Tora werden dagegen priesterliche Versuche *zurückgewiesen*, dies ausschließlich wie früher den Tempeldienst in weißen Kleidern und barfuß durchzuführen (mMeg 4,8 u. dazu S. Krauss, Synagogale Altertümer, Berlin/Wien 1922, 169f; zu anderen Deutungen s. L. Tetzner, Megilla, Die Mischna II/10, Berlin 1968, 128). Im Unterschied dazu verlangt die Qumran-Gemeinschaft die Anwesenheit eines Priesters, wenn mindestens 10 Männer versammelt sind, vgl. CD 13,2; 1QS 6,3f. Wenn die Synagoge ursprünglich eine von Priestern dominierte Einrichtung gewesen wäre, dann bleibt es unerklärlich, warum sie sich darin aller ihrer Vorrechte entäußerten.

tesdienst im Lande hätte die Autorität der Priesterschaft und die Attraktivität des Kultes am Zentralheiligtum einschränken können, m.a.W. es bestand die Gefahr, daß durch diesen ‚geistigen' Gottesdienst mit Gebet, Schriftlesung und Predigt die alte Kultzentralisation zumindest teilweise aufgehoben werden konnte. Auch die neutrale palästinische Bezeichnung συναγωγή (בית הכנסת) anstatt des älteren προσευχή der Diaspora (בית תפלה, vgl. Jes 56,7) zeigt die Empfindlichkeit gegenüber der beherrschenden Stellung des Tempels. Die synoptischen Evangelien (und Apg) jedenfalls wissen von Priestern in Synagogen nichts, dagegen bezeugen sie einmütig, daß die Pharisäer und die mit ihnen verbundenen Schriftgelehrten in ihnen eine bedeutende Rolle spielten (vgl. Lk 11,43 par Mt 23,6 [Q]).[100] Das ist sicher keine christliche Erfindung!

In seiner Verteidigungsrede für die Juden in Ionien vor dem Freund und Beauftragten des Augustus, Markus Agrippa, läßt Josephus Nikolaos von Damaskus in seiner Funktion als Berater des Herodes auch den jüdischen Synagogengottesdienst beschreiben (Ant 16,43–46), den beide wohl ebenso aus Palästina wie aus der Diaspora kannten. In ihm werden die τὰ παραγγέλματα, die das jüdische Leben bestimmen, öffentlich verkündigt und gelernt. Dabei handelt es sich um ἔθη καὶ νόμος, was als Hinweis auf das schriftliche Gesetz *und* die mündliche Überlieferung gewertet werden kann, und auch die

---

[100] Vgl. weiter Mk 12,38f; Mt 23,2; Lk 20,46. Sowohl Markus als auch die Q-Überlieferung weisen eindeutig in die Zeit vor 70, Q sogar in die Zeit zwischen 40 und 50 n. Chr., d. h. selbst wenn diese Jesusworte unecht wären (was wir nicht glauben), sind sie dennoch ernstzunehmende Belege für die Situation innerhalb der jüdischen Gesellschaft vor 70 und zwar im jüdischen Palästina selbst. Laut den Registern von Law/Judaism geht Sanders auf diese Belege mit Ausnahme von Mt 23,2 nicht ein, und diese Stelle versucht er zu entschärfen: „Conceivably a learned pharisaic layman of moderate means might assume the leading role in a given synagogue. We should, however, doubt the impression given by Matth. 23.2 that synagogues were generally dominated by Pharisees" (Law 80). Ein weiteres Argument von SANDERS ist, daß die 6000 bei Josephus genannten Pharisäer von ihrer „manpower" her überhaupt nicht in der Lage gewesen seien, die Synagogen zu betreuen und zu verwalten. Es geht hier aber nicht um organisierte persönliche ständige „Betreuung" und „Verwaltung", sondern zunächst um den geistigen *Einfluß*, um *Sympathien* und *Tendenzen*. Dabei *unterschätzt* SANDERS die Leistungsfähigkeit von 6000 motivierten und von ihrer Sache überzeugten Gesetzeskundigen (bei einer Gesamtzahl von ca. 200.000 erwachsenen Männern im jüdischen Palästina [ausgehend von einer Gesamteinwohnerzahl von ca. 800.000] wären das immerhin 3%), außerdem *überschätzt* er die Fülle der Aufgaben und übersieht obendrein beständig, daß die bei Josephus genannte Zahl nur die Pharisäer nennt, die den Eid auf Herodes verweigert haben, d. h. aber, daß wir überhaupt nicht wissen, wieviel Pharisäer es wirklich gab. Zudem: die feste Gruppe der eigentlichen Pharisäer ist ja nur der Kern – heute würde man wohl sagen: der ideologisch geschulte ‚Führungskader' – eines viel größeren, mit ihnen sympathisierenden Bevölkerungsanteils. Zum Stellenwert der Zahl 6000 ist auch die Nachricht in BELL 5,248–250 über die Zahl der Verteidiger Jerusalems zu vergleichen: danach besaß Simon b. Giora 10.000 Kämpfer, Johannes v. Gischala 6000, während die eigentlichen Zeloten nur 2400 Mann stark waren; dazu kamen noch 5000 Idumäer. Das war die ganze Streitmacht, die Jerusalem sechs Monate lang erbittert gegen das Heer des Titus verteidigte. Daraus geht hervor, daß die mindestens 6000 Pharisäer eine durchaus ernstzunehmende Größe waren, die sehr wohl geistig-politischen Einfluß ausüben konnten. S. u. S. 468.

übrige Beschreibung des Gottesdienstes mit der Betonung des Studiums, „damit wir nicht sündigen", erinnert an pharisäische Tendenzen und macht deren Volkstümlichkeit verständlich.[101] Beide, Josephus und Nikolaos, kannten gerade auch die Jerusalemer Synagogen.

Auf pharisäischen Einfluß gehen darum wohl auch, vermittelt durch die Belehrung in der Synagoge, die etwa gleichzeitig mit ihr ab der Mitte des 1. Jh.s v. Chr. plötzlich auftauchenden zahlreichen *Miqwaot* und die noch etwas späteren *Steingefäße* zurück, die die Verbreitung ihrer Reinheitshalakha demonstrieren; dasselbe gilt von der Zweitbestattung in *Ossuarien*, die die Auferstehungserwartung voraussetzt.[102] Gegen eine priesterliche Herkunft dieser Institutionen spricht, daß wir keinerlei archäologische und literarische Zeugnisse darüber aus Palästina vor dem Entstehen der pharisäischen Partei ab der zweiten Hälfte des 2. Jh.s v. Chr. besitzen. Der entscheidende Anstoß zu dieser Entwicklung könnte während der Herrschaftszeit der Königin Alexandra Salome (76–67 v. Chr.) erfolgt sein (s. u. S. 464). Dieser eindeutige und vielseitige archäologische Befund widerspricht dem Pharisäerbild Sanders. Er kann ihn nicht befriedigend erklären.

Zusammengenommen bestätigen diese Zeugnisse, zu denen im 1. Jh. n. Chr. die eindeutigen Nachrichten des Neuen Testaments hinzutreten, die historische Zuverlässigkeit der Nachricht des Josephus über die *Volkstümlichkeit* dieser intellektuellen Gemeinschaft, an deren Spitze Schriftgelehrte standen. Wenn Sanders in seinen beiden Werken bis zur Ermüdung des Lesers wiederholt, daß die Pharisäer, abgesehen von der Herrschaftszeit der Königin Salome Alexandra (76–67 v. Chr.), in der Zeit zwischen 63 v. und 66 n. Chr. das Volk nicht „regierten" (governed) oder „kontrollierten"[103], so hat er natürlich recht. Es gab keine pharisäische „Torapolizei", die die Einhaltung des Gesetzes ständig überwachte.[104]

---

[101] Auch die Theodotos-Inschrift (CIJ II, Nr. 1404) nennt als Zweck der Errichtung des Gebäudes „die Vorlesung des Gesetzes und den Unterricht der Gebote" (... ᾠκοδόμησε τὴν συναγωγὴν εἰς ἀν[άγν]ωσ[ιν] νόμου καὶ εἰς [δ]ιδαχ[ὴ]ν ἐντολῶν), wobei die Doppelung als Hinweis auf die pharisäische Tradition gewertet werden kann, vgl. trotz des Einwandes von SANDERS in Judaism 450 f: M. HENGEL, Zwischen Jesus und Paulus, ZThK 72 (1975), 151–206 (184 f); DERS., op.cit. (Anm. 91), 259 f; R. DEINES, op.cit. (Anm. 41), 71 f. Auch der Hinweis Ant 18,15, daß alle Gebete (εὐχῶν) gemäß pharisäischer Auslegung verichtet werden, bezieht sich nicht in erster Linie auf den Tempelkult, sondern wohl noch mehr auf den synagogalen Gottesdienst, der von der Tempelliturgie beeinflußt war.

[102] Vgl. R. DEINES, op.cit. (Anm. 41), 4–7.243-246 u. ö. Zu den Ossuarien s. jetzt L. Y. RAHMANI, A Catalogue of Jewish Ossuaries in the Collections of the State of Israel, Jerusalem 1994, zum Zusammenhang mit der pharisäischen Auferstehungshoffnung s. 53–55.

[103] „Controlled" ist ein Lieblingswort von ihm, er gebraucht es unzählige Male, vgl. Law 101.116.345 Anm. 16; Judaism 388–402.411 f.449 u. ö.

[104] Eine solche bestand bestenfalls in der Phantasie eines Gelehrten wie E. STAUFFER, s. sein: Jesus. Gestalt und Geschichte, DTb 332, Bern 1957, 64 f.69 f.78 ff; DERS., Jerusalem und Rom im Zeitalter Jesu Christi, DTb 331, Bern 1957, 113–122; s. auch die Dissertation seines Schülers D. v. DOBSCHÜTZ, Paulus und die Jüdische Thorapolizei, Diss. theol. Erlangen 1968.

Aber Josephus spricht in dem zitierten, entscheidenden Text nicht davon, daß die Pharisäer das Volk *kontrollierten* oder gar *regierten*, sondern daß es ihnen gelang, die Volksmenge, d.h. die Mehrzahl der Bevölkerung Judäas, als „Bundesgenossen" in der Auseinandersetzung mit den Sadduzäern zu gewinnen (τῶν δὲ Φαρισαίων τὸ πλῆθος σύμμαχον ἐχόντων), d.h. daß die *Sympathien* des einfachen Volkes in diesem Streit auf ihrer Seite waren. Eben dies scheint uns – mit gewissen situationsbedingten Schwankungen – *durchgehend* während der ganzen Zeit zwischen Johannes Hyrkan (135/4–104 v. Chr.) und 70 n. Chr. der Fall gewesen zu sein, und es ist die historische Voraussetzung für die nach der Katastrophe in Jabne unter pharisäischer Führung sich vollziehende religiöse Erneuerung samt der Ausbildung des Rabbinats. Auch hier gilt wie in der Gesetzesfrage bei Jesus und im Urchristentum (s.o. S. 395–411): ex nihilo nihil fit! Darauf werden wir in der Auseinandersetzung mit dem Pharisäerbild von Sanders in *Judaism* noch einmal näher einzugehen haben. Hier genügt die Tatsache, daß Josephus den Hinweis auf den sehr viel größeren *Einfluß* der Pharisäer bei der Volksmenge mehrfach wiederholt, und keinerlei Grund besteht, diese Angaben zu bezweifeln:

Bell 2,162: Sie sind die πρώτη αἵρεσις, die führende Partei; Ant 13,288: τοσαύτην δὲ ἔχουσι τὴν ἰσχὺν παρὰ τῷ πλήθει; s.a. 13,401f 17,41; 18,15: „Deswegen (d.h. wegen ihrer religiösen Anschauungen) haben sie besonders großen Einfluß auf die Volksmenge (τοῖς δήμοις) und alle *religiösen Gebräuche, sowohl Gebete wie kultische Verrichtungen, werden gemäß ihrer Auslegung vollzogen. Die Gemeinden legten von ihrer Vollkommenheit ein solches Zeugnis ab, weil sie sich in Lebensführung und Lehre bei allen um Besserung bemühten.*" Sollten sich Josephus (und unabhängig von ihm auch die Evangelisten) das alles aus den Fingern gesogen haben? Josephus spielt hier u. E. deutlich auf ihr Bestreben der Erziehung des Volkes im Gesetz an. 18,16: Der religiöse Einfluß der wenigen Sadduzäer auf das Volk ist dagegen geringer, „denn wenn sie ein Amt übernehmen, folgen sie, wenn auch unfreiwillig und gezwungen, Lehren der Pharisäer, denn sonst würden sie für die Menge untragbar". Auch der ganz unverfängliche Text Vita 197 über die Vierergesandtschaft nach Galiläa spiegelt ihren Einfluß sachgemäß wider: drei waren Pharisäer, zwei davon, Jonathan und Ananias, pharisäische Laien (δημοτικοί), während der dritte, Jozar, gleichzeitig zur niederen Priesterschaft gehörte; nur der letze war als Angehöriger einer hohepriesterlichen Familie kein Pharisäer. Ihr Anführer und Sprecher Jonathan war ein pharisäischer Laie, das hochpriesterliche Gesandtschaftsmitglied besaß dagegen die geringste Bedeutung.[105] Der Umgang von Sanders mit diesem

---

105 Der Bericht über die Gesandtschaft erstreckt sich von Vita 195–332; vgl. a. Vita 191f, die Schilderung des Pharisäers Simon b. Gamaliel und seines Einflusses. Im Bellum nennt ihn Josephus ebenfalls, doch verschweigt er dort die Parteizugehörigkeit (4,159), dasselbe gilt für die Vierergesandtschaft, die er im Bellum gleichfalls nur kurz streift (2,628). Ohne den ganz anders gearteten Text der Vita, der nur aufgrund der ‚zufälligen' Lebensumstände des Josephus entstanden ist, *wüßten wir also nichts über den Pharisäismus der genannten Personen*. Das zeigt erneut, wie bruchstückhaft unsere Überlieferung ist, aber auch, wie wenig Wert Josephus in seinen historischen Darstellungen auf Parteizugehörigkeit legt. Mit dem bloßen Zählen von Parteinamen kommt man bei ihm nicht dem ganzen Phänomen des Pharisäismus auf die Spur (s.u. S. 473–475). Damit ist aber das wichtigste Argument von Sanders, nämlich

Text ist symptomatisch (vgl. Judaism 48.386): erst nach dem Ausbruch der Revolte nach 66 sollen die Pharisäer plötzlich wieder zu Einfluß gekommen sein. Die Erklärung hierfür ist: „We do learn that during the revolt common people were sometimes given places of responsibility, but this highlights the normal situation: they were generally disregarded, except when they formed large groups" (48, s. a. 171f). Warum erhielt jetzt plötzlich die ‚Partei' der Pharisäer, die bisher eher eine Randgruppe gebildet haben soll, solche einzigartige Bedeutung? Gegen eine derartige revolutionäre Umwälzung der Verhältnisse spricht schon die einfache Tatsache, daß neben dem Pharisäer Simon b. Gamaliel zwei tatkräftige sadduzäische Hohepriester, nämlich Ananos (= Hannas) II., der ‚Mörder' des Jakobus, und Jesus b. Gamala zu den Führern der gemäßigten Partei gehörten, wobei Ananos eher auf der Seite der Gesandtschaft, und Jesus b. Gamala auf seiten des Josephus stand. Würde Sanders die neutestamentlichen Nachrichten über die Pharisäer nicht so hartnäckig ignorieren oder umdeuten, dann würde er sehen, daß Vita 197 genau dasselbe Bild ergibt wie die neutestamentlichen und die späteren rabbinischen Nachrichten. Diese völlig eindeutigen Aussagen des Josephus lassen sich also nicht durch irreführende Argumente entkräften, wonach dieser aus opportunistischen Gründen in den Antiquitates pharisäerfreundlicher als im Bellum gewesen sei (s. dagegen z.B. Ant 17,41; 18,4), bzw. daß sie in seinem Werk im Gegensatz zu den Priestern generell eine relativ geringe Rolle innehätten (s. u. S. 475f).

2.3. *Die „Überlieferung der Väter"*

Der entscheidende Begriff für das Verständnis der Pharisäer und wohl auch ihrer Autorität beim Volk ist die παράδοσις τῶν πατέρων.[106] Die πατέρες sind hier nicht einfach nur die pharisäischen Schriftgelehrten der letzten und vorletzten Generation, sondern in ahistorisch-anachronistischer Weise die Träger der mündlichen Tradition in der Geschichte des Gottesvolkes überhaupt, ganz gleich ob es sich nun um halakhische Bestimmungen oder um besondere, nicht ohne weiteres evidente exegetische Überlieferungen handelte. Beides läßt sich nicht streng trennen.

Diese Tradition wurde, wie oben gezeigt, in Einzelfällen schon sehr früh bis

---

daß die Pharisäer in der Epoche zwischen 63 v. – 66 n. Chr. keine erkennbare Rolle bei Josephus spielen würden, hinfällig. Das argumentum e silentio führt hier – wie so oft – in die Irre, s. dazu M. Hengel, Aufgaben der neutestamentlichen Wissenschaft, NTS 40 (1994), 321–357 (334f). S. auch u. S. 437 Anm. 118f.

[106] Mk und Mt sprechen von der παράδοσις τῶν πρεσβυτέρων (Mk 7,5 par Mt 15,2), in der rabbinischen Literatur findet sich auch gelegentlich die Wendung דברי זקנים bzw. מצוות, vgl. yBer 3b (1,7): „Die Worte der Ältesten sind gewichtiger als die Worte der Profeten" (R. Tanchum b. Chijja, Amoräer der 3. Generation); bShab 23a wenden die Gelehrten Dt 32,7 („Frage deine Ältesten") auf ihre eigene, nicht aus der Schrift ableitbare Halakha an; zu mSanh 11,3 s. S. Krauss, op. cit. (Anm. 76), 66f. Sifra Qedoschim Parascha 3,7 zu Lev 19,32: „Nur der ist ein Ältester, der Weisheit erworben hat" (vgl. bQid 32b: „Die Schrift lehrt [Lev 19,32] ‚Ältester', aber nur ein Weiser ist ein Ältester"; darauf folgt das Zitat aus Sifra als Aussage von R. Jose ha-Galili). Dazu kommt, daß große Gelehrte der jüngeren Vergangenheit ebenfalls den Ehrentitel זקן erhielten, so Hillel und Schammai; daraus entstand dann die Rede von den „Ältesten des Hauses Hillel bzw. Schammai"; s. a. unten Anm. 109.

auf Mose zurückgeführt.[107] In spättannaitischer bzw. frühamoräischer Zeit geschah dies dann pauschal, aber nicht in einem historisierenden Sinn, so daß Mose nur gewissermaßen den unüberbietbaren Anfang markiert. Andere Überlieferungen und Entscheidungen führte man scheinbar beliebig auf biblische Autoritäten wie Josua, Samuel, David, Salomo, die Profeten, auf Esra oder anonyme Älteste – vermutlich der sagenhaften großen Synagoge – zurück. Daneben stehen die großen Lehrer der frühpharisäischen Epoche, die am Anfang von Pirqe Avot aufgezählt werden. Selbst mit Ereignissen der jüngsten Geschichte (Fastenrolle) ließ sich Halakha begründen.[108] Phantasie und Erinnerung waren in eins verwoben, aber es scheint doch, als ob man versuchte, bestimmte Bräuche mit geeigneten biblischen Erzählungen und Gestalten oder späteren historischen Ereignissen zu verbinden, d. h. derjenige wird als Initiant benannt, bei dem man dachte, daß er dafür am ehesten in Frage käme.[109]

---

107 S. dazu oben S. 414ff u. weiter CH. ALBECK, op.cit (Anm. 59), 35–45: Sifra Behar Parascha 1,1 (zu Lev 25,1 [Ed. WEISS 105a]): „Alle Gebote samt ihren Gesamtbestimmungen (כללותיה) und ihren einzelnen Feinheiten (דיקדוקיה) wurden vom Sinai herab verkündet" (zit. b. ALBECK 36f Anm. 69), vgl. SIFRA Bechuqqotai Pereq 8,12 (zu Lev 26,46 [Ed. WEISS 112c]): Zwei Torot wurden Israel gegeben, eine schriftliche und eine mündliche. Angesichts der detaillierten Beschreibung der Erlaßjahrgesetze (Lev 25,1–7) wurde gefragt, ob auch in anderen Fällen die Gesamtbestimmungen und ihre Einzelheiten am Sinai verkündet wurden. Die Antwort macht deutlich, daß so wie beim Erlaßjahr auch die übrige Tora dem Mose am Sinai gegeben wurde zusammen mit ihren Halakhot (הלכותיה), Präzisierungen (דיקדוקיה) und Erklärungen (פירושיה). Zu ergänzen ist: nur eben in mündlicher und nicht in schriftlicher Form. Vgl. a. bNidda 45a: eine legendäre Baraita zitiert als Ausspruch der Schüler Aqibas vor ihrem Lehrer: „So wie die ganze Tora eine Mose am Sinai überlieferte Lehre (הלכה) ist, ebenso ist es eine an Mose überlieferte Lehre (הלכה), daß ein unter drei Jahren altes (beschlafenes) Mädchen für die Priesterschaft tauglich ist." Damit wird gesagt, daß die nur mündlich vorliegende Halakha genauso bindend ist wie die schriftliche.

108 Wer hier fehlt und damit gegen SANDERS These spricht, sind die Priester, obwohl Esra, Simon der Gerechte und Jose b. Joezer sicher Priester waren, aber das wird in Avot gerade verschwiegen. Wahrscheinlich gab es unter den Gelehrten mehr Priester als wir wissen. Die Traditionskette von mAv 1,1 jedenfalls erhebt den Anspruch, daß die darin genannten Gelehrten die rechtmäßigen Nachfolger Moses und der Profeten sind, und zwar nicht wegen ihrer priesterlichen Abstammung, sondern weil sie als Gelehrte die Traditionen bewahrten und weiterentwickelten, die seit alters her die Tora wie mit einem Zaun schützen, vgl. B. TH. VIVIANO, op.cit. (Anm. 82), 5. S. dazu auch M. HENGEL, ‚Schriftauslegung' und ‚Schriftwerdung' in der Zeit des Zweiten Tempels, in: Schriftauslegung im antiken Judentum und im Urchristentum, hg. v. M. HENGEL u. H. LÖHR, WUNT I/73, Tübingen 1994, 1–71.

109 Schon im Alten Testament werden solche Anordnungen berichtet: 1.Sam 30,24f, vgl. Ex 19,10 (Gottes Anordnung an Mose) u. Ex 19,15 (Moses Anordnungen für das Volk) u. dazu die Auslegung in ARN A2 (das ganze Kapitel ist für unsere Frage wichtig). Vgl. ferner. CH. ALBECK, op.cit. (Anm. 59), 44ff: tTaan 4 (3),2 (Z. 219): Mose führte (התקין) acht Priesterdienstgruppen ein, David und Samuel erhöhten die Zahl auf 24, die Profeten in Jerusalem installierten dazu die Standmannschaften (מעמדות); s. a. 48f zu den Josua zugeschriebenen Satzungen, die sich mit dem Leben im Lande beschäftigen (bBQ 81b-82a); 50 zu Samuel und David; 50f zu Salomo, über den – ausgehend von Koh 12,9 – gesagt wird, daß er als erster die Tora mit Griffen versah, d. h. sie so auslegte, daß das Volk (s. Koh 12,9: er lehrte *das Volk* Verständnis) sie begreifen und praktizieren konnte (bEruv 21b: der Eruv wird auf Salomo zurückgeführt). Außerdem ordnete er (für die Priester) das Reinigen der Hände vor

Die Zuschreibung einzelner Bräuche und Entscheidungen an Gestalten von Mose bis Esra und weiter über die Paare bis zu den eigentlichen pharisäischen ‚Vätern' bestätigt die Beobachtung (s.o. S. 413ff), daß die Vorstellung, die ganze Lehre sei Mose bereits am Sinai gegeben worden, nicht historisierend gepreßt werden darf: der Offenbarungsvorgang erstreckt sich durch die ganze alttestamentliche Geschichte hindurch bis zu den Rabbinen selbst; die Profeten haben ihre Lehren „empfangen", aber sie beginnen dennoch z.T. erst mit ihnen. Man könnte vielleicht sagen: alles, was zu einer konkreten Entscheidung im Fortgang der Geschichte Israels nötig war und ist, das wurde bereits mit der Offenbarung am Sinai gegeben, auch wenn jede Zeit neu herausfinden muß, was ihr in besonderer Weise gilt. Jede neue Entscheidung ist darum immer auch schon eine alte, weil sie, wie die profetische und hagiographische Überlieferung, ihre Würde und Legitimität durch die grundlegende Sinaioffenbarung erhält.[110]

Das postulierte hohe Alter der Tradition oder der angeblichen Festlegung unterstrich ihre Autorität, und zugleich wurde so der eigene Autoritätsanspruch als Träger und nahtloser Fortsetzer dieser Überlieferung in Verbindung mit der ἀκρίβεια der Schriftinterpretation und der strengen Lebensführung in den Augen des Volkes gestärkt. Die Pharisäer verstanden sich ja selbst als Erben der Profeten, die sie ihrerseits als inspirierte Schriftgelehrte und ältere Ausleger der Tora deuteten, so daß deren legitimierende Kompetenz auch ihren Nachfolgern eignete.[111] Weder die esoterischen Essener noch die arro-

dem Genuß von Opfergaben an (bShab 15a); 51f zu Anordnungen der Profeten, unter denen Haggai, Sacharja und Maleachi öfters gesondert genannt sind, da sie die Brücke zu Esra und den auf ihn folgenden Ältesten bilden, vgl. mYad 4,3: nacheinander Bestimmungen der Profeten und der Ältesten. Mit den letzteren werden die Ältesten aus der Zeit Esras und danach gemeint sein, wogegen in 4,2 von den „72 Ältesten der Akademie von Jabne" (vgl. 3,5 u. bBQ 82a [Bar]) die Rede ist. Nach Mekh Wajassa zu Ex 15,23 (Ed. Lauterbach II,90) führten die Profeten und die Ältesten (die Parallele bBQ 82a nennt nur die Profeten) die Toralesung am Sabbat, Montag und Donnerstag ein, nachdem zuvor schon Mose die Lesung an Sabbat, Feiertagen und Neumond bestimmt haben soll (Belege: op.cit. 42f), s. a. yMeg 75a (4,1): Mose ordnete die Toralesung an den Feiertagen und am Sabbatvormittag, Esra am Montag, Donnerstag und Sabbatnachmittag; zu den von Profeten getroffenen Anordnungen s. ferner tTaan 4 (3),5 (Z. 219): Sie bestimmten das Vorrecht bestimmter Familien zur Holzlieferung für den Altar, vgl. mTaan 4,5. Die Begründung wird gegen den Text aus Neh 10,34 u. Esra 7,10 herausgelesen; tErub 11 (8),22 (Z. 154) vgl. yErub 26d (10,12) u. bErub 104b: Die Profeten erlaubten den Rückwanderern aus dem Exil an den Festtagen das Wasserschöpfen an einem bestimmten Brunnen; mEruv 8,7 überliefert durch R. Jehuda eine Entscheidung der Ältesten (על פי זקנים), die das Schöpfen von Wasser aus einem bestimmten Gewässer erlaubt. Speziell zu Esra s. M. Hengel, op.cit. (Anm. 108), 20–28.

110 In bTem 15b-16a liegt ein Versuch vor, die ältere Ansicht, die einfach von einer Tradition der Ältesten ausging, mit der jüngeren, nach der die gesamte Halakha auf Mose am Sinai zurückgeht, zu versöhnen: Infolge der großen Trauer um Mose nach seinem Tod vergaß das Volk viele Halakhot, die dann im Laufe der Zeit erst wieder neu entdeckt werden mußten.

111 Vgl. Mt 23,29; bBB 14b-15a: die Männer der großen Versammlung sind die Verfasser oder Endredaktoren des Dodekapropheton, von Ezechiel, Daniel und Esther. Ansätze dazu

gant-aristokratischen Sadduzäer konnten hier mithalten. Man wird dabei zwischen der wohl relativ kleinen Gruppe der schriftgelehrten Führer, den Ḥakhamim bzw. Soferim und dem Kader der ebenfalls in der Tora ausgebildeten Perushim/Perishajja bzw. Ḥaberim, und dem großen Kreis der teils mehr, teils weniger Sympathisierenden unterscheiden müssen.[112]

Der Hinweis von Josephus (Vita 12), daß er schon in seiner Jugend „seine Lebensführung nach der Partei der Pharisäer ausrichtete", muß, abgesehen vom biographischen Problem, nicht bedeuten, daß er selbst ‚eingeschriebenes Mitglied' der Religionspartei der Pharisäer wurde, sondern nur, daß diese mit ihrer Tradition und Lebensführung weitgehend seine Zustimmung fanden.[113]

---

finden sich schon in der Chronik, bei Ben Sira, der die Vorstellung der Sukzession aufnimmt, und den chasidischen משכלים der Makkabäerzeit im Danielbuch, s. dazu M. Hengel, op.cit. (Anm. 108), 30ff.35ff.44ff. Zum Namen der Pharisäer und dem sich möglicherweise dahinter verbergenden Anspruch sowie zur Bedeutung der ἀκρίβεια s. A. I. Baumgarten, The Name of the Pharisees, JBL 102 (1983), 411–428.

112 Sanders bestreitet dagegen grundsätzlich den Charakter der Pharisäer als einer Volksbewegung. Sie sind s.E. Laienexegeten, die in kleinen Kreisen ihre subjektiven und für das Volk unverbindlichen Meinungen über die rechte Auslegung des Gesetzes diskutierten und danach lebten (s.u. S. 468ff). Mit den Ḥaberim sind sie nicht identisch, es gab jedoch Überlappungen, die allerdings nicht genau faßbar sind (vgl. Jesus 20.187.390 Anm. 94). Einzig den so von den Pharisäern getrennten Ḥaberim (und den späteren Rabbinen) schreibt er das Bemühen zu „that the laity (or at least some of them) should eat food in a state of semi-priestly purity" (Jesus 187). Für diese Gruppen war z.B. das Waschen der Hände vor dem Essen typisch, nicht jedoch für die Pharisäer. Unter Verweis auf Mk 7,3 redet Sanders von Ḥaberim, obwohl im Text von Pharisäern die Rede ist und macht damit genau denselben Fehler, den er anderen so gern vorwirft (Jesus 185–187). In Law nähert er die Ḥaberim den Pharisäern wieder stärker an (s. 154f.202.208.233.250), aber dafür vermeidet er konsequent die Aussage, wie noch im Jesusbuch (s. 20.181), daß die Reinheitsvorschriften der Ḥaberim eine Ableitung der priesterlichen seien. Aus mDem 2,3, der Schlüsselstelle für Sanders' gesamte Interpretation, will er sogar entnehmen, daß die Mehrheit der Gelehrten es ausdrücklich ablehnte, daß ein Ḥaber wie ein Priester leben soll (Law 155), aber diese Argumentation ist irreführend (s.a. Jesus 187; Law 34). Sanders Bemerkungen zu den Ḥaberim in *Judaism* sind ebenfalls höchst unscharf, s. 440–443.460.

113 Vita 12: „Im Alter von 19 Jahren begann ich ‚ein öffentliches Leben zu führen' (πολιτεύεσθαι), wobei ich mich der pharisäischen Partei anschloß, die Ähnlichkeit aufweist zu dem, was man im Griechischen Stoa nennt." Heftig umstritten ist die richtige Übersetzung von πολιτεύεσθαι, vgl. dazu S. Mason, op.cit. (Anm. 93), 342–356. Mason sieht in Josephus einen Gegner der Pharisäer, der sich ihnen nur darum anschloß, weil ohne sie eine politische Karriere nicht möglich war. Aus diesem Grund interpretiert er πολιτεύεσθαι als „to participate in public affairs", aber das widerspricht dem üblichen hellenistischen, jüdischen und frühchristlichen Sprachgebrauch, vgl. die Belege bei W. Bauer/K. u. B. Aland, Griechisch-deutsches Wörterbuch zu den Schriften des Neuen Testaments und der frühchristlichen Literatur, Berlin/New York ^{6}1988, s.v. Auch Vita 258 und 262, wo Josephus das Verbum von sich selbst gebraucht, ist nicht notwendigerweise so zu interpretieren, wie dies Mason (S. 350) tut. Daß Josephus in seinen religiösen Anschauungen den Pharisäern nahestand, zeigt sich u.a. in seiner Hochschätzung Daniels und der Profeten, seinem Kanon (Ap 1,38–41), seinen eschatologischen Andeutungen und seiner Darstellung des Gesetzes, s. Ant 4,197ff.208 (vgl. mKil 9,1).209 (vgl. mSota 7,8).214 (vgl. yMeg 74a [3,2(1)]; bMeg 26a-b). Auch seine Hervorhebung von Mezuzot und Tefillin, sowie das zweimalige Beten des Sh^{e}ma' morgens und abends (212f) verweisen auf pharisäische Praxis. Das schließt nicht aus, daß Josephus als

Daß bei der auf den Wortlaut der Tora beschränkten Gesetzesauffassung der Sadduzäer ein sehr viel geringerer Aufwand an Gelehrsamkeit notwendig war als bei den pharisäischen Schriftgelehrten, liegt in der Natur der Sache und entspricht dem konservativen Verhalten der vor allem auf die Erhaltung seiner sozialen und politischen Vorrechte bedachten Gruppe des hohen priesterlichen Geburtsadels und der reichen Großgrundbesitzer. Wie ihre vermutlich relativ einfache Gesetzesauslegung aussah, wissen wir nicht. Ihr in der Fastenrolle erwähntes „Buch der Entscheidungen (ספר גזירות)" bleibt ein Rätsel[114], die Nachricht des Josephus, daß sie bei Gerichtsurteilen für schärfere Strafen eintraten als alle anderen Juden ist bedingt durch ihr Festhalten am reinen Wortlaut der Tora und widersprach der z. T. extrem abschwächenden pharisäischen Tendenz, wie sie der Mischna-Traktat Sanhedrin bezeugt.[115]

2.4. Pharisäische Vielfalt

Auf einen weiteren, wesentlichen Gesichtspunkt macht Peter J. Tomson in seiner Besprechung von *Law*[116] aufmerksam: „Sanders often seems to operate with an abstract image of the Pharisees as a rigid, monolithic sect whose law tradition had a restricted, almost private character." Er unterschätze „the inner-Pharisaic dissent and pluriformity", da er auf sie nur am Rande[117] eingehe. Gerade weil sie die einflußreichste religiöse Partei mit einer breiten Anhän-

---

Historiker auch sadduzäische Bräuche nennt, er selbst schreibt aber aus einer pharisäischen Perspektive, vgl. dazu die noch immer unüberholte Darstellung von A. SCHLATTER (ein im übrigen von SANDERS völlig übergangener Historiker und Theologe), Die Theologie des Judentums nach dem Bericht des Josephus, BFChTh.M 26, Gütersloh 1932 (neu hg. m. einem Stellenregister von H. LINDNER, Hildesheim/New York 1979) u. T. RAJAK, Josephus, London 1983, 32ff. Auch neuere Arbeiten bestätigen eine weitgehende Übereinstimmung zwischen Josephus und rabbinischer Halakha, vgl. D. GOLDENBERG, The Halakha in Josephus and in Tannaitic Literature, JQR 67 (1976), 30–43; A.M. RABELLO, Divorce in Josephus, in: Josephus Flavius, hg. v. U. RAPPAPORT, Jerusalem 1982, 149–164 (hebr., engl. summary XIIIf); L.H. SCHIFFMAN, Proselytism in the Writings of Josephus: Izates of Adiabene in Light of the Halakha, in: U. RAPPAPORT, loc.cit. 247–265 (hebr., engl. summary XXf).

[114] Vgl. dazu J.M. BAUMGARTEN, The Unwritten Law in the Pre-Rabbinic Period, JSJ 3 (1972), 7–29 (16f). Zur Fastenrolle s.o. Anm. 72 und ferner H. MANTEL, Art. Fastenrolle, TRE 11, Berlin/New York 1983, 59–61 (Lit.). Mantel sieht in ihr ein Dokument für „das allmähliche Aufkommen des Pharisäismus" (61), sie ist zugleich das Dokument des nationalpolitischen Interesses der Pharisäer zwischen der Makkabäerzeit und 70. Vgl. ferner G. STEMBERGER, op.cit. (Anm. 51), 44f.

[115] Ant 20,199, vgl. zur Todesstrafe noch 13,294. S. dazu auch A. STROBEL, op.cit. (Anm. 21), 46–61.

[116] Op.cit. (Anm. 53), 278.

[117] Law 31f.35f; Judaism 385, vgl. aber auch Law 87f. Das große Kapitel über die Pharisäer (Judaism 380–451), ihre Geschichte und ihre Lehren, geht nirgends auf unterschiedliche Richtungen bzw. auf verschiedene politische Standpunkte ein. Hier rächt sich die Reduzierung des Pharisäismus auf bloße Frömmigkeit nach 63 v. Chr., die schon J. NEUSNER behauptet hatte (From Politics to Piety, Englewood Cliffs 1973), vgl. Judaism 383–388.

gerschaft im Volke waren, muß man bei ihnen u. U. mit verschiedenen, auch einander widerstrebenden Gruppen rechnen. So könnte man etwa die Schulen Hillels und Schammais als ‚rechten' und ‚linken' Flügel der Partei betrachten, deren Kontroversen auch politisch-nationale Gründe besaßen, was besonders durch den blutigen Streit um die fremdenfeindlichen 18 Halakhot beim Ausbruch des jüdischen Krieges 66 n. Chr. sichtbar wird.[118]

Auch gab es Überschneidungen mit der zelotischen Bewegung, die durch Judas Galiläus und den *Pharisäer* Zadduk gegündet wurde und die – abgesehen von ihrem Streben nach völliger politischer Freiheit – der pharisäischen Halakha folgten. Eine einheitliche politische Position der Pharisäer und der mit ihnen sympathisierenden Volksteile gab es offenbar nicht und der nach 70 sich durchsetzende ‚liberale' Flügel des Bet Hillel unter Führung Jochanan b. Zakkais und später Gamaliels II., dem Sohn des konservativ-aristokratischen Simon b. Gamaliel I. der Vita, setzten alles daran, diese gefährliche Spaltung in die „zwei Torot" der Schulen Hillels und Schammais in Jabne zu überwinden.

Der Bar Kochba-Aufstand und die Rolle Aqibas zeigen, daß die politische Einigung zunächst nicht gelungen ist. Sie vollendete sich erst durch den genialen Urenkel Simon b. Gamaliels I., Jehuda ha-Nasi, in der Synthese der Mischna unter Abstoßung aller messianischen Naherwartung und aller eschatologisch-politischen Ambitionen.[119]

Die Pharisäer besaßen, was nicht vergessen werden darf, zwischen ihrer Konsolidierung zur Zeit der Hasmonäer Jonathan und Simon und der Zerstörung Jerusalems eine rund zweihundertjährige ununterbrochene ‚Partei'-Tradition, erwachsen aus einer sehr bewegten und *wechselhaften Geschichte*. Dies gilt in noch stärkerem Maß für den sadduzäischen Adel, der in dieser Zeit mehrfach schwerste Erschütterungen erleiden mußte, da die Angehörigen der priesterlichen Führungsschicht wiederholt von Verschleppungen und Massenhinrichtungen betroffen waren (s. u. S. 462 ff). Die an inneren und äußeren Spannungen reiche, stürmische und oftmals blutige Geschichte beider Grup-

---

118 Vgl. M. Hengel, op.cit. (Anm. 18), 194f.202–211.365–368; P.J. Tomson, Paul and the Jewish Law, CRINT III/1, Assen u.a. 1990, 173–176 (zu weiterer Lit. s. dort Anm. 124). Sanders geht auf die Kontroversen zwischen den Schulen nur im Zusammenhang mit den Reinheitsfragen ein, s. Law 239; zu den 18 Halakhot s. Law 87f.224–227 u. Judaism 73, wo sie nur in einer Nebenbemerkung vorkommen. Nach ihm ist der sich darin ausdrückende blutige Konflikt eine Projektion aus der Zeit nach 70, als die Hilleliten, die damals die Mehrheit und Führung besaßen, eine Erklärung dafür finden mußten, wieso soviele Entscheidungen der Schammaiten als Halakha galten: „Thus they attributed the numerous Shammaite practices which stemmed from before 70 to coercion and force" (Law 88), eine historisch völlig unzulängliche Deutung, die die auffallende Schärfe dieses Berichts überhaupt nicht erklärt.

119 Jos. Ant 18,4–10.23, s. dazu M. Hengel, op.cit. (Anm. 18), 83–85.89–91.190ff u. R. Deines, op.cit. (Anm. 41), 117.128f. In Bell 2,56 unterschlägt Josephus noch den Pharisäer Zadduk, s. auch o. Anm. 105.

pen wird in Sanders' Doppelwerk als Folge seines harmonisierend-friedlichen, unrealistisch-idealen Bildes eines gleichbleibenden „common Judaism" viel zu wenig sichtbar.

Wir haben das Problem der mündlichen Tradition so ausführlich behandelt, weil sie für das Verständnis des palästinischen Judentums bei Sanders und seinem Ideal eines „common Judaism" grundlegend ist. Seine Unterschätzung der Pharisäer ist eine übertriebene apologetische Reaktion auf antijüdische Zerrbilder früherer Generationen: incidit in Scyllam qui vult vitare Charybdim. Die zukünftige Forschung wird dennoch gut daran tun, den Nachrichten des Josephus und der urchristlichen und frühjüdischen Literatur weiterhin mit einem – gewiß auch immer kritischen – Grundvertrauen zu begegnen, da sie sich in erstaunlicher Weise gegenseitig ergänzen und bestätigen, obwohl sie voneinander völlig unabhängig sind. Hinzu treten die archäologischen Argumente. Daraus ergibt sich für die Pharisäer das Bild einer sehr komplexen, in sich teils widerspruchsvollen und vielschichtigen intellektuell-religiösen Bewegung, die eine beeindruckende Kreativität und pädagogische Beharrlichkeit besaß und die in der antiken Welt nicht so leicht ihresgleichen findet. Bei allen z. T. schroffen Gegensätzen steht sie dem Urchristentum in vielem näher als man gemeinhin annimmt. Beide zusammen haben auf einzigartige Weise ‚Weltgeschichte gemacht'.

3. Die Pharisäer und die Gebote der rituellen Reinheit

Die ausführlichste und gründlichste Untersuchung widmet sich mit 123 Seiten der Frage: „Did the Pharisees Eat Ordinary Food in Purity?" Sie wendet sich gegen die in der Forschung vorherrschende Meinung, „that the Pharisees ate ordinary food at their own tables as if they were priests in the temple" (Law 131). Im Zusammenhang dieser Frage behandelt Sanders alle mit ritueller Reinheit (zu seiner Terminologie s. 137.149) in Beziehung stehenden Themen, die Auskunft darüber geben können, ob die Pharisäer versuchten, „priestly purity" zu imitieren, oder ob sie es nicht taten. Dabei setzt er sich in erster Linie mit den Untersuchungen von G. Alon[120] und J. Neusner[121] (dessen Meinung nicht immer ganz einheitlich ist) auseinander.

In jüngerer Zeit hat kein Neutestamentler eine vergleichbar gründliche und informative Studie über diesen von Theologen notorisch unterschätzten Gegenstand vorgelegt. Sanders beginnt mit einer sehr nützlichen Übersicht über

---

[120] G. Alon, The Bounds of the Laws of Levitical Cleanness, in: ders., Jews, Judaism and the Classical World, Jerusalem 1977, 190–234 (205–223); ders., The Jews in their Land in the Talmudic Age, Cambridge (Mass.)/London (repr. in einem Band der zweibändigen Ausgabe Jerusalem 1980–1984). Zu Alon s. Sanders, Law 162–166 u. ö.

[121] J. Neusner, The Rabbinic Traditions about the Pharisees before 70, 3 Bde., Leiden 1971. In seinen späteren Büchern änderte er seine anfänglich vertretene Position, vgl. Judaism. The Evidence of the Mishnah, Chicago 1981; s.a. Geschichte und rituelle Reinheit im Judentum des 1. Jahrhunderts n. Chr., in: ders., Das pharisäische und talmudische Judentum, TSAJ 4, Tübingen 1984, 74–92. Zu Neusner s. Sanders, Law 131–133.153-155 u.ö.

die biblischen Reinheitsgesetze (S. 134–151), die er mit einer Tabelle abschließt. Hier wünschte man sich eine Kritik von einem sachkundigen Alttestamentler.[122]

Es folgt S. 152–166 die Auseinandersetzung mit der älteren Sekundärliteratur, besonders den Arbeiten von Finkelstein, Rivkin und Alon[123], dem er die Positions Büchlers[124] gegenüberstellt, der behauptete, daß die Übertragung priesterlicher Reinheitsgebote auf Laien erst nach dem 2. Aufstand ab Mitte des 2. Jh.s n. Chr. erfolgte (S. 162). Dabei übersieht Sanders, daß Büchlers Arbeit von der apologetischen Intention getragen war, der damals aktuellen protestantischen Darstellung des Judentums z.Zt. Jesu (Wellhausen, Schürer, Bousset, Harnack) die Grundlage zu entziehen: „Die allgemeine, durch nichts begründete Annahme der protestantischen Forscher, daß das Leben der gesetzestreuen Juden auf Schritt und Tritt vom Reinheitsgesetze belastet war und dieses ihm jeden Umgang mit dem Volke unmöglich gemacht hat, erweist sich als völlig haltlos" (A. Büchler [3]).[125] Die wichtige Monographie von A. Oppenheimer über den Am haArez ignoriert Sanders dagegen völlig, obwohl sie sich durchgängig kritisch mit Büchlers Thesen auseinandersetzt und deren apologetische Tendenzen aufzeigt.[126]

Darauf folgt (S. 166–184) eine eingehende kritische Diskussion mit J. Neusner, dessen traditionsgeschichtlicher Arbeit Sanders zunächst – ironisches (?) – Lob spendet[127], wobei er jedoch zu Recht die einseitige Zurücksetzung der

---

122 Es lohnt sich, auf alle Fälle den ersten Band von J. MILGROMS monumentalen Leviticus-Kommentar (Leviticus 1–16, AncB 3, New York u. a. 1991) zum Vergleich heranzuziehen. In ihm findet sich eine instruktive Auseinandersetzung mit NEUSNERS Mischna-Kommentar, vgl. 485–487.1004-1009 (s.a. Register s.v. NEUSNER u. DERS., J. NEUSNER, ‚From Scripture to Mishna: the Origins of the Mishna's Fifth Division', JBL 98 [1979], 269–283). Vgl. a. R. DEINES, op.cit. (Anm. 41), 171–181. Bedauerlich ist, daß viele christliche Alt- und Neutestamentler den inneren, kontinuierlichen und in vielem folgerichtigen Zusammenhang der nachexilischen Gesetzesentwicklung und der frührabbinischen Halakha zu wenig sehen und kennen, selbst wenn sie über die ‚Tora' arbeiten.

123 Zur Kritik an der einseitigen Darstellung Alons durch SANDERS s. a. P. J. TOMSON, op.cit. (Anm. 54), 277f.

124 Der galiläische ‚Am-Ha'areṣ' des zweiten Jahrhunderts, Wien 1906 (repr. Hildesheim 1968).

125 Hier ist etwas Richtiges gesehen. Die Pharisäer bei Josephus stellen sich in der Tat anders dar als im alten protestantischen Zerrbild. Aber vielleicht hat dem einfachen Volk das strenge pharisäische Heiligkeits- und Reinheitsstreben gerade imponiert, weil sie sich dadurch als ‚heilige Männer' erwiesen?

126 A. OPPENHEIMER, The ‚Am Ha-Aretz. A Study in the Social History of the Jewish People in the Hellenistic-Roman Period, ALGHJ 8, Leiden 1977, 6–10.156ff u.ö. Vgl. a. D. SPERBER, op. cit. (Anm. 67), 56f. 167 zur Kritik an BÜCHLER.

127 Vgl. 166: „I have only praise for this effort." Dem folgt allerdings gleich die Einschränkung: „He did not, of course, study every passage in great detail and come to a nuanced judgement." Dies wäre jedoch notwendig gewesen, damit sich im Umgang mit seinen Analysen der Mißbrauch vermeiden ließe, der sich im Anschluß an BULTMANNS Geschichte der synoptischen Tradition ereignete, als über lange Zeit hinweg die ihm verpflichteten Schüler, Studenten und Doktoranden seine Urteile fast wie ein unfehlbares Orakelbuch zitierten.

anonymen Überlieferung kritisiert (S. 167). Neusner steht im Gegensatz zu Epsteins großer Einleitung in die tannaitische Literatur, die – und das dürfte sachlich und historisch angemessener sein – besonders an den anonymen Bestandteilen jedes Traktates interessiert ist. Epstein versuchte u. a. durch das Heranziehen von namentlich tradierten Parallelen die anonyme Überlieferung einem bestimmten Lehrer zuzuweisen, um so einen terminus ad quem bestimmen zu können. Im Blick auf eine halakhische Bestandsaufnahme für die Zeit vor 70 sind inzwischen die Qumrantexte neben einzelnen Pseudepigrapha und Josephus die wichtigsten Paralleltexte, besonders CD, 11QT, 4QMMT[128] und das Jubiläenbuch.

Sanders weist mit gutem Recht (s. S. 167.173ff.242) das Zerrbild zurück, das der Nichtfachmann aus der Lektüre von Neusners Veröffentlichungen erhalten könnte, als wären die Pharisäer nichts mehr als ein „pure-food club" gewesen. Damit werden sie gründlich mißverstanden. Sie sind s.E. aber auch kein „purity club" in einem weiteren Sinne (Law 242). Zwar vertraten sie eine eigene Reinheitshalakha, aber diesbezügliche Fragen waren ihnen weder zentral noch für ihre Identität entscheidend. „Study and application of the Law" (Law 244, vgl. 236) sei dagegen ihr eigentliches Tätigkeitsfeld gewesen. Auch hier bleibt nur die Frage: Lassen sich diese beiden Dinge wirklich so ohne weiteres auseinanderhalten angesichts des Gewichts, das Reinheitsfragen schon im AT haben?

Trotz der inhaltlichen Kritik an Neusner akzeptiert Sanders weitgehend seine Datierungen für die einzelnen mischnischen Traditionen, ohne ihm allerdings sklavisch zu folgen (Law 167f). Anonyme Traditionen zieht er vereinzelt dann heran, wenn sie s.E. doch älter sein könnten wie die später darüber diskutierenden, namentlich genannten Rabbinen.

Wie schwierig freilich im konkreten Fall die Frage der Datierung und Zuschreibung ist, zeigt das von Sanders genannte Beispiel mYeb 15,1f par mEd 1,12 betreffs der Gültigkeit des Zeugnisses einer Frau über den Tod ihres Mannes, das sie braucht, wenn sie eine zweite Ehe eingehen will.[129] Das Beispiel zeigt, daß die anonyme Halakha, die den Abschnitt mYeb 15,1 eröffnet, das Ergebnis einer Debatte zwischen den Schulen Hillels und Schammais ist, bei der die Hilleliten schließlich die Lehrmeinung der Schammaiten übernahmen (weshalb die Debatte auch im Traktat Eduyot verkürzt wiederholt

---

Neusner geht in seiner Analyse der Traditionen vor 70 von den namentlich erwähnten pharisäischen Gelehrten und dem Material der Schulen Hillels und Schammais aus, und folgt im übrigen „the logical development of each legal topic". Aber gerade zu NEUSNERS oft widerspruchsvoller historischer Logik haben wir kein rechtes Zutrauen, und hier wäre von SANDERS aus etwas mehr von der sonst sehr heftig an NEUSNER geübten Kritik wünschenswert gewesen.

[128] Zur Bedeutung dieser Textes für die Parteiengeschichte und die Datierung späterer rabbinischer Traditionen s. die oben Anm. 17 genannte Literatur.

[129] Law 169f; vgl. J. NEUSNER, op.cit. (Anm. 121), II,200–202 (zu mYeb 15,2f; auf mEd 1,12 geht er überhaupt nicht ein; da er auch die anonyme Äußerung 15,1 wegläßt, bleibt seine ganze Diskussion letztlich unverständlich).

wird). Ausgangspunkt ist, daß das Ehepaar im Ausland lebte, wo auch der Mann verstorben ist, und die Frau als Witwe nach Israel zurückgekehrt ist und – nach 66–73 und 132–135 ein brennendes Problem – sich erneut verheiraten will. Die auf den ersten Blick widerspruchsvolle Version von mYeb ist dabei die ursprünglichere.[130] Der Redaktor hat die anonyme, d.h. gültige Halakha an den Anfang gestellt, dann folgt der Einwand eines Tannaiten der 3. Generation (R. Jehuda b. Ilai), der eine engere Fassung durchsetzen wollte, die aber von der Mehrheit abgelehnt wurde. Dafür zitiert er als Halakha: „Niemals ist sie beglaubigt, es sei denn, daß sie weinend und mit zerrissenen Kleidern kommt." Die Mehrheit will der Frau dagegen auch dann Glauben schenken, wenn sie ohne diese äußeren Zeichen der Trauer kommt. Deswegen wird die Herkunft der Halakha gleichsam zur Belehrung nachgereicht (15,2): Sie ist das Ergebnis einer Diskussion zwischen den Schulen Hillels und Schammais. Demnach entstand die Halakha, die R. Jehuda zitierte, aufgrund eines konkreten Vorfalls, nämlich daß ein Mann bei der Ernte ums Leben kann, die Frau davon berichtete, und man ihre Aussage als zutreffend befand. Die Hilleliten wollten diesen Einzelfall offenbar nicht zu einem Präzedenzfall für analoge Fälle erheben, während die Schammaiten genau das taten, indem sie die Situation „Getreideernte" exemplarisch verstanden: „Es ist einerlei, ob sie von der Getreideernte kommt[131], oder ob sie von der Weinlese kommt, oder ob sie von der Olivenlese kommt oder ob sie aus einem fernen Land kommt" – sie erhält die Erlaubnis zur Wiederverheiratung auf ihre Aussage hin. Daran anschließend wird ausdrücklich vermerkt, daß die Hilleliten sich der Meinung der Schammaiten anschlossen. Daß es sich dabei um eine nachklappende Begründung handelt, wird im Text nicht genannt, ist aber evident. Versteht man den Aufbau, dann entfallen auch die Probleme, die Sanders mit dem Text hat. In mEd wird nur die ältere Diskussion zwischen Hilleliten und Schammaiten referiert und das Ergebnis festgehalten, wobei die Diskussion zwischen den Weisen und R. Jehuda b. Ilai aus mYeb 15,1 gar keine Rolle mehr spielt. Die Reminiszenz in mYeb an die ältere Diskussion diente also nur dazu, die Infragestellung der gültigen Halakha von R. Jehuda abzuweisen und ihre Gültigkeit auch für die Zukunft festzuschreiben.

Den Satz „uncertainties in detail are almost the rule rather than the exception" (Law 171) kann man hier nur unterstreichen, auch wenn manche Probleme, wie im obigen Beispiel, eher die Ausleger als die Texte selbst erzeugen. Die sachgemäße und historische Verifizierung rabbinischer Überlieferung ist wohl noch schwieriger als bei der synoptischen Tradition, die übersichtlicher ist und sich über einen viel kürzeren Zeitraum erstreckt. Der Autor sagt es selbst: „The analysis of rabbinic (including pharisaic) law is difficult, probably the most difficult topic in the study of ancient Judaism" (Law 183). Diese Einsicht sollte gegenüber apodiktischen Behauptungen vorsichtig machen.

---

130 SANDERS sieht hier eine „editiorial confusion" und daraus resultiere dann eine „incorrect attribution", aber die Konfusion liegt eher bei ihm als bei dem Redaktor der Mischna.

131 Die Mischna der Editio princeps des Babli, Traktat Yebamot, Venedig 1522, ergänzt hier: „und zwar in demselben Land, so wie es bei dem konkreten Fall war", vgl. den Apparat bei K.H. RENGSTORF, Die Mischna III/1: Jebamot, Gießen 1929, 239, vgl. a. seinen Kommentar zur Stelle 186f; s. ferner: Mischnajot III: Ordnung Naschim, übers. und erklärt von M. PETUCHOWSKI u. S. SCHLESINGER, Basel ^{3}1968, 78f u. Mischnajot IV: Nesikin, übers. u. erklärt von D. HOFFMANN, Basel ^{3}1968, 262f.

Ein weiteres Problem der Methode Neusners und eingeschränkt auch Sanders' liegt darin, daß die Konzentration auf die Diskussion der Schulen meist nur deren strittigen Gegenstände, aber nicht das ganze „pharisaic law" sichtbar macht, zumal „most of the Houses material consists of unresolved disagreements" (Law 171). Das schafft von vornherein eine große Unsicherheit in den Ergebnissen: „unresolved disagreements" geben gerade keine Gewißheit darüber, was gültiges „pharisaic law" war. Dies gilt für Neusner noch mehr als für die subtileren Folgerungen Sanders', der zu Recht mehr an den behandelten *Themen* als an den zwischen den Schulen und Lehrern diskutierten Einzelheiten interessiert ist.[132] Die von Neusner mehrfach vorgetragene Meinung, daß ca. 67% der Diskussionen der beiden Schulen „directly or indirectly pertain to table-fellowship"[133] ist sicherlich „erroneous and seriously misleading" (Law 177). Doch kann man einem Autor, der sich in seinen Folgerungen so sehr irrt, dennoch in seinen Analysen trauen? Läßt sich, bei den genannten Schwierigkeiten in der Beurteilung des Quellenmaterials, das Ausmaß des pharisäischen Strebens nach ritueller Reinheit auch außerhalb des Tempels in Analogie zu den Priestern noch einigermaßen sicher bestimmen? Neigt sich das Urteil Neusners zu pauschal und rigoros nach der einen Seite der rituellen Reinheit hin, so besteht bei Sanders die Tendenz, aus apologetischen Gründen das große Interesse der Pharisäer an penibler Einhaltung der Reinheitsbestimmungen allzusehr abzuschwächen, indem er Reinheit weitgehend auf den Tempel und die Priester beschränkt. Der Zusammenhang zwischen Reinheit und *Heiligkeit* als Anforderung Gottes an das ganze Volk kommt dabei zu kurz, was mit dem

---

[132] Dabei handelt es sich sehr häufig um äußerst spezielle Ausführungs- oder Anwendungsbestimmungen einer bereits feststehenden Halakha, die gar nicht mehr genannt werden muß, vgl. etwa den Anfang von mEruv. Der Eruv ist vorausgesetzt, obwohl darüber nichts in der Tora steht. Die Diskussion der beiden Häuser und späteren Tannaim setzt sofort ein mit der Frage, welche baulichen Maßnahmen nötig sind, um die Einmündung einer Sackgasse für Eruv (oder Shittuf) tauglich zu machen (die Notwendigkeit dazu wird überhaupt erst in 6,8 [vgl. 7,6] erwähnt). Nur darüber gibt es unterschiedliche Meinungen, die dann auch z.T. bestehen bleiben konnten, da sie nicht denselben verbindlichen Charakter wie die zugrundeliegende Halakha hatten. Wenn mehrere Auslegungen unentscheidbar nebeneinander bestehen blieben, konnte nicht die Einhaltung nur einer der Möglichkeiten bestimmt werden, sondern es blieb dem Einzelnen ein gewisser Gestaltungsspielraum. Aber das heißt nicht, daß darum diese Halakha nicht zu beachten wäre! Es ist doch ein bleibender Unterschied zwischen denen, die die Halakha entweder nach der Schule HILLELS oder SCHAMMAIS halten (aber doch immerhin *halten*) und denen, die meinen, dieser Satzung überhaupt nicht Folge leisten zu müssen! Zudem betreffen die Schulunterschiede die Einhaltung der Halakha oft nur auf einer schon sehr weit ausdifferenzierten Ebene, so daß auch hier die Übereinstimmung über das, was zu tun ist, weit mehr zu gewichten ist, als die Unterschiede im Detail. Wichtig war, daß einer wußte, warum er etwas so und nicht anders tat. Ein Hillelit hat darum die Praxis der Schammaiten akzeptiert und wohl auch die meiste Zeit über (wenn auch unwilliger) ein Schammait die der Hilleliten (vgl. J. NEUSNER, op.cit [Anm. 121], II,2f), aber sie haben es nicht akzeptiert, wenn einer die Praxis beider völlig mißachtete.

[133] Op.cit. (Anm. 121), III,297, s.a. seine deutsche Aufsatzsammlung: Das pharisäische und talmudische Judentum. Neue Wege zu seinem Verständnis, TSAJ 4, Tübingen 1984, 49.

oben beschriebenen Mangel (s. Anm. 4) von Sanders' Beschreibung des „common Judaism" zusammenhängt, für den er keine positiven Ziele zu beschreiben unternimmt.

Zustimmen würden wir ihm gegen Neusner in seiner Meinung, daß es nicht gerechtfertigt ist, die Pharisäer als „Sekte" zu definieren[134], da, wie Sanders zu Recht betont: „Sectarianism in the Judaism of the second temple period usually implies soteriological exclusivism" (Law 242). Das gilt für sie in der Tat nicht, statt dessen waren sie, anders als die Essener, in positiver Weise dem Volk zugewandt, das sie der Tora zuführen wollten.[135] Darum besaßen die Pharisäer die Sympathie des Volkes, und es gibt keine Hinweise darauf, daß die Essener oder Sadduzäer je eine auch nur von Ferne vergleichbare Popularität besaßen.

Gleichzeitig waren die Pharisäer eine Bewegung mit intellektuellen Ansprüchen, d.h. sie besaßen ebenfalls einen elitären Charakter, und übereinstimmend bezeugen darum die rabbinischen und christlichen Quellen zusammen mit Josephus „that they mastered the law and its interpretation" (Law 236). Sowohl ihre Hochschätzung der durch ihre Schuldiskussionen ständig anwachsenden mündlichen Tradition wie ihre ἀκρίβεια in der Torainterpretation und -observanz brachten eine gewisse Exklusivität und eine damit verbundene Abneigung gegen die in der Tora Ungebildeten mit sich.[136] In dieses Bild fügen sich auch die zahlreichen Hinweise auf Konflikte und die Distanzierung vom Am haArez ein, die überwiegend auf das 2. Jh. zurückgehen mögen, als der Pharisäismus die volle geistige Herrschaft über das Volk anstrebte, die aber sicher auch schon vor 70 wirksam waren. Die differenzierte Betrachtung des Problems in Mischna und Tosephta Demai mit der Unterscheidung zwischen Ḥaberim, „Vertrauenswürdigen" (נאמנים) und den Amme haArez zeigt aber, daß hier kein unüberwindliches Problem vorlag. Wir würden hier Sanders zustimmen: „We see here *some* separation but by no means full and commercial separation from non-pharisaic Jews" (Law 239), wobei sein Lieblingswort

134 Vgl. Law 179f.328 und jetzt wieder ansatzweise in dem Artikel „Pharisees" des Neusner-Schülers A.J. SALDARINI im neuen Anchor Bible Dictionary, 6 Bde., New York 1992, V,289–303 (289.291.302).

135 Vgl. etwa die Maxime HILLELS in mAv 1,12: „ die Menschen liebend und sie hinführend zur Tora"; s.a. 1,15 von SCHAMMAI und noch einmal HILLEL in 2,4. Den Unterschied zwischen Pharisäern und Essenern lehrt ein Vergleich von mAv 2,4 mit 4QMMT (s.o. Anm. 17) 13 (= 4Q397–399, Zeile 7). HILLEL warnt davor, sich abzusondern von der Gemeinde (אל תפרוש מן הצבור), die Schreiber von 4QMMT dagegen brüsten sich: „wir haben uns abgesondert vom Vo[lk]" (פרשנו מרוב הע[ם]).

136 Vgl. HILLEL in mAv 2,5: „Kein Ungebildeter scheut die Sünde und kein Am haArez ist fromm" und das Gebet von R. Jehuda b. Ilai: „ gesegnet seist du, daß du mich nicht als Ungebildeten (בור) geschaffen hast": tBer 7,18 (Z. 16), s. Bill. III,611; als anonyme Überlieferung heißt es in mQid 1,10: „Jeder der lernt in der Schrift, in der Mischna und in rechtem Verhalten (derekh 'erez) sündigt nicht schnell, wie es heißt (Koh 4,12): ‚eine dreifache Schnur reißt nicht schnell entzwei'. Und jeder, der sich nicht mit der Schrift, der Mischna und dem rechten Verhalten beschäftigt, hat keinen Anteil an der menschlichen Lebensgemeinschaft", s.a. Lk 16,15; 18,9.

„some" vielleicht doch durch ein „much" ersetzt werden müßte. Der Grad der Abgrenzung mag zudem bei einzelnen Lehrern recht unterschiedlich gewesen sein. Die Einschränkungen waren bedingt durch ihr Interesse, die Geltung der Tora nach ihrem Verständnis in ganz Israel durchzusetzen, ein Versuch, der ihnen trotz aller Konflikte im einzelnen[137] dennoch im Volk Achtung und Popularität einbrachte.

Gegen eine strenge Heilsexklusivität von seiten der Pharisäer spricht mSanh 10,1 ebenso wie die Aussage in Röm 11,25f des ehemaligen Pharisäers Paulus; für den Ernst des Gerichtes mit einem doppelten Ausgang Dan 12,1ff.[138] Die Pharisäer haben das Danielbuch als späteste Schrift ihrer Sammlung heiliger Schriften kanonisiert. Dieses jüngste Buch des masoretischen Kanons hat für die pharisäische (ebenso wie für die christliche) Eschatologie grundlegende Bedeutung, doch Sanders geht in beiden Bänden darauf so gut wie nicht ein.

Es ist denkbar, daß die Frage des Anteils am eschatologischen Heil bei den Pharisäern zu verschiedenen Zeiten kontrovers beantwortet wurde, ohne daß der Gegensatz völlig ausgeglichen werden konnte. Selbst in mSanh 10,1b-4 wird die ganz Israel einschließende Aussage von 10,1a ja bereits wieder eingeschränkt. Man muß weiter annehmen, daß zwischen 167 v. Chr. und 70 n. Chr. die innerjüdischen Konflikte rigoroser und vielleicht auch fanatischer ausgetragen wurden als nach 70 und noch mehr nach 135, da der hohe Blutzoll der beiden Kriege und die dadurch bedingte physische Existenzbedrohung des Volkes eher dazu führten, auf innerjüdische Ausgrenzungen zu verzichten.[139]

---

[137] Vgl. dazu die bekannten Stellen über den Haß des Am haArez auf die Gelehrten, zusammengestellt bei A. Oppenheimer, op.cit. (Anm. 126), 172–188, s.a. ebd. über das Verhältnis der Pharisäer zum Am haArez; L. I. Levine, The Rabbinic Class of Roman Palestine in Late Antiquity, Jerusalem/New York 1989, 112–127, stellte fest, daß die Mehrheit der tannaitischen Belege ein äußerst kritisches Verhältnis zwischen den Gelehrten und dem Am haArez widerspiegeln, „with whom all social contact was forbidden" (112). Dies änderte sich erst allmählich ab der Mitte des 3. Jh.s n. Chr. Als Hauptproblem sieht Levine auf seiten der Gelehrten ihre elitäre Arroganz gegenüber den Ungebildeten und der damit verbundenen „religious laxity" (120). Es ist kaum vorstellbar, daß diese Probleme erst im 2. Jh. n. Chr. entstanden.

[138] Vgl. schon Jes 66,22–24 (s. a. 24,22f; 26,19), eine Stelle, die auf Dan 12,1–3 eingewirkt hat. Der Tannait Sacharja b. Qebutal, doch wohl ein Priester oder Levit (er wirkte schon in der Zeit vor 70) überliefert, daß er in der Nacht zu Yom Kippur dem Hohepriester des öfteren aus dem Buch Daniel vorgelesen hat (mYoma 1,6, vgl. J. Neusner, op.cit. [Anm. 121], I,414f). Zur Vorstellung vom Endgericht in der rabbinischen Literatur s. Bill. IV,1093–1118.1199-1212; R. D. Aus, Art. Gericht Gottes II. Judentum, in: TRE 12, Berlin/New York 1984, 466–469 (468); M. Reiser, Die Gerichtspredigt Jesu, NTA.NF 23, Münster 1990, 118–132; G. Veltri, Die Baraita „Drei Klassen am Gerichtstage": halakhische Prämisse und exegetische Entwicklungen, FJB 19 (1991/92), 73–94.

[139] Vgl. L. I. Levine, op.cit. (Anm. 137), 117 u. die schon von G. F. Moore (Judaism in the First Centuries of the Christian Era, Cambridge 1927, II,161) als religionsgeschichtliches Phänomen auf die Pharisäer als Teil der jüdischen Gesellschaft angewandte Gesetzmäßigkeit, die u. E. vor allem die Situation vor 70 treffend beschreibt: „In all sects, and in every ecclesiola in ecclesia, it is the peculiarities in doctrine, observance, or piety, that are uppermost in the

Die Solidarität der Überlebenden wog schwerer als theologische und halakhische Differenzen und machte gegenüber einer gewissen Laxheit in der praxis pietatis nachsichtiger.

Möglicherweise hängt der Konflikt der Pharisäer mit der von Jesus ausgehenden Bewegung, der im Grunde schon mit Jesus selbst begann, auch damit zusammen, daß diese trotz der ähnlichen Eschatologie und den zahlreichen Berührungen mit der pharisäischen Frömmigkeit von Anfang an eine Am haArez-Bewegung war (vgl. Joh 7,49), in der die Reinheits- und Speisegebote im Gegensatz zu den Pharisäern[140] gerade keine identitätsstiftende Funktion mehr besaßen.

Der ausführlichste Abschnitt in dieser wichtigsten und inhaltsreichsten Studie ist den pharisäischen Diskussionen über die Reinheit gewidmet (S. 184–236). Sie haben zwar nach Sanders nicht die überragende Bedeutung, die ihnen Neusner zuschreibt, dennoch muß auch er einräumen: „it is important and the Pharisees were interested in it" (Law 184). U.E. liegt die Wahrheit zwischen beiden, d.h. man müßte dem zitierten Satz noch zweimal ein „very" hinzufügen.

In der Mischna-Übersetzung von Danby ist der letzte Seder Tohorot mit 186 Seiten bei weitem der umfangreichste[141], dahinter folgt der vorletzte Qodashim

---

minds of the members; what they have in common with the great body is no doubt taken for granted, but, so to speak, lies in the sectarian subconsciousness."

140 Sanders billigt den pharisäischen Reinheitsvorschriften (deren Stellenwert er generell eher gering einschätzt) keine entscheidende Rolle für die pharisäische Identitätsbildung zu, gleichwohl räumt er ein, daß die rituelle Reinigung der Hände eine gewisse Bedeutung gehabt haben könnte, ebenso wie die gruppeninternen Sabbatfeiern mit den gemeinsamen Mahlzeiten (s. Law 232.240).

141 Zusätzlich hervorzuheben ist der größte Einzeltraktat überhaupt in der Mischna, Kelim, der die Reinheit von Alltagsgeschirr, Möbel und Werkzeugen zum Thema hat. Schon das allein zeigt, daß das Thema der Reinheit nicht so völlig auf den Tempel zugespitzt werden darf, wie es bei Sanders der Fall ist. Auch das Buch von R. Deines, op.cit. (Anm. 41), zeigt, daß das Streben nach Reinheit im Alltag auch außerhalb von Jerusalem sich nicht auf die Priester beschränken läßt, und daß die pharisäisch-rabbinische Halakha Wege aufwies, die alltäglichen und unvermeidlichen Verunreinigungen zu beschränken. Reinheit war kein unerreichbares Ideal, und die halakhischen Definitionen und Beschreibungen etwa von Leichenunreinheit und ihrer Ausdehnung dienten ja in Wirklichkeit ihrer Einschränkung. Es war, selbst wenn man an einer Beerdigung teilnahm, nicht nötig, sich so der Leiche zu nähern, daß man durch sie unrein wurde (gegen Law 187). Die Familienangehörigen des Toten oder die Schüler eines Lehrers, die seine Bahre trugen, blieben davon natürlich ausgenommen, aber auch für sie gilt, daß die Herstellung der Reinheit innerhalb einer Woche ohne großen Aufwand möglich war, vgl. R. Deines, loc.cit. 206–217 u. besonders 211 Anm. 450 gegen Sanders Judaism 218 (vgl. Law 188); zu den Beschränkungen der Verunreinigungsmöglichkeiten im Alltag schon in der schriftlichen Tora s. ferner D.P. Wright, op.cit. (Anm. 187), 738f: „Though the area of human habitation seems to be rather full of impurity (so auch Sanders, s. Jesus 182f [M.H./R.D.]), the impurity is actually minimal. With communicable impurities restricted in the habitation, the populace would be minimally exposed to pollution from these sources. Non-communicable impurities last only one day and would terminate at evening when proper procedures are followed. Furthermore, the purity of the habitation is

mit 137 S., der Opfergaben und Tempelprobleme behandelt.[142] Dies zeigt schon äußerlich, welche Bedeutung die Reinheitsgebote und die damit verbundenen Fragen des Heiligtums noch lange nach 70 besaßen. Zu diesem ganzen Komplex muß man ferner die Abschnitte des ersten Seder, die die Abgaben an Tempel und Priester regelten[143], zählen, dasselbe gilt von den die Feste und ihren Kult betreffenden Traktaten aus dem zweiten Seder[144]. Dabei ist zu beachten, daß die Mischna rund 130 Jahre nach der Tempelzerstörung entstand, als viele Bestimmungen längst ‚rein akademisch' geworden waren, d.h. die Bedeutung der vor allem auf den Tempel, seinen Kultus und sein Personal bezogenen Reinheitsgebote darf weder für die Tannaiten, aber noch viel weniger für die Pharisäer vor 70 unterschätzt werden. Im Gegenteil, sie mußten, als der Tempel noch stand, sogar sehr viel dringlicher gewesen sein. Die Meinung von Bousset/Gressmann, daß in späthellenistischer Zeit sich „die Frömmigkeit des Volkes vom Tempel und seinem Kult in immer stärkerem Maße abgelöst" habe, ist irreführend.[145]

Seit der furchtbaren Krise unter Antiochus IV. mit der dreieinhalbjährigen Entweihung des Tempels war das palästinische Judentum in besonderer Weise sensibel geworden gegen jede auch nur scheinbare ‚Entweihung' des Tempels.[146] Die Pharisäer waren, wie auch die Essener, eine durch die schweren Erschütterungen der Jahre 175–150 v. Chr. ausgelöste *‚Heiligungsbewegung'*, die wohl eine gemeinsame Wurzel in den Chasidim der Makkabäerzeit besitzen. Ihr Weg trennte sich, wie das der Text 4QMMT, der wohl ein Brief des Lehrers der Gerechtigkeit an den gottlosen Hohepriester[147] ist, nahelegt, wegen unterschiedlichen Auffassungen bezüglich der Heiligkeit und Reinheit des Tempels.[148] Dieser Streit um Reinheitsfragen wurde zeitweilig mit äußer-

---

enforced by sanctions against prolonging noncommunicable impurities (e.g. Lev 5:2–13; 17,15–16) and requirements to destroy items such as earthenware that have noncommunicable but incorrigible impurities."

142 Drittgrößter Traktat ist Nezikin mit 135 S., wovon die 15 S. des völlig selbständigen Traktates Avot abzuziehen sind.

143 Demai, Terumot, Ma'asrot, Ma'aser Sheni, Ḥalla, 'Orla, Bikkurim.

144 Pesahim, Yoma, Sukka, Ḥagiga, Sheqalim.

145 W. Bousset/H. Gressmann, Die Religion des Judentums im späthellenistischen Zeitalter, HNT 21, Tübingen ^{3}1926 (repr. Tübingen 1966), 113. Weder vollzog sich nach 70 der Übergang „leicht und ohne gewaltsame Anstrengung", noch blieben „das gesetzestreue Judentum, der pharisäische Rabbinismus ... dieselben vorher wie nachher". Von Rabbinismus sollte man, wenn überhaupt, erst nach 70 sprechen.

146 Vgl. M. Hengel, op.cit. (Anm. 18), 188–229.

147 Vermutlich der Hasmonäer Jonathan, der sich vor allem auf die protopharisäischen Chasidim stützte, s. dazu G. Jeremias, Der Lehrer der Gerechtigkeit, StUNT 2, Göttingen 1963, 36–78 u. M. Hengel, op.cit. (Anm. 96), 407ff.

148 Auch der pharisäische Vorwurf gegen Johannes Hyrkan wegen seiner angeblichen ‚unreinen' Herkunft ist auf diesem Hintergrund zu verstehen (Jos. Ant 13,292), vgl. a. Jos. Ant 19,332–334 über den (pharisäischen) Versuch, Herodes Agrippa I. vom Tempel auszuschließen, was offenbar ebenfalls mit seiner Abstammung zusammenhing, s. J.M. Baumgar-

ster Härte geführt. Die Essener warfen den Pharisäern als solchen, „die nach glatten Dingen suchen", vor, daß sie mit Rücksicht auf das Volk und die Praktikabilität des Gesetzes für alle die Forderung nach Heiligkeit und Reinheit abmilderten.

Wenn Sanders die auffallende Ausdehnung der Leichen- und Midrasunreinheit bei den Pharisäern lediglich als „minor gestures toward extra purity" herabspielt, und als Motiv nur ganz banal konstatiert „to be pure, because purity is good" (Law 235, s. u. Anm. 448), dann verkennt er historisch die dem aufgeklärten, liberalen Theologen[149], der allem seiner Ansicht nach übersteigertem „pietism" distanziert gegenübersteht, fremd erscheinende zutiefst religiös-theologische Motivation, die hinter dem pharisäischen Reinheitsbestreben sichtbar wird: Sie liegt in der mehrfach wiederholten Aufforderung Gottes an sein Volk *„seid also heilig, weil ich heilig bin"*[150]. Diese Heiligkeitsaufforderung gilt nicht nur für den Raum des Tempels und sein Personal, sondern mit

---

TEN, Exclusions from the Temple: Proselytes and Agrippa I, JJS 33 (1982), 215–225; D.R. SCHWARTZ, Agrippa I, TSAJ 23, Tübingen 1990, 124–130.

[149] A. S. v. D. WOUDE charakterisiert in Anlehnung an Neusners Kritik an SANDERS dessen Buch *Jewish Law* mit den Worten: „But his book shows a Protestant theological apologetic for a Judaism in the liberal Protestant model" (JSJ 23 [1992], 168). Als solchen bezeichnet sich Sanders nicht ohne Stolz selbst, s. Jesus 334: „I am a liberal, modern, secularized Protestant, brought up in a church dominated by low christology and the social gospel." Seine Sympathie für die Sadduzäer mag teilweise hierin ihren Grund haben. Ob sie allerdings in der Frage nach einer ‚letzten Wahrheit' so weit gegangen wären wie Sanders, bleibt zu fragen, vgl. Paul and Palestinian Judaism, Index s.v. „Truth, ultimate" und die Verweise auf die Seiten 30.32.430 (bitte nachschlagen!).

[150] Lev 11,45 vgl. 44, als Warnung vor der ständigen Möglichkeit der Verunreinigung durch Kriechtiere. S. a. Lev 19,2; 20,7.26; 21,6–8; Num 15,40. Sanders macht zwar deutlich, daß die Pharisäer selbst ihre zusätzlichen Reinheitsbemühungen nicht als „minor" oder „trivial" empfanden (Law 235, vgl. 192: „I think it is most likely that the Pharisees had a desire *for purity for its own sake*. Purity symbolized not just the priesthood, but Goodliness" [Hervorhebung im Original]), aber es bleibt bei ihm doch immer ein *freiwilliges, zusätzliches Bemühen* für die ganz Frommen (vgl. Law 192), das nicht wirklich unter einem göttlichen Imperativ steht. Sanders macht zu wenig Gebrauch von dem, was er selbst in *Paul and Palestinian Judaism* über „Studying and doing and the presence of God" (217–223) geschrieben hat: „Thus we see that studying and doing the Torah are connected with the feeling of the presence of God. To study the Torah is to be in the presence of the God who gave it, while the observance of the halakot inculcates the feeling of the presence of God" (222). Bei „halakot" denkt er dabei vor allem an „regular and systematic prayer ... prescribed by the halakah" (220), aber das Leben in der Gegenwart Gottes verlangt untrennbar davon eine Heiligkeit, die sich als rituelle Reinheit darstellt, vgl. Ex 19,10.14f. Die rabbinische Überzeugung „of God's presence and accessibility" (223) verlangte eine Ausdehnung der Reinheitshalakha auch in den profanen Alltag: überall, wo man betete, wo man die Tora studierte oder in irgendeiner Weise mit Gottesdienst im umfassenden Sinn beschäftigt war, erhob sich die Forderung nach Reinheit. Daß die Synagogen mit Miqwaot verbunden waren, ist nur ein Hinweis dafür, desgleichen die häufige Verbindung von Ölpressen mit Miqwaot: das für Unreinheit besonders anfällige Öl sollte in größtmöglicher Reinheit gewonnen werden (Judaism 223). Zu SANDERS Einschränkung der Bedeutung der Reinheit im Alltag s. a. R. DEINES, op.cit. (Anm. 41), 166–174.

angemessenen Abstufungen für ganz Jerusalem, die ‚heilige Stadt', das ganze Volk und das ganze ihm von Gott anvertraute Land (vgl. mKel 1,6–9), was Sanders durchaus sieht (vgl. Law 191). Jes 52,1 nennt Jerusalem עיר הקדש entsprechend tragen die Silberschekel des ersten und zweiten Aufstandsjahres die Legende „Jerusalem die Heilige" (ירושלים הקדשה), was sicherlich nicht einfach als eine Kopie der tyrischen Schekel mit der Aufschrift ΤΥΡΟΥ ΙΕΡΑΣ ΚΑΙ ΑΣΥΛΟΥ erklärt werden darf.[151] Dahinter stand ein religiöses Programm.

Ganz gewiß wollten die Pharisäer nicht die verschiedenen Stufen priesterlicher Reinheit, die für das Kultpersonal innerhalb des Tempels oder außerhalb erforderlich waren, in dem Sinne ‚nachahmen', daß sie dadurch den Priestern gleichgestellt würden. Gegen ein solches Bemühen stand der Wortlaut der Tora, die abgestufte Grenzen im Heiligtum und in Jerusalem selbst, aber auch zwischen Priestern, Leviten und den Laien gezogen hat.[152] Aber die *Verpflichtung zum Heiligsein* galt dem ganzen Volk und um der von Gott gebotenen Heiligkeit seines Volkes willen, die nicht nur den Priestern, sondern allen befohlen war, wollten die Pharisäer die dem ganzen Volk gebotene abgestufte Reinheit aus Schrift und Tradition erschließen und exemplarisch vorleben.[153]

Daß sie dabei, etwa durch das Phänomen der „Bezeltung" die Leichenunreinheit oder durch das des „Midras" die Menses- und Zab-Unreinheit ausweiteten, hängt mit ihrer Konzeption des „Zauns um die Tora", d. h. dem Schutz der Tora vor Übertretung durch eine immer perfektere kasuistische Präzisierung zusammen. Dasselbe gilt von den Mitteln zur Beseitigung der verschiedenen Stufen von Unreinheit durch das Reinigen der Hände, das Tauchbad und das Reinigungswasser aus der Asche der roten Kuh. Gerade weil sie die einzigartige Würde und Aufgabe des Priesters und die Notwendigkeit des von ihm vollzogenen Kultes voll anerkannten – Schrift und Tradition ließen ja gar keinen anderen Weg zu – lag ihnen alles daran, auch die exakte Einhaltung der Reinheit der Priester, des Tempels und der dem Kultpersonal zustehenden landwirtschaftlichen Abgaben umfassend sicherzustellen. Diese Exaktheit bezog sich so auch auf die minutiöse Erhebung und Reinhaltung der Abgaben. Daher ihre Genauigkeit in der Frage der Verzehntung und das Gebot der Neuverzehntung in Zweifelsfällen.

---

[151] Vgl. Jes 48,2; Joel 4,17 u. dazu Y. Meshorer, Ancient Jewish Coinage, New York 1982, 1.104f.259f; s. a. M. Hengel, op.cit. (Anm. 18), 121ff.202.290.

[152] Es ist auffallend, daß die rabbinische Exegese das ממלכת כהנים aus Ex 19,6 (vgl. 1.Petr 2,9; Apk 1,6) nie auf das ganze Volk bezogen hat, vgl. Bill. III,789 u. D. R. Schwartz, „Kingdom of Priests" – a Pharisaic Slogan?, in: ders., Studies in the Jewish Background of Christianity, WUNT I/60, Tübingen 1992, 57–80 (62f).

[153] S. D. R. Schwartz, op.cit. (Anm. 152), 64f, der auf den – allerdings späten – Midrasch Tanna deBe Eliyyahu 16 hinweist, wo das Waschen der Hände mit Lev 11,44 begründet wird. Danach heißt es: „Aus diesem Grund (nämlich der Heiligkeitsaufforderung aus Lev 11,44) aß Rabban Gamaliel profane Speise in Reinheit und er sagte seinen Schülern: ‚Die Heiligkeit wurde nicht den Priestern allein gegeben, sondern den Priestern, den Leviten und ganz Israel, wie geschrieben steht: (es folgt das Zitat Lev 19,2)'."

Die große Unbekannte ist das Alter der Einzelbestimmungen, wie sie in den beiden ältesten Corpora, der Mischna und der Tosephta, aber auch in dem ältesten Kommentar, Sifra, der bei Sanders zu sehr zurücktritt[154], in Erscheinung treten. Leider besitzen wir trotz, ja vielleicht gerade wegen Neusners großer Analyse der Mischna-Ordnungen Mo'ed bis Tohorot in 43 Bänden, noch keine ins Detail gehende traditionsgeschichtliche Untersuchung dieses ältesten exegetischen Gesetzeskorpus.[155] Bei den Bestimmungen, die den Tempel und seinen konkreten Betrieb betreffen, darf man annehmen, daß ein großer Teil auf die Zeit vor 70 zurückgeht und häufig älter ist als die Diskussionen der beiden Schulen, die ja in der Regel nur vorliegende Probleme aufnehmen und nicht selten auch unentschieden lassen.[156] Das neue Material von Qumran, Josephus, zuweilen auch Philo, dazu die apokryphen und pseudepigraphischen Texte können hier z.T. weiterhelfen. Monographische Untersuchungen sind leider relativ selten, hier verbirgt sich noch viel Stoff für zukünftige Dissertationen.

In seinen beiden Werken hat Sanders dafür eine gewisse Vorarbeit geleistet, wobei man über einzelne Ergebnisse von Fall zu Fall diskutieren muß. Das Problem ist, daß wir über Tradition und Auslegung zwischen den Chronikbüchern gegen Ende des 4. Jh.s und den Qumranessenern ab der Mitte des 2. Jh.s und d.h. zugleich auch über die Vorgeschichte der Pharisäer und die Unterscheidungsmöglichkeiten zwischen älterem „common law" im Sinne von Sanders und pharisäischer Exegese und Tradition herzlich wenig wissen, und unser Wissen sich zudem einer mehr als zufälligen Überlieferung verdankt. Vor allem wissen wir nicht, wie die schwere Krise der Hellenisierungsbestrebungen ab 175, der Tempelentweihung ab 167 und die nachfolgende hart erkämpfte makkabäische Restauration ab der Tempelweihe im Chislew 164 bis zur Erlangung der Unabhängigkeit 142/1 die Gesetzesauslegung und Tradition verändert haben.

---

[154] Vgl. die Stellenindices: in Law (S. 394) werden nur 2 Belege verzeichnet, in Judaism (S. 574) 3. Auch die übrigen halakhischen Midraschim kommen so gut wie nicht vor.

[155] Vgl. zwar J. NEUSNER, Uniting the Dual Torah: Sifra and the Problem of the Mishnah, Cambridge/New York 1989; DERS., Sifra in Perspective: The Documentary Comparison of the Midrashim of Ancient Judaism, Brown Judaic Studies, Atlanta 1988. Beide Untersuchungen befriedigen freilich den traditionsgeschichtlich arbeitenden Forscher nicht.

[156] Hier nur einige Beispiele: mSheq 2,3 stehen die Regeln der beiden Schulen nebeneinander; sie werden erst durch eine harmonisierende, anonyme Ergänzung einander angeglichen; mSheq 8,6: zu den unentschiedenen Bestimmungen der Schulen wird in 8,7 noch die des R. Eliezer b. Hyrkanos ergänzt, und erst das abschließende Urteil Aqibas entscheidet die Frage mit einem Kompromiß; mBes 2,4 par mHag 2,2f; tHag 2,10: das Aufstützen der Hände auf das Opfertier an Festtagen wurde in den Schulen kontrovers diskutiert, vgl. a. mHag 2,4; mZev 4,1 par. tZev 4,9; tEd 2,6. Die Zahl der offenen Probleme ist hier im Grunde genommen erstaunlich klein, die anonymen und eindeutigen Festlegungen dominieren im Bereich der Tempelkultordnungen. Zur grundsätzlichen Bedeutung der Einzel- oder Sondertraditionen im rabbinischen Denken s. mEd 1,4–6. Die Herkunftsangabe hilft, die Entstehungsumstände zu klären und gegebenenfalls erneut zu entscheiden.

Man muß annehmen, daß auch im Bereich der Reinheitsgebote und der mit dem Kult zusammenhängenden Vorschriften ähnliches gilt wie beim Bilderverbot, bei dem eine erhebliche Verschärfung stattfand, die in amoräischer Zeit wieder gelockert wurde.[157] Die Entweihung des Tempels und die sich daran anschließende Kultuserneuerung bedeuteten einen tiefen Einschnitt, vergleichbar nur mit der Katastrophe des Exils (vgl. Dan 12,1). Die Auseinandersetzungen, die hinter 4QMMT und 11QT erkennbar sind, sind ein Indiz dafür, daß auch die Reinheitsfragen eine Intensivierung erfuhren. Leider läßt uns die rabbinische Überlieferung über die Frühgeschichte der Pharisäer im 2. Jh. v. Chr. gänzlich im Stich, sehr schattenhafte Kenntnisse erhalten wir erstmals bei dem grundsätzlich negativ beurteilten König Jannai und seinem pharisäischen Widersacher Schimeon b. Schetach.[158] Jannais Vater Johannes Hyrkan wird in der rabbinischen Überlieferung als Hohepriester Jochanan in der Regel noch positiv beurteilt, jedoch berichtet eine Baraita (bBer 29b), daß er nach achtzigjähriger (!) Amtszeit „zuletzt Sadduzäer (bzw. ein *mîn*) wurde". Dies bestätigt indirekt die detaillierteren Nachrichten des Josephus, daß der entscheidende Bruch zwischen den Pharisäern und der hasmonäischen Herrscherfamilie unter Johannes Hyrkan stattfand.[159] Vorher, von Jonathan bis Hyrkan,

---

[157] Noch zu Beginn des 3. Jh.s v. Chr. wurden in der Provinz Judäa Münzen mit dem Bild des ersten Ptolemäers und seiner Gattin zusammen mit der hebräischen Inschrift Jehud geprägt, s. L. MILDENBERG, *Y^ehud*-Münzen, in: H. WEIPPERT, Palästina in vorhellenistischer Zeit, Handbuch der Arch. II/1 Vorderasien, München 1988, 719–728 u. Tafel 23 f. Solche Münzbilder waren später sogar unter Herodes und den Prokuratoren unvorstellbar. Dagegen zeigen ab dem 2./3. Jh. n. Chr. die Synagogen eine oft äußerst großzügige Haltung gegenüber dem Bilderverbot; s. a. M. HENGEL, op.cit. (Anm. 18), 195–201.

[158] Zu den mit ihm verbundenen Traditionen und Legenden s. J. NEUSNER, op.cit. (Anm. 121), I,86–141 u. M. HENGEL, Rabbinische Legende und frühpharisäische Geschichte. Schimeon b. Schetach und die achtzig Hexen von Askalon, AHAW.PH 1984, Heidelberg 1984.

[159] Vgl. Jos. Ant 13,288–298; Bell 1,67; bQid 66a u. dazu D. R. SCHWARTZ, On Pharisaic Opposition to the Hasmonean Monarchy, in: ders., op.cit. (Anm. 152), 44–56 (48f). SANDERS, Judaism 27.381 ff kommt zu dem Ergebnis: „The Pharisees played a major role during the period from 135 to 63 BCE; they could affect public events very substantially when everything was intra-Jewish" (383). Die nachklappende Einschränkung über den auf die inneren Zustände beschränkten pharisäischen Einfluß ist erneut ein Beispiel für die Methodik SANDERS'. Der Fortgang des Zitats lautet nämlich: „But in 63 Rome entered the scene, then the Parthians, then Herod, backed by Rome." Damit unterschiebt er dem Leser eine Konsequenz, die es in Wahrheit gar nicht gibt: Die Pharisäer als nationale Kraft sind politisch und gesellschaftlich entmachtet, sobald Judäa in die internationalen Konflikte hineingezogen wird. Daran ist u. a. falsch, daß die Pharisäer schon vor 63 sehr wohl auch auf der internationalen Bühne mitspielen konnten, wie ihre Koalition mit dem Seleukiden Demetrios III. Eukairos (s. u. S. 463 f) gegen Alexander Jannai beweist. Dazu kam, daß eine Bewegung, die bis zu einem bestimmten Zeitpunkt die Volksmassen zu beeinflussen vermag, sich nicht deswegen von den Zentren der Macht entfernen läßt, nur weil sich die äußeren Koordinaten verschoben haben. Nimmt man dagegen die grundsätzliche Opposition der Pharisäer gegen ein hasmonäisches Priesterkönigtum ernst, dann kommt ihnen die Entmachtung der hasmonäischen Könige sogar entgegen, und die Ereignisse bei der Belagerung Jerusalems durch Herodes (s. u.

war jener chasidische Flügel, aus dem die Pharisäer hervorgingen, offenbar eng mit den siegreichen Makkabäerbrüdern verbunden gewesen, die selbst nur aus einem nichtzadokidischen ländlichen Priestergeschlecht, d.h. aus dem clerus minor stammten[160] und den gesetzestreuen Chasidim nahe gestanden hatten.[161]

Es erscheint uns daher naheliegend, daß ein beträchtlicher Teil jener allgemein anerkannten, anonymen Bestimmungen der Mischna, die Sanders dem „common law" zurechnet, auf jene chasidisch-frühpharisäische Zeit zurückgehen, in der die Pharisäer – als Parteigänger der Makkabäer – noch enger mit dem Tempel verbunden waren, zumal ein großer Teil des clerus minor (wie auch die Makkabäerbrüder selbst) mit ihnen sympathisiert haben dürfte.

Das *Judithbuch* etwa ist einer nationalen chasidischen Frömmigkeit verpflichtet, die man durchaus als frühpharisäisch bezeichnen könnte. Wenn in Judith 11,13 die rituelle Reinheit der an die Priester im Tempel abzuliefernden Abgaben vorausgesetzt ist[162], so könnte es sich sehr wohl um eine chasidische Neuerung nach der Erneuerung des Kultus und der Befreiung des Landes handeln. Die asketische Züge tragende Frömmigkeit des Buches[163] entspricht weniger sadduzäischem als protopharisäischem Milieu, es ist frühestens gegen Ende des 2. Jh.s entstanden.

Der Verfasser des etwa um dieselbe Zeit verfaßten *Aristeasbriefes* erwähnt

---

S. 466ff) zeigen erneut, daß die Pharisäer zunächst mehr außenpolitische Klugheit und Weitsicht besaßen als so mancher nationale Heißsporn. Während der langen Herrschaft des Königs veränderte sich dann diese Haltung.

160 Der Priesterklasse Jojarib (1. Chr. 9,10; 24,7), vgl. 1. Makk 2,1; 14,29.

161 In 2. Makk 14,6 wird Judas selbst als Asidäer bezeichnet, vgl. 1. Makk 2,42; 7,13: vermutlich gehörte auch der Priester Jose b. Joezer (mAv 1,4) zu den von Alkimos-Jakim getöteten Chasidim (s. 1. Makk 7,16 u. BerR 65,22 [Ed. Theodor/Albeck II,742f]).

162 Sanders geht wiederholt auf diese wichtige Stelle ein, die nach Jes 66,20 (hier allerdings als eschatologisches Ereignis) der älteste schriftliche Beleg dafür ist, daß es Bemühungen gab, über den ausdrücklichen Wortlaut der Tora hinaus die priesterlichen Abgaben in größtmöglicher Reinheit zu ernten und zu transportieren. Aber da für ihn nur ‚pharisäisch' ist, was die Pharisäer selbst bewußt als ‚Gesetz' geschaffen haben, ist diese s.E. vorpharisäische Bestimmung für die Beschreibung der Pharisäer irrelevant (vgl. Law 30.35, mit Modifikationen 136.150.194), zumal sie in seinen Augen kein besonderes Interesse an Reinheitsfragen hatten, die entscheidend über das hinausgingen, was „common" war. Aber auch hier stellt sich die Frage: warum haben die Priester überhaupt, wenn sie schon für alles verantwortlich sind, erst so spät damit begonnen, sich um die Reinheit ihrer Speisen zu kümmern? Für eine nichtchasidische bzw. nicht-pharisäische Heiligungsbewegung innerhalb der Priesterschaft, *die auch das Volk miteinbezog*, fehlen uns alle Belege. In Qumran wurde nicht zufällig kein Exemplar von Judith gefunden. Wenn man keinem Phantom nachjagen will, sollte man weiterhin davon ausgehen, daß es vor allem die Pharisäer waren, die das Thema Reinheit auch im Alltagsleben zu einer nationalen Angelegenheit machten. Auch Jud 11,14 weist gerade nicht auf die Priester hin: der „Rat der Ältesten" aus Jerusalem soll entscheiden, ob die Priesterhebe in der gegenwärtigen Notzeit gegessen werden darf. Zudem will ja das Buch zeigen, daß Gott bei denen ist, die in völliger Reinheit leben, vgl. 8,6; 10,5; 12,2.7–9, und dabei spielt die Reinheit des Essens und des Geschirrs eine wichtige Rolle.

163 Vgl. 8,6 zum Fasten und dazu Ch. Albeck, op.cit. (Anm. 59), 32.

erstmals das Gebot der Zizit, der Mezuzot und der Tefillin (§ 158f), die sicher nicht aus der Diaspora stammen, und die im 2. Jh. schon eine gewisse Verbreitung gefunden haben müssen.[164] Darum ist auch nicht einzusehen, daß der Brauch des Händewaschens ein ursprünglich heidnischer Ritus gewesen sei, der dann von den Pharisäern aus der Diaspora übernommen worden sein soll. Er wird im Aristeasbrief ja gerade von den *aus Jerusalem* gekommenen 72 Ältesten vollzogen (§ 305 f).[165]

Da Sanders sich jedoch stetig darum bemüht, den Einfluß der Pharisäer nach Möglichkeit einzuschränken, muß er grundsätzlich möglichst viel dem älteren, völlig unklaren „common law" beziehungsweise seinem idealisierten „common Judaism" zuschreiben. Beweisen kann er dies nicht. Diese Einschränkungen sind auch bei seiner restriktiven Beurteilung des pharisäischen Reinheitsstrebens zu beobachten.

So ist es eine für Sanders wesentliche These, daß die Pharisäer gar nicht in der Lage waren, ihre profanen Speisen im Alltag mit derselben Reinheitsstufe zu essen wie die Priester die ihnen zustehende Terumah, da sie sich schon aus ökonomischen Gründen in der Zeit der Menses nicht von ihrer Frau absondern konnten. Aber wir wissen weder, wie oft die einfachen Priester in den ca. 46 Wochen im Jahr, in denen sie *nicht* im Tempel Dienst taten sondern in ihren Dörfern lebten, Anteil an der Terumah und den anderen Abgaben erhielten, und ob diese ausreichten, um davon leben zu können, noch wie sie sich bei der monatlichen Blutung ihrer Frauen verhielten. Von einer völligen Trennung von Tisch und Bett während der kritischen Zeit ist auch bei ihnen nirgendwo die Rede. Über den Alltag der einfachen Priester auf den Dörfern in Judäa wissen wir praktisch nichts. Er wird aber kaum anders als bei den Pharisäern, die keine Schriftgelehrten waren, mit Handarbeit oder einem anderen Gewerbe ausgefüllt gewesen sein. Sanders macht hier einen zu großen Unterschied.[166]

---

164 Law 71f; vgl. dazu die in Qumran gefundenen Phylakterien (1Q13; 4Q128–148; 5Q8; 8Q13) und Mezuzot (4Q149–155): die Literatur zu diesen Texten ist jetzt zusammengestellt bei A.S. van der Woude, Fünfzehn Jahre Qumranforschung (1974–1988) (Fortsetzung), ThR 55 (1990) 245–307 (251f0.304–307). S. a. oben S. 421 Anm. 75.

165 Vgl. Law 30.260f; Judaism 223.230 und das wohl etwas übertreibende ὡς δὲ ἔθος ἐστὶ πᾶσι τοῖς Ἰουδαίοις. (Arist § 305) mit Mk 7,3: καὶ πάντες οἱ Ἰουδαῖοι. Zur Diskussion um das Reinigen der Hände s. a. D. Sperber, op.cit. (Anm. 67), 163–168 u. M. van Loopik, op.cit. (Anm. 67), 295f zur Auslegung von DEZ 8,9 (12): „Jeder Gelehrtenschüler, der das Reinigen der Händen vernächlässigt, ist schändlich."

166 In Ant 20,181 (vgl. 206f) geht es darum, daß die Oberpriester durch ihre Sklaven das den niederen Priestern oder eher noch den *Leviten* zustehende Zehntgetreide einzogen und damit dem im Tempel die niederen Dienste verwaltenden Personal die Lebensgrundlage entzogen; s. dagegen Sanders Law 24–26 (s. a. Judaism 148.324.512 Anm. 3, wo die frühere Aussage relativiert wird), der dieser Stelle entnehmen will, daß viele Priester keine andere Lebensgrundlage als die ihnen zustehenden Abgaben besaßen und zum Hungertod verurteilt waren, wenn sie gestohlen wurden. Dabei drückt er wiederholt seine Verwunderung darüber aus, daß das Volk den hungernden Priestern nicht einfach mehr gab. Der Grund ist, daß sein idealer „common Judaism" keinen Erklärungsspielraum für interne Konflikte, etwa zwischen

Umgekehrt waren pharisäische Schriftgelehrte, die ständig in Jerusalem wohnten und den Tempel sowie den Vorhof als Ort des Lehrens nützten, darauf bedacht, ihn jederzeit betreten zu können. Sie mußten sich daher bemühen, die hierfür erforderliche Reinheit im Alltag in einer gewissen Analogie zu den Priestern zu wahren, wobei die Strenge dieses Strebens individuell verschieden sein konnte. U. E. besaßen – gegen Sanders – die Pharisäer zumindest in der niederen Priesterschaft nicht wenige Anhänger. Das zeigt ihre minutiöse Kenntnis der den Kult betreffenden Mizwot und ihr ausgeprägtes Interesse am Tempel. Vermutlich gab es unter dem Tempelpersonal sogar eine Art pharisäische ‚Fraktion' mit eigener Traditionsbildung und -überlieferung. Daß in der Mischna, wo vor allem die Sonderfälle und die gelehrte Diskussion zu Wort kommen, das Selbstverständliche in der Regel gerade nicht gesagt wird, betont Sanders selbst. Wir haben ja ein analoges, nur noch sehr viel rigoroseres Reinheitsstreben, das auch ‚auserwählte' Laien aus „Israel" miteinbezieht, bei den Essenern von Qumran. Diese Frage kann darum den Pharisäern gerade auch im Alltag und außerhalb Jerusalems nicht relativ gleichgültig gewesen sein.[167] Sie bildete im Gegenteil mit ihrer kasuistischen Ausgestaltung im einzelnen einen Grundpfeiler im pharisäischen Bestreben, das ganze Leben gemäß Gottes Gebot zu *„heiligen"* und ganz Israel zu solcher Heiligung des Lebens – nicht zu zwingen (das konnten sie aus politischen Gründen nicht), wohl aber durch das eigene Vorbild einzuladen und anzuleiten.

Wir übergehen die sehr instruktive 4. Studie „Purity, Food and Offerings in the Greek-Speaking Diaspora" (S. 255–308)[168], ein Thema, das in der Forschung bisher sehr vernachlässigt wurde und bei dem – wie Sanders zeigt – die zerstreuten Nachrichten mehr Informationen liefern, als gemeinhin angenommen wird. Freilich sollte man zwischen den verschiedenen wichtigen Zentren Syrien, Ägypten mit der Cyrenaika, Kleinasien und Rom noch deutlicher unterscheiden sowie deren wechselvolle und unterschiedliche Geschichte stärker berücksichtigen als dies bei Sanders der Fall ist. *Die* Diaspora bildete ebensowenig eine Einheit wie *das* Judentum!

---

den Bauern, den Priestern bzw. Leviten und der Priesteraristokratie bietet, obwohl es sich bei der Aussage des Josephus sicherlich um eine Übertreibung handelt. S. auch u. S. 468ff.

167 Beide Bewegungen stammen aus derselben chasidischen Wurzel, vgl. Judaism 24.28.341f, s.a. M. Hengel, op.cit. (Anm. 96), 307.412. Die Attraktivität der Pharisäer gegenüber den Essenern beim Volk war ja gerade ihre flexiblere Haltung bezüglich der genauen Einhaltung der Gebote, die sie auf ein praktikables Maß beschränkten, und in der die Essener eine opportunistische Nachlässigkeit sahen, vgl. R. Deines, op.cit. (Anm. 41), 18.283; L. H. Schiffman, op.cit. (Anm. 80), 218–221, s.a. Law 32f.201ff. In der qumranischen Bezeichnung für die Pharisäer als דורשי (ה)חלקות sieht Schiffman eine Anspielung auf die pharisäische Halakha: ihre הלכות sind חלקות, verführerische Lügen (vgl. Jes 30,10; Ps 12,3f; 73,18 und besonders Dan 11,32), die das Volk von der Tora wegführen, vgl. die Stellen in: Graphic Concordance to the Dead Sea Scrolls, hg. v. J. H. Charlesworth u. a., Tübingen/Louisville 1991, 65.108.113.131.255.

168 Vgl. dazu auch P. J. Tomson, op.cit. (Anm. 54), 280.

So scheint etwa in *Ägypten* die Selbständigkeit gegenüber dem Mutterland etwas größer gewesen zu sein als in Syrien und Rom. Sanders weist besonders darauf hin, daß über eine Ablieferung der Tempelsteuer im ptolemäischen Ägypten nichts bekannt ist (Law 293). Dies mag damit zusammenhängen, daß Judäa seit 200 v. Chr. seleukidisch und später selbständig war, und auf der anderen Seite der ptolemäische Staatskapitalismus Kapitalexporte verbot, so daß möglicherweise eine analoge Steuer an den jüdischen Konkurrenztempel in Leontopolis abgeliefert wurde.[169] Daß dann, seit der Umwandlung der Tempelsteuer in Höhe von 2 Drachmen in den fiscus Iudaicus für den Jupiter Capitolinus durch Vespasian, diese Steuer mit einem zusätzlichen Aufschlag auch in Ägypten rigoros eingezogen wurde (Law 297f), besagt noch nicht, daß die ägyptischen Juden schon früher diese Steuer pünktlich nach Jerusalem abgeliefert haben. Die Römer zwangen jeden zu zahlen, den sie für einen Juden hielten, unbeschadet, ob er dies schon früher für den Jerusalemer Tempel tat oder nicht.[170]

Für die Erklärung der frühen judenchristlichen Mission in *Syrien* ist nicht unwichtig, daß die tannaitischen Gelehrten – aber gewiß nicht erst sie – dieses Gebiet als zu Eretz Israel gehörig betrachteten, ging doch das ideale Großreich Davids einstmals bis zum Eufrat. Dies wird bestätigt durch eine neue zweisprachige Ossuarinschrift aus Jerusalem. Sie nennt einen Ariston aus dem syrischen Apamea, der Proselyt ist und den hebräischen Name Jehuda trägt (eine interessante Parallele zu dem Proselyten Nikolaos aus Antiochien am Ende der Siebenerliste Apg 6,5). Wahrscheinlich ist er identisch mit dem Ariston aus Apamea, der nach mHal 4,11 Erstlingsfrüchte von dort in den Tempel brachte, die von den Priestern angenommen wurden, „denn der, der (Land) in Syrien besitzt, ist wie einer, der Land in der Umgebung von Jerusalem besitzt"[171]. In der Mission des Urchristentums stand dahinter wohl ein eschatologischer Impuls: Man wollte mit der Mission in diesem Raum offenbar die Parusie des

---

[169] Vgl. M. HENGEL, op.cit. (Anm. 96), 35ff u. C. Préaux, L'économie royale des Lagides, Brüssel 1939.

[170] S. SUETON, Domitian 12,2 und dazu M. STERN, Greek and Latin Authors on Jews and Judaism II, Jerusalem 1980, 128–131. Nerva schaffte diesen Mißbrauch (calumnia) ab und verkündete dies durch seine berühmtgewordene Münzprägung mittels der Aufschrift: Fisci Iudaici calumnia sublata, s. H. MATTINGLY, Coins of the Roman Empire in the British Museum III, London 1936, 19.105.

[171] Vgl. Law 299–303, wo SANDERS zwar die Stellen über die Abgaben aus Syrien zusammenstellt, aber doch immer mit der einschränkenden Bemerkung, daß sich hierin die „idealized world" (299) der Rabbinen ausdrücke. Was wirklich praktiziert wurde, sei nicht bekannt, zumal die Pharisäer vor 70 bestenfalls Ratschläge, aber keine verbindlichen Regeln aufstellen konnten (302); zu der Inschrift s. T. ILAN, New Ossuary Inscriptions from Jerusalem, Scripta Classica Israelica 11 (1991/92), 149–159. S. ferner G. STEMBERGER, Die Bedeutung des „Landes Israel" in der rabbinischen Tradition, Kairos 25 (1983), 176–199, jetzt in: DERS., Studien zum rabbinischen Judentum, SBAB 10, Stuttgart 1990, 321–355; M. HENGEL, op.cit. (Anm. 91), 279f m. Anm. 318. S. a. die 1997 erscheinende Studie M. HENGEL, Die unbekannten Jahre des Apostels Paulus zwischen Damaskus und Antiochien.

Menschensohn-Messias Jesus vorbereiten. Eine Auswanderung nach Ägypten hatte man dagegen auf Grund biblischer Warnungen eher zu meiden.[172]

Das Buch schließt mit einem polemischen Kapitel „Jacob Neusner and the Philosophy of the Mishnah" (S. 309–331), das von diesem umgehend in der ihm eigenen Manier noch polemischer beantwortet wurde.[173] Für beide Gelehrte gilt, daß sie die judaistische und christliche Forschung in der zweiten Hälfte dieses Jahrhunderts entscheidend mitgeprägt haben, daß aber die kritische Auseinandersetzung mit ihnen, die notwendig ist, um zu gesicherten Ergebnissen zu kommen, erst noch am Anfang steht.

4. Judaism: Practice and Belief

4.1. Zum Inhalt

Ursprünglich war nur eine Besprechung von Sanders' *Law* vorgesehen gewesen, aber es zeigte sich, daß man diesem Werk nicht gerecht werden kann, wenn man nicht das noch umfangreichere über *Judaism* mit heranzieht, das durch das erstere in vielen Punkten vorbereitet wird. Da andererseits die Auseinandersetzung mit dem ersten opus magnum schon zu umfangreich geworden ist, müssen wir uns beim opus maximum auf einige – u. E. entscheidende – Punkte beschränken, wobei vieles vorweggenommen wurde. Auch eine ausführliche Besprechung – gerade wenn sie überwiegend kritisch ausfallen muß – kann und soll die Lektüre eines so inhaltsreichen (und eigenwilligen) Werkes nicht ersetzen. Das Buch zeigt deutlicher als viele andere, wo die kritischen Punkte liegen und wo die zukünftige Forschung einsetzen sollte. Auf solche zu diskutierenden Themen hinzuweisen ist eine der Absichten unserer Überlegungen.

Der Aufbau des Werkes scheint einfach und sachgemäß zu sein. Auf die – u. E. zu kurze und darum die überaus bewegte Geschichte zwischen 63 v. Chr. und 66 n. Chr. vereinfachende – Darstellung des historischen Kontextes (S. 1–43, vgl. aber ix) folgt als „Part II" das Haupt- (und Lieblings)thema unter

---

172 Dtn 17,16; 28,68; Jer 2,18.36; 42,15ff; Jes 30,2f; 31,1–3, vgl. schon Ex 13,17; 14,13: Ägypten galt in besonderer Weise als Ort der Unzucht, Magie und des Götzendienstes, vgl. H. Strack, Jesus, die Häretiker und die Christen nach den ältesten jüdischen Angaben, Leipzig 1910, 28*-34*; Bill. II,678f; III,661ff; SapSal 11–19; ARN B 48 (Ed. Schechter 133); bMen 10b-11a (Bar.). Das Verhältnis zwischen Judäa und der Judenschaft in Ägypten war ambivalent, vgl. dazu A. Kasher, The Jews in Hellenistic and Roman Egypt, TSAJ 7, Tübingen 1985.

173 Vgl. J. Neusner, Mr. Sanders' Pharisees – and Mine: A Response to E.P. Sanders, *Jewish Law from Jesus to the Mishnah*, SJTh 44 (1991), 73–95; ders., Mr. Maccoby's Red Cow, Mr. Sanders's Pharisees – and Mine, JSJ 23 (1992), 81–98. Der erste Aufsatz erschien erweitert in: ders., Judaic Law from Jesus to the Mishnah. A Systematic Reply to Professor E.P. Sanders, Atlanta 1993, 247–273; eine Rezension von Judaism ebd. 275–279.

der Überschrift „Common Judaism" (S. 45–303)[174], wiederum unterteilt in 10 Kapitel, von denen sich allein 5 und die beiden einzigen Exkurse auf den Tempel, sein Personal und die damit verbundenen Einrichtungen und Abgaben beziehen, d. h. mit 123 Seiten ist knapp die Hälfte des „Common Judaism" als Tempelreligion ausgewiesen, denn die Definition von „common Judaism" ist in Anlehnung an Morton Smith „what the priests and the people agreed on" (S. 47). Schon daran wird deutlich, welche Rolle die Priester bei Sanders spielen *müssen*, damit sein Bild stimmt.[175]

Dazwischen geschaltet ist ein Kapitel über „The Common People: Daily Life and Annual Festivals" (S. 119–145), wo ebenfalls der größere Teil des Kapitels der Teilnahme an den jährlichen Wallfahrtsfesten im Tempel gewidmet ist (S. 125–143). Das religiöse Alltagsleben außerhalb von Jerusalem wird nur unzureichend behandelt. Es folgt, aufgeteilt in 2 kleinere Kapitel, die Beobachtung des göttlichen Gesetzes (S. 190–240)[176], ehe der Umriß einer „Common Theology" (S. 241–278) und die Zukunftshoffnungen („Hopes for the Future" S. 279–303) den 2. Hauptteil abschließen.

Ein dritter und letzter Teil widmet sich den Gruppen und Parteien (S. 317–494), beginnend mit den Aristokraten und Sadduzäern (S. 317–340). Darauf folgen, jeweils auf 2 Kapitel aufgeteilt, die Essener (S. 341–379) und die Pharisäer (S. 380–451), wobei das erste Kapitel sich mehr den äußeren Daten und der Geschichte widmet, während das zweite die Theologie im engeren Sinne behandelt.[177] Das sich anschließende Kapitelchen mit gerade mal 6 Seiten über „Other Pietists" (S. 452–457) ist nicht mehr als ein knapper Appendix, in dem Sanders die Psalmen Salomos und das Testament Moses als Zeugnisse für ansonsten unbekannte fromme Zirkel behandelt, die trotz ihrer Sonderform an der „common theology", nämlich dem „covenantal nomism" teilhaben (S. 457).[178]

---

[174] Danach folgen auf S. 306–314 einige Pläne und Rekonstruktionszeichnungen des Jerusalemer Tempels, die ihrerseits demonstrieren, welche überragende Bedeutung SANDERS dem Tempel, seinem Kult und Personal für das Judentum der von ihm beschriebenen Periode zumißt. Synagogenpläne fehlen vielleicht nicht zufällig. Das Buch enthält außerdem zwischen den Seiten 220 und 221 einige Fotos, die neben der Synagoge von Gamla die verschiedenen Miqwaot-Typen und die jüdische Kleidung illustrieren.

[175] Das erste Kapitel von „Part II" lautet entsprechend: „Common Judaism and the Temple" (S. 47–72, gefolgt von einem Exkurs über „Gentiles, Purity and the Temple" [S. 72–76]). Zwei Kapitel widmen sich dem Kultpersonal während bzw. außerhalb des Tempeldienstes (Kap. 6: „The Ordinary Priests and the Levites: At Work in the Temple" [S. 77–92, dazu als Exkurs „The Priestly Vestments" (S. 92–102)]; Kap. 10: „The Priests and Levites Outside the Temple [S. 170–189]), dazwischen kommen als Kap. 7 „Sacrifices" (S. 103–118) und als 9. Kap. „Tithes and Taxes" (S. 146–169).

[176] Observing the Law of God I: General Characteristics, Worship and Sabbath; II: Circumcision, Purity, Food, Charity and Love.

[177] The Essenes and the Dead Sea Sect I: Origins, History, Membership and Organization; II: Further Aspects of Practice and Belief; The Pharisees I: History; II: Theology and Practice.

[178] Die pharisäische Herkunft der PsSal wird ausdrücklich verneint (S. 453), weil sie angeb-

Die Sanders seit seinem Jesusbuch besonders interessierende Frage nach der Macht in der jüdischen Gesellschaft bildet den Schluß: „Who ran what?" (S. 458–490)[179] und sie wird kompromißlos gegen die Pharisäer und zugunsten der Priesteraristokratie entschieden.

Was den Gesamtaufbau des Werkes betrifft, ist besonders die zeitliche Eingrenzung 63 v. Chr. – 66 n. Chr. nur schwer verständlich. Diese Eckdaten markieren die Epoche von der Eroberung des Tempels durch Pompeius bis zum Ausbruch des jüdischen Krieges. Der übliche Rahmen, wie wir ihn etwa bei Schürer finden, von der hellenistischen Reform 175 v. Chr. bis zum Ende des letzten, dritten Aufstandes gegen Rom 135/36 n. Chr., wäre sachgemäßer gewesen, denn die entscheidenden Entwicklungen liegen *vor* bzw. *nach* den von Sanders gewählten Eckpunkten:

Die großen jüdischen Religionsparteien haben sich bis zum Jahr 63 bereits voll ausgebildet, der religiös-politische – beides kann man nicht trennen – Machtkampf zog sich zu diesem Zeitpunkt schon seit Jahrzehnten hin und die Pharisäer hatten kurz zuvor unter Salome Alexandra (76–67 v. Chr.) erstmals die volle Macht im Staat errungen.[180] Das Eingreifen des Pompeius war bedingt

---

lich keine pharisäischen Charakteristika enthalten, aber das ist die Folge eines offenbar bewußten Übersehens, denn SANDERS selbst betont ihre Polemik gegen die Hasmonäer, die Verunreinigung des Tempels und der Opfer wie überhaupt ihr Eifern um Reinheit. Die PsSal „reveal something of the temper of those who rose against Jannaeus" (S. 457) – aber genau das waren doch die Pharisäer! Zu SANDERS Deutung der PsSal s. a. Paul and Palestinian Judaism 387–409, zur Forschungsgeschichte betreffs der Zuordnung zu den Pharisäern s. J. SCHÜPPHAUS, Die Psalmen Salomos, ALGHJ 7, Leiden 1977, 5–11, der selbst nach seiner gründlichen Untersuchung zu dem Schluß kommt, daß „mit den Frommen eigentlich nur pharisäische Kreise gemeint sein" können (131, Hervorhebung im Original). Leider hat SANDERS diese Monographie, wie so manche andere (vor allem in deutscher Sprache), überhaupt nicht zur Kenntnis genommen.

179 Es folgt dann noch ein knapper „Epilogue" (S. 491–494), danach ein langer Anmerkungsteil, der infolge des ständigen Hin- und Herblätterns nur mühsam zu gebrauchen ist, eine eher knapp gehaltene Bibliographie sowie ein Namen- und Stellenindex. Bedauerlich ist, daß ein Sachindex (im Gegensatz zu Law) fehlt, was umsomehr schmerzt, da auch das nur ganz grob gegliederte Inhaltsverzeichnis die zahlreichen Unterüberschriften innerhalb der Kapitel nicht nennt. Ein nur gerade eine Seite umfassendes Inhaltsverzeichnis für ein Buch mit 580 S. ist zu wenig, vor allem dann, wenn es von seinem Anspruch und seinem Gewicht her als Standard- und Nachschlagewerk für das Judentum der Zeitenwende neben den neuen SCHÜRER und die Bände des CRINT treten möchte (so auch M. J. COOK in seiner Rezension in JBL 113 (1994), 141 f [142]). An Rezensionen s. außerdem L. L. GRABBE, JThS 44 (1993), 643 f; M. GOODMAN, SJTh 47 (1994), 89–95 (auch GOODMAN bemängelt die Schwierigkeiten in der Handhabe des Buches und den fehlenden Index s. 94 f).

180 SANDERS weist auf die besondere Bedeutung dieser kurzen Zeit mehrfach hin, vgl. Law 86.101 f; Judaism 280.382–384 u. ö., aber genauso entschieden betont er, daß diese Phase pharisäischen Einflusses mit Salomes Tod und dem Auftreten der Römer abrupt endete, und darum für die Zeit zwischen 63 v. – 66 n. Chr. von völlig veränderten Bedingungen auszugehen sei (s. etwa Law 89). Zur Kritik daran s. o. Anm. 159. Wählte er diese zeitliche Beschränkung, damit er es sich bei der Behandlung der leidigen Pharisäerfrage einfacher machen konnte?

durch den nach ihrem Tod ausbrechenden Machtkampf zwischen ihren beiden Söhnen, in dem der Römer als Schiedsrichter angerufen worden war, und zwar von *drei* verschiedenen jüdischen Gesandtschaften: die der beiden streitenden Brüder Hyrkan und Aristobul und daneben eine dritte, die die hasmonäische Priestermonarchie ablehnte und die Herstellung der alten hochpriesterlichen Verfassung ohne Königtum verlangte. Sie war allem Anschein nach von den Pharisäern bestimmt.[181]

Es wird hier die komplizierte Situation bereits zu Beginn der von Sanders beschriebenen Epoche sichtbar, dasselbe gilt von deren Ausgang im Jahre 66 zu Beginn des jüdischen Krieges, als das jüdische Volk, die Priesterschaft und die Religionsparteien in mehrere, sich heftig befehdende Gruppen gespalten war, die sich erst durch das Anrücken des gemeinsamen Feindes vorübergehend einigen konnten. Das beste – biographische – Beispiel für diese Situation ist der mehrfache Frontwechsel des Josephus, den er in Vita und Bellum selbst beschreibt.[182] Statt von einem idealen und harmonischen „common Judaism" zu sprechen, wäre es wohl angemessener gewesen – zwar nicht, wie es gerade Mode wird, von verschiedenen ‚Judaisms', wohl aber – von einem ‚extremly complex Judaism' auszugehen, der nur nach außen hin und in schweren Konfliktsituationen (aber selbst da nicht immer: zwischen 67 und 70 kämpften die verschiedenen Bürgerkriegsparteien in Jerusalem erbittert gegeneinander bis Titus vor den Toren der Stadt stand!) eine stabilere Gemeinschaft bildete, im Innern jedoch unter dem Druck der ungeliebten Fremdherrschaft auf schmerzhafte Weise beständig nach tragfähigen *Kompromissen* suchen mußte, um der Situation als Nation gewachsen zu sein.

Das Verdienst, diesen Kompromiß immer neu gesucht und aufrecht erhalten

---

[181] Jos. Ant 14,41–45 und der interessante, weil frühere Bericht bei Diodor 40,2 (s. dazu M. Stern, op.cit. [Anm. 170] I, Jerusalem ^{3}1981, 185–187). Beide Berichte haben eine gemeinsame Quelle. Nach Diodor erscheinen als 3. Partei mehr als 200 ἐπιφανέστατοι und verklagten die hasmonäische Dynastie, „sie hätten die väterlichen Gesetze aufgehoben und die Bürger zu Unrecht versklavt", während Josephus, hinter dem der Herodesfreund Nikolaos von Damaskus steht, berichtet, daß Hyrkan und Aristobul vor Pompeius miteinander stritten „während das Volk gegen beide war und nicht von einem König beherrscht werden wollte". Der Bericht des Josephus ist freilich widersprüchlich: demnach sei Hyrkan von mehr als 1000 der „angesehensten" (δοκιμώτατοι) Juden begleitet gewesen, die Antipater, sein Berater, aufgeboten hatte. Möglicherweise hat Josephus zwei Quellen ineinander gearbeitet, oder aber es war Antipater gelungen, die Opposition zu spalten und dahin zu bringen, im Zweifelsfalle Hyrkan vorzuziehen. Leider geht Sanders auf den Bericht Diodors gar nicht und auf Ant 14,41 nur in allgemeiner und unbefriedigender Weise ein, s. Judaism 37.297. Auch den Zusammenhang des antihasmonäischen Protestes mit den PsSal sieht er nicht, vgl. dazu J. Schüpphaus, op.cit. (Anm. 178), 128–131.

[182] S. dazu M. Hengel, op.cit. (Anm. 18), 365ff.387ff u. den wenig beachteten Hinweis bei S. Lieberman, Greek in Jewish Palestine, New York ^{2}1965, 179–184 auf Shir HaShirim Zuta und andere rabbinische Stellen, die sich bei aller Rätselhaftigkeit mit den Nachrichten bei Josephus in eigenartiger Weise berühren. Leider übergeht Sanders alle derartigen ‚historischen' rabbinischen Nachrichten.

zu haben, kommt beiden, dem gemäßigten Flügel der Pharisäer wie den führenden Familien der Priesteraristokratie, zu, die je und je gezwungen waren, miteinander eine pragmatische Politik auszuhandeln.[183] Das langsame Zerbrechen dieser Kompromißfähigkeit und eine zunehmende Radikalisierung auf beiden Seiten und im Volk etwa seit Ende der fünfziger Jahre führte dann allmählich in die Katastrophe des jüdischen Krieges. Es ist die weltgeschichtliche Leistung dieses weniger „common" als „complex Judaism" in Palästina – die Diaspora tritt in dem neueren Werk von Sanders völlig zurück –, daß es während jener spannungsvollen, ja tragischen Epoche in einzigartiger Weise *geistig fruchtbar* blieb, wodurch es dem gemäßigten, d.h. hillelitischen Flügel der Pharisäer gelang, die jüdische Religions- und Volksgemeinde in Judäa durch die erste und die kaum weniger verhängnisvolle zweite Katastrophe hindurch zu retten und so zu erneuern, daß sie ihren Weg durch die Geschichte bis heute gehen konnte.

In Sanders' apologetisch-harmonisierender Darstellung eines relativ friedlichen und konfliktarmen, dem Tempel und der Priesterschaft treu ergebenem „common Judaism" tritt diese einzigartige historische Leistung der Pharisäer zu wenig hervor. Wie hätte, wäre Sanders' Bild richtig, bei der absoluten Präponderanz von Tempel und Priesterschaft, auch im Blick auf die Rechtsprechung und Schriftauslegung, unter der Voraussetzung der völligen Marginalität

---

183 Vgl. z.B. tAZ 3,10: Gamaliel I. verheiratete seine Tochter mit dem Priester Simon b. Netanel nur unter der Bedingung, daß sie weiterhin ihre eigenen Gewohnheiten bzgl. der Reinheit von Speisen befolgen kann. In mAv 2,8f.13 gilt derselbe Simon als Schüler von Jochanan b. Zakkai. Das zeigt, bei allen verbleibenden Unklarheiten (s. dazu J. NEUSNER, op.cit. [Anm. 121], I,358.374f), daß die Kompromißfähigkeit zwischen Pharisäern einerseits und Priestern bzw. dem Am haArez andererseits beträchtlich war und die Grenzen durchlässig, ja bisweilen sogar fließend waren. Das ergibt sich auch aus der bekannten, wenn auch gleichfalls unklaren Geschichte von Gamaliel und einem Sadduzäer betreffs des Eruvs (mEruv 6,2; bEruv 68b). Wichtig daran ist: beide, Sadduzäer und Pharisäer wohnten in derselben Straße, d.h. doch wohl in einer der vornehmen Jerusalemer Wohngegenden, wofür am ehesten die Oberstadt in Frage kommt, aus deren archäologischer Erforschung SANDERS wiederholt Schlüsse zieht, wobei er allerdings nicht mit der Möglichkeit rechnet, daß hier die vornehmen Pharisäer *und* die reichen Priester, Sadduzäer und Aristokraten Tür an Tür wohnten (s. Law 221–226). Gamaliel und sein sadduzäischer Nachbar scheinen Woche für Woche eine Art friedlichen Wettlauf vor Anbruch des Sabbats unternommen zu haben: je nachdem, welche Familie schneller war, galt die Straße als Eruv oder nicht (anders Judaism 466f, wobei SANDERS übersieht, daß auch seine Auslegung davon ausgehen muß, daß die Sadduzäer den s.E. genuin pharisäischen Eruv akzeptierten und für bindend hielten). Diese enge und unter der Fremdherrschaft gezwungenermaßen friedliche Lebensgemeinschaft zwischen 6 und 66 ermöglichte auch ein Zusammenwirken im Synhedrium und erklärt die Koalition zu Beginn des Aufstandes zwischen gemäßigten Pharisäern und Sadduzäern, die sich gemeinsam – am Ende jedoch vergeblich – darum bemühten, eine Eskalation zu verhindern, vgl. Jos. BELL 2,411; 4,158–161; Vita 17–23 u. oben S. 431f zur Vierergesandtschaft in Galiläa und unten S. 475 zur Verhandlungsdelegation mit der eingeschlossenen römischen Besatzung im Herodespalast an der Westmauer Jerusalems, die offenbar aus lauter Pharisäern bestand (BELL 2,451). Die radikalen Kräfte, bei denen Pharisäer ebenfalls eine führende Rolle spielten, waren auf die Dauer stärker als die gemäßigten.

der Pharisäer, das palästinische Judentum die Katastrophe der Tempelzerstörung religiös überwinden und sich so gründlich erneuern können?

Bezeichnend für seine auswählende Darstellungsweise ist auch das allzu starke Zurücktreten der *eschatologischen Erwartung* im Vergleich zur Ausführlichkeit, mit der er Tempel, Kultus und Priesterschaft behandelt.[184] Zwischen 167 v. Chr. und 135 n. Chr. hat gerade sie die breiten Volksmassen im jüdischen Palästina in entscheidender Weise geprägt und war so ein wesentliches Movens in dem komplizierten und bisweilen widerspruchsvollen Geschehen jener drei Jahrhunderte. Diese endzeitliche Erwartung hatte einzigartige weltgeschichtliche Wirkungen – das Christentum ging aus ihr hervor – auf der anderen Seite ist sie für die drei jüdischen Aufstände zwischen 66 und 135 n. Chr. ganz wesentlich mitverantwortlich. Typisch für die Unterbewertung der Eschatologie ist, daß das Danielbuch überhaupt nur sechsmal im Register auftaucht, obwohl es – aus der makkabäischen Notzeit geboren – eines der wirkungsmächtigsten Bücher jener Zeit überhaupt war, das sich bereits mit fünf Exemplaren in Qumran findet und – trotz seiner späten Entstehung – ohne jeden Anstoß in den ‚pharisäischen Kanon' aufgenommen wurde.[185] In ähnlicher Weise übersehen werden so wichtige messianische Texte wie Jes 11,1 ff oder Num 24, die syrische Baruchapokalypse und das 4. Esrabuch, wie überhaupt die Tora im Register 8 Spalten füllt, hingegen die (hinteren) Profeten gerade eine. Sowohl in Qumran wie im frühesten Urchristentum, aber wohl auch darüber hinaus im pharisäisch geprägten Judentum jener Zeit hat man die Bibel sicher mit anderen Augen gelesen, als es Sanders wahrhaben will.

Fast möchte man in dieser Darstellung des „common Judaism" von einer ‚sadduzäischen Tendenz' sprechen, die mit der betont ‚liberalen' Haltung des Autors zusammenhängen mag. Auf jeden Fall wird eine – durchaus moderne – Distanz zur futurischen Eschatologie und ihren Implikationen sichtbar, die sich auch in der relativ distanzierten Beurteilung der Essener, der Unterschätzung der eschatologischen Volksbewegungen, von denen Josephus berichtet, wie auch in dem negativen Urteil über 4. Esra schon im großen Paulusbuch[186], niederschlägt.

---

[184] Sie wird nur am Schluß des 2. Hauptteiles, wie die Lehre von den letzten Dingen in einer Dogmatik, als „Hopes for the Future" in sehr allgemeiner Weise auf 25 Seiten abgehandelt, obwohl sie das Herzstück der jüdischen Theologie(n) jener Zeit war. Daß M. J. Cook in seiner Rezension (s. o. Anm. 179) ausgerechnet dieses Kapitel „enriching" fand (142), muß den Leser verwundern.

[185] In Law 5mal. Aus Dan 12 kommt nur V. 2 einmal im Zusammenhang mit der von den Sadduzäern abgelehnten Totenauferstehung vor (S. 333; im Register steht 12,1), ansonsten wird das wichtige Kapitel überhaupt nicht erwähnt; s. dazu auch M. Hengel, op.cit. (Anm. 108) u. oben S. 444 m. Anm. 138.

[186] Vgl. Paul and Palestinian Judaism 409–418. 4.Esra ist s.E. das Dokument dafür, was vom Judentum übrig bleibt, wenn der Bundesnomismus zusammengebrochen ist, nämlich „a religion of individual self-righteousness" bzw. „legalistic perfectionism" (409). Damit tut er dem eindrucksvollen Werk Unrecht, das von tiefem theologischen Nachdenken zeugt. Im

Gleichwohl bleibt es verdienstvoll, daß Sanders – bei aller zu bemängelnden Einseitigkeit – die Bedeutung des Tempels und alles, was dazu gehört, so hervorhebt. Denn seit den Tagen von Johannes Weiß und Albert Schweitzer hat die jüdische Apokalyptik in steigendem Maße das Interesse der Forschung erweckt – eine Tendenz, die durch die Texte von Qumran erneut verstärkt wurde –, wohingegen die Geschichte des Tempels und seines Kultpersonals in der ‚nachalttestamentlichen' Zeit nur geringe Beachtung fand, ein Indiz dafür, wie sehr die neutestamentliche Forschung von protestantisch-aufgeklärten Vorgaben geprägt geblieben ist.[187] Die historische Wahrheit dürfte auch hier zwischen den Extremen liegen: Für das Judentum zur Zeit Jesu waren die Gewißheit der *Gegenwart* Gottes und seiner „Herrschaft" im Kult des offiziellen Heiligtums in Jerusalem, ebenso wie im Gottesdienst der endzeitlichen christlichen Heilsgemeinde, die sich selbst als Gottes Tempel verstand, und die intensive Erwartung einer *zukünftigen* Gottesherrschaft nicht voneinander getrennt, sondern konnten in verschiedenen Kombinationen und Überlappungen miteinander verbunden werden.[188]

Zur endzeitlichen Hoffnung gehörte nicht zuletzt, wie Sanders in seinem Jesusbuch mit Recht betont, eine Reinigung bzw. Erneuerung des Tempels. Auch das Danielbuch beinhaltet eine besondere ‚eschatologische Variante', in der die Entweihung des Heiligtums in den endzeitlichen Wehen und der unmittelbar bevorstehende Anbruch der Gottesherrschaft aufeinander bezogen sind. Bei der Belagerung Jerusalems 70 n. Chr. scheinen ähnliche Erwartungen aufgeflammt zu sein.[189]

Diese einschränkenden Bemerkungen sollen das Bemühen des Autors nicht schmälern. Die Kapitel 5–10 des zweiten Hauptteils dürften die beste Darstellung des Tempels, seines Kultes und der Priesterschaft sein, die in letzter Zeit erschienen ist. Sie ist zudem lebendig geschrieben und vermittelt ein sehr konkretes Bild dieser Institution. Ähnliches gilt im 3. Teil von den beiden Kapiteln über die Essener.

übrigen verwendet er hier dieselben Klischees, die er FERDINAND WEBER und PAUL BILLERBECK vorwirft.

187 Dafür nur ein Beispiel: Der Artikel „Levites and Priests" im neuen Anchor Bible Lexicon (s. o. Anm. 132) endet mit der Chronik, das Judentum existiert für den Verfasser offenbar gar nicht (M. D. REHM [IV,297–310]), während der Artikel „Unclean and clean" nur die Einteilung in AT (D. P. WRIGHT [VI,729–741]) und NT (H. HÜBNER [VI,741–745]) nennt, wobei unter NT eine halbe Spalte Qumran gewidmet ist: auch hier ist das Judentum praktisch ausgeschlossen.

188 Vgl. die Einleitung von M. HENGEL u. A. M. SCHWEMER in: op.cit. (Anm. 50), 1–19. Auf die wichtige Liturgie 4QShirShabb, mit der die essenische Gemeinde am himmlischen Gottesdienst partizipiert und in der sich eine ‚präsentische Eschatologie' widerspiegelt, geht SANDERS nur einmal ganz am Rande ein (Judaism 371 u. 531 Anm. 9–11).

189 S. M. HENGEL, op.cit. (Anm. 18), 226ff; Jos. BELL 6,79f.285f.

4.2. Zur Geschichte der priesterlichen Aristokratie

Die Rolle und politische Macht der priesterlichen Aristokratie wird von Sanders dagegen zu einseitig dargestellt, besonders im Gegensatz zu den seiner Meinung nach eher einflußlosen Pharisäern. Das ist die Konsequenz seiner Vernachlässigung der historischen Vorgänge und Turbulenzen zugunsten des friedlich-einheitlichen „common Judaism". Vor allem wird nicht deutlich, daß die priesterliche Aristokratie in diesem Zeitraum durch gewaltsame Umstürze und politische Eingriffe mehrfach radikal verändert und dezimiert wurde, und eben darum alles andere als ‚einheitlich' war. Die folgende Skizze möchte darum seinem Bild an einigen Punkten widersprechen, ohne aus Raumgründen auf alle seine Argumente eingehen zu können.

Das wichtigste Argument gegen Sanders ist u. E., daß die innere Kontinuität bei den priesterlichen Aristokraten und den mit ihnen weitgehend identischen Sadduzäern (s. Judaism 318f) *noch* schwerer nachzuweisen ist als bei den Pharisäern. Das beginnt schon mit der Spaltung der zadoqidischen Oniaden 175 v. Chr., als Onias III. in Antiochien festgehalten und wenige Jahre später in Daphne ermordet wurde, während sein Bruder Jason in Jerusalem die hellenistische ‚Reform' einleitete, der freilich sehr rasch dem radikaleren, mit den Tobiaden verbundenen Menelaos aus der Priesterordnung Bilga weichen mußte.[190] Der alte Priesteradel hat sich damals weitgehend selbst zerstört, und am Ende dieser Selbstzerfleischung kam die aus dem niederen Priestertum stammende Familie der Hasmonäer an die Macht, die mit Jonathan 153/152 v. Chr. das hohepriesterliche Amt übernahm. Die Gründung eines Konkurrenztempels durch Onias IV. im ägyptischen Leontopolis war ebenfalls mit einer Schwächung der Zadoqiden verbunden, dasselbe gilt vom Exodus des zadoqidischen Lehrers der Gerechtigkeit, der von seiner strengen eschatologisch geprägten Frömmigkeit her freilich auf dem entgegengesetzten chasidischen Flügel stand: Familientradition und Frömmigkeitsrichtung müssen nicht immer identisch sein. 4QMMT ist ein Zeugnis für die Tiefe dieser Spaltung.

Kein Wunder also, daß die frühen hasmonäischen Hohepriester von Jonathan bis Johannes Hyrkan sich zunächst vor allem auf die treu zu ihnen stehenden gemäßigten Chasidim stützten, die mit ihrer Gesetzesstrenge und Eschatologie schon damals mehr und mehr Einfluß auf das Volk gewannen.[191] Die Wende kam dann unter Johannes Hyrkan, als sich durch dessen Expan-

---

[190] Zu den Einzelheiten s. M. HENGEL, op. cit. (Anm. 96), 135f.492–495.503–515.

[191] Das hängt damit zusammen, daß die von ihnen vertretenen Ideale durch den makkabäischen Sieg eine Art geschichtstheologischer Legitimation erfuhren, während alles, was äußerlich als ‚Hellenismus' erkennbar war, unter einem negativen Vorzeichen stand. Alle jüdischen Herrscher, die offen hellenisierenden Tendenzen huldigten, hatten während ihrer Regentschaft mit religiös motivierten Widerständen von seiten beträchtlicher Teile der Bevölkerung zu kämpfen. Auch alle römischen Versuche, in den Jerusalemer Tempelkult einzugreifen, stießen auf erbitterten jüdischen Widerstand. Zum Problem der ‚Hellenisierung' s. o. S. 1–90.

sionspolitik und die Anwerbung heidnischer Söldner der junge jüdische Tempelstaat mehr und mehr in eine säkulare hellenistische Monarchie zu verwandeln drohte. Wie Sanders selbst schreibt, kam es schon damals zu einer pharisäischen Erhebung, und die Bezweiflung der rechtmäßigen Abstammung Hyrkans durch die Pharisäer zeigt, daß die Kritik auf der Basis der Tora und der priesterlichen Reinheit vorgetragen wurde.[192]

Die Bezeichnung Perushim „Separatisten" wurde wohl in jener Zeit von den Gegnern geprägt und später als positive Selbstbenennung übernommen. Die Führer der Bewegung waren anfänglich die Soferim[193], später nannten sie sich Hakhamim, ihre Anhänger mögen zunächst die traditionelle Bezeichnung Chasidim getragen haben, die als οἱ ὅσιοι in den pharisäischen PsSal entscheidende Bedeutung erhalten.[194]

Hyrkan gegen Ende seiner Regierungszeit und noch mehr Jannai stützten sich gegen die von pharisäischen Schriftgelehrten geführte fromme Opposition auf den neuen, durch die erfolgreichen Eroberungskriege und die damit verbundene Beute reich gewordenen Militär- und Feudaladel, der sich aus Priestern und Laien rekrutierte und vielleicht auch auf die in die neu eroberten Gebiete verpflanzten Militärsiedler.[195] Das Milieu dieses neuen Adels illustriert etwa das Jerusalemer Jasonsgrab, aber auch das 1. Makkabäerbuch, die einzige Schrift mit ‚sadduzäischer' Tendenz, die wir besitzen. Diese Kräfte waren zwar zahlenmäßig in der Minderheit, dafür militärisch relativ stark. Die Erhebung gegen Alexander Jannai scheiterte aber dennoch *nicht* an der militärischen Schwäche der Aufständischen, sondern mehr an ihrer politischen Ungeschicklichkeit: radikale pharisäische Gegner der Hasmonäer riefen den Seleukiden Demetrios III. Eukairos zur Unterstützung ins Land und weckten damit in frommen Kreisen alte Befürchtungen, so daß ein Teil der Aufständischen zu Alexander Jannai überlief.

Dieser Vorgang zeigt, daß politische Überzeugung, hier die Feindschaft gegen die Hasmonäer, und religiöse, nämlich Sympathie für die pharisäische

---

192 Vgl. Jos. Bell 1,67; Ant 13,288.292 und dazu Law 86.101; Judaism 27.380; s. a. Diodor 40,2 (s. oben Anm. 181).

193 Vgl. bSota 15a (Bar.), wo R. Gamaliel II. seine Kollegen so anredet, „aber in seinem Munde ist diese Anrede ... ein rhetorischer Archaismus, da damals bereits חכמים die gewöhnliche Benennung der Schriftgelehrten war" (W. Bacher, op.cit. [Anm. 53], 134 Anm. 4; vgl. a. W. Bunte, Die Mischna VI/5: Toharot, Berlin u. New York 1981, 155f). Im Grunde ist schon Esra und noch stärker Ben Sira beides, s. M. Hengel, op.cit. (Anm. 108), 21f.35ff.

194 Das griechische Äquivalent ὅσιος erscheint 19x im Plural, vgl. dazu J. Schüpphaus, op.cit. (Anm. 178), 99–105.

195 Vgl. M. Hengel, op.cit. (Anm. 96), 412. Bei dieser neuen Führungsschicht darf aber nicht vergessen werden, daß sie nicht einfach die Nachkommen der Hellenisten um Jason und Menelaos waren, sondern erst als Gefolgsleute der Hasmonäer zu Macht und Reichtum gekommen waren. D.h. aber, daß in vielen dieser Familien ‚konservativ-nationale' Ideale, wie sie zu Beginn des Freiheitskampfes und auch noch zu Beginn der hasmonäischen Herrschaft eine entscheidende Rolle spielten, lebendig waren. S. auch oben S. 52–55.

Torainterpretation und Eschatologie, nicht einfach deckungsgleich waren, sondern die Haltung der ‚Frommen' gegenüber den Hasmonäern schwankend und uneinheitlich war, immer neu auch abhängig von der nationalen Situation.[196] Das zeigen auch die rabbinischen Nachrichten über die Hasmonäer, die mit einer Ausnahme positive Erinnerungen mit dem „Hohenpriester Jochanan" bzw. Salome Alexandra verbinden, während die negativen Erfahrungen an „König Jannai" geknüpft werden, dem in Shimon b. Shetach ein pharisäisches Idol gegenüber gestellt wurde.[197]

Der Rat des sterbenden Jannai an seine Frau, sich – zum Erhalt der angefeindeten Dynastie – in Zukunft auf die Pharisäer zu stützen, beleuchtet die eigentlichen Machtverhältnisse und die Sympathien des Volkes. Die pharisäische Machtübernahme führte zur Rache an den bisherigen Gegnern und deren Dezimierung. Die sadduzäischen Führungsgruppen konnten sich von diesem Schlag nie mehr ganz erholen. Die rabbinischen Quellen preisen die Regierungszeit Alexandras als ‚paradiesische Zeit', die auch noch später unvergessen blieb. Der vornehmlich auf Nikolaos von Damaskus gestützte Bericht des Josephus und die spätere rabbinische Legende bestätigen sich hier gegenseitig trotz aller Unterschiede. Nach dem Tode der Königin haben die Pharisäer nicht, wie Sanders glauben machen will, ihren Einfluß rasch wieder verloren, sondern übten ihn über den wenig ehrgeizigen Hyrkan II. zumindest z.T. weiter aus, in dem sie offenbar das kleinere Übel im Unterschied zu seinem Bruder Aristobul II. sahen, der sich völlig auf den Militäradel stützte. Wahrscheinlich führte jedoch das durch Antipater vermittelte Militärbündnis zwischen Hyrkan II. und dem Nabatäerkönig Aretas III. wieder zu einem Bruch mit bzw. in der ‚Volkspartei'[198], der sich auch in der 3. Gesandtschaft vor Pompeius widerspiegelt (s.o. S. 457f).

Die ohnehin schon angeschlagene sadduzäische Partei wurde durch die

---

[196] Vgl. dazu D.R. Schwartz, op.cit. (Anm. 152), 46f. Er verweist auf Münzen von Alexander Jannai, die ursprünglich den griechischen Königstitel trugen und später überprägt wurden, so daß sie nur noch den hebräischen Hohepriestertitel für Jannai nannten. Das ist ein möglicher Hinweis darauf, daß der König als Folge der pharisäischen Opposition ab einem bestimmten Zeitpunkt auf den Königstitel verzichtete. Zu den Münzen s.a. E. Schürer, The History of the Jewish People in Age of Jesus Christ (175 B.C. – A.D. 135) I, rev. und neu hg. v. G. Vermes, F. Millar u. M. Black, Edinburgh 1973, 227.604.

[197] Vgl. dazu M. Hengel, op.cit. (Anm. 158), 21ff.31f.36–38.

[198] Vgl. Jos. Ant 14,19ff: wie unter Jannai seien viele δοκιμότατοι (zum Begriff s.o. Anm. 181: hier wie dort wird es sich um Anhänger der Pharisäer handeln; Quelle des Josephus ist hier wohl Nikolaos von Damaskus) nach Ägypten geflohen, s.a. 14,22–25: der charismatische Beter Choni-Onias weigerte sich, die im Tempel eingeschlossenen Priester und Aristobul zu verfluchen, obwohl er von den jüdischen Belagerern dazu gedrängt wurde und seine Weigerung mit dem Tod zu bezahlen hatte. Es wurde offenbar als ganz selbstverständlich angenommen, daß auch er zu den Gegnern Aristobuls zählte. Dessen Einschließung im Tempel zeigt u.a. seine militärische Schwäche im Gegensatz zu Jannai. Die positive Erinnerung an Choni blieb in den rabbinischen Texten lebendig, s. E. Schürer, op.cit. (Anm. 196) 1, 235 Anm. 6.

Eroberung des Tempels, in dem sich die Anhänger Aristobuls II. verschanzt hatten, durch Pompeius vollends dezimiert: die Verteidiger und das diensttuende Tempelpersonal wurden entweder getötet oder als Gefangene verschleppt und versklavt.[199] Nach dem Verlust der Unabhängigkeit war der schwache Hyrkan II. erst recht auf die Loyalität der Pharisäer angewiesen. Daß sie weiterhin eine Rolle im neben dem Hohenpriester wichtigsten Verfassungsorgan, dem Synhedrium, spielten, zeigt die Anklage des Sameas gegen den jungen Herodes und den Gerichtshof, der sich von diesem einschüchtern ließ.[200]

Die völlige Abwertung, ja die Leugnung der Existenz eines Synhedriums überhaupt bei Sanders[201], scheint uns nicht gerechtfertigt zu sein, da durch die Einheit von öffentlichem Staats- und Zivilrecht und religiösem Recht in der Tora kein Regent ohne eine solche schriftgelehrt-juristische Institution auskam (anders Judaism 475). Wer die Existenz eines obersten jüdischen Gerichtshofes völlig leugnet, muß auch die Gültigkeit der Tora für die jüdische Volks- und Kultgemeinschaft leugnen: ein absurder Gedanke. Selbst ein Herodes konnte nicht ganz darauf verzichten, auch wenn er sich in seiner Strafjustiz alle Freiheiten nahm. Pharisäische Schriftgelehrte waren dort bis zum Bruch mit Johannes Hyrkan und seit der Regentschaft Salome Alexandras bis zum Jahre 70 vermutlich in wechselnder Zahl vertreten.[202] Das schließt nicht aus, daß sich die

---

199 Vgl. Jos. Ant 14,64–74; Philo, LegGai 23. Die Theodotos-Synagoge in Jerusalem geht wohl auf einen Priester zurück, der als Freigelassener aus Rom nach Jerusalem zurückgekehrt war, s. M. Hengel, The ‚Hellenization' of Judaea in the First Century after Christ, London/Philadelphia 1989, 11.13, s.a. oben S. 1–90 (20f.24).

200 Jos. Ant 14,171–176. Möglicherweise ist Sameas mit dem Ant 15,3f genannten Schüler des Pharisäers Pollion identisch, wobei in 15,4 wohl eine Namensverwechslung des Josephus bzw. seiner Quelle Nikolaos von Damaskus vorliegt: es müßte hier eigentlich Sameas (so MS E und Lat) statt Pollion stehen. Die andere Möglichkeit ist, daß dieser erste Sameas mit Schemaja zu identifizieren ist, während das Paar Sameas und Pollion mit Hillel und Schammai identisch sind.

201 Judaism 472–481 (vgl. schon Jesus 285.299f0.312–315). Er beruft sich dazu vor allem auf M. Goodman, The Ruling Class of Judaea. The Origins of the Jewish Revolt Against Rome, A.D. 66–70, Cambridge/New York 1987 u. auf die Dissertation von J.S. McLaren, Power and Politics in Palestine. The Jews and the Governing of their Land 100 BC – AD 70, JSNT.S 63, Sheffield 1991 (vgl. dazu Judaism 472 u. G. Baumbach, ZAW 105 [1993], 317). Auch D. Goodblatt, The Monarchic Principle. Studies in Jewih Self-Government in Antiquity, TSAJ 38, Tübingen 1994, 77–130 kommt zu einem ähnlich negativen Ergebnis. Während M.J. Cook, op.cit. (Anm. 179), 142 auch diese Sanderssche ‚Korrektur' des bisherigen Forschungsstandes „persuasive" findet, kommentiert sie L.L. Grabbe, op.cit. (Anm. 179), 644 als „disorganized and confused" (644).

202 Das gerade bestreitet Sanders mit einer gekünstelten Argumentation auf Grund des trügerischen argumentum e silentio: „Our only source for this period, Josephus, says nothing at all about any legislative or judicial body. Scholars imagine one" (Judaism 476). Was Josephus berichtet, ist, daß Pharisäer Todesurteile verhängten und durchführen konnten (Bell 1,113), aber auch sonstige juristische Befugnisse besaßen (Ant 13,409). Ferner befahl die Königin dem Volk, daß es den Anordnungen der Pharisäer Folge leisten solle und sie führte die Verordnungen wieder ein, die seit Hyrkans Bruch mit den Pharisäern offiziell außer

Zusammensetzung des Organs unter den verschiedenen Oberherren mehrfach und z.T. ganz wesentlich verändert hat, und daß es in konkreten Fällen auch übergangen werden konnte. Mehr läßt sich kaum sagen. Wir wissen über die konkrete Rechtspflege in Jerusalem und Judäa im Detail leider sehr wenig.

Der Parthereinfall 23 Jahre nach der ersten Eroberung Jerusalems und die damit verbundene Verbannung Hyrkans II. sowie die Einsetzung des Antigonos zum Hohenpriester und König (40–37 v.Chr.) veränderte die Parteienkonstellation erneut kurzfristig zu Gunsten der Sadduzäer, doch das änderte sich mit dem Sieg des Herodes, der an den Anhängern seines Rivalen Antigonos grausame Rache übte: die Häupter der alten, Antigonos verpflichteten Sadduzäerpartei wurden entweder hingerichtet oder vertrieben, ihren Besitz konfiszierte der neue König.[203] Die pharisäischen Führer Pollion und sein Schüler Sameas hatten dagegen zur Übergabe der Stadt an Herodes geraten, weshalb sie und die Pharisäer zunächst sicherlich – auch in Rechtsfragen – wieder an Einfluß gewonnen hatten.

Der neue Herrscher mußte ja mit seinen Untertanen zusammenarbeiten und auf ihre religiösen Überzeugungen Rücksicht nehmen. Dementsprechend duldete er auch später die Eidverweigerung der beiden und ihrer Schüler (Ant 15,370f), wie auch die der von ihm ebenfalls geschätzten Essener. An einer anderen Stelle ist von „über 6000"[204] Eidverweigerern die Rede (Ant 17,42),

---

Kraft gesetzt waren (Ant 13,408). Dabei kommt die Vokabel „Synhedrium" nirgends vor, aber wie sonst sollen die Pharisäer ihre Macht und Regierung ohne eine solche Instanz ausgeübt haben? Doch wohl kaum als anarchisch-revolutionäre Zelle, sondern durch ein offizielles Ratsgremium in Übereinstimmung mit ihrer Tora und Tradition. Dazu kommt, daß wir in der rabbinischen Literatur zahlreiche Zeugnisse für diese Epoche haben, die zwar teilweise sehr übertreiben, aber dennoch nicht einfach erfunden sind. In der Fastenrolle, einem sehr frühen Dokument, kommt die Ersetzung der Sadduzäer durch die Pharisäer im Synhedrium jedenfalls vor, vgl. M. HENGEL, op.cit. (Anm. 158), 36–41; E. SCHÜRER (rev.), op.cit. (Anm. 196), I,230.

[203] Vgl. Jos. BELL 1,358; Ant 15,1–6. Abweichend davon berichtet Ant 14,175, daß Herodes das ganze damalige Synhedrium außer Sameas habe hinrichten lassen, während es nach Ant 15,6 nur 45 führende Männer und Parteigänger des Antigonos gewesen sein sollen. Gegen SANDERS (Judaism 476f) *kann* es sich hierbei durchaus um Mitglieder seines Synhedriums gehandelt haben; der Rest – 25, wenn wir von 71 ausgehen dürfen – *könnten* Nichtsadduzäer gewesen sein (vgl. a. 15,260–266, das Vorgehen des Herodes gegen die Baba-Söhne). Vgl. auch die Abba-Inschrift, die uns Einblick gewährt in das Schicksal eines hochpriesterlichen, wohl sadduzäischen Priesters während dieser Kämpfe: E. ROSENTHAL, The Giv'at ha-Mivtar Inscription, IEJ 23 (1973), 72–81; J. NAVEH, An Aramaic Tomb Inscription Written in Paleo-Hebrew Script, loc. cit. 82–91; M. SOKOLOFF, The Giv'at ha-Mivtar Aramaic Tomb Inscription in Paleo-Hebrew Script and its Historical Implications, Immanuel 10 (1980), 38–46 (Lit.). Gelegentlich wurde sogar vermutet, daß sie sich auf das Schicksal des Leichnams von Mattatjahu-Antigonos bezieht, was freilich schwer zu beweisen ist. S. auch o. S. 345.

[204] S.o. Anm. 100. Die Zahl darf nicht überinterpretiert werden, zumal wir nicht wissen, ob alle Pharisäer einmütig den Eid verweigerten. Es handelt sich doch um einen erstaunlich großen ‚harten Kern', vgl. dazu auch I. BEN-SHALOM, The School of Shammai and the Zealots' Struggle against Rome, Jerusalem 1993 (hebr.), 291 Anm. 20, der diese Angabe des Josephus sogar als Beleg *dafür* wertet, daß die Pharisäer in der Auseinandersetzung mit Herodes gerade

die allerdings für ihre Weigerung mit einer Geldstrafe belegt wurden, die jedoch von der Schwägerin des Königs, der Gattin seines jüngsten Bruders Pheroras, bezahlt wurde, wodurch es zu einer Krise in der Königsfamilie kam.[205] Der Einfluß der Pharisäer und ihrer messianischen Spekulationen reichte damals bis in den königlichen Harem, und es ist auch von daher unwahrscheinlich, daß sie auf ihrem ureigensten Gebiet – der konkreten Anwendung der Tora in Rechtsfragen – völlig ohne Bedeutung waren.

Die Machtverhältnisse im Priesteradel veränderten sich dagegen grundlegend. Von den Sadduzäern ist während der Herrschaftszeit des Herodes[206] überhaupt nicht die Rede. Auch die Berufung des Babyloniers Ananel ins Hohepriesteramt[207] und später des Simon Sohn des Boethos aus Alexandrien, dessen Tochter Herodes heiratete (Ant 15,320–322), bedeutete eine schwere Kränkung und Zurücksetzung des einheimischen priesterlichen Hochadels. Die Familie der Boethusäer bildete einen eigenen Clan, der mehrfach in den rabbinischen Quellen erwähnt wird, aber von Sanders völlig übergangen wird. Bezeichnend ist, daß derselbe mit Beginn der Prokuratorenherrschaft seine Macht an die später besonders einflußreiche Familie des Hannas abtreten muß[208], sie jedoch während der Herrschaftszeit Agrippas I. wiedergewinnt.[209]

---

das Volk in seiner Mehrheit repräsentieren! Auch wenn diese Interpretation auf der anderen Seite u. E. zu weit geht, zeigt sie doch, wie wenig eindeutig die Zahl 6000 ist.

205 Ant 17,41–49 (vgl. Bell 1,571). Ob es sich bei den zwei verschiedenen Berichten über die pharisäische Eidverweigerung um denselben Vorgang handelt, ist umstritten, vgl. dazu A. Schalit, König Herodes, SJ 4, Berlin 1969, 316–319, der – wohl zu Recht – von zwei verschiedenen Episoden überzeugt ist.

206 Genauer sogar zwischen Hyrkan I. Ant 13,298 und dem Parteienbericht vor der Umwandlung Judäas in eine römische Provinz Ant 18,11.

207 Jos. Ant 15,22.34: Er wurde zugunsten des Hasmonäers Aristobul III. abgesetzt (15,39ff), jedoch nach dessen Ermordung wiedereingesetzt (15,56). Nach Ant 15,40 war er Zadoqide.

208 Jos. Ant 18,26. Zu Joazar Sohn des Boethos vgl. 18,3 u. 17,164: er war der Schwager des Herodes und der Bruder seiner zweiten Frau mit dem Namen Mariamne (s. 17,339). S. dazu E. Schürer (rev.) II, op. cit. (Anm. 196), 229.231.234; J. Le Moyne, Les Sadducéens, Paris 1972, Index 442f, s. v. Boethusiens. J. Jeremias, Jerusalem zur Zeit Jesu, Göttingen ³1962, 219.261; M. Goodman, op.cit. (Anm. 201), 42f.139f.144f.192. Zur ‚Entstehungsgeschichte' der Boethusäer in der rabbinischen Überlieferung vgl. ARN A5 (Ed. Schechter 26): „Antigonos von Sokho hatte zwei Schüler, die seine Worte lernten. Sie lehrten sie ihre Schüler und diese wiederum ihre Schüler. Sie standen auf und überprüften sie genau und sagten: ‚Wie kamen unsere Väter dazu, dies (gemeint ist [mAv 1,3]: Seid nicht wie Sklaven, die ihrem Herrn dienen, um Lohn zu empfangen, sondern seid wie Sklaven, die ihrem Herrn dienen ohne dafür Lohn zu erhalten) zu sagen? Ist es denn möglich, daß ein Arbeiter seine Arbeit tagtäglich tut ohne abends dafür seinen Lohn zu empfangen? Darum, wenn unsere Väter gewußt hätten, daß es eine andere Welt gibt und eine Auferstehung der Toten, hätten sie so nicht reden können. Sie standen auf und trennten sich (פירשו) von der Tora und spalteten sich in zwei Parteiungen, Sadduzäer und Boethusäer, wobei die Sadduzäer von Zadoq und die Boethusäer von Boethos ihren Namen haben. Und sie benutzten Gefäße aus Silber und Gefäße aus Gold ihren Lebtag lang. Aber es war nicht ihre Einsicht, weswegen sie großtaten, sondern die Sadduzäer sagten: ‚Es ist eine Tradition von den Pharisäern, sich selbst in dieser

Es liegt nahe zu vermuten, daß sich durch das Machtvakuum auf priesterlicher Seite unter Herodes der Einfluß der Pharisäer auf die niedere Priesterschaft verstärkte, da die pharisäische Prägung der Volksfrömmigkeit den stärksten Rückhalt gegen die neuen Überfremdungsversuche des von Rom aufoktroyierten Herrschers bot. Zudem entwickelte sich unter der herodianischen Herrschaft in der Gestalt der Antipoden Hillel und Schammai die für die spätere Zeit grundlegende, wenn auch kontroverse pharisäische Traditionsbildung (die sich auf Fragen des Tempelkults erstreckte), so daß das spätere rabbinische Geschichtsschema die Zeit in Mose bis Esra, Esra bis Hillel, und die Epoche seit Hillel einteilen konnte.

Sanders bestreitet dies alles. Die Volksfrömmigkeit ist seiner Darstellung nach allein von den Priestern und Leviten geprägt, die zwar nicht die einzigen Experten in Fragen des Gesetzes waren, aber doch die einzig einflußreichen, weil durch die Schrift legitimierten. Indem Sanders gleichzeitig die Berufs-"Scribes" völlig von den Pharisäern trennt und zugleich die Priester und Leviten zu Synagogenvorstehern (s. o. S. 428ff), Lehrern, Juristen, Schreibern und Verwaltungsbeamten in allen Städten und Dörfern macht (ihnen also die Funktionen zuschreibt, die in der bisherigen Forschung in der Regel den pharisäischen Schriftgelehrten zufielen, s. Judaism 170f), ist für ihn klar, daß sie allein die maßgeblichen Experten in Gesetzesfragen für die normale Bevölkerung waren, während die Pharisäer nur ihre – faktisch bedeutungslosen – privaten Meinungen unter sich diskutieren konnten.

Um dieses Phantasiegebilde abzusichern, minimalisiert Sanders einerseits alle Belege, die auf eine Kritik an den Priestern von seiten des Volkes hinweisen, andererseits operiert er beständig mit der Zahl von ca. 18–20000 Priestern und Leviten (indirekt erschlossen aus Jos., Ap 2,108), die er den 6000 Pharisäern gegenüberstellt. In derselben Schrift (Ap 1,188) zitiert Josephus jedoch Ps.-Hekataios (2. Jh. v. Chr.), der nur von ca. 1500 Priestern spricht, „die den Zehnten empfangen und das Gemeinwesen verwalten". Selbst wenn die textlich umstrittene, nur lateinisch erhaltene Angabe bei Josephus zuverlässig wäre[210], was recht fraglich ist, wird damit weder erwiesen, daß Priester grundsätzlich keinen Ackerbau betrieben, noch, daß alle „Schriftgelehrte" waren.

Welt zu quälen, aber in der zukünftigen Welt – wird ihnen gar nichts.'" Diese Legende ist natürlich ‚unhistorisch', sie hat aber gleichwohl einen ernstzunehmenden ‚historischen Hintergrund'; vgl. dazu Mk 12,18–27; Apg 23,6–9.

209 Jos. Ant 19,297, s. dazu L. FELDMAN, LCL Josephus IX z.St. u. D. R. SCHWARTZ, op.cit. (Anm. 148), 70.1160.185–189, wobei wir freilich eher der dort referierten Meinung von M. STERN zuneigen.

210 Sint tribus quattuor sacerdotum et harum tribuum singulae habeant hominum plusquam quinque milia. Sonst spricht Josephus von 24 Priesterklassen: Vita 2 vgl. jedoch Esra 2,36 und Neh 7,39. Zu den verschiedenen Angaben über die Zahl der Priester (und Leviten) s. J. JEREMIAS, op. cit. (Anm. 208), 225, der von der Angabe Arist 95 ausgeht und mit einer – ebenfalls fragwürdigen – Rechnung auf ca. 18000 kommt.

Wenn es priesterliche Großgrundbesitzer wie Josephus (Vita 422) gab, so muß man auch einfache Landpriester mit ganz kleinem Grundbesitz voraussetzen[211]. Daneben besitzen wir Nachrichten, daß Priester als Handwerker oder Händler ihren Lebensunterhalt verdienten[212].

Sanders ignoriert ferner die Tatsache, daß diese etwa 20.000 Priester und Leviten sich in eine Vielzahl von politischen, religiösen und sozialen Richtungen aufteilten. Es gab essenische Priester (und Leviten), ebenso pharisäische, weiter einzelne priesterliche ‚Profeten' wie Johannes der Täufer und daneben völlig ungebildete Priester (und Leviten), die mit ihrer Abstammung keinerlei Ambitionen verbanden (vgl. Bell 4,155ff). Auf der sozialen Ebene stehen relativ wenige sehr reiche Priesterclans denen gegenüber, die an der Armutsgrenze lebten und den Luxus und die Macht der herrschenden Familien verabscheuten. Die sozialen Spannungen innerhalb der Priesterschaft waren kaum geringer als innerhalb des Volkes überhaupt. Irreführend ist darum Sanders' Behauptung, wonach die Pharisäer größtenteils „small farmers" waren, die eine harte 6-Tage-Woche zu bewältigen hatten, während die Priester und Leviten außerhalb der wenigen Dienstwochen im Tempel ‚freie Zeit' hatten, um die religiösen und rechtlich-administrativen Bedürfnisse der Bevölkerung zu versorgen.

Professionelle pharisäische Schriftgelehrte gab es seiner Einschätzung nach nur wenige, und sie besaßen lediglich gruppeninterne Bedeutung. Als reine ‚Amateure' waren sie den priesterlichen ‚Profis' unterlegen. Ihre Feierabendschriftgelehrsamkeit kam gegen die ausgeruhten Priester nicht an:

> „I think it is unreasonable to suppose that the small number of Pharisees, most of whom probably worked from dawn to dusk six days a week, also served their communities as lawyers and scribes, while the large number of priests and Levites, who where on duty in the temple only a few weeks a year, who could not farm, and who were educated in the law, did nothing" (Judaism 181f, s.a. 471f).

---

211 Vgl. 1. Makk 2,1.28 = Ant 12,268.271; s. schon 1.Kön 2,26; Am 7,17; Neh 13,10; auch der Levit Barnabas besaß einen Acker, dessen Verkauf eine offenbar beträchtliche Summe erbrachte (Apg 4,36f). Daß der Stamm Levi keine Landlose erhalten habe, erweist sich dadurch als idealisierte Vorstellung. Auch Hekataios (bei Diodor 40,3,7 s. M. Stern, op.cit. [Anm. 170], I,27) geht in seiner idealen Schilderung von priesterlichem Landbesitz aus, und M. Stern bemerkt dazu in seinem Kommentar, daß diese Angabe „reflects the actual economic conditions prevailing in Judaea in the Hellenistic Age" (loc.cit. 32). In hellenistischer Zeit und unter den Hasmonäern wurden Priester z.T. reich. Dazu gehörte vor allem Landbesitz. Zur Kritik an Sanders in diesem Punkt s.a. M. Goodman, op.cit. (Anm. 179), 93: „I do not know why Sanders insists so frequently, and without positive evidence, that priests were forbidden to work the land (...), and I find the arguments from silence in favour of his view much to weak to bear the weight he places on them in his assertion that priests had time to serve as scribes and legal experts because they were not occupied with farming, whereas the Pharisees were to busy." Ab der Mischna haben wir zahlreiche Belege für Landbesitz bzw. -pacht bei Priestern und Leviten, vgl. z.B. mDemai 6,3f; tDemai 7,1-9; jDemai 25c, Z. 7-65. Das gilt sicher nicht nur für die Zeit nach 70 n. Chr.

212 J. Jeremias, op. cit. (Anm. 208), 217.233 vgl. Ant 15,390; tYoma 1,6 (Z. 180) u. a.

Ein derartiger „Vergleich", der sich nicht auf die Quellen stützen kann, muß zu einem Zerrbild führen! Noch einmal sei darum darauf hingewiesen, daß u.E. die Pharisäer als eine schon traditionelle Volksbewegung in der 2. Hälfte des 1. Jh.s v. Chr. unter Herodes wieder wesentlich an bleibendem – jetzt vor allem religiösem – Einfluß dazugewannen, weshalb ein gestaltendes pharisäisches Einwirken auf die Gesellschaft nicht nur für die Zeit der neun ‚paradiesischen' Jahre unter der Königin Salome Alexandra angenommen werden darf. Dies zeigt die ebenfalls schon genannte archäologische Evidenz (s.o. Anm. 100): Miqwaot, Steingefäße, Ossuarien, Synagogenbau u.a.m.[213] Auch die sich unter Herodes neu konstituierenden Familien des sadduzäischen Priesteradels mußten sich auf diese Veränderung einstellen und in einer für sie schwierig gewordenen Situation mit den Pharisäern einen tragfähigen Kompromiß finden.

Möglicherweise geht ein Gutteil jener anonymen, allgemein anerkannten Bestimmungen in der Mischna, die den Tempel, sein Personal, die Abgaben und die Reinheit betreffen, auf jenen Kompromiß zurück. Immerhin gibt es keinen Hinweis darauf, daß die durch Salome Alexandra durchgeführte Wiedereinführung der pharisäischen Halakha (s.o. S. 464 m. Anm. 197) irgendwann noch einmal aufgehoben worden wäre! Auch wenn die ‚neuen' Sadduzäer (und die Boethusäer) diese ‚pharisäische Halakha'[214] nicht als verbindlich anerkannten, so wurde dieselbe doch vermutlich zumindest als ‚Brauch' geduldet und z.T. wohl auch von ihnen praktiziert, wodurch der Frieden im Volke trotz der erheblichen religiösen und sozialen Unterschiede gewahrt wurde.

Dieser *Zwang zum Kompromiß* bestand während der ganzen Präfekten- und Prokuratorenzeit. Die Römer, gewohnt mit der jeweiligen Aristokratie in den Provinzen zusammenzuarbeiten, stützten sich wieder stärker als Herodes auf führende Priesterfamilien, doch diese mußten sich je und je eines gewissen

[213] SANDERS benützt z.T. dieselben Gegenstände für seine eigenen Thesen, vgl. dazu die Kritik bei R. DEINES, op.cit. (Anm. 41), 96 u.ö. Besonders problematisch ist sein Umgang mit den Miqwaot, die er in phantasievoller Weise in pharisäische und nichtpharisäische aufteilen will. Dazu nur ein Beispiel: in Jesus 184 verweist er auf die Miqwaot aus der Jerusalemer Oberstadt, die vorwiegend von reichen Sadduzäern bewohnt gewesen sein soll. Die rituelle Reinigung in einem Tauchbad ist folglich von ihnen befolgt worden, aber nicht weil „Pharisees and scribes" es forderten, „but because the Bible does". Nur – wo fordert die schriftliche Tora das Tauchbad in einer Miqwe? Und warum lassen sich die Miqwaot überhaupte erst ab der zweiten Hälfte 2. Jh. v. Chr. und in größerer Zahl erst seit Herodes archäologisch nachweisen?

[214] ‚Pharisäisch' heißt dabei im Unterschied zu SANDERS nicht, daß es sich um Bestimmungen handelt, die die Pharisäer ‚erfunden' haben, sondern um solche, die die Pharisäer für verbindlich ansahen, ganz gleich welchen Ursprungs sie waren, und um deren Einhaltung sie sich bemühten (vgl. Judaism 465: das hier zusammengestellte Material kann und muß ganz anders interpretiert werden als SANDERS es tut). Daß sie dabei die Reinheitsgesetze anders werteten als die eigentliche Straf- und Zivilgerichtsbarkeit, steht außer Zweifel, aber es darf die Verbindlichkeit einer Halakha nicht wie bei SANDERS davon abhängig gemacht werden, ob es eine juristische Strafverfolgung oder Strafandrohung dafür gibt. Die wichtigste Drohung war sowieso die der göttlichen Vergeltung.

Einvernehmens mit den Pharisäern versichern, um Schwierigkeiten zu vermeiden. Dabei fällt auf, daß unter den Präfekten das Haus Boethos zurück- und die Familie des Hannas, die vermutlich stärker „national" gesinnt war, hervortritt.[215]

Es war ein verhängnisvoller Entschluß, als sich Kaiser Claudius nach dem vorzeitigen Tod von Agrippa I. 44 n. Chr. dafür entschied, Judäa wieder in eine Provinz unter einem römischen Prokurator[216] zu verwandeln, denn dieser erneute Statuswechsel brachte den sorgfältig ausbalancierten Kompromiß ins Wanken und ein vielfältiger Parteienstreit entbrannte: die sich z. T. heftig bekämpfenden reichen Familien der Priesteraristokratie fühlten sich durch die wachsende Unruhe im Volk in ihrer neugewonnenen Macht nach dem Tode des Königs bedroht, andererseits führte gerade ihr Machtmißbrauch – neben anderen Komponenten – zu der Katastrophe des jüdischen Krieges. Dabei hat wohl auch der ständige Hohepriesterwechsel seit des Absetzung des Kaiphas 37 n. Chr. die Autorität des hohepriesterlichen Amtes untergraben und zu vermehrten Spannungen unter den um das Amt rivalisierenden Familien geführt.[217]

Josephus, der die Zustände als Augenzeuge schildert, übertreibt hier gewiß nicht: Die Situation in Judäa zwischen 63 v. und 66 n. Chr. war nie so friedlich, wie Sanders es um seines Ideals willen haben will. Bei der Schilderung des Josephus darf dabei nicht aus den Augen verloren werden, daß er als Apologet oft oberflächlich berichtet und die komplizierten Zusammenhänge im Hinblick auf seine griechisch-römische Leserschaft vereinfacht, da diese sich weder für religiöse Details noch für die Anschauungen und die Lebenssituation der kleinen Leute interessierte. Dennoch bringt Josephus punktuell die Leiden der Bevölkerung schon vor Ausbruch der Feindseligkeiten deutlich genug zur Sprache.

Hinzu kommt ein weiteres Problem, das ebenfalls von der Herrschaft des

---

215 Nach Ant 18,26 wird der Boethusäer Joazar von Quirinius trotz seiner Verdienste für die Durchführung des Census (18,3) wegen der Feindschaft der Menge abgesetzt und durch Hannas, Sohn des Seth, ersetzt. Ant 20,200 erreichen die Pharisäer die Absetzung seines Sohnes Hannas (Ananos) II; s. dazu E. Bammel, Joasar, ZDPV 90 (1974), 61–68, jetzt in: ders., Judaica, WUNT I/37, Tübingen 1986, 28–34.

216 Vor Agrippa I. und Kaiser Claudius hatte der oberste römische Beamte ritterlicher Herkunft in Judäa wie in Ägypten den Titel praefectus. Der Allerweltstitel procurator bedeutete demgegenüber eine gewisse Abwertung. Vielleicht wollte Claudius nicht, daß seine Freigelassenen den Titel praefectus Caesaris trugen. Freigelassene als Prokuratoren für Finanzen und andere Aufgaben, auch in der Provinzverwaltung, gab es dagegen schon längst.

217 Eine Bestätigung finden diese Spannungen durch das in der Tosefta überlieferte Spottgedicht tMen 13,21 (Z. 533) par bPes 57a, vgl. dazu auch Judaism 331, wo Sanders allerdings nur die Bavli-Stelle nennt und dazu kommentiert: „The chief priests of this generation – 59–66 CE – were not well-loved. They were harsh, they were callous, and they allowed their greed to get the better of them. I nevertheless note that many of them tried to fulfil the public responsibilities that their birth laid upon them, by keeping the Jewish citizenry and the Roman troops apart." Gleichwohl haben sie die Katastrophe mitverursacht.

Herodes herrührt und das die Situation in Judäa zusätzlich verschärfte und komplizierte. Es standen sich nämlich nicht einfach Sadduzäer und Pharisäer oder Aristokratie, Mittelschicht und landloses Proletariat gegenüber, sondern es gab vielfache religiöse, politische und soziale Überschneidungen, die wir bei der Zufälligkeit und Bruchstückhaftigkeit unserer Quellen nur noch sehr unvollkommen überschauen.

Hier nur einige Hinweise: Jerusalem war – nicht zuletzt durch den Tempel des Herodes – zur wohl wichtigsten Pilgerstadt des römischen Reiches geworden[218], in der ein Großteil der Bevölkerung wirtschaftlich vom Tempel und den Festpilgern aus der Diaspora abhängig war. Hier war man daher gemäßigter, allem geschäftsschädigenden Radikalismus abgeneigt und offen für ein friedliches Miteinander unter Einschluß der Fremden aus der Diaspora in Ost und West. Hier herrschte darum auch eine stärkere Abhängigkeit von der örtlichen Aristokratie als auf dem flachen Land. Dies mag beim Prozeß Jesu und bei der Vorgeschichte und Frühzeit des jüdischen Krieges eine gewisse Rolle gespielt haben. Die weltoffenere Stadtbevölkerung stand hier in einem Gegensatz zu dem radikaleren Landvolk Judäas, Galiläas und Idumäas und ließ sich nur schwer in den offenen Aufstand hineinziehen.

Der entscheidende Anstoß in diese Richtung war eine Spaltung in der sadduzäischen Priesteraristokratie selbst, als der Tempelhauptmann Eleazar, ein Sohn des reichen Hohenpriesters Ananias, der die jüdische Tempelpolizei befehligte, mit den Sikariern gemeinsame Sache machte, d.h. auch die Priesterschaft bildetete keine politisch-religiöse Einheit. Man könnte von einem Bruch zwischen ‚Alt- und Jungsadduzäern' sprechen. Auf pharisäischer Seite ist das Analogon die blutige Durchsetzung der 18 Halakhot durch die Schammaiten gegen die Hilleliten.[219] Dies zeigt, daß der politische, soziale und religiöse Riß sowohl die Stadt und das Land als auch die beiden Parteien in ihrem Innern je und je auf neue Weise spalten konnte, wodurch immer wieder wechselnde Machtkonstellationen und -koalitionen geschaffen wurden. Dieses Phänomen gilt grundsätzlich auch schon für die Zeit seit Herodes. Die ‚Hofpharisäer', die Zugang zum königlichen Harem hatten (s. o. S. 467), stehen den – auch bei Sanders *pharisäischen* – Schriftgelehrten gegenüber, die ihre Schüler dazu aufstachelten, den goldenen Adler am Tempel zu zerstören und die dafür mit dem Feuertod büßen mußten. Die z.T. eschatologisch motivierten Unru-

---

[218] Vgl. dazu o. S. 20–26 zur Frage der „Hellenisierung Judäas" im 1. Jh. n. Chr.

[219] S. dazu M. HENGEL, op. cit. (Anm. 18), 365–71.409f. Eine rabbinische Nachricht aus Sifre Zuta (Ed. J.N. EPSTEIN, Sifre Zutta Parashat Para, Tarbiz 1/1 [1929] 46–78 [70]: Blatt 4 recto Z. 17) macht die Idumäer zu Schülern des Hauses Schammai. S. LIEBERMAN, op.cit. (Anm. 182), 182f (vgl. Jos. Bell 4,314ff, vgl. 305ff) bringt dies in Verbindung mit dem Beginn des Aufstandes. Das Hauptzentrum des Bar Kochba-Aufstandes lag später im ehemaligen idumäischen Gebiet: s. o. S. 347. Zu der Stelle s. a. R. DEINES, op.cit. (Anm. 41), 204f. Zu den engen Verbindungen zwischen Schammaiten und Zeloten s. jetzt auch I. BEN-SHALOM, op.cit. (Anm. 204).

hen nach dem Tode des Herodes offenbaren, wie groß schon damals die religiös bedingte politisch-soziale Spannung in Judäa war.

Daß gerade die Pharisäer als ‚*Volkspartei*' sich dieser Spannung nicht entziehen konnten, zeigt ihre schon erwähnte Mitbegründung der „4. Partei" durch den Pharisäer Zadduq neben Judas Galilaios, ein Ereignis, dessen Bedeutung und Folgen bis hin zum Ausbruch des jüdischen Krieges Sanders entschieden unterschätzt, wie er überhaupt das Motiv des seit der Makkabäerzeit virulenten „Eifers für das Gesetz und das Heiligtum" als religiös-politische Kraft zu sehr vernachlässigt.[220] Auf der anderen Seite stehen die Vertreter des gemäßigten pharisäischen Flügels in Jerusalem, wohl weitgehend identisch mit den ‚Hilleliten', so Gamaliel I., der Lehrer des Paulus und sein Sohn Simon, dessen überragende Bedeutung Josephus hervorhebt, auch Jochanan b. Zakkai, den Priester Zadok und andere wird man dazurechnen dürfen. Daß Josephus relativ wenig Pharisäer bei Namen nennt, hängt nicht mit deren Bedeutungslosigkeit zusammen, sondern damit, daß er außer den Hohepriestern und Parteiführern überhaupt nur ganz wenige Namen nennt und dabei die Parteizugehörigkeit auch oft einfach weglassen kann (s. o. Anm. 105).

Das pharisäisch-schriftgelehrte ‚Establishment' in Jerusalem gehörte selbst teilweise dem Priesterstand an, es war teilweise durchaus wohlhabend und rekrutierte sich zu einem guten Teil aus dem Mittelstand der Kaufleute und Handwerker. Die immer schwieriger werdende Situation unter den Präfekten und Prokuratoren zwang die ersten Priesterfamilien und die führenden pharisäischen Schriftgelehrten bei allen Differenzen zu einer ständigen kompromißbereiten Zusammenarbeit. Größere Unruhen, die das Eingreifen der Römer provozierten, wollten beide Seiten möglichst vermeiden. Die häufigen Berichte über Absetzungen von Hohepriestern[221], teils weil sie zu nachgiebig gegenüber dem Volk waren, teils weil sie von diesem abgelehnt wurden, zeigen, wie auch sie ständig auf der Hut sein mußten. Nach dem Tode Agrippas I. machte – wie schon einmal bei Herodes (s. o. S. 467f) – der zunehmende Wechsel im Amt eine ‚monarchische' Herrschaft der Hohepriester unmöglich. Das bedeutete auf die Dauer Autoritäts- und Machtverlust. Der Einfluß der anderen Institutionen und besonders der radikalen Gruppen wird dagegen zugenommen haben.

Joseph Kaiaphas, der 19 Jahre lang zwischen 18–37 n. Chr. amtierte, muß ein großer Diplomat gewesen sein und sich auch mit den Pharisäern verstanden haben.[222] Dasselbe mag schon für seinen Schwiegervater Hannas gegolten

---

220 S. dazu M. Hengel, op.cit (Anm. 18), 151–234. Sanders ignoriert diese erste gründliche Monographie zum Thema und ihre Argumente völlig, sie taucht auch nicht in seinen jeweiligen Literaturverzeichnissen auf.

221 Vgl. die Liste bei E. Schürer (rev.), op.cit. (Anm. 196), II,229–232 und Judaism 319–327.

222 Daß er ein entschiedener Sadduzäer war, ist nirgendwo expressis verbis gesagt und

haben, der es von 6–15 n. Chr. auf neun Jahre Amtszeit brachte. Die in der rabbinischen Literatur mehrfach bei Namen genannten „Großen in Jerusalem"[223] scheinen dabei zumindest zum Teil zu den Sympathisanten der Pharisäer gehört zu haben.

bestenfalls in Apg 4,1.6 angedeutet. 1990 wurde in Jerusalem eine Grablege aus dem 1. Jh. v. Chr. gefunden, die möglicherweise das Familiengrab der Kaiaphas-Sippe war. Die Toten waren in Ossuaren zweitbestattet, eine pharisäischen Sitte, die mit ihrer Auferstehungshoffnung zusammenhängt. Wenn nun Glieder dieses hohepriesterlichen Geschlechts in ‚pharisäischer' Weise bestattet worden waren, dann zeigt dies zumindest, daß die einfache Gleichsetzung Hohepriester = Sadduzäer nicht ohne weiteres zutreffend war. Zu den archäologischen Daten s. R. Riesner, Wurde das Familiengrab des Hohenpriesters Kajaphas entdeckt?, BiKi 46 (1991), 82–84; Z. Greenhut, The Caiaphas Tomb in North Talpiot, Jerusalem, Qad. 25 (1992), 111–114; R. Reich, Ossuary Inscriptions of the Caiaphas Family from Jerusalem, loc. cit. 114f (beide Art. hebr.); vgl. a. schon den älteren Fund aus der Kaiaphas-Sippe: D. Barag/D. Flusser, The Ossuary of Yehoḥanah Granddaughter of the High Priest Theophilus, IEJ 36 (1986), 39–44. Es fällt in diesem Zusammenhang auf, daß sowohl das Neue Testament wie auch Josephus eine gewisse Zurückhaltung darin zeigen, einen amtierenden Hohepriester direkt als Sadduzäer zu bezeichnen (zur einzigen Ausnahme Ananos II. s. u.). In den Passionsberichten der Synoptiker (im JohEv kommen sie überhaupt nicht vor) fehlt ja nicht nur die Parteibezeichnung ‚Pharisäer', sondern auch von Sadduzäern ist nicht die Rede, obwohl gerade Lukas in der Apg ein gewisses Interesse an ihnen zeigt (vgl. 4,1; 5,17; 23,6–8). Offenbar hob die Amtsfunktion den Hohepriester über den Parteienstreit hinaus (vgl. Apg 23,2–4: auch Paulus respektiert seine Funktion und spielt ihm gegenüber nicht auf den Parteigegensatz an), er war, wie Sanders zu Recht bemerkt „the man in the middle" (Judaism 322). Der einzige ausdrücklich als Sadduzäer bezeichnete Hohepriester ist Ananos b. Ananos, und die Art und Weise, wie Josephus von seinem Sadduzäertum redet, weist darauf hin, daß seine Parteizugehörigkeit doch eher eine auffallende Besonderheit war (vgl. Ant 20,199f). Er amtierte nur 3 Monate, die herausragende ‚Leistung' seiner Amtszeit war der Prozeß und die Hinrichtung des Jakobus (s. o. S. 401f). Ganz anders ist seine Haltung zu Beginn des Aufstandes, als er – zusammen mit dem Pharisäer Simon b. Gamaliel – der Führer der gemäßigten Partei in Jerusalem war, vgl. Bell 2,563.648–653; 4,151.315–325; Vita 193–196.216.309. Daß er Sadduzäer war, sagt Josephus nur an der einen frühen Erwähnung in Ant 20,199. Die Hohepriester zwischen 6 und 66 haben demnach den Sadduzäern (oder den Boethusäern) nahegestanden oder zu ihnen gehört, ihre Haltung gegenüber den Pharisäern ist damit jedoch nicht eindeutig präjudiziert. Es gab sicher – wie auch heute bei den politischen Parteien – radikale und vermittelnde Positionen. Kaiaphas (wie vielleicht schon Hannas) scheint, das legt seine erstaunlich lange Amtszeit nahe, ein geschickter Vermittler gewesen zu sein. Einzelne Hohepriester, wie etwa Ishmael b. Phiabi oder Jesus b. Gamala, der Mann der reichen Martha aus dem Hause Boethos (der zur Familie des Josephus in freundschaftlichem Verhältnis stand), werden in der rabbinischen Literatur durchaus positiv erwähnt. Die Texte sind gesammelt bei H. Graetz, Zur Geschichte der nachexilischen Hohenpriester, MGWJ 30 (1881), 49–64.97-112; J. Neusner, op.cit. (Anm. 121), I,396–400. Über die Möglichkeit einer kompromißbereiten Haltung zwischen Sadduzäern und Pharisäern s.a. M. J. Cook, Mark's Treatment of the Jewish Leaders, NT.S 51, Leiden 1978, 94.

[223] Vgl. yHag 77b (2,1), wo die Geschichte eines Gastmahls in Jerusalem erzählt wird, das der Vater von Elischa b. Abuja, der zu den „Großen Jerusalems" gehörte, abhielt. Es erlaubt einen Einblick in die Sozialstruktur der Jerusalemer Oberschicht in den Jahrzehnten unmittelbar vor Ausbruch des Krieges. Frommer Eifer und reiche Eitelkeit treffen hier unmittelbar aufeinander; auch Josephus gehörte als Pharisäer zur Oberschicht Jerusalems; ein weiterer dieser ‚Großen' ist der ob seines sagenhaften Reichtums berühmte Naqdemon b. Gorion, der in der rabbinischen Literatur häufig vorkommt, s. die Stellen bei Bill. II,412–417. Er ist

Die Zusammenarbeit der gemäßigten Führer Jerusalems, zu denen Priester und führende pharisäische Schriftgelehrte gehörten, setzte sich noch nach dem überraschenden Sieg über Cestius Gallus fort, wobei die Gewichtung des Einflusses durch die Zusammensetzung der Gesandtschaft nach Galiläa (s. o. S. 431f) offensichtlich wird: zwei Laienpharisäer, ein Priesterpharisäer und und ein Nichtpharisäer aus hochpriesterlicher Familie, wobei jedoch alle vier eine schriftgelehrte Ausbildung besaßen. Wir haben keinen Hinweis darauf, daß vor Kriegsausbruch die Verteilung der „Schriftgelehrsamkeit" und der religiöse Einfluß der „Parteien" eine ganz andere gewesen ist.

Auch eine zweite offizielle Delegation, die Josephus zu Beginn des Krieges erwähnt, weist in diese Richtung. In Bell 2,451 nennt er die drei Männer, die die Übergabeverhandlungen mit den in Jerusalem eingeschlossenen Römern unter dem Kommando von Metilius führten: Gorion, Sohn des Nikomedos, Ananias Zaduki und Judas, der Sohn des Jonathan. Der erste, wahrscheinlich identisch mit dem aus der rabbinischen Literatur bekannten Naqdemon b. Gorion, gehörte zu den „Großen Jerusalems" und stand den Pharisäern zumindest nahe (s. Anm. 223). Ananias, der Sohn des Zaduki (vgl. a. Bell 2,628), ist identisch mit dem Ananias aus Vita 197, d. h. ein schriftgelehrter Pharisäer aus dem Laienstand. Auch der Sohn des Jonathan kommt in Bell 2,628 als Mitglied der Gesandtschaft nach Galiläa vor. Er ist also identisch mit dem Führer der galiläischen Gesandtschaft und gleichfalls ein schriftgelehrter, nichtpriesterlicher Pharisäer.[224]

Josephus gibt so die Situation in den Pharisäerreferaten und in der Vita völlig sachgemäß wieder, und sein Bild entspricht auch dem Neuen Testament und der frührabbinischen Literatur. Das Argument, daß Josephus über weite Strecken seines Werkes die Pharisäer nicht erwähne, besagt gar nichts: Sie erscheinen an den entscheidenden Stellen unter Hyrkan, Jannai und Salome, mehrfach bei Herodes und zu Beginn der Prokuratorenherrschaft und dann wieder am Ausbruch des jüdischen Krieges, *insgesamt 44mal, die Sadduzäer dagegen nur 13mal, die Essener 20mal*. Das spricht für sich. Einigemale sind sie zudem gemeint, auch wenn der Parteiname nicht vorkommt.[225]

---

möglicherweise mit dem bei Josephus genannten Gorion, Sohn des Nikomedos (Bell 2,451) identisch, vgl. M. Hengel, op.cit. (Anm. 18), 374. Wie weit er mit dem Pharisäer und jüdischen „Archōn" Nikodemus aus Joh 3,1 identifiziert werden darf, ist schwer zu sagen, s. M. Hengel, op.cit. (Anm. 90), 307 Anm. 144.

224 Daß er in Vita 197 als Jonathan und nicht Judas, Sohn des Jonathan bezeichnet wird, ist möglicherweise eine Vertauschung der Namen, so daß es eigentlich heißen müßte: Jonathan, Sohn des Judas (eine ähnliche Vertauschung liegt offenbar auch bei Gorion, Sohn des Nikomedos vor). Der Grund dafür könnte sein, daß Josephus in Bell 2,628 bei dem ersten Namen zuerst den Vaternamen nennt (τόν τε τοῦ Νομικοῦ Ἰώεσδρον), und durch einen Abschreibefehler beim vierten Namen diese Reihenfolge verdreht wurde.

225 Vgl. Ant 14,41 (s. o. Anm. 181); die Adlerepisode Bell 1,648–655; Ant 17,149–167; ferner Ant 20,201; Bell 2,451.628 (vgl. Vita 197). Auch der gesetzesstrenge Simon, der

Josephus ist an modernen Maßstäben gemessen kein sorgfältiger Historiker aber auch kein Romanschreiber, der ständig Fakten erfindet. Für antike Verhältnisse ist er – relativ – zuverlässig. Ganz ähnlich ist die Sachlage bei seinem in manchem verwandten Zeitgenossen Lukas, dem ersten christlichen Historiker und Apologeten. Da Josephus (ähnlich auch wie Lukas) nicht kontinuierlich berichtet, sondern meist Episoden aneinanderreiht und zudem vornehmlich an den Regierenden interessiert ist, darf man von ihm keine erschöpfende Berichterstattung über die Pharisäer erwarten. Was er sagt, ist deutlich genug und spricht für sich. Daß Josephus in der Apologie Contra Apionem die Bedeutung der Priester hervorhebt (vgl. Judaism 488–490), hängt nicht allein mit seiner eigenen priesterlichen Abkunft zusammen (so Sanders), sondern noch mehr mit seinem apologetischen Interesse und seinen nichtjüdischen Lesern: uralte Priesterweisheit aus dem Orient besaß für den Römer und Griechen etwas besonders Ehrwürdiges. Die Parteien verschweigt Josephus hier bewußt, denn er will ja die positive Einheit des schwer heimgesuchten Judentums demonstrieren, – aber sollten sie deswegen nicht existiert haben? Der apologetische Zweck bestimmte die Auswahl des Stoffes gerade auch beim Weglassen, aber er muß deswegen noch keine Fakten erfinden. Das gilt auch für moderne Apologien. Wer überzeugen will, darf einerseits nicht die Unwahrheit schreiben, aber er muß ein in sich stimmiges Bild ins rechte Licht rücken. Gelegentlich verraten erst die Auslassungen den Apologeten, der gerne übersieht, was seinem Zweck entgegensteht.

4.3. Abschließende Bemerkungen

Natürlich *kann* man das palästinische Judentum unter dem Aspekt des „common Judaism", d. h. der allen gemeinsamen religiösen Lebensform darstellen, und es ist bei allen Mängeln im einzelnen, mit denen wir uns auseinandersetzen mußten, das besondere Verdienst von Sanders, daß er dies entgegen der vorherrschenden Tendenz, die die religiösen und sozialen Unterschiede und Spannungen zwischen den einzelnen Gruppen zuweilen zu einseitig betont, versucht hat. In diesem Sinne ergänzen und korrigieren seine beiden Bände wesentlich die gegenwärtige Forschungssituation. Am Wertvollsten ist dabei

---

Agrippa I. wegen Unreinheit vom Tempel ausschließen wollte (Ant 19,332–334) war wohl Pharisäer, ebenso der Galiläer Eleazar, der Izates, den König von Adiabene davon überzeugte, die Beschneidung anzunehmen und Vollproselyt zu werden (Ant 20,42–48). Gleichwohl ist zu bemerken, daß in den erwähnten Rezensionen die Beschränkung des pharisäischen Einflusses auf die jüdische Gesellschaft durchweg positiv hervorgehoben wird, vgl. M.J. Cook, op.cit. (Anm. 179), 142; M. Goodman, op.cit. (Anm. 179), 90.94: er wirft Sanders vor, noch *zuviele* Stellen bei Josephus, die die Pharisäer nicht ausdrücklich nennen, für diese zu reklamieren; so auch L. L. Grabbe, op. cit. (Anm. 179), 643. Daß diese Sicht völlig falsch ist, wurde u. E. oben Anm. 105 gezeigt: die Angabe der Parteizugehörigkeit bei Einzelpersonen ist bei Josephus die seltene Ausnahme und gerade nicht die Regel!

seine Darstellung des Tempelkults und die der Essener, die – auch für ihn – als ‚Sekte' am stärksten aus dem harmonischen Bild des „common Judaism" herausfallen. Aber eben darum bleibt seine Darstellung des Judentums eine Beschreibung von dessen Außenansicht. In Palästina selbst hat man sehr viel stärker die erheblichen Unterschiede wahrgenommen und sie waren es, die die geistige Entwicklung des Judentums (und frühesten Christentums) und seine einzigartige religiöse Kreativität in jener Zeit bestimmten. Dieses Bild würde noch vielfältiger, wenn Sanders das Diasporajudentum in seinen verschiedenen Ausprägungen mehr berücksichtigt hätte. Aber dann hätte er wohl vier Bände schreiben müssen.

Abschließend sind auch dem *Polemiker* Sanders noch einige Bemerkungen zu widmen. Sein Vorgehen ist dabei in allen seinen Büchern durchaus einheitlich. Es wurde schon darauf hingewiesen, daß er Literatur teilweise sehr selektiv verwendet. Die Bibliographien in Law (S. 371–380) und Judaism (S. 544–553) sind für Werke dieses Umfangs und mit einem so weitgesteckten Themenhorizont doch eher knapp bemessen, auch wenn selbstverständlich bei der gegenwärtigen Literaturflut niemand auch nur einigermaßen auf Vollständigkeit bedacht sein kann. Wer sich jedoch daran gewöhnt hat, Bücher rasch zu produzieren, kann schwer wieder davon lassen.

Er geht in der Regel so vor, daß er sich für die einzelnen Themen, die er bearbeitet, eine kleine Anzahl von Autoren auswählt, mit denen er sich dann auseinandersetzt. In der Regel sind es Positionen, von denen er sich selbst abzusetzen gedenkt, und deren Schwächen er darum sehr stark hervorhebt. Dabei hat man jedoch manchmal den Verdacht, daß er sich seine ‚Gegner' zurechtlegt, d. h. er sucht sich entweder solche, die zu gewissen Einseitigkeiten neigen und damit leicht attackierbar sind, oder, was problematischer ist, er verzeichnet ihre Position, um sie dann umso leichter lächerlich zu machen.[226]

Von diesem zweifelhaften Verfahren besonders betroffen ist seit dem großen Paulusbuch Joachim Jeremias, und die stellenweise verletzende Polemik gegen einen so bedeutenden und integren Gelehrten fällt letztlich auf Sanders selbst zurück.[227] Es zeugt auch nicht gerade von historischem Verständnis, wenn man einem Verfasser, der 1900 geboren wurde und rund 40 Jahre älter ist, deswegen angreift, weil er die modernen Einsichten und Methoden in der historisch-

---

[226] Vgl. etwa Jesus 290.326f: Sanders karikiert mit Vorliebe die Positionen bzgl. der Pharisäer, um sie dann als „incredible" zur Seite zu schieben. So auch Judaism 172f. Gegen „such frequent polemic against earlier influential scholarship" s.a. M. GOODMAN, op.cit. (Anm. 179), 95 (vgl. 89).

[227] Vgl. dazu die Debatte zwischen SANDERS und B.F. MEYER, ausgelöst durch einen Artikel des ersteren in der von ihm selbst herausgegebenen Festschrift für W.R. Farmer (Jesus and the Kingdom: The Restoration of Israel and the New People of God, in: Jesus, the Gospels, and the Church, Macon 1987, 225–239): B.F. MEYER, A Caricature of Joachim Jeremias and His Work, JBL 110 (1991), 451–462 und dazu die Replik von SANDERS: Defending the Indefensible, ebd. 463–477.

kritischen Analyse und Beurteilung der rabbinischen Texte, die für die Gegenwart gelten, noch nicht kannte und verwendete. Dasselbe gilt mutatis mutandis von seinem Urteil über ein so hilfreiches und bahnbrechendes Werk wie das von Paul Billerbeck (4.40. 1853–23.12. 1932), der selbst (wie schon sein Lehrer H.L. Strack) ein entschiedener Gegner des Antisemitismus war, und u.E. mehr als alle anderen christlichen Theologen (einschließlich Sanders') zur Kenntnis rabbinischer Texte im Bereich der wissenschaftlichen Theologie beigetragen hat. Daß Neutestamentler ihn aus Bequemlichkeit und Unwissenheit oft falsch gebrauchten, dafür kann man ihn nicht verantwortlich machen.[228]

Das Werk dieser Gelehrten hat Mängel, gewiß. Aber sie konnten auch noch nicht jahrelang in Jerusalem studieren, sondern sie lebten von und in den Methoden ihrer eigenen Zeit (und deren Vorurteile). Wir sollten dankbar sein, wenn wir als Wissenschaftler – in manchem – heute mehr wissen und wenn sich – auf Grund furchtbarer geschichtlicher Erfahrungen insbesondere in Deutschland – unser Verständnis des Judentums in vielem geändert hat. Dennoch bleibt es das Verdienst der Gelehrten vom Schlage eines Billerbeck, Jeremias oder auch Adolf Schlatters (1852–1938)[229], gezeigt zu haben, daß die gründliche Kenntnis des Judentums, und hier nicht zuletzt des rabbinischen, als unabdingbare Notwendigkeit zu den Anforderungen des Faches Neues Testament gehört.

Gegenüber der von W. Bousset herkommenden religionsgeschichtlichen Tradition und ihrer einseitigen Fortsetzung bei Rudolf Bultmann und seinen Schülern, deren historisches Bild des Judentums fast völlig auf den griechisch geschriebenen Quellen basierte, gehörten sie zu den ersten, die auf den Einspruch der damals in erster Blüte stehenden „Wissenschaft des Judentums" reagierten und der neutestamentlichen Forschung dazu verhalfen, ihre Wissensdefizite überhaupt erst zu entdecken. Das wissenschaftliche Großprojekt der Gießener Mischna, an dem christliche und einzelne jüdische Forscher beteiligt waren, ist eine Frucht dieser gegenseitigen Beeinflussung und Zusammenarbeit.[230] Zu Beginn dieses Jahrhunderts und dann wieder in den frühen

---

[228] S. die ‚Weissagung' von G. Kittel, Die Probleme des palästinischen Spätjudentums und das Urchristentum, BWANT 37, Stuttgart 1926, 17 Anm. 2: „Ein Werk wie Billerbecks Kommentar dürfte, fürchte ich, erst recht die Versuchung in sich tragen, Sachverständnis ohne Quellenarbeit sich einzubilden."

[229] S. jetzt die große Biographie von W. Neuer, Adolf Schlatter, Ein Leben für Theologie und Kirche, Stuttgart 1996, Index s.v. Judentum. Vgl. vor allem den Brief an seine Mutter nach seiner Palästinareise vom 23.5. 1892: „Ich bin recht judenfreundlich geworden seit dem letzten Jahr; es geht nicht anders, je mehr einem s' Herz aufgeht für Israels Heiligtum". Die Studenten wüßten dagegen mit diesem Thema „in der Regel wenig anzufangen..., besonders weil ihnen noch der Antisemitismus in die Quere kommt". Dieser latente Antisemitismus, der sich mit Unwissenheit paarte, fand sich auch lange Zeit bei den Neutestamentlern. S. auch 412 zu der Ehrfurcht „vor dem religiösen Ernst..., der den alten Pharisäismus hervorgebracht hat".

[230] Vgl. dazu G. Kittel, op.cit. (Anm. 228), 21 Anm. 1, und überhaupt den noch heute

zwanziger Jahren begann in Deutschland ein fruchtbares und leider viel zu früh durch brutale Gewalt (und christliches Versagen) abgebrochenes Gespräch zwischen christlicher und jüdischer Wissenschaft. Zum Hochmut hat unsere privilegierte Generation darum keinerlei Anlaß, vielmehr hat sie guten Grund, selbstkritisch aus den Fehlern der Vergangenheit zu lernen.

Doch dieses kritische Wort soll nicht das abschliessende sein. Die beiden hier besprochenen Werke von Sanders' Tetrabiblos sind zwei anregende und zugleich bedeutsame wissenschaftliche Untersuchungen, die es verdienen, neben den großen Standardwerken in Zukunft beachtet und aufmerksam gelesen zu werden. Unsere entschiedene Kritik an ihrem Pharisäerbild und dem des „common Judaism" möchte nicht das Verdienst des Autors insgesamt schmälern. Im Gegenteil, sie will dem am antiken Judentum und frühen Christentum Interessierten die Lektüre beider opera magna nachdrücklich ans Herz legen, aber zugleich unbedingt zur parallellaufenden Quellenlektüre in Josephus und tannaitischen Texten – und damit zur eigenen Urteilsbildung – ermuntern. Das letzte Wort sei daher ein durchaus positiv gemeinter, in zweifache Richtung gehender doppelter Imperativ: tolle, lege!

überaus lesenswerten Abschnitt über den rechten Umgang mit rabbinischen Quellen (5–21). Daß dieser Gelehrte nach 1933 dann persönlich schmählich versagt hat, tut der sachlichen Wahrheit dieses früheren Werkes keinen Abbruch. Ihn hat damals – im Gegensatz zu seinem sehr viel kritischeren Lehrer Schlatter – seine deutschnationale Einstellung und ein falscher Ehrgeiz verführt. Zu G. Kittels Leben und seiner Haltung während der Zeit der nationalsozialistischen Herrschaft s. L. Siegele-Wenschkewitz, Neutestamentliche Theologie vor der Judenfrage: Gerhard Kittels theologische Arbeit im Wandel deutscher Geschichte, München 1980; R. P. Ericksen, Theologen unter Hitler, München/Wien 1986, 47–114. S. jetzt auch die Tübinger Dissertation von R. Deines, Die Pharisäer im Spiegel christlicher und jüdischer Forschung seit Wellhausen + Graetz, erscheint in WUNT.

Wissenschaftliche Untersuchungen zum Neuen Testament

Alphabetische Übersicht der ersten und zweiten Reihe

Anderson, Paul N.: The Christology of the Fourth Gospel. 1996. *Band II/78.*
Appold, Mark L.: The Oneness Motif in the Fourth Gospel. 1976. *Band II/1.*
Arnold, Clinton E.: The Colossian Syncretism. 1995. *Band II/77.*
Avemarie, Friedrich und *Hermann Lichtenberger* (Hrsg.): Bund und Tora. 1996. *Band 92.*
Bachmann, Michael: Sünder oder Übertreter. 1992. *Band 59.*
Baker, William R.: Personal Speech-Ethics in the Epistle of James. 1995. *Band II/68.*
Bammel, Ernst: Judaica. Band I 1986. *Band 37* – Band II 1997. *Band 91.*
Bauernfeind, Otto: Kommentar und Studien zur Apostelgeschichte. 1980. *Band 22.*
Bayer, Hans Friedrich: Jesus' Predictions of Vindication and Resurrection. 1986. *Band II/20.*
Bell, Richard H.: Provoked to Jealousy. 1994. *Band II/63.*
Betz, Otto: Jesus, der Messias Israels. 1987. *Band 42.*
– Jesus, der Herr der Kirche. 1990. *Band 52.*
Beyschlag, Karlmann: Simon Magus und die christliche Gnosis. 1974. *Band 16.*
Bittner, Wolfgang J.: Jesu Zeichen im Johannesevangelium. 1987. *Band II/26.*
Bjerkelund, Carl J.: Tauta Egeneto. 1987. *Band 40.*
Blackburn, Barry Lee: Theios Anēr and the Markan Miracle Traditions. 1991. *Band II/40.*
Bockmuehl, Markus N. A.: Revelation and Mystery in Ancient Judaism and Pauline Christianity. 1990. *Band II/36.*
Böhlig, Alexander: Gnosis und Synkretismus. Teil 1 1989. *Band 47* – Teil 2 1989. *Band 48.*
Böttrich, Christfried: Weltweisheit – Menschheitsethik – Urkult. 1992. *Band II/50.*
Büchli, Jörg: Der Poimandres – ein paganisiertes Evangelium. 1987. *Band II/27.*
Bühner, Jan A.: Der Gesandte und sein Weg im 4. Evangelium. 1977. *Band II/2.*
Burchard, Christoph: Untersuchungen zu Joseph und Aseneth. 1965. *Band 8.*
Cancik, Hubert (Hrsg.): Markus-Philologie. 1984. *Band 33.*
Capes, David B.: Old Testament Yaweh Texts in Paul's Christology. 1992. *Band II/47.*
Caragounis, Chrys C.: The Son of Man. 1986. *Band 38.*
– siehe *Fridrichsen, Anton.*
Carleton Paget, James: The Epistle of Barnabas. 1994. *Band II/64.*
Crump, David: Jesus the Intercessor. 1992. *Band II/49.*
Deines, Roland: Jüdische Steingefäße und pharisäische Frömmigkeit. 1993. *Band II/52.*
Dobbeler, Axel von: Glaube als Teilhabe. 1987. *Band II/22.*
Dunn, James D. G. (Hrsg.): Jews and Christians. 1992. *Band 66.*
– Paul and the Mosaic Law. 1996. *Band 89.*
Ebertz, Michael N.: Das Charisma des Gekreuzigten. 1987. *Band 45.*
Eckstein, Hans-Joachim: Der Begriff Syneidesis bei Paulus. 1983. *Band II/10.*
– Verheißung und Gesetz. 1996. *Band 86.*
Ego, Beate: Im Himmel wie auf Erden. 1989. *Band II/34.*
Ellis, E. Earle: Prophecy and Hermeneutic in Early Christianity. 1978. *Band 18.*
– The Old Testament in Early Christianity. 1991. *Band 54.*
Ennulat, Andreas: Die ‚Minor Agreements'. 1994. *Band II/62.*
Ensor, Peter W.: Paul and His 'Works'. 1996. *Band II/85.*
Feldmeier, Reinhard: Die Krisis des Gottessohnes. 1987. *Band II/21.*
– Die Christen als Fremde. 1992. *Band 64.*
Feldmeier, Reinhard und *Ulrich Heckel* (Hrsg.): Die Heiden. 1994. *Band 70.*
Forbes, Christopher Brian: Prophecy and Inspired Speech in Early Christianity and its Hellenistic Environment. 1995. *Band II/75.*
Fornberg, Tord: siehe *Fridrichsen, Anton.*

Fossum, Jarl E.: The Name of God and the Angel of the Lord. 1985. *Band 36.*
Frenschkowski, Marco: Offenbarung und Epiphanie. Band 1 1995. *Band II/79* – Band 2 1997. *Band II/80.*
Frey, Jörg: Eugen Drewermann und die biblische Exegese. 1995. *Band II/71.*
Fridrichsen, Anton: Exegetical Writings. Hrsg. von C. C. Caragounis und T. Fornberg. 1994. *Band 76.*
Garlington, Don B.: 'The Obedience of Faith'. 1991. *Band II/38.*
– Faith, Obedience, and Perseverance. 1994. *Band 79.*
Garnet, Paul: Salvation and Atonement in the Qumran Scrolls. 1977. *Band II/3.*
Gräßer, Erich: Der Alte Bund im Neuen. 1985. *Band 35.*
Green, Joel B.: The Death of Jesus. 1988. *Band II/33.*
Gundry Volf, Judith M.: Paul and Perseverance. 1990. *Band II/37.*
Hafemann, Scott J.: Suffering and the Spirit. 1986. *Band II/19.*
– Paul, Moses, and the History of Israel. 1995. *Band 81.*
Heckel, Theo K.: Der Innere Mensch. 1993. *Band II/53.*
Heckel, Ulrich: Kraft in Schwachheit. 1993. *Band II/56.*
– siehe *Feldmeier, Reinhard.*
– siehe *Hengel, Martin.*
Heiligenthal, Roman: Werke als Zeichen. 1983. *Band II/9.*
Hemer, Colin J.: The Book of Acts in the Setting of Hellenistic History. 1989. *Band 49.*
Hengel, Martin: Judentum und Hellenismus. 1969, [3]1988. *Band 10.*
– Die johanneische Frage. 1993. *Band 67.*
– Judaica et Hellenistica. Band 1. 1996. *Band 90.*
Hengel, Martin und *Ulrich Heckel* (Hrsg.): Paulus und das antike Judentum. 1991. *Band 58.*
Hengel, Martin und *Hermut Löhr* (Hrsg.): Schriftauslegung im antiken Judentum und im Urchristentum. 1994. *Band 73.*
Hengel, Martin und *Anna Maria Schwemer* (Hrsg.): Königsherrschaft Gottes und himmlischer Kult. 1991. *Band 55.*
– Die Septuaginta. 1994. *Band 72.*
Herrenbrück, Fritz: Jesus und die Zöllner. 1990. *Band II/41.*
Hoegen-Rohls, Christina: Der nachösterliche Johannes. 1996. *Band II/84.*
Hofius, Otfried: Katapausis. 1970. *Band 11.*
– Der Vorhang vor dem Thron Gottes. 1972. *Band 14.*
– Der Christushymnus Philipper 2,6–11. 1976, [2]1991. *Band 17.*
– Paulusstudien. 1989, [2]1994. *Band 51.*
Hofius, Otfried und *Kammler, Hans-Christian*: Johannesstudien. 1996. *Band 88.*
Holtz, Traugott: Geschichte und Theologie des Urchristentums. 1991. *Band 57.*
Hommel, Hildebrecht: Sebasmata. Band 1 1983. *Band 31* – Band 2 1984. *Band 32.*
Hvlavik, Reidar: The Struggle of Scripture and Convenant. 1996. *Band II/82.*
Kähler, Christoph: Jesu Gleichnisse als Poesie und Therapie. 1995. *Band 78.*
Kammler, Hans-Christian: siehe *Hofius, Otfried.*
Kamlah, Ehrhard: Die Form der katalogischen Paränese im Neuen Testament. 1964. *Band 7.*
Kim, Seyoon: The Origin of Paul's Gospel. 1981, [2]1984. *Band II/4.*
– „The ‚Son of Man'" as the Son of God. 1983. *Band 30.*
Kleinknecht, Karl Th.: Der leidende Gerechtfertigte. 1984, [2]1988. *Band II/13.*
Klinghardt, Matthias: Gesetz und Volk Gottes. 1988. *Band II/32.*
Köhler, Wolf-Dietrich: Rezeption des Matthäusevangeliums in der Zeit vor Irenäus. 1987. *Band II/24.*
Korn, Manfred: Die Geschichte Jesu in veränderter Zeit. 1993. *Band II/51.*
Koskenniemi, Erkki: Apollonios von Tyana in der neutestamentlichen Exegese. 1994. *Band II/61.*
Kraus, Wolfgang: Das Volk Gottes. 1996. *Band 85.*
Kuhn, Karl G.: Achtzehngebet und Vaterunser und der Reim. 1950. *Band 1.*
Lampe, Peter: Die stadtrömischen Christen in den ersten beiden Jahrhunderten. 1987, [2]1989. *Band II/18.*

Lau, Andrew Y.: Manifest in Flesh. 1996. *Band II/86.*
Lichtenberger, Hermann: siehe *Avemarie, Friedrich.*
Lieu, Samuel N. C.: Manichaeism in the Later Roman Empire and Medieval China. ²1992. *Band 63.*
Löhr, Hermut: siehe *Hengel, Martin.*
Löhr, Winrich Alfried: Basilides und seine Schule. 1995. *Band 83.*
Maier, Gerhard: Mensch und freier Wille. 1971. *Band 12.*
– Die Johannesoffenbarung und die Kirche. 1981. *Band 25.*
Markschies, Christoph: Valentinus Gnosticus? 1992. *Band 65.*
Marshall, Peter: Enmity in Corinth: Social Conventions in Paul's Relations with the Corinthians. 1987. *Band II/23.*
Meade, David G.: Pseudonymity and Canon. 1986. *Band 39.*
Meadors, Edward P.: Jesus the Messianic Herald of Salvation. 1995. *Band II/72.*
Meißner, Stefan: Die Heimholung des Ketzers. 1996. *Band II/87.*
Mell, Ulrich: Die „anderen" Winzer. 1994. *Band 77.*
Mengel, Berthold: Studien zum Philipperbrief. 1982. *Band II/8.*
Merkel, Helmut: Die Widersprüche zwischen den Evangelien. 1971. *Band 13.*
Merklein, Helmut: Studien zu Jesus und Paulus. 1987. *Band 43.*
Metzler, Karin: Der griechische Begriff des Verzeihens. 1991. *Band II/44.*
Metzner, Rainer: Die Rezeption des Matthäusevangeliums im 1. Petrusbrief. 1995. *Band II/74.*
Niebuhr, Karl-Wilhelm: Gesetz und Paränese. 1987. *Band II/28.*
– Heidenapostel aus Israel. 1992. *Band 62.*
Nissen, Andreas: Gott und der Nächste im antiken Judentum. 1974. *Band 15.*
Noormann, Rolf: Irenäus als Paulusinterpret. 1994. *Band II/66.*
Obermann, Andreas: Die christologische Erfüllung der Schrift im Johannesevangelium. 1996. *Band II/83.*
Okure, Teresa: The Johannine Approach to Mission. 1988. *Band II/31.*
Park, Eung Chun: The Mission Discourse in Matthew's Interpretation. 1995. *Band II/81.*
Philonenko, Marc (Hrsg.): Le Trône de Dieu. 1993. *Band 69.*
Pilhofer, Peter: Presbyteron Kreitton. 1990. *Band II/39.*
– Philippi. Band 1 1995. *Band 87.*
Pöhlmann, Wolfgang: Der Verlorene Sohn und das Haus. 1993. *Band 68.*
Probst, Hermann: Paulus und der Brief. 1991. *Band II/45.*
Räisänen, Heikki: Paul and the Law. 1983, ²1987. *Band 29.*
Rehkopf, Friedrich: Die lukanische Sonderquelle. 1959. *Band 5.*
Rein, Matthias: Die Heilung des Blindgeborenen (Joh 9). 1995. *Band II/73.*
Reinmuth, Eckart: Pseudo-Philo und Lukas. 1994. *Band 74.*
Reiser, Marius: Syntax und Stil des Markusevangeliums. 1984. *Band II/11.*
Richards, E. Randolph: The Secretary in the Letters of Paul. 1991. *Band II/42.*
Riesner, Rainer: Jesus als Lehrer. 1981, ³1988. *Band II/7.*
– Die Frühzeit des Apostels Paulus. 1994. *Band 71.*
Rissi, Mathias: Die Theologie des Hebräerbriefs. 1987. *Band 41.*
Röhser, Günter: Metaphorik und Personifikation der Sünde. 1987. *Band II/25.*
Rose, Christian: Die Wolke der Zeugen. 1994. *Band II/60.*
Rüger, Hans Peter: Die Weisheitsschrift aus der Kairoer Geniza. 1991. *Band 53.*
Sänger, Dieter: Antikes Judentum und die Mysterien. 1980. *Band II/5.*
– Die Verkündigung des Gekreuzigten und Israel. 1994. *Band 75.*
Salzmann, Jorg Christian: Lehren und Ermahnen. 1994. *Band II/59.*
Sandnes, Karl Olav: Paul – One of the Prophets? 1991. *Band II/43.*
Sato, Migaku: Q und Prophetie. 1988. *Band II/29.*
Schaper, Joachim: Eschatology in the Greek Psalter. 1995. *Band II/76.*
Schimanowski, Gottfried: Weisheit und Messias. 1985. *Band II/17.*

Schlichting, Günter: Ein jüdisches Leben Jesu. 1982. *Band 24.*
Schnabel, Eckhard J.: Law and Wisdom from Ben Sira to Paul. 1985. *Band II/16.*
Schutter, William L.: Hermeneutic and Composition in I Peter. 1989. *Band II/30.*
Schwartz, Daniel R.: Studies in the Jewish Background of Christianity. 1992. *Band 60.*
Schwemer, Anna Maria: siehe *Hengel, Martin*
Scott, James M.: Adoption as Sons of God. 1992. *Band II/48.*
– Paul and the Nations. 1995. *Band 84.*
Siegert, Folker: Drei hellenistisch-jüdische Predigten. Teil I 1980. *Band 20* – Teil II 1992. *Band 61.*
– Nag-Hammadi-Register. 1982. *Band 26.*
– Argumentation bei Paulus. 1985. *Band 34.*
– Philon von Alexandrien. 1988. *Band 46.*
Simon, Marcel: Le christianisme antique et son contexte religieux I/II. 1981. *Band 23.*
Snodgrass, Klyne: The Parable of the Wicked Tenants. 1983. *Band 27.*
Söding, Thomas: siehe *Thüsing, Wilhelm.*
Sommer, Urs: Die Passionsgeschichte des Markusevangeliums. 1993. *Band II/58.*
Spangenberg, Volker: Herrlichkeit des Neuen Bundes. 1993. *Band II/55.*
Speyer, Wolfgang: Frühes Christentum im antiken Strahlungsfeld. 1989. *Band 50.*
Stadelmann, Helge: Ben Sira als Schriftgelehrter. 1980. *Band II/6.*
Strobel, August: Die Stunde der Wahrheit. 1980. *Band 21.*
Stuckenbruck, Loren T.: Angel Veneration and Christology. 1995. *Band II/70.*
Stuhlmacher, Peter (Hrsg.): Das Evangelium und die Evangelien. 1983. *Band 28.*
Sung, Chong-Hyon: Vergebung der Sünden. 1993. *Band II/57.*
Tajra, Harry W.: The Trial of St. Paul. 1989. *Band II/35.*
– The Martyrdom of St.Paul. 1994. *Band II/67.*
Theißen, Gerd: Studien zur Soziologie des Urchristentums. 1979, [3]1989. *Band 19.*
Thornton, Claus-Jürgen: Der Zeuge des Zeugen. 1991. *Band 56.*
Thüsing, Wilhelm: Studien zur neutestamentlichen Theologie. Hrsg. von Thomas Söding. 1995. *Band 82.*
Twelftree, Graham H.: Jesus the Exorcist. 1993. *Band II/54.*
Visotzky, Burton L.: Fathers of the World. 1995. *Band 80.*
Wagener, Ulrike: Die Ordnung des „Hauses Gottes". 1994. *Band II/65.*
Wedderburn, A. J. M.: Baptism and Resurrection. 1987. *Band 44.*
Wegner, Uwe: Der Hauptmann von Kafarnaum. 1985. *Band II/14.*
Welck, Christian: Erzählte ‚Zeichen'. 1994. *Band II/69.*
Wilson, Walter T.: Love without Pretense. 1991. *Band II/46.*
Zimmermann, Alfred E.: Die urchristlichen Lehrer. 1984, [2]1988. *Band II/12.*